자료구조와 알고리즘을 함께 배우는

Kotlin 프로그래밍

Learning Data Structures and Algorithms with Kotlin

김영탁 지음

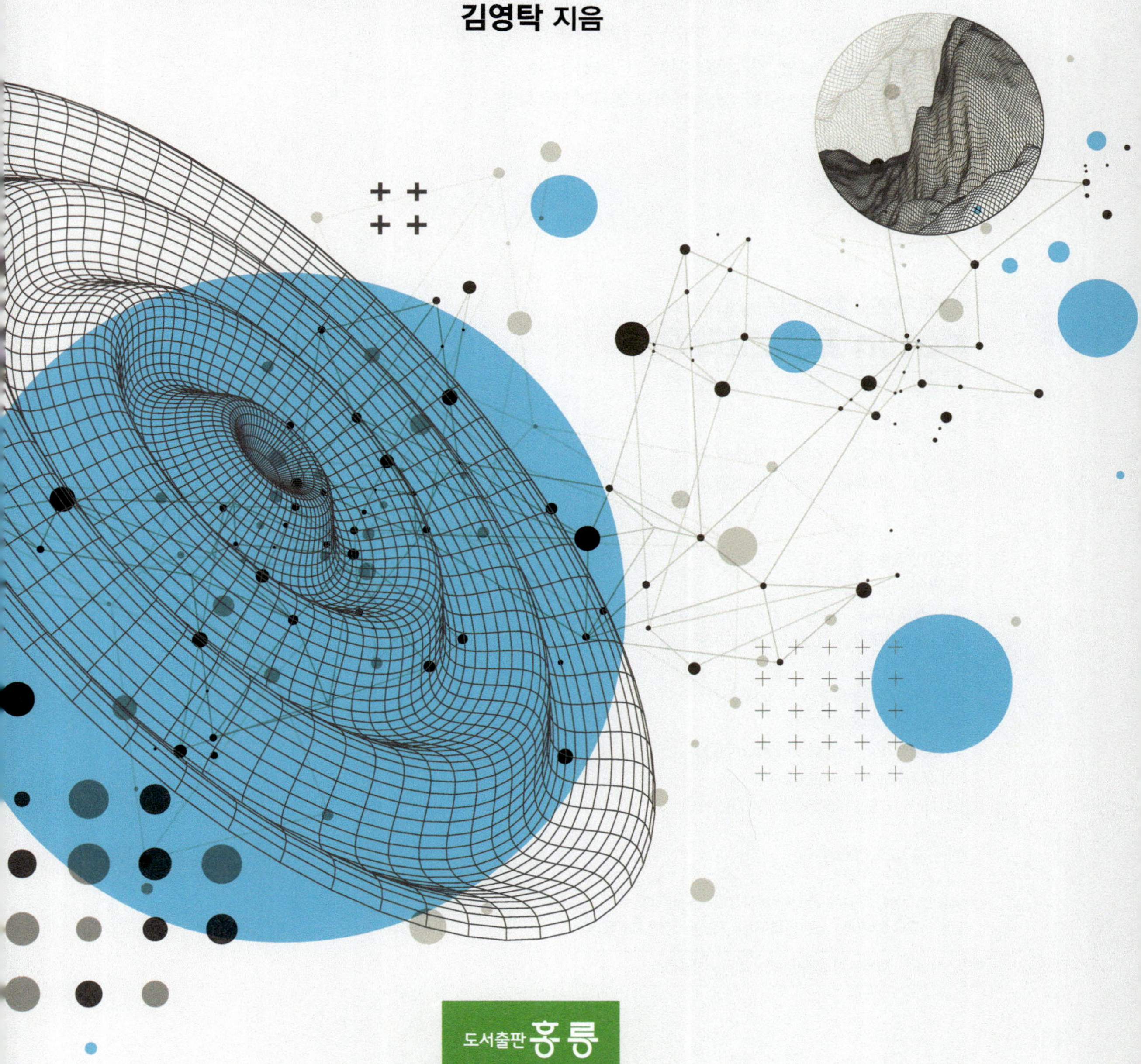

도서출판 홍릉

저자소개

김영탁 ytkim@yu.ac.kr

- 1978년 미국 육군 방공 포병 (Air Defense Artillery) 학교 개량형 HAWK 미사일 시스템 사격통제장치 (Information Control Center) 정비 교육과정 이수
- 1979년 ~ 1982년: 육군 방공포병학교 교관 (저공학처)
- 1984년 영남대학교 공과대학 전자공학과 공학사
- 1986년 한국과학기술원 (KAIST) 전기및전자공학과 공학석사 (컴퓨터공학전공)
- 1990년 한국과학기술원 (KAIST) 전기및전자공학과 공학박사 (컴퓨터공학전공)
- 1990년 ~ 1994년 한국통신 (KT) 통신망연구소 선임연구원/B-ISDN 연구실장
- 1994년 9월 ~ 현재: 영남대학교 공과대학/기계IT대학/디지털 융합대학 정보통신공학과/컴퓨터학부 교수
- 2001년, 2008년 2015년: 미국 국립표준기술연구원 (NIST) 초빙 연구원
- 2009년 2월 ~ 2011년 1월 : 영남대학교 정보전산원장
- 2019년 2월 ~ 2021년 1월 : 영남대학교 기계IT대학 학장

자료구조와 알고리즘을 함께 배우는
Kotlin 프로그래밍
Learning Data Structures and Algorithms with Kotlin

인 쇄 : 2024년 10월 11일 초판 1쇄
발 행 : 2024년 10월 4일 초판 1쇄

저 자 : 김영탁
발행인 : 송 준
발행처 : 도서출판 홍릉
주 소 : 01093 서울시 강북구 인수봉로 50길 10
등 록 : 1976년 10월 21일 제5-66호

전 화 : 02-999-2274~5, 903-7037
팩 스 : 02-905-6729
e-mail : hongpub@hongpub.co.kr
http://www.hongpub.co.kr
ISBN : 979-11-5600-233-8(93000)

정 가 : 32,000원

서 론

인공지능 (AI), 사물인터넷 (IoT), 빅데이터, 클라우드 기반 분산 슈퍼컴퓨팅, 5G 통신을 통한 초연결 등의 핵심 기술을 기반으로 하는 "4차산업혁명" 은 다양한 스마트 산업 (예: 스마트홈, 스마트카, 스마트공장, 스마트 헬스케어, 스마트 에너지 등)에 큰 변화를 가져왔다. 특히, 원격 접속이 가능한 인터넷 기반의 다양한 스마트모바일 서비스 소프트웨어 기능 설계 및 구현이 가능한 인력의 수요가 지속적으로 증가하고 있다.

최근 4차산업혁명의 핵심 기술 중에서도 인공지능 (AI, artificial intelligence), 빅데이터와 사물인터넷이 가장 강조가 되고 있으며, 이 인공지능, 빅데이터, 사물인터넷 구현에서 많이 사용되는 모바일 프로그래밍에서는 Kotlin (Kotlin) 프로그래밍언어가 큰 관심을 끌고 있다. Kotlin 프로그래밍언어는 2011년 IntelliJ IDEA 개발회사인 체코 JetBrains가 공개한 오픈소스 프로그래밍언어이며, JVM (Java Virtual Machine) 기반의 언어로 Java와 유사하나 더 간결한 문법과 다양한 기능을 추가한 프로그래밍언어이다. 특히, Kotlin 프로그래밍언어는 Google에서 Android 공식 언어로 추가하여 다양한 모바일 프로그래밍에서 많이 사용될 것으로 예상된다.

Kotlin 프로그래밍은 Java와의 상호 운용이 100% 지원되므로 Java로 구현된 소프트웨어 패키지를 Kotlin으로 변환하는 것이 매우 용이하며, JVM 바이트 코드를 기본으로 하지만, Kotlin/Native 컴파일러를 사용하여 기계어로 컴파일하여 향상된 성능을 활용할 수 있는 장점이 있다. Kotlin 프로그래밍언어는 객체지향 (object-oriented) 프로그래밍언어이며, 클래스로 데이터 멤버와 멤버 함수를 캡슐화 (encapsulation)하며, 상속 (inheritance)을 기반으로 한 소프트웨어 재활용과 다형성 (polymorphism)의 장점을 제공한다. Kotlin에서도 C++의 템플릿 라이브러리와 같은 개념의 다양한 제네릭 클래스들을 제공하여, 기본적인 자료구조와 알고리즘을 잘 활용할 수 있게 한다. 아울러, Kotlin에서는 데이터 클래스와 확장 함수 기능을 제공한다. Kotlin 프로그래밍언어는 null 안전성을 제공하며, 멀티스레드 (multithread) 기능을 쉽게 구현할 수 있는 코루틴을 지원한다.

본 교재는 컴퓨터 프로그래밍을 처음 접하는 학생으로부터 기본적인 프로그래밍 지식을 갖춘 학생들까지도 다양한 자료구조와 알고리즘을 체계적으로 배울 수 있도록 구성하였고, 다양한 전공에서 직접 응용할 수 있는 예제들을 많이 준비하였다. 컴퓨터 프로그래밍에서는 다양한 좋은 예제를 많이 보면서 "직접 따라 하기" 를 수행하여 컴퓨팅 사고와 프로그래밍의 기본 지식을 배우며, 이를 확장하여 본인의 전문 분야에 활용할 수 있는 실력을 갖추어 나아갈 수 있도록 본 교재의 내용과 순서를 잘 구성하였다.

현재 출판된 다수의 Kotlin 프로그래밍에 관련된 교재 중 자료구조 및 알고리즘을 심도 있게 다루며, 멀티프로세싱/멀티스레딩을 활용한 병렬 처리와 소켓 통신을 사용한 원격 컴퓨터 접속에 관련된 내용, 데이타베이스 접속, 모바일 프로그래밍과 웹 프로그래밍 주제를 함께 제공하는 교재가 없어, 학부 고학년이나 대학원에서의 창의 종합설계 프로젝트에서 포함되어야 하는 Kotlin 프로그램 설계 및 구현에 어려움을 겪는 학생들을 많이 볼 수 있다. 본 교재는 Kotin 프로그램을 처음 배우는 과정뿐만 아니라 고급 Kotlin 프로그래밍의 가이드 라인으로써 계속 사용될 수 있도록 구성하였다.

본 교재의 초반부에서는 컴퓨터를 활용하여 다양한 기본 문제들을 효율적으로 해결하기 위하여 반드시 필요한 자료구조와 알고리즘에 대한 개념을 중점적으로 설명하였다. 이어서 Kotlin 프로그램의 기본 구조와 기본자료형 및 연산자, Kotlin 프로그램의 조건문과 반복문을 설명하여 간단한 프로그램을 쉽게 작성할 수 있게 하였고, 아울러 Kotlin이 제공하는 다양한 자료형과 관련 연산에 대하여 설명하여 이들을 다양하게 활용할 수 있게 하였다. 다양한 Kotlin 프로그램 모듈을 함수로 직접 만들어 체계적인 모듈화 개념을 이해하게 하였으며, Kotlin의 사용자 정의 패키지가 제공하는 기본 기능들을 이해할 수 있게 하였다. 또한 Kotlin이 객체 지향형 프로그래밍을 기반으로 구성되는 점을 잘 이해할 수 있도록 다양한 Kotlin 클래스 구현과 상속을 통한 소프트웨어 재활용 및 다형성(polymorphism) 개념을 이해할 수 있게 하였고, 사용자 정의 패키지를 활용할 수 있게 하였다. Kotlin 프로그래밍 환경에서 파일을 사용하여 데이터 파일에 있는 정보를 Kotlin 프로그램으로 처리하는 방법을 잘 활용할 수 있도록 하였다.

본 교재의 중반부에서는 고급 자료구조와 알고리즘을 Kotlin 프로그래밍언어로 직접 구현할 수 있도록 하였다. 특히 알고리즘의 성능 향상을 위한 분할 및 정복, 동적 프로그래밍 구조를 구현하도록 하였고, 이중 연결형 리스트, 이진 탐색 트리, 힙 우선 순위 큐, skip list, 해시 맵, trie 자료구조 기반의 텍스트 처리, 그래프 자료구조와 알고리즘을 체계적으로 배울 수 있도록 하였다. 아울러, Kotlin 기반의 기본적인 Swing GUI 프로그래밍과 JavaFX 및 TornadoFX 기반의 전문적인 GUI 및 애니메이션까지 체계적으로 차근차근 배워갈 수 있도록 설명하였다. GUI 프로그래밍은 다양한 모바일 프로그래밍에 반드시 필요한 기능이다. 멀티프로세싱/멀티스레딩 기능을 Kotlin 기반으로 제공하는 방법에 대하여 설명하였으며, Kotlin 기반의 데이타베이스 접속을 위한 JDBC 기능과 SQLite, MySQL, MariaDB 데이타베이스를 접속하여 응용 프로그램을 구성하는 방법을 설명하였다.

본 교재의 후반부에서는 Kotlin 기반의 응용 프로그래밍에 대하여 다루었다. 먼저 Ktor 기반의 웹 프로그래밍에 대하여 설명하였고, AndroidStudio와 Kotlin 기반의 모바일 프로그래밍 기본 기능과 모바일 앱을 구현하는 방법에 대하여 설명하였다. 아울러, 마이크로 서비스 제공 기능 구조와 Kotlin Spring, 컨테이너, 도커 및 쿠버네티스에 대한 내용을 추가하였다.

본 교재에서 제공하는 예제들은 웹서비스와 모바일 서비스 기능 구현을 Kotlin 기반으로 완성할 수 있게 하며, CRUD (create, read, update, delete) 기능을 인터넷 기반 분산 처리 환경에서 구현하여 볼 수 있게 하며, 다양한 응용 프로그래밍 분야에서도 직접 활용할 수 있게 하여 프로그래밍의 재미를 느낄 수 있도록 구성하였다.

끝으로 본 교재를 저술하는 과정에서 많은 도움을 주신 분들에게 감사를 드린다. 먼저 이 Kotlin 기본 교재를 출판할 수 있게 지원하여 주신 홍릉과학출판사에 감사를 드리며, 다양한 예제 프로그램 개발에 큰 도움을 준 영남대학교 정보통신공학과/컴퓨터공학부 차세대 네트워킹 연구실 (YU-ANTL) 대학원생 및 학부 연구생들에게 감사를 드린다. 아울러 빅데이터 전문회사에서 데이터 엔지니어로 근무하면서 직접 파이썬 프로그램 및 시스템 소프트웨어 개발 프로젝트를 수행하며 최근 소프트웨어 개발 실무 환경에서 많이 활용되고 있는 자료구조와 알고리즘, 클라우드 컴퓨팅, 쿠버네티스 기반 데브옵스 (Devops) 등에 대한 경험과 추가 고려사항, 소프트웨어 개발자가 반드시 지녀야 하는 clean code 및 clean architecture에 대하여 실질적인 조언을 많이 제공한 아들 김석주에게도 고마움을 전한다. 특히 전산학 전공을 기반으로 한국 최초의 전전자교환기 (TDX) 개발 국책 과제에 핵심 시스템 소프트웨어 개발자로 참여하였던 경험을 바탕으로 프로그래밍 교육의 전반적인 부분에 많은 조언을 제공하고, 이 교재의 모든 내용을 꼼꼼하게 교정하여 준 사랑하는 아내 여선숙에게 깊은 감사를 드린다.

2024년 8월
김 영 탁

목 차

1장 Kotlin (Kotlin) 프로그래밍 개요

학습목표

- 컴퓨터와 소프트웨어, 프로그램, 컴퓨팅 사고에 대하여 이해하며, 설명할 수 있는 기본 실력 향상
- 컴퓨팅 사고를 기반으로 문제 해결의 절차를 이해하며, 이를 활용할 수 있는 실력 향상
- 업무 효율성을 높이기 위한 일상 생활에서의 컴퓨터 활용 실력을 습득
- 컴퓨터 구조와 종류에 대한 이해
- 컴퓨터에서의 정보 표현 (아날로그, 디지털, 비트, 바이트, 정수, 실수)에 대한 이해
- 기본 데이터 연산에 대한 이해
- 많이 사용되는 프로그래밍언어들에 대한 이해
- Kotlin 프로그래밍에 대한 이해
- Kotlin 프로그래밍 환경 (IntelliJ)에 대한 이해

개요

1.1 일상 생활에서의 컴퓨터 활용

1.1.1 컴퓨터란?

전세계적으로 큰 변화를 일으키고 있는 제4차산업혁명에서는 컴퓨팅 사고 (computational thinking)의 필요성이 크게 강조되고 있다. 컴퓨팅 사고란 주어진 문제를 컴퓨터장치와 프로그램(즉, 소프트웨어)을 활용하여 효율적으로 해결할 수 있는 능력을 의미한다. 컴퓨팅 사고에서 의미하는 컴퓨터란 우리 주변에서 많이 사용되고 있는 데스크탑과 노트북/랩탑 등과 같은 범용 컴퓨터와 함께 스마트폰, 스마트패드, 임베디드 시스템 등 프로그램을 설치하여 지정된 기능을 수행할 수 있는 컴퓨터 장치를 의미한다. 그림 1.1은 컴퓨터의

기본 기능을 보여준다. 컴퓨터의 기본적인 기능은 데이터를 입력받아, 그 데이터를 처리 및 분석하고, 처리 결과를 출력하는 것이다. 컴퓨터의 데이터 입력 장치들로는 키보드, 마이크, 카메라, 데이터 저장 장치(디스크 등), 사물 인터넷 센서 등이 있으며, 데이터 처리에는 통계 처리, 지정된 조건에 따른 반응적 제어 등이 있다. 처리된 결과 데이터를 내보내는 출력 장치로는 스크린/모니터, 스피커, 데이터 저장 장치(디스크), 액추에이터(모터, 히터, 냉방기 등)가 있다. 최근 사용되는 대부분의 컴퓨터 장치는 인터넷에 접속되어 다양한 데이터를 전달받고, 처리된 결과를 인터넷을 통하여 다른 컴퓨터에 전달하는 기능을 기본적으로 가지고 있다.

사물인터넷 (Internet of Things, IoT) 단말장치는 다양한 사물에 데이터를 수집 및 처리할 수 있는 기본 컴퓨터 기능과 수집된 데이터를 인터넷을 통하여 다른 컴퓨터 장치에 전달할 수 있는 인터넷 통신 기능이 포함되는 특수 목적용 컴퓨터 장치로 생각할 수 있다. 사물인터넷 단말장치에는 다양한 주변 상황을 파악하기 위한 센서 (sensor)들이 사용되며, 사전에 설정한 동작을 수행하도록 하는 액추에이터 (actuator)가 포함되어 있고, 사전에 설정된 프로그램과 조건에 따라 지정된 동작이 수행되며, 이를 원격에서 감시할 수 있는 기능이 포함되어 있다. 최근에 확산되고 있는 지능형 로봇이나 자율주행 자동차 등에서도 컴퓨터 장치가 내장되어 있으며, 다양한 소프트웨어와 프로그램들이 설치되어 주어진 임무를 수행하도록 구현되고 있으며, 이들은 사물인터넷 단말장치로 생각할 수 있다.

컴퓨터 장치는 사람보다 더 정확한 계산을 더 빨리 수행할 수 있으며, 사람보다 더 오래 작업을 지속할 수 있고, 동일한 작업을 지치지 않고 계속 반복할 수 있다. 특히, 작업환경이 위험한 장소에서도 컴퓨터 장치를 사용함으로써 사람의 생명에 위협받지 않는 작업을 수행할 수 있다. 컴퓨터 장치에 인터넷 통신 기능이 포함되어 있는 사물인터넷 단말장치들을 사람들과 연결하여 다양한 상황을 신속하게 파악하고, 효율적인 협동 작업을 수행할 수 있게 하는 방안도 다양하게 추진되고 있다.

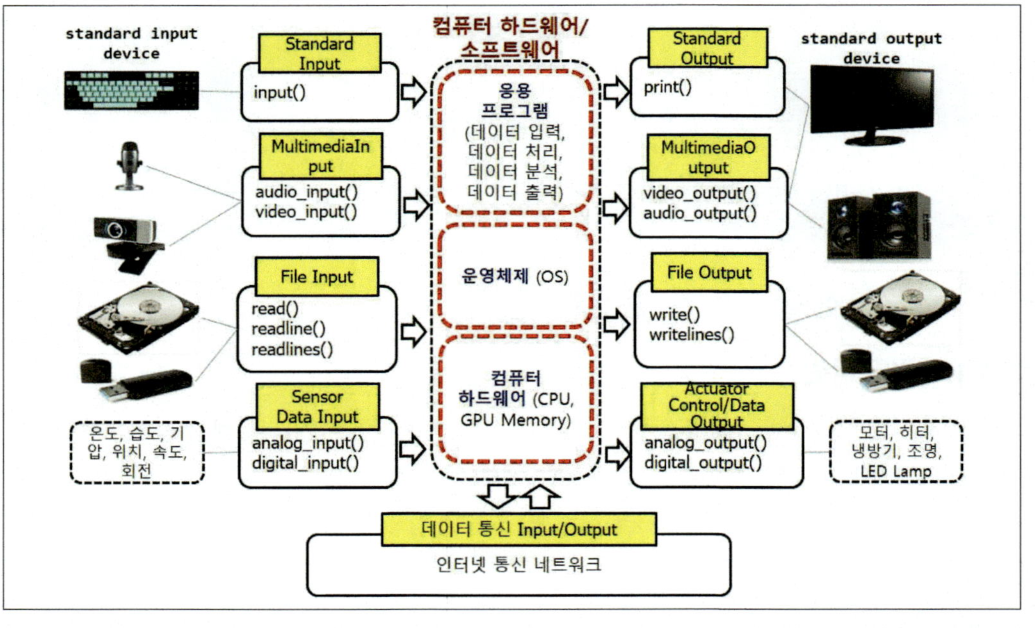

그림 1.1 컴퓨터 기본 기능 (데이터 입력, 데이터 처리/분석, 데이터 출력, 데이터 원격 전송)

1.1.2 소프트웨어/프로그램 이란?

소프트웨어란 컴퓨터 장치에 설치되어 있는 프로그램을 의미하며, 세부적으로 시스템 프로그램과 응용 프로그램으로 구분된다. 시스템 프로그램은 컴퓨터 장치의 동작을 관리하고 제어하며, 다양한 응용 프로그램들이 효율적으로 실행될 수 있도록 하는 운영체제 (operating system)와 컴퓨터 주변 장치들의 제어용 프로그램을 의미한다. 대표적인 운영체제로는 마이크로소프트에서 개발하여 데스크탑 컴퓨터에서 많이 사용되는 Windows 운영체제, 애플 노트북 (맥북)에서 사용되는 iOS, 임베디드 시스템에서 많이 사용되는 Linux 운영체제 등이 있다.

응용 프로그램은 그 컴퓨터 장치에서 특별한 기능을 수행하도록 구현된 프로그램을 의미하여, 수행되는 기능에 따라 매우 다양한 소프트웨어가 사용된다. 대표적인 응용 프로그램으로는 사무용 문서 작성에서 사용되는 MS-Office (MS-word, PPT, Excel 등 포함), 인터넷 웹 검색 툴인 Chrome, 인터넷 응용 서비스 환경을 제공하는 YouTube, Facebook 등이 있다.

실제 주어진 문제를 해결하기 위한 소프트웨어/프로그램을 구현할 때, 모든 프로그램을 직접 구현하지 않고 다양하게 무료로 제공되는 오픈 소프트웨어 (open software)를 잘 사용하는 것이 매우 중요하다. 대표적인 오픈 소프트웨어에는 Linux 운영체제, Python 프로그래밍 환경, 수학 계산을 위한 NumPy, 인공지능/기계학습을 위한 TensorFlow와 Keras 등이 포함된다.

1.2 컴퓨팅 사고 (Computational Thinking)와 오픈 소프트웨어

1.2.1 컴퓨터와 소프트웨어를 활용한 문제 해결 능력의 중요성

오늘날에는 우수한 성능을 가진 컴퓨터를 저렴한 비용으로 다양한 분야에서 활용할 수 있게 되었고, 이를 사용하여 생산성과 업무 효율성을 높일 수 있게 되었다. 다양한 전문 분야의 컴퓨터 프로그램을 사용할 수 있게 되었고, 일상생활에서도 인터넷에 접속된 컴퓨터 기능을 다양하게 사용하여 개인 생활의 편리성이 향상되었으며, 결과적으로 업무 효율성이 높아지고 생산성이 향상되었다.

이렇게 컴퓨터와 인터넷이 일상생활의 기반 환경이 된 상황에서 다양한 문제를보다 효율적으로 해결하기 위해서는 그 문제를 단순히 수학•과학 과목의 공리•명제•정리와 수작업으로만 해결하지 않고, 컴퓨터 프로그램을 활용하며 필요한 경우 직접 프로그램을 용도에 따라 쉽게 구성할 수 있는 능력을 배양하는 교육과정이 필요하게 되었다. 컴퓨터가 전문가들만 사용하는 도구가 아니라 누구라도 쉽게 사용할 수 있는 도구가 되었으며, 초•중•고등학교 학생들도 쉽게 배울 수 있는 프로그래밍언어를 사용하여 다양한 분야의 문제 해결에서 사용할 수 있게 되었다. 그리고 이렇게 컴퓨터와 소프트웨어 프로그램을 잘 활용할 수 있는 능력을 초.중.고교에서도 배우는 것이 매우 중요하게 되었다.

예를 들어, 초.중.고교에서 배우는 수학•과학 과목의 공리•정리 들의 계산을 수행하는 다양한 소프트웨어 모듈들을 활용할 수 있는 프로그램을 작성하고, 이 프로그램을 실행시켜 생산되는 결과 데이터를 그래프 등으로 쉽게 표시하여 그 실제 문제를 정확하게 이해하고 신속하게 해결 방안을 찾을 수 있는 능력을 갖추게 하는 것이다. 컴퓨터와 프로그램을 활용하면 동일한 문제에 다양한 데이터를 입력하여 모의실험을 할 수 있고, 사람이 직접 참여하지 않아도 매우 빠른 계산 능력으로 24시간 계속 실험을 진행할 수 있기 때문에 훨씬 더 복잡한 문제를 다룰 수 있게 된다.

다양한 분야의 데이터를 수집하여 분석하고, 그 분석 결과를 기반으로 최적의 처리방법을 찾는 것은 사회 모든 분야에서 필수적인 능력이 되고 있다. 컴퓨터와 프로그램을 활용한 문제 해결 능력은 단순히 수학•과학 지식을 직접적으로 활용하는 이학과 공학계열에만 국한되는 것이 아니라 의학 및 약학 계열, 인문사회 계열, 음악과 미술 등의 예술 및 스포츠 계열에도 필요한 것이다. 예를 들어 전 세계의 병원들에서 진단하고 치료한 다양한 질병들을 빅데이터로 처리하여, 새로운 질병이 발견되었을 때 그 원인을 신속하게 파악하고, 가장 효과적인 치료 방법을 사용할 수 있도록 인공지능을 활용하는 방법이 이미 개발되어 사용되고 있다. 또 다른 예로서 다양한 스포츠 분야에서 선수들의 상태와 기록을 빅데이터로 분석하고 이를 기반으로 최상의 결과를 도출할 수 있도록 훈련 프로그램과 성적이 부진할 때 그 원인을 신속하게 찾아 주는 스마트 스포츠 인공지능 시스템을 개발하여 활용할 수 있다.

특히 사람이 직접 접근하여 작업하기에는 힘들고 어려운 환경에서의 문제 해결에서도 활용할 수 있다. 아울러 다양한 자동화 기계장치를 고안하여 생산비용을 줄이면서도 생산효율을 증대시킬 수 있는 기술개발에 활용된다.

1.2.2 컴퓨팅 사고 (computational thinking)

컴퓨팅 사고 (computational thinking)란 컴퓨터와 프로그램을 활용하여 문제를 효율적으로 해결할 수 있도록 종합적인 사고를 하는 것을 의미한다. 컴퓨팅 사고를 기반으로 컴퓨터와 프로그램을 이용한 문제 해결을 위해서는 먼저 문제를 일반화(generalize)/추상화(abstract)하여 정의하고, 그 문제를 해결하는 방법을 체계적으로 정리하며, 이 문제와 유사한 여러 형태의 변종 문제 해결에서도 사용할 수 있게 하는 사고 과정 (thinking process)을 잘 이해하여야 한다. 따라서, 컴퓨팅 사고에서는 먼저 문제를 분석(analyze)하고 분해(decompose)하여 그 문제에 포함된 기본적인 규칙 (rule)과 패턴 (pattern)을 파악하고, 연관된 데이터/자료 중에서 변화하지 않는 상수 (constant)와 변화하는 변수 (variable)를 식별하여 일반화된 모형 (generalized model)으로 나타낸 후, 컴퓨터의 도움으로 문제를 해결할 수 있는 알고리즘을 구성하는 것이 핵심이다.

1.2.3 오픈 소프트웨어 (OSS, open source software) 활용

(1) 오픈 소프트웨어란?

오픈 소프트웨어 (OSS, Open Source Software)는 소프트웨어의 소스코드가 공개되어 있는 상태를 의미하여, 누구나 사용할 수 있다는 것을 의미한다. 즉, 공개된 소프트웨어는 지적재산권이 설정되어 있지 않아 별도의 비용을 지불하지 않고도 사용할 수 있다는 것이며,

소스코드에 대한 변경 등의 접근 권한이 최초 제작자와 동일하게 누구에게나 주어진다는 의미를 가진다. 즉, 오픈 소프트웨어는 소프트웨어의 내용 (소스코드)를 공개하여 누가나 개량, 재배포 할 수 있는 소프트웨어이다.

오픈 소프트웨어의 대표적인 사례로는 Linux 운영체제, Python 및 Kotlin 프로그래밍언어, OpenCV 영상처리 프로그램, 인공지능(AI)과 기계학습(ML)을 위한 TensorFlow/Keras 등이 있다.

(2) 오픈 소프트웨어의 활용

다양한 소프트웨어 개발에서 오픈 소프트웨어를 활용하는 것은 여러 면에서 많은 도움이 된다. 특히 새로운 기능을 구현하여야 할 때 아무것도 없는 상태에서 모든 내용을 직접 설계 및 구현하는 것은 매우 시간이 오래 걸리며, 많은 문제점을 직접 파악하고 해결해야하는 어려움이 뒤따르게 된다. 이러한 경우, 해당 분야의 오픈 소프트웨어를 잘 활용하면 이미 잘 다듬어져 있는 소스코드를 기반으로 추가 기능을 구현할 수 있으므로 개발시간과 비용을 절약할 수 있다.

오픈 소프트웨어는 별도의 비용을 지불하지 않고도 사용할 수 있으나 그 소스코드의 품질이 보장되지 않는다는 단점이 있을 수 있다. 실제 많은 오픈 소프트웨어들의 소스코드들은 전문가들이 개발하여 공개적으로 사용할 수 있도록 허용하는 경우가 많이 있으므로, 우선 이들을 참조하는 것도 큰 도움이 될 것이다. 다만, 오픈 소프트웨어의 경우 교육과 연구에서는 무료로 사용할 수 있도록 허용되나 그 오픈 소프트웨어를 사용하여 제품을 생산하고 판매하는 경우 별도의 사용료를 지불하도록 요구하는 경우도 있으니, 미리 잘 살펴보고 적절히 활용하는 것이 필요하다.

1.3 4차산업혁명과 스마트 산업

1.3.1 산업혁명 (industrial revolution)

인류 문명의 역사를 되돌아보면 새로운 도구와 생산 기술을 끊임없이 개발하였으며 이러한 추세는 현재에도 진행되고 있다. 구석기 시대의 원시 사회에서는 가공되지 않은 돌을 사용하여 만든 석기도구나 동물 뼈 또는 나무 작대기들을 사용하였으며, 신석기 시대에서는 이 도구들을 좀 더 날카롭게 가공하거나 무기들을 좀 더 먼 거리까지 던져 보낼 수 있는 기술을 발전시켜 사냥과 식물 채집의 생산성을 증대시켰다. 아울러 도구와 무기를 만드는 재료를 돌(석재)에서부터 구리, 청동, 철, 강철 등 가벼우면서도 단단한 재료를 끊임없이 개발하여 도구와 무기의 효율성을 증가시켰다.

농경시대에서는 자연 상태의 식물 채집이나 사냥 대신 경작된 논과 밭에서 농사를 지으며 제한된 공간에서 가축을 직접 기르는 방법으로 생산성을 더욱 증대시켰고 생활이 안정되면서 인구가 폭발적으로 증가할 수 있었다. 산업시대에서는 전기를 사용함으로써 좀 더 큰 힘을 생산할 수 있는 에너지를 장거리로 전송하여 효율적으로 사용할 수 있게 되었으며, 대규모 생산을 할 수 있게 되고, 인터넷 기술을 사용하여 전 세계적으로 정보의 교류를 원활하게 하여 다양한 원격 협력 작업이 이루어 지게 되었고, 생산성을 더욱 증대시키는 방향으로 인류 문명의 발전이 지속되고 있다.

효율적인 도구의 발전은 생산성의 증대로 이어지며 국가의 경쟁력으로 이어진다. 사람이나 동물의 힘으로만 생산 활동이 이루어졌던 농경시대는 산업혁명을 거치면서 도구와 생산기술이 혁명적 수준으로 발달하게 되었고, 이러한 변화를 신속하게 수용한 나라들은 국가 경쟁력을 확보할 수 있었다. 18세기에 있었던 1차산업혁명에서는 증기 기관을 사용하여 사람과 동물의 힘보다 훨씬 더 큰 힘을 발생시킬 수 있게 되었으며 이를 활용하여 영국의 섬유 생산 능력이 대규모로 확장될 수 있었다. 19세기와 20세기 초반에 있었던 2차산업혁명에서는 전기 에너지를 사용할 수 있는 기술이 개발되고, 표준화된 모듈들을 컨베이어 벨트에서 조립하는 대량생산기술이 개발됨으로써 미국의 자동차 생산성이 획기적으로 증대되었다.

(a) 석기 망치, 창 (b)철기 농기구 (c) 증기기관 (d) 전기, 산업용로봇 (e) 컴퓨터, 인터넷, 분산처리 (f) 인공지능, 빅데이터, 사물인터넷

그림 1.2 인류 문명의 발전 – 도구의 발전

20세기 후반에 있었던 3차 산업혁명에서는 컴퓨터와 인터넷 기반의 지식 정보 혁명이 이루어져 멀리 떨어져 있는 사람들 간에 정보 전달이 신속하게 이루어 지고 분산 처리 및 원격 협업이 다양하게 이루어 지게 되어 생산성이 더욱 증대되었다. 2015년 이후로부터 현재에 진행되고 있는 4차 산업혁명에서는 사물인터넷 (IoT: Internet of Things), 빅데이터, 인공지능, CPS(Cyber Physical System), 디지털 쌍둥이 (digital twin) 기술의 개발로 사람, 사물, 공간을 초연결 시키며, 초지능화 시키고 있다.

4차 산업혁명 시대에서는 다양한 사물인터넷 단말장치들이 인터넷을 통하여 연결되어 빅데이터와 인공지능을 활용할 수 있게 됨으로써 사람들이 세부적인 부분까지 개입하지 않아도 스마트 지능형 장치들이 스스로 맡은 바 업무를 수행할 수 있게 되며, 생산성과 에너지 효율성이 더욱 증대될 것이다. 4차 산업혁명 시대에서는 이미 개발되어 널리 사용되고 있는 컴퓨터 장치 (스마트폰 포함)와 소프트웨어들을 잘 활용하여 주어진 문제의 해결 방법을 신속하게 찾을 수 있고, 에너지 효율적 해결방안을 구현할 수 있는 능력이 매우 중요하게 된다. 매우 우수한 성능을 제공하는 소프트웨어들이 공개되어 있기 때문에 이들을 잘 이해하고, 잘 활용할 수 있는 능력을 갖추는 것이 필수적이며, 이는 인류 문명의 발전에서 도구와 장치를 잘 사용하여 생산성을 높이는 방향으로 끊임없이 발전되었던 맥락과 일치하는 것이다.

표 1.1 1 ~ 4차산업혁명

산업혁명	시기	주요 변화
1차	18세기	증기 기관 (steam engine)의 발명으로 사람과 동물의 힘보다 더욱 더 큰 힘을 효율적으로 발생시킬 수 있었으며, 영국에서는 이를 활용하여 섬유생산을 획기적으로 증대시킴
2차	19세기 ~ 20세기 초반	전기 에너지 생산 및 공급 기술이 개발되고, 표준화된 모듈을 컨베이어 벨트에서 조립하는 대량 생산 기술이 개발됨
3차	20세기 후반	컴퓨터와 인터넷 기술의 개발로 과학 기술 분야의 대용량 데이터 처리가 가능하게 되었으며, 서로 다른 지역에 떨어져 있는 사람과 장치간의 협동 작업이 가능하게 되어 기술 발전이 더욱 가속화 됨
4차	2015년 ~ 현재	사물인터넷, 빅데이터, 인공지능, CPS (Cyber Physical System) 기술의 개발로 사람, 사물, 공간을 초연결, 초지능화 시킴

1.3.2 4차산업혁명의 핵심 기술

4차산업혁명에서 핵심적인 기술은 분석 기관에 따라 다양한 의견이 있으나 공통적으로 강조하는 기술들로는 인공지능 (AI, artificial intelligence) / 기계학습 (ML, machine learning) / 심층학습 (DL, Deep Learning) / 강화학습 (RL, Reinforcement Learning), 사물인터넷 (IoT, Internet of Things), 빅데이터, 클라우드 컴퓨팅, 블록체인과 3D 프린팅 등이 포함된다. 이들 4차산업혁명 핵심 기술들은 공통적으로 소프트웨어 기능이 매우 강조되는 기술들이다.

(1) 인공지능, 기계학습, 심층학습 (deep learning)

인공지능은 다양한 데이터를 학습을 통하여 패턴을 분석하고, 분석된 결과를 실제 측정된 데이터를 기반으로 보완하며 정확성을 높여 분류 (classification)와 예측에 활용하는 기술이다. 인공 지능에는 해당 분야에서 전문가들이 수행하였던 방식을 컴퓨터 프로그램으로 대신 수행하게 하는 전문가 시스템 (expert system) 방식, 많은 데이터 분석 결과를 분류와 예측에 활용하는 기계학습 (ML, machine learning), 패턴 인식 문제 또는 특징점 학습을 위하여 많은 개수의 인공 신경망 (artificial neural network) 신경층을 이용하는 심층학습 (deep learning) 및 강화학습(reinforcement learning) 등의 기술이 사용된다.

(2) 사물인터넷 (IoT, Internet of Things)

다양한 사물 (things)에 인터넷 통신 기능을 추가하여 원격으로 상태를 파악할 수 있게 하며, 원격 제어 (remote control)가 가능하게 하는 기술이 사물인터넷이다. 일상생활의 주변 환경에서 살펴볼 수 있는 다양한 장치들에 데이터 통신 기능을 추가하고, 이 장치들을 원격으로 모니터링하며, 원격으로 제어할 수 있는 기능을 구성함으로써 다양한 자동원격 제어 기능을 구성할 수 있도록 한다. 예를 들어 실험실이나 온실의 온도를 자동적으로 일정 범위내에서 유지되게 할 수 있으며, 주변 상황에 따라 온도가 설정 범위를 넘어 높아지거나 낮아질 때 자동적으로 히터를 가동하여 온도를 높이거나 에어콘을 가동하여 온도를 낮출 수 있다.

사물인터넷 기능은 스마트 헬스에도 활용되어 환자의 혈압, 맥박 수, 심전도 등을 자동으로 모니터링하여 결과 데이터를 병원의 스마트 헬스 서버에 전달하여 분석할 수 있게 하며, 심장 마비와 같은 비정상적인 위급 상태가 발생하였을 때, 이를 즉시 담당 주치의에게 통보하고, 구급차와 구급 인력이 즉시 파견되도록 할 수 있다.

(3) 빅데이터 (big data)

대규모 데이터를 체계적으로 수집하고 정리하여 다양하게 활용하도록 해 주는 것이 데이타베이스 (database)이다. 컴퓨터 활용과 인터넷 활용이 강화됨에 따라 데이타베이스 관리시스템이 다루는 데이터 용량도 급격하게 증가하게 되었다. 기존 데이타베이스 관리 시스템의 능력을 초과하여 수십 테라바이트의 대량 데이터 집합들로부터 정보를 추출하고 결과를 분석하며, 기존의 데이터 처리 응용 소프트웨어로는 수집, 저장, 분석 및 처리가 어려운 정도의 방대한 양의 데이터를 처리하는 기술을 빅데이터 (big data)라고 한다.

다양한 종류의 대규모 데이터에 대한 생성, 수집, 분석을 수행하는 빅데이터는 정치, 사회, 경제, 문화, 과학 기술 등 현대 사회의 모든 영역에서 활용된다. 최근에는 빅데이터를 인공지능과 기계학습에 연계하여 다변화된 현대 사회에서 다양한 응용 분야에서 발생되는 데이터의 추세와 패턴 분석, 정확한 예측이 가능하게 한다.

(4) 클라우드 컴퓨팅 (cloud computing)

클라우드 컴퓨팅 (cloud computing)은 인터넷 (클라우드)을 통하여 서버, 저장장치, 데이타베이스, 네트워킹, 데이터 처리 소프트웨어, 분석 및 인공지능 등의 컴퓨팅 서비스를 제공하는 것을 의미한다. 클라우드 컴퓨팅은 컴퓨터 사용자가 개별적인 시스템 구축을 하지 않은 상태에서도 인터넷을 통하여 다양한 컴퓨팅 자원을 활용할 수 있게 하며, 일반적으로 사용한 클라우드 서비스에 대해서만 요금을 지불하므로 컴퓨팅 자원의 설치 비용과 운영 비용을 낮추고보다 효율적으로 컴퓨팅 자원을 운영할 수 있게 하여보다 빠른 혁신을 가질 수 있게 하고, 비즈니스 요구사항의 변화에 따라 시스템 규모를 효율적으로 조절할 수 있게 한다.

(5) 블록체인 (blockchain)

블록체인은 데이터 분산 처리 기술 중의 하나이며, 비즈니스 네트워크에 참여하는 모든 사용자들이 모든 거래 내역 등의 트랜잭션 (transaction) 정보를 분산, 저장하는 기술을 의미한다. 즉, 비즈니스 거래 내역을 누구나 열람할 수 있는 디지털 장부에 투명하게 기록하고, 여러대의 컴퓨터에 이를 복제하여 저장하는 분산형 데이터 저장기술이다. 블록 체인은 대규모의 분산 컴퓨터 노드들 사이에서 분산 저장된 거래 장부의 암호화된 데이터 블록들이 체인 형태로 묶여 있는 집합으로 관리하며, 특정 주체가 통제권을 갖지 못하게 하고, 기록된 정보는 변경될 수 없고, 영구히 기록되며, 참여자 누구나 볼 수 있게 하여 안정적이고 효율적으로 관리할 수 있게 한다.

(6) 3D 프린팅

3차원 인쇄를 의미하는 3D 프린팅 (three dimensional printing)은 기존 잉크젯 프린터에서 사용되는 것과 유사하게 연속적인 계층의 물질을 뿌리면서 입체적인 물체를 만들어 내는 적층제조 (additive manufacturing) 기술을 의미한다. 3D 프린팅은 컴퓨터로 제어되기 때문에 만들 수 있는 형태가 다양하고 다른 제조 기술에 비하여 사용하기가 쉬운 장점이 있다.

3D 프린터의 보급은 기계 절삭이나 성형 등 기존의 생산 방식을 탈피하여 일관된 방식으로 다양한 형태의 제품도 만들어 낼 수 있기 때문에 4차산업혁명의 핵심 기술 중 하나로 불린다. 3D 프린팅은 치과 등의 의료 분야는 물론, 각종 가정용품을 비롯하여 자동차와 비행기 등에 사용되는 다양한 기계장치와 부품의 생산을 가능하게 한다.

1.3.3 메타버스 (metaverse), 디지털 쌍둥이 (digital twin)

(1) 메타버스 (metaverse)와 디지털 쌍둥이 (digital twin) 란?

메타버스란 가상, 초월 의미를 가지는 메타 (meta)와 세계 또는 우주 의미를 가지는 universe를 합성한 신조어로, 확장 가상 세계라고 번역된다. 메타버스는 3차원 가상 공간에서 실제 생활과 법적으로 인정되는 활동인 직업, 금융, 학습 등의 일상생활이 연결된 가상 세계를 의미하며, 구체적으로 정치와 경제, 사회, 문화의 전반적인 측면에서 현실과 비현실이 공존하는 생활형, 게임형 가상 세계를 의미한다. 미국 전기전자학회의 표준에 따르면 메타버스는 "지각되는 가상세계와 연결된 영구적인 3차원 공간들로 구성된 진보된 인터넷" 이라는 의미로 정의되며, ASF (Acceleration Studies Foundation)은 메타버스를 "가상적으로 향상된 물리적 현실과 물리적으로 영구적인 가상공간의 융합" 으로 정의하고 있다.

메타버스와 유사한 개념으로 디지털 쌍둥이 (digital twin)가 있으며, 물리적 객체, 프로세스, 관계, 행동을 포함하는 실세계의 가상 표현을 의미한다. 즉, 실세계를 디지털 가상 세계 속에 가상적으로 표현하여 가상적인 디지털 쌍둥이를 만들어 다양하게 활용할 수 있게 하는 것이다.

(2) 메타버스의 네가지 유형 - 증강현실, 일상기록, 거울세계, 가상세계

ASF는 증강과 시뮬레이션, 내적인 것과 외적인 것의 두 축을 기준으로 메타버스를 네가지 범주, 즉 증강현실 (augmented reality), 일상 기록 (lifelogging), 거울세계 (mirror world), 가상세계 (virtual world)로 분류하고 있다. 증강 현실의 한가지 예로서 사용자가 단말기 카메라로 현재의 유적만 남은 흔적을 촬영하면 디지털로 구축된 과거의 건물이 사용자 단말기에 중첩되어 보이도록 하여 현실 공간에 2D 또는 3D로 표현된 가상의 겹쳐보이는 물체를 통해 상호작용하는 환경을 제공하는 것이 있다.

일상 기록을 의미하는 lifelogging은 사용자의 일상생활에서 일어나는 모든 순간을 텍스트, 영상, 사운드 등으로 캡쳐하고 그 내용을 서버에 저장, 정리하여 다른 사용자들과 공유가 가능하도록 하는 것이다. 라이프로깅의 예로서 센서가 부착된 스포츠 웨어를 입고 사물인터넷 통신 기능을 사용하여 인터넷에 접속한 후 달린 거리, 소비 칼로리, 운동 중에 들었던 음악 종류 등의 정보를 저장하고 공유하게 하며, 운동 효과를 분석하는 것이 있다.

거울 세계 (mirror world)는 실제 세계를 가능한한 사실적으로 있는 그대로 반영하며, 정보적으로 확장된 가상 세계를 의미한다. 거울 세계의 대표적인 예로서 구글 어스 (Google Earth)를 들 수 있으며, 구글 어스는 세계 전역의 위성 사진을 수집하여 일정 주기로 업데이트하면서 시시각각으로 변화하는 현실 세계의 모습을 인터넷을 통하여 살펴볼 수 있게 한다. 인터넷 통신 및 위성 기술의 발전이 계속될수록 현실이 반영된 거울 세계는 점점 더 실시간 현실세계에 근접할 수 있게 될 것이며, 이같은 거울 세계 사용자는 가상 세계를 열람하여 현실세계에 대한 실시간 정보를 얻을 수 있게 되고, 이를 다양한 분야에 활용할 수 있을 것이다.

가상세계는 영화 “아바타 (Avata)” 에서 볼 수 있는 것과 같이 현실과 유사하거나 또는 완전히 다른 대안적 세계를 디지털 데이터로 구축한 것을 의미한다. 가상 세계에서 사용자들은 아바타를 통하여 현실세계의 경제적, 사회적인 활동과 유사한 활동을 할 수 있다. 가상세계는 현재 가장 친숙한 메타버스이며, 다양한 온라인 롤 플레잉 게임에서부터 생활형 가상세계에 이르기까지 3차원 컴퓨터 그래픽 환경에서 구현되는 커뮤니티를 종합적으로 나타내는 개념이다.

1.4 컴퓨터 구조와 컴퓨터 종류

1.4.1 컴퓨터 기본 기능 구조와 핵심 모듈

컴퓨터는 그림 1.3에서 보는 것과 같이 크게 하드웨어, 운영체제, 응용 프로그램으로 구성된 기본 구조를 가진다. 하드웨어 영역에는 중앙연산처리장치 (CPU: central processing unit), 메모리, 디스크 저장장치 (HDD: hard disk 등), 입출력장치 (키보드, 모니터 등), 네트워크 접속장치 (Ethernet LAN 및 WiFi 무선 LAN 접속 카드 등), 특수 데이터 처리 기능을 가지는 보조 연산장치 (Co-Processor: Graphic 카드 등), 센서와 구동기 (actuator) 등이 포함된다. 컴퓨터 장치의 용도에 따라 추가적인 하드웨어 기능 모듈들이 포함될 수 있다.

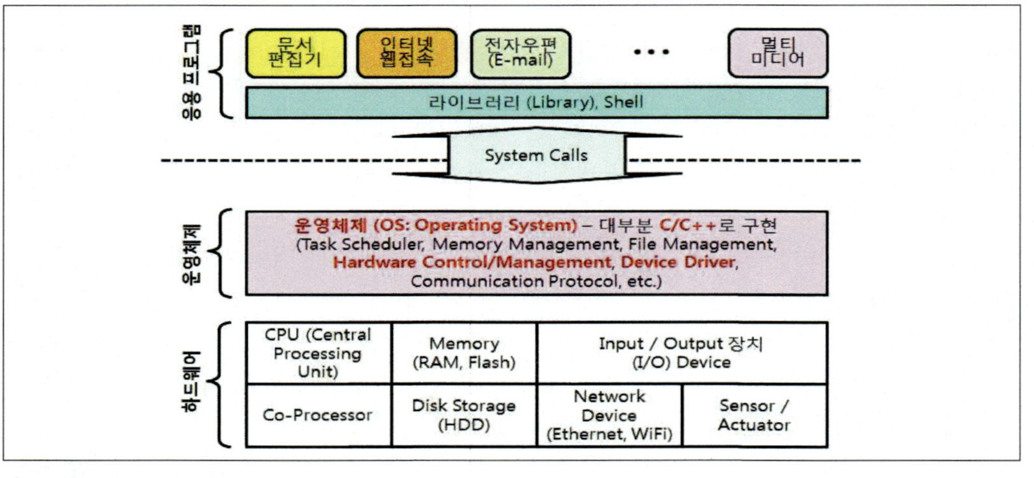

그림 1.3 컴퓨터 기본 구조

컴퓨터 소프트웨어에는 운영체제 (OS, operating system)와 응용 프로그램 (application program)이 포함된다. 운영체제는 컴퓨터 시스템의 하드웨어 모듈들과 소프트웨어 모듈들의 자원을 관리하고, 그 컴퓨터에서 실행되는 프로그램들의 실행을 제어하며, 상태를 관리한다. 응용 프로그램은 컴퓨터 장치를 사용하여 주어진 임무를 수행할 수 있도록 구현된 서비스 프로그램들이며, 다양한 프로그래밍언어들로 개발된다. 응용 프로그램은 운영체제가 제공하는 기능을 사용하여 주어진 임무 수행에 관련된 태스크들을 효율적으로 실행될 수 있도록 한다. 최근 대부분의 응용 프로그램들은 인터넷 기반의 원격 데이터 통신 기능과 원격 제어 및 관리 기능을 가지도록 구현된다.

1.4.2 컴퓨터 하드웨어

(1) 중앙연산처리장치 (CPU, Central Processing Unit)

컴퓨터 하드웨어 중 가장 핵심은 CPU이며, 대표적으로 Intel이 생산하여 데스트탑 컴퓨터와 노트북에 많이 사용되는 i 시리즈 멀티코어 CPU가 있으며, 임베디드 시스템을 위한 ARM의 Cortex 계열 CPU들이 있다.

컴퓨터의 용도에 따라 포함되는 하드웨어 모듈에 차이가 있을 수 있다. 최근 컴퓨터에서 많이 수행되는 인공지능 (AI, artiticial intelligence) 및 기계학습 (ML, machine learning)을 신속하게 처리하기 위해서는 병렬 데이터 처리가 가능한 GPU (graphic processing unit)나 system-on-module (SOM) 하드웨어 모듈이 필요하게 된다.

(2) 메모리 (memory) 및 데이터 저장 장치

컴퓨터의 메모리 장치로는 초고속 데이터 저장이 가능한 SRAM (static random access memory) 방식의 캐시 메모리 (cache memory)와 DRAM (dynamic random access memory) 방식의 주기억 (main memory) 장치, 대용량 데이터 저장을 위한 플래시 메모리 등이 있다.

(3) 입출력 장치

컴퓨터의 기본 입력장치로는 키보드와 마우스 (mouse)가 있고, 음성과 영상의 입력 장치인 마이크와 카메라가 추가적으로 사용될 수 있다. 컴퓨터의 기본 출력 장치로는 모니터가 있으며, 음성의 출력 장치인 스피커가 기본적으로 사용된다.

(4) 네트워크 접속 장치

컴퓨터가 외부 장치들과 연결되고 데이터를 주고 받기 위해서는 반드시 네트워크 접속 장치를 사용하여야 한다. 대표적으로 많이 사용되는 유선 네트워크로는 Ethernet LAN (local area network)이 있으며, 무선 네트워크로는 WiFi (Wireless Fidelity) 무선 LAN이 가장 많이 사용되고 있다.

컴퓨터 주변장치 (peripheral device)들을 접속하는 방법으로 USB (universal serial bus)를 많이 사용하며, 마우스, 키보드, 스피커, Web CAM 카메라 등을 USB로 접속하는 경우가 많이 있다. 컴퓨터 주변 장치의 무선 접속 방법으로는 Bluetooth 무선 통신 방식이 있으며, 마우스, 키보드, 마이크, 스피커 등의 접속에서 많이 사용된다.

(5) 센서 및 액추에이터 장치

자율주행 차량 또는 자율비행 드론과 같은 경우에는 컴퓨터 장치에 각종 센서들이 접속되어야 한다. 센서의 종류에는 가속도 센서, 기울기 센서, 온도센서, 습도센터, 밝기센서 등이 용도에 따라 컴퓨터 장치에 추가되어 사용된다.

컴퓨터 장치에 추가되어 사용되는 액추에이터의 예로서는 스마트 공장에서 로봇을 제어하는 경우, 로봇의 각 관절을 구동하는 모터들을 구동하기 위한 모터 구동 모듈이 있다.

1.4.3 운영체제 (operating system)와 응용 소프트웨어

(1) 운영체제 (OS)

컴퓨터 기본 구조에서 운영체제 (OS : Operating System)는 컴퓨터가 가진 모든 하드웨어 및 소프트웨어 자원을 관리하고 컴퓨터에서 실행되는 태스크들의 실행을 관리하며 파일 저장 기능과 통신 기능 등을 총괄 제어한다. 범용 운영체제의 대표적인 예는 마이크로 소프트사의 Windows system, Linux, MAC OS, iOS 등이 있으며, 실시간 임베디드 시스템을 위한 다수의 실시간 운영체제들이 있다. 컴퓨터 운영체제의 핵심기능들은 주로 C/C++ 프로그래밍언어를 사용하여 구현되며, 하드웨어에 종속되지 않는 상위 응용 계층을 구성할 수 있도록 가상 장치 (virtual machine) 환경을 제공하는 경우도 있다.

(2) 응용 소프트웨어

컴퓨터 하드웨어와 운영체제는 시스템 영역에 해당하며, 대부분의 시스템에서 사용자가 직접 이를 조작할 수 없도록 관리한다. 대부분의 컴퓨터에서 응용 프로그램은 그림 1.3에서 보는 것과 같이 쉘 (shell) 환경 위에서 실행되도록 구성되며, 다양한 라이브러리 함수들이 제공하는 시스템 콜 (system call)을 통하여 운영체제가 제공하는 시스템 기능을 사용할 수 있게 구성된다. 특별한 경우를 제외하고 사용자 응용 프로그램이 컴퓨터 시스템의 하드웨어에 직접 접근하여 제어할 수 없도록 구성되며, 반드시 운영체제를 거쳐 사용하도록 구성된다. 컴퓨터 응용 프로그램은 다양한 프로그래밍언어로 구현되며 대표적으로 C/C++, Java, Python 등의 언어가 많이 사용된다.

1.4.4 컴퓨터 종류

프로그램이 실행되는 컴퓨터의 종류에는 일반 사무용으로 사용되는 데스크톱 (desktop) 컴퓨터, 휴대용 컴퓨터인 노트북 (notebook) 또는 labtop, 내장형 (embedded) 컴퓨터, 사물인터넷 (IoT, Internet of Things) 단말장치 등이 있다. 각 컴퓨터 종류마다 중앙처리장치 (CPU)의 성능, 메모리 용량, 주변장치 (peripheral device)의 기능 등에서 다양한 차이가 있으며, 지정된 용도에 잘 활용될 수 있는 구조와 기능을 가진다.

프로그램 개발에서는 그 프로그램의 목적과 실행되는 환경을 잘 이해하고 그 실행 환경이 제공하는 컴퓨터 자원들을 최대한 활용하며 실행될 수 있도록 프로그램을 구성하여야 한다. 예를 들어 데스크탑 컴퓨터나 노트북에서는 업무용 프로그램이나 기본 데이터 처리, 원격 서비스 접속 등의 기능을 구현하는 프로그램들이 실행되며, 내장형 컴퓨터나 사물인터넷 단말장치에서 실행되는 프로그램들은 주로 그 컴퓨터 장치에 부착된 하드웨어 모듈 (예: 센서, sensor)을 사용하여 데이터를 수집하고, 통신 기능을 사용하여 원격 서버에 데이터를 전송하며, 원격 제어 시스템의 지시에 따라 액추에이터 (actuator) (예: 모터, 히터 등)를 구동시키는 기능을 수행하는 프로그램들이 주로 실행된다.

(1) Desktop 컴퓨터

데스트탑 컴퓨터는 사무실/직장, 컴퓨터 실습실 등에서의 업무 처리 및 게임 등에서 가장 많이 사용되는 범용 컴퓨터이다. 대부분의 테스크 탑 컴퓨터에는 2.8GHz 이상의 클럭을 사용하는 멀티코어 중앙연산처리장치 (CPU), 4 ~ 16 GB 메모리, 128 GB 이상의 디스크 저장장치, Gigabit LAN 등의 네트워크 접속장치, 기본 입출력 장치인 키보드, 마우스 및 모니터, 스피커 등이 구성되어 있다. 최근 다양한 화상 채팅 및 화상 회의를 위하여 웹캠 (web cam)이 대부분 추가 설치되어 사용되며, 컴퓨터 게임을 위한 그래픽 카드 등이 추가 장착되어 영상 처리 기능을 강화시킨 데스트 탑 컴퓨터가 많이 사용되고 있다.

데스트탑 컴퓨터의 멀티코어 CPU는 하나의 중앙연산처리장치 내부에 다수의 연산처리 코어를 포함하여 다중처리/병렬 처리 (multiprocessing / parallel processing)가 가능한 칩 레벨 멀티프로세서 (CMP, chip-level multi-processor) 프로그램 실행 환경을 제공한다. 예를 들어 프로그램이 다른 컴퓨터와 인터넷을 통하여 데이터를 주고 받는 도중에 프린터로의 출력 기능과 화면 출력 기능이 함께 실행될 수 있게 하는 것이다. 최근 컴퓨터 게임에서 많이 사용되는 그래픽 처리 장치 (GPU, graphics processing unit)는 그래픽 연산을 빠르게 처리하여 결과값을 모니터에 출력하는 연산장치이며, CPU가 처리하기 어려운 게임 영상을 매끄럽고 효율적으로 처리하여보다 현실감있는 게임을 즐길 수 있게 한다. GPU 기반 그래픽카드를 탑재한 데스크탑 컴퓨터 환경에서는 3D 그래픽 성능이 크게 향상되면서, 실시간 게임 및 멀티미디어 응용 서비스가 다양하게 개발될 수 있게 한다.

(2) 휴대용 컴퓨터 - Notebook/Laptop

노트북과 랩탑은 휴대용 컴퓨터 장치이며 데스크탑 컴퓨터와 유사한 용도로 사용된다. 그러나, 노트북은 일반적으로 데스트탑 컴퓨터에 비하여 메모리 용량 및 디스크 용량이 제한적이며, 주로 개인 업무용으로 사용된다. 최근 노트북을 사용한 화상채팅, 동영상 (영화 등) 시청, 게임 등의 멀티미디어 프로그램 실행도 크게 증가하고 있는 추세이며, 이를 위하여 성능이 우수한 유선 및 무선 네트워크 접속 기능이 기본적으로 제공된다.

(3) 내장형(embedded) 컴퓨터

내장형 컴퓨터는 이름이 의미하는 것과 같이 자동차, 세탁기, 냉장고 등의 특정 기능을 수행하는 장치내부에 설치되어 지정된 기능을 수행하는 컴퓨터를 의미한다. 일반적인 목적에 사용되는 데스크탑이나 노트북과는 달리 내장형 컴퓨터는 제한된 CPU 성능과 메모리 용량을 가지며 간단한 입력 및 출력 기능을 가지는 것이 일반적이다. 내장형 컴퓨터는 산업 현장에서 많이 사용되는 로봇 시스템, 주행 보조 기능이나 자율 주행 기능이 설치된 자동차, 항공기의 자동 비행 시스템 등에 사용되며, 최근에는 인공지능 (AI) / 기계 학습 (ML) 기능이 함께 사용되는 경우도 많이 있다.

내장형 컴퓨터를 위한 프로그래밍은 대부분 제한된 컴퓨터 환경에서 지정된 기능을 수행하도록 구성되며, 일반적 목적의 데스트탑 환경에서의 프로그래밍보다 전문성이 요구된다. 특히 제한된 시간 내에 지정된 업무가 완료될 수 있도록 엄격하게 관리되어야 하는 실시간 업무 수행 (realtime processing)이 매우 중요하게 강조되며, 이를 위하여 실시간 운영체제 (realtime operating system)가 함께 구성되는 경우가 많이 있다.

(4) 사물인터넷 (IoT) 단말장치

사물인터넷 (IoT, Internet of Things) 이란 사물들에 인터넷 통신 기능을 추가하여 그 사물들을 원격에서 접속, 활용, 관리, 제어할 수 있도록 하고, 다양한 서비스에 활용할 수 있게 하는 것이다. 사물인터넷 단말장치는 내장형 컴퓨터 기능을 가진다고 생각할 수 있으며, 내장형 컴퓨터 기능에 인터넷 통신 기능이 함께 포함된 것으로 이해할 수 있다.

사물인터넷 단말장치들은 스마트 공장 (smart factory), 스마트 자동차 (smart car), 스마트 의료 (smart healthcare), 스마트 홈 (smart home), 스마트 에너지 (smart energy) 등의 다양한 스마트 산업에 사용되며 원격 모니터링, 원격 검침, 원격 제어 기능을 수행하고 있다.

1.5 컴퓨터에서의 정보 표현

1.5.1 아날로그(analog)와 디지털 (digital)

일상생활 주변 환경에서 측정하고 활용하는 기온, 기압, 습도, 소리의 세기 등의 많은 데이터들은 대부분 연속적인 값을 가지는 아날로그 데이터이다. 그러나 컴퓨터 내부에서는 아날로그 데이터를 디지털 데이터로 변환하여 저장하고, 연산을 수행하며, 실제 사용되는 비트(bit)수에 따라 표현할 수 있는 데이터 값의 범위에 제한이 있다.

아날로그로 표현되는 생활 환경의 정보 값을 컴퓨터로 입력하고 처리하기 위해서는 먼저 A/D 변환기 (A/D converter)를 사용하여 아날로그 값을 디지털 데이터로 변환시켜야 한다. 일상생활에서 많이 사용되는 스마트 폰, 디지털 사진기 등은 아날로그 음성 정보와 영상 정보를 디지털 데이터로 변환시키는 A/D 변환기를 포함하고 있다. A/D 변환기에서 생성되는 디지털 데이터는 사용되는 비트 수에 따라 표현할 수 있는 아날로그 값의 범위가 달라진다는 점을 잘 이해하고, 실제 표현하여야 하는 아날로그 값의 범위 고려하여 A/D 변환기에서 사용하여야 하는 비트 크기를 결정하여야 한다.

컴퓨터에서 처리되거나 생성된 결과를 출력할 때에는 디지털 데이터를 아날로그 값으로 변환시켜 출력하여야 하며, 이를 위하여 D/A 변환기 (D/A converter)를 사용하게 된다. 일상 생활에서 많이 사용하고 있는 출력 장치들 (예: 스피커, 전기 모터 등)에서는 많은 경우 D/A 변환기 모듈이 내장되어 있다.

1.5.2 비트 (bit)와 바이트 (byte)

컴퓨터에서의 데이터 표현에서는 가장 기본적으로 0과 1의 두 가지 값으로 표현되는 비트 (bit : binary digit)와 8개의 비트로 구성되는 바이트 (byte)가 사용된다. 비트 (bit)는 binary digit을 의미하고, 0 또는 1을 표시할 수 있는 정보 단위이며, 이는 2가지의 상태를 구분할 수 있는 정보 표시를 할 수 있다. 예를 들어 스위치를 연결하여 불이 켜진 상태를 On 또는 1이라고 할 때, 스위치를 차단하여 불이 꺼진 상태는 Off 또는 0이라고 할 수 있다. 컴퓨터에서 사용되는 모든 디지털 데이터의 가장 기본적인 단위가 비트이며, 이 비트를 여러 개 모아서 정보를 표현하게 된다.

바이트 (byte)는 비트를 8개 모아 만들어지는 디지털 데이터 단위이며, 0부터 255까지의 총 256가지의 정보를 표현할 수 있다. 바이트는 옥텟 (octet)으로 불리기도 하며, 표준화 문서에서는 주로 옥텟으로 표현한다. 바이트 단위로 표시되는 가장 대표적인 예로서는 0 ~ 9의 숫자 및 영어 문자를 1 바이트로 표시하는 ASCII (American Standard for Information Interchange) 코드가 있다.

실제 컴퓨터 프로그램에서 사용하는 데이터 자료형에는 8비트 크기의 바이트 이외에 16비트 단위의 short, 32비트 단위의 정수 (integer), 32/64/128비트 단위로 소숫점 이하 값을 포함하는 실수를 float 자료형으로 표현한다.

표 1.2 비트 (bit)와 바이트 (byte)

데이터 표현 단위	비트 수	바이트 수	데이터 값 범위	설명
비트 (bit, binary digit)	1		0 또는 1을 표시	On/Off 상태 표현
바이트 (byte)	8	1	0 ~ 255	최대 256가지의 값을 구분하여 표현

1.5.3 문자의 표현

(1) 영문자 (English alphabet)

컴퓨터 프로그램에서 문자 (character)는 1바이트 또는 2바이트로 표현되는데, 표 1.3에서 보는 것과 같이 영문자와 단위 숫자의 표현은 1바이트로 나타내며, 전세계 문자를 하나의 체계로 표현하는 유니코드 (unicode)에서는 문자를 2바이트로 표현한다. 한글 역시 유니코드에서는 2바이트로 표현된다.

표 1.3 문자의 표현에 사용되는 자료형

기본자료형	바이트 수	데이터 값 범위	주요 용도
문자 (character)	1	0 ~ 255	ASCII 문자 표현
	2	0 ~ 65535	unicode 문자 표현

표 1.4 ASCII (American Standard Code for Information Interchange) Table

	0x00	0x01	0x02	0x03	0x04	0x05	0x06	0x07	0x08	0x09	0x0A	0x0B	0x0C	0x0D	0x0E	0x0F
0x00	NUL	SOH	STX	ETX	EOT	ENQ	ACK	BEL	BS	HT	LF	VT	FF	CR	SO	SI
0x10	DLE	DC1	DC2	DC3	DC4	NAK	SYN	ETB	CAN	EM	SUB	ESC	FS	GS	RS	US
0x20	SP	!	"	#	$	%	&	'	(	)	*	+	,	-	.	/
0x30	0	1	2	3	4	5	6	7	8	9	:	;	<	=	>	?
0x40	@	A	B	C	D	E	F	G	H	I	J	K	L	M	N	O
0x50	P	Q	R	S	T	U	V	W	X	Y	Z	[	\	]	^	_
0x60	`	a	b	c	d	e	f	g	h	i	j	k	l	m	n	o
0x70	p	q	r	s	t	u	v	w	x	y	z	{	|	}	~	DEL

표 1.4는 컴퓨터에서 표현되는 문자 자료형의 ASCII (American Standard Code for Information Interchange) 코드표를 보여준다. 이 코드표에는 영문자 (대문자 및 소문자), 숫자, 기호 (symbol), 제어 문자 등을 1바이트 (8 비트)로 표현하며, 각 문자의 값을

16진수 (hexadecimal)로 표시하고 있다.

(2) 유니코드 (unicode) 기반의 한글 표현

최근 세계 많은 나라들의 언어를 컴퓨터 프로그램에서 하나의 체계로 표현하기 위하여 유니코드를 국제 표준화하였으며, 한글도 유니코드로 표현된다. 유니코드는 각 문자를 2바이트로 표현하며, 한글의 경우 한글 자모, 완성형 한글 글자 마디, 한글 확장 자모, 반각 자모, 한중일 통합 한자 확장, 한중일 통합 한자 등에 대한 유니코드가 표준화되어 있다. (참고자료: https://ko.wikipedia.org/wiki/유니코드_영역)

1.5.4 숫자의 표현

(1) 정수 (integer)

그림 1.4에서 보듯이 숫자의 표현은 정수 (integer) 자료형과 부동소수점 실수 (float) 자료형으로 구분하여 표현된다. 먼저 정수 자료형은 1, 2, 4 바이트 크기로 표현되며 정수 데이터 값에서 음수 (minus) 범위를 포함하지 않는 경우와 포함하는 경우를 구분한다. 다수의 비트로 표현되는 정수는 맨 오른쪽의 0번째 비트를 가장 작은 (0 또는 1) 값을 나타내는 LSB (least significant bit)라 하고, 맨 왼쪽의 비트를 가장 큰 ((0 또는 1) × 2^{n-1})값을 나타내는 MSB (most significant bit)이라고 한다.

음수를 구분하는 경우 1개 비트를 부호 (sign)를 나타내기 위하여 사용하며, 데이터 값의 표현 범위는 표 1.5에서 보는 것과 같다.

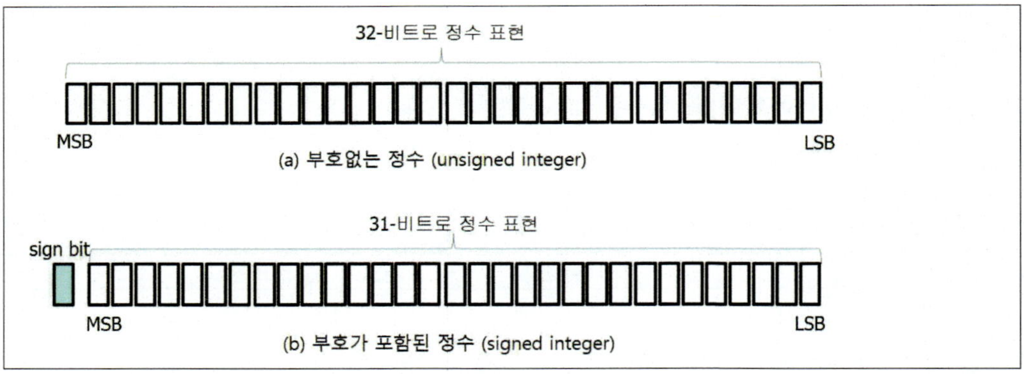

그림 1.4 32-비트 정수 (integer)의 표현 방식

표 1.5 숫자 표현

기본자료형	바이트 수	데이터 값 범위	주요 용도
문자 (character)	1	0 ~ 255	ASCII 문자 표현
	2	0 ~ 65535	unicode 문자 표현
정수 (integer)	1	0 ~ 255	부호 (sign)를 사용하지 않는 양수 범위의 정수
		-128 ~ +127	부호 (sign)를 사용하는 정수
	2	0 ~ 65535	양수 범위의 정수
		-32768 ~ +32767	부호 (sign)를 사용하는 정수

기본자료형	바이트 수	데이터 값 범위	주요 용도
	4	0 ~ 4294967295	부호 (sign)를 사용하지 않는 양수 범위의 정수
		-2147483648 ~ +2147483647	부호 (sign)를 사용하는 정수
실수 (float)	4	3.4×10^{-38} ~ 3.4×10^{38}	부호 (sign): 1 비트 지수 (exponent): 8비트 유효숫자: 23비트
	8	1.79×10^{-308} ~ 1.79×10^{308}	부호 (sign): 1 비트 지수 (exponent): 11비트 유효숫자: 52비트

(2) 10진수, 16진수, 8진수, 2진수

컴퓨터 장치에는 자료의 입력 및 출력 기능을 위하여 기본적으로 키보드 (key board)와 모니터 디스플레이 기능이 구성되며, 사용자 편의를 위하여 마우스 등이 추가되고, 멀티미디어 정보의 입출력을 위하여 카메라, 마이크, 스피커 등이 구성될 수 있다. 컴퓨터 입출력에서 숫자 데이터의 경우 사람들이 사용하는 10진수(decimal) 표현의 값을 컴퓨터 내부에서는 1 ~ 16 바이트 크기의 2진수(binary)로 변환하여 저장하게 된다. 표 1.6에 10진수와 2진수 간의 관계를 보여준다.

표 1.6 10진수, 2진수, 16진수, 8진수

10진수 (decimal)	2진수 (binary)	16진수 (hexadecimal)	8진수 (octal)
0	0000	0x0	00
1	0001	0x1	01
2	0010	0x2	02
3	0011	0x3	03
4	0100	0x4	04
5	0101	0x5	05
6	0110	0x6	06
7	0111	0x7	07
8	1000	0x8	10
9	1001	0x9	11
10	1010	0xA	12
11	1011	0xB	13
12	1100	0xC	14
13	1101	0xD	15
14	1110	0xE	16
15	1111	0xF	17

실제 프로그램에서 컴퓨터에 저장된 2진수를 0과 1로 표시할 경우 길이가 매우 길어지기 때문에 4비트 단위의 값을 16진수 (hexadecimal)로 표현하는 경우가 많다. 16진수는 0 ~ 15의 값을 가지며 0 ~ 9 범위는 10진수와 16진수가 동일하나, 10 ~ 15의 10진수 값은 16진수에서 A ~ F로 표시된다. 16진수를 표현할 때 10진수 표시와 구별하여 숫자 앞에

0x의 접두어 (prefix)를 함께 표시하는 방법을 사용한다. 컴퓨터 프로그램의 데이터 입출력에서 별도의 표시가 없으면 10진수의 숫자 데이터 표현으로 해석하며, 만약 숫자 데이터 앞에 0x가 표시되어 있으면 16진수 숫자 데이터로 해석한다. 컴퓨터에 저장되어 있는 2진수 데이터 값을 8진수로 표시하는 경우도 있다.

8진수 (octal)는 각 단위 숫자가 0 ~ 7 범위의 값을 가지며, 이는 3비트로 표현된 숫자 데이터가 가지는 값의 범위이다. 표 1.6은 10진수, 2진수, 16진수와 8진수의 관계를 보여준다.

(3) 2의 보수 (2's complement) 방식의 음수 (negative number) 표현

컴퓨터에서 0보다 작은 음수 (negative number)를 표현할 때 2의 보수 (2's complement) 방식을 사용한다. 2의 보수란 어떤 수를 2의 제곱수에서 빼서 얻은 이진수로 정의된다. 즉 음수로 표현하고자 하는 수를 이진수로 표현할 때, 그 자리수보다 한자리 더 크며, 가장 높은 자리의 비트가 1이고 나머지가 모두 0인 수에서 주어진 이진수에서 빼서 얻는 수가 2의 보수 표현이다.

예를 들어 표 1.7에서 보는 것과 같이 −127을 표현하고자 하는 경우, 8비트로 표현되는 127의 이진수 표현이 01111111이므로, −127은 100000000 − 01111111 = 1000 0001로 표현된다. 8비트로 양수와 음수의 정수를 표현하는 경우, bit 7은 부호(sign) 비트로 사용되며, 나머지 비트가 숫자를 표현하게 되고, 음수의 경우 2의 보수 형식으로 표현된다.

표 1.7 음수 (negative number)를 2의 보수로 표현

10진수 값	2의 보수에 따른 8비트 단위 비트 값
127	0111 1111
126	0111 1110
2	0000 0010
1	0000 0001
0	0000 0000
-1	1111 1111
-2	1111 1110
-126	1000 0010
-127	1000 0001
-128	1000 0000

(4) 실수 (float, double)

소수점 이하 자리의 값을 가지는 실수 자료형의 경우, 컴퓨터 내부에서는 부동소숫점 표현 이진 숫자로 저장되며, 국제 표준 IEEE 754에서 비트 저장 형식을 규정하고 있다. 그림 1.5에서 보는 것과 같이 4바이트 크기의 float 자료형으로 표현할 때에는 1개의 부호 비트와 8비트의 지수 (exponent), 23비트의 유효자리수로 구성하며, 8바이트 double 자료형으로 표현할 때에는 1개의 부호 비트, 11비트의 지수, 52비트의 유효자리수로 구성한다.

실수의 비트 표현 방식에서 부호 (sign) 비트는 정수형의 비트 표현에서와 같이 0이면 양수, 1이면 음수를 나타낸다. 지수 (exponent)는 $2^{(\text{exponent}-\text{bias})}$의 공식으로 계산되며, bias는 지수부의 범위가 음수와 양수에 걸쳐 고르게 나타날 수 있도록 지정된 오프셋으로 32비트 float 자료형에서는 127이 되며, 64비트 double 자료형에서는 1023으로 설정되어 있다. 가수/유효자리는 32비트 float인 경우 $1.b_{22}b_{21}...b_0$ 로 표시되며, 64비트 double인 경우 $1.b_{51}b_{50}...b_0$ 로 표시된다. 4바이트 (32비트) float의 비트 표현 방식의 실수인 경우 $(-1)^{sign}(1.b_{22}b_{21} \cdot\cdot\cdot b_0)_2 \times 2^{exponent-127}$로 계산되며, 8바이트 (64비트) double인 경우 $(-1)^{sign}(1.b_{51}b_{50} \cdot\cdot\cdot b_0)_2 \times 2^{exponent-1023}$로 계산된다.

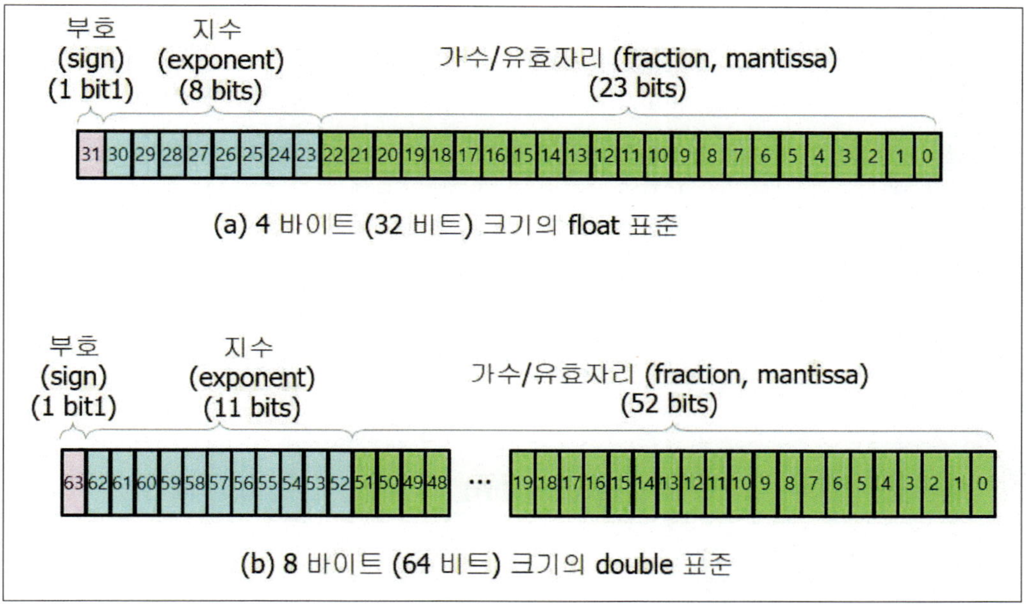

그림 1.5 실수 (float)의 표현 방식

1.5.5 복잡한 정보의 표현

(1) 배열 (array)

동일한 자료형의 데이터를 여러 개 모아서 사용해야 하는 경우 배열을 구성하여 데이터를 저장하고, 정렬 (sorting)과 탐색 (searching) 등의 알고리즘에서 사용하게 된다. 예를 들어 학교에 등록된 학생들의 레코드를 모아 두고, 학점 순서에 따라 정렬을 하거나, 성적순으로 정렬하는 등의 다양한 알고리즘에 사용할 수 있다.

(2) 리스트 (list)

리스트는 데이터가 포함된 항목들을 링크로 연결하여 차례대로 데이터를 추출할 수 있게 하고, 리스트 중간에 새로운 항목을 쉽게 추가하거나 삭제할 수 있도록 구성한 것이다. 리스트는 배열과는 달리 서로 다른 항목을 링크로 연결하여 리스트로 구성할 수도 있는 장점이 있고, 큰 규모의 항목들이 포함된 상태에서 중간에 새로운 항목을 추가하거나 기존 항목을 삭제하는 동작이 많이 발생하는 경우에 배열보다 더 우수한 성능을 제공할 수 있다.

(3) 구조체 (struct)와 튜플 (tuple)

컴퓨터 프로그램에서 다루어야 하는 정보가 단순한 문자, 문자열, 정수 또는 실수 자료형이 아니라 다양한 자료형들이 묶음으로 사용되어야 하는 경우가 많이 있다. 예를 들어 학생에 관련된 정보 표현에서 학생 이름은 문자열로, 학번은 정수 자료형으로, 성적은 실수 자료형으로 표현되어야 한다. 이렇게 다양한 자료형의 속성 데이터를 묶음으로 표현하여야 할 때 C/C++ 구조체 (struct)를 사용하며, 파이썬에서는 튜플 (tuple)을 사용하고, Kotlin에서는 data class를 사용한다.

(4) 클래스 (class)

C++, 파이썬, Java 및 Kotlin 프로그래밍언어는 객체지향형 프로그래밍 (object-oriented programming) 구조를 기반으로 복잡한 정보를 하나의 클래스 내에 모아서 사용할 수 있도록 하며, 그 데이터를 처리하는 함수들을 함께 포함시켜 클래스를 만들고, 이 클래스를 기반으로 객체들을 생성하도록 한다. 클래스는 데이터와 그 데이터 처리함수를 하나의 클래스로 통합 관리하게 하며, 중요한 데이터가 항상 정상적인 값의 범위에 유지될 수 있게 함으로써 시스템이 안정된 상태에 유지될 수 있는 매우 중요한 장점을 제공한다.

객체지향형 프로그래밍은 큰 규모의 소프트웨어 개발에서보다 체계적인 소프트웨어 공학 개념을 적용할 수 있게 하고, 소프트웨어 재활용이나 시스템 안정성을 향상시킬 수 있는 많은 장점들을 제공한다.

1.6 기본 데이터 연산 (operation)

1.6.1 수치데이터 연산

(1) 정수, 실수 및 복소수에 대한 4칙연산 - 덧셈, 뺄셈, 곱셈, 나눗셈

컴퓨터 프로그램에서 가장 많이 실행되는 계산은 기본자료형인 정수 (integer), 실수 (float) 및 복소수 (complex number) 데이터들에 대한 덧셈, 뺄셈, 곱셈 및 나눗셈 연산을 수행하는 것이다. 많은 응용 프로그램들은 프로그램을 사용하여 처리한 정보를 수치 데이터로 표현하고, 이 데이터를 주어진 방식에 따라 연산을 수행하여 결과값을 산출하며, 그 결과값을 다음 단계 프로그램에서 활용하는 기능을 구현한다.

(2) 배열 (array)과 행렬 (matrix) 원소들에 대한 연산

많은 컴퓨터 프로그램에서는 기본 데이터들을 배열 (array)로 구성하고, 이 배열 원소들에 대하여 정렬 (sort) 기능과 탐색 (search) 기능 들의 다양한 알고리즘을 구현하며, 처리 결과를 응용 프로그램에서 활용하는 기능을 구현한다.

2차원 배열을 사용하여 행렬 (matrix)을 표현하며, 행렬을 기반으로 개발된 많은 알고리즘들을 구현한 사례들을 많은 공학 문제 해결에 활용하고 있다. 특히 선형 시스템으로 모델링된 많은 문제들을 위하여 다양한 행렬 기반 해결 방안들이 많이 개발되어 있으며, 실제 로봇팔 제어, 선형 시스템 해 (solution) 산출에 사용하고 있다.

최근 다양한 인공지능 (artificial intelligence)과 기계 학습 (machine learning) 알고리즘에서도 행렬을 기반으로 알고리즘들이 다양하게 개발되고 있다.

1.6.2 논리 연산

(1) 조건식 (conditional expression)과 Bool 자료형

컴퓨터 프로그램의 제어 (control)에서는 알고리즘 구성에 필요한 조건식 (conditional expression)에 따라 연산을 한 후, 해당 조건에 만족하는가에 따라 다른 기능을 수행하도록 한다. 예를 들어 어두운 경우 가로등을 켜도록 하고, 실내 온도가 너무 낮으면 히터를 가동하도록 하는 것이, 조건식을 검사하고 그 결과에 따라 지정된 기능이 수행되도록 하는 것이다.

조건식 검사 결과는 참 (true)과 거짓 (false)의 두가지 값을 가지는 부울 (bool) 자료형으로 표현된다. 개별 조건식을 조합하여 복합 조건식을 만들어 다양한 상황에 대한 조건 만족 여부를 검사하도록 한다. 예를 들어 윤년 (leap year)의 경우 해당 연도가 "4의 배수이며 100의 배수가 아닌 경우" 와 "400의 배수" 인 경우의 복합 조건으로 정의된다. 따라서 윤년을 확인하는 프로그램에서는 해당 연도가 4의 배수인지 확인하는 조건, 100의 배수가 아닌지 확인하는 조건, 400의 배수인지 확인하는 조건 등을 각각 검사하고, 그 결과를 조합하여 윤년 여부를 확인하도록 한다.

(2) 논리곱 (logical and), 논리합 (logical or)

복합적인 조건식을 구성할 때 개별 조건식 결과를 논리곱 (logical and) 또는 논리합 (logical or)으로 조합하여 복합적인 조건 결과를 산출하도록 한다. 위에서 설명하였던 윤년 (leap year)의 복합조건식인 경우 "4의 배수" 인 조건과 "100의 배수가 아닌 조건" 을 논리곱으로 산출하고, 이 결과와 "400의 배수" 인 조건의 논리 합을 검사하여 판단하도록 한다.

또 다른 복합 조건식의 예로 "공휴일에 기온이 20도 이상이며 30도 미만이고 날씨가 맑으면 피크닉을 간다" 라는 프로그램 실행문에서는 먼저 "공휴일" 이라는 조건과 "기온이 20도 이상이며 30도 미만" 의 조건, "날씨가 맑음" 의 조건을 각각 개별 조건식으로 구성한 후 이들 조건식들을 논리곱으로 구성하여 종합적인 판단이 이루어지게 한다.

1.6.3 통계 분석

(1) 최댓값, 최솟값, 평균, 중위수 (median), 분산(variance), 표준편차(standard deviation)

컴퓨터 프로그램의 응용 분야에서 많이 사용되는 기능은 주어진 데이터 원소들의 통계적인 특성을 분석하고, 그 분석 결과를 활용하는 것이다. 데이터 원소들의 집합은 배열과 같은 자료구조로 정리하는 것이 일반적이며, 자료구조를 기반으로 다양한 데이터 분석 알고리즘을 구현하는 예를 많이 볼 수 있다.

데이터 집합의 통계 분석에서는 기본적으로 최댓값, 최솟값, 평균값 및 중위수 (median)를 찾으며, 추가적으로 분산 (variance)과 표준편차 (standard deviation)를 계산하여 데이터 원소들이 가진 통계적 특성을 다양하게 활용할 수 있게 한다.

(2) 시계열 데이터의 통계 분석

시계열 데이터 (time series data)는 데이터를 일정한 시간 주기로 관측 (또는 측정)하여 정리된 데이터를 의미하며, 일정 시점에 함께 측정된 데이터들을 횡단 데이터 (cross-sectional data)라고 한다. 예를 들어 매일 매시간 특정 지역별로 측정된 기온 데이터, 주식 시장의 항목별 주가, 외환 시장의 환율 등이 시계열 데이터에 해당한다.

시계열 데이터의 통계 분석은 주어진 데이터의 일반적인 경향 (trend)이나 주기성 (cycle), 계절성 (seasonality), 규칙성 (regularity) 등을 파악하는 것이며, 해당 항목의 추세 분석과 향후 예측 등에 핵심적인 정보를 제공한다.

1.7 주요 프로그래밍언어

1.7.1 주요 프로그래밍언어와 특성

각 프로그래밍언어는 표 1.8에서 보는 것과 같이 개별적으로 서로 다른 특성을 가진다. C 프로그래밍언어는 하드웨어를 직접 제어하는 성능이 좋아 많은 운영체제 (operating system)의 구현에 사용되며, C++ 프로그래밍언어는 객체 지향형 (object-oriented) 프로그래밍언어로서, 큰 규모의 소프트웨어를 개발할 때 각 기능 모듈들은 클래스 (class)와 객체 (object)를 설계 및 구현하고, C 프로그래밍 기능을 함께 사용하는 경우가 많다. 파이썬 프로그래밍언어에서 사용되는 많은 패키지와 모듈들은 실제 C/C++를 기반으로 구현되어 있으며, 알고리즘의 처리 속도가 중요한 응용 프로그램에서는 C/C++ 패키지와 모듈로 구현한 후 파이썬 프로그래밍 체계로 통합하는 방법을 사용하고 있다.

Java 프로그래밍언어는 하드웨어 플랫폼과 운영체제의 종류에 구속되지 않도록 Java 가상 머신 환경을 구성한 후 실행하도록 하며, 인터넷 접속 기반의 분산 처리 및 클라우드 응용 프로그램 구현에 많이 사용되고 있다.

표 1.8 주요 프로그래밍언어와 특성

주요 프로그래밍언어	특성
C	▪ 하드웨어를 직접 제어하는 성능이 좋아 많은 운영체제 (operating system, OS)의 구현에 사용됨 ▪ 절차 위주의 프로그래밍 구성, 컴파일러 사용
C++	▪ 큰 규모의 소프트웨어 개발에서 객체 지향형 (object-oriented)의 클래스와 객체 (object)를 사용하며, C의 기능도 함께 포함 ▪ 컴파일러 사용
C#	▪ .NET 환경에 최적화되어 있으며 컴포넌트 기반의 소프트웨어 개발 패러다임을 지원하는 컴포넌트 지향 프로그래밍언어 ▪ 단순한 콘솔 응용 프로그램부터 인터넷 및 분산환경 시스템, 모바일 시스템을 위한 응용 프로그램, 게임과 같은 멀티미디어 콘텐츠에 이르기까지 다양한 소프트웨어를 쉽게 제작할 수 있도록 설계된 범용 프로그래밍언어 ▪ C++의 객체지향성과 자바의 분산환경 처리에 적합한 다중성을 지님

주요 프로그래밍언어	특성
Java	▪ 하드웨어 플랫폼에 상관없이 사용할 수 있다는 장점이 있음 ▪ 객체지향형의 클래스와 객체 가능 사용 ▪ 인터프리터 또는 컴파일러 사용 ▪ 안드로이드 앱이 Java 기반이며, 웹 기반의 업무 시스템에서 Java가 많이 사용됨
Java Script	▪ Java 스크립트 프로그래밍
Python	▪ 객체 지향형 클래스와 객체 사용가능 ▪ 인터프리터 사용
Visual Basic	▪ 영상 처리 관련 전문 프로그래밍
Go	▪ 2009년 Google이 개발한 프로그래밍언어. Garbage collection 기능 제공, concurrent (동시처리/병행처리) 지원
Swift	▪ 애플의 iOS와 macOS를 위한 프로그래밍언어 ▪ 기존의 애플 운영체제용 언어인 오브젝티브-C와 함께 공존하도록 개발. 오브젝티브-C와 마찬가지로 LLVM으로 빌드되고 같은 런타임을 공유. 클로저, 다중 리턴 타입, 네임스페이스, 제네릭스, 타입 유추 등 오브젝티브-C에는 없었으나 현대 프로그래밍 언어가 갖고 있는 기능을 많이 포함시켰으며 코드 내부에서 C나 오브젝티브-C 코드를 섞어서 프로그래밍하거나 스크립트 언어처럼 실시간으로 상호작용하며 프로그래밍 할 수 있음
Kotlin	▪ IntelliJIDEA개발사인 JetBrains에서 2011년에 공개한 오픈소스 프로그래밍 언어. JVM 기반의 언어로 Java와 유사하나 더 간결한 문법과 다양한 기능을 추가하였으며, Java와의 상호 운용이 100% 지원됨coroutine 지원, JVM 바이트코드가 기본이지만, Kotlin/Native 컴파일러를 사용하여 기계어로 컴파일할 수 있음 ▪ Android, Sprint Framework, Tomcat, JavaScript, JavaEE, HTML5, iOS, Raspberry Pi 환경에서의 프로그램 개발에 사용될 수 있으며, iOS, Android, macOS, Window 등의 다양한 운영체제/플랫폼 환경(multi-platform)에서 프로그램이 실행될 수 있게 하는 cross-platform 프로젝트를 쉽게 수행할 수 있도록 지원 ▪ Google에서 Android의 공식언어로 Kotlin을 추가하였음
Rust	▪ C/C++에서 Null Pointer에 의한 메모리 사용에서의 불안전한 부분을 ownership과 life time 개념으로 개선 ▪ Concurrent 동시처리/병렬처리 기능 지원, Rust 기반의 운영체제 개발이 다수 진행되고 있음

1.7.2 주요 프로그래밍언어들에 대한 평가

많이 사용되는 프로그래밍언어들에 대한 평가는 다양한 관점에서 서로 다른 평가 결과를 보여줄 수 있다. 그림 1.6은 TIOBE index (https://www.tiobe.com/tiobe-index/) 자료를 보여준다. TIOBE 인덱스는 전세계적으로 사용되는 프로그래밍언어들의 활용도 평가를 제공한다. 2024년 2월 현재, Python, C, C++, Java, C# 프로그래밍언어들이 상위권으로 평가되었다. 특히 Python의 경우 1년 전부터 1위를 차지하며 지속적으로 더 많은 활용도를 가지는 것으로 파악된다.

Kotlin은 2023년 2월에는 33위, 9월에는 20위였으나, 2024년 9월에는 18위의 위치로 상승하였다. 이는 기존의 Java 응용 프로그램을 Kotlin으로 대체하거나, 앞으로의 Java 응용 프로그램을 Kotlin으로 대체할 수 있다는 상황이 반영된 것으로 보인다.

함께 주목할 만한 프로그래밍 언어로는 Google에서 개발되어 간결하고 효율적인 코드 작성을 가능하게 하고, 네트워크 서버, 클라우드 서비스, 분산 시스템 등의 대규모 소프트웨어 개발에 적합한 언어인 Go (또는 Golang)과 메모리 안정성 문제를 해결하여 시스템 프로그래밍개발자들 사이에 인기가 높아지고 있는 Rust가 있다.

Sep 2024	Sep 2023	Change	Programming Language	Ratings	Change
1	1		Python	20.17%	+6.01%
2	3		C++	10.75%	+0.09%
3	4		Java	9.45%	-0.04%
4	2		C	8.89%	-2.38%
5	5		C#	6.08%	-1.22%
6	6		JavaScript	3.92%	+0.62%
7	7		Visual Basic	2.70%	+0.48%
8	12		Go	2.35%	+1.16%
9	10		SQL	1.94%	+0.50%
10	11		Fortran	1.78%	+0.49%
11	15		Delphi/Object Pascal	1.77%	+0.75%
12	13		MATLAB	1.47%	+0.28%
13	8		PHP	1.46%	-0.09%
14	17		Rust	1.32%	+0.35%
15	18		R	1.20%	+0.23%
16	19		Ruby	1.13%	+0.18%
17	14		Scratch	1.11%	+0.03%
18	20		Kotlin	1.10%	+0.20%
19	21		COBOL	1.09%	+0.22%
20	16		Swift	1.08%	+0.09%

그림 1.6 TIOBE Index (https://www.tiobe.com/tiobe-index/) (2024년 2월 기준)

1.8 Kotlin 프로그래밍언어

1.8.1 Kotlin 프로그래밍언어 개요

Kotlin은 IntelliJ IDEA 개발사인 체코 JetBrains에서 2011년 공개한 오픈소스 프로그래밍언어이며, JVM (Java Virtual Machine) 기반의 언어로 Java와 유사하나 더 간결한 문법과 다양한 기능을 추가한 프로그래밍언어이다. Kotlin은 Java와의 상호 운용이 100% 지원되므로 Java로 구현된 소프트웨어 패키지를 Kotlin으로 변환하는 것이 매우 용이하며 JVM 바이트 코드를 기본으로 하지만, Kotlin/Native 컴파일러를 사용하여 기계어로 컴파일하여 향상된 성능을 활용할 수 있게 한다.

Kotlin은 Android, Spring Framework, Tomcat, JavaScript, JavaEE, HTML5, iOS, Raspberry Pi 환경에서의 프로그램 개발에 사용될 수 있으며, iOS, Android, macOS, Window 등의 다양한 운영체제/플랫폼 환경 (multi-platform)에서 프로그램이 개발 및 실행될 수 있게 하는 cross-platform 프로젝트를 쉽게 수행할 수 있도록 지원하고 있다.

Kotlin은 Google에서 Android 공식 언어로 추가되어 있어 향후 모바일 프로그래밍에서도 많이 사용될 것으로 분석되고 있다.

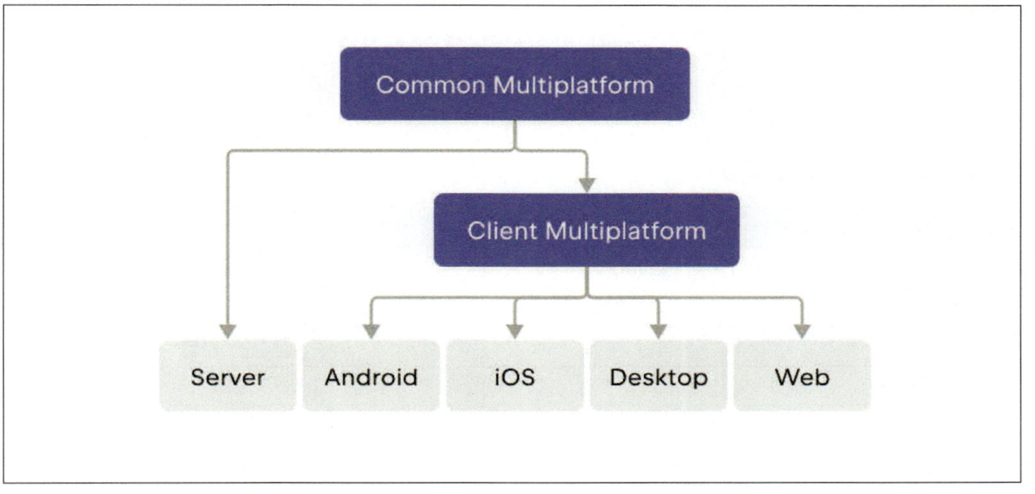

그림 1.7 Multi-platform 프로그래밍 개념

1.8.2 Kotlin 프로그래밍언어의 특징

Kotlin 프로그래밍언어의 특징은 다음과 같다:

- 객체 지향 (Object-oriented) 프로그래밍, 클래스, 상속, 다형성
- 클래스로 캡슐화 (encapsulation), 데이터 멤버, 멤버 함수
- 패키지 (package)
- 멀티스레드(multithread)
- 플랫폼 독립성, 가상 머신 (virtual machine)

먼저 Kotlin은 C++, Java, Python 등과 함께 객체 지향 프로그래밍을 제공하며, 클래스에 데이터 멤버와 멤버 함수를 함께 포함시켜 구현하여 시스템 안정성 및 안정적인 데이터 관리 기능을 구현할 수 있게 하며, 상속 (inheritance) 기능을 사용하여 소프트웨어 재활용과 다형성 (polymorphism)의 장점을 활용할 수 있게 한다.

관련성이 있는 Kotlin의 각 함수와 클래스들을 패키지로 구성하여보다 체계적으로 관리하고 재활용할 수 있도록 한다. Kotlin은 다중 처리 (multiprocessing)와 동시처리 (concurrent processing)을 효율적으로 지원하며, 이를 위하여 멀티 스레드와 코루틴 (coroutine)을 지원한다. Kotlin 프로그래밍언어는 Java 언어와 동일하게 가상머신 (Java Virtual Machine, JVM)에서 실행하여 플랫폼 독립성을 제공하고 있다.

표 1.9는 Java 프로그래밍언어와 Kotlin 프로그래밍언어를 상세하게 비교하고 있다. Kotlin은 Java에 비교하여 간결한 문법을 사용할 수 있게 하며,보다 더 엄격한 자료형 체크 기능을 제공한다.

Kotlin에서는 null 안정성 제공 기능을 제공하여 null 포인터 또는 null 객체에 의하여 시스템 오류가 발생하는 것을 방지하도록 관리하며, 제네릭 (generic) 함수 및 클래스를 사용하여 특정 자료형에 한정되지 않고, 일반화된 알고리즘과 자료구조를 구현할 수 있게 하고, C++의 template과 같은 기능을 제공한다.

Kotlin 프로그래밍언어는 Java에서 지원하지 않는 확장함수, 데이터 클래스와 코루틴 기능을 지원한다.

표 1.9 Java와 Kotlin의 비교

분류	Java	Kotlin
컴파일러	javac	kotlinc
컴파일 결과물	바이트코드(.class)	바이트코드(.class)
문법	복잡한 문법	간결한 문법
실행 환경	JVM	JVM
타입체크	타입 체크가 적음	더 엄격한 타입 체크
null 처리	null 처리가 어려움	null 안전성 제공
제네릭	제한적인 타입 추론	자동 타입 추론
람다식	지원	지원
확장 함수	지원하지 않음	지원
데이터 클래스	지원하지 않음	지원
코루틴	지원하지 않음	지원

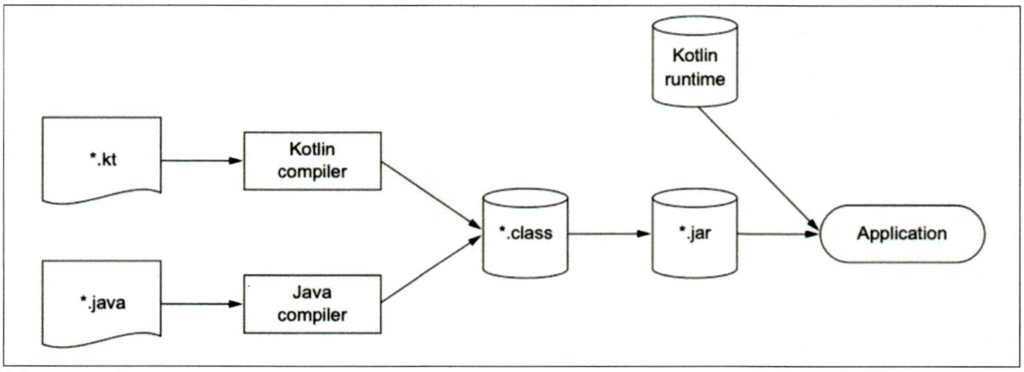

그림 1.8 Kotlin build process

그림 1.8은 Kotlin 프로그램의 실행 파일 생성 절차를 보여준다. Kotlin 프로그래밍은 Java 프로그램과의 100% 호환성을 지원하며, 동일한 JVM (Java Virtual Machine) 환경에서 실행된다. Kotlin에서는 Java 프로그래밍언어로 구현되어 있는 많은 모듈들을 활용

할 수 있게 한다.

1.9 Kotlin 프로그램 개발 환경 - IntelliJ

1.9.1 IntelliJ 설치

IntelliJ는 대표적인 Java 통합 개발 환경 (IDE, Integrated Development Environment) 중 하나이며, JetBrains에서 개발하여 2011년에 오픈 소스로 공개하여 제공되므로 무료로 사용할 수 있다. Kotlin는 Java 이외에 Kotlin 프로그래밍언어 기반의 소프트웨어 프로젝트 개발에서도 사용할 수 있다. IntelliJ의 설치는 https://www.jetbrains.com/idea/ 사이트를 방문하여 최신 버전을 다운 로드 받을 수 있다.

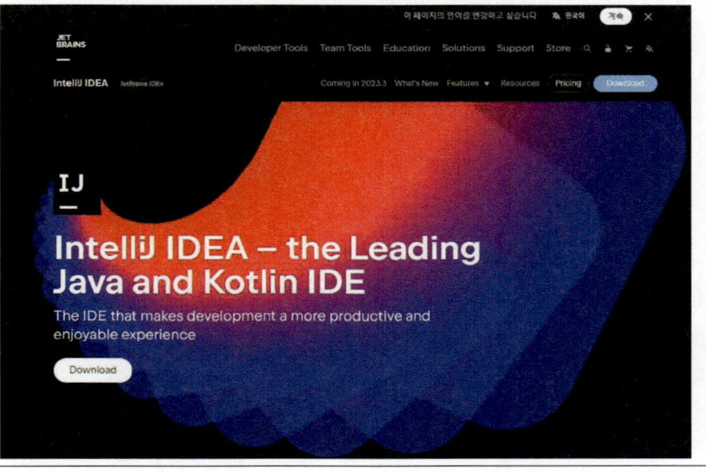

그림 1.9 IntelliJ 설치

1.9.2 IntelliJ 환경에서의 Kotlin 프로그램 작성 및 실행

그림 1.10은 IntelliJ 환경에서 Kotlin 프로그램을 작성하고 실행하는 예를 보여준다. IntelliJ 환경에서 "New Project"를 실행하여 프로젝트 생성을 하며, 프로그래밍언어는 Kotlin으로, Build System은 IntelliJ로 설정하고, 프로젝트 이름과 저장 위치를 설정한다. Kotlin 프로젝트 생성에서 예제 프로그램을 자동적으로 생성하고자 하는 경우, "Add sample code" 항목을 체크하고, "Create" 버튼을 클릭한다.

예제 코드 (sample code)를 포함하는 프로젝트를 생성하였을 경우, 그림 1.11에서 보는 것과 같이, 간단한 println("Hello World!") 실행문을 포함된 main() 함수가 자동 생성되어 포함되어 있는 것을 확인할 수 있다.

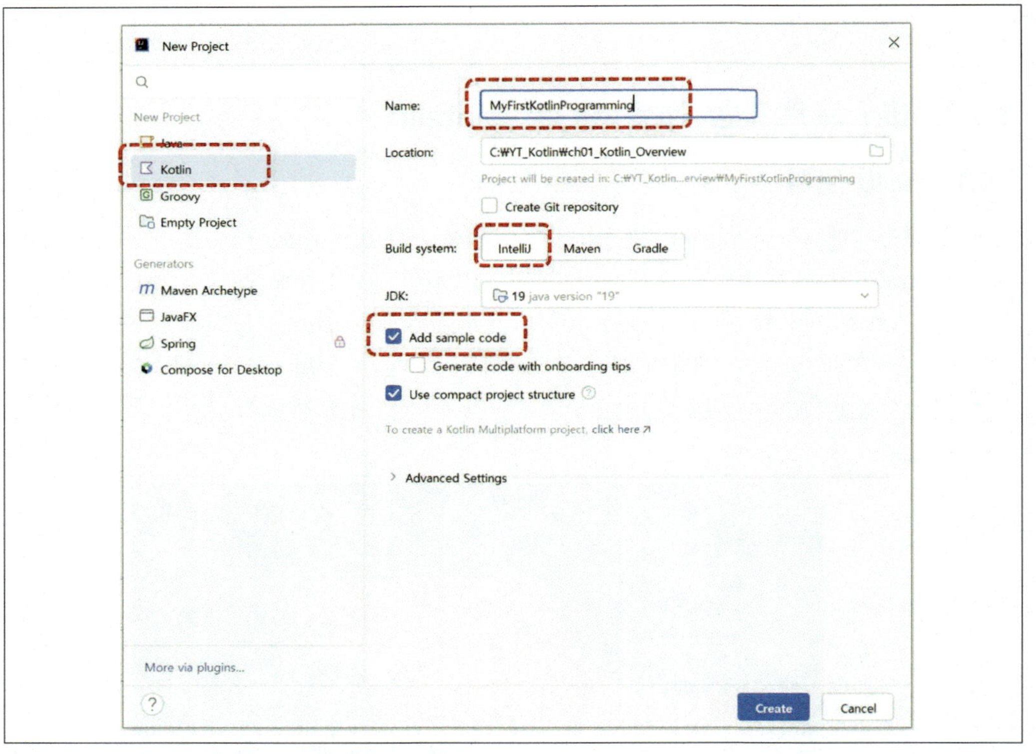

그림 1.10 IntelliJ 통합 개발 환경에서 Kotlin 프로젝트 생성

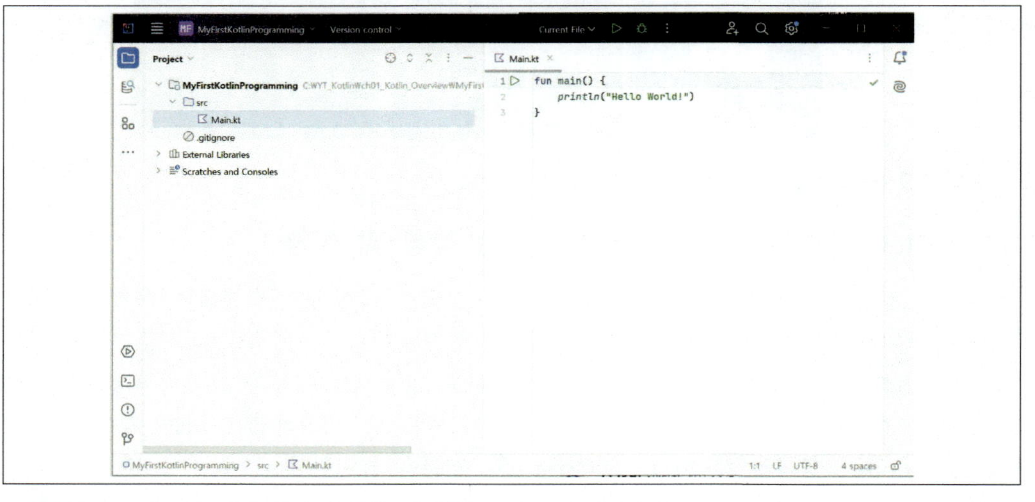

그림 1.11 IntelliJ를 사용하여 작성한 간단한 Kotlin 프로그램 – Hello_World

1.9.3 IntelliJ 환경에서의 Kotlin 프로젝트 빌드 시스템

표 1.10에 IntelliJ에서 Kotlin 프로젝트를 개발할 때 선정 가능한 빌드 시스템인 Gradle, Maven, IntelliJ의 기능을 비교하여 설명하고 있다. Kotlin 프로젝트 개발에 사용

되는 빌드 시스템은 빌드, 의존성 관리, 자동화 등에서 다양한 기능을 제공하므로, 요구 사항에 따라 적절한 도구를 선택할 수 있다.

Gradle은 최신 빌드 시스템으로, Kotlin DSL을 통해 빌드 스크립트를 작성할 수 있어 Kotlin과의 호환성이 좋으며, 빠른 빌드 성능과 유연한 의존성 관리가 장점이 있다. 커스터마이징이 매우 유연하여 다양한 빌드 요구 사항에 대응할 수 있다.

Maven은 오래된 빌드 도구로, XML 기반의 설정 파일을 사용하며, 안정성과 일관성이 좋으며, 많은 오픈 소스 프로젝트에서 널리 사용된다. 그러나 XML 기반 설정으로 인해 유연성이 떨어질 수 있다.

IntelliJ IDEA 빌드 시스템은 IntelliJ IDEA 자체의 빌드 시스템으로, Gradle이나 Maven과 함께 사용되며, IDE 내에서 기본적인 빌드 작업을 수행한다. IDE의 빌드 시스템은 Gradle 또는 Maven과 비교하여 빌드 속도나 의존성 관리 기능이 제한적인 문제가 있다.

표 1.10 IntelliJ 환경에서의 Kotlin 프로젝트 빌드 시스템

기능/특징	Gradle	Maven	IntelliJ IDEA 빌드 시스템
기본 사용	빌드 및 의존성 관리	빌드 및 의존성 관리	통합 개발 환경(IDE) 내장 빌드 시스템
구성 파일	build.gradle.kts(Kotlin DSL), build.gradle(Groovy DSL)	pom.xml	IntelliJ IDEA 프로젝트 설정
언어 지원	Kotlin, Groovy, Java 등 지원	Java 중심, Kotlin도 지원	Kotlin, Java, 기타 JVM 언어 지원
의존성 관리	강력한 의존성 관리, 동적 의존성 버전 해결 가능	정적 의존성 관리, 명시적 버전 필요	제한적 의존성 관리, 주로 Gradle 또는 Maven과 연동됨
빌드 속도	빠른 빌드 성능, 캐싱 및 병렬 처리 지원	상대적으로 느림, 연속 빌드 시 성능 저하	IDE 내장 빌드로, Gradle/Maven에 비해 성능 차이 없음
스크립팅 언어	Kotlin DSL과 Groovy를 사용하여 스크립팅 가능	XML 기반, 스크립팅 불가	스크립팅 없음, GUI 기반 설정
확장성	플러그인과 커스터마이징이 매우 유연	플러그인과 확장성 있지만 XML 기반으로 제한	IDE 기능 확장, 플러그인 설치 가능
커뮤니티 지원	활발한 오픈 소스 커뮤니티, 강력한 문서화	오래된 오픈 소스 커뮤니티, 널리 사용됨	IDE 벤더 지원, 포럼 및 문서화
CI/CD 통합	Jenkins, GitHub Actions, GitLab CI 등과 쉽게 통합	Jenkins, GitHub Actions, GitLab CI 등과 통합 가능	CI/CD 지원은 제한적, Gradle/Maven과 통합 필요
초기 설정	상대적으로 복잡할 수 있음	XML 설정 파일을 통해 설정 간단	IDE 내장 기능을 통해 간편 설정
모듈화	모듈화 지원, 다중 프로젝트 지원	모듈화 지원, 다중 프로젝트 지원	주로 단일 프로젝트 중심, 다중 모듈 설정 가능

1.9.4 IntelliJ 환경에서의 Kotlin 프로젝트의 모듈 추가

IntelliJ IDEA를 사용하여 Kotlin 프로젝트를 개발하는 경우, 필요에 따라 외부 라이브러리 모듈을 추가하여야 할 경우가 많이 있다. 예를 들어 JavaFX 또는 TornadoFX를 사용하여 Kotlin GUI 프로그래밍을 하거나 MySQL 데이타베이스 접속을 위하여 관련 JDBC를 설치하여 데이타베이스 응용 Kotlin 프로그램을 개발하는 경우 관련된 외부 라이브러리 모듈을 추가하여야 한다.

Kotlin 프로젝트에 외부 라이브러리를 추가하는 것은 Kotlin 프로젝트 빌드 시스템(Gradle, Maven, IntelliJ)에 따라서 다른 방법을 사용하여야 한다. 만약, Kotlin 프로젝트의 빌드 시스템을 IntelliJ로 설정하여 통합개발 환경의 내장 빌드 시스템을 사용하는 경우, 그림 1.12에서 보는 것과 같이, 파일 -> 프로젝트 구조 -> 프로젝트 설정 -> 모듈 -> 종속요소 -> '+' -> 라이브러리 타입 선택 -> Maven 저장소에서 라이브러리 다운로드 메뉴를 선택한 후, 그림 1.13에서와 같이 필요한 라이브러리 모듈 이름을 입력하여 설치하게 된다.

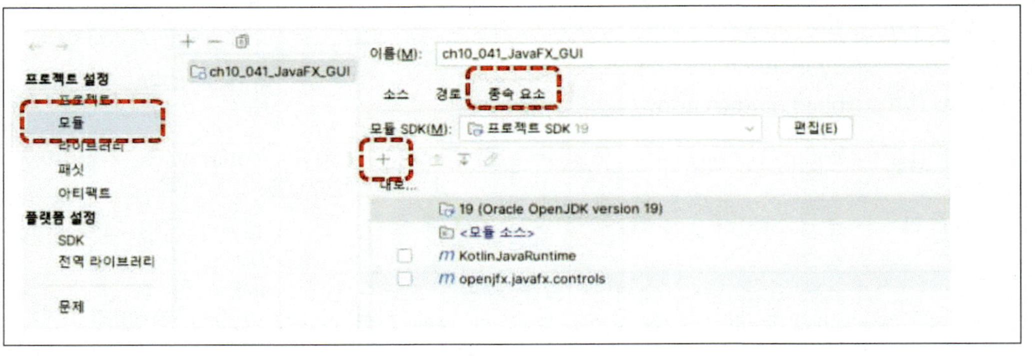

그림 1.12 외부 라이브러리 모듈 (종속요소) 추가

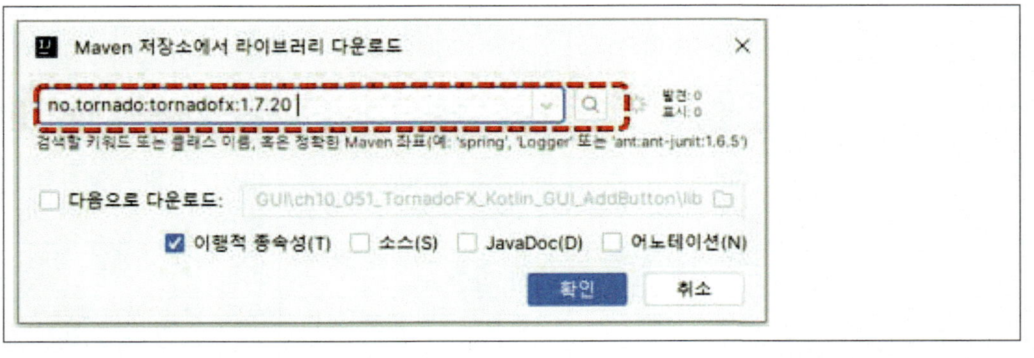

그림 1.13 외부 라이브러리 모듈 (종속요소) 추가 -> Maven 저장소에서 라이브러리 다운로드 설정

그림 1.13에서는 TornadoFX를 사용하여 Kotlin GUI 프로그램을 개발할 때 모듈 (종속 요소) no.tornado:tornadofx:1.7.20을 Maven 저장소에서 라이브러리 다운로드하도

록 설정하는 예를 보여준다. 외부 라이브러리가 정상적으로 추가된 경우, 그림 1.14에서 보는 것과 같이, 프로젝트 폴더의 외부 라이브러리 항목에 추가된 내용을 확인할 수 있다.

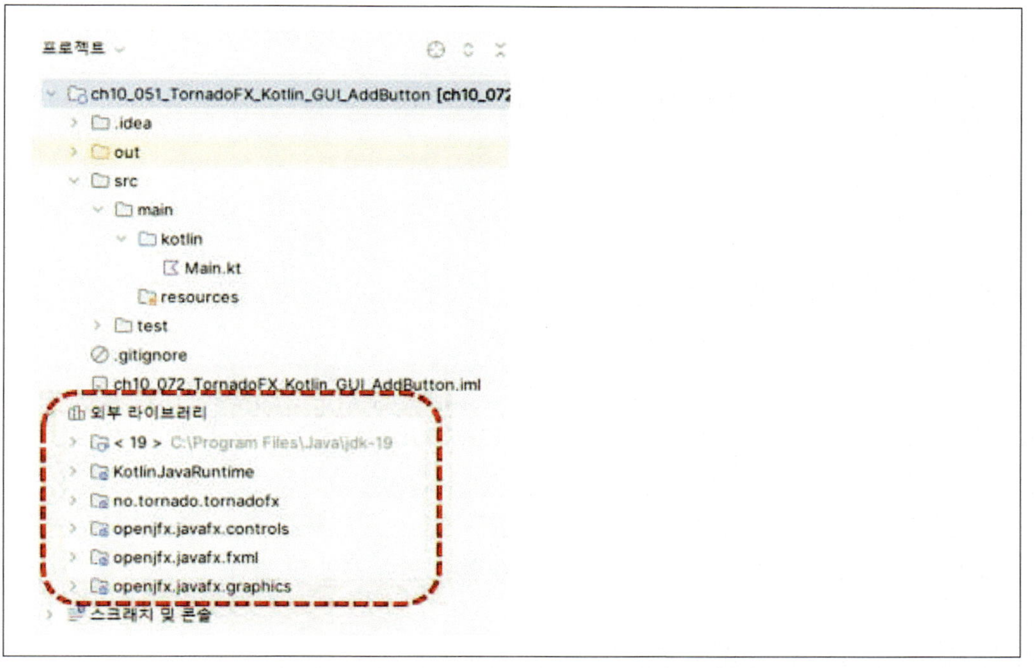

그림 1.14 Kotlin 프로젝트에 추가 설치된 외부 라이브러리 확인

1.10 Kotlin 프로그램 기본 구조

1.10.1 Kotlin 프로그램 기본 구조 – Kotlin 클래스, 소스코드와 클래스 파일

Kotlin 프로그래밍언어는 기본적으로 객체 지향형 프로그래밍을 기반으로 하며, 클래스를 기본적으로 사용하고, main() 함수로부터 프로그램의 실행을 시작한다. 그림 1.15는 Kotlin 프로그램의 기본 구조를 보여 준다. 이 예제 프로그램의 소스코드 이름은 HelloWorld.kt이며, 그 내부에 main() 함수가 포함되어 있다. C/C++ 프로그램과 마찬가지로 하나의 Kotlin 프로그램 소스코드 파일에는 오직 하나의 main() 함수가 포함된다.

그림 1.15의 Kotlin 기본 프로그램은 main() 함수 하나만으로 구성되어 있으며, var 키워드를 사용하여 변수 name과 st_id를 선언하고, 기본 값을 설정한 후 println() 함수를 사용하여 출력 기능을 수행하고 있다. print() 및 println()은 지정된 포맷의 문자열을 출력하며, C/C++의 포맷 기능을 동일하게 적용할 수 있다.

어떤 종류의 프로그래밍 언어를 사용하던지 항상 프로그램 소스 코드를 작성할 때 맨 첫 번째 영역에는 반드시 기본 주석문 (basic comment)을 사용하여 이 프로그램 소스코드의 기능이 무엇인지, 언제 누가 작성하였는지, 언제 어떻게 수정되었는지에 대한 정보를 제공하는 것이 매우 중요하다.

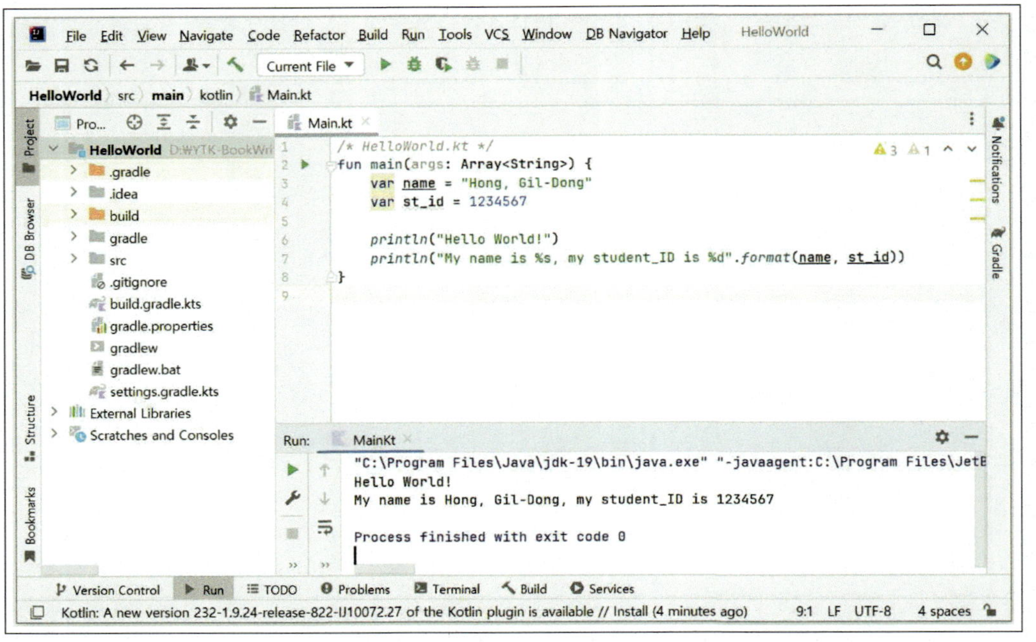

그림 1.15 Kotlin 기본 프로그램 구조 – main() 함수, 변수 선언 및 출력

1.10.2 주석문 (comment)

프로그램 작성 및 유지보수에서 주석문은 매우 중요한 역할을 하며, 실무 프로그램 개발에서는 주석문을 전체 소스코드 분량의 1/3 이상 유지되도록 하는 것이 일반적이다. 각 프로그램의 중요한 알고리즘이 어떻게 구성되었으며, 어떻게 실행되는가에 대한 보충 설명을 제공함으로써 이 프로그램을 지속적으로 개선할 때 참조하고, 어떤 부분의 문제점을 해결하였을 때 이러한 문제점이 다시 발생한 경우, 참조할 수 있다.

Kotlin 프로그램에서 주석문 (comment)을 작성하는 것은 표 1.11에서 보는 것과 같이, /* . . . */ 문자열을 사용하여 주석문의 시작과 끝을 나타내고, 그 사이에 여러 줄에 걸친 주석문들을 작성하는 방법을 사용하거나, // 문자열을 사용하여 주석문의 시작을 알리고, 그 줄 끝까지의 구간에 주석문을 작성하는 방법을 사용할 수 있다. '//' 문자열을 줄의 시작 부분에 설정하면 그 줄 전체가 주석문이 되며, 실행문 뒷 부분에 '//' 문자열를 사용하면 그 위치로부터 그 줄의 끝까지에 있는 내용이 주석문으로 처리된다.

프로그램 소스코드를 부분적으로 수정 및 보완하였을 때 이 수정 내용을 반드시 주석문으로 추가하여야 한다. 특히, 어떤 부분을 왜 수정하였으며, 언제 수정하였는지, 그리고 담당자가 누구였는지를 기록하여 혹시 추가적인 문제가 발견되었을 때 신속하게 처리할 수 있도록 기록으로 남겨두어야 한다. 주석문으로 상세한 설명을 남겨두지 않는 경우 소스코드의 수정 및 보완 과정에서 추가적인 오류가 발생될 수 있으며 이는 문제 해결을 더욱 어렵게 만들 수 있고, 최악의 경우에는 전체 소스코드를 다시 작성하여야 하는 문제가 발생될 수 있으며 이는 불필요한 시간 지연과 추가 비용이 발생하기 때문에 반드시 정확한 주석문으로 기록을 남겨두어야 한다.

표 1.11 Kotlin 프로그램의 주석문

파이썬 프로그램 주석문 형식	설 명
/* comment_line_1 comment_line_2 */	여러 줄에 걸친 주석문
// comment to the end of line	'//' 문자열로부터 그 줄 끝까지 주석문

1.10.4 Kotlin 프로그램의 캡슐화와 패키지

Kotlin 프로그램은 객체 지향 언어의 캡슐화 (encapsulation) 개념에 따라 작성되며, 프로그램에서 사용되는 변수 (variable)나 멤버 함수 (method)는 반드시 클래스 내부에 구현되어야 한다. 하나의 클래스 내부에 내부 클래스 (inner class)를 구현하여 사용할 수 있다. Kotlin 프로그램 관리에서 서로 관련성이 있는 클래스들을 패키지로 묶어 관리한다.

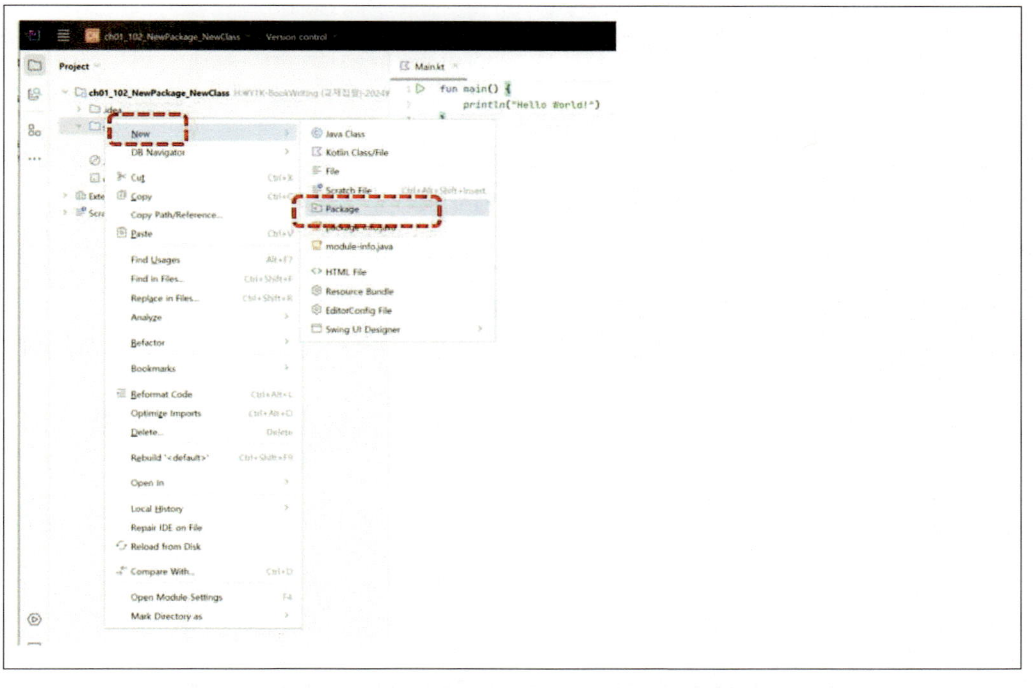

그림 1.16 IntelliJ를 사용한 Kotlin 프로젝트 개발에서 패키지 추가 및 이름 설정

IntelliJ를 사용한 Kotlin 프로젝트 개발에서 새로운 패키지를 추가하는 방법을 그림 1.16에서 보여 준다. Kotlin 프로젝트 구조에서 src->main->kotlin 폴더에 커서를 위치하고, 오른쪽 마우스를 클릭 -> 새로 만들기 -> 패키지를 선택하면, 새 패키지 이름을 입력할 수 있는 pop-up 창이 뜨며, 이 곳에 그림 1.17과 같이 새로운 패키지 이름 (예: MyNewKotlinPackage)를 입력하고, enter key를 누르면 그림 1.18에서 보는 것과 같이 새로운 패키지가 생성된다.

Kotlin 프로그래밍에서 패키지를 사용하는 것은 관련성 있는 Kotlin 소스코드 (클래스 및 라이브러리 함수들)을 하나의 패키지로 묶어 배포하거나 다른 응용 프로그램에서 쉽게 추가하여 재사용할 수 있도록 하며, 이를 통하여 소프트웨어 재활용의 장점을 가질 수 있게 한다.

Kotlin 프로그래밍에서의 사용자 정의 패키지 구성 및 관리에 대해서는 7장에서보다 상세하게 설명을 제공한다.

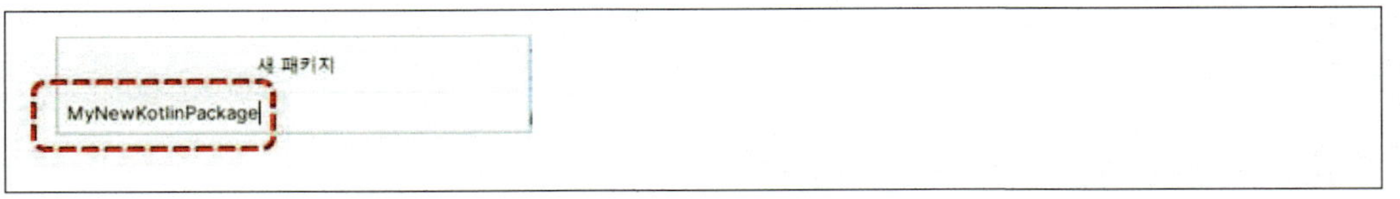

그림 1.17 새로운 패키지 이름 설정 및 생성

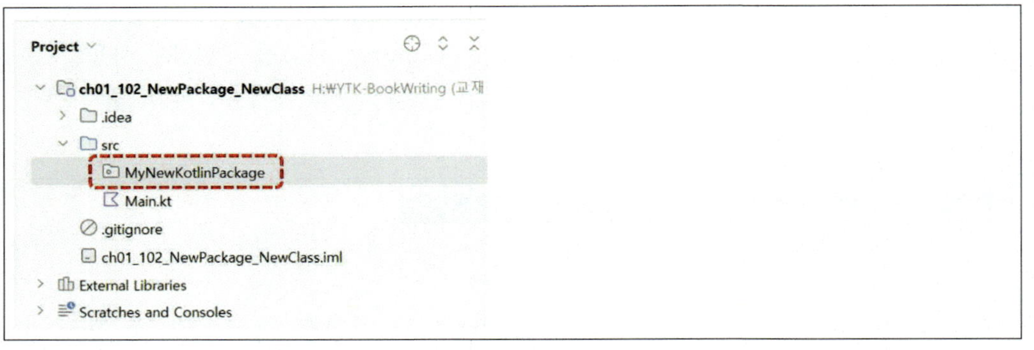

그림 1.18 IntelliJ를 사용한 Kotlin 프로젝트 개발에서 패키지 생성 확인

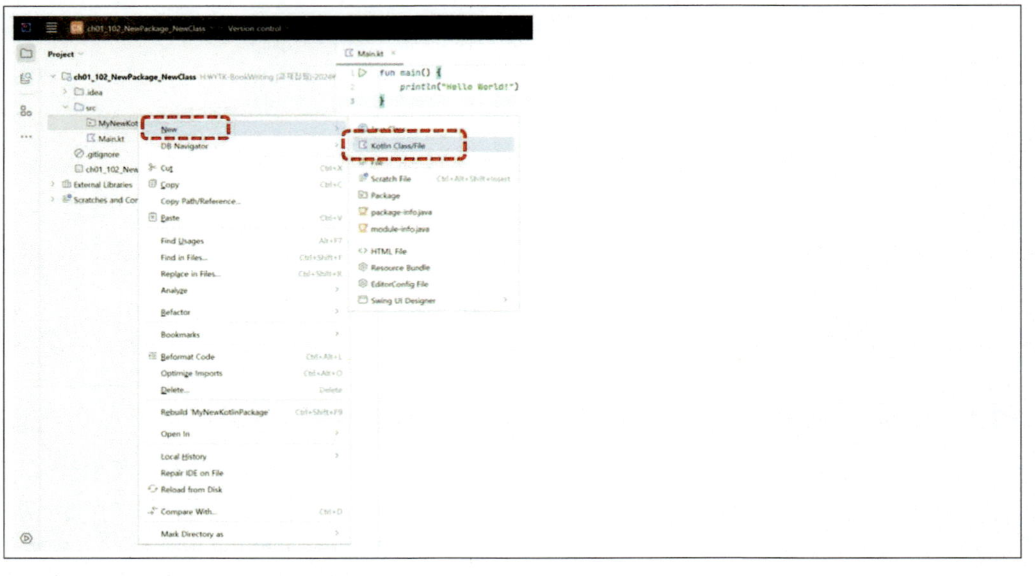

그림 1.19 패키지에 새로운 클래스 추가

새로운 패키지가 생성되면, 이 패키지에 클래스나 함수들이 포함된 프로그램 모듈을 추가 설치할 수 있다. 새롭게 생성된 패키지에 커서를 위치시키고, 오른쪽 마우스를 클릭하여 New 메뉴를 선택하면 그림 1.19에서 보는 것과 같이 MyNewKotlinPackage내에 새로운 Kotlin 클래스/파일을 추가할 수 있다.

그림 1.20은 새롭게 생성된 패키지 MyNewKotlinPackage 내에 Kotlin class인 MyKotlinNewClass를 생성한 결과를 보여준다. 그림 1.20 오른쪽에서 볼 수 있는 것과 같이, 생성된 MyKotlinNewClass의 기본 클래스 정의가 자동 생성되며, 첫 번째 줄에서 dl 클래스가 package MyNewKotlinPackage에 속한 것을 선언하는 컴파일러 preprocessing 선언문이 자동적으로 포함되어 클래스가 생성되는 것을 보여 준다.

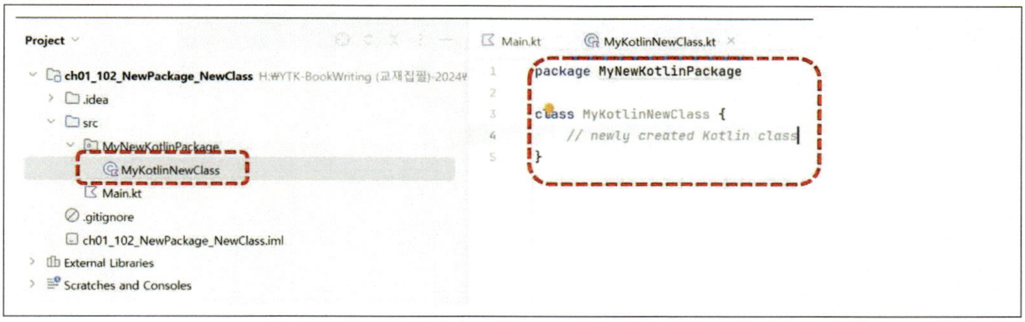

그림 1.20 패키지에 새로운 클래스 추가 결과 확인

1.10.5 Kotlin 프로그램의 실행 및 콘솔 출력 결과 확인

Kotlin 프로그램의 소스코드 파일은 하나의 클래스 파일 또는 다수의 바이트 코드 클래스 파일로 생성된다. Kotlin 프로그램의 실행 시작은 main() 함수에서 시작된다.

그림 1.21 Kotlin 프로그램의 실행 (part 1) - Run 메뉴 사용

Kotlin 프로젝트의 프로그램을 실행시키는 방법은 그림 1.21 part 1에서 보는 것과 같이 Run 메뉴에서 Run Main.kt 항목을 선택하여 실행시킬 수 있고, 그림 1.21 part 2에서 보는 것과 같이 프로그램 실행 아이콘 (▷)을 눌러 main() 함수를 실행시킬 수 있다. 프로그램 실행 아이콘은 main() 함수 바로 앞에 표시되며, IntelliJ 창의 오른쪽 상단에서도 찾아 볼 수 있다.

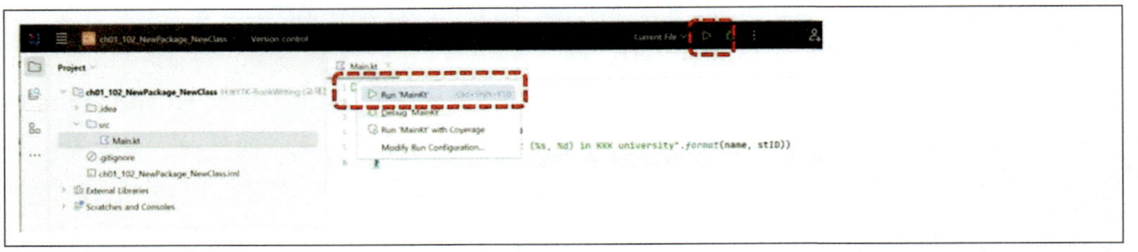

그림 1.21 Kotlin 프로그램의 실행 (part 2) - Run 아이콘 사용

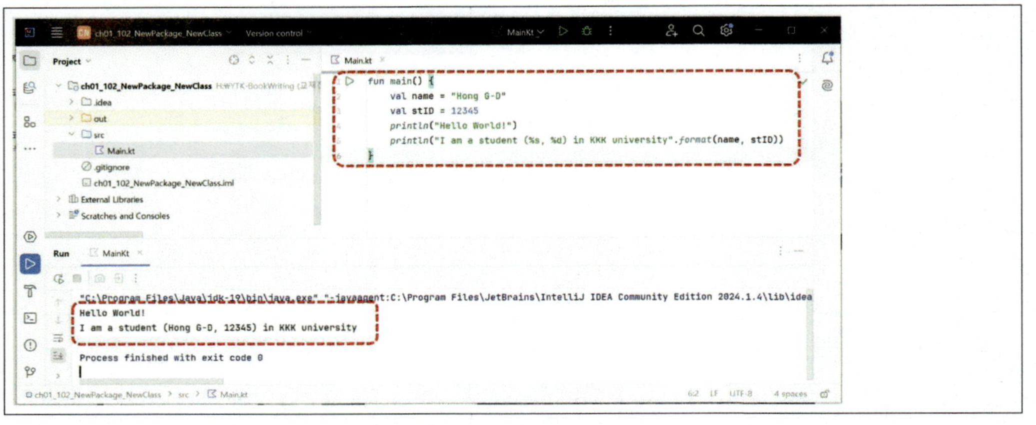

그림 1.22 Kotlin 프로그램의 실행결과의 콘솔 출력 확인

Kotlin 프로그램을 실행시키면 그림 1.22에서 보는 것과 같이 IntelliJ IDEA의 하단 부에 콘솔 창이 나타나며, 콘솔로 출력시킨 결과를 확인할 수 있다.

1.10.6 데이터 입력 기능과 라이브러리 함수를 사용하는 Kotlin 프로그램 작성 및 실행

Kotlin 프로그램의 기본 기능으로 데이터 입력 기능과 라이브러리 함수를 사용하여 데이터를 처리하는 기능을 포함하는 것이 일반적이다. Kotlin 프로그램에서 자료형이 설정되는 데이터 입력 기능은 java.util 패키지에 포함된 Scanner의 next(), nextInt(), nextDouble() 함수를 사용하여 각각 String, Int, Double 자료형의 데이터를 입력 받을 수 있다. 제곱근 계산이나 삼각함수 계산 등의 기본적인 수학 함수는 kotlin.math 패키지에 포함된 sqrt(), sin(), cos() 함수를 사용할 수 있다. 이렇게 Kotlin 프로그램에서는 필요한 기능의 라이브러리 함수를 해당 패키지를 import 시켜 사용할 수 있다.

그림 1.23에서는 java.util.Scanner를 사용하여 Double 자료형의 데이터 start_angle, end_angle, step_angle을 한 줄에 입력 받고, start_angle로부터 end_angle까지 step_angle 간격으로 deg를 설정한 후, 이 deg에 대한 radian 각도 rad 값을 계산하고,

이 rad에 대한 sine 및 cosine 값을 kotlin.math.sin 및 cos 라이브러리 함수를 사용하여 계산하고 표 형식으로 출력하는 예를 보여준다.

```
 1 : /* Kotlin program with input and math functions */
 2 : import java.util.Scanner
 3 : import kotlin.math.sqrt
 4 : import kotlin.math.sin
 5 : import kotlin.math.cos
 6 : fun main() {
 7 :     val cin = Scanner(System.`in`)
 8 :     print("Input start, end, step degree angles in Double: ")
 9 :     var start_angle: Double = cin.nextDouble()
10 :     var end_angle: Double = cin.nextDouble()
11 :     var step_angle: Double = cin.nextDouble()
12 :     var deg : Double = start_angle
13 :     var rad : Double
14 :     var sin_rad : Double
15 :     var cos_rad : Double
16 :     rad = deg * 3.141592 / 180.0
17 :     println("%10s %10s %10s %10s".format("deg", "rad",
           "sin(rad)", "cos(rad)"))
18 :     while (deg <= end_angle) {
19 :         rad = deg * 3.141592 / 180.0
20 :         sin_rad = sin(rad)
21 :         cos_rad = cos(rad)
22 :         println("%10.4f %10.4f %10.4f %10.4f".format(deg,
               rad, sin_rad, cos_rad) )
23 :         deg += step_angle
24 :     }
25 : }
```

그림 1.23 데이터 입력 기능과 라이브러리 함수를 사용하는 Kotlin 프로그램 예제

```
Input start, end, step degree angles in Double : 0 360 30
       deg        rad   sin(rad)   cos(rad)
    0.0000     0.0000     0.0000     1.0000
   30.0000     0.5236     0.5000     0.8660
   60.0000     1.0472     0.8660     0.5000
   90.0000     1.5708     1.0000     0.0000
  120.0000     2.0944     0.8660    -0.5000
  150.0000     2.6180     0.5000    -0.8660
  180.0000     3.1416     0.0000    -1.0000
  210.0000     3.6652    -0.5000    -0.8660
  240.0000     4.1888    -0.8660    -0.5000
  270.0000     4.7124    -1.0000    -0.0000
  300.0000     5.2360    -0.8660     0.5000
  330.0000     5.7596    -0.5000     0.8660
  360.0000     6.2832    -0.0000     1.0000
```

그림 1.24 실행결과

그림 1.23 line 7 ~ 11에서는 Scanner를 사용하여 Double 자료형의 start_angle, end_angle, step_angle을 nextDouble() 함수를 사용하여 차례로 입력 받는다. Line 18 ~ 24에서는 while 반복문을 사용하여 start_angle ~ end_angle 구간에서 step_angle 간격으로 증가시키며, line 19에서 degree 단위의 deg 값을 radian 단위의 값인 rad로

계산한다. Line 20~21에서는 이 rad 값에 대한 sine 및 cosine 값을 kotlin.math 패키지의 sin 및 cos 함수를 사용하여 계산하며, line 22에서 deg, rad 및 sin_rad와 cos_rad 값을 총 10칸에 소숫점 이하 4자리까지의 출력 포멧으로 출력한다.

그림 1.23의 Kotlin 예제 프로그램을 실행 시킨 결과 출력은 그림 1.24에서 확인할 수 있다.

◈ 연습문제 ◈

1.1 다음 용어를 예를 들어 설명하라.

1) 하드웨어 (hardware)
2) 소프트웨어 (software)
3) 인터넷 (Internet)
4) 운영체제 (operating system)
5) 4차산업혁명 (4-th Industrial Revolution)
6) 아날로그 (analog)
7) 디지털 (digital)
8) 조건식 (conditional equation)
9) 논리곱 (logical AND)
10) 논리합 (logical OR)
11) 임베디드 컴퓨터 (embedded computer)
12) 사물인터넷 (Internet of Things, IoT)

1.2 컴퓨터의 기본 구조에 대하여 설명하라.

1.3 컴퓨팅 사고 기반의 문제 해결 단계에 대하여 설명하라.

1.4 4차산업혁명의 핵심 기술에 대하여 설명하라.

1.5 오픈 소프트웨어 (open software)란 무엇이며, 오픈 소프트웨어 활용에 대하여 예를 들어 설명하라.

1.6 아날로그 데이터와 디지털 데이터를 예를 들어 비교 설명하라.

1.7 통계분석에 포함되는 주요 기능에 대하여 설명하라.

◈ 실습문제 ◈

실습 1.1 최신 IntelliJ를 설치하고, "Hello World!" 문자열과 본인의 이름, 학번을 출력하는 Kotlin 프로그램을 작성한 후, 실행시켜 그 결과를 확인하라. 프로그램 소스코드에는 반드시 이 프로그램의 기본 기능, 작성자, 작성일자, 최종 수정 일자 등이 포함된 기본 주석문을 반드시 포함하도록 하라.

(실행 예시)

```
Hello World!
My name is Hong, Gil-Dong, my student_ID is 1234567
```

실습 1.2 1 ~ 9의 값을 차례로 서로 곱하여 곱셈표 형식으로 출력하는 Kotlin 프로그램을 작성하라. 이 곱셈표 출력 프로그램에서는 이중 for-loop 구조를 사용하고, 출력 형식은 줄 맞춤하여 값들을 쉽게 확인할 수 있도록 하라. 아울러, 곱셈의 값들을 쉽게 파악할 수 있도록 '-', '|', '+' 문자를 사용하여 표 형식으로 출력될 수 있게 할 것.

(실행 예시)

```
9 x 9 Multiplication Table
   |  1  2  3  4  5  6  7  8  9
---+---------------------------
  1|  1  2  3  4  5  6  7  8  9
  2|  2  4  6  8 10 12 14 16 18
  3|  3  6  9 12 15 18 21 24 27
  4|  4  8 12 16 20 24 28 32 36
  5|  5 10 15 20 25 30 35 40 45
  6|  6 12 18 24 30 36 42 48 54
  7|  7 14 21 28 35 42 49 56 63
  8|  8 16 24 32 40 48 56 64 72
  9|  9 18 27 36 45 54 63 72 81
```

실습 1.3 2개의 정수 (integer) 데이터 x와 y를 한 줄로 입력받고, 4칙 연산 (덧셈, 뺄셈, 곱셈, 나눗셈)인 x+y, x-y, x*y, x/y의 결과값을 출력하는 Kotlin 프로그램을 작성한 후, 실행 시켜 그 결과를 확인하라.

(실행 예시)

```
Enter 2 double data in a line (0 0 to quit) : 3 7
x(  3.000) + y(  7.000) =  10.000
x(  3.000) - y(  7.000) =  -4.000
x(  3.000) * y(  7.000) =  21.000
x(  3.000) / y(  7.000) =   0.429

Enter 2 double data in a line (0 0 to quit) : 123 456
x(123.000) + y(456.000) = 579.000
x(123.000) - y(456.000) = -333.000
x(123.000) * y(456.000) = 56088.000
x(123.000) / y(456.000) =   0.270

Enter 2 double data in a line (0 0 to quit) : 1.23 4.56
x(  1.230) + y(  4.560) =   5.790
x(  1.230) - y(  4.560) =  -3.330
x(  1.230) * y(  4.560) =   5.609
x(  1.230) / y(  4.560) =   0.270

Enter 2 double data in a line (0 0 to quit) : 0 0

Process finished with exit code 0
```

실습 1.4 원의 반지름을 실수 자료형으로 입력받고, 이 원의 넓이와 원둘레를 계산하여 출력하는 Kotlin 프로그램을 작성하고, 실행시켜 그 결과를 확인하라.

(실행 예시)

```
input radius of a circle (0 to quit) : 100
radius = 100.000000 => area = 31415.920000, circumference = 628.318400
input radius of a circle (0 to quit) : 200
radius = 200.000000 => area = 125663.680000, circumference = 1256.636800
input radius of a circle (0 to quit) : 300
radius = 300.000000 => area = 282743.280000, circumference = 1884.955200
input radius of a circle (0 to quit) : 0
```

실습 1.5 직각 삼각형 (right triangle)의 밑변 (base)와 높이(height)를 입력 받고, 대각선 (diagonal)을 계산하여 출력하는 Kotlin 프로그램을 작성하고, 실행 시켜 그 결과를 확인하라.

(실행 예시)

```
Input base and height of right triangle (0 0 to quit): 3 4
Base (3.000000), Height (4.000000) => Diagonal (5.000000)
Input base and height of right triangle (0 0 to quit): 7 8
Base (7.000000), Height (8.000000) => Diagonal (10.630146)
Input base and height of right triangle (0 0 to quit): 9 16
Base (9.000000), Height (16.000000) => Diagonal (18.357560)
Input base and height of right triangle (0 0 to quit): 0 0
```

2장 Kotlin 프로그램 식별자, 기본자료형과 연산, 입출력, 실행제어 (조건, 반복), Kotlin 프로그램 디버깅

학습목표

- 컴퓨팅 사고를 기반으로 한 프로그램 설계와 구현 절차 및 세부 내용에 대한 이해
- 알고리즘 표현 방법 (flow chart, pseudo code)에 대한 이해
- 대표적인 알고리즘과 자료구조에 대한 이해
- Kotlin 프로그램의 기본 구성에 대한 이해
- Kotlin 프로그램의 기본 입력 및 출력 기능에 대한 이해
- Kotlin 프로그램의 프로그램 실행제어를 위한 조건문/조건식, 반복문에 대한 이해 및 활용 능력 향상

개요

2.1 Kotlin 프로그램 식별자 (Identifier)

2.1.1 Kotlin 프로그램의 식별자 (identifier)와 키워드(keyword)

프로그램 소스코드에서 사용되는 변수 (variable), 상수 (constant), 함수 (function)의 이름들을 식별자 (identifier)라고 하며, 그 용도나 기능을 가장 잘 표현할 수 있도록 설정되어야 한다. 대부분의 프로그래밍에서는 프로그램 소스 중점 기능을 영문으로 작성하게 되므로, 프로그램의 용도와 기능에 알맞은 용어 (terminology)를 기반으로 변수, 상수 및 함수의 이름을 설정할 수 있어야 한다.

표 2.1은 프로그램에서 많이 사용되는 식별자의 예를 보여 준다. 예를 들어 도형 그리기에 관련된 프로그램에서는 원의 반지름은 radius로, 지름은 diameter, 직사각형의 가로는 width, 세로는 length로 표현하며, 대각선은 diagonal, 직각삼각형의 사변은 hypotenuse 등으로 실제 해당 학문 분야에서 사용하는 전문용어의 영어 표현을 사용하는 것이 좋다.

일반적인 프로그래밍언어에서 식별자들은 영문자 (대문자 또는 소문자)나 밑줄 (under bar)문자로 시작할 수 있으나 숫자로 시작할 수는 없고, 그 프로그래밍언어에서 미리 예약되어 있는 키워드 (keyword)들은 별도의 의미가 부여되어 있기 때문에 사용될 수 없다. 즉, 프로그래밍언어에서 식별자를 선정할 때 고려하여야 하는 추가 사항은 그 프로그래밍언어가 제공하는 기본 라이브러리 함수들에서 설정하여 사용하는 함수이름이나 기본자료형의 이름인 키워드(keyword)들은 사용할 수 없다는 점이다. Kotlin에서도 이러한 기본 규칙은 그대로 적용된다.

표 2.1 프로그램의 식별자 예

구분		식별자 예
기하, 도형	원	radius (반지름), diameter (지름), circumference(원둘레), height (원기둥 높이)
	삼각형	base(밑변), diagonal (대각선), pypotenuse (직각삼각형의 사변), vertex (꼭지점), height (삼각형 높이), prism (삼각기둥), prism_height(삼각기둥 높이)
	사각형	width(가로), length(세로), height(사각기둥 높이)
도형 그리기		draw(그리기), rotate(회전), move(이동)
산술 계산		add (덧셈), subtract(뺄셈), multiply(곱셈), divide(나눗셈), modulo(모듈로)

Kotlin 프로그램에서 정의되어 있는 키워드들은 그림 2.1 ~ 2.4에서 보여 주는 것과 같다. Kotlin 프로그래밍언어의 하드 키워드 (hard keyword)는 항상 키워드로 사용되며, 식별자로 사용될 수 없으며, as부터 while 등의 단어가 포함된다. Kotlin soft keyword, modifier keyword와 특수 식별자는 문맥 (context)에 따라 키워드로 사용될 수 있으나, 다른 문맥에서는 식별자로도 사용될 수 있는 토큰을 의미한다. Kotlin soft keyword에는 by부터 where 등의 단어가 포함되며, modifier keyword에는 abstract부터 vararg 등이 포함된다.

as	as?	break	case	continue
do	else	false	for	fun
if	in, !in	interface	is, !is	null
object	package	return	super	this
throw	true	try	typealias	typeof
val	var	when	while	

그림 2.1 Kotlin Hard Keyword

by	catch	constructor	delegate	dynamic
field	file	finally	get	import
init	param	property	receiver	set
setparam	value	where		

그림 2.2 Kotlin Soft Keyword

abstract	actual	annotation	companion	const
crossinline	data	enum	expect	external
final	infix	inline	inner	internal
lateinit	noinline	open	operator	out
override	private	protected	public	reified
sealed	suspend	tailrec	vararg	

그림 2.3 Kotlin Modifier Keyword

Kotlin 특수 식별자 (special identifier)에는 그림 2.4에서 보는 것과 같이 field와 it 등이 포함된다. 만약 Kotlin 확장 모듈들이 설치되는 경우 이 확장 모듈들에서 사용하는 키워드들이 추가되므로 각 모듈별로 추가되는 키워드들을 사전에 확인할 필요가 있다.

field	it

그림 2.4 Kotlin Special Keyword

2.1.2 식별자 설정 기본 원칙

(1) 식별자 작명 기본 원칙

프로그램에서 사용되는 식별자의 설정에서 가장 기본이 되는 원칙은 그 용도를 가장 잘 표현하는 이름으로 설정하여야 한다는 것이다. 즉, 그 식별자 이름으로 어떤 자료형의 데이터가 저장되어 있는지, 어떤 처리를 하는지에 대하여 쉽게 이해할 수 있도록 하는 것이 좋다. 예를 들어 정수 (integer) 자료형의 데이터가 저장되는 경우 'i' 를 사용하며, 실수형의 데이터가 저장되는 경우 float을 의미하는 'f' 를 사용할 수 있고, 문자 (character) 자료형인 경우 'c' 를 사용하여 자료형을 의미할 수 있다. 다수의 정보들을 종합하여 만들어지는 복합 자료형인 경우 표현되는 정보에 따라 복소수 (complex number), 학생 (student), 날짜 (date), 시간 (time) 등의 단어를 사용할 수 있다.

그 프로그램 또는 함수가 실행하는 기능을 해당 영어 단어로 표현하는 경우도 많이 있다. 예를 들어 초기화 (initialize), 출력 (print), 도형 그리기 (draw), 4칙 연산 (add, subtract, multiply, divide)단어를 사용하여 실행되는 동작을 나타낸다. 만약 실행되는 동작과 대상 자료형을 복합적으로 표현하는 경우 여러 개의 영어 단어로 표현하여야 하며, 이 경우 각 단어를 연결하여 사용한다.

(2) 식별자에 포함된 단어들의 구분 : camel casing과 GNU 작명 관례

이 때 각 단어를 쉽게 구분하여 이해할 수 있도록 구성하는 방법에는 첫 번째 문자는 소문자로 시작하고, 두 번째 복합어의 시작 단어를 대문자로 표시하는 카멜 케이싱 (camel casing) 방법을 사용하거나 단어 사이를 밑줄 문자 (under bar)로 표시하는 GNU 작명 관례 (naming convention) 방법을 주로 많이 사용한다. Camel casing은 낙타 등의 혹이 솟아 있는 것처럼 여러개의 단어로 구성된 식별자 이름에서 단어의 첫 문자를 대문자로 표시하여 식별자에 포함된 단어들을 쉽게 구분할 수 있도록 표시하는 것이다. 예를 들어 복소수 (complex number)를 출력(인쇄)하는 함수의 경우 printComplex()로 하거나 print_complex()로 함수 이름을 설정할 수 있다.

함수나 변수의 이름의 첫 번째 문자는 항상 소문자로 설정하며, 상수 (constant)의 첫 번째 문자는 대문자로 설정하는 것이 일반적으로 통용되는 기본 원칙이다. 식별자의 이름이 너무 길어지는 경우, 그 의미를 쉽게 파악할 수 있는 약자 또는 축약 단어를 사용할 수 있다. 예를 들어 complex 대신 cmplx로 줄여 사용하여도 쉽게 원래의 의미를 파악할 수 있도록 식별자를 구성하는 방법을 사용할 수 있다. Kotlin 프로그램에서 식별자의 길이에는 제한이 없다.

표 2.2 식별자 이름 작명 방법

식별자 이름 작명 방법	설 명
camel case	단어들을 연속적으로 나열하며, 각 단어의 첫 문자를 대문자로 표시 (단 첫 번째 단어는 소문자로 사용가능) 예) printComplex(), drawRectangle(), drawPolygon()
Pascal Case	단어들을 연속적으로 나열하며, 각 단어의 첫 문자를 대문자로 표시 예) val MAX_SIZE = 100; val DEFAULT_USER_NAME = "User"
snake case (GNU style)	단어들을 연속적으로 나열하며, 각 단어 사이에 밑줄 문자를 삽입, 모든 단어의 첫 문자는 소문자로 표시 예) print_complex(), draw_rectangle(), draw_polygon()

(3) Kotlin 식별자 지정 사례별 사용 가능 여부

표 2.3은 식별자 지정 사례를 통해 사용가능 여부를 설명하고 있다. 식별자의 첫 번째 문자가 영어 대문자 또는 소문자이거나 밑줄 문자 ('_')로 시작하고 나머지 문자들이 영문자 또는 숫자로 구성되어 있는 경우 정상적인 식별자로 인식되며 사용가능하다. 만약 그 프로그래밍언어에서 키워드로 설정되어 있는 단어를 식별자로 사용하는 경우 사용이 제한되거나, 사용은 가능하나 해당 프로그래밍언어에서 기본적으로 정의한 기능을 사용할 수 없을 수도 있기 때문에 특별한 이유가 없는 한 키워드 사용은 하지 않는 것이 좋다.

표 2.3 식별자 지정 예

Kotlin 식별자 예	사용 가능 여부	설명
average, avg, avg1	사용 가능	문자와 숫자
num_data, numData,	사용 가능	문자, 밑줄
ch, ch1, ch_1	사용 가능	문자, 밑줄
i, d, f	사용 가능	
_avg, __area	사용 가능	밑줄, 문자
NUM_DATA	사용 가능	대문자, 밑줄
as, break, class, else, for, if, null, object, package, return, super, this, typeof, val, var, when, while	사용 불가능	keyword
3avg	사용 불가능	숫자로 시작
avg!, avg%, &avg, dollar$	사용 불가능	특수문자 포함

단어의 첫 번째 문자가 숫자이거나 식별자에 특수 문자가 포함된 경우에는 식별자로 사용할 수 없으며 문법적인 오류가 발생하게 된다. Kotlin 식별자의 단어 길이에는 제한이 없으나 식별자의 단어 길이가 너무 긴 경우 소스코드 작성 단계에서 오류가 발생할 수 있으므로 적절한 길이를 사용하도록 하여야 하고, 필요한 경우 약자를 사용하거나 단어 첫 부분만을 사용하는 방법을 고려하여야 한다.

2.2 Kotlin 프로그램의 함수

2.2.1 Kotlin 함수의 기본 구조

대부분의 프로그램은 전체 처리 기능을 적절한 단위의 업무를 담당하는 함수들로 구성하며, 주어진 업무를 처리하기 위하여 이 함수들을 호출하고 주어진 업무를 실행하게 한다. 실제 프로그래밍언어는 다양한 업무들을 처리할 수 있는 함수들을 미리 준비하여 라이브러리함수로 제공한다. 예를 들어 프로그램에서의 데이터 입력과 출력 기능, 많이 사용되는 수학 공식 계산 기능, 통계 및 분석 기능 등의 업무를 담당하는 함수들이 제공된다. 프로그래밍언어가 기본적으로 제공하지 않는 기능은 사용자가 정의하는 함수들로 구성하여 프로그램을 개발하게 되며, 개발된 함수는 다양한 응용 분야에 재활용될 수 있다.

그림 2.5은 Kotlin 프로그램에서 main() 함수가 두 개의 정수 (integer)의 덧셈 연산을 수행하고, 그 결과를 반환하는 Kotlin 함수 addInt()의 사용 예를 보여 준다. Kotlin 함수는 fun 키워드로 함수로 정의하며, 함수 호출에 전달되는 인수 (argument)들의 이름과 자료형을 함수 이름 다음의 소괄호 내부에 열거한다. 함수의 실행 결과를 반환할 때 사용되는 반환 자료형을 ':' 다음에 명시하는 형식을 사용한다.

그림 2.5 line 4~8에서 보여주는 Kotlin 함수 addInt()에서는 함수 이름 addInt 다음의 소괄호 내부에 정수 자료형 인수 a와 b를 선언하고 있으며, 반환 자료형은 Int인 것을 명시하고 있다. 함수의 본문은 중괄호 {, }로 영역을 지정한다. Line 5에서는 함수 내부에서 사용되는 정수 자료형의 지역 변수 result를 선언하고 있다. Line 6에서는 인수로 전달된 정수 자료형 a와 b에 덧셈 연산을 수행하고, 그 결과를 result에 저장하며, line 7에서 연산 결과 값을 반환하도록 구현되어 있다.

그림 2.5 line 10~24에서는 main() 함수가 구현되어 있다. main() 함수에 전달되는 인수로 문자열 배열 자료형인 args (arguments)가 선언되어 있다. args는 운영체제가 실행되는 프로그램에 정보를 전달하기 위하여 사용된다. Line 11에서는 java.util에 포함되어 있는 Scanner를 표준 입력 장치 (System.'in')에 연결하여 데이터 입력 사용할 수 있도록 한다. Scanner는 Kotlin 프로그램이 기본적으로 포함하고 있는 라이브러리 모듈 java.util에 포함되어 있으며, line 2에서 import 시켜 사용할 수 있도록 준비한다.

Line 12~14에서는 main()함수에서 사용되는 지역 변수 x, y, sum을 생성하며, line 15~22에서는 2개의 정수 자료형 데이터를 표준 입력 장치로부터 입력 받고, 이 정수형 데이터 2개의 덧셈 연산을 위하여 addInt() 함수를 호출하며, 덧셈 결과를 반환 받아 sum에 저장하고, 이를 line 22에서 출력하도록 한다. Line 19~20에서는 입력 데이터가 0 0인 경우, while 반복문을 중지하고, 프로그램이 종료되도록 한다.

그림 2.6에서 실행 결과 예시를 볼 수 있다.

```
/* Example of Kotlin Functions */
import java.util.Scanner

fun addInt(a : Int, b: Int) : Int {
    var result : Int
    result = a + b
    return result
}

fun main(args: Array<String>) {
    val cin = Scanner(System.`in`)
    var x : Int
    var y : Int
    var sum : Int
    while (true) {
        print("Enter two integers (0 0 to quit) : ")
        x = cin.nextInt()
        y = cin.nextInt()
        if ((x == 0) && (y==0))
            break
        sum = addInt(x, y)
        println("%d + %d = %d".format(x, y, sum))
    }
}
```

그림 2.5 Kotlin 함수 예제 - addInt()

```
Enter two integers (0 0 to quit) : 123 567
123 + 567 = 690
Enter two integers (0 0 to quit) : 1234567 987
1234567 + 987 = 1235554
Enter two integers (0 0 to quit) : 0 0

Process finished with exit code 0
```

그림 2.6 addInt() 함수의 활용 예시 프로그램 실행 결과

2.2.2 Kotlin 기본 함수의 호출, 관련 모듈의 import 및 실행

표 2.4은 앞서 설명한 예제 프로그램에서 사용된 Kotlin의 기본 함수들을 설명하고 있다. print() 함수는 인수로 전달된 문자열과 출력 형식 (포맷) 및 함께 전달되는 데이터들을 지정된 형식에 따라 표준 출력장치 (모니터)로 출력한다. print() 함수의 포맷 지정 방법 및 예제 프로그램은 다음 2.6절에서 상세하게 설명한다.

next(), nextInt(), nextFloat(), nextDouble() 함수들은 그림 2.5의 예제 프로그램에서 볼 수 있었던 것과 같이, 표준 입력장치인 키보드로부터의 입력 문자열을 지정된 형식으로 변환하여 반환하여준다.

toInt(), toShort(), toDouble() 및 toFloat() 함수는 숫자 자료형 변수의 값을 지정된 숫자 형식으로 변환하여 그 값을 반환한다. 만약 toInt() 함수에 소수점 이하 값을 가지는 숫자 값이 전달되면 소수점 이하 값들을 생략한 정수 (integer) 값으로 변환되어 반환된다.

표 2.4 Kotlin의 기본 함수 예

Kotlin 기본 함수 예시	예제 및 설명
print("output string\n") println("format_string".format(arg))	print("sum = %d".format(sum)) println("sum = %d".format(sum))
next() nextInt() nextFloat() nextDouble()	표준 입력 장치로부터 다음 문자열/정수/실수 입력
toInt() toShort() toDouble() toLong()	숫자간의 자료형 변환 x = int_str.toInt() 주어진 숫자 문자열을 정수 (integer)로 변환 y = float_str.toDouble() 주어진 숫자 문자열을 실수 (float)로 변환
toString() toString(base)	주어진 객체(숫자, 인스탄스 등)의 출력 포멧에 따른 문자열 표현 base는 2진수 (2), 8진수(8), 16진수(16) 등에서의 진수 지정

2.3 Kotlin 프로그램 기본자료형과 변수, 상수, 리터럴

2.3.1 Kotlin 프로그램의 기본자료형

Kotlin 프로그래밍언어에서는 기본자료형과 참조 자료형을 구분하지 않으며, 모든 자료형은 참조 타입으로 통일되어 있다.

표 2.5 Kotlin 정수 및 실수 자료형

기본자료형	설명
Byte	1바이트, -128 ~ +127
UByte	1바이트, 0 ~ 255
Short	2바이트, -32,768 ~ + 32,767
UShort	2바이트, 0 ~ 65535
Int	4바이트, -2^{31} ~ $+2^{31} - 1$
Uint	4바이트, 0 ~ 4294967295
Long	8바이트, -2^{63} ~ $+2^{63} - 1$
ULong	8바이트, 0~18446744073709551615
Float	4바이트, -3.4E38 ~ +3.4E38
Double	8바이트, -2.7E308 ~ +2.7E308

표 2.6 Kotlin 논리, 문자, 문자열 자료형

기본자료형	설명
Boolean	true, false
문자	작은 따옴표(')로 문자 자료형 설정
String, 문자열	큰 따옴표(")로 문자열 자료형 설정

2.2.2 변수 (variable), 상수 (constant)와 리터럴(literal)의 선언 - var, val

Kotlin 프로그램의 다양한 연산에서 변수 (variable)로 선언하여 필요에 따라 값이 변할 수 있도록 하기 위하여 var 키워드를 사용하여 가변변수 (mutable variable)로 설정하며, 값이 변하지 않고 고정된 값을 가지도록 상수 (또는 불변변수)로 설정하는 것은 val 키워드를 사용하여 상수(또는 불변변수, immutable variable)로 설정한다. 변수 (variable)의 예로서는 도형의 면적을 계산하는 프로그램 실행 도중 입력 받는 데이터 (가로, 세로 또는 반지름)의 값을 저장하기 위한 변수로서 width, length, radius를 선언하고 사용하는 것이다. 상수 또는 불변변수의 예는 원 면적 계산에서 사용되는 원주율 상수를 val PI = 3.141592로 선언하고, 이를 계산식에서 사용하는 것이다.

리터럴 (literal)은 데이터 그 자체에 변하지 않는 데이터를 대입시키는 것을 의미한다. 예를 들어 val PI : Double = 3.141592D로 선언하여 PI값을 리터럴로 선언하여 사용할 수 있다. Kotlin 프로그램의 리터럴 설정에서 유형별 설정 예는 표 2.7에서 보는 것과 같다.

표 2.7 리터럴 (literal)

리터럴 유형	예시 설명
정수 자료형 리터럴	▪ 8진수: 접두어 0으로 시작하는 숫자로 표시 (예: 015) ▪ 16진수: 접두어 0x로 시작하는 숫자로 표시 (예: 0x15) ▪ 10진수: 0으로 시작하지 않는 보통 10진수 (예: 15)
실수 자료형 리터럴	▪ 실수자료형 리터럴은 소수점을 갖는 수로 표시 (예: 12.0, 12., 0.1234, .1234, 1234E-4) ▪ 실수자료형 리터럴은 기본적으로 double자료형으로 처리하나, ▪ 접미사로 f, F, d, D를 붙여 float 또는 double 자료형으로 지정 가능 (예: 0.1234, 0.1234d, 0.1234D, 0.1234f, 0.1234F)
문자 자료형 리터럴	▪ 작은/홑 따옴표 (')를 사용하여 문자 하나로 표현 (예: 'a', 'W', '가', '*', '3') ▪ \u다음에 4자리의 16진수로 2바이트 유니코드 (unicode)로 표현 (예: \u0041 : 문자 'A'의 유니코드 (0x0041)) (예: \uae00 : 한글문자 '글'의 유니코드 (0xAE00)
문자열 자료형 리터럴	▪ 큰/겹 따옴표(")를 사용하여 문자열을 리터럴로 표현 (예: val str1 = "Monday" val str2 = "January")
논리 / 불린 자료형 리터럴	▪ boolean 변수에 대하여 true 또는 false를 상수로서 대입 (예: var a = true) ▪ 논리 연산의 결과로서 true 또는 false가 대입 (예: var result_flag = 10 > 0)

2.2.3 Kotlin 프로그램에서 변수 (variable) 및 상수 (constant)의 선언 및 사용

(1) Kotlin 프로그램에서의 변수 (variable)의 선언

프로그램의 실행이 진행되면서 중간 상태를 저장하여 다음 단계에서 사용할 수 있도록 임시로 저장하여야 하는 경우가 많으며 이를 위하여 다양한 자료형의 변수 (variable)들을 사용하게 된다. 변수는 저장된 값이 변경될 수 있는 것으로 의미하며, Kotlin 프로그램에서는 var또는 val키워드를 사용하여 변수를 선언한다.

Kotlin 프로그램에서 변수로 선언하고, 초기값을 설정한 후, 그 값이 변경되지 않는 불변 변수 (immutable variable)로 사용되는 경우 val 키워드를 사용하여 선언한다. val의 경우 상수 (constant)의 기능을 가지게 된다.

Kotlin 프로그램에서 변수로 선언하고, 초기값을 설정한 후, 프로그램의 실행 과정에서 그 변수값이 다른 값으로 변경될 수 있어야 하는 가변변수 (mutable variable)경우에는 var 키워드를 사용하여 선언한다. var 키워드로 선언된 가변변수가 C/C++ 및 Java 프로그래밍에서 변수로 사용되는 것과 같은 의미와 역할을 가진다.

그림 2.5에서 x와 y는 정수 (integer) 값을 가지는 변수들이며 이들이 저장하고 있는 데이터 값은 프로그램 실행 중에 다른 값으로 변경될 수 있다.

(2) Kotlin 프로그램에서의 상수 (constant)의 선언

원의 면적을 계산할 때 사용하는 원주율 (PI= 3.141592)은 값이 고정되어 있으며, 변경되지 않는 성질을 가지는데, 이를 상수 (constant)라고 한다. 과학, 기술 및 수학 분야에서는 다양한 상수들이 사용되며, 이 분야의 문제들을 소프트웨어로 모델링하고 프로그램을 개발할 때 그 내용을 잘 표현할 수 있는 이름으로 상수를 지정하여 사용한다. 프로그램에서 상수를 잘 사용하면 프로그램 소스코드를 쉽게 이해할 수 있어 프로그램 가독성 (readability)을 높일 수 있다.

(3) STEM (Science, Technology, Engineering, Mathematics) 프로그램에서 많이 사용되는 기호 상수 선언 예

과학기술, 공학, 수학 분야의 프로그램에서는 다양한 공식들이 사용되고, 이 공식들에서 매우 복잡한 숫자들로 구성된 상수들을 많이 사용하게 된다. 예를 들어 원의 면적이나 둘레를 계산할 때 사용하는 원주율 (PI)은 3.14159265358979323846264338327950288 4197169...의 무한 소수 값을 가지기 때문에, 프로그램에서 소수점 이하의 많은 숫자들을 원주율이 포함되는 계산을 실행할 때마다 반복하여 기입하는 경우 소스코드 상에서 잘못 입력될 가능성이 매우 높다. 이런 경우 기호상수로 한번 선언한 후 계산식이 실행되는 프로그램 코드에서는 그림 2.7 line 4에서 보는 것과 같이 기호 상수를 사용하는 것이 편리하며, 타이핑 오류의 발생을 줄일 수 있다.

표 2.8은 STEM (Science, Technology, Engineering, Mathematics) 프로그램에서 많이 사용되는 기호 상수들의 예를 보여준다.

표 2.8 STEM (Science, Technology, Engineering, Mathematics) 프로그램에서 많이 사용되는 기호 상수 예

기호 상수의 예	설 명
PI = 3.141592653589793238	원주율의 값을 의미하며, 원면적, 원둘레, 삼각함수 등에서 사용
INT_MAX = 2147483647	32비트로 표현되며 부호가 포함된 정수 중 가장 큰 값
INT_MIN = -2147483638	32비트로 표현되며 부호가 포함된 정수 중 가장 작은 값
RAND_MAX = 32767	16비트값으로 생성되는 난수 (random number)의 최대값

```
/* Kotlin program with variables and constants */

fun main(args: Array<String>) {
    val PI = 3.141592
    var radius = 5.0
    var circle_area = radius * radius * PI
    println("Area of circle (radius : %f) : %f".format(radius, circle_area))

    var width = 5.0
    var length = 2.0
    var rectangle_area = width * length
    println("Area of rectangle(width : %f, length : %f) :
        %f".format(width, length, rectangle_area))

    var base = 5.0
    var height = 2.0
    var triangle_area = base * height / 2.0
    println("Area of triangle(baseh : %f, height : %f) : %f".
      format(base, height, triangle_area))
}
```

그림 2.7 Kotlin 프로그램에서의 변수와 상수를 사용한 원, 삼각형, 사각형 면적 계산의 예

```
Area of circle (radius : 5.000000) : 78.539800
Area of rectangle(width : 5.000000, length : 2.000000) : 10.000000
Area of triangle(baseh : 5.000000, height : 2.000000) : 5.000000
```

그림 2.8 원, 삼각형, 사각형 면적 계산 프로그램 실행 예

2.4 Kotlin 프로그램의 연산

2.4.1 Kotlin 프로그램의 기본 연산

Kotlin 프로그램에서 데이터를 처리하기 위하여 다양한 연산자 (operator)들을 사용할 수 있다. 표 2.9는 Kotlin 프로그램에서 기본적으로 사용되는 연산자들을 정리하여 보여 주고 있다. 먼저 대입 연산자는 어떤 변수 값을 다른 지정된 값으로 대입시킬 때 사용된다. 산술연산자는 덧셈, 뺄셈, 곱셈, 나눗셈, 모듈로 등의 연산에서 사용된다. 어떤 값에 -1을 곱하여 음수 값으로 만드는 것이 부호연산자이다. 증감 연산자는 배열의 인덱스나 어떤 값에 1씩 더하거나 1씩 빼는 연산을 할 때 사용된다.

관계연산자는 두 개의 값의 크기를 서로 비교할 때 사용되며, 변수 값이 지정된 값보다 크거나 작은 경우에 그 조건이 true가 되는 조건식을 만들 수 있다. 다수의 관계연산자를 사용하여 변수의 값이 지정된 범위 내에 있는가를 판단하는 조건식을 만들 수 있다.

논리연산자는 논리식으로 표현된 항목들에 대한 논리합, 논리곱, 논리역 등의 연산에서 사용된다. 관계연산자를 사용하여 만들어진 조건식을 논리연산자로 연결시켜 복잡한 조건식을 만들 수 있다.

조건연산자는 조건에 따라 다음 단계의 처리 내용을 다르게 구성할 때 사용된다. 콤마연산자는 하나의 실행 문장 내에서 순차적으로 실행되는 항목들을 구성할 때 사용한다. 예를 들어 max = (x >= y) ? x : y 실행문은 x가 y보다 같거나 큰 경우 x를 선택하고 그렇지 않은 경우 y를 선택하여 max의 값으로 설정하여 주며, 이 실행문을 사용하여 두 개의 데이터 중에서 값이 큰 것을 max로 설정하는 기능을 쉽게 구현할 수 있다.

표 2.9 Kotlin 프로그램에서의 기본 연산자

연산자의 분류	연산자	의미
대입 (assignment)	=	오른쪽을 왼쪽에 대입
산술 (arithmetic)	+ - * / %	사칙연산과 나머지 연산
부호 (sign)	+ -	
증감 (increment/ decrement)	++ --	증가, 감소 연산
산술 대입 복합 연산	+= -= *= /= %=	산술연산과 대입연산을 결합 (예: a += 2; a = a + 2;)
관계 (relationship)	> < == != >= <=	오른쪽과 왼쪽을 비교
조건 (conditional)	?	조건에 따라 선택
콤마 (comma)	,	피연산자들을 순차적으로 실행
비트 단위 연산자 (bit-wise operation)	& | ^ ~ << >> >>>	비트별 AND, OR, XOR, 이동, 반전 >>>: 오른쪽 shift, 왼쪽에는 항상 부호와 무관하게 0이 채워짐
비트연산대입	&= |= ^= >>= <<= >>>=	비트단위 산술연산과 대입연산
논리 (logical)	& | ^ && || !	논리적인 AND, OR, XOR 짧은 순환 AND, 짧은 순환 OR, 논리적 단항 NOT
논리 연산 대입	&=, |=, ^=	비트단위 산술연산과 대입연산 및 대입
3항 연산	? :	int a = 2, b = 3; int max = (a > b) ? a : b;

```
/* Kotlin program with basic operations - checking leap year */
fun main(args: Array<String>) {
    var list_check_leapYears = arrayOf(2021, 2022, 2023, 2024, 2025)
    for (y in list_check_leapYears) {
        if ((( y % 4 == 0) && (y % 100 != 0)) || (y % 400 == 0))
            println("year %4d is leap year".format(y))
        else
            println("year %4d is not leap year".format(y))
    }
}
```

그림 2.9 Kotlin 기본 연산 기능의 예

```
year 2021 is not leap year
year 2022 is not leap year
year 2023 is not leap year
year 2024 is leap year
year 2025 is not leap year
```

그림 2.10 실행결과

2.4.2 Kotlin 문자 (char) 및 문자열 (string)의 연산[1]

Kotlin 프로그램에서 문자 (char) 및 문자열 (string)은 아주 많이 사용되며, 매우 중요한 기본자료형이다. 문자(Char) 자료형은 단일 문자를 나타내는 자료형이다. Kotlin에서 Char 자료형은 작은 따옴표(' ')로 둘러싸인 하나의 문자로 표현된다. Char 자료형은 하나의 유니코드 (unicode) 문자를 저장할 수 있으며, 정수형으로도 취급될 수 있다. 즉, Char는 내부적으로 16비트의 정수 값으로 처리되고, Char는 숫자, 문자, 심볼 등 다양한 유니코드 문자를 포함할 수 있다. Char 자료형을 숫자형으로 변환하거나, 숫자형을 Char로 변환하는 것도 가능하다.

표 2.10 Kotlin 문자 및 문자열 연산

문자 및 문자열 연산	사용 예제 및 의미
fun Char.repeat(count: Int): String = this.toString().repeat(count)	"A".repeat(3) generates "AAA"
fun CharSequence.repeat(n: Int) : String	문자열 CharSequence가 n번 반복된 문자열 생성 및 반환 println("ABC".repeat(2)) => "ABCABC"
str.length	val str = "Hello World!" var len = str.length

문자열(String) 자료형은 문자의 시퀀스(즉, 문자들의 연속)를 나타내는 자료형이며, 큰 따옴표(" ")로 둘러싸인 여러 문자로 표현된다. String은 불변(immutable)으로 한 번 생

[1]) Kotlin String Tutorials, https://kotlinandroid.org/kotlin/kotlin-string-tutorials/

성된 문자열은 변경할 수 없다. 만약 문자열을 변경하려면, 새로운 문자열을 생성하여야 한다. Kotlin의 String은 Java의 String 클래스를 기반으로 하며, 다양한 메서드를 제공하여 문자열 조작을 쉽게 할 수 있다. 문자열의 각 문자는 인덱스를 통해 접근할 수 있으며, 인덱스는 0부터 시작한다. Kotlin에서는 문자열 템플릿을 지원하여 문자열 내에 변수의 값을 쉽게 삽입할 수 있다.

표 2.10은 Kotlin 문자 및 문자열의 연산 관련 메서드를 정리하여 보여준다.

2.4.3 비트 단위 연산자

주어진 정수형 데이터에 대한 비트 단위 연산은 개별 비트 단위로 표 2.11에서 보는 것과 같이 bitwise AND, OR, XOR(exclusive OR), NOT 연산이 실행 된다. 표 2.6은 비트 단위 연산의 예를 보여준다.

표 2.11 비트 단위 연산자

비트 연산	비트 단위 연산자		설명
bitwise AND	&	and	if the both bits of the two operands are '1', then the result bit is '1'; otherwise, '0'
bitwise OR	|	or	if the both bits of the two operands are 0', then the result bit is '0'; otherwise, '1'
bitwise XOR	^	xor	if the both bits of the two operands are same, 0', then the result bit is '0'; otherwise, '1'
bitwise NOT	~	not	negate the bit: '0' into '1'and '1' into '0'
shift left	<<	lsh	shift all bits to left by the given number of bit-position(s)
arithmetic shift right	>>	rsh	shift all bits to right by the given number of bit-position(s); left most bit is filled as sign bit
logical shift right (unsigned shift right)	>>>	ursh	shift all bits to right by the given number of bit-position(s); left most bit is filled '0'(not sign bit)

비트 단위 AND 연산의 연산자는 '&' 이며, 주어진 두 정수형 데이터의 비트 별로 비트 단위 AND 연산이 실행되며, 두 비트가 모두 1일 경우에는 결과가 1이며, 두 비트 중 하나라도 0이면 결과가 0이 된다. 비트 단위 OR 연산의 연산자는 '|' 이며, 주어진 두 정수형 데이터의 비트 별로 비트 단위 OR 연산이 실행되며, 두 비트가 모두 0일 경우에는 결과가 0이며, 두 비트 중 하나라도 1이면 결과가 1이 된다. 비트 단위 XOR 연산의 연산자는 '^' 이며, 주어진 두 정수형 데이터의 비트 별로 비트 단위 OR 연산이 실행되며, 두 비트가 같은 종류인 경우에는 결과가 0이며, 두 비트가 서로 다른 종류이면 결과가 1이 된다.

비트 단위 NOT은 주어진 정수형 데이터의 비트들을 1은 0으로, 0은 1로 반전시킨다.

정수형 데이터를 비트 위치를 오른쪽 또는 왼쪽으로 이동시키는 것을 shift라고 하며, 왼쪽으로 지정된 자리수 만큼 이동시키는 Shift Left의 연산자는 “<<” 이고, 오른쪽으로 지정된 자리수 만큼 이동시키는 Shift Right의 연산자는 “>>” 및 “>>>” 이다. Shift Left 연산에서는 오른쪽 빈자리에 0이 채워지며, Artihmetic Shift Right (>>) 연산에서는 왼쪽 빈자리에 부호비트가 채워진다. Logical Shift Right(>>>)은 왼쪽의 빈자리에 부호 비트 대신 0 비트가 채워진다.

표 2.12는 비트 단위 연산의 예제들을 정리하여 보여준다.

표 2.12 비트 단위 연산의 예

비트 단위 연산 종류	operator word	비트 단위 연산 예
bitwize AND(&)	and	01101011 & 00001111 ----------------- 00001011
bitwise OR(|)	or	01101011 | 00001111 ----------------- 01101111
bitwise XOR(^)	xor	01101011 ^ 00001111 ----------------- 01100100
bitwise NOT(~)	not	~ 01101011 ----------------- 10010100
shift left(<<)	lsh	01101011 << 3 ----------------- 01011000
arithmetic shift right (>>)	rsh	100101100 >> 3 ----------------- 111100101
logical shift right (>>>)	ursh	100101100 >>> 3 ----------------- 000100101

2.4.4 비트연산의 예

그림 2.11은 정수형 데이터에 비트 단위 연산이 실행될 때 어떤 결과가 나타나는지 쉽게 파악할 수 있도록 하는 printIntOper_Bits() 함수 및 관련 함수의 구현 예제와 응용 프로그램의 예제를 보여주며, 실행 결과는 그림 2.12에서 보는 것과 같다. 비트연산에서 각 비트 패턴에 따라 처리되는 내용을 쉽게 이해할 수 있도록 두 정수형 데이터의 32 비트 값을 나란히 정렬하여 보여주므로, 각 비트끼리의 비트 단위 연산의 결과를 쉽게 확인할 수 있다.

Line 4~12은 인수로 전달된 정수 자료형 데이터 (data)를 32개의 비트 단위로 출력하며, 8비트 단위로 공란(space)를 추가하여 쉽게 이진코드를 확인할 수 있게 하여 준다. Line 6~11에서는 data를 오른쪽으로 n자리 이동시킨 후, 그 결과값에 16진수 0x1로

bit-wise AND 연산을 시켜, data의 n번째 비트를 ‘0’ 또는 ‘1’ 값으로 출력하게 한다.

Line 14~18에서는 비트 단위 연산의 연산자들의 심볼을 열거형 (enum)으로 나열하고, 각 연산자들을 출력할 때 사용하는 문자열의 배열 bop_sign을 구성하고 있다.

```
 1 : /* Kotlic Bitwise Operations */
 2 : import java.util.*
 3 :
 4 : fun printInt_Bits(data: Int) {
 5 :      var bit: Int
 6 :      for (n in 31 downTo 0) {
 7 :           bit = data shr n and 0x1
 8 :           print("%d".format(bit))
 9 :           if (n % 8 == 0)
10 :                print(" ")
11 :      }
12 : }
13 :
14 : enum class BinOp_Type {
15 :      ADD,  SUB, MUL, DIV, MOD, BIT_AND,  BIT_OR, BIT_XOR, BIT_NOT,
16 :      SHIFT_LEFT,     SHIFT_RIGHT, UNSIGNED_SHIFT_RIGHT }
17 : ;
18 : var bop_sign = arrayOf("+", "-", "*", "/", "%", "&", "|", "^", "~", "<<", ">>", ">>>")
19 :
20 : fun printBitOperation(x: Int, y: Int, z: Int, bop: BinOp_Type) {
21 :      if (bop != BinOp_Type.BIT_NOT) {
22 :           print("        ");          printInt_Bits(x);           println()
23 :      }
24 :      print("%3s   ".format(bop_sign[bop.ordinal]))
25 :      printInt_Bits(y);       println()
26 :      println("        ------------------------------------")
27 :      print("        ");      printInt_Bits(z);       println()
28 : }
29 :
30 : fun main() {
31 :      val cin = Scanner(System.`in`)
32 :      val data_1: Int;       val data_2: Int
33 :      val data_3: Int;       val data_4: Int
34 :      val data_5: Int;     val data_6: Int
35 :      val data_7: Int;     val data_8: Int
36 :      val k = 3
37 :      var cin_data: String
38 :
39 :      /* print("\nInput first hexadecimal integer (00000000 ~ FFFFFFFF) : ")
40 :      cin_data = cin.next()
41 :      data_1 = cin_data.toInt(16)  */
42 :      data_1 = 0x07
43 :      print("First input data  (Hexa-decimal) %08X = (Decimal) %3d =
           (Octal) %#4o = (Binary)".format(data_1,  data_1, data_1 ))
44 :      printInt_Bits(data_1); println()
45 :      /* print("\nInput second hexadecimal integer (00000000 ~ FFFFFFFF) : ")
46 :      cin_data = cin.next()
47 :      data_2 = cin_data.toInt(16)  */
48 :      data_2 = 0xA3
49 :      print("Second input data (Hexa-decimal) %08X = (Decimal) %3d =
           (Octal) %#4o = (Binary)".format(data_2, data_2, data_2 ))
50 :      printInt_Bits(data_2); println()
```

그림 2.11 비트단위 연산의 Kotlin 예제 프로그램 (part 1) - printBitOperation()

그림 2.11 line 20~28의 printBitOperation() 함수는 인수로 정수 자료형의 x, y, z와 비트 단위 이진연산자 bop를 전달받으며, x와 y를 이진 연산자 bop로 계산한 결과 z를 차례대로 표 2.12와 같은 양식으로 출력하여 쉽게 이진 연산 결과를 파악할 수 있게 한다.

Line 40~50에서는 정수형 데이터 data_1과 data_2를 (주석문 처리된 부분를 활용하여 표준 입력 장치로부터 직접 입력 받거나), 0x07(이진코드 0000 0111)과 0xA3(이진코드 10010011)로 설정하고, data_1과 data_2의 이진코드 출력을 print_Bits()를 사용하여 출력한다. data_1과 data_2의 출력 결과는 그림 2.12의 첫 부분 2줄에서 16진수, 10진수, 8진수 및 2진수로 출력된 내용을 확인할 수 있다.

Line 53~65에서는 비트 단위 AND (data_1 & data_2), 비트 단위 OR (data_1 | data_2), 비트 단위 XOR (data_1 ^ data_2)를 계산하고, 이를 각각 data_3, data_4, data_5에 대입시킨 후, printBitOperation() 함수를 사용하여 출력한다. 이들 비트 단위 AND, 비트 단위 OR, 비트 단위 XOR의 연산 결과는 그림 2.12 중간 부분에서 확인할 수 있다.

```
51 :
52 :        /* bit-wise AND */
53 :        data_3 = data_1 and data_2
54 :        println("\nBit-wise AND of two input data (%08X & %08X) => %08X".
               format(data_1, data_2, data_3))
55 :        printBitOperation(data_1, data_2, data_3, BinOp_Type.BIT_AND)
56 :
57 :        /* bit-wise OR */
58 :        data_4 = data_1 or data_2
59 :        println("\nBit-wise OR of two input data (%08X | %08X) => %08X".
               format(data_1, data_2, data_4))
60 :        printBitOperation(data_1, data_2, data_4, BinOp_Type.BIT_OR)
61 :
62 :        /* bit-wise XOR */
63 :        data_5 = data_1 xor data_2
64 :        println("\nBit-wise XOR of two input data (%08X | %08X) => %08X".
                 format(data_1, data_2, data_5))
65 :        printBitOperation(data_1, data_2, data_5, BinOp_Type.BIT_XOR)
66 :
67 :        /* Shift Left */
68 :        data_6 = data_1 shl k
69 :        println("\nShift Left of (%08X << %08X) => %08X".format(data_1, k, data_6))
70 :        printBitOperation(data_1, k, data_6, BinOp_Type.SHIFT_LEFT)
71 :
72 :        /* Arithmetic Shift Right */
73 :        val data_negative = -0x7
74 :        print("data_negative = "); printInt_Bits(data_negative); println()
75 :
76 :        data_7 = data_negative shr k
77 :        println("\nShift Right of (%08X >> %08X) => %08X".
                   format( data_negative, k, data_7))
78 :        printBitOperation(data_negative, k, data_7, BinOp_Type.SHIFT_RIGHT)
79 :
```

그림 2.11 비트단위 연산의 Kotlin 예제 프로그램 (part 2) - printBitOperation()

그림 2.11 line 68~70에서는 data_1을 k비트 자리 만큼 shift left를 시켜 출력하며, 그 결과는 그림 2.12 첫 부분에서 볼 수 있는 것처럼 전체적으로 왼쪽으로 k자리 만큼 자리를 옮기며, 오른쪽 k자리는 0으로 채워지는 것을 확인할 수 있다. 그림 2.11 line 73~78

에서는 부호 비트 (sign bit)가 1로 설정되는 음수에 대하여 k (3)자리 만큼 arithmetic shift right와 logical (unsigned) shift right를 시키는 비트 단위 연산 예를 보여 준다. Arithmetic shift right (rsh)에서는 오른쪽으로 자리 옮김을 한 후, 왼쪽의 빈자리를 부호 비트 (sign bit)이 채우게 되며, Logical (unsigned) shift right인 경우에는 왼쪽의 빈자리를 0비트로 채우게 된다.

```

    /* Logical Shift Right */
    data_8 = data_negative ushr k
    println("\nUnsigned Shift Right of (%08X >> %08X) => %08X".
        format( data_negative, k, data_8))
    printBitOperation(data_negative, k, data_8,
BinOp_Type.UNSIGNED_SHIFT_RIGHT)
} // end of main()

```

그림 2.11 비트단위 연산의 Kotlin 예제 프로그램 (part 3) - printBitOperation()

```
First input data  (Hexa-decimal) 00000007 = (Decimal)   7 = (Octal)   07 = (Binary)00000000 00000000 00000000 00000111
Second input data (Hexa-decimal) 000000A3 = (Decimal) 163 = (Octal) 0243 = (Binary)00000000 00000000 00000000 10100011

Bit-wise AND of two input data (00000007 & 000000A3) => 00000003
     00000000 00000000 00000000 00000111
  &  00000000 00000000 00000000 10100011
     -----------------------------------
     00000000 00000000 00000000 00000011

Bit-wise OR of two input data (00000007 | 000000A3) => 000000A7
     00000000 00000000 00000000 00000111
  |  00000000 00000000 00000000 10100011
     -----------------------------------
     00000000 00000000 00000000 10100111

Bit-wise OR of two input data (00000007 | 000000A3) => 000000A4
     00000000 00000000 00000000 00000111
  ^  00000000 00000000 00000000 10100011
     -----------------------------------
     00000000 00000000 00000000 10100100

Shift Left of (00000007 << 00000003) => 00000038
     00000000 00000000 00000000 00000111
 <<  00000000 00000000 00000000 00000011
     -----------------------------------
     00000000 00000000 00000000 00111000
data_negative = 11111111 11111111 11111111 11111001

Shift Right of (FFFFFFF9 >> 00000003) => FFFFFFFF
     11111111 11111111 11111111 11111001
 >>  00000000 00000000 00000000 00000011
     -----------------------------------
     11111111 11111111 11111111 11111111

Unsigned Shift Right of (FFFFFFF9 >> 00000003) => 1FFFFFFF
     11111111 11111111 11111111 11111001
>>>  00000000 00000000 00000000 00000011
     -----------------------------------
     00011111 11111111 11111111 11111111
```

그림 2.12 비트단위 연산의 Kotlin 예제 프로그램의 실행결과

2.5 Kotlin 프로그램의 배열(array)

2.5.1 Kotlin 프로그램 기본자료형의 1차원 배열 (one dimensional array)

2.2절에서 설명한 기본자료형이 여러 개 모여 있는 파생 자료형으로 배열 (array)이 있으며, 다양한 프로그래밍언어의 다양한 알고리즘 구현에서 많이 사용된다. 먼저 배열이라고 하는 것은 동일한 자료형의 데이터가 여러 개 모여 있는 자료구조이며, 연속적인 메모리 상에서 동일한 자료형들의 데이터가 연속적으로 저장되어 있는 것을 의미한다. 그리고, 배열 안에 들어가 있는 각각의 데이터 요소 (element)들은 개별적인 항목 하나 하나 단위로 인덱스 (index)를 사용하여 접근할 수 있다. 배열을 이용하면, 동일한 자료형의 여러 개의 데이터들을 통합적으로 관리할 수 있는 좋은 장점이 있다. 동일한 자료형의 데이터를 대량으로 관리하는 경우, 개별적으로 각각의 데이터들을 별도의 이름으로 관리하는 것보다는 하나의 이름으로 사용하고, 개별적인 요소들은 각각의 인덱스를 이용하여 직접 구분해서 접근함으로써 체계적인 관리가 가능하다.

배열을 선언하는 방법은 어떤 자료형의 데이터 집합을 사용하는가를 확인하여 해당 자료형을 명시한다. 예를 들면, 정수형의 배열인가 그렇지 않으면 실수형의 배열인가를 나타내는 자료형을 먼저 명시하고 이 배열이 사용할 이름 (전체적인 데이터 집합의 대표 이름)을 지정하며, 대괄호 (“[,]”)안에 배열의 크기를 지정하는 방법으로 배열을 선언하게 된다. 그래서 자료형이라고 하는 것은 실제 사용하게 되는 그 배열의 원소들이 어떤 데이터 종류인가를 나타내게 되고, 배열 이름이라고 하는 것은 이 배열을 사용할 때 필요한 대표 이름으로 설정된다. 배열의 이름은 앞서 설명한 식별자 설정과 같은 요령으로 설정하여야 하며, 실제 그 용도의 의미가 잘 전달될 수 있는 배열 이름을 사용하여야 한다.

배열의 크기는 실제 그 배열에서 최대 몇 개까지의 원소를 담을 수 있는가를 나타낸다. 배열에 포함된 원소들의 위치를 나타내는 인덱스 번호는 항상 0부터 시작하며, 따라서 N개의 원소를 포함하는 배열의 인덱스 값은 0부터 N−1까지의 값을 가진다. 예를 들어 100개의 원소를 가질 수 있는 배열을 정의하였을 때, 인덱스 값은 0부터 99까지 이므로, 이 배열에 인덱스 100 위치의 원소를 읽거나 쓰려고 하면, 이는 그 배열의 정상적인 범위를 벗어난 것이고, 오류가 발생하게 되는 것이다.

그림 2.13은 Kotlin 프로그래밍에서 배열을 사용하는 예를 보여준다. 그림 2.13 line 5, 11, 17, 25에서 보는 것과 같이, 1차원 배열을 선언하기 위하여 var array_name = IntArray(배열 개수), array_name = intArrayOf(배열 원소의 정수 자료형 초기값 목록), var array_name = DoubleArray(배열 개수), var array_name = doubleArrayOf(배열 원소의 double 자료형 초기값 목록)으로 선언한다. IntArray()와 DoubleArray()에서는 지정된 원소 개수 만큼의 배열을 구성하며, 초기값은 0 또는 0.0으로 설정한다. intArrayOf() 및 doubleArrayOf()은 인수로 전달된 원소 초기값들을 가지는 배열을 구성한다.

그림 2.13 line 18, 19에서는 인덱스를 사용하여 배열의 특정 원소를 읽거나 변경하는 방법을 보여준다. 인덱싱 기능을 사용할 때 주의하여야 할 내용으로 배열 인덱스의 값은 항상

0 ~ 배열 크기(size)-1의 범위로 제한되어야 하는 것이다. 만약 그림 2.13 line 31에서 보는 것과 같이 배열 인덱스의 값이 0보다 작거나, 배열 크기-1보다 큰 값으로 설정되면, 그림 2.14의 실행 결과 마지막 부분에서 보는 것과 같이 out-of-range exception이 발생하게 된다.

```
 1 :  /* Kotlin 1-dimensional (1D) Array Examples */
 2 :
 3 :  fun main(args: Array<String>) {
 4 :       /* Examples of 1-dimensional arrays */
 5 :       val int_array = IntArray(10) // array definition and memory allocation
 6 :       print("int_array = ")
 7 :       for (i in 0..int_array.size-1)
 8 :            print("%5d".format(int_array[i]))
 9 :       println()
10 :
11 :       val scores = intArrayOf(85, 75, 95, 80, 90, 87, 93, 82, 99, 88)
12 :       print("scores = ")
13 :       for (i in 0..scores.size-1)
14 :            print("%5d".format(scores[i]))
15 :       println()
16 :
17 :       val dbl_array = DoubleArray(10)
18 :       dbl_array[0] = 1.2345 // assignment of an element
19 :       dbl_array[9] = 5.4321
20 :       print("dbl_array = ")
21 :       for (i in 0..dbl_array.size-1)
22 :       print("%5.2f".format(dbl_array[i]))
23 :       println()
24 :
25 :       val grades = doubleArrayOf(85.2, 70.7, 82.3, 97.8)
26 :       print("grade = ")
27 :       for (i in 0..grades.size-1)
28 :       print("%6.2f".format(grades[i]))
29 :       println()
30 :
31 :       grades[10] = 100.0 // this part generates index out of bounds exception !!!
32 :  }
```

그림 2.13 Kotlin 프로그램에서의 배열 선언과 생성 예

```
int_array =     0    0    0    0    0    0    0    0    0    0
scores =    85   75   95   80   90   87   93   82   99   88
dbl_array =  1.23 0.00 0.00 0.00 0.00 0.00 0.00 0.00 0.00 5.43
grade =  85.20 70.70 82.30 97.80
Exception in thread "main" java.lang.ArrayIndexOutOfBoundsException Create breakpoint : Index 10 out of bounds for length 4
    at MainKt.main(Main.kt:31)

Process finished with exit code 1
```

그림 2.14 Kotlin 1차원 배열의 실험 프로그램 실행결과

2.5.2 2차원 배열 (two-dimensional array)과 초기화

1차원 배열에서는 하나의 인덱스를 사용하여 배열에 포함된 원소에 접근하며, 1차원적으로 구성된 데이터를 사용하는 알고리즘에 활용된다. 만약 주어진 데이터가 행렬 (matrix)이나 지도상의 도시간 거리를 표현하는 경우, 그 정보를 처리할 때 2차원 형태로 구성하는 것이 더욱 편리할 것이다. 2차원 배열은 두 개의 인덱스를 사용하여 원소에 접근한다.

그림 2.15는 3 x 4 크기의 2차원 배열 (행렬)을 구성하고, 초기값을 설정한 후, 이를 출력하는 예를 보여준다. Line 3 ~ 10에서는 double 자료형 원소들을 포함하는 2차원 배열을 인수로 전달 받고, 이를 2중 for-loop을 사용하여 출력하는 기능을 함수로 구현한 예를 보여 준다. Line 5~8의 2중 for-loop에서는 mtrx의 각 행 (row)을 각각 추출하고, 행에 포함된 원소 (element)를 차례로 출력하고 있다. 이 때, 2차원 배열의 각 원소는 2개의 인덱스를 사용하여 mtrx[i][j]로 접근하고, 그 원소 값을 읽거나 변경할 수 있다.

그림 2.15 line 18 ~ 21에서는 arrayOf()과 doubleArrayOf() 함수를 사용하여 3 x 4 크기의 2차원 행렬을 구성하고, 각 행렬 원소들의 double 자료형 초기값을 설정하는 예를 보여 준다. Line 23에서는 구성된 2차원 배열(즉 행렬)을 print2DArray() 함수를 사용하여 출력한다.

```
 1 :  /* Kotlin Example of 2-dimensional double array */
 2 :
 3 :  fun print2DArray(mtrx : Array<DoubleArray>) {
 4 :      for (row in mtrx) {
 5 :          for (element in row) {
 6 :              print("%5.1f".format(element))
 7 :          }
 8 :          println()
 9 :      }
10 :  }
11 :
12 :  fun main(args: Array<String>) {
13 :      val rows = 3
14 :      val cols = 4
15 :      var mtrx = Array(rows) {DoubleArray(cols)}
16 :
17 :      println("Example of 2-dimensional array = ")
18 :      mtrx = arrayOf(
19 :          doubleArrayOf(0.0, 0.1, 0.2, 0.3),
20 :          doubleArrayOf(1.0, 1.1, 1.2, 1.3),
21 :          doubleArrayOf(2.0, 2.1, 2.2, 2.3))
22 :      print2DArray(mtrx)
23 :  }
```

그림 2.15 2차원 배열의 초기화 설정 예

그림 2.15의 2차원 배열 초기화 설정과 print2DArray() 함수의 실행 결과는 그림 2.16에서 확인할 수 있다.

```
Example of 2-dimensional array =
  0.0  0.1  0.2  0.3
  1.0  1.1  1.2  1.3
  2.0  2.1  2.2  2.3
```

그림 2.16 실행결과

2.6 Kotlin 프로그램의 입력과 출력

2.6.1 Kotlin 프로그램에서 표준 입력 장치로부터의 입력

Kotlin 프로그램에서 표준입력 장치 (key board)로부터 데이터를 입력 받는 기능은 Java 표준 입력 스트림인 System.in 객체로부터 직접 입력 받거나 Scanner 클래스에 System.in 객체를 연결하여 다양한 자료형으로 변환된 결과를 반환받는 방법을 사용할 수 있다. Scanner 클래스를 사용하기 위해서는 프로그램의 첫 부분에 import java.util.Scanner;문으로 탑재를 시켜야 한다. 표 2.13은 Kotlin Scanner 클래스에서 제공하는 메서드이다.

표 2.13 Kotin 프로그램 입력에 사용되는 Scanner 메서드

메서드	설명	입력 타입
next()	공백(스페이스)이나 개행 문자를 기준으로 하나의 단어를 읽음	String
nextLine()	라인 전체를 읽습니다. 즉, 개행 문자까지 모든 입력을 읽음	String
nextInt()	다음 입력 값을 Int타입으로 읽음	Int
nextLong()	다음 입력 값을 Long타입으로 읽음	Long
nextFloat()	다음 입력 값을 Float타입으로 읽음	Float
nextDouble()	다음 입력 값을 Double타입으로 읽음	Double
nextBoolean()	다음 입력 값을 Boolean타입으로 읽음 (true또는 false입력 기대)	Boolean
hasNext()	다음에 입력이 있는지 확인 (입력이 남아있으면 true, 없으면 false반환)	Boolean
hasNextLine()	다음 줄에 입력이 있는지 확인	Boolean
hasNextInt()	다음 입력이 Int로 해석될 수 있는지 확인	Boolean
hasNextLong()	다음 입력이 Long으로 해석될 수 있는지 확인	Boolean
hasNextFloat()	다음 입력이 Float으로 해석될 수 있는지 확인	Boolean
hasNextDouble()	다음 입력이 Double로 해석될 수 있는지 확인	Boolean
hasNextBoolean()	다음 입력이 Boolean으로 해석될 수 있는지 확인	Boolean
useDelimiter(pattern: String)	입력을 나누는 기준으로 사용할 패턴을 설정 기본적으로는 공백과 개행 문자가 구분자임	Unit(설정 메서드)
close()	스캐너를 닫아 더 이상 입력을 받지 않도록 함	Unit(설정 메서드)

2.6.2 Kotlin 프로그램의 출력

Kotlin 프로그램에서의 System.out의 print(), println(), printf() 메서드를 사용하여 콘솔로 출력한다. print() 함수는 인수로 전달된 내용을 단순히 출력하며, 줄바꿈 문자 ('\n')은 출력에 포함되지 않는다. println() 함수는 인수로 전달된 내용을 줄바꿈 문자 ('\n')를 포함하여 출력한다. print() 함수는 인수로 전달된 항목을 지정된 포멧에 따라 형식을 맞추어 출력하여 준다.

표 2.14와 표 2.15는 print() 메서드에서의 출력 포맷 지정 방법들을 열거하여 보여준다.

표 2.14 print() 함수에서의 출력 포맷 지정

포맷 문자 (Format Character)	출력 데이터 유형 (Output data type)	출력 포맷 (Output)
%d	Int	부호가 있는 10진수 (signed decimal integer)
%u	UInt	부호가 없는 10진수 (unsigned decimal integer)
%o	UInt	부호가 없는 8진수 (unsigned octal integer)
%x, %X	UInt	부호가 없는 16진수 (unsigned hexadecimal integer)
%f, %lf	Float, Double	10진수 포맷으로 출력되는 부동소수점 실수 (floating point numbers in decimal format)
%e, %E	Float, Double	10의 지수승의 과학 포맷으로 출력되는 부동소수점 실수 (floating point numbers in scientific format), (예: 2.2345e-001 or 2.0E-20)
%g, %G	Float, Double	값의 크기에 따라 %f 포맷이나 %e 포맷이 선정되어 출력되는 부동소수점 실수
%c	Char	문자형 데이터
%s	Char *	문자형 포인터로 지시되는 문자열

표 2.15 print() 함수에서의 출력 공간 및 정렬 지정

포맷 문자 (Format Character)	출력 데이터 유형 (Output data type)	출력 포맷 (Output)
%8d	Int	10진수를 8칸에 오른쪽 맞춤으로 출력
%8o	UInt	8진수를 8칸에 오른쪽 맞춤으로 출력
%8x, %8X	UInt	16진수를 8칸에 오른쪽 맞춤으로 출력
%#d	Int	10진수를 출력 (10진수의 경우 별도의 prefix없음)
%#o	UInt	8진수를 prefix (0)과 함께 출력
%#x, %#X	UInt	16진수를 prefix (0x 또는 0X)과 함께 출력
%#08d	Int	10진수를 8칸에 오른쪽 맞춤으로 출력하며, 앞의 빈자리에는 0을 채워줌 (10진수의 경우 별도의 prefix없음)
%#08o	UInt	8진수를 prefix (0)과 함께 8칸에 오른쪽 맞춤으로 출력하며, 앞의 빈자리에는 0을 채워줌
%#08x, %#08X	UInt	16진수를 prefix (0x 또는 0X)과 함께 8칸에 오른쪽 맞춤으로 출력하며, 앞의 빈자리에는 0을 채워줌
%-8d	Float, Double	10진수를 8칸에 왼쪽 맞춤으로 출력
%+8d	Float, Double	10진수를 8칸에 오른쪽 맞춤으로 + 부호와 함께 출력
%8.2f %8.2lf	Float, Double	실수형 데이터를 총 8칸에 소숫점 이하 2자리의 포멧으로 출력
%20s	String	문자열을 20칸에 오른쪽 맞춤으로 출력
%-20s	String	문자열을 20칸에 왼쪽 맞춤으로 출력

2.7 Kotlin 프로그램의 실행제어, 조건문, 조건식

2.7.1 프로그램 실행제어란?

프로그램은 실행 중에 다양한 상황이 발생될 수 있으며, 데이터 처리 중간 상태의 값에 따라 다른 기능을 수행할 수도 있고 지정된 조건이 만족되는 동안 계속 반복 작업을 수행하는 등 조건에 따라 수행되는 내용을 다르게 진행하는 경우가 대부분이다. 프로그램의 실행제어를 위하여 다양한 조건을 검사하는 조건식을 구성하게 되고, 복합적인 조건을 조건문으로 구현하여야 한다. 또한 주어진 조건이 만족될 때 반복 수행하여야 하는 반복문 블록을 구성하고, 특정 조건이 발생되면 반복문을 중단하거나 반복문의 나머지 구간을 생략하는 등의 세부적인 실행제어를 정확하게 구현하여야 한다.

Kotlin의 프로그램 실행제어 구조는 다른 프로그래밍언어와 다르지 않으나 조건식의 표현과 반복문을 구성하는 문법에서 차이가 있다. Kotlin 프로그래밍에서는 조건식의 표현과 반복문 구성을 좀 더 간략한 표현이 가능한 문법도 사용할 수 있게 한다. 일반적으로 프로그램 실행제어 구조는 다양한 알고리즘 개발에 핵심적인 사항이며, 소프트웨어 프로그램으로 문제를 해결하고자 할 때 가장 적합한 자료구조를 선택하여야 하고, 가장 효율적으로 프로그램 실행이 진행될 수 있는 프로그램 실행제어 구조를 가지도록 구성하여야 한다.

2.7.2 조건식, 조건문 – if, if-else, if-else if-else

프로그램 실행제어에 사용되는 조건식과 조건문은 변수값의 크기에 따라 조건적으로 처리 내용을 다르게 하는 기능을 구현할 때 사용한다. 가장 기본적인 if 조건식과 if-else 조건식은 그림 2.17에서 보는 것과 같은 구조를 가진다. if 조건식에서는 주어진 조건식(condition)의 연산결과가 True이면 다음에 블록으로 구성되어 있는 블록이 실행되며, False이면 해당 블록은 무시하고, 다음 단계로 넘어가게 된다. if-else 조건식은 그림 2.17(b)에서와 같이 주어진 조건식의 연산 결과가 True이면 True에 해당하는 블록이 실행되며, False이면 False에 해당하는 블록이 실행된다.

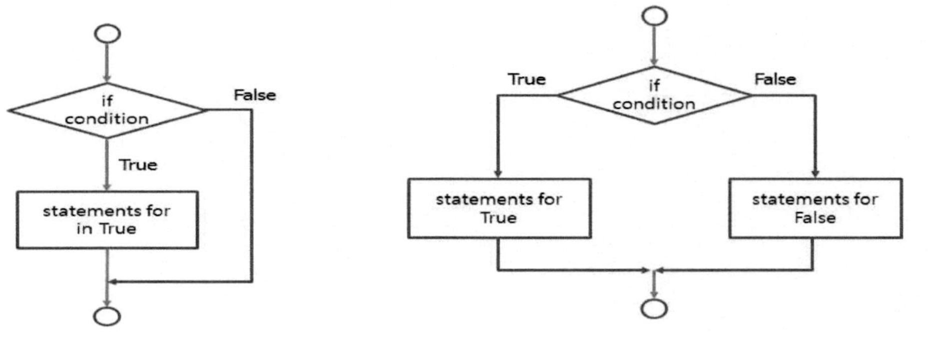

(a) if 조건식 (b) if-else 조건식

그림 2.17 if , if-else 조건식

if-else if-else 구조의 조건문인 경우 그림 2.18에서 보는 것과 같이 if 다음의 조건식 condition1의 연산결과가 True이면 condition1의 블록이 실행되며, 만약 False인 경우 else if의 조건식 condition2를 다시 검사하고, 그 결과가 True이면 condition2의 블록을 실행하며, 만약 False 인 경우에는 else 블록이 실행된다. else if는 동일한 구조가 계속 반복될 수 있다.

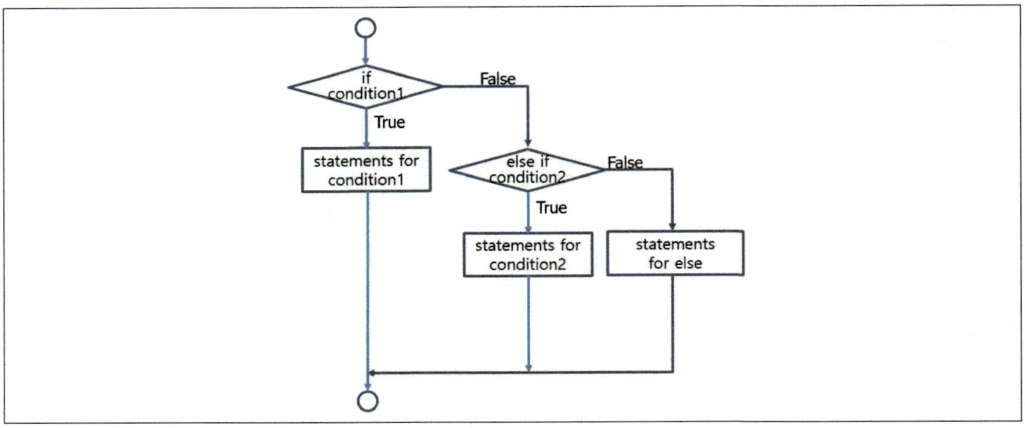

그림 2.18 if-else if-else 조건식

2.7.3 조건식 (condition) 및 관련 연산자

프로그램 수행에서 다양한 중간 상황이 발생할 수 있으며, 각 단계별로 조건에 따라 처리 경로를 다르게 설정하는 경우가 많다. 이 때 다양한 조건을 조합하여 결정을 하게 되며, 표 2.16에서 보는 다양한 조건식 관련 연산자들을 사용하게 된다. 조건식을 만들기 위해서는 관계연산자, 논리연산자와 조건에 따라 선택을 하게하는 조건연산자를 사용할 수 있다.

관계연산자는 두 개의 값의 크기를 서로 비교할 때 사용되며, 상대적으로 큰가, 상대적으로 작은가, 동일한가, 다른가를 판단하거나, 같거나 큰가, 같거나 작은가를 판단할 때 사용된다. 관계연산자는 프로그램의 실행이 지정된 조건을 만족할 경우에만 실행되게 하는 if, if-else, 또는 if-else if-else 구조의 조건문을 구성할 때 사용된다. 관계연산자는 반복문이 지정된 조건인 경우에만 실행되도록 for, while, do-while 구문과 함께 반복문 제어 구조를 구성할 때에도 사용된다.

논리연산자는 논리식으로 표현된 항목들에 대한 논리합, 논리곱, 논리역 등의 연산에서 사용된다. 두 가지의 조건이 모두 참일 때에만 이들의 조합이 참이 되는 논리곱 (logical AND)과 두 가지의 조건이 모두 거짓일 때에만 이들의 조합이 거짓이 되는 논리합 (logical OR)이 있고, 주어진 조건의 반대를 의미하는 NOT이 있다. 여러 개의 논리연산자로 구성되는 다수의 논리식을 사용하여 복합적인 조건을 표현할 수 있으며, 복합적인 조건을 만족하는 경우에만 조건문과 반복문의 실행되도록 구성할 수 있다.

조건연산자는 조건에 따라 다음 단계의 처리 내용을 다르게 구성할 때 사용된다.

표 2.16 조건식 관련 연산자

연산자의 분류	연산자	의미, 예
관계연산자 (relationship)	>	a > b : a가 b보다 크면 True, 아니면 False
	>=	a >= b : a가 b보다 같거나 크면 True, 아니면 False

연산자의 분류	연산자	의미, 예
	<	a < b : a가 b보다 작으면 True, 아니면 False
	<=	a <= b : a가 b보다 같거나 작으면 True, 아니면 False
	==	a == b : a와 b가 같으면 True, 아니면 False
	!=	a != b : a와 b가 다르면 True, 아니면 False
논리연산자 (logical)	and (논리 곱)	A and B : A와 B가 모두 True이면 True, 아니면 False
	or (논리 합)	A or B : A나 B 둘 중 하나가 True이면 True, 아니면 (즉, A와 B모두 False이면) False
	not	not A : A가 True이면 False, A가 False이면 True
Ternary selection	if condition x else y	max = if (x > y) x else y

2.7.4 논리연산자를 사용한 복합 조건식 표현

표 2.17은 논리연산자를 사용하여 조건식을 표현한 예를 보여 준다. 관계연산자를 사용하여 각각 만들어진 다수의 조건식을 조합하여 복합적인 판단을 하고자 할 때 다수의 조건식을 논리연산자를 사용하여 결합시킬 수 있다. 예를 들어 학생들의 성적 처리에서 점수 (score)가 90보다 같거나 크고 95보다 작은 경우 평점 (grade)은 'A' 가 주어진다. 이러한 조건을 판단하는 복합 조건식은 표 2.17에서 보는 것과 같이 if 90 <= score < 95로 표현할 수 있다. C/C++ 프로그램에서와는 달리 복합 조건식을 표현할 때 "90 <= score < 95" 조건식을 표현함으로써 간결하게 복합 조건식을 구성할 수 있는 장점이 있다.

표 2.17 논리연산자를 사용한 조건식의 표현 예

주어진 조건	산술연산자를 사용한 수식의 표현
성적 (score)이 90보다 같거나 높고, 95보다 낮은 경우	if ((90 <= score) && (score < 95)) print("Your grade is A")

윤년 (leap year)의 조건: 연도가 4의 배수이며 100의 배수가 아니거나, 또는 400의 배수이면 윤년	if (((year % 4 == 0) && (year % 100 != 0)) ||
	    (year % 400 == 0))
	    print("Year(%d) is a leap year"%(year))
	else
	    print("Year(%d) is not a leap year"%(year))

기온이 30도 이상이며, 날씨가 화창할 때	if ((temp >= 30) &&
	    (weather == "SUNNY"))
	    print("It's good for picnic !!")

또 다른 예로 어떤 해가 윤년(leap year) 인가를 판단하여야 하는 경우 4의 배수이며 100의 배수가 아닌 연도이거나 400의 배수가 되는 연도인 경우 윤년으로 판단하며, 이를 위한 복합 조건식은 표 2.17에서 보는 것과 같이 "if ((year % 4 == 0) and (year % 100 != 0)) or (year % 400 == 0)" 조건식으로 표현할 수 있다.

복합 조건식을 구성할 때 서로 다른 자료형의 데이터를 비교하는 조건식을 복합적으로 사용할 수 있다. 예를 들면 "기온이 30도 이상이며, 날씨가 화창할 때" 라는 복합 조건을 사용하여야 하는 경우 "temp >= 30" 의 조건과 "weather == SUNNY" 의 조건을

and 연산자를 사용하여 논리곱 연산으로 구성하여야 한다.

2.7.5 if 조건문

많은 프로그램의 실행은 중간 상태에 따라 다른 실행 경로를 따라 진행할 수 있도록 구성할 수 있어야 한다. 예를 들어 그 날의 날씨에 따라 야외 소풍을 갈 것인지 아니면 실내 박물관 견학을 갈 것인지 결정하거나, 날씨는 맑은데 기온이 5도 이하이면 실내에서 체육수업을 하고, 기온이 5~25도 범위이면 운동장에서 체육수업을 하며, 기온이 25도를 초과하면 실내 체육관에서 수업을 하는 결정을 내리고, 해당 후속 업무가 실행되도록 하여야 한다. 프로그램의 실행에 조건부 제어를 하기 위하여 Kotlin에서는 if, if-else, if-else if-else 구조의 조건문을 사용한다.

(1) if 조건문

그림 2.19의 if 단일 조건문 예제에서는 두 개의 정수를 입력 받아 각각 x와 y에 저장하고, 만약 x와 y값이 같으면 동일하다는 내용을 출력하며, 만약 작거나 크면 각각 작다는 내용과 크다는 내용을 출력하게 한다. 그림 2.20에서 실행 결과를 확인할 수 있다. 그림 2.19 line 10~23에서는 두 개의 정수 x와 y의 크기를 비교하기 위하여 관계연산자 '==', '<', "<=", '>', ">=", "!="를 각각 사용하고 있다.

```
 1 : /* Kotlin program control - if-else */
 2 : import java.util.Scanner
 3 : fun main(args: Array<String>) {
 4 :     val cin = Scanner(System.`in`)
 5 :     while (true) {
 6 :         print("Input two integers : ")
 7 :         var x = cin.nextInt()
 8 :         var y = cin.nextInt()
 9 :
10 :         if ((x == 0) && (y == 0))
11 :             break
12 :         if (x == y)
13 :             println("x(%d) and y (%d) are equal".format(x, y))
14 :         if (x < y)
15 :             println("x(%d) is less than y (%d)".format(x, y))
16 :         if (x <= y)
17 :             println("x(%d) is less than or equal to y %d)".format(x, y))
18 :         if (x > y)
19 :             println("x(%d) is greater than y (%d)".format(x, y))
20 :         if (x >= y)
21 :             println("x(%d) is greater than or equal to y (%d)".format(x, y))
22 :         if (x != y)
23 :             println("x(%d) is not equal to y (%d)".format(x, y))
24 :     } // end while
25 : } // end main()
```

그림 2.19 if 단일 조건문의 사용 예제

```
Input two integers : 5 7
x(5) is less than y (7)
x(5) is less than or equal to y (7)
x(5) is not equal to y (7)
Input two integers : 7 3
x(7) is greater than y (3)
x(7) is greater than or equal to y (3)
x(7) is not equal to y (3)
Input two integers : 5 5
x(5) and y (5) are equal
x(5) is less than or equal to y (5)
x(5) is greater than or equal to y (5)
Input two integers : 0 0
```

그림 2.20 실행 결과

(2) 범위를 지정하는 if 조건문

if 조건문에서 조건식의 데이터 값이 지정된 구간에 있는가를 비교하도록 구성할 수 있다. 그림 2.21은 학생 성적을 입력 받은 후 성적 값이 어떤 구간에 있는가에 따라 평점을 A, B, C, D, F로 구분하여 출력하도록 한다. 예를 들어 평점 A에 해당하는 성적은 "90 <= score <= 100" 으로 표현되며, 이는 score가 90보다는 같거나 크고, 100보다는 같거나 작은 경우 True가 되어 "Your score (97) is A, congratulations !!" 이 출력 된다.

Line 11~20에서는 입력된 성적이 80~89, 70~79, 60~69, 60 미만에 대하여 각각 성적을 B, C, D, F로 평가하는 복합 조건문들을 구성하며, 그림 2.22에서 실행 결과들을 보여준다.

```
 1 : /* Kotlin program control - if with range check */
 2 : import java.util.Scanner
 3 :
 4 : fun main(args: Array<String>) {
 5 :       val cin = Scanner(System.`in`)
 6 :       while (true) {
 7 :             print("Input student score : ")
 8 :             var score = cin.nextInt()
 9 :             if (score == 0)
10 :                   break
11 :             if ((90 <= score) && (score <= 100))
12 :                   println("Your score (%d) is A, congratulation !!".
                          format(score))
13 :             if ((80 <= score) && (score < 90))
14 :                   println("Your score (%d) is B, good, not bad !!".
                          format(score))
15 :             if ((70 <= score) && (score < 80))
16 :                   println("Your score (%d) is C, you need more efforts !!".
                          format(score))
17 :             if ((60 <= score) && (score < 70))
18 :                   println("Your score (%d) is D, you need great efforts !!".
                          format(score))
19 :             if (score < 60)
20 :                   println("Your score (%d) is F, you must study once more !!".
                         format(score))
21 :       }
22 : }
```

그림 2.21 성적 입력에 따라 학점을 출력하는 예제

```
Input student score : 97
Your score (97) is A, congratulation !!
Input student score : 83
Your score (83) is B, good, not bad !!
Input student score : 79
Your score (79) is C, you need more efforts !!
Input student score : 60
Your score (60) is D, you need great efforts !!
Input student score : 59
Your score (59) is F, you must study once more !!
Input student score : 0
```

그림 2.22 성적 입력에 따라 학점을 출력하는 프로그램의 실행 결과

2.7.6 if-else 문

if-else 구조의 조건문에서는 주어진 조건이 만족되는 경우와 만족되지 않는 경우 모두에 각각의 실행 구문이 구성되어 있는 경우이다. 그림 2.23에서는 2개의 정수를 입력 받아 변수 x, y에 저장한 후 두 값을 비교하여 큰 값을 Max에 작은 값을 Min에 저장하고, 이를 출력하도록 한다. 그림 2.23 line 14~20에서 x가 y보다 큰 경우 x를 Max 값으로 설정하고, y를 Min 값으로 설정한다. 만약 x가 y보다 크지 않는 경우 y를 Max 값으로 x를 Min 값으로 설정한다. 만약 x와 y가 같은 값을 가지는 경우 line 17~20의 구간이 실행된다.

그림 2.24는 x와 y의 값을 서로 다르게 입력하면서 조건식이 어떻게 실행되는가를 보여준다.

```
 1 :  /* Kotlin program control - if-else */
 2 :  import java.util.Scanner
 3 :  fun main(args: Array<String>) {
 4 :      val cin = Scanner(System.`in`)
 5 :      while (true) {
 6 :          print("Input two integers : ")
 7 :          var x = cin.nextInt()
 8 :          var y = cin.nextInt()
 9 :          var min : Int
10 :          var max : Int
11 :
12 :          if ((x == 0) && (y == 0))
13 :              break
14 :          if (x > y) {
15 :              min = y
16 :              max = x
17 :          } else {
18 :              min = x
19 :              max = y
20 :          }
21 :          println("x = %d, y = %d".format(x, y))
22 :          println("min = %d, max = %d".format(min, max))
23 :      }
24 :  }
```

그림 2.23 if-else를 사용한 min, max 산출 예제

```
Input two integers : 3 5
x = 3, y = 5
min = 3, max = 5
Input two integers : 7 3
x = 7, y = 3
min = 3, max = 7
Input two integers : 5 5
x = 5, y = 5
min = 5, max = 5
Input two integers : 0 0
```

그림 2.24 실행결과

그림 2.25는 입력된 연도(year)가 윤년인가를 확인하는 조건문을 구현하고 있다. 윤년의 조건은 연도가 4의 배수이며 100의 배수가 아닌 연도와 400의 배수가 되는 연도로 정의된다. 그림 2.25 line 12에서 모듈로 연산을 사용하여 year가 4의 배수, 100의 배수, 400의 배수를 각각 확인하도록 한다. 그림 2.26은 연도를 입력받고, 그 연도가 윤년인지를 판단하여 출력하는 결과를 보여준다.

```
1 : /* Kotlin program with basic operations - checking leap year */
2 : import java.util.Scanner
3 :
4 : fun main() {
5 :     val cin = Scanner(System.`in`)
6 :     var y : Int
7 :     while (true) {
8 :         print("Input year = ")
9 :         y = cin.nextInt()
10 :        if (y == 0)
11 :            break
12 :        if ((( y % 4 == 0) && (y % 100 != 0)) || (y % 400 == 0))
13 :            println("year %4d is leap year".format(y))
14 :        else
15 :            println("year %4d is not leap year".format(y))
16 :    }
17 : }
```

그림 2.25 윤년 (leap year)을 판단하는 프로그램

```
Input year = 2020
year 2020 is leap year
Input year = 2021
year 2021 is not leap year
Input year = 2022
year 2022 is not leap year
Input year = 2023
year 2023 is not leap year
Input year = 2024
year 2024 is leap year
Input year = 0
```

그림 2.26 윤년 (leap year) 판단 프로그램의 실행결과

2.7.7 Ternary conditional operator

Kotlin 프로그램의 3원 선택 (ternary selection) 조건문 구조는 if - else 조건식 구조를 간단하게 표현할 수 있는 장점을 제공한다. 그림 2.27은 두 개의 정수를 입력 받아 변수 x와 y에 저장하며, 이 둘 중에 큰 값을 찾아 Max로 설정하고 나머지를 y에 설정한다. 그림 2.27 line 14~15에서 3원 선택 조건문 구조를 사용하여 두 변수 중의 큰 값과 작은 값을 각각 찾아 Max와 Min에 저장하도록 한다. 그림 2.27 프로그램의 실행 결과를 그림 2.28에서 확인할 수 있다.

```
 1 : /* Kotlin program control - ternary operator */
 2 : import java.util.Scanner
 3 : fun main() {
 4 :     val cin = Scanner(System.`in`)
 5 :     while (true) {
 6 :         print("Input two integers : ")
 7 :         var x = cin.nextInt()
 8 :         var y = cin.nextInt()
 9 :         var min : Int
10 :         var max : Int
11 :
12 :         if ((x == 0) && (y == 0))
13 :             break
14 :         min = if (x > y) y else x
15 :         max = if (x > y) x else y
16 :
17 :         println("x = %d, y = %d".format(x, y))
18 :         println("min = %d, max = %d".format(min, max))
19 :     }
20 : }
```

그림 2.27 Ternary selection 구조를 사용한 최댓값, 최솟값 찾기

```
Input two integers : 3 5
x = 3, y = 5
min = 3, max = 5
Input two integers : 7 5
x = 7, y = 5
min = 5, max = 7
Input two integers : 5 5
x = 5, y = 5
min = 5, max = 5
Input two integers : 0 0

Process finished with exit code 0
```

그림 2.28 Ternary selection 구조를 사용한 최댓값, 최솟값 찾기 프로그램 실행 결과

2.7.8 when 조건문

Kotlin 프로그램에서는 C/C++에서 switch-case 문에서 제공하였던 기능을 when으로 제공한다. 그림 2.29에서는 입력 데이터로 받는 menu 값에 따라 다른 기능이 실행되도록 when을 사용하여 구현하는 예를 보여 준다. when의 조건으로 지정된 menu의 값에 따라 "->" 에서 지정된 기능이 수행될 수 있도록 구성된다.

Kotlin 프로그램의 when 조건문 구조인 when(menu)에서 menu 변수에 사용될 수 있는 자료형은 매우 다양하며, 일반적으로 다음과 같은 자료형이 사용 가능하다:

- 기본자료형: Int, Long, Short, Byte, Char, Boolean, Double, Float 등
- 문자열: String
- 열거형: Enum
- 클래스 및 객체: Any 타입으로 모든 객체
- 값 범위: in 키워드를 사용한 범위 검사
- 조건식: when 자체를 조건식으로 사용

그림 2.29는 3가지 종류의 메뉴를 준비하고, 입력된 메뉴 번호에 따라 해당 메뉴 기능이 실행되는 예제를 보여준다. 실행 결과는 그림 2.30에서 확인할 수 있다.

```
/* Kotlin program control with when for switch-case role */
import java.util.Scanner

fun main() {
    val cin = Scanner(System.`in`)
    var menu: Int
    while (true) {
        print("input menu of 1 ~ 3 (0 to quit) : ")
        menu = cin.nextInt()
        if (menu == 0) break
        when (menu) {
            1 -> println("Operations for menu 1")
            2 -> println("Operations for menu 2")
            3 -> println("Operations for menu 3")
            else -> println("sorry, input menu (%d) is not implemented !!".format(menu))
        }
    }
    cin.close()

}
```

그림 2.29 Kotlin 소스코드

```
input menu of 1 ~ 3 (0 to quit) : 1
Operations for menu 1
input menu of 1 ~ 3 (0 to quit) : 2
Operations for menu 2
input menu of 1 ~ 3 (0 to quit) : 3
Operations for menu 3
input menu of 1 ~ 3 (0 to quit) : 4
sorry, input menu (4) is not implemented !!
input menu of 1 ~ 3 (0 to quit) : 5
sorry, input menu (5) is not implemented !!
input menu of 1 ~ 3 (0 to quit) : 0

Process finished with exit code 0
```

그림 2.30 실행결과

2.8 while 반복문

2.8.1 Kotlin 반복문 구조

프로그램 작성 및 실행에서 가장 많이 사용되는 기본 구조가 주어진 조건이 만족될 때까지 지정된 업무를 반복 실행하는 것이다. 예를 들어 주어진 데이터를 모두 검사하여 가장 큰 값 또는 가장 작은 값을 찾아내거나 전체 데이터들의 평균값을 계산하는 업무를 수행하기 위하여 반복문을 구성하여야 한다.

Kotlin 프로그램의 반복문은 while 반복문과 for 반복문으로 구성할 수 있다. 먼저 while 반복문은 그림 2.31에서 보는 것과 같이 while 키워드 앞에 조건의 초기값 설정을 실행하며, while 다음에 설정되어 있는 조건식의 연산 결과가 true이면 반복 구문 블록이 실행되며, 만약 false이면 while 반복문을 실행하지 않는 구조이다. 반복문 블록 내부에는 반드시 while 실행 조건의 갱신 (update) 기능이 있어야 하며, 이 조건 값의 갱신에 따라 while 반복 구문 블록의 실행 여부가 결정된다.

```
조건의 초기값 설정
while (조건식, condition) {
    반복 구문
    반복 구문
    . . . .
    반복 구분
    조건의 갱신 (update)
}
```

그림 2.31 Kotlin while 반복문 구조

```
for (변수 (variable) in 시퀀스 객체 (range, list, array 등)) {
    반복 구문
    반복 구문
    . . . .
    반복 구분
}
```

그림 2.32 Kotlin for 반복문 구조

그림 2.31에서 보는 while 반복문에서는 while 조건식의 결과에 따라 블록의 실행 여부가 결정되므로 사전에 반복 실행 회수가 결정되기보다는 반복 실행에 따라 조건이 변화하는 내용에 따라 실행 회수가 결정되는 구조를 가진다.

Kotlin의 for 반복문 구조는 그림 2.32에서 보는 것과 같이 for 키워드 다음에 변수가 선언되며, 그 다음에 "in 시퀀스 객체" 가 선언된다. 시퀀스 자료형으로는 range, list, bytearray 등이 사용될 수 있다. 즉, for 반복문은 시퀀스 객체에 포함된 원소들을 하나 하나 사용하여 해당 원소에 대한 반복구문이 실행되는 구조를 가진다. for 반복문의 경우 시퀀스 객체가 가지는 원소의 개수만큼 실행된다.

2.8.2 while 반복문 (while-loop)

파이썬 프로그램의 while 반복문 구조는 다음 그림과 같이 while 키워드 다음에 조건을 설정하며, 이 조건이 true이면 중괄호로 구역이 설정된 반복 구문들을 차례로 실행하고 조건을 다시 검사한다. 일반적으로 반복 구문 내에서 조건에 해당하는 변수 값을 변경시키는 기능을 포함시켜 일정한 범위에서 while 반복문을 반복 실행하고 그 범위를 벗어나는 순간 while 반복문을 더 이상 실행하지 않고 다음 단계로 진입하도록 한다. while 반복문의 조건 지정에서는 2.7절에서 설명하였던 if, if-else, if-else if-else 등의 다양한 조건문을 구성하여 주어진 조건을 표현할 수 있다.

그림 2.33에 사용자가 지정하는 개수의 정수를 입력받아 리스트 L_data에 저장하고, 입력된 데이터 리스트의 통계 데이터를 산출하는 Kotlin 프로그램 예제를 보여준다. Line 8에서는 입력 데이터를 가변 크기의 리스트에 담을 수 있도록 List<Int> 자료형의 L_data를 준비하고 이를 emptyList()로 초기화 한다. Line 9 ~ 15에는 입력 데이터의 통계 정보를 저장하기 위한 변수들인 L_min(최솟값), L_max(최댓값), L_avg(평균), L_var(분산), L_std(표준편차) 들을 준비한다. Line 18 ~ 21에서는 맨 첫 번째 데이터를 입력 받아 L_data, L_min, L_max, L_sum에 대입시킨다.

```
 1 :  /* Example usage of while-loop and mutable list in Kotlin program */
 2 :  import java.util.Scanner
 3 :  import kotlin.math.*
 4 :
 5 :  fun main() {
 6 :      val cin = Scanner(System.`in`)
 7 :      var data: Int
 8 :      var L_data:List<Int> = emptyList()
 9 :      var L_min : Int
10 :      var L_max : Int
11 :      var L_sum : Double
12 :      var L_avg : Double
13 :      var L_sum_sq : Double
14 :      var L_var : Double
15 :      var L_std : Double
16 :      print("input a list of integer data with sentinel (-999)
              at the end : ")
17 :      data = cin.nextInt()
18 :      L_data = L_data + data // insert data into L_data
19 :      L_min = data
20 :      L_max = data
21 :      L_sum = data.toDouble()
```

그림 2.33 while-loop 구조의 데이터 입력 및 리스트 저장, 최댓값 및 최솟값 검색 (part 1)

그림 2.33 line 23~34에서는 표준 입력 장치에 입력된 데이터 리스트의 나머지 항목들을 차례로 정수 데이터로 입력 받아 최대값, 최소값, 합산을 계산한다. 이 때 입력 데이터 개수가 사전에 설정된 것은 아니며, 입력 데이터 리스트의 맨 마지막을 알리는 sentinel data

(−999)가 나타나기 이전까지 while 반복문 실행을 진행하게 구성되어 있다.

Line 35에서는 입력 데이터들의 평균값을 계산하고, line 35~38에서 입력 데이터 리스트를 출력한다. Line 40~45에서는 입력 데이터들의 분산 (variance)과 표준 편차 (standard deviation)를 계산한다. 분산의 계산에서는 리스트 데이터의 값과 평균값의 차이를 제곱하여 합산을 구하고, 이 편차값의 제곱을 모두 더한 합산 값을 리스트 데이터 개수로 나누어 계산한다. 표준 편차는 분산값의 제곱근 (square root)으로 계산하며, 제곱근 계산을 위하여 Kotlin.math 모듈을 line 3에서 import 시켜 사용하고 있다.

그림 2.34는 while-loop을 사용하여 입력 데이터 리스트의 통계 정보를 산출한 실행 예제를 보여준다.

```
22 :
23 :        while (true) {
24 :            data = cin.nextInt()
25 :            if (data == -999) break
26 :            else {
27 :                L_data = L_data + data
28 :                L_sum = L_sum + data
29 :                if (data > L_max)
30 :                    L_max = data
31 :                if (data < L_min)
32 :                    L_min = data
33 :            }
34 :        } // end while
35 :        L_avg = L_sum / L_data.size
36 :        print("L_data (length = %d) : ".format(L_data.size))
37 :        for (d in L_data) {
38 :            print("%3d".format(d))
39 :        }
40 :        L_sum_sq = 0.0
41 :        for (d in L_data) {
42 :            L_sum_sq += (L_avg - d) * (L_avg - d)
43 :        }
44 :        L_var = L_sum_sq / L_data.size
45 :        L_std = sqrt(L_var)
46 :        print("\nL_min = %d, L_max = %d, L_avg = %.2f, L_var = %.2f,
                L_std = %.2f\n".format(L_min, L_max, L_avg, L_var, L_std))
47 :        cin.close()
48 :    }
```

그림 2.33 while-loop 구조의 데이터 입력 및 리스트 저장, 최댓값 및 최솟값 검색 (part 2)

```
input a list of integer data with sentinel (-999) at the end : 2 4 6 8 1 3 5 7 9 0 -999
L_data (length = 10) :   2  4  6  8  1  3  5  7  9  0
L_min = 0, L_max = 9, L_avg = 4.50, L_var = 8.25, L_std = 2.87

input a list of integer data with sentinel (-999) at the end : 12 14 16 18 11 13 15 17 19 10 -999
L_data (length = 10) :  12 14 16 18 11 13 15 17 19 10
L_min = 10, L_max = 19, L_avg = 14.50, L_var = 8.25, L_std = 2.87
```

그림 2.34 while-loop 구조의 데이터 입력 및 리스트 저장, 최댓값 및 최솟값 검색 결과

2.8.2 while 반복문에서의 break와 continue

(1) break

while 반복문의 실행 도중 어떤 조건이 발생하면 반복문을 중단하거나 반복구문의 나머지 구간을 생략하고 계속 반복문을 진행하도록 break와 continue 실행문을 사용하여 구성할 수 있다. 그림 2.35는 while 반복문의 구조에서의 break와 continue 실행문을 사용하여 반복문을 중단시키거나 나머지 구간을 무시하고 계속 반복문을 실행할 수 있게 구성하는 예를 보여 준다. 그림 2.35 (a)에서는 while 반복구문을 실행하는 도중 입력 데이터 값이 -1이면 while 반복문을 중단하도록 하고, while 반복문 블록을 빠져나가 다음 문장을 실행하게 한다.

(2) continue

그림 2.35 (b)에서는 입력된 데이터가 0보다 작은 음수인 경우 이를 합산시키지 않고 무시하며, 다음 데이터를 입력 받아 처리를 하도록 구성하고 있다. 이렇게 특정 조건에서 반복구문 이후 부분을 생략하고, 다음 반복으로 진행하게 하는 것이 continue의 기능이다.

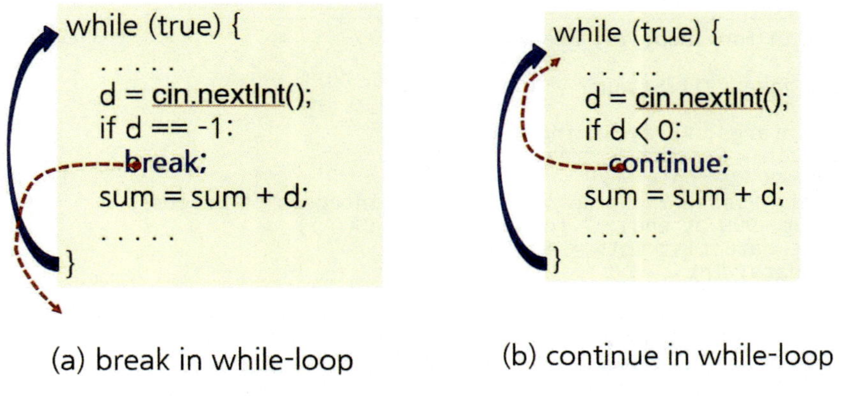

그림 2.35 while 반복문에서의 break, continue

2.9 for 반복문

2.9.1 for 반복문 기본구조

Kotlin 프로그램에서 반복문을 구성하는 방법은 while-loop과 함께 for-loop으로 구성하는 방법을 많이 사용한다. Kotlin 프로그래밍의 for 반복문 기본 구조는 "for" 키워드 다음에 변수가 지정되고 "in" 다음에 시퀀스 자료형 변수가 지정된다. 이렇게 지정된 for 반복문에서는 지정된 시퀀스형 변수 (배열, List 등)에 있는 각 항목을 차례로 열거하면서 해당 항목을 변수로 사용하여 반복 구문 구역에 포함되어 있는 구문들을 차례로 실행한다.

for 반복 구문의 블록은 중괄호 {} 로 구역을 설정한다. for 반복문의 반복 구역에는 또 다른 반복문이나 조건문들이 포함될 수 있다.

(1) Kotlin 프로그램의 for 반복문 구성 및 List<Int> 사용 예제

그림 2.36은 for 반복문과 변경 가능한 정수 리스트 (List<Int>) 자료형을 사용하는 프로그램 예를 보여준다. Line 11~18에서는 표준 입력 장치로부터 입력된 정수 데이터를 for 반복문을 사용하여 차례대로 추출하고, 음수 (negative) 데이터를 제외한 양수 (positive) 데이터를 리스트 L_data에 포함 시키는 기능을 구현하는 예를 보여준다. Line 9에서 정수 데이터를 담을 수 있는 변경 가능 (mutable) 리스트 L_data를 준비하고, line 11~18에서 입력 데이터를 선별하여 추출 및 저장한 후, line 19~22에서 리스트에 포함된 데이터 원소들을 출력한다.

Line 11~18의 for 반복문의 실행제어를 위하여 line 11에서는 i값이 0 ~ MAX_NUM_DATA 범위내에서 for-loop이 실행될 수 있게 하여, 최대 반복 회수를 제어한다. Line 20에서는 L_data에 포함된 모든 데이터를 차례로 추출하여 출력할 수 있도록 for (d in L_data)의 구문을 사용하는 예를 보여준다.

프로그램의 실행 결과는 그림 2.37에서 보여준다.

```
 1 :  /* Kotlin for-loop, in, break, continue */
 2 :
 3 :  import java.util.Scanner
 4 :
 5 :  fun main(args: Array<String>) {
 6 :     val cin = Scanner(System.`in`)
 7 :     val MAX_NUM_DATA = 20
 8 :     print("Please input upto %d positive integers to process
           (put -999 at end): ".format(MAX_NUM_DATA))
 9 :     var L_data:List<Int> = emptyList()
10 :     var data: Int
11 :     for (i in 0..MAX_NUM_DATA) {
12 :            data = cin.nextInt()
13 :            if (data == -999)
14 :                   break
15 :            else if (data < 0) // exclude negative numbers
16 :                   continue
17 :            L_data = L_data + data
18 :     }
19 :     System.out.printf("Total %d positive integers from input data : ",
           L_data.size)
20 :     for (d in L_data) {
21 :            System.out.printf("%2d ", d)
22 :     }
23 :     System.out.printf("\n")
24 :     cin.close()
25 :  }
```

그림 2.36 for 반복문을 사용한 리스트 데이터 처리

```
Please input upto 20 positive integers to process (put -999 at end): 1 3 5 7 9 2 4 6 8 0 -1 -2 -3 -999
Total 10 positive integers from input data :  1  3  5  7  9  2  4  6  8  0
```

그림 2.37 실행 결과

(2) for-loop에서의 break, continue 사용

for 반복문에서도 while 반복문에서의 break와 continue 기능을 구성하여 동일한 기능을 가질 수 있게 한다. 그림 2.38에서는 for 반복문 변수 i이 0~9의 값을 가지는 구간으로 실행되며, for 반복구문 내부에서 정수 데이터를 입력 받아 sum에 합산을 하게 된다. 그림 2.38 (a)에서 만약 입력된 데이터값이 -1이면 break에 의해 for 반복문을 중단하고 빠져 나가게 한다. 그림 2.48 (b)에서는 만약 입력된 데이터가 0보다 작은 음수 값인 경우 이 데이터를 sum에 합산하지 않고 계속 for 반복문을 실행하면서 다음 데이터를 받아 들이도록 한다.

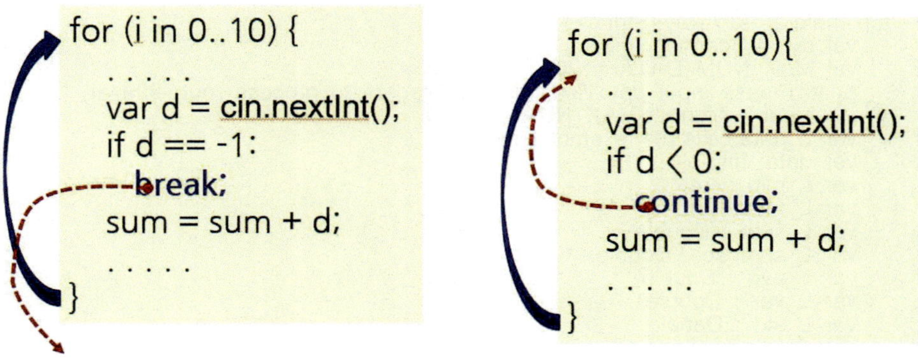

(a) break in for-loop (b) continue in for-loop

그림 2.38 for 반복문에서의 break, continue

(3) for 반복문을 사용한 입력 데이터 통계 자료 산출

그림 2.39는 for 반복문을 사용하여 입력받은 데이터들의 통계 자료 (최대, 최소, 평균, 분산 및 표준편차)를 계산하여 출력하는 프로그램의 예를 보여준다. Line 12~18에서 통계 정보를 저장하기 위한 변수들 (L_min, L_max, L_avg, L_var, L_std)를 준비하며, 평균 및 분산, 표준 편차를 계산할 때 사용되는 변수 L_sum, L_sum_sq을 준비한다. 통계 데이터인 평균 및 분산, 표준 편차는 Double 자료형을 사용하고 있다.

Line 19~23에서는 맨 처음 데이터를 입력 받아 L_min, L_max, L_sum의 초기값으로 저장하며, line 24~34에서는 표준 입력 장치에 입력된 데이터 리스트의 나머지 항목들을 차례로 정수 데이터로 입력 받아 최댓값, 최솟값, 합산을 계산한다. 이 때 입력 데이터 개수가 사전에 설정된 것은 아니며, 입력 데이터 리스트의 맨 마지막을 알리는 sentinel data (−999)가 나타나기 이전까지 for 반복문 실행을 진행하게 구성되어 있다.

Line 36에서는 입력 데이터들의 평균값을 계산하고, line 36~39에서 입력 데이터 리스트를 출력한다. Line 41~46에서는 입력 데이터들의 분산 (variance)과 표준 편차 (standard deviation)를 계산한다. 분산의 계산에서는 리스트 데이터의 값과 평균값의 차이를 제곱하여 합산을 구하고, 이 편차값의 제곱을 모두 더한 합산 값을 리스트 데이터 개수로 나누어 계산한다. 표준 편차는 분산값의 제곱근 (square root)으로 계산하며, 제곱근 계산을 위하여 Kotlin.math 모듈을 line 3에서 import하여 사용하고 있다.

그림 2.40은 입력 데이터 리스트의 통계 정보를 산출한 실행 결과를 보여준다.

그림 2.39의 for-loop 기반의 데이터 통계 분석 기능 구현과 앞서 2.8절의 while-loop 기반의 데이터 통계 분석 기능을 비교하면, 동일한 기능을 while-loop과 for-loop으로 각각 구현할 수 있다는 점을 알 수 있다.

```
 1 : /* Kotlin for-loop, min, max, avg, var, std */
 2 :
 3 : import java.util.Scanner
 4 : import kotlin.math.*
 5 :
 6 : fun main(args: Array<String>) {
 7 :     val cin = Scanner(System.`in`)
 8 :     val MAX_NUM_DATA = 20
 9 :     print("Please input upto %d positive integers to process (put -999 at
             end): ".format(MAX_NUM_DATA))
10 :     var L_data:List<Int> = emptyList()
11 :     var data: Int
12 :     var L_min : Int
13 :     var L_max : Int
14 :     var L_sum : Double
15 :     var L_sum_sq : Double
16 :     var L_avg : Double
17 :     var L_var : Double
18 :     var L_std : Double
19 :     data = cin.nextInt() // input the first data
20 :     L_data = L_data + data
21 :     L_min = data
22 :     L_max = data
23 :     L_sum = data.toDouble()
24 :     for (i in 1..MAX_NUM_DATA) {
25 :             data = cin.nextInt()
26 :             if (data == -999)
27 :                     break
28 :             L_data = L_data + data
29 :             if (data < L_min)
30 :                     L_min = data
31 :             if (data > L_max)
32 :                     L_max = data
33 :             L_sum = L_sum + data.toDouble()
34 :     }
35 :
36 :     L_avg = L_sum / L_data.size
37 :     print("L_data (length = %d) : ".format(L_data.size))
38 :     for (d in L_data) {
39 :             print("%3d".format(d))
40 :     }
41 :     L_sum_sq = 0.0
42 :     for (d in L_data) {
43 :             L_sum_sq += (L_avg - d) * (L_avg - d)
44 :     }
45 :     L_var = L_sum_sq / L_data.size
46 :     L_std = sqrt(L_var)
```

그림 2.39 for 반복문을 사용한 데이터 통계 분석 (최소, 최대, 평균, 분산 및 표준편자) 산출 프로그램 (part 1)

```
        print("\nL_min = %d, L_max = %d, L_avg = %.2f, L_var = %.2f,
            L_std = %.2f\n".format(L_min, L_max, L_avg, L_var, L_std))
        cin.close()
        cin.close()
}
```

그림 2.39 for 반복문을 사용한 데이터 통계 분석 (최소, 최대, 평균, 분산 및 표준편자) 산출 프로그램 (part 2)

```
Please input upto 20 positive integers to process (put -999 at end): 2 4 6 8 1 3 5 7 9 0 -999
L_data (length = 10) :   2  4  6  8  1  3  5  7  9  0
L_min = 0, L_max = 9, L_avg = 4.50, L_var = 8.25, L_std = 2.87
```

그림 2.40 for 반복문을 사용한 최댓값과 최솟값 산출 프로그램의 실행 결과

2.9.2 for 반복문에서 Step과 downTo의 활용

(1) for 반복문에서 step 설정 및 활용

```
 1 : /* Kotlin for-loop with stepsize setting */
 2 : fun main(args: Array<String>) {
 3 :     println("for-loop without setting step_size")
 4 :     for(d in 0..10) {
 5 :             print("%3d".format(d))
 6 :     }
 7 :     println("\nfor-loop with setting step = 2")
 8 :     for(d in 0..10 step 2) {
 9 :             print("%3d".format(d))
10 :     }
11 :     println("\nfor-loop with setting step = 3")
12 :     for(d in 0..10 step 3) {
13 :             print("%3d".format(d))
14 :     }
15 :
16 : }
```

그림 2.41 Kotlin for-loop에서 step 설정 예제

```
for-loop without setting step_size
  0  1  2  3  4  5  6  7  8  9 10
for-loop with setting step = 2
  0  2  4  6  8 10
for-loop with setting step = 3
  0  3  6  9
```

그림 2.42 Kotlin for-loop에서 step 설정 예제 실행결과

for 반복문에서 step 기능을 사용하면 반복 구문의 변수가 1씩 증가하지 않고, 지정된 값만큼씩 건너뛰며 실행할 수 있게 구성할 수 있다. 그림 2.41의 line 3~6에서는 for 반복문에서 사용되는 변수 d의 값이 0~10 범위에서 1씩 증가하며 출력을 한다. 그 결과는 그림 2.42 첫 부분에서 확인할 수 있다.

Line 7~10에서의 for 반복문에서는 for (d in0..10 step 2)로 step 항목이 for 반복 구문 설정에 추가되어 있으며, 그 결과로 그림 2.42 중간 부분에서 볼 수 있는 것과 같이 변수 d의 값이 0~10 범위에서 2씩 증가하며, 출력을 하게 된다. 같은 구성으로 line 12에서는 step 3을 설정하여, 변수 d의 값이 0~10 범위에서 3씩 증가하며, 출력을 하게 된다.

(2) for 반복문에서 downTo 설정 및 활용

그림 2.41 예제 프로그램에서는 for 반복문의 변수 d가 증가하는 방향으로만 변화하며 실행되었다. 만약 for 반복문의 변수 d의 값이 초기값으로부터 일정한 간격으로 감소하여 실행하여야 하는 경우에는 downTo 키워드를 사용하여 for 반복문을 구성할 수 있다.

그림 2.43에서는 for 반복문에서 downTo를 사용하는 예를 보여준다. Line 4에서는 d 값이 10~0의 범위에서 출력되도록 설정되어 있으며, 그 결과를 그림 2.44에서 확인할 수 있다. Line 8에서는 d 값이 10~0의 범위에서 2씩 감소하며 출력하도록 구성되어 있고, line 12에서는 d 값이 10~0의 범위에서 3씩 감소하며 출력하도록 구성되어 있다. 출력 결과는 그림 2.44에서 확인할 수 있다.

```
 1: //* Kotlin for-loop with stepsize setting */
 2: fun main(args: Array<String>) {
 3:      println("for-loop with downTo, without setting step_size")
 4:      for(d in 10 downTo 0) {
 5:           print("%3d".format(d))
 6:      }
 7:      println("\nfor-loop with downTo and setting step = 2")
 8:      for(d in 10 downTo 0 step 2) {
 9:           print("%3d".format(d))
10:      }
11:      println("\nfor-loop with downTo and setting step = 3")
12:      for(d in 10 downTo 0 step 3) {
13:           print("%3d".format(d))
14:      }
15: }
```

그림 2.43 Kotlin for-loop에서 downTo 설정 예제

```
for-loop with downTo, without setting step_size
 10  9  8  7  6  5  4  3  2  1  0
for-loop with downTo and setting step = 2
 10  8  6  4  2  0
for-loop with downTo and setting step = 3
 10  7  4  1
```

그림 2.44 실행결과

2.9.3 2중 for-loop - 구구단 곱셈표 출력

for-loop 내부에 다른 for-loop을 다단계에 걸쳐 구성하는 방법으로 중첩된 for 반복문을 만들 수 있다. 그림 2.45는 2중 for-loop을 구성하여 구구단을 출력하는 Kotlin 프로그램 예제를 보여준다.

```
 1: /* Kotlin duplicated for-loop to print multiplication table */
 2: fun main() {
 3:         println("Multiplication table by duplicated for-loop")
 4:         for (i in 1..9)
 5:         {
 6:                 for (j in 1..9)
 7:                 {
 8:                         print("%2d x %d = %2d ".format(i, j, i*j));
 9:                 }
10:                 println();
11:         }
12: }
```

그림 2.45 구구단 출력을 위한 2중 for-loop

Line 4에서는 i값을 1~9의 정수가 발생되도록 구성하며, line 6에서 j값이 1~9의 정수값이 되도록 구성한다. 각각의 i 값에 대하여 line 5~11 블록이 반복 실행되는데, 이 블록 내부에 line 6~9의 또 다른 for 반복문이 j = 1~9에 대하여 실행되면서 2중 for 반복문이 구성된다. 그림 2.46에서 2중 for 반복문의 실행결과로 생성되는 구구단의 출력 결과를 확인할 수 있다.

```
Multiplication table by duplicated for-loop
 1 x 1 =  1  1 x 2 =  2  1 x 3 =  3  1 x 4 =  4  1 x 5 =  5  1 x 6 =  6  1 x 7 =  7  1 x 8 =  8  1 x 9 =  9
 2 x 1 =  2  2 x 2 =  4  2 x 3 =  6  2 x 4 =  8  2 x 5 = 10  2 x 6 = 12  2 x 7 = 14  2 x 8 = 16  2 x 9 = 18
 3 x 1 =  3  3 x 2 =  6  3 x 3 =  9  3 x 4 = 12  3 x 5 = 15  3 x 6 = 18  3 x 7 = 21  3 x 8 = 24  3 x 9 = 27
 4 x 1 =  4  4 x 2 =  8  4 x 3 = 12  4 x 4 = 16  4 x 5 = 20  4 x 6 = 24  4 x 7 = 28  4 x 8 = 32  4 x 9 = 36
 5 x 1 =  5  5 x 2 = 10  5 x 3 = 15  5 x 4 = 20  5 x 5 = 25  5 x 6 = 30  5 x 7 = 35  5 x 8 = 40  5 x 9 = 45
 6 x 1 =  6  6 x 2 = 12  6 x 3 = 18  6 x 4 = 24  6 x 5 = 30  6 x 6 = 36  6 x 7 = 42  6 x 8 = 48  6 x 9 = 54
 7 x 1 =  7  7 x 2 = 14  7 x 3 = 21  7 x 4 = 28  7 x 5 = 35  7 x 6 = 42  7 x 7 = 49  7 x 8 = 56  7 x 9 = 63
 8 x 1 =  8  8 x 2 = 16  8 x 3 = 24  8 x 4 = 32  8 x 5 = 40  8 x 6 = 48  8 x 7 = 56  8 x 8 = 64  8 x 9 = 72
 9 x 1 =  9  9 x 2 = 18  9 x 3 = 27  9 x 4 = 36  9 x 5 = 45  9 x 6 = 54  9 x 7 = 63  9 x 8 = 72  9 x 9 = 81
```

그림 2.46 구구단 출력 결과

◈ 연습문제 ◈

2.1 다음 용어를 예를 들어 설명하라.

1) 프로그램 실행제어
2) 조건식
3) 조건문
4) 반복문
5) for-loop
6) while-loop
7) 반복문에서의 break
8) 반복문에서의 continue
9) 예외처리 (exception handling)

2.2 관계연산자와 논리연산자를 사용하여 윤년 (leap year)를 판단하는 방법에 대하

여 설명하라.

2.4 행렬의 덧셈과 곱셈 연산을 for-loop으로 구현하는 방법에 대하여 설명하라.

2.5 while-loop에서 무한 반복이 발생하는 경우에 대하여 설명하라.

2.6 배열이나 리스트에 포함된 데이터의 평균, 분산 및 표준편차를 계산하는 방법에 대하여 설명하라.

◈ 실습문제 ◈

실습 2.1 ASCII 문자표에서 영문 대문자, 소문자, 숫자를 리스트 (list)로 구성하고 출력하는 Kotlin 프로그램을 작성하라.

(출력 예제)

```
====== RESTART: C:/YTK-PythonProg/HW2_1 printing ASCII A_Z, a-z, 0_9.py ======
Upper case alphabets :  ['A', 'B', 'C', 'D', 'E', 'F', 'G', 'H', 'I', 'J', 'K',
'L', 'M', 'N', 'O', 'P', 'Q', 'R', 'S', 'T', 'U', 'V', 'W', 'X', 'Y', 'Z']

Lower case alphabets :  ['a', 'b', 'c', 'd', 'e', 'f', 'g', 'h', 'i', 'j', 'k',
'l', 'm', 'n', 'o', 'p', 'q', 'r', 's', 't', 'u', 'v', 'w', 'x', 'y', 'z']

Numbers :  ['0', '1', '2', '3', '4', '5', '6', '7', '8', '9']
```

실습 2.2 2중 for-loop을 사용하여 1~12의 곱셈표를 출력하는 Kotlin 프로그램을 작성하라. 출력되는 숫자들은 오른쪽 맞춤으로 정렬 시키도록 하라.

(실행 결과 예시)

```
 1x 1 =  1,  1x 2 =  2,  1x 3 =  3,  1x 4 =  4,  1x 5 =  5,  1x 6 =  6,  1x 7 =  7,  1x 8 =  8,  1x 9 =  9,  1x10 = 10,  1x11 = 11,  1x12 = 12,
 2x 1 =  2,  2x 2 =  4,  2x 3 =  6,  2x 4 =  8,  2x 5 = 10,  2x 6 = 12,  2x 7 = 14,  2x 8 = 16,  2x 9 = 18,  2x10 = 20,  2x11 = 22,  2x12 = 24,
 3x 1 =  3,  3x 2 =  6,  3x 3 =  9,  3x 4 = 12,  3x 5 = 15,  3x 6 = 18,  3x 7 = 21,  3x 8 = 24,  3x 9 = 27,  3x10 = 30,  3x11 = 33,  3x12 = 36,
 4x 1 =  4,  4x 2 =  8,  4x 3 = 12,  4x 4 = 16,  4x 5 = 20,  4x 6 = 24,  4x 7 = 28,  4x 8 = 32,  4x 9 = 36,  4x10 = 40,  4x11 = 44,  4x12 = 48,
 5x 1 =  5,  5x 2 = 10,  5x 3 = 15,  5x 4 = 20,  5x 5 = 25,  5x 6 = 30,  5x 7 = 35,  5x 8 = 40,  5x 9 = 45,  5x10 = 50,  5x11 = 55,  5x12 = 60,
 6x 1 =  6,  6x 2 = 12,  6x 3 = 18,  6x 4 = 24,  6x 5 = 30,  6x 6 = 36,  6x 7 = 42,  6x 8 = 48,  6x 9 = 54,  6x10 = 60,  6x11 = 66,  6x12 = 72,
 7x 1 =  7,  7x 2 = 14,  7x 3 = 21,  7x 4 = 28,  7x 5 = 35,  7x 6 = 42,  7x 7 = 49,  7x 8 = 56,  7x 9 = 63,  7x10 = 70,  7x11 = 77,  7x12 = 84,
 8x 1 =  8,  8x 2 = 16,  8x 3 = 24,  8x 4 = 32,  8x 5 = 40,  8x 6 = 48,  8x 7 = 56,  8x 8 = 64,  8x 9 = 72,  8x10 = 80,  8x11 = 88,  8x12 = 96,
 9x 1 =  9,  9x 2 = 18,  9x 3 = 27,  9x 4 = 36,  9x 5 = 45,  9x 6 = 54,  9x 7 = 63,  9x 8 = 72,  9x 9 = 81,  9x10 = 90,  9x11 = 99,  9x12 =108,
10x 1 = 10, 10x 2 = 20, 10x 3 = 30, 10x 4 = 40, 10x 5 = 50, 10x 6 = 60, 10x 7 = 70, 10x 8 = 80, 10x 9 = 90, 10x10 =100, 10x11 =110, 10x12 =120,
11x 1 = 11, 11x 2 = 22, 11x 3 = 33, 11x 4 = 44, 11x 5 = 55, 11x 6 = 66, 11x 7 = 77, 11x 8 = 88, 11x 9 = 99, 11x10 =110, 11x11 =121, 11x12 =132,
12x 1 = 12, 12x 2 = 24, 12x 3 = 36, 12x 4 = 48, 12x 5 = 60, 12x 6 = 72, 12x 7 = 84, 12x 8 = 96, 12x 9 =108, 12x10 =120, 12x11 =132, 12x12 =144,
```

실습 2.3 한 줄에 연(year), 월(month), 일(day)의 3개 정수를 입력받아 정수 데이터 year, month, day에 저장한 후, 이를 출력하는 Kotlin 프로그램을 작성하라.

(실행 결과 예시)

```
input year month day : 2020 4 9
Input yr_mn_dy_strings :  ['2020', '4', '9']
Input date : year(2020), month(4), day(9)
```

실습 2.4 오늘의 연(year), 월(month), 일(day)의 3개 정수를 입력받고, 오늘부터 올 해의 크리스마스까지 며칠이 남았는지를 계산하는 Kotlin 프로그램을 작성하라.

(실행 결과 예시)

```
input year month day : 2020 12 24
Input yr_mn_dy_strings :  ['2020', '12', '24']
Day (year(2020), month(12), day(24)) : Elapsed 737783 days from Jan01AD01
1 days left to the Christmas of this year
```

실습 2.5 날짜를 나타내는 연(year), 월(month), 일(day)의 3개 정수를 입력받고, 이 날이 서기 1년 1월 1일부터 몇 번째 날짜인지를 계산하며, 이 날이 무슨 요일인지 계산하여 출력하는 Kotlin 프로그램을 작성하라. 참고로 서기 1년 1월 1일은 월요일이다.

(실행 결과 예시)

```
input year month day : 1 1 1
Input yr_mn_dy_strings :  ['1', '1', '1']
Day (year(1), month(1), day(1)) : Elapsed 1 days from Jan01AD01
input year month day : 2020 4 9
Input yr_mn_dy_strings :  ['2020', '4', '9']
Day (year(2020), month(4), day(9)) : Elapsed 737524 days from Jan01AD01
input year month day : 2020 12 25
Input yr_mn_dy_strings :  ['2020', '12', '25']
Day (year(2020), month(12), day(25)) : Elapsed 737784 days from Jan01AD01
input year month day : 0 0 0
Input yr_mn_dy_strings :  ['0', '0', '0']
```

실습 2.6 시간을 나타내는 시(hour), 분(minute), 초(second)의 3개 정수를 입력받고, 오늘 자정 (24:00:00)까지 몇 초가 남았는지 계산하여 출력하는 Kotlin 프로그램을 작성하라.

(실행 결과 예시)

```
input hour min sec : 0 0 0
Input time : hour(0), minute(0), second(0)
Elapsed seconds from last midnight =  0
Remaining seconds to next-midnight =  86400
input hour min sec : 0 0 1
Input time : hour(0), minute(0), second(1)
Elapsed seconds from last midnight =  1
Remaining seconds to next-midnight =  86399
input hour min sec : 0 1 0
Input time : hour(0), minute(1), second(0)
Elapsed seconds from last midnight =  60
Remaining seconds to next-midnight =  86340
input hour min sec : 1 0 0
Input time : hour(1), minute(0), second(0)
Elapsed seconds from last midnight =  3600
Remaining seconds to next-midnight =  82800
input hour min sec : 23 59 59
Input time : hour(23), minute(59), second(59)
Elapsed seconds from last midnight =  86399
Remaining seconds to next-midnight =  1
input hour min sec : 25 0 0
Input time : hour(25), minute(0), second(0)
```

3장 Kotlin 프로그램의 함수 (Function), 기본 알고리즘, 성능 측정

학습목표

- Kotlin 프로그램의 함수 구조에 대한 이해
- Kotlin 함수의 실행 성능 (경과시간) 측정 방법 이해 및 활용
- 재귀함수 호출 기능 구조와 동적 프로그래밍에 대한 이해 및 활용
- Kotlin 프로그램의 디버깅 기법 이해 및 활용

개요

3.1 함수 (function) 개요

3.1.1 모듈화 프로그래밍

소프트웨어 시스템 개발에서 전체 기능을 하나의 큰 프로그램으로 구현하는 방법보다 그림 3.1에서 보는 것과 같이 세부적인 모듈 단위로 나누어 구현하면 각 모듈을 개별적으로 보완할 수 있고, 다른 모듈들과는 독립적으로 변경 및 개선이 가능하며, 모듈 단위의 재사용이 가능하고, 모듈 단위의 유지보수가 쉬워진다는 등의 많은 장점이 있다. 따라서 최근 개발되고 있는 대부분의 소프트웨어 시스템들은 모듈화 프로그래밍 개념을 기반으로 개발되고 있다. 전문성이 있는 회사가 특정 기능의 소프트웨어를 모듈 단위로 개발하여 제공하며, 모듈 단위로 개발된 소프트웨어는 다양한 분야에서 재활용할 수 있도록 설계 및 구현하는 것이 일반적인 추세이다.

Kotlin 프로그래밍의 함수에도 사용자가 정의한 함수와 시스템이 제공하는 라이브러리 함수가 있다. 사용자 정의 함수는 응용 프로그램에서 사용자가 직접 설계하고 구현한 함수들이며, 시스템이 제공하는 기능을 활용하여 지정된 기능을 수행하도록 구현된다. 사용자 정의 함수가 포함되는 응용 프로그램은 시스템의 하드웨어 기능에는 직접 접근할 수 없도록 제한되

는 경우가 대부분이며, 시스템의 하드웨어 기능을 활용하기 위해서는 운영체제의 도움을 받아야 한다. 라이브러리 함수는 시스템이 제공하는 기능이며, 사용자 정의 함수는 라이브러리 함수를 호출하여 지정된 기능을 수행하도록 구현된다.

그림 3.1 모듈화 프로그래밍 기본 개념

3.1.2 함수 기본 구조 - 응용 프로그램의 main()과 기능별 함수

Kotlin 프로그램의 함수는 프로그램 실행의 시작점이 되며, 모든 Kotlin 프로그램에서는 하나의 main() 함수가 포함되어야 한다. 그림 3.2는 표준 입력장치로부터 데이터를 읽고, 데이터 리스트를 구성한 후, 이 데이터 리스트의 통계정보 (최소, 최대, 평균, 분산, 표준 편차)를 산출하는 Kotlin 프로그램을 기능별로 함수를 구현하고, main() 함수에서 이들 기능 함수를 차례로 호출하여 요구된 기능을 수행하는 예를 보여 준다.

먼저 표준 입력 장치로부터 데이터를 입력 받고, 이를 데이터 리스트에 저장한 후, 생성된 데이터 리스트를 반환하는 기능을 그림 3.2 line 6~19에서 Kotlin 함수 getDataList()로 구현하고 있다. Kotlin 함수 구현에서는 fun 키워드 다음에 getDataList라는 함수 이름(function name)이 주어지고, 그 함수 이름 뒤에 있는 소괄호 안에는 이 함수가 실행될 때 전달받게 되는 인수 (argument)들이 열거되어 전달된다. 함수에 전달되는 인수들은 자료형과 인수 이름이 차례로 지정되어 어떤 자료형의 인수가 어떤 이름으로 전달되는가를 구분할 수 있게 한다. 만약 전달되는 인수가 없는 경우에는 소괄호 안을 비워둔다.

Line 7에서는 java.util.Scanner를 System.in 표준 입력 장치 (키보드)에 연결하여 불변 지역 변수 cin에 대입하여 입력 기능을 수행하도록 한다. Line 9에 가변 길이의 정수 자료형 리스트 L_data를 생성한 후, line 12 ~ 16에서 입력된 데이터를 차례로 추출하여 L_data에 포함시킨 후, line 18에서 이를 반환한다. Kotlin 함수의 반환 자료형은 line 6에서와 같이 함수 이름과 인수 리스트 다음에 콜론(:)으로 구분한 다음에 List<Int>와 같이 반환 자료형을 명시한다. 만약 함수 표제난에 명시된 반환 자료형과 실제 반환되는 자료형이 다른 경우, 컴파일 단계에서 오류 메시지가 발생하게 된다.

그림 3.2 line 21~27에서는 인수로 전달된 List<Int> 자료형의 데이터 리스트의 내용을

출력하는 기능을 Kotlin 함수 printList(L_data)로 구현하고 있다. 데이터 리스트의 길이 (포함된 원소의 개수)는 L_data.size 값을 읽어 확인할 수 있다. 실제 각 원소의 값은 line 23~25의 for-loop에서 차례로 출력하고 있다.

```
 1 : /* Kotlin function basic (1) */
 2 :
 3 : import java.util.Scanner
 4 : import kotlin.math.*
 5 :
 6 : fun getDataList() : List<Int> {
 7 :     val cin = Scanner(System.`in`)
 8 :     var data: Int
 9 :     var L_data:List<Int> = emptyList()
10 :
11 :     print("input a list of integer data with sentinel (-999)
          at the end : ")
12 :     while (true) {
13 :         data = cin.nextInt()
14 :         if (data == -999) break
15 :         else  L_data = L_data + data
16 :     }
17 :     cin.close()
18 :     return L_data
19 : }
20 :
21 : fun printList(L_data : List<Int>) {
22 :     print("L_data (length = %d) : ".format(L_data.size))
23 :     for (d in L_data) {
24 :         print("%3d".format(d))
25 :     }
26 :     println()
27 : }
```

그림 3.2 기능별 Kotlin 함수 구성 예 (part 1)

Line 30~56에서는 전달된 List<Int> 자료형의 데이터 리스트의 통계 데이터 (최소, 최대, 평균, 분산, 표준편차)를 산출하여 출력하는 기능을 Kotlin 함수 getStatisticsList()로 구현하고 있다. 우선 line 31~37에서 통계 데이터 산출에서 사용되는 지역 변수들을 선언하며, line 38~47에서 최솟값, 최댓값, 합산을 계산한다. 합산 (L_sum)의 자료형을 double로 한 것은 큰 정수형 리스트에 포함된 데이터 개수가 매우 클 경우, 정수 자료형의 값의 범위를 넘어가는 overflow를 방지하기 위한 것이다.

Line 48에서는 합산 결과를 데이터 개수 (L_data.size)로 나누어 평균값을 계산하며, line 49~53에서 분산 (variance) 값을 계산한다. 분산 값이란 리스트에 포함된 데이터의 값이 평균에서 얼마나 벗어나 있는지 파악하기 위하여 (L_avg - d)의 제곱을 모두 더하여 L_sum_sq를 계산하고, 이 값을 데이터 개수로 나누어 분산 값을 계산한다. Line 54에서는 분산 값의 제곱근 (square root)를 계산하여 표준편차 (standard deviation) 값을 계산한다. 표준 편차 값의 계산에서 제곱근 계산을 위하여 kotlin.math.sqrt() 라이브러리 함수를 사용하며, 이를 위하여 line 4에서 import kotlin.math.*로 수학 관련 라이브러리 함수를 모두 import 시킨다. 그림 3.2 line 55에서는 getStatisticsList() 함수에 인수로 전달된 데이터 리스트 L_data의 통계 정보를 출력한다.

Line 58~63의 main() 함수는 각 기능별로 구현된 Kotlin 함수를 차례대로 호출하여 데이터 입력, 입력된 데이터 리스트의 출력, 통계 정보의 산출 및 출력 기능을 수행하고 있다. 그림 3.3는 실행 결과 예시를 보여준다.

```
/* Kotlin function basic (2)  */

fun getStatisticsList(L_data : List<Int>) {
    var L_min : Int
    var L_max : Int
    var L_sum : Double = 0.0
    var L_avg : Double
    var L_sum_sq : Double
    var L_var : Double
    var L_std : Double
    L_min = L_data[0]
    L_max = L_data[0]
    L_sum = L_data[0].toDouble()
    for (i in 1..L_data.size - 1) {
        L_sum = L_sum + L_data[i]
        if (L_data[i] < L_min )
            L_min = L_data[i]
        if (L_data[i] > L_max )
            L_max = L_data[i]
    }
    L_avg = L_sum / L_data.size
    L_sum_sq = 0.0
    for (d in L_data) {
        L_sum_sq += (L_avg - d) * (L_avg - d)
    }
    L_var = L_sum_sq / L_data.size
    L_std = sqrt(L_var)
    print("L_min = %d, L_max = %d, L_avg = %.2f, L_var = %.2f,
      L_std = %.2f\n".format(L_min, L_max, L_avg, L_var, L_std))
}

fun main() {
    var L_data:List<Int>
    L_data = getDataList()
    printList(L_data)
    getStatisticsList(L_data)
}
```

그림 3.2 기능별 Kotlin 함수 구성 예 (part 2)

```
input a list of integer data with sentinel (-999) at the end : 0 2 4 6 8 1 3 5 7 9 -999
L_data (length = 10) :   0  2  4  6  8  1  3  5  7  9
L_min = 0, L_max = 9, L_avg = 4.50, L_var = 8.25, L_std = 2.87
```

그림 3.3 실행결과

3.2 Kotlin 표준 라이브러리

3.2.1 Kotlin 표준 라이브러리 (Kotlin standard library)

Kotlin에서는 표 3.1에서 열거된 표준 라이브러리를 제공하며, 이 표준 라이브러리들은 기능 별로 구분되어 패키지로 구성되어 있다. Kotlin 표준 라이브러리 중 kotlin 패키지에는 기본자료형에 관련된 클래스들이 포함되어 있으며, kotlin.collections 패키지에는

Collection 인터페이스를 상속받아 구현된 제네릭 인터페이스와 제네릭 클래스들이 포함되어 있다.

Kotlin.io 패키지에는 입력 및 출력에 관련된 함수/메서드들이 포함되어 있으며, kotlin.math 패키지에는 삼각함수, 로그함수와 같은 수학 관련 함수들이 포함되어 있다.

표 3.1 Kotlin 표준 라이브러리 함수 (참고: https://kotlinlang.org/api/latest/jvm/stdlib/)

Package	Kotlin 내장 클래스 / 함수 예시
kotlin	Any, Kotlin class hierarchy의 root
	class Array<T> arrayOf(), arrayOfNulls(), emptyArray()
	class Boolean : Comparable<Boolean> class BooleanArray
	class Byte : Number, Comparable<Byte>
	class Char : Comparable<Char> class CharArray
	interface CharSequence
	interface Comparable<in T>
	fun interface Comparator<T>
	class Double : Number, Comparable<Double> class DoubleArray
	abstract class Enum<E : Enum<E>> : Comparable<E>
	class Float : Number, Comparable<Float> class FloatArray
	class Int : Number, Comparable<Int> class IntArray
	class Long : Number, Comparable<Long> class LongArray
	class Nothing
	abstract class Number
	class Short : Number, Comparable<Short> class ShortArray
	chass String : Comparable<String>, CharSequence
	class UByte : Comparable<UByte> class UByteArray : Collection<UByte>
	class UInt : Comparable<UInt> class UIntArray : Collection<UInt>
	class ULong : Comparable<ULong> class ULongArray : Collection<ULong>
	object Unit
	class UShort : Comparable<UShort> class UShortArray : Collection<UShort>
kotlin.collections	class ArrayList<E> : MutableList<E>, RandomAccess
	interface Collection<out E> : Iterable<E>
	class HashMap<K, V> : MutableMap<K, V>
	class HashSet<K, V> : MutableSet<K, V>
	interface Iterator<out T>
	class LinkedHashMap<K, V> : MutableMap<K, V>
	class LinkedHashSet<K, V> : MutableSet<K, V>
	interface List<out E> : Collection<E>
	interface Map<K, out V>
	interface MutableCollection<E>
	interface MutableList<E> : List<E>, MutableCollection<E>

Package	Kotlin 내장 클래스 / 함수 예시
	interface MutableMap<K, V> : Map<K, V>
	interface MutableSet<out E> : Set<E>, Collection<E>
	interface Set<out E> : Collection<E>
kotlin.io	fun print(message) fun println(message)
	fun readLine() : String? fun readln() : String
kotlin.math	val Double.absoluteValue: Double const val E: Double, base of natural algorithms, approximately 2.71828
	const val PI: Double, ratio of the circumference of a circle to its diameter, approximately 3.141592
	fun abs(x: Double) : Double fun abs(x: Float) : Float fun abs(n: Int) : Int fun abs(n: Long) : Long
	fun acos(x: Double) : Double, arc cosine fun asin(x: Double) : Double, arc sine fun atan(x: Double) : Double, arc tangent fun atan2(y: Double, x: Double) : Double fun acosh(x: Double) : Double, hyperbolic cosine fun asinh(x: Double) : Double, hyperbolic sine fun atanh(x: Double) : Double, hyperbolic tangent fun cos(x: Double) : Double fun sin(x: Double) : Double fun tan(x: Double) : Double fun tan2(x: Double) : Double
	fun cbrt(x: Double) : Double, cube root fun cbrt(x: Float) : Float fun sqrt(x: Double) : Double
	fun ceil(x: Double) : Double fun floor(x: Double) : Double
	fun ln(x: Double) : Double fun log(x: Double, base: Double) : DOuble fun log10(x: Double) : Double fun log10(x: Double) : Double
	fun max(a, b) fun min(a, b) fun Double.pow(x: Double): Double fun Double.pow(x: Int): Double fun round(x: Double) : Double fun Double.roundToInt() : Int fun truncate(x: Double) : Double
kotlin.random	abstract class Random fun Random(seed: Int) : Random fun Random(seed: Long) : Random
kotlin.ranges	fun IntRange.random(random: Random) : Int fun LongRange.random(random: Random) : Long fun CharRange.random(random: Random) : Char fun UIntRange.random(random: Random) : UInt fun ULongRange.random(random: Random) : ULong
kotlin. sequences	interface Sequence<out T> abstract class SequenceScope<in T>
kotlin. sequences	fun <T>Sequence<T>.all(predicate: (T)-> Boolean) : Boolean fun <T>Sequence<T>.any(predicate: (T)-> Boolean) : Boolean fun <T>Sequence<T>.any(): Booloan

Package	Kotlin 내장 클래스 / 함수 예시
	fun <T, K, V>Sequence<T>.associate(transform: (T)->Pair<K, V>): Map<K, V> fun Sequence<>.average() operator fun <T> Sequence<T>.contains(element: T): Boolean fun <T> Sequence<T>.count() : Int fun <T> Sequence<T>.elementAt(int: Int): T fun <T> Sequence<T>.find(predicate: (T) -> Boolean): T? fun <T> Sequence<T>.forEach(action: (T)->Unit) fun <T> sequence(block: suspend SequenceScope<T>.()->Unit): Sequence<T> fun <T> Sequence<T>.shuffled(): Sequence<T> fun <T: Comparable<T>>Sequence<T>.sorted(): Sequence<T> fun <T, R:Comparable<R>>Sequence<T>.sortedBy(selector: (T)->R?): Sequence<T> fun Sequence<>.sum() fun <T> Sequence<T>.toList(): List<T>? fun <T> Sequence<T>.toSet(): Set<T>? infix fun <T, R> Sequence<T>.sip(other: Sequence<R>, transform: (a:T, b:R) -> V): Sequence<V>
kotlin.streams	Extensions for External Classes java.util.stream.Stream
	java.util.stream.Double/Int/LongStream
	kotlin.sequences.Sequence
kotlin.system	fun measureNanoTime(block: ()->Unit): Long
	fun measureTImeMillis(block: ()->Unit): Long
kotlin.time	class Duration: Comparable<Duration>
	fun measureTime(block: ()->Unit): Long

kotlin.random 패키지에는 난수 (random number) 생성에 관련된 함수들이 포함되어 있으며, kotlin.ranges 패키지에는 Int, Long, Char, UInt, ULong 자료형의 일정 구간에서 랜덤으로 데이터를 추출할 수 있게 하는 random() 메서드가 포함되어 있다. kotlin.sequences 패키지에는 시퀀스 관련 메서드들이 제공되며, kotlin.streams 패키지에는 스트림의 입력 및 출력 관련 클래스들이 제공된다. koltin.system 패키지에는 시스템의 시간을 밀리초 및 나노초 단위로 읽을 수 있는 함수가 제공되며, kotlin.time 패키지에는 경과시간을 측정할 수 있는 클래스 및 메서드가 제공된다.

3.2.2 Kotlin Math 라이브러리 사용 예

그림 3.4는 Kotlin math 라이브러리를 사용하여 삼각함수 sin(), cos(), tan()의 값을 계산하고 출력하는 예제를 보여준다. Math 라이브러리를 사용하기 위해서는 line 2에서와 같이 import kotlin.math.*을 사용하여 표 3.1에서 설명하였던 math 모듈이 제공하는 수학 연산 관련 함수 들을 포함시키고 사용할 수 있도록 한다. Line 14~20의 for 반복문에서는 0° ~360° 범위에서 30° 간격으로 증가하는 변수 deg의 radian 값인 변수 rad를 계산하고, rad에 대한 sin(), cos(), tan() 값을 산출하여 출력한다. 그림 3.5에서 deg/rad 값에 대한 sine, cosine, tangent의 값이 정확하게 산출된 것을 확인할 수 있다.

```
/* Kotlin Math Library - Trigonometric Functions*/
import kotlin.math.*

fun main() {
    println("Trigonometric Function Values")
    println("=".repeat(9 * 5))
    println("%8s %8s %8s %8s %8s".format("deg", "rad", "sin", "cos",
        "tan"))
    println("=".repeat(9 * 5))
    var rad : Double
    var sin_x : Double
    var cos_x : Double
    var tan_x : Double
    var deg : Int
    for(deg in 0 .. 360 step 30) {
            rad = deg * PI / 180.0
            sin_x = sin(rad)
            cos_x = cos(rad)
            tan_x = tan(rad)
            println("%8d %8.2f %8.2f %8.2f %8.2f".format(deg, rad,
              sin_x, cos_x, tan_x))
    } // end for-loop
    println("=".repeat(9 * 5))
}
```

그림 3.4 Kotlin math 라이브러리를 사용한 삼각함수 sin(), cos(), tan() 값 계산

```
Trigonometric Function Values
=============================================
     deg      rad      sin      cos      tan
=============================================
       0     0.00     0.00     1.00     0.00
      30     0.52     0.50     0.87     0.58
      60     1.05     0.87     0.50     1.73
      90     1.57     1.00     0.00 16331239353195370.00
     120     2.09     0.87    -0.50    -1.73
     150     2.62     0.50    -0.87    -0.58
     180     3.14     0.00    -1.00    -0.00
     210     3.67    -0.50    -0.87     0.58
     240     4.19    -0.87    -0.50     1.73
     270     4.71    -1.00    -0.00 5443746451065123.00
     300     5.24    -0.87     0.50    -1.73
     330     5.76    -0.50     0.87    -0.58
     360     6.28    -0.00     1.00    -0.00
=============================================
```

그림 3.5 Kotlin math 라이브러리를 사용한 삼각함수 sin(), cos(), tan() 값 계산 실행결과

3.2.3 Kotlin random 라이브러리 사용 예

그림 3.6는 kotlin.random 패키지의 Random.nextInt(), Random.nextDouble(), Random.nextBoolean을 사용하여 각각 정수 자료형의 난수, 실수 자료형의 난수, 부울 대수 자료형의 난수를 생성하는 예제를 보여준다. nextInt() 메서드에서 인수로 별도의 영역을 지정하지 않는 경우, 정수 자료형의 전체 구간에서 난수를 생성하며, nextInt(MaxRange)의 경우 0 ~ MaxRange-1 구간에서 난수를 생성하여 준다. nextInt(RangeLow, RangeHigh)로 구간을 설정하여 주는 경우, RangeLow ~

RangeHigh 구간에서 난수를 생성하여 준다.

Line 26~28에서 보는 것과 같이 시퀀스 자료형에 random() 메서드를 사용하면 시퀀스에 포함된 원소들 중 임의의 원소를 선택하여 반환하여 준다.

```
1 :  /* Kotlin random library usage example */
2 :  import kotlin.random.*
3 :
4 :  fun main(args: Array<String>) {
5 :      // Generate a random integer without range
6 :      val rand_Int = Random.nextInt()
7 :      println("Random Integer: $rand_Int")
8 :
9 :      // Generate a random integer between 0 <= .. < 100
10 :     val rand_IntInRange = Random.nextInt(100)
11 :     println("Random Integer between 0 and 100: $rand_IntInRange")
12 :
13 :     // Generate a random integer between 50 <= .. < 100
14 :     val rand_IntInUserDefinedRange = Random.nextInt(50, 100)
15 :     println("Random Integer between 50 and 100:
           $rand_IntInUserDefinedRange")
16 :
17 :     // Generate a random double between 0.0 and 1.0
18 :     val rand_Double = Random.nextDouble()
19 :     println("Random Double: $rand_Double")
20 :
21 :     // Generate a random boolean
22 :     val rand_Boolean = Random.nextBoolean()
23 :     println("Random Boolean: $rand_Boolean")
24 :
25 :     // Generate a random element from a list
26 :     val items = listOf("A", "B", "C", "D", "E", "F", "G")
27 :     val rand_Item = items.random()
28 :     println("Random element from a list: $rand_Item")
29 :  }
```

그림 3.6 Kotlin random 라이브러리 사용 예

```
Random Integer: -128212621
Random Integer between 0 and 100: 16
Random Integer between 50 and 100: 99
Random Double: 0.8087016570544375
Random Boolean: true
Random element from a list: C
```

그림 3.7 Kotlin random 라이브러리 사용의 실행결과

3.2.4 Kotlin range 라이브러리 사용 예

그림 3.8은 다양한 형태로 range가 설정된 형태를 for 반복문에서 사용하는 예를 보여준다. 1..10로 설정된 intRange, 1..10 step 2로 설정된 stepRange, 10 downTo 1로 설정된 downRange, 'a' .. 'k' 의 charRange에 대한 실행 결과는 그림 3.9에서 확인할 수 있다.

그림 3.8 line 54~57에서는 문자열 (string)에 대하여 slice(7..12)를 사용하여 range 7..12로 설정된 구간의 문자들로 구성된 서브 문자열 (substring)을 구성하는 예를 보여준다.

```
/* Kotlin program that is using range library module (1) */
fun main() {
    // Creating a range of integers from 1 to 10 (inclusive)
    val intRange = 1..10
    println("Integer Range: $intRange")

    // Iterating over a range
    for (i in intRange) {
            print("$i ")
    }
    println()

    // Checking if a number is in a range
    val number = 5
    if (number in intRange) {
            println("$number is in the range $intRange")
    } else {
            println("$number is not in the range $intRange")
    }

    // Creating a range with a step
    val stepRange = 1..10 step 2
    println("Step Range: $stepRange")

    // Iterating over a range with a step
    for (i in stepRange) {
            print("$i ")
    }
    println()

    // Creating a decreasing range
    val downRange = 10 downTo 1
    println("Decreasing Range: $downRange")

    // Iterating over a decreasing range
    for (i in downRange) {
            print("$i ")
    }
    println()

/* Kotlin program that is using range library module */

    // Creating a range of characters
    val charRange = 'a'..'k'
    println("Character Range: $charRange")

    // Iterating over a range of characters
    for (c in charRange) {
            print("$c ")
    }
    println()

    // Using range with strings to get a substring
    val str = "Hello, World!"
    val substring = str.slice(7..12)
    println("Substring using range: $substring")
}
```

그림 3.8 Kotlin range 라이브러리 사용 예

```
Integer Range: 1..10
1 2 3 4 5 6 7 8 9 10
5 is in the range 1..10
Step Range: 1..9 step 2
1 3 5 7 9
Decreasing Range: 10 downTo 1 step 1
10 9 8 7 6 5 4 3 2 1
Character Range: a..k
a b c d e f g h i j k
Substring using range: World!
```

그림 3.9 Kotlin range 라이브러리 사용의 실행결과

3.3 Kotlin 패키지(Package)와 모듈(Module)

3.3.1 Kotlin 프로젝트의 패키지(package)와 모듈

규모가 큰 Kotlin 프로그래밍은 최상단의 프로젝트에 모듈, 패키지, 클래스가 포함된 구조를 가진다. 하나의 프로젝트에는 여러 모듈을 가질 수 있으며, 하나의 모듈은 여러 패키지를 가질 수 있다.

Kotlin 기본 패키지는 3.2절의 표 3.1에서 본 것과 같이, 기본적으로 Kotlin에 기본적으로 포함되어 별도로 외부 라이브러리로 추가 설치하지 않아도 직접 사용할 수 있는 클래스와 함수들을 포함하고 있다.

3.3.2 Kotlin 프로젝트에 새로운 패키지 (Package) 추가

Kotlin 프로젝트가 포함된 src/main/kotlin에 커서를 위치한 후, 우클릭 New -> Package를 선택하여 패키지를 추가할 수 있다. Kotlin 프로그래밍에서 패키지를 사용함으로써 관련성이 큰 클래스와 함수들을 체계적으로 관리할 수 있다. 그림 3.10에 새로운 사용자 정의 패키지인 MyComplex가 추가된 결과를 보여준다. Kotlin 패키지에는 그림 3.10 (a)에서 볼 수 있는 것과 같이 Java class, Kotlin class, File, Scratch File, Package, HTML file, Docker file 등을 지정하여 포함시킬 수 있다.

특히 소프트웨어 재활용 (software reuse) 관점에서 관련성이 큰 클래스와 함수들을 패키지로 묶고, 이 패키지 단위로 버전 관리를 하며, 배포하여 다양한 응용 프로그램에서 활용할 수 있게 한다. 즉, 규모가 큰 소프트웨어 프로젝트/시스템을 개발하는 경우, 반드시 패키지 단위로 소프트웨어를 구성하고, 관리하는 기능을 사용하여야 많은 인력이 참여하는 대형 프로젝트에서도 체계적으로 소프트웨어를 관리할 수 있다.

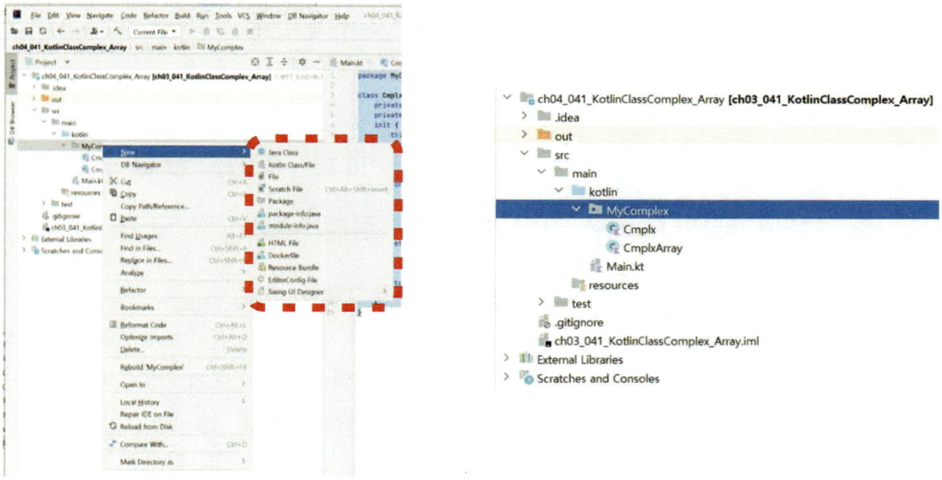

(a) Kotlin Package에 새로운 항목 추가 (b) MyComplex Package에 Kotlin class 추가 결과

그림 3.10 Kotlin 프로젝트에 새로운 패키지 추가

3.3.3 Kotlin 프로젝트에 새로운 모듈 (Module) 추가

IntelliJ IDEA 프로젝트에서 우클릭 후 New -> Module을 클릭하여 그 프로젝트에 모듈을 추가할 수 있다.

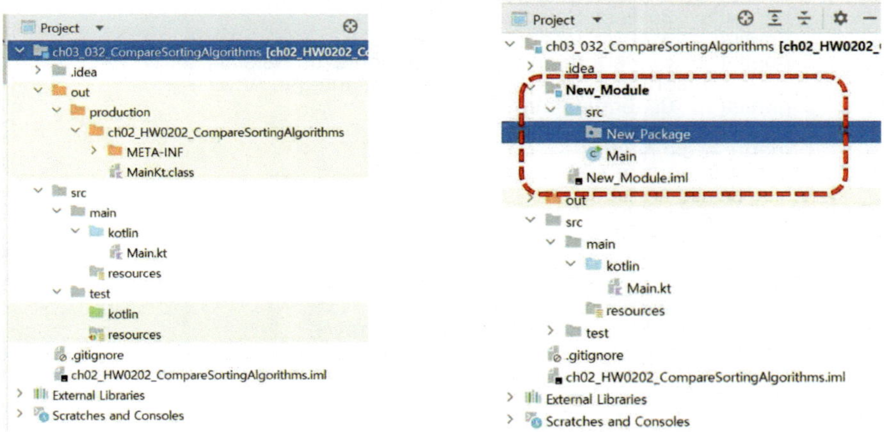

(a) Kotlin 프로젝트 생성시 기본 구조 (b) Kotlin 프로젝트에 새로운 모듈 추가

그림 3.11 Kotlin 프로젝트의 기본 구조와 패키지 추가

IntelliJ에서 Kotlin 프로그래밍을 시작하면 그림 3.11에서 보는 것과 같이 프로젝트에 src 폴더와 그 내부의 main/kotlin 폴더에 Main.kt Kotlin 소스코드 파일이 기본적으로

포함되어 있다. Kotlin 프로젝트에 우클릭을 하고 New -> Module을 선택하면 모듈을 추가할 수 있다. Kotlin 프로젝트에는 Java, HTML, Python, Rust, Scala 프로그래밍언어 기반의 모듈이 추가될 수 있다. 그림 3.10 (b)는 새로운 모듈이 추가된 상태를 보여준다.

3.4 Kotlin 함수 구현 예 - 1차원 난수 배열 생성, 정렬

3.4.1 Kotlin 1차원 배열 (array) 기반 탐색 및 정렬 알고리즘 구현 예

(1) 1차원 배열 기반 탐색 및 정렬, 성능측정 응용 프로그램 main()

그림 3.12는 1차원 배열을 기반으로한 난수 배열 생성, 탐색, 정렬 알고리즘 구현, 성능측정 등의 기능을 다양하게 시험해 보는 Kotlin 프로그램의 예제를 보여 준다. Line 8~28의 while 반복문에서는 순차탐색 (sequential search), 이진 탐색 (binary search), 선택 정렬 (selection sort), 삽입 정렬(insertion sort), 그리고 정렬 알고리즘의 성능 측정 기능의 메뉴를 1~5의 정수 값으로 입력 받고, 지정된 메뉴의 기능을 구현하는 함수를 각각 호출하도록 구현하고 있다. 만약 메뉴 입력값이 0인 경우, while 반복문을 종료하며, 프로그램 전체를 종료하도록 한다.

```
 1 : /* Kotlin - Search, Sorting Algorithms, Performance Measurements (1) */
 2 : import java.util.*
 3 : import kotlin.system.measureNanoTime
 4 : import kotlin.system.measureTimeMillis
 5 : fun main(args: Array<String>) {
 6 :     var menu : String
 7 :     val cin = Scanner(System.`in`)
 8 :     while (true) {
 9 :         println("\nTest Array Algorithms :")
10 :         println("    1: Test Sequential Search")
11 :         println("    2: Test Binary Search")
12 :         println("    3: Test Selection Sort")
13 :         println("    4: Test Insertion Sort")
14 :         println("    5: Performance Measurements of Selection/
                      Insertion Sorting Algorithms for Integer Array")
15 :         println("    0: terminate\n")
16 :         print("Input menu : ")
17 :         menu = cin.next()
18 :         if (menu.equals("0"))
19 :             break;
20 :         when (menu) {
21 :             "1" -> testSequentialSearch()
22 :             "2" -> testBinarySearch()
23 :             "3" -> testSelectionSort()
24 :             "4" -> testInsertionSort()
25 :             "5" -> PM_SortingAlgorithms_IntArray()
26 :             else -> {}
27 :         }
28 :     } // end while
29 : }
```

그림 3.12 BigRand 배열 생성, search, sort 알고리즘 구현 및 성능 측정 (part 1)

(2) genBigRandIntArray()

그림 3.12 line 31~44에서는 배열에 포함된 배열 원소들을 뒤섞어 주는 shuffling 기능

을 구현하고 있다. Line 36~44에는 변수 i값을 0 ~ size−1까지 증가시키며, line 37에서 Math 패키지의 random() 함수를 사용하여 0~size−1 범위의 정수자료형 난수 j를 생성하고 배열의 i번째 원소와 j번째 원소를 서로 바꾸어 준다. 만약 i와 j값이 동일한 경우, 자리 바꿈의 의미가 없으므로 별도의 자리바꿈 절차 없이 continue로 다음 반복 구문을 진행한다.

```
30 :
31 :  fun shuffleBigIntArray(array: IntArray) {
32 :      val size = array.size
33 :      var j: Int
34 :      var temp: Int
35 :      /* shuffle */
36 :      for (i in 0 until size) {
37 :          j = (Math.random() * size).toInt()
38 :          if (j == i)
39 :              continue
40 :          temp = array[i]
41 :          array[i] = array[j]
42 :          array[j] = temp
43 :      }
44 :  }
45 :
46 :  fun genBigRandIntArray(size: Int, offset: Int): IntArray {
47 :      val bigIntArray = IntArray(size)
48 :      var j: Int
49 :      var temp: Int
50 :      for (i in 0 until size)
51 :          bigIntArray[i] = i + offset
52 :      /* shuffle */
53 :      shuffleBigIntArray(bigIntArray)
54 :      return bigIntArray
55 :  }
```

그림 3.12 BigRand 배열 생성, search, sort 알고리즘 구현 및 성능 측정 (part 2)

그림 3.12 line 46~55에서는 size 개수의 원소를 가지는 배열을 구성하고, 각 배열 원소의 값이 (0 ~ size−1) + offset의 값을 가지도록 구성한다. Line 47에서 size 개수의 원소를 가지는 배열을 생성하고, line 50~51의 for 반복문에서 i번째 원소값을 i + offset로 설정한다. Line 53에서는 shuffleBigIntArray() 함수를 사용하여 배열 원소들을 뒤섞어 중복되지 않는 정수형 난수 배열을 생성한다.

(3) printArraySample()

그림 3.12 line 58~89에서는 큰 배열의 샘플을 출력하는 printArraySample() 함수를 구현하는 예를 보여준다. 전달되는 인수로는 정수형 배열 array, 한 줄에 몇 개의 원소를 출력하는가를 설정하는 per_line, 배열의 첫 부분과 끝 부분에서 몇 줄을 출력할 것인가를 설정하는 sample_lines이 있다.

Line 62~72는 배열의 첫 부분에서 한 줄에 per_line 개수의 원소를 sample_lines 줄 만큼 출력하는 기능을 2중 for 반복문으로 구현하고 있다. 외부 for 반복문에서는 sample_lines 만큼 반복 수행하며, 내부 for 반복문에서는 per_line 개수 만큼의 원소를 출력하며, 내부 for 반복문이 종료되면 (즉, 한 줄의 출력이 끝나면) 줄 바꿈을 출력한다. 2

중 for 반복문의 출력 도중, 또는 배열의 첫 부분 출력으로 전체 원소 (size 개)의 출력이 완료되면 함수를 종료하게 된다.

Line 75에서는 count 값을 배열의 끝 부분에서 per_line × sample_lines 개수 만큼 남아 있도록 조정한다. 만약 남아 있는 배열 원소의 개수가 per_line × sample_lines보다 작은 경우, count 값의 조정 없이, 남아 있는 배열 원소들이 모두 출력되도록 한다.

```
56 :
57 :  /* Kotlin functions, search, sort */
58 :  fun printArraySample(array: IntArray, per_line: Int, sample_lines: Int) {
59 :      var last_block_start: Int
60 :      val size = array.size
61 :      var count = 0
62 :      for (i in 0 until sample_lines) {
63 :          for (j in 0 until per_line) {
64 :              if (count > size) {
65 :                  println()
66 :                  return
67 :              }
68 :              print("%8d ".format(array[count]))
69 :              count++
70 :          }
71 :          println()
72 :      }
73 :      if (count >= size)
74 :          return
75 :      if (count < size - per_line * sample_lines)
           count =  size - per_line * sample_lines
76 :      println(" . . . . . ")
77 :      for (i in 0 until sample_lines) {
78 :          for (j in 0 until per_line) {
79 :              if (count > size) {
80 :                  println()
81 :                  return
82 :              }
83 :              print("%8d ".format(array[count]))
84 :              count++
85 :          }
86 :          println()
87 :      }
88 :      println()
89 :  }
```

그림 3.12 BigRand 배열 생성, search, sort 알고리즘 구현 및 성능 측정 (part 3)

그림 3.12 line 77~88은 배열의 끝 부분에서 한 줄에 per_line 개수 만큼씩 sample_lines 줄을 출력한다. 한 줄의 출력이 내부 for 반복문으로 완료되면 줄 바꿈을 출력한다. 2중 for 반복문 내부에서 배열 원소가 모두 출력된 경우에는 함수를 종료하도록 한다.

(3) 순차 탐색 - sequentialSearch()

그림 3.13은 순차 탐색 (sequential search)의 기본 기능을 보여 주고 있다. 순차 탐색에서는 배열의 첫 번째 (index 0) 원소로부터 마지막 원소 (index = size - 1)까지 차례대로 탐색 key와 비교하며 진행하며, 탐색 키가 발견되면 그 배열 원소의 index 값을 반환한다. 만약, 배열의 마지막 원소까지 비교하여도 탐색 키가 발견되지 않으면 -1을 반환한다.

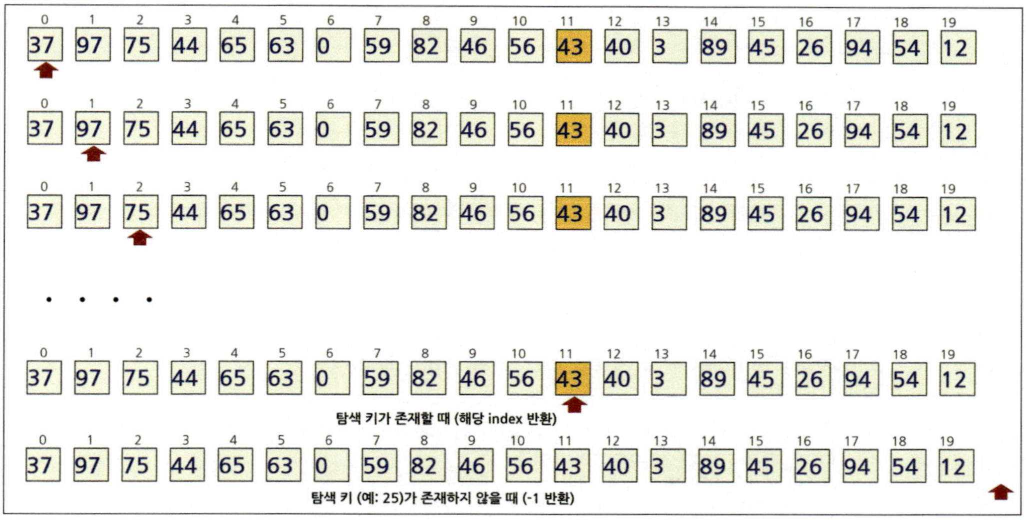

그림 3.13 순차 탐색 (sequential search) 알고리즘

```
1 : /* Kotlin - Search, Sorting Algorithms, Performance Measurements (3) */
2 :
3 : fun sequentialSearch(array: IntArray, key_to_search : Int) : Int {
4 :     val size = array.size
5 :     for (i in 0..< size) {
6 :         if (array[i] == key_to_search)
7 :             return i
8 :     }
9 :     return -1
10 : }
11 :
12 : fun testSequentialSearch() {
13 :     var data_array : IntArray = intArrayOf( 37, 97, 75, 44, 65, 63, 0,
          59, 82, 46, 56, 43, 40, 3, 89, 45, 26, 94, 54, 12)
14 :     var key_to_search : Int
15 :     var pos : Int
16 :     var per_line : Int = 10
17 :     var num_lines : Int = 2
18 :     val cin = Scanner(System.`in`)
```

그림 3.14 순차 탐색 (sequential search) 및 기능 시험 (part 1)

그림 3.14 line 3~10에서는 순차 검색 (sequential search) 기능을 구현하고 있다. 순차 탐색을 위한 sequentialSearch() 함수로 전달되는 인수로는 탐색 대상인 array, 탐색 키인 key_to_search가 전달되며, 배열의 0번째 원소로부터 size-1번째 원소까지 차례대로 비교하며, key_to_search 값과 동일한 배열 원소가 발견되면 그 배열 원소의 인덱스를 반환한다. 만약 size-1 번째 원소까지 비교하여도 탐색 키를 발견하지 못하였다면 line 9에서 -1을 반환한다.

그림 3.14 line 12~42에서는 순차 탐색 기능을 시험하는 testSequentialSearch() 함수를 구현하고 있다. Line 13에서 탐색 대상 배열을 준비하며, line 14~18에서는 필요한

변수를 선언하고, 표준 입력 장치로부터의 입력을 위한 Scanner 인스탄스 cin을 준비한다. Line 22~41의 while 반복문에서는 키보드로부터 탐색 키 (key_to_search)를 입력 받고, line 31에서 sequentialSearch(array, key_to_search) 함수를 사용하여 순차 탐색을 실행하고, 반환 값을 pos에 대입한다.

만약 반환값인 pos가 -1인 경우에는 탐색 대상 배열에서 탐색 키 (key_to_search)를 찾을 수 없었다는 것을 의미한다. 만약 pos가 -1이 아니라면 pos 위치에서 탐색 키를 찾았다는 것을 의미하며, 이 탐색 결과를 출력한다.

```
19 :
20 :        println("Integer array to be searched:");
21 :        printArraySample(data_array, per_line, num_lines);
22 :        while (true)
23 :        {
24 :            print("Input integer to be searched (-1 to quit) : ");
25 :            key_to_search = cin.nextInt()
26 :            if (key_to_search == -1)
27 :                break;
28 :            else
29 :            {
30 :                println("Sequential searching key (%d) from array of
                       %d data ... ".format(key_to_search, data_array.size))
31 :                pos = sequentialSearch(data_array, key_to_search);
32 :                if (pos == -1)
33 :                {
34 :                    println("The key (%2d) was not found from the array"
                           .format(key_to_search))
35 :                }
36 :                else
37 :                {
38 :                    println("The key (%2d) was found at position (%2d)"
                           .format(key_to_search, pos))
39 :                }
40 :            }
41 :        } // end while
42 :    }
```

그림 3.14 순차 탐색 (sequential search) 및 기능 시험 (part 2)

(4) 이진 탐색 - binarySearch()

이진 탐색은 탐색 대상 배열이 정렬된 상태에서 탐색 구간을 1/2씩 줄여가며 탐색 기능을 진행한다. 그림 3.15에서 보는 것과 같이, 탐색 대상 배열이 정렬된 상태에서 맨 처음의 탐색 구간은 low = 0 ~ high = size-1로 설정하여, 중간 위치 (mid = (low + high) / 2)의 원소 (array[mid])와 탐색 키 (key_to_search)를 비교한다. 만약 array[mid] 원소와 key_to_search값이 동일하면, mid 위치에서 탐색 키를 찾은 것이며, 인덱스 값인 mid 값을 반환한다.

만약 array[mid] 원소가 key_to_search보다 크다면 (즉, array[mid] > key_search), 탐색 키를 찾을 수 있는 가능성은 mid 왼쪽인 low ~ mid-1 구간에 있으며, 만약 array[mid] 원소가 key_to_search보다 작다면 (즉, array[mid] < key_search), 탐색 키를 찾을 수 있는 가능성은 mid 오른쪽인 mid + 1 ~ high 구간에

있다고 판단할 수 있다.

만약 (array[mid] > key_search) 상태로 low ~ mid−1 구간에서 탐색 키를 찾게 되면 high 값을 mid−1로 설정하고, 조정된 구간에 대하여 이진 탐색을 계속하게 된다. 만약 (array[mid] < key_search) 상태로 mid + 1 ~ high 구간에서 탐색 키를 찾게 되면 low 값을 mid+1로 설정하고, 조정된 구간에 대하여 이진 탐색을 계속하게 된다.

array[mid] 원소와 key_to_search 비교 결과에 따른 탐색 구간의 조정은 평균적으로 탐색 구간을 1/2씩 줄여가게 되며, 최대 $O(\log_2 size)$ 번의 반복을 거쳐 최종 판단을 하게 된다.

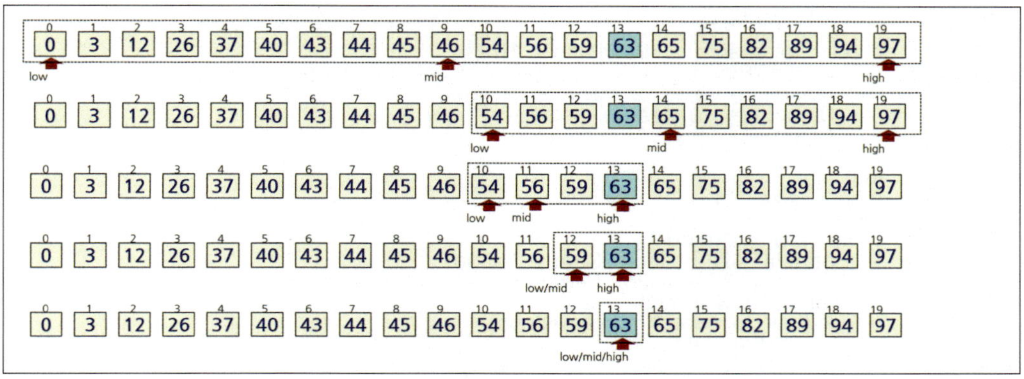

그림 3.15 이진 탐색 (binary search) 알고리즘

그림 3.16는 이진 탐색 알고리즘을 구현하는 binarySearch() 함수와 이진 탐색 기능을 시험하는 testBinarySearch() 함수를 구현하고 있다. Line 4~8에서는 이진 탐색 알고리즘에 사용되는 index를 위한 변수로 low, high, mid을 준비한다. loop는 이진 탐색이 어떤 구간에 대하여 실행되고 있는지 파악할 수 있도록 출력하는 기능에 사용된다.

Line 10~17에서는 탐색키 (key_to_search)의 값이 맨 처음 배열 원소 array[0]보다 작거나 또는 마지막 배열 원소 (array[size−1])보다 큰 경우에는 탐색 대상 배열에 탐색키가 없다는 결론을 내리며 -1을 반환하고 함수를 종료한다.

Line 18~31에서는 탐색 구간을 low=0, high=size−1로부터 시작하여 그림 3.15에서 설명하였던 이진 탐색 알고리즘을 구현한다. Line 24~25에서는 key_to_search와 array[mid]가 동일한 값을 가진 경우, 탐색 키를 찾은 것이며, mid 값을 반환한다.

Line 26~27에서 key_to_search < array[mid] 인 경우에 high 인덱스 값을 mid -1로 변경하여 while 반복문이 실행되게 하고, line 28~29에서는 key_to_search > array[mid] 인 경우에 low 인덱스 값을 mid +1로 변경하여 while 반복문이 실행되게 한다. Line 22의 출력문은 이진 탐색 알고리즘이 진행되는 상황을 이해할 수 있도록 loop 값과 low 및 high 인덱스 값을 출력하여 준다.

그림 3.16 line 35~66에서는 이진 탐색 알고리즘의 기능을 시험하는 Kotlin 함수 testBinarySearch()를 구현하고 있다. Line 36에서는 그림 3.15에서 보였던 오름 차순으로 정렬된 배열 원소를 가지는 정수 배열 data_array를 준비하고, line 43~44에서 이를

출력하여 배열 상태를 확인할 수 있게 한다.

```
1 : /* Kotlin - Search, Sorting Algorithms, Performance Measurements (4) */
2 :
3 : fun binarySearch(array: IntArray, key_to_search : Int) : Int {
4 :     val size = array.size
5 :     var low: Int
6 :     var high: Int
7 :     var mid: Int
8 :     var loop = 0
9 :
10 :    if (key_to_search < array[0]) {
11 :        println("Binary_Search :: given key (%d) is less than the
             smallest value of the array (%d)".
             format(key_to_search, array[0]))
12 :        return -1
13 :    }
14 :    if (key_to_search > array[size - 1]) {
15 :        println("Binary_Search :: given key (%d) is larger than the
            maximum value of the array (%d)".
            format(key_to_search, array[size - 1] ))
16 :        return -1
17 :    }
18 :    low = 0
19 :    high = size - 1
20 :    loop++
21 :    while (low <= high) {
22 :        println("%2d-th loop: Search range:
                   [%2d ~ %2d]".format(loop, low, high))
23 :        mid = (low + high) / 2
24 :        if (key_to_search == array[mid])
25 :            return mid
26 :        else if (key_to_search < array[mid])
27 :            high = mid - 1
28 :        else
29 :            low = mid + 1
30 :        loop++
31 :    }
32 :    return -1
33 : }
34 :
35 : fun testBinarySearch() {
36 :     var data_array : IntArray = intArrayOf( 0, 3, 12, 26, 37, 40, 43,
          44, 45, 46, 54, 56, 59, 63, 66, 75, 82, 89, 94, 97 )
37 :     var key_to_search : Int
38 :     var pos : Int
39 :     var per_line : Int = 10
40 :     var num_lines : Int = 2
41 :     val cin = Scanner(System.`in`)
42 :
43 :     println("Integer array to be searched:");
44 :     printArraySample(data_array, per_line, num_lines);
45 :     while (true)
46 :     {
47 :         print("Input integer to be searched (-1 to quit) : ");
48 :         key_to_search = cin.nextInt()
49 :         if (key_to_search == -1)
50 :             break;
```

그림 3.16 이진 탐색 알고리즘 구현 및 기능 시험 (part 1)

그림 3.16 line 45~65에서는 이진 탐색에서 사용할 key_to_search를 입력받고, 이진 탐색 기능을 binarySearch(data_array, key_to_search) 함수 호출을 통하여 실행하도록 한다. 만약 key_to_search 값이 -1인 경우 while 반복문을 중지하며, -1이 아닌 경우 line 54에서 이진 탐색 기능이 실행된다는 내용을 출력하도록 한다. Line 55에서

binarySearch(data_array, key_to_search) 함수 호출이 실행되며, 그 결과를 반환받아 pos에 대입한다.

만약 이진 탐색 결과인 pos 값이 -1인 경우, 주어진 key_to_search를 주어진 배열에서 찾을 수 없었다는 의미가 되며, -1이 아닌 경우에는 주어진 key_to_search가 주어진 배열의 어떤 위치에서 발견되었는지 출력한다.

```
            else
            {
                println("Binary searching key (%d) from array of
                  %d data ... ".format(key_to_search, data_array.size))
                pos = binarySsearch(data_array, key_to_search);
                if (pos == -1)
                {
                    println("The key (%2d) was not found from the array“
                      .format(key_to_search))
                }
                else
                {
                    println("The key (%2d) was found at position (%2d)“
                      .format(key_to_search, pos))
                }
            } end if - else
        } // end while
    }
```

그림 3.16 이진 탐색 알고리즘 구현 및 기능 시험 (part 2)

(5) 선택정렬 - selectionSort()

선택 정렬(selection sort)은 간단하지만 비효율적인 정렬 알고리즘 중 하나로, 주어진 배열이나 리스트에 포함된 원소들을 지정된 기준에 따라 정렬하는 데 사용된다. 선택정렬 알고리즘은 다음과 같은 과정을 거쳐 수행된다:

- 탐색구간(0~size-1)에서 최솟값 찾기: 탐색구간의 첫 번째 원소부터 시작하여, 해당 위치 이후의 원소들 중에서 최솟값을 탐색
- 최솟값을 탐색구간 첫 번째 원소와 교체 (swap): 찾은 최솟값을 탐색구간의 맨 첫번째 원소와 비교하고, 최솟값이 첫 번째 원소보다 더 작은 경우 이들을 교환. 이를 통해 탐색구간의 맨 앞에는 정렬된 상태로 최솟값이 위치하게 됨
- 탐색구간의 조정 및 필요시 교환: 탐색구간을 (1~size-1)로 조정하고, 조정된 탐색 구간에서 최솟값을 찾아 탐색구간이 시작 위치의 원소와 비교하며, 새로운 최솟값이 탐색 구간의 첫 번째 원소보다 더 작은 경우 이들을 교환
- 반복: 탐색구간 시작위치를 2~size-2의 값으로 조정하면서 위 "탐색 구간의 조정 및 필요시 교환" 과정을 반복. 최종 단계에서는 전체 배열 또는 리스트가 오름차순으로 정렬됨

그림 3.17은 선택 정렬의 단계별 진행 상황을 설명한다.

정렬 대상 배열의 원소 개수가 n일 때, 선택 정렬의 최악, 평균, 최선의 시간 복잡도가 모두 $O(n^2)$이 된다. 이는 배열에 있는 원소의 개수가 n일 때, 각 원소에 대해 최솟값을 찾기 위해 전체 리스트를 순회해야 하기 때문이다. 따라서 리스트의 크기가 커질수록 성능이 급격

히 저하되는 단점이 있고, 시간 복잡도가 높아 대규모 데이터에서는 비효율적인 알고리즘으로 분석된다. 선택정렬은 구현이 간단하고 이해하기 쉬우며, 추가적인 메모리가 거의 필요하지 않는 장점이 있어, 정렬 대상 배열의 크기가 작은 경우 간단하게 구현하여 효율적으로 사용할 수 있다.

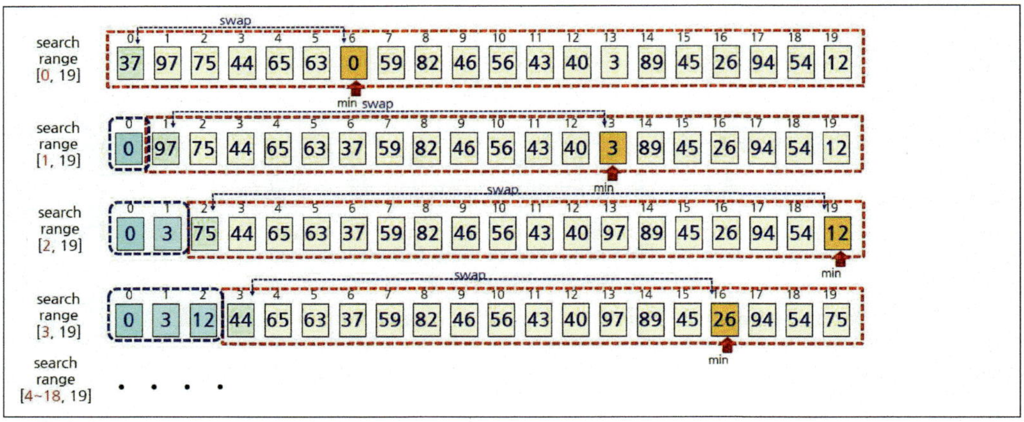

그림 3.17 선택 정렬 (selection sort) 알고리즘

```
1 :  /* Kotlin - Search, Sorting Algorithms, Performance Measurements (5) */
2 :
3 :  fun selectionSort(array: IntArray) {
4 :      /* sort given array with selection_sort algorithm */
5 :      var temp: Int
6 :      var min_idx: Int
7 :      val size = array.size
8 :      for (i in 0 until size - 1) {
9 :          min_idx = i
10 :         for (j in i + 1 until size) {
11 :             if (array[min_idx] > array[j]) {
12 :                 min_idx = j
13 :             }
14 :         }
15 :         if (min_idx != i) {
16 :             temp = array[i]
17 :             array[i] = array[min_idx]
18 :             array[min_idx] = temp
19 :         }
20 :     }
21 : } // end selection_sort()
```

그림 3.18 BigRand 배열 생성, search, sort 알고리즘 구현 및 성능 측정 (part 1)

그림 3.18은 선택정렬 알고리즘을 Kotlin 프로그램으로 구현한 selectionSort() 함수와 이를 시험하는 응용 프로그램인 testSelectionSort()의 구현 예제를 보여준다. Line 8~20에서 2중 for 반복문을 구성하고 있으며, line 8의 외부 for 반복문은 탐색 구간의 시작 위치를 지정하며, 내부 for 반복문은 탐색 구간에 포함된 원소 중 최솟값을 찾는 기능을 수행한다. Line 15~19에서는 탐색구간 (i~size−1)에서 찾은 최솟값의 위치(min_idx)와 탐색 구간 시작 위치(i)가 서로 다른 경우, 탐색구간 시작 위치의 원소보다 더 작은 값이므로

이 두 원소를 교환한다.

그림 3.18 Line 23~32의 testSelectionSort() 함수는 그림 3.16에서 보였던 배열을 대상으로 선택정렬 기능을 수행하고, 그 결과를 출력한다.

```
22 :
23 :  fun testSelectionSort() {
24 :       var data_array : IntArray = intArrayOf( 37, 97, 75, 44, 65, 63, 0,
            59, 82, 46, 56, 43, 40, 3, 89, 45, 26, 94, 54, 12)
25 :       var per_line : Int = 10
26 :       var num_lines : Int = 2
27 :       println("Integer array before selection_sorting:");
28 :       printArraySample(data_array, per_line, num_lines);
29 :       selectionSort(data_array)
30 :       println("Integer array after selection_sorting:");
31 :       printArraySample(data_array, per_line, num_lines);
32 :  }
```

그림 3.18 BigRand 배열 생성, search, sort 알고리즘 구현 및 성능 측정 (part 2)

(6) insertionSort()

삽입 정렬(insertion sort)은 간단하고 직관적인 정렬 알고리즘으로, 정렬 대상 배열의 크기가 작은 경우 효율적으로 작동하며, 이미 어느 정도 정렬된 데이터에 대해 매우 빠른 성능을 제공한다. 그림 3.19는 삽입 정렬의 단계별 진행 상황을 그림으로 보여준다.

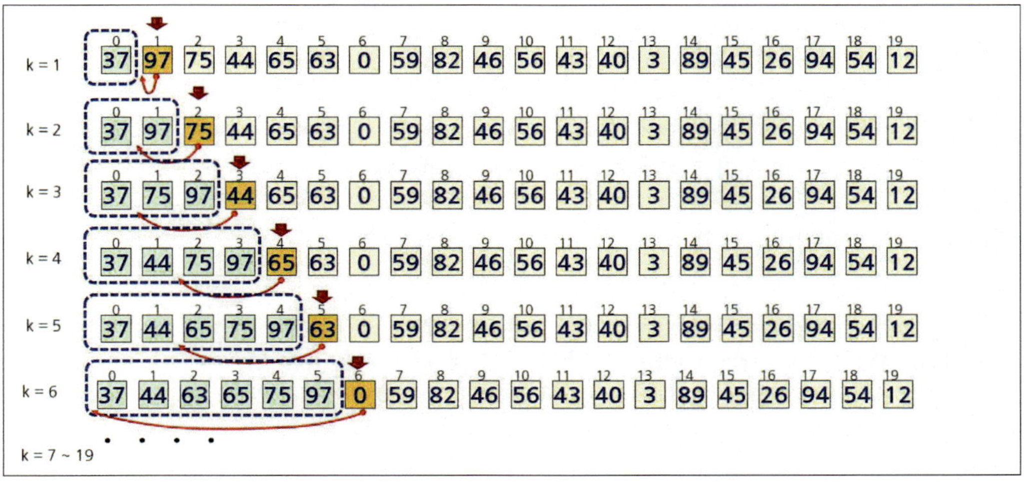

그림 3.19 삽입 정렬 (insertion sort) 알고리즘

삽입 정렬은 다음과 같은 절차에 따라 동작한다:

- 첫 번째 원소는 이미 정렬된 것으로 간주: 배열의 두 번째 원소 (k=1)부터 시작하여, 이전에 정렬된 구간의 원소들과 비교하면서 자신의 위치를 찾아감
- 정렬이 완료된 구간의 k-1 ~ 0 번째 원소들과 비교하며, 적절한 위치를 찾아 기존 원소의 자리 이동 (shift right) 및 삽입: 정렬 기준 위치 (k)의 원소를 정렬된 구간 (k-1 ~ 0)의 이전 원소들과 비교하면서 자신보다 큰 원소인 경우 오른쪽으로 자리 이동시키며,

계속 왼쪽으로 이동함 자신보다 같거나 작은 원소를 찾으면 그 다음 위치에 정렬 기준 위치 (k) 원소를 삽입

- 반복: 삽입 정렬 기준 위치 (k)를 1 ~ size-2로 옮겨가며, 정렬이 완료된 영역을 0 ~ size-2 구간으로 점차 확대시키며, 이 과정을 배열의 모든 원소에 대해 반복 실행. 배열의 모든 원소가 처리될 때까지 이 과정을 반복하면 배열이 오름차순으로 정렬됨

배열 원소의 개수가 n인 경우에서 삽입정렬의 시간 복잡도는 다음과 같다:

- 최선의 경우: O(n), 이미 정렬된 리스트에 대해서는 한 번씩만 비교하면 되므로 매우 빠름
- 평균 및 최악의 경우: $O(n^2)$ - 리스트가 역순으로 정렬된 경우, 모든 원소를 비교하고 삽입해야 하기 때문에 시간이 오래 걸림

삽입정렬은 선택정렬과 마찬가지로 대규모 데이터셋에 대해서는 비효율적인 단점이 있다. 그러나, 삽입정렬은 구현이 간단하고 이해하기 쉬우며, 추가적인 메모리 사용이 매우 적고, 이미 정렬된 데이터에 대해서 매우 빠르게 동작하며, 정렬 대상 배열의 크기가 작은 경우 효율적인 장점을 가진다.

```
 1 :  fun insertionSort(array: IntArray) {
 2 :      /* sort given array with insertion_sort algorithm */
 3 :      var key: Int
 4 :      var i: Int
 5 :      val size = array.size
 6 :      for (k in 1.. size - 1) {
 7 :          key = array[k]
 8 :          i = k
 9 :          while (i > 0) {
10 :              if (array[i - 1] <= key)
11 :                  break
12 :              array[i] = array[i - 1] // shift right to make a room
13 :              --i
14 :          }
15 :          array[i] = key
16 :      }
17 :  }
```

그림 3.20 삽입정렬 (insertion sort) 알고리즘 구현 및 기능 시험 (pat 1)

그림 3.20은 삽입정렬 알고리즘을 Kotlin 프로그램으로 구현한 insertionSort() 함수와 이를 시험하는 응용 프로그램인 testInsertionSort()의 구현 예제를 보여준다. Line 6~16에서 2중 반복문을 구성하고 있으며, line 10의 for 반복문은 삽입정렬 기준 위치를 지정하며, 내부 while 반복문은 삽입 정렬 기준 원소 (key)를 정렬이 완료된 구간에 포함된 원소들과 비교하며, 더 큰 원소인 경우 오른쪽 자리 옮김을 시키고, k−1 ~ 0 구간에서 같거나 작은 원소가 발견될 때까지 진행한다. 만약 i−1위치에서 같거나 작은 원소가 발견되면, i 위치에 key값을 저장한다.

그림 3.20 line 19~28에서는 삽입정렬 기능을 시험하는 함수 testInsertionSort()를 구현하고 있다. 이 삽입정렬 기능 시험에서는 그림 3.19에서 설명하였던 배열을 사용하여 단

계별로 삽입 정렬이 진행되는 사항을 파악할 수 있게 한다.

```

fun testInsertionSort() {
    var data_array : IntArray = intArrayOf( 37, 97, 75, 44, 65, 63, 0,
       59, 82, 46, 56, 43, 40, 3, 89, 45, 26, 94, 54, 12)
    var per_line : Int = 10
    var num_lines : Int = 2
    println("Integer array before insertion_sorting:");
    printArraySample(data_array, per_line, num_lines);
    insertion_sort(data_array)
    println("Integer array after insertion_sorting:");
    printArraySample(data_array, per_line, num_lines);
}
```

그림 3.20 삽입정렬 (insertion sort) 알고리즘 구현 및 기능 시험 (pat 2)

(7) 정렬 함수의 기능 시험 및 성능 측정 함수 – PM_SortingAlgorithms_IntArray()

그림 3.21은 앞에서 설명하였던 선택정렬과 삽입정렬의 기능을 시험하고, 정수 배열에 대한 정렬 성능을 측정하는 함수 PM_SortingAlgorithms_IntArray()를 구현한 예를 보여준다.

```
 1 : /* Kotlin - Search, Sorting Algorithms, Performance Measurements (7) */
 2 :
 3 : fun PM_SortingAlgorithms_IntArray() {
 4 :     var big_size: Int
 5 :     val test_sizes = intArrayOf(10, 50, 75, 100, 250, 500, 1000, 5000,
          10000, 50000, 100000)
 6 :     val offset = 0
 7 :     var bigRandIntArray: IntArray
 8 :     var tns_insert : Long
 9 :     var tns_select : Long
10 :
11 :     println("Comparisons of Sorting Algorithms (measured time
          in milli-seconds)")
12 :     println("%10s %15s %15s".format("test_size", "insert_sort[ns]",
          "select_sort[ns]"))
13 :     for (test_size in test_sizes) {
14 :         bigRandIntArray = genBigRandIntArray(test_size, offset);
15 :         tns_insert = measureNanoTime {
16 :             insertion_sort(bigRandIntArray)
17 :         }
18 :
19 :         shuffleBigIntArray(bigRandIntArray)
20 :         tns_select = measureNanoTime {
21 :             selection_sort(bigRandIntArray)
22 :         }
23 :         println("%10d %15d %15d".format(test_size, tns_insert,
              tns_select))
24 :     }
25 : }
26 :
```

그림 3.21 정렬 알고리즘 구현 함수의 기능 시험 및 성능 측정

다양한 크기의 정수 배열에 대한 기능 시험을 하기 위하여 line 5에서 배열의 크기들을 정수 배열 test_sizes로 구성하였고, line 8~9에서는 정렬 알고리즘의 실행 시간을 나노초 단위로 측정하기 위한 경과시간 기록 변수 tns_insert와 tns_select를 준비한다.

Line 13~24의 for 반복문에서는 test_sizes에 포함된 배열 크기에 따라 genBigRandIntArray() 함수를 사용하여 중복되지 않는 난수 배열을 생성하고, line 15~17에서 삽입정렬을 수행하며 경과시간을 측정한다. 나노초 단위의 함수의 실행 시간 측정에는 중괄호 ({}) 내부에 포함된 함수(들)이 실행되는 시간을 측정하여 반환하여 주는 measureNanoTime{ } 라이브러리 함수를 사용한다. 측정된 결과는 line 23에서 정수 배열의 크기, 삽입정렬에 걸린 시간, 선택정렬에 걸린 시간을 차례대로 한 줄에 출력하여 쉽게 비교할 수 있다.

(8) 메뉴 기반의 main() 함수를 사용한 기능 검증 및 성능 측정

앞에서 설명하였던 중복되지 않는 난수 배열의 생성, 순차 탐색, 이진 탐색, 선택정렬, 삽입 정렬의 기능을 필요에 따라 메뉴로 선택하여 기능 시험과 성능 측정을 반복 수행할 수 있도록 구성하기 위하여 그림 3.12에서 menu 입력에 따른 시험 기능 선택 및 수행을 진행하도록 구성하였다.

그림 3.22는 각 메뉴별 실행 결과를 보여준다. 그림 3.12의 main() 함수가 실행되면 메뉴 입력을 위한 안내문이 그림 3.22 첫 부분에서 보는 것과 같이 출력되며, 1: 순차탐색 시험, 2: 이진탐색 시험, 3: 선택정렬 시험, 4: 삽입정렬 시험, 5: 선택정렬과 삽입정렬의 성능 측정, 0: 프로그램 종료의 메뉴를 선택하도록 한다.

그림 3.22 part 1에서 메뉴 1을 선택하였을 때 탐색 대상 배열을 출력하고, 순차 탐색 키를 입력받아 순차탐색 기능을 수행한 후, 결과를 출력하는 내용을 확인할 수 있다. 만약 탐색 키가 배열에 포함되어 있는 경우 그 위치를 출력하며, 배열에 포함되어 있지 않는 경우 -1이 출력되는 것을 확인할 수 있다.

그림 3.22 part 1의 아랫 부분은 정렬된 배열을 대상으로 이진탐색을 수행하며, 각 단계별 탐색 구간이 조정되는 상태를 출력하여 이진 탐색의 세부 절차를 쉽게 이해할 수 있게 해준다. 탐색 결과는 탐색 키의 포함 여부에 따라 해당 배열 원소의 위치나 -1이 출력되는 것을 확인할 수 있다.

그림 3.22 part 2에서는 menu 3 선택정렬과 menu 4 삽입정렬 기능을 시험한 결과를 보여준다. 이 두 가지 종류의 정렬 알고리즘 모두 오름차순 정렬 결과를 정상적으로 출력하는 것을 확인할 수 있다.

그림 3.22 part 3에서는 menu 5를 선택하여 삽입정렬과 선택정렬의 성능을 배열의 크기 (10 ~ 100,000)에 따라 나노초 (nano-second) 단위로 측정하고 비교하는 결과를 보여준다. 삽입정렬과 선택정렬은 배열의 크기가 n일 때, 평균적으로 $O(n^2)$에 비례하는 시간 복잡도를 가지는 것으로 분석되며, 실제 측정된 값에서도 배열의 크기가 증가함에 따라 경과시간이 급격하게 증가하는 것을 확인할 수 있다.

삽입정렬과 선택정렬을 동일한 기준 (배열 크기)으로 비교하였을 때, 선택정렬이 삽입정렬보다 경과시간이 평균적으로 더 큰 것을 알 수 있다. 이는 삽입정렬의 경우, 부분적으로 정렬된 상태일 때 더 좋은 성능을 제공하기 때문이다. 따라서 배열의 크기가 작을 경우에 선택정렬보다는 삽입 정렬 알고리즘을 사용함으로써 전반적으로 더 좋은 성능을 가질 수 있게 된다. 그러나 배열의 크기가 100개 이상으로 증가하는 경우, 삽입정렬과 선택정렬 모두 경과시간이 급격하게 증가되므로, 분할 및 정복 (divide and conquer) 기법의 병합 정렬이나 퀵정렬 알고리즘을 사용하는 것이 권장된다.

```
Test Array Algorithms :
   1: Test Sequential Search
   2: Test Binary Search
   3: Test Selection Sort
   4: Test Insertion Sort
   5: Performance Measurements of Selection/Insertion Sorting Algorithms for Integer Array
   0: terminate

Input menu : 1
Integer array to be searched:
      37        97        75        44        65        63         0        59        82        46
      56        43        40         3        89        45        26        94        54        12
Input integer to be searched (-1 to quit) : 2
Sequential searching key (2) from array of 20 data ...
The key ( 2) was not found from the array
Input integer to be searched (-1 to quit) : 12
Sequential searching key (12) from array of 20 data ...
The key (12) was found at position (19)
Input integer to be searched (-1 to quit) : 3
Sequential searching key (3) from array of 20 data ...
The key ( 3) was found at position (13)
Input integer to be searched (-1 to quit) : 0
Sequential searching key (0) from array of 20 data ...
The key ( 0) was found at position ( 6)
Input integer to be searched (-1 to quit) : -1

Input menu : 2
Integer array to be searched:
       0         3        12        26        37        40        43        44        45        46
      54        56        59        63        66        75        82        89        94        97
Input integer to be searched (-1 to quit) : 0
Binary searching key (0) from array of 20 data ...
 1-th loop: Search range: [ 0 ~ 19]
 2-th loop: Search range: [ 0 ~  8]
 3-th loop: Search range: [ 0 ~  3]
 4-th loop: Search range: [ 0 ~  0]
The key ( 0) was found at position ( 0)
Input integer to be searched (-1 to quit) : 97
Binary searching key (97) from array of 20 data ...
 1-th loop: Search range: [ 0 ~ 19]
 2-th loop: Search range: [10 ~ 19]
 3-th loop: Search range: [15 ~ 19]
 4-th loop: Search range: [18 ~ 19]
 5-th loop: Search range: [19 ~ 19]
The key (97) was found at position (19)
Input integer to be searched (-1 to quit) : 54
Binary searching key (54) from array of 20 data ...
 1-th loop: Search range: [ 0 ~ 19]
 2-th loop: Search range: [10 ~ 19]
 3-th loop: Search range: [10 ~ 13]
 4-th loop: Search range: [10 ~ 10]
The key (54) was found at position (10)
Input integer to be searched (-1 to quit) : -1

Test Array Algorithms :
   1: Test Sequential Search
   2: Test Binary Search
   3: Test Selection Sort
   4: Test Insertion Sort
   5: Performance Measurements of Selection/Insertion Sorting Algorithms for Integer Array
   0: terminate

Input menu : 3
Integer array before selection_sorting:
      37        97        75        44        65        63         0        59        82        46
      56        43        40         3        89        45        26        94        54        12
Integer array after selection_sorting:
       0         3        12        26        37        40        43        44        45        46
      54        56        59        63        65        75        82        89        94        97
```

그림 3.22 BigRand 배열 생성, search, sort 알고리즘 구현 및 성능 측정 프로그램 실행 결과 (part 1)

```
Test Array Algorithms :
   1: Test Sequential Search
   2: Test Binary Search
   3: Test Selection Sort
   4: Test Insertion Sort
   5: Performance Measurements of Selection/Insertion Sorting Algorithms for Integer Array
   0: terminate

Input menu : 4
Integer array before insertion_sorting:
      37       97       75       44       65       63        0       59       82       46
      56       43       40        3       89       45       26       94       54       12
Integer array after insertion_sorting:
       0        3       12       26       37       40       43       44       45       46
      54       56       59       63       65       75       82       89       94       97

Test Array Algorithms :
   1: Test Sequential Search
   2: Test Binary Search
   3: Test Selection Sort
   4: Test Insertion Sort
   5: Performance Measurements of Selection/Insertion Sorting Algorithms for Integer Array
   0: terminate

Input menu : 5
Comparisons of Sorting Algorithms (measured time in milli-seconds)
 test_size insert_sort[ns] select_sort[ns]
        10            1800            1600
        50           13900           19500
        75           19900           34400
       100           35500           56300
       250          199400          342500
       500          838700          644000
      1000          713900          892200
      5000         2488400         9643000
     10000         4077500        17137500
     50000       110484500       398251000
    100000       438622900      1567233900
```

그림 3.22 BigRand 배열 생성, search, sort 알고리즘 구현 및 성능 측정 프로그램 실행 결과 (part 2)

3.5 2차원 배열 기반의 행렬 (Martrix) 연산

3.5.1 2차원 배열을 사용한 행렬 (matrix) 구성

과학 기술 분야에서 많이 사용되는 기본 자료구조로서 2차원 배열을 기반으로한 행렬(matrix)이 있다. 최근에 다양한 종류의 인공지능 (AI)나 기계학습(ML)에서 사용되는 텐서 (tensor) 역시 기본적인 자료형으로는 행렬을 사용하여 다양한 연산을 수행하도록 구성한다. 그림 3.23은 행렬의 덧셈, 뺄셈 및 곱셈 연산을 수행할 때 2차원 배열의 원소들이 어떻게 사용되는지를 보여준다.

행렬의 연산에서는 일반적으로 for 반복문을 2중으로 구성하여 2차원 데이터들을 처리하며, 2차원 배열로 구현된 두 개의 행렬의 덧셈, 뺄셈이나 곱셈을 계산하기 위해서는 행렬의 각 원소들이 저장된 2차원 리스트의 개별 원소들에 순차적으로 접근하여야 한다. 예를 들어 그림 3.23 (a)에서 보여주는 C = A + B의 계산에서 C 행렬의 i번째 행의 j번째 항목은 $C_{ij} = A_{ij} + B_{ij}$ 공식에 따라 계산되어야 하며, i와 j는 각각 0부터 SIZE−1의 값 범위내에서 반복 실행하여야 한다. 행렬의 뺄셈 계산은 그림 3.23 (b)에서 볼 수 있는 것과 같이, $D_{ij} = A_{ij} - B_{ij}$ 공식에 따라 계산되며, i와 j는 각각 0부터 SIZE−1의 값 범위내에서 반복 실행된다.

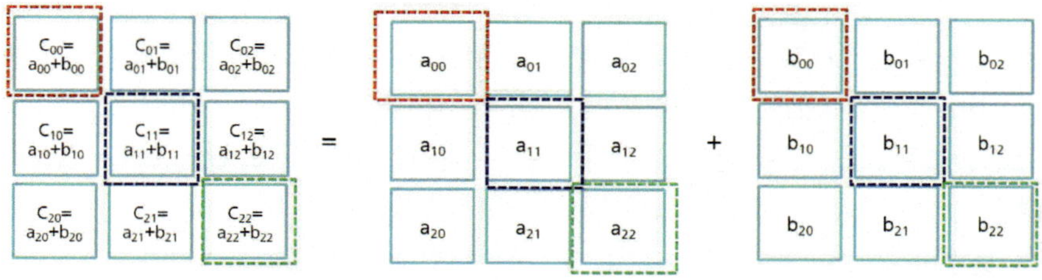

(a) 행렬의 덧셈

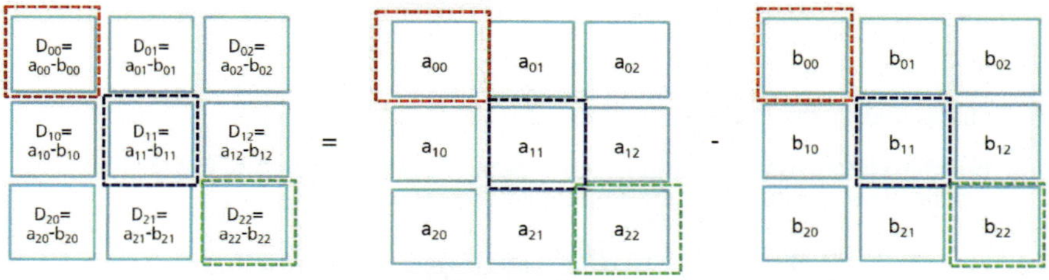

(b) 행렬의 뺄셈

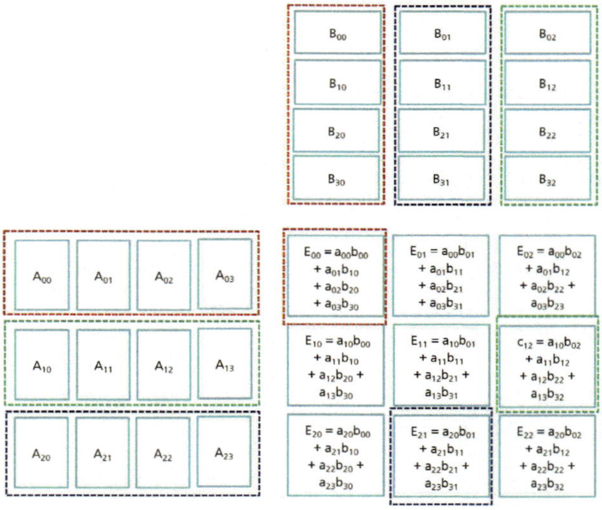

(c) 행렬의 곱셈

그림 3.23 행렬 (matrix)의 연산 – 덧셈과 뺄셈 및 곱셈

행렬의 덧셈과 뺄셈이 2중 for-loop으로 구성되는 것과 달리, 행렬의 곱셈은 3중 for-loop이 구성되어야 한다. 먼저 그림 3.23 (c)에서 보여주고 있는 행렬의 곱셈에서 각 항목들은 $E_{ij} = \sum_{k=0}^{SIZE-1} A_{ik} * B_{kj}$ 공식에 따라 계산이 수행되어야 한다. 이를 위하여 인덱스 i와 j를 사용하는 두 개의 for-loop에 추가하여, 그 내부에 인덱스 k를 사용하는 for-loop을 하나 더 구성하여야 한다.

3.5.2 2차원 배열을 사용한 행렬 (matrix) 연산 기능을 가지는 Kotlin 프로그램

그림 3.24는 2차원 배열을 사용하여 행렬 (matrix)를 구성하고, 행렬의 덧셈, 뺄셈, 곱셈 연산을 Kotlin 프로그램으로 구현하는 예를 보여준다. 행렬에서 사용되는 원소들은 Double 자료형으로 설정하고 있으며, 행렬을 위한 2차원 배열은 Array<DoubleArray> 자료형으로 구성하고 있다. Line 3~11의 printMtrx(mtrx_name, mtrx_data) 함수는 행렬의 이름을 먼저 출력하고, 2중 for-loop으로 행(row) 단위로 한 줄씩 출력하며, 행의 마지막에 줄바꿈을 출력하는 양식으로 행렬을 출력한다. 행렬의 출력 결과는 그림 3.25에서 볼 수 있다.

```
1 :  /* Kotlin - 2D Array, Matrix Operations (1) */
2 :
3 :  fun printMtrx(mtrx_name: String, mtrx_data: Array<DoubleArray>) {
4 :       println("%s = ".format(mtrx_name))
5 :       for (r in mtrx_data.indices) {
6 :            for (c in mtrx_data[0].indices) {
7 :                 print("%7.2f".format(mtrx_data[r][c]))
8 :            }
9 :            println()
10 :      }
11 : }
12 :
13 : fun addMtrx(mA_data: Array<DoubleArray>, mB_data: Array<DoubleArray>):
     Array<DoubleArray> {
14 :      val mR_data: Array<DoubleArray>
15 :      val n_row = mA_data.size
16 :      val n_col = mA_data[0].size
17 :      mR_data = Array(n_row) { DoubleArray(n_col) }
18 :      for (r in 0 until n_row) {
19 :           for (c in 0 until n_col) {
20 :                mR_data[r][c] = mA_data[r][c] + mB_data[r][c]
21 :           }
22 :      }
23 :      return mR_data
24 : }
```

그림 3.24 행렬 연산 기능 구현 (part 1)

Line 13~24 및 line 26~38은 2차원 배열로 구현된 행렬 (matrix)의 덧셈과 뺄셈 연산을 수행하는 프로그램 예제이다. 이 예제에서는 2차원 배열을 사용하여 구성된 행렬 mA_data와 mB_data를 인수로 전달받는다. Line 14, 27에서는 행렬의 덧셈 및 뺄셈 결과를 저장하기 위한 2차원 배열 mR_data를 준비하며, 인수로 전달된 행렬의 크기 (행 크기 n_row와 열 크기 n_col)의 mR_data를 Array(n_row){DoubleArray(n_col)}으로 구성한다. Line 18~22에서는 2중 for-loop을 사용하여 행 (row)의 인덱스 i와 열 (column)의 인덱스 j를 사용하여 2차원 리스트 A와 B의 각 원소들을 차례대로 읽어 덧셈 연산을 수행한 후 그 결과를 행렬 mR_data에 저장한다. Line 32~36에서는 같은 요령으로 2중 for-loop을 사용하여 행 (row)의 인덱스 i와 열 (column)의 인덱스 j를 사용하여 2차원 리스트 A와 B의 각 원소들을 차례대로 읽어 뺄셈연산을 수행한 후 그 결과를 행렬 mR_data에 저장한다.

```
25 :
26 : fun subMtrx(mA_data: Array<DoubleArray>, mB_data: Array<DoubleArray>): Array<DoubleArray> {
27 :     var mR_data: Array<DoubleArray>
28 :     val n_row = mA_data.size
29 :     val n_col = mA_data[0].size
30 :     mR_data = Array(n_row) { DoubleArray(n_col) }
31 :     mR_data = Array(n_row) { DoubleArray(n_col) }
32 :     for (r in 0 until n_row) {
33 :         for (c in 0 until n_col) {
34 :             mR_data[r][c] = mA_data[r][c] - mB_data[r][c]
35 :         }
36 :     }
37 :     return mR_data
38 : }
39 :
40 : fun mulMtrx(mA_data: Array<DoubleArray>, mB_data: Array<DoubleArray>): Array<DoubleArray> {
41 :     val mR_data: Array<DoubleArray>
42 :     val nA_row = mA_data.size
43 :     val nB_col = mB_data[0].size
44 :     val nA_col = mA_data[0].size
45 :     var temp_sum: Double
46 :     mR_data = Array(nA_row) { DoubleArray(nB_col) }
47 :     for (r in 0 until nA_row) {
48 :         for (c in 0 until nB_col) {
49 :             temp_sum = 0.0
50 :             for (k in 0 until nA_col) {
51 :                 temp_sum += mA_data[r][k] * mB_data[k][c]
52 :             }
53 :             mR_data[r][c] = temp_sum
54 :         }
55 :     }
56 :     return mR_data
57 : }
```

그림 3.24 행렬 연산 기능 구현 (part 2)

그림 3.24 line 40~57은 행렬의 곱셈을 계산하는 함수 mulMtrx()를 Kotlin으로 구현하는 예를 보여준다. Line 46에서는 mR_data = Array(nA_row) { DoubleArray(nB_col) }로 행렬 곱셈 결과를 담을 2차원 배열 mR_data를 구성한다. 이 mR = mA × mB의 행렬 곱셈에서 mR의 크기는 mA의 행 크기와 mB의 열 크기로 설정되는 점을 유의해야 한다.

Line 49~53에서 mR_{rc}원소의 값을 계산하기 위하여 인덱스 k를 사용하여 행렬 A의 r번째 행과 행렬 B의 c번째 열의 각 원소를 순서에 따라 곱하여, 그 합산 결과를 mR_{rc}에 저장하도록 한다. Line 47~55에서는 행렬 A와 행렬 B에 대하여 3중 for-loop 구조의 행렬 곱셈을 수행하며, 결과값을 행렬 mR에 저장한다.

그림 3.24 line 59~74의 main() 함수에서는 3×4 크기의 행렬 mA와 mB를 준비하고, 이를 출력한다. 출력 결과는 그림 3.25 첫부분에서 mA와 mB가 초기설정 원소값들로 구성되어 있는 것을 확인할 수 있다. Line 75~78에서는 mAddAB = addMtrx(mA, mB) 함수호출을 통하여 mA + mB의 행렬 덧셈을 수행하고, mSubAB = subMtrx(mA, mB) 함수호출을 통하여 mA − mB의 행렬 뺄셈을 수행하여 그 결과를 출력한다. 그림 3.25 중간 부분에서 mAddAB와 mSubAB의 출력결과를 확인할 수 있다.

Line 80~85에서는 4×3 크기의 행렬 mC를 준비하며, line 88에서 출력한다. 그림

3.25에서 mC의 원소들을 확인할 수 있다. Line 89~90에서는 mMulAC = mulMtrx(mA, mC) 함수 호출을 사용하여 mA와 mC의 행렬 곱셈을 수행하고, 그 결과 mMulAC를 출력한다. mMulAC의 크기는 mA 행의 크기 × mC 열의 크기로 설정되며, 그림 3.25 끝 부분에서 행렬 곱셈 결과를 확인할 수 있다.

```
58 :
59 :  fun main() {
60 :       val mA = arrayOf(
61 :            doubleArrayOf(1.0, 2.0, 3.0, 4.0),
62 :            doubleArrayOf(5.0, 6.0, 7.0, 8.0),
63 :            doubleArrayOf(9.0, 10.0, 11.0, 12.0)
64 :       )
65 :       val mB = arrayOf(
66 :            doubleArrayOf(1.0, 0.0, 0.0, 0.0),
67 :            doubleArrayOf(0.0, 1.0, 0.0, 0.0),
68 :            doubleArrayOf(0.0, 0.0, 1.0, 0.0))
69 :       val mAddAB: Array<DoubleArray>
70 :       val mSubAB: Array<DoubleArray>
71 :
72 :       //System.out.printf("mA (nRow = %d, nCol = %d)\n", mA.length,
          //     mA[0].length);
73 :       printMtrx("mA", mA)
74 :       printMtrx("mB", mB)
75 :       mAddAB = addMtrx(mA, mB)
76 :       printMtrx("mAddAB", mAddAB)
77 :       mSubAB = subMtrx(mA, mB)
78 :       printMtrx("mSubAB", mSubAB)
79 :
80 :       val mC = arrayOf(
81 :            doubleArrayOf(1.0, 0.0, 0.0),
82 :            doubleArrayOf(0.0, 1.0, 0.0),
83 :            doubleArrayOf(0.0, 0.0, 1.0),
84 :            doubleArrayOf(0.0, 0.0, 0.0)
85 :       )
86 :       val mMulAC: Array<DoubleArray>
87 :       printMtrx("mA", mA)
88 :       printMtrx("mC", mC)
89 :       mMulAC = mulMtrx(mA, mC)
90 :       printMtrx("mMulAC", mMulAC)
91 :  }
```

그림 3.24 행렬 연산 기능 구현 (part 3)

```
mA =
   1.00   2.00   3.00   4.00
   5.00   6.00   7.00   8.00
   9.00  10.00  11.00  12.00
mB =
   1.00   0.00   0.00   0.00
   0.00   1.00   0.00   0.00
   0.00   0.00   1.00   0.00
mAddAB =
   2.00   2.00   3.00   4.00
   5.00   7.00   7.00   8.00
   9.00  10.00  12.00  12.00
mSubAB =
   0.00   2.00   3.00   4.00
   5.00   5.00   7.00   8.00
   9.00  10.00  10.00  12.00
```

```
mA =
   1.00   2.00   3.00   4.00
   5.00   6.00   7.00   8.00
   9.00  10.00  11.00  12.00
mC =
   1.00   0.00   0.00
   0.00   1.00   0.00
   0.00   0.00   1.00
   0.00   0.00   0.00
mMulAC =
   1.00   2.00   3.00
   5.00   6.00   7.00
   9.00  10.00  11.00
```

그림 3.25 행렬 연산 프로그램 실행 결과

3.6 재귀 함수 (Recursive Function)와 동적 프로그래밍 (Dynamic Programming)

3.6.1 재귀함수 (Recursive Function)

함수가 실행 중에 자신을 호출하는 구조의 함수를 재귀함수 (recursive function)라고 한다. 재귀함수 형태로 구성되어 있는 대표적인 알고리즘으로 Fibonacci 수열, 병합 정렬 (merge sort), 퀵 정렬 (quick sort) 등이 있다. 재귀 함수의 경우 함수를 순환적으로 호출하기 때문에 함수 호출과 결과값 반환에서 발생하는 부담이 있다.

3.6.2 피보나치 수열 (Fibonacci Series)

피보나치 수열 (Fibonacci series)에서 맨 처음 2개의 피보나치 수는 0과 1로 정의되며, 그 다음부터의 피보나치 수는 그 직전 2개의 피보나치 수를 더한 값으로 정의된다.

피보나치 수열

$F_0 = 0$

$F_1 = 1$

$F_n = F_{n-1} + F_{n-2}$

수식으로 $F_0 = 0$, $F_1 = 1$, $F_n = F_{n-1} + F_{n-2}$ 의 관계식을 가진다. 피보나치 수열을 재귀 함수로 계산할 때에는 그림 3.26에서 보는 것과 같이 동일한 인수에 대한 계산을 여러 번 반복하는 경우가 발생한다. 예를 들어 그림 3.26에서 함수 Fibo(3)은 Fibo(4)를 계산할 때와 Fibo(5)를 계산할 때 항상 실행되며, 피보나치 수열 계산에 주어지는 숫자가 커질수록 동일한 계산이 더 많이 발생하며, 따라서 계산에 걸리는 시간이 지수 함수적으로 증가하게 된다.

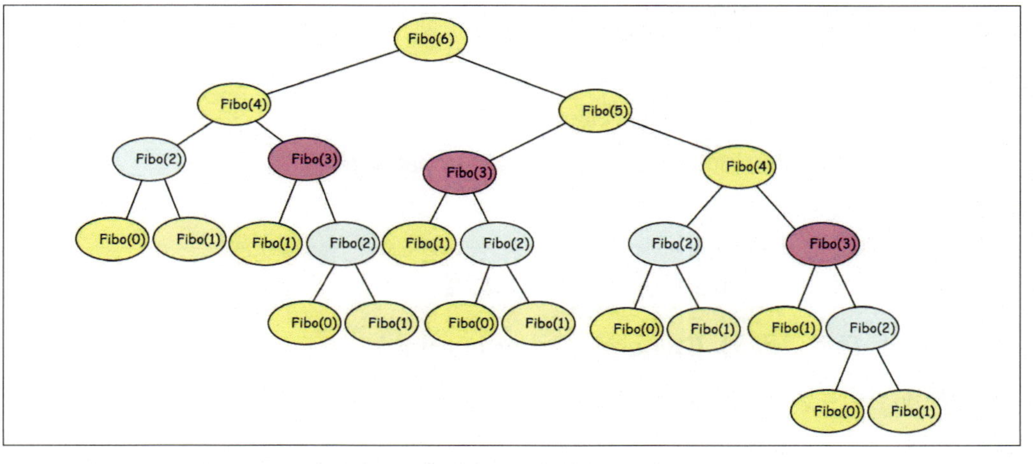

그림 3.26 피보나치 함수 계산에서 발생하는 재귀함수의 구성

그림 3.27은 단순 재귀함수 구조의 피보나치 수열 계산 함수 Fibo_SR (simple

recursive)를 구현하는 예를 보여준다. Fibo_SR(n)은 인수로 n을 전달받으며, n번째 피보나치 수열을 계산하여 Double 자료형으로 반환한다. 피보나치 수열 결과 값의 자료형을 Double로 설정한 것은 매우 큰 숫자의 피보나치 수열 원소도 수용할 수 있도록 구현하기 위한 것이다.

Line 8~9에서는 n이 0 또는 1일 경우, 피보나치 수열의 기본 규칙에 따라 각각 0과 1의 값을 Double 자료형으로 변환하여 반환한다. Line 10~13에서는 n이 1보다 클 때, fibo_n = Fibo_SR(n−2) + Fibo_SR(n−1) 공식으로 Fibo_SR() 함수를 재귀 호출하며, n번째 피보나치 수열을 계산하고, 그 결과를 반환한다. 이 재귀함수 구조는 그림 3.26에서 본 것과 같이, 동일한 Fibo_SR(n)이 여러 번 실행되는 것을 알 수 있다.

그림 3.27 line 16~30에서는 표준 입력 장치로부터 start, end, step 값을 읽어 들이고, line 25에서 n 값을 start~end 구간에서 step 만큼 건너뛰며 Fibo_n을 계산하여 출력한다. 그림 3.28에서 피보나치 수열 계산 결과를 볼 수 있다.

```
 1 : /* Kotlin Recursive Function Call - Fibonacci Series */
 2 : import java.util.Scanner
 3 :
 4 : fun Fibo_SR(n : Int) : Double {
 5 :     if (n < 0) {
 6 :         println("Error in Fibonacci series, given n (%d) is
                negative !!".format(n))
 7 :     }
 8 :     if ((n >= 0) && (n <= 1)) {
 9 :         return n.toDouble()
10 :     } else {
11 :         var fibo_n = Fibo_SR(n-2) + Fibo_SR(n-1)
12 :         return fibo_n
13 :     }
14 : }
15 :
16 : fun main(args: Array<String>) {
17 :     val cin = Scanner(System.`in`)
18 :     print("Input range (start, end, step) of Fibonacci series : ")
19 :     val start = cin.nextInt()
20 :     val end = cin.nextInt()
21 :     val Fibo_step = cin.nextInt()
22 :     var fibo_n : Double
23 :
24 :     println("Fibonacci Series")
25 :     for (n in start..end step Fibo_step) {
26 :         fibo_n = Fibo_SR(n)
27 :         println("%3d-th Fibo_n = %15.0f".format(n, fibo_n))
28 :     }
29 :     cin.close()
30 : }
```

그림 3.27 피보나치 수열 계산을 위한 Kotlin 프로그램

3.6.3 동적 프로그래밍 (Dynamic Programming)

동적 계획법 또는 동적 프로그래밍(dynamic programming)은 다단계 의사 결정에서 각 단계에 따라 동적으로 변화하는 결정을 만드는 방법을 사용하도록 하는 것이다. 즉, 어떤 문제가 여러 단계로 반복되는 부분 문제로 이루어져 있을 때, 각 단계에 있는 부분 문제의 답을 기반으로 전체 문제의 답을 구하는 방법을 의미한다. 동적 계획법은 분할 및 정복(divide and conquer)과는 다른 문제 해결 방법을 사용한다.

```
Input range (start, end, step) of Fibonacci series : 0 50 1
Fibonacci Series
 0-th Fibo_n =           0
 1-th Fibo_n =           1
 2-th Fibo_n =           1
 3-th Fibo_n =           2
 4-th Fibo_n =           3
 5-th Fibo_n =           5
 6-th Fibo_n =           8
 7-th Fibo_n =          13
 8-th Fibo_n =          21
 9-th Fibo_n =          34
10-th Fibo_n =          55
11-th Fibo_n =          89
12-th Fibo_n =         144
13-th Fibo_n =         233
14-th Fibo_n =         377
15-th Fibo_n =         610
16-th Fibo_n =         987
17-th Fibo_n =        1597
18-th Fibo_n =        2584
19-th Fibo_n =        4181
20-th Fibo_n =        6765
21-th Fibo_n =       10946
22-th Fibo_n =       17711
23-th Fibo_n =       28657
24-th Fibo_n =       46368
25-th Fibo_n =       75025
26-th Fibo_n =      121393
27-th Fibo_n =      196418
28-th Fibo_n =      317811
29-th Fibo_n =      514229
30-th Fibo_n =      832040
31-th Fibo_n =     1346269
32-th Fibo_n =     2178309
33-th Fibo_n =     3524578
34-th Fibo_n =     5702887
35-th Fibo_n =     9227465
36-th Fibo_n =    14930352
37-th Fibo_n =    24157817
38-th Fibo_n =    39088169
39-th Fibo_n =    63245986
40-th Fibo_n =   102334155
41-th Fibo_n =   165580141
42-th Fibo_n =   267914296
43-th Fibo_n =   433494437
44-th Fibo_n =   701408733
45-th Fibo_n =  1134903170
46-th Fibo_n =  1836311903
47-th Fibo_n =  2971215073
48-th Fibo_n =  4807526976
49-th Fibo_n =  7778742049
50-th Fibo_n = 12586269025
```

그림 3.28 피보나치 수열 계산을 위한 Kotlin 프로그램의 실행결과

분할과 정복 기법에서는 top-down 분할 방식으로 구성된 작은 단위의 문제는 개별적으로 하나의 문제로 다루어질 수 있는 구조를 가지도록 하는데, 동적 프로그래밍 기법에서는 각 단계의 문제들은 그 이전 단계의 문제들의 해결 결과에 의존하도록 구성되며, 동일한 문제를 여러 번 다시 해결하느라 시간을 허비하지 않도록 한번 해결한 적이 있는 단계별 문제의 답을 테이블 또는 배열에 저장하여 두고 이를 사용함으로써 동일한 조건의 재귀함수 호출을 방지함으로써 전체 알고리즘 실행 시간을 단축시킨다.

C/C++ 프로그래밍에서는 각 단계별 문제의 답을 저장하기 위하여 정적 지역 변수(static local variable)로 선언된 배열을 주로 사용하며, 파이썬 프로그래밍에서는 메모이제이션 데코레이터를 사용하여 계산 결과를 저장하여 재활용할 수 있게 한다.

Kotlin 프로그램에서는 각 단계별 문제의 답을 저장하기 위하여 배열을 사용하고, 해당 재귀함수 호출에서의 인수를 배열의 인덱스로 사용하여, 해당 항목이 이전 단계에서 미리 계산된 적인 있는 경우 이 값을 사용하게 하고, 만약 이전 단계에서 계산한 적이 없다면 재귀함수 실행 결과를 배열의 지정된 인덱스 위치에 기록하게 하여, 다음 단계에서는 기록된 값을 사용할 수 있게 한다.

3.6.4 동적 프로그래밍 구조의 Fibonacci 수열 계산

그림 3.29는 피보나치 함수 계산에 걸리는 시간을 줄이기 위하여 DoubleArray를 사용하는 동적 계획법 (dynamic programming) 구조로 구현하는 예를 보여준다. n번째 피보나치 수열을 계산하는 Fibo_Dyn(n) 함수는 line 5 ~ 20에서 정의되어 있으며, line 4에서 피보나치 수열 중 현재까지 계산이 완료된 n번째 피보나치 수열 값을 저장하도록 DoubleArray 배열 fibo_tbl을 생성하고 있다. 만약 Fibo_Dyn(n) 함수 호출에서 지정된 n번째 피보나치 수열이 이미 계산되었다면 line 13~14에서 fibo_tbl[n]으로

DoubleArray 배열로부터 읽어 반환하며, 이에 따라 동일한 n번째 피보나치 수열 계산을 여러 번 재귀 함수를 기반으로 반복 계산하지 않아도 된다. Line 11 ~ 12에서는 n이 1보다 같거나 작은 경우 n의 Double 자료형 값을 반환하고, line 15~19에서는 현재까지 피보나치 수열 계산을 실행한 적이 없는 n값에 대하여 fibo_n = Fibo_Dyn(n-1) + Fibo_Dyn(n-2)의 재귀함수 호출을 사용하여 n번째 피보나치 수열을 계산한 후, 이를 fibo_tbl[n] = fibo_n로 fibo_tbl에 저장한다.

Line 22~36에서는 표준 입력 장치로부터 start, end, step 값을 읽어 들이고, line 25에서 n값을 start~end 구간에서 step만큼 건너뛰며 Fibo_n을 계산하여 출력한다. 그림 3.30에서 피보나치 수열 계산 결과를 볼 수 있다. 만약 fibo_tbl과 같은 메모 기능을 사용하여 않으면 n값이 커질수록 매우 긴 계산 시간이 필요하나 memo 기능을 DoubleArray 배열로 구현하여, 이전에 계산하였던 값을 기록하게 하면 계산 시간이 크게 단축되는 것을 볼 수 있다.

```
 1 : /* Kotlin Dynamic Programming - Fibonacci Series */
 2 : import java.util.Scanner
 3 : val FIBO_MAX = 100
 4 : var fibo_tbl : DoubleArray = DoubleArray(FIBO_MAX + 1){-1.0}
 5 : fun Fibo_Dyn(n : Int) : Double {
 6 :     if (n > FIBO_MAX) {
 7 :                 println("Exception in Fibo_Dyn - given n (%d) is
                        beyond the FIBO_MAX(%d)")
 8 :                 return -1.0
 9 :     }
10 :     var fibo_n : Double
11 :     if ((n >= 0) && (n <= 1)) {
12 :                 return n.toDouble()
13 :     } else if (fibo_tbl[n] != -1.0)
14 :                 return fibo_tbl[n]
15 :     else {
16 :                 fibo_n = Fibo_Dyn(n-1) + Fibo_Dyn(n-2)
17 :                 fibo_tbl[n] = fibo_n
18 :                 return fibo_n
19 :     }
20 : }
21 :
22 : fun main(args: Array<String>) {
23 :     val cin = Scanner(System.`in`)
24 :     print("Input range (start, end (upto 100), step) of Fibonacci
            series : ")
25 :     val start = cin.nextInt()
26 :     val end = cin.nextInt()
27 :     val fibo_step = cin.nextInt()
28 :     var fibo_n : Double
29 :
30 :     println("Fibonacci Series")
31 :     for (n in start..end step fibo_step) {
32 :                 fibo_n = Fibo_Dyn(n)
33 :                 println("%3d-th Fibo_n = %25.0f".format(n, fibo_n))
34 :     }
35 :     cin.close()
36 : }
```

그림 3.29 동적 프로그래밍 구조의 Fibonacci 수열 계산 Kotlin 프로그램

```
Fibonacci Series (by Dynamic Programming)
  0-th Fibo_n =                       0
  1-th Fibo_n =                       1
  2-th Fibo_n =                       1
  3-th Fibo_n =                       2
  4-th Fibo_n =                       3
  5-th Fibo_n =                       5
  6-th Fibo_n =                       8
  7-th Fibo_n =                      13
  8-th Fibo_n =                      21
  9-th Fibo_n =                      34
 10-th Fibo_n =                      55
 11-th Fibo_n =                      89
 12-th Fibo_n =                     144
 13-th Fibo_n =                     233
 14-th Fibo_n =                     377
 15-th Fibo_n =                     610
 16-th Fibo_n =                     987
 17-th Fibo_n =                    1597
 18-th Fibo_n =                    2584
 19-th Fibo_n =                    4181
 20-th Fibo_n =                    6765
```

```
. . . .
 50-th Fibo_n =             12586269025
 51-th Fibo_n =             20365011074
 52-th Fibo_n =             32951280099
 53-th Fibo_n =             53316291173
 54-th Fibo_n =             86267571272
 55-th Fibo_n =            139583862445
 56-th Fibo_n =            225851433717
 57-th Fibo_n =            365435296162
 58-th Fibo_n =            591286729879
 59-th Fibo_n =            956722026041
 60-th Fibo_n =           1548008755920
 61-th Fibo_n =           2504730781961
 62-th Fibo_n =           4052739537881
 63-th Fibo_n =           6557470319842
 64-th Fibo_n =          10610209857723
 65-th Fibo_n =          17167680177565
 66-th Fibo_n =          27777890035288
 67-th Fibo_n =          44945570212853
 68-th Fibo_n =          72723460248141
 69-th Fibo_n =         117669030460994
 70-th Fibo_n =         190392490709135
```

```
. . . .
 80-th Fibo_n =       23416728348467684
 81-th Fibo_n =       37889062373143904
 82-th Fibo_n =       61305790721611584
 83-th Fibo_n =       99194853094755488
 84-th Fibo_n =      160500643816367072
 85-th Fibo_n =      259695496911122560
 86-th Fibo_n =      420196140727489660
 87-th Fibo_n =      679891637638612220
 88-th Fibo_n =     1100087778366101890
 89-th Fibo_n =     1779979416004713980
 90-th Fibo_n =     2880067194370816000
 91-th Fibo_n =     4660046610375530500
 92-th Fibo_n =     7540113804746346500
 93-th Fibo_n =    12200160415121877000
 94-th Fibo_n =    19740274219868226000
 95-th Fibo_n =    31940434634990100000
 96-th Fibo_n =    51680708854858330000
 97-th Fibo_n =    83621143489848430000
 98-th Fibo_n =   135301852344706760000
 99-th Fibo_n =   218922995834555200000
100-th Fibo_n =   354224848179262000000
```

그림 3.30 동적 프로그래밍 구조의 Fibonacci 수열 계산 Kotlin 프로그램 실행결과

3.7 Kotlin 함수의 실행 성능 (경과시간) 측정

3.7.1 Kotlin.system 모듈의 경과 시간 측정 함수

Kotlin 프로그램에서 함수의 실행 경과 시간은 표 3.2에서 보는 것과 같이 measureTimeMillis() 함수를 사용하여 밀리 (10^{-3})초 단위로 측정하는 방법과 measureNanoTIme() 함수를 사용하여 나노 (10^{-9})초 단위로 경과시간을 정밀하게 측정할 수 있다. Kotlin 프로그램에서는 시스템의 시간을 밀리초 또는 나노초 단위로 알려 주는 System.currentTimeMillis()와 System.nanoTime() 함수가 제공되어 특정 시간을 기록해 두고, 기준 시점과의 차이를 계산하여 실행 시간을 밀리 초 또는 나노 초 단위로 정밀하게 측정할 수 있다.

표 3.2 Kotlin 함수의 실행 시간 측정 함수/클래스

측정 방법	함수/클래스	예제 코드	설명
measureTimeMillis()	kotlin.system	val time = measureTimeMillis { <yourFunction>() }	함수 실행 시간을 밀리초 단위로 측정.
measureNanoTime()	kotlin.system	val time = measureNanoTime { <yourFunction>() }	함수 실행 시간을 나노초 단위로 측정.
System.currentTimeMillis()	java.lang.System	val start = System.currentTimeMillis() <yourFunction>() val end = System.currentTimeMillis() val time = end - start	밀리초 단위로 현재 시간을 가져와서, 차이를 계산해 실행 시간을 측정.
System.nanoTime()	java.lang.System	val start = System.nanoTime() <yourFunction>() val end = System.nanoTime() val time = end - start	나노초 단위로 현재 시간을 가져와서, 차이를 계산해 실행 시간을 측정.

그림 3.31는 Fibonacci 수열 계산을 위한 Kotlin 함수 Fibo()의 실행 시간을 측정하는 예제를 보여준다. Line 4~13에서 Fibo_SR(n) 함수를 구현하고 있으며, 내부적으로 n >= 2인 경우, 재귀함수 (recursive function) 호출 방식으로 피보나치 수열을 계산하고 있다. Line 15~25에서는 Fibo_Dyn() 함수를 활용하는 응용 프로그램을 구성하고 있다. Line 34~56에서는 start, end, stride 값을 정수로 입력 받으며, line 43의 for 반복문에서 start ≤ n ≤ end 구간의 n을 stride 값만큼씩 건너뛰며 n번째 피보나치 수열을 계산하여 반환하고 있다. Line 44~46 및 49~51에서는 Kotlin의 System.nanoTime() 함수를 사용하여 현재의 시각을 나노초 단위로 측정하여 beforeTime_ns와 afterTime_ns에 각각 기록하며, elapsedTime_ns = afterTime_ns - beforeTime_ns로 계산하여 함수의 실행에 걸린 경과시간을 나노초 단위로 정밀하게 측정한다.

```
 1 : /* Fibonacci series Generation */
 2 :
 3 : import java.util.*
 4 : fun Fibo_SR(n : Int) : Double {
 5 :     var fibo_n : Double
 6 :     if (n <= 1) {
 7 :         fibo_n = n.toDouble()
 8 :
 9 :     } else {
10 :         fibo_n = Fibo_SR(n-2) + Fibo_SR(n-1)
11 :     }
12 :     return fibo_n
13 : }
14 :
15 : var memo = mutableMapOf<Int, Double>()
16 : fun Fibo_Dyn(n : Int) : Double {
17 :     if (n <= 1) {
18 :         return n.toDouble()
19 :     }
20 :     if (memo.containsKey(n)) {
21 :        return memo[n]!!
22 :     }
23 :     memo[n] = Fibo_Dyn(n-2) + Fibo_Dyn(n-1)
24 :     return memo[n]!!
25 : }
```

그림 3.31 피보나치 수열 계산 함수 및 성능 측정 (part 1)

Line 53에서는 피보나치 수열 계산 결과와 경과시간을 측정하고 결과값과 함께 출력하며, 그림 3.32에서 나노초 단위로 측정된 경과시간 결과를 확인할 수 있다. 재귀함수 방식으로 피보나치 수열을 계산하는 알고리즘에서는 n값이 25 이상으로 증가하는 경우, 전체 경과 시간이 급격하게 증가하는 것을 확인할 수 있으며, 동적 계획법을 사용하는 Fibo_Dyn의 경우, 경과시간이 크게 증가하지 않는 것을 확인할 수 있다. 동적계획법을 사용한 성능 향상 방법은 8장에서보다 상세하게 설명한다.

```

fun main(args: Array<String>) {
    val cin = Scanner(System.`in`)
    var beforeTime_ns : Long
    var afterTime_ns : Long
    var elapsedTime_ns_FiboSR : Long
    var elapsedTime_ns_FiboDyn : Long

    while (true) {
        print("Input start, end, stride to generate Fibonacci series\n
          start end stride = : ")
        val start = cin.nextInt()
        val end = cin.nextInt()
        val stride = cin.nextInt()
        if (start == 0 && end == 0)
            break
        var fibo_n: Double
        println("%4s %20s %20s %20s".format("n", "Fibo_n",
          "Fibo_SR [ns]", "Fibo_Dyn [ns]"))
        for (n in start..end step (stride)) {
            beforeTime_ns = System.nanoTime()
            fibo_n = Fibo_SR(n)
            afterTime_ns = System.nanoTime()
            elapsedTime_ns_FiboSR = afterTime_ns - beforeTime_ns

            beforeTime_ns = System.nanoTime()
            fibo_n = Fibo_Dyn(n)
            afterTime_ns = System.nanoTime()
            elapsedTime_ns_FiboDyn = afterTime_ns - beforeTime_ns
            println("%4d %20.0f %20d %20d".format(n, fibo_n,
              elapsedTime_ns_FiboSR, elapsedTime_ns_FiboDyn))
        }
    }
    cin.close()
}
```

그림 3.31 피보나치 수열 계산 함수 및 성능 측정 (part 2)

```
Input start, end, stride to generate Fibonacci series
 start end stride = : 0 50 5
   n               Fibo_n         Fibo_SR [ns]        Fibo_Dyn [ns]
   0                    0                  400                  300
   5                    5                  200                 3200
  10                   55                  400                  900
  15                  610                 2200                  900
  20                 6765                20100                  900
  25                75025               217700                 1200
  30               832040              2427200                11500
  35              9227465             25751900                 3800
  40            102334155            281902600                 8800
  45           1134903170           3135800800                 8400
  50          12586269025          34828782000                11700
```

그림 3.32 피보나치 수열 계산 함수 및 성능 측정 프로그램 실행결과

3.8 Kotlin 람다(Lambda) 함수

Kotlin 프로그래밍에서 람다 함수(Lambda Function)는 익명 (anonymous) 함수의 일종으로, 코드를 간결하게 작성할 수 있게 해 주는 기능을 제공한다. 람다 함수는 일반 함수처럼 이름이 없으며, 주로 함수나 메서드의 인자로 전달되거나, 특정 작업을 즉석에서 수행할 때 사용된다. 람다 함수는 주변 문맥(context)에서 정의된 변수에 접근할 수 있는 특징이 있다. 이를 클로저(closure)라고 부르며, 이를 통해 람다 함수 내부에서 외부 변수를 사용할 수 있다. 람다함수의 매개변수가 하나인 경우, it 키워드를 사용하여 그 매개 변수에 접근할 수 있다.

```
 1 :  /* Kotlin Lambda Function */
 2 :
 3 :  val add = {a: Int, b: Int -> a + b}
 4 :  val sub = {a: Int, b: Int -> a - b}
 5 :  val mul : (Int, Int) -> Double = {a: Int, b: Int
        -> a.toDouble() * b.toDouble()}
 6 :  val div : (Int, Int) -> Double = {a: Int, b: Int
        -> a.toDouble() / b.toDouble()}
 7 :
 8 :  fun main(args: Array<String>) {
 9 :      var x : Int = 10
10 :      var y : Int = 20
11 :      println("add(%d, %d) = %d".format(x, y, add(x, y)))
12 :      println("sub(%d, %d) = %d".format(x, y, sub(x, y)))
13 :      println("mul(%d, %d) = %.2f".format(x, y, mul(x, y)))
14 :      println("div(%d, %d) = %.2f".format(x, y, div(x, y)))
15 :  }
```

그림 3.33 Kotlin Lambda 함수 및 응용 프로그램

그림 3.33은 정수 데이터의 덧셈, 뺄셈, 곱셈 및 나눗셈 연산을 Kotlin 람다 함수 add, sub, mul, div로 정의하고, 이를 함수 호출에 활용하는 예를 보여준다. Line 3~6에서는 람다함수를 선언하며, line 11~14에서 람다 함수를 사용하여 4칙 연산을 수행하고, 그 결과를 출력한다. 실행 결과는 그림 3.34에서 확인할 수 있다.

```
add(10, 20) = 30
sub(10, 20) = -10
mul(10, 20) = 200.00
div(10, 20) = 0.50
```

그림 3.34 Kotlin Lambda 함수 및 응용 프로그램의 실행결과

그림 3.35는 람다함수를 함수 호출에 인수 (argument)로 전달하여 사용하는 예를 보여준다. Line 2~3에서 람다함수 sum()과 sumSquare()를 선언하고, line 4~6에서는 printMathOperation(a, b, math)를 선언한다. 이 printMathOperation() 함수의 인수 중 math는 (int, int) -> Int 타입이 함수를 요구하도록 구성되어 있어, 일반적인 데이터를 가지는 변수가 아니라 함수 참조를 전달받아 지정된 수학 함수를 $math(a, b)로 실행하고, 그 결과를 출력하도록 구현되어 있다.

Line 12와 14에서 printMathOperation(a, b, ::sum)과 printMathOpertion(a, b, ::sumSquare)로 함수 호출을 하며, 이 때 인수로 전달되는 ::sum과 ::sumSquare는 함수 참조를 전달하는 것이다. 실행 결과는 그림 3.36에서 확인할 수 있다.

```
 1 : /* Kotlin Lambda Function Example - mathOperation() */
 2 : fun sum(a: Int, b: Int) = a + b
 3 : fun sumSquare(a: Int, b: Int) = (a*a) + (b*b)
 4 : fun printMathOperation(a: Int, b: Int, math: (Int, Int) -> Int) {
 5 :     println("Result is: ${math(a, b)}")
 6 : }
 7 :
 8 : fun main(args: Array<String>) {
 9 :     var a : Int = 10
10 :     var b : Int = 20
11 :     print("sum($a, $b) => ")
12 :     printMathOperation(a, b, ::sum)
13 :     print("sumSquare($a, $b) => ")
14 :     printMathOperation(a, b, ::sumSquare)
15 : }
```

그림 3.35 Lambda 함수의 함수 참조를 사용하는 응용 프로그램

```
sum(10, 20) => Result is: 30
sumSquare(10, 20) => Result is: 500
```

그림 3.36 Lambda 함수의 함수 참조를 사용하는 응용 프로그램의 실행결과

그림 3.37은 Kotlin 람다함수에서 반복자 (iterator)를 사용하는 예를 보여준다. Line 2~6에서는 데이타 클래스로 Person()을 정의하며, line 9~12에서는 data class Person() 인스탄스 3개를 생성하여 리스트로 구성한다.

```
 1 : /* Kotlin Lambda function with iteration */
 2 : data class Person(
 3 :     val name: String,
 4 :     var age: Int, // mutable
 5 :     val profession: String
 6 : )
 7 :
 8 : fun main() {
 9 :     val peoples = listOf (
10 :         Person(name="Alex", age = 45, profession= "Engineer"),
11 :         Person(name="Brown", age = 40, profession= "Scientist"),
12 :         Person(name="Charlie", age = 50, profession= "Teacher"))
13 :
14 :     val filteredPeoples = peoples.filter {
15 :         it.age >= 45 && it.profession.contains("Engineer")}
16 :
17 :     println("peoples = $peoples")
18 :     println("filteredPeoples = $filteredPeoples")
19 : }
```

그림 3.37 Kotlin 람다(lambda) 함수 예제

Line 14에서 filteredPeoples를 리스트 peoples.filter{}로 구성하도록 하는데, filter

함수는 고차 함수로, 함수(이 경우 람다 함수)를 인자로 받는다. Line 14에서 람다 함수의 구조는 { it.age >= 45 && it.profession.contains("Engineer") }이며, it는 peoples 리스트의 각 요소(Person 객체)를 가르킨다. 이 람다함수는 각 Person 객체의 age가 45 이상이고, profession에 "Engineer"라는 문자열이 포함된 경우 true를 반환한다. 즉, 이 람다함수는 리스트의 각 Person 객체를 평가하여, 주어진 조건을 만족하는 객체들만 filteredPeoples 리스트에 포함시키도록 하는 것이다.

Line 17~18에서는 peoples와 filteredPeoples를 각각 출력하며, 그림 3.38에서 결과를 확인할 수 있다.

```
peoples = [Person(name=Alex, age=45, profession=Engineer), Person(name=Brown, age=40, profession=Scientist), Person(name=Charlie, age=50, profession=Teacher)]
filteredPeoples = [Person(name=Alex, age=45, profession=Engineer)]
```

그림 3.38 실행결과

3.9 Kotlin 프로그램의 디버깅

3.9.1 Kotlin 프로그램 문법적 오류 및 오류 메시지의 이해

Kotlin 프로그램 작성 및 실행에서 문법적인 오류가 있는 경우 컴파일 단계에서 오류가 확인되고 오류 메시지를 출력하게 된다.

(1) 문법적 오류 1 – 정의되지 않은 변수 사용

그림 3.39는 정의되지 않은 변수가 사용된 경우에 문법적 오류가 발생하는 예를 보여준다. 이 예에서는 c = a + b의 덧셈 계산을 하게 되는데, a는 10으로 설정되어 있지만 b는 사전에 설정되어 있지 않기 때문에 문법적 오류가 발생된다. 그림 3.39에서 Unresolved reference Error가 존재하는 것을 확인할 수 있다.

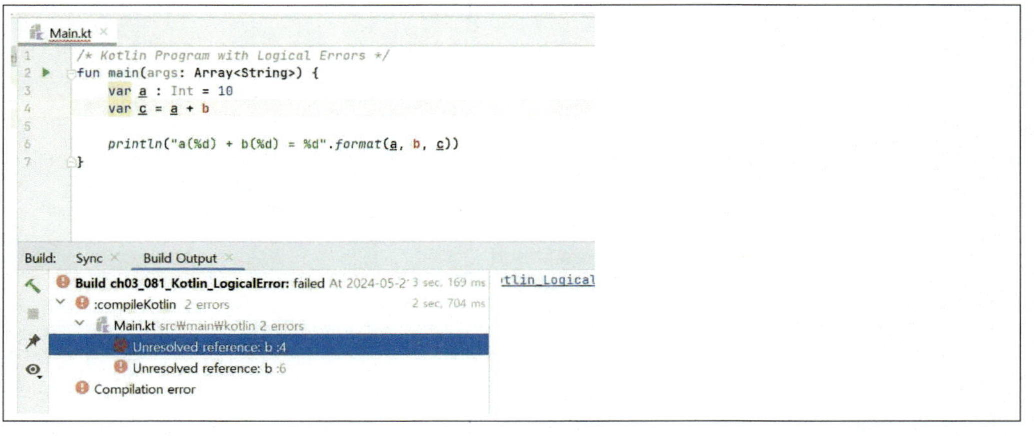

그림 3.39 정의되지 않은 변수를 사용한 경우의 문법적 오류

(2) 문법적 오류 2 - 부적합한 자료형이 사용된 경우

그림 3.40에서는 정수 데이터와 double 자료형 데이터를 합산하여 그 결과를 문자열 자료형의 변수에 저장하려고 하는 경우, 자료형의 mismatch 오류가 있어 대입이 실행될 수 없는 문제가 있다. 그림 3.40에 포함되어 있는 오류 메시지에서 "Type mismatch: inferred type is Double but String was expected" 라는 Compilation error가 발생되어 있는 것을 확인할 수 있다.

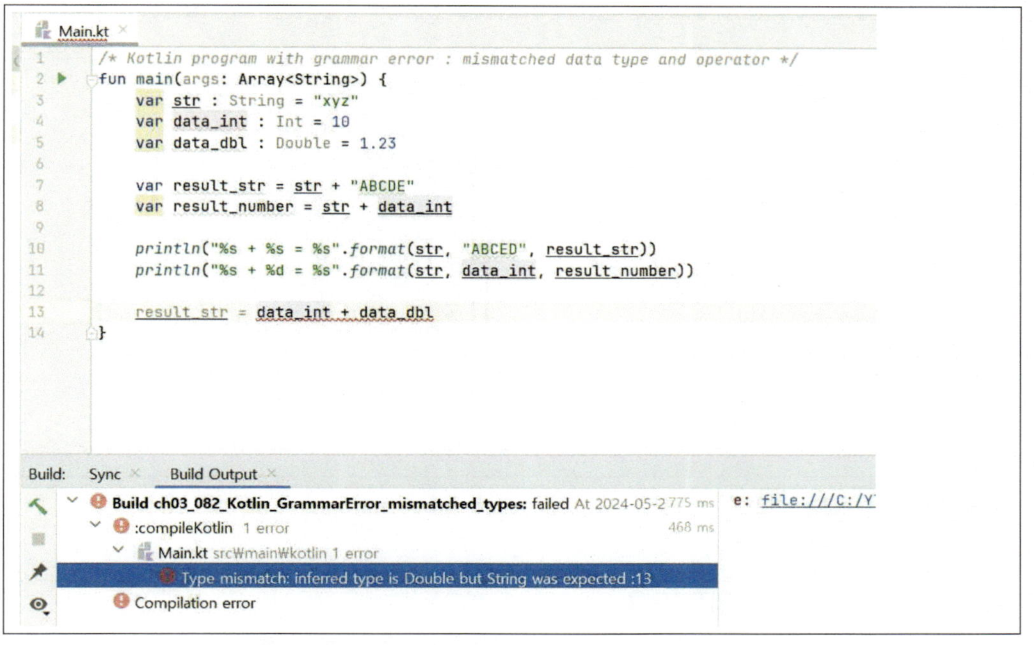

그림 3.40 부적합한 자료형을 사용한 경우 - type mismatch

3.9.2 논리적 오류의 디버깅

프로그램 작성 및 실행에서 문법적인 오류가 없는 상태에서도 정상적인 프로그램 실행이 되지 않거나 올바른 결과를 생성하지 않는 경우를 논리적 오류 (logical error)라고 한다. 논리적인 오류가 발생하는 경우 프로그램의 실행 경과를 확인하여 오류가 발생된 지점을 확인하고 이를 수정할 수 있어야 한다.

(1) 논리적 오류

논리적인 오류란 문법적으로는 문제가 없지만 실제 프로그램 실행에서 문제가 발생되는 오류를 의미한다. 논리적인 오류가 발생한 예로서 실행 순서를 잘못 설정한 경우를 생각하여 볼 수 있다.

그림 3.41에서는 간단하게 빵을 만드는 절차를 알고리즘으로 표현하고 있으며, 정상적인 절차는 그림 3.41 (a)에서 보는 것과 같이 빵의 재료들인 밀가루, 우유, 계란을 준비하고, 반죽용 그릇을 준비한 후 그릇에 재료들을 넣고 반죽을 만든 다음 이 그릇을 오븐에 넣어 1

시간 동안 가열함으로써 빵을 굽는 절차를 수행하게 된다. 그런데 이 절차를 잘못 실행하여, 그림 3.41(b)와 같이 반죽을 만드는 과정을 맨 뒤 순서에 실행한다면 빈 그릇 만 오븐에 넣어, 한 시간 동안 가열하고도 빵이 제대로 만들어지지 않는 오류가 발생한다. 물론 각 단계를 실행하는 것에는 문제가 없지만, 전체 절차가 수행되고 난 후에 제대로 된 결과물이 생성되지 않는 상황이 발생하는 것이다. 바로 이러한 경우와 같이, 문법적으로 오류는 없지만, 실제 정확한 결과가 사전에 목표하였던 것이 아니라면, 알고리즘에 논리적인 오류가 포함되어 있는 것이다.

```
/* 올바른 제빵 알고리즘 */
1: 재료 준비: 밀가루, 우유, 계란
2: 그릇 준비: 반죽용 그릇
3: 그릇에 밀가루, 우유, 계란을 넣고
   반죽
4: 그릇을 오븐에 넣기
5: 오븐을 1시간 동안 가열
6: 오븐을 끄기
7: 그릇을 꺼내기
```

(a) 올바른 제빵 알고리즘

```
/* 논리적 오류가 포함된
   제빵 알고리즘 */
1: 재료 준비: 밀가루, 우유, 계란
2: 그릇 준비: 반죽용 그릇
3: 그릇을 오븐에 넣기
4: 오븐을 1시간 동안 가열
5: 오븐을 끄기
6: 그릇을 꺼내기
7: 그릇에 밀가루, 우유, 계란을 넣
   고 반죽
```

(b) 논리적 오류가 있는 제빵 알고리즘

그림 3.41 알고리즘의 실행 순서상에 논리적 오류가 있는 경우

(2) while-loop에서의 논리적 오류

그림 3.42는 while-loop에서 발생될 수 있는 논리적 오류의 예를 보여준다. Line 3, 4에서 count와 total_sum을 각각 0으로 초기화 시키며, line 5~10의 while-loop에서 count를 total_sum에 합산하며, 중간 결과를 출력하도록 되어 있다. Line 5에서 while-loop의 실행 조건이 count <= 10으로 count값이 10보다 같거나 작을 때까지 계속 반복하게 되는데 while-loop 블록에서 count 값을 증가시키는 기능이 실행되지 않아 while-loop이 무한 반복되는 결과를 발생시킨다. 그림 3.43에서 무한 반복 실행 결과를 확인할 수 있다.

```
 1 :  /* Kotlin program with logical error in while-loop */
 2 :  fun main() {
 3 :      var count : Int = 0
 4 :      var total_sum : Int = 0
 5 :      while (count <= 10) {
 6 :          total_sum = total_sum + count
 7 :          println("At count = %2d, sum = %3d".format(count, total_sum))
 8 :          // count = count + 1
 9 :          // without this statement, logical error will occur !!
10 :      }
11 :  }
```

그림 3.42 while-loop에서의 논리적 오류

```
At count =  0, sum =   0
At count =  0, sum =   0
At count =  0, sum =   0
At count =  0, sum =   0
At count =  0, sum =   0
At count =  0, sum =   0
At count =  0, sum =   0
At count =  0, sum =   0
At count =  0, sum =   0
At count =  0, sum =   0
At count =  0, sum =   0
At count =  0, sum =   0
At count =  0, sum =   0
At count =  0, sum =   0
At count =  0, sum =   0
At count =  0, sum =   0
At count =  0, sum =   0
At count =  0, sum =   0
```

그림 3.43 while-loop에서의 논리적 오류가 있는 경우의 실행 결과

(3) Kotlin 키워드를 잘못 사용한 경우

Kotlin에서 키워드의 의미를 잘못 이해하여 적절한 키워드를 사용하지 않는 경우 프로그램의 실행이 당초 의도와는 다르게 진행될 수 있는 논리적 오류가 발생할 수 있다.

```
 1 :  /* Kotlin Program with Logical Error */
 2 :  fun main() {
 3 :      val numbers = listOf(1, 2, 3, 4, 5)
 4 :
 5 :      // Attempt to find and print the first even number
 6 :      println("Processing with findFirstEven_v1() . . . ")
 7 :      findFirstEven_v1(numbers)
 8 :      println("Processing with findFirstEven_v2() . . . ")
 9 :      findFirstEven_v2(numbers)
10 :  }
11 :
12 :  fun findFirstEven_v1(numbers: List<Int>) {
13 :      numbers.forEach {
14 :          if (it % 2 == 0) {
15 :              println("First even number is: $it")
16 :              return
17 :          }
18 :      }
19 :      println("No even number found")
20 :  }
21 :
22 :  fun findFirstEven_v2(numbers: List<Int>) {
23 :      numbers.forEach {
24 :          if (it % 2 == 0) {
25 :              println("First even number is: $it")
26 :              return@forEach
27 :          }
28 :      }
29 :      println("No even number found")
30 :  }
```

그림 3.44 Kotlin 키워드를 잘못 사용하여 논리적 오류가 발생하는 경우

그림 3.44의 프로그램 예에서 정수형 데이터 리스트에 포함된 데이터 중, 맨 처음으로 발견되는 짝수 (even number)를 출력하는 프로그램이다. Line 3에서 검색 대상인 정수형

데이터 리스트를 준비한 후, findFirstEven_v1()와 findFirstEven_v2()를 사용하여 첫 번째 짝수 데이터를 찾는 기능을 비교한다.

findFirstEven_v1()의 경우, line 13~18에서 Kotlin의 forEach를 사용하여 리스트 numbers에 포함된 데이터를 차례로 열거하고, 그 열거 데이터 (it)가 짝수인 경우, return을 사용하여 함수를 빠져나가게 하여, 전달된 정수 리스트 중 첫번째로 발견되는 데이터만 출력하고, main()으로 return한다.

findFirstEven_v2()의 경우, findFirstEven_v1()와 동일하게 Kotlin의 forEach 반복문을 line 23~28에서 구성하고 있으나, line 26에서 return 대신 return@forEach를 사용하고 있다. 이 경우, 첫번째 짝수를 찾아 출력한 후, findFirstEven_v2()를 종료하지 않고, forEach의 다음 반복 단계로 진행하여 모든 짝수를 차례로 출력하게 된다. 아울러 line 29에서 "짝수를 찾지 못하였다"는 메시지까지 출력하는 논리적 오류가 발생하게 된다.

그림 3.45에 실행 결과를 볼 수 있다.

```
Processing with findFirstEven_v1() . . .
First even number is: 2
Processing with findFirstEven_v2() . . .
First even number is: 2
First even number is: 4
No even number found
```

그림 3.45 파이썬 키워드를 임의로 재정의하여 논리적 오류가 발생된 실행 결과

3.9.3 IntelliJ IDEA 환경에서의 Kotlin 프로그램 디버깅

프로그램 실행 단계에서 발생되는 여러 가지 논리적인 오류를 찾아내기 위해서는 상당히 많은 경험이 필요하다. 대부분 논리적인 오류를 발견하고 해결하기 위해서 프로그램 실행 중간 단계 상태를 화면으로 출력시켜서 그 중간 상태를 파악하는 방법들을 많이 사용하고 있으나 이런 화면 출력 방법은 프로그램 소스코드의 전체적인 규모가 커지게 될 때 상당히 많은 어려움을 겪게 된다. 그리고 화면 출력 양이 너무 많을 수 있기 때문에 그 자체를 가지고 논리적인 오류를 찾아내기란 매우 힘들게 된다. 그래서 실제 큰 규모의 프로그램 개발에서 더 많이 사용하고 있는 방법은 통합 개발 환경에서 제공하는 디버그 (debugger)를 사용하는 방법이다. 이 디버그를 사용함으로써 그 프로그램 실행 중간 단계에 있는 여러 가지의 중간 상태들, 즉 각각의 변수들이 가지고 있는 값들을 직접 우리가 확인할 수 있고, 그 변수들의 값들을 잘 검사함으로써 프로그램이 왜 그런 상태로 빠졌는지, 왜 잘못된 중간단계가 발생되는지를 파악할 수 있다.

실제 Kotlin 프로그램 개발에서 대부분 사용되고 있는 IntelliJ IDEA에서는 그림 3.46에서 보여 주는 디버그 메뉴가 제공되고 있다. Windows 운영체제 환경에서 IntelliJ를 사용하는 경우, 디버그 메뉴에는 디버깅 시작 (Shift + F9)과 디버깅하지 않고 프로그램 실행을 시작 하는 기능(Shift + F10)을 별도로 구분하여 실행할 수 있으며, 프로그램 실행을 한 단계씩 단계별로 실행 (F8 키 사용) 할 수 있다. 중단점 (break point) 설정/해제 (F9)에서는 지정된 중단점까지 프로그램을 실행하고, 그 중단점 위치에 정지를 함으로써 중단점 위치까지의 진행 상태를 확인할 수 있게 한다. 그림 3.46은 프로그램의 line 6에서 중단하게 하고, 이 상태에서의 지역변수 값들을 확인할 수 있게 하는 기능을 보여준다. Debugging 모드에서는 IntelliJ의 아래쪽에 변수 (Variables)들의 값을 확인할 수 있는 창을 제공한다.

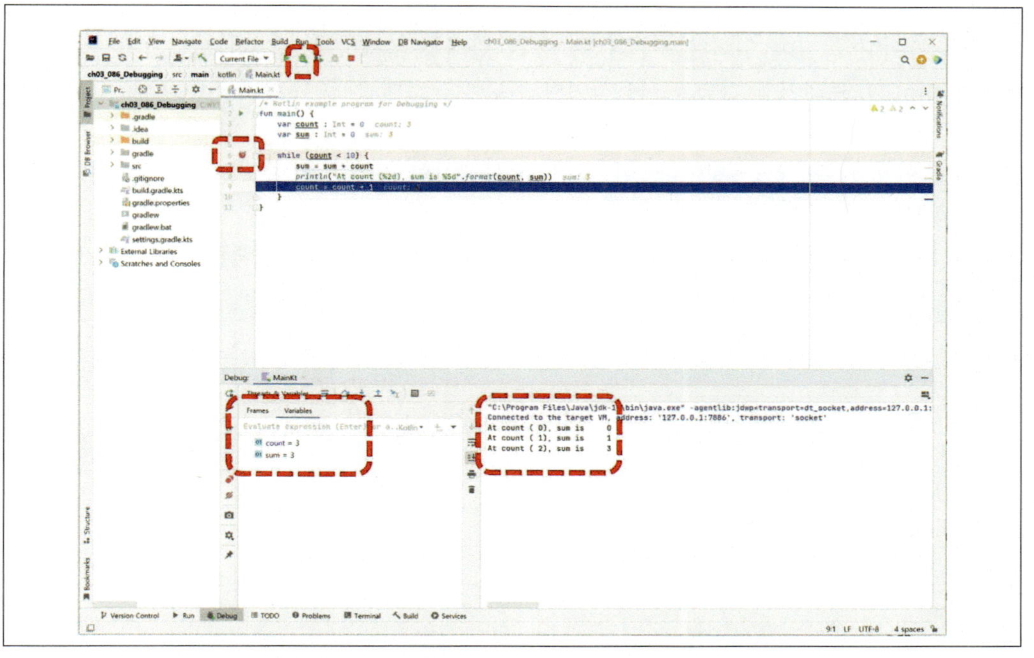

그림 3.46 IntelliJ 환경에서의 Kotlin 프로그램 디버깅 예

이렇게 상세하게 점검하고자 하는 위치에 중단점을 설정하고 프로그램을 디버깅 모드로 실행시키면, 해당 중단점에 정지하여 중간 상태를 확인할 수 있고, 이 곳으로부터 F8 키를 사용하여 한 단계씩 코드를 실행하면 프로그램이 진행되면서 각 지역 변수들이 어떻게 변경되는지를 확인할 수 있다.

먼저 어떤 함수의 호출이나 전체적인 프로그램 실행 단계에서 일정한 위치까지는 정상적으로 진행을 하고 난 이후에, 그 지점에 정지하여 중간 상태를 확인 할 수 있는 기능이 바로 중단점 (break point)이다. 일반적으로 전체 프로그램을 디버깅 할 때, 일정 부분까지는 우리가 이미 정상적인 실행을 확인한 상태이기 때문에 그 위치까지는 중단 없이 정상적으로 진행하게 만들고, 그 위치부터 다시 한 단계, 한 단계씩 단계적 진행 기능을 거치며, 중간 상태들을 정확하게 파악할 수 있는 기능들을 혼합해서 사용하게 된다.

디버깅 동안에는 표 3.3에서 설명하고 있는 여러 가지 단축 기능 키 (function key)들을 많이 사용하게 되는데, Windows 운영체제와 Apple Mac 운영 체제에서의 단축키에는 차이가 있다. Windows 환경에서 IntelliJ의 Shift + F9는 프로그램을 디버깅 모드로 실행시킬 때 사용하며, 중단점 (break point)의 설정/해제는 Ctrl + F8, 프로그램의 단계별 실행은 F7 또는 F8을 사용한다.

프로그램의 단계별 실행 및 상태 확인을 트레이싱 (tracing)이라고 하며, 트레이싱은 크게 F8 단축키를 사용하는 스텝 오버 (step-over)와 F7 단축키를 사용하는 스텝 인투 (step-into) 두 가지 종류가 사용된다. 먼저 스텝 오버 (step-over) 트레이싱에서는 함수 호출이 있는 경우, 그 함수로 이동하지 않고 함수 호출 이후 단계로 계속 한 단계씩 진행하여 전체적인 프로그램 실행을 신속하게 파악할 수 있는 기능을 제공한다. 만약 호출된 함수 내부에서 어떤 동작이 일어나는가를, 즉 중간 단계를 상세하게 확인하고 싶으면 스텝 인투 (step-into) 트레이싱 기능을 사용하여야 한다. 즉 스텝 인투 (step-into)라고 하는 것은 실제 호출된 함수 내부로 가서 그 함수 내부에 있는 프로그램을 한 줄 한 줄 단위로 실행하면서 중간 단계를 확인하는 것이다. 이 두 가지 트레이싱 기능은 프로그램 디버깅에서 가장 많이 사용하는 기능들이다.

표 3.3 IntelliJ 환경에서 Kotlin 프로그램 디버깅에 사용되는 대표적인 단축키

기능	Window 단축키	Mac 단축키
디버깅 시작 (첫번째 break point에서 시작)	Shift + F9	Control(^) + D
디버깅 종료	Ctrl + F2	Command(⌘) + F2
다음 break point로 이동	F9	F9
Break point 설정/해제	Ctrl + F8	Command(⌘) + F8
다음 line으로 이동 (Step Over)	F8	F8
현재 line에 있는 내부함수로 이동 (Step Into)	F7	F7
Step Into 하기 전으로 빠져나오기 (Step Out)	Shift + F8	Shift + F8

◈ 연습문제 ◈

3.1 다음 용어를 예를 들어 설명하라.

1) 함수 (function)
2) 매개 변수 (parameter)
3) 인수 (argument)
4) 재귀함수 (recursive function)
5) 동적 프로그래밍 (dynamic programming)
6) 디버깅
7) break point
8) Step over
9) Step into

3.2 함수 정의 및 호출에서의 매개 변수와 인수의 차이점에 대하여 설명하라.

3.3 재귀함수를 사용하는 예를 들어 설명하라.

3.4 Kotlin 프로그램의 함수 실행 경과 시간을 측정하는 방법에 대하여 예를 들어 상

세하게 설명하라.

3.5 Kotlin 프로그램의 함수가 사용한 메모리 용량을 측정하는 방법에 대하여 예를 들어 상세하게 설명하라.

◈ 실습문제 ◈

실습 3.1 중복되지 않는 정수형 난수 배열 원소를 지정된 개수 size 만큼 포함하는 배열 intArray를 생성하여 반환하는 Kotlin 함수 genBigRandIntArray(size)를 구현하라. 난수 배열 생성에서는 주어진 배열의 원소들을 뒤섞어 주는 shuffleBigIntArray(array: IntArray) 함수를 구현하여 사용할 것. 주어진 배열의 첫 부분에서 한 줄에 perLine 개수의 원소를 sampleLines 줄을 출력하고, 끝 부분에서 한 줄에 perLine 개수의 원소를 sampleLines 줄을 출력하는 함수 printBigArraySample(bigArray: IntArray, perLine: Int, sampleLines: Int) 함수를 작성하라. 응용 프로그램에서는 배열 크기를 표준 입력장치로부터 입력받고, 이 크기의 중복되지 않는 난수 배열을 생성하여 샘플을 출력하고, 결과를 확인하라.

(실행예시)

```
Input array size = 1000
Generating not-duplicated integer array (size = 1000)
     888      712      489      356      856       94      186      359      727        3
     565      253      224      622      127      409      927      998      666      613
     521      119      500      981      946      200       99      453      631      274

  . . . . .
     787      861      680      318       19      904      317      189      647      658
     469      891      464        6      185      555      865      641      117      731
     967      214      457      139      615      775      823      711      182        4
```

실습 3.2 주어진 정수 배열을 삽입정렬 알고리즘으로 오름차순 정렬하는 insertionSort(intArray: IntArray)를 구현하라. 위 실습 3.1에서 구현하였던 genBigRandIntArray()함수와 printBigArraySample() 함수를 사용하여 정렬되지 않은 상태의 배열과 정렬된 배열의 상태를 각각 출력하는 응용 프로그램을 작성하고, 실행 결과를 확인하라.

(실행 예시)

```
Input array size = 1000
Generating not-duplicated integer array (size = 1000)
Before insertionSort() :
     159       12      567      577      458      694      647      275      886      153
     781       61       14      327      394      128      426      721      384      941
     794      936      420      562      106      316      392      938      236      670

  . . . . .
     431      193      944      477      791      283      240      360      803      564
     744      818      478       20      962      179      171       36      807      742
     322      423      482      931      734      425      923      882      348      607

Sorting intArray by insertionSort() . . . . .
After insertionSort() :
       0        1        2        3        4        5        6        7        8        9
      10       11       12       13       14       15       16       17       18       19
      20       21       22       23       24       25       26       27       28       29

  . . . . .
     970      971      972      973      974      975      976      977      978      979
     980      981      982      983      984      985      986      987      988      989
     990      991      992      993      994      995      996      997      998      999
```

실습 3.3 주어진 정수 배열을 선택정렬 알고리즘으로 오름차순 정렬하는 selectionSort(intArray: IntArray)를 구현하라. 위 실습 3.1에서 구현하였던 genBigRandIntArray()함수와 printBigArraySample() 함수를 사용하여 정렬되지 않은 상태의 배열과 정렬된 배열의 상태를 각각 출력하는 응용 프로그램을 작성하고, 실행 결과를 확인하라. 배열의 크기를 10000개로 실행할 것.

(실행 예시)

```
Input array size = 10000
Generating not-duplicated integer array (size = 10000)
Before insertionSort() :
    34    8067    4505    7769    4697    5249    6884    2624    9668    9478
  9837    1101    4548     638    2429     958    1778    5369    3817    5097

  . . . . .
   352    6249    1469    7673    4874    3682    2494    4714    6212    2400
  6484     161    3808    5419    2620     851    7276    8919    2748    2293

Sorting intArray by selectionSort() . . . . .
After selectionSort() :
     0       1       2       3       4       5       6       7       8       9
    10      11      12      13      14      15      16      17      18      19

  . . . . .
  9980    9981    9982    9983    9984    9985    9986    9987    9988    9989
  9990    9991    9992    9993    9994    9995    9996    9997    9998    9999
```

실습 3.4 위 실습 3.1 ~ 실습 3.3에서 구현하였던 함수들을 사용하여 지정된 개수의 중복되지 않는 난수 배열 intArray를 생성하고, 이 난수 배열을 삽입정렬과 선택정렬 알고리즘으로 오름차순 정렬할 때 걸리는 시간을 nano-second 단위로 측정하는 응용 프로그램을 작성하고, 실행 결과를 출력하여 비교하라. 배열의 크기를 val test_sizes = intArrayOf(10, 50, 70, 100, 200, 500, 700, 1000, 5000, 10000, 50000, 100000)으로 설정하여, 각 배열 크기에 대한 정렬 함수 실행 경과시간을 나노초 단위로 측정하여 비교할 것.

(실행예시)

```
Comparisons of Sorting Algorithms (measured time in nano-seconds)
 test_size insert_sort[ns] select_sort[ns]
        10            2000            2300
        50           12300           20100
        70           26400           38700
       100           47400           68200
       200          180600          261100
       500         1189000          704900
       700          172400          335300
      1000          331300          741200
      5000         1233800         7041900
     10000         3456300        15699300
     50000        88867700       382901200
    100000       350786300      1433377500
```

실습 3.5 Fibonacci 수열을 단순 반복 구조로 계산하는 Fibo_SR(n : Int) 함수와 동적 프로그래밍 (dynamic programming) 구조로 계산하는 Fibo_Dyn(n : Int)를

Kotlin 함수로 각각 구현하라. 피보나치 수열 계산과 각 함수에서 걸린 실행 경과 시간을 측정하여 비교하는 응용 프로그램을 구성하고, 시작 (start), 끝 (end), 간격 (stride)의 정수를 입력 받은 후 해당 순서의 피보나치 수열 계산 결과값과 Fibo_SR(), Fibo_Dyn()에서 걸린 경과 시간을 nano-second 단위로 측정하여 출력하는 Kotlin프로그램을 작성하라. 함수 구조에 따른 성능을 비교하기 위하여 아래 실행 예시와 같이, n, fibo_n, Fibo_SR() [ns], Fibo_Dyn() [ns] 항목을 출력하도록 하라.

(실행 예시)

```
Input start, end, stride to generate Fibonacci series
 start end stride = : 0 50 1
  n              fibo_n        Fibo_SR() [ns]      Fibo_Dyn() [ns]
  0                   0                  1300                  500
  1                   1                   200                  100
  2                   1                   400                19600
  3                   2                   300                 1600
  4                   3                   300                 1300
  5                   5                   500                 1300
  6                   8                   700                 1300

   .....

 44           701408733            1307013900                14400
 45          1134903170            2114740300                18200
 46          1836311903            3415683000                13700
 47          2971215073            5770010700                13300
 48          4807526976            9149688200                14700
 49          7778742049           14695711300                14600
 50         12586269025           23915879100                19700
```

4장 객체 지향 프로그래밍 (Object-Oriented Programming, OOP), Kotlin Class, 연산자 오버로딩

학습목표

- 객체 지향형 프로그래밍에 대한 이해
- Kotlin Class에 대한 이해
- Kotlin 클래스의 인스탄스 생성 – Primary / Secondary constructor
- Kotlin 함수/메서드의 인수 전달 및 결과값 반환 방법에 대한 이해
- Kotlin 기본 클래스에 대한 이해

개요

4.1 객체 지향형 프로그래밍 (object-oriented programming) 개요
4.2 Kotlin 클래스 기본 구조, 클래스 정의 및 인스탄스 생성, 주생성자 및 보조 생성자
4.3 Kotlin 데이터 클래스, Object 클래스, Companion Object
4.4 Kotlin 클래스 연산자 오버로딩 (Operator Overloading)
4.5 Kotlin 클래스 인스탄스들의 비교, 배열 및 응용
4.6 연산자 오버로딩 기능을 포함하는 사용자 정의 Kotlin 클래스 구현 및 응용 예 - class Mtrx, class MtrxArray

4.1 객체지향 프로그래밍 (Object-Oriented Programming) 개요

4.1.1 큰 규모의 소프트웨어 개발에서 필요한 핵심 기능

큰 규모의 소프트웨어 시스템을 개발하는 경우 많은 개발 인력들이 참여하여야 하고, 개발 기간이 오래 걸리기 때문에보다 체계적인 시스템 구조 설계와 구현 방법을 사용할 수 있어야 한다. 특히 개발단계에서의 비용과 함께 이 소프트웨어가 설치된 후 발생되는 유지 보수비용을 함께 고려하여야 하고, 이미 개발되어 검증이 완료된 소프트웨어 모듈들을 재사용(reuse)할 수 있어야 하며, 새로운 기술이 쉽게 도입될 수 있는 구조로 설계되어야 한다. 표 4.1은 큰 규모의 소프트웨어 시스템 개발에서의 중점 고려사항의 세부 내용들을 간략하게 정리하고 있다.

소프트웨어 재사용성 (software re-usability)은 기존에 개발되어 잘 관리된 소프트웨어 모듈을 새로운 기능이 추가된 소프트웨어 모듈 개발에서 쉽게 재활용할 수 있도록 한다는 점이다. 소프트웨어 재사용성과 함께 고려할 사항은 기존의 소프트웨어를 재사용하는 경우에도 기존의 기본 소프트웨어 모듈이 새로운 기술 개발 및 구현 기술의 혁신에 따라 수정 및 보완할 경우 소프트웨어 유지보수 및 관리가 용이하여야 한다는 것이다.

전체 시스템을 구성하는 소프트웨어 모듈들을 다수의 개발 인력이 분담하여 개발하고, 시

스템 개발 완료 이후에는 또 다른 시스템 유지 보수 및 관리 인력이 사용하게 되며, 지속적인 기능 보완 및 문제점 해결이 이루어져야 하기 때문에 각 모듈들은 사용자가 편리하게 사용할 수 있는 인터페이스를 제공하여야 한다.

대부분의 대규모 시스템 개발이나 소규모 모듈 개발에서도 개발 기간을 최소화할 수 있고 개발 비용을 최소한으로 줄일 수 있는 시스템/모듈 구조와 개발 방법을 사용하여야 한다. 특히 많은 개발 인력이 참여하는 대규모 프로젝트일수록 이러한 개발 기간 단축과 개발 비용 절감은 매우 중요한 문제이며 소프트웨어 시스템 구조와 개발 방법론에서도 종합적으로 고려되어야 한다.

표 4.1 대규모 소프트웨어 개발에서의 중점 고려사항

중점 고려사항	세부 내용
소프트웨어 재사용성	기존에 개발된 소프트웨어 모듈을 재사용함으로써 쉽게 새로운 시스템 개발이 가능하고, 시스템 개발 기간과 비용의 절감이 필요함
시스템 기능 확장성과 신기술 도입 용이성	새로운 최신 기술이 개발되었을 때 이를 쉽게 도입하고 수용할 수 있는 확장성 필요함
시스템 안정성	시스템이 항상 정상적인 범위/상태에 존재하도록 유지하여야 함
시스템 유지 보수 및 관리 용이성	시스템을 쉽게 유지 보수 및 관리할 수 있는 구조가 필요함
사용자 친화형 인터페이스와 구현의 분리	사용자가 쉽게 이해하고, 사용할 수 있는 사용자 인터페이스 제공하되, 내부 구현과 분리되어 있도록 하여 구현 방법이 일부 변경되어도 전체 시스템 구조에 문제가 없는 구조를 사용하여야 함
개발 기간 단축과 개발 비용 절감	새로운 기능과 기술 개발 기간을 최소화 할 수 있고, 개발 비용을 줄일 수 있는 구조를 사용하여야 함

4.1.2 소프트웨어 공학 (Software Engineering)

컴퓨터 하드웨어 성능과 용량이 지속적으로 개선되면서 대형 소프트웨어 시스템 개발 및 운영이 가능하게 되었고, 이에 따라 대규모 소프트웨어의 개발과 유지 보수에서도 큰 변화를 겪었다. 즉 신뢰성 있는 대형 소프트웨어를 개발하기 위해서는 코딩단계보다도 설계 단계에서부터 소프트웨어 신뢰성 뿐 아니라 품질 특성 전체에 대하여 체계적인 설계, 코딩 및 문서화 등의 기법과 방법론이 적용되어야 한다는 점을 인식하였으며, 소프트웨어 품질 전 특성을 생명주기 전체에서 능률적으로 다룰 수 있는 방법을 체계화하는 소프트웨어 공학이 정립되었다.

소프트웨어 공학(software engineering)은 "소프트웨어의 개발, 운영, 유지 보수 및 폐기에 대한 체계적인 접근"으로 정의되며, 소프트웨어의 개발, 운용, 유지보수 등의 생명주기 전반을 체계적이고 서술적이며 정량적으로 다루는 학문이다. 즉, 소프트웨어 개발에서 요구사항으로부터 설계, 개발 및 구현, 시험, 유지 보수, 형상 관리 등의 전 단계를 고려한 체계적으로 관리할 수 있는 방법을 제공하며, 규모가 크고 복잡한 소프트웨어 시스템 개발에서도 시행착오를 줄이고 개발기간을 단축시키며 개발 비용을 줄일 수 있게 하는 체계적인 방법을 소프트웨어 공학에서 제시한다. 체계적인 소프트웨어 개발 프로세스에서 효율적으로 사용할 수 있는 소프트웨어 공학 도구는 기본적인 모델링, 설계 문서 관리 및 프로그램 코드의 자동적인 생산 등을 지원하므로 큰 규모 소프트웨어 개발에서는 필수적으로 사용할 수 있어야 한다.

특히 많은 개발인력들이 함께 참여하는 대규모 소프트웨어 시스템 개발에서는 소프트웨어 설계 이후에 개발이 진행되는 과정에서 문제가 발생하거나 전체 시스템 통합 이후의 기능 및 성능시험단계에서 심각한 기능 미흡 또는 성능 부족 결함이 발생되는 경우에는 전체 시스템 개발 절차를 거의 다시 시작하여야 하는 심각한 문제가 발생하기 때문에 초기단계부터 체계적인 방법을 사용하여야 하며 표준화되고 구조적인 형상관리가 가능하게 하여야 한다.

소프트웨어 개발 이후에 지속적으로 발생하는 유지보수단계를 초기 시스템 설계 및 구현 단계에서도 고려하여야 한다. 특히 지속적인 연구 개발을 통하여 새로운 기술이 개발되어 일부 기능을 변경하여야 하는 경우에도 모듈단위로 쉽게 교체할 수 있는 형상 관리가 되어야 한다.

4.1.3 객체 (Object) 란?

객체 (object) 란 일반적으로 생각할 수 있는 유형 (생물, 무생물) 개체와 무형의 개념적인 정보 세트를 컴퓨터 프로그램에서 다룰 수 있도록 소프트웨어로 모델링하는 것을 의미한다. 객체는 속성 (attribute) 으로 크기, 색깔, 위치 등의 상태 (state) 정보와 스스로 또는 다른 객체에 의하여 이루어지는 행동 (behavior) 을 가진다. 예를 들어 사람에게는 이름, 생년월일, 키, 몸무게, 현재 위치, 소속 기관 등의 상태 정보와 그 사람이 다른 곳으로 이동하거나, 키와 몸무게가 성장하거나, 노래를 부르거나, 소속기관이 변경되는 등의 행동 또는 작업이 이루어 질 수 있다.

소프트웨어에서 객체의 상태는 데이터 멤버들로 표현되며, 행동은 멤버 함수로 나타난다. 예를 들어 사람의 이름, 키, 몸무게 등은 데이터 멤버로 표현되고, 위치 이동 (move) 이나 노래 부르기 (sing) 등은 멤버 함수로 구현될 수 있다. 사람의 상태 정보에서 생년월일이나 소속 기관 등은 단순한 자료형 하나로 표현되는 것이 아니라 복합적인 항목을 가진 또 다른 객체로 표현될 수 있다.

또 다른 예로서 다양한 종류의 자동차들을 컴퓨터 프로그램으로 관리하여야 할 때 먼저 자동차 (vehicle) 을 소프트웨어로 설계하고 구현하여야 하며, 자동차라는 객체의 상태 정보로 어떤 데이터들 (예를 들어 자동차 유형 (승용차, 버스, 트럭 등), 제조사, 제조 연월일, 색상, 기본 중량 등)) 을 포함하고 있어야 하는지, 그리고 자동차에 어떤 동작 (예: 현재 위치 변경, 운전자 정보 변경, 탑승자 명단 변경 등) 이 제공되어야 하는지에 대하여 정리하여야 한다.

일반적으로 소프트웨어 설계 및 구현에서 이미 개발된 소프트웨어 모듈을 최대한 재활용할 수 있게 하며, 이를 통하여 소프트웨어 설계 및 구현에 필요한 개발 비용과 개발 기간을 단축할 수 있어야 한다. 객체 지향형 프로그래밍 구조의 소프트웨어 재활용을 위해서는 추가적인 객체들을 소프트웨어로 설계할 때 이들 객체들 간의 관계를 잘 파악하여 공통적인 속성들을 별도로 관리하는 방안도 고려하여야 한다. 예를 들어 스포츠 카, 승용차, 트럭, 버스 등은 공통적으로 차량의 종류이지만 각각 서로 다른 부류에 속하게 되므로 각 분류에 따라 다른 정보를 관리하여야 할 경우가 있다. 객체 지향형 프로그래밍에서는 상속 (inheritance) 개념을 사용하여 체계적인 소프트웨어 재활용이 가능하도록 한다. 앞의 예에서 자동차 (vehicle) 는 모든 종류의 자동차에 공통적으로 사용될 수 있는 객체가 되며, 이를 상속 받아 다양한 세부 종류의 차량들을 설계 및 구현할 수 있게 한다.

컴퓨터 프로그램으로 문제를 해결하고자 하는 경우, 대상 문제의 상태 정보를 객체로 표현하고, 이 객체의 행동을 멤버 함수로 구현하여 소프트웨어로 구성할 수 있으며, 이 객체에 가장 적합한 자료구조와 알고리즘을 가질 수 있게 함으로써 그 문제의 효과적인 해결 방안을 도출하기 위한 소프트웨어를 개발할 수 있다.

객체 (object) 란?

객체 (object)란 일반적으로 생각할 수 있는 유형 (생물, 무생물) 개체와 무형의 개념적인 정보 세트를 컴퓨터 프로그램에서 다룰 수 있도록 소프트웨어로 모델링되는 것을 의미하며, 객체의 속성 (attribute)으로 크기, 색깔, 위치 등의 상태 (state) 정보와 스스로 또는 다른 객체에 의하여 이루어지는 행동 (behavior)을 가진다.

4.1.4 객체 지향형 프로그래밍 (Object-Oriented Programming)

기존 C 프로그래밍에서는 소프트웨어를 사용한 문제 해결에서 데이터를 다양한 기본자료형이나 구조체와 같은 파생 자료형으로 표현한 후, 이 데이터를 처리하는 다양한 함수들로 프로그램이 구성되며, 함수들의 실행 순서에 따라 문제를 해결하는 "절차적 프로그래밍 (procedural programming)" 방법을 사용한다. 이 절차적 프로그래밍에서는 문제 해결을 위한 함수들의 호출 절차를 중시하며, 데이터는 다양한 함수들에 의하여 처리될 수 있고, 하나의 데이터가 다수의 함수들에 의하여 직접 접근되고 사용된다.

절차적 프로그래밍의 문제점은 소프트웨어 규모가 커질 경우 하나의 데이터를 처리하는 함수들이 증가할 수 있고, 어떤 함수가 데이터의 상태 정보를 변경하였을 때 다른 함수들은 누가 이 상태 정보를 변경하였는지는 모르는 상태이므로, 시스템이 비정상적인 상태가 되었을 때 그 이유를 파악하는 것이 매우 어렵게 된다. 따라서 절차적 프로그래밍 기법은 대규모 소프트웨어 개발에서는 내부 데이터와 함수들이 스파게티처럼 얽히게 된다.

객체 지향형 프로그래밍 (object-oriented programming)은 소프트웨어 시스템을 객체 단위로 나누고, 각 객체 내부에 데이터와 관련 함수를 함께 포함하게 함으로써 독립성을 유지하게 하는 프로그래밍 기법이다. 객체 지향형 프로그래밍에서는 문제를 해결하는 함수 호출의 절차적 실행 순서보다는 각 객체가 어떻게 상호 연관성을 가지며, 각 객체 내부에서 데이터를 어떻게 정상적인 범위 내에 유지하게 하고, 그 데이터를 어떤 자료구조를 사용하여 가장 효율적으로 표현하며, 어떤 알고리즘을 사용하여 가장 효율적으로 처리할 수 있는가에 대하여 중점을 두게 된다. 객체 지향형 프로그래밍에서는 작은 단위의 객체를 모아 큰 단위의 객체를 구성하게 하고, 각 단계별 객체는 그 자체로서 독립성을 가질 수 있도록 데이터 멤버와 멤버 함수들을 관리하는 것에 중점을 둔다.

각 객체는 외부로 공개되는 인터페이스와 내부적으로 이를 구현하는 기능을 분리하여 동일한 인터페이스에 대해서도 내부적으로는 다른 알고리즘이나 기법을 사용하여 구현하는 것을 허용함으로써 새로운 기술이 쉽게 도입될 수 있게 한다. 아울러, 기존 객체를 상속받고 추가적인 상태정보와 행동을 구현함으로써 쉽게 확장된 기능의 객체를 만들 수 있도록 하는 소프트웨어 재활용의 장점도 제공한다.

4.1.5 클래스 설계와 추상화 (abstraction), 객체 인스턴스 (object instance) 생성

구현 대상의 실제 객체 (real object)를 Kotlin 프로그램에서 클래스로 설계 및 구현하고 이를 응용 프로그램에서 활용하는 개념은 그림 4.1에서 보는 것과 같다. 실제 소프트웨어로 설계 및 구현되어야 할 대상은 응용 프로그램에서 관리 및 제어해야 하는 다양한 현실 세계의 실제 객체들이며 이들을 클래스로 표현할 때 꼭 필요한 정보만으로 추상화 (abstract) 시키며, 불필요한 상세 정보들은 제외시킨다. 실제 객체를 소프트웨어로 표현할 때 수행하는 추상화는 응용 프로그램에서 따라 달라질 수 있으며, 그 응용 프로그램에서 어떤 정보를 관리해야 하는지, 어떻게 실제 객체들을 관리하고, 제어하는지에 따라 포함되어야 하는 정보가 달라질 수 있다.

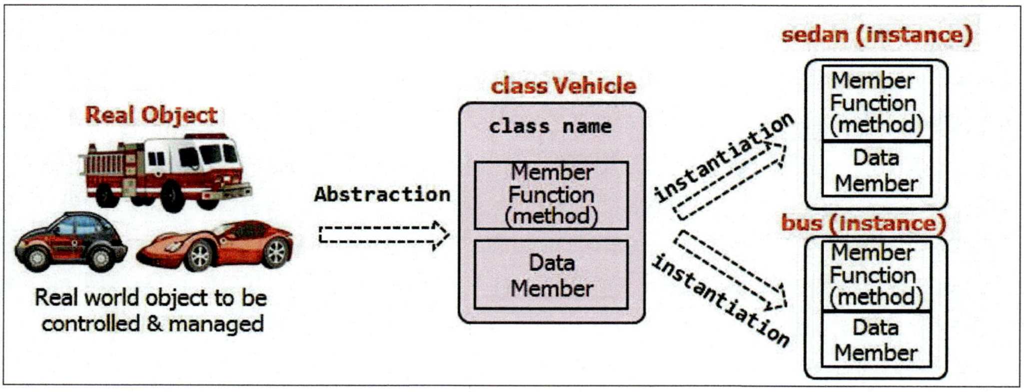

그림 4.1 현실세계의 실제 객체의 클래스 표현 및 인스턴스 생성 개념

클래스로부터 인스턴스를 생성하는 것은 기본자료형을 사용하여 변수를 생성하는 것과 동일하다. 즉, 하나의 클래스로부터 다수의 인스턴스들을 생성할 수 있으며, 각 인스턴스들은 개별적인 정보를 가질 수 있다. 또한 하나의 클래스로부터 생성된 모든 인스턴스들에게 공통적으로 적용하는 정보나 동작을 클래스 차원에서 제공할 수 있다.

4.1.6 클래스 기본 구조

객체 지향형 프로그래밍에서 정의하는 클래스의 기본 구조는 그림 4.2에서 보는 것과 같이 클래스 이름, 클래스 멤버 함수 (메서드), 클래스 멤버 데이터 (변수)로 구성된다. 클래스 멤버 함수와 클래스 멤버 데이터를 그 클래스의 속성 (attribute)이라고 부른다. 클래스 멤버 데이터에는 클래스가 소프트웨어로 표현하고 있는 객체의 다양한 상태 정보를 나타내며, 클래스를 사용하여 생성되는 인스턴스 별로 개별적인 정보와 함께 모든 인스턴스들에게 공통적으로 적용되는 데이터를 포함한다.

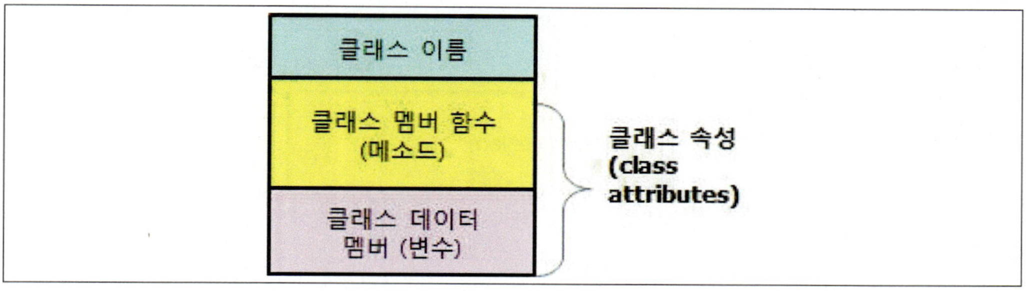

그림 4.2 클래스 기본 구조

클래스의 멤버 함수인 메서드 (method)들은 대부분 클래스의 모든 인스탄스들에게 공통적으로 적용되는 함수들을 포함하며, 각 인스탄스별로 개별적인 메서드를 추가할 수 있다.

4.1.7 주요 프로그래밍언어의 객체지향 프로그래밍 기능 지원 비교

표 4.2는 주요 프로그래밍언어인 C++, Java, Python과 Kotlin의 객체 지향 프로그래밍 기능 지원을 비교하여 보여 준다. 표 4.2에서 비교하는 4가지 프로그래밍언어 모두 객체 지향형 기본 기능인 상속을 지원하나 상위 클래스를 설정하는 방법에서 문법적인 차이가 있다. Kotlin과 C++에서는 클래스 이름 및 인수 목록이 포함된 소괄호 뒤의 콜론 (':') 다음에 부모 클래스를 명시하며, Java에서는 extends 키워드 다음에 부모 클래스를 명시하고, Python에서는 클래스 이름 다음의 소괄호 내에 인수 전달 대신 부모클래스를 명시한다.

표 4.2 주요 프로그래밍언어의 객체지향 프로그래밍 기능 지원 비교

특성	C++	Java	Python	Kotlin
클래스 선언	class ClassName{}	class ClassName {}	class ClassName:	class ClassName{}
생성자	클래스 이름과 동일한 함수이름 사용; 결과 반환 없음 동일한 클래스내에 서로다른 매개 변수 목록을 가지는 생성자 오버로딩 가능	클래스 이름과 동일한 함수이름 사용; 결과 반환 없음 동일한 클래스내에 서로다른 매개 변수 목록을 가지는 생성자 오버로딩 가능	def __init__(self, ...) 함수로 구현	주생성자: 클래스 선언부에서 데이터 멤버 설정, init{} 코드 블록에서 초기화 보조생성자: constructor(){}로 구현; 동일한 클래스 내에 서로다른 매개 변수 목록을 가지는 constructor() 오버로딩 가능
소멸자	~ClassName()	없음	def __del__(self):	없음
프로퍼티 관련 추가 지원	지원하지 않음	지원하지 않음	@property 데코레이터를 사용하여 해당 멤버 함수를 속성처럼 사용할 수 있게 하고, getter, setter, deleter 메서드 정의 가능	var및 val키워드 사용
메서드	지원	지원	지원하지 않음	지원

특성	C++	Java	Python	Kotlin
오버로딩				
데이터 클래스	지원하지 않음	지원하지 않음	@dataclass데코레이터사용	data class ClassName(vala: Int)
익명(anonymous) 클래스	지원하지 않음	new InterfaceName() { ... }	지원하지 않음	object : InterfaceName{ ... }
내부 클래스	클래스 내에 클래스 정의 가능	클래스 내에 클래스 정의 가능	클래스 내에 클래스 정의 가능	클래스 내에 클래스 정의 가능
예외 처리	try, catch, finally 사용	try, catch, finally 사용	try, except, finally 사용	try, catch, finally 사용
상속 관계 정의	class SubClass : public SuperClass	class SubClass extends SuperClass	class SubClass(SuperClass):	class SubClass: SuperClass() 상속 받을 수 있도록 하기 위하여 클래스 선언에서 open 키워드 설정
접근 제어자	public, private, protected	public, private, protected	public (기본값), protected, private	public, private, protected
메서드 오버라이딩	virtual 키워드 사용	@Override 어노테이션사용	메서드 이름 동일하게 정의	override 키워드 사용
추상 클래스	class ClassName{ virtual ... }	abstract class ClassName {}	class ClassName: (메서드에 @abstract method 함수 수식자를 설정) abc (abstract base class) 모듈을 사용	abstract class ClassName{}
인터페이스	순수 가상 함수 사용	interface InterfaceName {}	추상 베이스 클래스 사용	interface InterfaceName{}
다중 상속	다중 상속 지원	인터페이스를 통한 다중 상속 지원	다중 상속 지원	인터페이스를 통한 다중 상속 지원

다중 상속의 관점에서 C++와 Python은 다중 상속을 지원하나, Java와 Kotlin은 다중 부모 클래스의 직접 상속은 지원하지 않으며, 대신 인터페이스를 통한 다중 상속을 지원한다. Java와 Kotlin은 인터페이스 (interface)를 지원하며, C++와 Python은 순수 가상함수와 추상 베이스 클래스 (abstract base class)를 사용하여 인터페이스 기능을 지원한다.

접근 제어 기능은 4개 언어 모두 public, private, protected 개념을 지원하며, 생성자를 선언하는 방법에서 C++와 Java는 클래스와 동일한 이름의 생성자를 선언하고, Python에서는 __init__() 멤버 함수로 구현하며, Kotlin에서는 주 생성자 (primary constructor)와 보조 생성자 (secondary constructor)로 구현한다. Java와 Kotlin에서는 garbage collection 기능이 사용되는 관계로 소멸자 구현이 없으며, C++에서는 클래스 이름 앞에 '~' 붙인 함수 이름으로 소멸자를 선언하며, Python은 __del__() 멤버 함수로 소멸자를 구현한다.

메서드 오버라이딩 기능은 4개 언어 모두 지원하며, 데이터 멤버의 property 구분 지원은 Kotlin에서 가변변수인 var과 불가변변수인 val로 구분하며, Python에서는 @property 데코레이터를 사용하여 지원하나, C++와 Java에서는 지원하지 않는다. 데이터 클래스 기능은 Kotlin과 Python에서 지원하나, C++와 Java에서는 지원하지 않는다.

클래스 이름이 명시되지 않는 익명 클래스 (anonymous class) 개념은 C++와 Python에서는 지원되지 않으나, Java와 Kotlin에서는 지원된다. 클래스 내부에 또 다른 클래스를 정의하는 기능과 예외처리 기능은 4개 언어 모두 try-catch-finally 구조로 지원한다.

표 4.2에서 비교 설명된 프로그래밍언어별 객체지향 프로그래밍 기능은 클래스의 사용에서 차이점이 발생될 수 있으므로, 해당 기능을 사용할 때에는 이를 주의하여 사용하여야 한다.

4.2 Kotlin Class 기본 구조, 클래스 정의 및 인스탄스 생성, 주 생성자 및 보조 생성자

4.2.1 Kotlin의 클래스 정의

(1) Kotlin class 선언 , 주 생성자 (primary constructor)와 init{} 코드 블록 및 인스탄스 생성 예제

Kotlin 클래스의 구현의 예로서 class Person의 데이터 멤버와 멤버 함수를 정의하는 예를 그림 4.3에서 보여 준다. Line 2에서는 class Person의 정의에서 파라메타로 문자열 name과 정수형 regID가 var로 선언되어 있으며, 이들은 class Person의 데이터 멤버로 사용된다. 이 class Person의 선언부가 주 생성자 (primary constructor)이며, 데이터 멤버의 선언 및 초기화 기능을 수행하고, 이어서 line 3~5의 init{} 에서 추가적인 기능을 수행하게 된다.

Kotlin 클래스의 주생성자는 클래스 선언에서 매개변수 목록에 val 또는 var을 정의하여 데이터 멤버를 선언하며, 이 데이터 맴버들의 초기값 설정에서 별도의 기능을 직접 구현할 수 없기 때문에 line 3~5와 같이 init {} 코드 블록을 별도로 선언하고, 이곳에서 데이터 멤버의 초기화 및 클래스 초기화에서 필요한 추가 기능을 구현하도록 하고 있다. 이 init{} 코드 블록에서 데이터 멤버의 초기값 설정에서 인수로 전달된 초기값이 정상적인 범위에 있는지 확인할 수 있으며, 필요에 따라 오류 처리 기능을 포함할 수 있다.

Line 10~12에서 구현되어 있는 toString() 함수는 class Person의 멤버 함수이며, class Person 인스탄스의 출력 기능을 제공한다. toString() 함수에 override가 선언되어 있는 것은 Kotlin의 모든 클래스는 내부적으로 class Any를 상속받아 생성되고, class Any에 포함되어 있는 멤버 함수 toString()을 각 파생 클래스에 적합한 출력 기능으로 재정의 하여 사용하도록 구현하는 것이다.

Line 12~15에서 class Person의 인스탄스를 생성하여 변수 p1~p4에 대입하며, 이때 인수로 전달되는 데이터가 line 2의 class Person 선언에서 인수로 선언되어 있던 항목에 연계되어 데이터 멤버의 초기값으로 설정된다. 생성된 class Person 인스탄스들의 생성에서 line 3~5에서 구현된 class Person의 init{} 초기화 기능이 실행되는 것을 그림 4.4에서 확인할 수 있다.

```
/* Kotlin - class with primary constructor */
class Person (var name: String, var regID : Int){
    init{ // initializer
        println("class Person's Primary constructor (%s, %d) is invoked".format(this.name, this.regID))
    }
    override fun toString() : String {
        return "Person(%5s, %5d)".format(this.name, this.regID)
    }
}

fun main() {
    val p1 = Person("Kim", 11111)
    val p2 = Person("Lee", 22222)
    val p3 = Person("Park", 33333)
    val p4 = Person("Kim", 11111)

    println("p1 = " + p1)
    println("p2 = " + p2)
    println("p3 = " + p3)
    println("p4 = " + p4)
    println("p1 (%s) == p4 (%s) => " + (p1 == p4) )
    println("p1 (%s) === p4 (%s) => " + (p1 === p4) )
}
```

그림 4.3 Kotlin class Person 및 응용 프로그램 구현 예제

```
class Person's Primary constructor (Kim, 11111) is invoked
class Person's Primary constructor (Lee, 22222) is invoked
class Person's Primary constructor (Park, 33333) is invoked
class Person's Primary constructor (Kim, 11111) is invoked
p1 = Person(  Kim, 11111)
p2 = Person(  Lee, 22222)
p3 = Person( Park, 33333)
p4 = Person(  Kim, 11111)
p1 (%s) == p4 (%s) => false
p1 (%s) === p4 (%s) => false
```

그림 4.4 Kotlin class Person 및 응용 프로그램 실행결과

(2) Kotlin 클래스 데이터 멤버의 lateinit 설정과 보조 생성자 (Secondary Constructor)

Kotlin 클래스의 생성자 구현에는 그림 4.3에서와 같이 class 선언에서 인수를 데이터 멤버로 선언하고 init{}에서 추가 초기화를 실행하는 우선 생성자 (primary constructor)에 추가하여, constructor() 함수로 구현하는 방법이 있다. 이렇게 구현되는 construtor() 함수는 class Person에서 선언되는 데이터 멤버 중 일부가 인수로 전달되는 구조의 보조 생성자 (secondary constructor)로 구현되며, 그림 4.5 line 8~16에서 보는 것과 같이 다수의 constructor() 함수 내부에서 데이터 멤버를 초기화 시키도록 구현된다. Line 9에서 보는 것과 같이, 보조 생성자에서는 this() 함수가 실행되는데, 이는 class Person()의 주 생성자 (primary constructor)를 호출하여 데이터 멤버 설정 및 초기화 기능이 수행되도록 한다.

```
 1 :  /* Kotlin class secondary constructor */
 2 :  import kotlin.properties.Delegates
 3 :
 4 :  class Person(val name: String, val regID: Int) {
 5 :      init {
 6 :          println("Primary constructor init{} invoked")
 7 :      }
 8 :      // secondary constuctor
 9 :      constructor(nm:String) : this(nm, 0) {
10 :          println("Secondary constructor with only name invoked")
11 :      }
12 :      // another secondary constructor
13 :      constructor() : this("Unknown") {
14 :          // initialization block
15 :          println("Secondary constructor with no argument invoked")
16 :      }
17 :
18 :      override fun toString() : String {
19 :          return "Person(%s, %d)".format(this.name, this.regID)
20 :      }
21 :  }
22 :
23 :  fun main(args: Array<String>) {
24 :      var p1 = Person("Name and RegID", 12345); println("p1 = " + p1)
25 :      var p2 = Person("Name only"); println("p2 = " + p2)
26 :      var p3 = Person(); println("p3 = " + p3)
27 :  }
```

그림 4.5 Kotlin class의 secondary constructor 구현 및 응용 프로그램 예

보조 생성자 constructor()는 해당 클래스의 인스턴스 생성에 제공되는 정보의 종류와 개수에 따라 다른 보조 생성자가 실행될 수 있도록 다수의 constructor()들이 함수 오버로딩으로 구현된다. 그림 4.5에서는 하나의 인수 nm이 전달되는 constructor()가 line 9~11에 구현되어 있으며, 인수가 전달되지 않는 constructor()가 line 13~16에서 구현되어 있다. 각 constructor()에서는 this()를 호출하여 주 생성자 (primary constructor)가 실행되도록 하며, 이 때 보조 생성자에 인수로 전달된 데이터를 주 생성자에 인수로 전달하며, 보조 생성자에 제공되지 않은 데이터는 기본 데이터 값 (default value)으로 설정되도록 한다.

그림 4.5 line 24~26에서는 class Person의 인스턴스들을 3가지의 서로 다른 초기화 기능으로 구현하는 예를 보여준다. p1은 class Person의 데이터 멤버인 name과 regID를 모두 제공하여 인스턴스를 생성하며, 그림 4.6의 첫 부분에서 볼 수 있는 것과 같이 제공된 정보를 기반으로 주생성자(primary constructor)가 실행되어 정상적으로 인스턴스가 생성되어 출력된 것을 확인할 수 있다.

p2는 class Person의 name만 제공되어 생성되어 인스턴스가 생성되며, 그림 4.6 중간 부분에서 보는 것과 같이 보조 생성자에서 주생성자를 다시 호출하며 regID 값을 기본 데이터값인 0으로 설정하여 인스턴스가 생성되는 것을 확인할 수 있다.

그림 4.5 line 26에서 p3는 제공되는 데이터 없이 인스턴스가 생성되며, 이 경우 line 13~16의 constructor()가 실행되고, class Person의 데이터 멤버 name과 regID가 모두 기본값인 "Unknown"과 0으로 설정되는 인스턴스가 생성되는 것을 그림 4.6 하단부에서 확인할 수 있다.

```
Primary constructor init{} invoked
p1 = Person(Name and RegID, 12345)
Primary constructor init{} invoked
Secondary constructor with only name invoked
p2 = Person(Name only, 0)
Primary constructor init{} invoked
Secondary constructor with only name invoked
Secondary constructor with no argument invoked
p3 = Person(Unknown, 0)
```

그림 4.6 Kotlin class의 secondary constructor 구현 및 응용 프로그램의 실행결과

(3) 모든 Kotlin 클래스에 상속되는 class Any

Kotlin는 객체지향 프로그래밍이며, 상속 (inheritance) 기능을 지원한다. (상속에 대해서는 다음 5장에서 보다 상세하게 설명한다.) Kotlin의 모든 클래스는 암묵적으로 class Any를 상속받으며, equals(), hashCode(), toString()의 3가지 메서드를 상속받고, 각 Kotlin 클래스는 필요에 따라 이 3가지 메서드를 오버라이딩으로 재설정한다.

멤버함수 equals(other: Any?) : Boolean은 기준이 되는 인스탄스와 인수로 전달된 other가 동일한 속성을 가지는지 비교한다. 멤버함수 hashCode() : Int는 객체의 해시 코드를 반환하며, 이 해시 코드는 hashMap과 같이 해시 값을 사용하여 인스탄스를 신속하게 탐색하는 기능 구현에 사용된다. 해시 코드는 인스탄스가 동일한 속성인가를 비교하는 equals()에도 사용되며, 동일한 객체인 경우, 동일한 hash value를 반환할 수 있도록 구현되어야 한다.

멤버함수 toString() : String는 Kotlin 클래스의 인스탄스를 print() 문으로 출력할 때 사용되는 지정된 양식에 따라 편집된 문자열을 만들어 반환하도록 오버라이딩으로 구현된다. 만약 toString() 멤버함수가 구현되지 않으면 클래스의 이름과 객체 인스탄스의 해시코드가 반환된다.

4.2.3 Kotlin 클래스 데이터 멤버의 정상적인 범위 설정 – require()

클래스에 포함되는 데이터 멤버에는 시스템의 안정성을 보장하기 위한 정상적인 범위가 지정되는 경우가 많이 있다. 예를 들어 class Person의 경우 문자열 자료형인 name은 이름이 없는 사람이 정상적으로 등록될 수는 없으므로 null string이 될 수 없으며, 주민등록번호 (regID)는 일정한 포멧 규칙에 따른 값을 가지며, 이 포멧 규칙에 맞는 값으로 설정되어야 한다. Kotlin 클래스 정의에서는 require()를 사용하여 데이터 멤버의 정상적인 범위를 인스탄스 생성에서 검증할 수 있도록 한다.

그림 4.7의 class Person의 주생성자에서는 init{} 초기설정함수에서 name.trim() 결과가 empty string이 아닐 것을 require()로 규정하고 있으며, 만약 name이 null 문자열인 경우 예외상황 (exception)이 발생되도록 한다. 문자열 자료형에 대한 trim() 함수는 문자열 앞뒤에 있는 공백(스페이스, 텝, 줄바꿈 등)을 제거하여 주는 기능이며,

name.trim()은 name 앞뒤에 있는 공백문자들을 제외한 결과 문자열을 제공하며, 이 공백 제어 결과 문자열이 공백 문자열이 아닌 조건이 class Person의 name에 적용되는 것이다.

```
 1 :  /* Kotlin class init, require */
 2 :
 3 :  class Person(val p_name: String, val p_regID: Int) {
 4 :
 5 :      init {
 6 :          require(name.trim().isNotEmpty()) {
                "Person's name should not be empty"}
 7 :          require((regID >= 0) && (regID <= 150)) {
                "Person's regID must be 0 < regID < 150"}
 8 :      }
 9 :
10 :      override fun toString() {
11 :          return "Person(%s, %d)".format(this.name, this.regID)
12 :      }
13 :  }
14 :
15 :  fun main() {
16 :      val p1 = Person("Kim", 25)
17 :      println(p1)
18 :      val p2 = Person("Wrong_RegID", 300) // exception occurs here !!
19 :      println(p2)
20 :  }
```

그림 4.7 Kotlin class init에 require() 사용으로 정상적인 범위 설정 검사 예

아울러 line 7에서는 regID값이 0보다 같거나 크고, 150보다 같거나 작아야 한다는 조건을 만족하도록 require() 함수를 사용하여 설정한다. 실제 주민등록번호는 별도의 규칙에 따라 형식이 설정되지만, 본 예제 프로그램에서는 단순히 나이(age)의 개념으로 0 ~ 150 구간에 있어야 한다는 조건을 설정하는 예를 보여준 것이다.

그림 4.7 line 15~20에서는 class Person의 데이터 멤버 초기값을 정상적인 값들로 설정하여 인스탄스 p1을 생성하는 경우와, regID 값이 정상적인 범위를 벗어나는 300의 초기값으로 인스탄스 p2를 생성하고자 하였을 때 예외상황이 발생되는 것을 그림 4.8에서 확인할 수 있다.

```
Person(Kim, 25)
Exception in thread "main" java.lang.IllegalArgumentException Create breakpoint : Person's regID must be 0 < regID < 150
    at Person.<init>(Main.kt:9)
    at MainKt.main(Main.kt:19)
```

그림 4.8 Kotlin class init에 require() 사용으로 정상적인 범위 설정 검사 실행 결과

4.2.3 Kotlin 클래스의 멤버 함수 구현

(1) Kotlin 클래스의 멤버 함수

Kotlin 클래스에서 사용되는 데이터에 대한 연산 기능은 다양한 멤버 함수로 구현되어 해당 기능을 수행하도록 구현된다. 그림 4.9는 승용차 (car)를 Kotlin 클래스 class Car로 구현하는 예를 보여준다.

class Car에는 주생성자에서 데이터 멤버로 문자열 자료형의 brand과 model, 정수 자료형의 생산년도 year와 최고속도 speed_max를 정의하고 있으며, 보조 생성자에서는 brand와 model 정보 만을 전달받는 경우에 실행된다. 인스탄스 생성시 제공되는 정보가 제한되어 보조 생성자가 실행되는 경우, 초기화 정보가 제공되지 않은 데이터 멤버는 기본값으로 설정된다. 그림 4.9의 line 9에서 brand와 model 값만 제공되어 보조 생성자가 실행된 경우, this() 함수를 통한 주생성자 호출에서 year와 max_speed 값을 각각 2020, 150의 기본 값으로 설정하여 인스탄스가 생성되는 것을 확인할 수 있다.

```
 1 :  /* Example of Kotlin class Car with methods */
 2 :
 3 :  class Car(var brand: String, var model: String, var year: Int,
          var max_speed: Int) {
 4 :      init{
 5 :          println("class Car() :: init{} is invoked ...")
 6 :      }
 7 :
 8 :      // secondary constructor
 9 :      constructor(brdn : String, mdl : String) : this(brdn, mdl, 2020, 150){
10 :         println("class Car() :: secondary constructor invoked primary
                constructor with defalut values of year and max_speed")
11 :      }
12 :      override fun toString() : String {
13 :        return "car (brand: %s, model: %s, year: %d, max_speed: %d)".
                format(brand, model, year, max_speed)
14 :      }
15 :      fun drive() {
16 :         println("Driving a %s".format(this))
17 :      }
18 :      fun speed() {
19 :         println("Max speed of %s is: ".format(this) + max_speed)
20 :      }
21 :      fun update_speed(new_speed_max : Int) {
22 :         max_speed = new_speed_max
23 :         println("Updated speed_max of %s is: ".format(this)
               + max_speed)
24 :      }
25 :
26 :  }
27 :
28 :  fun main() {
29 :      val c1 = Car("Hyundai", "Genesis", 2024, 200)
30 :      println("c1 = " + c1)
31 :      // Calling member functions
32 :      c1.drive()
33 :      c1.speed()
34 :      val c2 = Car("Hyundai", "Genesis")
35 :      println("c2 = " + c2)
36 :      c2.update_speed(250)
37 :      println("after update of speed, c2 = " + c2)
38 :  }
```

그림 4.9 Kotlin class Car()와 응용 프로그램

그림 4.9의 line 15~24에서는 class Car의 멤버 함수로 drive(), speed()와 update_speed()가 구현되어 있으며, 해당 기능이 실행되면 그 내용을 출력한다. update_speed() 멤버 함수는 class Car의 데이터 멤버인 max_speed를 갱신할 수 있도

록 구현되어 있다.

그림 4.9 line 28~38에는 class Car의 인스턴스 생성 및 멤버 함수 실행 기능을 시험하는 응용 프로그램 예제 코드가 구현되어 있다. Line 29에서는 brand, model, year, max_speed가 모두 설정된 인스턴스 c1을 생성하며, 그림 4.10 첫 부분에서 class Car의 주생성자가 실행되며, 데이터 멤버가 설정되고, 멤버 함수가 정상적으로 동작하는 결과를 확인할 수 있다.

그림 4.9 line 34에서는 class Car의 데이터 멤버 year와 max_speed의 초기화 정보가 생략된 상태로 인스턴스가 생성되는 과정을 확인할 수 있도록 구현되어 있으며, 그림 4.10에서 보조생성자 (secondary constructor)가 실행되고, year와 max_speed 값이 기본값으로 설정되는 인스턴스 c2가 생성된 것을 확인할 수 있다. Line 36에서 인스턴스 c2의 max_speed 값을 멤버 함수 update_speed()를 사용하여 갱신하는 것을 그림 4.10에서 확인할 수 있다.

```
class Car() :: init{} is invoked ...
c1 = car (brand: Hyundai, model: Genesis, year: 2024, max_speed: 200)
Driving a car (brand: Hyundai, model: Genesis, year: 2024, max_speed: 200)
Max speed of car (brand: Hyundai, model: Genesis, year: 2024, max_speed: 200) is: 200
class Car() :: init{} is invoked ...
class Car() :: secondary constructor invoked primary constructor with defalut values of year and max_speed
c2 = car (brand: Hyundai, model: Genesis, year: 2020, max_speed: 150)
Updated speed_max of car (brand: Hyundai, model: Genesis, year: 2020, max_speed: 250) is: 250
after update of speed, c2 = car (brand: Hyundai, model: Genesis, year: 2020, max_speed: 250)
```

그림 4.10 실행결과

(2) Kotlin 클래스 데이터 멤버의 getter, setter

Kotlin 클래스에서 getter와 setter는 클래스의 속성에 접근하고, 속성값을 설정할 때 사용된다. Java에서는 클래스 필드를 접근하고 변경하기 위하여 각 필드마다 개별 메서드를 명시적으로 작성하여야 하는 것과 다르게 Kotlin에서는 더 간결하고 우아한 방식으로 이를 정의할 수 있도록 지원한다. 만약 Kotlin 클래스의 데이터 멤버에 대한 접근자와 설정자/변경자가 별도로 구현되어 있지 않으면 Kotlin에서는 기본 getter와 setter 구현을 자동으로 제공한다.

만약 Kotlin 클래스의 속성에 접근하거나 수정할 때 별도의 처리 기능을 추가해야 하는 경우, 그림 4.11에서 보는 것과 같이 해당 데이터 멤버에 get()과 set(value) 함수를 추가하고, 이 함수 내부에 추가 처리 기능을 포함시킬 수 있다. 이를 custom getter / setter라고 한다. Custom getter / setter에서는 특정 데이터 멤버의 이름 대신 field로 표현하며, 이는 백킹 필드를 참조하기 위하여 사용되는 특별한 식별자이다.

그림 4.11에서 class Person의 데이터 멤버인 name과 regID에 custom getter/setter를 구현하고, 실제 응용 프로그램에서 해당 속성(데이터 멤버)을 설정하거나 변경할 때 어떤 getter/setter가 실행되는지 확인할 수 있도록 하였다. 실행결과는 그림 4.12에서 볼 수 있다.

```
/* Kotlin class getter and setter */
class Person {
    var name: String = ""
        get() {
            println("Person::name Getter method called")
            return field
        }
        set(value) {
            println("Person::name Setter method called")
            field = value
        }
    var regID: Int = 0
        get() {
            println("Person::regID Getter method called")
            return field
        }
        set(value) {
            println("Person::regID Setter method called")
            field = value
        }
    override fun toString() : String {
        return "Person(%s, %d)".format(this.name, this.regID)
    }
}

fun main() {
    val p = Person()

    // Setting the name using the setter
    p.name = "John"
    p.regID = 12345

    // Getting the name using the getter
    println("p = " + p)
}
```

그림 4.11 Kotlin 클래스의 Getter와 Setter 사용 예제

```
Person::name Setter method called
Person::regID Setter method called
Person::name Getter method called
Person::regID Getter method called
p = Person(John, 12345)
```

그림 4.12 실행결과

4.3 Kotlin 데이터 클래스, Object 클래스, Companion Object

4.3.1 Kotlin 데이터 클래스

Kotlin에서 데이터 클래스는 멤버 함수를 별도로 구현하지 않고, 데이터 멤버만 정의하며, 데이터 (속성)를 저장하고 관리하기 위하여 특별히 설계되는 클래스이다. Kotlin 데이터 클래스는 클래스 선언 앞에 data 키워드를 추가하여 설정하며, 간결한 구문으로 작성할 수 있고, 자동으로 유용한 메서드를 생성해 주어 편리하게 사용할 수 있게 해 준다. Kotlin 데이터 클래스에 자동으로 생성되는 메서드로는 equals(), hashCode(), toString(), copy(), componentN()이 있다.

그림 4.13은 정상적인 Kotlin 클래스 class Person과 데이터 클래스인 class DC_Perosn을 각각 구현하고, 이를 응용하는 예를 보여준다. Line 1~5에서는 name과 regID를 데이터 멤버로 가지는 Kotlin class Person를 선언하며, 출력을 위한 toString() 멤버 함수를 구현하고 있다. Line 6에서는 데이터 클래스인 class DC_Person()을 선언하며, 데이터 멤버로 name과 regID를 포함하고 있으나, toString() 함수를 별도로 구현하지 않고, 자동생성된 메서드를 사용하도록 한다. 데이터 클래스 선언에서는 클래스 정의 앞에 data 키워드가 설정되어 있는 것을 확인하여야 한다.

```
 1 : class Person(val name: String, val regID: Int) {
 2 :     override fun toString() : String {
 3 :         return "Person(name=%s, regID=%d)".
                format(this.name, this.regID)
 4 :     }
 5 : }
 6 : data class DC_Person(val name: String, val regID: Int)
 7 : fun main(args: Array<String>) {
 8 :     val p1 = Person("Kim", 1111)
 9 :     val p2 = Person("Lee", 2222)
10 :     val p3 = Person("Kim", 1111)
11 :
12 :     println("p1 = " + p1)
13 :     println("p2 = " + p2)
14 :     println("p3 = " + p3)
15 :     if (p1.equals(p2))
16 :         println("p1.equals(p2) => true ")
17 :     else
18 :         println("p1.equals(p2) => false ")
19 :     if (p1.equals(p3))
20 :         println("p1.equals(p3) => true ")
21 :     else
22 :         println("p1.equals(p3) => false ")
23 :
24 :     val dc_p1 = DC_Person("Kim", 1111)
25 :     val dc_p2 = DC_Person("Lee", 2222)
26 :     val dc_p3 = DC_Person("Kim", 1111)
27 :     println("pdc_1 = " + dc_p1)
28 :     println("dc_p2 = " + dc_p2)
29 :     println("dc_p3 = " + dc_p3)
30 :     if (dc_p1.equals(dc_p2))
31 :         println("dc_p1.equals(dc_p2) => true ")
32 :     else
33 :         println("dc_p1.equals(dc_p2) => false ")
34 :     if (dc_p1.equals(dc_p3))
35 :         println("dc_p1.equals(dc_p3) => true ")
36 :     else
37 :         println("dc_p1.equals(dc_p3) => false ")
38 : }
```

그림 4.13 Kotlin class Person, data class DC_Person

그림 4.13 line 7~38에서는 class Person과 data class DC_Person의 사용을 비교하여 준다. 먼저 class Person의 인스턴스인 p1, p2, p3를 생성하고, 이들을 출력하며, 그

림 4.14의 첫 부분에서 정상적으로 생성된 인스턴스의 데이터 멤버 값을 확인할 수 있다. Line 15와 line 19에서는 각각 p1과 p2, p1과 p3를 equals() 함수로 비교하고 있으며, 그 결과는 그림 4.14에서 확인할 수 있다. p1(Kim, 1111)과 p2(Kim, 2222)는 서로 다른 데이터 멤버를 가지므로 equals() 결과가 false가 되는 것을 쉽게 이해할 수 있으나, p1(Kim, 1111)과 p3(Kim, 1111)는 동일한 데이터 멤버를 가지는 두개의 인스탄스이나 equals()의 결과는 false로 출력되고 있다. 이러한 이유는 class Person에서 데이터 멤버를 기준으로 동일성을 비교하는 equals() 멤버 함수를 별도로 override로 구현해 주지 않았기 때문에 기본적으로 class Person이 가지는 equals() 멤버 함수를 사용하며, 이 기본 equals() 멤버 함수는 인스탄스가 생성되어 저장된 주소를 기반으로 hashCode()를 생성하고, 이를 기준으로 동일성을 판단하기 때문에 서로 다른 인스탄스라는 결론으로 false 값을 반환한 결과이다.

그림 4.13 line 24~26에서 데이터 클래스인 class DC_Person으로 dc_p1, dc_p2, dc_p3를 생성하고, 이들을 각각 출력한 결과는 그림 4.14 중간에서 확인할 수 있다. 데이터 클래스의 경우, 별도로 toString() 멤버 함수를 구현하지 않아도 데이터 클래스를 위하여 자동적으로 생성되는 toString()이 사용되며, 클래스 이름과 속성값을 출력하는 기능을 사용할 수 있다.

Kotlin 데이터 클래스의 경우 equals() 역시 자동으로 생성되는 멤버 함수를 사용할 수 있다. 그림 4.13 line 30 및 line 34에서 dc_p1(Kim, 1111)과 dc_p2(Kim, 2222)의 equals() 결과는 false로 출력되며, dc_p1(Kim, 1111)과 dc_p3(Kim, 1111)의 equals() 비교 결과는 true로 출력되는 것을 확인할 수 있다. 즉, 데이터 클래스의 경우, equals()는 데이터 멤버를 서로 비교하여 동일성을 판단하도록 구현되어 있다는 것을 확인할 수 있다.

```
p1 = Person(name=Kim, regID=1111)
p2 = Person(name=Lee, regID=2222)
p3 = Person(name=Kim, regID=1111)
p1.equals(p2) => false
p1.equals(p3) => false
pdc_1 = DC_Person(name=Kim, regID=1111)
dc_p2 = DC_Person(name=Lee, regID=2222)
dc_p3 = DC_Person(name=Kim, regID=1111)
dc_p1.equals(dc_p2) => false
dc_p1.equals(dc_p3) => true
```

그림 4.14 Kotlin class Person, data class DC_Person 응용 프로그램의 실행결과

4.3.2 Kotlin 클래스의 equals() 멤버 함수 오버라이딩

앞의 4.3.1절에서 동일한 class Person에서 동일한 속성값 (name과 regID)을 가지는 서로 다른 인스탄스에 대하여 equals() 함수로 비교하였을 때 false가 반환되는 것을 살펴보았다. 실제 응용 프로그램에서 동일한 속성값을 가지는 경우에는 equals() 함수가 true를 반환하도록 구성하고자 할 때에는 해당 클래스의 equals() 멤버 함수를 오버라이딩으로 구현하여야 한다. 그림 4.15에서 class Person에 equals() 멤버 함수를 override 키워드와 함께 구현하는 예를 보여준다.

```
/* Kotlin class with/without equals() */
class Person_noEquals(val name: String, val regID: Int) {
    override fun toString() : String {
        return "Person_noEquals(name=%s, regID=%d)".
            format(this.name, this.regID)
    }
}
class Person(val name: String, val regID: Int) {
    override fun toString() : String {
        return "Person(name=%s, regID=%d)".
            format(this.name, this.regID)
    }
    override fun equals(other: Any?): Boolean {
        if (this === other)    return true
        if (other !is Person) return false
        return (this.name == other.name && this.regID == other.regID)
    }
}

fun main(args: Array<String>) {
    val pne1 = Person_noEquals("Kim", 1111)
    val pne2 = Person_noEquals("Lee", 2222)
    val pne3 = Person_noEquals("Kim", 1111)

    println("pne1 = " + pne1)
    println("pne2 = " + pne2)
    println("pne3 = " + pne3)
    if (pne1.equals(pne2))
        println("pne1.equals(pne2) => true ")
    else
        println("pne1.equals(pne2) => false ")
    if (pne1.equals(pne3))
        println("pne1.equals(pne3) => true ")
    else
        println("pne1.equals(pne3) => false ")

    val pe1 = Person("Kim", 1111)
    val pe2 = Person("Lee", 2222)
    val pe3 = Person("Kim", 1111)

    println("pe1 = " + pe1)
    println("pe2 = " + pe2)
    println("pe3 = " + pe3)
    if (pe1.equals(pe2))
        println("pe1.equals(pe2) => true ")
    else
        println("pe1.equals(pe2) => false ")
    if (pe1.equals(pe3))
        println("pe1.equals(pe3) => true ")
    else
        println("pe1.equals(pe3) => false ")
}

```

그림 4.15 class Person에 equals() 멤버 함수의 오버라이딩 구현

앞서 사용하였던 class Person (즉, equals() 멤버 함수의 overriding 구현이 없는 것)은 그림 4.15에서 class Person_noEquals()로 이름을 변경하여 함께 비교하도록 하였고, line 7 ~ 15에서는 class Person의 멤버 함수로 equals()를 overriding으로 구현하고 있다.

Line 11~15에서 오버라이딩으로 구현된 equals() 함수는 전달되는 인수가 other : Any?로 설정되어 있는데, 이는 Kotlin 객체지향형 프로그래밍에서 모든 클래스의 최상위 클래스인 class Any에 포함되어 있는 equals() 멤버 함수의 함수 프로토타입을 그대로 수용하기 위한 것이다. 만약 this와 other가 동일한 레퍼런스인 경우에는 동일한 인스탄스이므로 true가 반환되고, 만약 other가 class Person의 인스탄스가 아니면 false가 반환된다. 만약 other가 class Person의 인스탄스인 경우에는 name과 regID값이 동일한 값인가를 기준으로 판단하며, 데이터 멤버가 모두 동일한 경우 true가 반환되도록 구현하고 있다.

그림 4.15 line 18~50은 수정된 class Person (즉, equals() 멤버 함수가 오버라이딩으로 구현된)과 class Person_noEquals를 비교하고 있다. Line 19~ 33에서는 equals() 오버라이딩 구현이 없는 기존 방식에서 인스탄스를 비교하는 것이며, 이전의 결과와 마찬가지로 pne1(“Kim” , 1111)과 pne3(“Kim” , 1111)은 동일한 데이터 멤버 값을 가지지만 equals() 함수를 사용한 비교에서는 false가 반환된다.

Line 35~49에서는 equals() 멤버 함수의 오버라이딩 구현이 포함된 class Person의 인스탄스를 생성하여 비교하는 것이며, 이 경우 pe1(“Kim” , 1111)과 pe3(“Kim” , 1111)를 equals()로 비교한 결과 true가 반환되는 것을 그림 4.16의 실행 결과에서 확인할 수 있다.

```
pne1 = Person_noEquals(name=Kim, regID=1111)
pne2 = Person_noEquals(name=Lee, regID=2222)
pne3 = Person_noEquals(name=Kim, regID=1111)
pne1.equals(pne2) => false
pne1.equals(pne3) => false
pe1 = Person(name=Kim, regID=1111)
pe2 = Person(name=Lee, regID=2222)
pe3 = Person(name=Kim, regID=1111)
pe1.equals(pe2) => false
pe1.equals(pe3) => true
```

그림 4.16 실행결과

4.3.3 Kotlin Object 클래스 – 싱글톤 (Singleton) 객체

Kotlin의 object 클래스는 객체지향 프로그래밍의 중요한 개념 중 하나로 싱글톤 (Singleton) 패턴을 구현할 때 사용된다. object 키워드를 사용하면 클래스의 인스탄스가 하나만 생성되도록 보장할 수 있으며, 이로 인해 코드의 간결성과 명확성이 향상된다. object 키워드는 Kotlin에서 다양한 방식으로 사용될 수 있으며, 싱글 톤 객체 (singleton object), 동반 객체 (companion object), 익명객체 (anonymous object), 객체 표현식 (object expression), 객체 선언 (object declaration) 등에서 사용된다.

그림 4.17에서는 object 키워드를 사용하여 싱글톤 (singleton) 객체를 생성하도록 관

리하는 예제를 보여준다. Line 2~10에서 object 키워드로 선언된 Singleton object 클래스를 구현하며, Singleton의 인스턴스가 하나만 생성되도록 보장하는 기능을 제공한다. Singleton 내부에는 정수 자료형의 count가 데이터 멤버로 선언되어 있으며, 이 count값을 증가시키는 incrementCount() 메서드와 count 값을 출력하는 showCount() 메서드가 구현되어 있다.

```
1 : /* Example of Singleton with Kotlin Object Class */
2 : object Singleton {
3 :     var count: Int = 0
4 :     fun showCount() {
5 :         println("Current count is $count")
6 :     }
7 :     fun incrementCount() {
8 :         count++
9 :     }
10 : }
11 :
12 : fun main() {
13 :     // Object 사용
14 :     Singleton.showCount()          // Current count is 0
15 :     Singleton.incrementCount()
16 :     Singleton.incrementCount()
17 :     Singleton.showCount()          // Current count is 2
18 :
19 :     // Singleton 객체를 여러 변수에 할당해도 동일한 하나의  인스턴스를 가리킴
20 :     val instance1 = Singleton
21 :     val instance2 = Singleton
22 :     instance1.incrementCount()
23 :     instance2.showCount()          // Current count is 3
24 :
25 :     // instance1과 instance2는 동일한 인스턴스를 참조
26 :     println("instance1 === instance2 => " +  (instance1 === instance2))
           // result : true
27 : }
```

그림 4.17 object를 사용한 Singleton 객체 생성

```
Current count is 0
Current count is 2
Current count is 3
instance1 === instance2 => true
```

그림 4.18 실행결과

Line 12~27에서는 Singleton object 클래스의 응용 프로그램 예제를 보여준다. 먼저 Single object 클래스 이름으로 멤버 함수들을 직접 사용하여 count 값을 증가시키고, 결과를 출력하며, line 20~23에서는 2개의 인스턴스를 생성하여 각 인스턴스의 멤버 함수를 실행시키도록 구현하고 있다. 이렇게 Singleton object 클래스 이름을 직접 사용하거나 인스턴스를 생성한 후, 인스턴스의 멤버 함수를 사용하는 경우 모두 하나의 인스턴스로 연결되어 동일한 결과를 산출하는 것을 그림 4.18에서 확인할 수 있다. 그림 4.17 line 26에서 Singleton object 클래스의 인스턴스들인 instance 1과 instance2가 동일한 레퍼런스를 가지는가를 "===" 연산자로 확인하였을 때 true가 반환되는 것을 그림 4.18에서 확인

할 수 있다.

4.3.4 Kotlin 클래스의 동반 객체 (Companion Object)

Kotlin 클래스에 포함될 수 있는 동반 객체 (companion object)는 클래스 내부에 정의되며, 해당 클래스의 정적 멤버처럼 사용할 수 있게 된다. Kotlin에서는 정적 메서드나 프로퍼티를 제공하지 않고, 대신 동반 객체를 사용하여 정적 메서드의 기능을 제공한다.

```
 1 :  /* Example of Kotlin Companion Object */
 2 :  class MyClass {
 3 :       var instanceVariable: Int = 0
 4 :       companion object {
 5 :            var staticVariable: Int = 0
 6 :            fun staticMethod() {
 7 :                 println("This is a static method.")
 8 :                 println("staticVariable: $staticVariable")
 9 :            }
10 :       }
11 :       fun instanceMethod() {
12 :            println("This is an instance method.")
13 :            println("instanceVariable: $instanceVariable")
14 :       }
15 :  }
16 :
17 :  fun main() {
18 :       // 인스턴스 생성
19 :       val obj1 = MyClass()
20 :       obj1.instanceVariable = 10
21 :       obj1.instanceMethod()
               // This is an instance method. instanceVariable: 10
22 :
23 :       // Companion Object의 멤버 사용
24 :       MyClass.staticVariable = 20
25 :       MyClass.staticMethod()
             // This is a static method. staticVariable: 20
26 :
27 :       // 또 다른 인스턴스 생성
28 :       val obj2 = MyClass()
29 :       obj2.instanceVariable = 30
30 :       obj2.instanceMethod()
              // This is an instance method. instanceVariable: 30
31 :
32 :       // 클래스의 Companion Object로 staticVariable 확인
33 :       println("staticVariable = " + MyClass.staticVariable) // 20
34 :  }
```

그림 4.19 Companion Object를 포함하는 Kotlin Class 예

그림 4.19의 class MyClass 내에 companion object를 선언하고, 그 속에 staticVariable과 staticMethod를 구현한 것을 볼 수 있다. staticVariable은 0으로 초기값이 설정되어 있으며, staticMethod()는 staticVarible의 값을 출력하여 확인할 수 있게 한다. Line 11~14에서는 instanceMethod()가 구현되어 있으며, 이 멤버 함수는 line 3에 선언되어 있는 instanceVariable값을 읽어 출력하는 기능을 수행한다.

Line 17~34의 main() 함수에서는 class MyClass의 인스턴스 obj1을 생성하고, 이 인스턴스를 이용하여 instanceVariable값을 10으로 설정한 후, instanceMethod()를 사용하여 instanceVariable 값을 출력한다. 그림 4.20에서 instanceVariable의 값이 10인

것을 확인할 수 있다.

```
This is an instance method.
instanceVariable: 10
This is a static method.
staticVariable: 20
This is an instance method.
instanceVariable: 30
staticVariable = 20
```

그림 4.20 실행결과

4.3.5 익명 객체 (Anonymous Object)

익명 객체 (anonymous object)는 일회성 객체를 생성하고 이름없이 사용할 때 편리하게 활용할 수 있다. Java의 익명 클래스와 유사하며, Kotlin에서는 좀 더 간결하게 작성할 수 있다. 익명 객체는 주로 간단한 콜백이나 이벤트 핸들러를 구현할 때 사용된다.

그림 4.21은 anonymous object를 사용하는 Kotlin 클래스의 예를 보여준다. Line 3에서 object {} 형식으로 name 데이터 멤버와 greet() 멤버 함수를 가지는 anonymous object를 생성하여 불변변수 anonyObj에 대입한다. Line 10에서는 이 anonyObj의 데이터 멤버인 name의 값을 Hong G-D로 설정하며, line 11에서 anonyObj,greet()로 멤버 함수를 실행시킨다. 실행 결과는 그림 4.22에서 보는 것과 같이 설정된 name 값을 사용하여 출력되는 것을 확인할 수 있다.

```
 1 :  /* Example of Anonymous Object */
 2 :  fun main() {
 3 :      val anonyObj = object {
 4 :          var name: String = ""
 5 :          fun greet() {
 6 :              println("Hello, $name")
 7 :          }
 8 :      }
 9 :
10 :      anonyObj.name = "Hong G-D"
11 :      anonyObj.greet() // 출력: Hong G-D
12 :  }
```

그림 4.21 Anonymous Object를 사용하는 Kotlin Class 예

```
Hello, Hong G-D
```

그림 4.22 실행결과

위에서 본 예와 같이, Kotlin 클래스의 이름을 지정하지 않고, 익명의 클래스를 정의한 후,

인스탄스를 생성할 수 있게 하는 것이 익명 객체이다.

4.4 Kotlin 클래스 연산자 오버로딩 (Operator Overloading)

4.4.1 Operator Overloading (연산자 오버로딩)

(1) 함수 오버로딩이란 ?

프로그램 작성에서 다양한 종류의 함수를 모듈 단위 개념으로 작성하게 되는데, 함수의 이름이 그 모듈이 실행하는 기능을 잘 표현할 수 있도록 만들어야 하며, 동일한 기능을 수행하는 함수가 다양한 자료형을 처리하여야 할 경우도 많이 발생한다. 예를 들어 인수로 전달되는 데이터의 평균값을 계산하는 함수의 경우 주로 average() 또는 avg()라는 이름을 많이 사용할 것이고, 전달되는 인수가 정수형, 더블형, 정수 배열, 더블형 실수 배열 등 다양한 경우가 있을 것이다.

이러한 상황에서 각 자료형 별로 별도의 함수 이름을 구별하여 지정하여야 한다면 매우 번거로운 일이 될 것이다. C++/Java/Kotlin 프로그램에서는 이러한 번거로움을 해결하기 위하여 함수 오버로딩 (function overloading) 기능을 지원한다.

함수 오버로딩에서는 동일한 함수 이름을 사용하는 경우에도 전달되는 매개변수 (parameter)의 목록이 서로 다르면 이들 함수를 구별하여 사용할 수 있게 허용한다. 예를 들어 다음 함수들은 모두 동일한 avg() 함수 이름을 가지지만, 이들의 매개변수 목록이 서로 다르므로 이들은 구별하여 관리한다.

함수 오버로딩 개념을 지원하기 위하여 컴파일러는 각 함수의 서명 (signature)을 정의하며, 이 함수의 서명은 함수이름과 매개변수 목록 (인수의 수, 인수 형식)으로 정의된다. 함수의 서명에는 반환 값의 자료형은 포함되지 않는다. 그림 4.23의 avg() 함수들은 함수의 이름은 동일하나 매개변수의 자료형과 목록이 서로 다르기 때문에 이들은 서로 다른 함수 서명을 가지게 되며, 따라서 서로 다른 함수로 구분된다.

```
fun avg(d1 : Double, d2 : Double) : Double
fun avg(d1 : Double, d2 : Double, d3 : Double) : Double
fun avg(d1 : Int, d2 : Int) : Double
fun avg(d1 : Int, d2 : Int, d3 : Int): Double
```

그림 4.23 함수 오버로딩의 예

(2) 연산자란 ?

Kotlin 프로그램에서 제공하는 기본 연산자 (operator)로는 대표적으로 수학의 4칙연산을 위한 덧셈 (+), 뺄셈 (−), 곱셈 (*), 나눗셈 (/) 연산자가 있다. 이 수학 4칙연산자 이외에도 대입 연산자 (=), 증감 연산자 (++, −−), 관계연산자 (>, <, >=, <=, ==, !=), 논리연산자 (&&, ||, !), 조건연산자 (?), 비트단위 연산자 (&, |, ^, ~, <<, >>), 배열 인텍스 ([]) 등이 있다.

(3) Kotlin에서의 연산자 오버로딩

Kotlin 프로그램에서 기본적으로 제공되는 연산자는 표 4.3에서 보여주며, 새롭게 구현되는 클래스에서 이 연산자를 사용할 수 있게 지원하기 위해서는 연산자 오버로딩 함수를 그 클래스의 멤버 함수로 구현하여야 한다. 연산자 오버로딩 함수에 전달되는 인수로는 self와 other가 전달되는데, 덧셈 연산 a+b의 경우 객체 a의 __add__(self, other) 함수가 호출되며, 객체 a가 self로 전달되고, 객체 b가 other로 전달된다.

Kotlin 기본 제공 클래스 이외의 클래스를 구현하면서 연산자 오버로딩 함수를 제공할 때 그 함수의 기능을 가장 잘 표현하는 연산자를 선정하여야 한다. 특히 수학 공식에서 많이 사용되는 의미를 새롭게 구현되는 클래스에서도 잘 적용할 수 있는 연산자를 사용하여야 한다.

표 4.3 Kotlin 연산자 및 연산자 오버로딩 함수

연산자	오버로딩 함수	설명	예제
+	plus	더하기 연산	operator fun plus(other: MyClass): MyClass
-	minus	빼기 연산	operator fun minus(other: MyClass): MyClass
*	times	곱하기 연산	operator fun times(other: MyClass): MyClass
/	div	나누기 연산	operator fun div(other: MyClass): MyClass
%	rem또는 mod	나머지 연산	operator fun rem(other: MyClass): MyClass
++	inc	증가 연산	operator fun inc(): MyClass
--	dec	감소 연산	operator fun dec(): MyClass
==	equals	동등 비교	operator fun equals(other: Any?): Boolean
>	compareTo	비교 연산 (크다)	operator fun compareTo(other: MyClass): Int
<	compareTo	비교 연산 (작다)	operator fun compareTo(other: MyClass): Int
[]	get	인덱스 접근	operator fun get(index: Int): MyClass
[]=	set	인덱스 설정	operator fun set(index: Int, value: MyClass)
()	invoke	함수 호출처럼 사용	operator fun invoke(): MyClass
in	contains	포함 여부	operator fun contains(value: MyClass): Boolean

4.4.2 Kotlin class Cmplx와 class CmplxArray에서의 연산자 오버로딩

그림 4.24는 복소수 (complex number) 연산 기능을 포함하는 Kotlin class Cmplx의 구현 예제를 보여준다. class Cmplx이 데이터 멤버로는 line 4의 클래스 선언에서 설정하고 있는 real과 imag가 포함되어 있다. Line 6에서 제공되는 정보가 없는 보조 생성자 constructor()가 구현되어 있으며, 이 경우 실수부와 허수부가 모두 0.0으로 설정된다. Line 8~13에서는 표준 입력 장치로부터 real과 imag 값을 Double 자료형으로 입력 받아 데이터 멤버를 설정하는 기능을 구현하고 있다.

그림 4.24 line 15~21에서는 real과 imag 값을 설정하는 멤버 함수 setReal()과 setImag()를 구현하고 있다. Line 23~25의 toString() 오버라이딩 함수는 class Cmplx의 인스턴스를 출력할 때 사용하는 형식을 갖춘 문자열을 생성하여 반환한다.

```
 1 : /* Kotlin class Cmplx and class CmplxArray (1) */
 2 : import java.util.*
 3 :
 4 : class Cmplx (var real  : Double, var imag : Double){
 5 :
 6 :     constructor() : this (0.0, 0.0) { }
 7 :
 8 :     fun inputCmplx() {
 9 :         val cin = Scanner(System.`in`)
10 :         print("Input two double type data for complex real and imag : ")
11 :         real = cin.nextDouble()
12 :         imag = cin.nextDouble()
13 :     }
14 :
15 :     fun setReal(r: Double) {
16 :         real = r
17 :     }
18 :
19 :     fun setImag(im: Double) {
20 :         imag = im
21 :     }
22 :
23 :     override fun toString() : String {
24 :         return String.format("%5.2f %+5.2fj", real, imag)
25 :     }
26 :
27 :     operator fun plus(other: Cmplx): Cmplx {
28 :         val result: Cmplx = Cmplx()
29 :         result.real = real + other.real
30 :         result.imag = imag + other.imag
31 :         return result
32 :     }
33 :
34 :     operator fun minus(other: Cmplx): Cmplx {
35 :         val result: Cmplx = Cmplx()
36 :         result.real = real - other.real
37 :         result.imag = imag - other.imag
38 :         return result
39 :     }
40 :
41 :     operator fun times(other: Cmplx): Cmplx {
42 :         val result: Cmplx = Cmplx()
43 :         result.real = real * other.real - imag * other.imag
44 :         result.imag = real * other.imag + imag * other.real
45 :         return result
46 :     }
47 :
48 :     operator fun div(other: Cmplx): Cmplx {
49 :         val result: Cmplx = Cmplx()
50 :         val denom: Double
51 :         denom = other.real * other.real + other.imag * other.imag
52 :         result.real = (real * other.real + imag * other.imag) / denom
53 :         result.imag = (imag * other.real - real * other.imag) / denom
54 :         return result
55 :     }
56 : } // end class Cmplx
```

그림 4.24 Kotlin class Cmplx and class CmplxArray (part 1)

Line 27~55에서는 복소수의 4칙연산 (덧셈, 뺄셈, 곱셈, 나눗셈)을 연산자 +, −, *, /

로 실행할 수 있도록 연산자 오버로딩 함수 plus(), minus(), times(), div()를 구현하고 있다.

그림 4.24 line 58~80에서는 class Cmplx의 인스탄스들을 배열로 사용할 수 있게 하는 class CmplxArray를 구현하고 있다. Line 59에서 데이터 멤버 cmplxArray를 Array<Cmplx>로 선언하며, 주생성자 실행에서 전달되는 size 크기에 따라 line 63에서 Cmplx(0.0, 0.0)으로 초기화된 class Cmplx 인스탄스들을 배열 원소로 준비한다. 이 복소수 배열 원소들을 읽어 반환하는 기능은 line 72~75의 get() 멤버 함수로 구현되어 있으며, 전달된 index 위치의 복소수를 읽어 반환한다. 복소수 배열의 원소를 설정하는 기능은 line 77~79에 구현되어 있는 set() 멤버 함수로 구현되어 있다. 이 set(index, c) 멤버 함수에서는 인수로 전달된 index 위치에 복소수 c 값을 설정한다.

```
57 :
58 :  class CmplxArray(size: Int) {
59 :      private lateinit var cmplxArray: Array<Cmplx>
60 :      private var size = 0
61 :      init { // constructor
62 :          this.size = size
63 :          cmplxArray = Array<Cmplx>(this.size){Cmplx(0.0, 0.0)}
64 :      }
65 :
66 :      fun print() {
67 :          for (i in 0 until size) {
68 :              println(cmplxArray[i])
69 :          }
70 :      }
71 :
72 :      operator fun get(index: Int): Cmplx {
73 :          return cmplxArray[index]
74 :
75 :      }
76 :
77 :      operator fun set(index: Int, c: Cmplx) {
78 :          cmplxArray[index] = c
79 :      }
80 :  } // end class CmplxArray()
81 :
82 :  fun main(args: Array<String>) {
83 :      var cmplxArray = CmplxArray(7)
84 :
85 :      cmplxArray[0] = Cmplx(1.23, 5.67)
86 :      cmplxArray[1] = Cmplx(3.45, 7.89)
87 :      println("cmplxArray[0] " + cmplxArray[0])
88 :      println("cmplxArray[1] " + cmplxArray[1])
89 :      cmplxArray[2] = cmplxArray[0] + cmplxArray[1]
90 :      cmplxArray[3] = cmplxArray[0] - cmplxArray[1]
91 :      cmplxArray[4] = cmplxArray[0] * cmplxArray[1]
92 :      cmplxArray[5] = cmplxArray[0] / cmplxArray[1]
93 :      println("cmplxArray[0] + cmplxArray[1] = " + cmplxArray[2])
94 :      println("cmplxArray[0] - cmplxArray[1] = " + cmplxArray[3])
95 :      println("cmplxArray[0] * cmplxArray[1] = " + cmplxArray[4])
96 :      println("cmplxArray[0] / cmplxArray[1] = " + cmplxArray[5])
97 :  }
```

그림 4.24 Kotlin class Cmplx and class CmplxArray (part 2)

그림 4.24 line 82~97에서는 복소수 (1.23 + 5.67j)와 (3.45 + 7.89j)를 cmplxArray[0]과 cmplxArray[1]에 저장한 후, 이 두 복소수의 덧셈, 뺄셈, 곱셈, 나눗

셈 연산을 연산자 오버로딩으로 실행하고, 계산 결과를 각각 cmplxArray[2]~cmplxArray[5]에 대입하며, 이를 출력하는 기능을 구현한다.

그림 4.25에서 계산된 결과를 확인할 수 있다.

```
cmplxArray[0]  1.23 +5.67j
cmplxArray[1]  3.45 +7.89j
cmplxArray[0] + cmplxArray[1] =  4.68 +13.56j
cmplxArray[0] - cmplxArray[1] = -2.22 -2.22j
cmplxArray[0] * cmplxArray[1] = -40.49 +29.27j
cmplxArray[0] / cmplxArray[1] =  0.66 +0.13j
```

그림 4.25 실행결과

4.5 Kotlin 클래스 인스탄스들의 비교, 배열 및 응용

4.5.1 Kotlin class 인스탄스의 비교를 위한 Comparable<T>과 compareTo()

Kotlin 클래스를 구현할 때 인스탄스들을 서로 비교하여 정렬시킬 수 있도록 만들기 위해서는 Comparable<T> 인터페이스를 상속받아 구현하여야 한다. Kotlin 클래스의 상속과 인터페이스에 대한 상세한 설명은 다음 장에서 하도록 하며, 이 절에서는 Kotlin 클래스 구현에서 Comparable<T>를 상속받고, 내부에 compareTo() 멤버 함수를 오버라이딩으로 구현하여 정렬에 사용하는 방법에 대하여 먼저 설명한다.

Kotlin의 Comparable<T> 인터페이스는 두 객체를 비교하기 위한 표준 인터페이스이다. 이 인터페이스는 객체 간의 순서를 결정할 수 있도록 설계되어 있으며, 주로 정렬(sorting) 및 비교(comparing) 연산에 사용된다. Comparable<T>를 구현하면 객체를 정렬하거나 크기 비교 연산을 할 수 있다. 이 때 T는 비교할 자료형을 나타낸다. 즉, Comparable<T>는 동일한 자료형 (예를 들어 class Cmplx)의 두 객체를 비교할 때 사용된다.

Comparable<T> 인터페이스에 선언되어 있는 compareTo() 함수는 두 객체를 비교하기 위한 기능이 구현되도록 선언되어 있으며, 비교 결과를 Int 자료형으로 반환하도록 되어 있다. compareTo() 함수는 기준 객체가 비교할 객체보다 작을 때에는 음수를 반환하며, 기준 객체와 비교할 객체가 동일할 때에는 0을 반환하고, 기준 객체가 비교할 객체보다 클 때에는 양수를 반환하도록 구현하여야 한다.

4.5.2 Kotlin class Date 및 인스탄스 배열의 정렬

그림 4.26은 연(year), 월(month), 일(day) 데이터 멤버를 가지는 Kotlin class Date를 구현하며, 인스탄스를 비교할 수 있도록 Comparable<T> 인터페이스를 상속받고, compareTo() 멤버 함수를 오버라이딩으로 구현하는 예를 보여준다. 이 class Date는 MyKotlinPackage에 포함시켜 다양한 응용 프로그램에서 재활용할 수 있게 한다. Line 5에서는 class Date의 멤버 함수 실행 중 비정상적인 상황이 발생되면 예외 상황

(exception)을 발생시킬 수 있도록 class DateException을 선언하며, 이 예외 상황 클래스는 Exception() 클래스를 상속받아 생성하고, 비 정상적인 상황인 경우 throw 명령을 사용하여 exception을 발생시킨다. Line 6의 class Date 선언에서 Comparable<Date> 인터페이스를 상속받아 내부에 comareTo() 멤버 함수를 구현하여 Arrays.sort() 등에 사용할 수 있도록 한다.

```
 1 :  /* class Date */
 2 :  package MyKotlinPackage
 3 :
 4 :  import java.util.*
 5 :  class DateException(message : String) : Exception(message)
 6 :  class Date (var year : Int, var month : Int, var day : Int) : Comparable<Date> {
 7 :      init {
 8 :          if (isValidDate(year, month, day) == false) {
 9 :              throw DateException("year(%4d), month(%2d), day(%2d) is not in
                    correct range !!".format(year, month, day))
10 :          }
11 :      }
12 :
13 :      private fun isValidDate(y: Int, m: Int, d: Int): Boolean {
14 :          val days_month = intArrayOf(0, 31, 28, 31, 30, 31, 30, 31, 31, 30, 31, 30, 31)
15 :          if (this.isLeapYear(y))
16 :              days_month[2] = 29
17 :          return if (m >= 1 || m <= 12 || d >= 1 || d <= days_month[m]) {
18 :              true
19 :          } else {
20 :              println("Ilegal date! (month= %2d, day = %2d)".format(m, d))
21 :              false
22 :          }
23 :      }
24 :
25 :      private fun setDate(y: Int, m: Int, d: Int) {
26 :          if (isValidDate(y, m, d)) {
27 :              year = y;  month = m; day = d
28 :          } else {
29 :              throw DateException("year(%4d), month(%2d), day(%2d) is not in
                    correct range !!".format(year, month, day))
30 :          }
31 :      }
32 :
33 :      internal enum class WEEKDAY {
34 :          SUN, MON, TUE, WED, THR, FRI, SAT
35 :      }
36 :      internal enum class MONTH {
37 :          Dummy, JAN, FED, MAR, APR, MAY, JUN, JUL, AUG, SEP, OCT, NOV,
             DEC  }
38 :      val weekDayName = arrayOf("Sunday", "Monday", "Tuesday", "Wednesday",
           "Thursday", "Friday", "Saturday")
39 :      val weekDayNameShort = arrayOf("SUN", "MON", "TUE", "WED", "THR", "FRI",
          "SAT")
40 :      val monthName = arrayOf(
41 :          "", "January", "February", "March", "April", "May", "June", "July", "August",
          "September", "October", "November", "December" )
```

그림 4.26 Kotlin class Date의 배열 클래스 – class DateArray (part 1)

Line 7~11에서 구현된 주 생성자 init{} 블록에서는 인수로 전달된 year, month, day 값이 날짜의 연, 월, 일의 정상적인 범위에 있는지 isValidDate() 멤버 함수를 사용하여 검사한다. 만약 정상적인 범위를 벗어나는 경우, throw 명령을 사용하여 DateException을 발생시킨다. Line 13~23에서는 월의 범위와 월별 일자의 범위를 점검하여 정상적인 범위에 포함된 날짜인지 확인한다. 이를 위하여 days_month는 각 월별 날짜의 범위를 설정하는 배열을 설정하고, 2월인 경우 윤년인가에 따라 28 또는 29로 설정하고 있다.

Line 25~31에서는 연, 월, 일의 데이터를 인수로 전달받아 날짜가 정상적인 범위에 있는가를 확인한 후 이를 설정하고, 지정된 날짜가 정상적인 범위를 벗어난 경우 DateException을 발생시킨다. Line 33~41에서는 요일과 달의 영어 이름을 설정하고, 요일 이름의 배열, 달 이름의 배열을 구성하여 출력에서 사용할 수 있게 준비한다.

그림 4.26 line 43~57에서는 class Date 인스탄스인 날짜를 출력할 때 사용되는 문자열을 편집하여 반환한다. 날짜의 출력에서는 연, 월, 일과 그 연도에서 몇 번째 날짜인가를 함께 표시하여 준다. 그 해의 몇 번째 날짜인가를 계산하는 것은 line 60~69에서 getYearDay() 함수로 구현한다. 이 함수에서는 지정된 month 이전까지 월별 최대 날짜 수를 합산하며, 지정된 day 값을 더하여 yearDay를 계산하고, 이를 반환한다.

```
42 :
43 :     override fun toString() : String {
44 :         var yearDay = 0
45 :         val weekDay: Int
46 :         var str : String = ""
47 :         if (month >= 1 && month <= 12)
48 :             str += String.format("(%4d,%2d,%2d ".format(year, month, day))
49 :         yearDay = getYearDay(year, month, day)
50 :         if (yearDay < 1 || yearDay > 366) {
51 :             str += String.format("Error in calculation of yearDay : %d".format(yearDay))
52 :         } else {
53 :             weekDay = getWeekDay(this)
54 :             str += String.format(" ( %s ))".format(weekDayName[weekDay]))
55 :         }
56 :         return str
57 :     }
58 :
59 :
60 :     fun getYearDay(year: Int, month: Int, day: Int): Int {
61 :         val days_month = intArrayOf(0, 31, 28, 31, 30, 31, 30, 31, 31, 30, 31, 30, 31)
62 :         var yearDay = 0
63 :         for (m in 1 until month)
64 :            yearDay += days_month[m]
65 :         yearDay += day
66 :         if (month > 2 && isLeapYear(year))
67 :            yearDay += 1
68 :         return yearDay
69 :     }
```

그림 4.26 Kotlin class Date의 배열 클래스 – class DateArray (part 2)

그림 4.26 line 71~75의 getElapsedDaysFromAD010101()은 class Date의 year, month, day로 지정된 날짜가 서기 1년 1월 1일로부터 몇 번째 날짜인가를 계산하며, 이를 위하여 line 77~86에서 구현된 getElapsedDasFromAD010101(d : Date)를 사용하여 계산한다. 이 함수에서는 class Date의 인스탄스 d의 year 직전년도까지는 연 단위로 평년인 경우 365, 윤년인 경우 366을 더한다. 해당년도의 날짜는 getYearDay() 함수를 사용하여 계산하며, 이들을 합산하여 서기 1년 1월 1일로부터의 날짜 수를 계산하여 반환한다.

```
70 :
71 :     fun getElapsedDaysFromAD010101(): Int {
72 :         var elpsDay = 0
73 :         elpsDay = getElapsedDaysFromAD010101(this)
74 :         return elpsDay
75 :     }
76 :
77 :     private fun getElapsedDaysFromAD010101(d: Date): Int {
78 :         val yearDay: Int
79 :         var elpsDay = 0
80 :         for (y in 1 until d.year) {
81 :             elpsDay += if (isLeapYear(y)) 366 else 365
82 :         }
83 :         yearDay = getYearDay(d.year, d.month, d.day)
84 :         elpsDay += yearDay
85 :         return elpsDay
86 :     }
87 :
88 :     fun getWeekDay(d: Date): Int {
89 :         val weekDay_AD010101 = 1 // 1. 1. 1. is Monday
90 :         var yearDay: Int
91 :         val weekDay: Int
92 :         var elapsedDays = 0
93 :         elapsedDays = getElapsedDaysFromAD010101(d)
94 :         weekDay = (elapsedDays + weekDay_AD010101 - 1) % 7
95 :
96 :         //println(", Elapsed days from AD Jan. 1, 1 (" + elapsedDays + ")")
97 :         return weekDay
98 :     }
99 :
100 :    fun inputDate() {
101 :        val y: Int
102 :        val m: Int
103 :        val d: Int
104 :        val cin = Scanner(System.`in`)
105 :        print("Enter date in year month day : ")
106 :        y = cin.nextInt()
107 :        m = cin.nextInt()
108 :        d = cin.nextInt()
109 :        if (isValidDate(y, m, d)) {
110 :            year = y
111 :            month = m
112 :            day = d
113 :        } else {
114 :            throw DateException("year(%4d), month(%2d), day(%2d) is not in
                      correct range !!".format(y, m, d))
115 :        }
116 :    }
117 :
118 :    fun isLeapYear(y: Int): Boolean {
119 :        return if (y % 4 == 0 && y % 100 != 0 || y % 400 == 0) true else false
120 :    }
121 :
122 :    private fun isLeapYear(): Boolean {
123 :        return isLeapYear(year)
124 :    }
```

그림 4.26 Kotlin class Date의 배열 클래스 – class DateArray (part 3)

그림 4.26 line 88~98에서는 class Date 인스탄스인 d의 요일 (week day)를 계산하는 getWeekDay(d: Date)를 구현하고 있다. 요일의 계산에서는 getElapsedDaysFromAD010101() 함수를 사용하여 서기 1년 1월 1일로부터의 날짜

수를 계산하고, 서기 1년 1월 1일이 월요일이며, 요일이 7의 배수로 반복되는 점을 고려하여 모듈로 계산으로 요일을 얻는다.

Line 100~116에서는 표준 입력 장치로부터 연, 월, 일의 정수 데이터를 입력받고, 이 값으로 구성되는 날짜가 정상적인 범위에 있는지를 확인한 후, 데이터 멤버 year, month, day의 값으로 설정한다. Line 118~124에서는 주어진 연, 월, 일로 구성된 날짜가 윤년인가를 결정한다. 해당 연도(year)가 4월 배수이며, 100의 배수가 아니거나, 400의 배수인 경우 윤년으로 판정된다.

```
125 :
126 :     override fun compareTo(other: Date): Int {
127 :         if (this.year < other.year)
128 :             return -1;
129 :         else if (this.year > other.year)
130 :             return 1;
131 :         else if ((this.year == other.year) && (this.month < other.month))
132 :             return -1;
133 :         else if ((this.year == other.year) && (this.month > other.month))
134 :             return 1;
135 :         else if ((this.year == other.year) && (this.month == other.month)
              && (this.day < other.day))
136 :             return -1;
137 :         else if ((this.year == other.year) && (this.month == other.month)
              && (this.day > other.day))
138 :             return 1;
139 :         else
140 :             return 0;
141 :     }
142 : } // end class Date
143 :
144 : fun printDates(dates: Array<Date>) {
145 :     val num_dates = dates.size
146 :     var count = 0
147 :     print("[")
148 :     for (i in 0 until num_dates) {
149 :         count++
150 :         if (i < num_dates - 1) {
151 :             print(dates[i]); print(", ")
152 :         } else {
153 :             print(dates[i])
154 :             break
155 :         }
156 :         if (count % 5 == 0)
157 :             println()
158 :     }
159 :     print("]")
160 : }
```

그림 4.26 Kotlin class Date의 배열 클래스 – class DateArray (part 4)

Line 126~141에서는 class Date 인스탄스간의 비교를 위한 compareTo(other: Date) 멤버 함수를 오버라이딩으로 구현한다. compareTo() 함수는 class Date가 상속받는 Comparable<Date> 인터페이스에서 선언되어 있어, 지정된 클래스의 속성을 기반으로 비교 결과를 산출한다. class Date의 경우, 우선적으로 연도 (year)를 기준으로 판단하며, 기준이 되는 this의 연도와 other의 연도를 비교하여 기준 year의 값이 작은 경우 -1,

클 경우 +1을 반환한다. 만약 year가 동일하면 month를 기준으로 판단하며, year와 month가 동일한 경우, day를 비교하여 판단한다. 만약 year, month와 day가 모두 동일한 경우, 0을 반환한다.

그림 4.26 line 144~160에서는 class Date 인스탄스들의 배열 dates를 인수로 전달받아 차례대로 출력하는 printDates(dates: Array<Date>) 함수를 구현하고 있다. printDates()에서는 한 줄에 최대 5개의 날짜를 출력하도록 한다.

그림 4.27은 class Date를 활용하는 응용 프로그램의 예를 보여준다. Line 3~4에서는 class Date와 printDates() 함수를 사용할 수 있도록 import 시킨다. Line 7~11에서는 class Date 인스탄스 10개를 생성시키고, 이들을 배열 dates로 구성한다.

Line 12~13에서는 초기 생성된 dates를 printDates() 함수를 사용하여 출력하며, 그림 4.28 첫 부분에서 결과를 확인할 수 있다. Line 15에서는 Kotlin Arrays 클래스의 sort() 메서드를 사용하여 dates를 오름 차순으로 정렬한다. 이 정렬에서 compareTo() 오버라이딩 메서드를 사용하며, 정렬된 dates는 line 17~18에서 출력하고, 그림 4.28에서 결과를 확인할 수 있다.

```
 1 :  /* Application of class Date with compareTo() */
 2 :  import java.util.*
 3 :  import MyKotlinPackage.Date
 4 :  import MyKotlinPackage.printDates
 5 :
 6 :  fun main(args: Array<String>) {
 7 :       var dates : Array<Date> = arrayOf(
 8 :            Date(1, 1, 1), Date(2023, 9, 1), Date(2, 1, 1),
 9 :            Date(2022, 8, 31), Date(1, 12, 31), Date(2024, 12, 25),
10 :            Date(2024, 1, 1), Date(2, 12, 31), Date(2024, 9, 1),
11 :            Date(1999, 12, 31))
12 :       println("Array of dates (before Arrays.sort)) : ");
13 :       printDates(dates);       println()
14 :
15 :       Arrays.sort(dates);    // class Date must implement Comparable<Date>
16 :
17 :       println("Array of dates (after Arrays.sort(dates)) : ");
18 :       printDates(dates);       println()
19 :
20 :  }
```

그림 4.27 Kotlin class Date의 인스탄스 배열 구성 응용 프로그램

```
Array of dates (before Arrays.sort)) :
[(   1, 1, 1  ( Monday )), (2023, 9, 1  ( Friday )), (   2, 1, 1  ( Tuesday )), (2022, 8,31  ( Wednesday )), (   1,12,31  ( Monday )),
(2024,12,25  ( Wednesday )), (2024, 1, 1  ( Monday )), (   2,12,31  ( Tuesday )), (2024, 9, 1  ( Sunday )), (1999,12,31  ( Friday ))]
Array of dates (after Arrays.sort(dates)) :
[(   1, 1, 1  ( Monday )), (   1,12,31  ( Monday )), (   2, 1, 1  ( Tuesday )), (   2,12,31  ( Tuesday )), (1999,12,31  ( Friday )),
(2022, 8,31  ( Wednesday )), (2023, 9, 1  ( Friday )), (2024, 1, 1  ( Monday )), (2024, 9, 1  ( Sunday )), (2024,12,25  ( Wednesday ))]
```

그림 4.28 실행 결과

4.5.2 class Planet, class SolarSystem

그림 4.29는 태양계 (solar system)의 행성 (planet)을 Kotlin 클래스로 구현하는 예를 보인다. Line 7에서 class Planet을 선언할 때 Comparable<Planet>으로 상속받도록

정의하며, line 8~10에서 class Planet의 데이터 멤버로 행성의 이름 (name), 상대질량 (relative mass, 지구의 상대질량 1.0을 기준), 태양으로부터의 거리 (distance)를 포함시킨다. Line 12~16에서 보조 생성자를 정의하며, 데이터 멤버들을 초기화시킨다.

Line 18~21에서 class Planet의 멤버 함수로 compareTo(other: Planet) 멤버 함수를 오버라이딩으로 구현하여 인스탄스 간의 비교 및 정렬에 사용하도록 구현한다. class Planet에 대한 compareTo()는 태양으로부터의 거리 (distance)를 기준으로 비교하도록 구현하고 있다.

```
 1 : /* Application of class Planet and class SolarSystem */
 2 : import java.util.*
 3 : import java.util.Arrays.sort
 4 : import kotlin.random.*
 5 : import kotlin.random.Random
 6 :
 7 : class Planet : Comparable<Planet>{
 8 :     private var name: String? = null // 데이터 멤버
 9 :     private var relativeMass = 0.0 // 데이터 멤버
10 :     private var distance = 0.0 // 데이터 멤버
11 :
12 :     constructor(nm: String?, rm: Double, dist: Double) {
13 :         this.name = nm
14 :         this.relativeMass = rm
15 :         this.distance = dist
16 :     }
17 :
18 :     override fun compareTo(other: Planet): Int {
19 :         var result = (this.distance - other.distance).toInt()
20 :         return result
21 :     }
22 :
23 :     override fun toString() : String {
24 :         return "Planet(%8s, %10.5f, %8.2f)".format(this.name,
                 this.relativeMass, this.distance)
25 :     }
26 :
27 :     fun comparePlanet(attrName: String, other: Planet): Int {
28 :         var result = 0
29 :         if (attrName === "name") {
30 :             result = name!!.compareTo(other.name!!)
31 :         } else if (attrName === "relMass") {
32 :             result =
33 :                 if (this.relativeMass > other.relativeMass) 1 else if
                        (this.relativeMass < other.relativeMass) -1 else 0
34 :         } else if (attrName === "distance") {
35 :             result = (this.distance - other.distance).toInt()
36 :         }
37 :         return result
38 :     }
39 : } // end class Planet
40 :
```

그림 4.29 Kotlin class Planet, class SolarSystem (part 1)

그림 4.29 line 27~38에서는 class Planet의 비교 기능에서 단순히 태양으로부터의 거리 (distance)만 기준으로 하지 않고, 이름 (name)이나 상태질향(relativeMass)도 비교기준이 될 수 있도록 구현하기 위하여 attrName을 전달받아, 비교의 기준으로 사용하도록 구현하고 있다.

그림 4.29 line 42~95에는 태양계 (solar system)에 포함된 행성들을 관리하기 위한 class SolarSystem을 구현하고 있다. 먼저 line 43~53에서 태양계에 포함된 9개 행성의 class Planet 인스탄스들을 배열로 가지는 planets를 생성하고 초기화한다.

```
41 :
42 :  class SolarSystem {
43 :       var planets = arrayOf(
44 :            Planet("Mercury", 0.0558, 57.9),
45 :            Planet("Venus", 0.815, 108.0),
46 :            Planet("Earth", 1.0, 150.0),
47 :            Planet("Mars", 0.107, 228.0),
48 :            Planet("Jupiter", 318.0, 778.0),
49 :            Planet("Saturn", 95.1, 1430.0),
50 :            Planet("Uranus", 14.5, 2870.0),
51 :            Planet("Neptune", 17.2, 4500.0),
52 :            Planet("Pluto", 0.11, 5900.0)
53 :       )
54 :
55 :       private val num_planets = planets.size
56 :
57 :       override fun toString() : String {
58 :            var str : String = ""
59 :            for (planet in planets) {
60 :                 str += planet
61 :                 str += "\n"
62 :            }
63 :            return str
64 :       }
65 :
66 :       fun shufflePlanets() {
67 :            var temp:Planet
68 :            for (i in 0..< this.planets.size) {
69 :                 var j : Int = Random.nextInt(this.planets.size)
70 :                 if (i == j)
71 :                      continue
72 :                 temp = this.planets[i]
73 :                 this.planets[i] = this.planets[j]
74 :                 this.planets[j] = temp
75 :            }
76 :       }
77 :
78 :       fun sortPlanets(attrName: String?) {
79 :            /* sort given array with insertion_sort algorithm */
80 :            var i: Int
81 :            var j: Int
82 :            var temp: Planet
83 :            j = 1
84 :            while (j <= num_planets - 1) {
85 :                 temp = planets[j]
86 :                 i = j
87 :                 while (i > 0) {
88 :                     if (planets[i - 1].comparePlanet(attrName!!, temp) <= 0)
89 :                         break
90 :                     planets[i] = planets[i - 1] // shift right to make a room
91 :                     --i
92 :                 }
93 :                 planets[i] = temp
94 :                 j++
95 :            }
96 :       }
97 :  }  // end class SolarSystem
```

그림 4.29 Kotlin class Planet, class SolarSystem (part 2)

그림 4.29 line 58~65에는 행성들을 출력하기 위한 toString()을 구현하고, line

67~76에서는 planets 배열의 원소들을 무작위 순서로 섞어 주는 shufflePlanets()을 구현한다. Line 78~97에서는 planets의 행성들을 attrName으로 지정된 속성을 기준으로 오름차순 정렬하는 기능을 삽입정렬 구조로 구현하고 있다.그림 4.29 line 99~126에서는 class Planet과 class SolarSystem의 응용 프로그램의 예를 보여준다. 먼저 line 99~101에서 solarSystem의 생성 초기 상태를 출력하여 그림 4.30 첫 부분에서 보는 것과 같이 초기 상태에서는 거리를 기준으로 오름차순 되어 있는 것을 확인할 수 있다.

```
98 :
99 :  fun main(args: Array<String>) {
100 :       val solarSystem = SolarSystem()
101 :       println("Initial status of solar system :")
102 :       print(solarSystem)
103 :
104 :       solarSystem.shufflePlanets()
105 :       println("\nShuffled solar system :")
106 :       print(solarSystem)
107 :
108 :       Arrays.sort(solarSystem.planets)
109 :       println("\nAfter Arrays.sort(solarSystem.planets):")
110 :       print(solarSystem)
111 :
112 :       solarSystem.shufflePlanets()
113 :       println("\nAfter re-shuffling of solar system :")
114 :       print(solarSystem)
115 :
116 :       println("\nSorting solar system by planet names:")
117 :       solarSystem.sortPlanets("name")
118 :       print(solarSystem)
119 :
120 :       println("\nSorting solar system by relative mass:")
121 :       solarSystem.sortPlanets("relMass")
122 :       print(solarSystem)
123 :
124 :       println("\nSorting solar system by distance:")
125 :       solarSystem.sortPlanets("distance")
126 :       print(solarSystem)
127 :  }  // end main()
```

그림 4.29 Kotlin class Planet, class SolarSystem (part 3)

그림 4.29 line 104~106에서 shuffling을 한 후, 다시 출력하여 뒤섞인 상태를 확인하며, line 108에서 Arrays.sort()를 사용하여 solarSystem.planets 배열을 정렬한다. 이렇게 Arrays.sort()를 사용하여 정렬할 수 있는 것은 class Planet이 Comparable<Planet> 인터페이스를 상속받고, 거리 속성을 기준으로 비교하여 주는 compareTo() 멤버 함수를 오버라이딩으로 구현하였기 때문에 가능하다.

Line 112~126에서는 shuffling 후 name, relMass, distance를 기준으로 각각 정렬하는 기능을 class SolarSystem의 sortPlanets(attrname) 멤버 함수를 사용하여 지정된 속성을 기준으로 오름차순으로 정렬하여 결과를 출력하고 있다.

```
Initial status of solar system :
Planet( Mercury,    0.05580,     57.90)
Planet(   Venus,    0.81500,    108.00)
Planet(   Earth,    1.00000,    150.00)
Planet(    Mars,    0.10700,    228.00)
Planet( Jupiter,  318.00000,    778.00)
Planet(  Saturn,   95.10000,   1430.00)
Planet(  Uranus,   14.50000,   2870.00)
Planet( Neptune,   17.20000,   4500.00)
Planet(   Pluto,    0.11000,   5900.00)

Shuffled solar system :
Planet( Mercury,    0.05580,     57.90)
Planet(   Earth,    1.00000,    150.00)
Planet(    Mars,    0.10700,    228.00)
Planet(   Venus,    0.81500,    108.00)
Planet(  Uranus,   14.50000,   2870.00)
Planet( Jupiter,  318.00000,    778.00)
Planet( Neptune,   17.20000,   4500.00)
Planet(  Saturn,   95.10000,   1430.00)
Planet(   Pluto,    0.11000,   5900.00)

After Arrays.sort(solarSystem.planets):
Planet( Mercury,    0.05580,     57.90)
Planet(   Venus,    0.81500,    108.00)
Planet(   Earth,    1.00000,    150.00)
Planet(    Mars,    0.10700,    228.00)
Planet( Jupiter,  318.00000,    778.00)
Planet(  Saturn,   95.10000,   1430.00)
Planet(  Uranus,   14.50000,   2870.00)
Planet( Neptune,   17.20000,   4500.00)
Planet(   Pluto,    0.11000,   5900.00)

After re-shuffling of solar system :
Planet(    Mars,    0.10700,    228.00)
Planet(  Saturn,   95.10000,   1430.00)
Planet(  Uranus,   14.50000,   2870.00)
Planet(   Earth,    1.00000,    150.00)
Planet( Mercury,    0.05580,     57.90)
Planet( Neptune,   17.20000,   4500.00)
Planet(   Pluto,    0.11000,   5900.00)
Planet( Jupiter,  318.00000,    778.00)
Planet(   Venus,    0.81500,    108.00)

Sorting solar system by planet names:
Planet(   Earth,    1.00000,    150.00)
Planet( Jupiter,  318.00000,    778.00)
Planet(    Mars,    0.10700,    228.00)
Planet( Mercury,    0.05580,     57.90)
Planet( Neptune,   17.20000,   4500.00)
Planet(   Pluto,    0.11000,   5900.00)
Planet(  Saturn,   95.10000,   1430.00)
Planet(  Uranus,   14.50000,   2870.00)
Planet(   Venus,    0.81500,    108.00)

Sorting solar system by relative mass:
Planet( Mercury,    0.05580,     57.90)
Planet(    Mars,    0.10700,    228.00)
Planet(   Pluto,    0.11000,   5900.00)
Planet(   Venus,    0.81500,    108.00)
Planet(   Earth,    1.00000,    150.00)
Planet(  Uranus,   14.50000,   2870.00)
Planet( Neptune,   17.20000,   4500.00)
Planet(  Saturn,   95.10000,   1430.00)
Planet( Jupiter,  318.00000,    778.00)

Sorting solar system by distance:
Planet( Mercury,    0.05580,     57.90)
Planet(   Venus,    0.81500,    108.00)
Planet(   Earth,    1.00000,    150.00)
Planet(    Mars,    0.10700,    228.00)
Planet( Jupiter,  318.00000,    778.00)
Planet(  Saturn,   95.10000,   1430.00)
Planet(  Uranus,   14.50000,   2870.00)
Planet( Neptune,   17.20000,   4500.00)
Planet(   Pluto,    0.11000,   5900.00)
```

그림 4.30 실행결과

4.6 연산자 오버로딩 기능을 포함하는 사용자 정의 Kotlin 클래스 구현 및 응용 예 – class Mtrx, class MtrxArray

4.6.1 연산자 오버로딩 기능을 갖춘 사용자 정의 클래스 예 – class Mtrx

3.5절에서는 행렬의 덧셈, 뺄셈, 곱셈 연산을 adMtrx(), subMtrx(), mulMtrx() 함수 형태로 구현하였으며, 일반적으로 많이 사용하는 연산자 '+', '–', '*' 대신 함수이름를 사용하도록 기능을 구현하였다. 그러나 행렬을 Kotlin 클래스로 구현하고, 연산자 오버로딩 기능을 구현하면 class Mtrx의 인스탄스 mA, mB, mC에 대하여 mC = mA + mB와 같은 형식으로 연산자를 사용할 수 있는 응용 프로그램이 가능하게 되어, class Mtrx의 사용자 편의성이 훨씬 더 증가하게 된다.

그림 4.31은 행렬 (matrix) 연산을 위한 class Mtrx을 구현하는 예제를 보여준다. Line 4~6에서는 class Mtrx의 데이터 멤버로 n_row (행의 갯수), n_col(열의 개수), mtrx_name (행렬 이름), mtrx_data (행렬에 포함된 원소 데이터, Double 자료형의 2차원 배열)가 선언되어 있다. Line 8~10의 보조 생성자에서는 행렬의 이름, 행 개수, 열 개수가 전달되면 주생성자를 호출하여 n_row, n_col을 초기화하고, 행렬 이름을 설정한다. Line 12~20의 보조생성자에서는 행렬의 이름, 행 개수, 열 개수와 함께 행렬 원소의 데이터가 저장된 1차원 Double 배열을 전달받으며, 주생성자를 호출하여 n_row, n_col을 초기화하고, 행렬 이름을 설정한 후, 행렬 원소를 전달 받은 1차원 Double 데이터 배열로부터 읽고, 2차원 배열인 matrx_data의 원소로 설정한다. 이 때 2중 for 반복문 구조를 사용하

여 각 행마다 열 개수의 원소를 차례로 저장하는 기능을 구현하고 있다.

```
 1 :  /* Kotlin class Mtrx */
 2 :  package Mtrx
 3 :
 4 :  class Mtrx(val n_row: Int, val n_col: Int) {
 5 :      var mtrx_name: String? = null
 6 :      var mtrx_data: Array<DoubleArray> =
             Array(n_row) { DoubleArray(n_col) }
 7 :
 8 :      constructor(nm: String?, n_row: Int, n_col: Int) : this (n_row,
          n_col){
 9 :          val mtrx_name: String? = nm
10 :      }
11 :
12 :      constructor(nm: String?, n_row: Int, n_col: Int,
            dM_data: DoubleArray) : this (n_row, n_col){
13 :          val mtrx_name: String? = nm
14 :          var count = 0
15 :          for (r in 0 until n_row) {
16 :              for (c in 0 until n_col) {
17 :                  mtrx_data[r][c] = dM_data[count++]
18 :              }
19 :          }
20 :      }
21 :
22 :      fun setName(nm: String?) {
23 :          mtrx_name = nm
24 :      }
25 :
26 :      override fun toString() : String {
27 :          var str : String = "%s = \n".format(mtrx_name)
28 :          for (r in 0 until n_row) {
29 :              for (c in 0 until n_col) {
30 :                  str += "%7.2f".format(mtrx_data[r][c])
31 :              }
32 :              str += "\n"
33 :          }
34 :          return str
35 :      }
```

그림 4.31 class Mtrx (part 1)

그림 4.31 line 22~24의 setName(nm) 멤버 함수는 행렬의 이름을 인수로 전달된 문자열 (nm)로 설정한다.

Line 26~35의 toString() 오버라이딩 함수는 행렬을 print() 함수로 출력할 때, 사용되는 문자열을 지정된 행렬 출력의 양식으로 생성하여 준다. 행렬의 출력 포멧은 그림 4.33에서 볼 수 있다.

Line 37~ 45의 plus(other) 연산자 오버로딩 함수는 자기자신 (this)와 인수로 전달된 other와의 행렬 덧셈 연산을 연산자 '+' 를 사용하여 수행하도록 operator 키워드를 사용하는 연산자 오버로딩 임을 선언한다. Line 38에서 결과를 담을 class Mtrx인스턴스 mR에 생성하고, line 39~43의 2중 for 반복문 구조를 사용하여 r번째 행, c번째 열의 행렬 원소들의 덧셈 연산을 수행하고, 그 결과를 mR에 담으며, line 44에서 mR을 반환한다.

Line 47~55의 연산자 오버로딩 함수 minus()는 행렬의 뺄셈 연산을 연산자 '−' 를 사용하여 수행할 수 있게 한다. 행렬의 뺄셈 연산 역시 2중 for 반복문으로 구성되어 있으며,

외부 for-loop은 변수 r을 0 ~ n_row-1까지 대입하며 행(row)의 인덱스를 지정한다. 내부 for-loop은 변수 c를 0 ~ n_col-1까지 대입하며 열(column)의 인덱스를 지정하여 2차원 배열 원소간의 뺄셈 mtrx_data[r][c] - other.mtrx_data[r][c]을 계산하여 mR.mtrx_data[r][c]에 대입한다.

```
36 :
37 :        operator fun plus(other: Mtrx): Mtrx {
38 :            val mR = Mtrx("mR", n_row, n_col)
39 :            for (r in 0 until n_row) {
40 :                for (c in 0 until n_col) {
41 :                    mR.mtrx_data[r][c] =
                          mtrx_data[r][c] + other.mtrx_data[r][c]
42 :                }
43 :            }
44 :            return mR
45 :        }
46 :
47 :        operator fun minus(other: Mtrx): Mtrx {
48 :            val mR = Mtrx("mR", n_row, n_col)
49 :            for (r in 0 until n_row) {
50 :                for (c in 0 until n_col) {
51 :                    mR.mtrx_data[r][c] =
                           mtrx_data[r][c] - other.mtrx_data[r][c]
52 :                }
53 :            }
54 :            return mR
55 :        }
56 :
57 :        operator fun times(other: Mtrx): Mtrx {
58 :            val mR = Mtrx("mR", n_row, other.n_col)
59 :            var temp_sum: Double
60 :            for (r in 0 until n_row) {
61 :                for (c in 0 until other.n_col) {
62 :                    temp_sum = 0.0
63 :                    for (k in 0 until n_col) {
64 :                        temp_sum += mtrx_data[r][k] * other.mtrx_data[k][c]
65 :                    }
66 :                    mR.mtrx_data[r][c] = temp_sum
67 :                }
68 :            }
69 :            return mR
70 :        }
71 :    }
```

그림 4.31 class Mtrx (part 2)

그림 4.31 line 57~70의 times(other)는 행렬의 곱셈 연산을 연산자 '*'로 실행할 수 있게 하는 연산자 오버로딩을 구현한다. 행렬의 곱셈 연산은 3중 for-loop으로 구성되며, $C_{rc} = \sum_{k=0}^{size-1} A_{rk} * B_{kc}$ 공식에 따라 계산을 수행하도록 구성되어 있다. 이를 위하여 인덱스 r와 c를 사용하는 두 개의 for-loop 내부에 인덱스 k를 사용하는 for-loop을 하나 더 구성하여 행렬 곱셈 연산을 수행하고 있다.

그림 4.32는 행렬의 덧셈, 뺄셈, 곱셈 연산을 연산자 "+", '-', '*'를 사용하여 계산하는 예를 보여준다. Line 4~10에서는 행렬 구성을 위한 Double 자료형 데이터의 1차원 배열 dA, dB, dC을 준비하며, 3×5 크기의 행렬 mA와 mB, 5×3 크기의 행렬 mC

를 구성하고 각각 dA, dB, dC 배열로 초기화시킨다.

그림 4.32 line 15~25에서는 mD = mA + mB, mE = mA - mB, mE = mA * mC의 행렬 덧셈, 뺄셈, 곱셈 연산을 '+', '−', '*' 연산자를 사용하여 수행하며, 그 결과를 출력한다. 행렬 연산의 결과는 그림 4.33에서 확인할 수 있다.

```
 1 :  /* Application of class Mtrx */
 2 :  import Mtrx.Mtrx
 3 :  fun main(args: Array<String>) {
 4 :      val dA = doubleArrayOf(1.0, 2.0, 3.0, 4.0, 5.0, 6.0, 7.0, 8.0, 9.0,
              10.0, 11.0, 12.0, 13.0, 14.0, 15.0)
 5 :      val dB = doubleArrayOf(1.0, 0.0, 0.0, 0.0, 0.0, 0.0, 1.0, 0.0, 0.0,
              0.0, 0.0, 0.0, 1.0, 0.0, 0.0)
 6 :      val dC = doubleArrayOf(1.0, 0.0, 0.0, 0.0, 1.0, 0.0, 0.0, 0.0, 1.0,
              0.0, 0.0, 0.0, 0.0, 0.0, 0.0)
 7 :
 8 :      val mA = Mtrx("mA", 3, 5, dA)
 9 :      val mB = Mtrx("mB", 3, 5, dB)
10 :      val mC = Mtrx("mC", 5, 3, dC)
11 :      println(mA)
12 :      println(mB)
13 :      println(mC)
14 :
15 :      val mD: Mtrx = mA + mB
16 :      mD.setName("mD = mA + mB")
17 :      println(mD)
18 :
19 :      val mE: Mtrx = mA - mB
20 :      mE.setName("mE = mA - mB")
21 :      println(mE)
22 :
23 :      val mF: Mtrx = mA * mC
24 :      mF.setName("mF = mA * mC")
25 :      println(mF)
26 :  }
```

그림 4.32 class Mtrx 응용 프로그램

```
mA =
    1.00   2.00   3.00   4.00   5.00
    6.00   7.00   8.00   9.00  10.00
   11.00  12.00  13.00  14.00  15.00

mB =
    1.00   0.00   0.00   0.00   0.00
    0.00   1.00   0.00   0.00   0.00
    0.00   0.00   1.00   0.00   0.00

mC =
    1.00   0.00   0.00
    0.00   1.00   0.00
    0.00   0.00   1.00
    0.00   0.00   0.00
    0.00   0.00   0.00

mD = mA + mB =
    2.00   2.00   3.00   4.00   5.00
    6.00   8.00   8.00   9.00  10.00
   11.00  12.00  14.00  14.00  15.00

mE = mA - mB =
    0.00   2.00   3.00   4.00   5.00
    6.00   6.00   8.00   9.00  10.00
   11.00  12.00  12.00  14.00  15.00

mF = mA * mC =
    1.00   2.00   3.00
    6.00   7.00   8.00
   11.00  12.00  13.00
```

그림 4.33 class Mtrx 응용 프로그램 실행 결과

◈ 연습문제 ◈

4.1 다음 용어를 예를 들어 설명하라.
   1) 객체 지향형 프로그래밍
   2) 객체 (object)와 클래스(class)
   3) 접근자 (accessor)
   4) 변경자 (mutator)
   5) 인스탄스 (instance)
   6) 클래스 속성 (class attribute)
   7) 클래스 메서드 (class method)
   8) 정적 메서드 (static method)
   9) 연산자 오버로딩 (operator overloading)
   10) Kotlin 데이터 클래스

4.2 큰 규모의 소프트웨어 개발에서 고려하여야 하는 사항들에 대하여 설명하라.

4.3 객체 지향형 프로그래밍에서 제공하는 핵심적인 기능들에 대하여 설명하라.

4.4 클래스와 인스탄스의 관계를 예를 들어 설명하라.

4.5 Kotlin 클래스와 데이터 클래스의 차이점에 대하여 설명하라.

4.6 연산자 오버로딩이 제공하는 장점에 대하여 설명하고, Kotlin 클래스에서 연산자 오버로딩을 구현하는 방법에 대하여 설명하라.

◈ 실습문제 ◈

실습 4.1 연(year), 월(month), 일(day)의 데이터 멤버를 가지는 Kotlin class Date를 구현하라. class Date에는 서기 (AD) 1년 1월 1일로부터 지정된 날짜까지의 경과일 수를 계산하는 getElapsedDaysFromAD010101(d: Date)을 구현하라. 아울러, class Date 인스탄스의 데이터 멤버인 연, 월, 일의 날짜가 어떤 요일인지 알려주는 getWeekDay(d: Date)를 구현하라.

Kotlin의 LocalDate.now(ZoneId.of("Asia/Seoul")) 라이브러리 함수를 사용하여, Kotlin 프로그램이 실행되는 시점의 시스템 날짜를 찾아 요일을 포함하여 출력하고, 이 날짜가 포함된 연도의 1월 1일과 크리스마스 (12월 25일)의 요일을 각각 계산하여 출력하라. 아울러, 프로그램 실행 날짜로부터 당해연도 크리스마스까지 몇일을 기다려야 하는지 계산하여 출력하라.

(실행예시)

```
AD Jan. 1, 1 is January 1, 1 ( Monday )
Today is June 30, 2024 ( Sunday )
New year's day of this year was January 1, 2024 ( Monday )
Christmas of this year is December 25, 2024 ( Wednesday )
Sorry, today is not Christmas!
 => You must wait 178 day(s) to Christmas !
```

실습 4.2 Last In First Out (LIFO) 기능을 제공하는 integer stack을 Kotlin 클래스 class IntStack으로 구현하고, 이를 MyKotlinDataStructure패키지에 포함시켜라. class IntStack은 인스탄스 생성에서 지정된 capacity 개수의 정수 데이터를 저장할 수 있도록 정수 배열을 데이터 멤버로 포함시키도록 하라. class IntStack의 멤버 함수로 정수 데이터를 전달받아 intStack의 stack top 위치에 저장시키는 push(data: Int)와 stack top 위치의 데이터를 추출하여 반환하는 pop() : Int 멤버 함수를 포함하도록 하라. 스택에 포함된 모든 데이터를 차례대로 출력하는 기능을 오버라이딩 함수 toString() : String에 구현하여 응용 프로그램에서 사용하도록 하라.

(실행예시)

```
After push ( 12) :  12
After push (  0) :   0  12
After push ( 18) :  18   0  12
After push ( 11) :  11  18   0  12
After push (  0) :   0  11  18   0  12
After push ( 10) :  10   0  11  18   0  12
After push (  5) :   5  10   0  11  18   0  12
After push (  6) :   6   5  10   0  11  18   0  12
After push (  5) :   5   6   5  10   0  11  18   0  12
After push (  9) :   9   5   6   5  10   0  11  18   0  12
After push ( 19) :  19   9   5   6   5  10   0  11  18   0  12
After push ( 12) :  12  19   9   5   6   5  10   0  11  18   0  12
After push ( 17) :  17  12  19   9   5   6   5  10   0  11  18   0  12
After push ( 12) :  12  17  12  19   9   5   6   5  10   0  11  18   0  12
After push (  6) :   6  12  17  12  19   9   5   6   5  10   0  11  18   0  12
After push (  5) :   5   6  12  17  12  19   9   5   6   5  10   0  11  18   0  12
After push (  9) :   9   5   6  12  17  12  19   9   5   6   5  10   0  11  18   0  12
After push (  9) :   9   9   5   6  12  17  12  19   9   5   6   5  10   0  11  18   0  12
After push ( 18) :  18   9   9   5   6  12  17  12  19   9   5   6   5  10   0  11  18   0  12
After push ( 13) :  13  18   9   9   5   6  12  17  12  19   9   5   6   5  10   0  11  18   0  12

Testing pop() operation of integer stack (stack_size = 20) ....
After pop ( 13) :  18   9   9   5   6  12  17  12  19   9   5   6   5  10   0  11  18   0  12
After pop ( 18) :   9   9   5   6  12  17  12  19   9   5   6   5  10   0  11  18   0  12
After pop (  9) :   9   5   6  12  17  12  19   9   5   6   5  10   0  11  18   0  12
After pop (  9) :   5   6  12  17  12  19   9   5   6   5  10   0  11  18   0  12
After pop (  5) :   6  12  17  12  19   9   5   6   5  10   0  11  18   0  12
After pop (  6) :  12  17  12  19   9   5   6   5  10   0  11  18   0  12
After pop ( 12) :  17  12  19   9   5   6   5  10   0  11  18   0  12
After pop ( 17) :  12  19   9   5   6   5  10   0  11  18   0  12
After pop ( 12) :  19   9   5   6   5  10   0  11  18   0  12
After pop ( 19) :   9   5   6   5  10   0  11  18   0  12
After pop (  9) :   5   6   5  10   0  11  18   0  12
After pop (  5) :   6   5  10   0  11  18   0  12
After pop (  6) :   5  10   0  11  18   0  12
After pop (  5) :  10   0  11  18   0  12
After pop ( 10) :   0  11  18   0  12
After pop (  0) :  11  18   0  12
After pop ( 11) :  18   0  12
After pop ( 18) :   0  12
After pop (  0) :  12
After pop ( 12) :
```

실습 4.3 First In First Out (FIFO) 기능을 제공하는 integer circular queue를 Kotlin 클래스 class CirIntQueue로 구현하고, 이를 MyKotlinDataStructure패키지에 포함시켜라. Circular Queue의 개념을 아래 그림에서 보는 것과 같이, 배열을 기반으로 원형 버퍼 (circular buffer)를 구성하며, 새로운 데이터을 back 인덱스 위치에 추가하고, front 위치의 데이터를 추출하여 처리하는 first in first out (FIFO)의 선착순 처리 기능을 제공한다.

class CirIntQueue는 인스탄스 생성에서 지정된 capacity 개수의 정수 데이터를 저장할 수 있도록 정수 배열을 데이터 멤버로 포함시키도록 하라. 또한 큐에 포함된 첫 번째 데이터를 가리키는 front와 마지막 데이터를 가리키는 back 인덱스를 데이터 멤버에 포함시키도록 하라. class CirIntQueue의 멤버 함수로 입력 정수 데이터를 전달받아 큐의 back 위치에 추가하는 enqueue(data : Int)와 큐의 front 위치의 데이터를 추출하여 반환하는 dequeue() : Int를 멤버 함수에 포함하도록 하라. 큐에 포함된 모든 데이터를 차례대로 출력하는 기능을 오버라이딩 함수 toString() : String에 구현하여 응용 프로그램에서 사용하도록 하라.

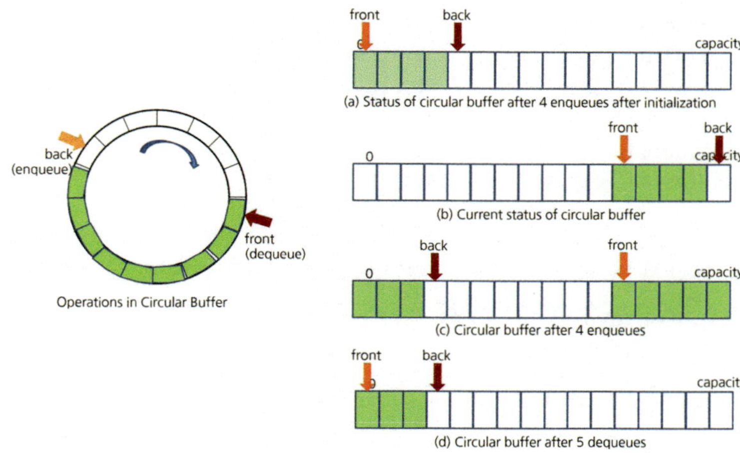

(a) Status of circular buffer after 4 enqueues after initialization

(b) Current status of circular buffer

(c) Circular buffer after 4 enqueues

(d) Circular buffer after 5 dequeues

Operations in Circular Buffer

(실행예시)

```
enque (front= 0, back= 0, num_data= 0, entry= 0) CirQ after enqueue (  0) :   0
enque (front= 0, back= 1, num_data= 1, entry= 1) CirQ after enqueue (  1) :   0   1
enque (front= 0, back= 2, num_data= 2, entry= 2) CirQ after enqueue (  2) :   0   1   2
deque (front= 0, back= 3, num_data= 3, entry= 0) CirQ after dequeue (  0) :   1   2
deque (front= 1, back= 3, num_data= 2, entry= 1) CirQ after dequeue (  1) :   2
deque (front= 2, back= 3, num_data= 1, entry= 2) CirQ after dequeue (  2) : Circular queue is Empty !!
enque (front= 3, back= 3, num_data= 0, entry= 3) CirQ after enqueue (  3) :   3
enque (front= 3, back= 4, num_data= 1, entry= 4) CirQ after enqueue (  4) :   3   4
enque (front= 3, back= 5, num_data= 2, entry= 5) CirQ after enqueue (  5) :   3   4   5
deque (front= 3, back= 6, num_data= 3, entry= 3) CirQ after dequeue (  3) :   4   5
deque (front= 4, back= 6, num_data= 2, entry= 4) CirQ after dequeue (  4) :   5
deque (front= 5, back= 6, num_data= 1, entry= 5) CirQ after dequeue (  5) : Circular queue is Empty !!
enque (front= 6, back= 6, num_data= 0, entry= 6) CirQ after enqueue (  6) :   6
enque (front= 6, back= 7, num_data= 1, entry= 7) CirQ after enqueue (  7) :   6   7
enque (front= 6, back= 8, num_data= 2, entry= 8) CirQ after enqueue (  8) :   6   7   8
deque (front= 6, back= 9, num_data= 3, entry= 6) CirQ after dequeue (  6) :   7   8
deque (front= 7, back= 9, num_data= 2, entry= 7) CirQ after dequeue (  7) :   8
deque (front= 8, back= 9, num_data= 1, entry= 8) CirQ after dequeue (  8) : Circular queue is Empty !!
enque (front= 9, back= 9, num_data= 0, entry= 9) CirQ after enqueue (  9) :   9
enque (front= 9, back= 0, num_data= 1, entry=10) CirQ after enqueue ( 10) :   9  10
enque (front= 9, back= 1, num_data= 2, entry=11) CirQ after enqueue ( 11) :   9  10  11
deque (front= 9, back= 2, num_data= 3, entry= 9) CirQ after dequeue (  9) :  10  11
deque (front= 0, back= 2, num_data= 2, entry=10) CirQ after dequeue ( 10) :  11
deque (front= 1, back= 2, num_data= 1, entry=11) CirQ after dequeue ( 11) : Circular queue is Empty !!
enque (front= 2, back= 2, num_data= 0, entry=12) CirQ after enqueue ( 12) :  12
enque (front= 2, back= 3, num_data= 1, entry=13) CirQ after enqueue ( 13) :  12  13
enque (front= 2, back= 4, num_data= 2, entry=14) CirQ after enqueue ( 14) :  12  13  14
deque (front= 2, back= 5, num_data= 3, entry=12) CirQ after dequeue ( 12) :  13  14
deque (front= 3, back= 5, num_data= 2, entry=13) CirQ after dequeue ( 13) :  14
deque (front= 4, back= 5, num_data= 1, entry=14) CirQ after dequeue ( 14) : Circular queue is Empty !!
enque (front= 5, back= 5, num_data= 0, entry=15) CirQ after enqueue ( 15) :  15
enque (front= 5, back= 6, num_data= 1, entry=16) CirQ after enqueue ( 16) :  15  16
enque (front= 5, back= 7, num_data= 2, entry=17) CirQ after enqueue ( 17) :  15  16  17
deque (front= 5, back= 8, num_data= 3, entry=15) CirQ after dequeue ( 15) :  16  17
deque (front= 6, back= 8, num_data= 2, entry=16) CirQ after dequeue ( 16) :  17
deque (front= 7, back= 8, num_data= 1, entry=17) CirQ after dequeue ( 17) : Circular queue is Empty !!
```

실습 4.4 시(hour), 분(min), 초(sec)의 데이터 멤버를 가지는 Kotlin class Time (var hh : Int, var mm : Int, var ss : Int) : Comparable<Time>을 구현하고, 이를 MyKotlinDataStructure패키지에 포함시켜라. class Time의 멤버 함수로는 hh:mm:ss로 설정되는 시간이 지난 자정 (00:00:00)으로부터 몇 초 경과되었는지를 계산하는 멤버 함수 getElapsedSec()를 구현하라. 또한 class Time 인스탄스들의 비교 및 정렬을 위한 compareTo(other : Time) : Int를 오버라이딩으로 구현하라.

class Time 구현 소스코드 파일에는 인수로 전달된 class Time 인스탄스 배열의 각 원소들을 차례대로 출력하는 Kotlin 함수 printTimes(arrayTimes : Array<Time>)를 구현하라.

10개의 class Time 인스탄스들을 임의로 생성하여 배열 times에 포함시킨 후, 이들을 Arrays.sort(times)을 사용하여 오름차순으로 정렬하여 출력하는 Kotlin 응용프로그램을 작성하라.

(실행 예시)

```
Array times (before sorting) =
[(12:59:59), (01:02:03), (00:00:00), (23:59:59), (15:30:59),
(03:00:00), (01:02:03), (02:59:59), (04:05:06), (11:12:13)]
Array times (after sorting) =
[(00:00:00), (01:02:03), (01:02:03), (02:59:59), (03:00:00),
(04:05:06), (11:12:13), (12:59:59), (15:30:59), (23:59:59)]
```

실습 4.5 행렬을 표현하는 2차원 행렬을 포함하는 Kotlin class Mtrx를 구현하라. 이 class Mtrx에 연산자 오버로딩으로 행렬 덧셈, 뺄셈, 곱셈 연산을 할 수 있도록 구현하라. class Mtrx의 응용 프로그램에서는 3×5 크기의 행렬 mA와 mB, 5×3 크기의 행렬 mC를 구성하고, 행렬 원소들을 초기화 시킨 후, mD = mA + mB, mE = mA - mB, mE = mA * mC의 행렬 덧셈, 뺄셈, 곱셈 연산을 '+', '–', '*' 연산자를 사용하여 수행하도록 하고, 그 결과를 출력하라.

(실행 예시)

```
mA =
   1.00   2.00   3.00   4.00   5.00
   6.00   7.00   8.00   9.00  10.00
  11.00  12.00  13.00  14.00  15.00

mB =
   1.00   0.00   0.00   0.00   0.00
   0.00   1.00   0.00   0.00   0.00
   0.00   0.00   1.00   0.00   0.00

mC =
   1.00   0.00   0.00
   0.00   1.00   0.00
   0.00   0.00   1.00
   0.00   0.00   0.00
   0.00   0.00   0.00

mD = mA + mB =
   2.00   2.00   3.00   4.00   5.00
   6.00   8.00   8.00   9.00  10.00
  11.00  12.00  14.00  14.00  15.00

mE = mA - mB =
   0.00   2.00   3.00   4.00   5.00
   6.00   6.00   8.00   9.00  10.00
  11.00  12.00  12.00  14.00  15.00

mF = mA * mC =
   1.00   2.00   3.00
   6.00   7.00   8.00
  11.00  12.00  13.00
```

5장 Kotlin Class의 상속 (Inheritance), 다형성 (Polymorphism), 인터페이스, 다중 상속

학습목표

- Kotlin Class의 상속에 대한 이해와 활용 능력 향상
- 다형성 (polymorphism)에 대한 이해와 활용 능력 향상
- 추상클래스(abstract class)와 인터페이스에 대한 이해
- 다중 상속에 대한 이해
- Wrapper class에 대한 이해와 활용 능력 향상

개요

5.1 상속(Inheritance)과 소프트웨어 재활용
5.2 Kotlin 클래스의 상속 (inheritance)
5.3 다형성 (polymorphism)
5.4 추상클래스(abstract class)와 인터페이스 (interface)
5.5 Kotlin 인터페이스의 다중 상속 (multiple inheritance)
5.6 Kotlin Wrapper class

5.1 상속(Inheritance)과 소프트웨어 재활용 (inheritance)

5.1.1 상속 (inheritance) 이란 ?

자연계에서는 대부분의 생물들이 상속 (inheritance)이라는 메커니즘으로 부모가 가진 우성 형질을 자식들이 물려받고, 이를 개선하여 다음 세대에 전달함으로써 더욱 우수한 재능과 품질로 발전할 수 있도록 진화하고 있다. 사람들도 부모로부터 재산을 상속받기 이전에 태어날 때부터 부모의 생물학적 유전 형질 일부를 상속받는다. 상속이 제공하는 큰 장점은 부모 세대 및 그 이전 조상들이 겪었던 시행착오를 되풀이하여 거칠 필요 없이 자연 환경에 가장 적합한 장점들을 우성 형질로 전달받고 이를 개선하여 다시 후대에 전달하여 줌으로써 후손들이 더 우수한 재능과 품질을 가질 수 있게 한다는 것이다.

대규모 소프트웨어 개발에서도 상속의 개념을 잘 활용하면 기존에 개발되었던 소프트웨어 모듈들의 장점들을 잘 활용하고, 오랜 기간 동안 다양한 환경과 조건에서 검증된 모듈을 사용할 수 있어 추가적인 시행착오 없이 더 우수한 기능과 품질을 짧은 시간 내에 달성할 수 있게 된다. Kotlin/Java 객체 지향형 프로그래밍에서는 상속 개념을 도입함으로써 소프트웨어 개발 기간과 개발 비용을 줄일 수 있게 하였으며, 이미 개발되어 다양한 검증을 거친 소프트웨어를 체계적으로 재활용할 수 있도록 하고 있다.

객체 지향형 프로그래밍에서 다수의 클래스를 설계 및 구현해야 할 때, 상속 개념을 잘 활

용하면 개발 기간과 개발 비용을 줄일 수 있다. 즉, 다수의 클래스가 가지는 특성을 잘 분석하여 공통적인 속성을 가진 항목을 별도의 공통 클래스로 정의하여 개발하고, 그 공통 클래스를 사용할 수 있는 클래스들을 개발하면 동일한 내용을 각 클래스마다 중복해서 개발할 필요가 없고, 이 공통 클래스의 기능이나 구현 방법이 변경되면 이를 즉시 다른 클래스에서 별도의 변경 작업 없이 사용할 수 있게 된다.

예를 들어 동물에 관련된 정보 처리를 위한 소프트웨어 시스템을 개발한다고 할 때, 그림 5.1에서 보는 것과 같이 동물의 다양한 분류 (예: 포유류, 조류, 어류, 양서류, 파충류 등) 별로 특성이 다르기 때문에 각각 개발하여야 하는데, 이들이 공통적으로 모두 척추, 눈, 손발과 다리 (지느러미), 혈액 등을 가진다는 특성이 있기 때문에 이 점을 잘 활용할 수 있다. 실제 동물들을 위한 클래스 설계에서는 우선 모든 동물들이 가지는 공통적인 특성을 동물(animal) 클래스로 설계하고, 서로 특성이 다른 동물 유형에 따라 포유류(mammal), 조류(bird), 어류 (pisces), 파충류(reptile), 양서류(amphibia) 클래스로 각각 설계한 후 이들 유형별 동물 클래스가 공동적으로 동물 클래스를 사용할 수 있게 함으로써, 중복 개발을 방지하고 개발 기간과 비용을 줄일 수 있을 것이다.

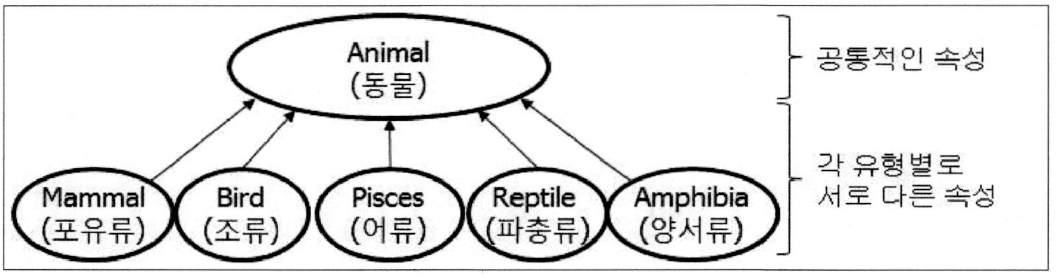

그림 5.1 공통적인 속성을 가지는 정보 모델링

5.1.2 is-a와 has-a의 관계

상속관계를 가지는 클래스를 설계할 때 중요한 점이 공통적인 속성을 잘 파악하여 별도의 공통 클래스로 분리시킬 수 있어야 하는 것이다. 예를 들어 그림 5.1의 동물과 유형별 동물의 정보를 분리하여 설계하였다면, class Animal은 class Mammal, class Bird, class Pisces 등이 공통적으로 사용하는 속성을 가지도록 설계하여야 한다는 것이다. 그리고 이들 간에는 "is-a" 의 관계가 성립되는데, 예를 들어 "포유류는 동물이다" 라고 정의할 수 있으며, 이는 "조류나 어류도 동물이다." 라고도 정의할 수 있다. 그러나 반대 방향으로의 정의는 할 수 없다. 예를 들어 "동물은 포유류이다." 라고는 정의할 수 없으며, 이는 동물에는 포유류 이외에 조류나 어류 등이 있기 때문이다.

클래스에는 "has-a" 의 관계도 정의할 수 있다. 예를 들어 "동물은 눈, 척추, 다리, 혈액을 가진다." 라고 정의할 수 있다. 이 has-a 관계는 클래스를 설계할 때 그 클래스가 가지는 속성을 표현하기 위한 데이터 멤버가 정의되고, "클래스는 속성을 나타내는 데이터 멤버들을 가진다." 라고 정의할 수 있는 것이다.

그림 5.2에서 동물 (animal), 포유류 (mammal), 조류 (bird), 어류 (pisces)간의 속

성 관계와 "is-a" 관계를 그림으로 나타내고 있다. 동물에는 기본적으로 눈, 머리, 척추, 혈액의 속성이 멤버 데이터로 있으며, 멤버 함수로 눈으로 보고, 움직이며, 숨쉬고, 혈액 순환이 있다. 포유류는 동물이 가지는 기본적인 속성을 모두 가지며, 추가적으로 손 또는 발, 귀, 코를 가지며, 먹고 말하며(또는 울음소리를 내며), 달릴 수 있다.

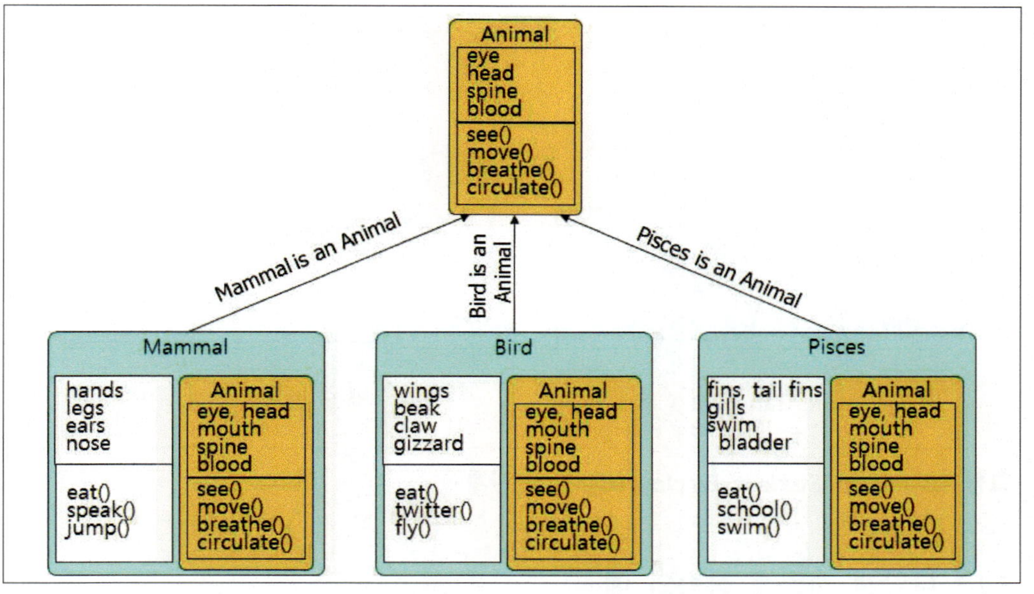

그림 5.2 Animal, Mammal, Bird, Pisces들의 속성 관계와 "is-a" 관계

조류는 동물의 모든 기본 속성을 모두 가지며, 추가적으로 날개, 부리, 발톱, 모래주머니의 속성이 있으며, 먹이를 먹고, 재잘거리며(twitter), 날 수 있다. 어류 역시 동물의 기본적인 속성을 모두 가지며, 추가적으로 지느러미와 꼬리지느러미를 가지고, 아가미 (gills)와 부레 (swim bladder)를 가진다. 그리고 어류는 먹이를 먹을 수 있고, 떼지어 다니며(school), 헤엄 (swim)을 칠 수 있다.

그림 5.2에서 "is-a" 관계를 살펴보면 class Animal은 class Mammal, class Bird, class Pisces에 공통적으로 적용되는 기본 속성을 가지고 있다. 따라서 "Mammal is Animal"이라고 정의할 수 있으며, 마찬가지로 "Bird is Animal"과 "Pisces is Animal" 역시 가능하다. 그러나 반대 개념으로 "Animal is Mammal"라고는 정의할 수 없으며, 그 이유로 Animal에는 Bird와 Pisces등이 함께 포함되기 때문이다.

그림 5.3은 사람을 나타내는 class Person과 학생을 나타내는 class Student 및 직원을 나타내는 class Employee의 관계에서 "is-a" 관계가 있는 것을 설명하고 있다. 우선 학생과 직원 모두 사람이며, 사람의 속성은 학생과 직원 모두에게 적용될 수 있으므로 별도의 클래스로 구현하여 class Person의 소프트웨어 모듈을 재활용할 수 있도록 한다. 이러한 관계에서 "학생은 사람이다"와 "직원은 사람이다"로 정의할 수 있는 것이다.

그림 5.3 (b)는 상속된 클래스로부터 생성되는 인스턴스에는 부모 클래스의 속성이 모두 포함되어 있다는 점을 강조하여 보여주고 있다. 즉, class Student의 인스턴스에는 class

Person의 속성인 name과 age가 포함되어 있으며, class Employee의 인스탄스에도 class Person의 속성인 name과 age가 함께 포함되어 있는 것이다. 물론 상속된 클래스에는 부모 클래스의 공통적인 속성에 추가된 항목들이 클래스 속성 또는 인스탄스 속성으로 추가되며, 이를 통하여 좀 더 세부적으로 분류되는 특성들을 갖추게 된다.

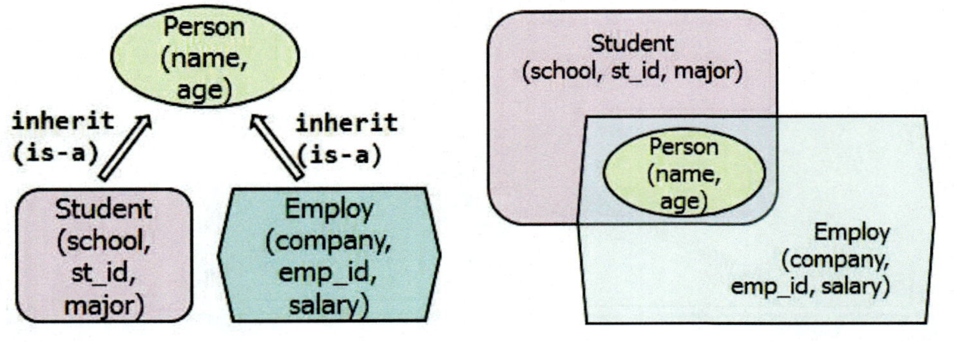

(a) Inheritance of Class (b) 상속된 클래스의 Attribute

그림 5.3 Person, Student, Employee의 "is-a" 관계

5.1.3 다단계 계층적 상속의 예

상속 관계는 다단계에 걸친 계층적 상속관계로 발전할 수 있어 체계적인 소프트웨어 재활용 및 관리를 할 수 있다. 그림 5.4는 컴퓨터 화면에 도형을 표시할 때 사용할 수 있는 다양한 클래스를 계층적 상속관계로 정의하고 있다. 이 계층적 상속관계에서는 가장 기본적으로 모든 도형에 공통적으로 적용할 수 있는 정보 (도형의 중심 위치, 선 색깔, 채우기 색깔, 선 굵기)와 공통 멤버 함수 (도형 이동, 도형 선정, 회전, 도형 그리기 등)를 포함하는 class Shape이 정의되어 있다. class Diagram은 다수의 class Shape들이 포함되는 도형의 집합으로 정의된다.

다단계 계층적 상속의 관계에서 상위 클래스는 하위 클래스들에게 공통적으로 사용되는 속성들을 담당하도록 설계하며, 공통적 속성을 관리하는 기능을 다수의 하위 클래스에서 활용할 수 있게 함으로써 상위 클래스를 구현한 소프트웨어 모듈들이 많이 재활용될 수 있게 한다.

class Shape을 상속 받아 생성되는 클래스로는 선으로 표현되는 Line, Arc, Spline과 함께 2차원 평면상에 표현되는 도형들인 Circle, Triangle, Rectangle, Polygon 등이 있고, 이 평면상의 도형들을 상속 받고 높이 (height)를 추가하여 생성되는 3차원 공간 상의 도형인 Cylinder, Prism, Pillar, Polygon_Pillar 등이 정의된다.

이 계층적 상속관계의 예에서 class Cylinder (원기둥)의 경우 데이터 멤버로 자신이 정의한 height와 함께 부모 클래스가 정의한 diameter, center_position, line_color, brush_color, line_thickness 등이 포함된다. class Prism의 경우 부모 클래스인 class

Triangle을 상속 받고 자신의 속성으로 height를 가진다. 즉 삼각형 도형에 높이를 추가함으로써 삼각기둥 (prism)이 생성되게 하는 것이다. class Pillar는 class Rectangle을 상속받아 height를 추가하고 있으며, class PolygonPillar는 class Polygon을 상속받고 height를 추가한다. 물론, class Cylinder, class Prism, class Pillar, class Polygon은 내부적으로 조부모 클래스인 class Shape의 속성을 모두 포함하게 된다.

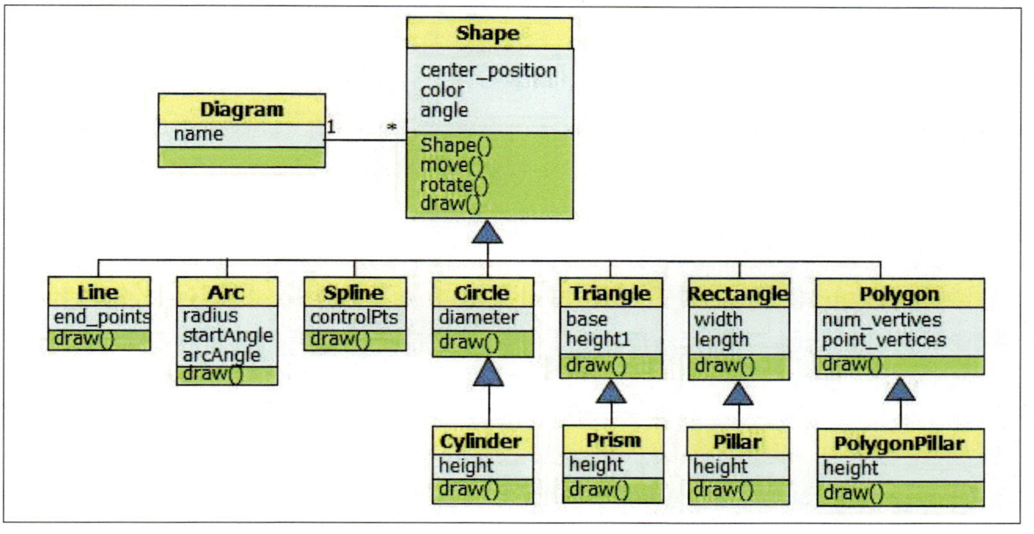

그림 5.4 다단계 계층적 상속의 예

5.1.4 객체 지향형 프로그래밍언어에서의 상속 기능 지원

소프트웨어 개발에서 상속(inheritance) 기능이 소프트웨어 재활용과 다형성(polymorphism) 기반의 단일 체계 관리 등의 장점을 많이 제공하고, 이를 기반으로 소프트웨어 개발 기간과 비용을 줄일 수 있다는 점을 고려하여 최근 큰 규모의 소프트웨어 시스템 개발에 사용되는 대부분의 프로그래밍언어들은 상속 기능을 지원하고 있다. 표 5.1은 C++, Java, Python 및 Kotlin의 상속 관련 기능 지원을 비교하여 설명하고 있다.

상속 관계를 정의하는 방법에서 C++와 Kotlin은 클래스 이름 다음에 콜론 (':')으로 그 다음에 선언되는 부모 클래스를 정의하도록 한다. Java의 경우는 extends 키워드를 사용하여 부모 클래스를 정의하며, Python의 경우 클래스 이름 다음에 소괄호를 사용하고, 그 속에 부모 클래스를 정의하는 방법을 사용한다. Kotlin에서 상속을 받기 위해서는 부모 클래스를 정의할 때, 클래스 선언 첫 부분에 open이 명시되어 있어야 한다.

상속 관계에 있는 클래스들이 가지는 속성에 대한 접근은 모두에게 공개되는 public, 외부에는 공개하지 않고 클래스 내부의 멤버 함수에만 사용이 허용되는 private, 그리고 상속 관계의 자식과 후손들에게만 한정적으로 공개되는 protected 접근 제어자를 사용한다.

부모가 정의한 멤버 함수 (매서드)를 자식 클래스가 재정의하는 메서드 오버라이딩 기능은 C++/Java/Python/Kotlin 모두 지원하나 메서드 오버라이딩 표기 방법에서 차이가 있다. C++에서는 virtual 키워드를 사용한다. Java에서는 @Override로 표시하며, Python에서는 부모 클래스의 메서드와 동일한 이름을 사용하여 재정의할 수 있게 한다. Kotlin에서는

override 키워드를 멤버 함수 이름 앞에 설정하여, 부모 클래스에서 정의된 메서드가 재정의 됨을 명확하게 알린다.

상속을 통하여 소프트웨어 재활용을 사용하는 목적으로 모든 메서드를 상세하게 구현하지 않고 기본함수 원형 (function prototype)만 정의하는 추상 클래스를 정의하는 방법에서도 차이가 있다. C++에서는 멤버 함수 앞에 virtual이라고 선언하거나, 멤버 함수 뒤에 "= 0" 을 첨부하여 해당 멤버 함수가 구현되지 않는 것을 명시하는 방법으로 추상 클래스를 선언할 수 있다. Java와 Kotlin에서는 클래스 이름 앞에 abstract 키워드를 설정한다. Python에서는 abc(abstract base class) 모듈을 import하고, 메서드 앞에 @abstractmethod 함수 수식자을 명시함으로써 그 메서드가 추상 메서드임을 선언하면, 그 추상 메서드를 포함하는 클래스가 추상 클래스로 설정된다.

C++와 Python에서는 여러 개의 부모 클래스로부터 직접 다중 상속 받는 것을 지원하나, 부모 및 조상 클래스의 상속 관계가 다단계로 진행된 경우, 오류 발생 위치를 추적하는 것 등에서 매우 큰 어려움이 발생할 수 있는 단점이 있다. 이러한 점을 고려하여 Java와 Kotlin에서는 여러 개의 부모 클래스로부터 직접 다중 상속 받는 것은 허락하지 않는다. 다만, 추상 클래스 개념의 (데이터 멤버가 포함되지 않는) 인터페이스를 정의할 수 있게 하고, 여러 개의 인터페이스를 다중 상속 받을 수 있게 한다.

표 5.1 주요 객체지향 프로그래밍언어의 상속관련 기능 지원 비교

특성	C++	Java	Python	Kotlin
상속 관계 정의	class SubClass : public SuperClass	class SubClass extends SuperClass	class SubClass(SuperClass):	class SubClass: SuperClass() 상속 받을 수 있도록 하기 위하여 클래스 선언에서 open 키워드 설정
접근 제어자	public, private, protected	public, private, protected	public (기본값), protected, private	public, private, protected
메서드 오버라이딩	virtual 키워드 사용	@Override 어노테이션사용	메서드 이름 동일하게 정의	override 키워드 사용
추상 클래스	class ClassName{ virtual ... }	abstract class ClassName {}	class ClassName: (메서드에 @abstract method 함수 수식자를 설정) abc (abstract base class) 모듈을 사용	abstract class ClassName{}
인터페이스	순수 가상 함수 사용	interface InterfaceName {}	추상 베이스 클래스 사용	interface InterfaceName{}
다중 상속	다중 상속 지원	인터페이스를 통한 다중 상속 지원	다중 상속 지원	인터페이스를 통한 다중 상속 지원

5.2 Kotlin 클래스의 상속 (inheritance)

5.2.1 Kotlin 클래스의 상속 예시 (1) - class A, class B, class C

그림 5.5는 상속관계를 가지는 class A, class B, class C를 구현하고, 이를 활용하는 예제 프로그램을 보인다. 이 Kotlin 예제 프로그램에서 class C는 class B를 상속받으며, class B는 class A로부터 상속받는 다단계 상속관계를 가진다.

```
 1 :  /* Kotlin class Inheritance - testing super() */
 2 :
 3 :  open class A (var a : Int) {
 4 :       init{
 5 :            println("Class A :: primary constructor init{} code block ....")
 6 :       }
 7 :       open fun print() {
 8 :            print("A(a = %d)".format(this.a))
 9 :       }
10 :       override fun toString() : String {
11 :          return "A(a = %d)".format(this.a)
12 :       }
13 :  }
14 :
15 :  open class B (a : Int, var b : Int) : A (a) {
16 :       init{
17 :            println("Class B :: primary constructor init{} code block ....")
18 :       }
19 :       override open fun print() {
20 :            print("B(")
21 :            super.print() // invokes class A's print()
22 :            print(", b = %d)".format(this.b))
23 :       }
24 :       override fun toString() : String {
25 :            return "B(a = %d, b = %d)".format(this.a, this.b)
26 :       }
27 :  }
28 :
29 :  class C(a: Int, b : Int, var c: Int) : B(a, b) {
30 :       init{
31 :            println("Class C :: primary constructor init{} code block ....")
32 :       }
33 :       override fun print() {
34 :            print("C(")
35 :            super.print() // invokes class B's print()
36 :            print(", c = %d)".format(this.c))
37 :       }
38 :       override fun toString() : String {
39 :            return "C(a = %d, b = %d, c = %d)".format(this.a, this.b, this.c)
40 :       }
41 :  }
42 :  fun main() {
43 :       var inst_C = C(1, 2, 3)
44 :       println("inst_C = " + inst_C)
45 :       print("inst_C.print() => "); inst_C.print()
46 :  }
```

그림 5.5 상속 관계를 가지는 Kotlin 클래스 예제

그림 5.5 line 3에서 class A를 선언하는데, 매개변수 목록에서 정수 자료형 (Int)의 a에 var을 선언하여 데이터 멤버로 선언한다. Line 4~6에 구현된 init{} 코드 블록은 class A의 주생성자가 실행될 때 초기화 관련 기능을 수행하도록 함께 실행된다. Line 7~9에서는

class A의 상태를 데이터 멤버와 함께 출력하도록 구현하며, 이를 open으로 설정하여 상속받은 클래스에서 오버라이딩으로 재작성할 수 있게 한다.

Line 15에서는 class B를 선언하며, 파라메터 목록에서 Int 자료형의 파라메터 b에 var을 선언하여, 데이터 멤버로 선언하고 있다. Int 자료형의 파라메터 a는 class B가 상속받는 class A의 데이터 멤버로 선언되어 있기 때문에 var 또는 val을 별도로 설정하지 않고, 파라메터 목록 다음의 ':' 뒤에 A(a)를 선언하여 부모 클래스인 class A의 생성자를 호출하도록 한다. class B의 주생성자가 실행될 때 line 16~18의 init{} 코드 블록이 함께 실행되며, 실행 상황을 출력하도록 구현되어 있다.

Line 19~23에서는 class A에서 구현되어 있는 print() 함수를 오버라이딩으로 재설정하고 class B의 내용을 출력하며, 내부적으로 super.print()를 사용하여 부모 클래스인 class A의 print() 함수가 실행될 수 있게 하고, 추가적인 정보를 출력하도록 한다. Line 24~26에서 구현된 toString() 함수는 class B의 인스탄스가 print() 함수를 사용하여 출력될 때 사용되는 문자열을 생성하여 반환하도록 구현되어 있다. Line 29~41에서는 class B로부터 상속받고, 추가적으로 Int 자료형의 매개변수 c를 데이터 멤버로 설정하는 class C를 구현하고 있다.

그림 5.5 line 42~46은 위에서 구현된 class A, class B, class C의 응용 프로그램을 구현하고 있으며, class C의 인스탄스를 생성할 때 class B와 class A의 생성자가 어떻게 실행되는지 확인할 수 있게 한다. Line 43에서 class C의 인스탄스를 생성할 때, 그림 5.6에서 볼 수 있는 것과 같이, class C 주 생성자가 실행되며, 부모 클래스인 class B의 주생성자가 호출하고, class B의 주생성자는 다시 class A의 주 생성자를 호출하여 해당 데이터 멤버가 차례대로 설정된다. 그림 5.6에서 class A, class B, class C의 주 생성자가 실행되는 순서로 출력된 것은 실제 class C -> class B -> class A의 순서로 부모클래스의 생성자를 호출하는 구조에 따라 실행된 것이며, 부모 클래스에서 초기화가 완료된 후 해당 클래스의 init{} 코드 블록이 실행되는 절차로 진행되기 때문이다.

inst_C.print() 함수가 실행될 때에도 내부적으로 super.print() 함수 호출을 통하여 부모 클래스의 print() 함수를 호출하여 실행되도록 구성한 결과를 그림 5.6에서 확인할 수 있다.

```
Class A :: primary constructor init{} code block ....
Class B :: primary constructor init{} code block ....
Class C :: primary constructor init{} code block ....
inst_C = C(a = 1, b = 2, c = 3)
inst_C.print() => C(B(A(a = 1), b = 2), c = 3)
Process finished with exit code 0
```

그림 5.6 실행결과

5.2.2 Kotlin 클래스의 상속 예시 (2) - class Person, class Student, class Employee

그림 5.7~5.10에서는 Kotlin 클래스 간 상속 기능을 예시로 설명하고 있다. 우선 그림 5.7에서 class Person을 정의하고 있는데, line 2에서 class Person 앞에 키워드 open을 설정하여, 이 클래스를 상속받아 자식 클래스를 생성할 수 있다는 점을 명시한다. Line 2의 class Person 파라메터 목록에서 class Person의 데이터 멤버로 name과 regID를 선언하고 있으며, 이 데이터 멤버 생성이 실행된다는 것을 표시하기 위하여 출력 기능이 포함된 dummy 인수가 추가되어 있다. class Person의 주 생성자 호출에서 초기화 기능을 수행하기 위하여 실행되는 init{} 블록 내부에서도 실행 상태를 표시하기 위한 "class Person:: init{}" 문자열의 출력이 포함되어 있다.

```
1 :  /* Kotlin class Person */
2 :  open class Person (var name : String, var regID : Int){
3 :      val dmmy_person = println("class Person:: primary constructor declaration of
            name and regID")
4 :
5 :      init {
6 :          println("class Person:: init{}")
7 :      }
8 :
9 :      constructor(arg: Unit=println("class Person :: secondary constructor with no
          argument")) : this("", 0) {
10 :         println("class Person:: secondary constructor, initializing name and
             reg_id with defalut values")
11 :     }
12 :
13 :     override fun toString() : String {
14 :         return "Person(name=%s, reg_id=%d)".format(this.name, this.regID)
15 :     }
16 : }
```

그림 5.7 class Person

그림 5.7 line 9~11의 보조 생성자 constructor()에서는 class Person의 인스탄스 생성에서 데이터 멤버의 초기화 정보가 없는 경우에 호출되는 constructor() 함수가 구현되어 있으며, 이 경우 this("" , 0)을 사용하여 주 생성자에 이름은 "" (empty string), regID 값은 0의 기본 초기값으로 설정하도록 한다. 아울러, 이 보조 생성자가 호출되고 실행되는 단계를 확인할 수 있도록 인수에 출력 기능을 가지도록 구현하고 있다. Line 13~15에서는 class Person의 인스탄스를 출력할 때 사용하는 문자열을 생성하여 반환하도록 구현하고 있다.

그림 5.8은 class Person을 상속받아 학생 정보를 관리하는 class Student를 구현하는 예를 보여준다. Line 2에서 class Student의 파라메터 목록에서 stID와 stMajor 앞에 var 키워드를 설정하여 데이터 멤버로 설정하며, 파라메터 목록 뒤의 ":" 다음에 class Person(nm, rgID)를 선언하여 class Person으로부터 상속받는다는 것을 정의한다. 또한, 주생성자가 호출될 때 부모 생성자인 class Person의 생성자가 인수 nm, rgID와 함께 호출되도록 설정한다. Line 3에서 class Student의 주 생성자 (primary constructor)가 호출되어 실행되는 단계를 확인할 수 있도록 상태 정보를 출력하는 기능이 구현되어 있다. Line 5~7에서는 주생성자가 실행될 때 초기화 설정을 위하여 실행되는 init{} 코드 블록에

서도 이 부분이 실행된다는 것을 출력하도록 구현되어 있다.

Line 9~13에서는 class Student의 보조 생성자 (secondary constructor)인 constructor()가 구현되어 있다. 이 보조 생성자는 class Student의 인스턴스 생성에 필요한 정보인 학생 이름 (nm), 주민등록번호(rgID), 학번(stID), 전공(mjr)이 아무것도 전달되지 않을 때 호출되며, this(“” , 0, 0, “”)로 class Student의 주 생성자를 호출하도록 한다. 아울러, 보조 생성자가 호출되었다는 내용을 출력하여, class Student에 초기화 정보가 제공되지 않은 상황에서 보조생성자가 호출되는 과정을 파악할 수 있게 하였다.

```
1 :  /* Kotlin class Student that inherits Person */
2 :  class Student (nm: String, rgID: Int, var stID : Int, var stMajor: String):
       Person(nm, rgID) {
3 :      val dmmy_student = println("class Student:: primary constructor declaration of
             stID and stMajor")
4 :
5 :      init {
6 :          println("class Student:: init{}")
7 :      }
8 :
9 :      constructor(arg: Unit=println("class Student:: secondary constructor with
             no argument")): this("", 0, 0, "") {
10 :         this.stID = 0
11 :         this.stMajor = ""
12 :         println("class Student:: initialization of st_id and major with
                default values in secondary constructor")
13 :     }
14 :
15 :     override fun toString() : String {
16 :         return "Student(name=%s, reg_id=%d, st_id=%d, major=%s)".format(
                    this.name, this.regID, this.stID, this.stMajor)
17 :     }
18 : }
```

그림 5.8 class Person을 상속받는 class Student

그림 5.8 line 15~17의 toString() 함수 역시 오버라이딩으로 class Student의 속성을 출력할 수 있는 포멧으로 재설정하여 출력 가능 문자열을 만들어 반환하도록 재정의하고 있다.

그림 5.9에서는 class Person을 상속받는 다른 예제로서 class Employee를 구현하고 있다. Line 2의 class Person 파라메터 목록에서 empID, company, department 앞에 var 키워드를 설정하여 이들이 class Employee의 데이터 멤버로 설정되는 것을 정의하며, 파라메터 목록 뒤의 “:” 다음에 class Person(nm, rgID)를 선언하여 class Person으로부터 상속받는다는 것을 정의한다. 아울러, class Employee의 주 생성자가 호출될 때, 먼저 부모클래스인 class Person의 생성자를 (nm, rgID) 인수와 함께 호출하도록 설정한다. Line 3에서는 주생성자가 실행되고, 데이터 멤버가 설정되는 실행 부분을 확인할 수 있도록 상태 출력 기능을 구현하고 있다. Line 5~7의 주생성자 초기화 코드 블록 init{}에서는 주 생성자의 초기화 코드 블록이 실행되는 단계를 확인할 수 있게 출력하고 있다.

Line 9~14의 보조 생성자 constructor()는 class Employee의 인스턴스 생성에 필

요한 속성들의 초기 설정값이 전달되지 않는 경우에 호출되며, this(“” , 0, 0, “”)로 class Employee의 주 생성자를 호출하도록 한다. 아울러, 보조 생성자가 호출되었다는 내용을 출력하여, class Employee에 초기화 정보가 제공되지 않은 상황에서 보조생성자가 호출되는 과정을 파악할 수 있게 하였다.

```
 1 :  /* Kotlin class Employee */
 2 :  class Employee (nm: String, rgID: Int, var empID : Int, var company: String,
        var department: String): Person(nm, rgID) {
 3 :      val dmmy_student = println("class Student:: primary constructor declaration of
             stID and stMajor")
 4 :
 5 :      init {
 6 :              println("class Student:: init{}")
 7 :      }
 8 :
 9 :      constructor(arg: Unit=println("class Student:: secondary constructor with
             no argument")): this("", 0, 0, "", "") {
10 :              var emp_id : Int = 0
11 :              var company: String? = null
12 :              var department: String? = null
13 :              println("class Student:: initialization of st_id and major with
                     default values in secondary constructor")
14 :      }
15 :
16 :      override fun toString() : String {
17 :              return "Employee(name=%s, reg_id=%d, emp_id=%d, company=%s,
                   department=%s)".format(this.name, this.regID, this.empID,
                     this.company, this.department)
18 :      }
19 :  }
```

그림 5.9 class Employee

그림 5.9 line 16~18에서는 toString() 멤버 함수를 class Employee의 속성을 지정된 포멧에 따라 출력하도록 오버라이딩으로 재정의한다.

그림 5.10은 class Person, class Student 및 class Employee의 응용 프로그램 예를 보여준다. Line 4에서 학생의 이름, 주민등록번호, 학번, 전공의 초기값이 모두 설정된 상태로 class Student의 인스탄스를 생성하여 st1에 저장한다. 이 경우에 class Student 및 class Person의 생성자 실행 절차는 그림 5.11에서 확인할 수 있다. 먼저 class Student의 주생성자를 거쳐, class Person의 주생성자와 init{} 코드 블록이 실행되는 것을 확인할 수 있으며, class Student의 주생성자와 init{} 코드 블록이 실행되어 주어진 초기값들로 설정되는 것을 확인할 수 있다.

그림 5.10 line 6에서는 class Student 인스탄스 생성에서 아무런 정보가 제공되지 않는 상태로 인스탄스를 생성하여 st2에 저장한다. 이 경우에는 class Student의 보조생성자가 먼저 실행되며, 주생성자 호출을 거쳐 class Person의 주생성자 및 init{} 코드블록이 실행되는 것을 확인할 수 있다. 이어서 class Student의 주생성자와 init{} 코드블록이 실행되며, 기본값으로 설정되는 것을 확인할 수 있다.

```
 1 :  /* Application of class Person and class Student */
 2 :
 3 :  fun main(args: Array<String>) {
 4 :      var st1 = Student("Kim", 20245678, 22401234, "ICT")
 5 :      println("st1 = " + st1); println()
 6 :      var st2 = Student()
 7 :      println("st2 = " + st2); println()
 8 :
 9 :      var emp1 = Employee("Choi", 12000, 7654,"Samsung", "MobileNetwork")
10 :      println("emp1 = " + emp1); println()
11 :      var emp2 = Employee()
12 :      println("emp2 = " + emp2); println()
13 :  }
```

그림 5.10 class Student 응용 프로그램

그림 5.10 line 9~12에서는 class Employee의 인스턴스를 생성하며, 속성의 초기값이 주어지는 경우와 주어지지 않는 경우를 비교하여 생성자들이 실행되는 단계를 확인할 수 있게 한다. 이 절차는 위에서 설명하였던 class Student의 생성 절차와 동일하게 진행되며, 데이터 멤버의 초기값이 모두 제공되는 경우 주생성자가 호출되며, 초기값이 제공되지 않는 경우 보조생성자를 통해 사전에 설정된 기본값으로 설정되는 과정을 그림 5.11에서 확인할 수 있다.

```
class Person:: primary constructor declaration of name and regID
class Person:: init{}
class Student:: primary constructor declaration of stID and stMajor
class Student:: init{}
st1 = Student(name=Kim, reg_id=20245678, st_id=22401234, major=ICT)

class Student:: secondary constructor with no argument
class Person:: primary constructor declaration of name and regID
class Person:: init{}
class Student:: primary constructor declaration of stID and stMajor
class Student:: init{}
class Student:: initialization of st_id and major with default values in secondary constructor
st2 = Student(name=, reg_id=0, st_id=0, major=)

class Person:: primary constructor declaration of name and regID
class Person:: init{}
class Student:: primary constructor declaration of stID and stMajor
class Student:: init{}
emp1 = Employee(name=Choi, reg_id=12000, emp_id=7654, company=Samsung, department=MobileNetwork)

class Student:: secondary constructor with no argument
class Person:: primary constructor declaration of name and regID
class Person:: init{}
class Student:: primary constructor declaration of stID and stMajor
class Student:: init{}
class Student:: initialization of st_id and major with default values in secondary constructor
emp2 = Employee(name=, reg_id=0, emp_id=0, company=, department=)
```

그림 5.11 class Person, class Student, class Employee 생성 및 출력 결과

5.3 다형성(Polymorphism)

5.3.1 다형성(Polymorphism)이란?

많은 종류의 도형들을 하나의 체계로 관리할 수 있다면 많은 장점을 가지게 된다. 예를 들어 그림 5.12에서 보는 다양한 2차원 및 3차원 도형들을 하나의 체계로 관리하며, 컴퓨터 모니터 화면에 표시하거나 제어할 수 있다면 많은 개수의 화면 표시 도형들을보다 더 쉽게 관리할 수 있을 것이다. 객체지향형 프로그래밍에서는 하나의 부모 클래스로부터 상속받아 파생된 자식/후손 클래스 인스탄스들을 다형성 (polymorphism) 기능을 사용하여 하나의 체계로 관리할 수 있게 한다. 예를 들어 그림 5.12의 도형들은 모두 class Shape으로부터 상속받아 파생된 클래스로 구현되며, 모든 도형 클래스의 부모가 되는 class Shape에는 print()와 draw() 멤버 함수가 open으로 정의되어 있어, 각 자식/파생 클래스들이 이들을 오버라이딩으로 재정의할 수 있게 한다.

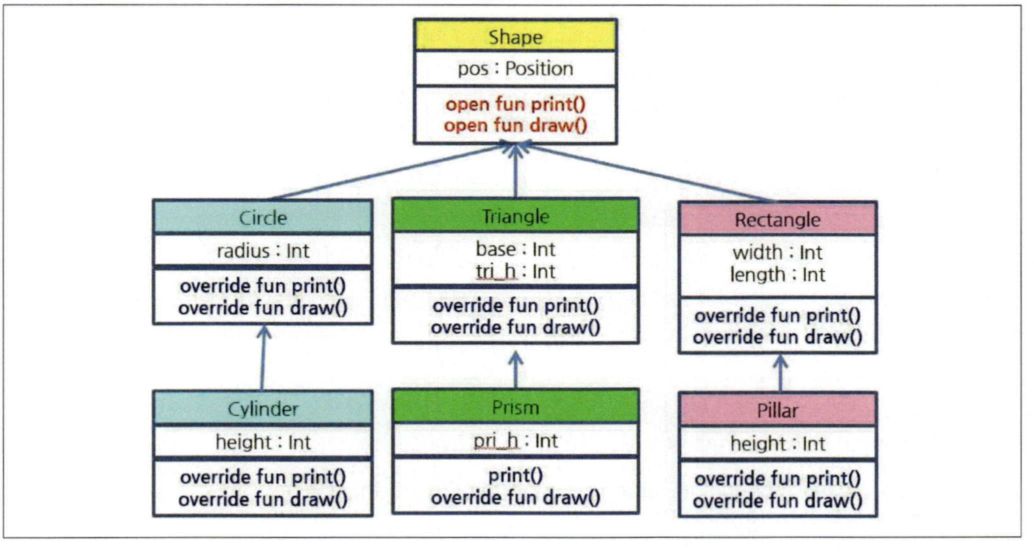

그림 5.12 다단계 상속 구조의 class Shape, class Circle, class Triangle, class Rectangle, class Cylinder, class Prism, class Pillar

5.3.2 다형성의 구현 예

그림 5.12에서 보는 것과 같이 class Shape을 상속받아 생성된 도형 클래스들은 공통적으로 print() 및 draw() 함수를 포함하게되고, 이 함수들을 override 키워드와 함께 재설정하면 실제 동작은 해당 클래스의 내용으로 실행시킬 수 있게 된다. Kotlin에서도 상속 기능과 함께 다형성 기능을 구성하고 활용할 수 있게 지원한다.

그림 5.13 ~ 5.19는 그림 5.12에서 설명한 도형 클래스들을 직접 Kotlin 프로그램으로 구현한 예제를 보여준다. 그림 5.13에서 class Shape을 구현하고 있으며, line 3에서 주생성자를 구성하며 데이터 멤버로 color, name, cx, cy, angle을 설정한다. Line 11~16에 print()와 draw() 멤버 함수를 구현하고, 이들을 open시켜 상속받은 클래스들이 오버라이

딩으로 재구현할 수 있게 한다.

```
package MyKotlinPackage

open class Shape(var color: String, var name : String, var cx : Int,
    var cy : Int, var angle : Int)
{
    init{
        println("Primary constructor of Shape(color=%s, name=%s, cx=%d,
            cy=%d, ang=%d)".format(color, name, cx, cy, angle))
    }
    constructor(color: String, name: String) : this(color, name, 0, 0, 0)
      {
        println("Secondary constructor of Shape")
    }
    open fun print() {
        print("Shape(color=%s, name=%s, cx=%d, cy=%d, ang=%d)".
            format(color, name, cx, cy, angle))
    }
    open fun draw() {
        println("Drawing a $this.color $this.name at ($this.cx, $this.cy)
            angle($this.angle)")
    }
}
```

그림 5.13 class Shape

그림 5.14에는 class Shape을 상속받는 class Circle을 구현한다. Line 3에서 radius를 데이터 멤버로 선언하며, 부모 클래스의 주생성자를 호출하여 color, name, cx, cy, angle을 설정하게 한다. Line 5~9에서 print() 함수를 오버라이딩으로 재설정하여 class Circle에 관련된 내용을 출력하게 한다. Line 10~12에서는 class Shape에서 구현되어 있는 draw() 함수를 오버라이딩으로 재설정하며, class Circle의 drawing 기능으로 구현하고 있다.

```
 1 : package MyKotlinPackage
 2 :
 3 : open class Circle(color: String?, nm: String?, cx: Int, cy: Int,
         ang: Int, val radius: Int) :
 4 :     Shape(color!!, nm!!, cx, cy, ang) {
 5 :     override fun print() {
 6 :         print("Circle (")
 7 :         super.print()
 8 :         print(", radius = %d)".format(radius))
 9 :     }
10 :     override fun draw() {
11 :         println("Drawing a %s %s at (%d, %d) angle(%d),
                 radius(%d)".format(color, name, cx, cy, angle, radius))
12 :     }
13 : }
```

그림 5.14 class Circle

그림 5.15에서는 class Shape을 상속받는 class Triangle을 구현한다. Line 3에서 base와 tri_height를 데이터 멤버로 선언하며, 부모 클래스의 주생성자를 호출하여 color, name, cx, cy, angle을 설정하게 한다. Line 5~9에서 print() 함수를 오버라이딩으로 재설정하여 class Triangle에 관련된 내용을 출력하게 한다. Line 10~12에서는 class Shape에서 구현되어 있는 draw() 함수를 오버라이딩으로 재설정하며, class Triangle의

drawing 기능으로 구현하고 있다.

```
package MyKotlinPackage

open class Triangle(color: String?, nm: String?, cx: Int, cy: Int,
        ang: Int, val base: Int, val tri_height: Int) :
        Shape(color!!, nm!!, cx, cy, ang)
{
        override fun print() {
            print("Triangle (")
            super.print()
            print(", base = %d, height = %d)".format(base, tri_height))
        }
        override fun draw() {
          println("Drawing a %s %s at (%d, %d) angle(%d), base(%d),
              height(%d)".format(color, name, cx, cy, angle, base, tri_height))
        }
}
```

그림 5.15 class Triangle

그림 5.16에서는 class Shape을 상속받는 class Rectangle을 구현한다. Line 3에서 width와 length를 데이터 멤버로 선언하며, 부모 클래스의 주생성자를 호출하여 color, name, cx, cy, angle을 설정하게 한다. Line 5~9에서 print() 함수를 overriding으로 재설정하여 class Rectangle에 관련된 내용을 출력하게 한다. Line 10~12에서는 class Shape에서 구현되어 있는 draw() 함수를 오버라이딩으로 재설정하며, class Rectangle의 drawing 기능으로 구현하고 있다.

```
 1 :  package MyKotlinPackage
 2 :
 3 :  open class Rectangle(color: String?, nm: String?, cx: Int, cy: Int,
            ang: Int, val width: Int, val length: Int ) :
 4 :        Shape(color!!, nm!!, cx, cy, ang) {
 5 :        override fun print() {
 6 :            print("Rectangle (")
 7 :            super.print()
 8 :            print(", width = %d, length = %d)".format(width, length))
 9 :        }
10 :        override fun draw() {
11 :            println("Drawing a %s %s at (%d, %d) angle(%d), width(%d),
      length(%d)".format(color, name, cx, cy, angle, width, length))
12 :        }
13 :  }
```

그림 5.16 class Rectangle

그림 5.17에서는 class Circle을 상속받는 class Cylinder를 구현한다. Line 3에서 height를 데이터 멤버로 선언하며, 부모 클래스인 class Circle의 주생성자를 호출하여 color, name, cx, cy, angle, radius을 설정하게 한다. Line 5~9에서 print() 함수를 overriding으로 재설정하여 class Cylinder에 관련된 내용을 출력하게 한다. Line 10~12에서는 class Shape에서 구현되어 있는 draw() 함수를 오버라이딩으로 재설정하며, class Cylinder의 drawing 기능으로 구현하고 있다.

```
package MyKotlinPackage

class Cylinder(color: String?, nm: String?, cx: Int, cy: Int, ang: Int,
        radius: Int, val height: Int) :
      Circle(color, nm, cx, cy, ang, radius) {
      override fun print() {
            print("Cylinder (")
            super.print()
            print(", height = %d)".format(height))
      }
      override fun draw() {
            println("Drawing a %s %s at (%d, %d) angle(%d), radius(%d),
height(%d)".format(color, name, cx, cy, angle, radius, height))
      }
}
```

그림 5.17 class Cylinder

그림 5.18에서는 class Triangle을 상속받는 class Prism을 구현한다. Line 3에서 height를 데이터 멤버로 선언하며, 부모 클래스인 class Triangle의 주생성자를 호출하여 color, name, cx, cy, angle, base, tri_height을 설정하게 한다. Line 5~9에서 print() 함수를 overriding으로 재설정하여 class Prism에 관련된 내용을 출력하게 한다. Line 10~12에서는 class Shape에서 구현되어 있는 draw() 함수를 오버라이딩으로 재설정하며, class Prism의 drawing 기능으로 구현하고 있다.

```
 1 :  package MyKotlinPackage
 2 :
 3 :  class Prism(color: String?, nm: String?, cx: Int, cy: Int, ang: Int,
            base: Int, tri_height: Int, val pr_height: Int ) :
 4 :        Triangle(color, nm, cx, cy, ang, base, tri_height) {
 5 :        override fun print() {
 6 :              print("Prism (")
 7 :              super.print()
 8 :              print(", pr_height = %d)".format(pr_height))
 9 :        }
10 :        override fun draw() {
11 :              println("Drawing a %s %s at (%d, %d) angle(%d), base(%d),
      tri_height(%d), pr_height(%d)".format(color, name, cx, cy, angle, base, tri_height,
      pr_height))
12 :        }
13 :  }
```

그림 5.18 class Prism

그림 5.19에서는 class Rectangle을 상속받는 class Pillar를 구현한다. Line 3에서 height를 데이터 멤버로 선언하며, 부모 클래스인 class Rectangle의 주생성자를 호출하여 color, name, cx, cy, angle, width, length를 설정하게 한다. Line 5~9에서 print() 함수를 overriding으로 재설정하여 class Pillar에 관련된 내용을 출력하게 한다. Line 10~12에서는 class Shape에서 구현되어 있는 draw() 함수를 오버라이딩으로 재설정하며, class Pillar의 drawing 기능으로 구현하고 있다.

```
package MyKotlinPackage

class Pillar(color: String?, nm: String?, cx: Int, cy: Int, ang: Int,
      width: Int, length: Int, val height: Int ) :
      Rectangle(color, nm, cx, cy, ang, width, length) {
      override fun print() {
            print("Pillar (")
            super.print()
            print(", height = %d)".format(height))
      }
      override fun draw() {
            println("Drawing a %s %s at (%d, %d) angle(%d), width(%d), length(%d),
height(%d)".format(color, name, cx, cy, angle, width, length, height))
      }
}
```

그림 5.19 Class Pillar

```
 1 : /* Kotlin class inheritance with polymorphism */
 2 : import MyKotlinPackage.*
 3 :
 4 : fun main(args: Array<String>) {
 5 :     val shapes : Array<Shape> = arrayOf(
 6 :     Shape("Red", "Shape", 0, 0, 0),
 7 :     Circle("Blue", "Circle", 1, 1, 1, 1),
 8 :     Triangle("Green", "Triangle", 2, 2, 2, 2, 2),
 9 :     Rectangle("Brown", "Rectangle", 3, 3, 3, 3, 3),
10 :     Cylinder("Black", "Cylinder", 1, 1, 1, 1, 10),
11 :     Prism("Purple", "Prism", 2, 2, 2, 2, 2, 20),
12 :     Pillar("Magenta", "Pillar", 3, 3, 3, 3, 3, 30)
13 :     )
14 :
15 :     for (shp in shapes) {
16 :             shp.print(); println()
17 :     }
18 :
19 :     for (shp in shapes) {
20 :             shp.draw()
21 :     }
22 : }
```

그림 5.20 응용 프로그램 - main()

그림 5.20은 앞에서 구현된 class Shape, class Circle, class Triangle, class Rectangle, class Cylinder, class Prism, class Pillar를 다형성으로 사용하는 응용 프로그램 예제를 보여준다. Line 5에서 class Shape 인스턴스의 배열을 구성하며, line 6~12에서 class Shape, class Circle, class Triangle, class Rectangle, class Cylinder, class Prism, class Pillar의 인스턴스들을 관련된 초기화 정보를 기반으로 생성하여, 배열의 원소로 사용하게 한다. 이 인스턴스들의 생성 단계에서 각 클래스의 주생성자가 실행되는 단계별 진행 상황을 파악할 수 있다.

그림 5.20 line 15~17에서는 Array<Shape> 배열인 shapes에 포함된 각 원소들의 print() 멤버 함수를 사용하여 해당 도형의 정보를 출력하게 한다. 이 구성에서 class Shape의 print() 함수를 실행하도록 for 반복문이 구성되어 있으나, 실제 실행되는 것은 class Shape을 상속 받아 구현된 class에서 override로 구현된 print() 멤버 함수가 실

행되며, 다형성 (polymorphism)의 기능이 실행되는 것을 확인할 수 있다.

Line 19~21에서도 Array<Shape> 배열인 shapes에 포함된 각 원소들의 draw() 멤버 함수를 사용하여 동일 체계로 각 도형의 그리기 (drawing) 기능을 수행하게 한다. 실제 이 draw() 함수가 다형성으로 각 상속받은 클래스에서 구현한 draw() 멤버 함수가 실행되면서 출력되는 내용을 그림 5.21에서 확인할 수 있다.

```
Primary constructor of Shape(color=Red, name=Shape, cx=0, cy=0, ang=0)
Primary constructor of Shape(color=Blue, name=Circle, cx=1, cy=1, ang=1)
Primary constructor of Shape(color=Green, name=Triangle, cx=2, cy=2, ang=2)
Primary constructor of Shape(color=Brown, name=Rectangle, cx=3, cy=3, ang=3)
Primary constructor of Shape(color=Black, name=Cylinder, cx=1, cy=1, ang=1)
Primary constructor of Shape(color=Purple, name=Prism, cx=2, cy=2, ang=2)
Primary constructor of Shape(color=Magenta, name=Pillar, cx=3, cy=3, ang=3)
Shape(color=Red, name=Shape, cx=0, cy=0, ang=0)
Circle (Shape(color=Blue, name=Circle, cx=1, cy=1, ang=1), radius = 1)
Triangle (Shape(color=Green, name=Triangle, cx=2, cy=2, ang=2), base = 2, height = 2)
Rectangle (Shape(color=Brown, name=Rectangle, cx=3, cy=3, ang=3), width = 3, length = 3)
Cylinder (Circle (Shape(color=Black, name=Cylinder, cx=1, cy=1, ang=1), radius = 1), height = 10)
Prism (Triangle (Shape(color=Purple, name=Prism, cx=2, cy=2, ang=2), base = 2, height = 2), pr_height = 20)
Pillar (Rectangle (Shape(color=Magenta, name=Pillar, cx=3, cy=3, ang=3), width = 3, length = 3), height = 30)
Drawing a Red Shape at (0, 0) angle(0)
Drawing a Blue Circle at (1, 1) angle(1), radius(1)
Drawing a Green Triangle at (2, 2) angle(2), base(2), height(2)
Drawing a Brown Rectangle at (3, 3) angle(3), width(3), length(3)
Drawing a Black Cylinder at (1, 1) angle(1), radius(1), height(10)
Drawing a Purple Prism at (2, 2) angle(2), base(2), tri_height(2), pr_height(20)
Drawing a Magenta Pillar at (3, 3) angle(3), width(3), length(3), height(30)
```

그림 5.21 다형성 응용 프로그램의 실행결과

5.3.3 Upcasting과 Downcasting

앞 절에서 설명한 상속관계에서 부모클래스인 class Shape과 자식 클래스인 class Circle의 인스탄스를 각각 생성하고, 자식 클래스의 인스탄스를 부모 클래스의 인스탄스에 대입하는 경우를 upcasting이라 하며, 부모 클래스의 인스탄스를 자식 클래스의 인스탄스에 대입하는 경우를 downcasting이라 한다. 그림 5.22의 line 2~20에서는 class Shape과 class Circle을 상속관계에 있는 클래스들로 구현하고 있다.

그림 5.22 line 22, 23에서 class Shape과 class Circle의 인스탄스를 생성하여 각각 s1과 c1에 대입하고, 이들을 출력하면, 그림 5.23에서 볼 수 있는 것과 같이 정상적으로 생성된 것을 확인할 수 있다.

그림 5.22 line 30~31에서 c1을 class Shape 자료형의 s에 대입한 후, s를 출력하면 c1의 내용이 출력되는 것을 알 수 있는데, 이는 print() 멤버 함수가 오버라이딩으로 구현되어 있기 때문에 실제 s.print()의 실행에서 실제 class Circle의 print가 실행되었기 때문이다.

```
 1 : /* Kotlin Class Inheritance, Polymorphism, testing Upcastng
           and Downcasting */
 2 : open class Shape(var color: String, var name : String,
           var cx : Int, var cy : Int, var angle : Int)
 3 : {
 4 :     init{
 5 :         println("Primary constructor of Shape(color=%s, name=%s,
                 cx=%d, cy=%d, ang=%d)".format(color, name, cx, cy, angle))
 6 :     }
 7 :     open fun print() {
 8 :         print("Shape(color=%s, name=%s, cx=%d, cy=%d, ang=%d)".
                 format(color, name, cx, cy, angle))
 9 :     }
10 : }
11 :
12 : open class Circle(color: String?, nm: String?, cx: Int, cy: Int,
          ang: Int, val radius: Int) :
13 :     Shape(color!!, nm!!, cx, cy, ang) {
14 :     override fun print() {
15 :         var str = "Circle ("
16 :         str += "color=%s, name=%s, cx=%d, cy=%d, ang=%d".
                 format(color, name, cx, cy, angle)
17 :         str += ", radius = %d)".format(radius)
18 :         print(str)
19 :     }
20 : }
21 : fun main(args: Array<String>) {
22 :     val s1 = Shape("Red", "Shape", 0, 0, 0)
23 :     val c1 = Circle("Blue", "Circle", 1, 1, 1, 1)
24 :     print("s1 = "); s1.print(); println()
25 :     print("c1 = "); c1.print(); println()
26 :
27 :     // Upcasting
28 :     var s : Shape = c1
29 :     print("s = c1 = "); s.print(); println()
30 :     //print("s.radius = " + s.radius) // Syntax Error
31 :
32 :     // Downcasting => Syntax Error
33 :     var c : Circle = s1 as Circle
34 :     print("c = s1 as Circle = "); c.print()
35 : }
```

그림 5.22 Kotlin 상속 관계 클래스 인스턴스의 Upcasting과 Downcasting 예

```
Primary constructor of Shape(color=Red, name=Shape, cx=0, cy=0, ang=0)
Primary constructor of Shape(color=Blue, name=Circle, cx=1, cy=1, ang=1)
s1 = Shape(color=Red, name=Shape, cx=0, cy=0, ang=0)
c1 = Circle (color=Blue, name=Circle, cx=1, cy=1, ang=1, radius = 1)
s = c1 = Circle (color=Blue, name=Circle, cx=1, cy=1, ang=1, radius = 1)
Exception in thread "main" java.lang.ClassCastException Create breakpoint : class Shape cannot be cast to
 class Circle (Shape and Circle are in unnamed module of loader 'app')
    at MainKt.main(Main.kt:34)
```

그림 5.23 실행결과

5.3.4 Upcasting에서의 Slicing 문제

그림 5.22 예제 프로그램의 line 30에서 s.radius를 직접 출력하도록 소스코드를 작성하는 경우 문법적 오류가 있는 것으로 확인할 수 있는데, 이는 변수 s의 자료형인 class

Shape에는 radius라는 속성이 없기 때문이다. 이렇게 상속받은 클래스의 인스턴스를 부모 클래스의 인스턴스로 대입시키는 경우, 자식 클래스에는 포함되어 있지만 부모 클래스에는 포함되어 있지 않는 속성이 있을 수 있으며, 이러한 경우 부모 클래스 인스턴스로 자식 클래스에만 있는 속성에 접근하고자 하면 오류가 발생된다. 이를 slicing 문제라고 한다.

그림 5.24에서 upcasting에서의 slicing 문제가 발생되는 상황을 설명하고 있다. Class Shape을 상속받는 class Circle에는 class Shape에 해당하는 속성이 포함되어 있어 upcasting 대입 연산에는 문제가 없으나, 실제 upcasting에서 전달되는 속성의 범위는 부모 클래스의 속성 범위이며, 자식 클래스인 class Circle에서 추가로 가지는 radius는 upcasting 대입 연산에서 제외된다. 따라서 upcasting 대입 연산을 한 후, 부모 클래스 인스턴스 또는 레퍼런스로 자식 클래스에 추가되어 있는 속성에 접근하려고 하면 문제가 발생하는 것이다.

Upcasting 대입연산에서의 slicing 문제를 해결하는 방법은 상속에서 사용되는 부모 클래스에 미리 overriding 될 수 있는 함수를 정의하고, 이를 자식 클래스에서 오버라이딩으로 구현하면 실제 부모 클래스 레퍼런스로 실행되는 단계에서 자식 클래스의 오버라이딩 된 함수가 실행되어 문제가 발생되지 않게 된다. 그림 5.22의 예제에서 print() 멤버 함수가 이러한 오버라이딩 구조로 구현되어 line 29의 s.print()에서도 class Circle의 인스턴스 c1의 정보가 모두 정상적으로 출력되었던 것이다.

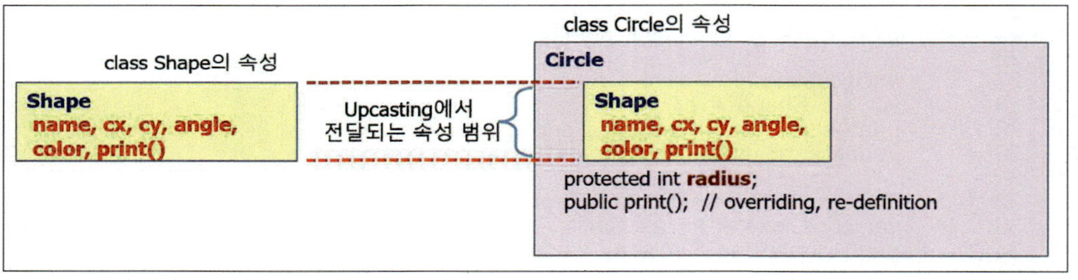

그림 5.24 Upcasting에서의 Slicing 문제

5.3.5 as 연산자를 사용한 자료형 변환과 Downcasting에서의 문제

만약 앞의 그림 5.22 line 33~34에서는 class Shape의 인스턴스 s1을 class Circle 자료형으로 형변환시켜 class Circle 자료형의 변수 c에 대입하고, c.print()를 사용하여 출력하도록 하는 경우 그림 5.23의 마지막 부분에서 볼 수 있는 것과 같이 예외 상황이 발생되는 것을 볼 수 있다. 이는 s1 (class Shape의 인스턴스)에는 c (class Circle의 자료형)에서 사용하고자 하는 radius 정보가 s1에는 포함되어 있지 않기 때문이다.

이와 같이 상속관계에 있는 부모클래스의 인스턴스를 자식 클래스 자료형의 변수에 대입시키고자 할때, as xyz의 형식으로 형 변환을 시킬 수는 있지만, 형 변환으로 설정되는 자료형(클래스)에서 접근하고자하는 속성이 형 변환 대상 인스턴스에 포함되어 있지 않으면 예외 상황이 발생하게 된다.

5.3.6 상속관계에서 부모클래스의 가상 메서드와 자식 클래스 메서드의 오버라이딩된 멤버 함수의 지연바인딩(latebinding)

그림 5.22 예제 프로그램에서 line 28, 29에서 upcasting을 사용하여 class Circle 인스탄스를 class Shape 자료형의 변수 s에 대입시키고, s.print() 멤버 함수를 실행시킬 때 실제 실행되는 함수는 class Shape의 print() 멤버 함수가 아니라 class Circle의 print() 멤버 함수가 실행되는 것을 그림 5.23에서 확인할 수 있었다. 이렇게 실행 시점에서의 메서드 호출이 실제로 어떤 클래스의 메서드를 호출할 지 결정되는 것이 컴파일 단계가 아니라 실행단계에서 지연되어 바인딩되고 실행되는 것을 지연 바인딩 (late binding)이라 하며, 다형성 (polymorphism)을 구현하는 중요한 원리 중 하나이다.

```
 1 :  /* Kotlin class Inheritance, Polymorphism, latebinging */
 2 :  open class Parent {
 3 :       open fun print() {
 4 :            println("class Parent::print()")
 5 :       }
 6 :  }
 7 :
 8 :  class Child_A : Parent() {
 9 :       override fun print() {
10 :            println("class Child_A::print()")
11 :       }
12 :  }
13 :
14 :  class Child_B : Parent() {
15 :       override fun print() {
16 :            println("class Child_B::print()")
17 :       }
18 :  }
19 :
20 :  fun main() {
21 :       var parent: Parent = Child_A()
            // latebinding is handled at program execution, here !!
22 :       print("parent = Child_A(); parent.print() => ")
23 :       parent.print() // print() of class Child is latebinded
24 :
25 :       parent = Child_B()
            // another latebinding is handled at program execution, here !!
26 :       print("parent = Child_B(); parent.print() => ")
27 :       parent.print() // print() of class Child is latebinded
28 :  }
```

그림 5.25 Kotlin 소스코드

그림 5.25에서 상속관계의 class Parent와 class Child_A 및 class Child_B를 각각 구현하고, class Parent에 구현되어 있는 print() 멤버 함수를 class ChildA와 class Child_B에서 각각 오버라이딩으로 재구현하는 예를 보여준다.

Line 21~27에서는 class Parent와 class Child_A 및 Child_B의 응용 프로그램인 main() 함수에서 class Parent의 자료형인 변수 parent를 생성하여, 이 변수를 사용하여 Child_A와 Child_B 인스탄스를 사용하도록 구성되어 있다. Line 21~23에서는 class Child_A 인스탄스를 생성하여 parent에 대입시키고 parent를 사용하여 print() 멤버 함수를 실행시킨다. 이 실행 결과는 그림 5.26에서 class Child_A의 print() 멤버 함수가 실행된 것을 확인할 수 있다. Line 25~27에서는 class Child_B의 인스턴스를 생성하여 변수 parent에 대입시키고, parent를 사용하여 print() 멤버 함수를 실행시킨다. 그 실행 결과는 그림 5.26 두번째 출력에서와 같이 class Child_B의 print() 멤버 함수가 실행된 것을 알 수 있다.

이 예제를 통하여 parent 변수 (class Parent 자료형)의 print() 멤버 함수에 연결되는 실행 함수가 프로그램 실행 단계에서 결정되는 latebinding이 일어난다는 것을 확인할 수 있다..

```
parent = Child_A(); parent.print() => class Child_A::print()
parent = Child_B(); parent.print() => class Child_B::print()
```

그림 5.26 실행결과

그림 5.27은 지연 바인딩의 또 다른 예제를 보여준다. 이 예에서는 class Animal에 makeSound() 멤버 함수가 구현되어 있고, 이를 상속받아 다양한 종류의 동물들의 클래스(class Dog, class Cat, class Cow, class Frog, class 등)들을 구현한다. 각 동물 클래스는 해당 동물의 울음소리를 makeSound() 멤버 함수에서 출력하도록 구현되어 있다.

Line 33에서는 구현된 동물들의 인스턴스를 생성하고, 이들을 List<Animal> 자료형인 animals에 리스트 원소로 포함시킨다. Line 35~37에서는 for 반복문을 사용하여 리스트에 포함된 동물 인스턴스들을 차례로 열거하며 animal에 대입되고, animal.makeSound()로 멤버 함수를 실행하도록 한다. 실행 결과는 그림 5.28에서 볼 수 있는 것과 같이, for 반복문에서 사용되는 변수 animal에는 다양한 동물 인스턴스가 차례로 대입되며, 이 시점에서 해당 동물의 makeSound() 멤버 함수가 latebinding 된다는 점을 이해할 수 있다.

```
 1 :  /* Kotlin Polymorphism, Latebinding, Animal, Dog, Cat */
 2 :  open class Animal {
 3 :      open fun makeSound() {
 4 :          println("Animal makes sound")
 5 :      }
 6 :  }
 7 :
 8 :  class Dog : Animal() {
 9 :      override fun makeSound() {
10 :          println("Dog barks")
11 :      }
12 :  }
13 :
14 :  class Cat : Animal() {
15 :      override fun makeSound() {
16 :          println("Cat meows")
17 :      }
18 :  }
```

그림 5.27 Polymorphism, latebinding (part 1)

```
class Cow : Animal() {
    override fun makeSound() {
        println("Cow moos")
    }
}

class Frog : Animal() {
    override fun makeSound() {
        println("Frog croaks")
    }
}

fun main() {
    val animals: List<Animal>
         = listOf(Animal(), Dog(), Cat(), Cow(), Frog())

    for (animal in animals) {
        animal.makeSound()
            // Late binding에 의해 각 클래스의 sound 메서드가 실행됨
    }
}
```

그림 5.27 Polymorphism, latebinding (part 2)

```
Animal makes sound
Dog barks
Cat meows
Cow moos
Frog croaks
```

그림 5.28 실행결과

5.3.7 다형성과 시스템 확장성

상속 기능을 사용하여 큰 규모의 시스템 개발에서 소프트웨어 재활용의 장점을 최대한 활용할 수 있으며, 시스템 개발 기간과 비용을 줄일 수 있다. 상속 개념과 다형성을 잘 활용하면 시스템의 확장성도 향상시킬 수 있다. 다형성을 지원하는 구조로 시스템을 설계 및 구현한 경우 (즉, 추가된 모듈들도 시스템 관리용 멤버 함수를 오버라이딩으로 구현하는 경우)에는 추가적으로 개발된 모듈들도 기존의 관리 체계를 변경하지 않고, 추가하여 함께 관리할 수 있게 된다.

그림 5.29에서 class Shape을 상속받는 class Circle, class Triangle, class Rectangle, class Cylinder, class Prism, class Pillar를 첫번째 단계에서 개발하고, 이들을 class Shape에 정의된 멤버 함수를 사용하는 하나의 관리 체계로 구성하면, class Shape의 시스템 관리용 멤버 함수를 오버라이딩으로 구현하고 있는 파생 클래스들을 하나의 체계로 관리할 수 있게 되는 것이다.

이와 같이 큰 규모의 시스템 개발에서는 상속 개념을 잘 활용하도록 주요 클래스들을 계층적으로 설계 및 구현하고, 다형성 기능을 잘 활용할 수 있도록 시스템 운용 및 관리용 멤버

함수를 정의한 후, 파생클래스 들이 이 멤버 함수들을 오버라이딩으로 구현하여 전체 파생 모듈들을 하나의 체계로 관리할 수 있게 하는 것이 매우 중요하다.

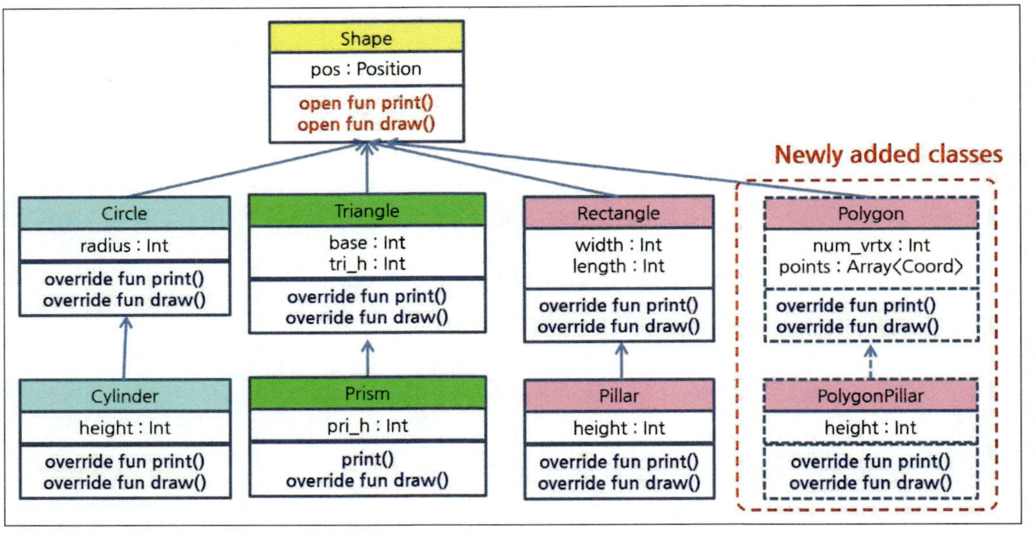

그림 5.29 다형성 기반의 시스템 확장성

5.4 추상클래스(Abstract Class)와 인터페이스(Interface)

5.4.1 추상클래스(Abstract Class)

추상클래스 (abstract class)란 클래스 내에 추상메서드가 포함되어 있거나, 클래스에 abstract 키워드가 선언되어 있는 클래스를 의미한다. 추상 메서드란 abstract 키워드와 함께 함수 원형은 선언되어 있으나 실행 코드가 구현되어 있지 않은 메서드를 의미한다. 추상 메서드가 포함되어 있는 경우, 반드시 클래스 선언에 abstract 키워드가 선언되어야 한다. 추상 클래스는 객체를 생성할 수 없다.

그림 5.30은 상속 관계에 있는 class Animal, class Dog, class Cat의 구현 및 응용 프로그램 예제를 보여준다. class Animal의 선언에서 abstract 키워드가 선언되어 있고, 데이터 멤버 name과 멤버 함수 makeSound()에 모두 abstract 키워드가 선언되어 있다. 그림 5.30 line 8~10에는 멤버 함수 sleep()이 구현되어 있다. class Animal은 abstrac 키워드에 의하여 추상 클래스로 선언되어 있기 때문에 class Animal을 사용하여 인스탄스를 생성할 수 없다.

그림 5.30 line 14~21에는 class Animal을 상속받는 class Dog이 구현되어 있다. Line 16과 18에서 데이터 멤버 name과 멤버 함수 makeSound() 모두에게 override 키워드가 선언되어 있으며, 이는 부모클래스인 class Animal에 선언되어 있던 abstract 데이터 멤버와 멤버 함수를 오버라이딩으로 설정하는 것이다.

```
 1 : /* Kotlin abstract class */
 2 : abstract class Animal { // Define an abstract class Animal
 3 :     // Abstract property (must be overridden in derived classes)
 4 :     abstract val name: String
 5 :     abstract fun makeSound()
 6 :
 7 :     // Regular method
 8 :     fun sleep() {
 9 :         println("$name is sleeping")
10 :     }
11 : }
12 :
13 : // Define a class Dog that inherits from Animal
14 : class Dog : Animal() {
15 :     // Override the abstract property
16 :     override val name: String = "Dog"
17 :     // Override the abstract method
18 :     override fun makeSound() {
19 :         println("Dog:: Woof! Woof!")
20 :     }
21 : }
22 :
23 : // Define a class Cat that inherits from Animal
24 : class Cat : Animal() {
25 :     // Override the abstract property
26 :     override val name: String = "Cat"
27 :     // Override the abstract method
28 :     override fun makeSound() {
29 :         println("Cat:: Meow! Meow!")
30 :     }
31 : }
32 :
33 : fun main() {
34 :     // Create instances of Dog and Cat
35 :     val dog = Dog()
36 :     val cat = Cat()
37 :
38 :     // Call the overridden methods
39 :     dog.makeSound() // Outputs: Woof! Woof!
40 :     dog.sleep()     // Outputs: Dog is sleeping
41 :
42 :     cat.makeSound() // Outputs: Meow! Meow!
43 :     cat.sleep()     // Outputs: Cat is sleeping
44 : }
```

그림 5.30 추상클래스 (abstract class) 예

Line 23~30에는 class Animal을 상속받는 class Cat을 구현하고 있으며, line 26과 28에서 데이터 멤버 name과 멤버 함수 makeSound()를 override로 설정하며, class Cat의 내용으로 구현하고 있다.

그림 5.30 line 33~44에서는 class Dog, class Cat의 인스탄스를 생성하여 변수 dog와 cat에 저장하고, 이들 인스탄스의 멤버 함수인 makeSound()와 sleep()을 실행시킨다.

그림 5.31의 실행 결과에서 인스탄스 dog과 cat의 멤버 함수 makeSound()는 추상 클래스 Animal에서 추상 메서드로 선언되어 있으며, class Dog와 class Cat에서 오버라이딩으로 구현된 내용이 실행되는 것을 확인할 수 있다. sleep() 멤버 함수는 class Dog와 class Cat에서는 구현하지 않았으나, 부모 클래스인 class Animal에서 구현되어 있는 멤버 함수가 실행되며, 데이터 멤버인 name을 class Dog와 class Cat의 생성자에서 오버라

이딩으로 설정하는 내용이 출력되는 것을 알 수 있다.

```
Dog:: Woof! Woof!
Dog is sleeping
Cat:: Meow! Meow!
Cat is sleeping
```

그림 5.31 실행결과

5.4.2 Kotlin의 인터페이스(Interface)

(1) Kotlin 인터페이스 정의 및 사용 예

Kotlin에서 인터페이스 (interface)는 interface 키워드를 사용하여 지정하며, 메서드를 구현없이 선언만 할 수 있고 (추상 메서드), 기본 구현을 포함할 수도 있다. Kotlin 인터페이스는 객체 지향 프로그래밍에서 다형성을 지원하고, 클래스 간의 결합도를 낮추며, 코드의 재 사용성을 높이기 위하여 사용된다.

그림 5.32에 Kotlin interface Animal을 구현하고, 이를 상속 받아 class Dog 및 class Cat을 구현한 후, 이들을 활용하는 예를 보여준다. Line 3에서 보는 것과 같이, 인터페이스 선언에서는 키워드 interface를 class 키워드 대신 사용한다. 인터페이스 내부에 포함되는 멤버 함수는 line 5에서와 같이 함수 원형만 제공되는 추상 메서드 (abstract method)와 line 8~10에서와 같이 기본 구현을 포함하는 메서드가 포함될 수 있다. 인터페이스에서 추상 메서드로 선언된 멤버 함수는 이 인터페이스를 상속받아 구현되는 클래스에서 반드시 오버라이딩으로 구현하여야 하며, 추상 메서드가 모두 구현된 클래스인 경우에만 인스탄스를 생성할 수 있다.

그림 5.32 line 14~24에는 interface Animal을 상속받아 class Dog이 구현되며, line 16~18에서 추상 메서드 makeSound()를 class Dog의 멤버함수로 구현하고 있다. Line 20~23에서는 interface Animal에서 기본 기능으로 구현되었던 sleep() 멤버 함수를 오버라이딩으로 구현하고 있으며, class Dog의 내용으로 변경하여 구현하고 있다.

Line 27~34에서는 interface Animal을 상속받아 class Cat을 구현하고 있으며, line 29~30에서 추상 메서드 makeSound()를 class Cat의 내용으로 구현하고 있다. class Cat에서는 interface Animal에서 기본 기능으로 구현되었던 sleep() 멤버 함수를 별도로 구현하지 않으므로, class Cat 인스탄스에서 sleep() 멤버 함수를 실행하면 interface Animal에서 기본 기능으로 구현되었던 내용이 실행된다.

```
 1 : /* Kotlin class Animal with interface */
 2 : // Define the Animal interface
 3 : interface Animal {
 4 :     // Abstract method that must be implemented by classes
           //   that implement this interface
 5 :     fun makeSound()
 6 :
 7 :     // Regular method with a default implementation
 8 :     fun sleep() {
 9 :         println("The animal is sleeping")
10 :     }
11 : }
12 :
13 : // Define the Dog class that implements the Animal interface
14 : class Dog : Animal {
15 :     // Implement the makeSound method
16 :     override fun makeSound() {
17 :         println("Dog:: Woof! Woof!")
18 :     }
19 :
20 :     // Optionally override the sleep method
           //  if different behavior is needed
21 :     override fun sleep() {
22 :         println("The dog is sleeping")
23 :     }
24 : }
25 :
26 : // Define the Cat class that implements the Animal interface
27 : class Cat : Animal {
28 :     // Implement the makeSound method
29 :     override fun makeSound() {
30 :         println("Cat:: Meow! Meow!")
31 :     }
32 :
33 :     // Use the default implementation of sleep from the interface
34 : }
35 :
36 : fun main() {
37 :     // Create instances of Dog and Cat
38 :     val dog = Dog()
39 :     val cat = Cat()
40 :
41 :     // Call the makeSound method on both instances
42 :     dog.makeSound() // Outputs: Woof! Woof!
43 :     dog.sleep()     // Outputs: The dog is sleeping
44 :
45 :     cat.makeSound() // Outputs: Meow! Meow!
46 :     cat.sleep()     // Outputs: The animal is sleeping
47 : }
```

그림 5.32 Kotlin 인터페이스 예제 – interface Animal

그림 5.32 line 38, 39에서는 class Dog과 class Cat의 인스탄스를 생성하여 각각 dog과 cat 변수에 대입한다. Line 42, 43에서 dog.makeSound()와 dog.sleep()을 실행하였을 때, class Dog에서 구현하였던 makeSound()와 sleep() 멤버 함수가 실행된 것을 그림 5.33에서 확인할 수 있다. Line 45~46에서 class Cat의 인스탄스인 cat으로 makeSound()와 sleep() 멤버 함수를 실행하였을 때 makeSound()는 class Cat에서 구현한 내용이 실행되며, sleep()는 class Cat에서 별도로 구현하지 않았으므로 interface Animal에서 기본 기능으로 구현된 내용이 실행된 것을 확인할 수 있다.

```
Dog:: Woof! Woof!
The dog is sleeping
Cat:: Meow! Meow!
The animal is sleeping
```

그림 5.33 실행결과

Kotlin 인터페이스와 추상 클래스 (abstract class)는 유사하지만 다음과 같은 몇 가지 차이점이 있다:

- 인터페이스는 다중 상속이 가능하지만 추상 클래스는 단일 상속만 가능함
- 인터페이스는 상태(필드)를 가질 수 없지만, 추상 클래스는 상태를 가질 수 있음
- 추상 클래스는 생성자를 가질 수 있지만, 인터페이스는 생성자를 가질 수 없음

(2) Kotlin 인터페이스의 추상 프로퍼티 (abstract property)

Kotlin 인터페이스는 기본적으로 상태 (state)를 가지는 데이터 멤버(field)를 포함할 수 없다. 인터페이스가 상태를 가지지 않도록 설계된 이유는 인터페이스가 행동(메서드)를 정의하고, 이를 여러 클래스에서 일관되게 구현할 수 있도록 돕기 위한 것이다. 그러나 Kotlin에서는 인터페이스에 추상 프로퍼티 (abstract property)나 기본 구현이 있는 프로퍼티를 정의할 수 있다.

```
 1 : /* Kotlin interface with abstract property */
 2 : interface MyInterface {
 3 :     val property_a: String   // abstract property
 4 :     val property_b: String
 5 :         get() = "getting default value of property_b"
 6 : }
 7 :
 8 : class MyClass : MyInterface {
 9 :     override val property_a: String = "Hello, World!"
            // 프로퍼티를 구현 클래스에서 초기화
10 : }
11 :
12 : fun main() {
13 :     val myClass = MyClass()
14 :     println("myClass.property_a => " + myClass.property_a)
15 :     println("myClass.property_b => " + myClass.property_b)
16 : }
```

그림 5.34 추상 프로퍼티와 기본 구현이 있는 프로퍼티의 인터페이스 정의 및 활용

그림 5.34 line 3~5에서 추상 프로퍼티 property_a와 getter 기본 구현이 포함된 property_b를 포함하고 있는 interface MyInterface와 이를 상속받아 구현하는 class MyClass의 예를 보여준다. interface Myinterface에 포함된 property_a와 property_b가 val로 선언되어 있는 점에 주목하여야 한다. 만약 val 대신 var로 선언하여 이 데이터 멤버가 다른 값으로 변경가능하도록 설정하면, syntax 오류가 발생하게 된다. 즉,

인터페이스는 변경 가능한 상태 (state)를 가지지 않도록 하는 원칙에 위배되기 때문이다.

Line 9에서는 property_a를 오버라이딩으로 정의하며, 기본 기능을 가지도록 구현되어 있는 property_b는 별도로 오버라이딩으로 구현하지 않고 있다. Line 13~15에서 class MyClass의 인스턴스를 생성하고 이를 사용하여 property_a와 property_b를 출력할 때, 그림 5.35에서 보는 것과 같이 정상적인 결과를 확인할 수 있다.

```
myClass.property_a => Hello, World!
myClass.property_b => getting default value of property_b
```

그림 5.35 실행결과

5.5 Kotlin 인터페이스의 다중 상속 (Muliple Inheritance)

5.5.1 인터페이스 다중 상속 (Multiple Inheritance) - class SmartPhone

Kotlin에서 클래스의 상속은 부모 클래스 하나만 허용하지만, 인터페이스는 여러 개의 인터페이스를 다중 상속할 수 있도록 허용한다. 그림 5.36은 스마트폰을 상속 체계에 따라 구현하기 위한 클래스 및 인터페이스 구상 예제를 보여 준다. 이 예에서 스마트폰의 가장 기본적인 기능인 전화 (Telephone) 기능에 추가하여 MP3 기능, Camera 기능, AudioRecorder 기능, 그리고 Navigator 기능에 관련된 인터페이스를 i_MP3, i_Camera, i_AudioRecorder, i_Navigator로 설정하고 있다.

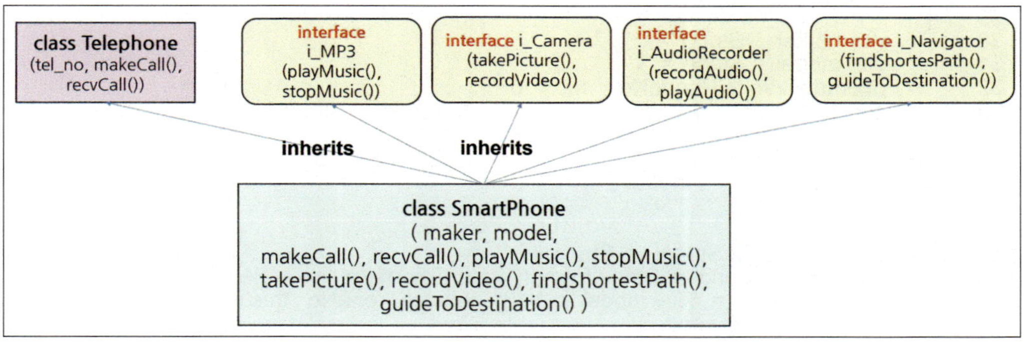

그림 5.36 Kotlin 인터페이스 다중 상속 – class SmartPhone

그림 5.37은 스마트 폰의 기능을 Kotlin 클래스와 인터페이스의 다중 상속으로 구현하는 예시를 보여준다. Line 3~10에서는 스마트폰의 가장 기본적인 기능인 전화(telephone) 기능을 추상 클래스로 정의하고 있다. 이 전화 기능에는 정수 자료형인 전화번호가 추상 데이터로 포함되어 있고, 보조 생성자가 실행되면서 전화번호가 설정되도록 한다. class Telephone은 추상 메서드로 전화걸기를 위한 makeCall(), 전화받기를 위한 recvCall()의 추상 메서드가 정의되어 있다.

Line 11~27에서는 스마트폰의 서비스 기능인 MP3, Camera, AudioRecorder,

Navigator 기능의 인터페이스가 차례로 정의되어 있다. 이 인터페이스들에는 상태를 저장할 수 있는 데이터 멤버는 포함되어 있지 않고, 서비스 기능 위주의 멤버 함수 (메서드) 만 포함되어 있다.

```
 1 :  /* Kotlin class with multiple interfaces - class SmartPhone */
 2 :
 3 :  abstract class Telephone() {
 4 :      abstract public open var telPhoneNo : Int
 5 :      constructor (phone_no : Int) : this() {
 6 :          telPhoneNo = phone_no
 7 :      }
 8 :      abstract fun makeCall(dest : Int)
 9 :      abstract fun recvCall(src : Int)
10 :  }
11 :  interface I_MP3 {
12 :      fun playMusic()
13 :      fun stopMusic()
14 :      fun recordMusic()
15 :  }
16 :  interface I_Camera {
17 :      fun takePicture()
18 :      fun recordVideo()
19 :  }
20 :  interface I_AudioRecorder {
21 :      fun recordAudio()
22 :      fun playAudio()
23 :  }
24 :  interface I_Navigator {
25 :      fun findShortestPath(from : String, to : String)
26 :      fun guideToDestination(to : String)
27 :  }
28 :  class SmartPhone : Telephone, I_MP3, I_Camera, I_AudioRecorder,
          I_Navigator
29 :  {
30 :      var maker : String = ""
31 :      var model : String = ""
32 :      override var telPhoneNo : Int = 0
33 :      constructor(tel_no : Int, maker : String, model : String)
              : super (tel_no){
34 :          this.maker = maker
35 :          this.model = model
36 :      }
37 :
38 :      override fun toString() : String {
39 :        var str : String = String.format("SmartPhone(tel_no = %d,
                  maker = %s, model = %s)", this.telPhoneNo, this.maker,
                      this.model)
40 :          return str
41 :      }
```

그림 5.37 class SmartPhone with multiple inheritance of interfaces (part 1)

그림 5.37 1line 28~76에는 class SmartPhone이 class Phone과 인터페이스 I_MP3, I_Camera, I_AudioRecorder, I_Navigator를 다중 상속받아 구현하고 있다. class SmartPhone의 데이터 멤버로 maker, model, 오버라이딩 된 telPhoneNo가 포함되어 있으며, 보조 생성자 실행을 통하여 데이터 멤버 초기값들이 설정되도록 한다. 멤버 함수 toString()은 스마트폰의 기본 정보를 출력하도록 구현되어 있다.

```
42 :
43 :        override fun makeCall(call_dest : Int) {
44 :            print("SmartPhone(%d):: making call to %d ...\n".
                        format(this.telPhoneNo, call_dest))
45 :        }
46 :        override fun recvCall(call_from : Int) {
47 :            print("SmartPhone(%d):: receiving a call from %d ...\n".
                        format(this.telPhoneNo, call_from))
48 :        }
49 :        override fun playMusic() {
50 :            print("SmartPhone(telNo= %d, maker= %s, model=%s)::
                   playing a MP3 music ...\n".format(this.telPhoneNo, this.maker,
                     this.model))
51 :        }
52 :        override fun stopMusic() {
53 :            print("SmartPhone(%d):: stop playing a MP3 music ...\n".
                   format(this.telPhoneNo))
54 :        }
55 :        override fun recordMusic() {
56 :            TODO("Not yet implemented")
57 :        }
58 :        override fun takePicture() {
59 :            print("SmartPhone(%d):: taking a picture ...\n".
                      format(this.telPhoneNo))
60 :        }
61 :        override fun recordVideo() {
62 :            print("SmartPhone(%d):: recording a video ...\n".
                        format(this.telPhoneNo))
63 :        }
64 :        override fun playAudio() {
65 :            print("SmartPhone(%d):: playing an audio ...\n".
                        format(this.telPhoneNo))
66 :        }
67 :        override fun recordAudio() {
68 :            print("SmartPhone(%d):: recording an audio ...\n".
                        format(this.telPhoneNo))
69 :        }
70 :        override fun findShortestPath(from : String, to : String) {
71 :            print("SmartPhone(%d):: finding the shortest path from (%s)
                     to (%s) ...\n".format(this.telPhoneNo, from, to))
72 :        }
73 :        override fun guideToDestination(to : String) {
74 :            print("SmartPhone(%d):: guiding to destination (%s) ...\n".
                        format(this.telPhoneNo, to))
75 :        }
76 :  }  // end of class SmartPhone
```

그림 5.37 class SmartPhone with multiple inheritance of interfaces (part 2)

그림 5.37 line 43~75에는 상속받은 인터페이스의 각 기능들을 구현하고 있다. 즉, 기본 전화 걸기와 받기 (makeCall(), recvCall()), MP3의 음악 재생/중지/녹음 기능 (playMusic(), stopMusic(), recordMusic()), Camera의 사진찍기와 영상 촬영 (takePicture(), recordVideo()), 오디오 출력 및 녹음 (playAudio(), recordAudio()), 네비게이션 기능인 최단거리 경로 탐색과 목적지까지의 길 안내 (findShortestPath(), guideToDestination()) 등의 기능을 구현한다.

Line 78~89에는 class SmartPhone의 응용 프로그램이 구현되어 스마트폰에 표준화된 인터페이스를 기준으로 구현된 각종 기능들을 시험하고, 그 결과를 출력하도록 하고 있다. 실행 결과는 그림 5.38에서 정상적으로 동작됨을 확인할 수 있다.

```
fun main(args: Array<String>) {
    val mySmartPhone = SmartPhone(12345, "Samsung", "S2023")
    print("My Smart Phone = %s\n".format(mySmartPhone))
    mySmartPhone.makeCall(56789)
    mySmartPhone.recvCall(13579)
    mySmartPhone.playMusic()
    mySmartPhone.takePicture()
    mySmartPhone.recordAudio()
    mySmartPhone.playAudio()
    mySmartPhone.findShortestPath("Daegu", "Seoul")
    mySmartPhone.guideToDestination("Seoul")
}
```

그림 5.37 class SmartPhone with multiple inheritance of interfaces (part 3)

```
My Smart Phone = SmartPhone(tel_no = 12345, maker = Samsung, model = S2023)
SmartPhone(12345):: making call to 56789 ...
SmartPhone(12345):: receiving a call from 13579 ...
SmartPhone(telNo= 12345, maker= Samsung, model=S2023):: playing a MP3 music ...
SmartPhone(12345):: taking a picture ...
SmartPhone(12345):: recording an audio ...
SmartPhone(12345):: playing an audio ...
SmartPhone(12345):: finding the shortest path from (Daegu) to (Seoul) ...
SmartPhone(12345):: guiding to destination (Seoul) ...
```

그림 5.38 실행결과

5.5.2 다중 인터페이스 구현과 다이아몬드 문제와 해결 방법

Kotlin에서는 클래스가 하나의 클래스와 여러 인터페이스를 상속받아 구현할 수 있다. 그러나 동일한 메서드가 여러 인터페이스에 정의되어 있는 경우, 이 메서드를 구현하는 클래스에서 명시적으로 오버라이딩을 하여야 하며, 이를 통해 다이어몬드 문제를 해결할 수 있다.

그림 5.39에서는 interface A와 interface B를 구현하고 이를 class C가 상속받는 구조로 구현되어 있다. interface A와 interface B에는 각각 show() 메서드가 구현되어 있으며, class C가 상속을 받아 show() 멤버 함수를 오버라이딩으로 구현하고 있다.

```
/* Kotlin Multiple Interface Inheritance, Solving Diamond Problem */
interface A {
    fun show() {
        println("Interface A:: show()")
    }
}

interface B {
    fun show() {
        println("Interface B:: show()")
    }
}
```

그림 5.39 Kotlin 다중 인터페이스 상속 및 구현, 다이아 몬드 문제 해결 (part 1)

그림 5.39에서처럼 class C가 두개의 인터페이스 (interface A, interface B)를 다중 상속 받는 경우, 오버라이딩 하는 부모 클래스의 메서드가 모호할 수 있으므로, 이를 해결하기 위한 방안으로 단순한 super가 아니라 super<A>와 super<B>와 같이 부모 클래스의 이름을 함께 명시하도록 하여 문제점을 해결할 수 있다.

```

class C : A, B {
    override fun show() {
        super<A>.show()  // A의 show 메서드를 호출
        super<B>.show()  // B의 show 메서드를 호출
        println("Class C:: show()")
    }
}

fun main() {
    val obj = C()
    obj.show()
}
```

그림 5.39 Kotlin 다중 인터페이스 상속 및 구현, 다이아 몬드 문제 해결 (part 2)

```
Interface A:: show()
Interface B:: show()
Class C:: show()
```

그림 5.40 실행결과

5.5.3 Kotlin Comparable<T> Interface

Kotlin의 Comparable<T> 인터페이스는 객체 인스턴스들을 상호 비교하고 정렬할 수 있는 기능을 제공한다. Comparable<T>로 표현한 것은, 제네릭 (Generic) 인터페이스로 구현되어 특정 자료형에 국한되지 않고, 비교 기능이 필요한 클래스를 T에 선언함으로써 해당 클래스를 비교할 수 있게 하고, 그 클래스에 compareTo() 함수를 오버라이딩으로 구현하여 Kotlin이 제공하는 기본자료형과 알고리즘의 정렬 기능을 사용할 수 있도록 구성할 수 있게 한다.

그림 5.41은 간단하게 데이터 클래스인 data class Person이 Comparable<Person>을 상속받게 하고, compareTo() 메서드를 오버라이딩으로 구현하고 있다. Line 11~15에는 인수로 전달되는 List<Person>을 출력하는 함수 printPersons()를 구현한다.

Line 16~31에서는 compareTo() 메서드가 구현되어 있는 data class Person의 응용 프로그램 예제를 보여준다. Line 18~24에서는 data class Person의 인스턴스를 5개 생성하여 List<Person> 자료형의 persons에 대입시킨다. 초기상태의 persons를 line 27에서 출력하며, 결과는 그림 5.42에서 초기 설정된 순서대로 출력된 것을 확인할 수 있다.

그림 5.41 line 30~32에서는 List<Person> 자료형의 내장 메서드인 sorted()를 사용하여 persons를 오름차순으로 정렬한다. 이 정렬에서 data class Person의 compareTo() 메서드가 사용되며, Person의 속성 중 compareTo() 메서드에서 사용하

는 속성의 기준에 따라 비교되며, 그 결과에 따라 오름차순으로 정렬된다.

```
1 :  /* Kotlin class that implements Comparable */
2 :  // Define a data class Person that implements the Comparable interface
3 :  data class Person(val name: String, val age: Int) : Comparable<Person>
       {
4 :      // Override the compareTo method
5 :      override fun compareTo(other: Person): Int {
6 :          // return this.age - other.age
7 :          return this.name.compareTo(other.name)
8 :      }
9 :  }
10 :
11 :  fun printPersons(persons: List<Person>) {
12 :      for (person in persons) {
13 :          println(person)
14 :      }
15 :  }
16 :  fun main() {
17 :      // Create a list of Person objects
18 :      val persons = listOf(
19 :          Person("Edward", 50),
20 :          Person("Alice", 30),
21 :          Person("Zulu", 45),
22 :          Person("Bob", 25),
23 :          Person("Charlie", 35)
24 :      )
25 :
26 :      println("Before sorting, persons = ")
27 :      printPersons(persons)
28 :
29 :      // Sort the list using the natural ordering defined by compareTo
30 :      val sortedPersons = persons.sorted()
31 :      println("\nAfter sorting, peoples = ")
32 :      printPersons(sortedPersons)
33 :  }
```

그림 5.41 Comparable<T> 인터페이스를 상속받는 data class Person

```
Before sorting, persons = 
Person(name=Edward, age=50)
Person(name=Alice, age=30)
Person(name=Zulu, age=45)
Person(name=Bob, age=25)
Person(name=Charlie, age=35)

After sorting, peoples = 
Person(name=Alice, age=30)
Person(name=Bob, age=25)
Person(name=Charlie, age=35)
Person(name=Edward, age=50)
Person(name=Zulu, age=45)
```

그림 5.42 실행결과

그림 5.41 line 7에서 compareTo() 메서드가 data class Person의 name 속성을

비교하도록 구현되어 있으며, 그 결과에 따라 그림 5.42에서는 Person의 이름 (name) 순으로 오름차순 정렬된 결과를 확인할 수 있다. 만약 compareTo() 메서드에서 Person의 나이 (age)를 비교하도록 구현하는 경우, 나이순의 오름차순으로 정렬된 것을 확인할 수 있을 것이다.

5.6 Kotlin Wrapper Class

5.6.1 Kotlin의 Wrapper Class 란?

Kotlin에서 Wrapper Class는 주로 기본자료형 (primitive type)을 객체로 다룰 때 사용된다. Kotlin에서는 기본자료형에 대한 Byte, Short, Integer, Char, Float, Double, Boolean의 Wrapper 클래스를 제공한다. Kotlin 프로그래밍에서 기본자료형과 wrapper 클래스의 구분은 프로그램 컴파일 단계에서 자동적으로 처리되므로 프로그램 개발자가 별도로 구분할 필요는 없다.

표 5.2는 Int 자료형의 wrapper 클래스인 Integer의 주요 메서드를 정리하여 보여준다. Int 자료형의 대표적인 메서드로 비트 단위 연산인 and, or, xor가 있고, 비트 단위 시프트인 shl (shift left), shr(shift right), ushr(unsigned shift right)가 있다. 그리고 정수형 데이터를 16진수 문자열로 변환시켜주는 toHexString(), 8진수 문자열로 변환시켜주는 toOctalString(), 이진수 문자열로 변환시켜주는 toBinaryString()이 있다.

표 5.3은 Double 자료형의 wrapper 클래스인 Double의 주요 메서드이다. Double wrapper 클래스의 주요 메서드로는 두개의 더블 자료형 데이터를 비교하여 주는 compareTo(), Double 값을 바이트/정수/float/long/short 자료형으로 변환시키는 toByte(), toInt(), toFloat(), toLong(), toShort()가 있다.

표 5.2 Integer Wrapper Class의 주요 메서드

메서드/프로퍼티	설명	예제
plus(other: Int): Int	덧셈 연산을 수행하고 결과를 반환.	val sum = 5.plus(3)
minus(other: Int): Int	뺄셈 연산을 수행하고 결과를 반환.	val difference = 5.minus(3)
times(other: Int): Int	곱셈 연산을 수행하고 결과를 반환.	val product = 5.times(3)
div(other: Int): Int	나눗셈 연산을 수행하고 결과를 반환.	val quotient = 5.div(3)
rem(other: Int): Int	나머지 연산을 수행하고 결과를 반환.	val remainder = 5.rem(3)
compareTo(other: Int): Int	두 값을 비교하여 -1, 0, 1 중 하나를 반환.	val comparison = 5.compareTo(3)
rangeTo(other: Int): IntRange	주어진 값까지의 범위를 반환.	val range = 1.rangeTo(5)
toDouble(): Double	Int값을 Double로 변환.	val doubleValue= 5.toDouble()
toFloat(): Float	Int값을 Float로 변환.	val floatValue= 5.toFloat()
toLong(): Long	Int값을 Long으로 변환.	val longValue = 5.toLong()
toShort(): Short	Int값을 Short로 변환.	val shortValue = 5.toShort()
toByte(): Byte	Int값을 Byte로 변환.	val byteValue = 5.toByte()
toString(): String	Int값을 문자열로 변환.	val stringValue=

메서드/프로퍼티	설명	예제
		5.toString()
inc(): Int	값을 1 증가.	val increment = 5.inc()
dec(): Int	값을 1 감소.	val decrement = 5.dec()
and(other: Int): Int	비트 AND 연산을 수행.	val result = 5.and(3)
or(other: Int): Int	비트 OR 연산을 수행.	val result = 5.or(3)
xor(other: Int): Int	비트 XOR 연산을 수행.	val result = 5.xor(3)
inv(): Int	비트 NOT 연산을 수행.	val result = 5.inv()
shl(bitCount: Int): Int	주어진 비트 수만큼 왼쪽으로 시프트.	val result = 5.shl(1)
shr(bitCount: Int): Int	주어진 비트 수만큼 오른쪽으로 시프트.	val result = 5.shr(1)
ushr(bitCount: Int): Int	주어진 비트 수만큼 논리적 오른쪽으로 시프트.	val result = 5.ushr(1)
toHexString()	정수를 16진수 문자열로 변환	255.toString(16)-> "ff"
toOctalString()	정수를 8진수 문자열로 변환	255.toString(8)-> "377"
toBinaryString()	정수를 2진수 문자열로 변환	255.toString(2)-> "11111111"

표 5.3 Double Wrapper Class의 주요 메서드

메서드	설명	예제 코드
compareTo(other: Double): Int	현재 객체와 다른 Double객체를 비교. 비교 결과를 Int로 반환.	valresult = 1.23.compareTo(4.56)
equals(other: Any?): Boolean	현재 객체와 다른 객체가 같은지여부를 확인.	val isEqual = 1.23.equals(1.23)
toString(): String	현재 Double객체를 문자열로 변환.	val str = 1.23.toString()
hashCode(): Int	현재 Double객체의 해시코드를 반환.	val hash = 1.23.hashCode()
isNaN(): Boolean	현재 Double 값이 NaN(Not-a-Number)인지 확인.	val isNan = Double.NaN.isNaN()
isInfinite(): Boolean	현재 Double값이 무한대인지 확인.	val isInfinite = Double.POSITIVE_INFINITY.isInfinite()
plus(other: Double): Double	두 Double값의 덧셈	val sum = 1.23.plus(4.56)
minus(other: Double): Double	두 Double값의 뺄셈	val difference = 4.56.minus(1.23)
times(other: Double): Double	두 Double값의 곱셈.	val product = 1.23.times(4.56)
div(other: Double): Double	두 Double값의 나눗셈.	val quotient = 4.56.div(1.23)
rem(other: Double): Double	두 Double값의 나머지를 계산.	val remainder = 4.56.rem(1.23)
unaryMinus(): Double	Double값의 부호를 반대로 변경.	val negative = 1.23.unaryMinus()
rangeTo(other: Double): ClosedFloatingPointRange<Double>	두 Double값 사이의 범위를 반환.	val range = 1.23.rangeTo(4.56)
toByte(): Byte	Double값을 Byte로 변환.	valbyteValue= 1.23.toByte()

메서드	설명	예제 코드
toInt(): Int	Double값을 Int로 변환.	valintValue= 1.23.toInt()
toFloat(): Float	Double값을 Float로 변환.	valfloatValue= 1.23.toFloat()
toLong(): Long	Double값을 Long으로 변환.	vallongValue= 1.23.toLong()
toShort(): Short	Double값을 Short로 변환.	valshortValue= 1.23.toShort()

표 5.4에서는 String wrapper class의 메서드를 정리하여 보여준다. String wrapper class의 주요 메서드로 주어진 시작 인덱스에서 끝 인덱스 전까지의 부분 문자열을 반환하는 substring(), 주어진 문자를 다른 문자로 대체하는 replace(), 주어진 구분자를 기준으로 문자열을 분리하는 split(), 문자열을 대문자/소문자로 변환하는 toUpperCase()/toLowerCase(), 주어진 접두사/접미사로 시작하는지/끝나는지 확인하는 startsWith()/endsWith(), 주어진 문자열을 포함하는지 여부를 확인하는 contains()가 있다.

표 5.4 String Wrapper Class의 주요 메서드

메서드	설명	예제
length	문자열의 길이를 반환	"hello".length -> 5
get(index: Int)	주어진 인덱스에 위치한 문자를 반환	"hello".get(1) -> 'e'
plus(other: Any?)	문자열에 다른 값을 추가	"hello".plus(" world") -> "hello world"
substring(start: Int, end: Int)	주어진 시작 인덱스에서 끝 인덱스 전까지의 부분 문자열 반환	"hello".substring(1, 4) -> "ell"
replace(oldValue: Char, newValue: Char)	주어진 문자를 다른 문자로 대체	"hello".replace('l', 'x') -> "hexxo"
split(delimiter: String)	주어진 구분자를 기준으로 문자열을 분리	"a,b,c".split(",") -> ["a", "b", "c"]
trim()	문자열의 앞뒤 공백을 제거	" hello ".trim() -> "hello"
toUpperCase()	문자열을 모두 대문자로 변환	"hello".toUpperCase() -> "HELLO"
toLowerCase()	문자열을 모두 소문자로 변환	"HELLO".toLowerCase() -> "hello"
startsWith(prefix: String)	주어진 접두사로 시작하는지 여부를 확인	"hello".startsWith("he") -> true
endsWith(suffix: String)	주어진 접미사로 끝나는지 여부를 확인	"hello".endsWith("lo") -> true
contains(other: CharSequence)	주어진 문자열을 포함하는지 여부를 확인	"hello".contains("ell") -> true
isEmpty()	문자열이 비어 있는지 여부를 확인	"".isEmpty() -> true
isNotEmpty()	문자열이 비어 있지 않은지여부를 확인	"hello".isNotEmpty() -> true
indexOf(char: Char)	주어진 문자의 첫 번째 인덱스를 반환	"hello".indexOf('l') -> 2
lastIndexOf(char: Char)	주어진 문자의 마지막 인덱스를 반환	"hello".lastIndexOf('l') -> 3
toIntOrNull()	문자열을 정수로 변환, 변환할 수 없는 경우 null 반환	"123".toIntOrNull() -> 123, "abc".toIntOrNull() -> null

메서드	설명	예제
compareTo(other: String)	두 문자열을 비교, 사전 순서에 따라 비교 결과 반환 (-1, 0, 1)	"abc".compareTo("abd") -> -1

5.6.2 Wrapper Class의 활용 예제

그림 5.43에는 정수 i가 0~15까지의 값을 가질 때 i의 toString()을 사용한 문자열, Integer Wrapper Class의 메서드인 toOctalString(i), toHexString(i), toBinaryString(i)를 사용하여 각각 8진수, 16진수 및 2진수 문자열을 생성하여 출력시킨다. 그림 5.44에서 0~15의 정수값을 십진수, 8진수, 16진수 및 2진수 문자열로 출력한 결과를 확인할 수 있다.

```
/* Testing Kotlin/Java Wrapper class Integer */

fun main(args: Array<String>) {
    var str_dec: String
    var str_oct: String?
    var str_hex: String?
    var str_bin: String?
    println("%4s %4s %4s %8s".format("dec", "oct", "hex", "bin"))
    for (i in 0..15) {
        str_dec = i.toString()
        str_oct = Integer.toOctalString(i)
        str_hex = Integer.toHexString(i)
        str_bin = Integer.toBinaryString(i)
        println("%4s %4s %4s %8s".format(str_dec, str_oct, str_hex,
             str_bin))
    }
}
```

그림 5.43 Integer wrapper class를 사용하는 예제 프로그램 – toOctalString(), toHexString(), toBinaryString()

```
 dec  oct  hex      bin
   0    0    0        0
   1    1    1        1
   2    2    2       10
   3    3    3       11
   4    4    4      100
   5    5    5      101
   6    6    6      110
   7    7    7      111
   8   10    8     1000
   9   11    9     1001
  10   12    a     1010
  11   13    b     1011
  12   14    c     1100
  13   15    d     1101
  14   16    e     1110
  15   17    f     1111
```

그림 5.44 실행결과

그림 5.45는 문자열 배열을 String wrapper class의 메서드인 compareTo()를 사용하여 문자열을 비교하고, 그 결과를 사용하여 삽입정렬하는 프로그램 예제를 보여준다.

```
/* Kotlin program that insertion_sorts strings */
fun main(args: Array<String>) {
     val str_array = arrayOf("E", "D", "C", "B", "A")
     val num_word = str_array.size
     var temp: String
     var j: Int
     /* sort words using insertion sorting */
     print("Before insertion sorting of str_array : ")
     for (str in str_array) {
          print("%s ".format(str))
     }
     println()

     for (i in 1 until num_word) {
          temp = str_array[i]
          j = i
          while (j > 0)  {
               if ( str_array[j - 1].compareTo(temp) <= 0)
                    break
               str_array[j] = str_array[j - 1]
                // shift right to make a room
               j--
          }
          str_array[j] = temp
     }
     print("After insertion sorting of str_array : ")
     for (str in str_array) {
          print("%s ".format(str))
     }
     println()
}
```

그림 5.45 String wrapper class의 compareTo() 메서드를 사용하는 문자열 배열의 삽입정렬

```
Before insertion sorting of str_array : E D C B A
After insertion sorting of str_array : A B C D E
```

그림 5.46 실행결과

◈ 연습문제 ◈

5.1 다음 용어를 예를 들어 설명하라.

1) 상속 (inheritance)
2) 소프트웨어 재활용 (software reuse)
3) 다형성 (polymorphism)
4) 추상클래스 (abstract class)
5) 인터페이스 (interface)
6) 다중 상속 (multiple inheritance)
7) Kotlin wrapper class

5.2 큰 규모의 소프트웨어 시스템을 개발할 때 상속 개념을 사용하면 제공되는 장점에 대하여 설명하라.

5.3 다형성 (polymorphism)의 의미를 예를 들어 설명하라.

5.4 추상 클래스에 대하여 예를 들어 설명하라.

5.5 Kotlin 인터페이스에 대하여 예를 들어 설명하라.

5.6 Kotlin 클래스에서 여러개의 인터페이스를 다중 상속 받는 예를 들어 설명하라.

5.7 Kotlin wrapper class에 대하여 예를 들어 설명하라.

◈ 실습문제 ◈

실습 5.1 MyKotlinClasses 패키지를 생성시키고, 다음에 구현되는 Kotlin 클래스들을 포함시켜라.

- 도형의 색상 (color), 도형의 이름 (name), 중심 좌표 (cx, cy), 각도 (angle)을 데이터 멤버로 가지며, 멤버 함수로 toString()과 draw()를 가지는 class Shape
- class Shape을 상속받으며, 원의 반지름 (radius)를 추가적인 데이터 멤버로 가지고, 멤버 함수로 toString()과 draw()를 가지는 class Circle
- class Circle을 상속받으며, 원 기둥의 높이 (height)를 추가적인 데이터 멤버로 가지고, 멤버 함수로 toString()과 draw()를 가지는 class Cylinder
- class Shape을 상속받으며, 삼각형의 밑변 (base)과 높이 (tri_height)를 추가적인 데이터 멤버로 가지고, 멤버 함수로 toString()과 draw()를 가지는 class Triangle
- class Triangle를 상속받으며, 삼각기둥(prism)의 높이 (height)를 추가적인 데이터 멤버로 가지고, 멤버 함수로 toString()과 draw()를 가지는 class Prism
- class Shape을 상속받으며, 직사각형의 가로 (width)과 세로 (length)를 추가적인 데이터 멤버로 가지고, 멤버 함수로 toString()과 draw()를 가지는 class Rectangle
- class Rectangle을 상속받으며, 사각기둥(pillar)의 높이 (height)를 추가적인 데이터 멤버로 가지고, 멤버 함수로 toString()과 draw()를 가지는 class Pillar

main() 함수에서는 각 class의 인스탄스를 생성하고, 이들을 Array<Shape> 자료형의 shapes 배열에 원소로 포함시킨 후, class Shape의 toString() 멤버 함수를 사용하여 class Shape을 상속받아 생성된 다양한 도형의 class 인스탄스들을 polymorphism으로 출력하는 기능을 확인하라. 또한 class Shape의 draw() 메서드가 각 도형의 인스탄스에 다형성으로 처리되는 내용을 확인하라.

(실해예시)

```
Primary constructor of Shape(color=Red, name=Shape, cx=0, cy=0, ang=0)
Primary constructor of Shape(color=Blue, name=Circle, cx=1, cy=1, ang=1)
Primary constructor of Shape(color=Green, name=Triangle, cx=2, cy=2, ang=2)
Primary constructor of Shape(color=Brown, name=Rectangle, cx=3, cy=3, ang=3)
Primary constructor of Shape(color=Black, name=Cylinder, cx=1, cy=1, ang=1)
Primary constructor of Shape(color=Purple, name=Prism, cx=2, cy=2, ang=2)
Primary constructor of Shape(color=Magenta, name=Pillar, cx=3, cy=3, ang=3)
Shape(color=Red, name=Shape, cx=0, cy=0, ang=0)
Circle (Shape(color=Blue, name=Circle, cx=1, cy=1, ang=1), radius = 1)
Triangle (Shape(color=Green, name=Triangle, cx=2, cy=2, ang=2), base = 2, height = 2)
Rectangle (Shape(color=Brown, name=Rectangle, cx=3, cy=3, ang=3), width = 3, length = 3)
Cylinder (Circle (Shape(color=Black, name=Cylinder, cx=1, cy=1, ang=1), radius = 1), height = 10)
Prism (Triangle (Shape(color=Purple, name=Prism, cx=2, cy=2, ang=2), base = 2, height = 2), pr_height = 20)
Pillar (Rectangle (Shape(color=Magenta, name=Pillar, cx=3, cy=3, ang=3), width = 3, length = 3), height = 30)
Drawing a Red Shape at (0, 0) angle(0)
Drawing a Blue Circle at (1, 1) angle(1), radius(1)
Drawing a Green Triangle at (2, 2) angle(2), base(2), height(2)
Drawing a Brown Rectangle at (3, 3) angle(3), width(3), length(3)
Drawing a Black Cylinder at (1, 1) angle(1), radius(1), height(10)
Drawing a Purple Prism at (2, 2) angle(2), base(2), tri_height(2), pr_height(20)
Drawing a Magenta Pillar at (3, 3) angle(3), width(3), length(3), height(30)
```

실습 5.2 Kotlin 프로젝트에 MyKotlinClasses 패키지를 생성시키고, 다음 Kotlin 클래스들을 포함시켜라.

- 이름(name)과 주민등록번호(regID)를 데이터 멤버로 가지는 class Person
- class Person을 상속받고, 학번(stID)과 전공(major)을 데이터 멤버로 가지는 class Student
- class Person을 상속받고, 사번(staffID), 학교(school), 학과(department)를 데이터 멤버로 가지는 class Teacher

class Person, class Student, class Teacher에는 각각 주 생성자 (primary constructor)와 보조 생성자 (secondary constructor)를 구현하고, 이 생성자가 실행되는 내용을 출력하도록 하라.

main() 함수에서는 class Student()와 class Teacher()의 인스탄스를 모든 정보를 제공하는 경우와 정보를 제공하지 않는 경우로 각각 생성하여, 주 생성자와 보조 생성자가 어떻게 실행되는가를 확인하라.

(실행 예시)

```
class Person:: primary constructor declaration of name and regID
class Person:: init{}
class Student:: primary constructor declaration of stID and stMajor
class Student:: init{}
st1 = Student(name=Kim, regID=20245678, stID=22401234, major=ICT)

class Student:: secondary constructor with no argument
class Person:: primary constructor declaration of name and regID
class Person:: init{}
class Student:: primary constructor declaration of stID and stMajor
class Student:: init{}
class Student:: initialization of st_id and major with default values in secondary constructor
st2 = Student(name=, regID=0, stID=0, major=)

class Person:: primary constructor declaration of name and regID
class Person:: init{}
class Teacher:: primary constructor declaration of staffID, school, and department
class Teacher:: init{}
tchr1 = Teacher(name=Choi, regID=12000, staffID=7654, school=Hankook, department=Computer)

class Teacher:: secondary constructor with no argument
class Person:: primary constructor declaration of name and regID
class Person:: init{}
class Teacher:: primary constructor declaration of staffID, school, and department
class Teacher:: init{}
class Teacher:: initialization of st_id and major with default values in secondary constructor
tchr2 = Teacher(name=, regID=0, staffID=0, school=, department=)
```

실습 5.3 실습 5.2에서 구현하였던 class Person, class Student, class Teacher를 확장하여 다음과 같은 인터페이스 기능을 포함하도록 구현하라.

- Kotlin 프로젝트의 MyKotlinClasses 패키지에 인터페이스 I_PersonActivity(), I_StudentActivity(), I_TeacherActivity()를 추가 구현
- 인터페이스 I_PersonActivity()에는 멤버 함수 talk(), listen(), move()를 추가
- 인터페이스 I_StudentActivity()에는 멤버 함수 study()를 추가
- 인터페이스 I_TeacherActivity()에는 멤버 함수 teach()를 추가
- class Person는 인터페이스 I_PersonActivity()를 상속받도록 하고, 인터페이스에서 정의된 멤버 함수 talk(), listen(), move()를 오버라이딩으로 구현. 각 동작에서 사람의 이름을 포함하여 누가 어떤 동작을 취하는지 알 수 있게 할 것
- class Student는 인터페이스 I_StudentActivity()를 상속받도록 하고, 인터페이스에서 정의된 멤버 함수 study()를 오버 라이딩으로 구현하라. 각 동작에서 학생의 이름을 포함하여 누가 어떤 동작을 취하는지 알 수 있게 할 것
- class Teacher는 인터페이스 I_TeacherActivity()를 상속받도록 하고, 인터페이스에서 정의된 멤버 함수 teach()를 오버라이딩으로 구현. 각 동작에서 teacher의 이름을 포함하여 누가 어떤 동작을 취하는지 알 수 있게 할 것

main() 함수에서는 각 인터페이스 기능을 시험할 수 있도록 구성하여 결과를 확인하라.

(실행 예시)

```
class Person:: primary constructor declaration of name and regID
class Person:: init{}
class Student:: primary constructor declaration of stID and stMajor
class Student:: init{}
st1 = Student(name=Kim, regID=20245678, stID=22401234, major=ICT)
Student (Kim) is talking
Student (Kim) is studying

class Person:: primary constructor declaration of name and regID
class Person:: init{}
class Teacher:: primary constructor declaration of staffID, school, and department
class Teacher:: init{}
tchr1 = Teacher(name=Choi, regID=12000, staffID=7654, school=Hankook, department=Computer)
Teacher (Choi) is moving
Teacher (Choi) is teaching
```

실습 5.4 MyKotlinClasses 패키지를 생성시키고, 다음 클래스와 인터페이스를 포함하도록 하라.

- Kotlin open class Person (var name : String, var regID : Int)
- 인터페이스 I_Driver() 를 구현하고, 멤버 함수로 drive(),forward(), turn(), stop()을 포함
- class Person과 I_Driver를 상속받는 open class Driver(p:Person) : Person(p.name, p.regID), I_Driver를 구현
- class Driver에는 데이터 멤버로 lateinit var vehicle : Vehicle을 포함시키고, 오버라이딩 되는 멤버 함수 drive()와 toString()을 구현
- MyKotlinClasses 패키지에 다음 클래스들을 구현하고, 각 클래스의 toString() 멤버 함

수를 오버라이딩으로 구현

- open class Vehicle(var color: String, var type: String, var driver: Driver?)을 구현
- class Sedan(color: String, type: String, driver: Driver?, var num_seats : Int) : Vehicle(color, type, driver)
- class Bus(color: String, type: String, driver: Driver?, var num_seats : Int) : Vehicle(color, type, driver)
- class Truck (color: String, type: String, driver: Driver?, var cargo_capa : Int) : Vehicle(color, type, driver)

main() 함수에서는 각 클래스들의 생성과 인터페이스로 설정된 동작이 잘 이루어지는지 확인하라.

(실행 예시)

```
class Person:: primary constructor declaration of name(Kim) and regID(1111)
class Person:: primary constructor declaration of name(Kim) and regID(1111)
class Driver:: primary constructor(Person(name=Kim, regID=1111))
class Vehicle:: primary constructor (color=white, type=sedan, driver=Driver(name=Kim,regID=1111)
Sedan(Vehicle(color=white, type=sedan, driven by Driver(name=Kim,regID=1111)), num_seats=5)
Driver(name=Kim,regID=1111) is driving Sedan(Vehicle(color=white, type=sedan, driven by Driver(name=Kim,regID=1111)), num_seats=5)

class Person:: primary constructor declaration of name(Lee) and regID(2222)
class Person:: primary constructor declaration of name(Lee) and regID(2222)
class Driver:: primary constructor(Person(name=Lee, regID=2222))
class Vehicle:: primary constructor (color=yellow, type=busn, driver=Driver(name=Lee,regID=2222)
Sedan(Vehicle(color=white, type=sedan, driven by Driver(name=Kim,regID=1111)), num_seats=5)
Driver(name=Lee,regID=2222) is driving Bus(Vehicle(color=yellow, type=busn, driven by Driver(name=Lee,regID=2222))num_seats=30)

class Person:: primary constructor declaration of name(Choi) and regID(3333)
class Person:: primary constructor declaration of name(Choi) and regID(3333)
class Driver:: primary constructor(Person(name=Choi, regID=3333))
class Vehicle:: primary constructor (color=black, type=truck, driver=Driver(name=Choi,regID=3333)
Truck(Vehicle(color=black, type=truck, driven by Driver(name=Choi,regID=3333)), cargo_capacity=5000)
Driver(name=Choi,regID=3333) is driving Truck(Vehicle(color=black, type=truck, driven by Driver(name=Choi,regID=3333)), cargo_capacity=5000)
```

실습 5.5 Int 숫자의 접두어 (prefix) 포함 지정 길이의 16진수, 8진수, 2진수 출력하는 기능을 구현하라.

- Kotlin의 wrapper class Integer의 toHexString(), toOctalString(), toBinaryString()을 사용하여 16진수, 8진수, 2진수 표현 문자열 산출
- String class의 메서드인 padStart(max_length, pad_char)을 사용하여 지정된 문자열 길이 (16진수는 2자리, 8진수는 3자리, 2진수는 8자리)로 앞의 빈 자리를 '0'으로 채운 표현 문자열을 각각 구성. 16진수 표현 문자열에서 소문자 'a' ~ 'f'는 String class의 uppercase() 메서드를 사용하여 대문자 'A' ~ 'F'로 변경시킬 것
- 위에서 구성된 고정 길이의 16진수, 8진수, 2진수 표현 문자열에 각각 "0x", "0o", "0b"의 접두어 (prefix)를 추가

main() 함수에서는 정수 데이터 number = 0 ~ 16에 대하여 접두어 포함, 고정 길이의 16진수, 8진수, 2진수 표현 문자열을 다음과 같이 출력하도록 하라.

(실행 예시)

```
The number  0 in different bases with prefix : Hexadecimal (0x00), Octal (0o000), Binary (0b00000000)
The number  1 in different bases with prefix : Hexadecimal (0x01), Octal (0o001), Binary (0b00000001)
The number  2 in different bases with prefix : Hexadecimal (0x02), Octal (0o002), Binary (0b00000010)
The number  3 in different bases with prefix : Hexadecimal (0x03), Octal (0o003), Binary (0b00000011)
The number  4 in different bases with prefix : Hexadecimal (0x04), Octal (0o004), Binary (0b00000100)
The number  5 in different bases with prefix : Hexadecimal (0x05), Octal (0o005), Binary (0b00000101)
The number  6 in different bases with prefix : Hexadecimal (0x06), Octal (0o006), Binary (0b00000110)
The number  7 in different bases with prefix : Hexadecimal (0x07), Octal (0o007), Binary (0b00000111)
The number  8 in different bases with prefix : Hexadecimal (0x08), Octal (0o010), Binary (0b00001000)
The number  9 in different bases with prefix : Hexadecimal (0x09), Octal (0o011), Binary (0b00001001)
The number 10 in different bases with prefix : Hexadecimal (0x0A), Octal (0o012), Binary (0b00001010)
The number 11 in different bases with prefix : Hexadecimal (0x0B), Octal (0o013), Binary (0b00001011)
The number 12 in different bases with prefix : Hexadecimal (0x0C), Octal (0o014), Binary (0b00001100)
The number 13 in different bases with prefix : Hexadecimal (0x0D), Octal (0o015), Binary (0b00001101)
The number 14 in different bases with prefix : Hexadecimal (0x0E), Octal (0o016), Binary (0b00001110)
The number 15 in different bases with prefix : Hexadecimal (0x0F), Octal (0o017), Binary (0b00001111)
The number 16 in different bases with prefix : Hexadecimal (0x10), Octal (0o020), Binary (0b00010000)
```

6장 Kotlin Generic, Collection 인터페이스, 패키지, 모듈

학습목표

- Kotlin Generic에 대한 이해 및 일반화 (generalized) 된 자료구조와 알고리즘 설계 및 구현 능력 향상
- Kotlin Collection Interface에 대한 이해
- Kotlin Collection Class들에 대한 이해 및 활용 능력 향상

개요

6.1 Kotlin 제네릭(Generic)
6.2 Kotlin Collection<E> 인터페이스(Interface)
6.3 Kotlin List<E> Interface 및 관련 제네릭 클래스
6.4 Kotlin Set<E> Interface 및 관련 제네릭 클래스
6.5 Kotlin Queue<E> Interface 및 관련 제네릭 클래스
6.6 Kotlin Map<K, V> Interface 및 관련 제네릭 클래스

6.1 Kotlin 제네릭 (Generic)

6.1.1 Kotlin Generic이란?

Kotlin 프로그래밍에서 제네릭 프로그래밍 (generic programming)이란 C++의 템플릿(template) 개념과 유사하게 알고리즘과 자료구조를 추상적인 형태로 표현하며, 특정 자료형에 국한되지 않고 효율적으로 알고리즘의 골격 중심으로 나타내는 것이다. 제네릭은 코드의 재사용성을 높이고, 자료형 안정성을 유지하며, 다양한 자료형을 처리할 수 있도록 하는 강력한 기능이다. Kotlin 제네릭은 C++ 템플릿(template)이나 Java의 제네릭과 유사하나 Kotlin 제네릭이 더 발전된 기능을 제공한다.

Kotlin 제네릭은 자료형 (타입) 파라메터를 사용하여 클래스, 함수, 인터페이스 등이 다양한 자료형에 동작하도록 한다. 예를 들어 리스트(list)나 맵(map)과 같은 컬렉션 클래스들이 다양한 자료형의 요소를 가질 수 있는 유연성을 제공하도록 구현할 수 있다. 그림 6.1에서 Kotlin 제네릭 함수의 구현 및 이를 활용하는 예를 들고 있다. Line 2에서 함수를 선언할 때 fun 키워드 다음에 <T>의 템플릿 자료형을 명시하며, 함수에 전달되는 파라메터에 lst : List<T>를 표시하여 전달되는 파라메터가 템플릿 자료형의 리스트인 것을 명시한다. 이 템플릿 자료형은 실제 이 함수를 호출하는 과정에서 Int, Double, String 등의 자료형으로 설정되어 사용될 수 있다. 제네릭 함수 printList()는 전달된 리스트에 포함된 원소들을 한 줄에 차례대로 출력하며, 각 원소 사이에 공란을 넣어 출력한다.

Line 7~16의 응용 프로그램에서는 정수형 리스트, 더블형 리스트와 문자열 리스트를 만들고, 이들을 제네릭 함수 printList()를 사용하여 출력하고 있다. 전달되는 인수의 자료형은 Int, Double, String으로 다르지만 동일한 개념으로 처리하는 것을 그림 6.2의 실행 결과에서 볼 수 있다.

```
 1 :  /* Kotlin Generic Function */
 2 :  fun <T> printList(lst : List<T>) {
 3 :      for (item in lst) {
 4 :          print(item); print(" ")
 5 :      }
 6 :  }
 7 :  fun main(args: Array<String>) {
 8 :      var lst_int = listOf(1, 2, 3, 4, 5)
 9 :      var lst_dbl = listOf(1.1, 2.2, 3.3, 4.4, 5.5)
10 :      var lst_str = listOf("one", "two", "three", "four", "five")
11 :
12 :      print("lst_int = ")
13 :      printList(lst_int); println()
14 :
15 :      print("lst_dbl = ")
16 :      printList(lst_dbl); println()
17 :
18 :      print("lst_str = ")
19 :      printList(lst_str); println()
20 :  }
```

그림 6.1 Kotlin 제네릭 함수의 예 – fun <T> printList(lst: List<T>)

```
lst_int = 1 2 3 4 5
lst_dbl = 1.1 2.2 3.3 4.4 5.5
lst_str = one two three four five
```

그림 6.2 실행결과

6.1.2 Kotlin Generic 함수 설정 방법

그림 6.3은 Kotlin 프로그래밍에서 generic 함수를 구현하고, 이를 활용하는 두 번째 방법을 보여준다. Line 3~9에서 구현하는 sumList() 함수의 선언에서 fun 다음에 <T: Number>를 명시하여 템플릿 자료형 T의 상위 자료형이 Number인 것을 명시한다. 즉 T가 Number 클래스의 서브 클래스라는 것을 지정한다. 제네릭 함수 sumList()에 전달되는 인수에 (list: List<T>)를 선언하고 있는데, T는 Int와 Double과 같은 숫자 (Number)의 자료형을 의미하여, list<T>로 설정하여 숫자 데이터가 포함된 리스트 list가 전달되는 것을 나타낸다. Line 5~7에서는 전달된 숫자 데이터를 Double 자료형으로 변경하여 합산을 하고, 이 Double 자료형 합산 결과를 반환하도록 한다. 이 때 toDouble() 메서드를 사용하게 되는데, 이는 인수로 전달된 list의 원소들이 Number의 서브클래스인 T로 line 3에서 설정하였기 때문에 사용가능한 것이다.

Line 13과 14에서는 Int 자료형의 리스트 intList와 Double 자료형의 리스트인 doubleList를 각각 준비하고, line 16~17에서 sumList() generic 함수를 사용하여 각

리스트 합산한 후 출력한다. 이때 서로 다른 자료형 리스트를 동일한 generic 함수를 사용하여 합산하는 것이다.

그림 6.4에서 generic 함수를 사용하여 리스트에 포함된 원소들을 합산하여 반환하는 제네릭 함수 sumList()와 이 제네릭 함수를 정수 자료형 리스트와 더블 자료형 리스트에 대하여 실행한 결과를 보여준다.

```
/* Example of Kotlin Generic Functions */
// Generic function to sum a list of numbers
fun <T : Number> sumList(list: List<T>): Double {
    var sum = 0.0
    for (item in list) {
        sum += item.toDouble()
    }
    return sum
}

fun main() {
    // Example usages of generic function with different types
    val intList = listOf(1, 2, 3, 4, 5)
    val doubleList = listOf(1.1, 2.2, 3.3, 4.4)

    println("Sum of integers: ${sumList(intList)}")
    println("Sum of doubles: ${sumList(doubleList)}")
}
```

그림 6.3 Kotlin 소스코드

```
Sum of integers: 15.0
Sum of doubles: 11.0
```

그림 6.4 실행결과

6.1.3 Kotlin Generic Class 예 – class GenericArray<T>

Kotlin 제네릭 프로그래밍은 클래스 설계 및 구현에도 적용하여 특정 자료형에 한정되지 않고, 다양한 자료형에 대하여 동일한 체계의 자료구조와 알고리즘을 적용하도록 구현할 수 있다. 그림 6.5에서는 Kotlin 제네릭 클래스 GenericArray<T>를 구현하고 활용하는 예를 보여준다.

그림 6.5 line 4에서 클래스를 선언할 때 클래스 이름 뒤에 <T : Comparable<T>>를 선언하여 제네릭 클래스이고, 자료형 T가 Comparable<> 인터페이스를 상속받는 자료형이며, 내부적으로 compareTo()가 구현되어 있어 비교 연산을 할 수 있다는 점을 명시한다. 주 생성자에는 제네릭 배열의 크기 (capacity)를 전달하며, line 5에서 array를 Array<Any?> 자료형으로 설정하고, 초기값으로 capacity 크기의 arrayOfNulls <Any?>을 설정한다. 즉, 배열의 원소 값이 설정되기 이전에는 null 값으로 설정하는 것이다.

Line 6~12에서 구현되어 있는 setElement() 멤버 함수는 인덱스 i와 원소값 ent를 인수로 전달받아 제네릭 배열의 데이터 멤버 array의 i위치에 ent 값이 설정되게 한다. Line

9~12의 setElements() 멤버 함수는 저장될 데이터를 List<T> 자료형의 dataList로 전달받아, 인덱스 0으로부터 원소를 차례로 설정하는 기능을 수행한다.

```
 1 :  // Generic Array class with sorting functionality
 2 :  import kotlin.random.Random
 3 :
 4 :  class GenericArray<T : Comparable<T>>(capacity : Int) {
 5 :      var array : Array<Any?> = arrayOfNulls<Any?>(capacity)
 6 :      fun setElement(i: Int, ent: T) {
 7 :          array[i] = ent
 8 :      }
 9 :      fun setElements(dataList: List<T>) {
10 :          for (i in 0 until dataList.size)
11 :              array[i] = dataList[i]
12 :      }
13 :      fun getElement(i : Int): T {
14 :          return array[i] as T
15 :      }
16 :
17 :      fun shuffle() {
18 :          var j : Int
19 :          var temp : T
20 :          for (i in 0 until array.size) {
21 :              j = Random.nextInt(array.size)
22 :              if (i == j)
23 :                  continue
24 :              temp = array[i] as T
25 :              array[i] = array[j]
26 :              array[j] = temp
27 :          }
28 :      }
29 :
30 :      fun sort() { // insertion Sort algorithm
31 :          for (i in 1 until array.size) {
32 :              var j = i
33 :              var temp : T = array[i] as T
34 :              while (j > 0) {
35 :                  if (array[j-1] as T <= temp)
36 :                      break
37 :                  array[j] = array[j-1]  // shift right
38 :                  j--
39 :              } // end while
40 :              array[j] = temp
41 :          } // end for
42 :      }
43 :
44 :      override fun toString(): String {
45 :          return array.joinToString(prefix = "[", postfix = "]")
46 :      }
47 :  }
```

그림 6.5 Kotlin Generic Class - class GenericArray<T> (part 1)

그림 6.5 line 17~28에서는 제네릭 배열의 원소들을 뒤섞어주는 shuffle() 멤버 함수를 구현하고 있다. Shuffling에서는 array.size 개수만큼 0~array.size-1 범위의 정수형 난수 j를 Random.nextInt(size) 라이브러리 함수를 사용하여 생성하고, for 반복문에서 설정된 인덱스 i 위치의 원소와 j 위치의 원소를 서로 자리바꿈하여 순서를 뒤섞어준다.

Line 30~42에서는 array에 포함된 원소들을 오름차순으로 정렬하는 삽입정렬

(insertion sort) 알고리즘을 구현한다. array가 제네릭 배열이므로 line 33에서 var temp : T= array[i] as T로 대입연산을 수행하도록 구현되어 있다. 템플릿 자료형 T가 Comparable<T> 인터페이스를 상속 받아 생성되도록 구성하였으며, 따라서 템플릿 자료형 T의 배열 원소들을 비교 연산자 (<, > 등)를 사용하여 직접 비교하고, 현재 배열 array에 저장된 원소들은 템플릿 자료형 T에 따라 연산을 수행한다.

Line 44~46에서는 제네릭 배열에 포함된 원소들을 대괄호([,]) 안에 콤마(,)로 나누어 차례로 출력하는 포멧으로 출력하도록, joinToString() 함수를 사용하여 출력 문자열을 만들어 반환한다. joinToString() 함수에서 prefix와 postfix를 각각 '[' 과 ']' 으로 설정하여 전체 배열 출력의 맨 앞과 맨 뒤에 대괄호 문자가 표시된 배열의 모습이 출력되도록 한다.

```
48 :
49 :  fun main() {
50 :      // Create a GenericArray of Int with size 5 and initialize it
51 :      val dataList_int = listOf(7, 9, 3, 5, 1, 4, 2, 6, 8, 0)
52 :      val intArray = GenericArray<Int>(dataList_int.size)
53 :      intArray.setElements(dataList_int)
54 :
55 :      println("Before sorting Int Array: $intArray")
56 :      intArray.sort()
57 :      println("After sorting Int Array: $intArray")
58 :
59 :      intArray.shuffle()
60 :      println("After shuffling Int Array: $intArray")
61 :
62 :      val dataList_double = listOf(7.7, 9.9, 3.3, 5.5, 1.1, 4.4, 2.2, 6.6, 8.8, 0.1)
63 :      val dblArray = GenericArray<Double>(dataList_double.size)
64 :      dblArray.setElements(dataList_double)
65 :
66 :      println("Before sorting Double Array: $dblArray")
67 :      dblArray.sort()
68 :      println("After sorting Double Array: $dblArray")
69 :
70 :      // Create a GenericArray of String with size 3 and initialize it
71 :      val dataList_str = listOf("Banana","Apple", "Cherry", "orange", "plum")
72 :      val stringArray = GenericArray<String>(dataList_str.size)
73 :      stringArray.setElements(dataList_str)
74 :
75 :      println("Before sorting String Array: $stringArray")
76 :      stringArray.sort()
77 :      println("After sorting String Array: $stringArray")
78 :  }
```

그림 6.5 Kotlin Generic Class - class GenericArray<T> (part 2)

그림 6.5 line 49~78에서는 Kotlin 제네릭 클래스으로 구현된 class GenericArray<T>를 Int, Double 및 String 자료형의 배열로 생성하고 제네릭 알고리즘을 실행시키는 예를 보여준다. 먼저 line 51~60에서는 정수 (integer) 자료형 제네릭 배열 intArray를 생성하며, 정수 데이터의 리스트에 포함된 원소들을 제네릭 배열의 원소로 설정하고, 이 원소들에 대하여 제네릭 알고리즘인 삽입정렬을 실행시켜 정렬된 결과를 출력하게 한다. 그리고 shuffle() 멤버 함수 실행 후, 알고리즘이 실행된 전과 후의 상태를 출력하도록 한다. 그림 6.6에서 정수형 제네릭 배열의 정렬되기 이전의 초기상태 배열, 정렬된 이

후의 상태, shuffling된 상태를 각각 확인할 수 있다.

Line 62~68에서는 동일한 제네릭 클래스 GenericArray<T>를 Double 자료형의 배열로 생성하여 사용하는 예를 보여주며, line 70~77에서는 제네릭 클래스 GenericArray<T>를 String 자료형의 배열로 생성하여 사용하는 예를 보여준다. 제네릭 클래스를 사용하여 생성된 Int, Double 및 String 자료형의 배열에 대하여 제네릭 알고리즘을 실행시킨 결과는 그림 6.6에서 확인할 수 있다.

```
Before sorting Int Array: [7, 9, 3, 5, 1, 4, 2, 6, 8, 0]
After sorting Int Array: [0, 1, 2, 3, 4, 5, 6, 7, 8, 9]
After shuffling Int Array: [1, 4, 0, 8, 2, 3, 5, 6, 9, 7]
Before sorting Double Array: [7.7, 9.9, 3.3, 5.5, 1.1, 4.4, 2.2, 6.6, 8.8, 0.1]
After sorting Double Array: [0.1, 1.1, 2.2, 3.3, 4.4, 5.5, 6.6, 7.7, 8.8, 9.9]
Before sorting String Array: [Banana, Apple, Cherry, orange, plum]
After sorting String Array: [Apple, Banana, Cherry, orange, plum]
```

그림 6.6 제네릭 클래스의 배열에 대한 제네릭 알고리즘 실행결과

6.1.4 Kotlin 제네릭, Java 제네릭, C++ Template의 비교

Kotlin 제네릭(generic) 개념은 Java의 generic과 C++의 template개념과 유사한 점을 가진다. 표 6.1에서는 Kotlin generic, Java generic, C++ template을 세부 항목별로 비교하였다. 우선, 제네릭에서의 자료형(type)은 Kotlin과 Java에서는 컴파일 단계에서 타입 정보가 소거되나, C++에서는 컴파일시에 해당 자료형의 코드가 생성되며, 타입 정보는 유지된다. C++ template에서는 실제로 사용되는 자료형에 따라 여러 개의 컴파일된 코드를 생성하여 함수 오버로딩으로 연결되어 사용하게 한다. 그러나 Kotlin 제네릭 프로그래밍에서는 하나의 컴파일된 바이트 코드를 생성한다. 즉 C++ template에서는 프로그램이 실행되기 위하여 템플릿으로 구현된 소스코드가 지정된 자료형의 소스코드로 다시 생성될 필요가 있지만 Kotlin generic에서는 컴파일된 라이브러리만 존재하면 되므로 관리가 쉽다. 런타임 타입의 유지 여부에서 Kotlin은 reified 키워드를 사용하여 인라인 함수에서 타입을 유지할 수 있으나, Java에서는 런타임 타입 정보를 얻을 수 없고, C++의 템플릿 인스탄스는 구체적인 타입을 유지하는 차이가 있다.

아울러 Kotlin generic에서는 컴파일 단계에서 자료형 점검이 가능하기 때문에 실행 단계에서의 자료형 변환에서 발생될 수 있는 많은 오류를 사전에 방지할 수 있다. 제네릭 함수와 클래스에서 사용되는 타입에 대한 제약 기능은 Kotlin에서 T : UpperType 형식과 Java에서의 T extends UpperType 형식으로 제약을 가할 수 있으며, C++에서는 typename T 또는 class T 형식을 사용하거나 C++20 이상에서 concepts로 타입 제약을 적용할 수 있다.

지원되는 문법으로는 Kotlin과 Java에서는 제네릭 클래스, 제네릭 함수/메서드로 지원되며, C++에서는 템플릿 클래스와 템플릿 함수로 지원된다.

와일드 카드 (wild card)지원에서 Kotlin 제네릭은 '*' 를 사용하여 모든 타입을 의미하고, Java에서는 '?' 를 사용하여 와일드카드 타입을 지정한다. C++ 템플릿에서는 와일드 카드 지원 기능은 없다.

제네릭/템플릿의 특화 관점에서 Kotlin/Java의 제네릭은 특정 자료형에 대한 특화 기능을 제공하지 않으나, C++ 템플릿에서는 특정 타입에 대해 별도의 소스코드가 생성되므로 특화(specialization)가 가능하다. 따라서 런타임 성능을 비교하면 Kotlin/Java에서는 타입 소거로 인해 런타임 성능에 영향이 없으나, C++ 템플릿은 구체적인 타입으로 인스턴스화 되므로 런타임 성능이 향상될 수 있다. 오류 발견 시점은 Kotlin/Java Generic과 C++ Template 모두 컴파일 시점에서 확인된다.

표 6.1 Kotlin 제네릭, Java 제네릭, C++ Template의 비교

특징/언어	Kotlin Generic	Java Generic	C++ Template
타입 소거(Type Erasure)	컴파일 시 타입 정보가 소거됨	컴파일 시 타입 정보가 소거됨	컴파일 시 타입 정보가 유지됨 (컴파일 시 코드 생성)
런타임 타입 정보	reified키워드를 사용하여 인라인 함수에서 타입 유지	런타임에 타입 정보를 얻을 수 없음	템플릿 인스턴스는 구체적인 타입을 유지함
타입 제약	T : UpperType를 사용하여 제약 가능	T extends UpperType를 사용하여 제약 가능	typename T 또는 class T사용, 제약은 concepts(C++20 이상)에서 가능
공변성/반공변성	out (공변성), in (반공변성) 키워드를 지원	공변성은 와일드 카드(? extends), 반공변성은 (? super) 사용	템플릿에서 기본적으로 공변성, 반공변성을 지원하지 않음
와일드카드 (wild card) / 스타 프로젝션	*를 사용하여 모든 타입을 의미	?를 사용하여 와일드카드 타입을 의미	와일드카드 지원 없음
런타임 성능	타입 소거로 인해 런타임 성능에 영향 없음	타입 소거로 인해 런타임 성능에 영향 없음	구체적인 타입으로 인스턴스화되므로 런타임 성능이 향상됨
제네릭/템플릿 특화	특정 타입에 대한 특화 기능 제공하지 않음	특정 타입에 대한 특화 기능 제공하지 않음	특정 타입에 대해 특화(Specialization) 가능
사용의 유연성	공변성과 반공변성의 키워드로 유연한 사용 가능	와일드카드와 제한을 통해 유연하게 사용 가능	매우 유연하며, 템플릿 메타 프로그래밍도 가능
에러 발견 시점	컴파일 타임	컴파일 타임	컴파일 타임
지원되는 문법	제네릭 클래스, 제네릭 함수	제네릭 클래스, 제네릭 메서드	템플릿 클래스, 템플릿 함수

Kotlin/Java의 제네릭 클래스/함수와 C++의 template class / function 들은 다양한 자료구조와 알고리즘을 일반화 (generalized) 형식으로 지원할 수 있게 하며, Kotlin/Java의 Collection<E> 인터페이스와 제네릭 클래스, C++의 Standard Template Library(STL)로 제공된다.

6.2 Kotlin Collection<E> 인터페이스(Interface)

6.2.1 Kotlin/Java Collection[2] 개요

Collection이란 데이터의 집합 또는 그룹을 의미하며, Java와 Kotlin의 standard library는 collection을 관리하기 위한 기능을 제공한다. Java/kotlin의 collection은 C++의 Standard Template Library (STL)와 같은 개념과 기능을 제공한다. 그림 6.7에서 보는 것과 같이 Kotlin/Java Collections Framework에서는 데이터를 저장하는 자료구조와 데이터를 처리하는 알고리즘을 구조화하여 클래스로 구현하여 두었다. Collection<E> generic interface와 이를 상속받아 List<E>, Set<E>, SortedSet<E>, Queue<E>, Deque<E> 등의 인터페이스를 제공하며, 이들 인터페이스를 상속받아 다양한 자료구조를 구현하는 Vector<E>, Stack<E>, LinkedList<E>, ArrayList<E>, HashSet<E>, LinkedHashSet<E>, TreeSet<E>, PriorityQueue<E>, ArrayDeque<E>. Kotlin Collection에서는 key와 value의 mapping 기능 구현을 위하여 Map<K, V>와 SortedMap<K, V> 인터페이스로 제공하며, 이 Map 관련 인터페이스를 상속받아 HashMap<K, V>, HashTable<K, V>, TreeMap<K. V> 등의 클래스를 제공한다.

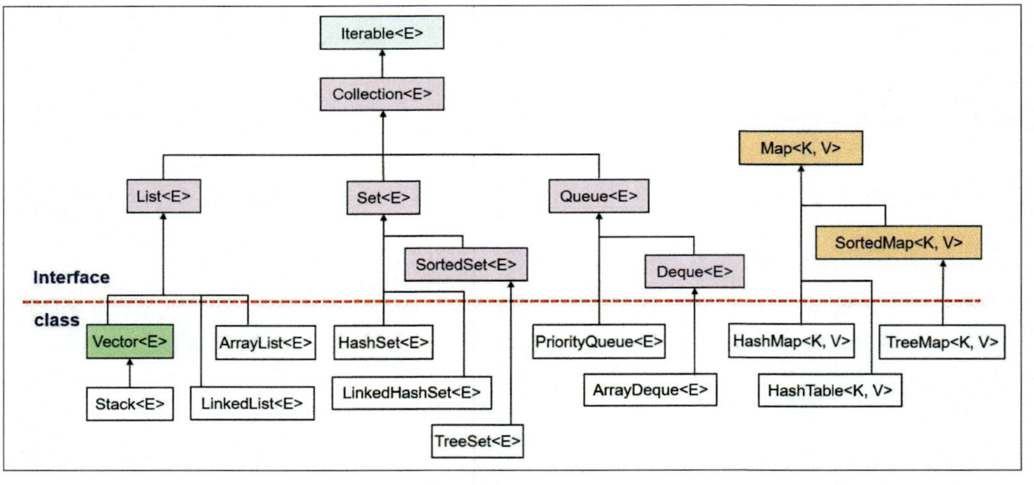

그림 6.7 Kotlin Collection Interface와 Generic Class

List<E> 인터페이스는 정수 자료형의 인덱스를 사용하여 포함된 원소에 접근할 수 있는 ordered collection이며, 원소값의 중복을 허용한다. Set<E> 인터페이스는 중복을 허용하지 않으며, 수학에서 정의하는 집합 (set)의 추상적인 모델링 기능을 제공한다. Set<E>에서는 순서에 대한 의미는 부여되지 않는 un-ordered collection 기능을 제공한다. Map<E> 인터페이스는 key-value 쌍의 사전 (dictionary) 기능을 제공한다. Key는 중복을 허용하지 않으며, 각 key마다 하나의 value가 매핑되도록 관리된다.

2)Kotlin Collections Overview, https://kotlinlang.org/docs/collections-overview.html

표 6.2는 Kotlin Collection 인터페이스에서 공통적으로 사용할 수 있는 메서드들이다.

표 6.2 Kotlin Collection Interface의 메서드

카테고리	메서드	설명
기본 작업	int **size**()	이 컬렉션의 요소 수를 반환
	boolean **isEmpty**()	이 컬렉션이 비어 있는지 여부를 반환
	boolean **contains**(Object o)	이 컬렉션이 지정된 요소를 포함하고 있는지 여부를 반환
	Iterator<E> **iterator**()	이 컬렉션의 요소를 반복할 수 있는 Iterator를 반환
	Object[] **toArray**()	이 컬렉션의 모든 요소를 포함하는 배열을 반환
	<T> T[] **toArray**(T[] a)	지정된 배열에 이 컬렉션의 모든 요소를 복사하여 반환
	boolean **add**(E e)	이 컬렉션에 지정된 요소를 추가
	boolean **remove**(Object o)	이 컬렉션에서 지정된 요소를 제거
	boolean **containsAll**(Collection<?> c)	이 컬렉션이 지정된 컬렉션의 모든 요소를 포함하고 있는지 여부를 반환
	boolean **addAll**(Collection<? extends E> c)	지정된 컬렉션의 모든 요소를 이 컬렉션에 추가
	boolean **removeAll**(Collection<?> c)	이 컬렉션에서 지정된 컬렉션에 포함된 모든 요소를 제거
	boolean **retainAll**(Collection<?> c)	이 컬렉션에서 지정된 컬렉션에 포함된 요소만 남기고 나머지를 제거
	void **clear**()	이 컬렉션에서 모든 요소를 제거.
유틸리티 메서드	boolean **removeIf**(Predicate<? super E> filter)	이 컬렉션의 요소 중 지정된 필터에 일치하는 모든 요소를 제거
	Stream<E> **stream**()	이 컬렉션의 요소를 시퀀스로 처리할 수 있는 스트림을 반환
	Stream<E> **parallelStream**()	이 컬렉션의 요소를 병렬로 처리할 수 있는 스트림을 반환
	void **forEach**(Consumer<? super E> action)	모든 요소가 처리되거나 예외가 발생할 때까지 지정된 작업을 이 컬렉션의 각 요소에 대해 수행
	Spliterator<E> **spliterator**()	이 컬렉션의 요소에 대해 늦은 바인딩 (late binding) 및 고장 방지 Spliterator를 생성

Kotlin collection 인터페이스를 상속하여 생성된 클래스는 표 6.3에서 설명하는 연산 기능들을 제공한다. List<E>를 구현한 제네릭 클래스로는 Vector<E>, Stack<E>, LinkedList<E>와 ArrayList<E>가 있다.

집합 (set) 연산을 지원하는 Set<E> 인터페이스를 구현한 제네릭 클래스로는 HashSet<E>와 LinkedHashSet<E>가 있다. 정렬기능과 집합 연산을 지원하는 SortedSet<E> 인터페이스를 구현한 클래스로 TreeSet<E>가 있다.

큐 기능을 제공하는 Queue<E> 인터페이스를 구현한 제네릭 클래스로는 PriorityQueue<E>가 있고, double ended queue 기능을 제공하는 Deque<E> 인터페이스를 구현한 제네릭 클래스로는 ArrayDeque<E>가 있다.

키 K와 값 V 간의 매핑 기능을 제공하는 Map<K, V> 인터페이스를 구현한 제네릭 클래스로는 HashMap<K,V>와 HashTable<K, V>가 있다. 매핑기능에서 키 값을 기준으로 정렬된 상태를 제공하는 SortedMap<K, V> 인터페이스를 구현한 제네릭 클래스로는

TreeMap<K, V>가 있다.

표 6.3 Kotlin Collection<E> 인터페이스를 상속받는 하위 인터페이스와 Class

하위 Interface	제네릭 Class	설 명
List<E>	Vector<E>	동적배열을 기본 자료로 구현되었으며, 순서가 있는 불변 컬렉션; 스레드 안전; add, remove, get 메서드 지원
	Stack<E>	LIFO 방식의 삽입/삭제, push, pop peek 메서드지원
	LinkedList<E>	이중 연결 리스트 구조로 구현, 비동기화, 스레드 안전하지 않음; add, remove, get, addFirst, removeLast 메서드 지원
	ArrayList<E>	동적 배열 기본으로 구현, 비동기화, 삽입 삭제를 끝에서 할 때 효율적임, 스레드 안전하지 않음; add, remove, get 메서드 지원
Set<E>	HashSet<E>	순서 보장 없음, 해시 테이블을 사용하여 구현, 집합연산관련 메서드 제공
	LinkedHashSet<E>	삽입 순서 유지, 해시 테이블과 연결형 리스트 기반으로 구현, 집합연산관련 메서드 제공
SortedSet<E>	TreeSet<E>	Red-black 트리를 기반으로 구현, 정렬 상태 유지; 집합연산관련 메서드 제공
Queue<E>	PriorityQueue<E>	내부적으로 배열을 사용하여 min-heap 구조로 구현, 우선 순위에 따른 큐 기능 제공, add, poll, peek, remove, size, contains, off 등의 메서드 지원,
Deque<E>	ArrayDeque<E>	Front와 End 양방향에서 삽입 및 제거가 가능한 큐, 동적으로 크기가 조절되며, 내부 배열이 필요에 따라 확장됨, addFirst, addLast, removeFirst, removeLast, peekFirst, peekLast, size 등의 메서드 지원
Map<K, V>	HashMap<K, V>	키(K)와 값(V)의 매핑 기능지원, 비동기화, 가장 많이 사용되는 맵 구현체,
	HashTable<K, V>	키(K)와 값(V)의 매핑 기능지원, 동기화, 성능은 HashMap<E>과 유사하나 동기화로 인해 성능저하, 스레드 안전이 필요한 경우에 사용
SortedMap <K, V>	TreeMap<K, V>	키(K)와 값(V)의 매핑 기능지원, 키의 순서에 따라 정렬된 맵을 제공, 비동기화되어 있어 멀티스레드 환경에서 주의 필요

Kotlin collection에는 표 6.4에서 보는 것과 같은 필터링 (filter), 매핑(map), 정렬(sorted), 그룹핑(groupBy) 연산을 제공하므로, 이들 collection 자료구조와 기본 지원 연산을 사용하여 필요한 기능을 쉽게 구현할 수 있다.

표 6.4 Kotlin Collection<E> Interface Operation

Collection Operation	Collection Operation Example, Description
Filter Elements	val filteredList= list.filter{ it.startsWith("a") }
Map Elements	val lengths = list.map{ it.length}
Sort Elements	val sortedList= list.sorted()
Group Elements	val groupedByLength= list.groupBy{ it.length}

6.3 Kotlin List<E> 인터페이스

6.3.1 Kotlin List<E>

Kotlin의 List<E> 제네릭 인터페이스는 가장 많이 사용되는 컬렉션 (collection) 인터페이스 중 하나이며, 특정 순서를 유지하는 요소들의 집합을 나타낸다. List<E>는 중복된 요소를 허용하며, 각 요소는 인덱스를 통해 접근할 수 있다. List는 불변(immutable) 리스트와 가변 (mutable) 리스트로 나누어지며, 각 유형에 따라 제공되는 기능이 다르다. List<E>는 Kotlin의 표준 라이브러리에서 매우 자주 사용되는 인터페이스이다.

(1) Kotlin List<E> Interface

Kotlin List<E> 인터페이스에서 제공되는 공통적인 메서드는 다음 표 6.5에 정리하였다.

표 6.5 Kotlin List<E> 인터페이스에 공통적인 메서드

카테고리	메서드	설명
기본 작업	size(): Int	이 리스트의 요소 개수를 반환
	isEmpty(): Boolean	이 리스트가 비어 있는지 여부를 반환
	contains(Object o): Boolean	이 리스트가 지정된 요소를 포함하고 있는지 여부를 반환
	iterator():	이 리스트의 요소를 반복할 수 있는 Iterator를 반환
	Object[] toArray(): Iterator<E>	이 리스트의 모든 요소를 포함하는 배열을 반환
	toArray(T[] a): <T> T[]	지정된 배열에 이 리스트의 모든 요소를 복사하여 반환
	add(E e): Boolean	이 리스트의 끝에 지정된 요소를 추가
	remove(Object o): Boolean	이 리스트에서 지정된 요소의 첫 번째 발생을 제거
	containsAll(Collection<?> c): Boolean	이 리스트가 지정된 컬렉션의 모든 요소를 포함하고 있는지 여부를 반환
	addAll(Collection<? extends E> c): Boolean	지정된 컬렉션의 모든 요소를 이 리스트의 끝에 추가
	addAll(int index, Collection<? extends E> c): Boolean	지정된 컬렉션의 모든 요소를 이 리스트의 지정된 위치부터 삽입
	removeAll(Collection<?> c): Boolean	이 리스트에서 지정된 컬렉션에 포함된 모든 요소를 제거
	retainAll(Collection<?> c): Boolean	이 리스트에서 지정된 컬렉션에 포함된 요소만 남기고 나머지를 제거
	clear()	이 리스트에서 모든 요소를 제거
요소 접근	get(int index): E	이 리스트의 지정된 위치에 있는 요소를 반환
	set(int index, E element): E	이 리스트의 지정된 위치에 있는 요소를 지정된 요소로 교체
	add(int index, E element)	지정된 위치에 지정된 요소를 이 리스트에 삽입
	remove(int index): E	이 리스트의 지정된 위치에 있는 요소를 제거
	indexOf(Object o): Int	이 리스트에서 지정된 요소의 첫 번째 발생 인덱스를 반환하거나, 요소가 없으면 -1을 반환
	lastIndexOf(Object o): Int	이 리스트에서 지정된 요소의 마지막 발생 인덱스를 반환하거나, 요소가 없으면 -1을 반환
	listIterator(): ListIterator<E>	이 리스트의 요소를 반복할 수 있는 ListIterator를 반환

카테고리	메서드	설명
	listIterator(int index): ListIterator<E>	이 리스트의 요소를 지정된 위치부터 반복할 수 있는 ListIterator를 반환
	subList(int fromIndex, int toIndex): List<E>	이 리스트의 지정된 범위에 대한 부분 리스트를 반환
유틸리티 메서드	forEach(Consumer<? super E> action)	모든 요소가 처리되거나 예외가 발생할 때까지 지정된 작업을 이 리스트의 각 요소에 대해 수행
	spliterator(): Spliterator<E>	이 리스트의 요소에 대해 늦은 바인딩 및 고장 방지 Spliterator를 생성
	removeIf(Predicate<? super E> filter): Boolean	이 리스트의 요소 중 지정된 필터에 일치하는 모든 요소를 제거
	stream(): Stream<E>	이 컬렉션의 요소를 시퀀스로 처리할 수 있는 스트림을 반환
	parallelStream(): Stream<E>	이 컬렉션의 요소를 병렬로 처리할 수 있는 스트림을 반환
	replaceAll(UnaryOperator<E> operator)	이 리스트의 모든 요소를 지정된 연산자로 대체
	sort(Comparator<? super E> c)	이 리스트를 지정된 비교자로 정렬

제네릭 인터페이스 List<E>를 구현한 제네릭 클래스로는 Vector<E>, Stack<E>, LinkedList<E>와 ArrayList<E>가 있다.

(2) Vector<E>

표 6.6은 Vectot<E> 제네릭 클래스가 제공하는 메서드들이다.

표 6.6 Kotlin Vector<E>에서 사용가능한 메서드

Category	Method	설 명
생성자	Vector()	빈 벡터를 생성
	Vector(Collection<out E> c)	지정된 컬렉션의 요소를 포함하는 벡터를 생성
	Vector(int initialCapacity)	지정된 초기 용량의 빈 벡터를 생성
	Vector(int initialCapacity, int capacityIncrement)	지정된 초기 용량과 용량 증가 값을 갖는 빈 벡터를 생성
기본 작업	add(E e): Boolean	지정된 요소를 이 벡터의 끝에 추가
	add(int index, E element)	지정된 위치에 지정된 요소를 이 벡터에 삽입
	addAll(Collection<? extends E> c): Boolean	지정된 컬렉션의 모든 요소를 이 벡터의 끝에 추가
	addAll(int index, Collection<? extends E> c): Boolean	지정된 컬렉션의 모든 요소를 이 벡터의 지정된 위치부터 삽입
	addElement(E obj)	지정된 구성 요소를 이 벡터의 끝에 추가하여 크기를 하나 증가시킴
요소 접근	get(int index): E	이 벡터의 지정된 위치에 있는 요소를 반환
	firstElement(): E	이 벡터의 첫 번째 구성 요소(인덱스 0의 항목)를 반환
	lastElement(): E	벡터의 마지막 구성 요소를 반환
	indexOf(Object o): Int	이 벡터에서 지정된 요소의 첫 번째 발생 인덱스를 반환하거나, 요소가 없으면 -1을 반환

Category	Method	설 명
	indexOf(Object o, int index): Int	이 벡터에서 지정된 인덱스부터 지정된 요소의 첫 번째 발생 인덱스를 반환하거나, 요소가 없으면 -1을 반환
	lastIndexOf(Object o): Int	이 벡터에서 지정된 요소의 마지막 발생 인덱스를 반환하거나, 요소가 없으면 -1을 반환
	lastIndexOf(Object o, int index): Int	이 벡터에서 지정된 인덱스부터 지정된 요소의 마지막 발생 인덱스를 반환하거나, 요소가 없으면 -1을 반환
요소 수정	set(int index, E element): E	이 벡터의 지정된 위치에 있는 요소를 지정된 요소로 수정
	setElementAt(E obj, int index)	이 벡터의 지정된 인덱스에 있는 구성 요소를 지정된 객체로 설정
요소 제거	remove(Object o): Boolean	이 벡터에서 지정된 요소의 첫 번째 발생을 제거
	remove(int index): E	이 벡터의 지정된 위치에 있는 요소를 제거
	removeAll(Collection<?> c): Boolean	이 벡터에서 지정된 컬렉션에 포함된 모든 요소를 제거
	removeAllElements()	이 벡터에서 모든 구성 요소를 제거하고 크기를 0으로 설정
	removeElement(Object obj): Boolean	이 벡터에서 인수의 첫 번째(가장 낮은 인덱스) 발생을 제거
	removeElementAt(int index)	지정된 인덱스의 구성 요소를 삭제
일괄 작업	clear()	이 벡터에서 모든 요소를 제거
	contains(Object o): Boolean	이 벡터가 지정된 요소를 포함하고 있는지 여부를 반환
	containsAll(Collection<?> c): Boolean	이 벡터가 지정된 컬렉션의 모든 요소를 포함하고 있는지 여부를 반환
	copyInto(Object[] anArray)	이 벡터의 구성 요소를 지정된 배열에 복사
	ensureCapacity(int minCapacity)	이 벡터가 최소한 지정된 수의 구성 요소를 포함할 수 있도록 용량을 증가시킴
	elements(): Enumeration<E>	이 벡터의 구성 요소에 대한 열거를 반환
	forEach(Consumer<? super E> action)	모든 요소가 처리되거나 예외가 발생할 때까지 지정된 작업을 이 벡터의 각 요소에 대해 수행
	size(): Int	이 벡터의 구성 요소 수를 반환
	trimToSize()	이 벡터의 용량을 벡터의 현재 크기로 조정
동기화	add(int index, E element)	이 벡터의 지정된 위치에 지정된 요소를 삽입; 동기화된 메서드
	add(E e): Boolean	이 벡터의 끝에 지정된 요소를 추가; 동기화된 메서드
	copyInto(Object[] anArray)	이 벡터의 구성 요소를 지정된 배열에 복사; 동기화된 메서드
유틸리티 메서드	clone(): Object	이 벡터의 복제본을 반환
	ensureCapacity(int minCapacity)	이 벡터가 최소한 지정된 수의 구성 요소를 포함할 수 있도록 함
	forEach(Consumer<? super E> action)	모든 요소가 처리되거나 예외가 발생할 때까지 지정된 작업을 벡터의 각 요소에 대해 수행함
	spliterator(): Spliterator<E>	이 벡터의 요소에 대해 늦은 바인딩 및 고장 방지 Spliterator를 생성

Category	Method	설 명
동시성	setSize(int newSize)	이 벡터의 크기를 설정
	capacity(): Int	이 벡터의 현재 용량을 반환

그림 6.8은 Kotlin 제네릭 클래스 Vector<E>를 사용하는 예를 보여 준다. Line 4~14에서는 정수자료형 x좌표와 y좌표를 가지는 좌표 (coordinate)를 클래스로 구현하였으며, line 16~28에서 이를 사용하는 응용 프로그램의 예를 보여준다.

```
 1 :  /* Kotlin Collection Vector<Coordinate> */
 2 :  import java.util.*
 3 :
 4 :  class Coordinate() {
 5 :      var x: Int = 0
 6 :      var y: Int = 0
 7 :      constructor(cx : Int, cy : Int) : this() {
 8 :          x = cx
 9 :          y = cy
10 :      }
11 :      override fun toString(): String {
12 :          return "Coordinate(%d, %d)".format(this.x,this.y)
13 :      }
14 :  }
15 :
16 :  fun main(args: Array<String>) {
17 :      var vec_coord = Vector<Coordinate>()
18 :      var coord : Coordinate
19 :      vec_coord.add(Coordinate(0, 0));
20 :      vec_coord.add(Coordinate(-100, 100));
21 :      vec_coord.add(Coordinate(100, 100));
22 :      vec_coord.add(Coordinate(100, -100));
23 :      vec_coord.add(Coordinate(-100, -100));
24 :      for(i in 0..< vec_coord.size) {
25 :          coord = vec_coord[i];
26 :          println(coord);
27 :      }
28 :  }
```

그림 6.8 Kotlin collection class Vector<E>의 응용 예

```
Coordinate(0, 0)
Coordinate(-100, 100)
Coordinate(100, 100)
Coordinate(100, -100)
Coordinate(-100, -100)
```

그림 6.9 Kotlin collection class Vector<E>의 응용 프로그램의 실행결과

Line 17에서 Vector<Coordinate> 자료형의 vec_coord 변수를 생성하며, 이 vec_coord에 5개의 좌표(class Coordinate의 인스탄스)들을 생성하여 추가한다. 추가된 좌표들을 line 24~27에서 for-반복문 구조를 사용하여 인덱스 i = 0 ~ vec_coord.size -1까지 대입하며, 차례대로 vec_coord[i]로 읽고 출력하도록 구현되어 있다. 이와 같이 vector는 마치 배열처럼 사용할 수 있으며, 필요에 따라 크기가 자동적으로 확장되고 조절되는 콜렉션 자료 구조 기능을 제공한다.

(3) Kotlin Generic Class LinkedList<E>

Kotlin LinkedList<E>는 이중 연결 리스트 구조로 구현되며, 동기화를 지원하지 않고, 멀티스레드에 안전하지 않는 제네릭 클래스이다. 표 6.7은 LinkedList<E> 제네릭 클래스에서 제공하는 메서드를 정리하여 설명하고 있다.

표 6.7 Kotlin LinkedList<E>에서 사용가능한 메서드

Category	Method	설 명
생성자	LinkedList()	빈 LinkedList를 생성
	LinkedList(Collection<out E> c)	지정된 컬렉션의 요소를 포함하는 LinkedList를 생성
기본 작업	add(E e): Boolean	지정된 요소를 이 리스트의 끝에 추가
	add(int index, E element): Boolean	지정된 위치에 지정된 요소를 이 리스트에 삽입
	addAll(Collection<? extends E> c): Boolean	지정된 컬렉션의 모든 요소를 이 리스트의 끝에 추가
	addAll(int index, Collection<? extends E> c): Boolean	지정된 컬렉션의 모든 요소를 이 리스트의 지정된 위치부터 삽입
	addFirst(E e)	지정된 요소를 이 리스트의 시작에 삽입
	addLast(E e)	지정된 요소를 이 리스트의 끝에 추가
요소 접근	get(int index): E	이 리스트의 지정된 위치에 있는 요소를 반환
	getFirst(): E	이 리스트의 첫 번째 요소를 반환
	getLast(): E	이 리스트의 마지막 요소를 반환
	indexOf(Object o): Int	이 리스트에서 지정된 요소의 첫 번째 발생 인덱스를 반환하거나, 요소가 없으면 -1을 반환
	lastIndexOf(Object o): Int	이 리스트에서 지정된 요소의 마지막 발생 인덱스를 반환하거나, 요소가 없으면 -1을 반환
요소 수정	set(int index, E element): E	이 리스트의 지정된 위치에 있는 요소를 지정된 요소로 교체
요소 제거	remove(Object o): Boolean	이 리스트에서 지정된 요소의 첫 번째 발생을 제거
	remove(int index): E	이 리스트의 지정된 위치에 있는 요소를 제거
	removeAll(Collection<?> c): Boolean	이 리스트에서 지정된 컬렉션에 포함된 모든 요소를 제거
	clear()	이 리스트에서 모든 요소를 제거
	removeFirst(): E	이 리스트의 첫 번째 요소를 제거하고 반환
	removeLast(): E	이 리스트의 마지막 요소를 제거하고 반환
일괄 작업	contains(Object o): Boolean	이 리스트가 지정된 요소를 포함하고 있는지 여부를 반환
	containsAll(Collection<?> c): Boolean	이 리스트가 지정된 컬렉션의 모든 요소를 포함하고 있는지 여부를 반환
	size(): Int	이 리스트의 요소 수를 반환
Deque 작업	addFirst(E e)	지정된 요소를 이 deque의 앞에 삽입
	addLast(E e)	지정된 요소를 이 deque의 끝에 추가
	getFirst(): E	이 deque의 첫 번째 요소를 반환

Category	Method	설 명
	getLast(): E	이 deque의 마지막 요소를 반환합
	removeFirst(): E	이 deque의 첫 번째 요소를 제거하고 반환
	removeLast(): E	이 deque의 마지막 요소를 제거하고 반환
	offerFirst(E e): Boolean	지정된 요소를 이 deque의 앞에 삽입 시도.
	offerLast(E e): Boolean	지정된 요소를 이 deque의 끝에 삽입 시도
	peekFirst(): E	이 deque의 첫 번째 요소를 반환하거나, deque가 비어있으면 null을 반환
	peekLast(): E	이 deque의 마지막 요소를 반환하거나, deque가 비어있으면 null을 반환
	pollFirst(): E	이 deque의 첫 번째 요소를 제거하고 반환하거나, deque가 비어있으면 null을 반환
	pollLast(): E	이 deque의 마지막 요소를 제거하고 반환하거나, deque가 비어있으면 null을 반환
Queue 작업	offer(E e): Boolean	지정된 요소를 이 queue의 끝에 추가
	poll(): E	이 queue의 머리 요소를 제거하고 반환하거나, queue가 비어있으면 null을 반환.
	peek(): E	이 queue의 머리 요소를 반환하거나, queue가 비어있으면 null을 반환
Stack 작업	push(E e)	이 deque의 head에 요소를 삽입
	pop(): E	이 deque의 head에서 요소를 pop하고 반환
동기화	listIterator(int index): ListIterator<E>	이 리스트의 요소를 지정된 위치부터 반복할 수 있는 ListIterator를 반환
	iterator(): Iterator<E>	이 리스트의 요소를 반복할 수 있는 Iterator를 반환
유틸리티 메서드	clone(): Object	이 리스트의 복제본을 반환
	toArray(): Object[]	이 리스트의 모든 요소를 포함하는 배열을 반환
	toArray(T[] a): <T> T[]	지정된 배열에 이 리스트의 모든 요소를 복사하여 반환

그림 6.10은 Kotlin 제네릭 클래스 LinkedList<E>를 문자열 (string) 자료형으로 사용하는 예를 보여준다. Line 3~11의 printList(linkedList)함수는 인수로 LinkedList<String> 자료형인 linkedList를 전달받으며, linkedList의 반복 열거자 (iterator)로 kotlin.collections. Interator<E> 자료형의 인스탄스인 itr를 생성한다.

Line 5~10에서는 반복 열거자 itr의 hasNext()와 next()를 사용하여 제네릭 클래스 linkedList의 각 원소들을 구분자 (separator)로 구분하며 출력한다. 구분자는 다음 항목이 있으면 ',' 을 포함시키며, 마지막 항목인 경우 '\n'을 사용하여 줄바꿈이 출력되게 한다.

그림 6.10 line 13~29의 main() 함수에서는 제네릭 클래스 LinkedList<String> 자료형의 변수 lnkdLst_fruits를 생성하고, Scanner(System.in)의 표준입력장치 cin를 사용하도록 준비하고, line 18~22의 while 반복문에서 cin으로부터 과일 이름들을 입력받아 lnkdLst_fruits에 추가한다. 이 while 반복문은 입력 문자열에 '.' 이 입력되면 종료된다. Line 23~24에서 입력된 과일 이름들의 lnkdLst_fruits을 출력하며, 출력 결과는 그림 6.11에서 확인할 수 있다.

Line 25에서는 Collections 인터페이스의 sort() 메서드를 사용하여 lnkdLst_fruits에 포함된 문자열 자료형의 과일 이름들을 오름차순으로 정렬하고, 정렬된 결과를 출력한다. 결과는 그림 6.11에서 확인할 수 있다.

```
1:  /* Kotlin Generic LinkedList<E> */
2:  import java.util.*
3:  fun printList(linkedList: LinkedList<String>) {
4:      val itr: kotlin.collections.Iterator<String> = linkedList.iterator()
5:      while (itr.hasNext()) {
6:          val e = itr.next()
7:          var separator: String
8:          separator = if (itr.hasNext()) ", " else "\n"
9:          print(e + separator)
10:     }
11: }
12:
13: fun main(args: Array<String>) {
14:     val lnkdLst_fruits = LinkedList<String>()
15:     var fruit_name: String
16:     val cin = Scanner(System.`in`)
17:     print("input a list of fruit names (put . at end): ")
18:     while (cin.hasNext()) {
19:         fruit_name = cin.next()
20:         if (fruit_name == ".") break
21:         lnkdLst_fruits.add(fruit_name)
22:     }
23:     println("Before Sorting of LinkedList of fruits = ")
24:     printList(lnkdLst_fruits)
25:     Collections.sort(lnkdLst_fruits)
26:     println("Sorted LinkedList of fruits = ")
27:     printList(lnkdLst_fruits)
28:
29: }
```

그림 6.10 Kotlin LinkedList<E> 클래스의 응용 - printList(linkedList: LinkedList<String>)

```
input a list of fruit names (put . at end): apple orange pineapple mango cherry apricot avocado banana grape lime lemon kiwi pear peach plum .
Before Sorting of LinkedList of fruits =
apple, orange, pineapple, mango, cherry, apricot, avocado, banana, grape, lime, lemon, kiwi, pear, peach, plum
Sorted LinkedList of fruits =
apple, apricot, avocado, banana, cherry, grape, kiwi, lemon, lime, mango, orange, peach, pear, pineapple, plum
```

그림 6.11 실행결과

(4) Kotlin Generic Class ArrayList<E>

Kotlin ArrayList<E>는 동적 배열 (dynamic array)을 기본으로 구현되어 있으며, 동기화를 지원하지 않고, 멀티스레드에 안전하지 않는 제네릭 클래스이다. ArrayList<E>는 삽입과 삭제가 시작과 끝에서 수행될 때 매우 효율적인 성능을 보여준다. 표 6.8은 ArrayList<E>에서 사용가능한 메서드들을 정리하여 설명한다.

표 6.8 Kotlin ArrayList<E>에서 사용가능한 메서드

Category	Method	설 명
생성자	ArrayList()	빈 ArrayList를 생성

Category	Method	설 명
	ArrayList(int initialCapacity)	지정된 초기 용량을 가진 빈 ArrayList를 생성
	ArrayList(Collection<out E> c)	지정된 컬렉션의 요소를 포함하는 ArrayList를 생성
기본 작업	add(E e): Boolean	지정된 요소를 이 리스트의 끝에 추가
	add(int index, E element)	지정된 위치에 지정된 요소를 이 리스트에 삽입
	addAll(Collection<? extends E> c): Boolean	지정된 컬렉션의 모든 요소를 이 리스트의 끝에 추가
	addAll(int index, Collection<? extends E> c): Boolean	지정된 컬렉션의 모든 요소를 이 리스트의 지정된 위치부터 삽입
요소 접근	get(int index): E	이 리스트의 지정된 위치에 있는 요소를 반환
	set(int index, E element): E	이 리스트의 지정된 위치에 있는 요소를 지정된 요소로 교체
	indexOf(Object o): Int	이 리스트에서 지정된 요소의 첫 번째 발생 인덱스를 반환하거나, 요소가 없으면 -1을 반환
	lastIndexOf(Object o): Int	이 리스트에서 지정된 요소의 마지막 발생 인덱스를 반환하거나, 요소가 없으면 -1을 반환
	ListIterator<E> listIterator(int index)	이 리스트의 요소를 지정된 위치부터 반복할 수 있는 ListIterator를 반환
	ListIterator<E> listIterator()	이 리스트의 요소를 반복할 수 있는 ListIterator를 반환
	Iterator<E> iterator()	이 리스트의 요소를 반복할 수 있는 Iterator를 반환
요소 제거	boolean remove(Object o): Boolean	이 리스트에서 지정된 요소의 첫 번째 발생을 제거
	remove(int index): E	이 리스트의 지정된 위치에 있는 요소를 제거
	removeAll(Collection<?> c): Boolean	이 리스트에서 지정된 컬렉션에 포함된 모든 요소를 제거
	clear()	이 리스트에서 모든 요소를 제거
일괄 작업	contains(Object o): Boolean	이 리스트가 지정된 요소를 포함하고 있는지 여부를 반환
	containsAll(Collection<?> c): Boolean	이 리스트가 지정된 컬렉션의 모든 요소를 포함하고 있는지 여부를 반환
	size(): Int	이 리스트의 요소 수를 반환
	isEmpty(): Boolean	이 리스트가 비어 있는지 여부를 반환
	toArray(): Object[]	이 리스트의 모든 요소를 포함하는 배열을 반환
	toArray(T[] a): <T> T[]	지정된 배열에 이 리스트의 모든 요소를 복사하여 반환
	ensureCapacity(int minCapacity)	이 리스트가 최소한 지정된 수의 요소를 포함할 수 있도록 용량을 증가
	trimToSize()	이 리스트의 용량을 리스트의 현재 크기로 조정
동기화	forEach(Consumer<? super E> action)	모든 요소가 처리되거나 예외가 발생할 때까지 지정된 작업을 이 리스트의 각 요소에 대해 수행
	Spliterator<E> spliterator()	이 리스트의 요소에 대해 늦은 바인딩 및 고장 방지 Spliterator를 생성
	removeIf(Predicate<? super E> filter):	이 리스트의 요소 중 지정된 필터에 일치하는 모든 요소를 제거

Category	Method	설 명
	Boolean	
유틸리티 메서드	clone(): Object	이 리스트의 복제본을 반환

그림 6.12는 Kotlin 제네릭 클래스 ArrayList<E>를 사용하여 문자열 자료형인 과일 이름들을 관리하는 예제를 보여준다. Line 6에서 ArrayList<String> 인스턴스인 arrLst_fruits를 생성하고, line 6~13에서 표준입력장치로부터 문자열 자료형의 fruit_name을 입력받아 arrLst_fruits에 추가한다.

```
 1: /* Example Usage of Kotlin Generic ArrayList<E> */
 2: import java.util.*
 3:
 4: fun main(args: Array<String>) {
 5:     var fruit_name: String
 6:     val arrLst_fruits = ArrayList<String>()
 7:     val cin = Scanner(System.`in`)
 8:     print("input a list of fruit names (put . at end): ")
 9:     while (cin.hasNext()) {
10:         fruit_name = cin.next()
11:         if (fruit_name == ".") break
12:         arrLst_fruits.add(fruit_name)
13:     }
14:     val num_fruit_names = arrLst_fruits.size
15:     print("\nNumber of input fruit-names = %s\n".format(num_fruit_names))
16:     print("\nArrayList of fruits : ")
17:     for (i in 0 until num_fruit_names) {
18:         fruit_name = arrLst_fruits[i]
19:         print("%s ".format(fruit_name))
20:     }
21:     println()
22:     var longestIndex = 0
23:     for (i in 1 until num_fruit_names) {
24:         if (arrLst_fruits[longestIndex].length < arrLst_fruits[i].length) {
25:             longestIndex = i
26:         }
27:     }
28:     println("The longest name of input fruits : " + arrLst_fruits[longestIndex])
29: }
```

그림 6.12 Kotlin ArrayList<E> 제네릭 클래스의 응용 예

```
input a list of fruit names (put . at end): apple orange pineapple mango cherry apricot avocado banana grape lime lemon kiwi pear peach plum .

Number of input fruit-names = 15

ArrayList of fruits : apple orange pineapple mango cherry apricot avocado banana grape lime lemon kiwi pear peach plum
The longest name of input fruits : pineapple
```

그림 6.13 실행결과

그림 6.12 line 14~21에서는 arrLst_fruits에 포함된 배열 원소들 (과일 이름들)을 출력하며, line 22~27에서는 arrLst_fruits에 포함된 배열 원소의 문자열 길이가 가장 긴 원소를 찾아 출력한다. 출력 결과들은 그림 6.13에서 확인할 수 있다.

6.4 Kotlin Set<E> 인터페이스 및 관련 제네릭 클래스

6.4.1 Kotlin Set<E> Interface

Kotlin의 Set<E> 인터페이스는 컬렉션의 일종으로, 중복된 요소가 없는 고유한 요소들의 집합을 나타낸다. Set<E> 인터페이스는 제네릭 타입으로, 타입 파라미터 E는 Set에 포함될 요소의 타입을 의미한다. 예를 들어, Set<Int>는 정수의 집합을 나타내며, Set<String>은 문자열의 집합을 나타낸다. 이러한 특징들로 인해 Set은 중복을 허용하지 않는 컬렉션이 필요할 때 매우 유용하게 사용할 수 있다.

표 6.9는 집합 (set) 연산을 제공하는 Kotlin 제네릭 인터페이스 Set<E>의 주요 메서드를 기본 작업과 유틸리티 메서드로 구분하여 설명하고 있다.

표 6.9 Kotlin Set<E> 인터페이스의 주요 메서드

카테고리	메서드	설명
기본 작업	size(): Int	이 집합의 요소 수를 반환
	isEmpty(): Boolean	이 집합이 비어 있는지 여부를 반환
	contains(Object o): Boolean	이 집합이 지정된 요소를 포함하고 있는지 여부를 반환.
	iterator(): Iterator<E>	이 집합의 요소를 반복할 수 있는 Iterator를 반환
	toArray(): Object[]	이 집합의 모든 요소를 포함하는 배열을 반환
	toArray(T[] a): <T> T[]	지정된 배열에 이 집합의 모든 요소를 복사하여 반환.
	add(E e): Boolean	이 집합에 지정된 요소를 추가
	remove(Object o): Boolean	이 집합에서 지정된 요소를 제거
	containsAll(Collection<?> c): Boolean	이 집합이 지정된 컬렉션의 모든 요소를 포함하고 있는지 여부를 반환
	addAll(Collection<? extends E> c): Boolean	지정된 컬렉션의 모든 요소를 이 집합에 추가
	retainAll(Collection<?> c): Boolean	이 집합에서 지정된 컬렉션에 포함된 요소만 남기고 나머지를 제거
	removeAll(Collection<?> c): Boolean	이 집합에서 지정된 컬렉션에 포함된 모든 요소를 제거
	clear()	이 집합에서 모든 요소를 제거
유틸리티 메서드	forEach(Consumer<? super E> action)	모든 요소가 처리되거나 예외가 발생할 때까지 지정된 작업을 이 집합의 각 요소에 대해 수행
	spliterator(): Spliterator<E>	이 집합의 요소에 대해 늦은 바인딩 및 고장 방지 Spliterator를 생성
	removeIf(Predicate<? super E> filter): Boolean	이 집합의 요소 중 지정된 필터에 일치하는 모든 요소를 제거
	stream(): Stream<E>	이 집합의 요소를 시퀀스로 처리할 수 있는 스트림을 반환
	parallelStream(): Stream<E>	이 집합의 요소를 병렬로 처리할 수 있는 스트림을 반환

Set<E> 인터페이스은 다음과 같은 주요 특징을 가진다:

- 중복 불허: Set은 동일한 값을 가지는 요소를 두 번 이상 포함할 수 없음. 따라서 Set에 동일한 값을 추가하려고 하면 추가되지 않음
- 순서 보장 없음: Set은 요소의 순서를 보장하지 않음. 즉, 요소가 삽입된 순서대로 저장되지 않을 수 있음. 요소의 순서가 중요하다면, LinkedHashSet이나 SortedSet 같은 구체적인 구현체를 사용해야 함
- 읽기 전용 : Set<E>는 읽기 전용 인터페이스로, 요소를 추가하거나 제거할 수 없는 immutable 임. 변경가능한 집합 연산이 필요한 경우, Set<E>를 상속받아 생성되며 요소를 추가하거나 제거, 변경 가능한 컬렉션인 MutableSet<E>을 사용할 수 있음

Set<E> 인터페이스는 다음과 같은 주요 메서드 가진다:

- size: Set에 포함된 요소의 개수를 반환
- isEmpty(): Set이 비어있는지 여부를 반환
- contains(element: E): Set이 특정 요소를 포함하고 있는지 여부를 반환
- iterator(): Set의 요소를 순회할 수 있는 반복자를 반환

Set<E> 인터페이스의 주요 구현체로는 다음과 같은 클래스가 있다:

- HashSet<E>: 요소의 순서를 보장하지 않는 가장 일반적인 Set의 구현체
- LinkedHashSet<E>: 삽입된 순서를 유지하는 Set
- TreeSet<E>: 요소를 정렬된 순서로 유지하는 Set

6.4.2 Kotlin SortedSet<E> Interface

Kotlin의 SortedSet<E> 인터페이스는 Set<E> 인터페이스를 확장한 것으로, 고유한 요소들을 정렬된 순서로 유지하는 집합을 나타내며, 제네릭 타입으로 타입 파라미터 E는 SortedSet에 포함될 요소의 타입을 의미한다. SortedSet은 중복을 허용하지 않으며, 요소가 정렬된 상태로 유지되는 집합을 표현할 때 매우 유용하게 사용할 수 있다. 이를 통해 특정 범위의 요소를 효율적으로 관리할 수 있으며, 정렬된 데이터 구조가 필요한 다양한 상황에서 활용될 수 있다.

Kotlin SortedSet<E> 인터페이스는 다음과 같은 주요 특징을 가진다:

- 정렬된 순서 유지: SortedSet의 가장 큰 특징은 요소들이 항상 정렬된 상태로 유지된다는 점임. 이 정렬 기준은 요소의 자연스러운 순서(자연 정렬) 또는 특정 Comparator에 의해 결정됨
- 중복 불허: Set과 마찬가지로, SortedSet도 중복된 요소를 허용하지 않음. 즉, 동일한 값이 두 번 이상 추가될 수 없음
- 읽기 전용: SortedSet<E>는 읽기 전용 인터페이스로, 요소를 추가하거나 제거할 수 없음. 변경가능한 SortedSet 기능이 필요한 경우, SortedSet<E>를 상속받으며, 요소를 추가하거나 제거할 수 있는 변경 가능한 컬렉션인 MutableSortedSet<E>를 사용할 수 있음

Kotlin SortedSet<E> 인터페이스의 주요 메서드는 다음과 같다:

- first(): SortedSet에서 가장 낮은(첫 번째) 요소를 반환
- last(): SortedSet에서 가장 높은(마지막) 요소를 반환

- subSet(fromElement: E, toElement: E): 주어진 범위 (fromElement 포함, toElement 제외)에 해당하는 부분 집합을 반환
- headSet(toElement: E): SortedSet의 처음부터 주어진 요소 이전까지의 요소들로 구성된 부분 집합을 반환
- tailSet(fromElement: E): 주어진 요소부터 끝까지의 요소들로 구성된 부분 집합을 반환.
- comparator(): SortedSet의 정렬 기준으로 사용되는 Comparator를 반환. 자연 정렬이 사용된다면 null을 반환

Kotlin SortedSet<E> 인터페이스의 다음과 같은 제네릭 클래스로 구현되어 제공된다:

- TreeSet<E>: SortedSet<E>의 대표적인 구현체로, 요소들이 항상 정렬된 상태로 저장됨. 기본적으로 요소의 자연 순서를 따르지만, 생성 시 Comparator를 제공하여 사용자 정의 정렬 기준을 사용할 수도 있음

Kotlin SortedSet<E> 인터페이스의 정렬은 기본적으로 요소의 자연 순서에 따라 정렬된다. 예를 들어, Int 타입의 요소는 숫자 순서로, String 타입의 요소는 알파벳 순서로 정렬된다. 그러나 특정 Comparator를 지정하면 사용자 정의 정렬 기준을 사용할 수 있다.

표 6.10은 Kotlin 제네릭 인터페이스 SortedSet<E>의 주요 메서드를 정리하여 설명한다.

표 6.10 Kotlin SortedSet<E> 인터페이스의 주요 메서드

메서드	설명
add(element: E): Boolean	지정된 요소를 SortedSet에 추가. 이미 존재하는 경우 추가되지 않고, false를 반환
remove(element: E): Boolean	지정된 요소를 SortedSet에서 제거. 성공하면 true를 반환하고, 실패하면 false를 반환
first(): E	SortedSet의 첫 번째(가장 작은) 요소를 반환. 요소가 없다면 예외를 발생시킴
last(): E	SortedSet의 마지막(가장 큰) 요소를 반환. 요소가 없다면 예외를 발생시킴
headSet(toElement: E): SortedSet<E>	지정된 요소 toElement이전의 모든 요소를 포함하는 서브셋을 반환. toElement는 포함되지 않음
tailSet(fromElement: E): SortedSet<E>	지정된 요소 fromElement이후의 모든 요소를 포함하는 서브셋을 반환. fromElement는 포함됨
subSet(fromElement: E, toElement: E): SortedSet<E>	fromElement부터 toElement까지의 요소를 포함하는 서브셋을 반환. fromElement는 포함되지만, toElement는 포함되지 않음
comparator(): Comparator<in E>?	현재 SortedSet에 사용되는 비교기를 반환. 기본 비교기(자연 순서)가 사용되는 경우에는 null을 반환할 수 있음
contains(element: E): Boolean	SortedSet에 특정 요소가 포함되어 있는지 확인. 포함되어 있으면 true, 그렇지 않으면 false를 반환
size: Int	SortedSet에 포함된 요소의 개수를 반환
isEmpty(): Boolean	SortedSet이 비어 있는지 확인. 비어 있으면 true, 그렇지 않으면 false를 반환
clear()	SortedSet의 모든 요소를 제거
iterator():	SortedSet의 요소들에 대한 반복자를 반환. 요소들은 정렬된 순서로

메서드	설명
Iterator<E>	반환

6.4.3 Kotlin Generic class HashSet<E>

그림 6.14는 Kotlin 제네릭 Set<E> 인터페이스를 구현한 제네릭 클래스 HashSet()를 사용하여 변경가능한 MutableSet() 인스탄스인 집합을 생성하고, 합집합 (union), 교집합 (intersection) 및 차집합 (difference) 연산을 구현하는 예를 보여 준다. Line 5~10에서는 MutableSet<Int> 인스탄스 a와 b를 생성하며, 각각 정수자료형의 초기화 데이터로 설정하고, 출력하여 내용을 확인하도록 한다. 그림 6.15에서 확인할 수 있는 것과 같이, a와 b의 집합 원소들은 중복되지 않는 원소들로만 구성되는 것을 확인할 수 있다. 즉, line 8에서 b의 초기값 설정에서 7과 5가 중복되어 설정되어 있는데, 그림 6.15의 출력에서는 중복된 항목없이 출력되는 것을 알 수 있다.

```
 1:  /* Kotlin Generic HashSet<E> */
 2:  import java.util.*
 3:
 4:  fun main(args: Array<String>) {
 5:       val a: MutableSet<Int> = HashSet()
 6:       a.addAll(Arrays.asList(*arrayOf(1, 3, 2, 4, 8, 9, 0)))
 7:       val b: MutableSet<Int> = HashSet()
 8:       b.addAll(Arrays.asList(*arrayOf(1, 3, 7, 5, 4, 0, 7, 5)))
 9:       println("set a = $a")
10:       println("set b = $b")
11:
12:  // test union
13:       val union: MutableSet<Int> = HashSet(a)
14:       union.addAll(b)
15:       print("Union of the two Set")
16:       println(union)
17:
18:  // test intersection
19:       val intersection: MutableSet<Int> = HashSet(a)
20:       intersection.retainAll(b)
21:       print("Intersection of the two Set")
22:       println(intersection)
23:
24:  // test symmetric difference
25:       val difference: MutableSet<Int> = HashSet(a)
26:       difference.removeAll(b)
27:       print("Difference of the two Set")
28:       println(difference)
29:
30:  }
```

그림 6.14 Kotlin Generic Class HashSet<E> 제네릭 클래스의 응용 예

그림 6.14 line 12~16에서는 집합 a와 b의 합집합(union) 연산 기능을 Kotlin 프로그램으로 구현하는 예를 보여준다. 합집합을 위해서는 결과를 담을 union을 MutableSet<E> 자료형의 인스탄스로 생성하며, HashSet(a)를 대입시킨 후, 이 union에 집합 b의 원소를

addAll() 메서드를 사용하여 추가해 준다. 클래스 HashSet은 중복된 원소들을 삭제하기 때문에 union에 남는 원소들은 집합 a와 집합 b의 합집합 결과가 되며, 그림 6.15에서 확인할 수 있다.

Line 18~22에서는 집합 a와 집합 b의 교집합 (intersection) 연산을 Kotlin 프로그램으로 구현하는 예를 보여준다. 우선 교집합 결과를 담을 intersection을 HashSet(a)으로 집합 a의 원소를 모두 가지는 집합으로 초기화 한 후, intersection.retainAll(b)를 사용하여 intersection에 포함된 원소 중 집합 b의 원소만 남겨두고 나머지를 제거함으로써 교집합 연산 결과를 산출한다. 교집합 결과인 intersection을 출력한 결과는 그림 6.15에서 확인할 수 있다.

Line 24~28에서는 집합 a와 집합 b의 차집합 (difference) 연산을 구현하는 예를 보여준다. 먼저 차집합 결과를 담을 difference를 HashSet(a)으로 집합 a의 원소를 모두 가지는 집합으로 초기화 한 후, line 26에서 difference.removeAll(b)를 사용하여 집합 b에 속한 모든 원소들을 집합 difference로부터 제거함으로써 차집합 연산을 수행한다. 차집합의 결과를 출력한 내용은 그림 6.15 마지막 부분에서 확인할 수 있다.

```
set a = [0, 1, 2, 3, 4, 8, 9]
set b = [0, 1, 3, 4, 5, 7]
Union of the two Set[0, 1, 2, 3, 4, 5, 7, 8, 9]
Intersection of the two Set[0, 1, 3, 4]
Difference of the two Set[2, 8, 9]
```

그림 6.15 실행결과

6.4.4 Kotlin Generic class LinkedHashSet<E>

LinkedHashSet<E>는 Kotlin에서 사용할 수 있는 제네릭 클래스이다. 이 클래스는 Set 인터페이스를 구현하며, 요소를 추가한 순서대로 저장하는 것을 특징으로 한다.

LinkedHashSet<E>의 주요 특징는 다음과 같다:

- 순서 보장: LinkedHashSet의 가장 큰 특징은 요소를 추가한 순서를 유지한다는 것임. 예를 들어, 첫 번째로 추가한 요소가 첫 번째로 출력됨. 이 점에서 요소의 순서를 보장하지 않는 HashSet과 다름
- 중복 요소 허용하지 않음: LinkedHashSet은 Set의 특징을 그대로 가지므로, 중복된 요소를 허용하지 않음. 동일한 요소를 두 번 추가하려고 하면, 두 번째 추가는 무시됨
- 효율적인 성능: 내부적으로 Linked List와 Hash Table을 함께 사용하여 요소의 순서를 유지하면서도 효율적인 조회 성능을 제공함 일반적으로 요소의 추가, 삭제, 탐색 작업이 일정한 시간 복잡도(O(1))를 가짐
- 제네릭 지원: LinkedHashSet<E>는 제네릭 클래스로, 특정 타입을 지정하여 사용할 수 있음. 예를 들어, LinkedHashSet<String>은 문자열 집합을, LinkedHashSet<Int>

는 정수 집합을 나타낼 수 있음

```
1 :  /* Kotlin Generic LinkedHashSet<E> */
2 :  fun main(args: Array<String>) {
3 :       val linkedHashSet: MutableSet<String> = LinkedHashSet()
4 :       val test_strings = arrayOf("A", "G", "D", "E", "B", "C", "A", "B", "F")
5 :       for (str in test_strings) {
6 :            linkedHashSet.add(str)
7 :            println("After add(%S) : ts = %s".format(str, linkedHashSet))
8 :       }
9 :       println()
10 :      val remove_strings = arrayOf("B", "D", "A", "E", "C")
11 :      for (str in remove_strings) {
12 :           linkedHashSet.remove(str)
13 :           println("After removing (%S) : ts = %s".format(str,
              linkedHashSet))
14 :      }
15 : }
```

그림 6.16 Kotlin Generic Class LinkedHashSet<E> 제네릭 클래스의 응용 예

```
After add(A) : ts = [A]
After add(G) : ts = [A, G]
After add(D) : ts = [A, G, D]
After add(E) : ts = [A, G, D, E]
After add(B) : ts = [A, G, D, E, B]
After add(C) : ts = [A, G, D, E, B, C]
After add(A) : ts = [A, G, D, E, B, C]
After add(B) : ts = [A, G, D, E, B, C]
After add(F) : ts = [A, G, D, E, B, C, F]

After removing (B) : ts = [A, G, D, E, C, F]
After removing (D) : ts = [A, G, E, C, F]
After removing (A) : ts = [G, E, C, F]
After removing (E) : ts = [G, C, F]
After removing (C) : ts = [G, F]
```

그림 6.17 Kotlin Generic Class LinkedHashSet<E> 제네릭 클래스의 응용프로그램 실행결과

그림 6.16은 제네릭 클래스 LinkedHashSet<E>를 사용하는 응용 프로그램의 예를 보여준다. Line 3에서 LinkedHashSet() 클래스 인스탄스인 linkedHashSet을 생성하고, line 4~8에서 문자열 배열를 준비하여 linkedHashSet에 add() 메서드를 사용하여 차례대로 추가하며, 상태를 출력한다. 그림 6.17에서 중간 상태를 출력한 것과 같이, 입력되는 순서를 유지하는 것을 확인할 수 있다.

Line 10~14에서는 linkedHashSet으로부터 remove(str) 메서드를 사용하여 str로 지정된 원소를 삭제하며, 삭제된 결과를 출력하여 확인할 수 있게 한다. 그림 6.17에서 볼 수 있는 것과 같이, 대상 원소가 삭제된 이후 남아 있는 원소들은 이전의 입력 순서를 유지하고 있는 것을 확인할 수 있다.

6.4.5 Kotlin Generic class TreeSet<E>

TreeSet<E>는 Kotlin에서 사용할 수 있는 제네릭 클래스이며, SortedSet 인터페이스를 구현하는 클래스이다. 이 클래스는 요소를 정렬된 순서로 저장하고, 중복을 허용하지 않는 집합을 제공한다. TreeSet<E>는 내부적으로는 레드-블랙 트리(Red-Black Tree)라는 균형 이진 탐색 트리를 사용하여 요소를 관리한다.

TreeSet<E>는 다음과 같은 주요 특징을 가진다:

- 정렬된 순서 유지: TreeSet의 가장 큰 특징은 요소들이 자동으로 정렬된 상태로 저장된다는 점임. 정렬은 기본적으로 요소가 구현한 Comparable 인터페이스에 정의된 자연 순서에 따르며, 또는 TreeSet 생성 시 제공된 Comparator에 따라 달라질 수 있음. 예를 들어, 숫자나 문자열 같은 기본 타입은 자연스러운 오름차순으로 정렬됨
- 중복 요소 허용 하지 않음: 다른 Set 인터페이스를 구현하는 클래스들처럼 TreeSet도 중복된 요소를 허용하지 않음. 이미 존재하는 요소와 동일한 값을 추가하려고 하면, 그 추가 시도는 무시됨
- 효율적인 탐색 및 정렬 성능: TreeSet은 트리가 항상 균형을 유지하기 때문에 요소들을 추가, 삭제, 탐색할 때 O(log n) 시간 복잡도를 가짐. 이진 탐색 트리의 특성 덕분에 TreeSet은 정렬된 데이터를 유지하면서도 효율적인 검색과 수정 작업이 가능함
- 제네릭 지원: TreeSet<E>는 제네릭 클래스로, 타입 파라미터 E를 사용하여 다양한 타입의 데이터를 다룰 수 있음. 예를 들어, TreeSet<Int>는 정수 값을, TreeSet<String>은 문자열 값을 정렬된 상태로 저장할 수 있음
- SortedSet 인터페이스 구현: TreeSet은 SortedSet 인터페이스를 구현하므로, 범위 탐색, 부분 집합 생성 등 다양한 정렬된 집합 관련 기능을 제공함 first(), last(), headSet(), tailSet() 등의 메서드를 통해 특정 범위의 요소를 쉽게 탐색할 수 있음

그림 6.18은 Kotlin 제네릭 클래스 TreeSet<E>을 사용하는 응용 프로그램의 예를 보여준다. Line 5~11에서 TreeSet() 클래스 인스탄스 ts를 생성하고, 문자열 배열 test_strings에 포함된 단어들을 for 반복문 내부에서 ts.add(str)로 추가하며, 추가된 상태를 출력하여 내부 상태를 확인할 수 있게 한다. 그림 6.19에서 볼 수 있는 것과 같이, TreeSet()은 추가되는 요소들이 자동으로 정렬된 상태로 저장되는 것을 확인할 수 있다.

그림 6.18 line 13~17에서는 문자열 배열인 remove_strings를 준비하고, 이 remove_strings에 포함된 단어(str)를 ts.remove(str) 메서드를 사용하여 삭제하며, 일부 원소가 삭제된 TreeSet() 인스탄스의 상태를 파악할 수 있도록 출력하고 있다. 그림 6.19 후반부에서 특정 단어가 삭제된 TreeSet() 인스탄스 ts의 상태를 볼 수 있으며, 내부에 포함된 원소들은 정렬된 상태를 유지하는 것을 확인할 수 있다.

```
/* Kotlin Generic SortedSet<E> */
import java.util.*

fun main(args: Array<String>) {
    val ts: SortedSet<String> = TreeSet()
    val test_strings = arrayOf("A", "G", "D", "E", "B", "C", "A", "B",
        "F")
    for (str in test_strings) {
        ts.add(str)
        System.out.printf("After add(%S) : ts = %s\n", str, ts)
    }
    println()

    val remove_strings = arrayOf("B", "D", "A", "E", "C")
    for (str in remove_strings) {
        ts.remove(str)
        System.out.printf("After removing (%S) : ts = %s\n", str, ts)
    }
}
```

그림 6.18 Kotlin Generic Class TreeSet<E> 제네릭 클래스의 응용 예

```
After add(A) : ts = [A]
After add(G) : ts = [A, G]
After add(D) : ts = [A, D, G]
After add(E) : ts = [A, D, E, G]
After add(B) : ts = [A, B, D, E, G]
After add(C) : ts = [A, B, C, D, E, G]
After add(A) : ts = [A, B, C, D, E, G]
After add(B) : ts = [A, B, C, D, E, G]
After add(F) : ts = [A, B, C, D, E, F, G]

After removing (B) : ts = [A, C, D, E, F, G]
After removing (D) : ts = [A, C, E, F, G]
After removing (A) : ts = [C, E, F, G]
After removing (E) : ts = [C, F, G]
After removing (C) : ts = [F, G]
```

그림 6.19 실행결과

6.5 Kotlin Queue<E> 및 관련 제네릭 클래스

6.5.1 Kotlin Queue<E> 인터페이스

Kotlin generic interface Queue<E>는 FIFO(First-In, First-Out) 원칙을 따르는 Java의 Queue 인터페이스에 대응하는 컬렉션이며, Kotlin 컬렉션 프레임워크의 일부이다. Queue<E> 제네릭 인터페이스는 선착순 (먼저 도착한 것이 먼저 서비스를 받는)의 FIFO 원칙을 따른다. 따라서, 요소를 Queue에 추가하면, 가장 먼저 추가된 요소가 가장 먼저 추출되어 처리될 수 있게 한다. 이 선착순 구조는 줄 서기, 작업 대기열 등 순서를 중요하게 여기는 시나리오에서 유용하게 사용된다.

Queue<E>는 제네릭 인터페이스로, E 타입 파라미터는 큐에서 저장하고 관리할 요소의 자료형(type)을 나타낸다. 이를 통해 Queue<Int>와 같이 정수형 큐, Queue<String>과 같은 문자열 큐 등을 정의할 수 있다.

Queue<E>는 큐의 기본 동작을 정의하며, 큐를 효과적으로 관리하고 조작하는 데 필요한 다음과 같은 메서드를 제공한다:

- add(element: E): 큐의 끝에 요소를 추가. 이 메서드는 IllegalStateException을 발생시킬 수 있음(예: 큐의 용량이 제한되어 있고, 그 용량이 초과된 경우)
- offer(element: E): Boolean: 큐의 끝에 요소를 추가. add 메서드와 유사하지만, 요소가 성공적으로 추가되면 true를 반환하고, 그렇지 않으면 false를 반환함 예외를 던지지 않기 때문에 큐의 상태에 따라 안전하게 사용할 수 있음
- remove(): E: 큐의 맨 앞에 있는 요소를 제거하고 반환함 큐가 비어 있을 경우 NoSuchElementException을 발생시킴
- poll(): E?: 큐의 맨 앞에 있는 요소를 제거하고 반환함 큐가 비어 있을 경우 null을 반환함 remove와 달리 예외를 발생시키지 않기 때문에 안전하게 사용할 수 있음
- element(): E: 큐의 맨 앞에 있는 요소를 반환함 큐가 비어 있을 경우 NoSuchElementException을 발생시킴 요소를 제거하지는 않음
- peek(): E?: 큐의 맨 앞에 있는 요소를 반환함 큐가 비어 있을 경우 null을 반환함 element와 달리 예외를 발생시키지 않으며, 요소를 제거하지 않음

Queue<E> 제네릭 인터페이스를 Kotlin에서 구현한 몇 가지 대표적인 클래스는 다음과 같다:

- LinkedList<E>: 이 클래스는 Queue 인터페이스를 구현하며, 링크드 리스트로 요소를 관리함 LinkedList는 양방향 연결 리스트로 구현되어 있어, 큐의 앞뒤에서 요소를 효율적으로 추가 및 제거할 수 있음
- ArrayDeque<E>: ArrayDeque는 배열을 기반으로 한 덱(deque)으로, 큐 인터페이스를 구현함 이 클래스는 큐로 사용될 때 매우 효율적이며, 특히 큐 앞뒤에서 요소를 추가 및 제거하는 작업이 빠름
- PriorityQueue<E>: 이 클래스는 요소의 자연 순서 또는 제공된 Comparator에 따라 요소를 정렬하여 관리하는 큐임. 따라서 PriorityQueue는 항상 우선순위가 높은 요소가 큐의 앞에 위치하게 됨. FIFO보다는 우선순위 기반 큐로 사용됨

표 6.11은 Kotlin 제네릭 인터페이스 Queue<E>의 주요 메서드를 함수 원형과 함께 설명하고 있다.

표 6.11 Kotlin Queue<E> 인터페이스의 메서드

메서드	설명
fun add(element: E): Boolean	큐에 요소를 추가하고 성공적으로 추가되었는지 여부를 반환
fun offer(element: E): Boolean	큐에 요소를 추가하고 성공적으로 추가되었는지 여부를 반환
fun remove(): E	큐에서 요소를 제거하고 반환

메서드	설명
fun poll(): E?	큐에서 요소를 제거하고 반환하거나 큐가 비어있으면 null을 반환
fun element(): E	큐의 맨 앞에 있는 요소를 반환하지만 큐를 변경하지 않습니다.
fun peek(): E?	큐의 맨 앞에 있는 요소를 반환하지만 큐가 비어있으면 null을 반환합니다

6.5.2 Kotlin Deque<E> 인터페이스

Deque<E>는 Kotlin에서 사용할 수 있는 제네릭 인터페이스로, 양방향 큐(Deque: Double-Ended Queue)를 의미하며, Queue의 확장형으로, 양쪽 끝에서 요소를 추가하거나 제거할 수 있는 컬렉션이다. Deque 인터페이스는 Java의 Deque 인터페이스와 대응하며, 양방향으로 큐를 관리할 수 있는 다양한 메서드를 제공한다.

Kotlin 제네릭 인터페이스 Deque<E>는 다음과 같은 주요 특징을 가진다:

- 양방향 큐: Deque는 양방향 큐로, 요소를 양쪽 끝(앞과 뒤)에서 추가하거나 제거할 수 있음. 이로 인해 Deque는 스택(LIFO)이나 큐(FIFO)로 사용할 수 있음.
- 스택으로 사용할 때는 push(추가)와 pop(제거) 메서드를 사용하며, 큐로 사용할 때는 enqueue와 dequeue와 유사한 메서드를 사용함
- 제네릭 타입: Deque<E>는 제네릭 인터페이스로, E 타입 파라미터를 통해 저장할 요소의 타입을 지정할 수 있음. 이를 통해 다양한 타입의 데이터를 양방향으로 관리할 수 있음

표 6.12는 제네릭 인터페이스 Deque<E>이 주요 메서드를 함수원형과 함께 설명하고 있다. 이 메서드들은 스택과 큐의 기능을 모두 포함하고 있어, 다양한 데이터 처리 방식에 유연하게 대응할 수 있다.

표 6.12 Kotlin Deque<E> 인터페이스의 주요 메서드

메서드	설명
fun addFirst(element: E)	Deque의 맨 앞에 요소를 추가
fun addLast(element: E)	Deque의 맨 뒤에 요소를 추가
fun offerFirst(element: E): Boolean	Deque의 맨 앞에 요소를 추가하고 성공적으로 추가되었는지 여부를 반환
fun offerLast(element: E): Boolean	Deque의 맨 뒤에 요소를 추가하고 성공적으로 추가되었는지 여부를 반환
fun removeFirst(): E	Deque의 맨 앞에 있는 요소를 제거하고 반환
fun removeLast(): E	Deque의 맨 뒤에 있는 요소를 제거하고 반환
fun pollFirst(): E?	Deque의 맨 앞에 있는 요소를 제거하고 반환; Deque이 비어있으면 null을 반환
fun pollLast(): E?	Deque의 맨 뒤에 있는 요소를 제거하고 반환; Deque이 비어있으면 null을 반환
fun getFirst(): E	Deque의 맨 앞에 있는 요소를 반환하지만 Deque을 변경하지 않음
fun getLast(): E	Deque의 맨 뒤에 있는 요소를 반환하지만 Deque을 변경하지 않음
fun peekFirst(): E?	Deque의 맨 앞에 있는 요소를 반환하지만 Deque이 비어있으면 null을 반환
fun peekLast(): E?	Deque의 맨 뒤에 있는 요소를 반환하지만 Deque이 비어있으면 null을 반환

메서드	설명
fun push(element: E)	Deque의 맨 앞에 요소를 push
fun pop(): E	Deque의 맨 앞에 있는 요소를 pop하고 반환
fun offer(element: E): Boolean	Deque의 맨 뒤에 요소를 추가하고 성공적으로 추가되었는지 여부를 반환
fun poll(): E?	Deque의 맨 앞에 있는 요소를 제거하고 반환; Deque이 비어있으면 null을 반환
fun remove(): E	Deque의 맨 앞에 있는 요소를 제거하고 반환
fun element(): E	Deque의 맨 앞에 있는 요소를 반환하지만 Deque을 변경하지 않음

Kotlin에서 Deque 인터페이스를 구현한 주요 클래스들은 다음과 같다:

- ArrayDeque<E>: ArrayDeque는 배열을 기반으로 구현된 Deque 임. ArrayDeque는 용량 제한이 없으며, 큐와 스택의 기능을 모두 효율적으로 지원함 요소의 추가와 제거는 양쪽 끝에서 빠르게 이루어짐
- LinkedList<E>: LinkedList는 연결 리스트를 기반으로 한 Deque의 구현체임. 양방향으로 요소를 추가하거나 제거할 수 있으며, 특히 큐와 스택의 기능을 모두 사용할 수 있음

6.5.3 Kotlin Generic Class ArrayDeque<E>

ArrayDeque<E>는 Kotlin에서 사용할 수 있는 제네릭 클래스이며, Deque<E> 인터페이스를 구현한 deque(double-ended queue) 자료 구조이다. ArrayDeque는 배열 기반의 덱으로, 양쪽 끝에서 요소를 추가하고 제거하는 작업을 매우 효율적으로 수행할 수 있도록 설계되어 있다. ArrayDeque는 Java의 ArrayDeque 클래스와 동일한 기능을 제공한다.

제네릭 클래스 ArrayDeque<E>은 다음가 같은 주요 특징을 가진다:

- 배열 기반 구현: ArrayDeque는 내부적으로 동적 배열(dynamic array)을 사용하여 요소를 관리함 배열이 꽉 차면 자동으로 배열의 크기를 늘려 더 많은 요소를 저장할 수 있게 함 배열 기반이기 때문에 인덱스를 사용하여 요소에 빠르게 접근할 수 있으며, 요소의 추가 및 제거 작업도 매우 효율적임
- 양방향 큐(Deque): ArrayDeque는 양방향 큐로, 큐의 양쪽 끝에서 요소를 추가하거나 제거할 수 있음. 이는 FIFO(First-In, First-Out) 큐나 LIFO(Last-In, First-Out) 스택으로도 사용할 수 있다는 것을 의미함 큐와 스택의 기능을 모두 지원하여 매우 유연한 자료 구조임
- 제네릭 클래스: ArrayDeque<E>는 제네릭 클래스로, E 타입 파라미터를 통해 다양한 타입의 요소를 저장할 수 있음. 이를 통해 ArrayDeque<Int>, ArrayDeque<String> 등 다양한 타입의 덱을 정의하고 사용할 수 있음
- 용량 제한 없음: ArrayDeque는 고정된 크기의 deque가 아니며, 필요에 따라 크기가 자동으로 조정됨. 따라서 프로그램의 메모리 허용 범위 내에서, 용량에 대한 제한 없이 요소를 추가할 수 있음

- 빠른 성능: ArrayDeque는 LinkedList와 같은 다른 덱 구현체보다 성능 면에서 우수함 특히 요소를 추가하거나 제거할 때(특히 큐의 앞뒤에서) 일정한 시간 복잡도(O(1))를 가짐. 인덱스를 사용하여 중간 요소에 접근할 때도 빠른 성능을 제공함

ArrayDeque는 Deque 인터페이스를 구현하므로, Deque에서 제공하는 모든 메서드를 사용할 수 있다. ArrayDeque에서 자주 사용되는 주요 메서드들은 다음과 같다:

① 요소 추가:

- addFirst(element: E): 요소를 deque의 앞쪽에 추가함
- addLast(element: E): 요소를 deque의 뒤쪽에 추가함
- offerFirst(element: E): Boolean: 요소를 deque의 앞쪽에 추가하며, 성공하면 true를 반환하고 실패하면 false를 반환함
- offerLast(element: E): Boolean: 요소를 deque의 뒤쪽에 추가하며, 성공하면 true를 반환하고 실패하면 false를 반환함

② 요소 제거:

- removeFirst(): E: deque의 앞쪽에서 요소를 제거하고 반환함 deque이 비어 있으면 예외를 발생시킴
- removeLast(): E: deque의 뒤쪽에서 요소를 제거하고 반환함
- pollFirst(): E?: deque의 앞쪽에서 요소를 제거하고 반환함 deque이 비어 있으면 null을 반환함
- pollLast(): E?: deque의 뒤쪽에서 요소를 제거하고 반환함

③ 요소 확인:

- getFirst(): E: deque의 앞쪽 요소를 반환함 요소를 제거하지 않으며, deque이 비어 있으면 예외를 발생시킴
- getLast(): E: deque의 뒤쪽 요소를 반환함
- peekFirst(): E?: deque의 앞쪽 요소를 반환함 요소를 제거하지 않으며, deque이 비어 있으면 null을 반환함
- peekLast(): E?: deque의 뒤쪽 요소를 반환함

④ 스택 관련 메서드:

- push(element: E): 스택의 push 동작과 동일하게, 요소를 deque의 앞쪽에 추가함
- pop(): E: 스택의 pop 동작과 동일하게, deque의 앞쪽에서 요소를 제거하고 반환함

⑤ 기타 메서드:

- size: 현재 deque에 포함된 요소의 수를 반환함
- clear(): deque의 모든 요소를 제거함
- isEmpty(): deque이 비어 있는지 여부를 반환함
- contains(element: E): deque에 특정 요소가 포함되어 있는지 여부를 반환함

그림 6.20은 제네릭 클래스 ArrayDeque<E>를 사용하여 deque 기능을 시험하는 응용 프로그램을 구현하고 있다. Line 4에서는 문자열을 저장하는 ArrayDeque() 클래스 인스

탄스 arrDq_str을 생성하며, line 7~11에서 영문 대문자 'A' ~ 'E' 를 차례대로 arrDq_str의 앞 부분에 addFirst() 메서드를 사용하여 입력시킨다. Line 12~16에서는 영문 대문자 'F' ~ 'I' 를 arrDq_str의 뒷 부분에 addLast() 메서드를 사용하여 입력시킨다. 각 입력 단계에서 arrDq_str을 출력하며, 그림 6.21에서 문자열이 추가될 때 마다 arrDq_str의 앞 또는 뒤에 원소가 추가된 것을 확인할 수 있다.

Line 17~20에서는 removeFirst() 메서드를 사용하여 arrDq_str의 맨 앞에 있는 원소를 제거하며, 제거된 요소를 반환받아 출력한다. Line 21~24에서는 removeLast() 메서드를 사용하여 arrDq_str의 맨 뒤에 있는 원소를 제거하며, 제거된 요소를 반환받아 출력한다. 그림 6.21 후반부에서 arrDq_str의 앞 또는 뒤에서 원소가 제거된 상태를 확인할 수 있다.

```
 1 : /* Kotlin Generic ArrayQueue<E> */
 2 :
 3 : fun main(args: Array<String>) {
 4 :     val arrDq_str: ArrayDeque<String> = ArrayDeque()
 5 :     var ch = 'A'
 6 :     var str: String
 7 :     for (i in 0..4) {
 8 :         arrDq_str.addFirst("" + ch)
 9 :         println("after addFirst($ch), arrDq_str:$arrDq_str")
10 :         ch += 1.toChar().code
11 :     }
12 :     for (i in 0..4) {
13 :         arrDq_str.addLast("" + ch)
14 :         println("after addLast($ch), arrDq_str:$arrDq_str")
15 :         ch += 1.toChar().code
16 :     }
17 :     for (i in 0..4) {
18 :         str = arrDq_str.removeFirst()
19 :         println("after removeFirst() : $str, arrDq_str:$arrDq_str")
20 :     }
21 :     for (i in 0..4) {
22 :         str = arrDq_str.removeLast()
23 :         println("after removeLast() : $str, arrDq_str:$arrDq_str")
24 :     }
25 : }
```

그림 6.20 Kotlin Generic Class ArrayDeque<E> 제네릭 클래스의 응용 예

```
after addFirst(A), arrDq_str:[A]
after addFirst(B), arrDq_str:[B, A]
after addFirst(C), arrDq_str:[C, B, A]
after addFirst(D), arrDq_str:[D, C, B, A]
after addFirst(E), arrDq_str:[E, D, C, B, A]
after addLast(F), arrDq_str:[E, D, C, B, A, F]
after addLast(G), arrDq_str:[E, D, C, B, A, F, G]
after addLast(H), arrDq_str:[E, D, C, B, A, F, G, H]
after addLast(I), arrDq_str:[E, D, C, B, A, F, G, H, I]
after addLast(J), arrDq_str:[E, D, C, B, A, F, G, H, I, J]
after removeFirst() : E, arrDq_str:[D, C, B, A, F, G, H, I, J]
after removeFirst() : D, arrDq_str:[C, B, A, F, G, H, I, J]
after removeFirst() : C, arrDq_str:[B, A, F, G, H, I, J]
after removeFirst() : B, arrDq_str:[A, F, G, H, I, J]
after removeFirst() : A, arrDq_str:[F, G, H, I, J]
after removeLast() : J, arrDq_str:[F, G, H, I]
after removeLast() : I, arrDq_str:[F, G, H]
after removeLast() : H, arrDq_str:[F, G]
after removeLast() : G, arrDq_str:[F]
after removeLast() : F, arrDq_str:[]
```

그림 6.21 Kotlin Generic Class ArrayDeque<E> 제네릭 클래스의 응용 실행결과

6.5.4 Kotlin Generic Class PriorityQueue<E>

PriorityQueue<E>는 Kotlin에서 사용할 수 있는 제네릭 클래스이며, 우선순위 큐(Priority Queue)를 구현한 자료 구조이다. PriorityQueue는 Java의 PriorityQueue 클래스와 동일하며, 요소들이 특정 순서에 따라 정렬되는 큐를 제공한다. 요소들은 자연 순서(natural ordering)나 사용자 정의 비교기(Comparator)에 따라 정렬되며, 큐에서 가장 높은 우선순위를 가진 요소가 먼저 처리된다.

PriorityQueue<E>는 다음과 같은 주요 특징을 가진다:

- 우선순위 기반 큐: PriorityQueue는 요소들이 우선순위에 따라 정렬되며, 가장 높은 우선순위를 가진 요소가 큐의 맨 앞에 위치함. 기본적으로 요소들은 자연 순서(즉, Comparable 인터페이스를 구현한 클래스의 compareTo 메서드에 따른 순서)로 정렬됨. 예를 들어, 숫자 타입의 경우 오름차순으로 정렬됨. 커스텀 순서를 정의하려면 큐를 생성할 때 Comparator를 제공할 수 있음
- 제네릭 클래스: PriorityQueue<E>는 제네릭 클래스로, E 타입 파라미터를 사용하여 저장할 요소의 타입을 지정할 수 있음. 이를 통해 PriorityQueue<Int>와 같이 정수형 우선순위 큐, PriorityQueue<String>과 같은 문자열 우선순위 큐 등을 정의할 수 있음
- 동적 크기: PriorityQueue는 내부적으로 동적 배열을 사용하여 요소를 저장하며, 필요에 따라 크기를 자동으로 확장함 초기 용량이 설정되어 있지만, 요소가 추가될 때마다 큐의 크기는 자동으로 증가함
- 빠른 성능: PriorityQueue는 힙(Heap) 자료 구조를 사용하여 구현됨. 힙은 요소를 삽입하거나 제거할 때 O(log n) 시간 복잡도를 가지며, 이로 인해 우선순위 큐의 주요 작업인 요소 추가, 제거 등이 효율적으로 수행됨
- 최소 힙 (Min-Heap)을 사용하여 기본적으로 작은 값이 먼저 처리됨. 만약 Comparator를 통해 반대 순서를 정의하면 최대 힙 (Max-Heap)으로 사용할 수 있음
- 중복 허용: PriorityQueue는 중복된 요소를 허용함 즉, 동일한 우선순위를 가진 여러 요소를 큐에 추가할 수 있음

PriorityQueue는 큐의 동작을 구현하는 여러 메서드를 제공한다. PriorityQueue<E>의 주요 메서드는 다음과 같다:

① 요소 추가:

- add(element: E): 요소를 큐에 추가함 삽입 후 우선순위에 따라 정렬이 유지됨. 큐의 용량이 초과되면 IllegalStateException이 발생할 수 있음.
- offer(element: E): Boolean: 요소를 큐에 추가하며, 성공하면 true를 반환하고 실패하면 false를 반환함. 예외를 발생시키지 때문에 안전하게 사용할 수 있음.

② 요소 제거:

- remove(): E: 큐의 맨 앞에 있는(가장 높은 우선순위를 가진) 요소를 제거하고 반환함 큐가 비어 있으면 NoSuchElementException을 발생시킴
- poll(): E?: 큐의 맨 앞에 있는 요소를 제거하고 반환함. 큐가 비어 있으면 null을 반환함

remove와 달리 예외를 예외를 발생시키지 때문에 안전하게 사용할 수 있음

③ 요소 확인:

- element(): E: 큐의 맨 앞에 있는 요소를 반환함 요소를 제거하지 않으며, 큐가 비어 있으면 NoSuchElementException을 발생시킴
- peek(): E?: 큐의 맨 앞에 있는 요소를 반환함 요소를 제거하지 않으며, 큐가 비어 있으면 null을 반환함

④ 기타 메서드:

- size: 큐에 포함된 요소의 수를 반환함
- clear(): 큐의 모든 요소를 제거함
- isEmpty(): 큐가 비어 있는지 여부를 반환함
- contains(element: E): 큐에 특정 요소가 포함되어 있는지 여부를 반환함

그림 6.22는 Kotlin 제네릭 클래스 PriorityQueue<E>의 응용 프로그램 예를 보여준다. Line 5에서 PriorityQueue<Int> 클래스 인스탄스 priQ_int를 생성하며, line 7에서 정수 자료형 데이터를 배열 data_array를 준비하고, line 9~12의 for 반복문에서 우선순위 큐 priQ_int에 정수형 데이터를 priQ_int.add() 멤버 함수를 사용하여 추가한다. 이 때 추가되는 데이터는 line 7에서 정리되어 있는 것과 같이 순서에 따라 정렬되어 있지 않는 상태이다.

Line 14~19에서는 우선순위 큐 priQ_int에 있는 원소를 poll() 메서드를 사용하여 차례대로 추출하여 출력한다. poll()은 큐의 맨 앞에 있는 (우선 순위가 가장 높은) 원소를 제거하고 반환하므로, 현재 우선 순위 큐에 있는 원소 중에 가장 우선 순위가 높은 (값이 가장 작은) 원소를 추출할 수 있다. 그림 6.23의 결과에서 볼 수 있듯이, 우선 순위 큐의 poll() 메서드를 통하여 가장 값이 작은 (우선 순위가 높은) 원소를 차례대로 추출하는 것은 오름차순으로 원소들을 추출하는 것과 동일한 효과를 가질 수 있다.

```
 1 :  /* Kotlin Generic PriorityQueue<E> */
 2 :  import java.util.*
 3 :
 4 :  fun main(args: Array<String>) {
 5 :      val priQ_int = PriorityQueue<Int>()
 6 :      /* Test operations of Priority Queue */
 7 :      val data_array = intArrayOf(10, 8, 6, 4, 2, 0, 3, 5, 7, 9, 1)
 8 :      print("priQ_int.add() : ")
 9 :      for (data in data_array) {
10 :          priQ_int.add(data)
11 :          print("$data, ")
12 :      }
13 :      println()
14 :      print("priQ_int.poll() : ")
15 :      for (i in 0 until data_array.size) {
16 :          var data = priQ_int.poll()
17 :          print("$data, ")
18 :      }
19 :      println()
20 :  }
```

그림 6.22 Kotlin Generic Class PriorityQueue<E> 제네릭 클래스의 응용 예

```
priQ_int.add() : 10, 8, 6, 4, 2, 0, 3, 5, 7, 9, 1,
priQ_int.poll() : 0, 1, 2, 3, 4, 5, 6, 7, 8, 9, 10,
```

그림 6.23 Kotlin Generic Class PriorityQueue<E>제네릭 클래스의 응용실행결과

6.6 Kotlin Map<K, V> 인터페이스 및 관련 제네릭 클래스

6.6.1 Kotlin Map<K, V> 인터페이스

Map<K, V>는 Kotlin에서 사용할 수 있는 제네릭 인터페이스로, 키와 값의 쌍을 저장하고 관리하는 자료 구조이다. 여기서 K는 키의 타입을, V는 값의 타입을 나타낸다. Map은 키와 값의 쌍으로 데이터를 저장한다. 각 키는 고유하며, 동일한 키에 대해 두 개 이상의 값이 존재할 수 없다. 따라서, Map에서는 키를 사용하여 해당 키와 연결된 값을 빠르게 검색할 수 있다. Map<K, V>는 제네릭 인터페이스로, 키와 값의 타입을 각각 K와 V로 지정할 수 있다. 예를 들어, Map<String, Int>는 문자열을 키로 사용하고, 정수를 값으로 사용하는 맵을 나타낸다.

Kotlin에서 Map<K, V> 인터페이스의 대표적인 구현체는 HashMap, LinkedHashMap, SortedMap, TreeMap 등이 있으며, 각각의 구현체는 내부적으로 데이터를 관리하는 방식과 성능 특성이 다르다. HashMap은 해시 테이블을 사용하여 빠른 조회 성능을 제공하며, 키의 순서를 보장하지 않는다. LinkedHashMap은 HashMap과 유사하지만, 요소들이 추가된 순서를 유지한다. TreeMap은 이진 탐색 트리를 기반으로 하여 키를 정렬된 순서로 관리한다.

Kotlin에서는 Map을 mutableMapOf와 mapOf 함수를 사용해 생성할 수 있다. mapOf는 읽기 전용(불변) 맵을 생성하며, 생성된 맵은 이후에 수정할 수 없다. mutableMapOf는 수정 가능한 가변 맵을 생성하며, 생성된 맵은 이후에 요소를 추가, 수정, 삭제할 수 있다.

Map<K, V> 인터페이스는 키-값 쌍을 관리하기 위한 다음과 같은 주요 메서드를 제공한다:

① 요소 접근 및 조회:

- get(key: K): V?: 주어진 키에 해당하는 값을 반환하며, 키가 존재하지 않으면 null을 반환함
- getOrDefault(key: K, defaultValue: V): V: 주어진 키에 해당하는 값을 반환하되, 키가 존재하지 않으면 지정된 기본값을 반환함
- containsKey(key: K): Boolean: 주어진 키가 맵에 존재하는지 여부를 반환함
- containsValue(value: V): Boolean: 주어진 값이 맵에 존재하는지 여부를 반환함

② 요소 추가 및 수정 (가변 맵의 경우):

- put(key: K, value: V): V?: 주어진 키와 값을 맵에 추가함 만약 키가 이미 존재한다면 기존 값을 덮어쓰고, 이전 값을 반환함
- putAll(from: Map<out K, V>): 다른 맵의 모든 키-값 쌍을 현재 맵에 추가함

- remove(key: K): V?: 주어진 키에 해당하는 키-값 쌍을 맵에서 제거하고, 제거된 값을 반환함

③ 요소 확인 및 조작:

- size: 맵에 포함된 키-값 쌍의 수를 반환함
- isEmpty(): 맵이 비어 있는지 여부를 반환함
- clear() (가변 맵의 경우): 맵의 모든 키-값 쌍을 제거함

④ 맵 탐색:

- keys: 맵에 포함된 모든 키를 반환함
- values: 맵에 포함된 모든 값을 반환함
- entries: 맵에 포함된 모든 키-값 쌍을 반환함

표 6.13은 Map<K, V> 인터페이스의 주요 메서드를 카테고리별로 분류하여 함수 원형과 함께 설명하고 있다.

표 6.13 Kotlin Map<K, V> 인터페이스의 메서드

카테고리	메서드	설명
기본 작업	size(): Int	이 맵의 매핑 수를 반환
	isEmpty(): Boolean	이 맵이 비어 있는지 여부를 반환
	containsKey(Object key): Boolean	이 맵이 지정된 키를 포함하고 있는지 여부를 반환
	containsValue(Object value): Boolean	이 맵이 하나 이상의 지정된 값을 포함하고 있는지 여부를 반환
	get(Object key): V	지정된 키에 매핑된 값을 반환
	put(K key, V value): V	지정된 키와 값을 이 맵에 추가
	remove(Object key): V	지정된 키에 매핑된 값을 제거하고 반환
	putAll(Map<? extends K, ? extends V> m)	지정된 맵의 모든 매핑을 이 맵에 복사
	clear()	이 맵의 모든 매핑을 제거
조회 작업	keySet(): Set<K>	이 맵의 모든 키를 포함하는 Set을 반환
	values(): Collection<V>	이 맵의 모든 값을 포함하는 Collection을 반환
	entrySet(): Set<Map.Entry<K, V>>	이 맵의 모든 매핑을 포함하는 Set을 반환
기본 동작	equals(Object o): Boolean	이 맵이 지정된 객체와 같은지 비교
	hashCode(): Int	이 맵의 해시 코드를 반환
유틸리티 메서드	getOrDefault(Object key, V defaultValue): V	지정된 키에 매핑된 값을 반환하거나, 키가 없으면 기본값을 반환
	forEach(BiConsumer<? super K, ? super V> action)	이 맵의 각 매핑에 대해 지정된 동작을 수행
	replaceAll(BiFunction<? super K, ? super V, ? extends V> function)	이 맵의 각 매핑 값을 지정된 함수의 결과로 대체
	putIfAbsent(K key, V value): V	지정된 키에 매핑된 값이 없을 경우에만 지정된 키와 값을 추가
	remove(Object key, Object value): Boolean	지정된 키와 값의 매핑이 존재하는 경우에만 이를 제거
	replace(K key, V oldValue, V newValue): Boolean	지정된 키가 현재 매핑된 값이 지정된 값인 경우에만 매핑을 새로운 값으로 대체

카테고리	메서드	설명
	replace(K key, V value): V	지정된 키가 매핑된 경우에만 해당 키의 값을 지정된 값으로 대체
	computeIfAbsent(K key, Function<? super K, ? extends V> mappingFunction): V	지정된 키에 매핑된 값이 없을 경우, 주어진 함수의 계산 결과로 값을 매핑
	computeIfPresent(K key, BiFunction<? super K, ? super V, ? extends V> remappingFunction): V	지정된 키에 매핑된 값이 있을 경우, 주어진 함수의 계산 결과로 값을 재매핑
	compute(K key, BiFunction<? super K, ? super V, ? extends V> remappingFunction): V	지정된 키에 대해 주어진 함수의 계산 결과로 값을 매핑
	merge(K key, V value, BiFunction<? super V, ? super V, ? extends V> : VremappingFunction)	지정된 키에 매핑된 값이 있을 경우, 주어진 함수의 결과로 기존 값과 새 값을 병합

6.6.2 Kotlin 제네릭 class HashMap<K, V>

HashMap<K, V>는 Kotlin에서 사용할 수 있는 제네릭 클래스이며, Map<K, V> 인터페이스의 한 구현체로, 키와 값의 쌍을 저장하고 관리하는 데 사용된다. HashMap은 해시 테이블을 기반으로 구현되어 있으며, 매우 빠른 조회 성능을 제공한다. HashMap은 Java의 HashMap 클래스와 동일한 기능을 제공하며, 특히 키에 대한 빠른 검색이 중요한 상황에서 많이 사용된다.

HashMap은 해시 테이블을 기반으로 키와 값을 저장한다. 해시 테이블은 키의 해시 코드를 사용하여 내부 배열의 인덱스를 계산하고, 이 인덱스를 통해 값을 저장하거나 검색한다. 해시 테이블을 사용함으로써 키를 기반으로 한 값의 검색, 삽입, 삭제가 평균적으로 O(1)의 시간 복잡도를 가지므로 매우 효율적이다. HashMap<K, V>는 제네릭 클래스로, K는 키의 타입을, V는 값의 타입을 나타낸다. 이를 통해 다양한 타입의 데이터를 저장하고 관리할 수 있다. 예를 들어, HashMap<String, Int>는 문자열을 키로, 정수를 값으로 사용하는 해시맵을 나타낸다.

HashMap은 요소가 저장되는 순서를 보장하지 않는다. 즉, 요소들이 삽입된 순서와 다르게 정렬될 수 있다. 키의 순서가 중요하다면, 대신 LinkedHashMap을 사용할 수 있다. HashMap에서는 중복된 키를 허용하지 않는다. 동일한 키를 사용하여 새로운 값을 삽입하려고 하면, 기존 값이 새로운 값으로 대체된다. HashMap은 null 키와 null 값을 허용한다. 다만, null 키는 한 번만 사용할 수 있으며, 여러 null 값을 저장할 수 있다.

HashMap은 동적 크기 조정을 통해 자동으로 크기를 확장하거나 축소한다. 특정 임계값(보통 75%의 용량이 차면) 이상으로 요소가 추가되면 해시맵의 크기가 자동으로 증가하며, 이에 따라 내부 해시 테이블이 재해시(rehash)된다.

HashMap<K, V> 클래스은 Map<K, V> 인터페이스에서 정의된 메서드들을 대부분 구현하며, 그 외에도 몇 가지 추가적인 메서드를 제공한다. HashMap<K, V> 클래스 주요 메서드는 다음과 같다:

① 요소 접근 및 조회:

- get(key: K): V?: 주어진 키에 대응하는 값을 반환하며, 해당 키가 존재하지 않으면 null을 반환함
- containsKey(key: K): Boolean: 주어진 키가 해시맵에 존재하는지 여부를 반환함
- containsValue(value: V): Boolean: 주어진 값이 해시맵에 존재하는지 여부를 반환함

② 요소 추가 및 수정:

- put(key: K, value: V): V?: 주어진 키와 값을 해시맵에 추가함 만약 동일한 키가 이미 존재한다면, 기존 값을 새로운 값으로 덮어쓰고 이전 값을 반환함
- putAll(from: Map<out K, V>): 다른 맵의 모든 키-값 쌍을 현재 해시맵에 추가함
- putIfAbsent(key: K, value: V): V?: 주어진 키가 해시맵에 없을 경우에만 키-값 쌍을 추가하며, 키가 이미 존재하면 기존 값을 반환함

③ 요소 제거:

- remove(key: K): V?: 주어진 키에 해당하는 키-값 쌍을 해시맵에서 제거하고, 제거된 값을 반환함
- clear(): 해시맵의 모든 키-값 쌍을 제거함

③ 맵 탐색:

- keys: 해시맵에 포함된 모든 키를 반환함
- values: 해시맵에 포함된 모든 값을 반환함
- entries: 해시맵에 포함된 모든 키-값 쌍을 반환함

④ 기타 메서드:

- size: 해시맵에 포함된 키-값 쌍의 수를 반환함
- isEmpty(): 해시맵이 비어 있는지 여부를 반환함

그림 6.24는 Kotlin 제네릭 클래스 HashMap<Int, String>를 사용하여 정수 자료형으로 주어진 키에 대한 문자열 자료형의 값을 매핑시키도록 하고, 이를 사용하여 달력의 달(month)에 대한 영문 이름을 쉽게 찾을 수 있는 기능을 구현하는 예를 보여준다.

그림 6.24 line 4에서는 HashMap<Int, String> 클래스의 인스턴스인 hmap_month_name을 생성하고, line 5~9에서는 1월 ~ 12월 영문 달 이름을 배열로 구성한 후, for 반복문을 사용하여 정수 자료형의 월 (i)에 대하여 해당 월의 영문 이름을 hmap_month_name[i] = month_name[i]의 대입으로 추가한다.

Line 11~12에서는 hmap_month_name.keys로 키(key)들만을 추출하여 m_keys에 대입하고, 이들을 출력하며, line 13~14에서는 hmap_month_name.values로 값(value)들을 추출하여 m_values에 대입하며, 이들을 출력한다. 그림 6.25에서 m_keys와 m_values의 내용을 확인할 수 있다.

Line 16~18에서는 hmap_month_name의 forEach 메서드를 사용하여 hmap_month_name에 포함된 (intKey, strValue) 쌍을 차례대로 추출하여 지정된 포멧으로 출력하도록 구현하였다. 출력된 내용은 그림 6.25에서 보는 것과 같이 각 월별 해당 달

의 영문 이름을 출력한다.

HashMap은 대규모 데이터를 다룰 때 빠른 검색 성능이 중요한 상황에서 특히 유용하며, 다양한 애플리케이션에서 널리 사용되는 자료 구조이다.

```
/* Kotlin Generic HashMap<> with forEach */

fun main(args: Array<String>) {
    val hmap_month_name = HashMap<Int, String>()
    val month_names = arrayOf( "", "January", "February", "March",
      "April", "May", "June", "July", "August", "September",
      "October", "November", "December" )

    for (i in 1..12) {
        hmap_month_name[i] = month_names[i]
    }

    val m_keys: Set<Int> = hmap_month_name.keys
    println("m_keys = $m_keys")
    val m_values: Collection<String> = hmap_month_name.values
    println("m_values = $m_values")

    hmap_month_name.forEach { (intKey: Int?, strValue: String?) ->
        print("%2d-th month name = %s\n".format( intKey, strValue))
    }
}
```

그림 6.24 Kotlin Generic Class HashMap<K, V> 제네릭 클래스의 응용 예

```
m_keys = [1, 2, 3, 4, 5, 6, 7, 8, 9, 10, 11, 12]
m_values = [January, February, March, April, May, June, July, August, September, October, November, December]
 1-th month name = January
 2-th month name = February
 3-th month name = March
 4-th month name = April
 5-th month name = May
 6-th month name = June
 7-th month name = July
 8-th month name = August
 9-th month name = September
10-th month name = October
11-th month name = November
12-th month name = December
```

그림 6.25 Kotlin Generic Class HashMap<K, V> 제네릭 클래스의 응용실행결과

6.6.3 Kotlin 제네릭 class HashTable<K, V>

Hashtable<K, V>는 Kotlin에서 사용할 수 있는 제네릭 클래스이며, 키와 값의 쌍을 저장하고 관리하는 자료 구조이며, Java의 Hashtable 클래스와 동일한 기능을 제공한다. Kotlin 제네릭 클래스 Hashtable<K, V> 해시 테이블 기반으로 구현되어 있으며, 키와 값의 매핑을 관리하는 데 사용된다. Hashtable은 Map<K, V> 인터페이스를 구현하며, 주요 특징으로는 동기화(synchronization)와 해시 테이블 기반의 효율적인 데이터 접근을 들 수 있다.

Hashtable의 가장 큰 특징 중 하나는 모든 메서드가 동기화되어 있다는 점이다. 즉, 여러 스레드가 동시에 Hashtable에 접근할 경우에도 데이터의 일관성이 유지된다. 이로 인해

Hashtable은 멀티스레드 환경에서 안전하게 사용할 수 있는 자료 구조이다. 하지만, 이 동기화 때문에 단일 스레드 환경에서는 성능이 약간 저하될 수 있다. 멀티스레드 환경에서보다 현대적이고 효율적인 대안으로는 ConcurrentHashMap을 사용할 수 있다.

Hashtable은 내부적으로 해시 테이블을 사용하여 키와 값을 저장한다. 키의 해시 코드를 기반으로 요소를 배열의 인덱스로 매핑하여 빠른 접근이 가능하며, 평균적으로 O(1)의 시간 복잡도로 키-값 쌍을 검색, 삽입, 삭제할 수 있다.

Hashtable<K, V>는 제네릭 클래스로, K는 키의 타입을, V는 값의 타입을 나타내며, 이를 통해 다양한 타입의 데이터를 저장하고 관리할 수 있다. 예를 들어, Hashtable<String, Int>는 문자열을 키로, 정수를 값으로 사용하는 해시 테이블을 나타낸다. HashMap<K, V>와는 다르게 Hashtable은 null 키와 null 값을 허용하지 않는다. null을 키 또는 값으로 사용하려고 하면 NullPointerException이 발생한다. 이는 HashMap과의 주요 차이점 중 하나이다. 즉, HashMap은 null 키와 null 값을 허용하지만, Hashtable은 이를 허용하지 않는다.

Hashtable은 중복된 키를 허용하지 않는다. 동일한 키를 사용하여 새로운 값을 삽입하면 기존 값이 새로운 값으로 대체된다. Hashtable은 요소가 삽입된 순서를 보장하지 않는다. 내부적으로 해시 테이블을 사용하기 때문에 요소의 순서는 예측할 수 없다.

Hashtable은 Map<K, V> 인터페이스에서 정의된 메서드들을 구현하며, 그 외에도 몇 가지 추가적인 메서드를 제공한다. Hashtable<K, V>의 주요 메서드는 다음과 같다:

① 요소 접근 및 조회:

- get(key: K): V?: 주어진 키에 해당하는 값을 반환하며, 키가 존재하지 않으면 null을 반환함
- containsKey(key: K): Boolean: 주어진 키가 해시 테이블에 존재하는지 여부를 반환함
- containsValue(value: V): Boolean: 주어진 값이 해시 테이블에 존재하는지 여부를 반환함

② 요소 추가 및 수정:

- put(key: K, value: V): V?: 주어진 키와 값을 해시 테이블에 추가함 동일한 키가 이미 존재하면 기존 값을 덮어쓰고, 이전 값을 반환함
- putAll(from: Map<out K, V>): 다른 맵의 모든 키-값 쌍을 현재 해시 테이블에 추가함

③ 요소 제거:

- remove(key: K): V?: 주어진 키에 해당하는 키-값 쌍을 해시 테이블에서 제거하고, 제거된 값을 반환함
- clear(): 해시 테이블의 모든 키-값 쌍을 제거함

④ 맵 탐색:

- keys: 해시 테이블에 포함된 모든 키를 반환함
- values: 해시 테이블에 포함된 모든 값을 반환함
- entries: 해시 테이블에 포함된 모든 키-값 쌍을 반환합함

⑤ 기타 메서드:

- size: 해시 테이블에 포함된 키-값 쌍의 수를 반환함
- isEmpty(): 해시 테이블이 비어 있는지 여부를 반환함

그림 6.26은 Kotlin 제네릭 클래스 HashTable<K, V>를 사용하여 숫자에 대한 접두어(prefix)를 빠르게 검색할 수 있는 기능을 구현하는 예를 보여준다. Line 4~10에서는 숫자와 그 숫자의 영문 표현 접두어를 쌍으로 가지는 class NumPrfx를 구현한다. class NumPrfx의 데이터 멤버로는 Double 자료형의 value와 그 값에 대한 영문 접두어를 문자열 자료형으로 가진다.

```
 1 : /* Kotlin Generic Hashtable, class NumPrfx */
 2 : import java.util.*
 3 :
 4 : class NumPrfx (var value : Double, var prefix : String){
 5 :     fun get_value() : Double {
 6 :         return this.value;
 7 :     }
 8 :     fun  get_prefix() : String{
 9 :         return this.prefix;
10 :     }
11 : }
12 :
13 : fun main(args: Array<String>) {
14 :     var numPrefixes = arrayOf<NumPrfx> (
15 :         NumPrfx(1.0, "uni"), NumPrfx(2.0, "bi"), NumPrfx(3.0, "tri"),
16 :         NumPrfx(4.0, "quad"), NumPrfx(5.0, "penta"),
17 :         NumPrfx(6.0, "hexa"), NumPrfx(7.0, "sept"), NumPrfx(8.0, "oct"),
18 :         NumPrfx(9.0, "nona"), NumPrfx(10.0, "deca"),
19 :         NumPrfx(11.0, "hendeca"), NumPrfx(12.0, "dodeca"),
20 :         NumPrfx(100.0, "hecto"), NumPrfx(1000.0, "kilo"),
21 :         NumPrfx(1E6, "mega"), NumPrfx(1E9, "giga"),
22 :         NumPrfx(1E12, "tera")
23 :     )
24 :     var hashTbl_NumPrefix : Hashtable<Double, String> =
            Hashtable<Double, String>();
25 :     for (numPrfx in numPrefixes) {
26 :         hashTbl_NumPrefix.put(numPrfx.get_value(), numPrfx.get_prefix());
27 :     }
28 :     var keys : Enumeration<Double>  = hashTbl_NumPrefix.keys();
29 :     var key : Double
30 :     while(keys.hasMoreElements()) {
31 :         key = keys.nextElement();
32 :         print("Prefix for %.0f = %s\n".format(key,
                  hashTbl_NumPrefix.get(key)))
33 :     }
34 : }
```

그림 6.26 Kotlin Generic Class HashTable<K, V> 제네릭 클래스의 응용 예

그림 6.26 line 14에서는 class NumPrfx()의 인스탄스들을 배열 numPrefixes로 구성한다. Line 24~27에서는 Hashtable<Double, Sping> 클래스 인스탄스 hashTbl_NumPrefix를 생성하고, for 반복문을 사용하여 numPrefixes 배열에 포함된 각 항목의 value를 HashTable<K, V>의 키로 사용하고, prefix를 값(value)으로 hashTbl_NumPrefix.put() 메서드를 사용하여 설정한다.

그림 6.26 line 28에서는 hashTbl_NumPrefix.keys()로 해시 테이블에 포함된 키들만 추출하여 keys에 대입한다. Line 30~33에서는 while 반복문을 사용하여 keys에 포

함된 각각의 key를 사용하여 hashTbl_NumPrefix.get(key)로 key에 해당하는 value (즉, 숫자에 대한 접두어)를 검색하여 출력한다. 그림 6.27에서 볼 수 있는 것과 같이, 숫자에 접두어들이 정확하게 검색되는 것을 확인할 수 있다.

```
Prefix for 100 = hecto
Prefix for 5 = penta
Prefix for 1 = uni
Prefix for 12 = dodeca
Prefix for 1000000000 = giga
Prefix for 8 = oct
Prefix for 6 = hexa
Prefix for 1000 = kilo
Prefix for 9 = nona
Prefix for 4 = quad
Prefix for 3 = tri
Prefix for 10 = deca
Prefix for 1000000000000 = tera
Prefix for 2 = bi
Prefix for 1000000 = mega
Prefix for 7 = sept
Prefix for 11 = hendeca
```

그림 6.27 Kotlin Generic Class HashTable<K, V> 제네릭 클래스의 응용실행결과

6.6.4 Kotlin SortedMap<K, V> 인터페이스

Kotlin Map<K, V>에서는 key의 정렬이 보장되지 않으나, Kotlin SortedMap<K, V>에서는 key를 정렬한 상태로 사용하므로, map을 검색할 때 성능이 향상될 수 있다. 표 6.14는 SortedMap<K, V> 인터페이스의 주요 메서드를 카테고리별로 분류하여 함수 원형과 함께 설명하고 있다.

표 6.14 Kotlin SortedMap<K, V> 인터페이스의 메서드

카테고리	메서드	설명
조회 및 액세스	get(key: K): V?	지정된 키에 해당하는 값을 반환하며, 키가 없으면 null을 반환
	containsKey(key: K): Boolean	맵에 지정된 키가 포함되어 있는지 여부를 반환
	containsValue(value: V): Boolean	맵에 지정된 값이 포함되어 있는지 여부를 반환
	size: Int	맵에 포함된 엔트리(키-값 쌍)의 개수를 반환
	isEmpty(): Boolean	맵이 비어 있는지 여부를 반환
	keys: Set<K>	맵에 포함된 모든 키를 Set으로 반환
	values: Collection<V>	맵에 포함된 모든 값을 Collection으로 반환
	entries: Set<Map.Entry<K, V>>	맵에 포함된 모든 엔트리(키-값 쌍)를 Set으로 반환
	getOrDefault(key: K, defaultValue: V): V	지정된 키에 해당하는 값을 반환하거나, 키가 없을 경우 기본값을 반환
삽입 및 수정	put(key: K, value: V): V?	지정된 키에 값을 삽입하거나 기존 값을 수정 이전 값을 반환하며, 없으면 null을 반환
	putAll(from: Map<out K, V>)	다른 맵의 모든 엔트리(키-값 쌍)를 현재 맵에 추가

카테고리	메서드	설명
	replace(key: K, value: V): V?	지정된 키에 해당하는 값을 새로운 값으로 교체하고, 이전 값을 반환 없으면 null을 반환
	replace(key: K, oldValue: V, newValue: V): Boolean	키가 지정된 값과 연결되어 있는 경우에만 해당 값을 새 값으로 교체하고, 성공 여부를 반환
	replaceAll(function: BiFunction<K, V, V>)	모든 엔트리의 값을 주어진 함수에 따라 대체
	merge(key: K, value: V, remappingFunction: BiFunction<V, V, V>): V?	지정된 키가 없으면 주어진 값을 삽입하고, 있으면 주어진 함수를 통해 값을 병합
삭제	remove(key: K): V?	지정된 키에 해당하는 엔트리를 삭제하고, 해당 키의 이전 값을 반환 없으면 null을 반환
	remove(key: K, value: V): Boolean	지정된 키와 값이 일치하는 경우에만 해당 엔트리를 삭제하고, 성공 여부를 반환
	clear()	맵의 모든 엔트리를 삭제
정렬 관련 메서드	comparator(): Comparator<in K>?	이 맵에서 사용되는 비교자를 반환 비교자가 지정되지 않은 경우 null을 반환하며, 자연 순서를 따릅니다.
	firstKey(): K	정렬된 맵에서 첫 번째(가장 작은) 키를 반환
	lastKey(): K	정렬된 맵에서 마지막(가장 큰) 키를 반환
	subMap(fromKey: K, toKey: K): SortedMap<K, V>	주어진 범위의 키를 가진 하위 맵을 반환 (fromKey 포함, toKey 제외)
	headMap(toKey: K): SortedMap<K, V>	지정된 키까지의 (포함되지 않음) 키들로 구성된 맵을 반환
	tailMap(fromKey: K): SortedMap<K, V>	지정된 키부터의 (포함됨) 키들로 구성된 맵을 반환
유틸리티 메서드	forEach(action: BiConsumer<K, V>)	맵의 모든 엔트리에 대해 주어진 액션을 수행
	compute(key: K, remappingFunction: BiFunction<K, V?, V?>): V?	지정된 키에 대해 주어진 함수를 실행하여 값을 재계산하고, 결과를 삽입하거나 삭제
	computeIfAbsent(key: K, mappingFunction: Function<K, V>): V?	지정된 키에 해당하는 값이 없으면 주어진 함수를 통해 값을 계산하여 삽입하고 반환
	computeIfPresent(key: K, remappingFunction: BiFunction<K, V, V?>): V?	지정된 키에 해당하는 값이 있을 때만 주어진 함수를 실행하여 값을 재계산하고, 결과를 삽입하거나 삭제
	replaceAll(function: BiFunction<K, V, V>)	모든 엔트리의 값을 주어진 함수에 따라 대체
	merge(key: K, value: V, remappingFunction: BiFunction<V, V, V>): V?	지정된 키에 값이 없으면 새 값을 삽입하고, 값이 있으면 병합된 값을 적용

6.6.5 Kotlin 제네릭 class TreeMap<K, V>

HashMap<K, V>는 key-value 쌍을 보관할 때 hash table을 사용하여 기본 동작 (add, remove, contains 등)에 항상 일정한 시간 성능을 가지도록 하지만, key-value 쌍의 열거에서는 정렬된 순서를 보장하지 않는다. TreeMap<K, V>에서는 Red-Black Tree 자료구조로 구현되어 있으며, key 값에 따라 이진 탐색 트리가 정렬되어 있으므로 기본 동작에 O(log n)의 시간 복잡도 (time complexity)를 가지도록 한다. 또한, TreeMap<K, V>에서는 key에 따라 정렬되어 있으므로, key값이 특정 범위의 값을 가지는 원소들을 탐색하는 기능 등이 추가로 가능한 장점을 가진다.

표 6.15는 TreeMap<K, V> 인터페이스의 주요 메서드를 카테고리별로 분류하여 함수 원형과 함께 설명하고 있다.

표 6.15 Kotlin 제네릭 class TreeMap<K, V>의 주요 메서드

카테고리	메서드	설명
일반	fun clear(): Unit	트리 맵의 모든 매핑을 제거
	fun clone(): Any	이 트리 맵의 얕은 복사본을 반환
	fun size(): Int	맵에 포함된 키-값 매핑의 수를 반환
	fun isEmpty(): Boolean	맵이 비어 있는지 여부를 확인
조회	fun containsKey(key: K): Boolean	지정된 키가 맵에 있는지 여부를 확인
	fun containsValue(value: V): Boolean	지정된 값이 맵에 있는지 여부를 확인
	fun get(key: K): V?	지정된 키에 매핑된 값을 반환. 없으면 null을 반환
	fun comparator(): Comparator<in K>?	이 맵에서 사용되는 비교자를 반환 (비교자가 없으면 null을 반환)
	fun firstKey(): K	맵의 첫 번째(가장 낮은) 키를 반환
	fun lastKey(): K	맵의 마지막(가장 높은) 키를 반환
	fun floorKey(key: K): K?	지정된 키 이하의 가장 큰 키를 반환
	fun ceilingKey(key: K): K?	지정된 키 이상의 가장 작은 키를 반환
	fun higherKey(key: K): K?	지정된 키보다 큰 첫 번째 키를 반환
	fun lowerKey(key: K): K?	지정된 키보다 작은 가장 큰 키를 반환
수정	fun put(key: K, value: V): V?	지정된 키에 지정된 값을 매핑. 기존 값이 있으면 교체
	fun putAll(map: Map<out K, V>): Unit	지정된 맵의 모든 매핑을 이 맵에 복사
	fun remove(key: K): V?	지정된 키에 해당하는 매핑을 제거
	fun replace(key: K, value: V): V?	지정된 키의 값을 새로운 값으로 교체
	fun replace(key: K, oldValue: V, newValue: V): Boolean	지정된 키의 값이 지정된 이전 값과 일치할 때만 새로운 값으로 교체
	fun replaceAll(function: BiFunction< in K, in V, out V>): Unit	각 항목의 값을 지정된 함수의 결과로 교체
뷰	fun keySet(): MutableSet<K>	맵에 포함된 키의 Set보기를 반환
	fun values(): MutableCollection<V>	맵에 포함된 값의 Collection보기를 반환
	fun entrySet(): MutableSet< MutableMap.MutableEntry<K, V>>	맵에 포함된 매핑의 Set보기를 반환
	fun navigableKeySet(): NavigableSet<K>	정렬된 키의 NavigableSet을 반환
	fun descendingKeySet(): NavigableSet<K>	내림차순으로 정렬된 키의 NavigableSet을 반환
	fun descendingMap(): NavigableMap<K, V>	이 맵의 역순 보기를 반환
	fun subMap(fromKey: K, toKey: K): SortedMap<K, V>	지정된 키 범위에 대한 부분 맵을 반환
	fun subMap(fromKey: K, fromInclusive: Boolean, toKey: K, toInclusive: Boolean): NavigableMap<K, V>	지정된 키 범위와 포함 여부에 대한 부분 맵을 반환

카테고리	메서드	설명
	fun headMap(toKey: K): SortedMap<K, V>	지정된 키보다 작은 부분의 맵을 반환
	fun headMap(toKey: K, inclusive: Boolean): NavigableMap<K, V>	지정된 키보다 작거나 같은 부분의 맵을 반환
	fun tailMap(fromKey: K): SortedMap<K, V>	지정된 키보다 크거나 같은 부분의 맵을 반환
	fun tailMap(fromKey: K, inclusive: Boolean): NavigableMap<K, V>	지정된 키보다 크거나 같거나 작은 부분의 맵을 반환
항목 조작	fun firstEntry(): MutableMap.MutableEntry<K, V>?	맵의 첫 번째(가장 낮은) 키에 해당하는 키-값 매핑을 반환
	fun lastEntry(): MutableMap.MutableEntry<K, V>?	맵의 마지막(가장 높은) 키에 대한 키-값 매핑을 반환
	fun floorEntry(key: K): MutableMap.MutableEntry<K, V>?	지정된 키 이하의 가장 큰 키에 대한 키-값 매핑을 반환
	fun ceilingEntry(key: K): MutableMap.MutableEntry<K, V>?	지정된 키 이상의 가장 작은 키에 대한 키-값 매핑을 반환
	fun higherEntry(key: K): MutableMap.MutableEntry<K, V>?	지정된 키보다 큰 첫 번째 키에 대한 키-값 매핑을 반환
	fun lowerEntry(key: K): MutableMap.MutableEntry<K, V>?	지정된 키보다 작은 가장 큰 키에 대한 키-값 매핑을 반환
	fun pollFirstEntry(): MutableMap.MutableEntry<K, V>?	첫 번째(가장 낮은) 키에 대한 키-값 매핑을 제거하고 반환
	fun pollLastEntry(): MutableMap.MutableEntry<K, V>?	마지막(가장 높은) 키에 대한 키-값 매핑을 제거하고 반환

그림 6.28은 Kotlin 제네릭 클래스 TreeMap<K, V>를 사용하여 숫자에 대한 접두어(prefix)를 빠르게 검색할 수 있는 기능을 구현하는 예를 보여준다. Line 4~10에서는 숫자와 그 숫자의 영문 표현 접두어를 쌍으로 가지는 class NumPrfx를 구현한다. class NumPrfx의 데이터 멤버로는 Double 자료형의 value와 그 값에 대한 영문 접두어를 문자열 자료형으로 가진다.

```
 1 :  import java.util.*
 2 :
 3 :  class NumPrfx (var value : Double, var prefix : String){
 4 :       fun get_value() : Double {
 5 :            return this.value;
 6 :       }
 7 :       fun   get_prefix() : String{
 8 :            return this.prefix;
 9 :       }
10 :  }
```

그림 6.28 Kotlin Generic Class TreeMap<K, V> 제네릭 클래스의 응용 예 (part 1)

그림 6.28 Line 3~10에서는 class NumPrfx()의 인스탄스들을 배열 numPrefixes로 구성한다. Line 12~20에서는 TreeMap<Double, Sping> 클래스 인스탄스

treeMap_NumPrefix를 생성하고, for 반복문을 사용하여 numPrefixes 배열에 포함된 각 항목의 value를 TreeMap<K, V>의 키로 사용하고, prefix를 값(value)으로 hashTbl_NumPrefix.put() 메서드를 사용하여 설정한다.

그림 6.28 line 27에서는 hashTbl_NumPrefix.keys()로 해시 테이블에 포함된 키들만 추출하여 keys에 대입한다. Line 29에서는 keys의 iterator() 인 itr_Dbl을 생성하고, line 30~33의 while 반복문에서는 keys에 포함된 각각의 key를 사용하여 treeMap_NumPrefix.get(key)로 key에 해당하는 value (즉, 숫자에 대한 접두어)를 검색하여 출력한다. 그림 6.29에서 볼 수 있는 것과 같이, 숫자에 접두어들이 정확하게 검색되는 것을 확인할 수 있다.

```
11 :
12 :  fun main(args: Array<String>) {
13 :      var numPrefixes = arrayOf<NumPrfx> (
14 :          NumPrfx(1.0, "uni"), NumPrfx(2.0, "bi"), NumPrfx(3.0, "tri"),
15 :          NumPrfx(4.0, "quad"), NumPrfx(5.0, "penta"), NumPrfx(6.0, "hexa"),
16 :          NumPrfx(7.0, "sept"), NumPrfx(8.0, "oct"),NumPrfx(9.0, "nona"),
17 :          NumPrfx(10.0, "deca"), NumPrfx(11.0, "hendeca"),
18 :          NumPrfx(12.0, "dodeca"), NumPrfx(100.0, "hecto"),
19 :          NumPrfx(1000.0, "kilo"), NumPrfx(1E6, "mega"),
20 :          NumPrfx(1E9, "giga"), NumPrfx(1E12, "tera") )
21 :
22 :      var treeMap_NumPrefix : TreeMap<Double, String> = TreeMap<Double,
            String>();
23 :      for (numPrfx in numPrefixes) {
24 :          treeMap_NumPrefix.put(numPrfx.get_value(), numPrfx.get_prefix());
25 :      }
26 :
27 :      var keys = treeMap_NumPrefix.keys
28 :      var key : Double
29 :      var itr_Dbl : Iterator<Double>  = keys.iterator();
30 :      while(itr_Dbl.hasNext()) {
31 :          key = itr_Dbl.next();
32 :          println("Prefix for %.0f = %s".format(key,
              treeMap_NumPrefix.get(key)))
33 :      }
34 :  }
```

그림 6.28 Kotlin Generic Class TreeMap<K, V> 제네릭 클래스의 응용 예 (part 2)

```
Prefix for 1 = uni
Prefix for 2 = bi
Prefix for 3 = tri
Prefix for 4 = quad
Prefix for 5 = penta
Prefix for 6 = hexa
Prefix for 7 = sept
Prefix for 8 = oct
Prefix for 9 = nona
Prefix for 10 = deca
Prefix for 11 = hendeca
Prefix for 12 = dodeca
Prefix for 100 = hecto
Prefix for 1000 = kilo
Prefix for 1000000 = mega
Prefix for 1000000000 = giga
Prefix for 1000000000000 = tera
```

그림 6.29 Kotlin Generic Class TreeMap<K, V> 제네릭 클래스의 응용실행결과

◈ 연습문제 ◈

6.1 다음 용어를 예를 들어 설명하라.

1) Kotlin generic
2) Generic Interface
3) Generic Class
4) Kotlin Collection<E> interface
5) Kotlin Generic Class vs. C++ Standard Template Library (STL)

6.2 Kotlin 프로그래밍에서 제네릭 (generic)이란 어떤 의미인지에 대하여 예를 들어 상세하게 설명하라.

6.3 Kotlin 제네릭 인터페이스 Collection<E>의 주요 메서드들에 대하여 설명하라.

6.4 Kotlin 제네릭 클래스 LinkedList<E>의 주요 메서드들에 대하여 설명하라.

6.5 Kotlin 제네릭 클래스 ArrayList<E>와 LinkedList<E>의 차이점에 대하여 설명하라.

6.6 Kotlin 제네릭 클래스 HashSet<E>의 주요 메서드들에 대하여 설명하라.

6.7 Kotlin 제네릭 클래스 PriorityQueue<E>의 주요 메서드들에 대하여 설명하라.

6.8 Kotlin 제네릭 클래스 ArrayDeque<E>의 주요 메서드들에 대하여 설명하라.

6.9 Kotlin 제네릭 클래스 HashMap<E>의 주요 메서드들에 대하여 설명하라.

◈ 실습문제 ◈

실습 6.1 GenericArray<E> 기반 Circular FIFO Queue 구현

Circular FIFO (first in first out) Queue를 다양한 자료형에 사용할 수 있도록 GenericCirQueue<E>로 구현하라.

- class GenericCirQueue<E : Comparable<E>> (val name : String, var Q_capa : Int)로 구현
- 다양한 유형의 데이터를 배열 원소로 담을 수 있도록, var array : Array<Any?> = arrayOfNulls(Q_capa)로 구현
- 다음 멤버 함수들은 Generic 배열을 사용하도록 직접 수정하여 구현할 것.
- fun enque(entry: E): Int? { . . . // 직접 구현 }
- fun deque(): E? { . . . // 직접 구현 }
- override fun toString() : String { . . . // 직접 구현 }

main() 함수에는 GenericCirQueue<Int>와 GenericCirQueue<String>을 각각 시험하고, 정상적인 동작을 확인할 수 있도록 구현하라.

(main() 함수 예제)

```
/* Application of class GenericQueue */
import MyDataStructure.GenericQueue

fun main(args: Array<String>) {
    var num_data_per_round = 3
    val num_rounds = 5
    val queue_capacity = 10

    val int_queue = GenericQueue<Int>("IntCirQueue", queue_capacity)
    var input_data: Int = 0
    var output_data: Int
    for (k in 0..num_rounds) {
        //println("Testing enque() operation of integer queue (queue_size = %d) ....".
          format(queue_size))
        for (i in 0 until num_data_per_round) {
            int_queue.enque(input_data)
            print("IntCirQ after enqueue (%3d) : ".format(input_data))
            println(int_queue)
            input_data++
        }

        //println("\nTesting deque() operation of integer queue (queue_size = %d) ....".
          format(queue_size))
        for (i in 0 until num_data_per_round) {
            output_data = int_queue.deque()!!
            if (output_data != null)
                print("IntCirQ after dequeue (%3d) : ".format(output_data))
            println(int_queue)
        }
    }
    println()

    var str_data: String
    val str_queue = GenericQueue<String>("StrCirQueue",queue_capacity)
    var count : Int = 0
    num_data_per_round = 4
    for (k in 0..num_rounds) {
        //println("Testing enque() operation of integer queue (queue_size = %d) ....".
          format(queue_size))
        for (i in 0 until num_data_per_round) {
            //str_data = 'A' + (Math.random() * queue_size).toInt()
            str_data = ('A' + count).toString()
            str_queue.enque(str_data)
            print("StrCirQ after enqueue (%3s) : ".format(str_data))
            println(str_queue)
            count++
        }

        //println("\nTesting deque() operation of integer queue (queue_size = %d) ....".
          format(queue_size))
        for (i in 0 until num_data_per_round) {
            str_data = str_queue.deque()!!
            if (str_data != null)
                print("StrCirQ after dequeue (%3s) : ".format(str_data))
            println(str_queue)
        }
    }
}
```

실습 6.1 GenericClrQueue<E>의 응용 프로그램 예제

(실행 예제)

```
IntCirQ after enqueue (  0) :   0
IntCirQ after enqueue (  1) :   0   1
IntCirQ after enqueue (  2) :   0   1   2
IntCirQ after dequeue (  0) :   1   2
IntCirQ after dequeue (  1) :   2
IntCirQ after dequeue (  2) : IntCirQueue is Empty !!
IntCirQ after enqueue (  3) :   3
IntCirQ after enqueue (  4) :   3   4
IntCirQ after enqueue (  5) :   3   4   5
IntCirQ after dequeue (  3) :   4   5
IntCirQ after dequeue (  4) :   5
IntCirQ after dequeue (  5) : IntCirQueue is Empty !!
IntCirQ after enqueue (  6) :   6
IntCirQ after enqueue (  7) :   6   7
IntCirQ after enqueue (  8) :   6   7   8
IntCirQ after dequeue (  6) :   7   8
IntCirQ after dequeue (  7) :   8
IntCirQ after dequeue (  8) : IntCirQueue is Empty !!
IntCirQ after enqueue (  9) :   9
IntCirQ after enqueue ( 10) :   9  10
IntCirQ after enqueue ( 11) :   9  10  11
IntCirQ after dequeue (  9) :  10  11
IntCirQ after dequeue ( 10) :  11
IntCirQ after dequeue ( 11) : IntCirQueue is Empty !!
IntCirQ after enqueue ( 12) :  12
IntCirQ after enqueue ( 13) :  12  13
IntCirQ after enqueue ( 14) :  12  13  14
IntCirQ after dequeue ( 12) :  13  14
IntCirQ after dequeue ( 13) :  14
IntCirQ after dequeue ( 14) : IntCirQueue is Empty !!
IntCirQ after enqueue ( 15) :  15
IntCirQ after enqueue ( 16) :  15  16
IntCirQ after enqueue ( 17) :  15  16  17
IntCirQ after dequeue ( 15) :  16  17
IntCirQ after dequeue ( 16) :  17
IntCirQ after dequeue ( 17) : IntCirQueue is Empty !!
```

```
StrCirQ after enqueue (  A) :   A
StrCirQ after enqueue (  B) :   A   B
StrCirQ after enqueue (  C) :   A   B   C
StrCirQ after enqueue (  D) :   A   B   C   D
StrCirQ after dequeue (  A) :   B   C   D
StrCirQ after dequeue (  B) :   C   D
StrCirQ after dequeue (  C) :   D
StrCirQ after dequeue (  D) : StrCirQueue is Empty !!
StrCirQ after enqueue (  E) :   E
StrCirQ after enqueue (  F) :   E   F
StrCirQ after enqueue (  G) :   E   F   G
StrCirQ after enqueue (  H) :   E   F   G   H
StrCirQ after dequeue (  E) :   F   G   H
StrCirQ after dequeue (  F) :   G   H
StrCirQ after dequeue (  G) :   H
StrCirQ after dequeue (  H) : StrCirQueue is Empty !!
StrCirQ after enqueue (  I) :   I
StrCirQ after enqueue (  J) :   I   J
StrCirQ after enqueue (  K) :   I   J   K
StrCirQ after enqueue (  L) :   I   J   K   L
StrCirQ after dequeue (  I) :   J   K   L
StrCirQ after dequeue (  J) :   K   L
StrCirQ after dequeue (  K) :   L
StrCirQ after dequeue (  L) : StrCirQueue is Empty !!
```

```
StrCirQ after enqueue (  M) :   M
StrCirQ after enqueue (  N) :   M   N
StrCirQ after enqueue (  O) :   M   N   O
StrCirQ after enqueue (  P) :   M   N   O   P
StrCirQ after dequeue (  M) :   N   O   P
StrCirQ after dequeue (  N) :   O   P
StrCirQ after dequeue (  O) :   P
StrCirQ after dequeue (  P) : StrCirQueue is Empty !!
StrCirQ after enqueue (  Q) :   Q
StrCirQ after enqueue (  R) :   Q   R
StrCirQ after enqueue (  S) :   Q   R   S
StrCirQ after enqueue (  T) :   Q   R   S   T
StrCirQ after dequeue (  Q) :   R   S   T
StrCirQ after dequeue (  R) :   S   T
StrCirQ after dequeue (  S) :   T
StrCirQ after dequeue (  T) : StrCirQueue is Empty !!
StrCirQ after enqueue (  U) :   U
StrCirQ after enqueue (  V) :   U   V
StrCirQ after enqueue (  W) :   U   V   W
StrCirQ after enqueue (  X) :   U   V   W   X
StrCirQ after dequeue (  U) :   V   W   X
StrCirQ after dequeue (  V) :   W   X
StrCirQ after dequeue (  W) :   X
StrCirQ after dequeue (  X) : StrCirQueue is Empty !!
```

실습 6.2 사람 (person)의 이름과 전화번호를 TreeMap<K, V>로 관리하는 Kotlin 프로그램을 작성하라. 먼저 사람의 정보를 관리하기 위한 class Person을 구현하고, 데이터 멤버로 이름 (name), 연락처 (전화번호, telNo)가 포함되도록 하라. 전화번호에는 국가번호 (nation_code), 지역번호(reg_no), 교환기번호(sw_no), 회선번호(line_no) 항목이 포함되도록 데이터 클래스로 선언하라.

5명의 class Person 인스탄스를 다음 예시와 같이 준비하여 Array<Person> 자료형의 배열 persons를 준비하고, 이 person에 포함된 사람들을 차례로 클래스 TreeMap<String, Person>의 인스탄스인 addrBook에 이름을 key로 설정하여 입력 하라.

addrBook의 keys들을 추출하여 keySet_name에 대입하고, keySet_name에 포함된 key를 사용하여 그 key에 해당하는 사람의 정보를 출력하도록 하라.

Kotlin 프로그램의 구현 예시와 실행 예시는 다음과 같다:

```
/* Kotlin TreeMap, class Person, class TelNum */
import java.util.*

class Person(var name: String, telNo: TelNum) {
    // 직접 구현할 것
}

data class TelNum(var nation_code: Int, var reg_no: Int,
    var sw_no: Int, var line_no: Int) {
    override fun toString(): String {
        // 직접 구현할 것
    }
}
```

TreeMap<K, V> 기반 주소록 (addrBook) 구현 예시 (part 1)

```

fun main(args: Array<String>) {
    val addrBook: TreeMap<String, Person> = TreeMap<String, Person>()
    val persons: Array<Person> = arrayOf<Person>(
        Person("Kim", TelNum(82, 53, 810, 1000)),
        Person("Yoon", TelNum(82, 2, 1234, 5678)),
        Person("Lee", TelNum(82, 51, 2579, 1234)),
        Person("Park", TelNum(82, 53, 1000, 5678)),
        Person("Choi", TelNum(82, 31, 2345, 6789))
    )

    for (p in persons) {
        addrBook[p.get_name()] = p
    }

    print("Persons in addrBook = \n")
    for (p in persons) {
        val nm: String = p.get_name()
        print("%5s : %s\n".format(nm, addrBook[nm]))
    }
    val keySet_name: Set<String> = addrBook.keys
    print("keySet_name = %s\n".format(keySet_name))
    for (key in keySet_name) {
        print("%5s : %s\n".format(key, addrBook[key]))
    }

}
```

TreeMap<K, V> 기반 주소록 (addrBook) 구현 예시 (part 2)

(실행 예시)

```
Persons in addrBook =
  Kim : Person(Name=     Kim, telNo=  082- 53-0810-1000)
 Yoon : Person(Name=    Yoon, telNo=  082-  2-1234-5678)
  Lee : Person(Name=     Lee, telNo=  082- 51-2579-1234)
 Park : Person(Name=    Park, telNo=  082- 53-1000-5678)
 Choi : Person(Name=    Choi, telNo=  082- 31-2345-6789)
keySet_name = [Choi, Kim, Lee, Park, Yoon]
 Choi : Person(Name=    Choi, telNo=  082- 31-2345-6789)
  Kim : Person(Name=     Kim, telNo=  082- 53-0810-1000)
  Lee : Person(Name=     Lee, telNo=  082- 51-2579-1234)
 Park : Person(Name=    Park, telNo=  082- 53-1000-5678)
 Yoon : Person(Name=    Yoon, telNo=  082-  2-1234-5678)
```

실습 6.3 두 도시 (city_1, city_2)의 이름과 이 도시들 간의 거리 (Km 단위) 정보를 HashTable로 관리하는 Kotlin 프로그램을 작성하라. 먼저, 두 도시 (city_1, city_2)의 이름을 입력받아 그 두 도시들 간의 거리 (Km 단위)을 HashTable로부터 검색하여 반환하는 함수 getInterCityDist()를 구현하라. 함수 getInterCity_Dist()에서는 city_1, city_2 이름 쌍을 문자열로 입력받고, 그 도시간의 거리를 HashTable을 검색하여 반환되는 거리 dist와 함께 (city_1, city_2, dist)로 반환하도록 구현하라.

도시 이름과 이 도시간의 거리를 인수로 전달받아 HashTable에 포함시키는 함수 setInterCityDist(dict_ICD, city_1, city_2, dist)를 구현하라. 함수 setInterCityDist()에서는 인수로 전달받은 도시 이름 2개 (city_1, city_2)의 문

자열로 입력 받고, 거리를 Km 단위의 정수 dist을 인수로 전달 받은 후, HashTable에 {(city_1, city_2) : dist} 형식으로 추가하도록 하라.

제네릭 클래스 HashTable<K, V>의 인스탄스 hashTbl_ICD 로부터 두 도시 간의 거리를 찾아 반환하는 함수 findInterCityDist(hashTbl_ICD, city_1, city_2)를 구현하라. 함수 findInterCityDist(hashTbl_ICD, city_1, city_2)에서 인수로 전달되는 hashTbl_ICD는 HashTable<K, V>의 인스탄스이며, city_1과 city_2는 두 개의 도시 이름이다. 두 개의 도시 이름 순서가 바뀌어도 해당 도시간의 거리를 찾아 반환할 수 있게 구현하라.

도시 간의 거리표를 작성하고, 활용하는 main()함수를 작성하라. main() 함수에서는 먼저 hashTbl_ICD를 생성한 후, getInterCityDist() 함수를 사용하여 총 5개 쌍의 도시 이름 쌍과 그 도시 간의 거리를 정수로 입력받은 후, setInterCityDist() 함수를 사용하여 hashTbl_ICD에 저장한다. 다음으로 main() 함수에서 2개의 도시 이름을 입력받고, 딕셔너리interCityDist로부터 그 도시 간의 거리를 찾아 출력한다. 만약 도시 간의 거리가 딕셔너리에입력되어 있지 않으면 데이터가 없다는 출력을 한다. 만약 도시 간 거리를 찾기 위하여 입력된 도시 이름이 점 ('.')이면 반복문을 종료하도록 할 것.

(실행 예시)

```
Input name of two cities and distance in Km: Seoul Daegu 300
Input name of two cities and distance in Km: Seoul Daejon 150
Input name of two cities and distance in Km: Seoul Busan 430
Input name of two cities and distance in Km: Daegu Busan 130
Input name of two cities and distance in Km: Daegu Gwangju 180
Inter_City_Distance_Table :  {('Seoul', 'Daegu'): 300, ('Seoul', 'Daejon'): 150,
 ('Seoul', 'Busan'): 430, ('Daegu', 'Busan'): 130, ('Daegu', 'Gwangju'): 180}
Input name of two cities to find distance : Seoul Daegu
Distance between (Seoul - Daegu) is 300 Km.
Input name of two cities to find distance : Daegu Busan
Distance between (Daegu - Busan) is 130 Km.
Input name of two cities to find distance : Busan Daegu
Distance between (Busan - Daegu) is 130 Km.
Input name of two cities to find distance : Busan Seoul
Distance between (Busan - Seoul) is 430 Km.
Input name of two cities to find distance : Daejon Seoul
Distance between (Daejon - Seoul) is 150 Km.
Input name of two cities to find distance : . .
```

7장 Kotlin 프로그램의 스트림, 파일 입출력, 패키지와 모듈

학습목표

- Kotlin의 파일 입력과 출력 기능에 대한 이해
- Kotlin의 텍스트 파일의 입력과 출력 방법에 대한 이해
- Kotlin의 이진파일 입력과 출력 방법에 대한 이해
- Kotlin 패키지와 모듈에 대한 이해와 활용

개요

7.1 파일 입력과 출력

7.1.1 프로그램의 입력과 출력

대부분의 컴퓨터 프로그램 실행 과정은 그림 7.1에서 보는 것처럼 필요한 데이터를 입력받고, 데이터의 유형이나 조건에 따라 사전에 계획되어 있는 알고리즘을 사용하여 데이터를 처리하며, 처리 결과의 화면 출력, 파일/데이타베이스에 저장, 또는 인터넷을 통하여 다른 시스템으로 전달하는 기능을 수행하게 된다.

사용자로부터의 데이터 입력은 가장 기본적인 입력장치인 키보드를 사용하여 입력하거나, 디스크에 저장되어 있는 파일을 읽어 데이터를 가져올 수 있다. 아울러, 다른 장치에 있는 데이터를 통신 기능을 사용하여 전달받는 방법도 고려할 수 있다.

컴퓨터 프로그램의 실행 결과로 생성된 데이터는 화면으로 출력하거나 디스크에 파일 형태로 저장할 수 있다. 만약 컴퓨터 장치가 인터넷에 접속되어 있는 경우 통신 기능을 사용하여 다른 컴퓨터에 데이터를 전달할 수 있으며, 클라우드 컴퓨팅의 경우 대용량 컴퓨터에서 빅데이터로 구축하거나 수퍼 컴퓨터에 의한 데이터 처리를 위하여 전달하고, 그 결과를 되돌려 받을 수 있도록 구성하여야 한다.

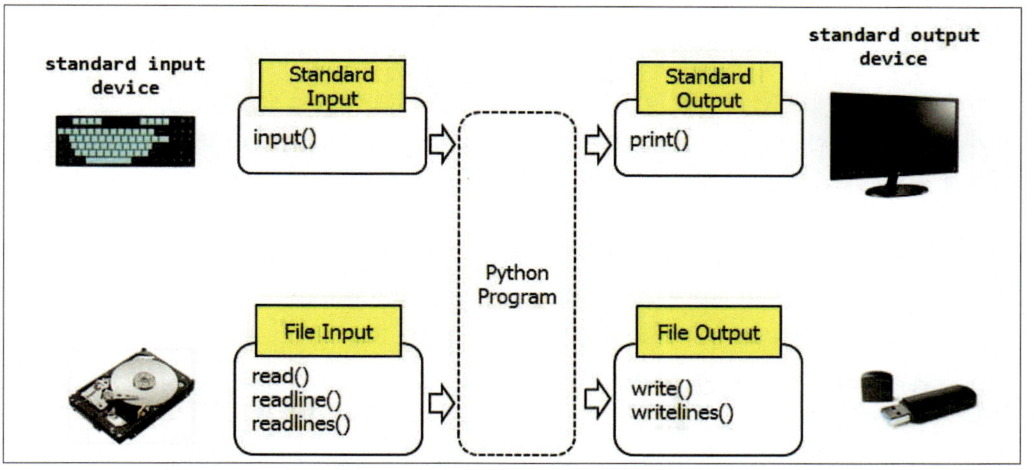

그림 7.1 컴퓨터 프로그램의 입력과 출력

7.1.2 표준 입력 장치 (standard input device)

일반적인 컴퓨터에서는 표 7.1에서 열거하는 장치들을 데이터 입력에서 사용한다. 가장 대표적인 표준 입력장치인 키보드는 한글, 영문, 숫자, 특수 기호 등을 문자 단위로 입력하며, 컴퓨터 사용자가 수작업으로 직접 입력을 할 때 사용된다. 사용자 편의성을 향상시키기 위하여 GUI (graphic user interface)를 사용하는 경우에는 마우스 (mouse)를 사용하여 GUI로 표현된 버튼, 스크롤 바, 메뉴 등의 위젯 (widget)을 선택 및 조작할 때 사용하며 이벤트를 생성시킬 수 있다.

표 7.1 컴퓨터 입력 장치

컴퓨터 입력 장치	설 명
키보드	한글 및 영문, 숫자, 특수 기호 등을 문자 단위로 입력 컴퓨터 사용자의 수작업에 의한 입력
마우스	화면상에서 GUI (graphic user interface)를 사용하기 위한 마우스 이동 및 좌, 우측 버튼 클릭으로 이벤트 생성
터치 스크린	스크린에 펜 또는 손가락으로 터치하여 입력
스캐너 (scanner)	흑백 또는 컬러 문서의 스캔 입력에 사용
카메라	정지영상 또는 동영상의 입력에 사용
마이크로폰	오디오 및 음성 입력에 사용
디스크 저장장치	텍스트 또는 이진 파일의 저장 및 입력
인터넷 통신 모듈	인터넷 통신을 통한 원격 파일 전송/수신
사물인터넷 센서	사물인터넷 단말 장치에 연결된 센서 (온도, 습도, GPS, 가속도, 전압, 거리, 움직임 등)

흑백 또는 컬러 문서를 스캔하여 파일로 입력시켜 주는 스캐너, 정지 영상 또는 동영상의 입력에서 사용하는 카메라, 오디오 및 음성 입력에 사용하는 마이크로폰 등도 입력 장치에 속한다. 디스크 저장장치는 데이터 입력, 출력 및 저장에 함께 사용되는 장치이며, 데이터 통신

모듈은 다른 장치로 데이터를 보내고 받는 장치이다.

사물인터넷 (Internet of Things, IoT) 단말장치에 연결되어 있는 다양한 센서들도 데이터 입력장치에 포함된다. 많이 사용되는 IoT 센서로는 온도, 습도, 기압, 움직임, 속도 및 가속도, 회전, 휨, 뒤틀림, 전류, 전압, 미세먼지 등의 값을 읽고 이를 컴퓨터에서 처리할 수 있게 한다.

7.1.3 표준 출력 장치 (standard output device)

컴퓨터 프로그램에서 처리된 결과 데이터를 출력하는 장치로는 표 7.2에서 열거된 출력장치들이 있다. 가장 대표적인 출력장치로 모니터가 있으며, 컴퓨터 화면에 텍스트, 사진, 동영상을 출력하여 프로그램 결과를 볼 수 있게 한다. 다음으로 문서형태로 작성된 자료를 출력할 수 있는 프린터가 있으며, 오디오와 음향을 출력할 수 있는 스피커가 있다.

디스크 저장 장치는 프로그램의 실행 결과를 텍스트 파일이나 이진 파일 형태로 저장하여 다음 단계에서 처리할 수 있게 한다. 인터넷 통신 모듈은 프로그램의 실행 결과를 다른 컴퓨터에 전달될 수 있게 하며 분산 컴퓨터 처리가 가능하게 하고, 클라우드 서버에서 대용량 데이터 처리, 인공지능, 빅데이터 구축 등에 활용할 수 있게 한다.

사물인터넷 단말장치에 연결되어 있는 액추에이터 (actuator) 역시 컴퓨터 출력장치로 볼 수 있다. 컴퓨터 프로그램의 데이터 분석 결과에 따라 구체적인 동작을 실행할 때 모터, 히터, 냉방기, 디스플레이 등의 액추에이터 (구동) 장치를 이용하게 된다.

표 7.2 컴퓨터 출력 장치

컴퓨터 출력 장치	설 명
모니터	컴퓨터 화면에 텍스트, 사진, 동영상 등으로 출력
프린터	문서 형태로 출력
스피커	오디오 및 음성 출력
디스크 저장장치	텍스트 또는 이진 파일의 저장
인터넷 통신 모듈	인터넷 통신을 통한 원격 파일 전송
사물인터넷 액추에이터	사물인터넷 단말장치에 연결된 모터, 히터, 냉방기 (에어콘), 디스플레이 등 구동장치

7.1.4 파일 저장 장치 (file storage device)

파일 저장 장치는 컴퓨터 장치에 저장된 파일을 신속하게 읽어 데이터를 처리한 후 다양하게 활용할 수 있고, 추가 처리된 결과를 다시 파일로 저장하여 다른 응용 프로그램에서 사용할 수 있게 한다. 컴퓨터 장치들이 사용하는 파일 저장 장치로는 컴퓨터 메모리, 플래시 메모리, 하드 디스크와 USB 외장 디스크 등을 생각할 수 있다.

프로그램의 실행 단계에서 파일을 저장할 수 있는 장치로 컴퓨터 메모리인 RAM (random access memory)과 ROM (read only memory)이 있다. RAM은 컴퓨터의 주기억장치로 수 Gigabyte 용량의 저장 능력을 제공하며, 전원이 중단되면 저장된 데이터가 손실된다. ROM은 전원이 중단되어도 데이터가 손실되지 않기 때문에 컴퓨터 장치에서 필요한 기본 정보를 저장하기 위하여 사용된다.

플래시 메모리는 소비 전력이 작고 전원이 차단되어도 저장된 데이터가 손실되지 않고 유지되며, 데이터 입출력이 자유로워 디지털 카메라, 캠코더, 휴대 전화 등 다양한 휴대 장치에 사용된다. 데스크탑 컴퓨터에서 많이 사용되고 있는 하드 디스크 드라이버 (HDD)는 비휘발성 컴퓨터 보조 기억 장치이며, 딱딱한 디스크 (hard disk)상에 장착된 자기장 물질 (magnetic material)을 사용하여 데이터를 저장하고, 전원이 중단되어도 데이터가 유지되며, 대용량의 저장 용량 기능을 제공한다.

USB (universal serial bus) 외장 디스크는 최근 대용량 보조 기억장치로 많이 사용되고 있다. 데이터 입력 및 출력 속도가 높은 SSD (solid state disk) 기술을 사용하여 제작되며, 하드 디스크 드라이버보다 가볍고 충격에도 데이터 손상이 발생하지 않는 장점이 있다.

표 7.3 파일 저장 장치

컴퓨터 파일 저장 장치	설 명
컴퓨터 메모리	RAM (random access memory), ROM (read only memory) RAM의 경우 전원이 끊어지면 데이터가 손실됨 ROM의 경우 전원이 끊어져도 데이터가 유지됨
Flash 메모리	소비 전력이 작고, 전원이 끊어져도 저장된 데이터가 손실되지 않고 유지됨. 데이터 입출력이 자유로워 디지털 카메라, 캠코더, 휴대전화 등 다양한 휴대장치에서 사용
하드 디스크 드라이버 (HDD)	비휘발성 컴퓨터 보조 기억장치이며, HDD (hard disk driver)의 디스크 상에 자기장 (magnetic field) 물질에 데이터를 저장하며, 전원이 끊어져도 데이터가 유지됨
USB 외장 디스크	USB (universal serial bus) 접속 기능을 사용하여 컴퓨터에 연결된 외장 디스크 장치. HDD보다 데이터 입력 및 출력 속도를 높은 SSD (solid state disk) 방식을 주로 사용

7.1.5 파일 입출력

Kotlin 프로그램에서 파일 입력과 출력은 표 7.4에서 정리한 것과 같이 텍스트 파일 형태의 입출력과 이진 파일 형태의 입출력으로 나누어진다. 텍스트 파일 입출력은 화면으로 출력이 가능한 (printable) 문자들로 구성된 문서 (text) 자료의 입력 및 출력을 의미하며, 주로 문서 편집기 (text editor)에서 작업을 할 수 있는 파일들을 다루게 된다.

이진 파일 입출력은 오디오, 음향, 사진, 동영상 등의 이진 파일의 입력과 출력을 의미하며, 이들 파일들은 JPEG, MP3, MPEG 등의 압축 표준에 따라 인코딩 되어 있기 때문에 추가적인 처리를 거쳐 모니터 화면이나 스피커로 출력될 수 있다.

표 7.4 파일 입출력 종류

파일 입출력	설 명
텍스트 파일 입출력	화면으로 출력이 가능한 문자들로 구성된 문서 (text) 자료의 입력 및 출력. 파이썬의 텍스트 파일 인코딩 방식으로 ASCII, 유니코드 등을 사용.
이진 파일 입출력	사진, 동영상, 오디오 등의 binary file 입력 및 출력 JPEG, MP3, MPEG 등의 압축 표준을 사용

7.1.6 인터넷 및 통신 장치 입출력

하나의 컴퓨터에서 구동 중인 Kotlin 프로그램에서 생성된 객체 (object)를 다른 컴퓨터 장치에서 구동되는 프로그램으로 인터넷을 통하여 전달하기 위해서는 추가적으로 고려하여야 할 내용이 포함된다. 먼저 문자열의 인코딩 방식에서도 사용된 코드 (예: ASCII, cp949, utf-8, utf-16, unicode 등)를 명시하여야 하며, 컴퓨터에서 사용되는 CPU 종류에 따라 바이트 저장 순서가 big endian 또는 little endian으로 구분되기 때문에 어떤 바이트 저장 순서에 따라 저장되어 있는지를 수신측에서 알 수 있도록 하거나, 표준화된 바이트 저장 순서 (byte ordering)를 사용하여야 한다.

인터넷을 사용하여 컴퓨터 간에 정보를 전달할 때 가능한 한 파일 크기가 작게 인코딩하여 전송하면 전송시간을 줄일 수 있으나 송신측과 수신측에서 모두 이해할 수 있는 인코딩 방식을 사용하여야 한다. 인터넷에서 프로그램 간에 자료를 주고 받을 때 가장 많이 사용되는 표준 포맷으로 JSON(JavaScript Object Notation)이 있으며, 이는 데이터를 속성-값 쌍(attribute-value pairs) 또는 "키-값 쌍"으로 이루어진 데이터 오브젝트를 전달하기 위해 사람들이 쉽게 읽을 수 있는 텍스트를 사용하여 표현하는 개방형 표준 포맷이다. JSON은 비동기 브라우저/서버 통신 (AJAX)을 위해 사용되며, AJAX가 사용하는 XML을 대체하는 주요 데이터 포맷이다. JSON은 자바 스크립트 언어로부터 파생되어 자바 스크립트의 구문 형식을 따르지만 언어 독립형 데이터 포맷이다. 즉, 프로그래밍언어나 플랫폼에 독립적이므로 구문 분석 및 JSON 데이터 생성을 위한 코드는 C, C++, C#, Java, JavaScript, Perl, Python, Kotlin 등 수많은 프로그래밍언어에서 쉽게 이용할 수 있다.

7.2 Kotlin의 입출력 스트림을 사용한 파일 입출력

7.2.1 Kotlin의 입출력 스트림 (stream) 클래스

스트림 (stream)이란 연속적인 데이터 흐름을 의미하며, 연속적으로 데이터를 전달하는 소프트웨어 모듈을 의미한다. 데이터 스트림은 단방향이며, FIFO (first in first out)의 순서대로 전달된다.

Kotlin의 입력 스트림은 키보드, 네트워크 등과 같은 입력 장치와 연결되어 입력장치로부터의 입력 데이터를 바이트 단위로 연결된 프로그램으로 전달한다.

Kotlin의 출력 스트림은 Kotlin 프로그램에서 출력되는 데이터를 출력 장치 (예: 모니터 스크린, 네트워크 장치, 프린터 등)에 바이트 단위로 순서대로 전달한다.

7.2.2 FileInputStream을 사용한 데이터 파일 입력

Kotlin의 파일 입력에서는 C/C++의 fscanf() 함수와 같이 지정된 포멧으로 파일의 데이터 입력 및 변환 기능을 함께 제공하는 함수는 없다. 대신 Java 프로그램에서 표준 입력 장치로부터의 데이터 입력 기능을 구현할 때 사용하였던 Scanner 클래스를 사용하여 Kotlin 프로그램에서도 지정된 형식의 데이터 입력을 처리할 수 있다.

표 7.5 파일 입출력 관련 Kotlin 스트림 클래스와 메서드

Kotlin의 텍스트 파일 입출력 클래스 및 함수	설 명
FileInputStream	입력 파일 스트림
FileOutputStream	출력 파일 스트림
InputStreamReader	입력 스트림 판독기
FileReader	파일 판독기
OutputStreamWriter	출력 스트림 판독기
FileWriter	파일 출력기
Scanner	Java utility 패키지에 포함된 scanner - scanner의 메서드 (next(), nextLine(), nextInt(), nextFloat(), nextDouble() 등)을 사용하여 파일로부터 입력

```
 1 :  /* Kotlin - FileInput with Scanner */
 2 :  import java.io.*
 3 :  import java.util.*
 4 :
 5 :  @Throws(IOException::class)
 6 :  fun main() {
 7 :      val input_file_name : String  = "student_records.txt";
 8 :      val fin = Scanner(File(input_file_name));
 9 :      while (fin.hasNext()) {
10 :          var name : String = fin.next();
11 :          var kor_score : Int = fin.nextInt();
12 :          var eng_score : Int = fin.nextInt();
13 :          var math_score : Int = fin.nextInt();
14 :          println("%8s %3d %3d %3d".format(name, kor_score, eng_score,
                math_score))
15 :      } // end while
16 :  }
```

그림 7.2 Scanner를 사용한 Kotlin 파일 입력 예제

그림 7.2 line 7~8에서 지정된 입력 데이터 파일 (텍스트 파일) 이름으로 File() 객체를 생성하고, 이를 Scanner 클래스 인스턴스 생성에 사용하여 fin에 대입한다. Line 9~15에서는 입력 데이터 파일의 Scanner 객체 fin을 사용하여 지정된 포맷에 따라 학생의 이름 (String 자료형)을 fin.next() 메서드로, 3개 과목 점수 (Int 자료형)를 fin.nextInt() 메서드로 읽고 각각 name, kor_score, eng_score, math_score에 대입한다. Line 14는 입력된 데이터를 지정된 포맷에 맞추어 표준 출력장치로 출력한다.

그림 7.3 (a)는 Scanner를 사용한 Kotlin 파일 입력 예제에서 사용한 입력 데이터 파일의 텍스트 파일 (student_records.txt)이다. 이 텍스트 파일은 간단하게 메모장을 사용하여 편집할 수 있으며, 그림 7.2 프로그램이 실행되기 이전에 미리 준비하여야 한다.

그림 7.3 (b)는 입력 데이터 파일로부터 데이터를 읽고 포맷에 맞추어 화면으로 출력한 것이며, 파일의 내용과 정확하게 일치하는 데이터를 포맷에 맞추어 출력한 것을 확인할 수 있다.

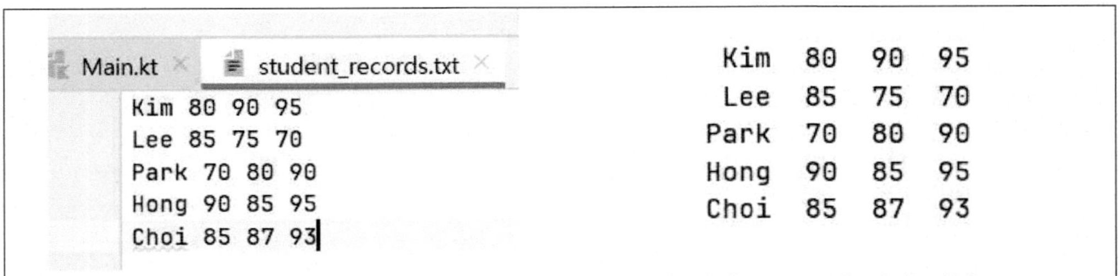

(a) 입력 데이터 파일 (student_records.txt) (b) 파일 입력 프로그램 실행 결과

그림 7.3 Scanner를 사용한 Kotlin 파일 입력 예제 실행 결과

7.2.3 InputStreamReader를 사용한 문자열 정보 입력과 FileOutputStream을 사용한 파일 출력

그림 7.4는 InputStreamReader를 사용하여 표준 입력 장치인 키보드로부터 영문과 한글이 혼용된 문자열을 입력받고, 이를 콘솔로 출력하는 예제 프로그램을 보여준다.

```
 1 :  /* Kotlin - Keyboard input, file output */
 2 :  import java.io.InputStreamReader
 3 :  import java.io.FileWriter
 4 :  import java.io.IOException
 5 :  import java.io.FileInputStream
 6 :
 7 :  fun main() {
 8 :     var cin : InputStreamReader = InputStreamReader(System.`in`);
 9 :     val fout : FileWriter
10 :
11 :     var ch : Int;
12 :     var fout_name : String = "keyboard_input_text.txt";
13 :     println("Input text sentences (Ctrl-D to end) : ");
14 :     try {
15 :             fout = FileWriter(fout_name);
16 :             while(true) {
17 :                     ch = cin.read()
18 :                     if (ch == -1)
19 :                             break
20 :                     fout.write(ch);
21 :             }
22 :             cin.close();
23 :             fout.close();
24 :     } catch (e: IOException) {
25 :             println("Exception in input/out !!");
26 :     }
```

그림 7.4 InputStreamReader를 사용한 문자열 정보 입력과 FileOutputStream을 사용한 파일 출력 Kotlin 프로그램 (part 1)

그림 7.4 line 8에서 InputStreamReader(System.in)으로 표준 입력 장치 (키보드)의 입력 스트림 리더 객체를 만들어 cin에 대입시키고, line 15에서 출력 파일 이름의 FileWriter 객체를 생성한 후, line 16~21에서 -1로 반환되는 EOF (end of file)이 입력될 때까지 문자 하나씩을 입력 받아 콘솔로 출력하며, 아울러 출력 파일로 출력한다.

Line 28~43에서는 키보드 입력 내용을 파일로 저장하였던 출력파일을 다시

FileInputStream() 인스탄스로 생성하여 파일에 저장된 내용을 확인할 수 있게 한다. 이때 cin.getEncoding() 메서드를 사용하여 기본적인 인코딩 설정을 확인 할 수 있는데, 그림 7.5에서 볼 수 있는 것과 같이, UTF8로 설정되어 있는 것을 알 수 있다. 이 UTF8 인코딩을 사용하여 영문과 한글이 혼합된 파일을 문제없이 입력 및 출력 처리할 수 있다.

```
    val fin_name : String  = "keyboard_input_text.txt";
    val fin : FileInputStream
    println("\nContents of textfile (%s) : ".format(fin_name))
    try {
            fin = FileInputStream(fin_name);
            cin = InputStreamReader(fin);
             // char set for korean text file reading
            println("Encoding char set = %s".format(cin.getEncoding()))
            while (true) {
                    ch = cin.read()
                    if (ch == -1)
                            break
                    print("%c".format(ch))
            }
            cin.close();
            fin.close();
    } catch (e : IOException) {
            println("IOException in text reading !!");
    }
  }
```

그림 7.4 InputStreamReader를 사용한 문자열 정보 입력과 FileOutputStream을 사용한 파일 출력 Kotlin 프로그램 (part 2)

```
Input text sentences (Ctrl-D to end) :
Testing Kotlin text input from standard input device, including 한글 문자열.
^D

Contents of textfile (keyboard_input_text.txt) :
Encoding char set = UTF8
Testing Kotlin text input from standard input device, including 한글 문자열.
```

그림 7.5 InputStreamReader를 사용한 문자열 정보 입력과 FileOutputStream을 사용한 파일 출력 Kotlin 프로그램 실행 결과

7.3 FileReader, Scanner와 FileWriter 클래스를 사용한 텍스트 파일 입력과 출력

7.3.1 FileReader를 사용한 텍스트 파일 입력

그림 7.6은 FileReader를 사용하여 텍스트 파일의 내용을 문자 1개씩 차례로 읽고, 이를 콘솔로 출력하는 예제 프로그램을 보여준다. 입력 텍스트 파일과 콘솔 출력 결과는 그림 7.7에서 보는 것과 같다.

```
/* Kotlin - Application of FileReader */
import java.io.FileReader
import java.io.IOException

@Throws(IOException::class)
fun main() {
    val file_name = "student_records.txt"
    var fin: FileReader? = null
    fin = FileReader(file_name)
    var ch: Int
    while (fin.read().also { ch = it } != -1) {
        print(ch.toChar())
    }
    fin.close()
}
```

그림 7.6 FileReader를 사용한 텍스트 파일입력

```
Main.kt    student_records.txt
1  Kim 80 90 95
2  Lee 85 75 70
3  Park 70 80 90
4  Hong 90 85 95
5  Choi 85 87 93
```

(a) 입력 데이터 파일 (student_records.txt)

```
Kim 80 90 95
Lee 85 75 70
Park 70 80 90
Hong 90 85 95
Choi 85 87 93
```

(b) 파일 입력 프로그램 실행 결과

그림 7.7 텍스트 파일 (student_records.txt)와 파일 입력 프로그램 실행 결과

7.3.2 Scanner 객체 및 next()를 사용한 문자열 단위 파일 입력과 FileWriter를 사용한 텍스트 파일 출력

파일 입출력 기능을 함께 사용하는 응용 프로그램의 경우, 대부분 입력 데이터 파일에는 사전에 설정된 형식에 따라 데이터가 저장되어 있는 경우가 많이 있다. 입력 데이터 파일에 특정 포멧에 따라 데이터가 저장되어 있는 경우에 편리하게 사용할 수 있는 것이 표준입력 장치에서 특정 자료형에 따라 입력 처리를 할 때 사용하였던 Scanner이다. 그림 7.8은 Scanner를 입력 파일 객체에 연결하여 처리하는 예제를 보여준다. Line 9~11에서 입력 데이터 파일 이름으로 File 객체를 만든 후, Scanner에 연결하여 인스턴스를 생성하고, 이를 fin에 대입한다.

Line 14~20에서는 fin.hasNext()와 fin.next()를 사용하여 입력 텍스트 파일의 끝까지 문자열(단어) 단위로 입력을 받고, 이를 words[] 문자열 배열에 저장한다. Line 23에서는 Arrays.sort() 메서드를 사용하여 입력 단어 배열을 오름차순으로 정렬한다. Line 25~32에서는 정렬된 단어 배열을 출력파일 (sorted_numbers.txt)에 FileWriter() 인스턴스를 사용하여 파일 출력한다. 출력파일에 저장된 내용을 line 38~43에서 다시 읽고, 콘솔로 출력하여 확인할 수 있게 하며, 콘솔로 출력된 결과는 그림 7.9 (c)의 마지막 부분에서 확인할 수 있다.

```
/* Kotlin - Formatted File Input and Output */

import java.io.*;
import java.util.Scanner;
import java.util.Arrays;

@Throws(IOException::class)
fun main(args: Array<String>) {
     val input_file_name : String   = "numbers.txt";
     val MAX_NUM_WORDS   = 10;
     var fin : Scanner = Scanner(File(input_file_name))
     var words   = Array<String?>(MAX_NUM_WORDS) {null}
     println("Words in text file (%s) :".format(input_file_name))
     var count : Int = 0;
     var word : String
     while (fin.hasNext() && (count < MAX_NUM_WORDS)) {
          word = fin.next();
          words[count++] = word;
          print("%8s".format(word))
     }
     fin.close()

     Arrays.sort(words);
     println("\nWords after sorting :");
     var formattedStr : String   = "";
     val output_file_name : String   = "sorted_numbers.txt";
     val fout : FileWriter   = FileWriter(output_file_name);
     for (word in words) {
          print("%8s".format(word))
          formattedStr = String.format("%8s", word);
          fout.write(formattedStr);
     }
     println()
     fout.close();
     println("Sorted words are written into output file (%s)".
          format(output_file_name))

     /* Checking output_file */
     fin = Scanner(File(output_file_name))
     println("Contents in text file (%s)".format(output_file_name))
     while (fin.hasNext()) {
          word = fin.next();
          print("%8s".format(word))
     }
     println()
     fin.close()
}
```

그림 7.8 Scanner를 사용한 텍스트 파일의 문자 단위 읽기, 정렬 및 출력

```
one two three four five six seven eight nine ten
```

(a) 입력 데이터 파일 (numbers.txt)

```
  eight    five    four    nine     one
  seven     six     ten   three     two
```

(b) 파일 입력 프로그램 실행 결과

```
Words in text file (numbers.txt) :
    one     two   three    four    five     six   seven   eight    nine     ten
Words after sorting :
   eight    five    four    nine     one   seven     six     ten   three     two
Sorted words are written into output file (sorted_numbers.txt)
Contents in text file (sorted_numbers.txt)
   eight    five    four    nine     one   seven     six     ten   three     two
```

(c) 화면 출력 결과

그림 7.9 텍스트 파일 (numbers.txt)와 파일 입력 프로그램 실행 결과

7.3.3 지정된 형식으로 저장되어 있는 학생 정보 (student record) 입력, 데이터 처리 및 파일 출력

그림 7.10은 텍스트 입력 및 출력 기능을 가지는 class Student와 응용 프로그램의 예를 보여준다. Line 5~50에서는 학생의 기본 정보 관리를 위한 class Student를 구현하고 있다. class Student의 데이터 멤버로는 학생의 이름 (name), 과목 수 (num_class), 과목별 성적 (scores), 평균 성적(avg)가 포함되어 있다.

Line 11~17의 주 생성자 init { } 코드 블록에서는 기본적으로 과목 수를 3으로, 각 과목의 성적은 초기값 0.0으로, 평균 성적도 초기값 0.0으로 설정한다.

그림 7.10 line 19~24의 fread_student() 멤버 함수에서는 파일 입력을 위한 Scanner 인스탄스 fin으로부터 학생의 이름과 3개 과목 성적 데이터를 입력받는 기능을 구현한다. 성적 데이터는 소숫점을 포함하는 실수이므로 nextDouble()을 사용하여 파일 입력을 받고 있다. Line 26~32의 calc_scores() 멤버 함수는 과목별 성적의 합산을 구하고, 평균성적을 계산하여 avg에 대입시킨다.

Line 35~42의 fwrite_student()는 학생 정보를 파일로 출력하는 기능을 구현하며, 지정된 포멧으로 출력하게 한다. Line 43~49의 print() 멤버 함수는 학생의 정보를 콘솔로 출력하며, 출력 포멧은 파일 출력과 동일한 형식을 사용하고 있다.

그림 7.10 Line 52~71의 main() 함수는 class Student를 사용하는 응용 프로그램으로 arrayOfNulls<Student> 배열인 students를 생성하고, students의 각 배열 원소를 class Student()의 인스탄스로 생성한 후, 학생 정보 파일 (“student_records.txt”)로부터 학생 정보를 읽어 students의 각 배열원소의 데이터 멤버에 설정한다. 아울러, calc_scores() 멤버 함수를 사용하여 학생 성적 정보의 평균값 계산을 실행한다. Line 64~70에서는 성적 처리가 완료된 학생들의 정보를 콘솔과 파일 출력 (result.txt)으로 출력한다. 그림 7.11에서 출력 결과를 확인할 수 있다.

```
/* Kotlin class Student with File IO */
import java.io.*
import java.util.*

class Student {
    private var name: String? = null
    private var num_class = 3 // number of classes
    private val scores = DoubleArray(num_class)
    private var avg: Double

    init { // Constructor
        num_class = 3 //default value
        for (i in 0 until num_class) {
            scores[i] = 0.0
        }
        avg = 0.0
    }

    fun fread_student(fin: Scanner) {
        name = fin.next()
        for (i in 0 until num_class) {
            scores[i] = fin.nextDouble()
        }
    }

    fun calc_scores() {
        var sum = 0.0
        for (i in 0 until num_class) {
            sum += scores[i]
        }
        avg = sum / num_class
    }

    @Throws(IOException::class)
    fun fwrite_student(fout: FileWriter) {
        fout.write(String.format("%5s ", name))
        for (i in 0 until num_class) {
            fout.write(String.format("%6.2f ", scores[i]))
        }
        fout.write(String.format("%6.2f\n", avg))
    }

    fun print() {
        System.out.printf("%7s ", name)
        for (i in 0 until num_class) {
            System.out.printf("%6.2f ", scores[i])
        }
        System.out.printf("%6.2f\n", avg)
    }
} // end of class Student
```

그림 7.10 텍스트 입력 및 출력 기능을 가지는 class Student와 응용 프로그램 (part 1)

```

fun main(args: Array<String>) {
     val file_name = "student_records.txt"
     val num_student = 5
     val students = arrayOfNulls<Student>(num_student)
     val fin = Scanner(FileReader(file_name))

     for (i in 0 until num_student) {
          students[i] = Student()
          students[i]!!.fread_student(fin)
          students[i]!!.calc_scores()
     }
     fin.close()
     val fout_name = "result.txt"
     val fout = FileWriter(fout_name)
     for (i in 0 until num_student) {
          students[i]!!.print()
          students[i]!!.fwrite_student(fout)
     }
     fout.close()
}
```

그림 7.10 텍스트 입력 및 출력 기능을 가지는 class Student와 응용 프로그램 (part 2)

```
Kim 80 90 95
Lee 85 75 70
Park 70 80 90
Hong 90 85 95
Yoon 85 87 93
```

(a) 입력 데이터 파일 (student_records.txt)

```
 Kim 80.00 90.00 95.00 88.33
 Lee 85.00 75.00 70.00 76.67
Park 70.00 80.00 90.00 80.00
Hong 90.00 85.00 95.00 90.00
Yoon 85.00 87.00 93.00 88.33
```

(b) 콘솔화면 출력 및 파일 출력 (result.txt)

그림 7.11 텍스트 입력 및 출력 기능을 가지는 class Student의 응용 프로그램 실행 결과

7.3.4 파일 입출력 기능을 가지는 class Mtrx

파일에 저장되어 있는 데이터를 처리하는 다른 예로 2차원 리스트를 기반으로 한 행렬 연산을 구현한 Kotlin 프로그램을 들 수 있다.

(1) 행렬의 데이터 파일 구성

행렬에서 사용할 데이터는 그림 7.12와 같이 텍스트 파일에 저장된 형식을 사용할 수 있다. 각 행렬별 데이터의 첫 줄은 행렬 이름 (문자열)과 정수 자료형의 행크기와 열크기로 설정되어 있다. 다음 줄부터는 한 줄에 열 (column) 갯수 만큼의 숫자 데이터 (정수형 또는 double형)가 차례로 저장되어 있으며, 행 갯수 만큼 숫자열이 저장되어 총 num_row × num_col의 데이터 원소가 포함되어 있다. 이러한 형식이 각 행렬마다 적용된다. 그림 7.12는 3×4 크기의 행렬 mA, 3×4 크기의 행렬 mB, 4×3 크기의 행렬 mC의 내용이 포함되어 있다.

Main.kt × mtrx_data.txt × Mtrx.kt ×

```
mA 3 4
1 2 3 4
5 6 7 8
9 10 11 12
mB 3 4
1 0 0 0
0 1 0 0
0 0 1 0
mC 4 3
1 0 0
0 1 0
0 0 1
0 0 0
```

그림 7.12 행렬의 데이터 파일 구성

(2) class Mtrx의 데이터 파일 입력 기능 구현

그림 7.13은 파일 입출력 기능이 포함된 행렬 연산을 위한 class Mtrx가 구현되어 있다. Line 9~11에서는 class Mtrx의 데이터 멤버로 행 크기 (n_row), 열 크기 (n_col), 행렬의 이름 (mtrx_name), 행렬의 데이터 저장을 위한 2차원 Double 자료형 배열 mtrx_data가 선언되어 있다. class Mtrx의 인스탄스 생성에서 아무런 정보가 없는 경우, line 13~15의 보조 생성자가 호출된다. class Mtrx의 인스탄스 생성에서 행렬의 이름, 행 크기, 열크기 정보가 전달되는 경우에는 line 16~19의 보조 생성자가 호출되며, 행렬의 이름, 행 크기, 열 크기 데이터 멤버를 초기화하고, n_row × n_col 크기의 2차원 Double 자료형 배열을 생성한다. class Mtrx의 인스탄스 생성에서 행렬의 이름, 행 크기, 열 크기 정보와 함께 행렬 데이터가 2차원 배열 (m_data)로 함께 제공되는 경우, line 21~29의 보조 생성자가 호출되며, 행렬의 이름, 행 크기, 열 크기 데이터 멤버를 초기화하고, n_row x n_col 크기의 2차원 Double 자료형 배열을 생성한 후, 전달된 2차원 배열 m_data에 담긴 행렬 원소 데이터 값을 복사하여 초기화 한다.

Line 30~32에서는 행렬의 이름을 인수로 전달된 문자열로 설정하는 setMtrxName()을 구현하고 있다. Line 34~43에는 class Mtrx 인스탄스를 출력할 때 사용되는 문자열을 행렬의 출력 형식에 따라 준비하여 반환하도록 한다. 행렬의 출력 형식은 그림 7.15에서 살펴볼 수 있다.

Line 45~53에는 행렬 덧셈을 연산자 '+'를 사용하여 수행할 수 있도록 연산자 오버로딩 멤버 함수 plus()가 구현되어 있으며, line 55~63에는 행렬 뺄셈을 연산자 '−'를 사용하여 수행할 수 있도록 연산자 오버로딩 멤버 함수 minus()가 구현되어 있다. 행렬의 덧셈과 뺄셈 연산은 2중 for-loop으로 구성되어 있으며, this를 기준으로 other 행렬의 원소를 덧셈 또는 뺄셈하도록 되어 있다.

```
 1 :  /* Kotlin package Mtrx */
 2 :
 3 :  package Mtrx
 4 :
 5 :  import java.io.FileWriter
 6 :  import java.io.IOException
 7 :  import java.util.*
 8 :
 9 :  class Mtrx(var n_row: Int, var n_col: Int) {
10 :      var mtrx_name: String? = null
11 :      var mtrx_data: Array<DoubleArray> =
            Array(n_row) { DoubleArray(n_col) }
12 :
13 :      constructor() : this (0, 0) {
14 :          this.mtrx_name = ""
15 :      }
16 :      constructor(nm: String?, n_row: Int, n_col: Int) : this (n_row, n_col){
17 :          this.mtrx_name = nm
18 :          var count = 0
19 :      }
20 :
21 :      constructor(nm: String?, n_row: Int, n_col: Int, dM_data: DoubleArray)
            : this (n_row, n_col){
22 :          this.mtrx_name = nm
23 :          var count = 0
24 :          for (r in 0 until n_row) {
25 :              for (c in 0 until n_col) {
26 :                  mtrx_data[r][c] = dM_data[count++]
27 :              }
28 :          }
29 :      }
30 :      fun setName(nm: String?) {
31 :          mtrx_name = nm
32 :      }
33 :
34 :      override fun toString() : String {
35 :          var str : String = "%s = \n".format(mtrx_name)
36 :          for (r in 0 until n_row) {
37 :              for (c in 0 until n_col) {
38 :                  str += "%7.2f".format(mtrx_data[r][c])
39 :              }
40 :              str += "\n"
41 :          }
42 :          return str
43 :      }
```

그림 7.13 파일 입력 기능을 가지는 Kotlin class Mtrx (part 1)

Line 65~78에서는 행렬 곱셈을 연산자 '*'를 사용하여 수행할 수 있도록 연산자 오버로딩 멤버 함수 times()를 3중 for-loop으로 구현되어 있다. 행렬의 곱셈에서 각 항목들은 $mR.data_{ij} = \sum_{k=0}^{size-1} this.data_{ik} * Other.data_{kj}$ 공식에 따라 계산이 수행되도록 구현되어 있고, 인덱스 i와 j를 사용하는 두 개의 for-loop에 추가하여, 그 내부에 인덱스 k를 사용하는 for-loop을 하나 더 구성하고 있다.

```
44 :
45 :     operator fun plus(other: Mtrx): Mtrx {
46 :         val mR = Mtrx("mR", n_row, n_col)
47 :         for (r in 0 until n_row) {
48 :             for (c in 0 until n_col) {
49 :                 mR.mtrx_data[r][c] =
                        mtrx_data[r][c] + other.mtrx_data[r][c]
50 :             }
51 :         }
52 :         return mR
53 :     }
54 :
55 :     operator fun minus(other: Mtrx): Mtrx {
56 :         val mR = Mtrx("mR", n_row, n_col)
57 :         for (r in 0 until n_row) {
58 :             for (c in 0 until n_col) {
59 :                 mR.mtrx_data[r][c] =
                        mtrx_data[r][c] - other.mtrx_data[r][c]
60 :             }
61 :         }
62 :         return mR
63 :     }
64 :
65 :     operator fun times(other: Mtrx): Mtrx {
66 :         val mR = Mtrx("mR", n_row, other.n_col)
67 :         var temp_sum: Double
68 :         for (r in 0 until n_row) {
69 :             for (c in 0 until other.n_col) {
70 :                 temp_sum = 0.0
71 :                 for (k in 0 until n_col) {
72 :                     temp_sum += mtrx_data[r][k] * other.mtrx_data[k][c]
73 :                 }
74 :                 mR.mtrx_data[r][c] = temp_sum
75 :             }
76 :         }
77 :         return mR
78 :     }
79 :
80 :     fun fget_Mtrx(fin: Scanner): Mtrx {
81 :         this.mtrx_name = fin.next()
82 :         this.n_row = fin.nextInt()
83 :         this.n_col = fin.nextInt()
84 :         this.mtrx_data = Array(n_row) { DoubleArray(n_col) }
85 :
86 :         for (r in 0 until n_row) {
87 :             for (c in 0 until n_col) {
88 :                 this.mtrx_data[r][c] = fin.nextDouble()
89 :             }
90 :         }
91 :         return this
92 :     }
```

그림 7.13 파일 입력 기능을 가지는 Kotlin class Mtrx (part 2)

그림 7.13 line 80~92에서는 행렬의 정보를 파일로부터 입력받아 class Mtrx 인스탄스에 설정해 주고, 초기화된 class Mtrx 인스탄스를 반환하는 fget_Mtrx()가 구현되어 있다. 먼저 주어진 Scanner 객체를 사용하여 첫 줄에서 행렬의 이름과 행렬의 크기 (n_row, n_col)을 차례로 읽고, 2차원 Double 자료형 배열을 생성한 후, 파일로부터 행렬 원소를 n_row × n_col 개만큼 차례로 읽어 행렬의 원소에 대입시킨다.

Line 94~96에서는 행렬의 이름 (mtrx_name)을 인수로 전달된 문자열로 설정한다.

```
93 :
94 :     fun setMtrxName(nm: String) {
95 :         mtrx_name = nm
96 :     }
97 :
98 :     fun printMtrx() {
99 :         System.out.printf("%s (%d x %d) = \n", mtrx_name, n_row, n_col)
100 :        for (r in 0 until n_row) {
101 :            for (c in 0 until n_col) {
102 :                System.out.printf("%7.2f", mtrx_data[r][c])
103 :            }
104 :            System.out.printf("\n")
105 :        }
106 :    }
107 :
108 :    @Throws(IOException::class)
109 :    fun fprintMtrx(fout : FileWriter) {
110 :        var str_data: String?
111 :        fout.write(mtrx_name)
112 :        fout.write(" ")
113 :        fout.write(String.format("%3d", n_row))
114 :        fout.write(" ")
115 :        fout.write(String.format("%3d", n_col))
116 :        fout.write("\n")
117 :        for (r in 0 until n_row) {
118 :            for (c in 0 until n_col) {
119 :                str_data = java.lang.String.
                      format("%7.2f", this.mtrx_data[r][c])
120 :                fout.write(str_data)
121 :            }
122 :            fout.write("\n")
123 :        }
124 :        fout.flush()
125 :    }
126 : }
```

그림 7.13 파일 입력 기능을 가지는 Kotlin class Mtrx (part 3)

Line 98~106에서는 행렬의 이름, 크기와 행렬 원소를 콘솔로 출력하는 printMtrx() 함수를 구현하고 있으며, line 108~125에서는 행렬을 지정된 파일로 출력하는 함수 fprintMtrx() 함수를 구현하고 있다.

그림 7.14는 파일 입출력 기능을 가지는 Kotlin class Mtrx의 응용 프로그램의 예를 보여준다. Line 9~10에서 입력파일과 출력파일의 파일 이름들을 설정하고, line 11에서 입력 데이터 파일의 File 객체를 생성한 후, Scanner 인스탄스를 생성하고, 이를 fin에 대입한다. Line 12에서는 파일 출력을 위하여 fout_name의 File 객체를 생성하고, 이를 FileWriter 인스탄스를 생성하여 fout에 대입한다.

그림 7.14 line 13에서는 6개의 class Mtrx 인스탄스를 배열 원소로 가지는 배열 Array<Mtrx> mtrxs를 생성한다. Line 14~16에서 fget_Mtrx()를 사용하여 데이터 파일로부터 행렬 정보를 입력 받아 class Mtrx 인스탄스들을 생성하고, line 17~19에서 생성된 행렬들을 출력 하며, 그 결과는 그림 7.15 왼편에서 볼 수 있다. Line 21~31에서는 덧셈, 뺄셈, 곱셈 연산을 연산자를 사용하여 수행하고, 그 결과를 각각 mtrxs[3], mtrxs[4], mtrxs[5]에 저장하며, printMtrx()를 사용하여 콘솔로 출력하고, fprintMtrx() 멤버 함수를 사용하여 파일로 출력한다. 그림 7.15에서 행렬 연산의 결과를

확인할 수 있다.

```
/* Kotlin - Application of Matrix with File Input/Output */

import java.util.Scanner
import java.io.*
import Mtrx.Mtrx

@Throws(IOException::class)
fun main(args: Array<String>) {
    val fin_name : String  = "mtrx_data.txt";
    val fout_name : String  = "mtrx_operation_result.txt";
    val fin  = Scanner(File(fin_name));
    val fout : FileWriter  = FileWriter(File(fout_name));
    var mtrxs = Array<Mtrx> (6){Mtrx()}
    mtrxs[0].fget_Mtrx(fin);
    mtrxs[1].fget_Mtrx(fin);
    mtrxs[2].fget_Mtrx(fin);
    mtrxs[0].printMtrx(); mtrxs[0].fprintMtrx(fout);
    mtrxs[1].printMtrx(); mtrxs[1].fprintMtrx(fout);
    mtrxs[2].printMtrx(); mtrxs[2].fprintMtrx(fout);

    mtrxs[3] = mtrxs[0] + mtrxs[1]
    mtrxs[3].setMtrxName("mAdd_AB");
    mtrxs[3].printMtrx(); mtrxs[3].fprintMtrx(fout);

    mtrxs[4] = mtrxs[0] - mtrxs[1]
    mtrxs[4].setMtrxName("mSub_AB");
    mtrxs[4].printMtrx(); mtrxs[4].fprintMtrx(fout);

    mtrxs[5] = mtrxs[0] * mtrxs[2]
    mtrxs[5].setMtrxName("mMul_AC");
    mtrxs[5].printMtrx(); mtrxs[5].fprintMtrx(fout);

    fout.close();
}
```

그림 7.14 파일 입력 기능을 가지는 Kotlin class Mtrx의 응용 프로그램

```
mA (3 x 4) =
    1.00   2.00   3.00   4.00
    5.00   6.00   7.00   8.00
    9.00  10.00  11.00  12.00
mB (3 x 4) =
    1.00   0.00   0.00   0.00
    0.00   1.00   0.00   0.00
    0.00   0.00   1.00   0.00
mC (4 x 3) =
    1.00   0.00   0.00
    0.00   1.00   0.00
    0.00   0.00   1.00
    0.00   0.00   0.00
mAdd_AB (3 x 4) =
    2.00   2.00   3.00   4.00
    5.00   7.00   7.00   8.00
    9.00  10.00  12.00  12.00
mSub_AB (3 x 4) =
    0.00   2.00   3.00   4.00
    5.00   5.00   7.00   8.00
    9.00  10.00  10.00  12.00
mMul_AC (3 x 3) =
    1.00   2.00   3.00
    5.00   6.00   7.00
    9.00  10.00  11.00
```

그림 7.15 파일 입력 기능을 가지는 Kotlin class Mtrx 응용 프로그램의 실행 결과

7.4 Excel 파일 입출력 및 시계열 데이터 분석

7.4.1 Apache POI 라이브러리를 사용한 Excel 파일 입출력

컴퓨터 프로그램을 기반으로 데이터 분석을 하는 경우, Excel 파일의 데이터를 처리하는 경우가 많이 있다. Excel 파일의 경우, 그 자체에서 다양한 분석 기능과 그래프 작성 기능 등이 포함되어 있고 이러한 spread sheet을 활용하는 것이 이전부터 많이 보편화되어 데이터가 Excel 파일로 저장되어 있는 경우를 많이 볼 수 있다. 이 Excel 파일에 저장된 데이터를 읽고 추가적인 분석을 진행해야 하는 경우에는 C/C++, Kotlin/Java 또는 Python 프로그램으로 기능을 추가할 수 있어야 한다. 본 절에서는 Excel 파일의 데이터를 Kotlin 프로그램으로 읽고 추가적인 데이터 분석 및 처리 기능을 추가하는 방법에 대하여 살펴본다.

Kotlin 프로그램에서 Excel 파일을 읽고 쓰는 기능은 Apache POI (Poor Obfuscation Implementation) 라이브러리를 사용하여 쉽게 구현할 수 있다. Apache POI는 Java 기반의 라이브러리로 Microsoft Office 파일 형식을 처리하는데 사용된다. Apache POI는 오픈 소스 프로젝트이며, 주로 MS Excel, Word, PowerPoint 등을 읽고 쓸 수 있는 기능을 제공한다. Kotlin 프로그램에서도 Apache POI를 사용하여 Excel 파일을 처리할 수 있다.

Apache POI를 사용하면 Excel 파일 읽기, 파일 작성, 파일 수정, 수식처리 등의 기능을 처리할 수 있다. Excel 파일 읽기에서는 각 시트(sheet)를 순회하여 데이터를 읽을 수 있고, 셀의 유형 (문자열, 숫자, 날짜 등)에 따라 적절한 방식으로 데이터를 추출할 수 있다. Excel 파일 작성에서는 새로운 파일을 생성하고, 시트를 추가하며, 각 셀에 데이터를 삽입할 수 있다. 다양한 셀 스타일(글꼴, 색상, 테두리 등)도 설정할 수 있다. Excel 파일 수정에서는 기존 Excel 파일을 열어 특정 셀의 값을 수정하거나, 시트를 추가 및 삭제할 수 있다. Excel 수식 셀에 수식을 삽입하거나, 기존 수식을 평가할 수 있다. Apache POI는 Excel에서 사용하는 대부분의 수식을 지원한다.

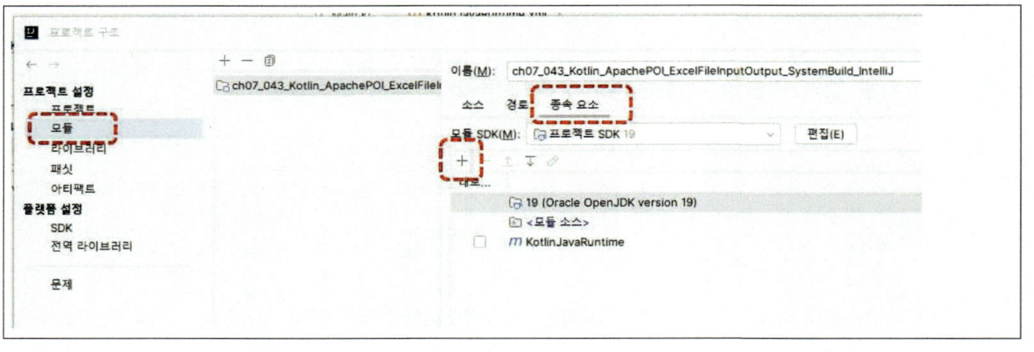

그림 7.16 Apache POI를 사용하기 위한 프로젝트 모듈 종속요소 (dependencies) 설정

Apache POI를 사용하는 Excel 파일 입출력 응용 프로그램 작성을 하기 위하여 우선 Apache POI를 설치하여야 한다. 이는 프로젝트 생성시 시스템 빌드를 IntelliJ로 설정한 상태에서 파일 -> 프로젝트 구조 -> 프로젝트 설정, 모듈 탭에서 생성된 프로젝트를 그림 7.16에서 보는 것과 같이 선택한 후, 종속요소 (dependencies) 탭을 선택하고, 아래에 있는 '+' 탭을 클릭 -> 라이브러리 -> Marven에서 ...을 선택한다. 그리고, 그림 7.17에서 보는 것과 같이, "org.apache.poi:poi-ooxml:5.2.3"을 입력하고, 확인을 누르면 해당 라이브러리가 프로젝트에 설치되고, IntelliJ에서 프로젝트를 다시 살펴보면 그림 7.18과 같이 외부 라이브러리 탭에 apache.poi.ooxml이 포함되어 있는 것을 확인할 수 있다.

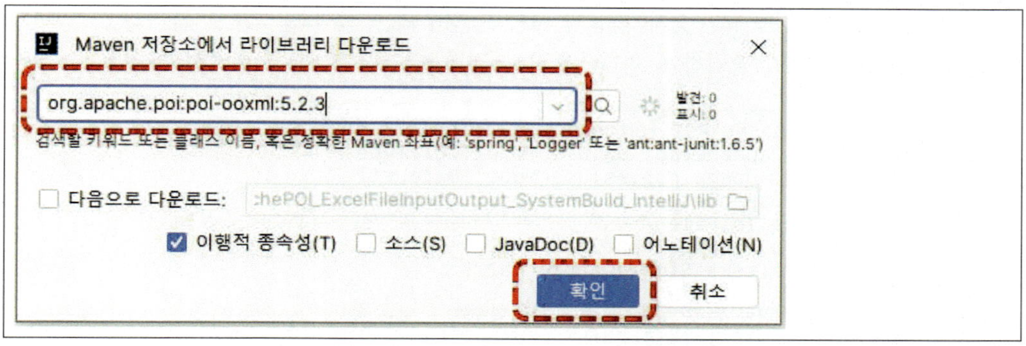

그림 7.17 org,apache.poi::poi-ooxml:5.2.3 라이브러리 다운로드 설정"

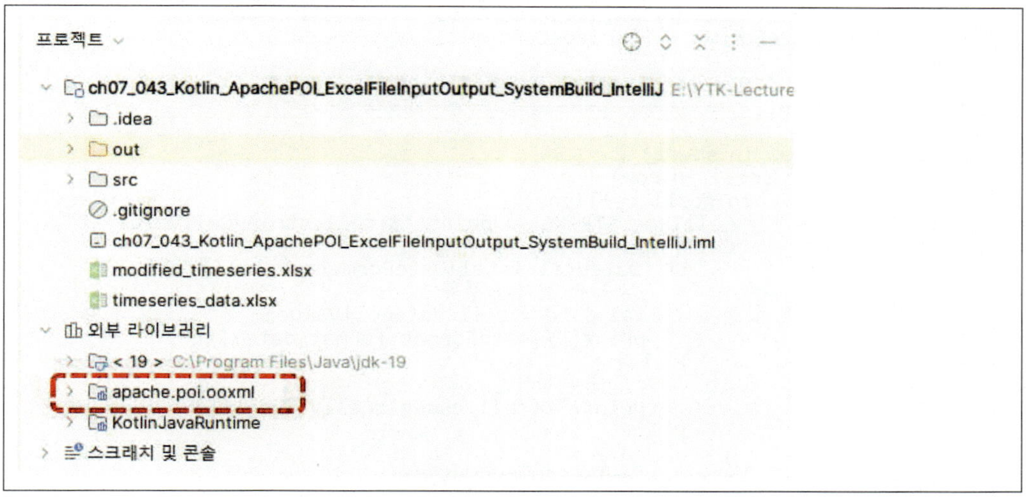

그림 7.18 Gradle 탭과 "모든 Gradle 프로젝트 다시 로드"

그림 7.19과 7.20은 Excel 파일에 포함된 데이터를 Apache POI 라이브러리 함수를 사용하여 읽고 콘솔에 출력하는 예제를 보여준다. Line 2~4에서 Apache POI 관련 모듈들을 import하여 사용할 수 있도록 준비한다. Line 10~38에 구현되어 있는 readExcelFile() 함수는 파일 경로 (filePath)가 주어진 입력 데이터 파일의 File 객체를 만들고, 이를 FileInputStream 객체로 만든 후, Apache POI의 WorkbookFactory 객체로 생성한다. WorkbookFactory 객체는 Excel 파일을 처리하기 위한 객체이며, 이 Excel 파일에 포함된 sheet을 getSheetAt() 함수를 사용하여 지정할 수 있다. Line 14에서는 날짜의 출력 포맷을 설정한다.

그림 7.19 line 19~37에서는 Excel 파일의 특정 sheet 내용을 행 (row) 단위로 읽고, 각 행에 포함된 셀들을 차례로 데이터 유형에 따라 처리하는 기능을 보여준다. 그림 7.23 (a)에서 입력 데이터 파일의 예를 볼 수 있다. 이 입력 파일의 첫 번째 sheet에는 2개의 열이 있으며, 각각 Date와 Value의 레이블이 첫 번째 행에 표시되어 있고, 행 2 ~ 11에 YYYY-MM-DD 형식의 날짜와 숫자 자료형의 데이터가 포함되어 있다.

만약 셀의 데이터 유형이 문자열 (STRING)인 경우 그 내용을 문자열로 출력하고, 숫자

(NUMERIC)인 경우, 그 숫자가 날짜 포맷인 경우에는 날짜 형식으로 출력하고, 일반 숫자 형식인 경우, 숫자로 출력하게 한다. 출력된 결과는 그림 7.20 (b)에서 확인할 수 있다.

```
/* Using Apache POI for Excel File Input/Output */
import org.apache.poi.ss.usermodel.CellType
import org.apache.poi.ss.usermodel.DateUtil
import org.apache.poi.ss.usermodel.WorkbookFactory
import java.io.File
import java.io.FileInputStream
import java.text.SimpleDateFormat

// Excel 파일을 읽고 콘솔에 출력하는 함수
fun readExcelFile(filePath: String) {
    val inputStream = FileInputStream(File(filePath))
    val workbook = WorkbookFactory.create(inputStream)
    val sheet = workbook.getSheetAt(0)  // 첫 번째 시트를 가져옴
    val dateFormat = SimpleDateFormat("yyyy-MM-dd")

    println("Reading Excel File: $filePath")
    println("====================================")

    for (row in sheet) {
        for (cell in row) {
            when (cell.cellType) {
                CellType.STRING -> print("${cell.stringCellValue}\t")
                CellType.NUMERIC -> {
                    if (DateUtil.isCellDateFormatted(cell)) {
                        // 날짜 형식인 경우
                        val date = cell.dateCellValue
                        print("${dateFormat.format(date)}\t")
                    } else {
                        // 숫자 형식인 경우
                        print("${cell.numericCellValue}\t")
                    }
                }
                else -> print("UNKNOWN\t")
            }
        }
        println()  // 각 행이 끝날 때 줄 바꿈
    }

    workbook.close()
    inputStream.close()
}

fun main() {
    // 읽고자 하는 Excel 파일 경로
    val filePath = "timeseries_data.xlsx"

    // Excel 파일 읽기 및 데이터 출력
    readExcelFile(filePath)
}
```

그림 7.19 Apache POI 사용 예제 (Kotlin에서 Excel 파일 읽기)

그림 7.19의 예제 프로그램은 단순히 Excel 입력 파일을 읽고, 내용을 콘솔로 출력하는 기능만 포함하고 있으며, 별도의 데이터 분석이나 처리 기능은 없다. 만약 데이터 분석 기능을 포함하고자 하는 경우에는 readExcelFile() 함수에서 읽어 들인 데이터를 배열이나 리스트로 구성하여 반환하고, 데이터를 분석 및 처리, 출력하는 기능을 별도의 함수로 구현하여

추가적인 기능을 구현할 수 있다.

	A	B
1	Date	Value
2	2024-01-01	100
3	2024-01-02	102.5
4	2024-01-03	101
5	2024-01-04	104.5
6	2024-01-05	103
7	2024-01-06	105.5
8	2024-01-07	107
9	2024-01-08	106
10	2024-01-09	108.5
11	2024-01-10	110
12		

Sheet1

(a) 입력 데이터 파일
(timeseries_data.xlsx)

```
Reading Excel File: timeseries_data.xlsx
====================================
Date     Value
2024-01-01  100.0
2024-01-02  102.5
2024-01-03  101.0
2024-01-04  104.5
2024-01-05  103.0
2024-01-06  105.5
2024-01-07  107.0
2024-01-08  106.0
2024-01-09  108.5
2024-01-10  110.0
```

(b) 콘솔 출력

그림 7.20 실행결과

7.4.2 시계열 데이터 분석 (time series data analysys)

그림 7.21~7.23에서는 Excel 파일의 시계열 데이터 (time-series data)를 Kotlin 프로그램에서 Apache POI 라이브러리 함수를 사용하여 읽고, 데이터를 처리한 후, 결과를 Excel 파일로 출력 및 콘솔로 출력하는 예를 보여준다. 이 시계열 데이터 분석 및 처리에서는 기상청(https://data.kma.go.kr/)에서 제공하는 기상관측 데이터[3]를 사용하여 실제 대구지역의 2024년 8월 1일 ~ 8월 10일의 지상 관측 데이터를 분석하고, 결과를 보여 준다. 기상청의 기상관측 데이터를 검색하기 위하여 자료형태 (일 자료), 지점 (대구광역시, 143), 기간 (2024. 8. 1. ~ 2024. 8. 10), 평균기온, 최저기온, 최고기온으로 설정한 후, 조회를 하면 해당 기간의 일자별 평균/최저/최고 기온 데이터를 확인할 수 있다.

이 시계열 데이터는 직접 Excel 또는 CSV 파일로 다운로드 할 수도 있으며, 본 예제 프로그램에서는 직접 Excel 파일을 준비하여 데이터를 분석하고, 결과 데이터를 Excel 파일에 sheet를 생성하여 저장하는 예를 보인다. 그림 7.21 line 9에서는 Kotlin 데이터 클래스 TimeSeriesData를 정의하며, 날짜(date). 평균기온(temp_avg), 최저기온(temp_min), 최고기온(temp_max) 속성을 가지도록 구현하고 있다. Line 11~14에서는

[3] https://data.kma.go.kr/data/grnd/selectAsosRltmList.do?pgmNo=36

파일 경로 (filePath)가 주어진 입력 데이터 파일로부터 시계열 데이터를 읽어 들이는 기능을 구현하고 있다.

```
1 :  /* Kotlin Excel File Input/Output, Time-series Data Analysis */
2 :  import org.apache.poi.ss.usermodel.WorkbookFactory
3 :  import org.apache.poi.xssf.usermodel.XSSFWorkbook
4 :  import java.io.File
5 :  import java.io.FileInputStream
6 :  import java.io.FileOutputStream
7 :  import java.util.Date
8 :
9 :  data class TimeSeriesData(val date: Date, val temp_avg: Double,
         val temp_min: Double, val temp_max: Double)
10 :
11 :  fun readExcelFile(filePath: String): List<TimeSeriesData> {
12 :      val inputStream = FileInputStream(File(filePath))
13 :      val workbook = WorkbookFactory.create(inputStream)
14 :      val sheet = workbook.getSheetAt(0)
15 :
16 :      val temp_records = mutableListOf<TimeSeriesData>()
17 :
18 :      // 첫 번째 행을 건너뛰고 데이터를 읽음
19 :      for (row in sheet.drop(1)) {
20 :          val date = row.getCell(0).dateCellValue
21 :          val temp_avg = row.getCell(1).numericCellValue
22 :          val temp_min = row.getCell(1).numericCellValue
23 :          val temp_max = row.getCell(1).numericCellValue
24 :          temp_records.add(TimeSeriesData(date, temp_avg, temp_min, temp_max))
25 :      }
26 :
27 :      inputStream.close()
28 :      workbook.close()
29 :
30 :      return temp_records
31 :  }
```

그림 7.21 Apache POI 기반 Excel 파일 입력, 데이터 처리 및 출력 예제 (part 1)

Line 12~14에서 주어진 파일 경로/이름을 사용하여 File 객체를 만들고, 이를 FileInputStream 객체로 만든 후, Apache POI의 WorkbookFactory 객체로 생성한다. WorkbookFactory 객체는 Excel 파일을 처리하기 위한 객체이며, 이 Excel 파일에 포함된 sheet을 getSheetAt() 함수를 사용하여 지정할 수 있다.

Line 16에서는 데이터 클래스 TimeSeriesData의 가변적 리스트인 temp_records를 생성한다. LIne 19~25에서는 Excel 파일의 0번째 sheet으로부터 행 (row) 단위로 데이터를 읽고, 각 행의 0~3번째 셀 내용인 일자 (date), 평균기온(temp_avg), 최저기온(temp_min), 최고기온(temp_max)를 읽어 temp_records에 차례대로 추가한다. Line 30에서는 기온 데이터가 저장된 변경 가능 리스트 temp_records를 결과 값으로 반환한다.

그림 7.21 line 33~57에는 List<TimeSeriesData> 자료형인 data에 포함된 데이터를 filePath로 지정된 출력 파일에 쓰는 함수 writeExcelFile()를 구현한다. 이 함수에서는 먼저 XSSFWorkbook() 클래스 객체를 생성한 후, "TimeSeriesData-DaeguTemp" 이름의 Excel sheet를 생성한다. Line 38~42에서는 첫 번째 행을 헤더로 생성하고, 이 헤더 행에 Date, temp_avg, temp_min, temp_max의 레이블을 0~3번

째 셀에 각각 설정한다. Line 45~51에서는 data에 포함된 각 행별 record를 차례대로 출력하며, 0~3번 셀에 각각 날짜, 평균기온, 최저기온, 최고기온 데이터 값을 설정한다. Line 53~56에서는 지정된 파일 경로의 파일을 생성하고, workbook.write() 함수를 사용하여 편집된 Excel Sheet을 출력 파일에 저장한다.

```
32 :
33 :  fun writeExcelFile(filePath: String, data: List<TimeSeriesData>) {
34 :      val workbook = XSSFWorkbook()
35 :      val sheet = workbook.createSheet("TimeSeriesData-DaeguTemp")
36 :
37 :      // 헤더 작성
38 :      val header = sheet.createRow(0)
39 :      header.createCell(0).setCellValue("Date")
40 :      header.createCell(1).setCellValue("temp_avg")
41 :      header.createCell(2).setCellValue("temp_min")
42 :      header.createCell(3).setCellValue("temp_max")
43 :
44 :      // 데이터 작성
45 :      data.forEachIndexed { index, record ->
46 :          val row = sheet.createRow(index + 1)
47 :          row.createCell(0).setCellValue(record.date)
48 :          row.createCell(1).setCellValue(record.temp_avg)
49 :          row.createCell(2).setCellValue(record.temp_min)
50 :          row.createCell(3).setCellValue(record.temp_max)
51 :      }
52 :
53 :      val outputStream = FileOutputStream(File(filePath))
54 :      workbook.write(outputStream)
55 :      workbook.close()
56 :      outputStream.close()
57 :  }
```

그림 7.21 Apache POI 기반 Excel 파일 입력, 데이터 처리 및 출력 예제 (part 2)

그림 7.21 line 59~79에서는 입력 시계열 데이터가 저장된 List<TimeSeriesData> 자료형의 data를 전달받아 데이터를 처리하는 기능을 수행하는 함수 analyzeTimeSeriesData()를 구현한다. Line 60~62에서는 List의 map() 메서드를 사용하여 입력 데이터 레코드 중 평균기온 (temp_avg), 최저기온(temp_min), 최고기온(temp_max) 데이터들을 각각 temp_avgs, temp_mins, temp_maxs의 부 리스트에 별도로 저장하고, 이 부 리스트들에 average()m maxOrNull(), minOrNull() 메서드를 사용하여 평균기온들의 평균, 최고 기온들 중의 최고, 최저 기온들 중의 최저 값을 산출한다. 아울러, 평균기온에 대하여 sorted() 함수를 실행하여 정렬한 후, 가운데 값 (media value)을 산출한다. 산출된 통계 자료는 line 75~78에서 콘솔로 출력한다.

그림 7.21 line 81~101에서는 시계열 데이터가 포함된 Excel 파일을 읽고, 입력된 시계열 데이터를 분석한 후, 그 결과를 콘솔로 출력하고, Excel 파일로 출력하는 기능의 응용 프로그램 예를 보여준다. Excel 파일의 데이터 입력에서는 앞에서 구현된 readExcelFile() 함수를 사용하며, 데이터 입력 결과를 tineSeriesData에 저장한다. 이어서 analyzeTimeSeriesData() 함수를 사용하여 시계열 데이터를 분석하고, 그 결과를 콘솔로 출력한다.

```
58 :
59 :  fun analyzeTimeSeriesData(data: List<TimeSeriesData>) {
60 :       val temp_avgs = data.map { it.temp_avg }
61 :       val temp_maxs = data.map { it.temp_max }
62 :       val temp_mins = data.map { it.temp_min }
63 :
64 :       val average = temp_avgs.average()
65 :       val medianValue = temp_avgs.sorted().let {
66 :            if (it.size % 2 == 0) {
67 :                 (it[it.size / 2 - 1] + it[it.size / 2]) / 2
68 :            } else {
69 :                 it[it.size / 2]
70 :            }
71 :       }
72 :       val max = temp_maxs.maxOrNull()
73 :       val min = temp_mins.minOrNull()
74 :
75 :       println("Average of Daegu Temp (2024. 8. 1. ~ 8. 10): $average")
76 :       println("Median of Daegu Temp (2024. 8. 1. ~ 8. 10): $medianValue")
77 :       println("Maximum of Daegu Temp (2024. 8. 1. ~ 8. 10): $max")
78 :       println("Minimum of Daegu Temp (2024. 8. 1. ~ 8. 10): $min")
79 :  }
80 :
81 :   fun main() {
82 :       // Excel 파일 읽기
83 :       val filePath = "daeguTemp2024_0801_0810.xlsx"
84 :       val timeSeriesData = readExcelFile(filePath)
85 :
86 :       println("Reading daeguTemp2024_0801_0810.xlsx ......")
87 :       // Time-series 데이터 분석
88 :       analyzeTimeSeriesData(timeSeriesData)
89 :
90 :       println("Analyzing Timeseries data ......")
91 :       // 예시로 출력 데이터를 변환하여 저장
92 :       val modifiedData = timeSeriesData.map {
93 :            TimeSeriesData(it.date, it.temp_avg * 1.1, it.temp_min * 0.9,
                   it.temp_max * 1.5)  // 모든 값에 1.1, 0.9, 1.5를 곱하여 변경후 저장
94 :       }
95 :
96 :       // Excel 파일로 출력
97 :       val outputPath = "modified_timeseries.xlsx"
98 :       writeExcelFile(outputPath, modifiedData)
99 :
100 :      println("Modified data has been written to $outputPath")
101 : }
```

그림 7.21 Apache POI 기반 Excel 파일 입력, 데이터 처리 및 출력 예제 (part 3)

입력 데이터 파일 (daeguTemp2024_0801_0810)의 시계열 데이터 분석 결과를 콘솔로 출력한 내용은 그림 7.22에서 볼 수 있다. 입력 데이터를 간단하게 가공하여 별도의 Excel 파일에 출력하는 기능은 line 92~94에서 timeSeriesData.map() 메서드의 각 셀별로 값을 변경 (temp_avg에 1.1배, temp_min에 0.9배, temp_max에 1.5배)하여 modifiedData에 저장하며, line 97~98에서는 수정된 내용을 writeExcelFile() 함수를 사용하여 출력 Excel 파일에 sheet로 출력하게 한다. 출력 결과 Excel 파일은 그림 7.23 (b)에서 보는 것과 같다.

```
Reading daeguTemp2024_0801_0810.xlsx ......
Average of Daegu Temp (2024. 8. 1. ~ 8. 10): 30.02
Median of Daegu Temp (2024. 8. 1. ~ 8. 10): 29.55
Maximum of Daegu Temp (2024. 8. 1. ~ 8. 10): 32.1
Minimum of Daegu Temp (2024. 8. 1. ~ 8. 10): 28.3
Analyzing Timeseries_data ......
Modified data has been written to modified_timeseries.xlsx
```

그림 7.22 Apache POI 기반 Excel 파일 입력, 데이터 처리 및 출력 예제 실행결과 (화면 출력)

	A	B	C	D
1	Date	Temp_Avg	Temp_Min	Temp_Max
2	2024-08-01	31.6	27.9	35.5
3	2024-08-02	31.5	27.6	36.3
4	2024-08-03	32.1	27.8	37.2
5	2024-08-04	29.8	27	35.3
6	2024-08-05	28.3	24.4	36
7	2024-08-06	29.2	23.8	35.5
8	2024-08-07	31	26.5	36.6
9	2024-08-08	28.5	24.1	34.1
10	2024-08-09	29.3	24.6	35.5
11	2024-08-10	28.9	24.6	34.2
12				
13				

Daegu_Temp

(a) 입력 데이터 파일
(daeguTemp2024_0801_0810.xlsx)

	A	B	C	D
1	Date	temp_avg	temp_min	temp_max
2	2024-08-01	34.76	28.44	47.4
3	2024-08-02	34.65	28.35	47.25
4	2024-08-03	35.31	28.89	48.15
5	2024-08-04	32.78	26.82	44.7
6	2024-08-05	31.13	25.47	42.45
7	2024-08-06	32.12	26.28	43.8
8	2024-08-07	34.1	27.9	46.5
9	2024-08-08	31.35	25.65	42.75
10	2024-08-09	32.23	26.37	43.95
11	2024-08-10	31.79	26.01	43.35
12				
13				
14				

Modified_TimeSeriesData-DaeguTe

(b) 출력 데이터 파일
(modified_timeseries..xlsx)

그림 7.23 Apache POI 기반 Excel 파일 데이터 처리 결과 (입력파일, 출력파일)

7.5 한글이 포함된 파일 입출력

7.5.1 다양한 인코딩을 사용한 텍스트 입출력 – encoding, os.path.getsize()

Kotlin 프로그램의 텍스트 파일 입출력에서는 다양한 문자 표현 인코딩 방식을 지정할 수 있다. 7.3절의 문자열 (string) encode() 함수에서 설명하였던 것과 같이, Kotlin 프로그램의 문자열 인코딩 방식은 다양한 문자 체계를 지원하며, 다양한 언어들에 대한 표준 인코딩 방식은 Kotlin 공식 라이브러리 표준(https://kotlinlang.org/docs/native-libraries.html)에서 확인할 수 있다. 영문의 경우 ASCII, UTF-8 또는 CP437을 사용할 수 있으며, 한글은 UTF-8, cp949, iso2022_kr, 또는 euc-kr을 사용할 수 있다. 유니코드 체계의 인코딩은 utf_16, utf_16_be (big endian), utf_16_le(little endian)을 사용할 수 있다.

그림 7.24는 인코딩을 지정한 한글/영문 혼합 텍스트 파일 입출력 예제 프로그램이다. Line 2~5에서는 관련 모듈을 설치하여 파일 입력과 출력 기능을 사용할 수 있게 준비 한다.

```
 1 : /* Kotlin - FileIO with Korean Characters */
 2 : import java.io.File
 3 : import java.io.FileInputStream
 4 : import java.io.InputStreamReader
 5 : import java.io.IOException
 6 :
 7 :
 8 : fun main() {
 9 :     val src_file_name = "kor_text.txt"
10 :     val dest_file_name = "copied_kor_text.txt"
11 :
12 :     try {
13 :         val src_file : File = File(src_file_name)
14 :         if (src_file.exists()) {
15 :             println("Size of text file(%s) = %d".format(src_file_name,
                       src_file.length()))
16 :         } else {
17 :             println("Text file(%s) is not existing !!".
                       format(src_file_name))
18 :             return
19 :         }
20 :         val fin = FileInputStream(src_file)
21 :         val isReader = InputStreamReader(fin, "UTF-8")
                   // char set for korean text file reading
22 :         var ch: Int
23 :         println("Encoding char set = %s".format(isReader.getEncoding()))
24 :         while (isReader.read().also { ch = it } != -1) {
25 :             print("%c".format(ch.toChar()))
26 :         }
27 :         println()
28 :         isReader.close()
29 :
30 :         val dest_file = File(dest_file_name)
31 :         src_file.copyTo(dest_file, overwrite=true)
32 :         println("Source text file (%s) is successfully copied to
            destination text file (%s)".format(src_file_name, dest_file_name))
33 :         println("Size of destination text file(%s) = %d".
              format(dest_file_name, dest_file.length()))
34 :         fin.close()
35 :     } catch (e: IOException) {
36 :         println("IOException in Korean/English mixed text reading !!")
37 :     }
38 : }
```

그림 7.24 인코딩을 지정한 한글/영문 혼합 텍스트 파일 입출력

그림 7.24 line 9, 10에서는 원본(source) 텍스트 파일과 사본 (destination) 텍스트 파일 이름을 각각 설정하고, line 13에서 입력 소스 텍스트 파일 객체를 생성한다. Line 14~19에서는 원본 텍스트 파일이 존재할 때, 그 파일 크기를 출력하며, 파일이 존재하지 않을 경우 파일이 존재하지 않는다는 메시지를 출력한 후, 프로그램을 종료한다.

Line 20~27에서는 원본 소스 파일 객체를 FileInputStream() 인스탄스에 사용하여 입력 스트림 객체 인스탄스 fin을 생성하고, 이를 InputStreamReader()의 인스탄스 isReader로 생성한다. 이때 인코딩은 UTF-8로 설정한다. Line 23에서 현재 isReader에 설정된 인코딩을 확인한 후, line 24~26에서는 입력 파일을 처음부터 끝까지 읽고 이를 콘솔로 출력한다. 콘솔 출력 결과는 그림 7.25에서 볼 수 있다.

그림 7.24 line 30~34에서는 입력 소스 파일을 목적 텍스트 파일

(copied_kor_text.txt)로 src_file.copyTo() 메서드를 사용하여 복사한다. Line 33에서 복사된 파일의 크기를 출력하며, 그림 7.25에서 볼 수 있는 것과 같이 원본 텍스트 파일의 크기와 동일한 것을 확인할 수 있다.

```
Size of text file(kor_text.txt) = 154
Encoding char set = UTF8
한글/영문 혼합 텍스트 파일 (kot_text.txt) 입력 및 출력 기능 시험
Encoding char set = UTF8
가나다라마바사아자차카타파하
Source text file (kor_text.txt) is successfully copied to destination text file (copied_kor_text.txt)
Size of destination text file(copied_kor_text.txt) = 154
```

그림 7.25 다양한 인코딩을 사용한 텍스트 파일 입출력 실행 예

7.6 이진파일 (binary file) 입출력

7.6.1 이진파일 (binary file) 덤프

컴퓨터 프로그래밍에서는 이진 파일 (binary file)을 분석하여야 하는 경우가 많이 있다. 예를 들어 악성코드를 분석하여 어떤 데이터를 가지고 있는지, 어떤 함수 호출을 하는지 등을 분석하여야 할 때, 파일의 바이너리 덤프를 통해 악성 코드를 분석하고, 해결 방법을 찾는 역공학을 수행한다. 또한, 바이너리 파일이 전송 또는 저장 과정에서 손상되었는지 확인하기 위하여 바이너리 덤프를 한 후 데이터를 비교하는 방법을 사용한다. 임베디드 시스템에서는 메모리나 하드웨어 장치와 직접 상호 작용하기 위하여 바이너리 데이터를 자주 사용하는데, 이 경우 메모리 덤프를 통해 데이터가 올바르게 처리되고 있는지 확인할 수 있다. 특히, 저수준 (low level) 시스템 프로그래밍에서 하드웨어 인터페이스나 메모리 맵을 분석하는 경우에도 바이너리 파일/메모리 dump 기능이 필수적이다.

텍스트 파일과는 다르게 이진 파일 (binary file)에서는 파일에 저장되어 있는 정보가 이진 코드 데이터들로 구성되어 있으며, 바이트 단위로 저장되어 있는 것으로 볼 수 있다. 따라서 이진 파일의 내용을 텍스트 파일처럼 직접 화면 출력으로 볼 수 없는 경우가 많이 있어 별도의 처리 기능을 함께 구현하여야 한다. 그림 7.26은 바이너리 파일 덤프 기능을 구현하고 이를 활용하는 예제를 보여준다.

그림 7.26 line 4~35에서는 파일 경로 (file path), 시작 위치 오프셋 (offset), 덤프 크기 (dump size)를 인수로 전달 받고, 파일의 지정된 위치에서 지정된 크기 만큼 덤프시켜 이진 코드 및 출력 가능 문자들을 파악할 수 있게 하는 dumpBinaryFile() 함수를 구현하고 있다.

Line 5~6에서는 바이너리 덤프에 사용될 16 바이트 크기의 바이트 배열 buffer를 준비한다. Line 10~12에서는 지정된 이진 파일의 FileInputStream() 클래스 인스턴스 inputStream를 생성하고, skip() 메서드를 사용하여 지정된 위치로 이동한다. Line 15에서는 inputStream의 read(buffer) 메서드를 사용하여 최대 buffer 용량 만큼 데이터를 읽는다. 파일 스트림의 read() 메서드는 실제 읽어들인 바이트 수를 반환하며, 만약 파일이

비어 있는 상태인 경우 -1을 반환한다.

Line 18~28에서는 offset 위치로부터 dumpSize 만큼의 데이터를 한번에 16바이트씩 읽고, 이 데이터 블록의 주소와 내용을 line 42~58에서 구현되어 있는 printBinData() 함수를 사용하여 출력한다. 파일의 읽기 수행에서 비정상적인 상황이 발생되면 예외상황이 발생될 수 있어 try - catch 구조로 구성되어 있다.

```
 1: /* Kotlin, dumpBinaryFile(filePath, offset, dumpSize) */
 2: import java.io.FileInputStream
 3:
 4: fun dumpBinaryFile(filePath : String, dumpSize: Int, offset: Long) {
 5:     val bufferSize = 16
 6:     val buffer = ByteArray(bufferSize) // Create a byte array to use as a buffer
 7:
 8:     try {
 9:         // Open a FileInputStream for the binary file
10:         val inputStream = FileInputStream(filePath)
11:         println("Binary file (%s) dump (offset %d, dumpSize %d)".
              format(filePath, offset, dumpSize))
12:         inputStream.skip(offset) // move to offset
13:
14:         // Read from the file into the buffer
15:         var bytesRead = inputStream.read(buffer)
16:
17:         // Read and print data until the end of the file
18:         var addr:Long = offset
19:         while (bytesRead != -1) {
20:             // Process the data read from the buffer
21:             printBinData(buffer, bytesRead, addr)
22:             addr = addr + bytesRead
23:
24:             if (addr >= offset + dumpSize)
25:                 break
26:             // Read the next chunk of data into the buffer
27:             bytesRead = inputStream.read(buffer)
28:         }
29:
30:         // Close the input stream
31:         inputStream.close()
32:     } catch (e: Exception) {
33:         e.printStackTrace()
34:     }
35: }
```

그림 7.26 이진파일 덤프 프로그램 (part 1)

그림 7.26 line 37~39에 구현되어 있는 isControlChar() 함수는 ASCII 코드에서 출력 가능여부를 판단하는 기능을 제공한다. ASCII 코드 표에서 0x0 ~ 0x31 및 0x128~0x255에는 화면 출력이 가능하지 않는 제어 문자들로 판정하여 true를 반환 시킨다.

그림 7.26 line 42~58에서는 이진 파일로부터 읽어들인 16 바이트 단위 데이터 블록을 화면으로 출력하는 printBinData() 함수를 구현하는 예를 보여준다. Line 43에서는 주소를 8칸 간격에 16진수로 출력하며, line 44~48에서 각 바이트를 16진수 '0' ~ '9'

및 'A' ~ 'F' 로 표시하여 이진 코드를 확인할 수 있게 한다. 8바이트 다음에 빈칸을 두어 쉽게 8바이트 단위로 구분하여 볼 수 있게 한다. Line 50~56에서는 출력 대상 바이트가 제어용 문자 (즉, 화면 출력이 가능하지 않은 문자)인가를 확인하고, 이 경우 '.' 으로 표시하며, 제어용 문자가 아닌 출력 가능 문자인 경우 해당 ASCII 문자를 출력하도록 한다. 출력 결과는 그림 7.27에서 보는 것과 같다.

```
36:
37: fun isControlChar(byte: Byte): Boolean {
38:     return ((byte < 32) || (byte.toInt() > 127))
39: }
40:
41: // Function to process the data read from the buffer
42: fun printBinData(buffer: ByteArray, bytesRead: Int, addr: Long) {
43:     print("%08X:".format(addr))
44:     for (i in 0 until bytesRead) {
45:         if (i % 8 == 0) // put space at every 8 bytes
46:             print(" ")
47:         print("%02X ".format(buffer[i]))
48:     }
49:     print("  ")
50:     for (i in 0 until bytesRead) {
51:         var byte = buffer[i]
52:         if (isControlChar(byte))
53:             print(".")
54:         else
55:             print("%c".format(buffer[i]))
56:     }
57:     println()
58: }
59:
60: fun main() {
61:     // Specify the path to the binary file
62:     val filePath = "c:\\Temp\\photo_ynu.jpg"
63:     //val filePath = "c:\\Temp\\ExeBinData.exe"
64:
65:     val dumpSize : Int = 128
66:     val offset : Long = 0x80
67:
68:     dumpBinaryFile(filePath, dumpSize, offset)
69: }
```

그림 7.26 이진파일 덤프 프로그램 (part 2)

그림 7.26 line 60~69에서는 덤프 대상 이진 파일이 저장된 위치를 filePath로 설정하고, dumpBinaryFile(filePath, dumpSize, offset) 함수 호출을 통해 이진 파일 덤프 기능을 수행하는 응용 프로그램을 main() 함수로 구성하고 있다.

그림 7.27은 스마트폰으로 촬영한 JPG 사진 파일의 첫 부분 (0x80 ~ 0xFF)을 출력한 것이다. 덤프 대상 이진 파일은 그림 7.26 line 63에서와 같이 다른 파일 종류를 다양하게 설정하여 비교해 볼 수 있다.

```
Binary file (c:\Temp\photo_ynu.jpg) dump (offset 128, dumpSize 128)
00000080: 00 00 69 87 04 00 01 00  00 00 D6 00 00 00 25 88   ..i...........%.
00000090: 04 00 01 00 00 00 B6 03  00 00 84 04 00 00 48 00   ..............H.
000000A0: 00 00 01 00 00 00 48 00  00 00 01 00 00 00 73 61   ......H.......sa
000000B0: 6D 73 75 6E 67 00 53 4D  2D 4E 39 33 35 4B 00 00   msung.SM-N935K..
000000C0: 4E 39 33 35 4B 4B 4B 55  34 43 55 41 31 00 32 30   N935KKKU4CUA1.20
000000D0: 32 31 3A 30 33 3A 32 38  20 31 31 3A 32 39 3A 34   21:03:28 11:29:4
000000E0: 37 00 24 00 9A 82 05 00  01 00 00 00 8C 02 00 00   7.$.............
000000F0: 9D 82 05 00 01 00 00 00  94 02 00 00 22 88 03 00   ............"...
```

그림 7.27 JPG 사진 파일의 덤프 실행결과

7.6.2 이진파일 덤프 결과 분석 예

그림 7.27에서는 JPG 사진 파일의 덤프 결과를 볼 수 있으며, 오른쪽에 출력된 ASCII 코드 문자들을 살펴보면 사진 촬영에 사용된 기기와 촬영 일자 및 시간 등을 파악할 수 있다. 이 내용들은 JPG 파일 포맷에서 설정하고 있는 데이터 블록 구조에 따라 저장되는 정보이다.

```
Binary file (c:\Temp\ExeBinData.exe) dump (offset 0, dumpSize 256)
00000000: 4D 5A 90 00 03 00 00 00  04 00 00 00 FF FF 00 00   MZ..............
00000010: B8 00 00 00 00 00 00 00  40 00 00 00 00 00 00 00   ........@.......
00000020: 00 00 00 00 00 00 00 00  00 00 00 00 00 00 00 00   ................
00000030: 00 00 00 00 00 00 00 00  00 00 00 00 E8 00 00 00   ................
00000040: 0E 1F BA 0E 00 B4 09 CD  21 B8 01 4C CD 21 54 68   ........!..L.!Th
00000050: 69 73 20 70 72 6F 67 72  61 6D 20 63 61 6E 6E 6F   is program canno
00000060: 74 20 62 65 20 72 75 6E  20 69 6E 20 44 4F 53 20   t be run in DOS
00000070: 6D 6F 64 65 2E 0D 0D 0A  24 00 00 00 00 00 00 00   mode....$.......
00000080: 8F 78 EF 22 CB 19 81 71  CB 19 81 71 CB 19 81 71   .x."...q...q...q
00000090: 84 65 80 70 C8 19 81 71  84 65 84 70 D2 19 81 71   .e.p...q.e.p...q
000000A0: 84 65 85 70 C0 19 81 71  84 65 82 70 C8 19 81 71   .e.p...q.e.p...q
000000B0: DF 72 80 70 CF 19 81 71  CB 19 80 71 83 19 81 71   .r.p...q...q...q
000000C0: 74 65 84 70 CA 19 81 71  74 65 7E 71 CA 19 81 71   te.p...qte~q...q
000000D0: 74 65 83 70 CA 19 81 71  52 69 63 68 CB 19 81 71   te.p...qRich...q
000000E0: 00 00 00 00 00 00 00 00  50 45 00 00 64 86 0A 00   ........PE..d...
000000F0: B6 03 FB 63 00 00 00 00  00 00 00 00 F0 00 22 00   ...c.........".
```

그림 7.28 프로그램 실행 파일 (.exe)의 덤프 실행 결과

그림 7.28은 프로그램 실행 파일 (.exe) 파일의 첫 부분을 덤프한 예제이다. Windows 운영체제 환경에서 실행되는 프로그램의 실행 파일인 경우, “This program cannot be run in DOS mode ...” 의 내용이 포함되어 있는 것을 확인할 수 있다.

7.7 파일 및 디렉토리 관리

7.7.1 파일 및 디렉토리 관리를 위한 파이썬 모듈

표 7.6은 Kotlin 프로그램에서 파일과 디렉토리 관리에 필요한 패키지, 클래스/인터페이

스와 제공되는 메서드들을 설명하고 있다. java.io.File 클래스는 파일과 디렉토리의 생성, 삭제, 정보 조회와 같은 작업을 수행하기 위한 메서드를 제공한다. 디렉토리 여부 확인, 파일 생성, 파일 목록 조회 등 다양한 파일 시스템 작업을 수행할 수 있다.

java.nio.file.Files 클래스는 파일 및 디렉토리 작업을 위한 정적 메서드 모음을 제공하며, 파일 복사, 이동, 삭제, 읽기, 쓰기 등의 기능을 제공하고, Path 객체를 사용하여 작업을 수행한다.

java.nio.file.Paths 클래스는 파일 시스템 경로를 나타내는 Path 객체를 생성하기 위한 정적 메서드를 제공하며, 경로 작업을보다 쉽게 수행할 수 있게 한다.

표 7.6 파일 및 디렉토리 관리를 위한 Kotlin 패키지, 클래스/인터페이스 및 관련 메서드

패키지	클래스/인터페이스	메서드	설명
java.io	File	file.exists(): Boolean	파일이나 디렉토리가 존재하는지 확인
java.io	File	file.mkdir(): Boolean	단일 디렉토리를 생성
java.io	File	file.mkdirs(): Boolean	필요한 모든 상위 디렉토리를 포함하여 디렉토리를 생성
java.io	File	file.delete(): Boolean	파일 또는 디렉토리를 삭제
java.io	File	file.listFiles(): Array<File>?	디렉토리에 포함된 파일과 하위 디렉토리 목록을 반환
java.io	File	file.isDirectory(): Boolean	파일 객체가 디렉토리를 나타내는지 확인
java.io	File	file.isFile(): Boolean	파일 객체가 파일을 나타내는지 확인
java.io	File	file.createNewFile(): Boolean	새로운 빈 파일을 생성
java.io	File	file.renameTo(dest: File): Boolean	파일이나 디렉토리를 새 위치로 이동하거나 이름을 변경.
java.nio.file	Files	Files.copy(source: Path, target: Path, vararg options: CopyOption)	파일이나 디렉토리를 복사.
java.nio.file	Files	Files.move(source: Path, target: Path, vararg options: CopyOption)	파일이나 디렉토리를 이동하거나 이름을 변경.
java.nio.file	Files	Files.delete(path: Path)	파일이나 빈 디렉토리를 삭제.
java.nio.file	Files	Files.deleteIfExists(path: Path): Boolean	파일이나 빈 디렉토리가 존재하는 경우에만 삭제.
java.nio.file	Files	Files.readAllLines(path: Path): List<String>	파일의 모든 내용을 읽어 List<String>으로 반환.
java.nio.file	Files	Files.write(path: Path, lines: Iterable<CharSequence>, vararg options: OpenOption)	파일에 텍스트를 작성.
java.nio.file	Paths	Paths.get(first: String, vararg more: String): Path	파일 시스템 경로를 나타내는 Path객체를 반환.

7.6.2 디렉토리 확인, 생성, 복사, 삭제 - exists(), mkdir(), rmdir(), copy(), getsize(), walk(), join()

그림 7.29는 Kotlin 프로그램에서 디렉토리와 파일의 존재여부 확인, 생성 및 삭제, 파일 복제 기능을 시험하는 예제 프로그램이다. Line 11~23에서는 먼저 File(directoryPath)를 사용하여 디렉토리 객체를 생성하고, exists() 메서드를 사용하여 디렉토리의 존재 여부를 확인한다. 만약 디렉토리가 존재하지 않으면 mkdirs() 메서드를 사용하여 디렉토리를 생성한다.

Line 25~33에서는 File(sourceFilePath)를 사용하여 파일 객체를 생성하고, exists() 메서드를 사용하여 파일의 존재 여부를 확인한다. 만약 파일이 존재하지 않으면 writeText() 메서드를 사용하여 파일을 생성하고 내용을 작성한다.

Line 35~41에서는 Files.copy() 메서드를 사용하여 소스 파일을 목적지 경로로 복사한다. StandardCopyOption.REPLACE_EXISTING 옵션을 사용하여 기존 파일이 있으면 덮어쓴다.

```
 1 :  import java.io.File
 2 :  import java.nio.file.Files
 3 :  import java.nio.file.Paths
 4 :  import java.nio.file.StandardCopyOption
 5 :
 6 :  fun main() {
 7 :      val directoryPath = "exampleDir"
 8 :      val sourceFilePath = "sourceFile.txt"
 9 :      val destinationFilePath = "$directoryPath/copiedFile.txt"
10 :
11 :      // 1. 디렉토리 확인 및 생성
12 :      val directory = File(directoryPath)
13 :      if (!directory.exists()) {
14 :          println("디렉토리가 존재하지 않습니다. 디렉토리를 생성")
15 :          if (directory.mkdirs()) {
16 :              println("디렉토리가 성공적으로 생성되었습니다: $directoryPath")
17 :          } else {
18 :              println("디렉토리를 생성하는 데 실패했습니다.")
19 :              return
20 :          }
21 :      } else {
22 :          println("디렉토리가 이미 존재합니다: $directoryPath")
23 :      }
```

그림 7.29 Kotlin 파일 관리 예제 프로그램 (part 1)

Line 44~50에서는 파일의 내용을 읽고 정상적으로 파일이 생성되었는지 확인한다. Files.readAllLines(Paths.get(sourceFilePath))를 사용하여 텍스트 파일의 내용을 읽어들인다. 이 메서드는 파일의 모든 줄을 List<String> 형식으로 구성하여 반환하여 준다. Line 47에서는 읽어온 파일의 내용을 forEach 루프를 통해 한 줄씩 출력한다. 이 기능은 파일이 정상적으로 생성된 후 파일의 내용을 콘솔에 출력하는 역할을 한다.

Line 53~65에서는 기능 시험을 위하여 생성되었던 파일들을 차례대로 삭제하는 기능을 수행한다. Line 53에서는 삭제 대상 파일 경로를 리스트로 만들고, line 54~65의

for-loop에서 삭제 대상 파일 경로 (filePathToDelete)을 하나씩 선택하고 File(filePathToDelete)를 사용하여 삭제할 파일 객체 fileToDelete를 생성하고, exists() 메서드로 존재 여부를 점검하며 존재한다면 delete() 메서드로 삭제한 후, 파일 삭제 성공 메시지를 출력한다.

```

        // 2. 파일 생성
        val sourceFile = File(sourceFilePath)
        if (!sourceFile.exists()) {
            println("소스 파일이 존재하지 않습니다. 파일을 생성")
            sourceFile.writeText("***** This is a test file.
                이것은 테스트 파일입니다. *****")
            println("소스 파일이 성공적으로 생성되었습니다: $sourceFilePath")
        } else {
            println("소스 파일이 이미 존재합니다: $sourceFilePath")
        }

        // 3. 파일 복사
        try {
            Files.copy(Paths.get(sourceFilePath),
                Paths.get(destinationFilePath),
                StandardCopyOption.REPLACE_EXISTING)
            println("파일이 성공적으로 복사되었습니다: $destinationFilePath")
        } catch (e: Exception) {
            println("파일 복사 중 오류가 발생했습니다: ${e.message}")
        }

        // 4. 파일 읽기 및 출력
        try {
            val fileContent = Files.readAllLines(Paths.get(sourceFilePath))
            println("소스 파일의 내용:")
            fileContent.forEach { line -> println(line) }
        } catch (e: Exception) {
            println("파일 읽기 중 오류가 발생했습니다: ${e.message}")
        }

        // 5. 파일 삭제
        var filePathsToDelete = listOf(sourceFilePath, destinationFilePath)
        for (filePathToDelete in filePathsToDelete) {
            val fileToDelete = File(filePathToDelete)
            if (fileToDelete.exists()) {
                if (fileToDelete.delete()) {
                    println("파일이 성공적으로 삭제되었습니다: $filePathToDelete")
                } else {
                    println("파일을 삭제하는 데 실패했습니다.")
                }
            } else {
                println("삭제하려는 파일이 존재하지 않습니다: $filePathToDelete")
            }
        } // end for
    }

```

그림 7.29 Kotlin 파일 관리 예제 프로그램 (part 2)

그림 7.29의 Kotlin 파일 관리 예제 프로그램의 실행 결과는 그림 7.30에서 확인할 수 있다.

```
디렉토리가 이미 존재합니다: exampleDir
소스 파일이 존재하지 않습니다. 파일을 생성합니다.
소스 파일이 성공적으로 생성되었습니다: sourceFile.txt
파일이 성공적으로 복사되었습니다: exampleDir/copiedFile.txt
소스 파일의 내용:
***** This is a test file. 이것은 테스트 파일입니다. *****
파일이 성공적으로 삭제되었습니다: sourceFile.txt
파일이 성공적으로 삭제되었습니다: exampleDir/copiedFile.txt
```

그림 7.30 Kotlin 파일 관리 예제 프로그램 실행결과

7.8 Kotlin 패키지와 모듈

7.8.1 Kotlin 패키지

소프트웨어 재활용을보다 원활하게 지원하기 위해서는 클래스가 구현된 소스코드를 쉽게 배포할 수 있고, 다양한 응용 분야에서 쉽게 재활용할 수 있도록 구성할 수 있어야 한다. Kotlin에서는 패키지 개념을 사용하여 소스코드를 조직화하고 체계적으로 관리할 수 있도록 한다. 패키지는 관련성이 있는 파일이나 클래스들을 그룹화하여 이름 충돌을 방지하고, 코드의 가독성을 높이며, 모듈화된 프로그램을 작성할 수 있게 해 준다.

표준 Kotlin/Java 라이브러리는 기능에 따라 서로 다른 패키지로 분리되어 체계적으로 구성되어 있으며, 필요에 따라 해당 패키지를 import하여 사용할 수 있게 한다. Kotlin/Java 패키지 별로 접근에 제약을 가할 수 있다. 패키지 개념은 Java 프로그래밍언어와 유사하지만 몇 가지 중요한 차이점이 존재한다.

(1) 사용자 정의 패키지 생성 및 관리

Kotlin 프로젝트 생성에서 사용자 정의 패키지를 별도로 생성하는 것은 그림 7.31에서 보는 것과 같이 File -> New -> Package 메뉴에서 생성할 수 있다. 사용자 지정 패키지가 생성되면 그림 7.32에서 보는 것과 같이 src / main / kotlin 폴더 내에 MyPackage와 같은 사용자 지정 패키지 폴더가 생성되며, 이 폴더 내부에 클래스를 구현하는 소스 파일을 추가할 수 있다. 그림 7.32에서는 사용자 지정 패키지인 MyPackage내에 MyGenericArray<T> 제네릭 클래스가 구현된 MyGenericArray.kt 소스코드가 포함되어 있다.

사용자 정의 패키지가 생성되고, 그 내부에 클래스 소스코드 파일을 생성하면 그림 7.32 오른쪽 소스코드 예시에서 볼 수 있는 것과 같이, 맨 윗줄에 “package MyPackage” 와 같이 패키지가 자동적으로 선언된다. 만약 패키지가 계층적으로 구성되어 있는 경우, 패키지 이름은 디렉토리 구조와 매핑되며, 디렉토리/폴더 위치에 점(‘.’)으로 구분된 이름을 가진다.

Kotlin에서는 가시성 수정자 (visibility modifier)를 사용하여 패키지 내의 코드의 접근 수준을 제어할 수 있다. 주요 가시성 수정자에는 기본 가시성으로 어디서든 접근 가능하게 하는 public, 같은 모듈 내에서만 접근 가능하게 하는 internal, 클래스 내부에서만 제한적으로 접근 가능한 private 등이 있다.

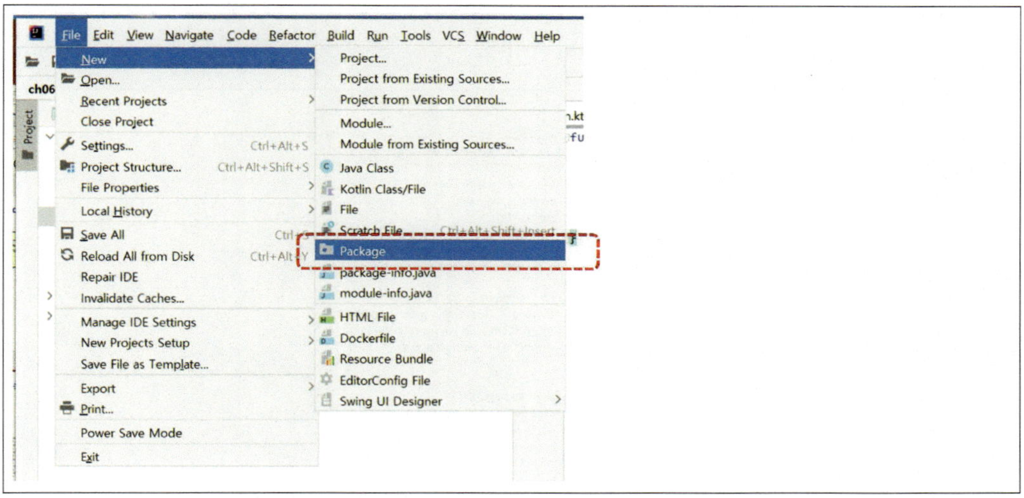

그림 7.31 Kotlin 프로젝트의 사용자 정의 패키지 생성

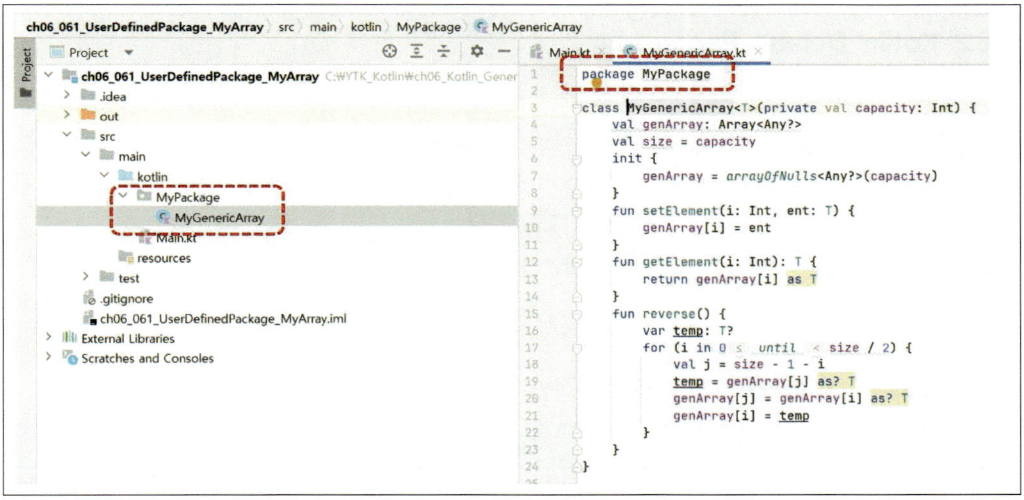

그림 7.32 Kotlin 프로젝트의 사용자 정의 패키지 생성 결과 예시

(2) 패키지 응용 프로그램

이 패키지에 포함된 클래스를 활용하는 응용 프로그램에서는 그림 7.33에서 보는 것과 같이, 프로그램 맨 첫 부분에 import MyPackage.* 또는 import MyPackage.MyGenericArray와 같이 해당 패키지에 포함된 모든 클래스들을 모두 설치하거나, 특정 클래스만 선택하여 설정한 후 사용할 수 있다. 응용 프로그램 내부에서는 일반 라이브러리 클

래스나 함수를 사용하는 것과 동일하게, 해당 클래스 이름과 메서드 이름을 사용하여 패키지에 포함된 기능 구현 메서드를 활용할 수 있다.

이렇게 응용 프로그램과 소프트웨어 재활용 가능한 클래스 소스코드를 분리하여 구현하는 것은 재활용 가능한 클래스 소스코드를 별도의 소프트웨어 배포시스템을 사용하여 쉽게 배포할 수 있게 하는 장점이 있다. 실제 사용되는 시스템 라이브러리들은 각 클래스마다 개별적인 소스코드에 분리되어 구현되는 것이 일반적이다.

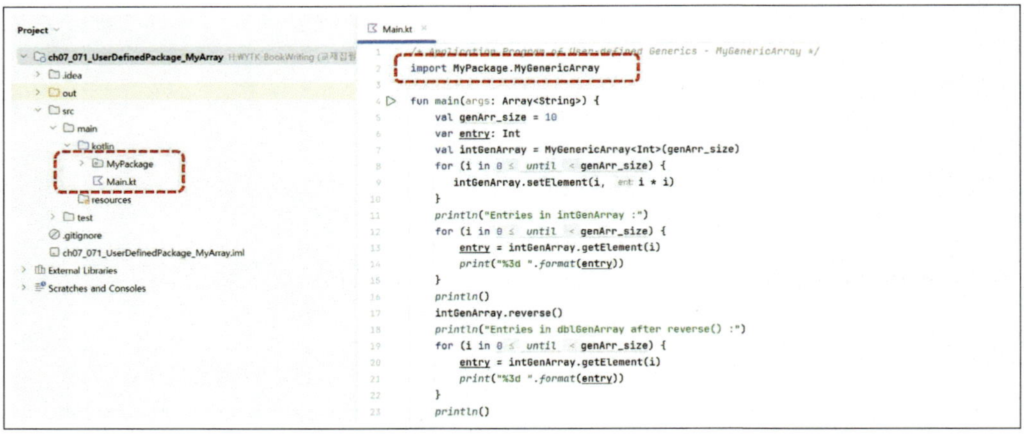

그림 7.33 Kotlin 프로젝트의 사용자 정의 패키지의 응용 프로그램

7.8.2 Kotlin Default Packages

Kotlin 프로그래밍에서 기본적으로 포함되는 패키지와 추가적으로 import 시켜야 하는 패키지는 표 7.7에서 보는 것과 같다. 기본적으로 Kotlin의 코어 함수와 자료형 등이 기본적으로 포함되며, annotation과 함께 collections 관련 (예: Map, comparisons, io, ranges, sequences, text) 패키지가 포함된다.

별도로 import 시켜야 하는 패키지에는 lang, jvm, js (Java Script) 패키지 등이 있다.

표 7.7 Kotlin 기본 Import 패키지와 추가적인 패키지

카테고리	패키지	설명
기본 import	kotlin.*	Kotlin의 기본 기능을 제공하는 패키지로, 기본 타입(Int, String 등), 함수, 연산자 등이 포함
	kotlin.annotation.*	Kotlin에서 어노테이션을 정의하고 사용할 수 있는 기능을 제공하는 패키지
	kotlin.collections.*	리스트, 맵, 세트 등과 같은 컬렉션 클래스 및 관련 함수들이 포함되어 있음
	kotlin.comparisons.*	비교와 관련된 함수 및 유틸리티가 포함된 패키지
	kotlin.io.*	입출력 관련 함수(println 등) 및 파일 입출력 클래스가 포함된 패키지
	kotlin.ranges.*	IntRange, LongRange 등과 같은 범위(range) 관련 클래스와 함수들이 포함된 패키지
	kotlin.sequences.*	Sequence 클래스와 관련된 함수들이 포함된 패키지

카테고리	패키지	설명
	kotlin.text.*	문자열(String) 처리에 관련된 클래스와 함수들이 포함된 패키지
	kotlin.jvm.*	Kotlin과 JVM 간의 상호 운용성을 위한 클래스와 어노테이션이 포함된 패키지
추가 import	java.io.*	Java의 표준 입출력 라이브러리로, 파일 입출력 및 스트림 처리를 위한 클래스들이 포함
	java.util.*	Java의 유틸리티 클래스들(예: ArrayList, HashMap, Date 등)이 포함된 패키지
	java.math.*	BigDecimal, BigInteger 등과 같은 수학적 계산을 위한 Java 클래스들이 포함된 패키지
	kotlin.reflect.*	Kotlin 리플렉션 API로, 클래스 및 메서드, 프로퍼티 등의 런타임 정보를 동적으로 가져오는 기능을 제공하는 패키지
	kotlin.concurrent.*	멀티스레딩 및 동시성 처리를 위한 유틸리티와 클래스들이 포함된 패키지
	kotlin.coroutines.*	코루틴 관련 기능과 코루틴 빌더 함수들(launch, async 등)이 포함된 패키지
	kotlinx.coroutines.*	코루틴 라이브러리로, 비동기 프로그래밍을 위한 추가 코루틴 관련 기능들이 포함된 패키지
	kotlinx.serialization.*	Kotlin 객체를 직렬화/역직렬화하기 위한 라이브러리로, JSON, 프로토콜 버퍼 등 다양한 형식을 지원
	kotlin.test.*	Kotlin에서 단위 테스트를 작성하기 위한 클래스와 함수들이 포함된 패키지
	kotlin.time.*	시간 및 타이머 관련 클래스와 함수들이 포함된 패키지 Kotlin에서 시간 측정 및 관련 유틸리티를 제공
	android.*	Android 애플리케이션 개발에 필요한 Android 프레임워크 API들이 포함된 패키지
	javax.*	Java EE, Java SE의 표준 API를 포함하는 패키지로, javax.servlet, javax.sql 등이 포함
	org.jetbrains.kotlinx.*	JetBrains에서 제공하는 확장 라이브러리로, Kotlin의 추가적인 기능들을 사용할 수 있는 패키지 예: kotlinx.coroutines, kotlinx.serialization.

7.8.3 Kotlin 모듈(module)

Kotlin 모듈 (module)은 패키지보다 높은 수준이며, 프로젝트 또는 컴파일 실행과 일치한다. 모듈은 Kotlin에 새로 도입된 개념이며, 프로그램이나 라이브러리의 모든 클래스를 모으는 훨씬 더 높은 수준의 개념이다. 일부 IDE 및 도구는 이를 프로젝트 또는 소스 집합이라고 부른다. 모듈의 모든 파일은 함께 컴파일 되어야 하며, 결과는 일반적으로 jar (또는 war) 파일로 수집된다.

큰 규모의 시스템은 다수의 모듈로 구성되며, 각각의 모듈은 수십개의 패키지를 포함하는 계층적 구조를 가진다.

◈ 연습문제 ◈

7.1 다음 용어를 예를 들어 설명하라.

1) 프로그램의 데이터 입력 및 출력

2) 표준 입출력 장치

3) 파일 입출력
4) 텍스트 파일 (text file)
5) 이진 파일 (binary file)

7.2 Kotlin 프로그램에서 파일 입출력 기능이 필요한 이유에 대하여 설명하라.

7.3 텍스트 파일과 이진 파일의 차이점에 대하여 설명하라.

7.4 Kotlin 프로그램의 파일 입출력에서 자주 사용되는 디렉토리 (폴더) 위치를 지정하여, 그 디렉토리에 있는 파일들을 쉽게 입출력하도록 하는 경로 설정 방법을 예를 들어 설명하라.

7.5 Kotlin 프로그램에서 사용자 지정 패키지를 구성하여 사용하는 방법에 대하여 설명하라.

◈ 실습문제 ◈

실습 7.1 class Person, class Student, class StudentArray, sorting, file I/O

사람의 기본 정보 관리를 위한 class Person을 구현하라. class Person는 데이터 멤버로 String name, int reg_id를 가지며, 멤버 함수로 생성자 Person(String nm, int reg_id)를 가지도록 하라.

학생 정보 관리를 위한 class Student를 구현하라. class Student는 데이터 멤버로 int st_id, String dept, String school, double GPA를 가지며, 멤버 함수로 생성자 Student(nm : String, reg_ID : Int, st_id : Int, dept : String, school : String, gpa : Double), toString() : String, compareStudent(String key_attr, Student other) : Int를 가지도록 하라.

class Student 인스탄스들을 배열로 관리하는 class StudentArray를 구현하라. class StudentArray는 데이터 멤버로 students : Array<Student>, num_students : Int를 가지며, 멤버 함수로 생성자 StudentArray(), fget_students(Scanner fin), print_Students(), fprint_students(FileWriter fout) throws IOException, sort(String key_attr, String sorting_order)를 가진다. 정렬을 위한 sort() 멤버 함수는 삽입정렬 구조로 구현하고, sorting_order는 “increasing” 또는 “decreasing”으로 설정될 수 있게 하라.

응용 프로그램에서는 5명의 학생 정보를 포함하는 텍스트 파일을 준비하여, 이 학생들의 정보를 처리하기 위한 class Student 인스탄스 배열을 구성하고, 다양한 속성 기준에 따라 오름차순 또는 내림차순 기능이 실행되도록 구현하여, 결과를 확인하라.

(실행 예시)

```
students - Windows 메모장
파일(F) 편집(E) 서식(O) 보기(V) 도움말(H)
5
Kim 190101 11111 ICE YNU 97.89
Lee 201215 12222 ME DG 89.15
Park 210307 20233 CS GB 92.65
Hong 220607 20567 CH YNU 95.32
Yoon 180425 13555 PH ABC 92.76
```

```
5
Kim 190101 11111 ICE YNU 97.89
Lee 201215 12222 ME DG 89.15
Park 210307 20233 CS GB 92.65
Hong 220607 20567 CH YNU 95.32
Yoon 180425 13555 PH ABC 92.76
```

```
Before sorting : Total 5 students :
Student(name:      Kim, reg_id :  190101, school:   YNU, dept:   ICE, st_id:  11111, GPA:   97.89)
Student(name:      Lee, reg_id :  201215, school:    DG, dept:    ME, st_id:  12222, GPA:   89.15)
Student(name:     Park, reg_id :  210307, school:    GB, dept:    CS, st_id:  20233, GPA:   92.65)
Student(name:     Hong, reg_id :  220607, school:   YNU, dept:    CH, st_id:  20567, GPA:   95.32)
Student(name:     Yoon, reg_id :  180425, school:   ABC, dept:    PH, st_id:  13555, GPA:   92.76)

After sorting by name : Total 5 students :
Student(name:     Hong, reg_id :  220607, school:   YNU, dept:    CH, st_id:  20567, GPA:   95.32)
Student(name:      Kim, reg_id :  190101, school:   YNU, dept:   ICE, st_id:  11111, GPA:   97.89)
Student(name:      Lee, reg_id :  201215, school:    DG, dept:    ME, st_id:  12222, GPA:   89.15)
Student(name:     Park, reg_id :  210307, school:    GB, dept:    CS, st_id:  20233, GPA:   92.65)
Student(name:     Yoon, reg_id :  180425, school:   ABC, dept:    PH, st_id:  13555, GPA:   92.76)

After sorting by reg_id : Total 5 students :
Student(name:      Kim, reg_id :  190101, school:   YNU, dept:   ICE, st_id:  11111, GPA:   97.89)
Student(name:      Lee, reg_id :  201215, school:    DG, dept:    ME, st_id:  12222, GPA:   89.15)
Student(name:     Yoon, reg_id :  180425, school:   ABC, dept:    PH, st_id:  13555, GPA:   92.76)
Student(name:     Park, reg_id :  210307, school:    GB, dept:    CS, st_id:  20233, GPA:   92.65)
Student(name:     Hong, reg_id :  220607, school:   YNU, dept:    CH, st_id:  20567, GPA:   95.32)

After sorting by GPA : Total 5 students :
Student(name:      Kim, reg_id :  190101, school:   YNU, dept:   ICE, st_id:  11111, GPA:   97.89)
Student(name:     Hong, reg_id :  220607, school:   YNU, dept:    CH, st_id:  20567, GPA:   95.32)
Student(name:     Yoon, reg_id :  180425, school:   ABC, dept:    PH, st_id:  13555, GPA:   92.76)
Student(name:     Park, reg_id :  210307, school:    GB, dept:    CS, st_id:  20233, GPA:   92.65)
Student(name:      Lee, reg_id :  201215, school:    DG, dept:    ME, st_id:  12222, GPA:   89.15)
```

실습 7.2 행렬 (matrix)의 파일 입출력, 연산

행렬의 연산에서 파일을 사용할 수 있도록 class Mtrx를 구현하라. class Mtrx에 연산자 오버로딩을 구현하여 행렬의 연산자를 사용하여 덧셈, 뺄셈, 곱셈 연산을 수행할 수 있도록 하라.

class Mtrx는 데이터 멤버로 m_name : String, n_row : Int, n_col : Int, m_data : Array<DoubleArray>를 가지며, 멤버 함수로 생성자 Mtrx(), Mtrx(nm : String), Mtrx(nm : String, n_row : Int, n_col : Int), Mtrx(nm : String, n_row : Int, n_col : Int, m_data : Array<DoubleArray>), fget_Mtrx(fin : Scanner) : Mtrx, setMtrxName(String nm), printMtrx(), fprintMtrx(fout : FileWriter), addMtrx(other : Mtrx) : Mtrx, subMtrx(other : Mtrx) : Mtrx, mulMtrx(other : Mtrx) : Mtrx 를 가진다.

fget_Mtrx(fin : Scanner) 멤버 함수는 Companion Object로 구현하여 Mtrx 인스턴스가 생성되기 이전에 사용할 수 있도록 하라.

(실행 예시)

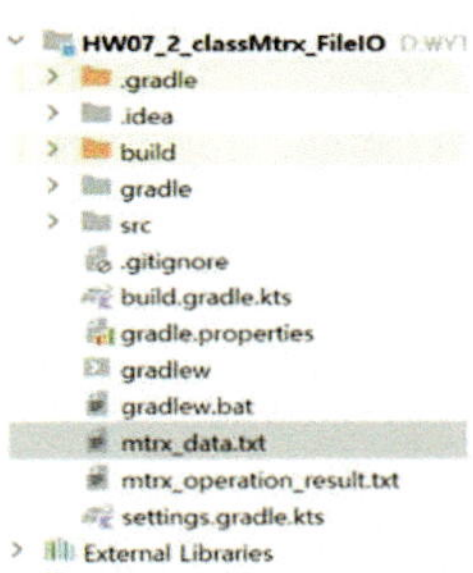


```
mtrx_data - Windows 메모장
파일(F) 편집(E) 서식(O) 보기(V
mA 3 4
1 2 3 4
5 6 7 8
9 10 11 12
mB 3 4
1 0 0 0
0 1 0 0
0 0 1 0
mC 4 3
1 0 0
0 1 0
0 0 1
0 0 0
```

```
mA (3 x 4) =
    1.00    2.00    3.00    4.00
    5.00    6.00    7.00    8.00
    9.00   10.00   11.00   12.00
mB (3 x 4) =
    1.00    0.00    0.00    0.00
    0.00    1.00    0.00    0.00
    0.00    0.00    1.00    0.00
mC (4 x 3) =
    1.00    0.00    0.00
    0.00    1.00    0.00
    0.00    0.00    1.00
    0.00    0.00    0.00
mAdd_AB (3 x 4) =
    2.00    2.00    3.00    4.00
    5.00    7.00    7.00    8.00
    9.00   10.00   12.00   12.00
mSub_AB (3 x 4) =
    0.00    2.00    3.00    4.00
    5.00    5.00    7.00    8.00
    9.00   10.00   10.00   12.00
mMul_AC (3 x 3) =
    1.00    2.00    3.00
    5.00    6.00    7.00
    9.00   10.00   11.00
```

```
mtrx_operation_result - Windows 메모장
파일(F) 편집(E) 서식(O) 보기(V) 도움말(H)
mA(3 x 4) =
    1.00    2.00    3.00    4.00
    5.00    6.00    7.00    8.00
    9.00   10.00   11.00   12.00
mB(3 x 4) =
    1.00    0.00    0.00    0.00
    0.00    1.00    0.00    0.00
    0.00    0.00    1.00    0.00
mC(4 x 3) =
    1.00    0.00    0.00
    0.00    1.00    0.00
    0.00    0.00    1.00
    0.00    0.00    0.00
mAdd_AB(3 x 4) =
    2.00    2.00    3.00    4.00
    5.00    7.00    7.00    8.00
    9.00   10.00   12.00   12.00
mSub_AB(3 x 4) =
    0.00    2.00    3.00    4.00
    5.00    5.00    7.00    8.00
    9.00   10.00   10.00   12.00
mMul_AC(3 x 3) =
    1.00    2.00    3.00
    5.00    6.00    7.00
    9.00   10.00   11.00
```

실습 7.3 class Nation(), File I/O, compareCountries(), class NationArray(), sort()

Kotlin package Nation을 생성하고, class Nation과 class NationArray를 구현하라.

class Nation()은 국가 (nation)별 기본 정보인 국가명 (name), 수도(capital), 인구수 (population)을 관리하는 프로그램 개발에 사용될 수 있도록, 데이터 멤버를 포함한다. 국가들을 서로 지정된 속성(name, capital, population)을 기준으로 비교할 수 있도록 멤버 함수 fun compareNation(attrName: String, other:Nation) : Int를 구현하라.

class NationArray()는 class Nation() 인스턴스들을 저장할 수 있는 배열 lateinit var nations: Array<Nation?>을 데이터 멤버로 포함하며, 지정된 파일로부터 입력받을 수 있게 하는 fun fgetNations(fin : Scanner), 배열을 지정된 속성을 기준으로 오름차순 또는 내림차순으로 정렬하는 fun sort(key_attr: String?, sorting_order: String) 등을 멤버 함수로 구현하라.

각 클래스에는 toString() 멤버 함수를 오버라이딩으로 각각 구현하여 print()를 사용한 출력에 지정된 포맷의 출력이 가능하도록 하라.

국가별 기본 정보의 입력 파일 (Nations.txt)은 아래 예와 같은 텍스트 파일로 준비하여 사용할 것.

(실행 예시)

(Nations.txt)

```
11
Korea Seoul 51780579
USA WashingtonDC 345400000
Japan Tokyo 123600000
India NewDelhi 1450000000
China Beijing 1425000000
Brazil Brazilia 211349000
UK London 69200000
France Paris 66570000
Germany Berlin 83250000
Spain Madrid 47910000
Italy Roma 59340000
```

```
Nations after initialization: Nations (total 11 nations) =
[(Korea, Seoul, 51780579), (USA, WashingtonDC, 345400000), (Japan, Tokyo, 123600000), (India, NewDelhi, 1450000000), (China, Beijing, 1425000000),
(Brazil, Brazilia, 211349000), (UK, London, 69200000), (France, Paris, 66570000), (Germany, Berlin, 83250000), (Spain, Madrid, 47910000),
(Italy, Roma, 59340000)]
Nations sorted by name in increasing order :Nations (total 11 nations) =
[(Brazil, Brazilia, 211349000), (China, Beijing, 1425000000), (France, Paris, 66570000), (Germany, Berlin, 83250000), (India, NewDelhi, 1450000000),
(Italy, Rome, 59340000), (Japan, Tokyo, 123600000), (Korea, Seoul, 51780579), (Spain, Madrid, 47910000), (UK, London, 69200000),
(USA, WashingtonDC, 345400000)]
Nations sorted by population in decreasing order :Nations (total 11 nations) =
[(India, NewDelhi, 1450000000), (China, Beijing, 1425000000), (USA, WashingtonDC, 345400000), (Brazil, Brazilia, 211349000), (Japan, Tokyo, 123600000),
(Germany, Berlin, 83250000), (UK, London, 69200000), (France, Paris, 66570000), (Italy, Roma, 59340000), (Korea, Seoul, 51780579),
(Spain, Madrid, 47910000)]
```

실습 7.4 Excel 파일 입출력, 시계열 데이터 분석

기상청 자료센터로부터 특정 지역 (예: 대구 지역)의 최근 10년간 (2014. 9. 1. ~ 2024. 8.31.) 기온 측정 시계열 데이터를 Excel 파일 형식으로 다운로드 받아 daeguTemp_10years.xlsx 파일로 저장하라. Kotlin 데이터 분석 프로그램에 데이터 클래스 data class TimeSeriesData(val date: Date, val avg: Double, val high: Double, val low: Double)를 선언하라.

지정된 Excel 파일로부터 데이터를 읽고, List<TimeSeriesData>를 생성하여 반환하는 함수 fun readExcelFile(filePath: String): List<TimeSeriesData>를 구현하라. 주어진 List<TimeSeriesData>를 지정된 Excel 파일로 저장하는 함수 fun writeExcelFile(filePath: String, data: List<TimeSeriesData>)을 구현하라. 주어진 List<TimeSeriesData>의 데이터를 분석하여, 평균 (average), 최대값(max), 최소값(min) 및 해당 날짜를 찾아 출력하는 함수 fun analyzeTimeSeriesData(data: List<TimeSeriesData>)를 구현하라.

응용 프로그램에서는 해당 지역의 최근 10년간 최고 기온과 최저 기온을 찾아, 해당 날짜와 함께 출력하는 Kotlin 프로그램을 작성하라.

(실행 예시)

	A	B	C	D	E	F
1	지점	지점명	일시	평균기온(°C)	최저기온(°C)	최고기온(°C)
2	143	대구	2012-01-01	1.2	-3.1	5.6
3	143	대구	2012-01-02	-1	-4.4	4.5
4	143	대구	2012-01-03	-0.1	-2.6	3.8
5	143	대구	2012-01-04	-3.2	-4.8	-0.4
6	143	대구	2012-01-05	-2.1	-5.6	3.1
7	143	대구	2012-01-06	0.1	-3.4	5.3
8	143	대구	2012-01-07	-0.4	-6.2	6
9	143	대구	2012-01-08	0.3	-6.4	6.9
10	143	대구	2012-01-09	1.9	-1	6
11	143	대구	2012-01-10	2.1	-0.6	6

. . . . . .

3647	143	대구	2021-12-24	4.2	-0.9	10.9
3648	143	대구	2021-12-25	-4.7	-8.2	1.6
3649	143	대구	2021-12-26	-7.1	-10.8	-3.1
3650	143	대구	2021-12-27	-2.1	-7.9	2.3
3651	143	대구	2021-12-28	2.1	-3.4	7.4
3652	143	대구	2021-12-29	3.5	-2.6	10
3653	143	대구	2021-12-30	1.1	-1.9	4.9
3654	143	대구	2021-12-31	-2.5	-4.9	1.6

```
Analyzing DAEGUTEMP_10YEARS.XLSX ......
The lowest temperature of Daegu in last 10 years = -13.90 (2018-01-27)
The highest temperature of Daegu in last 10 years = 39.20 (2018-07-27)
Average temperature of Daegu in last 10 years = 14.63
```

실습 7.5 스마트폰으로 촬영한 JPG 사진 파일의 메타 정보 추출 및 Binary Dump

JPG(JPEG) 사진 파일의 메타 정보는 사진 파일에 저장된 추가적인 데이터로, 이미지 자체와는 별개로 사진에 대한 다양한 정보를 포함하고 있으며, 이 메타 정보를 추출하여 사진 촬영 일자, 사진 촬영 장치 등의 정보를 확인할 수 있다. 이러한 메타 정보는 EXIF(Exchangeable Image File Format)라는 표준을 통해 주로 저장된다. EXIF 데이터는 디지털 카메라, 스마트폰 등의 장치가 사진을 촬영할 때 자동으로 생성하는 메타 데이터이며, 사진 파일에 포함되어 있어 사진을 찍은 날짜, 촬영 장치의 정보, 사진이 찍힌 위치(GPS 정보) 등을 저장한다.

JPG 사진 파일의 EXIF 메타 정보를 읽어 오기 위해 Kotlin에서 사용하는 클래스 및 메서드들은 주로 metadata-extractor 라이브러리에서 제공되므로, 이 라이브러리를 활용하면 EXIF 데이터를 손쉽게 읽을 수 있으며, 카메라 정보, 촬영 날짜, GPS 정보 등 다양한 메타 정보를 추출할 수 있다. ImageMetadataReader 클래스는 metadata-extractor 라이브러리에서 JPG, PNG, TIFF 등 여러 이미지 형식의 메타 데이터를 읽는 데 사용된다.

본인이 직접 촬영한 JPG 사진 정보 (촬영일자, 촬영장소, 촬영 장비) 등의 메타 정보를 출력하고, 이 사진 파일의 첫 부분 256 바이트 이진파일 덤프를 시키며, 이 부분에 포함된 정보를 출력하는 Kotlin 프로그램을 작성하고, 본인의 사진 촬영 정보와 Kotlin 프로그램으로 추출한 내용이 동일한지 확인하라.

(예제 코드)

```
/* JPG Photo Metadata Getting and Dumping Kotlin Program */
import com.drew.imaging.ImageMetadataReader
import com.drew.metadata.Metadata
import com.drew.metadata.exif.ExifIFD0Directory
import com.drew.metadata.exif.GpsDirectory
import com.drew.metadata.exif.ExifSubIFDDirectory
import java.io.File
import java.io.FileInputStream

fun main() {

    val filePath = "sample_photo.jpg" // 사진 파일 경로를 지정
    val file = File(filePath)

    if (!file.exists()) {
        println("파일이 존재하지 않습니다.")
        return
    }

    try {
        // 메타데이터를 읽기.
        val metadata: Metadata = ImageMetadataReader.readMetadata(file)

        // 촬영 날짜 추출
        val exifDirectory = metadata.getFirstDirectoryOfType(ExifSubIFDDirectory::class.java)
        val date = exifDirectory?.getDate(ExifSubIFDDirectory.TAG_DATETIME_ORIGINAL)

        // GPS 정보 추출
        val gpsDirectory = metadata.getFirstDirectoryOfType(GpsDirectory::class.java)
        val gpsLocation = gpsDirectory?.geoLocation

        // 결과 출력
        if (date != null) {
            println("촬영 날짜: $date")
        } else {
            println("촬영 날짜 정보를 찾을 수 없습니다.")
        }

        if (gpsLocation != null) {
            println("GPS 위치: 위도 ${gpsLocation.latitude}, 경도 ${gpsLocation.longitude}")
        } else {
            println("GPS 위치 정보를 찾을 수 없습니다.")
        }

        // 촬영 장치 정보를 추출합니다 (카메라 제조사 및 모델)
        val exifIFD0Directory = metadata.getFirstDirectoryOfType(ExifIFD0Directory::class.java)
        val cameraMake = exifIFD0Directory?.getString(ExifIFD0Directory.TAG_MAKE)
        val cameraModel = exifIFD0Directory?.getString(ExifIFD0Directory.TAG_MODEL)

        if (cameraMake != null && cameraModel != null) {
            println("촬영 장치: $cameraMake $cameraModel")
        } else {
            println("촬영 기기 정보를 찾을 수 없습니다.")
        }

    } catch (e: Exception) {
        e.printStackTrace()
        println("메타데이터를 읽는 중 오류가 발생했습니다.")
    }

    JPG_photo_dump(filePath)
}
```

JPG 사진파일 메타 데이터 추출 및 덤프 예제 코드 (part 1)

```

fun JPG_photo_dump(filePath : String) {

    // Define the size of the buffer
    val dumpSize : Int = 256
    val bufferSize = 16

    // Create a byte array to use as a buffer
    val buffer = ByteArray(bufferSize)

    try {
        // Open a FileInputStream for the binary file
        val inputStream = FileInputStream(filePath)

        // Read from the file into the buffer
        var bytesRead = inputStream.read(buffer)

        // Read and print data until the end of the file
        var addr:Int = 0
        while (bytesRead != -1) {
            // Process the data read from the buffer
            printBinData(buffer, bytesRead, addr)
            addr = addr + bytesRead

            if (addr >= dumpSize)
                break
            // Read the next chunk of data into the buffer
            bytesRead = inputStream.read(buffer)
        }

        // Close the input stream
        inputStream.close()
    } catch (e: Exception) {
        e.printStackTrace()
    }
}

fun isControlChar(byte: Byte): Boolean {
    . . . . // 이 부분은 직접 구현할 것
}

// Function to process the data read from the buffer
fun printBinData(buffer: ByteArray, bytesRead: Int, addr: Int) {
    . . . . // 이 부분은 직접 구현할 것
}
```

JPG 사진파일 메타 데이터 추출 및 덤프 예제 코드 (part 2)

(실행 예시)

```
촬영 날짜: Mon Mar 27 17:14:03 KST 2023
GPS 위치 정보를 찾을 수 없습니다.
촬영 장치: samsung SM-N981N
00000000: FF D8 FF E1 BD 38 45 78  69 66 00 00 49 49 2A 00   .....8Exif..II*.
00000010: 08 00 00 00 0C 00 00 01  04 00 01 00 00 00 C0 0F   ................
00000020: 00 00 01 01 04 00 01 00  00 00 D0 0B 00 00 0F 01   ................
00000030: 02 00 08 00 00 00 9E 00  00 00 10 01 02 00 09 00   ................
00000040: 00 00 A6 00 00 00 12 01  03 00 01 00 00 00 01 00   ................
00000050: 00 00 1A 01 05 00 01 00  00 00 D2 00 00 00 1B 01   ................
00000060: 05 00 01 00 00 00 DA 00  00 00 28 01 03 00 01 00   ..........(.....
00000070: 00 00 02 00 00 00 31 01  02 00 0E 00 00 00 B0 00   ......1.........
00000080: 00 00 32 01 02 00 14 00  00 00 BE 00 00 00 13 02   ..2.............
00000090: 03 00 01 00 00 00 01 00  00 00 69 87 04 00 01 00   ..........i.....
000000A0: 00 00 E2 00 00 00 D0 02  00 00 73 61 6D 73 75 6E   ..........samsun
000000B0: 67 00 53 4D 2D 4E 39 38  31 4E 00 00 4E 39 38 31   g.SM-N981N..N981
000000C0: 4E 4B 53 55 32 48 57 42  38 00 32 30 32 33 3A 30   NKSU2HWB8.2023:0
000000D0: 33 3A 32 37 20 30 38 3A  31 34 3A 30 33 00 48 00   3:27 08:14:03.H.
000000E0: 00 00 01 00 00 00 48 00  00 00 01 00 00 00 1D 00   ......H.........
000000F0: 9A 82 05 00 01 00 00 00  84 02 00 00 9D 82 05 00   ................
```

8장 Kotlin 기반 자료구조와 알고리즘 (1)

학습목표

- 알고리즘과 자료구조에 대한 이해
- Kotlin 제공 기본 자료구조와 알고리즘 이해 및 이들의 활용 방법 이해
- 분할 정보 기본 개념 및 응용 방법 이해
- 동적 프로그래밍 기본 개념 및 응용 방법 이해
- 기본 자료 구조 (연결형 리스트, 이진탐색트리, 힙우선순위큐)에 대한 이해 및 활용 능력 향상

개요

8.1 대표적인 자료구조와 알고리즘
8.2 분할 및 정복 (Divide and Conquer) - 병합정렬, 퀵정렬
8.3 동적 계획법 (Dynamic Programming) - DynFibo, KnapSack
8.4 Doubly Linked List(DLL)
8.5 Balanced Binary Search Tree (BBST)
8.6 Heap Priority Queue, Heap Sorting

8.1 대표적인 자료구조와 알고리즘

프로그래밍의 궁극적인 목적은 컴퓨터를 사용하여 다양한 문제를보다 신속 정확하고 효율적으로 해결할 수 있도록 하는 것이다. 이를 위하여 사용 프로그래밍언어의 장점을 잘 활용하고 문제에 가장 효율적이며 적합한 자료구조와 알고리즘을 사용하여 구현할 수 있어야 한다. C/C++ 및 Python 프로그래밍언어와 마찬가지로 Kotlin 프로그래밍언어도 다양한 자료구조를 구현할 수 있고 다양한 알고리즘을 구성할 수 있다.

특히 가장 기본적인 자료구조들과 알고리즘들에 대한 기본 구성, 동작, 장점 및 단점, 적합한 응용 분야 등에 대하여 기본지식을 잘 갖추고 있으면 다양한 응용문제 해결에 가장 적합한 자료구조와 알고리즘을 사용하여 성능이 우수한 응용 프로그램을 구현할 수 있게 된다. Kotlin 프로그래밍에서도 직접 자료구조를 구현하기 이전에 Kotlin 프로그래밍 환경과 확장 패키지가 기본적으로 제공하는 내장된 자료구조와 알고리즘을 먼저 파악한 후 이들을 최대한 활용하도록 하며, 주어진 문제에 알맞는 자료구조와 알고리즘이 없을 때, 추가적으로 필요한 자료구조와 알고리즘을 구현하는 방안을 찾아보도록 권고한다. 이러한 권고는 C/C++ 및 Kotlin 프로그램은 기본적으로 컴파일러 기반으로 동작하기 때문에 실제 Kotlin 프로그램으로 구현된 자료구조와 알고리즘의 성능이, 순수 Python 프로그래밍언어로 구현되어 Python 모듈로 제공되는 자료구조 및 알고리즘 라이브러리의 성능보다 우수할 수 있기 때문이다.

아울러, 새로운 프로그래밍언어를 배울 때, 그 프로그래밍언어를 가장 정확하게 이해하고, 적절히 활용할 수 있는 능력을 습득하는 방법은 대표적인 기본 자료구조와 알고리즘을 그 프로그래밍언어로 직접 구현해 보면서 다양한 경험을 통해 실무적인 능력을 향상시키는 것이다.

8.1.1 대표적인 기본 자료구조

표 8.1은 대표적인 자료구조와 특성을 설명하고 있다. 먼저 일반적인 소프트웨어 시스템 개발에서 가장 기본적인 자료구조의 예로서 단순 배열이 있다. 대부분의 프로그램에서는 이 단순배열 (simple array)을 기본으로 사용하여 간단한 알고리즘을 구현하고 있다. 예를 들어 단순 배열에 저장된 항목들을 순서에 따라 정렬하거나, 단순배열에 있는 특정 항목을 탐색하고, 특정 범위에 해당하는 항목들을 차례로 출력하는 등의 알고리즘을 구현할 수 있다. 그리고 단순 배열을 사용하여 간단한 스택이나 큐, 우선순위 큐 등의 자료구조를 만들어 사용하기도 한다. 그렇지만 프로그램의 복잡도가 증가함에 따라서 구조체 (struct)를 사용하게 되고, 그 구조체가 배열 형태로 만들어지는 구조체 배열 (struct array)을 사용하게 된다.

표 8.1 대표적인 기본 자료구조와 특성

자료구조	특성
단순 배열	컴파일 단계에서 크기가 지정되어 변경되지 않는 크기의 배열.
동적 배열	프로그램 실행 단계에서 크기가 지정되며, 프로그램 실행 중에 크기를 변경할 수 있는 배열
구조체 배열	구조체로 배열원소가 지정되는 배열
연결형 리스트	확장성이 있으며, 단일연결형 또는 이중 연결형으로 구성 가능 다양한 컨테이너 자료구조의 내부적인 자료구조로도 활용됨
스택	Last In First Out (LIFO) 특성을 가짐. 배열 또는 연결형 리스트로 구현할 수 있음
큐	First In First Out (FIFO) 특성을 가짐. 배열 또는 연결형 리스트로 구현할 수 있음
우선순위 큐	컨테이너 내부에 가장 우선순위가 높은 데이터 항목을 추출할 수 있도록 관리하며, 배열 또는 자기 참조 구조체로 구현할 수 있음
이진 탐색 트리	컨테이너 내부에 포함된 데이터 항목들을 정렬된 상태로 관리하여야 할 때 매우 효율적임 단순 이진 탐색 트리의 경우 편중될 수 있으며, 편중된 경우 검색 성능이 저하되기 때문에, 밸런싱이 필요함
해시테이블 (Hash Table)	컨테이너 자료구조에 포함된 항목들을 문자열 (string) 또는 긴 숫자를 키 (key)로 사용하여 관리하는 경우, key로부터 해시값을 구하고, 이 해시값을 배열의 인덱스로 사용함
Map	key와 항목 간에 1:1 관계가 유지되는 경우에 사용되며, 해쉬 테이블을 기반으로 구현할 수 있음
Dictionary	key와 항목 간에 1:N 관계가 유지되는 경우에 사용되며, 해쉬 테이블을 기반으로 구현할 수 있음
trie	텍스트 검색을 신속하게 처리하며, 예측 구문 (predictive text) 제시, longest prefix matching 등에 활용됨
그래프	정점 (vertex)/노드 (node)로 개체 (object)가 표현되고, 간선 (edge)/링크(link)들을 사용하여 개체 간의 관계를 표현하는 경우에 적합함 그래프를 기반으로 경로 탐색, 최단 거리 경로 탐색, 신장트리 (spanning tree) 탐색 등에 활용됨

또한 더욱 복잡한 자료구조를 구성하기 위해서는 자기참조 구조체 (self-reference

struct)를 사용하여야 한다. 이 자기참조 구조체는 자기 자신과 동일한 형태의 구조체를 가리키는 포인터 또는 레퍼런스를 내부적으로 포함하고 있는 것을 의미하며, 이 자기참조 구조체를 기반으로 만들어져 있는 자료구조의 예로서 연결형 리스트 (linked list), 이진탐색트리 (binary search tree), 스킵 리스트 (skip list), 트라이 (trie) 등이 있다. 연결형 리스트를 활용하여 만들어지는 자료구조에는 큐 (queue)와 스택 (stack)이 있다. 연결형 리스트, 이진 트리(binary tree) 및 이진탐색트리(binary search tree), 힙(heap), 우선순위 큐(priority queue), 맵(map), 사전(dictionary), trie, 그래프(graph)등은 다양한 알고리즘에서 많이 사용되는 대표적인 자료구조들이다.

표 8.2는 Kotlin 프로그래밍 환경이 제공하는 기본자료형, 제네릭 인터페이스 및 자료구조 클래스에 대하여 설명하고 있다. 6장에서 설명한 것과 같이, Kotlin에서는 Collection<E> generic interface와 이를 상속받아 List<E>, Set<E>, SortedSet<E>, Queue<E>, Deque<E> 등의 인터페이스를 제공하며, 이들 인터페이스를 상속받아 다양한 자료구조를 구현하는 Vector<E>, Stack<E>, LinkedList<E>, ArrayList<E>, HashSet<E>, LinkedHashSet<E>, TreeSet<E>, PriorityQueue<E>, ArrayDeque<E> 등이 있다. Kotlin Collection에서는 key와 value의 mapping 기능 구현을 위하여 Map<K, V>와 SortedMap<K, V> 인터페이스가 제공되며, 이 Map 관련 인터페이스를 상속받아 HashMap<K, V>, HashTable<K, V>, TreeMap<K. V> 등의 클래스를 제공한다.

표 8.2 Kotlin 제공 제네릭 인터페이스 및 자료구조와 특성

Kotlin 제공 제네릭 인터페이스	관련 Kotlin 클래스
Array<E>	배열, arrayOf()
List<T>	리스트 Vector<E> Stack<E> ArrayList<E> LinkedList<E>
Set<E>	집합 HashSet<E> LinkedHashSet<E>
SortedSet<E>	TreeSet<E>
Queue<E>	PriorityQueue<E> 우선 순위 큐 ArrayDeque<E> double ended queue
Deque<E>	ArrayDeque<E>
Map<K, V>	HashMap<K, V> HashTable<K, V>
SortedMap<K, V>	TreeMap<K, V>

8.1.2 대표적인 기본 알고리즘

문제해결을 위한 프로그램 설계 및 구현에서 가장 먼저 수행해야 하는 것이 그 문제 해결에 가장 적절한 자료구조와 알고리즘을 구상하는 것이며, 8.1.1 절에서 설명한 자료구조를 기반으로 구현할 수 있는 알고리즘을 선택하여야 한다. 자료구조와 알고리즘은 서로 매우 긴밀한 상관 관계를 가지며, 특정 알고리즘을 구현하기 위하여 가장 적절한 자료구조를 선택할 수 있어야 가장 적은 시스템 자원을 사용하며 가장 신속하게 결과를 얻을 수 있는 프로그램을 구현할 수 있다.

표 8.3 대표적인 기본 알고리즘과 주요기능

알고리즘	주요 기능	전체 항목의 개수가 N인 경우의 알고리즘 복잡도
순차 탐색	배열이나 연결형리스트에 포함되어 있는 항목을 차례대로 탐색	$O(N)$
이진 탐색	배열에 포함되어 있는 항목의 탐색 구간을 절반씩 줄여가며 탐색	$O(Log_2 N)$
선택정렬	배열에 포함되어 있는 항목의 탐색 구간을 하나씩 줄여가며, 가장 작은(또는 큰) 항목을 찾아 그 구간의 맨 앞에 두는 동작을 반복하여 전체 항목들을 정렬. 배열에	$O(N^2)$
퀵정렬	배열에 포함되어 있는 항목의 탐색 구간을 중간 지점의 피봇 (pivot)을 중심으로 큰 항목들과 작은 항목들로 구분하여 정돈하며, (평균적으로) 절반씩 줄어든 탐색 구간에 대하여 재귀 함수 실행	$O(NLog_2 N)$
해시	문자열과 같이 길이가 일정하지 않는 키 (key)를 사용하여 해시값을 생성하고, 이를 배열의 인덱스나 데이터 항목이 저장되어 있는 그룹(버킷)을 찾는데 사용	해시코드 종류와 충돌 해결 방법에 따라 달라짐
그래프 깊이우선 탐색 (DFS)	그래프에서 지정된 시작 정점으로부터 목적지 정점까지의 경로를 깊이 우선 방식으로 탐색. 목적지까지의 탐색 시간은 상대적으로 빠를 수 있으나, 탐색된 경로가 최단 거리를 보장하지는 않음	$O(N+V)$
그래프 넓이우선탐색 (BFS)	그래프에서 지정된 시작 정점으로부터 목적지 정점까지의 경로를 넓이 우선 방식으로 탐색. 탐색된 경로는 경유하는 간선수가 최소인 것을 보장함	$O(N+V)$
최단거리 경로 탐색	간선 (edge)에 가중치 (weight)이 지정된 그래프에서 시작 정점으로부터 목적지 정점까지의 경로 중에서 전체 거리가 가장 짧은 경로를 탐색. 탐색된 경로는 최단거리인 것을 보장함	$O(N+V)$
최소비용 신장트리 탐색	주어진 그래프에서 사용되는 간선들의 총 거리 (또는 가중치)가 가장 작으면서 모든 노드 (정점)들을 연결할 수 있는 최소비용 신장트리 (minimum spanning tree)를 탐색	$O(N+V)$

표 8.3은 대표적인 알고리즘과 주요 기능에 대하여 설명한다. 프로그래밍을 배울 때 대표적인 알고리즘을 잘 이해하고 기본 기능과 장점 및 단점을 잘 파악하고 있는 것이 매우 중요하다. 대표적인 정보 검색을 위한 알고리즘에는 정렬되어 있지 않은 데이터를 대상으로 실시되는 순차탐색 (sequential search)과 정렬된 데이터를 대상으로 실시되는 이진탐색 (binary search)이 있으며, 기본 정렬 (sorting) 알고리즘으로 선택정렬 (selection sorting)과 퀵정렬 (quick sorting)이 있다.

문자열과 같이 길이가 일정하지 않은 기준값을 키 (key)로 사용하는 알고리즘에서 해시값 (hash value)을 생성하고, 이를 배열의 인덱스나 데이터 항목이 지정되어 있는 그룹 (버킷)을 찾는데 사용하는 분야에서는 해시 (hash) 알고리즘을 많이 사용한다. 해시 알고리즘으로 생성된 값은 맵 (map)이나 딕셔너리 (dictionary) 자료구조에서 해당 항목의 탐색 기능에 사용된다.

그래프 자료구조를 기반으로 하는 알고리즘에서는 그래프의 깊이우선탐색 (depth first search), 넓이우선탐색 (breath first search), 최단거리경로탐색 (shortest path search), 최소비용신장트리 (minimum spanning tree) 탐색 알고리즘 등이 포함된다. 그래프 자료구조는 일상 생활에서 많이 사용되는 네비게이션과 다양한 자료들의 연관성 분석 등에서 많이 사용되며, 관련 알고리즘이 좋은 성능을 제공할 수 있어야 한다.

Kotlin 프로그래밍 환경은 다양한 알고리즘을 함수로 제공하며 이를 활용하여 기본 기능을 쉽게 구현할 수 있다. 표 8.4는 Kotlin에서 제공하는 기본 알고리즘들을 설명하고 있다.

표 8.4 Kotlin 제공 기본 알고리즘와 특성

알고리즘 함수	기능	반환 값	특성 및 사용 사례
sorted()	컬렉션을 정렬함	정렬된 리스트	원본 컬렉션을 변경하지 않음. 오름차순으로 정렬
sortedBy()	특정 속성 기준 정렬	정렬된 리스트	람다식을 통해 정렬 기준을 지정 가능
sortedDescending()	내림차순으로 정렬	정렬된 리스트	내림차순 정렬 제공
filter()	조건에 맞는 요소 추출	필터링된 리스트	컬렉션에서 특정 조건을 만족하는 요소들만 반환
map()	각 요소를 변환	변환된 리스트	컬렉션의 각 요소에 대해 변환 함수를 적용
flatMap()	각 요소를 변환하고 평탄화	변환된 리스트	각 요소를 변환한 후, 리스트를 평탄화하여 반환
reduce()	요소를 하나의 값으로 축약	축약된 값	초기값 없이 축약 수행, 컬렉션이 비어있으면 예외 발생
fold()	요소를 하나의 값으로 축약	축약된 값	초기값을 지정하여 축약 수행
find()	조건에 맞는 첫 번째 요소 찾기	요소 또는 null	조건에 맞는 첫 번째 요소 반환, 없으면 null반환
firstOrNull()	첫 번째 요소 또는 null반환	요소 또는 null	컬렉션이 비어있으면 null반환
groupBy()	특정 기준으로 그룹화	맵 (키: 그룹, 값: 리스트)	컬렉션을 특정 기준에 따라 그룹화하여 맵으로 반환
partition()	조건에 따라 두 그룹으로 분리	Pair(리스트, 리스트)	주어진 조건에 따라 true/false 그룹으로 나눔
distinct()	중복 요소 제거	중복이 제거된 리스트	컬렉션에서 중복된 요소를 제거
take()	앞에서 n개 요소 반환	부분 리스트	리스트의 앞부분에서 지정된 개수만큼 요소를 반환
drop()	앞에서 n개 요소 제거	부분 리스트	리스트의 앞부분에서 지정된 개수만큼 요소를 제외
zip()	두 컬렉션을 쌍으로 묶기	리스트(페어)	두 컬렉션의 요소를 페어로 묶은 리스트 반환
unzip()	리스트(페어)를 두 리스트로 분리	Pair(리스트, 리스트)	페어 리스트를 두 개의 리스트로 분리

8.1.3 Kotlin 함수의 실행 시간 측정 -

알고리즘의 설계 및 구현에서 반드시 포함하여야 할 사항으로 그 알고리즘의 성능을 측정하고 분석하는 것이 있다. 특히 큰 규모의 데이터를 대상으로 알고리즘이 실행되어야 하는 경우, 다양한 조건에 대하여 실행 시간을 측정하고 분석하는 것이 중요하다. Kotlin 프로그램에서 함수의 실행 시간을 측정하는 방법에는 표 8.5에서 보는 것과 같이 measureTimeMillis() 함수를 사용하여 밀리 (10^{-3})초 단위로 경과 시간을 측정하는 방법과 measureNanoTime() 함수를 사용하여 나노 (10^{-9})초 단위로 경과시간을 정밀하게 측정할 수 있다.

Kotlin 프로그래밍 환경에서는 시스템의 시간을 밀리초 또는 나노초 단위로 알려 주는 System.currentTimeMillis()와 System.nanoTime() 함수가 제공되어 특정 시간을 기록해 두고, 기준 시점과의 차이를 계산하여 실행 시간을 측정할 수 있다. 아울러, Clock.systemUTC() 인스탄스를 생성하고, millis() 메서드를 사용하여 밀리초 정밀도의 시간을 기록한 후, 경과시간을 밀리초 단위로 계산할 수 있다.

표 8.5 Kotlin 함수의 실행 시간 측정 함수/클래스

측정 방법	함수/클래스	예제 코드	설명
measure TimeMillis()	kotlin. system	val time = measureTimeMillis { <yourFunction>() }	함수 실행 시간을 밀리초 단위로 측정.
measure NanoTime()	kotlin. system	val time = measureNanoTime { <yourFunction>() }	함수 실행 시간을 나노초 단위로 측정.
System. currentTime Millis()	java.lang. System	val start = System.currentTimeMillis() <yourFunction>() val end = System.currentTimeMillis() val time = end - start	밀리초 단위로 현재 시간을 가져와서, 차이를 계산해 실행 시간을 측정.
System. nanoTime()	java.lang. System	val start = System.nanoTime() <yourFunction>() val end = System.nanoTime() val time = end - start	나노초 단위로 현재 시간을 가져와서, 차이를 계산해 실행 시간을 측정.
Clock()	java.time. Clock	val clock = Clock.systemUTC() val start = clock.millis() <yourFunction>() val end = clock.millis() val time = end - start	Clock을 사용해 실행 시간을 밀리초 단위로 측정.

그림 8.1은 Fibonacci 수열을 계산하는 Kotlin 함수 Fibo()의 실행 시간을 측정하는 예제를 보여준다. Line 3~12에서 Fibo() 함수를 구현하고 있으며, 내부적으로 n >= 2인 경우, 재귀함수 (recursive function) 호출 방식으로 피보나치 수열을 계산하고 있다. Line 13~31에서는 Fibo() 함수를 활용하는 응용 프로그램을 구성하고 있다. Line 14~21에서는 start, end, stride 값을 정수로 입력 받으며, line 23의 for 반복문에서 start ≤ n ≤ end 구간의 n을 stride 값 만큼씩 건너뛰며 Fibo(n) 값을 계산하여 반환하고 있다. Line 24, 26에서 Kotlin의 System.nanoTime() 함수를 사용하여 현재의 시각을 나노초 단위

로 측정하여 beforeTime_ns와 afterTime_ns에 각각 기록하며, line 27에서 elapsedTime_ns = afterTime_ns - beforeTime_ns로 계산하여 함수의 실행에 걸린 경과시간을 정밀하게 측정한다.

Line 28에서는 피보나치 수열 계산 결과와 경과시간을 측정하고 결과값과 함께 출력하며, 그림 8.2에서 나노초 단위로 측정된 경과시간 결과를 확인할 수 있다. 재귀함수 방식으로 피보나치 수열을 계산하는 알고리즘에서는 n값이 25 이상으로 증가하는 경우, 전체 경과 시간이 급격하게 증가하는 것을 확인할 수 있다. 이러한 문제점은 동적 계획법 (또는 동적 프로그래밍) 구조를 사용하여 개선할 수 있으며, 8.3절에서 상세하게 설명한다.

```
 1 :  /* Fibonacci series Generation */
 2 :  import java.util.*
 3 :  fun Fibo(n : Int) : Int {
 4 :      var fibo_n : Int
 5 :      if (n <= 1) {
 6 :          fibo_n = n
 7 :
 8 :      } else {
 9 :          fibo_n = Fibo(n-2) + Fibo(n-1)
10 :      }
11 :      return fibo_n
12 :  }
13 :  fun main(args: Array<String>) {
14 :      val cin = Scanner(System.`in`)
15 :      var beforeTime_ns : Long
16 :      var afterTime_ns : Long
17 :      var elapsedTime_ns : Long
18 :      print("Input start end stride to generate Fibonacci series
              (n = start ~ end, with step(stride)) : ")
19 :      val start = cin.nextInt()
20 :      val end = cin.nextInt()
21 :      val stride = cin.nextInt()
22 :      var fibo_n : Int
23 :      for (n in start .. end step(stride)) {
24 :          beforeTime_ns = System.nanoTime()
25 :          fibo_n = Fibo(n)
26 :          afterTime_ns = System.nanoTime()
27 :          elapsedTime_ns = afterTime_ns - beforeTime_ns
28 :          println("Fibo(%3d) = %20d (took %10d nano-sec)".
                  format(n, fibo_n, elapsedTime_ns))
29 :      }
30 :      cin.close()
31 :  }
```

그림 8.1 time() 함수를 사용한 파이썬 함수의 실행 시간 측정 예제

```
Input start end stride to generate Fibonacci series (n = start ~ end, with step(stride)) : 0 30 1
Fibo(  0) =                    0 (took       1800 nano-sec)
Fibo(  1) =                    1 (took        400 nano-sec)
Fibo(  2) =                    1 (took        600 nano-sec)
Fibo(  3) =                    2 (took        300 nano-sec)
Fibo(  4) =                    3 (took        500 nano-sec)
Fibo(  5) =                    5 (took        600 nano-sec)
Fibo(  6) =                    8 (took        800 nano-sec)
Fibo(  7) =                   13 (took       1100 nano-sec)
Fibo(  8) =                   21 (took       1800 nano-sec)
Fibo(  9) =                   34 (took       6300 nano-sec)
Fibo( 10) =                   55 (took       4400 nano-sec)
Fibo( 11) =                   89 (took       6300 nano-sec)
Fibo( 12) =                  144 (took      10300 nano-sec)
Fibo( 13) =                  233 (took       1600 nano-sec)
Fibo( 14) =                  377 (took       2400 nano-sec)
Fibo( 15) =                  610 (took       4200 nano-sec)
Fibo( 16) =                  987 (took      11300 nano-sec)
Fibo( 17) =                 1597 (took      10100 nano-sec)
Fibo( 18) =                 2584 (took      15700 nano-sec)
Fibo( 19) =                 4181 (took      24800 nano-sec)
Fibo( 20) =                 6765 (took      40000 nano-sec)
Fibo( 21) =                10946 (took      61400 nano-sec)
Fibo( 22) =                17711 (took     109200 nano-sec)
Fibo( 23) =                28657 (took     164500 nano-sec)
Fibo( 24) =                46368 (took     276400 nano-sec)
Fibo( 25) =                75025 (took     425900 nano-sec)
Fibo( 26) =               121393 (took     694500 nano-sec)
Fibo( 27) =               196418 (took    1106700 nano-sec)
Fibo( 28) =               317811 (took    1764800 nano-sec)
Fibo( 29) =               514229 (took    2817500 nano-sec)
Fibo( 30) =               832040 (took    2245400 nano-sec)
```

그림 8.2 Kotlin 함수의 실행 시간 측정 예제 실행 결과

8.1.4 Kotlin 함수의 메모리 사용량 측정

알고리즘의 실행 시간 측정과 함께 메모리 사용량을 측정하는 것도 매우 중요하다. 특히, 시스템 메모리 용량이 제한적인 임베디드 시스템에 포함되는 알고리즘의 경우 메모리 사용량이 주어진 시스템 메모리 용량을 초과하지 않도록 자료구조를 구현하여야 한다. Kotlin 프로그래밍에서 함수가 사용하는 메모리 양의 측정은 표 8.6에서 비교 설명하고 있는 JVM의 Runtime 메모리 상태를 측정하여 메모리 사용량을 계산하는 Runtime.totalMemory()와 Runtime.freeMemory(), JVM 메모리 관리 인터페이스를 사용하여 힙 메모리 사용량을 측정하는 MemoryMXBean, 특정 스레드에 할당된 메모리 양을 측정하는 ThreadMXBean, 특정 객체의 메모리 크기를 측정하는 Instrumentation.getObjectSize() 메서드 등을 사용하여 구현할 수 있다.

표 8.6 Kotlin 함수의 메모리 사용량 측정

측정 방법	라이브러리/클래스	예제 코드	설명
Runtime.totalMemory()/ Runtime.freeMemory()	java.lang.Runtime	val runtime = Runtime.getRuntime() val beforeUsedMem = runtime.totalMemory() - runtime.freeMemory() <yourFunction>() val afterUsedMem = runtime.totalMemory() - runtime.freeMemory() val memoryUsed = afterUsedMem - beforeUsedMem	JVM의 런타임 메모리 상태를 측정하여 메모리 사용량을 계산.
MemoryMXBean	java.lang.management.MemoryMXBean	val memoryBean = ManagementFactory.getMemoryMXBean() val beforeUsedMem = memoryBean.heapMemoryUsage.used <yourFunction>() val afterUsedMem = memoryBean.heapMemoryUsage.used val memoryUsed = afterUsedMem - beforeUsedMem	JVM의 메모리 관리 인터페이스를 사용하여 힙 메모리 사용량을 측정.
ThreadMXBean	java.lang.management.ThreadMXBean	val threadBean = ManagementFactory.getThreadMXBean() val beforeUsedMem = threadBean.threadAllocatedBytes(Thread.currentThread().id) <yourFunction>() val afterUsedMem = threadBean.threadAllocatedBytes(Thread.currentThread().id) val memoryUsed = afterUsedMem - beforeUsedMem	특정 스레드에 할당된 메모리 양을 측정
Instrumentation.getObjectSize	java.lang.instrument.Instrumentation	val size = instrumentation.getObjectSize(yourObject)	특정 객체의 메모리 크기를 측정 (InstrumentationAPI 사용 설정 필요)

그림 8.3은 Kotlin 프로그래밍에서 memory_profiler를 사용하여 메모리 사용량을 측정하는 예를 보여준다. Line 4~8에서 메모리 사용량 측정 대상 함수의 예를 구성하였으며,

Long 자료형의 배열 원소 1천만개의 배열 LongArray를 생성하고, 기본 데이터를 설정한다. Line 11~21에서는 함수 measureMemoryUsage()가 인수로 전달된 코드 블록 block을 실행하면서 증가된 메모리 사용량을 측정하는 기능을 구현하고 있다. 메모리 사용량 측정은 line 12~16에서 구현되어 있는 것과 같이 Rumtime.getRuntime() 인스탄스 runtime을 생성하고, 지정된 메모리 양 측정 대상 코드 블록의 앞 뒤에서 runtime.totalMemory와 runtime.freeMemory()의 차이를 계산하여 그 시점에서의 메모리 사용량을 측정하여 그 변화량을 계산하면, 실제 측정 대상 코드 블록에서 메모리 사용량이 증가된 내용을 확인할 수 있다.

그림 8.4에서 확인할 수 있는 것과 같이, Long 자료형의 배열 원소 1천만개의 배열 LongArray를 생성하는 performTask() 함수가 실행하는 동안 총 83,886,080 bytes의 메모리가 사용되었다는 점을 확인할 수 있다.

```
 1 :  /* Kotlin Program Measurement of Memory Usage */
 2 :
 3 :  // 테스트를 위한 예제 함수
 4 :  fun performTask() {
 5 :      // 예제 작업: 큰 배열 생성
 6 :      val largeArray = LongArray(10_000_000) { it.toLong() }
 7 :      println("Array created with size: ${largeArray.size}")
 8 :  }
 9 :
10 :  // 함수에서 사용하는 메모리 양을 측정하는 함수
11 :  inline fun measureMemoryUsage(block: () -> Unit): Long {
12 :      val runtime = Runtime.getRuntime()
13 :      val beforeMemory = runtime.totalMemory() - runtime.freeMemory()
          // 실행 전 사용 메모리
14 :      block() // 함수 실행
15 :      val afterMemory = runtime.totalMemory() - runtime.freeMemory()
          // 실행 후 사용 메모리
16 :      val usedMemory = afterMemory - beforeMemory
17 :      println("beforeMemory : $beforeMemory bytes")
18 :      println("afterMemory  : $afterMemory bytes")
19 :      println("usedMemory   : $usedMemory bytes")
20 :      return usedMemory // 사용된 메모리 양 반환
21 :  }
22 :
23 :  fun main() {
24 :      val memoryUsed = measureMemoryUsage { // 측정하고자 하는 함수 호출
25 :          // 여기서 실행하고자 하는 함수를 호출
26 :          performTask()
27 :      }
28 :  }
```

그림 8.3 Kotlin 프로그램의 메모리 사용량 측정 예제

```
Array created with size: 10000000
beforeMemory : 14093392 bytes
afterMemory  : 97979472 bytes
usedMemory   : 83886080 bytes
```

그림 8.4 Kotlin 프로그램의 메모리 사용량 측정 예제 실행 결과

8.1.5 정렬 알고리즘 성능 측정 및 분석 예제 – selectionSort(), insertionSort()

알고리즘의 성능 측정 및 분석 예제로 기본적인 정렬 알고리즘인 선택정렬 (selection sorting) 알고리즘을 Kotlin으로 직접 구현하고 배열의 크기에 따라 걸리는 실행시간을 측정하여 비교해 보도록 하자.

(1) 정렬 알고리즘 성능 측정 및 분석을 위한 배열의 준비

그림 8.5는 정렬 알고리즘의 성능 측정을 위하여 제네릭 배열을 사용자 정의 패키지인 package GenericBigArray에 제네릭 class GenericBigArray<T>로 구현하는 예제를 보여준다. class GenericBigArray의 보조 생성자 constructor()에서는 인수로 배열의 크기 arr_size와 offset을 정수형 데이터로 전달 받으며, line 9에서 주어진 제네릭 자료형 T 원소를 arr_size만큼 담을 수 있도록 arrayOfNulls<Any?>로 생성한다. Line 10~11에서 i = (0~size−1) + offset의 값을 차례로 배열 bgArray에 담고 line 12에서 shuffle() 멤버 함수를 사용하여 순서를 뒤섞어 준다. Line 15~27에서 구현되어 있는 shuffle() 멤버 함수는 다양한 성능 시험을 위하여 배열의 원소를 뒤섞어 주는 shuffling 기능을 구현한다. 이 shuffling 기능은 i = (0~size−1)의 각 배열 원소를 랜덤 함수를 사용하여 생성된 j = (Math.random() * this.size).toInt() 번째 원소와 서로 자리를 바꾸어 주는 기능으로 구현되어 있다.

```
1 : /* GenericBigArray with Algorithms */
2 : package GenericBigArray
3 :
4 : class GenericBigArray<T : Comparable<T>> {
5 :     var size : Int = 0
6 :     var bgArray : Array<Any?> = arrayOfNulls<Any?>(0)// generic array
7 :     constructor(arr_size : Int, offset: Int)  {
8 :         this.size = arr_size
9 :         bgArray = arrayOfNulls<Any?>(this.size)
10 :         for (i in 0 until this.size)
11 :             bgArray[i] = (i + offset) as T
12 :         shuffle()
13 :     }
14 :
15 :     fun shuffle() {
16 :         var j: Int
17 :         var temp: T
18 :         /* shuffle */
19 :         for (i in 0 until this.size) {
20 :             j = (Math.random() * this.size).toInt()
21 :             if (j == i)
22 :                 continue
23 :             temp = bgArray[i] as T
24 :             bgArray[i] = bgArray[j] as T
25 :             bgArray[j] = temp
26 :         }
27 :     }
```

그림 8.5 class GenericBigArray<T> (part 1)

그림 8.5 line 29~58의 printBigArraySample() 멤버 함수는 큰 배열의 맨 처음과 맨

마지막의 일부분만 출력하는 기능을 구현하고 있다. 이 함수에 전달되는 인수로는 큰 배열의 샘플 출력에서 한 줄에 몇 개의 배열 원소를 출력할 것인지를 설정하는 per_line, 맨 처음과 맨 마지막의 샘플 출력 줄 수 sample_lines가 포함되어 있다. Line 32~42에서는 배열의 맨 처음 부분에서 한 줄에 per_line 개의 배열 원소를 sample_lines 줄 만큼 출력한다.

```
28 :
29 :     fun printBigArraySample(per_line: Int, sample_lines: Int) {
30 :         var last_block_start: Int
31 :         var count = 0
32 :         for (i in 0 until sample_lines) {
33 :             for (j in 0 until per_line) {
34 :                 if (count > this.size) {
35 :                     println()
36 :                     return
37 :                 }
38 :                 print("%8d ".format(bgArray[count]))
39 :                 count++
40 :             }
41 :             println()
42 :         }
43 :         if (count < this.size - per_line * sample_lines)
44 :             count = this.size - per_line * sample_lines
45 :         println("\n      . . . . .")
46 :         for (i in 0 until sample_lines) {
47 :             for (j in 0 until per_line) {
48 :                 if (count > this.size) {
49 :                     println()
50 :                     return
51 :                 }
52 :                 print("%8d ".format(bgArray[count]))
53 :                 count++
54 :             }
55 :             println()
56 :         }
57 :         println()
58 :     }
59 :
60 :     fun reverse() {
61 :         var temp: T?
62 :         for (i in 0 until this.size / 2) {
63 :             val j = size - 1 - i
64 :             temp = bgArray[j] as? T
65 :             bgArray[j] = bgArray[i] as? T
66 :             bgArray[i] = temp
67 :         }
68 :     }
69 :
70 :     // selection_sort()
71 :     // insertion_sort()
72 : }
```

그림 8.5 class GenericBigArray<T> (part 2)

Line 43~57에서 만약 배열의 원소 개수 size가 배열의 첫 부분에서 출력한 상태에서의 count 값이 size − (sample_lines×per_line)보다 큰 경우, 배열의 마지막 부분에서도 최대 sample_lines×per_line 개수의 배열 원소를 차례로 출력하도록 한다. 만약 남아 있는 개수가 (sample_lines×per_line)보다 작은 경우 남아 있는 배열 원소만을 출력하도록 line 44에서 count를 설정한다. Line 46~58에서는 배열의 마지막 부분에서도 최대 한 줄에 per_line 개의 배열 원소를 sample_lines줄만큼 출력하도록 하고, 출력 중간 부분에서 남아있는 배열 원소가 없는 경우, 줄 바꿈을 출력한 후, 큰 배열의 샘플 출력 기능을 중단한다. Line 60~68에서는 배열 원소의 순서를 앞뒤로 바꾸어 주는 reverse() 기능을 구현하고 있다.

(2) 선택정렬 (selection sort)

선택정렬 (selection sort)은 그림 8.6에서 보여주는 절차에 따라 단계적으로 진행된다. 선택정렬의 맨 첫 단계 (round 0)에서는 주어진 배열의 원소들 중 가장 작은 값을 가진 원소를 전체 구간 (인덱스 0~N−1)에서 찾아, 이를 배열의 인덱스 0 위치의 원소와 자리바꿈을 하여 전체 배열의 원소 중에서 가장 작은 값의 원소가 맨 첫 번째 위치에 저장되도록 한다. 다음 단계 (round 1)에서는 배열의 인덱스 1~N−1 구간에 있는 원소들 중 가장 작은 값을 가진 원소를 찾아 인덱스 1 위치에 저장하도록 자리바꿈 (swap)을 실행한다. 이러한 단계를 N−1번 실행하면 전체 원소들을 값의 크기 순서로 정렬할 수 있다. 경우에 따라서는 각 검색 구간의 맨 첫 번째 원소의 값이 가장 작은 경우가 있을 수 있으며, 이 경우에는 자리바꿈이 실행되지 않게 된다. 선택정렬에서 각 단계별로 그 구간에서의 가장 작은 원소를 찾기 위하여 필요한 값의 비교 회수는 N−1, N−2, N−3, . . . 2, 1로 표현되며, 이들을 모두 합하면 $(N-1)(N-2)/2 = (N^2 - 3N + 2)/2$이 되어 배열의 크기 N의 제곱에 비례하는 값을 가지게 된다. 따라서 정렬 대상이 되는 원소들의 개수가 매우 큰 경우에는 선택정렬의 성능이 낮을 수 있다.

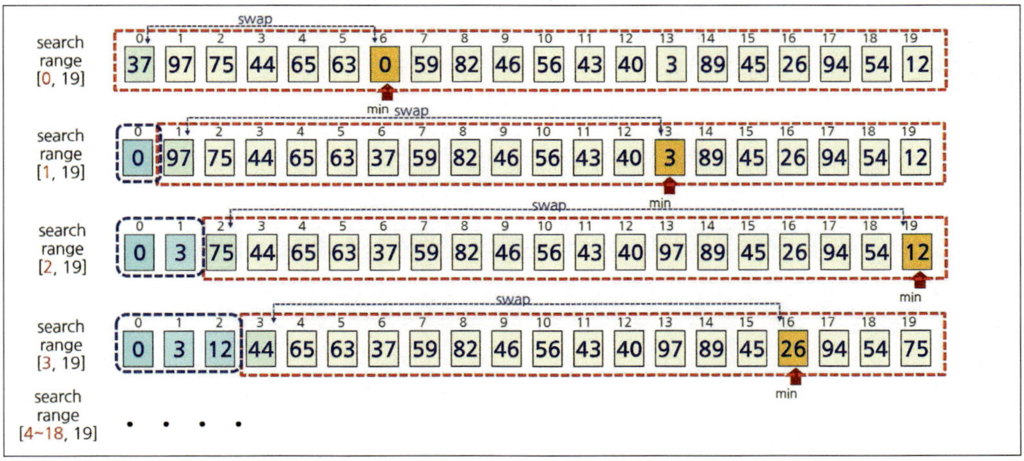

그림 8.6 선택정렬 (selection sort) 알고리즘

그림 8.7에서 구현하고 있는 선택정렬은 그림 8.5에서 설명한 class GenericBigArray<T>의 멤버 함수로 구현된 것이며, 2중 for−loop으로 구성되며, line 7에서는 정렬 대상 구간의 시작 위치를 인덱스 i로 설정하며 line 9~13의 내부 for−loop에서 i+1~size−1 구간의 원소 중 가장 작은 값을 찾아 그 위치를 min_idx에 저장한다. 만약 내부 for−loop에서 찾은 최솟값 원소의 위치 min_idx가 i와 다른 경우, 이들 bgArray[i]와 bgArray[min_idx] 원소 위치를 서로 교환하여 작은 원소의 순서대로 정렬되게 한다.

```
class GenericBigArray<T : Comparable<T>> {
    // 그림 8.5 내용
    fun selection_sort() {
        var temp: T
        var i: Int
        var min_idx: Int
        for (i in 0 until this.size - 1) {
            min_idx = i
            for (j in i + 1 until this.size) {
                if ((bgArray[min_idx] as T) > (bgArray[j] as T)) {
                    min_idx = j
                }
            }
            if (min_idx != i) {
                temp = bgArray[i] as T
                bgArray[i] = bgArray[min_idx]
                bgArray[min_idx] = temp
            }
        }
    }
    // fun insertion_sort()
}
```

그림 8.7 선택정렬 알고리즘의 구현 - selectionSort()

(3) 삽입정렬 (insertion sort)

삽입 정렬(Insertion Sort)은 간단하고 직관적인 정렬 알고리즘 중 하나로, 배열이나 리스트를 정렬하는 데 사용된다. 그림 8.8에서 보는 것과 같이, 삽입 정렬의 기본 아이디어는 현재 정렬되지 않은 데이터를 하나씩 꺼내서 앞 부분에 이미 정렬되어 있는 영역의 원소들과 비교하여 적절한 위치에 삽입하는 것이다.

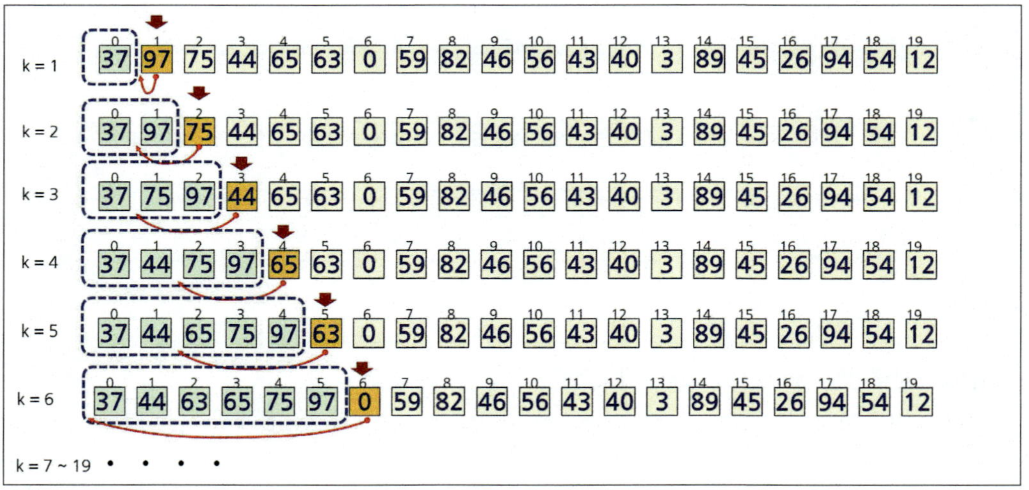

그림 8.8 삽입 정렬 (insertion sort) 알고리즘

삽입 정렬은 리스트 또는 배열의 두 번째 요소부터 시작하여 해당 요소를 그 이전의 정렬되어 있는 요소들과 비교하여 적절한 위치에 삽입하는 방식으로 동작한다. 이 과정을 반복하면서 리스트의 앞부분은 점점 정렬된 상태가 된다.

- 초기 설정: 첫 번째 요소는 이미 정렬되어 있다고 가정한다. 왜냐하면 요소 하나만 있을 경우 그것은 정렬된 상태로 간주될 수 있기 때문이다.
- 비교 및 자리옮김의 반복, 삽입 과정: 두 번째 요소부터 시작하여 현재 위치의 요소를 그 이전의 요소들과 비교한다. 비교 대상 요소가 정렬된 구간의 이전 요소보다 크다면, 그 정렬된 구간의 요소를 오른쪽으로 밀고 (shift right) 빈 자리를 확보한다. 자리 옮김을 한 그 앞의 요소와의 비교와 필요시 자리 옮김을 정렬 구간의 요소가 클 때까지 반복하며, 정렬 구간의 요소가 작은 경우, 이 반복을 중지하고, 그 위치에 비교 대상 요소를 삽입한다.

```
 1 :  class GenericBigArray<T : Comparable<T>> {
 2 :      // 그림 8.5 및 그림 8.7 내용
 3 :      fun insertion_sort() {
 4 :          /* sort given array with insertion_sort algorithm */
 5 :          var temp: T
 6 :          var i: Int
 7 :          for (k in 1.. this.size - 1) {
 8 :              temp = bgArray[k] as T
 9 :              i = k
10 :              while (i > 0) {
11 :                  if ((bgArray[i - 1] as T).compareTo(temp) <= 0)
12 :                      break
13 :                  bgArray[i] = bgArray[i - 1] as T // shift right to make a room
14 :                  --i
15 :              }
16 :              bgArray[i] = temp
17 :          }
18 :      }
19 :  }
```

그림 8.9 삽입정렬 알고리즘의 구현 - insertionSort()

그림 8.9에서 구현되어 있는 insertion_sort()는 이중 반복문 구조로 구성되어 있다. Line 4~14에서는 k 인덱스를 1 ~ size-1의 값으로 변경하며, 그 앞에 있는 정렬된 구간의 원소와 line 5에서 temp로 설정된 k번째 원소를 비교하도록 한다. 즉, 0~k-1 구간은 정렬되어 있는 원소들이며, k번째 원소와 k-1~0 위치의 원소를 차례로 line 8에서 비교하며, 만약 정렬된 구간의 원소 값이 temp보다 큰 경우 line 10에서 shift right를 사용하여 오른쪽으로 자리옮김을 하여 빈 공간을 만든다. 내부 while 반복문은 정렬 구간의 원소가 temp보다 같거나 작은 경우, break로 중단하게 되며, i번째 위치에 temp를 저장하여 정렬 상태로 만든다.

(4) 선택정렬과 삽입정렬의 성능 (경과시간) 측정 및 분석

그림 8.10은 선택정렬과 삽입정렬 알고리즘을 구현한 selection_sort()와 insertion_sort() 함수의 실행에 걸리는 시간을 측정하며 분석할 수 있도록 한다. Line 6~40에서는 선택정렬과 삽입정렬의 기본 기능을 확인하도록 구성하고 있다. 그림 8.5~8.7에서 구현된 제네릭 class GenericBigArray<T>를 사용하여 line 12에서 주어진 배열 크기 (genArr_size)와 offset의 정수형 난수 배열을 생성하고, line 13~14에서 초기 상태를 출력한다. Line 16~22에서는 선택정렬 기능을 class GenericBigArray<T>의 멤버 함수인 selection_sort()를 사용하여 실행하게 하고, 걸린 시간을

System.nanoTime()을 사용하여 측정하며, 경과시간과 정렬된 결과 상태를 출력하여 확인하도록 한다. 그림 8.11에서 결과를 확인할 수 있다.

```
 1: /* Kotlin - Application of BigGenericArray */
 2: import GenericBigRandArray.GenericBigArray
 3: import kotlin.system.measureNanoTime
 4: import kotlin.system.measureTimeMillis
 5:
 6: fun test_1() {
 7:     val genArr_size = 100
 8:     val offset = 0
 9:     var t1_ns : Long
10:     var t2_ns : Long
11:     var t_elapsed_ns : Long
12:     val intBigArray = GenericBigArray<Int>(genArr_size, offset)
13:     println("Initialized intBigArray :")
14:     intBigArray.printBigArraySample(10, 2)
15:
16:     t1_ns = System.nanoTime()
17:     intBigArray.selection_sort()
18:     t2_ns = System.nanoTime()
19:     t_elapsed_ns = t2_ns - t1_ns
20:     println("Selection_sort for Int array (size : %d) took %d nano_sec".
           format(genArr_size, t_elapsed_ns))
21:     println("Sorted intBigArray :")
22:     intBigArray.printBigArraySample(10, 2)
23:
24:     intBigArray.shuffle()
25:     System.out.printf("After shuffling of intBigArray :\n")
26:     intBigArray.printBigArraySample(10, 2)
27:
28:     t1_ns = System.nanoTime()
29:     intBigArray.insertion_sort()
30:     t2_ns = System.nanoTime()
31:     t_elapsed_ns = t2_ns - t1_ns
32:     println("Insertion_sort for Int array (size : %d) took %d nano_sec".
          format(genArr_size, t_elapsed_ns))
33:     println("Sorted intBigArray :")
34:     System.out.printf("After insertion_sort of intBigArray :\n")
35:     intBigArray.printBigArraySample(10, 2)
36:
37:     intBigArray.reverse()
38:     System.out.printf("After reversing of sorted intBigArray :\n")
39:     intBigArray.printBigArraySample(10, 2)
40: }
```

그림 8.10 선택정렬과 삽입정렬 알고리즘 구현 함수의 성능측정 및 분석 프로그램 (part 1)

그림 8.10 line 24~26에서는 다음 실험을 위하여 intBigArray.shuffle()을 사용하여 배열을 뒤섞어 동일한 조건에서 삽입정렬 기능을 시험하도록 한다. Line 28~39에서는 삽입정렬 기능을 수행하며, 걸린 경과 시간을 nano 초 단위로 System.nanoTime() 라이브러리 함수를 사용하여 측정하며, 경과된 시간과 정렬 결과를 그림 8.11과 같이 출력하여 확인 한다. Line 37~39에서는 배열 원소를 역순으로 재정리하여 주는 reverse() 멤버 함수

를 실행시키고, 그 결과를 그림 8.11에서와 같이 확인할 수 있다.

```
41:
42: fun test_2()
43: {
44:     var t1_ns : Long
45:     var t2_ns : Long
46:     var t_elapsed_ns : Long
47:
48:     var big_size: Int
49:     val test_sizes = intArrayOf(10, 50, 100, 500, 1000, 5000, 10000, 50000, 100000)
50:     val offset = 0
51:     var bigRandIntArray: IntArray
52:     var tns_insert : Long
53:     var tns_select : Long
54:
55:     println("Comparisons of Sorting Algorithms (measured time in nano-seconds)")
56:     println("%10s %15s %15s".format("test_size", "select_sort[ns]", "insert_sort[ns]"))
57:     for (test_size in test_sizes) {
58:         val intBigArray = GenericBigArray<Int>(test_size, offset)
59:         tns_select = measureNanoTime { intBigArray.selection_sort() }
60:         intBigArray.shuffle()
61:         tns_insert = measureNanoTime { intBigArray.insertion_sort() }
62:         println("%10d %15d %15d".format(test_size, tns_insert, tns_select))
63:     }
64: }
65:
66: fun main(args: Array<String>) {
67:     test_1()
68:     test_2()
69: }
```

그림 8.10 선택정렬과 삽입정렬 알고리즘 구현 함수의 성능측정 및 분석 프로그램 (part 2)

```
Initialized intBigArray :
     94     33      8     22     23     42     18     73     53      0
     16     28     88     15     75     95     89     62     34     79

     . . . . .
     71     81     86      4     57     61     97     44     50     58
     76     17     70      7     32     99     37     39     85     72

Selection_sort for Int array (size : 100) took 433000 nano_sec
Sorted intBigArray :
      0      1      2      3      4      5      6      7      8      9
     10     11     12     13     14     15     16     17     18     19

     . . . . .
     80     81     82     83     84     85     86     87     88     89
     90     91     92     93     94     95     96     97     98     99
```

그림 8.11 선택정렬과 삽입정렬 알고리즘에 대한 성능 측정 및 분석 (Array Size : 100) (part 1)

그림 8.10 line 42~65에서는 10 ~ 100,000 크기의 정수형 배열에 대하여 선택정렬과 삽입정렬에 걸리는 경과시간을 측정하여 비교하는 기능을 구현하고 있다. Line 49에서는 비교하고자 하는 배열의 크기를 정수형 배열 test_sizes에 포함시키고, line 57~63의 for 반복문에서 test_size별로 선택정렬과 삽입정렬을 실행한 후, 경과시간을 nano-second 단위로 측정한 후, 그림 8.12에서 보는 것과 같이 표 형식으로 출력하여 비교할 수 있게 한다.

```
After shuffling of intBigArray :
     77      98       9      16      18       1      55      65      95      64
     37      41      48      91      17      68      63      87      72      45

     . . . . .
     38       8      30      13      23      78      47      35      61      42
     84      59       2      81      44      25      62      19      24      86

Insertion_sort for Int array (size : 100) took 185300 nano_sec
Sorted intBigArray :
After insertion_sort of intBigArray :
      0       1       2       3       4       5       6       7       8       9
     10      11      12      13      14      15      16      17      18      19

     . . . . .
     80      81      82      83      84      85      86      87      88      89
     90      91      92      93      94      95      96      97      98      99

After reversing of sorted intBigArray :
     99      98      97      96      95      94      93      92      91      90
     89      88      87      86      85      84      83      82      81      80

     . . . . .
     19      18      17      16      15      14      13      12      11      10
      9       8       7       6       5       4       3       2       1       0
```

그림 8.11 선택정렬과 삽입정렬 알고리즘에 대한 성능 측정 및 분석 (Array Size : 100) (part 2)

```
Comparisons of Sorting Algorithms (measured time in nano-seconds)
 test_size select_sort[ns] insert_sort[ns]
        10            2600            4500
        50           38100           92800
       100          157000          296400
       500         3737400         3981800
      1000         2725300        11704100
      5000        20266900        16986200
     10000        84809100        68989000
     50000      2022611300      2282558700
    100000      9085133900      9887030800
```

그림 8.12 선택정렬과 삽입정렬 알고리즘에 대한 성능 측정 및 분석 결과 (ArraySize: 10 ~ 100000)

선택정렬과 삽입정렬 알고리즘의 경우 2중 반복문 구조를 사용하며, 앞에서 설명한 것과 같이 정렬에 필요한 비교 회수가 배열의 크기 N의 제곱에 비례하는 값을 가지며, 실제 측정 결과에서 이러한 추세를 확인할 수 있다. 따라서 정렬 대상이 되는 배열 원소들의 개수가 매우 큰 경우에는 선택정렬의 성능이 매우 낮을 수 있어, 성능이 우수한 알고리즘 구조를 사용해야 한다.

8.2 분할 및 정복 (Divide and Conquer)

8.2.1 분할 및 정복 기법

분할 및 정복 (divide and conquer) 기법은 큰 규모의 문제를 해결할 때 위에서부터 아래로 분할 (top-down divide)을 하여 작은 단위의 문제를 쉽게 해결하도록 하고, 이 작은 단위의 결과를 모아서 전체 문제의 해결 결과를 얻는 문제해결 방법(알고리즘)이다. 분할과 정복 기법에서는 top-down 분할 방식으로 구성된 작은 단위의 문제는 개별적으로 하나의 문제로 다루어진다. 분할과 정복 방법으로 알고리즘의 성능을 향상시키는 대표적인 예로 퀵 정렬 (quick sort)과 병합정렬 (merge sort)이 있다.

8.2.2 병합정렬 (Merge Sort)

그림 8.13은 병합정렬 알고리즘의 개념을 그림으로 표현하고 있다. 병합정렬은 먼저 주어진 배열을 재귀함수를 통해 절반씩 계속 분할 (divide)하여 각 원소가 하나씩 남아 있는 상태로 만든 뒤, 단계적으로 병합 (merge)을 실행하면서 크기 순서로 정리한다.

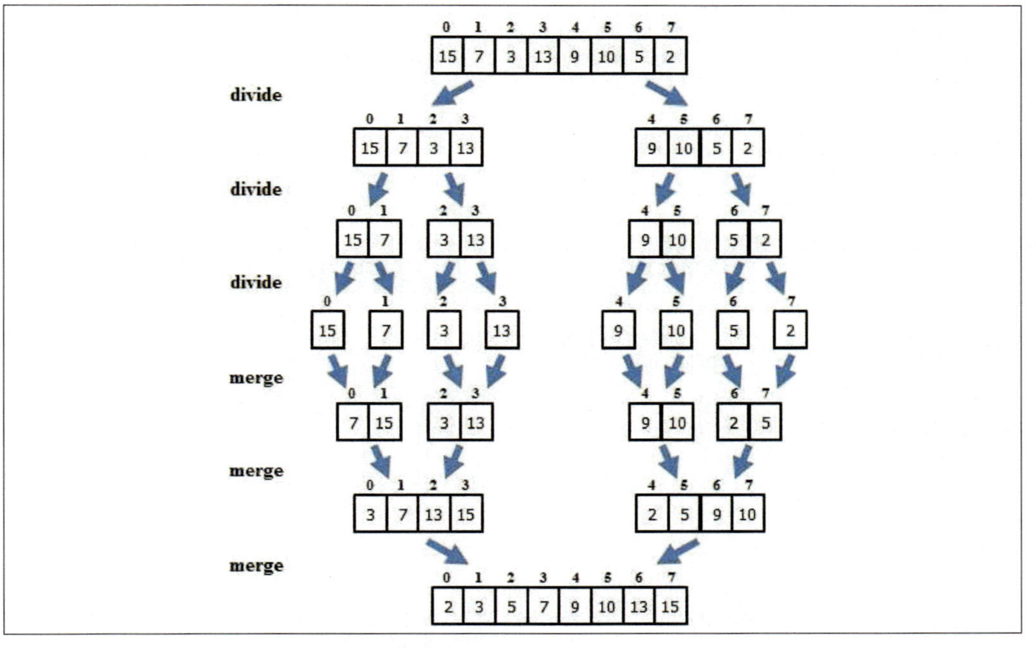

그림 8.13 병합정렬 (merge sort)의 개념도

그림 8.13에서 전반부는 주어진 배열을 3번에 걸쳐 계속 절반씩 분할하는 것이며, 후반부는 각 배열을 병합시킬 때 크기 순서대로 병합시켜 나가는 절차를 수행한다. 분할 절차가 완료된 후, 단계적 병합에서는 각 배열이 부분적으로 정렬된 상태이기 때문에 선택정렬에서와 같이 모든 구간을 계속 비교할 필요는 없게 되며, 병합 대상 배열의 인덱스를 순차적으로 증가시키며 둘 중에 작은 원소를 선택하는 것으로 병합이 이루어 질 수 있다.

그림 8.14는 class GenericBigArray()의 멤버 함수로 구현된 병합정렬 알고리즘 함수 mergeSort()를 보여준다. Line 38의 mergeSort() 함수는 class GenericBigArray의 데이터 멤버인 bgArray[]에 대하여 병합정렬 기능을 수행하며, 기본적으로 오름차순 (increasing order, non-decreasing order)으로 정렬한다. Line 36~40에서는 병합정렬에서 임시로 사용하는 tmp_array를 구성하며, this.size 개수의 Any? 자료형의 원소를 초기값으로 가지도록 한다. Line 39에서는

_mergeSort(tmp_array, 0, this.size-1) 함수를 호출하여 0 ~ size-1 구간의 원소들에 대하여 병합 정렬 기능이 수행되도록 한다.

```
 1 :  /* GenericBigArray with Algorithms */
 2 :  package BigRandArray
 3 :
 4 :  class GenericBigArray<T : Comparable<T>> {
 5 :     // . . . . 그림 8.5 내용
 6 :
 7 :      fun _mergeSort(tmp_array : Array<Any?>, left:Int, right:Int)
 8 :      {
 9 :          //println("... invoke MergeSort(left=%d, right=%d):".
                 format(left, right))
10 :          if (left >= right)
11 :              return;
12 :          var i : Int;     var j : Int;     var k : Int
13 :          var mid = (left+right) / 2;
14 :          _mergeSort(tmp_array, left, mid);
15 :          _mergeSort(tmp_array, mid + 1, right);
16 :
17 :          for (i in left.. right)
18 :              tmp_array[i] = bgArray[i]
19 :          i = left;     j = mid + 1;     k = left
20 :          while (k <= right)
21 :          {
22 :              if ((i <= mid) && (j <= right)) {
23 :                  if ((tmp_array[i] as T) < (tmp_array[j] as T))
24 :                      bgArray[k++] = tmp_array[i++]
25 :                  else
26 :                      bgArray[k++] = tmp_array[j++]
27 :                  continue
28 :              }
29 :              if ((i  > mid) && (j <= right))// left part is empty
30 :                  bgArray[k++] = tmp_array[j++]
31 :              if ((i <= mid) && (j>right))
32 :                  bgArray[k++] = tmp_array[i++]
33 :          }
34 :      }
35 :
36 :      fun mergeSort()
37 :      {
38 :          var tmp_array : Array<Any?> = arrayOfNulls<Any?>(this.size)
39 :          _mergeSort(tmp_array, 0, this.size-1);
40 :      }
41 :
42 :  }
```

그림 8.14 병합정렬 함수 - mergeSort()

그림 8.14 line 7~34는 전달된 배열을 절반씩 나누어 _mergeSort() 함수를 재귀호출(recursive call)하도록 구성한다. 먼저 배열 길이의 절반을 정수 나눗셈을 사용하여 계산하고, 배열의 전반부인 left~mid에 대하여 mergeSort() 함수를 재귀 호출하여 정렬하도록 한다. 이 때 재귀 호출된 mergeSort() 함수는 다시 line 14~15에서 주어진 배열을 절반씩 나누어 _mergeSort()를 재귀호출하며, 이러한 반복적인 재귀함수 호출은 정렬 대상 배열의 길이가 1 이상일 때까지 반복된다. 주어진 배열의 분할은 배열의 원소 개수가 1이면, line 10~11에서 mergeSort() 재귀함수 호출로부터 반환되며, line 17~33에서 병합 기능이 실행된다. 병합 기능 구현에서는 데이터 멤버인 bgArray[] 배열에 담겨있는 각각 부분 정렬되어 있는 두 개의 배열 (left~mid, mid+1~right)을 병합시킨다. 이 병합 작업을 위하여 tmp_array[]를 사용하며, line 17~18에서 그림 8.15와 같이 left~right 구간의

원소를 tmp_array[]로 복사를 한 후, left~mid 구간과 mid+1~right 구간의 부분 배열의 원소 중 작은 값의 원소를 해당 배열로부터 추출하고, 이를 bgArray[]에 담는다. bgArray[]에 담기는 원소들은 오름차순으로 정렬된 상태가 된다. Line 20~33에서 구현된 배열 원소의 선택 및 병합 기능이 2중 for-loop이 아니라 각 배열을 한 번씩 차례로 접근하는 기능을 수행하므로 병합정렬의 복잡도는 선택정렬의 복잡도보다 낮아질 수 있다.

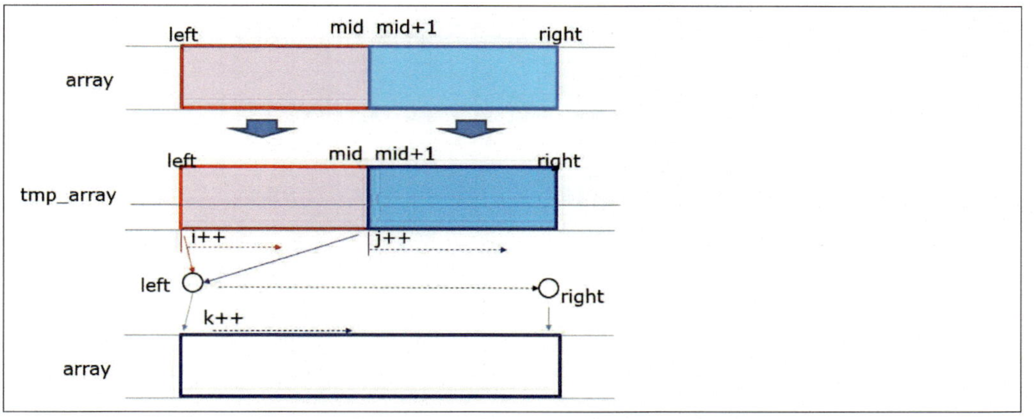

그림 8.15 병합 정렬 알고리즘 구현에서의 병합을 위한 tmp_array 활용

8.2.3 퀵정렬 (Quick Sort)

분할 및 정복 방식으로 정렬을 수행하는 또 다른 알고리즘으로 퀵정렬 (quick sorting)이 있다. 퀵정렬은 그림 8.16에서 보는 것과 같이 지정된 정렬구간의 중간위치 원소를 피봇 (pivot)으로 선정하고, 이 피봇 원소 (pivot element)보다 작은 원소들과 피봇 원소보다 큰 원소들을 피봇 원소를 중심으로 구분하여 정돈하도록 한다. 예를 들어 그림 8.16 (part 1)에서 총 20개의 원소가 포함된 배열에 대하여 퀵정렬을 실행하면 첫 번째 정렬구간은 [0, 19]로 설정되고, 정렬구간의 중간지점인 인덱스 (0 + 19) / 2 = 9를 피봇으로 선정한다. 다음으로 분할 (partition) 절차에서는 이 피봇 원소 값 pv = 46을 기준으로 더 작은 원소들을 피봇 원소 왼쪽 (인덱스가 작은 쪽)으로 정돈하게 하고, 피봇보다 큰 원소들은 피봇 오른쪽 (인덱스가 큰 쪽)으로 정돈하게 한다.

일단 정렬 구간에서의 피봇 선정, 피봇을 기준으로 한 분할 절차가 완료되면, 이 정렬 구간에서 피봇보다 작은 원소들이 포함된 그룹에 대하여 퀵정렬을 재귀함수 호출을 통하여 수행하고, 다음으로 피봇보다 큰 원소들이 포함된 그룹에 대하여 퀵정렬 함수를 재귀함수 호출을 통하여 수행한다.

그림 8.16의 예에서 전체 구간 [0, 19]에 대한 퀵정렬이 수행된 후, 첫 번째 구간의 피봇보다 작은 원소들의 집합인 구간 [0, 8]에 대하여 퀵정렬이 수행되고, 이 내부에서 다시 구간 [0, 0], [2, 8]에 대한 퀵정렬이 수행되며, 다시 [2, 4], [6, 8] 구간에 대한 퀵정렬이 재귀함수 호출에 따라 계속 진행된다.

그림 8.16에서 재귀함수 호출에 따른 각 구간에서의 퀵정렬 수행 (피봇 선정, 분할) 절차 및 그 결과를 보여준다. 그림 8.16 (part 1)에서 보여주는 절차가 완료되면 구간 [0, 8]의

정렬이 모두 완료되며, 재귀함수 호출이 시작되었던 첫 번째 퀵정렬 구간 [0, 19] 중에서 피봇 (인덱스 9)과 그 피봇보다 작은 원소들의 정렬이 완료된 상태가 된다. 그림 8.16 (part 2)은 첫 번째 퀵정렬 구간 [0, 19] 중에서 피봇 (인덱스 9)보다 큰 원소들에 대한 정렬을 수행하는 절차를 보여준다.

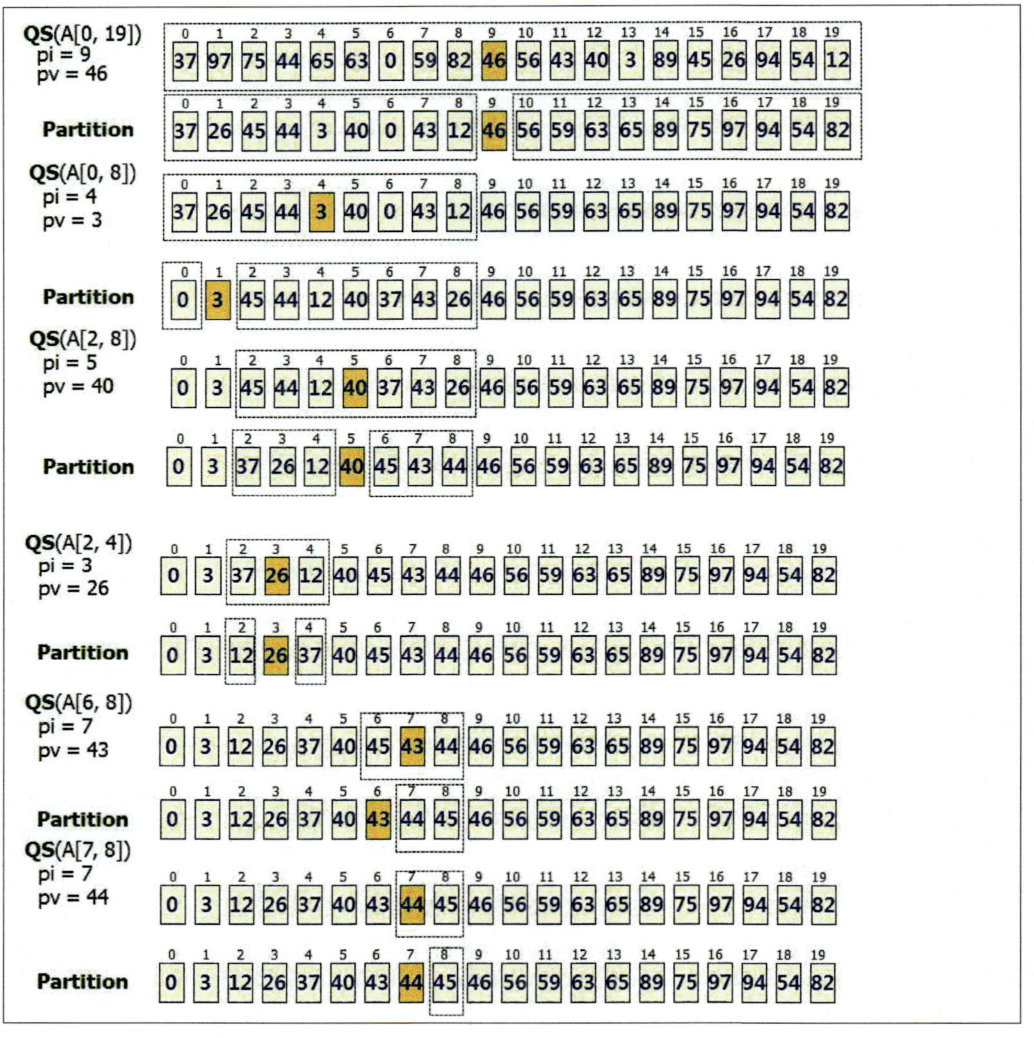

그림 8.16 (part 1) 퀵정렬의 진행 단계 1

퀵정렬에서는 정렬 대상 배열의 중간 값인 피봇을 선정한 후 큰 단위에서 피봇 값보다 작은 원소들 그룹과 피봇 값보다 큰 원소들의 그룹으로 분할하고, 각 그룹 내에서 다시 그 그룹의 중간 값을 피봇으로 선정한 후 피봇 값보다 작은 그룹, 피봇, 피봇 값보다 큰 그룹으로 분할시키는 작업을 계속 반복수행하며, 분할 대상 조각이 하나의 원소를 가질 때 재귀함수 호출로부터 반환된다. 이러한 반복적인 분할 작업의 수행과 분할된 구간 내부에서의 비교에 따른 위치 조정을 함으로써 전체 구간을 반복적으로 비교하여야 하는 부담을 줄일 수 있으며, 전체적인 정렬 알고리즘의 성능을 향상시킬 수 있게 된다.

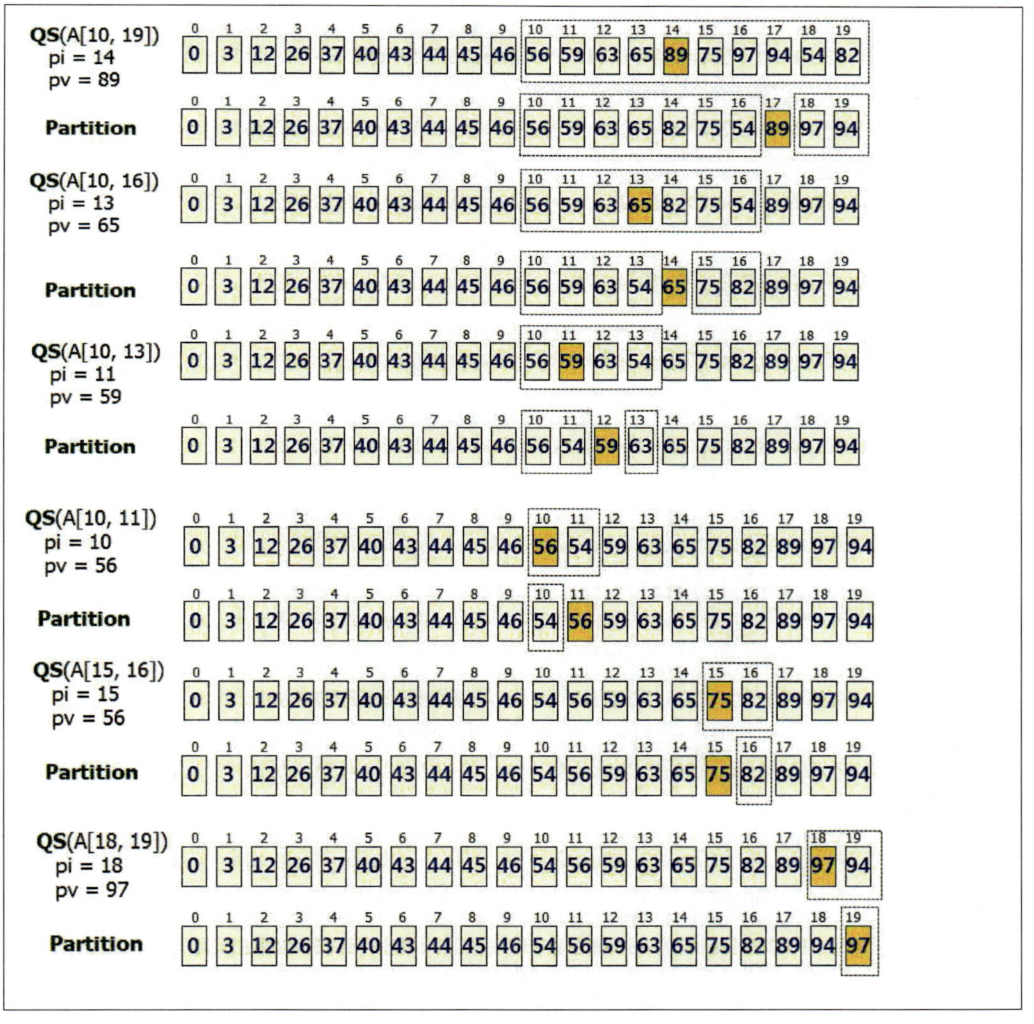

그림 8.16 (part 2) 퀵정렬의 진행 단계 2

그림 8.17은 class GenericBigArray()의 또 다른 멤버 함수로서 퀵정렬 알고리즘을 구현하는 quickSort() 멤버 함수 구현의 예를 보여준다. 이 quickSort() 멤버 함수는 별도의 메모리 공간을 더 사용하지 않고 배열 원소들이 저장되어 있는 배열 bgArray상에서 분할이 이루어지도록 한다.

Line 7~33에서 구현되어 있는 _partition() 함수는 주어진 배열 bgAray의 [left, right]을 지정된 피봇 인덱스 (pivot)의 원소값 pivotValue = bgArray[pivotIndex]를 기준으로 작은 그룹, pv, 큰 그룹으로 위치를 재 조정한다. Line 12~15에서는 피봇 인덱스 위치의 원소 (즉, 피봇 원소)를 배열의 맨 오른쪽인 bgArray[right] 위치에 대피시켜 둔다. Line 16에서 newPI(new pivot index) 값을 left로 설정한 후, line 17~26에서

pivotValue보다 같거나 작은 원소가 존재하면 newPI 위치의 원소와 교체한 후, newPI를 하나 증가시킨다. 이 while_loop의 결과로 newPI 위치 왼쪽의 원소들은 모두 피봇 값보다 같거나 작은 값의 원소들로 구성되며, newPI 위치의 원소는 피봇 값보다 큰 값이고, 오른쪽 (newPI+1 ~ right−1) 구간의 원소들은 모두 피봇 값보다 큰 값의 원소들로 구성된다. Line 29~31에서는 bgArray[right] 위치에 대피시켜 두었던 피봇 원소를 newPI 위치의 원소와 자리바꿈함으로써 newPI 위치를 기준 (피봇 원소보다 같거나 작은 그룹, 피봇 원소, 피봇 원소보다 큰 그룹)으로 분할된 결과를 얻으며, 피봇 원소의 조정된 위치를 나타내는 newPI를 반환한다.

```
 1 :  /* GenericBigArray with Algorithms */
 2 :  package BigRandArray
 3 :
 4 :  class GenericBigArray<T : Comparable<T>> {
 5 :    // . . . . 그림 8.5 내용
 6 :
 7 :     fun _partition(left: Int, right: Int, pivotIndex: Int): Int {
 8 :        val pivotValue: T // pivot value
 9 :        var newPI: Int // new pivot index
10 :        var temp: T
11 :        var i: Int
12 :        pivotValue = this.bgArray[pivotIndex] as T
13 :        temp = bgArray[pivotIndex] as T
14 :        bgArray[pivotIndex] = bgArray[right]
15 :        bgArray[right] = temp // Move pivot to end
16 :        newPI = left
17 :        i = left
18 :        while (i <= right - 1) {
19 :           if ((bgArray[i] as T) <= pivotValue) {
20 :              temp = bgArray[i] as T
21 :              bgArray[i] = bgArray[newPI]
22 :              bgArray[newPI] = temp
23 :              newPI = newPI + 1
24 :           }
25 :           i++
26 :        }
27 :
28 :       // swap array[storeIndex] and array[right];
          //  Move pivot to its final place
29 :        temp = bgArray[newPI] as T
30 :        bgArray[newPI] = bgArray[right]
31 :        bgArray[right] = temp
32 :        return newPI
33 :     }
```

그림 8.17 퀵정렬 – quickSort() (part 1)

Line 35~54의 _quickSort() 함수는 주어진 배열 bgArray에 대하여 재귀함수 호출을 반복적으로 사용하며 분할 및 정복 방식으로 정렬 기능을 수행한다. Line 43에서 정렬 대상 구간의 중간 지점을 피봇 원소 인덱스 pI (pivot_index)로 설정하고 _partition() 함수를 호출한다. _partition() 함수의 반환 결과는 피봇 원소를 기준 (피봇 원소보다 같거나 작은 그룹, 피봇 원소, 피봇 원소보다 큰 그룹)으로 분할된 결과를 담고 있는 bgArray와 피봇 원소의 조정된 위치를 나타내는 newPI를 전달 받는다. Line 20~21에서는 left~newPI−1 사이에 정렬 대상 원소들이 남아 있으면 _quickSort(left, newPI−1)로 재귀호출을 한다.

Line 50~53에서는 newPI+1~right 구간에 정렬 대상 원소가 남아 있는 경우 _quickSort(newPI+1, right)로 재귀호출을 하여 분할 및 정복 방식으로 정렬이 수행되도록 한다. Line 56~59의 quickSort() 멤버 함수는 응용 프로그램에서 class GenericBigArray() 클래스 인스턴스의 퀵정렬 멤버 함수를 호출하기 위한 인터페이스이며, 내부적으로 _quickSort() 재귀함수를 호출하여 퀵정렬을 수행한다.

```
34 :
35 :        fun _quickSort(left: Int, right: Int)
36 :        {
37 :            var pI : Int
38 :            var newPI : Int // pivot index
39 :
40 :            if (left >= right) {
41 :                return;
42 :            }
43 :            pI = (left + right) / 2;
44 :            newPI = _partition(left, right, pI);
45 :
46 :            if (left < (newPI - 1)) {
47 :                _quickSort(left, newPI - 1);
48 :                // recursively sort elements on the left of pivotNewIndex
49 :            }
50 :            if ((newPI + 1) < right) {
51 :                _quickSort(newPI + 1, right);
52 :                // recursively sort elements on the right of pivotNewIndex
53 :            }
54 :        }
55 :
56 :        fun quickSort() {
57 :            var size = this.size
58 :            _quickSort(0, this.size-1);
59 :        }
60 :    }
```

그림 8.17 퀵정렬 – quickSort() (part 2)

8.2.4 병합정렬과 퀵정렬의 성능 비교

그림 8.18은 정렬 알고리즘을 동일한 조건으로 비교하는 성능 측정 및 분석 프로그램이다. Line 10에서 성능 측정 대상 배열의 크기를 배열로 구성하여 다양한 배열 크기에 대한 비교를 할 수 있게 한다. Line 19~29에서 test_sizes에 포함된 test_size를 차례로 선택하고, GenericBigArray<Int>(test_size, offset) 클래스 생성자를 사용하여 인스턴스 intBigArray를 생성한다. Line 21에서는 병합정렬 멤버 함수를 intBigArray.mergeSort()로 호출하여 정렬 기능을 실행시키며 measureTimeMillies() 라이브러리 함수를 사용하여 경과시간을 측정하고, tms_mergeSort에 기록한다.

Line 24에서는 intBigArray.shuffle() 멤버 함수를 사용하여 전체 배열 원소를 뒤섞어준다. Line 25에서는 동일한 조건으로 퀵정렬 함수를 intBigArray.quickSort() 멤버 함수 호출로 배열의 정렬을 수행하며, measureTimeMillies() 멤버 함수를 사용하여 경과시간을 측정하고, tms_quickSort에 저장한다. Line 28에서는 측정된 경과시간을 배열의 크기와 함께 출력하여 비교하도록 한다. 그림 8.19에서 비교 결과를 살펴볼 수 있다.

```
/* Kotlin, BigRandArray, QuickSort, printBigArraySample */

import java.util.*
import kotlin.system.measureTimeMillis
import kotlin.system.measureNanoTime
import BigRandArray.*

fun main() {
    //val test_sizes = intArrayOf(10000)
    val test_sizes = intArrayOf(10000, 50000, 100000, 500000, 1000000,
      5000000, 10000000, 50000000)
    val offset = 0
    var bigRandIntArray: IntArray
    var tns_quick : Long
    var tms_mergeSort : Long
    var tms_quickSort : Long

    println("Comparisons of Sorting Algorithms for Int random big arrays\n
      (measured time in milli-seconds)")
    println("%10s %15s %15s".format("test_size", "mergeSort[ms]",
     "quickSort[ms]"))
    for (test_size in test_sizes) {
        val intBigArray = GenericBigArray<Int>(test_size, offset)
        tms_mergeSort = measureTimeMillis { intBigArray.mergeSort() }
        //println("Sorted result (by mergeSort):")
        //intBigArray.printBigArraySample(10, 2)
        intBigArray.shuffle()
        tms_quickSort = measureTimeMillis { intBigArray.quickSort() }
        //println("Sorted result (by quickSort):")
        //intBigArray.printBigArraySample(10, 2)
        println("%10d %15d %15d".format(test_size, tms_mergeSort,
          tms_quickSort))
    }
} // end of main()
```

그림 8.18 병합정렬과 퀵정렬의 성능 비교 시험 프로그램

그림 8.19는 배열의 크기가 10,000 ~ 50,000,000인 정수자료형 배열의 병합정렬과 퀵정렬을 비교한 결과를 보여주며, 50,000,000개의 정수 자료형 배열인 경우 병합정렬이 46.033초, 퀵정렬이 31.285초가 걸려 퀵정렬이 병합정렬보다 좀 더 빠른 성능을 보여주는 것을 확인할 수 있다.

앞에서 설명한 바와 같이, 병합정렬과 퀵정렬 알고리즘은 "분할 및 정복" 정책에 기반으로 주어진 배열을 분할한 후 이들을 병합시키면서 정렬하거나, 주어진 배열을 피봇 원소를 기준으로 분할시키면서 분할 구간에 대하여 빠른 속도로 정렬시키는 방법을 사용한다. 원소의 개수가 N인 배열에 대한 병합정렬에서 대략 주어진 배열을 1/2씩 분할하는 경우, 총 $\log_2 N$개의 분할 단계 및 병합 단계를 거친다. 각 단계에서는 총 N번의 비교 연산 및 원소값의 복사가 이루어지므로, 병합정렬에 걸리는 경과시간의 복잡도는 $N \bullet \log_2 N$가 된다.

원소의 개수가 N인 배열에 대한 퀵정렬에서도 _partition() 함수에서 1/2씩 분할된다고 가정할 때, 총 $\log_2 N$ 개의 분할 단계가 발생되며, _partition() 함수 내부에서 총 N번의 pivotValue 기준의 원소 자리 재배치가 발생될 수 있으므로 퀵정렬에 걸리는 경과시간의 복잡도는 $N \bullet \log_2 N$가 된다.

따라서 배열 크기 N의 값이 100 이상으로 큰 경우, 병합정렬과 퀵정렬의 정렬 시간 복잡도 O(N•$\log_2$N)은 선택정렬과 삽입정렬의 O(N^2)에 비교하여 상대적으로 작은 실행시간을 가지게 되어 좋은 성능을 제공한다. 대신, 병합정렬과 퀵정렬에서는 재귀함수 호출을 기반으로 구현되기 때문에 함수 호출에 따른 추가 부담이 발생할 수 있어 배열 크기 N의 값이 30 미만으로 작은 경우, 재귀 함수 호출 부담이 없는 선택정렬이나 삽입정렬이 병합정렬이나 퀵정렬보다 실행에 걸리는 시간이 짧을 수 있다. 따라서 정렬이 필요한 경우, 정렬 대상 배열의 크기에 따라 적절한 정렬 알고리즘을 선택 하여야 한다.

```
Comparisons of Sorting Algorithms for Int random big arrays
(measured time in milli-seconds)
 test_size    mergeSort[ms]   quickSort[ms]
     10000                6               5
     50000               20               6
    100000               20              14
    500000              230             138
   1000000              464             297
   5000000             2954            2285
  10000000             6958            4302
  50000000            46033           31285
```

그림 8.19 병합정렬과 퀵정렬 알고리즘 성능 비교 시험 결과 (array size = 10000 ~ 50000000)

8.3 동적 계획법 (Dynamic Programming)

8.3.1 동적 계획법 기법

동적 계획법 (dynamic programming)은 동적 프로그래밍이라고도 하며, 다단계 의사결정에서 각 단계에 따라 동적으로 변화하는 결정을 만드는 방법을 사용하도록 하는 것이다. 즉, 어떤 문제가 여러 단계로 반복되는 부분 문제로 이루어져 있을 때, 각 단계에 있는 부분 문제의 답을 기반으로 전체 문제의 답을 구하는 방법을 의미한다. 동적 계획법은 분할 및 정복 (divide and conquer)과는 다른 문제 해결 방법을 사용한다.

분할과 정복 기법에서는 top-down 분할 방식으로 구성된 작은 단위의 문제는 개별적으로 하나의 문제로 다루어질 수 있는 구조를 가지도록 하는데 동적 프로그래밍 기법에서는 각 단계의 문제들은 그 이전 단계의 문제들의 해결 결과에 의존하도록 구성되며, 동일한 문제를 여러 번 다시 해결하느라 시간을 허비하지 않도록 한번 해결한 적이 있는 단계별 문제의 답을 테이블에 저장하여 두고 이를 사용함으로써 전체 알고리즘 실행 시간을 단축시킨다.

C/C++ 프로그래밍에서는 각 단계별 문제의 답을 저장하기 위하여 정적 지역 변수 (static local variable)를 주로 사용하며, 파이썬 프로그래밍에서는 메모이제이션 데코레이터를 사용하여 계산 결과를 저장하여 재활용할 수 있게 한다. Kotlin 프로그램에서는

mutableMapOf<int, Double> 자료형을 사용하여 매우 큰 값까지 저장할 수 있는 메모 기능을 활용할 수 있다.

8.3.2 동적 계획법 구조의 재귀 피보나치 함수

그림 8.20은 재귀 피보나치 함수의 구성 및 성능 측정 방법을 예제 프로그램으로 보여준다.

```
 1 :  /* Fibonacci series Generation */
 2 :  import java.util.*
 3 :  fun SR_Fibo(n : Int) : Double {
 4 :      var fibo_n : Double
 5 :      if (n <= 1) {
 6 :          fibo_n = n.toDouble()
 7 :
 8 :      } else {
 9 :          fibo_n = SR_Fibo(n-2) + SR_Fibo(n-1)
10 :      }
11 :      return fibo_n
12 :  }
13 :
14 :  var memo = mutableMapOf<Int, Double>()
15 :
16 :  fun Dyn_Fibo(n : Int) : Double {
17 :      if (n <= 1) {
18 :          return n.toDouble()
19 :      }
20 :      if (memo.containsKey(n)) {
21 :         return memo[n]!!
22 :      }
23 :      memo[n] = Dyn_Fibo(n-2) + Dyn_Fibo(n-1)
24 :      return memo[n]!!
25 :  }
```

그림 8.20 메모 기능을 사용하는 재귀 피보나치 함수 – Dyn_Fibo() (part 1)

Line 3~12에서는 단순 재귀(simple recursive) 함수 구조의 피보나치 수열 계산 함수 SR_Fibo()의 구현 예를 보여준다. Line 14에서 메모 기능을 수행하는 mutableMapOf<Int, Double> 자료형의 memo를 생성하고, line 16~25에서 구현하는 Dyn_Fibo() 함수는 인수인 n 값이 1보다 작은 경우, 그 n의 Double 값을 반환하고, 1보다 큰 경우, 우선 n 값을 key로 가변형 맵 memo에 값이 포함되어 있는 지 확인하고, 포함되어 있는 경우 그 memo[n]의 값을 반환하며, 키 n에 대한 값이 memo에 포함되어 있지 않는 경우 Dyn_Fibo(n-2) + Dyn_Fibo(n-1)을 실행하여 그 결과값을 memo[n]에 저장한 후 memo[n]값을 반환하게 하여, 동일한 계산을 반복하여 수행하지 않도록 한다.

Line 27~54의 main() 함수에서는 피보나치 수열 계산을 어떤 구간 (start, end, stride)과 어떤 방식으로 할 것인지를 입력받도록 하고, start~end 구간에서 stride 간격으로 지정된 정수 값 n에 대한 피보나치 수열을 계산한다. 실제 지정된 mode에 따라 피보나치 수열을 계산할 때 걸린 시간을 System.nanoTime() 라이브러리 함수를 사용하여 측정하고, 경과시간을 nano-second 단위로 출력하도록 한다. Line 50에서는 피보나치 수열 계산에 사용된 모드와 계산된 피보나치 수열 값 및 경과시간을 출력한다.

```
fun main(args: Array<String>) {
    val cin = Scanner(System.`in`)
    var beforeTime_ns : Long
    var afterTime_ns : Long
    var elapsedTime_ns : Long

    while (true) {
        print("Input start, end, stride, and mode (SR, Dyn) to generate
            Fibonacci series\n start end stride mode = : ")
        val start = cin.nextInt()
        val end = cin.nextInt()
        val stride = cin.nextInt()
        if (start == 0 && end == 0)
            break
        val mode : String = cin.next()
        var fibo_n: Double
        for (n in start..end step (stride)) {
            beforeTime_ns = System.nanoTime()
            if (mode == "SR")
                fibo_n = SR_Fibo(n)
            else
                fibo_n = Dyn_Fibo(n)
            afterTime_ns = System.nanoTime()
            elapsedTime_ns = afterTime_ns - beforeTime_ns
            println("%s_Fibo(%4d) = %25.0f (took %15d nano-sec)".
                format(mode, n, fibo_n, elapsedTime_ns))
        }
    }
    cin.close()
}
```

그림 8.20 메모 기능을 사용하는 재귀 피보나치 함수 – Dyn_Fibo() (part 2)

```
Input start, end, stride, and mode (SR, Dyn) to generate Fibonacci series
 start end stride mode = : 0 50 5 SR
SR_Fibo(   0) =                         0 (took            1000 nano-sec)
SR_Fibo(   5) =                         5 (took             600 nano-sec)
SR_Fibo(  10) =                        55 (took             800 nano-sec)
SR_Fibo(  15) =                       610 (took            2800 nano-sec)
SR_Fibo(  20) =                      6765 (took           21500 nano-sec)
SR_Fibo(  25) =                     75025 (took          249300 nano-sec)
SR_Fibo(  30) =                    832040 (took         2543300 nano-sec)
SR_Fibo(  35) =                   9227465 (took        27872200 nano-sec)
SR_Fibo(  40) =                 102334155 (took       311041000 nano-sec)
SR_Fibo(  45) =                1134903170 (took      3447289000 nano-sec)
SR_Fibo(  50) =               12586269025 (took     38456504800 nano-sec)
```

그림 8.21 동적 계획법 기능이 없는 재귀 피보나치 함수 실행 결과

그림 8.21와 8.22에서는 단순 재귀함수 구조의 피보나치 수열 계산과 메모 기능을 사용하는 동적 피보나치 계산 함수의 실행 결과를 비교하여 보여준다. 동적 프로그래밍의 메모 기능이 없는 SR_Fibo() 함수를 n = 0~50 구간에서 피보나치 수열 값을 계산하도록 한 결과를 보면, n=25보다 큰 경우 경과시간이 급격히 증가하며, n=50인 경우 38.5초의 매우 긴 시간이 걸리는 것을 확인할 수 있다.

동적 계획법의 메모 기능을 사용한 Dyn_Fibo() 함수의 경우, n = 100인 경우에도 실행

시간이 거의 1 마이크로 초에 해당하며, n 값이 증가하여도 실행 시간의 증가는 거의 없는 것을 알 수 있다. 이 결과는 동적 계획법 (dynamic programming)의 효율성을 잘 보여준다.

```
Input start, end, stride, and mode (SR, Dyn) to generate Fibonacci series
 start end stride mode = : 0 100 5 Dyn
Dyn_Fibo(   0) =                       0 (took          1400 nano-sec)
Dyn_Fibo(   5) =                       5 (took         12800 nano-sec)
Dyn_Fibo(  10) =                      55 (took          1200 nano-sec)
Dyn_Fibo(  15) =                     610 (took          1200 nano-sec)
Dyn_Fibo(  20) =                    6765 (took          1200 nano-sec)
Dyn_Fibo(  25) =                   75025 (took          1300 nano-sec)
Dyn_Fibo(  30) =                  832040 (took          2000 nano-sec)
Dyn_Fibo(  35) =                 9227465 (took          1700 nano-sec)
Dyn_Fibo(  40) =               102334155 (took          1200 nano-sec)
Dyn_Fibo(  45) =              1134903170 (took          1100 nano-sec)
Dyn_Fibo(  50) =             12586269025 (took          1100 nano-sec)
Dyn_Fibo(  55) =            139583862445 (took          1200 nano-sec)
Dyn_Fibo(  60) =           1548008755920 (took          1200 nano-sec)
Dyn_Fibo(  65) =          17167680177565 (took          1300 nano-sec)
Dyn_Fibo(  70) =         190392490709135 (took          1200 nano-sec)
Dyn_Fibo(  75) =        2111485077978050 (took          1200 nano-sec)
Dyn_Fibo(  80) =       23416728348467684 (took          1400 nano-sec)
Dyn_Fibo(  85) =      259695496911122560 (took          1200 nano-sec)
Dyn_Fibo(  90) =     2880067194370816000 (took          1400 nano-sec)
Dyn_Fibo(  95) =    31940434634990100000 (took          1300 nano-sec)
Dyn_Fibo( 100) =   354224848179262000000 (took          1000 nano-sec)
```

그림 8.22 동적 계획법 구조의 재귀 피보나치 함수 실행 결과

8.4 Doubly Linked List (DLL)

8.4.1 Linked List

(1) 배열 자료구조에서의 배열 원소 삽입과 삭제 문제

일반적인 프로그램에서 배열 (array)은 가장 많이 활용되는 기본 자료구조이며, 정수형 및 실수형 데이터 등의 기본자료형 배열과 구조체를 기반으로 하는 파생 자료형 배열들이 많이 사용되고 있다. 그림 8.5에서보다 일반화된 배열 자료구조로서 Kotlin 제네릭 클래스인 GenericBigArray를 설명하였다.

배열의 크기를 필요에 따라 동적으로 조절할 수 있는 동적 배열은 큰 규모의 데이터들을 연속된 메모리 공간에 저장하고, 인덱스를 이용하여 쉽고 빠르게 각 배열 원소에 접근함으로써 검색과 정렬 등의 다양한 알고리즘을 구현할 수 있다는 장점을 제공한다. 특히 동적 배열은 필요에 따라 크기를 조절함으로써 가장 효율적으로 메모리 공간을 사용할 수 있는 장점을 제공한다. Kotlin 프로그램에서는 동적 배열 기능을 MutableList 자료형을 사용하여 구현할 수 있으며, MutableList는 기본적으로 배열 기반의 리스트 구조 (ArrayList)를 사용하고 있다.

배열 기반의 자료형 (MutableList, ArrayList 포함)이 가지는 단점으로는 항상 연속된 메모리 블록상에 데이터를 저장하게 되므로, 만약 현재 사용 중인 배열의 크기를 확장하고자

할 때 먼저 새로운 메모리 블록을 할당 받고, 기존의 모든 데이터들을 새로운 메모리 블록으로 복사하여야 한다는 점이다. 또한 배열에 새로운 데이터를 삽입하고자 하면, 그 데이터가 삽입되는 위치로부터 끝 위치까지의 모든 데이터들을 한자리씩 이동시켜 빈 공간을 만든 후에 새로운 데이터가 삽입되며, 배열의 원소가 삭제될 경우에도 삭제 대상 위치 이후의 모든 데이터들을 앞으로 한 자리씩 자리 이동한다는 점이다. 그림 8.23에서 배열 기반의 자료구조에서 새로운 배열 원소를 삽입할 때 실행되는 동작과 배열 원소를 삭제할 때 발생하는 동작을 보여주고 있다.

배열의 중간에 새로운 원소를 삽입하거나 중간의 원소를 삭제하는 경우 그 위치 이후의 모든 원소들의 자리를 옮겨야 하므로 배열의 크기에 따라 점점 더 옮겨야 하는 원소들의 개수가 많아지기 때문에 매우 큰 배열의 경우 배열 원소의 삽입과 삭제에 걸리는 시간이 원소의 개수에 비례하여 증가하는 문제가 있다.

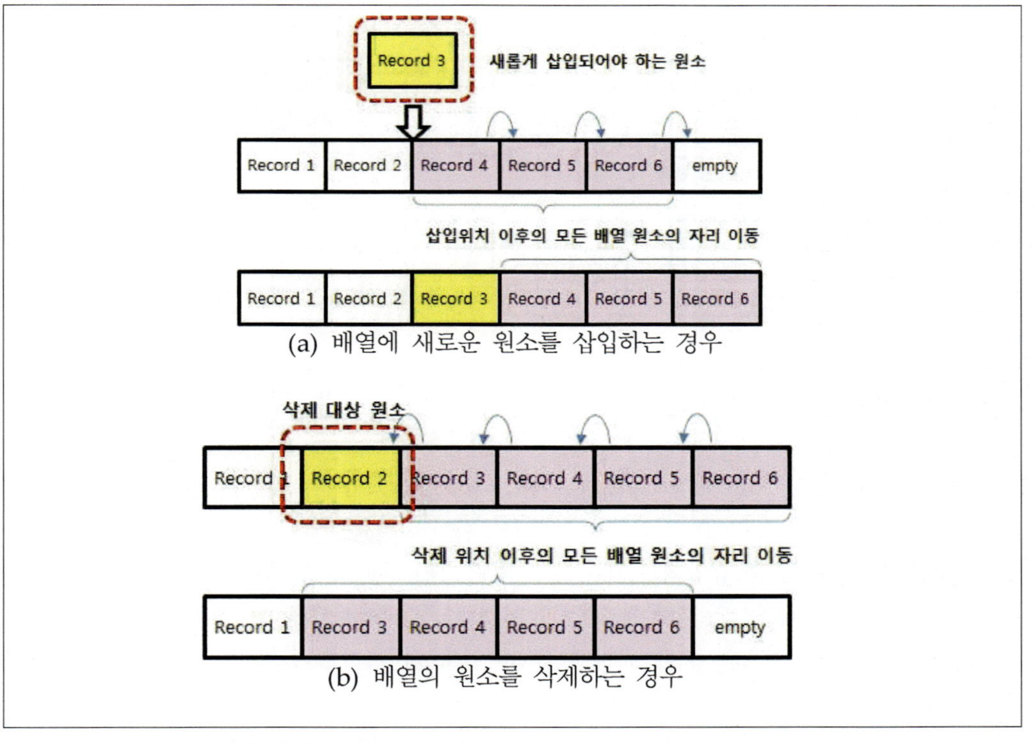

그림 8.23 배열에서의 원소의 삽입과 삭제 동작

(2) 연결형 리스트 (Linked List)

큰 규모의 배열에서 배열 원소가 삽입되거나 삭제되는 경우에 발생하는 일부 배열 원소들의 자리 이동 문제를 해결하기 위한 방법으로, 각 원소들을 연속적인 메모리 공간에 저장하지 않고 임의의 공간에 배치하면서 각 원소들 간을 포인터로 연결시켜 두는 방법을 생각할 수 있다. 그림 8.24에서 보는 것과 같이 데이터 블록들이 저장되는 구조체에 데이터와 함께 그

블록 다음에 연결되는 다음 블록의 위치를 가리키는 포인터를 하나 추가함으로써 전체 데이터 블록들을 연결형 리스트 (linked list)로 구성할 수 있다.

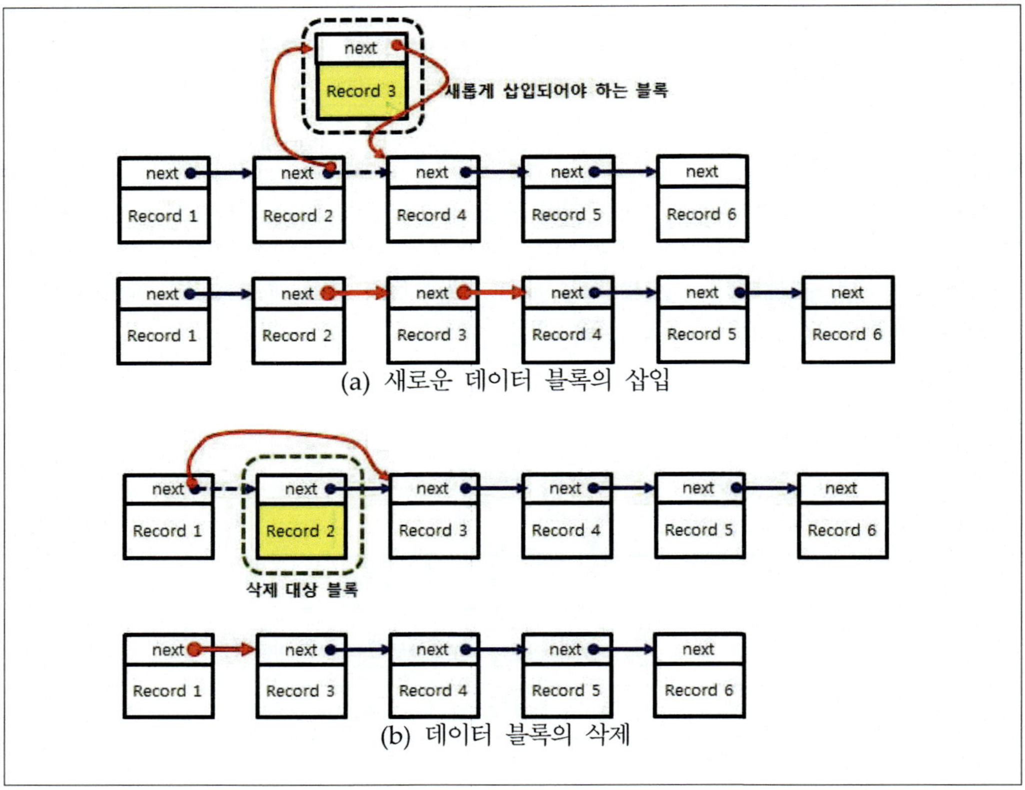

그림 8.24 연결형 리스트 (linked list) 개념

연결형 리스트로 구성한 경우 새롭게 삽입되어야 하는 데이터가 있는 경우 레퍼런스를 포함한 블록으로 만든 후 연결되어야 하는 위치를 확인하고, 그 위치 바로 앞의 데이터 블록의 next 레퍼런스를 새롭게 삽입되는 데이터 블록을 가리키게 하며, 새롭게 삽입되는 데이터 블록의 next 레퍼런스는 삽입 위치에 있는 데이터 블록을 가리키게 하면 된다. 연결형 리스트에서 새로운 데이터 블록이 중간 위치에 삽입되어도 삽입 기준 위치 이후의 모든 데이터 블록들의 연결 상태를 변경할 필요가 없다. 연결형 리스트의 특정 데이터 블록을 삭제하는 경우에도 삭제 대상 데이터 블록 바로 앞에 위치한 데이터 블록의 next 레퍼런스를 삭제 대상 데이터 블록 바로 다음 데이터 블록을 가리키도록 변경함으로써 삭제 대상 데이터 블록을 제외한 연결형 리스트의 재구성이 간단하게 완료된다. 이 데이터 블록 삭제에서도 삭제 대상 블록 이후의 모든 데이터 블록들의 연결 상태를 변경할 필요가 없다. 연결형 리스트에서는 연속된 메모리 공간을 확보하지 않아도 되며, 필요에 따라 각 데이터 블록을 위한 작은 단위의 메모리 공간을 확보하여 연결할 수 있으므로 메모리 사용에도 효율적이라는 장점이 있다.

(3) 연결형 리스트 노드

Kotlin 프로그래밍에서 자료구조에 자기 자신을 참조하는 레퍼런스(참조 변수)가 자료 구조의 속성으로 포함되는 특별한 구조체를 자기 참조 구조체 (self-referential structure)라고 한다. 자기 참조 구조체는 연결형 리스트, 이진 탐색 트리와 스킵 리스트 등의 재귀적인 자료구조를 구성하는 가장 기본적인 구조가 된다.

자기 참조 구조체의 가장 간단한 예로는 그림 8.25에서 볼 수 있는 단일 연결형 리스트를 구성하기 위한 리스트 노드 구조이다. 자기참조 구조체에서는 항상 동일한 형태의 노드를 기본적으로 사용하게 되는데, 연결형 리스트에는 리스트 노드가, 이진 트리에서는 트리노드가 각각 정의된다.

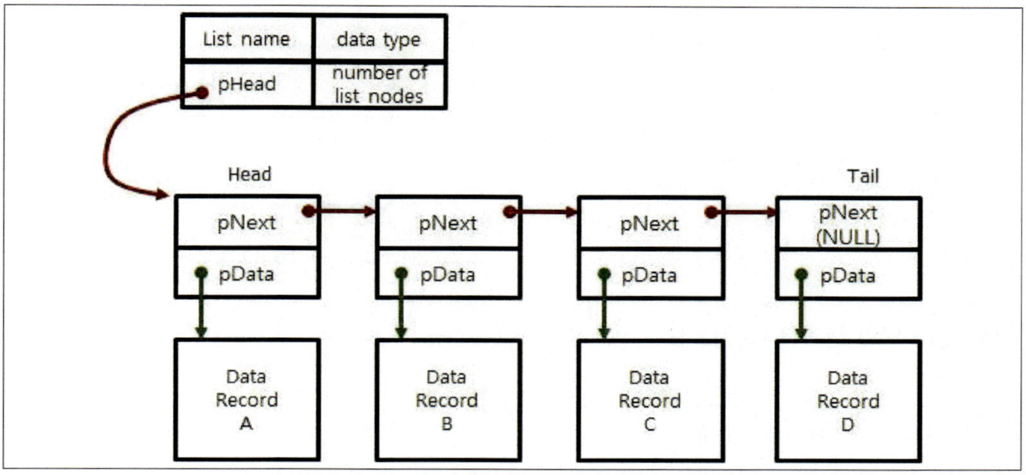

그림 8.25 단일 연결형 리스트 (Singly Linked List)

간단한 연결형 리스트는 그림 8.25와 같이 동일한 리스트 노드를 가리키는 자기 참조 레퍼런스 (참조 변수)가 하나 사용되어 맨 처음 리스트 노드로부터 마지막 리스트 노드까지 한 방향으로 차례로 연결되는 모습을 가지는 경우로, 이를 단일 연결형 리스트라고 한다. 이 단일 연결형 리스트를 구성하기 위한 기본적인 구조인 리스트 노드는 그림 8.26에서 보는 것과 같이, 자기 참조 레퍼런스 next가 하나 사용되며 다음 리스트 노드를 가리키는 구조를 가진다.

단일 연결형 리스트에서는 전체 리스트를 가리키는 헤더 레퍼런스가 지정되며, 이 헤더 레퍼런스를 사용하여 첫 번째 리스트 노드를 찾게 되고, 첫 번째 리스트 노드의 데이터를 처리한 후 다음 리스트 노드를 찾기 위하여 next 레퍼런스를 사용하게 된다. 이러한 방법으로 다음 노드를 계속 찾아 가며, next 레퍼런스 값이 NULL인 경우에 그 단일 연결형 리스트의 마지막 노드가 된다. 단일 연결형 리스트 노드의 구조체를 좀 더 상세하게 살펴보면, 그림 8.26에서 보는 것과 같이 두 가지의 자기 참조 구조체 형태로 구현될 수 있다. 그림 8.26 (a)의 리스트 노드 자기 참조 구조체에서는 실제 데이터가 리스트 노드에 직접 저장되는 구조이며, 그림 8.26 (b)에서는 데이터가 저장되어 있는 곳을 가리키는 참조 변수 (레퍼런스)를 가지는 구조이다.

만약 연결형 리스트에서 저장하여야 하는 데이터가 작은 규모인 경우에는 그림 8.26 (a)와 같은 구조를 가질 수 있다. 그러나 만약 각 리스트 노드가 저장하는 데이터가 큰 경우에는

그림 8.26 (b)와 같이 데이터가 저장된 공간은 별도로 관리하며, 연결형 리스트 구성을 위한 리스트 노드에 데이터가 저장된 곳을 가리키는 레퍼런스를 포함시키는 형태의 자기 참조 구조체/클래스를 주로 사용하게 된다.

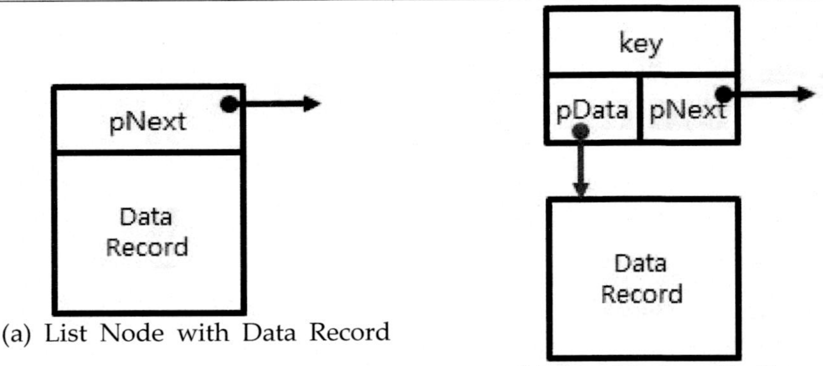

(a) List Node with Data Record

(b) List Node with Key and Pointer to Data Record

그림 8.26 단일 연결형 리스트 노드 (Singly Linked List Node)

예를 들어 학생 (student)의 데이터 블록에 포함되는 정보로서 이름 (name), 학번 (st_id), 소속 학과명 (dept), 전화번호 (tel_no), 주소 (addr), 종합 평점 (GPA), 수강과목 (lectures) 등이 포함되어 있을 때 개별 학생 데이터 블록은 상당히 큰 크기를 가진다. 그런데 학생들을 이름이나 학번 또는 종합 평점 등의 다양한 기준으로 탐색할 때 사용하는 자료구조마다 각 학생의 데이터 블록을 함께 포함시키는 것은 비효율적이며 처리 시간도 오래 걸릴 수 있다. 따라서 학생들의 데이터 블록은 별도의 메모리 공간에 저장하여 두고, 각 자료구조에서는 탐색 또는 정렬 기준이 되는 키 값과 이 데이터 블록의 주소를 가지도록 하는 것이보다 효율적 구현 방법이 된다.

(4) 이중 연결형 리스트 (Doubly Linked List (DLL))

연결형 리스트 구성에서 한 쪽 방향으로만 연결되는 구성 방법 대신, 그림 8.27에서와 같이 이중 연결형 리스트를 구성하는 방법이 있다. 이중 연결형 리스트의 경우 헤더 레퍼런스로부터 첫 번째 리스트 노드를 찾고, 이 리스트 노드가 가진 데이터를 처리한 후 next 레퍼런스를 사용하여 다음 리스트 노드를 찾아가는 방법을 계속 반복하여 마지막 리스트 노드까지 찾아가는 방법은 단일 연결형 리스트와 동일 하다.

그러나 이중 연결형 리스트의 경우 이 기능에 추가하여 마지막 노드를 가리키는 end 레퍼런스를 사용하여 마지막 노드를 찾고, 마지막 노드의 이전 노드를 가리키는 prev 레퍼런스를 사용하여 그 이전 노드를 찾아가는 방법을 계속 반복하여, 맨 처음 노드까지 찾아가는 방법도 사용할 수 있어 단일 연결형 리스트보다 훨씬 더 융통성이 있는 자료구조가 된다.

이중 연결형 리스트 노드를 구성하는 방법에서도 그림 8.28 (a)에서 보는 것과 같이, 리스트 노드에 직접 데이터를 저장하는 경우와 그림 8.28 (b)에서 보는 것과 같이 데이터는 별도의 공간에 저장하여 두고, 리스트 노드에는 데이터가 저장되어 있는 주소를 데이터 레퍼런스로 구성할 수 있다.

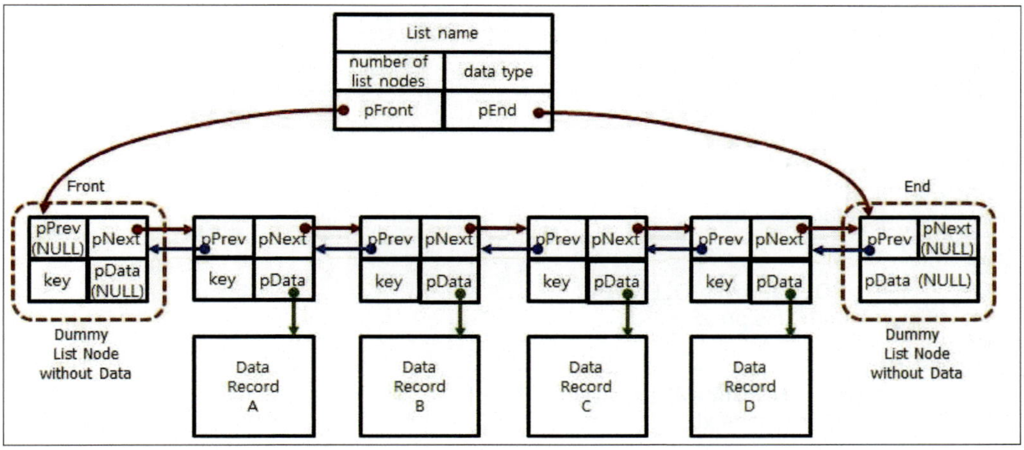

그림 8.27 이중 연결형 리스트

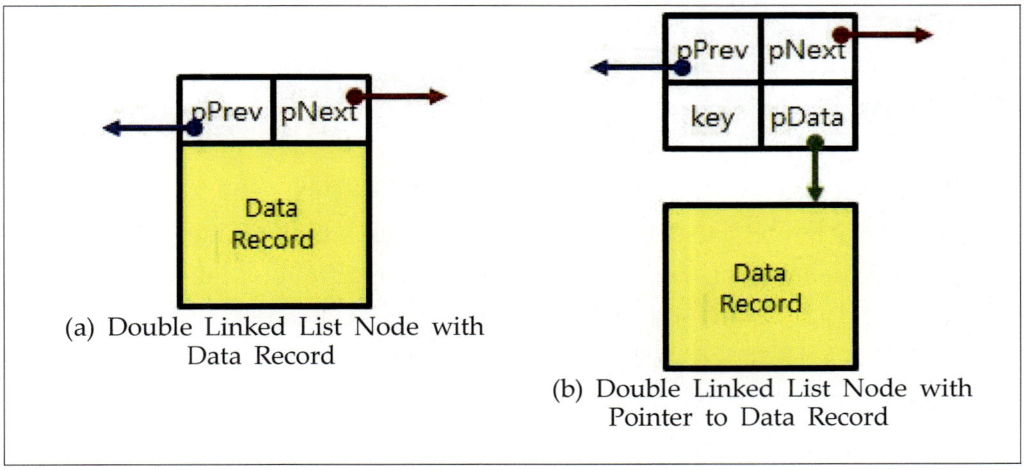

그림 8.28 이중 연결형 리스트 노드 (Doubly Linked List Node

8.4.2 Doubly Linked List 구현

그림 8.29는 이중 연결형 리스트를 구성하기 위한 기본 노드인 doubly linked list node (DLLN)을 제네릭 클래스 class DLLN<T>로 구현한다. class DLLN<T>에는 기본적인 데이터 멤버로 data, next와 prev를 가진다. data는 정상적인 값이 설정되지 않는 경우에 null로 설정되도록 한다. getDLLNData() 멤버 함수는 data 값을 읽어 반환한다. getDLLNNext()와 getDLLNPrev()는 뒤 DLLN을 가르키는 레퍼런스와 앞 DLLN을

가르키는 레퍼런스를 각각 반환하고, setDLLNNext(newNext)는 다음 DLLN을 가르키는 next 레퍼런스를 newNext로 설정하고, setDLLNPrev(newPrev)는 앞 DLLN을 가르키는 레퍼런스 prev를 newPrev로 설정한다.

```
package GenericLinkedList

class DLLN<T>(val data: T?, var next: DLLN<T>?, var prev: DLLN<T>?) {

    fun getDLLNData(): T? {
        return this.data
    }

    fun getDLLNNext(): DLLN<T>? {
        return this.next
    }

    fun getDLLNPrev(): DLLN<T>? {
        return this.prev
    }

    fun setDLLNNext(newNext: DLLN<T>?) {
        this.next = next!!
    }

    fun setDLLNPrev(newPrev: DLLN<T>?) {
        this.prev = prev!!
    }
}
```

그림 8.29 class DLLN<T>

그림 8.30은 이중 연결형 리스트를 구성하기 위한 제네릭 클래스 class DoublyLinkedList<T>를 구현하는 예를 보여 준다. class DoublyLinkedList<T>의 데이터 멤버로는 name, head와 tail, count가 있다. name은 class DoublyLinkedList<T>의 인스탄스가 생성될 때, 주 생성자의 인수로 전달되어 설정된다. head와 tail은 정상적인 데이터가 포함된 DLLN들의 앞과 뒤에 배치되어 DLLN의 추가와 삭제를 쉽게 구현할 수 있게 하는 guard DLLN 노드이며, 별도의 데이터 값을 가지지는 않는다. head와 tail은 주생성자의 init{} 코드블록에서 head에는 tail의 레퍼런스가, tail에는 head의 레퍼런스가 설정되어, head와 tail이 중간에 다른 DLLN없이 직접 접속되어 있는 초기 상태를 만든다. 초기 상태에서 정상적인 데이터가 포함된 DLLN의 개수를 나타내는 count 값은 0으로 설정된다.

Line 16~24의 insertBack(data) 멤버 함수는 이중 연결형 리스트 (DLL)의 맨 뒤에 인수로 주어진 data를 가지는 DLLN을 추가한다. 이는 tail 노드의 바로 앞에 새로운 노드 newDLLN을 추가하는 것이다. 기존에 tail 노드 앞에 있었던 prevDLLN이 newDLLN의 prev 값으로 설정되고, tail 노드가 newDLLN의 next로 설정된다. 새로운 데이터 노드가 추가되었으므로 count에 1을 증가시킨다.

Line 26~33의 insertFront() 멤버 함수는 DLL의 정상적인 데이터 노드들 맨 앞에 (즉 head 노드의 바로 뒤에), 인수로 주어진 data를 가지는 DLLN을 추가하여 준다. 이는 head 노드의 바로 뒤에 새로운 노드 newDLLN을 추가하는 것이다. 기존에 head 노드 바로 뒤에 있었던 nextDLLN이 newDLLN의 next 값으로 설정되고, head 노드가 newDLLN의 prev로 설정된다. 새로운 데이터 노드가 추가되었으므로 count에 1을 증가시킨다.

```
 1 :  /* class LinkedList<T> (1) */
 2 :  package GenericLinkedList
 3 :
 4 :  class DoublyLinkedList<T> (val name : String){
 5 :       private var head: DLLN<T> = DLLN<T>(null, null, null)
 6 :       private var tail: DLLN<T> = DLLN<T>(null, null, null)
 7 :       private var count = 0
 8 :
 9 :       init {
10 :            this.head.next = this.tail
11 :            this.tail.prev = this.head
12 :            this.count = 0
13 :       }
14 :
15 :       /** Add new DLLN with value to the list     */
16 :       fun insertBack(data: T) {
17 :            val newDLLN = DLLN<T>(data, null, null)
18 :            val prevDLLN = this.tail!!.getDLLNPrev()
19 :            prevDLLN!!.setDLLNNext(newDLLN)
20 :            newDLLN.setDLLNPrev(prevDLLN)
21 :            this.tail!!.setDLLNPrev(newDLLN)
22 :            newDLLN.setDLLNNext(tail!!)
23 :            count++
24 :       }
25 :
26 :       fun insertFront(data: T) {
27 :            val newDLLN = DLLN<T>(data, null, null)
28 :            val nextDLLN = head!!.getDLLNNext()
29 :            newDLLN.setDLLNNext(nextDLLN)
30 :            head!!.setDLLNNext(newDLLN)
31 :            nextDLLN!!.setDLLNPrev(newDLLN)
32 :            count++
33 :       }
```

그림 8.30 class DoublyLinkedList<T> (part 1)

Line 35~52의 insertInOrder(data) 멤버 함수는 인수로 전달된 data를 포함하는 새로운 데이터 노드를 오름 차순 순서에 맞추어 위치를 찾아 삽입하는 기능을 구현하고 있다. tail 바로 앞의 데이터 노드 (prevDLLN)부터 새롭게 추가되는 노드의 data와 비교하여, prevDLLN의 데이터가 더 큰 경우 prevDLLN을 한 칸 앞으로 이동시켜 다시 비교한다. 만약 prevDLLN의 데이터가 새롭게 추가되는 data와 같거나 작은 경우, while 반복문을 중지하고, 그 위치에 newDLLN을 삽입하며, 앞 데이터 노드 (prevDLLN)와 뒤 데이터 노드 (nextDLLN)와의 양방향 연결을 구성한다.

Line 54~61의 removeFront() 멤버 함수는 DLL에 포함된 데이터 노드 중 맨 첫번째 데이터 노드 (즉, head 노드의 next 인 데이터 노드)를 삭제하고, 그 노드의 데이터를 반환한다. 데이터 노드를 삭제한 이후에는 삭제된 노드의 다음 노드 (nextDLLN)가 head의 next가 되고, nextDLLN의 prev는 head가 되도록 조정한다. 데이터 노드가 삭제 되었으므로 count에 1을 감소시킨다.

```
34 :
35 :     fun insertInOrder(data : T) {
36 :         val newDLLN = DLLN<T>(data, null, null)
37 :         var prevDLLN: DLLN<T>? = this.tail.getDLLNPrev()
38 :         while (prevDLLN!!.equals(this.head) != true) {
39 :             if (prevDLLN.getDLLNData()!!.compareTo(data) > 0)
40 :                 prevDLLN = prevDLLN.getDLLNPrev()
41 :             else
42 :                 break
43 :         }
44 :         val nextDLLN = prevDLLN.getDLLNNext()
45 :         newDLLN.setDLLNNext(nextDLLN)
46 :         if (nextDLLN != null) {
47 :             nextDLLN.setDLLNPrev(newDLLN)
48 :         }
49 :         newDLLN.setDLLNPrev(prevDLLN)
50 :         prevDLLN.setDLLNNext(newDLLN)
51 :         count++
52 :     }
53 :
54 :     fun removeFront(): T? {
55 :         val tobeRemovedDLLN = head!!.getDLLNNext()
56 :         val nextDLLN = tobeRemovedDLLN!!.getDLLNNext()
57 :         head!!.setDLLNNext(nextDLLN)
58 :         nextDLLN!!.setDLLNPrev(this.head)
59 :         count--
60 :         return tobeRemovedDLLN.getDLLNData()
61 :     }
62 :
63 :     fun removeBack(): T? {
64 :         val tobeRemovedDLLN = tail!!.getDLLNPrev()
65 :         val prevDLLN = tobeRemovedDLLN!!.getDLLNPrev()
66 :         tail!!.setDLLNPrev(prevDLLN)
67 :         prevDLLN!!.setDLLNNext(this.tail)
68 :         count--
69 :         return tobeRemovedDLLN.getDLLNData()
70 :     }
```

그림 8.30 class DoublyLinkedList<T> (part 2)

Line 63~70의 removeBack() 멤버 함수는 DLL에 포함된 데이터 노드 중 맨 마지막 데이터 노드 (즉, tail 노드의 prev 인 데이터 노드)를 삭제하고, 그 노드의 데이터를 반환한다. 데이터 노드를 삭제한 이후에는 삭제된 노드의 앞 노드 (prevDLLN)가 tail의 prev가 되고, prevDLLN의 next는 tail이 되도록 조정한다. 데이터 노드가 삭제 되었으므로 count에 1을 감소시킨다.

그림 8.30 line 73~88의 remove(data) 멤버 함수는 DLL에 포함된 데이터 노드 중 data 값을 가진 노드를 head의 next로부터 찾아 삭제하고, 삭제 대상 노드 (current)의 앞 노드 (currentPrev)와 다음 노드 (currentNext)를 직접 연결시켜준다. 데이터 노드가 삭제되었으므로 count에 1을 감소시킨다. Line 92~94의 getCount() 멤버 함수는 현재 DLL에 몇 개의 데이터 노드가 포함되었는지를 알 수 있도록 데이터 멤버 count의 값을 반환한다.

그림 8.30 line 94~112의 print() 멤버 함수는 DLL에 포함된 head 다음의 첫번째 데이터 노드부터 마지막 데이터 노드까지 차례대로 출력한다. 그림 8.30의 class

DoublyLinkedList<T> 제네릭 클래스 구현에서 데이터 노드의 삽입과 삭제는 데이터를 직접 가지지 않고 가장 외곽 boundary를 알려 주는 head 노드와 tail 노드를 사용하여 첫 번째 데이터 노드와 마지막 데이터 노드를 쉽게 찾을 수 있도록 하고, 맨 처음 위치나 맨 뒤 위치에서 노드를 삽입하거나, 삭제하는 기능을 쉽게 구현할 수 있다.

```

    /** Remove values from the list    */
    fun remove(data: T) {
        var current: DLLN<T>? = this.head.getDLLNNext()
        while (!current!!.equals(this.tail) ) {
            if (current.getDLLNData()!!.equals(data)) {
                var currentPrev: DLLN<T>? = current.getDLLNPrev()
                var currentNext: DLLN<T>? = current.getDLLNNext()
                currentPrev!!.setDLLNNext(currentNext)
                currentNext!!.setDLLNPrev(currentPrev)
                count--
                return
            }
            else
                current = current.getDLLNNext()
        }// if LinkedList is empty, just return
        println("  => Given data (to be deleted) was not found in
            the LinkedList")
    }

    fun getCount(): Int {
        return count
    }

    fun print() {
        if (count <= 0) {
            print("$S is empty !!".format(this.name))
            return
        }
        var crrDLLN: DLLN<T>? = head!!.getDLLNNext()
        print("[")
        while (crrDLLN != tail) {
            if (crrDLLN!!.getDLLNData() != null) {
                if (crrDLLN.getDLLNNext() != tail) {
                    print(crrDLLN.getDLLNData().toString() + ",")
                } else {
                    print(crrDLLN.getDLLNData().toString() + "]")
                }
                crrDLLN = crrDLLN.getDLLNNext()
            }
        }
        println()
    }
}
```

그림 8.30 class DoublyLinkedList<T> (part 3)

그림 8.31은 제네릭 클래스 DoublyLinkedList<T>를 정수자료형의 DLL_int, 문자열 자료형의 DLL_str로 구성하여 다양한 기능 시험을 하도록 구성되어 있다. Line 4~11에서는 정수 자료형의 DLL_int를 생성하고, line 6에서 선언한 정수 데이터 배열 원소들을 차례로 insertInOrder(data)로 삽입시키면서, DLL_int의 내부 구성을 확인하도록 한다. 그림 8.32에서 볼 수 있는 것과 같이, 정렬되어 있지 않은 데이터를 insertInOrder(data)로 삽입하면, 오름 차순에 맞추어 위치를 찾고 삽입하기 때문에 DLL_int에 포함된 데이터들은 오

름 차순으로 정렬되어 있는 것을 확인할 수 있다.

```
 1: /* Application of Generic Linked List */
 1: import GenericLinkedList.*
 2:
 3: fun main(args: Array<String>) {
 4:     val DLL_int_name = "DLL_Integer"
 5:     var DLL_int : DoublyLinkedList<Int> = DoublyLinkedList<Int>(DLL_int_name)
 6:     val data_array  = intArrayOf (3, 7, 2, 1, 8, 9, 0, 4, 6, 5)
 7:     for (data in data_array) {
 8:         //println("Trying to insert %d to %s : ".format(data, DLL_int.name))
 9:         DLL_int.insertInOrder(data)
10:         print("After insert %d to %s : ".format(data, DLL_int.name)); DLL_int.print()
11:     }
12:
13:     var DLL_str : DoublyLinkedList<String>  = DoublyLinkedList<String>("DLL_String")
14:     DLL_str.insertBack("A"); DLL_str.insertBack("B")
15:     DLL_str.insertBack("C"); DLL_str.insertBack("D")
16:     DLL_str.insertBack("E")
17:     print("%s after inserBack() for A, B, C, D, E : ".format(DLL_str.name))
18:     DLL_str.print();
19:     println("Total %d DLLN in %s".format(DLL_str.getCount(), DLL_str.name))
20:     while(DLL_str.getCount() > 0) {
21:         DLL_str.removeFront()
22:         print("After removeBack() : "); DLL_str.print()
23:     }
24:     DLL_str.insertBack("Do"); DLL_str.insertBack("Re")
25:     DLL_str.insertBack("Mi"); DLL_str.insertBack("Fa")
26:     DLL_str.insertBack("Sol");
27:     print("\nAfter insertBack() for Do, Re, Mi, Fa, Sol :")
28:     DLL_str.print()
29:     println("Trying to remove Ra that is not included in the list !!")
30:     DLL_str.remove("Ra") // try to delete that is not included in the list
31:     DLL_str.remove("Mi")
32:     print("After remove(Mi) :"); DLL_str.print()
33:     DLL_str.remove("Do");
34:     print("After remove(Do) :"); DLL_str.print()
35:     DLL_str.remove("Sol");
36:     print("After remove(Sol) :"); DLL_str.print()
37:     DLL_str.remove("Re");
38:     print("After remove(Re) :"); DLL_str.print()
39:     DLL_str.remove("Fa");
40:     print("After remove(Fa) :"); DLL_str.print()
41: }
```

그림 8.31 class DoublyLinkedList<T> 응용 프로그램

Line 14에서는 문자열 자료형의 DLL_str을 생성하고, 문자열 "A" ~ "E" 를 차례대로 DLL_str에 insertBack(data)를 사용하여 삽입한다. 삽입된 결과는 그림 8.32에서와 같이 삽입 순서대로 정리되어 있는 것을 볼 수 있다. 다음으로 removeFront() 멤버 함수를 사용하여 DLL_str의 맨 앞에 있는 데이터 노드를 반복해서 삭제하며, 정리되는 상태를 확인할 수 있다.

Line 24~40에서는 "Do", "Re", "Mi", "Fa", "Sol" 을 차례로 DLL_str에 insertBack(data)로 삽입한 후, remove(data) 멤버 함수를 사용하여 특정 데이터를 가진 노드를 삭제하도록 한다. 결과는 그림 8.32에서 확인할 수 있다.

```
After insert 3 to DLL_Integer : [3]
After insert 7 to DLL_Integer : [3,7]
After insert 2 to DLL_Integer : [2,3,7]
After insert 1 to DLL_Integer : [1,2,3,7]
After insert 8 to DLL_Integer : [1,2,3,7,8]
After insert 9 to DLL_Integer : [1,2,3,7,8,9]
After insert 0 to DLL_Integer : [0,1,2,3,7,8,9]
After insert 4 to DLL_Integer : [0,1,2,3,4,7,8,9]
After insert 6 to DLL_Integer : [0,1,2,3,4,6,7,8,9]
After insert 5 to DLL_Integer : [0,1,2,3,4,5,6,7,8,9]
DLL_String after inserBack() for A, B, C, D, E : [A,B,C,D,E]
Total 5 DLLN in DLL_String
After removeFront() : [B,C,D,E]
After removeFront() : [C,D,E]
After removeFront() : [D,E]
After removeFront() : [E]
After removeFront() : DLL_String is empty !!
After insertBack() for Do, Re, Mi, Fa, Sol :[Do,Re,Mi,Fa,Sol]
Trying to remove Ra that is not included in the list !!
  => Given data (to be deleted) was not found in the LinkedList
After remove(Mi) :[Do,Re,Fa,Sol]
After remove(Do) :[Re,Fa,Sol]
After remove(Sol) :[Re,Fa]
After remove(Re) :[Fa]
After remove(Fa) :DLL_String is empty !!
Process finished with exit code 0
```

그림 8.32 class DoublyLinkedList<T> 응용 프로그램의 실행 결과

8.5 Balanced Binary Search Tree(BBST)

8.5.1 Binary Search Tree(BST)

(1) 이진 탐색 트리란?

트리 (tree) 자료구조는 하나의 노드에 다수의 노드가 자식 노드로 연결되어 있는 모습이 반복적으로 구성되어, 마치 뿌리 (root)에 하나의 큰 몸통 (trunk)이 자라나고 이 하나의 몸통으로부터 다수의 가지 (branch)가 여러 단계에 걸쳐 뻗어 나가며, 마지막에 잎 (leaf)이 붙어 있는 나무 (tree)의 모습과 같이 구성되어 있는 자료 구조이다. 일반적인 트리 구조에서는 하나의 노드에서 여러 개의 가지가 뻗어 나갈 수 있으며, 하나의 줄기에서 뻗어 나가는 가지 수에도 한계를 두지 않는다.

이진 트리 (binary tree)는 트리 구조 중에서 특별히 하나의 줄기에서 뻗어 나가는 가지 수를 2개 이내로 제한하는 구조이다. 즉, 하나의 노드에 연결될 수 있는 자식 노드의 개수가 0, 1 또는 최대 2개로 한정되는 트리를 이진 트리라고 한다. 이진 트리 구조에서 2개의 자식 노드가 모두 연결되는 경우 왼쪽 자식 노드와 오른쪽 자식 노드가 있는 것이다.

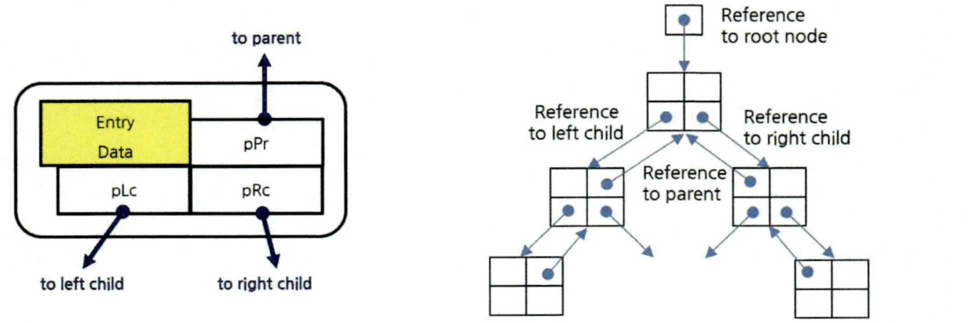

(a) Binary Search Tree Node (BSTN)

(b) Binary Search Tree (BST)

그림 8.33 이진 탐색 트리 예

(2) 자기 참조 구조체 구조의 이진트리노드

이진 트리를 구현하기 위하여 기본적으로 필요한 구조체가 그림 8.34 (a)와 (b)에서 보는 BSTN (Binary Search Tree Node) 자기 참조 구조체 이다. 그림 8.34 (a)에서는 트리노드가 직접 데이터 레코드를 가지는 구조이다. 이 구조에서는 부모 노드를 가리키는 pPr, 왼쪽 자식 노드를 가리키는 pLc, 오른쪽 자식 노드를 가리키는 pRc의 3개 레퍼런스를 가지며, 데이터 레코드 Entry Data를 가지는 구조를 사용한다.

그림 8.34 (b)의 자기 참조 구조체는 4개의 레퍼런스 (참조 변수)를 포함하고 있는데, 부모 노드를 가리키는 pPr, 왼쪽 자식 노드를 가리키는 pLc, 오른쪽 자식 노드를 가리키는 pRc의 3개 레퍼런스와 함께 그 노드가 포함하여야 하는 엔트리 데이터의 저장 위치를 가리키는 pD 레퍼런스를 가지는 구조이다.

일반적으로 이진 탐색 트리에 포함되어야 하는 엔트리 데이터의 규모가 크고 다양한 속성을 가지며, 동일 엔트리 데이터 집합에 대하여 다수의 속성을 기준으로 다양한 분석이 필요한 경우에는 그림 8.34 (a)와 같이 엔트리 데이터를 직접 포함하는 것보다 그림 8.34 (b)와 같이 트리노드 내부에 키와 엔트리 데이터가 저장된 곳을 가리키는 포인터를 가지는 엔트리 객체를 포함하도록 구성하는 것이보다 일반적으로 사용되는 구현 방법이다. 이러한 구조는 큰 규모의 데이터 레코드 리스트에 대하여 키의 종류가 서로 다른 이진 탐색트리를 구성할 수 있는 융통성이 있으며, 이진 탐색 트리 이외의 다른 자료구조를 사용하여 분석할 수 있는 가능성도 고려할 수 있다.

이진 탐색 트리 (binary search tree)는 이진 트리에서 탐색 기능이 효율적으로 이루어질 수 있도록 부모 노드와 두 자식 노드간의 관계를 크기 순서에 따라 구성되도록 미리 정의하여 둔다. 일반적으로 왼쪽 자식 노드는 부모 노드보다 같거나 작은 엔트리가 저장되며, 오른쪽 자식 노드는 부모 노드보다 같거나 큰 엔트리가 저장된다. 이를 이진 탐색 트리 순서 (binary search tree order)라고 한다.

그림 8.35는 이진 탐색 트리의 예를 보여 준다. 이진 트리를 그림으로 표현할 때에는 뿌리 (root)노드가 위쪽에 위치하며, 잎 (leaf) 노드가 아래쪽에 위치하도록 그리며, 이는 일반적

으로 나무가 땅위에 서 있는 모습을 아래위로 뒤집어 놓은 것과 같다. 이진 트리는 다단계에 걸쳐 가지가 뻗어 나갈 수 있기 때문에 하나의 노드의 자식 노드가 다시 자식 노드를 가질 수 있으며, 또 하나의 이진 트리의 구성을 가질 수 있다.

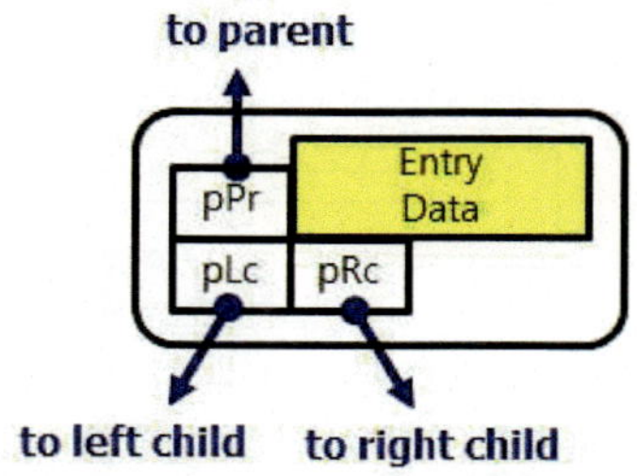

(a) 트리노드가 직접 데이터 레코드를 가지는 경우

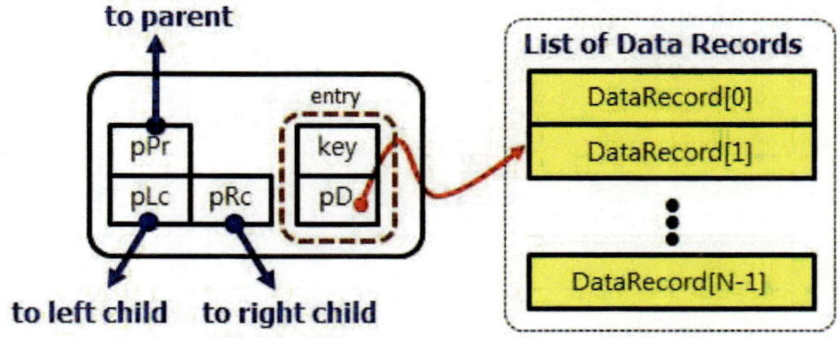

(b) 트리노드가 키와 데이터 레코드가 저장된 주소를 가지는 경우

그림 8.34 이진 트리 구성을 위한 트리 노드 자기참조 구조체

그림 8.35에서 보는 것과 같이, 하나의 이진 트리를 구성하는 어떤 노드에 자식 노드가 있을 때, 그 자식노드가 뿌리가 되는 서브 트리를 구성할 수 있다. 이 때 서브 트리의 뿌리가 되는 노드를 서브 루트 노드 (sub-root node)라고 부른다. 이진 탐색 트리에서 루트 노드의 왼쪽에 있는 서브 트리에 포함된 전체 노드들은 모두 루트 노드의 값보다 같거나 작은 엔트리들을 포함하고 있게 되며, 오른쪽 서브 트리의 모든 노드들은 루트 노드의 값보다 같거나 큰 엔트리들을 포함하게 된다.

이진 트리의 구조에서 루트 노드를 레벨 0으로 할 때, 루트 노드의 자식 노드들은 레벨 1이 되며, 최대 2개의 자식 노드들이 구성될 수 있다. 만약 루트 노드의 자식 노드들이 모두 자식 노드 (루트 노드의 손자 노드)들을 가진다면 그림 8.36에서 보는 것과 같이 레벨 2가 되며, 레벨 2에는 최대 4개의 노드가 포함될 수 있다. 이진 트리의 특성은 이렇게 루트 노드를 레벨 0으로 할 때, 각 레벨 i 마다 최대 2의 i승 (2^i)개의 노드가 포함될 수 있다. 따라서 이진 트리가 레벨 n까지 구성되어 있을 때, 최대로 수용될 수 있는 전체 노드 개수는 $N = \sum_{i=0}^{n} 2^i = 2^{n+1} - 1$가 된다. 반대로 생각하여 보면, N 개의 노드가 포함된 이진 트리가 균형이 잘 잡혀 있는 경우 최대 레벨은 $l = \log_2(N+1) - 1$ 이 된다. 예를 들어, 1000개의 노드가 포함되는 이진 트리가 균형이 잘 잡혀 있는 경우 최대 레벨은 9가 된다. 최대 레벨이

9인 이진트리의 모든 트리 노드가 포함될 경우, 총 노드 개수는 $N = 1 + 2 + 4 + \ldots + 2^9 = 2^{10} - 1 = 1023$개가 될 수 있다.

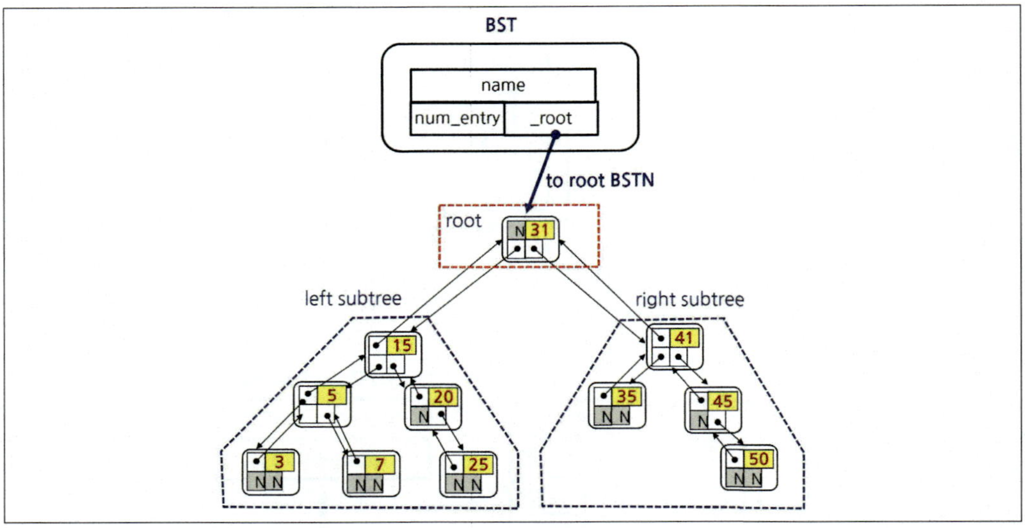

그림 8.35 서브 트리

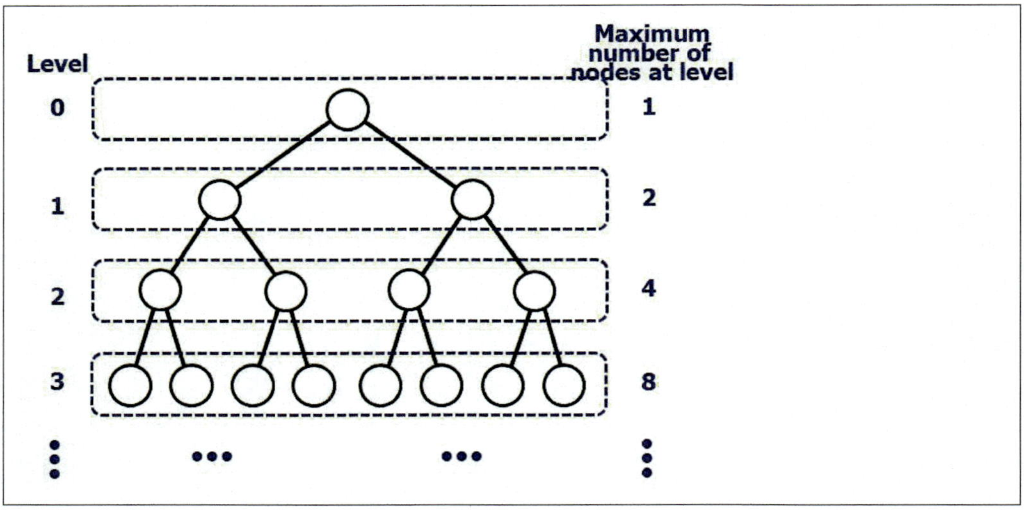

그림 8.36 이진 트리의 레벨과 레벨 당 최대 노드 수

(2) 이진 트리의 트리 노드 종류와 높이

트리에 포함된 노드에서 자식 노드가 하나 이상 존재하는 노드들을 내부 노드 (internal node)라 하며, 자식 노드가 없는 노드들을 잎 또는 리프 노드 (leaf node)라고 한다. 그림 8.37에서 내부 노드들은 원으로 표시하였고, 잎 노드들은 사각형으로 표시를 하였다.

이진 트리에서 자식이 없는 잎 노드의 높이는 1로 설정되며, 내부 노드들의 높이는 그 자식 노드의 높이들 중 큰 값에 1을 더한 값으로 정의된다. 그림 8.37에서 보면, 루트 노드의 경우, 자식 노드의 높이가 각각 2와 3이 되는데, 이 중에서 큰 값인 3에 1을 더한 4가 루트 노드의 높이가 된다. 즉, 이진 트리에서 어떤 노드의 높이는 그 노드의 자손 노드들 중, 가장 깊은 곳에 있는 자손 노드까지 도달할 때 몇 단계를 거쳐야 하는가를 나타낸다.

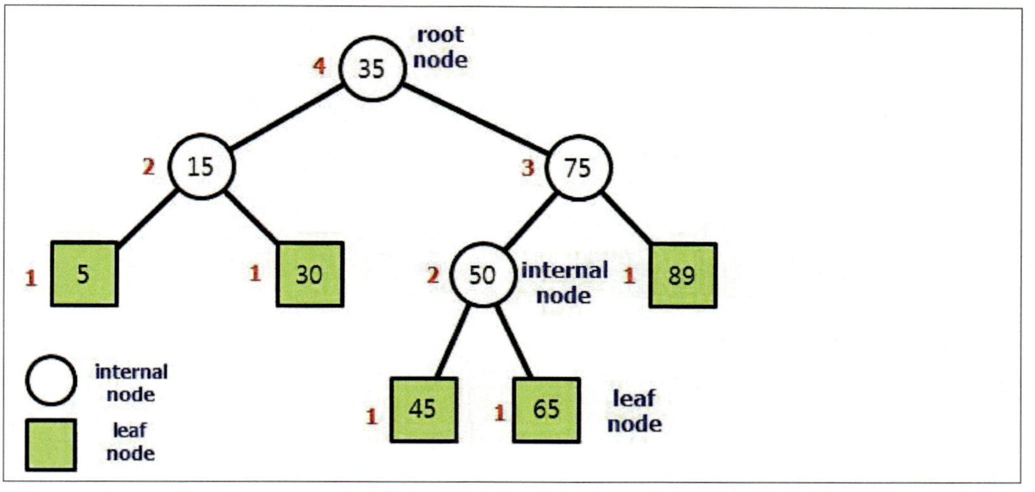

그림 8.37 트리의 내부 노드 (internal node), 리프 노드 (leaf node), 높이 (height)

(3) 이진 탐색 트리의 순회 (traversal)

이진 트리를 구성하고 있는 트리 노드들을 차례로 방문하여, 그 트리노드가 직접 가지고 있거나 가리키고 있는 엔트리 정보를 처리하는 것을 순회 (traversal)이라고 한다. 이진 트리의 순회(traversal)는 각 트리노드의 엔트리 정보를 처리하는 순서에 따라 전위 순회 (pre-order traversal), 중위 순회(in-order traversal), 그리고 후위 순회 (post-order traversal)로 구분된다.

가장 많이 사용되는 중위 순회는 기준 트리 노드의 엔트리 데이터를 처리하기 전에 왼쪽 자식 및 왼쪽 서브 트리의 엔트리들을 먼저 처리하고, 그 다음으로 자기 자신의 엔트리 데이터를 처리한 후, 오른쪽 자식 및 오른쪽 서브 트리 순서로 처리한다. 그림 8.38에서 중위 순회를 한다면, 출력되는 데이터의 순서는 5, 15, 30, 35, 45, 50, 65, 75, 89의 순서가 되며, 이는 엔트리 데이터의 크기에 따라 오름차순을 출력되는 결과를 의미한다.

전위 순회의 경우 기준이 되는 트리 노드의 엔트리 데이터를 먼저 처리하고, 그 이후에 왼쪽 자식 및 왼쪽 서브 트리를 처리한 후, 오른쪽 자식 및 오른쪽 서브 트리의 엔트리를 처리한다. 후위 순회의 경우, 기준이 되는 트리 노드의 왼쪽 자식 및 왼쪽 서브 트리, 오른쪽 자식 및 오른쪽 서브 트리를 각각 처리한 후, 자신의 엔트리 데이터를 처리한다.

(4) 이진 탐색 트리의 균형

이진 탐색 트리가 생성될 때, 어떤 값의 엔트리가 루트 노드에 저장되는가와 어떤 순서로 엔트리들이 삽입되는가에 따라 이진 트리의 모습이 달라진다. 그림 8.38에서 동일한 값을 가지는 엔트리들이 포함된 이진 탐색 트리를 보여주는데, 그림 8.38 (a)의 경우는 루트 노드를 중심으로 균형이 잘 잡힌 이진 탐색 트리로 구성되어 있는 반면, 그림 8.38 (b)는 루트 노드에서 오른쪽 서브 트리로 매우 치우친 상태로 구성되어 있다.

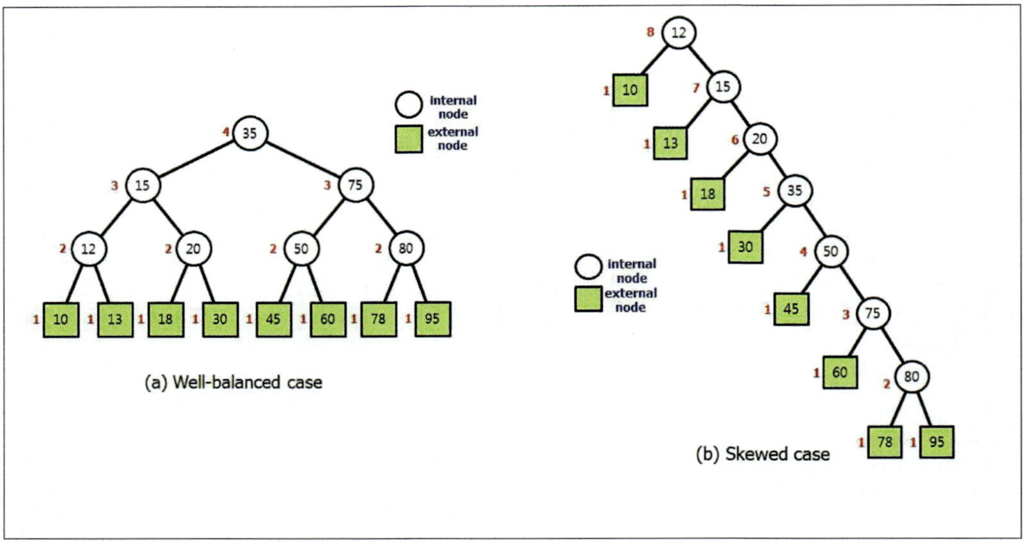

그림 8.38 이진 탐색 트리의 균형

이진 탐색 트리에서 균형이 잘 잡힌 경우를 판단하는 방법은 그 노드의 자식 노드들의 높이를 비교하여 그 높이 차이 (height difference, HDiff)가 +1 또는 -1 이내이면 균형이 잡혀 있는 것으로 판단할 수 있고, 만약 그 이상이면 균형이 잡혀 있지 않고 어느 한쪽으로 쏠림 현상이 있는 것으로 판단할 수 있다. 그림 8.38 (a)의 경우에 루트 노드의 자식 노드들의 높이를 비교하면 둘 다 3으로 높이 차이가 1 이내이며, 따라서 균형이 잡혀 있는 것으로 판단할 수 있다. 그러나, 그림 8.38 (b)의 경우에는 루트 노드의 왼쪽 자식 노드의 높이는 1인 반면 오른쪽 자식노드의 높이는 7이 되어, 오른쪽으로 매우 편중되어 있다는 것을 알 수 있다.

아울러 그림 8.38에서 살펴볼 수 있는 것은 이진 트리의 균형이 잘 잡혀있는 경우, 그 이진 트리에 포함된 모든 노드의 깊이가 상대적으로 낮으며, 따라서 루트 노드로부터 리프 노드까지 도달하는 데에 필요한 단계가 상대적으로 작게 된다. 예를 들어 그림 8.38 (a)의 경우 루트 노드로부터 4번만 비교하면 모든 리프 노드들까지 판단을 할 수 있는 반면, 그림 8.37 (b)의 경우에는 최대 8번의 비교를 하여야 도달할 수 있는 리프 노드가 존재하는 것이다.

8.5.2 Generic Binary Search Tree의 구현

그림 8.39는 다양한 자료형의 데이터를 이진 탐색 트리 구조로 분석 및 처리할 수 있는 제네릭 클래스 class GBSTN (Generic Binary Search Tree Node)를 구현하는 예를 보여준다. class GBSTN은 제네릭 클래스로 선언되어 있으며, 사용되는 자료형 E는 Comparable<E> 인터페이스를 상속받게 되어 있으므로 실제 자료형이 지정될 때 비교 연

산자를 사용하기 위한 연산자 오버로딩 기능이 구현되어 있어야 한다. 일반적으로 사용되는 Int, Double, String 등의 기본자료형은 이미 연산자 오버로딩을 포함하고 있으므로, 별도의 추가 구현없이 비교 연산자를 사용할 수 있다.

```
 1: /* class BinarySearchTreeNode<E> */
 1: package GenericBinarySearchTree
 2:
 3: class GBSTN<E : Comparable<E>> (var _entry: E?, var _parent: GBSTN<E>?,
        var _leftChild: GBSTN<E>?, var _rightChild: GBSTN<E>?) {
 4:
 5:     constructor() : this (null, null, null, null) {   }
 6:     constructor(entry: E?) : this (entry, null, null, null) {    }
 7:
 8:     fun getEntry(): E? {
 9:         return _entry
10:     }
11:
12:     fun setEntry(newEntry: E) {
13:         _entry = newEntry
14:     }
15:
16:     fun getParent(): GBSTN<E>? {
17:         return _parent
18:     }
19:
20:     fun getLeftChild(): GBSTN<E>? {
21:         return _leftChild
22:     }
23:
24:     fun getRightChild(): GBSTN<E>? {
25:         return _rightChild
26:     }
27:
28:     fun setParent(prBSTN: GBSTN<E>?) {
29:         _parent = prBSTN
30:     }
31:
32:     fun setLeftChild(leftChildBSTN: GBSTN<E>?) {
33:         _leftChild = leftChildBSTN
34:     }
35:
36:     fun setRightChild(rightChildBSTN: GBSTN<E>?) {
37:         _rightChild = rightChildBSTN
38:     }
39: }
```

그림 8.39 class GBSTN<E>

class GBSTN은 데이터 멤버로 트리 노드가 가지는 데이터인 _entry, 이진 탐색 트리 구조를 구성하기 위하여 부모 트리 노드, 왼쪽 자식 트리 노드, 오른쪽 자식 트리 노드를 각각 가리키는 레퍼런스 3개 (_parent, _leftChild, _rightChild)로 구성되어 있다. _entry는 직접 데이터를 가지는 것으로 구현되어 있지만, 다른 곳에 저장되어 있는 데이터 레코드를 사용하는 경우에도 자료형 E에 대한 연산자 오버로딩 기능만 구현하면 그림 8.39의 구조를 사용할 수 있다.

class GBSTN의 주생성자에서는 트리노드에 저장될 데이터가 주어진 경우에 호출되며, 레퍼런스 3개 (_parent, _leftChild, _rightChild)의 값은 모두 null로 초기 설정된다. 그림 8.39 line 8~38에서는 class GBSTN의 각 속성들을 설정하는 set() 멤버 함수들과 값을 읽어 반환하는 get() 멤버 함수들의 구현 예를 보여준다.

그림 8.40은 제네릭 이진 탐색 트리를 구현하는 클래스 class GBST의 구현 예를 보여준다. class GBST는 데이터 멤버로 _name, _root, _num_entry를 가진다. _name은 이진 탐색 트리의 사용 목적을 잘 이해할 수 있는 이름으로 설정되며, _root는 이진 탐색 트리의 검색이나 삽입, 삭제 등에서 시작 기준점이 되는 루트 트리 노드 레퍼런스이다. _num_entry는 이진 탐색 트리에 포함된 트리 노드 개수 (데이터 개수)를 나타낸다. Line 5에서는 class GBST의 인스탄스 생성에서 _root를 class GBSTN의 모든 속성 값이 null로 설정된 상태로 생성하여 설정하고 있다.

그림 8.40 line 4~44에 구현되어 있는 _insertInOrder(subRoot_bstn, pr_bstn, newEntry) 멤버 함수는 line 46~50의 insert(newEntry) 함수가 실행될 때 호출되어 필요에 따라 이진 탐색 트리의 트리 노드들을 재귀함수 호출로 이동하면서 새로운 트리 노드 값의 삽입 기능을 수행하게 된다. insert() 멤버 함수에서 새로운 노드의 삽입 기능의 시작점은 line 48에서 설정되어 있는 것과 같이 _root 트리노드로부터 시작된다.

```
 1: /* BalancedBinarySearchTree (1) */
 2: package GenericBinarySearchTree
 3:
 4: private fun _insertInOrder( subRoot_bstn: GBSTN<E>?, pr_bstn: GBSTN<E>?,
       newEntry: E ): GBSTN<E>? {
 5:     val new_bstn: GBSTN<E>
 6:     var bstn: GBSTN<E>? = null
 7:     val leftChild: GBSTN<E>?
 8:     val rightChild: GBSTN<E>?
 9:     var result : GBSTN<E>? = null
10:     if (subRoot_bstn == null) {
11:         new_bstn = GBSTN(newEntry)
12:         new_bstn.setParent(null)
13:         new_bstn.setLeftChild(null)
14:         new_bstn.setRightChild(null)
15:         _num_entry++
16:         result = new_bstn
17:     }
```

그림 8.40 class GBST<E> (part 1)

그림 8.40 line 4에서 인수로 전달되는 subRoot_bstn이 null 인 경우는 이진 탐색 트리의 leaf 노드에 새로운 자식 노드를 추가하여야 할 때 발생되며, 인수로 전달된 newEntry 값을 가지는 트리노드 new_bstn을 생성하여 반환한다. 이진 탐색 트리에 맨 처음 데이터를 삽입할 때, _root의 모든 속성값이 null인 상태로 초기화되어 있으며, 이 경우 line 4에서 인수로 전달되는 subRoot_bstn은 null이 아니지만, _entity의 값이 null로 설정되어 있는 상태이므로 line 19~21에서 subRoot_bstn (즉, _root)의 _entry 값을 newEntry로 설정하고, _num_entry에 1을 더해 준다. Line 25~33에서는 subRoot_bstn의 entry가 newEntry보다 큰 경우에 왼쪽 서브 트리로 이동하여 삽입 기능을 수행하도록 _insertInOrder(leftChild, subRoot_bstn, newEntry)를 실행하며, 반환된 bstn이 null 이 아닌 경우, 새로운 트리 노드가 생성된 상태이며, bstn의 부모 트리노드로 subRoot_bstn을 설정한다.

```
18:
19:     else  {
20:         if (subRoot_bstn.getEntry() == null) {
21:             subRoot_bstn.setEntry(newEntry)
22:             if (_num_entry == 0)
23:                 _num_entry++
24:             result = null
25:         } else if (subRoot_bstn.getEntry()!! > newEntry)  {
26:             leftChild = subRoot_bstn.getLeftChild()
27:             bstn = _insertInOrder(leftChild, subRoot_bstn, newEntry)
28:             if (bstn != null) {
29:                 subRoot_bstn.setLeftChild(bstn)
30:                 bstn.setParent(subRoot_bstn)
31:             }
32:             result = null
33:         } else if (subRoot_bstn.getEntry()!! <= newEntry) {
34:             rightChild = subRoot_bstn.getRightChild()
35:             bstn = _insertInOrder(rightChild, subRoot_bstn, newEntry)
36:             if (bstn != null) {
37:                 subRoot_bstn.setRightChild(bstn)
38:                 bstn.setParent(subRoot_bstn)
39:             }
40:             result = null
41:         }
42:     }
43:     return result
44: } // end _insertInOrder()
```

그림 8.40 class GBST<E> (part 2)

Line 33~41에서는 subRoot_bstn의 entry가 newEntry보다 같거나 작은 경우에 오른쪽 서브 트리로 이동하여 삽입 기능을 수행하도록 _insertInOrder(rightChild, subRoot_bstn, newEntry)를 실행한다.

Line 46~50의 insert(newEntry)는 이진 탐색 트리에 새로운 엔트리 newEntry를 삽입하는 기능을 수행하며, _insertInOrder(_root, null, newEntry) 함수 호출을 사용하여 _root로부터 탐색과 삽입 기능을 수행하도록 한다.

그림 8.40 line 52~60의 _inOrderTraversal(curBSTN, array_values) 함수는 curBSTN으로부터 순서에 맞춘 순회 (in order traversal)를 재귀함수 호출로 실행하며, 탐색 트리 노드 값을 array_values에 담아 준다. in order traveral에서는 기준 트리 노드인 curBSTN의 왼쪽 서브 트리 노드들을 모두 순회한 후, curBSTN의 값을 읽어 array_values에 담아 주며, 오른쪽 서브 트리 노드들을 모두 순회하는 절차를 재귀함수 호출을 통하여 실행한다.

그림 8.40 line 62~70의 toString() 함수는 이진 탐색 트리의 모든 트리 노드를 _inOrderTraversal() 함수를 통하여 오름 차순으로 데이터를 읽어 내고, 이를 array_values에 담아 반환하며, for 반복문을 통하여 array_values에 담긴 차례로 출력할 수 있도록 문자열을 만들어 반환한다.

```
45:
46:     fun insert(newEntry: E): GBSTN<E>? {
47:         val bstn: GBSTN<E>?
48:         bstn = _insertInOrder(_root, null, newEntry)
49:         return bstn
50:     }
51:
52:     fun _inOrderTraversal(curBSTN: GBSTN<E>?, array_values: ArrayList<E?>) {
53:         if (curBSTN!!.getLeftChild() != null) {
54:             _inOrderTraversal(curBSTN.getLeftChild(), array_values)
55:         }
56:         array_values.add(curBSTN.getEntry())
57:         if (curBSTN.getRightChild() != null) {
58:             _inOrderTraversal(curBSTN.getRightChild(), array_values)
59:         }
60:     }
61:
62:     override fun toString(): String {
63:         val array_values = ArrayList<E?>()
64:         var str = String.format("%s : ", _name)
65:         _inOrderTraversal(_root, array_values)
66:         for (entry in array_values) {
67:             str += entry.toString() + " "
68:         }
69:         return str
70:     }
```

그림 8.40 class GBST<E> (part 3)

그림 8.40 line 72~84의 _search(subRoot, searchKey)는 이진 탐색 트리에 searchKey가 포함된 트리노드를 찾아 주는 기능을 수행한다. 만약 subRoot의 데이터가 searchKey와 동일한 경우, 그 트리노드를 반환하며, 만약 subRoot의 데이터가 searchKey보다 큰 경우 왼쪽 서브 트리를 탐색할 수 있도록 _search(subRoot. getLeftChild(), searchKey)를 실행한다. 만약 subRoot의 데이터가 searchKey보다 작은 경우 오른쪽 서브 트리를 탐색할 수 있도록 _search(subRoot. getRightChild(), searchKey)를 실행한다.

그림 8.40 line 92~106의 _printBST_withDepth(curBSTN, level)은 이진 탐색 트리의 내용을 들여쓰기를 사용하여 쉽게 구조를 파악할 수 있도록 출력한다. 먼저 curBSTN의 왼쪽 서브 트리를 모두 출력하고, curBSTN을 출력한 후, curBSTN의 오른쪽 서브 트리를 모두 출력하도록 재귀함수 호출을 실행한다. Line 108~116의 printBST_withDepth() 멤버 함수는 이진 탐색 트리를 출력하는 기능을 구현한다. 만약 _num_entry가 0이면 이진 탐색 트리가 비어있다고 출력하며, 비어있지 않는 경우 _printBST_withDepth(_root, 0)을 사용하여 level에 따라 서로 다른 들여쓰기로 출력하여, 내부 구조를 쉽게 파악할 수 있게 한다. 출력 결과는 그림 8.42에서 확인할 수 있다.

```

    fun _search(subRoot: GBSTN<E>?, searchKey: E): GBSTN<E>? {
        var bstn_result: GBSTN<E>? = null
        if (subRoot == null)
            return null
        if (subRoot._entry == searchKey)
            bstn_result =subRoot
        else if (subRoot._entry!! > searchKey) {
            bstn_result = _search(subRoot.getLeftChild(), searchKey)
        } else {
            bstn_result = _search(subRoot.getRightChild(), searchKey)
        }
        return bstn_result
    }

    fun search(searchKey: E): GBSTN<E>? {
        var bstn_result: GBSTN<E>? = null
        bstn_result = _search(_root, searchKey)
        return bstn_result
    }

    fun _printBST_withDepth(curBSTN: GBSTN<E>?, level: Int) {
        if (curBSTN == null) return
        if (curBSTN.getRightChild() != null) {
            _printBST_withDepth(curBSTN.getRightChild(), level + 1)
        }
        var str: String? = ""
        for (i in 0 until level) {
            str += "    "
        }
        str += curBSTN.getEntry()
        println(str)
        if (curBSTN.getLeftChild() != null) {
            _printBST_withDepth(curBSTN.getLeftChild(), level + 1)
        }
    }

    fun printBST_withDepth() {
        var bstn: GBSTN<E>
        if (_num_entry == 0) {
            println("%s is Empty !!".format(_name))
            return
        }
        println("%s (num_entry = %d) :".format(_name, _num_entry))
        _printBST_withDepth(_root, 0)
    }
}
```

그림 8.40 class GBST<E> (part 4)

그림 8.41은 이진 탐색 트리의 응용 프로그램이며, 정수형 이진탐색트리 BST_int와 문자열 자료형 BST_str을 생성하여 사용하는 예를 보여 준다. Line 10에서 GBST<Int>(BST_name)으로 정수형 이진탐색트리 BST_int를 생성하며, line 8에서 준비한 intArray에 포함된 데이터를 line 11~14에서 차례대로 BST_int에 추가한다.

Line 15에서 printBST_withDepth()로 출력한 결과는 그림 8.42에서 확인할 수 있다. Line 17~31에서는 콘솔로부터 searchKey를 입력받아 이진 탐색 트리를 탐색하여 결과를 출력한다.

```
 1: /* Application of BalancedBinarySearchTree */
 2: import java.io.FileWriter
 3: import java.util.*
 4: import GenericBinarySearchTree.*
 5:
 6: fun main(args: Array<String>) {
 7:     val cin = Scanner(System.`in`)
 8:     val intArray = intArrayOf(3, 5, 7, 9, 1, 2, 4, 6, 8, 0)
 9:     var BST_name = "BST_IntegerEntry"
10:     val BST_int: GBST<Int>? = GBST<Int>(BST_name)
11:     for (int_entry in intArray) {
12:         BST_int!!.insert(int_entry)
13:       // println(BST_int)
14:     }
15:     BST_int!!.printBST_withDepth()
16:
17:     var bstn_int: GBSTN<Int>?
18:     var int_searchKey = 1
19:     var searchResult: Int
20:     while (true) {
21:         print("Input an int_searchKey (-1 to quit) : ")
22:         int_searchKey = cin.nextInt()
23:         if (int_searchKey == -1)
24:             break
25:         bstn_int = BST_int!!.search(int_searchKey)
26:         if (bstn_int != null && int_searchKey == bstn_int.getEntry()) {
27:             println("int_searchKey(%d) is found in the %s".
                  format(int_searchKey, BST_name))
28:         } else {
29:             println("int_searchKey(%d) is not found in the %s".
                format(int_searchKey, BST_name))
30:         }
31:     }
32:
33:     val strArray = arrayOf("G", "H", "I", "C", "D", "A", "B", "E", "F", "J")
34:     BST_name = "BST_StringEntry"
35:     val BST_str: GBST<String> = GBST<String>(BST_name)
36:     for (str_entry in strArray) {
37:         BST_str.insert(str_entry)
38:         //println(BST_str)
39:     }
40:     BST_str.printBST_withDepth()
41:     var bstn_str: GBSTN<String>?
42:     var str_searchKey: String
43:     var str_searchResult: String
44:     while (true) {
45:         print("Input a strt_searchKey (. to quit) : ")
46:         str_searchKey = cin.next()
47:         if (str_searchKey == ".") break
48:         bstn_str = BST_str.search(str_searchKey)
49:         if (bstn_str != null && str_searchKey == bstn_str.getEntry()) {
50:             println("str_searchKey(%s) is found in the %s".
                  format(str_searchKey, BST_name))
51:         } else {
52:             println("str_searchKey(%s) is not found in the %s".
                format(str_searchKey, BST_name))
53:         }
54:     }
55:     cin.close()
56: }
```

그림 8.41 class GBST<E> 응용 프로그램

Line 35에서 GBST<String>(BST_name)으로 정수형 이진탐색트리 BST_str를 생성하며, line 33에서 준비한 strArray에 포함된 데이터를 line 36~39에서 차례대로

BST_str에 추가한다. Line 40에서 printBST_withDepth()로 출력한 결과는 그림 8.42에서 확인할 수 있다. Line 42~54에서는 콘솔로부터 searchKey를 입력받아 이진 탐색 트리를 탐색하여 결과를 출력한다.

```
BST_IntegerEntry (num_entry = 10) :
   9
    8
  7
   6
 5
  4
3
  2
 1
  0
Input an int_searchKey (-1 to quit) : 8
int_searchKey(8) is found in the BST_IntegerEntry
Input an int_searchKey (-1 to quit) : -1
```

```
BST_StringEntry (num_entry = 10) :
   J
  I
 H
G
    F
   E
  D
 C
   B
  A
Input a strt_searchKey (. to quit) : F
str_searchKey(F) is found in the BST_StringEntry
Input a strt_searchKey (. to quit) : .
```

그림 8.42 실행결과

8.6 Heap Priority Queue, Heap Sorting

8.6.1 Heap과 Heap Order

많은 수의 데이터를 저장하면서, 우선순위를 나타내는 지정된 키 (key)값에 따라 데이터를 추출할 수 있게 하는 기능은 우선순위를 고려한 응용 프로그램에서 아주 많이 사용되는 기능이다. 예를 들어 컴퓨터 시스템 내부에서 다양한 상황(event)들이 발생하였을 때, 가장 시급히 처리하여야 하는 (즉, 우선순위가 가장 높은) 상황을 선정하여 이를 먼저 처리하도록 하는 것은 꼭 필요한 기능이다. 또 다른 예로서 인터넷의 교환기능을 담당하는 IP 패킷 라우터에서 패킷들을 처리할 때, 현재 큐에 저장되어 있는 패킷들 중에서 우선순위가 높은 패킷을 먼저 전달하고 다음 우선순위의 패킷을 처리하도록 구성함으로써, 차별화된 서비스를 제공할 수 있다.

우선순위를 고려하여 데이터를 저장하는 자료구조로 힙 (heap)이 있다. 힙 자료구조에서는 새로운 데이터가 추가될 때, 내부 저장순서를 조절하여 항상 우선순위가 가장 높은 데이터를 추출할 수 있도록 데이터를 저장하여야 한다. 그러나 힙 내부에 저장되어 있는 모든 데이터들이 정렬되어 있을 필요는 없다. 다만 가장 우선순위가 높은 데이터를 신속하게 추출할 수 있는 기능이 제공되어야 한다. 힙을 구현하는 방법으로 그림 8.43에서 보는 완전이진트리를 사용할 수 있다.

힙 구조에서 각 노드는 key와 데이터 값을 가지는 엔트리를 저장하며, key 값이 낮을수록 우선순위가 높은 것으로 해석하게 된다. 힙에 포함되어 있는 노드들은 항상 부모 노드의 우선순위보다는 같거나 낮아야 하며, 자식 노드들의 우선순위보다는 같거나 높아야 한다. 이를 힙 순서 (heap order)라고 한다.

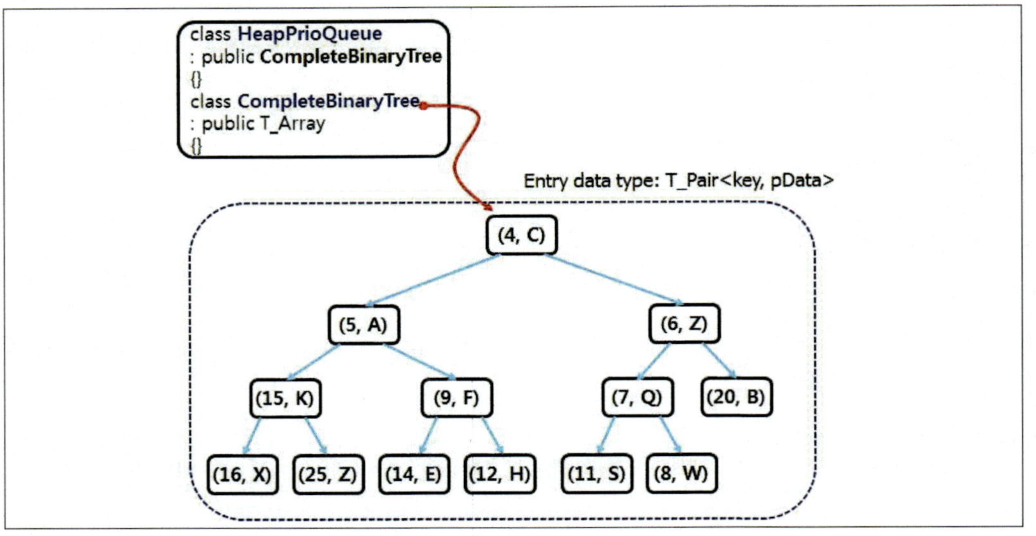

그림 8.43 CompleteBinaryTree 기반의 우선순위 큐

8.6.2 완전이진트리 (Complete Binary Tree)

배열이나 리스트를 기반으로 구현되는 기본 자료 구조 중에서 완전이진트리 (complete binary tree)는 이진트리 (binary tree)와 유사한 구성을 가지지만 전혀 다른 특성을 가지며, 우선순위 큐 (priority queue)를 구현할 때 주로 사용된다. 완전이진트리는 그림 8.43에서 보는 것과 같이, 기본적으로 이진트리와 같이 하나의 부모노드에 최대 두 개의 자식노드가 접속되는 구조를 가진다. 그러나 이진트리와는 달리 항상 새로운 노드가 추가될 때, 현재의 level에서 모든 자식노드들이 다 채워질 때까지는 왼쪽에서 오른쪽으로 채워지며, 항상 마지막으로 채워진 노드를 last node가 가리키고 있다.

그림 8.45에서 보는 것과 같이 완전이진트리를 배열을 기반으로 구현할 때 배열의 인덱스 0으로부터 root노드와 다음 노드들을 차례로 배치한다. 이렇게 하는 경우 루트 노드의 두 자식 노드들의 인덱스는 각각 1와 2가 되며, 이것는 부모 노드의 인덱스가 i일 때 왼쪽 및 오른쪽 자식 노드의 인덱스값은 2i+1과 2i + 2의 값을 가지는 관계이다. 배열을 기반으로 구현된 완전이진트리에서는 모든 노드와 그 자식노드 간에는 이러한 관계가 유지되며, index i로 지정되는 노드의 자식 노드들의 인덱스는 각각 2i+1와 2i+2로 쉽게 계산할 수 있고, 그 노드 (index i)의 부모 노드의 인덱스는 (i−1)/2로 쉽게 계산할 수 있다.

완전이진트리에서 하나의 노드 (index i)가 왼쪽 자식 노드를 가지고 있는가, 또는 오른쪽 자식 노드를 가지고 있는가는 그 노드의 index값 (i)의 두 배에 1을 더한 (2i+1) 또는 두 배에 2를 더한 값 (2i+2)을 현재 완전이진트리의 last node index값과 비교하면 쉽게 판단할 수 있다.

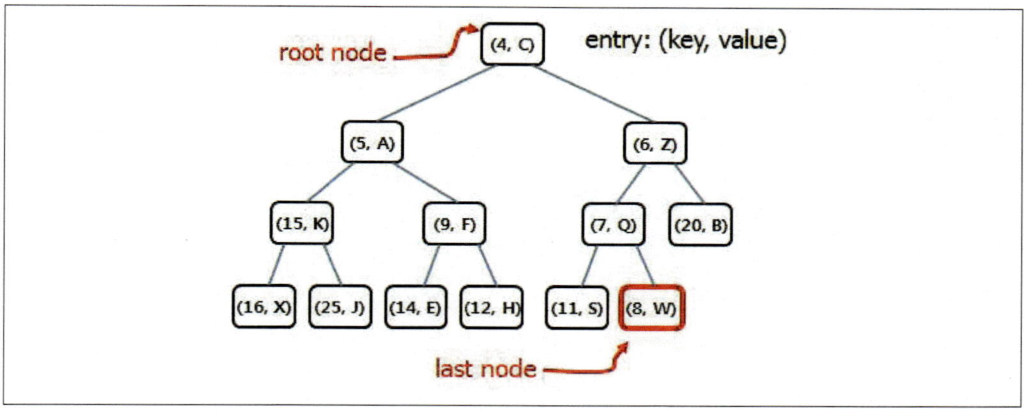

그림 8.44 완전이진트리 (Complete Binary Tree)

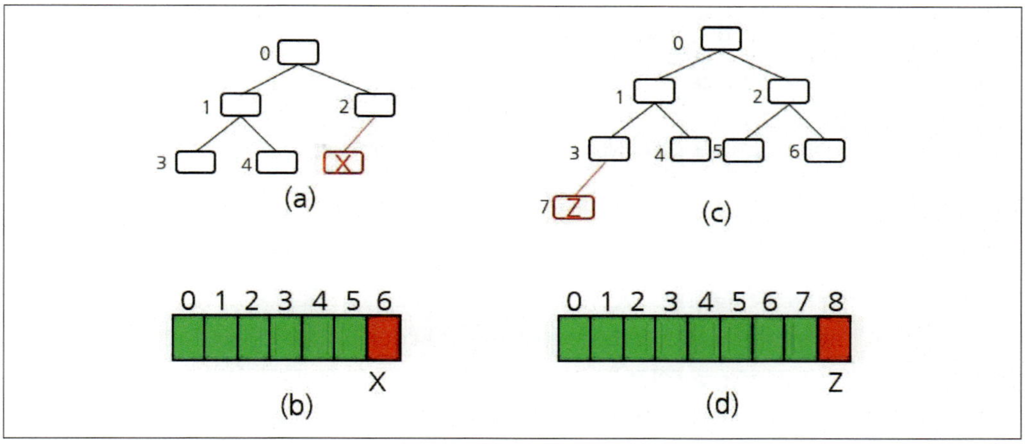

그림 8.45 배열을 기반으로 한 완전이진트리의 구현

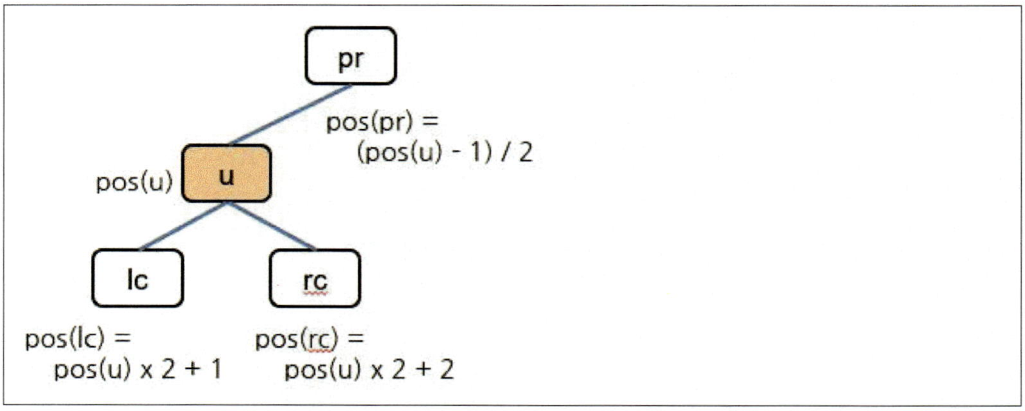

그림 8.46 완전이진 트리에서 부모 노드와 자식 노드의 인덱스 관계

8.6.3 완전이진트리의 Kotlin 클래스 구현

그림 8.47과 그림 8.48은 완전이진트리를 Kotlin 클래스로 구현하는 예를 보여준다. 그림 8.47에서는 제네릭 클래스 class GenericArray<E>를 구성하는데, 보조 생성자 constructor(capa)에 전달되는 용량 capa 크기의 Array<Any?> 배열을 생성하고, 각 배열 원소의 초기값은 null로 설정한다. Any? 자료형을 사용하는 것은 Kotlin의 모든 클래스는 Any로부터 상속받아 만들어지도록 되어 있으며, 배열 원소의 값이 설정되지 않았을 때 null 값을 가질 수 있도록 선언하는 것이다.

```
/* class GenericArray */

package HeapPriQ

open class GenericArray <E> {
    protected var genArray: Array<Any?> ? = null
    protected var capacity = 0
    protected var size = 0

    constructor(capa: Int) {
        genArray = arrayOfNulls(capa)
        capacity = capa
        size = 0
    }
}
```

그림 8.47 class GenericArray<E>

그림 8.48 line 4에서 class CompleteBinaryTree<E>는 그림 8.47에서 구현하였던 제네릭 class GenericArray<E>를 상속받아 생성되는 것을 선언하며, line 5~7에서 데이터 멤버들을 생성한다. class CompleteBinaryTree<E>에서 실제 데이터들은 class GenericArray<E>에 포함된 genArray에 저장되며, 완전이진트리의 루트 노드의 인덱스는 0으로 설정하여 사용한다. endIndex는 완전이진트리에서 가장 마지막 데이터가 저장된 곳을 나타내며, −1은 저장되어 있는 데이터가 없다는 것을 의미한다.

그림 8.48 line 22~30의 addAtEnd(entry) 멤버 함수는 endIndex에 1을 더한 후, genArray.set(endIndex, entry)를 사용하여 endIndex위치에 entry를 저장하게 한다. Line 32~34의 getCBTRoot()은 완전이진트리의 루트 (index 0) 노드 값을 반환하여 주며, 이 루트 노드 값은 완전이진 트리를 기반으로 힙우선순위큐(heap priority queue)를 구성하였을 때, 우선 순위가 가장 높은 원소값을 가지게 된다. Line 36~39의 removeCBTEnd()는 완전이진트리의 맨 마지막 원소를 삭제하는 기능을 수행한다.

Line 41~51에서는 완전이진트리에서 부모 노드와 자식 노드의 인덱스 값을 계산하는 기능을 수행한다. 부모 노드의 인덱스가 i일 때 왼쪽 및 오른쪽 자식 노드의 인덱스값은 2i+1과 2i + 2의 값으로 계산하여 반환하며, 노드의 index값이 i일 때, 부모 노드의 인덱스는 (i−1)/2로 계산하여 반환하여 준다. Line 53~59에서는 완전이진트리에서 하나의 노드(index i)가 왼쪽 자식노드를 가지고 있는가, 또는 오른쪽 자식노드를 가지고 있는가를 판단하여 주는 기능을 수행하며, 이는 노드의 index값이 i일 때, endIndex 값이 (2i+1)보다 같거나 크면 왼쪽 자식이 있는 것이고, endIndex 값이 (2i+2)보다 같거나 큰 경우, 오른쪽 자식 노드도 있는 것으로 판단할 수 있는 기능을 구현하고 있다.

```
/* Class CompleteBinaryTree */
package HeapPriQ

open class CompleteBinaryTree<E> : GenericArray<E> {
    var name: String? = null
    var CBT_capacity = 0
    var endIndex = -1
    constructor(capa: Int) : super(capa){
        // TODO Auto-generated constructor stub
    }

    constructor(name: String?, capacity: Int) : super(capacity){
        this.name = name
        CBT_capacity = capacity
        endIndex = -1
    }

    fun endIndex(): Int {
        return endIndex
    }

    fun addAtEnd(entry: E?): Int {
        if (endIndex >= CBT_capacity) {
            println("%s is full now !!".format(name))
            return -1
        }
        endIndex++
        this.genArray?.set(endIndex, entry)
        return endIndex
    }

    fun getCBTRoot(): Any? {
        return this.genArray?.get(0)
    }

    fun removeCBTEnd() {
        endIndex--
        this.size-- // size is defined in GenericArray<E>
    }

    protected fun parentIndex(index: Int): Int {
        return (index - 1) / 2
    }

    protected fun leftChildIndex(index: Int): Int {
        return (index * 2 + 1)
    }

    protected fun rightChildIndex(index: Int): Int {
        return (index * 2 + 2)
    }

    protected fun hasLeftChild(index: Int): Boolean {
        return (index * 2 + 1) <= endIndex
    }

    protected fun hasRightChild(index: Int): Boolean {
        return (index * 2 + 2) <= endIndex
    }
}
```

그림 8.48 class CompleteBinaryTree<E>

8.6.3 힙우선순위큐의 Kotlin 클래스 구현

힙우선순위큐 (heap priority queue)는 부모 노드의 우선순위가 자식 노드의 우선순위보다 같거나 높아야 한다는 힙순서 (heap order)를 유지하는 특성을 가진다. 힙우선순위큐를 구현하는 방법으로 완전이진트리를 사용하면 간단하며 성능이 우수한 장점을 가질 수 있다.

(1) Heap의 엔트리 추가와 up-heap bubbling

힙에 새로운 엔트리를 추가할 때, 우선 현재 가장 마지막에 있는 end 노드의 다음 위치에 새로운 노드를 추가하고 엔트리를 저장한다. 그러나 새롭게 추가된 엔트리의 우선순위가 기존에 저장되어 있는 부모노드의 우선순위와 비교하였을 때 힙 순서 (heap order)를 만족하지 않을 가능성이 있기 때문에, 그림 8.49 (a)~(d)에서 보는 것과 같이, root노드에 도달할 때까지 상위 부모노드와의 우선순위를 검사하여 만약 heap order가 만족 되지 않으면 이들의 위치를 상호 교환하는 up-heap bubbling을 하여야 한다.

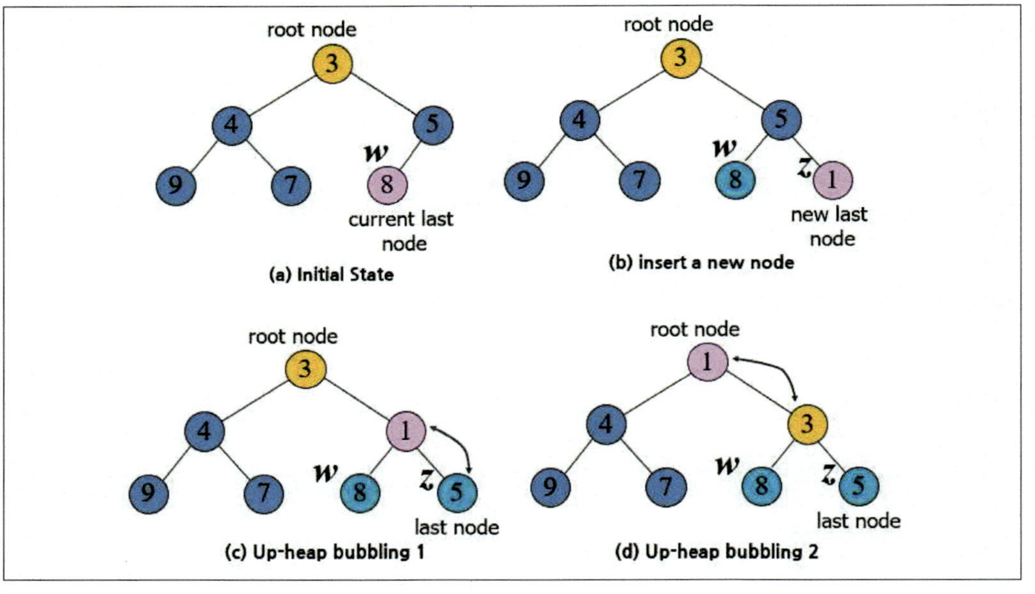

그림 8.49 insert 및 up-heap bubbling

그림 8.49 (b)에서와 같이 새롭게 추가된 엔트리의 key값이 1이므로, 현재의 부모노드의 key값 5보다 작아 우선순위가 더 높은 엔트리가 자식노드 위치에 배치되어 있는 것을 확인하게 된다. 따라서 새롭게 추가된 엔트리와 현재의 부모노드의 엔트리의 자리를 swap시켜 상호 교환을 하게 되고, 그림 8.49 (c) 상태가 된다.

그 다음 옮겨진 위치에서 다시 상위 부모노드와 우선순위를 비교하게 되는데, 현재 그림 8.49 (d)에서 보는 것과 같이 부모노드의 엔트리 (3)의 우선순위가 낮은 상태이므로 이들을 다시 맞교환하여 그림 8.49 (d) 상태가 된다. 이와 같이 upheap bubbling을 root노드에 도달할 때까지 반복하게 되면 결국 그림 8.49 (d) 상태가 된다. 따라서 새롭게 추가된 엔트리가 현재까지 힙 내부에 포함되어 있던 모든 엔트리보다 더 우선순위가 높았기 때문에 up-heap bubbling을 통하여 root노드 위치에 저장되는 것이다.

(2) Heap의 엔트리 추출과 down-heap bubbling

Heap으로부터 엔트리를 추출 및 제거하는 removeMin에서는 항상 root노드에 있는 엔트리를 먼저 반환할 수 있도록 준비하고, 그림 8.50 (b)에서 보는 것과 같이 현재 힙의 end 노드에 있는 엔트리를 root노드로 복사한 후 end 노드의 엔트리를 삭제한다. 이 상태에서 root노드에 있는 엔트리와 그 자식노드들의 엔트리들의 우선순위를 비교하여, 만약 heap order가 만족되지 않으면 그 엔트리들을 상호 교환하는 down-heap bubbling을 더 이상의 자식노드가 없을 때까지 반복 수행한다.

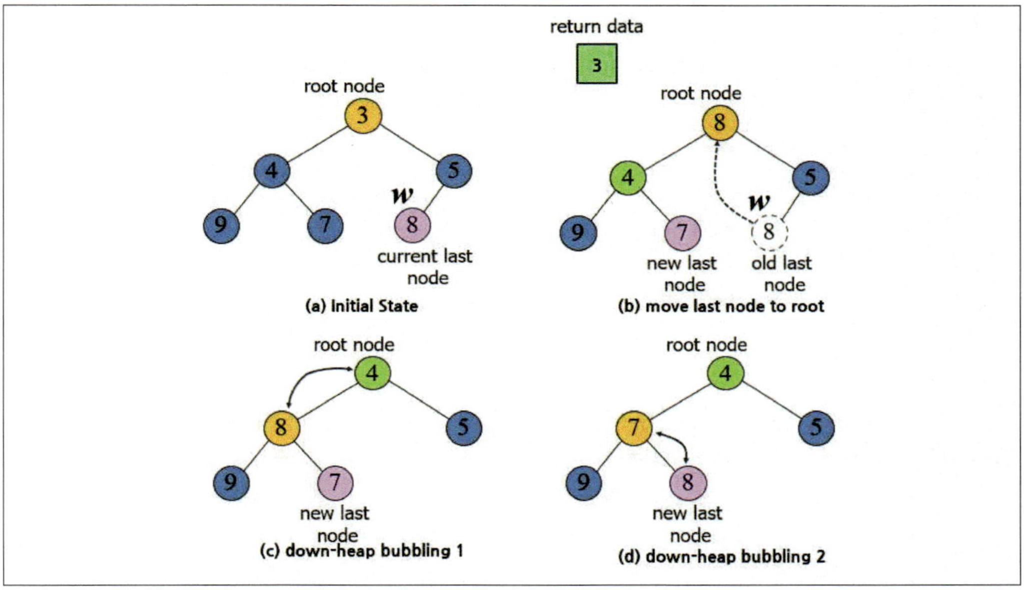

그림 8.50 removeMin()과 down-heap bubbling

그림 8.50 (b)에서 새로운 root노드 엔트리 (8)과 그 자식노드들의 엔트리인 (4), (5)를 비교하기 위하여 자식노드 엔트리를 상호 비교하여 상대적으로 우선순위가 더 높은 엔트리 (4)를 선정하고, 이를 현재의 root노드 엔트리 (8)과 비교하게 된다. 비교 결과 왼쪽 자식노드의 엔트리의 우선순위가 더 높다는 판단을 하고 그림 8.50 (c)에서 보는 것과 같이 맞교환을 하게 되며, 그 결과는 그림 8.23 (d) 상태가 된다. 즉 새로운 root노드위치에 엔트리 (4)가 배치된다. 이는 현재 힙에 포함되어 있는 모든 엔트리 중 가장 우선순위가 높은 것이며, 다음번 removeMin()에서 이 엔트리가 선택되어 반환된다.

이어서 그림 8.50 (d)의 절차를 수행하면서, 더 이상 자식노드가 존재하지 않을 때까지 계속 하위 자식노드들의 엔트리와 우선순위를 비교하여, 자신보다 더 우선순위가 높은 경우

맞교환을 하면서, 전체 힙의 heap order가 정확하게 유지될 수 있게 한다.

(3) 힙우선순위큐의 클래스 구현

힙우선순위 큐를 완전이진트리를 기반으로 구현하기 위하여, 그림 8.51에서 보는 바와 같이 제네릭 class HeapPriQ<E>로 구현한다. 제네릭 클래스인 class HeapPriQ<E>는 class CompleteBinaryTree<E>를 상속 받으며, class CompleteBinaryTree는 그림 8.47에서 본 것과 같이 그 내부에 엔트리들을 저장하기 위하여 Array<Any?>로 구현된 genArray 데이터 멤버를 포함하고 있다.

```
 1: /* class HeapPriQ */
 2: package HeapPriQ
 3:
 4: class HeapPriQ<E : Comparable<E>> : CompleteBinaryTree<E> {
 5:     val CBT_ROOT = 1
 6:     constructor(name: String?, capacity: Int) : super(name, capacity) { }
 7:
 8:     fun isEmpty(): Boolean {
 9:         return size === 0
10:     }
11:
12:     fun isFull(): Boolean {
13:         return size >= capacity
14:     }
15:
16:     fun size(): Int {
17:         return size
18:     }
```

그림 8.51 class HeapPriQ<E> (part 1)

Line 6에서 구현하는 보조 생성자 constructor()에서는 class HeapPriQ()의 부모 클래스인 class CompleteBinaryTree()의 생성자를 호출하여 완전이진트리의 생성 및 구성을 실행하게 하며, 이름(name)과 용량 (capacity)을 인수로 전달한다. Line 8~14의 isEmpty()와 isFull() 멤버 함수는 힙우선순위큐가 비어 있는지와 가득 차 있는지를 판단하며, size의 값이 0인지와 capacity보다 같거나 큰 지를 기준으로 판단한다.

Line 20~48의 insert() 멤버 함수는 완전이진트리를 상속받아 구현되는 우선순위큐에 새로운 항목 (entry)을 추가시킨다. 우선 line 27에서는 완전이진트리의 addAtEnd() 멤버 함수를 사용하여 완전이진트리의 맨 뒤에 전달된 항목 entry를 첨가한다. Line 29~45에서는 새로운 항목을 포함한 힙우선순위큐의 힙순서를 재조정하는 up-heap bubbling을 구현한다. 현재 방문하고 있는 노드의 인덱스 index로부터 그 부모 노드의 인덱스 prIndex를 계산하고, 만약 부모 노드의 우선순위가 현재 방문 중인 노드의 우선순위보다 같거나 높으면 while-loop을 중지한다. 그러나 만약 부모 노드의 우선순위가 낮으면 두 노드의 항목을 서로 교환하며, 이러한 비교를 루트 노드에 도달할 때까지 계속 반복한다.

그림 8.51 line 50~92에서는 getCBTRoot() 멤버 함수를 사용하여 현재 우선순위큐에 포함된 항목 중 가장 우선순위가 높은 항목을 추출하여 반환하도록 준비한다. 만약 힙우선

순위큐에 하나만 남아 있었던 경우, line 55~56에서 removeCBTEnd()를 실행하며, 완전이진 트리의 마지막 노드를 삭제한다.

```
19:
20:     fun insert(entry: E?): Int {
21:         var index: Int
22:         var prIndex: Int
23:         if (isFull()) {
24:             System.out.printf("%s is full !!\n", this.name)
25:             return size()
26:         }
27:         index = addAtEnd(entry)
28:         /* up-heap bubbling */
29:         while (index != CBT_ROOT) {
30:             prIndex = parentIndex(index)
31:             var curE: E;  var prE: E
32:             curE = genArray!![index] as E
33:             prE = genArray!![prIndex] as E
34:             var curKey: Int
35:             var prKey: Int
36:             //curKey = curEv.getPriority()
37:             //prKey = prEv.getPriority()
38:             if (curE >= prE) {
39:                 break
40:             } else {
41:                 genArray!![prIndex] = curE
42:                 genArray!![index] = prE
43:                 index = prIndex
44:             }
45:         }
46:         size++
47:         return size()
48:     }
49:
50:     fun removeHeapMin(): E? {
51:         if (endIndex === 0) {
52:             return null
53:         }
54:         val minE: E = getCBTRoot() as E
55:         if (size === 1) {
56:             removeCBTEnd()
57:         } else {
58:             var curE: E;                var chE: E
59:             var rchE: E;                var curIndex: Int
60:             var chIndex: Int;               var rchIndex: Int
61:             var curPri: Int;              var chPri: Int
62:             var rchPri: Int;              var temp_E: E
63:             genArray!![CBT_ROOT] = genArray!![endIndex]
64:             curIndex = CBT_ROOT
65:             endIndex--
```

그림 8.51 class HeapPriQ<E> (part 2)

만약 힙우선순위큐에 2개 이상의 항목이 포함되어 있었던 경우, line 63에서 endIndex 위치에 있던 항목을 root index (0) 위치로 복사하고, endIndex 값을 줄이고, 수정된 완전이진트리의 루트 노드로부터 자식 노드들과 우선순위를 비교하여 조정하는 down-heap bubbling을 실행한다. 먼저 curIndex를 CBT_ROOT (0)으로 설정하고, line 68~71에서 curIndex로부터 왼쪽 및 오른쪽 자식노드들의 인덱스인 chIndex와 rchIndex를 계산하고, line 73~79에서 두 자식노드 중 우선순위가 높은 자식노드를 선정하여 chIndex로 설정한다. Line 80~82에서는 만약 현재 방문 중인 curIndex 위치의 노드 (curE)의 우선순위가 chIndex 위치의 자식노드 (chE)의 우선 순위보다 같거나 높을 경우 while-loop을 중단한다. 만약 현재 방문 중인 curIndex 위치의 노드의 우선순위가 chIndex 위치의 자식노드의 우선순위보다 낮은 경우, 그 자식노드와 자리바꿈을 하며, 그 자식 노드 위치로 이동하여 while-loop을 계속 수행한다. Line 68~88에서 구현되어 있는 down-heap bubbling의 while-loop은 더 이상 자식 노드가 없을 때까지 반복되어 전체 힙우선순위큐의 힙순서를 재조정한다.

```
66:
67:                /* down-heap bubbling */
68:                while (hasLeftChild(curIndex)) {
69:                    curE = genArray!![curIndex] as E
70:                    chIndex = leftChildIndex(curIndex)
71:                    rchIndex = rightChildIndex(curIndex)
72:                    chE = genArray!![chIndex] as E
73:                    if (hasRightChild(curIndex)) {
74:                        rchE = genArray!![rchIndex] as E
75:                        if (chE > rchE) { // if right child has higher priority that left child
76:                            chE = genArray!![rchIndex] as E
77:                            chIndex = rchIndex
78:                        }
79:                    }
80:                    if (curE <= chE) {
81:                        break
82:                    } else { // if child Ev's priority is higher than current Ev
83:                        /* swap curEv and chEv */
84:                        genArray!![chIndex] = curE
85:                        genArray!![curIndex] = chE
86:                    }
87:                    curIndex = chIndex
88:                } // end while
89:            } // end if-else
90:            size--
91:            return minE
92:        }
93: }
```

그림 8.51 class HeapPriQ<E> (part 3)

8.6.5 힙우선순위큐의 응용 - heap sorting

(1) 우선순위 (priority)를 속성으로 가지는 class Event

그림 8.52는 힙 우선순위 큐를 사용하여 가장 우선 순위가 높은 사건을 우선적으로 처리하는 기능을 구현하기 위한 class Event를 구현하고 있다. class Event는 Comparable<Event> 인터페이스를 상속받아 생성하며, 데이터 멤버로 _priority와

_value가 포함되어 있다. Line 20~22에서는 Comparable<Event> 인터페이스의 compareTo() 멤버 함수를 오버라이딩으로 구현하고 있으며, _priority를 기준으로 비교하여 값이 작을 경우 −값이, 클 경우 +값이 반환되도록 한다.

```
1 : /* class Event */
2 : class Event : Comparable<Event>{
3 :     protected var _priority = 0
4 :     protected var _value: String? = null
5 :
6 :     constructor() {}
7 :     constructor(key: Int, value: String?) {
8 :         _priority = key
9 :         _value = value
10 :     }
11 :
12 :     fun getPriority(): Int {
13 :         return _priority
14 :     }
15 :
16 :     fun getValue(): String? {
17 :         return _value
18 :     }
19 :
20 :     override fun compareTo(other: Event): Int {
21 :         return (this._priority - other._priority)
22 :     }
23 :
24 :     override fun toString(): String {
25 :         return String.format("Ev(%d, %s)", _priority, _value)
26 :     }
27 : }
```

그림 8.52 class Event

(2) 응용 프로그램의 main()

그림 8.53은 힙우선순위큐를 사용하여 사건 (event)들을 우선순위에 따라 힙정렬로 구현하는 예를 보여준다. Line 11에서는 클래스 HeapPriQ<Event>()의 객체 heapPriQ_Ev를 생성하며, line 13~16에서 events에 포함된 event를 차례로 heapPriQ_Ev에 삽입한다. 삽입되는 event의 우선순위 값이 점차 작아지는 순서이며, 우선순위가 점차 높아지는 순서로 삽입하여 힙우선순위큐 내부의 재조정이 정상적으로 이루어지는가를 확인할 수 있게 한다. Line 18~21에서 heapPriQ_Ev.removeHeapMin() 멤버 함수를 사용하여 가장 우선순위가 높은 항목을 추출하며, 우선순위가 가장 높은 항목을 추출한 뒤에 down−heap bubbling으로 힙우선순위큐를 재조정했는지를 확인할 수 있도록 출력한다. 출력된 결과는 그림 8.54에서 볼 수 있는 것과 같이 항상 힙우선순위큐에 남아 있는 항목 중 가장 우선순위가 높은 항목을 추출하는 것을 확인할 수 있으며, down−heap bubbling에 의하여 항목들의 위치가 재조정되는 것을 알 수 있다.

그림 8.53의 line 13~21에서 힙우선순위큐의 응용 프로그램으로 구현된 힙정렬 (heap sorting) 기능을 제공한다. 힙정렬에서는 정렬대상 데이터들을 차례로 힙우선순위큐에 삽입한 후, 힙우선순위큐의 removeMin() 멤버 함수를 사용하여 가장 우선순위가 높은 항목 (즉, 값이 가장 작은 항목)으로부터 차례로 추출하여 다른 배열에 저장하면 오름차순으로 정

렬된 결과를 얻게 된다.

```
/* Application of Heap Priority Queue for Event Handling */
import HeapPriQ.*

fun main(args: Array<String>) {
    val events = arrayOf(
        Event(9, "Ev_9"), Event(8, "Ev_8"), Event(7, "Ev_7"),
        Event(6, "Ev_6"), Event(5, "Ev_5"), Event(4, "Ev_4"),
        Event(3, "Ev_3"), Event(2, "Ev_2"), Event(1, "Ev_1"),
        Event(0, "Ev_0")
    )
    val heapPriQ_Ev = HeapPriQ<Event>("HeapPriQ_Event", 20)
    println("Inserting events to heapPriQ_Ev :")
    for (ev in events) {
        print("%s ".format(ev))
        heapPriQ_Ev.insert(ev)
    }
    println("\nSequence of events by RemoveHeapMin() :")
    for (i in events.indices) {
        val ev: Event? = heapPriQ_Ev.removeHeapMin()
        print("%s ".format(ev))
    }
}
```

그림 8.53 Heap Priority 큐의 응용 – Heap Sorting

```
Inserting events to heapPriQ_Ev :
Ev(9, Ev_9) Ev(8, Ev_8) Ev(7, Ev_7) Ev(6, Ev_6) Ev(5, Ev_5) Ev(4, Ev_4) Ev(3, Ev_3) Ev(2, Ev_2) Ev(1, Ev_1) Ev(0, Ev_0)
Sequence of events by RemoveHeapMin() :
Ev(0, Ev_0) Ev(1, Ev_1) Ev(2, Ev_2) Ev(3, Ev_3) Ev(4, Ev_4) Ev(5, Ev_5) Ev(6, Ev_6) Ev(7, Ev_7) Ev(8, Ev_8) Ev(9, Ev_9)
```

그림 8.54 Heap Priority 큐의 응용 – Heap Sorting 결과

◈ 연습문제 ◈

8.1 다음 용어를 예를 들어 설명하라.

1) 자료구조
2) 알고리즘
3) 자료구조/알고리즘의 성능 측정 및 분석
4) 분할과 정복
5) 동적 프로그래밍 (동적 계획법)
6) 이중 연결형 리스트
7) 이진 탐색 트리
8) 완전이진트리
9) 힙우선순위트리

8.2 Kotlin이 제공하는 기본 자료구조를 열거하고, 각 기본 자료구조의 특징과 응용 분야에 대하여 설명하라.

8.3 Kotlin이 제공하는 기본 알고리즘을 열거하고, 각 기본 알고리즘의 특징과 응용 분야에 대하여 설명하라.

8.4 Kotlin time 모듈을 사용하여 함수의 실행 시간을 측정하는 방법에 대하여 예를 들어 설명하라.

8.5 분할 및 정복 기법을 사용하여 알고리즘을 구현하는 경우 성능이 향상되는 원리에 대하여 예를 들어 설명하라.

8.6 동적 프로그래밍 기법을 사용하여 알고리즘을 구현하는 경우 성능이 향상되는 원리에 대하여 예를 들어 설명하라.

8.7 힙우선순위큐에서 up-heap bubbling과 down-heap bubbling의 동작 절차에 대하여 설명하라.

8.8 해시테이블 (hash table)을 사용하여 문자열 자료형의 키 값에 대한 탐색 성능을 향상시킬 수 있는 원리에 대하여 설명하라.

8.9 출발지에서 목적지까지의 최단 거리 경로 찾기에서 많이 사용되는 네비게이션 기능은 어떤 자료구조를 사용하고, 어떤 알고리즘으로 구현할 수 있는지에 대하여 설명하라.

◈ 실습문제 ◈

실습 8.1 동적 프로그래밍의 피보나치 수열 계산

피보나치 수열은 $F_0 = 0$, $F_1 = 1$, $F_{n+2} = F_{n+1} + F_n$의 관계식을 가지며, 일반적으로 재귀함수 (recursive function) 구조로 구현된다. 그러나 40~100 번째의 피보나치 수열을 계산하기 위해서는 단순 재귀 함수 구조에서는 실행 시간이 매우 길어지므로 실행시간을 단축시킬 수 있도록 동적 계획법 (dynamic programming) 방법을 사용하여야 한다.

```
Calculation of Fibonacci Series in Dynamic Programming
Start, End, Step = 1 110 5
dynFibo(  1) =                      1, took    0.00 ms
dynFibo(  6) =                      8, took    0.00 ms
dynFibo( 11) =                     89, took    0.00 ms
dynFibo( 16) =                    987, took    0.00 ms
dynFibo( 21) =                  10946, took    0.00 ms
dynFibo( 26) =                 121393, took    0.00 ms
dynFibo( 31) =                1346269, took    0.00 ms
dynFibo( 36) =               14930352, took    0.00 ms
dynFibo( 41) =              165580141, took    0.00 ms
dynFibo( 46) =             1836311903, took    1.03 ms
dynFibo( 51) =            20365011074, took    0.00 ms
dynFibo( 56) =           225851433717, took    0.00 ms
dynFibo( 61) =          2504730781961, took    0.00 ms
dynFibo( 66) =         27777890035288, took    0.00 ms
dynFibo( 71) =        308061521170129, took    0.00 ms
dynFibo( 76) =       3416454622906707, took    0.00 ms
dynFibo( 81) =      37889062373143906, took    0.00 ms
dynFibo( 86) =     420196140727489673, took    0.00 ms
dynFibo( 91) =    4660046610375530309, took    0.00 ms
dynFibo( 96) =   51680708854858323072, took    0.00 ms
dynFibo(101) =  573147844013817084101, took    0.00 ms
dynFibo(106) = 6356306993006846248183, took    0.00 ms
```

동적 프로그래밍 방법을 사용하는 피보나치 수열 계산 함수 dynFibo()를 Kotlin

으로 구현하라. 피보나치 수열 계산 함수를 호출하는 응용 프로그램에서는 쉽게 성능측정을 할 수 있도록 start, end, step을 입력받아 지정된 구간의 피보나치 수열을 출력하도록 하고(예: start = 1, end = 110, step = 5), 피보나치 수열 계산의 실행 시간을 milli-second (ms) 단위로 측정하여 출력하라.

실습 8.2 class Date

연(year), 월(month), 일(day)의 데이터 속성을 가지는 class Date를 구현하라. class Date의 생성자 (initiator), 데이터 멤버의 접근자 (accessor)와 변경자 (mutator)를 구현하라. 변경자에서는 데이터 속성의 값이 설정/변경될 때 정상적인 범위의 값으로 설정/변경되는지 확인하는 기능을 포함하도록 하고, 생성자에서는 각 데이터 속성의 변경자를 사용하여 초기값 설정을 하도록 하라.

(실행 예시)

```
*** Error in date setting (2020, 2, 30)
dates before sorting :
(2000- 9-15)
(2020- 2- 1)
(2020- 6-27)
(1997- 2-20)
(2001- 5- 2)
(2001- 5- 1)
(1999- 3- 1)

dates after mergeSorting :
(1997- 2-20)
(1999- 3- 1)
(2000- 9-15)
(2001- 5- 1)
(2001- 5- 2)
(2020- 2- 1)
(2020- 6-27)
```

실습 8.3 제네릭 우선 순위 큐 구현, 우선 순위 기반 사건 처리

아래 그림에서 나타낸 것과 같이 이벤트를 우선순위에 따라 처리하는 기능을 시험하기 위한 시뮬레이터를 구현하라. 이벤트 (event)는 구조체 또는 클래스로 구현되며, 정수 (integer) 자료형인 이벤트 일련번호와 이벤트 우선순위의 정보를 가진다.

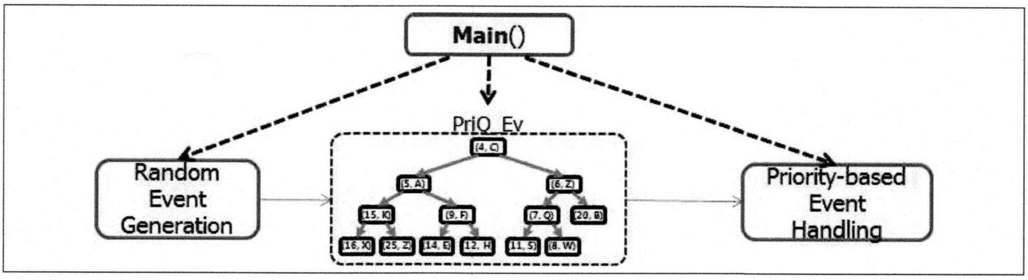

이벤트 생성 함수는 지정된 N개의 이벤트 (event_id = 0~999)를 생성하며, 각 이벤트의 우선순위 (event_priority)가 0~99의 값을 가지도록 난수 (random number)로 생성하며, 생성된 이벤트를 저장할 수 있는 우선순위 큐 (priority queue)에 저장한다. 이벤트 처리 함수는 우선순위 큐에 저장되어 있는 이벤트 중

우선순위가 가장 높은 상위 M개를 추출하여 출력한다.
이벤트 생성 및 우선순위 큐 삽입 및 상위 우선순위 이벤트 추출까지 걸린 경과시간을 milli-second (ms) 단위로 측정하여 출력한다.
(실행 결과 예시)

```
Generated_event : (title(ev_0), priority(7))
Generated_event : (title(ev_1), priority(2))
Generated_event : (title(ev_2), priority(2))
Generated_event : (title(ev_3), priority(1))
Generated_event : (title(ev_4), priority(5))
Generated_event : (title(ev_5), priority(1))
Generated_event : (title(ev_6), priority(3))
Generated_event : (title(ev_7), priority(1))
Generated_event : (title(ev_8), priority(5))
Generated_event : (title(ev_9), priority(4))
after inserting 10 events, priQ_event :
priQ_event.get() :  (1, 'ev_3')
priQ_event.get() :  (1, 'ev_5')
priQ_event.get() :  (1, 'ev_7')
priQ_event.get() :  (2, 'ev_1')
priQ_event.get() :  (2, 'ev_2')
priQ_event.get() :  (3, 'ev_6')
priQ_event.get() :  (4, 'ev_9')
priQ_event.get() :  (5, 'ev_4')
priQ_event.get() :  (5, 'ev_8')
priQ_event.get() :  (7, 'ev_0')
```

9장 Kotlin 기반 자료구조와 알고리즘 (2)

학습목표

- Skip List 자료구조의 기본 구성 및 동작 원리 이해, 응용 능력 향상
- Hash, HashMap 자료구조의 기본 구성 및 동작 원리 이해, 응용 능력 향상
- 텍스트 처리를 위한 trie 자료구조의 기본 구성 및 동작 원리 이해, 응용 능력 향상
- 그래프 자료구조의 기본 구성 및 동작 원리 이해, 응용 능력 향상
- 그래프 알고리즘인 깊이우선탐색(DFS), 넓이우선탐색(BFS), 최단거리경로탐색(Dijkstra), Minimum Spanning Tree (MST)의 동작 원리 이해, 활용 능력 향상

개요

9.1 Skip List
9.2 Hash, HashTable, Map 자료구조
9.3 텍스트 처리와 trie 자료구조, 예측 문자열 검색
9.4 그래프 (Graph) 자료구조
9.5 깊이우선탐색(DFS), 넓이우선탐색(BFS), 최단거리경로탐색(Dijkstra)
9.6 Minimum Spanning Tree (MST)

9.1 Skip List

9.1.1 Skip List의 주요 특성

SkipList는 연결 리스트(linked list)와 이진 검색 트리(binary search tree)의 장점을 결합한 자료구조이며, 성능이 우수하고 구현이 간단하여 다양한 분야에서 사용된다. 특히 동적으로 데이터가 추가되거나 삭제되는 환경에서 안정적인 성능을 유지하며, 확률적 방법을 사용해 성능을 최적화하며, 이론적으로 균형이 잘 잡힌 이진 검색 트리와 유사한 성능을 갖는다. SkipList는 각 원소에 대해 여러 레벨의 연결 리스트를 사용하여 효율적인 탐색, 삽입, 삭제 연산을 제공한다.

SkipList의 주요 특징으로 다중 레벨 구조, 확률적 균형 유지, 이진 탐색 트리와 유사한 성능, 간단한 구현, 다중 레벨의 연결 리스트 등이 있다. SkipList는 단일 연결 리스트에 여러 레벨을 추가한 형태이다. 각 레벨에서 일부 노드만 선택되어 상위 레벨의 연결 리스트에 포함된다. 가장 상위 레벨은 가장 적은 노드 수를 가지며, 가장 하위 레벨은 모든 원소를 포함한다. SkipList는 삽입 시 각 노드가 상위 레벨에 포함될지 말지를 무작위로 결정하는 방식으로 동작한다. 이를 통해 평균적으로 O(log n)의 시간 복잡도로 탐색, 삽입, 삭제 연산을 수행할 수 있다.

SkipList는 트리와 달리 복잡한 재균형(rebalancing)이 필요 없으며, 삽입과 삭제 후에

도 자동으로 확률적인 균형을 유지한다. 따라서 평균적인 경우 O(log n)의 시간 복잡도를 갖는다. SkipList를 AVL 트리나 레드-블랙 트리 같은 복잡한 자가 균형 이진 트리와 비교했을 때, 재구성(restructuring) 작업이 필요 없기 때문에 SkipList는 구조가 단순하며 구현이 용이하다. SkipList는 각 노드가 1개 이상의 포인터를 가지고 있어서 여러 레벨의 연결 리스트에서 다음 노드를 가리킨다. 높은 레벨일수록 더 적은 노드가 포함되며, 각 레벨에서 필요한 만큼 건너뛰면서 빠르게 원하는 노드를 찾을 수 있다. SkipList의 시간 복잡도는 탐색(Search)에 평균 O(log n), 삽입(Insertion)에 평균 O(log n), 삭제(Deletion)에 평균 O(log n)이며, 최악의 경우 O(n)이 될 수 있지만, 확률적 알고리즘이므로 평균 성능은 매우 우수하다.

SkipList의 주요 응용 분야로는 데이타베이스 및 인덱싱, 멀티스레드 환경에서의 동시성을 지원하는 데이터 구조, 메모리 관리, 캐시에 저장된 데이터의 빠른 검색과 갱신, 사전(dictionary) 또는 정렬된 자료구조의 구현 등이 있다. SkipList는 균형 이진 트리처럼 데이터를 빠르게 검색할 수 있어 데이타베이스 인덱싱에서 사용된다. 특히 데이터가 동적으로 추가되거나 삭제되는 환경에서 SkipList는 재균형 작업이 필요하지 않기 때문에 트리 기반 인덱스보다 유리할 수 있다. LevelDB와 같은 NoSQL 데이타베이스에서 SkipList를 사용한 인덱스 구조가 사용된다. SkipList는 비교적 간단하게 동기화를 적용할 수 있어 멀티스레드 환경에서의 효율적인 데이터 구조로 사용될 수 있으며, 이 때문에 동시성(concurrency)을 지원하는 시스템에서 자주 사용된다.

Kotlin의 ConcurrentSkipListMap은 멀티스레드 환경에서 동기화를 쉽게 처리할 수 있는 SkipList 기반의 맵(map) 구현이다. SkipList는 연속적인 메모리 블록을 관리하고 검색하는 과정에서 O(log n) 성능을 유지하면서 동적 메모리 관리를 효율적으로 처리할 수 있다. 캐시에서 저장된 데이터의 빠른 탐색과 갱신이 필요할 때 SkipList가 사용될 수 있다. 데이터가 빈번하게 추가되고 삭제되는 캐시 시스템에서 트리 구조 대신 SkipList가 사용될 수 있으며, Redis 같은 캐시 시스템에서 SkipList가 일부 데이터 구조로 활용된다. SkipList는 이진 검색 트리처럼 데이터를 정렬된 상태로 유지하면서 빠르게 탐색, 삽입, 삭제를 할 수 있으므로 사전(dictionary) 또는 정렬된 자료구조를 구현하는 데 적합하다.

9.1.2 Skip List 세부 구조

SkipList는 그림 9.1에서 보는 것과 같이 여러 단으로 연결형 리스트가 구성되며 가장 아래에 있는 L_0 단은 모든 항목들을 다 포함하며 항목들의 크기순으로 정렬되어 있다. 가장 작은 값의 데이터가 포함된 노드 왼쪽과 가장 큰 데이터가 포함된 노드 오른쪽에는 스킵 리스트의 끝 부분을 나타내는 null 값을 가지는 노드로 연결되어 있다.

스킵 리스트에서 L_{i+1} 단은 L_i단의 항목 중 일부만 포함하고 가장 높은 단 (L_h)에서는 스킵 리스트의 시작과 끝을 나타내는 null 값을 가지는 특수 노드 두 개만 좌우 연결되어 있으며, L_h 단의 좌측 노드를 _head로 설정하고, 이 노드부터 검색을 시작한다. 스킵 리스트에서 데이터가 포함된 노드는 임의의 높이를 가지는 타워 (tower)를 형성하는데 이 타워의 높이는 그 데이터 항목이 포함될 때 임의로 결정된다. 일반적으로 L_{i+1} 단은 바로 다음 하단인 L_i 단의 노드 개수 중 1/2 정도를 선택하는 방법으로 구성할 수 있고, 이 경우 스킵 리스트에 포함된 전체 항목의 개수가 N일 때, 가장 높은 tower의 높이가 대략 $\log_2 N$이 된다.

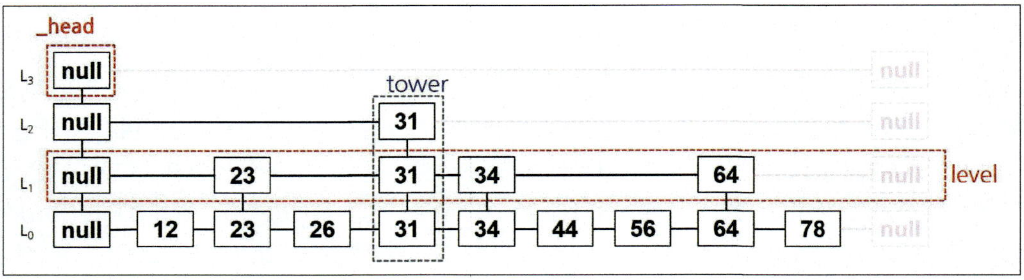

그림 9.1 Skip List의 구조

2차원 구조의 스킵리스트를 구성하는 각 노드는 그림 9.2에서 보는 것과 같이 위, 아래, 앞, 뒤의 노드와 연결하기 위하여 up, down, prev, next의 레퍼런스(참조)를 가지는 자기 참조 구조체 (self-referential structure)로 구성되며, 이를 쿼드 노드 (quad node)라고 한다. 쿼드 노드 내부에는 실제 데이터를 저장하는 entity와 tower를 구성하였을 때 참고적으로 사용할 수 있는 level 정보를 가진다. 하나의 tower에 속한 모든 쿼드 노드들은 동일한 entity 값을 가지며, level은 최하위단으로부터 0 ~ h−1의 값을 가지게 된다.

최상위단인 L_h에는 null 값을 가지는 특수 쿼드 노드만 좌우 끝위치에 tower를 형성하며, 정상적인 데이터를 가진 tower의 경우 0 ~ h−1의 level로 구성된다.

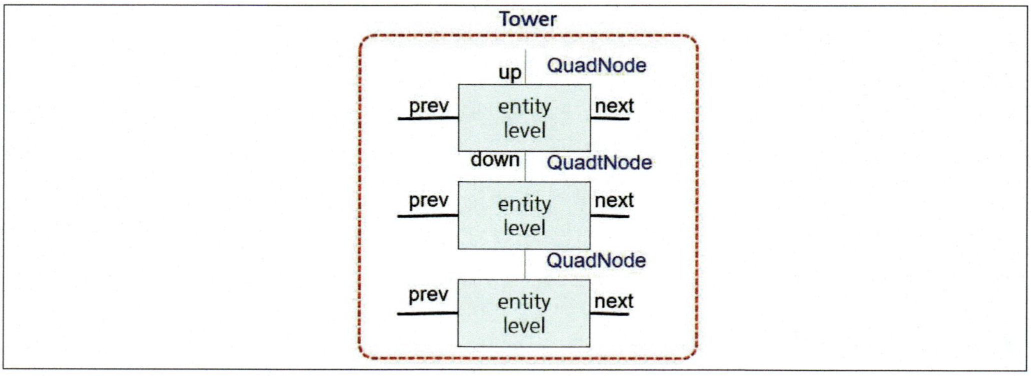

그림 9.2 SkipList를 위한 QuadNode 및 Tower 구조

그림 9.3은 스킵 리스트를 구현하기 위하여 Kotlin 프로그래밍으로 제네릭 class QuadNode<E>를 구현한 예를 보여준다. Line 6~11에서 class QuadNode의 데이터 멤버들을 정의하고 있으며, _entity, level과 함께 위, 아래, 뒤, 앞의 QuadNode와 연결을 구성하기 위한 up, down, next, prev의 레퍼런스 4개가 정의되어 있다.

Line 5에서 class QuadNode<E> 제네릭 클래스는 Comparable<E> 인터페이스를 상속받도록 정의되어 있으며, 이는 QuadNode를 서로 비교할 때, 그 내부에 포함된 entity를 기준으로 비교할 수 있게 한다. Line 13~31에는 다양한 기본 데이터로 QuadNode의 인스탄스가 생성되는 경우에 사용하게 되는 보조 생성자 constructor()들이 함수 오버로딩으로 구현되어 있다.

Line 29~34의 toString() 멤버 함수는 스킵리스트의 QuadNode 인스탄스를 print() 문으로 출력할 때 사용되는 문자열을 생성하여 반환한다. Line 35~47은 QuadNode의 데이터 멤버인 _entity와 level의 값을 설정하는 설정자와 값을 읽어 반환하는 접근자 기능을 구현하고 있다.

```
 1 :  /* class QuadNode<E> */
 2 :
 3 :  package SkipList
 4 :
 5 :  class QuadNode<E : Comparable<E>> {
 6 :      private var _entity: E? = null
 7 :      private var level = 0
 8 :      private var up: QuadNode<E>? = null
 9 :      private var down:QuadNode<E>? = null
10 :      private var next:QuadNode<E>? = null
11 :      private var prev:QuadNode<E>? = null
12 :
13 :      constructor() {
14 :          this._entity = null
15 :          this.level = 0
16 :      }
17 :      constructor(level: Int) {
18 :          this._entity = null
19 :          this.level = level
20 :      }
21 :      constructor(ent: E, level: Int) {
22 :          this._entity = ent as E
23 :          this.level = level
24 :      }
25 :      constructor(ent: Any?, level: Int) {
26 :          this._entity = ent as E
27 :          this.level = level
28 :      }
29 :      override fun toString(): String {
30 :          var str: String
31 :          str = ""
32 :          str += if (_entity == null) "None" else _entity.toString()
33 :          return str
34 :      }
35 :      fun getEntity(): E? {
36 :          return this._entity
37 :      }
38 :      fun setEntity(ent: E) {
39 :          this._entity = ent
40 :      }
41 :
42 :      fun getLevel(): Int {
43 :          return this.level
44 :      }
45 :      fun setLevel(level: Int) {
46 :          this.level = level
47 :      }
```

그림 9.3 class QuadNode<E> (part 1)

그림 9.3 line 49~79에서는 QuadNode의 위(up), 아래 (down), 앞(prev)과 뒤(next)에 위치한 QuadNode 인스탄스를 연결하는 레퍼런스 참조 변수값을 읽거나 설정하는 기능을 수행하도록 get 및 set 함수를 구현하고 있다.

```

    fun getUp(): QuadNode<E>? {
        return up
    }

    fun setUp(up: QuadNode<E>?) {
        this.up = up
    }

    fun getDown(): QuadNode<E>? {
        return this.down
    }

    fun setDown(down: QuadNode<E>?) {
        this.down = down
    }

    fun getNext(): QuadNode<E>? {
        return next
    }

    fun setNext(next: QuadNode<E>?) {
        this.next = next
    }

    fun getPrev(): QuadNode<E>? {
        return prev
    }

    fun setPrev(prev: QuadNode<E>?) {
        this.prev = prev
    }
} // end of class QuadNode<E>
```

그림 9.3 class QuadNode<E> (part 2)

9.1.3 class SkipList<E>

그림 9.4의 class SkipList는 그림 9.3의 class QuadNode 객체들을 2차원 구조로 연결시켜 스킵 리스트를 만들기 위한 제네릭 클래스이다. 이 제네릭 클래스에서 설정되는 제네릭 자료형 E는 비교 연산이 가능하도록 Comparable<E> 인터페이스로 설정되며, 스킵리스트 내부에 있는 항목들을 차례대로 열거할 수 있도록 MutableIterator<E> 클래스를 상속받아 구현하고 있다.

Line 7~9에서 설정하고 있는 class SkipList<E>의 데이터 멤버는 스킵 리스트의 이름 _name), 탐색을 시작하는 첫 기준 QuadNode 인스탄스인 _head, 스킵 리스트에 포함된 데이터 개수를 나타내는 size로 설정된다. Line 11~15의 보조 생성자 constructor()는 인수로 문자열 (텍스트) 자료형인 이름 (name)을 전달받아 데이터 멤버 _name에 설정하고, QuadNode 인스탄스를 하나 생성하여 스킵 리스트의 시작 기준점인 _head에 설정하며, size를 0으로 설정한다. 스킵 리스트의 이름은 getName() 멤버 함수로 읽어 사용할 수 있다.

Line 21~26의 get(key: E) 멤버 함수는 인수로 주어진 E 자료형의 key를 전달받아 스킵 리스트의 findNode(key) 멤버 함수를 사용하여 QuadNode를 탐색하고, 그 결과를 반환한다.

```
package SkipList

import java.util.*
import SkipList.*

class SkipList<E : Comparable<E>> : MutableIterator<E> {
    protected var _name: String? = null
    private var _head: QuadNode<E>?
    private var size = 0

    constructor (name: String?) {
        _name = name
        _head = QuadNode<E>()
        size = 0
    }

    fun getName(): String? {
        return _name
    }

    operator fun get(key: E): E? {
        checkValidity(key)
        val node = findNode(key)
        return if (node!!.getEntity()!!.compareTo(key) === 0)
           node!!.getEntity()
          else null
    }

    operator fun contains(key: E): Boolean {
        return this[key] != null
    }

    fun size(): Int {
        return size
    }

    fun empty(): Boolean {
        return size == 0
    }

    protected fun findNode(key: E): QuadNode<E>? {
        var node = _head
        var next: QuadNode<E>? = null
        var down: QuadNode<E>? = null
        var nodeKey: E? = null
        while (true) {
            // Searching nearest (less than or equal) node with special key
            next = node!!.getNext()
            while (next != null && lessThanOrEqual(next.getEntity(), key))
            {
                node = next
                next = node.getNext()
            }
            nodeKey = node!!.getEntity()
            if (nodeKey != null && nodeKey.compareTo(key) == 0)
                break
            // Descend to the bottom for continue search
            down = node.getDown()
            node = down ?: break
        }
        return node
    }
```

그림 9.4 class SkipList (part 1)

그림 9.3과 9.4에서 구현되어 있는 class QuadNode<E>와 class SkipList<E>에서는 entity의 자료형이 E로 되어 있지만 실제 스킵 리스트에서는 entity의 자료형을 별도의 V로 설정할 수 있다. 예를 들어 학생 정보를 관리하는 경우, key는 정수 자료형의 학번(stID)을 사용할 수 있고, entity는 class Student가 될 수 있다.

그림 9.4 line 28~30에서 구현되어 있는 contains() 멤버 함수는 인수로 전달된 key가 스킵 리스트에 포함되어 있는지 확인하여 결과를 true 또는 false로 알려준다. Line 32~38에서는 스킵 리스트의 size 값을 반환하여주는 size() 멤버 함수와 비어있는지 확인하여 주는 empty() 멤버 함수가 구현되어 있다.

그림 9.4 line 40~60의 findNode(key) 멤버 함수는 스킵 리스트에서 _head로부터 key 값을 entity 값으로 가지는 쿼드 노드 인스턴스를 찾아 반환한다. 만약 key 값을 entity 값으로 가지는 쿼드 노드가 없는 경우에는 key 값보다 작은 entity를 가진 쿼드 노드 (next 쿼드 노드의 entity 값은 key보다 큰)를 반환한다.

Line 62~68의 insertNext(x, y)는 쿼드 노드 x 다음에 y가 추가되도록 하며, y의 prev로 x가 되도록 설정하고, x의 next로 y가 설정되도록 한다. Line 70~73의 insertAbove(x, z)는 쿼드 노드 x 위 (up)에 z가 추가되도록 하며, x의 up이 z가 되도록 설정하고, z의 down이 x가 되도록 설정한다.

Line 75~108의 add(key) 멤버 함수는 스킵 리스트에 새로운 항목 key의 쿼드 노드 및 타워를 추가하는 기능을 수행한다. 먼저 스킵 리스트에 key 값을 가지는 항목이 있는지 findNode(key) 멤버 함수를 사용하여 확인하고, 이미 존재한다면 그 노드의 값을 setEntity(key)를 사용하여 새로운 값으로 설정하여 준다. 만약 주어진 key 값이 스킵 리스트에 포함되어 있지 않다면 새로운 QuadNode 인스턴스newNode를 생성하고, findNode(key)가 반환하였던 node 위치 다음에 insertNext(node, newNode)로 추가한다 (line 83).

그림 9.4 line 40~60에서 구현되어 있는 findNode(key)는 key보다 작거나 같은 entity를 가지는 QuadNode 인스턴스 node를 반환하므로, insertNext(node, newNode)는 오름차순으로 정리하였을 때 key 값의 새로운 QuadNode 인스턴스가 배치되어야 할 위치에 key을 entity 값으로 가지는 쿼드 노드를 추가하게 된다.

그림 9.4 line 88~106에서는 새롭게 추가된 QuadNode 인스턴스에 tower를 구성하는 기능을 수행한다. 이때 tower의 높이를 결정하는 것은 line 88에서 rand.nextDouble()를 사용하여 발생시키는 난수에 따라 결정되며, 이는 50%의 확률로 현재의 높이를 증가시킬 수 있다.

Line 110~138의 remove(key) 멤버 함수는 key의 entity 값을 가지는 쿼드 노드를 찾고, 그 쿼드 노드가 포함되는 tower를 삭제하며, 각 level 별로 존재하는 쿼드 노드의 prev와 next 쿼드 노드를 직접 연결시켜 주고, 삭제 대상 타워의 쿼드 노드를 삭제하는 절차를 수행한다. Line 112에서 findNode(key) 멤버 함수를 사용하여 key의 entity 값을 가지는 쿼드 노드를 찾았을 때 반환된 값이 null 이거나, 그 쿼드 노드의 entity가 key와 다를 때에는 스킵 리스트에 포함되어 있지 않은 key 값을 삭제하고자 하므로 NoSuchElement Exception(“The key is not exist!”) 예외 상황을 발생시킨다.

Line 118~119에서는 level 0에 도달할 때까지 node.getDown()을 사용하여 이동하게 한다. Line 124~130에서는 level 0로부터 삭제 대상 노드가 포함된 tower의 각 level별 쿼드 노드의 prev 노드와 next 노드를 직접 연결시켜 주고, 그 다음 상위 level의 쿼드 노드로 이동한다. 실제 쿼드 노드의 삭제와 메모리 반환 기능을 별도로 구현하지는 않는 데, 이는 Kotlin 프로그램의 garbage collection 기능에 의하여 사용되지 않는 메모리를 수거하는 기능을 활용하는 것이다.

```
61 :
62 :        protected fun insertNext(x: QuadNode<E>?, y: QuadNode<E>?) {
63 :            y!!.setPrev(x)
64 :            y!!.setNext(x!!.getNext())
65 :            if (x.getNext() != null)
66 :                x.getNext()!!.setPrev(y)
67 :            x.setNext(y)
68 :        }
69 :
70 :        protected fun insertAbove(x: QuadNode<E>, z: QuadNode<E>) {
71 :            x!!.setUp(z)
72 :            z.setDown(x)
73 :        }
74 :
75 :        fun add(key: E) {
76 :            checkValidity(key)
77 :            var node = findNode(key)
78 :            if (node!!.getEntity() != null && node.getEntity()!!.
                     compareTo(key) === 0) {
79 :                node.setEntity(key)
80 :                return
81 :            }
82 :            var newNode : QuadNode<E> = QuadNode<E>(key, node.getLevel())
83 :            insertNext(node, newNode)
84 :            // Decide level according to the probability function
85 :            var currentLevel = node.getLevel()
86 :            var headLevel = _head!!.getLevel()
87 :            val rand = Random()
88 :            while (rand.nextDouble() < 0.5) { //
89 :                // building a new level
90 :                if (currentLevel >= headLevel) {
91 :                    val newHead = QuadNode<E>(headLevel + 1)
92 :                    insertAbove(this._head!!, newHead)
93 :                    _head = newHead
94 :                    headLevel = _head!!.getLevel()
95 :                }
96 :                // copy node and newNode to the upper level
97 :                while (node!!.getUp() == null) {
98 :                    node = node.getPrev()
99 :                }
100 :               node = node.getUp()
101 :               val tmp = QuadNode<E>(key, node!!.getLevel())
102 :               insertNext(node, tmp)
103 :               insertAbove(newNode, tmp)
104 :               newNode = tmp
105 :               currentLevel++
106 :           }
107 :           size++
108 :       }
```

그림 9.4 class SkipList (part 2)

그림 9.4 line 140~165의 toString() 멤버 함수는 스킵 리스트에 포함된 노드들의 내용을 차례로 출력하도록 문자열을 만들어 반환한다. 먼저 _head로부터 시작하여 level 0까지 내려간 후, 가장 왼쪽으로 node.getPrev() 함수를 사용하여 이동한 후, level 0의 쿼드 노드를 차례로 방문하여 값을 출력한다.

```

        fun remove(key: E) {
            checkValidity(key)
            var node = findNode(key)
            if (node == null || node.getEntity()!!
                    .compareTo(key) !== 0
            ) throw NoSuchElementException("The key is not exist!")

            // Move to the bottom
            while (node!!.getDown() != null)
                node = node.getDown()
            // Because node is on the lowest level so we need remove with
            //  moving bottom-up
            var prev : QuadNode<E>? = null
            var next : QuadNode<E>? = null
            while (node != null) {
                prev = node.getPrev()
                next = node.getNext()
                prev?.setNext(next)
                next?.setPrev(prev)
                node = node.getUp()
            }

            // Adjust head
            while (_head!!.getNext() == null && _head!!.getDown() != null) {
                _head = _head!!.getDown()
                _head!!.setUp(null)
            }
            size--
        }

        override fun toString(): String {
            var str : String = _name as String
            str += String.format("(size = %3d) : ", size)
            if (size == 0) {
                str += "Empty"
                return str
            } else {
                str += "["
            }
            var node: QuadNode<E>? = _head
            // Move into the lower left bottom
            while (node!!.getDown() != null)
                node = node.getDown()
            while (node!!.getPrev() != null)
                node = node.getPrev()

            // Head node with each level the key is null
            // so need to move into the next node
            if (node.getNext() != null) node = node.getNext()
            while (node != null) {
                str += java.lang.String.format("%3s", node)
                node = node.getNext()
            }
            str += " ]"
            return str
        }

        protected fun checkValidity(ent: E?) {
            requireNotNull(ent) { "Key must not be null!" }
        }

        protected fun lessThanOrEqual(a: E?, b: E): Boolean {
            return a!!.compareTo(b) <= 0
        }
}
```

그림 9.4 class SkipList (part 3)

Line 167~169의 checkValidity() 멤버 함수는 쿼드 노드의 entity 값이 null이 되지 않도록 확인하며, line 171~173의 lessThanOrEqual(a, b)는 a의 값이 b보다 같거나 작은 경우 true를 반환하는 기능을 구현한다.

9.1.4 Skip List 응용 프로그램

그림 9.5는 스킵 리스트에 문자열을 차례로 추가 및 삭제하며, 각 단계에서 스킵 리스트의 내부 항목들이 정렬된 상태로 유지되는 가를 확인하는 응용 프로그램 예를 보여준다. 스킵 리스트의 정상적인 동작 내용은 그림 9.6에서 확인할 수 있다.

```
/* Application of SkipList */

import SkipList.*

fun main(args: Array<String>) {
    val skipList: SkipList<String> = SkipList("SkipList_str")
    val strArray = arrayOf("C", "A", "G", "B", "E", "D")
    for (str in strArray) {
        print("adding (%s) => ".format(str))
        skipList.add(str)
        println("%s".format(skipList))
    }

    val testArray = arrayOf("Z", "A")
    for (t in testArray) {
        if (skipList.contains(t)) {
            println("Searching %s from %s => contains !!".
             format(t, skipList.getName()))
        } else {
            println("Searching %s from %s => does not contain !!".
              format(t, skipList.getName()))
        }
    }

    for (str in strArray) {
        print("removing (%s) from SkipList<String> => ".format(str))
        skipList.remove(str)
        println("%s".format(skipList))
    }
}
```

그림 9.5 class SkipList<string> 응용 프로그램 응용 프로그램

```
adding (C) => SkipList_str(size =   1) : [  C ]
adding (A) => SkipList_str(size =   2) : [  A  C ]
adding (G) => SkipList_str(size =   3) : [  A  C  G ]
adding (B) => SkipList_str(size =   4) : [  A  B  C  G ]
adding (E) => SkipList_str(size =   5) : [  A  B  C  E  G ]
adding (D) => SkipList_str(size =   6) : [  A  B  C  D  E  G ]
Searching Z from SkipList_str => does not contain !!
Searching A from SkipList_str => contains !!
removing (C) from SkipList<String> => SkipList_str(size =   5) : [  A  B  D  E  G ]
removing (A) from SkipList<String> => SkipList_str(size =   4) : [  B  D  E  G ]
removing (G) from SkipList<String> => SkipList_str(size =   3) : [  B  D  E ]
removing (B) from SkipList<String> => SkipList_str(size =   2) : [  D  E ]
removing (E) from SkipList<String> => SkipList_str(size =   1) : [  D ]
removing (D) from SkipList<String> => SkipList_str(size =   0) : Empty
```

그림 9.6 class SkipList<string> 응용 프로그램의 실행 결과

9.2 Hash, Hash Table, Map 자료구조

9.2.1 Hash Table

다양한 길이의 문자열로 주어지는 검색어를 사용하여 방대한 자료를 검색해야 하는 경우 자료구조에 포함된 각 항목들을 주어진 검색어로 직접 비교하는 것은 시간이 오래 걸리며 전체 검색시간이 길어진다. 미리 검색어가 정렬되어 있는 상태에서 신속하게 검색할 수 있는 자료구조로 이진 탐색 트리를 생각할 수 있으나 미리 저장되어야 하는 검색어 개수가 수십 만 개 이상으로 매우 많은 경우 이진탐색트리 높이가 매우 큰 값을 가지게 되어 검색어에 도달할 때까지 많은 단계의 비교해야 하므로 검색시간이 길어지는 문제가 발생할 수 있다.

또한 검색어에 포함되는 문자 또는 문장의 길이가 길어질 경우 각 트리노드에서마다 긴 검색어의 처음부터 비교를 다시 실행하여야 하는 문제가 있다. 이와 같이 길이가 다양한 문자열을 검색어로 지정하고 기존의 검색어 집합으로부터 신속하게 찾아내어야 하는 문제를 해결하는 방법으로, 다양한 길이의 문자열을 일정한 길이의 숫자로 변환하고 이 숫자를 사용하여 해당 검색어가 포함된 검색어 그룹을 찾은 후 그 그룹 내에서 해당 검색어를 가진 항목을 찾아보는 것이 빠른 방법이 된다.

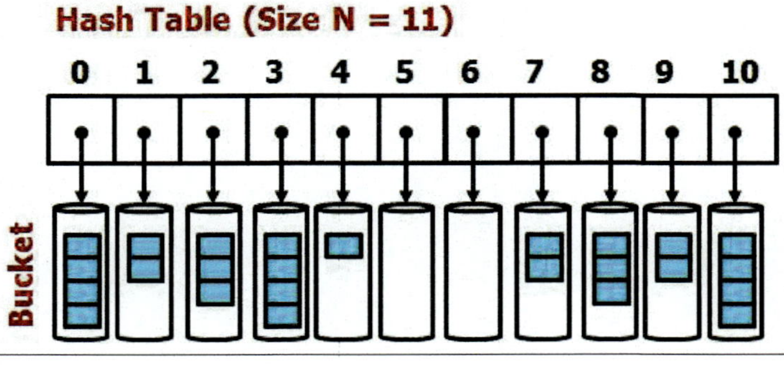

그림 9.7 Hash Table

예를 들어 그림 9.7에서 볼 수 있는 것과 같이 검색어 전체 항목들을 일정한 기준에 따라 버킷 (bucket)으로 구분하고, 이 버킷들을 해시테이블 (hash table)로 연결하여 매우 많은 데이터 항목들을 관리하는 검색 시스템 구조를 생각할 수 있다. 이 구조에서 다양한 길이를 가지는 검색 키워드나 검색 문자열을 사용하여 해시테이블 크기로 지정된 범위의 값을 생성하고, 이 해시값을 해시테이블의 인덱스로 사용하여 버킷을 찾는 기능을 구현할 수 있다.

9.2.2 Hash 함수

임의의 길이의 데이터로부터 일정한 길이의 데이터로 매핑하는 함수를 해시함수 (hash function)라고 하며 해시함수로부터 얻어지는 값을 해시코드라고 한다. 그림 9.8은 해시함수의 처리과정을 나타낸다. 먼저 해시함수에 전달되는 값은 임의의 길이를 가지는 문자열이 될 수 있으며 예를 들어 신문기사에서의 키워드나 인터넷 검색창에서 사용하는 질의어 등이 될 수 있다. 이 검색어 문자열은 짧을 수도 있고 매우 긴 문장으로 구성될 수도 있다. 해시함수 내부에서는 일단 주어진 키워드로부터 32비트 크기의 해시코드를 생성한다.

해시함수를 사용하여 생성된 해시코드 값은 32비트에 해당하며 총 42억개 이상의 값을 가질 수 있기 때문에 이 해시코드 값을 그대로 사용하지 않고 해시테이블의 크기에 맞추어 해시값(hash value)을 생성한 후 사용하는 것이 일반적이다. 이렇게 32비트 해시코드값을 작은 크기의 해시값으로 변환하는 과정을 해시코드 압축 (compression)이라고 한다.

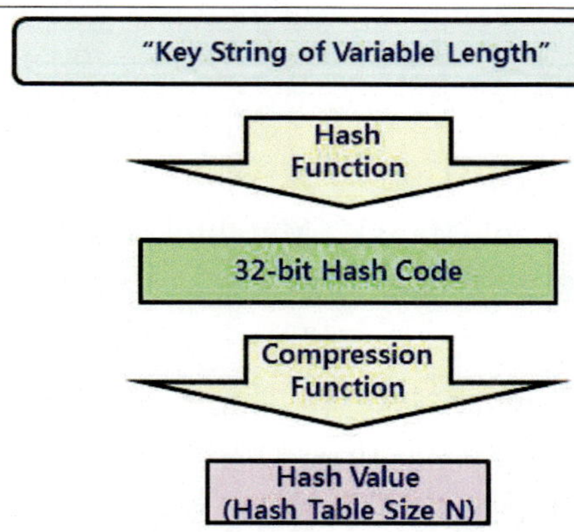

그림 9.8 Hash 함수

해시코드로부터 해시값을 생성하는 압축 함수 중 가장 쉬운 구현 방법으로는 해시테이블의 크기 값으로 모듈로 연산을 하는 방법이다. 예를 들어 그림 9.7에서 보는 것과 같이 해시테이블의 크기가 N = 11인 경우, 해시코드 값을 N으로 모듈로 연산을 하면 0~10 범위의 해시값이 생성되며, 이 해시값을 사용하여 해시테이블에 연결된 버킷들 중 지정된 검색어를 가진 버킷을 찾은 후 이 버킷 내부에서 지정된 검색어가 포함된 항목을 찾는 것이 전체 검색 시간을 최소화하며 신속하게 해당 항목을 찾아갈 수 있는 방법이 될 수 있다.

해시함수를 구현하는 방법은 매우 다양하나 길이가 다양한 문자열로부터 해시코드를 얻는 기본적인 해시함수 중 하나로 Cyclic Shift Hash Code 함수가 많이 사용된다. 이 CyclicShiftHashCode() 함수는 주어진 검색어 문자열 (key string)에 포함된 각 문자를

0으로 초기화된 지역변수 해시코드 (haseCode)에 더하며, 이 해시코드를 5비트 자리만큼 왼쪽으로 이동 (shift)시킨 값과 27비트 자리만큼 오른쪽으로 이동시킨 값을 비트 단위 OR 연산을 통해 새로운 해시코드 값을 얻는다. 이러한 절차를 검색어 문자열에 포함된 모든 문자에 대하여 반복 실행하며 최종적으로 32비트 크기의 해시코드가 생성되면 이를 반환한다.

9.2.3 해시테이블을 사용한 map 자료구조

(1) class Person

그림 9.9는 자료구조 hash map에서 저장하는 entry 내용으로 사람 (person)의 정보를 Kotlin 데이터 클래스로 정의하는 예를 보여준다. 데이터 클래스 Person()의 속성으로는 문자열 자료형의 이름 (name), 정수 자료형의 주민등록번호(regID), 문자열 자료형의 주소(addr)가 포함되어 있다. 데이터 클래스의 경우, 비교 연산 기능이 자동적으로 제공되므로 이를 활용하여 다양한 응용 프로그램을 구성할 수 있다.

```
data class Person(val name:String, val regID : Int, val addr : String) { }
```

그림 9.9 data class Person()

(2) class HashMap()

그림 9.10은 Kotlin의 MutableMap<K, MutableList<V>> 제네릭 클래스를 사용하여 제네릭 클래스 HashMap<K, V>을 구현하는 예를 보여준다. 이 HashMap<K, V>에서는 hash 값의 계산 기능은 MutableMap<>에서 제공하는 기능을 사용하며, 주어진 key 값을 기준으로 HashMap<K, V>에 포함된 엔트리들을 관리할 수 있게 한다.

그림 9.10 line 2에서는 MutableMap<K, MutableList<V>> 자료형의 hmap을 생성하여 HashMap에 포함된 엔트리들을 key 값을 사용하여 검색할 수 있게 구성한다. Line 4~40에서는 class HashMap<> 제네릭 클래스의 다양한 멤버 함수들을 구현하고 있다. put(key, value) 멤버 함수는 hmap에 key의 항목이 이미 포함되어 있는지 먼저 검사한 후, 만약 포함되어 있지 않는 경우 hmap[key] 엔트리로 mutableListOf()을 준비하고, 그 entry 값으로 value가 추가되게 한다. get(key) 멤버 함수는 hmap[key]에 저장되어 있는 V 항목들의 리스트를 반환한다.

class HashMap<>의 remove(key, value) 멤버 함수는 hmap[key]의 엔트리 mutableList로부터 value 항목을 삭제한다. containsKey(key)는 hmap[]에 key 항목이 있는지 확인하여 주며, keys() 멤버 함수는 hmap에 포함된 key 값들의 집합을 반환한다. values() 멤버 함수는 hmap에 포함된 모든 엔트리 mutableList의 value 항목들이 포함된 List<V> 자료형의 hmap.entries를 반환한다.

class HashMap<>의 toString() 함수는 hmap의 내용을 출력하도록 MutableMap<> 인스탄스 hmap의 toString() 멤버 함수를 사용하여 출력 문자열을 만들고, 이를 반환한다. print() 멤버 함수는 class HashMap<> 인스탄스의 이름과 모든 key에 해당하는 value 값들을 출력하여 내용을 확인할 수 있게 한다.

```
class HashMap<K, V> (val hmap_name: String){
    private val hmap: MutableMap<K, MutableList<V>> = mutableMapOf()

    fun put(key: K, value: V) {
        if (!hmap.containsKey(key)) {
            hmap[key] = mutableListOf()
        }
        hmap[key]?.add(value)
    }
    fun get(key: K): List<V>? {
        return hmap[key]
    }
    fun remove(key: K, value: V) {
        hmap[key]?.remove(value)
    }
    fun containsKey(key: K): Boolean {
        return hmap.containsKey(key)
    }
    fun containsEntry(key: K, value: V): Boolean {
        return hmap[key]?.contains(value) ?: false
    }
    fun keys(): Set<K> {
        return hmap.keys
    }
    fun values(): Collection<List<V>> {
        return hmap.values
    }
    fun entries(): Set<Map.Entry<K, List<V>>> {
        return hmap.entries
    }
    override fun toString(): String {
        return hmap.toString()
    }
    fun print() {
        val keySet = this.keys()
        println("%s = ".format(this.hmap_name))
        for (key in keySet) {
            println("%s : %s".format(key, this.get(key)))
        }
    }
}
```

그림 9.10 class HashMap()

9.2.4 Hash Map의 응용 예

그림 9.11은 HashMap<> 제네릭 클래스를 사람 정보 관리에 사용하는 예를 보여준다. Line 6에서 HashMap<String, Person> 제네릭 클래스 인스탄스 hmap_person을 생성하고, 이름을 "hmap_person"으로 설정한다. Line 7~19에서는 입력 텍스트 데이터 파일 ("Persons.txt") (그림 9.12)에 포함된 사람 정보 (이름, 주민등록번호, 주소)를 형식 지정 입력 기능을 제공하는 Scanner를 사용하여 차례대로 읽어 들인 후, class Person(name, regID, addr)의 인스탄스 person을 만들고, line 18에서 hmap_person.put(name, person)으로 추가시킨다.

```
/* Kotlin HashMap<K, V> */
import java.io.File
import java.util.*

fun main() {
    val hmap_person = HashMap<String, Person>("hmap_person")
    val f_name = "Persons.txt"
    val fin = Scanner(File(f_name))
    var name : String
    var regID : Int
    var addr : String
    var person : Person
    while (fin.hasNext()) {
        name = fin.next()
        regID = fin.nextInt()
        addr = fin.next()
        person = Person(name, regID, addr)
        hmap_person.put(name, person)
    }
    fin.close()
    hmap_person.print()
}
```

그림 9.11 Hash Map 응용 프로그램 – main()

hmap_person에 추가된 내용을 hmap_person.print()를 사용하여 출력하면 그림 9.13과 같은 결과를 볼 수 있다. class HashMap<K, V>의 print() 멤버 함수 구현에서 hash map에 포함된 모든 key들을 집합으로 구성한 후, 각 key를 사용하여 hmap[k]로 entry를 읽고 이를 차례로 출력하는 기능은 그림 9.10 line 34~40에서 구현되어 있으며, 그 결과를 그림 9.13에서 확인할 수 있다.

```
Main.kt    Person.kt    Persons.txt ×

Kim 1111 Daegu
Lee 2222 Seoul
Park 3333 Busan
Choi 4444 Daejeon
Yoon 5555 Gwangju
```

그림 9.12 입력 데이터 파일 (Persons.txt) 파일 내용

```
hmap_person =
Kim : [Person(name=Kim, regID=1111, addr=Daegu)]
Lee : [Person(name=Lee, regID=2222, addr=Seoul)]
Park : [Person(name=Park, regID=3333, addr=Busan)]
Choi : [Person(name=Choi, regID=4444, addr=Daejeon)]
Yoon : [Person(name=Yoon, regID=5555, addr=Gwangju)]
```

그림 9.13 Hash Map 응용 프로그램의 실행 결과

9.3 텍스트 처리와 trie 자료구조, 예측 문자열 검색

9.3.1 텍스트 처리

(1) 텍스트 처리

텍스트 처리 기능은 휴대용 스마트 단말기기에서의 신속하게 입력 문장을 완성할 수 있게 하기 위한 예측 구문 제시 기능, 문서 압축, longest prefix matching (LPM) 및 DNA 염기 서열 분석 등과 다양한 분야에서 많이 활용된다. 표 9.1은 텍스트 처리 응용 분야의 몇 가지 사례를 설명하고 있다.

먼저 문자 입력에서 키보드를 사용할 수 없는 소형 휴대 단말 장치에서의 문장 입력에서 입력된 처음 몇 글자를 기반으로 그 사용자가 주로 많이 사용하는 구문 몇 개를 미리 보여 주고 이 중에서 골라 사용하게 하면 보다 신속하게 문장을 완성할 수 있게 된다. 이렇게 예측 구문 (predictive text)을 몇 개의 첫 단어들로부터 파악하고 효과적으로 제시하기 위하여 각 단어들을 사용하여 생성될 수 있는 문장들을 사용 빈도에 따라 정렬해 둘 수 있어야 한다. 또한 동일한 접두어 (prefix)로부터 파생되는 단어들을 신속하게 검색할 수 있어야 한다.

예측 구문 제시는 인터넷 검색에서도 많이 사용되는 기능이다. 일반적으로 많이 사용되는 인터넷 검색기들은 대부분 몇 단어만 입력하여도 그 단어로부터 파생될 수 있는 검색어 중 가장 많이 검색된 내용들을 골라 제시하는 방법을 제공함으로써 사용자가 인터넷 검색을 신속하게 완료할 수 있도록 지원한다.

표 9.1 텍스트 처리 응용 분야

텍스트 처리 응용 분야	설명
예측 구문 (predictive text) 제시	휴대 단말장치에서 신속한 문장 입력 완성을 할 수 있도록 초기 단계에서 입력된 문자를 기반으로 예측되는 단어 또는 문장을 제시하며, 제시된 단어/문장을 쉽게 선택함으로써 전체 문장을 신속하게 완성할 수 있게 함
Longest Prefix Matching	인터넷에서 전송되는 패킷의 목적지 주소의 prefix (주소의 앞부분)와 가장 많이 일치하는 항목을 찾아 다음 패킷 교환기를 결정한 후, 패킷을 전송할 수 있게 함으로써, 가장 효율적인 패킷 전송이 가능하도록 함
DNA 염기 서열 분석	염기서열 (nucleic acid sequence)을 A (adenine), C (cytosine), G (guanine), T (thymine)의 4 개 문자가 조합되는 문자열로 표시하며, 이를 기반으로 다양한 분석 알고리즘을 수행

인터넷의 패킷 (packet) 교환 및 전송을 담당하는 라우터 (router)에서는 각 패킷의 목적지에 따라 다음 경로를 선정하는 일을 매우 신속하게 처리할 수 있어야 한다. 이를 위하여 각 라우터에는 목적지별로 다음 경로 (다음 라우터로 연결되는 출력 포트) 정보를 forwarding table로 정리하여 초고속 메모리 소자 (예: TCAM, tri-state content addressable memory)에 저장하여 사용하게 된다. 인터넷 패킷 전달 프로토콜에서 사용하는 목적지 주소는 IPv4인 경우 32 비트로 표현 (IPv6인 경우에는 128비트로 표시)하기 때문에 최대 40억 (232) 이상의 모든 목적지 주소에 대한 항목을 표로 구성하지 않고 동일한 집단 (회사, 대학, 연구소 또는 공공기관)의 경우 인터넷 주소의 첫 부분 일부가 동일하다

는 점을 활용하여 forwarding table의 크기를 줄이도록 한다. 특히 초고속 메모리 소자는 일반적으로 전력소모가 매우 크고 많은 열을 발생시키기 때문에 forwarding table의 크기를 줄이는 것이 매우 중요하다.

즉, 동일한 다음 경로를 사용할 수 있는 목적지 주소들이 공통적으로 사용하는 인터넷 주소 첫 부분을 비트단위 접두어 (prefix)로 설정하고 각 접두어 별로 다음 경유지 정보를 forwarding table에서 관리하게 한다. 접두어로 표시되는 인터넷 주소 첫 부분은 길이가 일정하지 않고 보통 8 ~ 24비트 범위에서 다양한 길이를 가질 수 있다. 하나의 forwarding table 내에서 동일한 목적지 주소에 대한 prefix 항목이 하나 이상 발생하는 경우 가장 긴 길이의 prefix 항목을 사용하도록 한다. 이는 회사의 대표 주소를 사용하는 경우와 그 회사의 특정 부서가 다른 지역에 파견되어 있는 경우, 그 파견 부서의 주소와 가장 많이 일치하는 항목을 찾아 우편물을 전달하는 방법과 동일하다. 최장 접두어 매칭 (longest prefix matching) 방법을 구현하기 위해서는 별도의 항목으로 구별하여야 하는 접두어 (prefix)들을 나열한 후, 첫 번째 비트로부터 다음 분기가 일어나는 지점까지를 비트 열 (bit string)로 표현하고, 분기에서는 하나의 노드에서 그 다음 비트가 0 또는 1이 되는 자식 노드가 연결되는 이진 트리 형식이 구현되어야 한다.

생명공학에서의 DNA 분석에서는 염기서열 (nucleic acid sequence)을 A (adenine), C (cytosine), G (guanine), T (thymine)의 4개 문자가 조합되는 문자열로 표시하여 다양한 조합 경우에 대하여 분석하게 된다. 이 경우에도 첫 번째 문자로부터 차례로 나타나는 문자들의 경우를 각각 구분하여 동일한 접두어를 가지는 그룹에서 다음 구분이 이루어지는 지점까지를 반복적인 서브 트리 구조로 구성하여 각 서브 그룹의 차이점을 쉽게 구분하고 관리할 수 있게 한다. 염기서열 분석은 일반적인 문자열의 분석을 위한 서브 트리 구조에서 사용될 수 있는 문자가 A, C, G, T로 제한되어 있는 경우라고 생각할 수 있다.

(2) 효율적인 텍스트 검색을 위한 자료구조와 알고리즘 검토

문자와 단어들로 구성된 텍스트를 신속하게 검색하고 이 문자/단어로부터 파생될 수 있는 단어들 중에서 최근에 가장 많이 사용된 검색어 또는 문장을 찾는 기능을 구현하기 위하여 지금까지 배운 자료구조와 알고리즘을 생각해 보자. 먼저 문자열을 배열에 순차적으로 저장하고 이진 탐색을 사용하는 방법을 생각할 수 있는데, 새로운 키워드가 빈번하게 추가되거나 기존 키워드를 빈번하게 삭제하여야 하는 경우, 삽입/삭제 지점 이후의 모든 항목들의 자리 옮김을 처리하여야 한다는 것이 성능상의 문제점이 될 수 있다.

연결형 리스트는 새로운 키워드의 삽입과 기존 키워드의 삭제에서 삽입/삭제 지점 이후의 항목들에 대한 자리 옮김을 하지 않아도 되는 장점이 있으나, 키워드 검색에서 이진 탐색을 할 수 없고 맨 첫 번째 키워드로부터 순차적 탐색을 하여야 한다는 문제가 있어, 검색 대상 키워드 개수의 증가에 따라 검색 시간이 비례하여 증가하는 성능 문제가 있다. 연결형 리스트의 순차 검색 시간을 줄일 수 있는 방안으로 스킵 리스트를 고려할 수 있다.

각 트리노드에 키워드가 설정된 이진 탐색 트리는 키워드 검색과 새로운 키워드 삽입 및 기존 키워드의 삭제에서 모두 우수한 성능을 발휘할 수 있으나, 이진 탐색 트리가 좋은 검색 성능을 제공하기 위해서는 항상 균형화 되어 있어야 한다는 부담이 있다. 즉, 새로운 키워드가 빈번하게 삽입되거나 기존 키워드가 빈번하게 삭제되는 경우 이진 탐색 트리의 재균형화를 수행하여야 하는 부담이 있다.

해시 맵 또는 해시 사전 (hash dictionary) 자료구조는 해시 테이블이 클 경우에는 충돌이 많이 발생하지 않아 좋은 검색 성능을 제공할 수 있다. 그러나 키워드 개수가 증가하여 해시 테이블에서 충돌이 자주 발생하게 되면 각 버킷이 구현 방식에 따라 추가적인 문제를 발생하며, 이는 버킷 구현 방식을 배열, 연결형 리스트, 스킵 리스트, 이진 탐색 트리 등의 방식으로 구현할 때 앞에서 설명한 문제점이 동일하게 존재하게 된다.

(3) trie 자료구조

효율적인 텍스트 검색을 위하여 지금까지 검토한 자료구조 (배열, 연결형 리스트, 스킵 리스트, 이진 탐색트리, 해시 맵, 해시 사전 등)들이 공통적으로 가지는 문제점으로는 각 배열 원소, 리스트 노드, 트리 노드 등이 가지는 키워드와 주어진 검색 키워드를 비교할 때 항상 맨 처음 단어로부터 다시 비교를 시작하여야 하고 전체 키워드에 대하여 모두 비교하여야 한다는 점이다. 즉 일부 접두어 부분이 동일한 키워드들에 대하여 항상 처음부터 다시 비교하여야 한다는 점이다.

trie 자료구조는 텍스트 검색을 신속하게 처리하면서 동시에 동일한 접두어를 사용하는 문장들을 효과적으로 저장하며 검색기능을 지원할 수 있게 하는 자료구조이다. 특히 동일한 접두어로부터 파생되는 다양한 문장들을 효율적으로 구성할 수 있게 하고, 신속한 탐색이 가능하게 한다. trie 자료구조의 세부적인 내용은 다음 절에서 상세하게 설명한다.

트라이 (trie)라는 자료구조 이름은 컴퓨터 정보 검색을 의미하는 "re**trie**val"에 포함된 trie로부터 유래되었으며, 주로 문자열의 탐색 트리로 사용되는 자료구조이다. 특히 자료구조에 포함되는 키 문자열이 동적으로 변화하는 문자열 데이터 집합에서, 주어진 키 문자열의 탐색을 효율적 수행할 수 있는 장점을 가진다. 트라이 자료구조는 그림 9.14에서 보는 것과 같이 root 노드에 연결되어 있는 내부 노드 (internal node)를 차례로 따라가며 단어 또는 문장이 완성되며, 마지막 리프노드에 해당하는 외부 노드 (external node)는 null 문자로 단어 또는 문장이 종료됨을 나타낸다.

이진 탐색 트리 (binary search tree)에서는 각 노드가 키워드 전체를 포함하며, 각 노드들의 관계에서 키워드의 크기 순서에 따라 결정되는 구조를 가진다. 트라이 자료구조에서는 이진 탐색 트리와는 달리 각 내부 노드는 키워드에 포함된 문자 하나를 가지며, 루트 노드로부터 외부 노드에 이르기까지 경유하는 각 내부 노드의 문자들을 연속적으로 연결할 때 키워드가 구성되는 구조를 가진다. 따라서 키워드의 첫 부분 (즉 접두어, prefix)이 동일한 문자들로 구성되는 경우, 그 접두어에 포함된 문자들의 내부 노드는 이 접두어를 공통으로 사용하는 모든 키워드들이 공유하게 된다. 그림 9.14의 예에서 "act"와 "action"은 공통으로 접두어 "act"를 가지며, "age", "aged", "agenda"는 공통으로 접두어 "age"를 가진다. 이와 같은 특성으로 트라이 자료구조는 주어진 키워드를 검색할 때 동일한 접두어를 사용하는 다수의 키워드들을 신속하게 찾을 수 있는 기능을 제공하며, 이러한 장점을 활용하여 predictive text 제시나 longest prefix matching 알고리즘을 쉽게 구현할 수 있다.

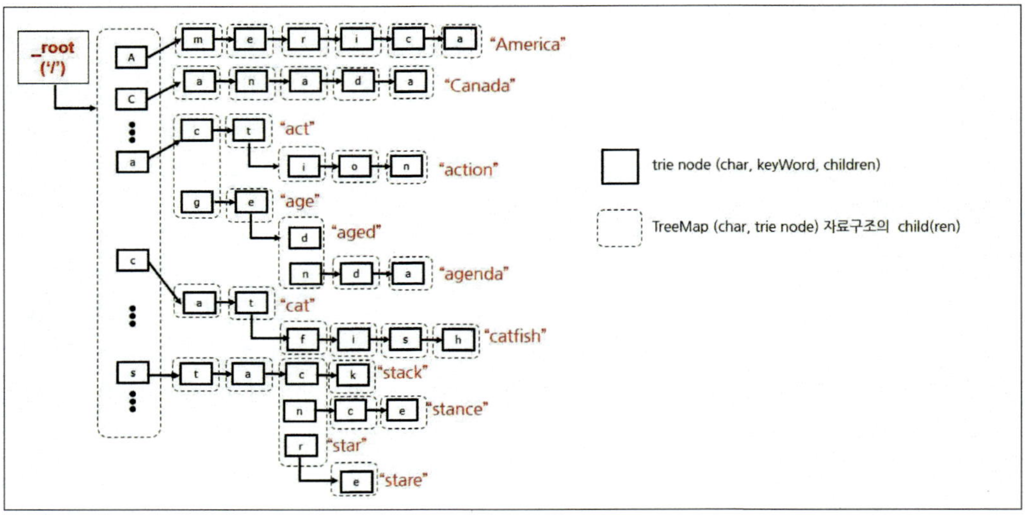

그림 9.14 trie 구현 구조

(4) trie 자료구조에서의 문자열 검색

실제 트라이 (trie) 자료구조를 구현한 모습은 그림 9.14와 같은 형태가 되며, 이 trie 자료구조에서는 이진 탐색 트리와는 달리 하나의 노드에 접속될 수 있는 자식 노드 (child node)의 개수가 3개 이상이 될 수 있다. 이 구조에서 root node에 접속되는 첫 번째 내부 노드는 영문자 'A' 로 시작하는 모든 단어들이 공통적으로 사용하게 되는 내부 노드이며, 이 내부 노드의 다음 노드 (next node)는 첫 번째 단어가 'm' 으로 시작하는 키워드들이 사용하게 되고, 그 다음 'e' 로 시작하는 키워드들이 공통적으로 사용하는 내부 노드가 연결된다. 다시 말해 루트 노드에서 수직으로 TreeMap을 구성하는 내부 노드들은 트라이 자료구조에 포함되는 키워드들의 첫 번째 영문자들을 순서대로 연결한 내부 노드들이 된다.

각 내부 노드의 자식 노드들은 부모 노드가 가지는 단어에 이어지는 단어를 가지며, 계속 자식 노드를 따라 오른쪽으로 분기하며 NULL 문자가 나오는 곳에 도달하면 하나의 키워드가 완성된다. 그런데 내부 노드가 next로 연결되는 다른 내부 노드를 가지는 경우, 이는 부모 노드 (parent node)까지의 접두어 문자열 (prefix string)을 공유하는 다른 키워드가 구성될 수 있는 것을 의미한다. 예를 들어 그림 9.14에서 키워드 "act" 의 마지막을 의미하는 NULL 문자 내부 노드의 자식 노드로 'i' 문자를 가지는 TreeMap이 구성되어 있고, 이 'i' 내부 노드의 자식 노드로 연결되는 "ion" 은 "act" 접두어 문자열과 연결되어 "action" 이라는 다른 키워드를 구성하고 있다. 같은 요령으로 "sta" 문자열은 'c', 'n', 't' 등이 포함된 TreeMap이 구성되어 있어, 각각 "ck" , "nce" , "r" , "re" 와 연결되고, 이들은 각각 "stack" , "stance" , "star" , "stare" 키워드를 구성하고 있다.

9.3.2 Kotlin 기반 trie 자료구조 구현

(1) class TrieNode

그림 9.15는 트라이 자료구조를 구현하기 위하여 class TrieNode를 Kotlin으로 구현하는 예제를 보여 준다. class TrieNode는 private access로 접근 권한이 제한되는 데이터 멤버로, 키 문자열 중에서 이 트라이 노드가 담당하는 키 문자와 이 키워드에 할당된 값이 있으며, 부모 노드를 가리키는 parent, 자식 TreeMap을 가리키는 children 레퍼런스가 있다.

class TrieNode의 보조 생성자인 contructor(ch, pr)는 트라이 노드의 값으로 ch를 설정하고, 부모 트라이 노드 레퍼런스에 pr을 설정한다. getChildren()은 자식들의 TreeMap<Char, TrieNode>를 반환하여 준다. Line 18~20의 isLeaf()는 지정된 트라이 노드가 더 이상의 자식이 없는 leaf 노드인지 설정해 주며, line 22~24의 setLeaf(isLeaf)는 지정된 트라이 노드를 isLeaf Boolean 값으로 설정해 준다.

```
 1 :  //* class TrieNode */
 2 :
 3 :  package trie
 4 :
 5 :  import java.util.*
 6 :
 7 :  class TrieNode (var ch : Char, var keyword: String?,
          var parent: TrieNode? ) {
 8 :       private var children = TreeMap<Char, TrieNode>()
 9 :       private var isLeaf = false
10 :
11 :       constructor(ch: Char, pr: TrieNode?) : this (ch, "", pr){
12 :       }
13 :
14 :       fun getChildren(): TreeMap<Char, TrieNode> {
15 :            return children
16 :       }
17 :
18 :       fun isLeaf(): Boolean {
19 :            return isLeaf
20 :       }
21 :
22 :       fun setLeaf(isLeaf: Boolean) {
23 :            this.isLeaf = isLeaf
24 :       }
25 :
26 :       fun setKeyWord(keyword: String?) {
27 :            this.keyword = keyword
28 :       }
29 :
30 :       fun getKeyWord(): String? {
31 :            return keyword
32 :       }
33 :  }
```

그림 9.15 class TrieNode()

Line 26~28의 setKeyWord(keyword)는 트라이 노드에 인수로 전달된 keyword를

설정하며, line 30~32의 getKeyWord()는 트라이 노드의 keyword를 반환해 준다.

(2) Class Trie

트라이 자료구조 전체를 관리하기 위하여 class Trie를 그림 9.16과 같이 구현할 수 있다. class Trie에는 데이터 멤버로 그 트라이 자료구조의 이름 (name)과 실제 각 키워드 문자들이 포함된 트라이 노드들의 연결이 시작되는 루트 노드 _root가 포함되어 있다. 루트 노드의 ch는 '/' 로 설정되어 있고 parent trie node는 null로 설정되어 있다. getName()은 트라이의 이름 속성을 반환하여 준다.

Line 14~32의 insert(word) 멤버 함수는 인수로 전달된 word를 트라이에 삽입하는 기능을 수행한다. Line 16에서는 _root 노드의 자식들을 찾아 children에 대입하고, line 17~31의 for 반복문에서 word의 각 단어를 차례대로 비교하며, 그 단어가 포함된 하부 트라이 노드를 선택하여, 그 트라이 노드에 word가 keyword로 등록될 수 있도록 한다.

```
 1 :  /* class Trie */
 2 :  package trie
 3 :
 4 :  import java.util.*
 5 :
 6 :  class Trie (var _name: String?){
 7 :
 8 :      private var _root: TrieNode? = TrieNode('/', null)
 9 :
10 :      fun getName(): String? {
11 :          return _name
12 :      }
13 :
14 :      fun insert(word: String) {
15 :          var curTN = _root
16 :          var children: TreeMap<Char, TrieNode> = curTN!!.getChildren()
17 :          for (i in 0 until word.length) {
18 :              val c = word[i]
19 :              //TrieNode node;
20 :              if (children.containsKey(c)) {
21 :                  curTN = children[c]
22 :              } else {
23 :                  curTN = TrieNode(c, curTN)
24 :                  children[c] = curTN
25 :              }
26 :              children = curTN!!.getChildren()
27 :              if (i == word.length - 1) {
28 :                  curTN!!.setLeaf(true)
29 :                  curTN!!.setKeyWord(word)
30 :              }
31 :          }
32 :      }
```

그림 9.16 Class Trie() (part 1)

그림 9.16 _searchKeyword(word)는 word가 포함된 트라이 노드를 찾아 그 위치를 반환한다. Line 35~36에서 _root 트라이 노드의 children TreeMap을 찾아 word의 각 단어와 비교하며, 하부 트라이 노드를 찾아 반환한다. Line 50~57의 search(word)는 트

라이에 word가 포함되어 있는지 확인하여 포함한 경우 true를 반환하여, 포함하지 않은 경우 false를 반환한다.

```
33 :
34 :     fun _searchKeyword(word: String): TrieNode? {
35 :         var curTN = _root
36 :         var children: TreeMap<Char, TrieNode> = curTN!!.getChildren()
37 :         for (i in 0 until word.length) {
38 :             val c = word[i]
39 :             if (children.containsKey(c)) {
40 :                 curTN = children[c]
41 :                 children = curTN!!.getChildren()
42 :             } else {
43 :                 curTN = null
44 :                 break
45 :             }
46 :         }
47 :         return curTN
48 :     }
49 :
50 :     fun search(word: String): Boolean {
51 :         val curTN = _searchKeyword(word)
52 :         return if (curTN != null && curTN.isLeaf()) {
53 :             true
54 :         } else {
55 :             false
56 :         }
57 :     }
58 :
59 :     fun _getKeywords(curTN: TrieNode?, keywords: ArrayList<String?>) {
60 :         var tn: TrieNode
61 :         if (curTN!!.isLeaf()) {
62 :             keywords.add(curTN!!.getKeyWord())
63 :         }
64 :         val children = curTN!!.getChildren()
65 :         val trieNodes: Set<Map.Entry<Char, TrieNode>> = children.entries
66 :         for ((_, value) in trieNodes) {
67 :             tn = value
68 :             if (tn.getChildren() != null) {
69 :                 _getKeywords(tn, keywords)
70 :             }
71 :         }
72 :     }
73 :
74 :     fun getKeywords(): ArrayList<String?> {
75 :         val curTN = _root
76 :         val keywords = ArrayList<String?>()
77 :         _getKeywords(curTN, keywords)
78 :         return keywords
79 :     }
80 :
81 :     fun getPredictiveWords(keyword: String): ArrayList<String?> {
82 :         val curTN = _searchKeyword(keyword)
83 :         val keywords = ArrayList<String?>()
84 :         _getKeywords(curTN, keywords)
85 :         return keywords
86 :     }
87 : }
```

그림 9.16 Class Trie() (part 2)

그림 9.16 line 59~72의 _getKeywords(curTN, keywords)는 curTN 산하에 있

는 keyword들을 모두 찾아 ArrayList<String> 자료형인 keywords에 담아 반환한다. Line 66~71의 for 반복문에서 curTN의 children에 포함된 트라이 노드들 (trieNodes)를 찾아내고, 각 트라이 노드를 기준으로 재귀함수를 실행하며, 모든 키워드 들을 찾아 keywords에 담아서 반환하여 준다.

Line 74~79의 getKeywords()는 트라이에 포함된 모든 키워드 들을 _root 트라이 노드로부터 찾아 반환하는 기능을 수행한다. Line 77에서는 _getKeywords(curTN, keywords) 함수를 호출하며, 앞에서 설명하였던 재귀함수 호출 구조의 _getKeywords() 함수를 실행하며 모든 키워드들을 찾아 keywords 배열 리스트에 담아 반환하여 준다.

Line 81~87의 getPredictiveWords(keyword)는 keyword로 시작하는 키워드들을 모두 찾아 반환하는 기능을 수행한다.

9.3.3 trie 자료구조기반 응용 - 예측 문자열 (predictive text) 검색

그림 9.17은 트라이 자료구조를 사용하여 예측 문자열을 검색하는 기능을 구현하는 예제이다. Line 5~9에서 class Trie의 인스턴스 trie_str를 생성하고, 영어 단어 배열words에 준비된 문자열을 차례대로 insert(w) 멤버 함수를 사용하여 trie_str에 추가한다.

Line 11~18에서는 별도의 trie_str 기능 시험을 위한 단어 배열 test_words을 준비하고, 이 배열에 포함된 단어들이 trie_str에 포함되어 있는지 확인한다. test_words에는 words에 포함된 단어 중 일부와 함께 포함되지 않은 단어를 포함하여 trie_str의 구성 및 검색 기능이 정상적으로 동작하는지 확인하고 있다. 그림 9.18에서 보여 주는 출력 결과에서 “abcd", "ab", "abc"는 정상적으로 포함된 것이 확인되며, "k", "x", "z"는 포함되지 않은 것으로 확인되고 있다.

```
 1: /* Application of Trie */
 2: import trie.*
 3:
 4: fun main(args: Array<String>) {
 5:     val trie_str = Trie("Trie_String")
 6:     val words = arrayOf("byc", "b", "abcd", "ab", "abc", "ax", "by", "a", "about", "abbey")
 7:     for (w in words) {
 8:         trie_str.insert(w)
 9:     }
10:
11:     val test_words = arrayOf("abcd", "ab", "abc", "k", "x", "z")
12:     for (w in test_words) {
13:         if (trie_str.search(w)) {
14:             println("%5s : found in trie".format(w))
15:         } else {
16:             println("%5s : not found in trie".format(w))
17:         }
18:     }
```

그림 9.17 class Trie() 기반 예측 문자열 검색 예제 (part 1)

Line 20~26에서는 trie_str에 포함된 모든 keyword들을 getKeywords()로 탐색하여 ArrayList<String?> 인스턴스인 keywords에 저장하여 어떤 키워드들이 포함되어 있

는지 확인할 수 있도록 출력을 한다. 그림 9.18에 출력된 결과에서 trie_str을 생성할 때 사용되었던 단어 배열 words에 포함되었던 모든 단어들이 포함되어 있고, 이 단어들이 정렬된 상태로 출력되는 것을 확인할 수 있다.

그림 9.17 line 28~34에서는 test_keyword "ab" 로 시작하는 예측문자열 들을 getPredictiveWords(test_keyword) 멤버 함수로 검색하여 출력하며, 그 결과를 그림 9.18 하단에서 "ab", "abbey", "abc", "abcd", "about" 단어들이 예측 문자열로 검색된 것을 확인할 수 있다.

```
19:
20:      var keywords: ArrayList<String?>
21:      keywords = trie_str.getKeywords()
22:      System.out.printf("Total keywords of %s : ", trie_str.getName())
23:      for (word in keywords) {
24:          print("%s ".format(word))
25:      }
26:      println()
27:
28:      val test_keyword = "ab"
29:      keywords = trie_str.getPredictiveWords(test_keyword)
30:      System.out.printf("Predictive words of %s : ", test_keyword)
31:      for (word in keywords) {
32:          print("%s ".format(word))
33:      }
34:      println()
35: }
```

그림 9.17 class Trie() 기반 예측 문자열 검색 예제 (part 1)

```
 abcd : found in trie
   ab : found in trie
  abc : found in trie
    k : not found in trie
    x : not found in trie
    z : not found in trie
Total keywords of Trie_String : a ab abbey abc abcd about ax b by byc
Predictive words of ab : ab abbey abc abcd about
```

그림 9.18 class Trie() 기반 예측 문자열 검색 예제 프로그램의 실행결과

9.4 그래프 자료구조

9.4.1 그래프의 정점 (vertex)와 간선 (edge)

우리가 잘 알지 못하는 길을 찾아갈 때 사용하는 네비게이션 (navigation)은 각 지점간의 거리를 자료구조로 관리하고, 현재 위치에서 목표 지점까지 이동할 수 있는 경로 중에 가장 거리가 짧거나 시간이 적게 걸리는 경로를 찾아 안내를 하여 주는 기능을 제공한다. 이 네비게이션에서 기본적으로 사용되는 자료구조가 바로 그래프이다. 그래프는 이외에도 여러 곳을 경유하여 목적지까지 이동을 하는 경우, 최단 거리의 항공편을 안내하여 주거나 가장 비용이 저렴한 경로를 찾기 위해서도 사용된다. 그래프 자료구조는 전자회로 모듈들을 배치하여야 하는 PCB (printed circuit board)에서 어떤 모듈을 어떻게 배치하여야 하는가를 결정할 때에도 사용되며, 정보들 간의 상호 연관 관계를 나타내거나 사람들의 인적 관계를 표현할 때에도 사용된다.

그래프는 그림 9.19에서 보는 것과 같이 정점 (vertex)과 정점들을 연결하는 간선(edge)으로 구성된다. 그래프의 정점과 간선은 노드 (node)와 링크 (link)로도 불린다. 간선은 방향성을 가지지 않는 무방향성 간선 (undirected edge)으로 표현되거나, 방향성을 가지는 방향성 간선 (directed edge)으로 표현된다. 방향성이 없는 간선의 예로서는 도로망에서 각 도시의 기준 지점간의 거리를 나타내는 경우 방향성이 없는 단순 거리 값으로만 표현하는 경우이다. 그러나 이 도로를 경유하여 이동을 하는 경우 걸리는 시간을 나타낼 때 방향에 따라 걸리는 시간이 다를 수 있으므로 간선은 방향성을 가질 수 있게 된다.

각 간선에는 가중치 (weight)가 지정될 수 있으며, 이 가중치는 비용 (cost), 물리적인 거리 (distance), 시간 (duration) 등의 다양한 의미로 해석될 수 있다. 예를 들어 도로망을 나타내는 그래프에서 두 정점을 연결하는 간선에 지정된 가중치는 그 두 지점간의 물리적 거리 (distance)를 나타낼 수도 있고, 그 지점 간을 이동할 때 걸리는 시간 (duration), 또는 비용 (cost)을 나타낼 수도 있다. 그래프의 간선에 가중치를 설정하는 경우, 이 그래프를 가중치 그래프 (weighted graph)라고 한다.

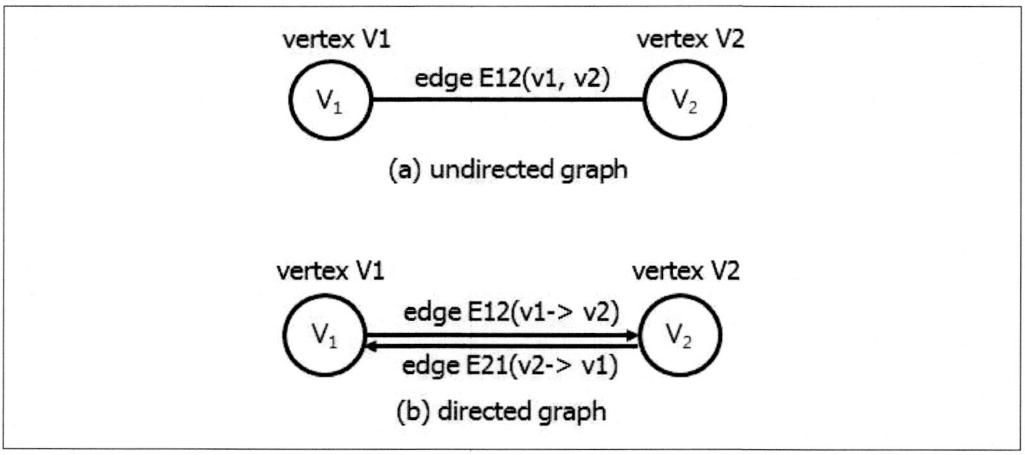

그림 9.19 그래프의 정점 (Vetex), 간선 (edge), 가중치 (weight)

9.4.2 그래프의 연결성 표현

일반적으로 그래프 자료구조의 정점들 간의 연결성을 표현하는 방법으로 인접행렬 (adjacency matrix)이나 인접리스트 (adjacency list)를 주로 사용한다. 그림 9.20(b)에서 보여 주는 인접행렬은 정점의 개수 크기에 해당하는 2차원 배열을 구성하고, 정점 V_i에서 정점 V_j을 연결하는 간선이 존재하면 그 간선의 주소를 가지게 하며, 만약 해당 간선이 존재하지 않으면 NULL이 포함되게 한다. 이렇게 2차원 배열을 사용하면 특정 정점으로부터 다른 정점을 연결하는 간선을 찾을 때, 정점들의 식별자 (id)를 2차원 배열의 인덱스로 사용함으로써 빠르고 쉽게 찾을 수 있다는 장점이 있다. 그러나 그래프에 포함된 각 정점들의 개수가 많은 반면 각 정점들에 연결된 간선들의 개수가 작은 경우, 2차원 배열에서 사용되지 않는 항목이 많이 존재하게 되어 메모리가 낭비되는 단점이 있다.

그림 9.20 (c)에서와 같이 인접리스트를 사용하여 그래프에 포함된 정점들의 연결성을 표현하는 경우 간선들의 주소를 나타내는 포인터들을 담을 수 있는 리스트를 각 정점마다 개별적으로 가지게 하는 것이다. 예를 들어 그림 9.20에서 정점 X에는 4개의 간선이 연결되어 있으며, 이를 위하여 간선 b, d, g, h의 주소를 가리키는 포인터를 연결형 리스트 (EdgeList 구조체)로 구성하고, 이 리스트들을 가리키는 포인터 배열을 EdgeList **adj_list로 관리하게 함으로써 구현이 가능하다. 이 인접리스트는 대규모 그래프에서도 효율적으로 사용될 수 있어 일반적으로 많이 사용되는 구현 방법이다.

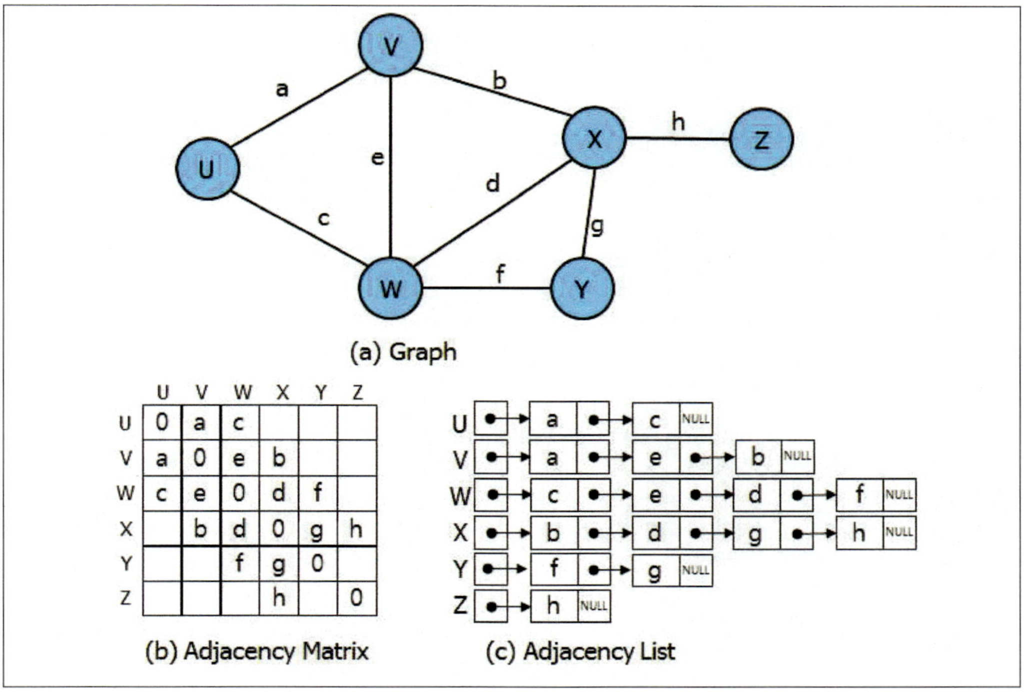

	U	V	W	X	Y	Z
U	0	a	c			
V	a	0	e	b		
W	c	e	0	d	f	
X		b	d	0	g	h
Y			f	g	0	
Z				h		0

그림 9.20 그래프의 연결성 표현 - 인접행렬 (Adjacency Matrix)과 인접리스트 (Adjacency List)

9.4.3 그래프 자료구조의 Kotlin 클래스 구현

(1) class Vertex(), class WeightedEdge()

그림 9.21에서는 그래프 자료구조의 정점 (vertex)을 Kotlin class Vertex()로 구현하는 예를 보여준다. class Vertex()의 데이터 멤버로는 주 생성자에서 설정한 이름 (vname), vid (vertex ID)와 함께 vertex에 접속된 weighted edge들의 리스트인 wedges가 있다.

```
 1 : /* class Vertex */
 2 : package Graph
 3 :
 4 : class Vertex (var vname: String?, var vid : Int ){
 5 :     var wedges: MutableList<WeightedEdge> = ArrayList<WeightedEdge>()
 6 :     var children: List<Vertex> = ArrayList() // used in DAG
 7 :     var visited = false // used in Graph search
 8 :     var prev: Vertex? = null // used in Graph search
 9 :     var accDist = 0 // accumulated distance from source,
                        // used in Graph search
10 :     var level = 0 // used in BFS
11 :
12 :     //creating a constructor of the class Vertex /Node
13 :     constructor(name: String?) : this(name, 0) // constructor
14 :     {
15 :         vname = name;          visited = false;
16 :         prev = null;          accDist = 0
17 :     }
18 :
19 :     fun setVID(vid: Int) {
20 :         this.vid = vid
21 :     }
22 :
23 :     fun getVID(): Int {
24 :         return vid
25 :     }
26 :
27 :     fun getName(): String? {
28 :         return vname
29 :     }
30 :
31 :     fun addWeightedEdge(vrtx_dest: Vertex?, weight: Int) {
32 :         val wedge = WeightedEdge(this, vrtx_dest, weight)
33 :         wedges.add(wedge)
34 :     }
35 :
36 :     fun getWeightedEdges(): List<WeightedEdge> {
37 :         return wedges
38 :     }
39 :
40 :     override fun toString(): String {
41 :         return vname!!
42 :     }
43 : }
```

그림 9.21 class Vertex()

그림 9.21 6~10에서는 그래프 알고리즘에서 사용되는 추가적인 데이터 멤버를 설정하고 있다. Line 13~17의 보조 생성자에서는 인수로 전달된 vertex name을 this(name, 0)으로 주 생성자를 호출하여 설정하고, 다른 데이터 멤버들을 default 값으로 설정한다.

그림 9.21 line 19~29에서는 데이터 멤버 vid의 설정 및 읽기, vertex name의 읽기 기능을 구현한다. Line 31~38의 addWeightedEdge() 멤버 함수는 vertex에 가중치 간선을 추가하며, getWeightedEdges()는 vertex에 연결된 가중치 간선들을 반환해 준다. Line 40~42의 toString()은 vertex 인스탄스를 print()로 출력할 때 vertex의 이름을 출력하도록 구현하고 있다.

그림 9.22는 가중치 간선 (weighted edge)를 Kotlin class WeightedEdge()로 구현하고 있다. class WeightedEdge()의 데이터 멤버에는 간선의 출발지 (src), 목적지

(dest)와 함께 간선의 가중치 (weight)가 포함되어 있다. class WeightedEdge()의 toString() 멤버 함수는 "간선의 출발지 -> 간선의 목적지" 형식의 문자열을 생성한 후 반환하여 방향성 그래프의 간선을 출력할 수 있게 한다.

```
/* class WeightedEdge */
package Graph

class WeightedEdge (var src: Vertex?, var dest: Vertex?, var weight : Int) {
    //the class stores the edges of the graph

    override fun toString(): String {
        return src.toString() + "->" + dest
    }
}
```

그림 9.22 class WeightedEdge()

(2) 방향성 그래프를 위한 class DirectedAcyclicGraph()

그림 9.23에서는 그래프의 간선들이 방향성을 가지는 방향성 그래프 (digraph)를 class DirectedAcyclicGraph()로 구현한다. Line 6~12의 주 생성자 실행 부분에서는 class DirectedAcyclicGraph()의 데이터 멤버들로 name, num_vrtx, vrtxArray, wedges를 설정하고 있다. num_vrtx는 방향성 그래프에 포함된 정점(vertex)의 개수이며, wedges는 방향성 그래프에 포함된 가중치 간선 (weighted edge)들을 담기 위한 MutableList<WeightedEdge> 자료형의 리스트이다.

```
 1 :  /* class DirectAcyclicGraph */
 2 :  package Graph
 3 :
 4 :  import java.util.*
 5 :
 6 :  class DirectedAcyclicGraph (var name: String?) {
 7 :     var num_vrtx = 0
 8 :     var vrtxArray = Vector<Vertex>()
 9 :     var wedges: MutableList<WeightedEdge> = ArrayList()
10 :     lateinit var distTbl: Array<IntArray>
11 :     var adjList = ArrayList<MutableList<Vertex>>()
12 :     var dest_arrived = false // used in graph search algorithms
13 :
14 :     fun findVertex(vrtxName: String): Vertex? {
15 :        var vname: String
16 :        for (v in vrtxArray) {
17 :           vname = v.getName().toString()
18 :           if (vname == vrtxName)
19 :              return v
20 :        }
21 :        return null
22 :     }
```

그림 9.23 class DirectedAcyclicGraph() (part 1)

Line 10~12에서는 방향성 그래프 기반의 그래프 알고리즘에서 사용되는 변수들로 거리표 (distance table)인 distTbl, 인접 정점 리스트 관리를 위한 adjList, 목적지 도착 여부의 플래그인 dest_arrived가 선언된다. Line 14~22의 findVertex(vrtxName) 멤버 함수는 정점의 이름을 사용하여 방향성 그래프에 포함되어 있는 class Vertex 인스탄스를 찾아 반환한다. 만약 포함되어 있지 않으면 null을 반환한다.

Line 24~35의 addVertex(vrtxName)은 방향성 그래프 DAG에 새로운 정점을 추가하는 기능을 구현한다. 먼저 findVertex(vrtxName)으로 방향성 그래프에 이미 포함되어 있는지를 확인하고, 포함되어 있지 않는 경우 class Vertex() 인스탄스 newVrtx를 새롭게 만들어 방향성 그래프에 추가한다. newVrtx의 vid 값은 num_vrtx 값으로 설정하여, 생성된 순서에 따라 정점 식별 번호를 부여한다.

```
23 :
24 :     fun addVertex(vrtxName: String): Vertex? {
25 :        if (findVertex(vrtxName) == null) {
26 :           val newVrtx = Vertex(vrtxName)
27 :           vrtxArray.add(newVrtx)
28 :           newVrtx.setVID(num_vrtx)
29 :           adjList.add(newVrtx.getVID(), ArrayList())
30 :           num_vrtx++
31 :           return newVrtx
32 :        } else {
33 :           return null
34 :        }
35 :     }
36 :
37 :     fun addDirectedWeightedEdge(vrtx_src: Vertex, vrtx_dest: Vertex,
       weight: Int) {
38 :       val wedge = WeightedEdge(vrtx_src, vrtx_dest, weight)
39 :       wedges.add(wedge)
40 :       vrtx_src.addWeightedEdge(vrtx_dest, weight)
41 :       adjList[vrtx_src.getVID()].add(vrtx_dest)
42 :     }
43 :
44 :     fun addWeightedEdge(vrtx_src: Vertex, vrtx_dest: Vertex, weight: Int)
         {
45 :        addDirectedWeightedEdge(vrtx_src, vrtx_dest, weight)
46 :        addDirectedWeightedEdge(vrtx_dest, vrtx_src, weight)
47 :     }
```

그림 9.23 class DirectedAcyclicGraph() (part 1)

그림 9.23 line 37~42의 addDirectedWeightedEdge(vrtx_src, vrtx_dest, weight) 멤버 함수는 방향성 그래프에 vrtx_src -> vrtx_dest 방향의 새로운 방향성 가중치 간선 (directed weighted edge)을 추가하는 기능을 구현한다.

Line 44~47의 addWeightedEdge(vrtx_src, vrtx_dest, weight)는 방향성 그래프에 새로운 간선들을 추가하는 기능을 구현한다. 방향성 그래프에서는 간선이 방향에 따라 다른 정보를 가질 수 있으므로, vrtx_src -> vrtx_dest 방향의 간선과 vrtx_dest -> vrtx_src 방향의 간선을 각각 addDirectedWeightedEdge() 함수를 사용하여 추가한다.

Line 49~68의 initDistTable() 멤버 함수는 방향성 그래프에 포함된 정점들간의 거리표를 2차원 정수 배열로 구성하여 준다. 먼저 방향성 그래프에 포함된 정점들의 개수 num_vrtx에 따라 num_vrtx × num_vrtx 크기의 2차원 배열 distTbl을 생성하고, 출발지와 목적지가 동일한 대각선 배열 요소들은 0으로, 그 외의 배열 요소들은 Int.MAX_VALUE / 2 값으로 설정한다.

그림 9.23 line 62~67에서는 방향성 그래프에 포함된 모든 간선들을 wedges로부터 열거하며, 그 간선의 출발지 (src) -> 목적지 (dest)의 가중치를 거리표 (distTbl)에 설정하여 준다.

```
48 :
49 :     fun initDistTable() {
50 :         distTbl = Array(num_vrtx) { IntArray(num_vrtx) }
51 :         // initialize distance table
52 :         for (i in 0 until num_vrtx) {
53 :             for (j in 0 until num_vrtx) {
54 :                 if (i == j)
55 :                     distTbl[i][j] = 0
56 :                 else
57 :                     distTbl[i][j] = Int.MAX_VALUE / 2
                          // to prevent integer overflow
58 :             }
59 :         }
60 :
61 :         //set the edges to the undirected graph
62 :         for (e in wedges) {
63 :             //creating a new node (from source to destination)
                 // in the adjacency list
64 :             val srcVID = e.src?.vid as Int
65 :             val destVID = e.dest?.vid as Int
66 :             distTbl[srcVID][destVID] = e.weight
67 :         }
68 :     }
69 :
70 :     fun printDistTable() {
71 :         var edge_weight: Int
72 :         println("Distance Table :")
73 :         print("     |")
74 :         for (i in 0 until num_vrtx) {
75 :             print("%5s".format(vrtxArray[i].getName()))
76 :         }
77 :         print("\n-----+")
78 :         for (i in 0 until num_vrtx) {
79 :             print("-----")
80 :         }
81 :         println()
82 :         for (i in 0 until num_vrtx) {
83 :             print("%5s|".format(vrtxArray[i].getName()))
84 :             for (j in 0 until num_vrtx) {
85 :                 edge_weight = distTbl[i][j]
86 :                 if (edge_weight >= Int.MAX_VALUE / 2)
87 :                     print("   oo") // simplified infinity symbol
88 :                 else
89 :                     print("%5d".format(edge_weight))
90 :             }
91 :             println()
92 :         }
93 :         println()
94 :     }
95 :
96 :     //method that prints adjacency list of a graph
97 :     fun printWeightedGraph() {
98 :         print("%s:: vertices (num_vrtx = %d) : ".
           format(this.name, num_vrtx))
99 :         for (i in 0 until num_vrtx) {
100 :            print(vrtxArray[i].getName())
101 :            print(" ")
102 :        }
103 :        println()
```

그림 9.23 class DirectedAcyclicGraph() (part 2)

Line 70 ~ 94의 printDistTable()은 구성된 방향성 그래프의 거리표를 그림 9.24의 예시와 같이 출력하여 주며, 이 거리표를 사용하여 방향성 그래프가 정확하게 구성되어 있는지 쉽게 파악할 수 있다.

```
104 :
105 :       println("Adjacency List for the Graph is: ")
106 :       for (i in 0 until num_vrtx) {
107 :          //prints the neighboring vertices with current vertex
108 :          val src = vrtxArray[i]
109 :          print(src)
110 :          print(" -> [ ")
111 :          for (i in adjList[src.vid].indices) {
112 :             if (i < adjList[src.vid].size - 1) {
113 :                print(adjList[src.vid][i]); print(", ")
114 :             } else {
115 :                print(adjList[src.vid][i])
116 :             }
117 :          }
118 :          println("]")
119 :          //increments the source by 1
120 :       } // end while
121 :    } // end printGraph()
```

그림 9.23 class DirectedAcyclicGraph() (part 3)

```
Distance Table :
     |   A    B    D    C    E    F
-----+------------------------------
    A|   0    3    1   oo   oo   oo
    B|  oo    0    9    5    4   oo
    D|  oo   oo    0   oo    1   oo
    C|  oo   oo   oo    0    1    1
    E|  oo   oo   oo   oo    0    1
    F|  oo   oo   oo   oo   oo    0
```

그림 9.24 방향성 그래프의 거리표 출력 예시

```
DirectedAcyclicGraph:: vertices (num_vrtx = 6) : A B D C E F
Adjacency List for the Graph is:
A -> [ B, D]
B -> [ A, C, D, E]
D -> [ A, B, E]
C -> [ B, E, F]
E -> [ B, C, D, F]
F -> [ C, E]
```

그림 9.25 방향성 그래프의 printWeightedGraph() 실행결과 예시

그림 9.23 line 97~117의 printWeightedGraph() 멤버 함수는 방향성 그래프의 생성 결과 상태를 그림 9.25와 같이 각 정점에 직접 접속되어 있는 이웃 정점을 출력하여 주어진 그래프 초기화 정보에 따라 정확하게 생성되고, 연결성이 구성되었는지 쉽게 파악할 수 있

게 보여 준다.

9.4.4 가중치 그래프 (Weighted Graph)

실제 많은 그래프 응용 분야에서는 간선에 가중치를 부여하여 실질적인 상황을 고려한 가장 좋은 조건의 경로를 찾도록 한다. 예를 들어 각 도시를 연결하는 도로망을 그래프 자료구조로 표현하고 이를 기반으로 최단거리 경로를 찾는 경우 각 도시는 노드로 표현되며, 노드를 연결하는 도로는 간선 (edge)으로 표현되고, 각 간선의 가중치 (weight)는 그 도로의 거리로 나타낼 수 있다. 또 다른 예로서 각 도로에서 발생하는 교통 정체를 고려하여 물리적 거리 대신 경과시간을 가중치로 표현하는 경우 네비게이션에서 가장 시간이 적게 걸리는 경로를 찾을 수 있게 된다.

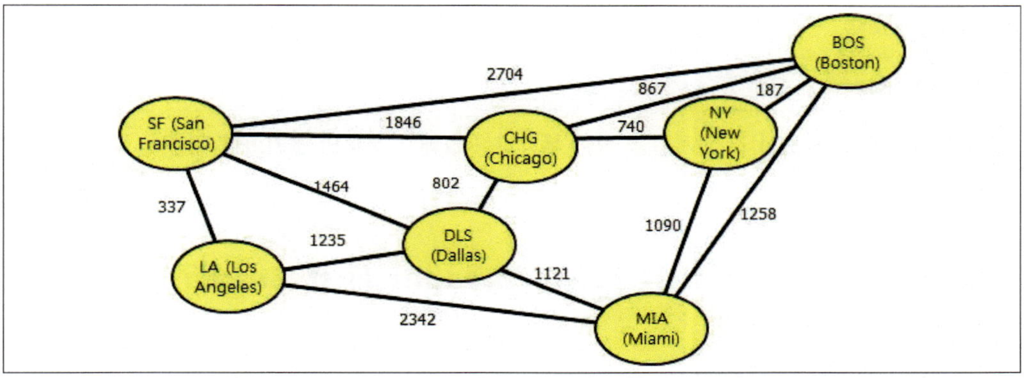

그림 9.26 미국 주요 도시 간 도로망 연결을 모델링한 그래프 예제

그림 9.26은 가중치 그래프의 예로서 미국의 주요 도시들을 연결하는 도로망을 그래프로 표현한 예를 보여준다. 주요 도시들의 이름이 노드에 표시되어 있고 도시를 연결하는 간선 위에 그 도시 간 거리가 가중치로 표시되어 있다. 그림 9.26의 그래프 표현에서는 각 간선에 방향성은 별도로 구분하지 않고 양 방향 모두 동일한 가중치를 사용하도록 구성하고 있다. 만약 그래프의 간선에 방향성을 부여하면 각 간선이 시작노드 -> 끝노드처럼 화살표로 표현하며, 방향에 따라 다른 가중치를 가지도록 설정하게 된다.

그림 9.27은 앞에서 설명한 미국 주요 7개 도시 간 도로망의 그래프 자료구조 구성을 위한 그래프 초기화에서 사용되는 입력 파일의 예를 보여준다. 이 입력 데이터 파일에는 간선 (edge)에 접속된 2개의 정점 (vertex) 이름과 간선의 가중치 (weight)가 포함된다. 실제 파일 입력 및 그래프 초기화에서는 한 줄 단위로 구분되어 있는 간선 정보를 입력 받아 vertex와 weighted edge 정보를 초기화한다.

그림 9.27의 예에서는 무방향성 간선에 대한 입력 파일의 예이며, 만약 방향성 그래프에서 이 무방향성 간선 데이터 파일을 사용할 경우, 각 줄 단위로 src dest dist의 데이터를 입력 받은 후, src -> dest 방향성 간선을 등록하고, 이어서 dest -> src 방향성 간선을 등록하여 방향성 그래프를 구성하게 된다.

방향성 가중치 그래프 (directed weighted graph)를 초기화하기 위한 입력 데이터 파일을 방향성 간선 정보로 구성하여 사용하는 경우, src -> dest 간선과 dest -> src 간선의 weight가 서로 다른 값을 가질 수 있으며, 각 방향성 간선에 대한 정보가 각각 입력 데이터 파일에 포함되어 있어야 한다.

```
Simple_USA_7_Cities_for_MST
SF LA 337
SF DLS 1464
SF CHG 1846
SF BOS 2704
LA DLS 1235
LA MIA 2342
DLS CHG 802
DLS MIA 1121
CHG NY 740
CHG BOS 867
MIA NY 1090
MIA BOS 1258
NY BOS 187
```

그림 9.27 미국 주요도시 간 도로망을 위한 무방향성 그래프 정보의 초기화를 위한 입력 데이터 (예시)

9.5 Depth First Search (DFS), Breadth First Search (BFS), 최단거리 경로탐색

9.5.1 그래프 깊이우선탐색 (Depth First Search)

(1) 깊이우선탐색 (DFS)의 개요

그래프 자료구조에서 탐색 알고리즘은 지정된 시작 위치 (정점)에서부터 연결된 간선과 이 간선을 통하여 인접되어 있는 정점들을 차례대로 검색하는 기능을 수행한다. 그래프의 탐색은 크게 깊이우선탐색 (Depth First Search)과 넓이우선탐색 (Breadth First Search)으로 나누어지며, 깊이우선탐색은 가능한 한 더 많은 정점들을 우선적으로 탐색할 수 있게 하는 기능을 수행하며, 넓이우선탐색은 현재 정점에서 도달할 수 있는 모든 인접노드들을 다 살펴본 후, 점차 다음 단계에 있는 정점들을 살펴보는 기능을 수행한다. 본 절에서는 깊이우선탐색 (DFS) 알고리즘을 먼저 살펴보고, 다음으로 넓이우선탐색 (BFS) 기능을 상세하게 살펴보기로 한다.

깊이우선탐색 (DFS)에서는 그래프에 포함된 정점들의 초기상태를 아직 방문하여 선택되지 않았다는 의미로 "unexplored"로 설정한다. 시작 위치로 지정된 정점을 선정하여 visited로 상태를 변경하고, 이 선정된 정점에 연결되어 있는 간선 중 하나를 선정하여 그 간선을 통하여 인접되어 있는 정점의 상태를 확인한다. 만약 인접된 정점이 아직 방문/선정되어 있지 않는 unexplored 상태라면, 그 정점을 연결하고 있는 간선을 discovery 유형으로 설정하여 이 discovery 간선을 통하여 새로운 정점에 도달하였다는 표시를 한다. 만약 그 간선을 통하여 인접된 이웃 정점이 이미 이전에 방문하였던 정점 (즉, visited 상태)이라면, 그 간선은 back 유형으로 설정하여 이미 이전에 방문하였던 정점으로 연결되어 있는 간선이라는 표시를 한다. 일단 unexplored 상태의 새로운 정점을 찾았다면, 그 정점에 연결되어 있는 간선들을 통하여 인접된 다른 정점들을 우선적으로 계속 찾아가게 한다.

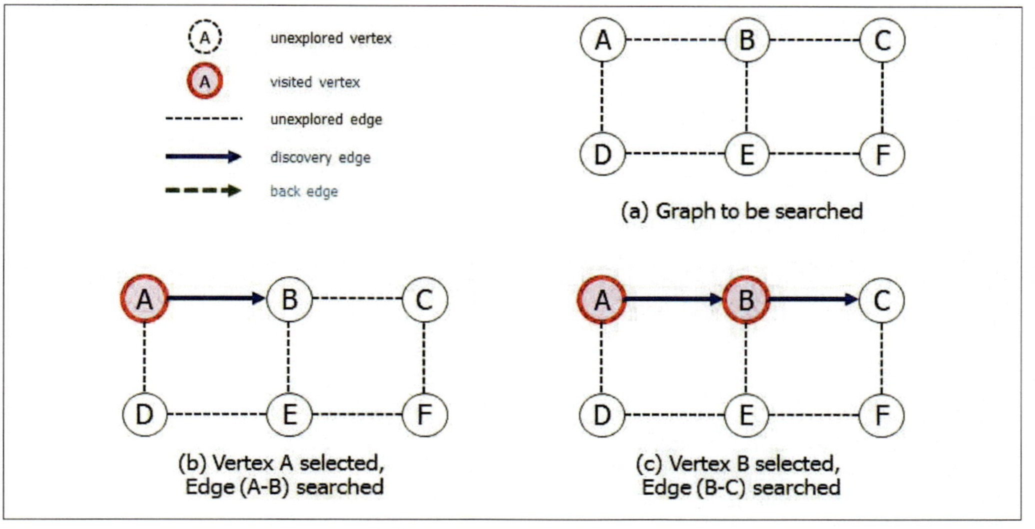

그림 9.28 깊이 우선 그래프 탐색 예제 (Part 1)

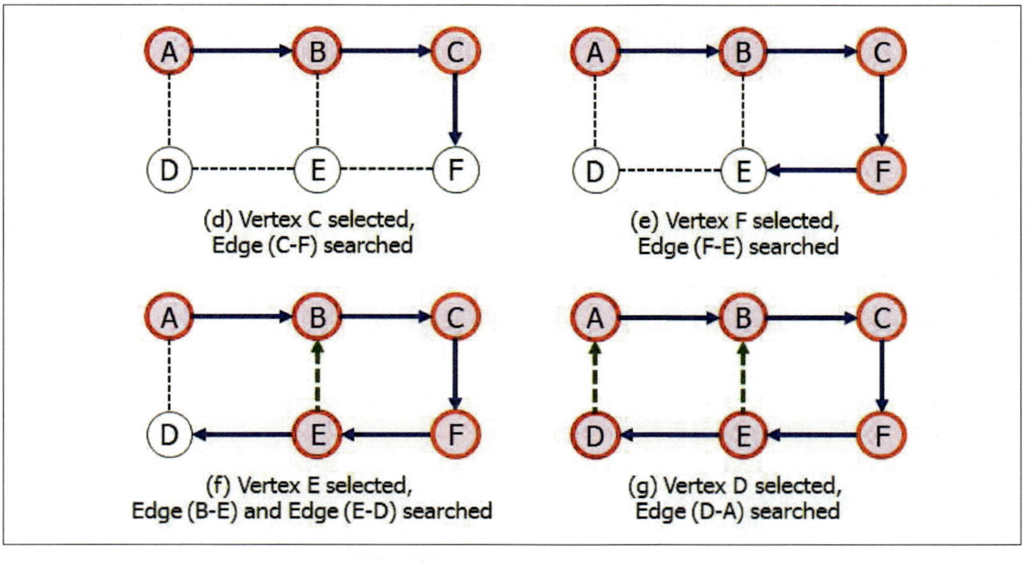

그림 9.28 깊이 우선 그래프 탐색 예제 (Part 2)

그림 9.28의 예에서 정점 A로부터 깊이우선탐색을 시작하면 정점 A, B, C, F, E가 차례로 선정되어 visited 상태로 변경되며, 이 경로상의 모든 간선들은 discovery 유형이 된다. 정점 E에서는 정점 B로 연결된 간선과 정점 D로 연결된 간선이 존재하는데, 정점 E가 선정된 시점에서는 정점 B가 이미 이전에 방문/선정된 상태이므로 간선 (E−B)는 back 유형이

되고, 아직 방문/선정되지 않은 정점 D로의 간선은 discovery 유형이 된다. 마찬가지로 정점 D을 방문/선정하였을 때, 간선 (D–A)는 이미 방문/선정된 정점 A로 연결되어 있기 때문에 back 유형이 된다.

그림 9.28의 예에서 시작위치인 정점 A로부터 discovery 간선을 따라 이동하면 그래프에 포함된 모든 정점들을 차례로 방문할 수 있게 되어, 이 시작점으로부터 도달할 수 있는 정점들을 모두 신속하게 파악할 수 있게 한다. 다만 그래프를 깊이우선탐색 (DFS) 방식으로 탐색하는 경우, 시작점으로부터 목적지 정점까지의 경로가 최단 거리를 보장하지 않는다는 단점이 있는 반면, 목적지까지 도달할 수 있는가를 신속하게 검사할 수 있는 장점을 제공한다.

```
 1 : /* member function of class DirectedAcyclicGraph() */
 2 :
 3 :     fun DepthFirstSearch(start: Vertex, dest: Vertex): List<Vertex> {
 4 :         val path: MutableList<Vertex> = ArrayList()
 5 :         dest_arrived = false
 6 :         _DFS(start, dest, path)
 7 :         return path
 8 :     }
 9 :
10 :     private fun _DFS(cur_start: Vertex, dest: Vertex, path:
             MutableList<Vertex>) {
11 :         path.add(cur_start)
12 :         if (cur_start.equals(dest)) { // arrived to destination
13 :             dest_arrived = true
14 :             return
15 :         }
16 :         val neighbors: List<Vertex> = adjList[cur_start.getVID()]
17 :         for (v in neighbors) {
18 :             if (path.contains(v)) continue  // avoid cycle
19 :             if (v.equals(dest)) { // arrived to destination
20 :                 path.add(v)
21 :                 dest_arrived = true
22 :                 break
23 :             }
24 :             if (!dest_arrived) {
25 :                 _DFS(v, dest, path)
26 :                 if (!dest_arrived) {
27 :                     path.removeAt(path.size - 1) // pop the last added vertex
28 :                 }
29 :             }
30 :             if (dest_arrived) break
31 :         }
32 :     }
```

그림 9.29 class DirectedAcyclicGraph() - DepthFirstSearch()

(2) 깊이우선탐색 (DFS) 알고리즘의 구현

그림 9.29는 그래프의 깊이우선탐색 (depth first search) 알고리즘을 Kotlin 클래스 class DirectedAcyclicGraph()의 멤버 함수 DepthFirstSearch()와 _DFS()로 구현한 예를 보여준다. Line 3~8의 함수 DepthFirstSearch()의 호출에서는 시작 노드 start, 목적지 노드 dest를 인수로 전달받으며, 탐색 결과 경로를 List<Vertex> 자료형의 정점 리스트에 담아 반환한다. Line 4에서는 탐색 결과인 경로를 담아줄 MutableList <Vertex> 자료형의 path를 생성하고, _DFS(start, dest, path) 함수를 호출한다.

Line 10~32의 _DFS(cur_start, dest, path) 함수는 DepthFirstSearch() 함수에서 호출되며, 깊이 우선 탐색 알고리즘의 현재 기준 정점인 cur_start로부터 dest 정점까지

의 경로를 찾아 path에 담아준다. 먼저 line 12에서 경로 path에 cur_start를 추가한다. 만약 cur_start가 dest와 동일하다면 목적지에 도달한 상태이므로, dest_arrived 플래그를 true로 설정하고, 반환하여 현재까지 정리된 path를 알고리즘 실행 결과로 사용하도록 한다.

만약 목적지에 도착한 것이 아닐 경우, line 16~31에서 cur_start에 연결되어 있는 이웃노드 이름들을 인접 리스트 `adjList[cur_start.getVID()]`로 읽어 neighbors에 대입하고, for 반복문에서 현재까지 탐색된 경로 path상에 존재하지 않는 이웃노드 node를 경유하여 목적지 노드 end까지 도달할 수 있는 경로를 line 25에서 _DFS() 함수의 재귀호출을 통하여 찾도록 한다.

9.5.2 그래프 넓이우선탐색 (Breadth First Search)

(1) 넓이우선탐색 (BFS)의 개요

앞서 9.5.1절에서 살펴보았던 깊이우선탐색과는 달리 그래프의 넓이우선탐색에서는 시작 위치 노드에 직접 연결되어 있는 모든 간선을 차례로 모두 탐색하여, 한 번의 간선 이동으로 직접 이동할 수 있는 모든 노드들을 level 1으로 구분하고, 이 level 1에 포함된 정점들을 차례로 모두 탐색하여, 추가적인 한 번의 간선 이동으로 이동할 수 있는 노드들을 level 2로 구분하는 방법으로 탐색을 한다.

그림 9.30에서는 2×3 메시 토폴로지 그래프에서 정점 A로부터 시작하여 그래프를 넓이 우선으로 탐색하는 예를 보여주고 있다. 먼저 시작노드에 직접 연결되어 있는 간선들을 통하여 인접되어 있는 (아직 방문한 적이 없는) 정점들을 방문할 때, 이 간선들을 DISCOVERY 유형으로 표시하며 한 번의 간선 이동으로 도달할 수 있는 정점들을 level 1 그룹에 포함시킨다.

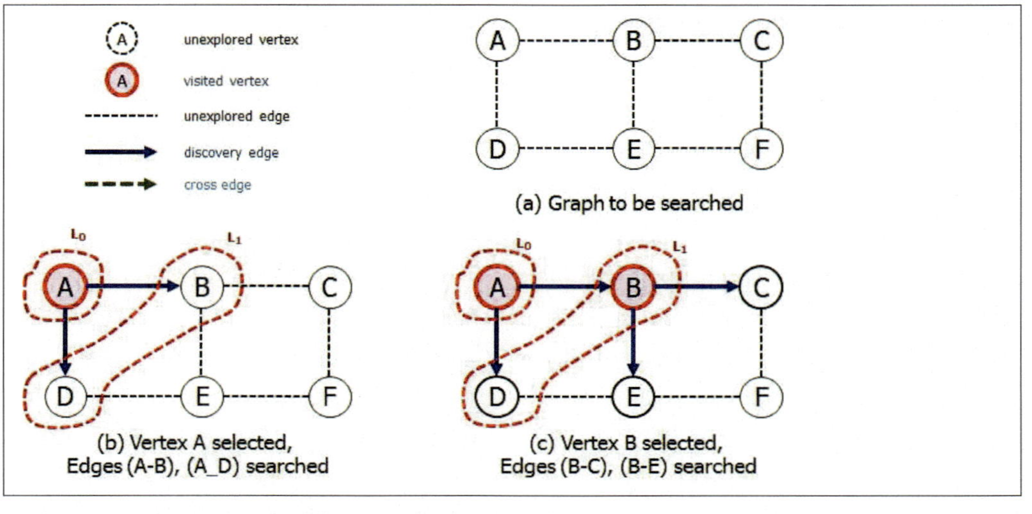

그림 9.30 넓이우선탐색 (Bread First Search) 예제 절차 (part 1)

시작노드에 직접 인접한 노드들을 모두 level 1 그룹에 포함시킨 후, 이 level 1 그룹의 노드들을 하나씩 방문하여 각 노드마다 연결되어 있는 간선들을 열거하며, 이 간선을 통하여 연결되어 있는 인접노드가 만약에 아직 방문한 적이 없다면 level 2 그룹에 포함시키고, 그 간선은 DISCOVERY 유형으로 설정한다. 만약 level 1에 인접한 노드가 이전에 이미 방문한 적이 있는 노드라면, 그 간선은 CROSS 유형으로 설정한다. Level 1의 모든 노드들의 인접노드들을 방문하여 level 2 그룹이 구성되면, 다시 level 2 그룹 노드들을 차례로 방문하여 그 다음 level 그룹을 구성하고, 사용된 간선들을 DISCOVERY 또는 CROSS 상태로 설정하며 이러한 절차를 모든 노드들이 다 탐색될 때까지 진행한다.

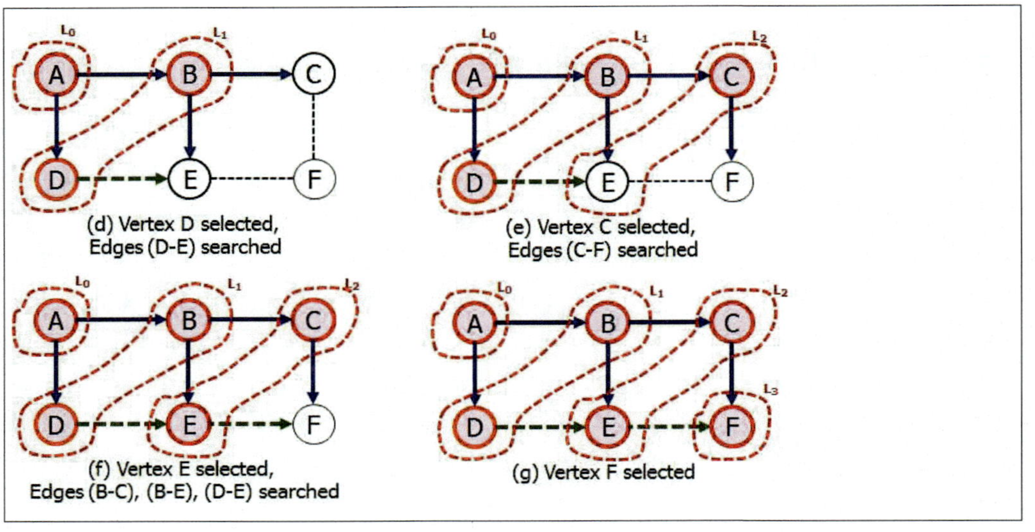

그림 9.30 넓이우선탐색 (Bread First Search) 예제 절차 (part 2)

(2) 넓이우선탐색 (BFS) 알고리즘의 구현

그림 9.31은 넓이우선탐색 알고리즘을 class DirectedAcyclicGraph()의 멤버 함수 BreadthFirstSearch()로 구현하고 있다. BreadthFirstSearch() 함수는 시작노드 start와 목적지 노드 dest를 인수로 전달받는다. Line 4~8에서는 class DirectedAcyclicGraph()의 데이터 멤버인 vrtxArray의 모든 정점 (vertex)의 속성 중 알고리즘에서 사용되는 visited를 false로, prev를 null로, level을 -1로 초기화 시킨다.

Line 9~11에서는 start 노드를 level 0, visited로 설정하고, line 14~31의 3 중 반복문 (while - for - for)을 사용하여 넓이 우선 탐색 알고리즘의 level을 차례로 구성하고, search level 0으로부터 차례로 정점들을 탐색하여 각 정점에 도달할 수 있는 경로 정보인 prev를 기록한다. Line 17~27에서 이전에 방문한 적이 있는 (visited가 true인) 정점 중에서 searchLevel과 동일한 level 값인 정점 v를 선택하고, 인접노드들의 리스트인 adjList[v.getVID()]에 포함된 인접 노드 w를 차례로 검사하여 아직 방문한 적이 없는 경우 level을 searchLevel + 1로 설정하며, prev 값을 v로 설정한다. 즉, w 정점은 v를 경유하여 도달할 수 있으며, start 정점으로부터 level만큼의 간선을 경유하여 도달할 수 있다는 정보를 기록한다.

```
 1 :  /* member function of class DirectedAcyclicGraph() */
 2 :
 3 :      fun BreadthFirstSearch(start: Vertex, dest: Vertex?): List<Vertex?> {
 4 :          for (v in vrtxArray) {
 5 :              v.visited = false
 6 :              v.prev = null
 7 :              v.level = -1
 8 :          }
 9 :          start.level = 0
10 :          start.visited = true
11 :          start.prev = start
12 :          var num_visited = 1 // just including start
13 :          var searchLevel = 0
14 :          while (num_visited < num_vrtx) {
15 :              //System.out.printf("BFS::searchLevel(%2d) :", searchLevel);
16 :              for (v in vrtxArray) {
17 :                  if (v.visited === true && v.level === searchLevel) {
18 :                      for (w in adjList[v.getVID()]) {
19 :                          if (w.visited === false) {
20 :                              w.visited = true // set as Visited
21 :                              w.level = searchLevel + 1
22 :                              w.prev = v
23 :                              num_visited++
24 :                              //System.out.print(w); System.out.print(" ");
25 :                          }
26 :                      }
27 :                  }
28 :              }
29 :              searchLevel++
30 :              //System.out.println();
31 :          }
32 :          val path = ArrayList<Vertex?>()
33 :          var v = dest
34 :          while (!v!!.equals(start)) {
35 :              path.add(0, v) // put v at front
36 :              v = v.prev
37 :          }
38 :          path.add(0, v) // put v(start) at front
39 :          return path
40 :      }
41 :
```

그림 9.31 class DirectedAcyclicGraph() - BreadthFirstSearch()

그림 9.31 line 32에서는 탐색된 경로를 저장할 ArrayList<Vertex> 자료형의 path를 생성하고, line 33~38에서 dest으로부터 각 정점을 path의 첫번째 항목으로 path.add(0, v) 함수를 사용하여 추가하고, v = v.prev로 이동하여 start까지 path에 추가되도록 한다.

9.5.3 가중치 그래프에서의 최단 거리 경로 탐색 알고리즘 – Dijkstra()

앞서 9.5.2절에서 설명한 그래프의 넓이우선탐색 (BFS) 알고리즘에서는 시작노드에서부터 목적지 노드까지의 경로를 찾을 때 간선의 개수가 가장 작은 경로를 찾아 반환하며, 각 간선의 가중치 (거리 또는 시간)는 고려하지 않기 때문에 전체 경로상의 가중치 합산 결과가 항상 최소가 되는 경로를 찾아 주는 것을 보장하지는 않는다. 실제 많은 그래프 응용에서는 경로에 포함된 간선의 개수보다는 간선의 가중치 합산 결과가 최소가 되는 것이 더 좋은 조건의 경로가 되는 경우가 많이 있다.

그래프에 포함된 간선의 가중치를 고려하여 가중치 합산이 가장 최소가 되는 경로를 찾는 최단 거리 경로 탐색 알고리즘으로 Dijkstra 알고리즘이 있다. Dijkstra 알고리즘에서는 시작노드로부터 그래프에 포함된 다른 도시에 가장 최단 거리 경로를 사용하여 도달할 수 있는 경로를 찾아 나가며, 각 도시에 도달하는 경로의 최소 비용을 기록한다. 만약 이전에 탐색된 도시라도 더 작은 비용으로 도달할 수 있는 경로가 발견되면 그 경로를 사용하도록 갱신하며, 그 도시에 도달하기 위한 최소 비용을 갱신하면서 반복 수행하여, 목적지 도시에 도달하면 알고리즘 수행을 종료한다.

```
 1 : /* member function of class DirectedAcyclicGraph() */
 2 :
 3 :     fun DijkstraShortestPath(start: Vertex, dest: Vertex): List<Vertex?> {
 4 :         val path = ArrayList<Vertex?>()
 5 :         if (dest.equals(start)) {
 6 :             path.add(dest)
 7 :             return path
 8 :         }
 9 :         val selectedVrtxs = ArrayList<Vertex?>()
10 :         val remainVrtxs = ArrayList<Vertex?>()
11 :         var minAccDist: Int
12 :         var vAccDist: Int
13 :         var minVID: Int
14 :         var minVrtx: Vertex? = null
15 :         for (v in vrtxArray) {
16 :             if (v.equals(start)) {
17 :                 selectedVrtxs.add(v)
18 :                 v.visited = true
19 :                 v.accDist = 0
20 :                 v.prev = start
21 :             } else {
22 :                 remainVrtxs.add(v)
23 :                 v.visited = false
24 :                 v.accDist = distTbl[start.vid][v.vid]
25 :                 v.prev = start
26 :             }
27 :         }
```

그림 9.32 class DirectedAcyclicGraph() - DijkstraShortestPath() (part 1)

그림 9.30은 방향성 가중치 그래프의 최단거리 경로 탐색을 위한 Dijkstra 알고리즘을 Kotlin 프로그램으로 구현한 예를 보여준다. DijkstraShortestPath() 함수는 시작노드 start와 목적지 노드 dest를 인수로 전달받으며, 최단 거리 경로를 ArrayList<Vertex> 자료형의 path 담아 반환한다. Line 4에서는 최단 거리 경로 탐색 결과의 경로를 담을 path를 ArrayList<Vertex> 인스탄스로 준비한다. 만약 dest이 start와 동일한 값일 경우, path에 dest를 담아 반환한다.

Line 9~14에서는 최단 거리 경로 탐색을 위하여 사용되는 변수들을 준비한다. selectedVrtxs는 현재 알고리즘에 의하여 선택된 정점들을 담는 배열 리스트이며, remainVrtxs는 그래프에 포함된 정점들 중에서 아직 선택되지 않은 정점들을 보관하는 배열 리스트이다. Line 15~27의 for 반복문에서는 각 정점들을 초기 상태로 설정한다. start

정점은 selectedVrtx 배열 리스트에 추가하고, visited 상태는 true로, 누적 거리 (accumulated distance, accDist) 0, prev는 start로 설정하고, 그 이외의 정점들은 모두 remainVrtxs 배열 리스트에 추가하며, visited 상태는 false, accDist는 start 정점에서 그 정점을 연결하는 거리를 distTbl[start.vid] [v.vid]의 값으로 설정한다.

```
28 :
29 :         while (!remainVrtxs.isEmpty()) {
30 :             minAccDist = Int.MAX_VALUE / 2 // to prevent integer overflow
31 :             minVID = -1
32 :             minVrtx = null
33 :             /* find the not-selected vertex with minimum
                    accumulated distance */
34 :             for (v in remainVrtxs) {
35 :                 vAccDist = v!!.accDist
36 :                 if (vAccDist < minAccDist) {
37 :                     minVID = v.vid
38 :                     minAccDist = vAccDist
39 :                     minVrtx = v
40 :                 }
41 :             } // end for
42 :             if (minVID == -1) { // if no vrtx is selected
43 :                 println("Error in selection of vertex with minimum AccDist")
44 :                 println("Graph is not fully connected !!")
45 :                 break
46 :             } // end if
47 :             selectedVrtxs.add(minVrtx)
48 :             remainVrtxs.remove(minVrtx)
49 :             minAccDist = minVrtx!!.accDist
50 :             for (v in remainVrtxs) {
51 :                 /* edge relaxation */
52 :                 if (v!!.accDist > minAccDist + distTbl[minVID][v.vid]) {
53 :                     v.accDist = minAccDist + distTbl[minVID][v.vid]
54 :                     v.prev = minVrtx
55 :                 }
56 :             } // end for
57 :             if (minVrtx.equals(dest)) { // if reached to the destination
58 :                 break
59 :             }
60 :         } // end while
61 :
62 :         path.clear()
63 :         path.add(dest)
64 :         var v: Vertex? = dest
65 :         while (!v!!.equals(start)) {
66 :             v = v.prev
67 :             path.add(0, v)
68 :         }
69 :         return path
70 :     }
```

그림 9.32 class DirectedAcyclicGraph() - DijkstraShortestPath() (part 2)

Line 29~60의 while 반복문은 remainVrtxs 배열 리스트에 배열 원소가 남아 있는 동안 계속 반복 실행된다. Line 30~41에서는 remainVrtxs 배열 리스트에 남아 있는 정점 중에 누적 거리 (accDist)가 가장 작은 정점을 찾고, 그 정점의 vid를 minVID에 기록하고, 미 선정된 최소거리정점을 minVrtx에 기록한다. 만약 그래프의 정점이 모두 연결된 상태가 아니며, 단절된 정점이 존재하는 경우에는 remainVrtxs 배열 리스트에 배열 원소가 남아 있는 상태에서 minVID == −1인 경우가 발생하며, 이 경우 미선정 최소누적거리 정점을 찾을 수 없는 상황이므로 오류 메시지를 출력하고 알고리즘을 중단한다 (line 42~46).

정상적으로 미선정 최소누적거리 정점 minVrtx를 찾았을 경우, 이를 selectedVrtxs에 추가하고, remainVrtxs에서는 삭제한다. Line 49~56에서는 아직 remianVrtxs에 남아 있는 정점들을 차례로 방문하여 가장 최근에 선정된 minVrtx를 경유하는 경로가 더 좋은 경로 (즉, 누적 거리가 더 짧은)가 될 수 있는지 검사를 하고, 만약 더 좋은 경로가 될 수 있다면 minVrtx를 prev로 설정하며, 누적 거리 값을 minVrtx를 경유하는 값으로 변경한다. 이 절차를 edge relaxation이라고 한다. Line 57에서는 minVrtx가 dest일 때, while 반복문을 종료하게 한다.

Line 62~69에서는 탐색된 최소누적거리 경로를 path에 담아주는 기능을 수행한다. 먼저 path를 clear 시킨 후, v = dest를 추가한다. 다음의 while 반복문에서는 현재 방문 중인 정점 v에 대하여 v = v.prev로 경로상의 정점 v의 선행 정점 (prev) 위치로 이동한 후, 그 선행 정점을 path에 추가하며, v가 start가 아닐 때까지 while 반복문을 계속 실행한다. Line 69에서는 Dijkstra 알고리즘의 최소 거리 경로 탐색 결과를 담은 path를 반환한다.

9.5.5 그래프 탐색 알고리즘의 비교

그림 9.33은 앞에서 설명한 3가지 종류의 그래프 탐색 알고리즘 (깊이우선탐색 DFS, 넓이우선탐색 BFS, 가중치 그래프의 최단 거리 경로 탐색 Dijkstra)들을 동일한 그래프를 대상으로 실행시켜 비교하도록 한다.

Line 6~15에서는 그래프 자료구조 기반의 경로 탐색 알고리즘으로 만들어진 경로 (path)를 출력하는 printPath(path) 함수를 구현하고 있다. path에 포함된 각 vertex를 순차적으로 출력하여 어떤 경로가 탐색되었는지 쉽게 파악하게 한다.

main() 함수에서는 먼저 파일 입력을 준비하여 그래프 구성에 필요한 간선들의 정보를 파일로부터 입력 받을 수 있게 한다. 그림 9.32에 그래프 알고리즘 기능 시험에 사용될 6개 정점과 9개의 간선으로 구성된 간단한 네트워크 토폴로지의 그래프 예제와 이 네트워크 토폴로지의 데이터 입력을 위한 텍스트 파일 작성 예제를 볼 수 있다. 텍스트 파일에는 한 줄에 하나씩의 무방향성 간선의 시작점, 끝점, 가중치의 정보가 정리되어 있다.

Line 23에서 class DirectedAcyclicGraph() 인스탄스를 생성하고, line 27~41의 while 반복문에서 파일로부터 src, dest, weight 값을 차례로 입력받고, 정점 src와 dest를 차례로 추가한다. 다음으로 등록된 vrtx_src와 vrtx_dest간에 weight 가중치를 가지는 간선을 dag,addWeightedEdge(vrtx_src, vrtx_dest, weight) 함수를 사용하여 등록한다. 이 dag,addWeightedEdge(vrtx_src, vrtx_dest, weight)는 무방향성 그래프 정보 파일을 읽어, vrtx_src -> vrtx_dest 방향의 간선과 vrtx_dest -> vrtx_src방향의 간선을 등록한다. 만약 입력 데이터 파일이 방향성 간선에 대한 정보인 경우, dag.addDirectedWeightedEdge(vrtx_src, vrtx_dest, weight) 함수를 사용하여 등록할 수 있다.

Line 44~46에서는 printWeightedGraph() 함수를 사용하여 현재까지 구성된 그래프를 출력하고, initDistTable()을 사용하여 거리표를 초기화한 후, printDistTable()을 사용하여 각 정점간의 거리를 표형식으로 출력하도록 한다. 그림 9.32의 시험용 그래프의 입력 데이터 파일을 읽고, 방향성 가중치 그래프를 구성한 후, 이를 출력한 결과는 그림 9.33 (a)에서 확인할 수 있다.

```
1 :  /* Application of Graph */
2 :  import Graph.*
3 :  import java.io.File
4 :  import java.util.*
5 :
6 :  fun printPath(path: List<Vertex>?) {
7 :      if (path != null) {
8 :          for (i in path.indices) {
9 :              val v: Vertex = path[i]
10 :             print("%s".format(v.getName()))
11 :             if (i != path.size - 1) print("->")
12 :         }
13 :     }
14 :     println()
15 : }
16 :
17 : fun main(args: Array<String>) {
18 :     val fname = "WeightedGraph_6_nodes.txt"
19 :     val fin = Scanner(File(fname))
20 :     var src: String?
21 :     var dest: String?
22 :     var weight: Int
23 :     val dag = DirectedAcyclicGraph("DirectedAcyclicGraph")
24 :     var vrtx: Vertex
25 :     var vrtx_src: Vertex?
26 :     var vrtx_dest: Vertex?
27 :     while (fin.hasNext()) {
28 :         src = fin.next()
29 :         dest = fin.next()
30 :         weight = fin.nextInt()
31 :         if (dag.findVertex(src) == null) {
32 :             dag.addVertex(src)
33 :         }
34 :         vrtx_src = dag.findVertex(src)
35 :         if (dag.findVertex(dest) == null) {
36 :             dag.addVertex(dest)
37 :         }
38 :         vrtx_dest = dag.findVertex(dest)
39 :         // dag.addDirectedWeightedEdge(vrtx_src!!, vrtx_dest!!, weight)
               // add directional weightedEdges
40 :         dag.addWeightedEdge(vrtx_src!!, vrtx_dest!!, weight)
               // add bidirectional weightedEdges
41 :     } // end while
42 :     fin.close()
43 :
44 :     //prints the corresponding adjacency list for the graph
45 :     dag.printWeightedGraph()
46 :     dag.initDistTable()
47 :     dag.printDistTable()
```

그림 9.33 그래프 자료구조 및 알고리즘 시험 프로그램 (part 1)

그림 9.33 line 49~62에서는 방향성 가중치 그래프 dag에서 다양한 그래프 탐색 알고리즘의 기능을 시험하고, 결과를 비교하도록 구현하고 있다. Line 49~50에서는 시작노드 vStart = dag.vrtxArray[0]와 끝 노드 vEnd = dag.vrtxArray[0]를 설정한다. 이 시작노드와 끝 노드는 그림 9.32 (a)에서 정점 A와 정점 E에 해당한다. 실제 기능 시험에서

는 시작노드와 끝 노드를 다양한 노드로 변경하면서 시험을 할 수 있다.

Line 52~54에서는 깊이우선탐색 (DFS) 알고리즘을 사용하여 A에서 E까지의 경로를 탐색하며, 결과를 출력한다. 그림 9.33의 아랫 부분에서 볼 수 있는 것과 같이 DFS는 A->B->C->E의 경로를 탐색한 것을 확인할 수 있다. 그래프의 깊이우선탐색에서는 일단 탐색 순서에 따라 무조건 가장 멀리 탐색할 수 있는 경로들을 찾아가기 때문에 탐색 결과는 간선의 개수가 작거나 누적 가중치가 작은 경로를 보장하지는 않는다는 것을 파악할 수 있다.

```
48 :     /* test and compare graph search algorithms */
49 :     val vStart = dag.vrtxArray[0]
50 :     val vEnd = dag.vrtxArray[4]
51 :
52 :     var path_dfs = dag.DepthFirstSearch(vStart, vEnd)
53 :     println("Result Depth First Search (%s -> %s) : ".
            format(vStart.getName(), vEnd.getName()))
54 :     printPath(path_dfs)
55 :
56 :     var path_bfs = dag.BreadthFirstSearch(vStart, vEnd)
57 :     println("Result Breadth First Search (%s -> %s) : ".
            format(vStart.getName(), vEnd.getName()))
58 :     printPath(path_bfs)
59 :
60 :     var path_dijkstra = dag.DijkstraShortestPath(vStart, vEnd)
61 :     println("Result Breadth First Search (%s -> %s) : ".
            format(vStart.getName(), vEnd.getName()))
62 :     printPath(path_dijkstra)
63 : }
```

그림 9.33 그래프 자료구조 및 알고리즘 시험 프로그램 (part 2)

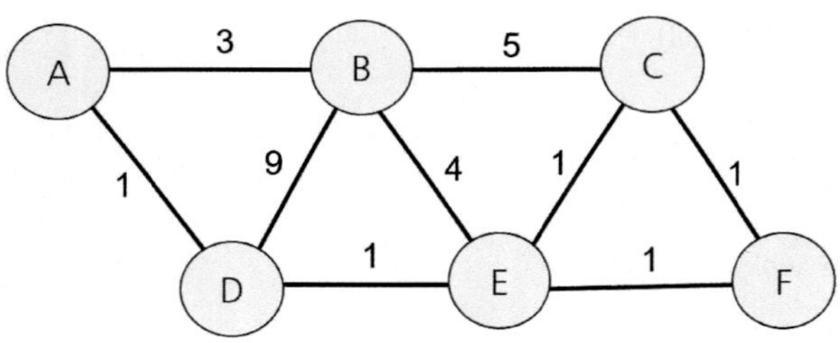

(a) Network Topology

```
A B 3
A D 1
B C 5
B D 9
B E 4
C E 1
C F 1
D E 1
E F 1
```

(b) 입력 데이터 파일

그림 9.34 그래프 구성 예시와 입력 데이터 파일

Line 56~58에서는 넓이우선탐색 (BFS) 알고리즘을 사용하여 A에서 E까지의 경로를 탐색하며, 결과를 출력한다. 그림 9.33에서 볼 수 있는 것과 같이 BFS는 A->B->E의 경로를 탐색 결과로 제공하며, 이 경로는 A에서 E까지 가장 작은 개수의 간선을 사용하여 도달할 수 있는 경로이다. 넓이우선탐색 알고리즘은 간선의 개수가 가장 작은 경로를 탐색하여 주며, 실제 각 간선의 가중치를 고려하지 않기 때문에 BFS로 선택된 경로가 누적 가중치가 가장 작은 최단거리 경로를 보장하지는 않는다.

Line 60~62에서는 Dijkstra 알고리즘을 사용하여 A에서 E까지의 경로를 탐색하며, 경로와 함께 경로 비용을 함께 출력한다. 그림 9.33에서 볼 수 있는 것과 같이 Dijkstra 알고리즘은 A->D->E의 경로를 탐색 결과로 제공한다. 이 경로는 BFS에 의하여 탐색된 경로의 가중치 (3+4 => 7)보다는 누적된 가중치의 값 작은 (1 + 1 => 2) 경로를 탐색하여 주는 것을 알 수 있다.

```
DirectedAcyclicGraph:: vertices (num_vrtx = 6) : A B D C E F
Adjacency List for the Graph is:
A -> [ B, D]
B -> [ A, C, D, E]
D -> [ A, B, E]
C -> [ B, E, F]
E -> [ B, C, D, F]
F -> [ C, E]
Distance Table :
     |   A    B    D    C    E    F
-----+------------------------------
    A|   0    3    1   oo   oo   oo
    B|   3    0    9    5    4   oo
    D|   1    9    0   oo    1   oo
    C|  oo    5   oo    0    1    1
    E|  oo    4    1    1    0    1
    F|  oo   oo   oo    1    1    0
Result Depth First Search (A -> E) :
A->B->C->E
Result Breadth First Search (A -> E) :
A->B->E
Result Breadth First Search (A -> E) :
A->D->E
```

그림 9.35 그래프 자료구조 및 알고리즘 시험 프로그램 실행 결과

9.6 Minimum Spanning Tree (MST) 알고리즘

9.6.1 Minimum Spanning Tree 란?

최소 비용 신장트리 (minimum spanning tree)는 가중치가 주어진 그래프를 구성하는 정점들을 최소 비용의 간선들로 연결할 수 있도록 구성하는 토폴로지 구성이다. 최소 비용 신장트리 알고리즘은 도시간의 도로 연결망을 긴급하게 구축하거나 통신망을 구축할 때 필요한 알고리즘이다. 최소 비용 신장 트리에는 주어진 그래프의 모든 정점들이 연결되어야 하며, 순환 (cycle)이 없어야 하고, 일부 간선들은 사용되지 않는 상태가 되며, 사용된 간선들의 비용들을 모두 합산할 때 가장 적은 비용으로 구성될 수 있어야 한다.

최소 비용 신장 트리를 구성하는 대표적인 알고리즘으로 Kruskal 알고리즘과 Prim-Janik 알고리즘이 있다.

9.6.2 Kruskal MST Algorithm

Kruskal 알고리즘은 먼저 그래프에 포함된 각 정점들을 개별적인 클러스터로 구성하고, 가장 가중치가 낮은 간선으로부터 차례로 선정하며 간선이 연결하고 있는 정점들의 클러스터를 병합한다. 만약 새롭게 선정된 간선이 연결하는 두 정점이 모두 동일한 클러스터에 속해 있는 경우 이들 정점들은 이미 다른 간선을 통하여 연결되어 있는 상태이므로 사용하지 않는다. 만약 새로운 간선에 의하여 두 개의 서로 다른 클러스터가 연결되는 경우 이 두 클러스터를 하나의 클러스터로 병합하여 하나의 클러스터로 만든다. Kruskal 알고리즘에서 모든 정점들이 하나의 클러스터에 포함될 때 최소비용신장트리가 완성된다.

그림 9.36은 Kruskal 알고리즘을 Kotlin 프로그램으로 구현하는 KruskalMST() 멤버 함수를 구현하고 있다. class KrushKalMST의 데이터 멤버로서 line 9~10에서 각 정점의 그룹 번호를 관리에 사용되는 vrtx_group 정수 배열을 준비하고, PriorityQueue<WeightedEdge> 클래스 인스탄스인 prioQ_wedge를 준비한다.

```
 1 :  /* class KrushkalMST */
 2 :  package Graph
 3 :
 4 :  import Graph.*
 5 :  import java.util.*
 6 :  import java.util.function.ToIntFunction
 7 :
 8 :  class KrushkalMST(val wgraph: WeightedGraph) {
 9 :     var vrtx_group: IntArray
10 :     var prioQ_wedge: PriorityQueue<WeightedEdge>? = null
11 :
12 :     init {
13 :        vrtx_group = IntArray(wgraph.num_vrtx)
14 :        prioQ_wedge = PriorityQueue<WeightedEdge>(
15 :           wgraph.wedges.size,
16 :           Comparator.comparingInt<WeightedEdge>(
                 ToIntFunction<WeightedEdge> { other: WeightedEdge ->
                   other.getWeight() })
17 :        )
18 :        //add all the edges to priority queue, //sort the edges on weights
19 :        for (i in 0 until wgraph.wedges.size) {
20 :           prioQ_wedge!!.add(wgraph.wedges[i])
21 :        }
22 :
23 :        //initialize vrtx_group
24 :        for (i in 0 until wgraph.num_vrtx) {
25 :           vrtx_group[i] = i
26 :        }
27 :     }
```

그림 9.36 class MinimumSpanningTree 멤버 함수 – KruskalMST() (part 1)

Line 12~27에서는 class KrushKalMST의 주생성자의 init{} 코드 블록에서 초기화 기능을 수행한다. class KrushKalMST의 주생성자는 인수로 WeightedGraph 자료형인 wgraph을 전달받는다. Line 14~18에서는 가중치 간선의 weight를 기준으로 비교하고, 가장 가중치가 작은 간선을 우선적으로 선택할 수 있게 하는 PriorityQueue<WeightedEdge> 클래스의 인스탄스 prioQ_wedge를 생성한다. Line 19~21에서는 wgraph에 포함된 모든 wedge들을 prioQ_wedge에 차례대로 삽입하여 가장 가중치가 작은 간선을 우선적으로 선택할 수 있게 준비한다. Line 24~26에서는 wgraph에 포함된 모든 정점의 vrtx_group 번호를 일단 0 ~ wgraph.num_vrtx -1의 값으로 설정한다.

```
28 :
29 :     fun KrushkalMST() {
30 :         val we_MST = ArrayList<WeightedEdge>()
31 :
32 :         //find edges for configuration of MST
33 :         var selected_edges = 0
34 :         while (selected_edges < wgraph.num_vrtx - 1) {
35 :             val edge = prioQ_wedge!!.remove()
36 :             //check if adding this edge creates a cycle
37 :             val u_grp: Int = vrtx_group[edge.getSrcVID()]
38 :             val v_grp: Int = vrtx_group[edge.getDestVID()]
39 :             if (u_grp == v_grp) {
40 :                 // both u and v are in the same group => ignore
41 :             } else {
42 :                 //add this edge to the selected edges for MST
43 :                 we_MST.add(edge)
44 :                 selected_edges++
45 :                 union_vrtx_group(u_grp, v_grp)
46 :             }
47 :         }
48 :         //print MST (minimum spanning tree)
49 :         println("Edges for MinimumSpanningTree (by KrushkalMST) : ")
50 :         var mst_total_weight : Int = 0
51 :         for (i in we_MST.indices) {
52 :             val edge = we_MST[i]
53 :             println("WeightedEdge(%s -> %s, weight %2d)".format(
54 :                 edge.getSrc()!!.getName(), edge.getDest()!!.getName(),
                     edge.getWeight()
55 :             ))
56 :             mst_total_weight += edge.getWeight()
57 :         }
58 :         println("MST-total_weight = %d".format(mst_total_weight))
59 :     }
60 :
61 :     fun union_vrtx_group(u: Int, v: Int) {
62 :         val u_grp = vrtx_group[u]
63 :         val v_grp = vrtx_group[v]
64 :         //make x as parent of y
65 :         for (vid in 0..< vrtx_group.size) {
66 :             if (vrtx_group[vid] == v_grp)
67 :                 vrtx_group[vid] = u_grp
68 :         }
69 :         //vrtx_group[v] = u_grp
70 :         print("union_vrtx_group(%d, %d) =>".format(u, v))
71 :         print("vrtx_group [");
72 :         for (vid in 0..< vrtx_group.size)
73 :             print("%2d".format(vrtx_group[vid]))
74 :         println("]")
75 :     }
76 : }
```

그림 9.36 class MinimumSpanningTree 멤버 함수 – KruskalMST() (part 1)

Line 29~60에서는 Minimum Spanning Tree (MST)를 구성하는 알고리즘인 KrushkalMST()를 구현한다. Line 30에서는 MST를 구성할 때 포함되는 간선들을 포함하는 배열리스트 we_MST를 준비한다. Line 34~47의 while 반복문에서는 prioQ_wedge에 남아 있는 가중치 간선들 중 가장 가중치가 작은 간선 edge를 추출하고,

이 간선의 시작 정점과 끝 정점의 vrtx_group을 확인하여 만약 서로 다른 그룹 번호인 경우, 이 edge를 we_MST에 추가하고, union_vrtx_group() 함수를 사용하여 이들을 하나의 그룹으로 구성한다. 이 while 반복은 선정된 간선 (selected_edges)가 정점의 개수 -1 (wgraph.num_vrtx -1)이 될 때까지 반복 실행된다.

그림 9.36 line 49~59에서는 MST 구성에 사용된 각 간선들의 정보(src, dest, weight)를 출력하여 어떤 간선들을 사용하여 MST가 구현되는지 파악할 수 있게 하며, 사용된 간선의 가중치 합산 값을 출력한다. Line 61~75의 union_vrtx_group(u, v) 멤버 함수는 그룹 번호 u와 v를 인수로 전달 받은 후, 각 그룹 번호의 현재 그룹 번호 u_grp와 v_grp를 찾아 v_grp의 정점들을 u_grp로 통합시킨다.

그림 9.37은 그림 9.36에서 설명하였던 가중치가 설정된 그래프의 최소 비용 신장 트리를 구성하는 예를 보여준다. Line 7 ~ 8에서 입력 데이터 파일 (MST_graph_data.txt)로부터 그래프 구성 정보를 입력받아 WeightedGraph(fnam)으로 가중치 그래프 인스탄스 wgraph를 생성한다. Line 11~13에서는 구성된 그래프의 기본 정보를 출력하고, 거리표(distance table)을 초기화 한 후, 거리표를 출력한다.

그림 9.37 line 14에서는 KrushkalMST(wgraph) 클래스의 인스탄스를 생성하여 MST를 구성하고, 그 결과를 출력하여 확인하도록 한다.

그림 9.38은 그림 9.37의 class KrushkalMST 알고리즘 기반 minimum spanning tree (MST) 구성 기능을 시험할 때 사용된 그래프 토폴로지와 이 그래프의 입력 데이터 파일 내용을 보여준다. 그림 9.38에서 보는 그래프 토폴로지는 미국의 주요 대도시 7개와 이들을 연결하는 고속도로 망을 모델링한 것이며, 각 정점은 미국 대도시를 의미하고, 간선은 대 도시간의 고속도로 거리를 의미한다. 입력 데이터 파일 (MST_graph_data.txt)에는 첫 번째 줄에 그래프 토폴로지 이름을 포함하고, 그 다음에는 무방향성 간선 정보 (도시1, 도시2, 거리)를 포함하고 있다.

그림 9.40은 그림 9.38에서 사용하였던 그래프 토폴로지에서 MST가 구성되는 상세 절차와 사용된 간선들을 보여준다. 그림 9.40 step 0의 초기 상태에서는 모든 정점들이 독자적인 클러스터를 구성한다. step 1에서는 선택되지 않은 간선 중 가중치가 가장 작은 NY-BOS 간선이 선택되어 cluser 4와 6이 병합되며, BOS의 클러스터 번호가 6으로 통합된다.

그림 9.40 step 2에서는 남아 있는 간선 중에 가장 가중치가 작은 LA-SF 간선이 선택되며, SF와 LA가 cluster 1로 통합된다. Step 3에서는 CHG-NY 간선이 선택되어 NY와 BOS가 포함된 cluster 6에 CHG가 병합되며 cluster 2가 된다. Step 4에서는 DLS-CHG 간선이 선택되어, DLS와 기존의 cluster 3이 통합되어 cluster 2가 된다.

Step 5에서는 MIA-NY 간선이 선택되어 MIA가 기존의 cluster 2와 합께 통합되어 cluster 5가 된다. Step 6에서는 LA-DLS 간선이 선택되며, 전체 정점들이 cluter 1로 통합된다.

그림 9.40의 각 단계별 병합은 그림 9.39 (b)에서 union_vrtx_group() 멤버 함수가 실행되는 절차에서도 확인할 수 있으며, 병합된 이후에 각 정점의 cluster 번호가 어떻게 변화하는 가를 확인할 수 있고, 이는 그림 9.38에서 표시되어 있는 것과 동일한 것을 확인할

수 있다.

```
/* Application of KrushkalMST */
import java.io.FileNotFoundException
import Graph.*

@Throws(FileNotFoundException::class)
fun main() {
    val fname = "MST_graph_data.txt"
    val wgraph = WeightedGraph(fname)

    //prints the corresponding adjacency list for the graph
    wgraph.printWeightedGraph()
    wgraph.initDistTable()
    wgraph.printDistTable()
    val mst_Krushkal = KrushkalMST(wgraph)
}

fun printPath(path: List<Vertex>) {
    for (i in path.indices) {
        val v: Vertex = path[i]
        print("%s".format(v.getName()))
        if (i != path.size - 1) print("->")
    }
    println()
}
```

그림 9.37 class MinimumSpanningTree와 KruskalMST 알고리즘 시험 프로그램

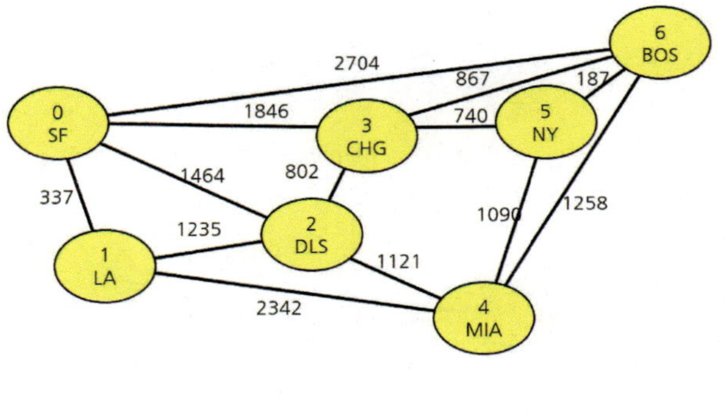

(a) 그래프 토폴로지

```
Simple_USA_7_Cities_for_MST
SF LA 337
SF DLS 1464
SF CHG 1846
SF BOS 2704
LA DLS 1235
LA MIA 2342
DLS CHG 802
DLS MIA 1121
CHG NY 740
CHG BOS 867
MIA NY 1090
MIA BOS 1258
NY BOS 187
```

(b) 입력 데이터 파일

그림 9.38 그래프 Topology 및 입력 데이터 파일 (MST_graph_data.txt)

그림 9.40 (8)에서는 최소신장트리 (MST)를 구성할 때 선택된 간선들만 표시하여 어떻게 MST가 구성되어 있는지 쉽게 파악할 수 있다. 그림 9.39 (b)의 출력 마지막 부분에서 MST에 포함된 간선들의 출력 내용과 동일하며, MST 포함 간선들의 가중치 합이 4391이 되는 것을 알 수 있다.

```
Vertices (num_vrtx = 7) : SF LA DLS CHG BOS MIA NY
Adjacency List for the Graph is:
SF -> [ LA, DLS, CHG, BOS, ]
LA -> [ SF, DLS, MIA, ]
DLS -> [ SF, LA, CHG, MIA, ]
CHG -> [ SF, DLS, NY, BOS, ]
BOS -> [ SF, CHG, MIA, NY, ]
MIA -> [ LA, DLS, NY, BOS, ]
NY -> [ CHG, MIA, BOS, ]
Distance Table :
     |   SF   LA  DLS  CHG  BOS  MIA   NY
-----+-----------------------------------
   SF|    0  337 1464 1846 2704   oo   oo
   LA|  337    0 1235   oo   oo 2342   oo
  DLS| 1464 1235    0  802   oo 1121   oo
  CHG| 1846   oo  802    0  867   oo  740
  BOS| 2704   oo   oo  867    0 1258  187
  MIA|   oo 2342 1121   oo 1258    0 1090
   NY|   oo   oo   oo  740  187 1090    0
```

(a) 가중치 그래프의 초기화 출력

```
union_vrtx_group(6, 4) =>vrtx_group [ 0 1 2 3 6 5 6]
union_vrtx_group(1, 0) =>vrtx_group [ 1 1 2 3 6 5 6]
union_vrtx_group(3, 6) =>vrtx_group [ 1 1 2 3 3 5 3]
union_vrtx_group(2, 3) =>vrtx_group [ 1 1 2 2 2 5 2]
union_vrtx_group(5, 2) =>vrtx_group [ 1 1 5 5 5 5 5]
union_vrtx_group(1, 5) =>vrtx_group [ 1 1 1 1 1 1 1]
Edges for MinimumSpanningTree (by KrushkalMST) :
WeightedEdge(NY -> BOS, weight 187)
WeightedEdge(LA -> SF, weight 337)
WeightedEdge(CHG -> NY, weight 740)
WeightedEdge(DLS -> CHG, weight 802)
WeightedEdge(MIA -> NY, weight 1090)
WeightedEdge(LA -> DLS, weight 1235)
MST-total_weight = 4391
```

(b) Krushkal MST 구성 정보

그림 9.39 실행결과

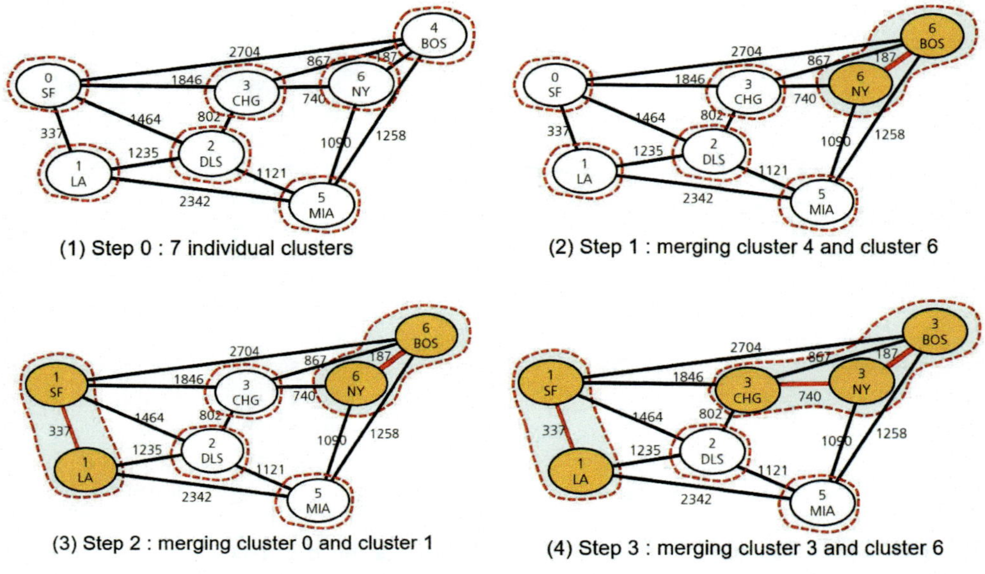

(1) Step 0 : 7 individual clusters

(2) Step 1 : merging cluster 4 and cluster 6

(3) Step 2 : merging cluster 0 and cluster 1

(4) Step 3 : merging cluster 3 and cluster 6

그림 9.40 Kruskal MST 알고리즘에 따른 최소신장트리 구성 단계 (part 1)

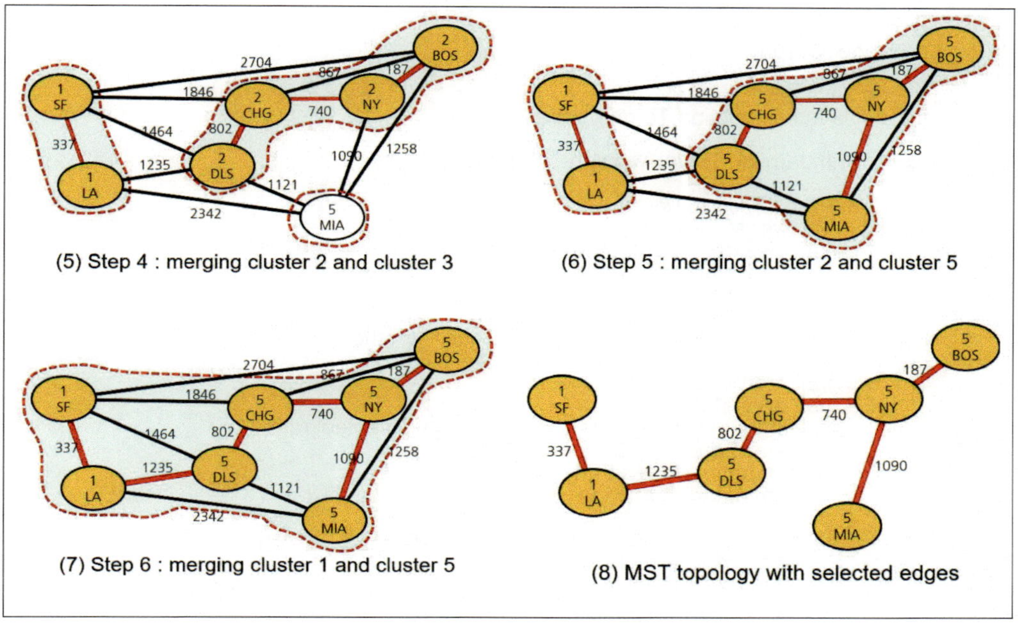

그림 9.40 Kruskal MST 알고리즘에 따른 최소신장트리 구성 단계 (part 2)

9.6.3 Prim-Jarnik MST Algorithm

최소 비용 신장 트리 (MST)를 구성하는 다른 방법으로 Prim-Jarnik 알고리즘이 있다. 앞서 설명하였던 Kruskal MST 알고리즘에서는 그래프에 포함된 정점 (vertex) 중에서 하나를 임의로 선정한 후, 그 시작 정점에 연결된 간선들 중에서 비용이 가장 작은 간선을 선택하고, 그 간선에 연결되어 있는 상대방 정점을 선택한다. 이 후 선택된 상태의 정점들에 연결되어 있는 간선들 중에서 가장 비용이 적은 간선을 선정하고, 그 간선에 연결되어 있는 정점이 이미 선택된 상태가 아닌 경우, 이를 선택하는 절차를 반복 실행하며, 모든 정점들이 선택될 때까지 반복 실행한다. 만약 최소 비용을 가진 간선을 새롭게 선택하였을 때 그 간선에 연결된 상대편 정점이 이미 선택된 상태라면 그 간선은 무시하며, 다음으로 아직 선택되지 않은 간선 중에서 비용이 가장 적은 간선을 선택하여 위 기능을 반복 실행한다.

그림 9.41 line 9 ~ 55에서 최소비용신장트리 (MST)를 Prim-Jarnik 알고리즘으로 구현하고 있다. Line 10~11에서 MST 구성에 사용되는 weighted edge를 담을 수 있는 배열 리스트 we_MST와 정점의 선택 여부를 나타내는 Boolean 플래그 배열 visited를 준비한다. Line 12에서는 간선의 weight 값을 기준으로 우선 순위 큐에 남아 있는 간선 중에서 가장 weight 값이 작은 간선을 선택할 수 있는 우선순위 큐 minHeap를 준비한다.

Line 17~18에서는 Prim-Jarnik 알고리즘에서 사용하게 될 시작 정점 (start vertex)을 선정하며, 이 정점에 연결된 간선을 선택하여 minHeap에 추가한다. 시작 정점은 어떤 정점을 선택하여도 동일한 결과가 산출된다.

```
/* class KrushkalMST */
package Graph

import java.util.*
import java.util.function.ToIntFunction

class PrimJarnikMST(val wgraph: WeightedGraph) {

    fun PrimJarnikMST() : Int {
        val we_MST = ArrayList<WeightedEdge>()
        var visited = BooleanArray(wgraph.num_vrtx){false}
        var minHeap = PriorityQueue<WeightedEdge>(
            wgraph.wedges.size,
            Comparator.comparingInt<WeightedEdge>(
              ToIntFunction<WeightedEdge> { other: WeightedEdge
                > other.getWeight() }) )
        var mstWeight = 0
        var edgesInMST = 0
        val start_vid = 6 // start_vrtx can be selected randomly
        var startEdge : WeightedEdge =
          wgraph.vrtxArray[start_vid].wedges[0]
        minHeap.add(startEdge)

        while (minHeap.isNotEmpty() && edgesInMST < wgraph.num_vrtx) {
            val edge = minHeap.poll()
            for (curVID in listOf(edge.getSrcVID(), edge.getDestVID()))
            {
                if (visited[curVID])
                    continue
                visited[curVID] = true
                if (!we_MST.contains(edge)) {
                    we_MST.add(edge)
                    //println("CurVertex(%s)::WeightedEdge(%s) is added
                    // to MST".format(wgraph.vrtxArray[curVID], edge))
                    mstWeight += edge.getWeight()
                    edgesInMST++
                }

                for (nextEdge in wgraph.vrtxArray[curVID].wedges)
                {
                    //println("CurVertex(%s)::checking nextEdge(%s)".
                    // format(wgraph.vrtxArray[curVID], nextEdge))
                    if (!visited[nextEdge.getDestVID()]) {
                        //println("WeightedEdge(%s) is added to
                        //minHeap".format(nextEdge))
                        minHeap.add(nextEdge)
                    }
                }
            } // end for (curVID ...
        }
        //print MST (minimum spanning tree)
        println("Edges for MinimumSpanningTree (by PrimJarnikMST) : ")
        for (edge in we_MST) {
            println("WeightedEdge(%s -> %s, weight %2d)".format(
                edge.getSrc()!!.getName(), edge.getDest()!!.getName(),
                edge.getWeight()
            ))
        }
        println("MST-total_weight = %d".format(mstWeight))
        if (edgesInMST == (wgraph.num_vrtx-1))
            return mstWeight
          else
            return  -1
    } // end fun PrimJarnikMST()
}
```

그림 9.41 PrimJarnik MST 멤버 함수 (part 1)

그림 9.41 21~42의 while 반복문에서는 minHeap에 포함되어 있는 간선 중에 가중치가 가장 작은 간선 edge를 선택하고, we_MST에 추가하며, 선택된 edge가 연결하는 정점 2개 (src, dest)를 점검하여 이 정점들에 연결된 이웃 정점이 방문한 적인 없는 상태인 경우, 그 edge를 minHeap에 추가하여 다음 대상으로 검사할 수 있게 한다.

Line 21~42의 while 반복문은 edgesInMST가 wgraph.num_vrtx, 즉, 최소 비용 신장 트리를 구성하게 되는 그래프의 정점 개수보다 작은 조건 (edgesInMST == (wgraph.num_vrtx-1))까지 반복 실행된다. Line 44~49에서는 MST에 포함된 간선들을 출력하여 MST 구성을 파악할 수 있게 하고, line 51~54에서는 mstWeight 값을 반환하게 한다.

그림 9.42는 Prim-Jarnik 알고리즘으로 최소 신장 트리를 구성하는 기능을 시험하는 응용 프로그램이다. 그래프 토폴로지 정보를 담은 입력 텍스트 파일 "MST_graph_data.txt" 로부터 정보를 입력 받아 WeightedGraph을 구성하고, printWeightedGraph() 함수를 사용하여 구성된 그래프의 정보를 출력한다. 그림 9.43 (a)에서 출력된 거리표에서 그래프의 구성 결과를 확인할 수 있다.

그림 9.43 (b)에서는 Prim-Jarnik 알고리즘으로 구성된 MST에 포함된 간선들의 정보와 전체 간선의 가중치 합계를 보여준다. Prim-Jarnik 알고리즘의 MST 구성 결과는 그림 9.37의 Krushkal 알고리즘에 의하여 산출된 결과와 동일한 것을 확인할 수 있다.

그림 9.44는 Prim-Jarnik MST 멤버 함수가 실행되면서 파일에 출력하는 중간 단계별로 선택되는 정점과 간선들이 선택되어 MST를 구성하는 토폴로지를 확장시켜가는 모습을 보여준다. 최종 단계에서 완성된 최소비용 신장트리의 모습은 그림 9.44 (7)에서 보는 모습을 가지며, 이는 그림 9.38 (8)에서 보았던 최소비용 신장트리와 동일한 토폴로지를 가지게 된다는 점을 확인할 수 있다.

```
import java.io.FileNotFoundException
import Graph.*

@Throws(FileNotFoundException::class)
fun main() {
    val fname = "MST_graph_data.txt"
    val wgraph = WeightedGraph(fname)

    //prints the corresponding adjacency list for the graph
    wgraph.printWeightedGraph()
    wgraph.initDistTable()
    wgraph.printDistTable()
    val mst_PrimJarnikMST = PrimJarnikMST(wgraph).PrimJarnikMST()
}
```

그림 9.42 PrimJarnik MST 응용 프로그램

```
Vertices (num_vrtx = 7) : SF LA DLS CHG BOS MIA NY
Adjacency List for the Graph is:
SF -> [ LA, DLS, CHG, BOS]
LA -> [ SF, DLS, MIA]
DLS -> [ SF, LA, CHG, MIA]
CHG -> [ SF, DLS, NY, BOS]
BOS -> [ SF, CHG, MIA, NY]
MIA -> [ LA, DLS, NY, BOS]
NY -> [ CHG, MIA, BOS]
Distance Table :
     |   SF   LA  DLS  CHG  BOS  MIA   NY
-----+-----------------------------------
   SF|    0  337 1464 1846 2704   oo   oo
   LA|  337    0 1235   oo   oo 2342   oo
  DLS| 1464 1235    0  802   oo 1121   oo
  CHG| 1846   oo  802    0  867   oo  740
  BOS| 2704   oo   oo  867    0 1258  187
  MIA|   oo 2342 1121   oo 1258    0 1090
   NY|   oo   oo   oo  740  187 1090    0
```

(a) 가중치 그래프의 초기화 출력

```
Edges for MinimumSpanningTree (by PrimJarnikMST) :
WeightedEdge(NY -> CHG, weight 740)
WeightedEdge(NY -> BOS, weight 187)
WeightedEdge(CHG -> DLS, weight 802)
WeightedEdge(NY -> MIA, weight 1090)
WeightedEdge(DLS -> LA, weight 1235)
WeightedEdge(LA -> SF, weight 337)
MST-total_weight = 4391
result of mst_Krushkal.PrimJarnikMST() = 4391
```

(b) PrimJarnik MST 구성 정보

그림 9.43 PrimJarnik MST 멤버 함수의 실행 결과

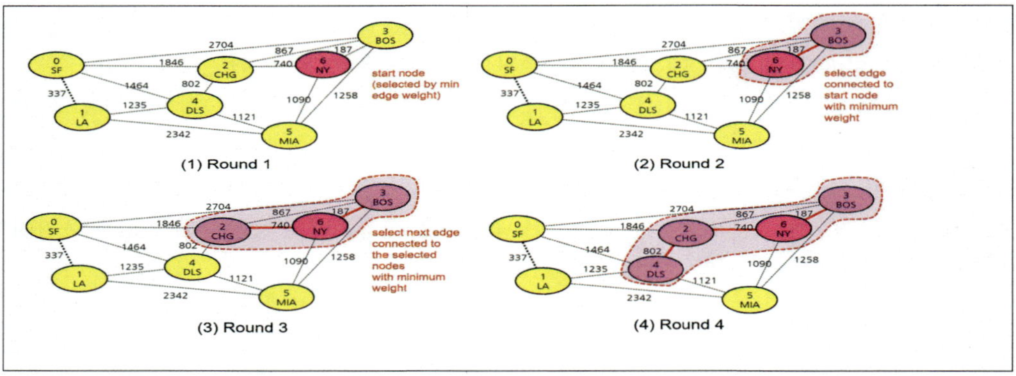

그림 9.44 PrimJarnik MST 멤버 함수 실행 단계 (part 1)

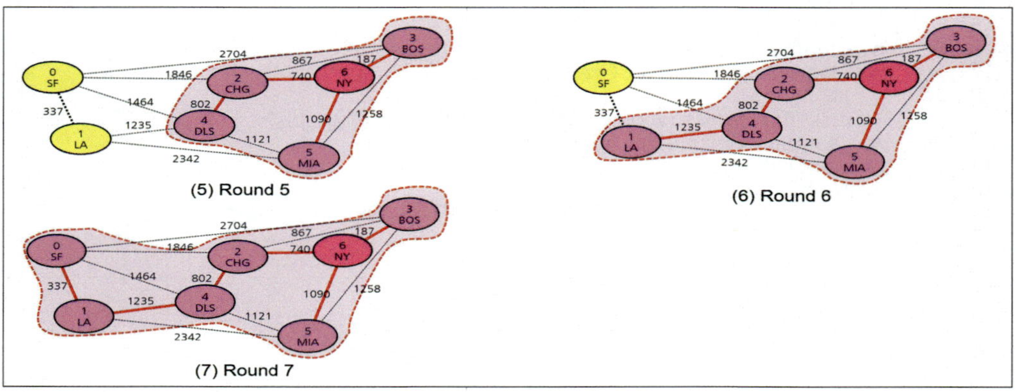

그림 9.44 PrimJarnik MST 멤버 함수 실행 단계 (part 2)

그래프의 최소 신장 트리를 구성하는 Kruskal 알고리즘과 Prim-Jarnik 알고리즘을 비교하면 표 9.2에서 보는 것과 같다. Kruskal 알고리즘은 모든 간선을 정렬하고, 가장 작은 간선부터 추가해가면서 트리를 구성하는 방식으로, 간선 중심의 접근 방식을 취하므로 간선의 수가 적은 희소 그래프에 더 적합하다. Prim-Jarnik 알고리즘은 시작 정점에서부터 신장 트리를 확장해 나가는 방식으로, 정점 중심의 접근 방식을 취하므로 간선의 수가 많은 밀집 그래프에 더 적합하다. 이 두 알고리즘 모두 최소 신장 트리를 구하는 문제에서 널리 사용되며, 그래프의 특성에 따라 적절한 알고리즘을 선택하는 것이 중요하다.

표 9.2 최소신장트리 구성을 위한 Krushkal 알고리즘과 Prim-Jarnik 알고리즘의 비교

특징	Kruskal 알고리즘	Prim-Jarnik 알고리즘
기반	간선 중심	정점 중심
작동 방식	모든 간선을 정렬한 후 사이클을 피하며 추가	시작 정점에서부터 신장 트리를 확장
시간 복잡도	O(Elog E)O(E ₩log E)O(ElogE) (E는 간선의 수)	O(Elog V)O(E ₩log V)O(ElogV) (V는 정점의 수, E는 간선의 수)
데이터 구조	유니온-파인드	우선순위 큐 (힙)
적합한 그래프	희소 그래프 (간선 수가 적은 그래프)	밀집 그래프 (간선 수가 많은 그래프)
사이클 검사	유니온-파인드로 사이클 검사	추가하는 정점이 이미 트리에 포함되지 않았음을 보장

◈ 연습문제 ◈

9.1 다음 용어를 예를 들어 설명하라.

1) 해시 (hash)
2) 해시 함수
3) 해시 테이블
4) 텍스트 처리
5) trie 자료구조
6) 그래프 자료구조
7) depth first search (DFS)
8) breadth first search (BFS)
9) Dijkstra Shortest Path Search
10) Minimum Spanning Tree (MST)

9.2 해시테이블 (hash table)을 사용하여 문자열 자료형의 키 값에 대한 탐색 성능을 향상시킬 수 있는 원리에 대하여 설명하라.

9.3 예측문자열 검색에 사용되는 자료구조와 예측문자열을 검색하는 원리에 대하여 설명하라.

9.4 출발지에서 목적지까지의 최단 거리 경로 찾기에서 많이 사용되는 네비게이션 기능은 어떤 자료구조를 사용하고, 어떤 알고리즘으로 구현할 수 있는지에 대하여 설

명하라.

9.5 그래프 자료구조의 주요 응용 분야에 대하여 예를 들어 설명하라.

9.6 그래프 탐색에서 깊이 우선 탐색과 넓이 우선 탐색의 차이점에 대하여 설명하라.

9.7 그래프의 최단 거리를 탐색하는 Dijkstra 알고리즘의 동작에 대하여 설명하라.

9.8 BFS 그래프 탐색 기능과 Dijkstra 탐색 기능의 차이점에 대하여 설명하라.

◈ 실습문제 ◈

실습 9.1 간단한 격자 구조의 연결망에 대한 그래프 자료구조 표현과 그래프 알고리즘 구현.

1) 다음은 4 × 4 크기의 격자구조 연결망이다. 이 연결망을 그래프 알고리즘을 사용하여 탐색할 수 있도록 그래프 자료구조의 class Vertex 객체 배열과 class Edge 객체 배열을 준비하라. 가로 또는 세로축으로 연결된 간선의 거리는 10으로 설정하고, 대각선으로 연결된 간선의 거리는 15로 설정할 것.

2) 깊이 우선 탐색 (DFS) 알고리즘을 사용하여 정점 A에서 그래프의 다른 모든 정점에 도달할 수 있는가를 확인하라. 그리고 깊이 우선 탐색 알고리즘을 사용하여 확인된 경로를 출력하라.

3) 넓이 우선 탐색 (BFS) 알고리즘을 사용하여 정점 A에서 그래프의 다른 모든 정점에 도달하는 경로를 찾고, 그 경로를 출력하라.

4) Dijkstra 알고리즘을 사용하여 정점 A에서 그래프의 다른 모든 정점에 도달하는 최단 거리 경로를 찾고, 그 경로를 출력하라.

5) 위에서 탐색된 3가지 종류의 경로를 서로 비교하고, 차이가 나는 이유에 대하여 설명하라.

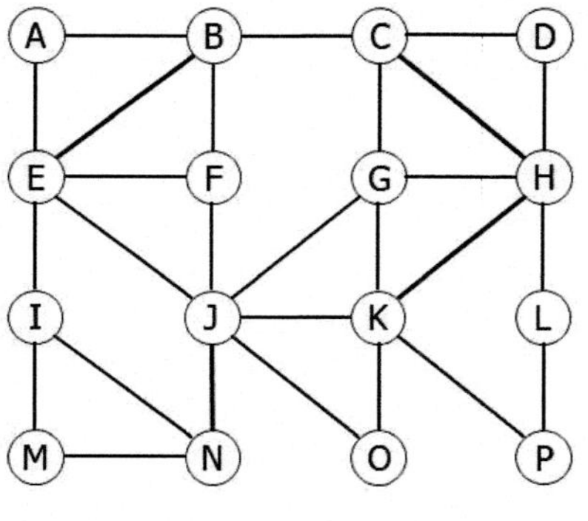

Simple 4 x 4 Mesh Network Topology

실습 9.2 깊이 우선 탐색 (DFS) 알고리즘를 사용한 미로탐색

1) 다음 그림은 5 × 10 크기의 미로 찾기 문제이다.

2) 깊이 우선 탐색 알고리즘을 사용하여 시작점으로부터 종점까지의 경로를 찾는 프로그램을 구성하라.

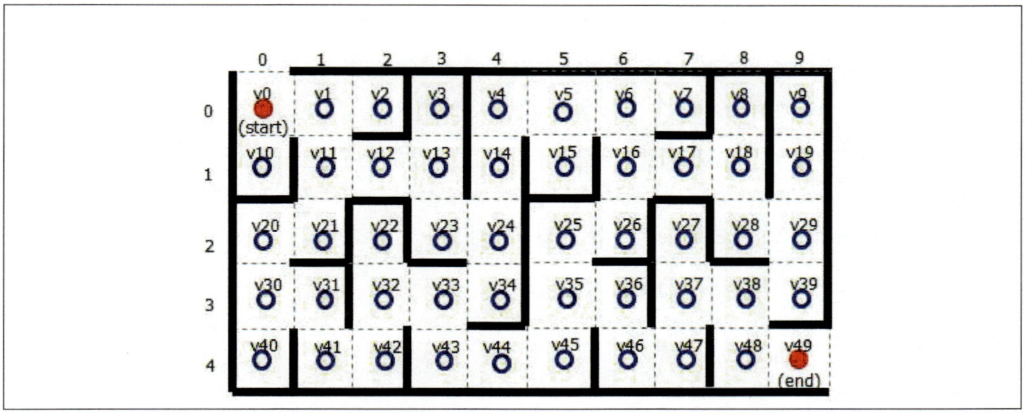

실습 9.3 아래 그림과 같이 7개 이내의 주요 도시간의 연결 도로와 거리 정보를 그래프로 표현하고, 시작 (start) 도시 이름을 지정할 때 그 시작 도시를 기준으로 다른 모든 도시에 도달하는 최단 거리 경로를 찾아 출력하는 Kotlin 프로그램 작성하라.

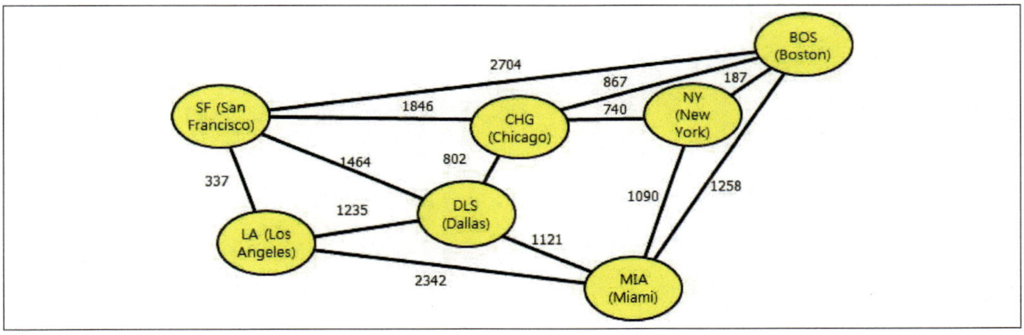

(실행 결과 예시)

```
initGraph() :: adding node (SF) into Graph
initGraph() :: adding node (LA) into Graph
initGraph() :: adding node (DLS) into Graph
initGraph() :: adding node (CHG) into Graph
initGraph() :: adding node (MIA) into Graph
initGraph() :: adding node (NY) into Graph
initGraph() :: adding node (BOS) into Graph
Nodes :  ['SF', 'LA', 'DLS', 'CHG', 'MIA', 'NY', 'BOS']
Edges :
  SF ->(337)->LA,   LA ->(337)->SF,   SF ->(1464)->DLS,   DLS->(1464)->SF,   SF ->(2704)->BOS,
  BOS->(2704)->SF,   SF ->(1846)->CHG,   CHG->(1846)->SF,   LA ->(1235)->DLS,   DLS->(1235)->LA,
  LA ->(2342)->MIA,   MIA->(2342)->LA,   DLS->(1121)->MIA,   MIA->(1121)->DLS,   DLS->(802)->CHG,
  CHG->(802)->DLS,   CHG->(740)->NY,   NY ->(740)->CHG,   CHG->(867)->BOS,   BOS->(867)->CHG,
  NY ->(1090)->MIA,   MIA->(1090)->NY,   NY ->(187)->BOS,   BOS->(187)->NY,   BOS->(1258)->MIA,
  MIA->(1258)->BOS,
Connectivity:
 AdjacencyList[SF] = ['LA', 'DLS', 'BOS', 'CHG']
 AdjacencyList[LA] = ['SF', 'DLS', 'MIA']
 AdjacencyList[DLS] = ['SF', 'LA', 'MIA', 'CHG']
 AdjacencyList[CHG] = ['SF', 'DLS', 'NY', 'BOS']
 AdjacencyList[MIA] = ['LA', 'DLS', 'NY', 'BOS']
 AdjacencyList[NY] = ['CHG', 'MIA', 'BOS']
 AdjacencyList[BOS] = ['SF', 'CHG', 'NY', 'MIA']

Trying DFS : (LA -> BOS)
Path (LA -> BOS) found by DFS : ['LA', 'SF', 'DLS', 'MIA', 'NY', 'CHG', 'BOS']

Trying BFS : (LA -> BOS)
Path (LA -> BOS) found by BFS : ['LA', 'SF', 'BOS']

Trying ShortestPath_Dijkstra : (LA -> BOS)
 Initial weight of edge (LA ->SF ) = 337:
 Initial weight of edge (LA ->LA ) = 0:
 Initial weight of edge (LA ->DLS) = 1235:
 Initial weight of edge (LA ->CHG) = 2147483647:
 Initial weight of edge (LA ->MIA) = 2342:
 Initial weight of edge (LA ->NY ) = 2147483647:
 Initial weight of edge (LA ->BOS) = 2147483647:
 prevNode :  {'SF': 'LA', 'LA': 'LA', 'DLS': 'LA', 'CHG': 'DLS', 'MIA': 'LA', 'NY': 'CHG', 'BOS': 'CHG'}
ShortestPath_Dijkstra (LA -> BOS): ['LA', 'DLS', 'CHG', 'BOS'], path_cost =2904
```

실습 9.4 최소 비용 신장 트리 탐색

1) 실습 9.3에서 설명한 미국 주요 도시와 주요 도시 간을 연결하는 고속도로 정보를 사용하여 이 도시들을 최소 비용으로 연결할 수 있는 토폴로지를 구할 수 있도록 Kruskal 알고리즘으로 구현하고 결과를 확인하라.

2) 실습 9.3의 그래프를 위한 최소 비용 신장 트리를 구할 수 있도록 Prim-Jarnik 알고리즘을 구현하라. Prim-Jarnik 알고리즘으로 산출된 결과를 Kruskal 알고리즘으로 산출된 결과와 비교하라.

10장 Kotlin Swing 기반 GUI 프로그래밍

학습목표

- Kotlin/Java GUI에 대한 이해 및 활용 능력 강화
- Kotlin/Java Swing의 기본 GUI 요소에 대한 이해 및 응용
- Kotlin/Java Graphics/GUI Event 처리 방법에 대한 이해 및 응용
- Kotlin/Java Graphic Animation 기법에 대한 이해 및 응용
- Kotlin기반의 Java Graphics, Graphics2D 활용

개요

10.1 Kotlin/Java GUI 프로그래밍, AWT, Swing
10.2 Kotlin/Java Swing 기반 GUI 프로그래밍 (Container, Layout, Swing Component)
10.3 Kotlin/Java Swing Graphic, GUI Event 처리

10.1 Kotlin/Java GUI 프로그래밍, AWT (Abstract Windowing Toolkit), Swing

10.1.1 Graphic User Interface (GUI)

최근 사용되는 컴퓨터 장치들에서는 다양한 버튼, 텍스트 입력창, 스크롤바, 아이콘 등의 그래픽 입력 기능을 사용하여 프로그램 실행을 제어하며, 실행 결과를 그래프나 이미지 등으로 표현하여 매우 편리하게 사용할 수 있게 하고, 프로그램의 실행 결과를 쉽게 이해할 수 있게 한다. 이러한 장점 때문에 대부분의 프로그래밍언어는 그래픽 사용자 접속 (graphic user interface, GUI) 기능을 제공하고 있다. GUI를 사용함으로써 메뉴 화면 구성, 키보드와 마우스 등을 사용한 응용 프로그램의 다양한 입력 기능을보다 편리하게 사용하도록 하므로 GUI 작성 기능이 프로그래밍언어 선택에 중요한 기준이 되기도 한다.

Kotlin은 Android 개발에 널리 사용되는 언어이지만, Kotlin을 사용하여 데스크탑 애플리케이션의 그래픽 사용자 인터페이스(GUI)를 개발할 수도 있다. Kotlin으로 GUI 애플리케이션을 개발할 때 가장 많이 사용되는 라이브러리나 도구는 표 10.1에서와 같이 Swing/AWT(abstract windowing toolkit), JavaFX, TornadoFx가 있다:

AWT는 Java 프로그래밍언어 초기 단계에서부터 제공하였으며, Frame, Window, Panel, Dialog, Button, Label, TextField, Checkbox, Choice 등의 컴포넌트들을 제공하였다. AWT의 컴포넌트들은 운영체제 (OS)의 기능으로 직접 구현되기 때문에 운영체제의 자원을 많이 사용하고, 큰 부담을 주기 때문에 중량 컴포넌트 (heavy weight component)라고도 한다. AWT의 컴포넌트들은 실행되는 운영체제에 따라 서로 다른 모양으로 그려지기도 한다.

표 10.1 Java GUI 프로그래밍 라이브러리

Java GUI 프로그래밍	비교 설명
AWT(abstract windowing toolkit)	▪ Java의 초기 단계에서 함께 배포된 패키지 ▪ Frame, Window, Panel, Dialog, Button, Label, TextField, Checkbox, Choice 등의 중량 컴포넌트가 운영체제의 도움을 받아 화면에 출력되도록 함 ▪ AWT 컴포넌트는 실행되는 운영체제에 따라 서로 다른 모양으로 그려짐
Swing	▪ AWT와는 다르게 순수하게 Java 언어로 작성된 경량 컴포넌트로 제공하며, 운영체제의 도움을 받지 않고 구현되기 때문에 Java 프로그램이 실행되는 운영체제 환경에 상관없이 항상 동일하게 작동하며, 동일한 모양으로 그려짐 ▪ Swing컴포넌트는 모든 AWT 컴포넌트와 100% 호환되도록 재작성되었으며, AWT에 없는 풍부한 고급 swing 컴포넌트들을 개발하였음 ▪ Swing 컴포넌트들은 이름을 'J'로 시작함 ▪ Desktop응용 프로그래밍에 사용 ▪ https://www.javatpoint.com/java-swing
JavaFX	▪ Swing 이후에 많이 사용되는 GUI 프로그래밍 환경 ▪ Eclipse도 JavaFX로 개발되어 있음 ▪ Swing이 Desktop 응용 프로그래밍에 국한된 것에 비하여, JavaFX는 Desktop, Rich Internet Application (RIA), Web site, Handheld Mobile Device 등의 다양한 응용 프로그래밍에 사용될 수 있음 ▪ https://www.javatpoint.com/javafx-tutorial
TornadoFX	▪ TornadoFX는 Kotlin 전용의 JavaFX 프레임워크로, JavaFX의 복잡성을 줄이고 Kotlin의 기능을 최대한 활용할 수 있도록 설계되어 있음. ▪ Kotlin DSL을 사용해 더 간결하고 효율적으로 UI를 구성할 수 있으며, JavaFX보다 더 직관적인 코드를 작성할 수 있음.

Swing은 AWT를 기반으로 작성된 GUI 라이브러리이며, AWT와는 달리 순수하게 Java 언어로 작성되었으며, Kotlin에서도 쉽게 사용할 수 있다. Swing에서 제공되는 GUI 컴포넌트들은 운영체제의 도움을 직접 받지 않고 구현되기 때문에 운영체제의 종류에 상관없이 항상 동일한 모습을 제공하며, 동일하게 작동한다. 아울러 Swing 컴포넌트들은 AWT보다 화려한 모양의 GUI 응용 프로그램을 쉽게 개발할 수 있게 한다. Swing 컴포넌트들은 AWT 컴포넌트들과 100% 호환성을 제공하나, AWT 컴포넌트들과 쉽게 구분하기 위하여 모든 컴포넌트의 이름을 J로 시작한다. Swing이 제공하는 대표적인 컴포넌트들로 JFrame, JWindow, JPanel, JButton, JLabel, JList, JTree, JScrollPane 등이 있다.

JavaFX는 다양한 플랫폼 환경에서 실행될 수 있는 사용자 애플리케이션을 개발하기 위한 그래픽과 미디어 패키지로 Java 7 버전부터 JDK에 포함되어 제공되고 있다. 현재 JavaFX는 Swing보다 가벼워지고, 더 강력해졌기 때문에 Swing을 대체하는 새로운 라이브러리로 자리매김하고 있다. JavaFX는 데스크탑 뿐만 아니라 임베디드 장비에서 실행하는 UI 애플리케이션을 개발할 수 있도록 가볍고 풍부한 UI를 제공한다. 아울러, 멀티 스레딩과 서버와의 통신 기능은 Java 표준 API를 사용하면서 JavaFX에서 제공하는 풍부한 UI 기능을 활용할 수 있는 장점을 제공한다.

TornadoFX는 Kotlin 전용의 JavaFX 프레임워크로, JavaFX의 복잡성을 줄이고 Kotlin의 기능을 최대한 활용할 수 있도록 설계되어 있다. Kotlin DSL을 사용해 더 간결하고 효율적으로 UI를 구성할 수 있으며, JavaFX보다 더 직관적인 코드를 작성할 수 있다.

10.1.2 Java AWT (Abstract Windowing Toolkit)

(1) AWT(Abstract Windowing Toolkit) 개요

AWT(Abstract Windowing Toolkit)는 Java에서 GUI(Graphical User Interface)를 구축하는 가장 기본적인 툴킷으로, Java 프로그램에서 그래픽 컴포넌트(버튼, 텍스트 필드, 체크박스 등)를 생성하고 관리하는 데 사용된다. AWT는 Java의 초기 버전인 JDK 1.0에서 도입되었으며, 플랫폼 독립적인 GUI 애플리케이션을 작성하는 데 목적을 두고 설계되었다. AWT는 Java의 핵심 부분으로, Java 애플리케이션이 각 운영 체제의 네이티브 윈도우 시스템과 상호작용할 수 있도록 해 준다. 이로 인해 AWT 컴포넌트는 운영 체제의 본래 UI 스타일을 따르게 되며, 각 플랫폼에 맞는 그래픽 컴포넌트를 제공한다.

AWT의 주요 특징은 다음과 같다:

① 플랫폼 독립성

AWT는 각 운영 체제의 네이티브 GUI 컴포넌트를 사용하여 UI를 구성한다. 이를 통해 Java 애플리케이션이 Windows, Mac OS, Linux 등 다양한 운영 체제에서 동일한 코드로 실행될 수 있다. AWT는 플랫폼마다 적절한 네이티브 윈도우 시스템과 상호작용하여 컴포넌트를 렌더링할 수 있다.

② 중량급 컴포넌트(Heavyweight Component)

AWT의 컴포넌트는 '중량급'이라고 불린다. 이것은 AWT 컴포넌트가 자바가 아닌 운영 체제의 네이티브 윈도우 시스템에서 렌더링되기 때문이다. 네이티브 코드와 연동되는 이러한 특성으로 인해, AWT 컴포넌트는 OS마다 다르게 보일 수 있고, 종종 제한된 유연성과 성능 이슈가 존재할 수 있다.

③ 이벤트 기반 프로그래밍

AWT는 이벤트 기반 프로그래밍 모델을 따른다. 사용자와의 상호작용(예: 버튼 클릭, 마우스 이동 등)은 이벤트로 표현되며, 이러한 이벤트는 리스너(listener)를 통해 처리된다. 각 GUI 컴포넌트는 특정 이벤트를 발생시키며, 이벤트 리스너가 이를 감지하여 적절한 반응을 한다.

④ AWT 패키지

AWT는 java.awt 패키지에 정의되어 있다. 이 패키지에는 다양한 그래픽 관련 클래스와 인터페이스가 포함되어 있다. 대표적인 AWT 클래스는 다음과 같다:

- Component: 모든 AWT 컴포넌트의 기본 클래스
- Container: 다른 컴포넌트를 담을 수 있는 컴포넌트의 기본 클래스
- Button, Label, TextField: 각종 GUI 요소를 나타내는 클래스들
- Frame, Dialog: 윈도우와 대화 상자를 위한 클래스
- LayoutManager: 컴포넌트의 배치를 관리하는 클래스

⑤ 레이아웃 관리자

AWT는 다양한 레이아웃 관리자를 제공한다. 레이아웃 관리자는 컴포넌트를 배치하는 방식을 정의하며, FlowLayout, BorderLayout, GridLayout 등이 있다. 레이아웃 관리자를 적절히 사용하면 다양한 화면 크기에서도 유연하게 동작하는 UI를 만들 수 있다.

(2) AWT의 한계와 대안

AWT는 초기에 자바 GUI를 구성하는 데 사용되었으나, 몇 가지 단점이 있었다.

- 중량급 컴포넌트의 비일관성: AWT 컴포넌트는 네이티브 코드를 사용하기 때문에 플랫폼마다 다르게 보이고 작동할 수 있다. 이는 GUI의 일관성을 떨어뜨리는 문제를 초래한다.
- 성능: 네이티브 코드와 상호작용하는 특성 때문에 성능이 떨어지는 경우가 많다.
- 제한된 컴포넌트: AWT는 기본적인 컴포넌트만 제공하기 때문에, 복잡한 UI를 만들기에는 부족하다.

이러한 문제를 해결하기 위해 Java 1.2 이후로 Swing이라는 GUI Toolkit이 도입되었다. Swing은 AWT의 확장판으로, 더 풍부한 컴포넌트와 경량급 컴포넌트(운영 체제와 독립적으로 렌더링됨)를 제공한다. Swing은 AWT의 단점을 극복하고 더 유연한 사용자 인터페이스를 제공하지만, AWT는 여전히 Java GUI의 기초로 남아 있다.

10.1.3 Java Swing

(1) Java Swing 개요

Java Swing은 Java Foundation Classes(JFC)의 일부분으로, Java 애플리케이션에서 GUI(Graphical User Interface)를 구축하기 위한 고급 Toolkit이다. Swing은 Java 1.2(JDK 1.2)에서 처음 도입되었으며, AWT(Abstract Windowing Toolkit)의 확장판으로 설계되었다. AWT의 한계점을 보완하기 위해 만들어진 Swing은 더 많은 컴포넌트, 더 높은 유연성, 더 나은 사용자 경험을 제공한다.

Swing의 주요 특징 중 하나는 경량 컴포넌트(Lightweight Component)를 사용하는 것이다. 이는 네이티브 운영 체제의 컴포넌트에 의존하지 않고 Java에서 직접 컴포넌트를 그리기 때문에, 플랫폼에 독립적인 일관된 사용자 인터페이스를 제공한다.

Swing의 주요 특징은 다음과 같다:

① 경량 컴포넌트(Lightweight Components)

AWT의 컴포넌트는 운영 체제의 네이티브 GUI 요소를 사용하는 '중량급' 컴포넌트이다. 이에 비해 Swing의 컴포넌트는 Java로만 구현된 경량 컴포넌트로, 운영 체제의 네이티브 UI와 독립적으로 동작한다. 경량 컴포넌트는 더 높은 수준의 유연성을 제공하며, 사용자 정의가 용이하다. 예를 들어, Swing의 버튼은 운영 체제와 상관없이 동일한 모습과 동작을 유지한다.

② 플러그 가능한 Look and Feel

Swing은 다양한 스타일의 UI를 지원하는 플러그 가능한 Look and Feel 기능을 제공한다. 기본적으로 Swing에는 "Metal"이라는 기본 스타일이 포함되어 있지만, "Windows", "Motif", "Nimbus" 등 다양한 스타일을 선택할 수 있다. 개발자는 특정 운영 체제의 네이티브 Look and Feel를 사용하거나 자신만의 독창적인 UI 스타일을 정의할 수 있다.

③ 확장성

Swing은 확장성이 뛰어나며, 기존 컴포넌트를 상속받아 쉽게 새로운 컴포넌트를 만들 수 있다. 다양한 커스터마이징이 가능하여, 각종 그래픽 효과나 애니메이션 등을 추가할 수 있다.

④ 이벤트 기반 프로그래밍 모델

Swing도 AWT처럼 이벤트 기반 프로그래밍 모델을 따른다. 컴포넌트는 사용자와의 상호작용을 이벤트로 표현하며, 이벤트 리스너가 이를 처리한다. 예를 들어, 버튼을 클릭하면 ActionListener를 통해 해당 이벤트를 감지하고 처리할 수 있다.

⑤ 더 많은 고급 컴포넌트

Swing은 AWT에 비해 훨씬 다양한 고급 컴포넌트를 제공한다. 예를 들어, JTable, JTree, JTabbedPane, JSpinner, JToolBar 등의 컴포넌트를 사용할 수 있다. 이러한 컴포넌트는 복잡한 데이터 표시와 사용자 인터페이스 구조를 쉽게 구축할 수 있게 한다.

⑥ MVC(Model-View-Controller) 구조

Swing은 MVC 디자인 패턴을 따른다. MVC는 데이터(Model), 사용자 인터페이스(View), 그리고 데이터와 UI 간의 상호작용(Controller)을 분리하는 구조이다. 예를 들어, JTable은 데이터 모델(Model)과 시각적 표현(View)을 분리하여, 데이터가 변경되어도 UI 코드에 영향을 미치지 않도록 구성된다.

⑦ 더 나은 스레드 모델(Swing은 단일 스레드에서 실행)

Swing은 모든 GUI 업데이트를 단일 스레드인 Event Dispatch Thread에서 실행해야 하는 규칙이 있다. 이는 GUI 코드의 스레드 안전성을 보장하기 위한 설계이다. GUI 관련 작업은 SwingUtilities.invokeLater()나 SwingWorker 같은 메커니즘을 통해 올바르게 처리해야 한다.

(2) Java Swing의 주요 컴포넌트

Java Swing의 주요 컴포넌트들은 다음 표10.2에서 보는 것과 같다.

표 10.2 Java Swing의 주요 컴포넌트

컴포넌트	설명	용도
JFrame	기본적인 윈도우(창)를 나타내는 컴포넌트.	다른 컴포넌트들을 담을 수 있는 컨테이너로 사용
JPanel	다른 컴포넌트들을 그룹화할 수 있는 컨테이너.	여러 컴포넌트를 그룹으로 묶어 레이아웃을 구성
JButton	사용자가 클릭할 수 있는 버튼 컴포넌트.	이벤트 처리를 통해 특정 동작을 트리거하는 데 사용
JLabel	텍스트 또는 이미지를 표시하는 컴포넌트.	사용자에게 정보를 전달하거나, 텍스트 설명을 표시하는 데 사용
JTextField	단일 줄의 텍스트를 입력할 수 있는 필드.	사용자로부터 텍스트 입력을 받을 때 사용
JTextArea	여러 줄의 텍스트를 입력하거나 출력할 수 있는 컴포넌트.	장문 또는 여러 줄의 텍스트를 표시하거나 입력받을 때 사용

컴포넌트	설명	용도
JCheckBox	선택 가능한 체크박스를 나타내는 컴포넌트.	사용자가 선택 또는 해제할 수 있는 옵션을 제공
JRadioButton	여러 옵션 중 하나만 선택할 수 있는 라디오 버튼.	단일 선택 옵션을 제공할 때 사용. (라디오 버튼 그룹으로 묶어 사용)
JComboBox	드롭다운 리스트를 제공하는 컴포넌트.	사용자가 목록에서 하나의 항목을 선택할 수 있는 드롭다운 메뉴 제공
JList	목록 형태로 여러 항목을 표시하는 컴포넌트.	여러 항목을 선택하거나 표시할 수 있는 리스트 제공
JTable	데이터를 행과 열의 표 형태로 표시하는 컴포넌트.	테이블 형태로 데이터를 표시하고, 행 및 열을 관리
JScrollPane	스크롤이 가능한 영역을 제공하는 컨테이너.	컴포넌트에 스크롤 기능을 추가하여 큰 내용이 화면에 넘칠 때 사용할 수 있음
JTabbed Pane	여러 패널을 탭으로 전환하며 표시할 수 있는 컴포넌트.	여러 패널을 탭으로 구분하여 전환 가능한 인터페이스 제공
JProgress Bar	작업의 진행 상태를 표시하는 컴포넌트.	작업의 진행 상황을 시각적으로 보여주는 데 사용
JToolBar	버튼이나 다른 컴포넌트를 가로로 배열할 수 있는 툴바 컨테이너.	사용자가 자주 사용하는 기능에 대한 단축 버튼을 제공
JMenuBar	메뉴 항목을 포함하는 메뉴 바.	애플리케이션의 상단에 메뉴 항목을 제공하는 역할.
JDialog	독립적인 대화 상자를 나타내는 컴포넌트.	사용자와 상호작용하는 모달 또는 비모달 대화 상자를 제공
JSpinner	사용자가 숫자 또는 날짜 등의 값을 증가 또는 감소시킬 수 있는 스피너 컴포넌트.	값을 일정 범위 내에서 조정할 수 있도록 하는 데 사용
JTree	트리 구조로 데이터를 표시하는 컴포넌트.	계층 구조 데이터를 시각적으로 표현하는 트리 구조 제공

(3) Java Swing의 한계

Java Swing은 Java GUI 애플리케이션을 구축하기 위한 강력하고 유연한 Toolkit이며, AWT의 한계점을 보완하고, 경량 컴포넌트와 다양한 고급 컴포넌트를 통해 개발자가 복잡하고 세련된 사용자 인터페이스를 쉽게 만들 수 있도록 지원한다. 비록 Swing이 AWT에 비해 많은 장점을 가지고 있지만, 다음과 같이 몇 가지 한계가 존재한다:

- 성능: Swing은 경량 컴포넌트로 운영 체제에 독립적이지만, 복잡한 UI를 만들거나 많은 컴포넌트를 사용하면 성능이 저하될 수 있다.
- 복잡성: Swing의 강력한 기능과 유연성으로 인해, 복잡한 애플리케이션에서는 코드가 매우 복잡해질 수 있다.
- UI 디자인의 제약: Swing은 고도로 커스터마이징할 수 있지만, 현대적인 UI/UX 디자인의 요구를 충족하는 데는 한계가 있다. 이는 더 세련된 UI가 필요한 경우 JavaFX와 같은 최신 기술을 사용하는 이유 중 하나이다.

Java Swing은 여전히 많은 Java 애플리케이션에서 사용되며, 다양한 플랫폼에서 일관된 사용자 경험을 제공한다. 다만 성능이나 현대적인 UI 디자인 요구를 충족하기 위해서는 JavaFX와 같은 더 현대적인 도구가 필요할 수도 있다.

10.1.4 JavaFX

(1) JavaFX 개요

JavaFX는 Java 플랫폼에서 풍부한 그래픽 사용자 인터페이스(GUI) 애플리케이션을 개발하기 위한 최신 프레임워크이다. JavaFX는 자바의 GUI 프로그래밍에 대한 새로운 표준으로 도입되었으며, 복잡한 UI를 구축할 수 있는 강력한 기능을 제공한다. JavaFX는 Java 7 업데이트 6(JDK 7u6)부터 Java의 일부로 포함되었으며, Java 기반의 데스크톱 및 웹 애플리케이션을 개발할 때 Swing의 대안으로 사용된다.

JavaFX는 Swing에 비해 더 유연하고 강력한 기능을 제공하며, 특히 멀티미디어와 그래픽 관련 작업에 적합한 API와 툴셋을 포함하고 있다. JavaFX는 기본적으로 자바 코드를 사용하지만, XML 기반의 FXML을 사용해 UI를 정의할 수도 있어 개발자의 편의성을 높인다.

JavaFX는 다음과 같은 주요 특징을 가진다:

① 현대적인 UI 구성 요소

JavaFX는 다양한 현대적인 UI 컴포넌트를 제공한다. 예를 들어, 차트, 테이블, 미디어 플레이어 등을 포함한 고급 컴포넌트가 포함되어 있다. 애니메이션, 2D 및 3D 그래픽을 자연스럽게 처리할 수 있어 시각적 효과가 뛰어난 애플리케이션을 만들 수 있다.

② FXML을 사용한 UI 정의

JavaFX는 FXML이라는 XML 기반 언어를 사용해 UI 레이아웃을 정의할 수 있다. FXML은 HTML과 유사한 구조로, 디자이너와 개발자가 UI 레이아웃을 시각적으로 설계하고 코드와 분리하여 유지보수를 쉽게 할 수 있게 도와준다. FXML은 자바 코드와 긴밀하게 연결될 수 있으며, UI 컴포넌트와 로직을 분리하는 방식으로 코드를 모듈화할 수 있다.

③ Scene Graph 기반 구조

JavaFX는 Scene Graph라는 트리 구조로 UI를 구성한다. Scene Graph는 모든 UI 요소가 노드로 표현되는 그래프 구조로, 매우 유연하고 직관적인 레이아웃 및 렌더링 시스템을 제공한다. 각 UI 컴포넌트는 하나의 노드로 표현되며, 노드 간의 관계를 통해 컴포넌트의 배치 및 시각적 효과를 관리한다.

④ CSS 스타일링

JavaFX는 CSS(Cascading Style Sheets)를 사용해 UI 컴포넌트를 스타일링할 수 있다. 이를 통해 HTML/CSS와 유사한 방식으로 애플리케이션의 외관을 쉽게 변경할 수 있다. CSS를 사용하면 버튼, 레이블, 패널 등의 스타일을 쉽게 커스터마이징하고, 다양한 테마를 적용할 수 있다.

⑤ 멀티미디어 통합

JavaFX는 비디오, 오디오 및 이미지를 쉽게 통합할 수 있는 멀티미디어 기능을 내장하고 있다. JavaFX Media API를 사용하면 비디오 플레이어, 오디오 플레이어 등을 쉽게 구현할 수 있다. 이를 통해 데스크톱 애플리케이션에서 멀티미디어 콘텐츠를 매끄럽게 재생할 수 있다.

⑥ 애니메이션 및 트랜지션

JavaFX는 애니메이션을 기본적으로 지원한다. 개발자는 Timeline, KeyFrame, TranslateTransition, RotateTransition 등의 클래스를 사용해 UI 요소에 애니메이션 효과를 줄 수 있다. 애니메이션을 사용해 UI의 동적 효과를 쉽게 추가할 수 있으며, 자연스럽고 부드러운 사용자 경험을 제공할 수 있다.

⑦ 2D 및 3D 그래픽

JavaFX는 2D 그래픽 뿐만 아니라 3D 그래픽도 지원한다. 이를 통해 복잡한 그래픽이나 게임 같은 시각적으로 풍부한 애플리케이션을 개발할 수 있다. 3D 모델링, 조명 효과, 카메라 제어 등이 기본적으로 지원되어 3D 그래픽을 쉽게 사용할 수 있다.

⑧ JavaFX와 Swing의 통합

JavaFX는 기존의 Swing 애플리케이션과 통합할 수 있다. JFXPanel 클래스를 사용하면 Swing 기반의 애플리케이션에 JavaFX 컴포넌트를 임베드할 수 있어, 기존 애플리케이션에 JavaFX의 강력한 기능을 추가할 수 있다. 이 기능을 통해 기존 Swing 애플리케이션을 점진적으로 JavaFX로 전환하거나 확장할 수 있다.

⑨ 크로스 플랫폼 지원

JavaFX는 Java의 장점인 플랫폼 독립성을 그대로 유지한다. Windows, macOS, Linux와 같은 다양한 운영 체제에서 동일한 JavaFX 애플리케이션이 동작한다. 자바의 가상 머신(JVM)을 사용하는 모든 환경에서 JavaFX 애플리케이션이 실행 가능하며, 이를 통해 다양한 디바이스와 플랫폼에서 동일한 애플리케이션을 배포할 수 있다.

⑩ 웹 기술 통합

JavaFX는 WebView를 통해 HTML, CSS 및 JavaScript를 렌더링할 수 있는 웹 엔진을 제공한다. 이를 통해 JavaFX 애플리케이션 내에서 웹 콘텐츠를 표시하거나, 웹 기반 UI와 통합된 애플리케이션을 만들 수 있다. 예를 들어, 웹 브라우저처럼 동작하는 애플리케이션이나 HTML5 기반 UI를 쉽게 구현할 수 있다.

(2) JavaFX의 주요 구성 요소

JavaFX의 주요 구성 요소는 표 10.3에서 보는 것과 같다.

표 10.3 JavaFX의 주요 구성 요소

구성 요소	설명	용도
Stage	애플리케이션의 기본 윈도우를 나타내는 컨테이너	창(Window) 역할을 하며, Scene을 설정하고 표시
Scene	UI 컴포넌트들을 포함하는 컨테이너	Stage에 배치되어 전체 UI를 관리하고, Scene Graph 구조로 UI를 표현
Node	Scene Graph의 기본 구성 요소	모든 UI 요소는 Node로 구성되며, 이를 통해 UI 구성 및 배치
Pane	레이 아웃을 관리하는 컨테이너	자식 노드들의 위치와 크기를 관리하는 레이아웃 클래스의 부모 클래스
Button	클릭 가능한 버튼을 나타내는 컴포넌트	사용자 입력을 받아 특정 이벤트를 트리거하는 데 사용

구성 요소	설명	용도
Label	텍스트나 이미지를 표시하는 컴포넌트	단순한 텍스트 정보를 사용자에게 전달
TextField	단일 줄의 텍스트 입력 필드를 제공하는 컴포넌트	사용자로부터 텍스트를 입력받는 데 사용
TextArea	여러 줄의 텍스트 입력 필드를 제공하는 컴포넌트	긴 텍스트나 여러 줄의 텍스트를 입력받거나 출력하는 데 사용
CheckBox	선택 가능한 체크박스를 나타내는 컴포넌트	옵션 선택을 위한 컴포넌트로, 다중 선택이 가능함
RadioButton	여러 선택 항목 중 하나만 선택할 수 있는 라디오 버튼을 제공하는 컴포넌트	단일 선택을 요구하는 경우 사용, RadioButton 그룹으로 묶어 사용
ComboBox	드롭다운 메뉴를 제공하는 컴포넌트	사용자가 목록에서 하나의 항목을 선택할 수 있도록 함
ListView	항목의 리스트를 표시하는 컴포넌트	여러 항목을 리스트 형식으로 보여주고, 다중 선택이 가능함
TableView	데이터를 행과 열로 구성된 표 형태로 표시하는 컴포넌트	데이터를 테이블 형식으로 정리하고, 행과 열 간의 상호작용을 제공
TreeView	계층적 데이터 구조를 트리 형식으로 표시하는 컴포넌트	계층적 데이터를 트리 구조로 시각화하여 표현
ProgressBar	작업의 진행 상황을 표시하는 컴포넌트	진행 중인 작업의 상태를 시각적으로 표현하는 막대
MenuBar	메뉴 항목을 포함하는 메뉴 바	애플리케이션의 상단에 메뉴를 제공하며, 여러 메뉴 항목을 가질 수 있음
ToolBar	도구 버튼이나 아이콘 등을 배치할 수 있는 툴바 컴포넌트	자주 사용하는 기능을 담은 도구 모음 표시
AnchorPane	자식 노드를 지정된 고정 위치에 배치하는 레이아웃 관리 클래스	자식 컴포넌트의 위치를 고정 좌표에 맞추어 배치
VBox / HBox	수직(VBox) 또는 수평(HBox)으로 자식 컴포넌트를 정렬하는 레이아웃 관리 클래스	간단한 수직/수평 배치 레이아웃 제공
GridPane	격자(Grid) 형태로 자식 노드를 배치하는 레이아웃 관리 클래스	복잡한 레이아웃을 행과 열로 나누어 구성할 때 사용
FlowPane	자식 컴포넌트를 흐름(flow) 형식으로 배치하는 레이아웃 관리 클래스	자식 노드를 연속된 흐름 형태로 배치, 자동으로 크기가 조정됨
BorderPane	자식 컴포넌트를 상단, 하단, 왼쪽, 오른쪽, 중앙으로 구분하여 배치하는 레이아웃 클래스	주요 영역(Top, Bottom, Left, Right, Center)에 컴포넌트를 배치
ScrollPane	스크롤이 가능한 영역을 제공하는 컴포넌트	자식 컴포넌트에 스크롤 기능 추가, 화면에 넘치는 내용 처리
Chart	데이터를 시각적으로 표현하는 다양한 차트 컴포넌트 (LineChart, BarChart, PieChart등)	데이터 시각화를 위한 차트 제공
WebView	HTML, CSS, JavaScript를 렌더링할 수 있는 브라우저 엔진을 제공하는 컴포넌트	애플리케이션 내에서 웹 페이지를 표시하고 상호작용할 수 있도록 함
MediaView	비디오 또는 오디오 파일을 재생하는 컴포넌트	멀티미디어 콘텐츠 재생을 위해 사용됨

(3) JavaFX의 장점 및 한계

JavaFX은 다음과 같은 장점을 가진다:

① 모던하고 강력한 UI:

JavaFX는 최신 사용자 인터페이스 디자인 요구를 충족할 수 있는 다양한 기능을 제공하며, CSS 스타일링, 애니메이션, 2D 및 3D 그래픽 등의 기능을 통해 더욱 직관적이고 시각적으로 매력적인 UI를 구현할 수 있다.

② FXML과 CSS를 통한 쉬운 디자인:

FXML을 통해 UI 레이아웃을 코드와 분리하여 정의할 수 있고, CSS를 사용해 UI를 쉽게 스타일링할 수 있으며, 이를 통해 디자이너와 개발자가 협업하기가 용이해진다.

③ 풍부한 멀티미디어 및 그래픽 기능:

JavaFX는 비디오, 오디오, 이미지, 애니메이션을 쉽게 통합할 수 있는 기능을 제공하며, 다양한 멀티미디어 애플리케이션 개발이 용이하다.

④ 크로스 플랫폼 지원:

JavaFX는 다양한 운영 체제에서 동일하게 작동하므로, 개발자는 한 번의 코드 작성으로 여러 플랫폼에 배포할 수 있고, 다양한 운영체제에서 활용할 수 있다.

이와 같이, JavaFX는 Java를 사용하여 데스크톱 애플리케이션을 개발하는 데 있어 현대적이고 강력한 선택지이다. 풍부한 UI 구성 요소, 멀티미디어 지원, CSS와 FXML을 통한 디자인 기능 등을 제공하여 개발자들이 사용자 친화적이고 시각적으로 매력적인 애플리케이션을 쉽게 구축할 수 있게 도와준다. JavaFX는 특히 멀티미디어와 그래픽 중심의 애플리케이션 개발에 강력한 도구이며, 최신 Java 애플리케이션 개발의 표준으로 자리 잡고 있다.

JavaFX는 다음과 같은 한계점을 가진다:

① 모바일 및 웹 지원 부족:

JavaFX는 데스크톱 애플리케이션을 주로 목표로 하며, 모바일 플랫폼에 대한 지원은 제한적이다. JavaFX로 모바일 앱을 개발할 수는 있지만, 이는 일반적으로 네이티브 모바일 개발에 비해 비효율적일 수 있다.

② Swing과의 비교:

Swing은 여전히 많은 레거시 시스템에서 사용되고 있으며, Swing에서 JavaFX로의 전환이 쉽지 않을 수 있다. JavaFX는 더 강력하고 현대적인 대안이지만, 일부 상황에서는 Swing이 여전히 적합할 수 있다.

10.1.5 TornadoFX

(1) TornadoFX 개요

TornadoFX는 Kotlin 언어를 사용하여 JavaFX 기반의 데스크톱 애플리케이션을 쉽게 개발할 수 있도록 지원하는 프레임워크이다. Kotlin 언어의 간결함과 현대적인 기능을 활용해, JavaFX 기반의 복잡한 데스크톱 애플리케이션을보다 효율적으로 개발할 수 있게 설계되었다. TornadoFX는 Kotlin의 기능을 최대한 활용하여 JavaFX의 장점을 확장하면서, 더 간단하고 직관적인 API를 제공한다. 이는 특히 JavaFX의 복잡한 문법을 간소화하고, 비즈니스 로직과 UI 로직을 명확히 분리하면서 코드의 가독성을 높인다.

TornadoFX은 다음과 같은 주요 특징을 가진다:

① Kotlin 언어의 기능 활용:

TornadoFX는 Kotlin의 고유한 특성을 적극적으로 활용하여 JavaFX 개발을 더 쉽고 간결하게 만들 수 있게 한다. Kotlin의 DSL(Domain Specific Language) 기능을 통해 UI 컴포넌트를 간결한 코드로 정의할 수 있다. Kotlin의 확장 함수, 람다 표현식, null 안전성 등의 기능을 활용하여 코드가보다 직관적이고 오류 발생 가능성이 적다.

② 구조화된 UI DSL:

TornadoFX는 JavaFX의 Scene Graph를 활용하면서도, Kotlin의 DSL을 통해 UI를 보다 읽기 쉽고 자연스러운 방식으로 정의할 수 있다. 개발자는 XML 같은 선언적인 방법 대신, Kotlin의 코드를 이용해 UI를 구성할 수 있다. 예를 들어, JavaFX에서 버튼을 생성하는 코드와 비교했을 때, TornadoFX에서는 더 간결하게 UI를 구성할 수 있다.

③ MVVM 아키텍처 지원:

TornadoFX는 MVVM(Model-View-ViewModel) 아키텍처 패턴을 기본적으로 지원한다. MVVM 패턴은 UI와 비즈니스 로직을 분리하여 코드의 재사용성을 높이고, 유지보수를 쉽게 한다. View는 UI 요소를 담당하고, ViewModel은 UI의 상태와 비즈니스 로직을 관리하며, Model은 데이터 계층을 처리한다. 이 구조를 통해 코드의 복잡성을 줄이고, 테스트 가능성을 높일 수 있다.

④ 비동기 작업 지원:

TornadoFX는 주로 긴 작업(예: 네트워크 요청, 파일 I/O)에서 UI의 응답성을 유지하기 위해 필요한 비동기 작업을 간편하게 처리할 수 있는 기능을 내장하고 있다. runAsync와 같은 내장된 비동기 API를 통해 쉽게 백그라운드 작업을 실행하고, 작업이 완료되면 UI 스레드에서 결과를 처리할 수 있다.

⑤ 서식 있는 양식 및 데이터 바인딩:

TornadoFX는 양식 작성 및 데이터 바인딩을 크게 단순화한다. 텍스트 필드, 선택 상자 등의 UI 요소와 데이터 모델을 쉽게 연결할 수 있으며, 데이터가 변경될 때 자동으로 UI가 갱신되도록 할 수 있다. 이를 통해 복잡한 폼 로직을 쉽게 처리할 수 있고, 유효성 검사와 같은 기능도 간편하게 추가할 수 있다.

⑥ 강력한 커뮤니티 및 확장 가능성:

TornadoFX는 활발한 커뮤니티의 지원을 받고 있으며, 공식 문서와 예제 코드가 풍부하여 쉽게 학습할 수 있다. TornadoFX는 매우 확장 가능하며, 개발자는 자신의 요구에 맞게 프레임워크를 확장하거나 커스터마이징할 수 있다. 또한, JavaFX에서 사용하는 모든 라이브러리와 호환되므로 기존 JavaFX 코드를 쉽게 통합할 수 있다.

⑦ 내장된 유틸리티와 컨벤션:

TornadoFX는 개발자가 자주 사용하는 패턴이나 기능을 쉽게 구현할 수 있는 여러 유틸리티를 제공한다. 예를 들어, Dialogs, Stylesheets, Validation 등 일상적인 GUI 개발에서 자주 사용되는 기능들이 간결하게 제공된다. 이러한 유틸리티는 개발자가 반복적인 작업을 줄이고, 생산성을 높이는 데 기여한다.

(2) TornadoFX의 주요 구성 요소

TornadoFX의 주요 구성 요소는 다음 표 10.4에서 보는 것과 같다.

표 10. 4 TornadoFX의 주요 구성 요소

구성 요소	설명	역할
View	UI를 정의하는 기본 단위	Scene을 대신하여 UI 화면을 구성하며, root속성에 UI 레이아웃을 설정
ViewModel	MVVM 패턴에서 View와 Model을 연결하는 중간 계층	데이터 바인딩, UI 상태 관리 및 비즈니스 로직 수행
Controller	비즈니스 로직을 처리하는 클래스	주로 데이터 처리 및 백엔드 통신을 담당
Fragment	작은 재사용 가능한 UI 요소	대화 상자나 모듈화된 작은 UI 부분을 표현
EventBus	이벤트 기반 통신을 처리하기 위한 시스템	애플리케이션 내 컴포넌트 간의 결합도를 줄이고, 비동기 이벤트를 쉽게 관리
Stylesheets	UI를 스타일링하기 위한 스타일 정의	CSS 또는 Kotlin DSL을 사용해 UI 컴포넌트의 스타일을 정의
Form	사용자 입력을 처리하기 위한 양식 컴포넌트	텍스트 필드, 선택 상자 등을 포함하여 사용자로부터 입력받고 유효성 검사를 수행
Dialogs	다양한 대화 상자를 표시하는 유틸리티	정보, 경고, 확인 등을 위한 모달 및 비모달 대화 상자 표시
Layouts	UI 컴포넌트의 배치를 관리하는 클래스들	VBox, HBox, GridPane 등 다양한 레이아웃을 제공하여 UI 요소들을 배치
TableView	데이터를 테이블 형식으로 표시하기 위한 컴포넌트	데이터의 행과 열을 관리하고, 사용자가 데이터를 편집하거나 정렬할 수 있도록 함

(3) TornadoFX의 장점과 단점

TornadoFX는 Kotlin의 강력한 기능을 활용하여 JavaFX 기반의 데스크톱 애플리케이션을 빠르고 효율적으로 개발할 수 있는 프레임워크이다. TornadoFX의 장점으로는 코드 간결성, MVVM 구조 지원, 빠른 개발 속도, 완전한 JavaFX 호환성, 커뮤니티 지원 및 문서화 등이 있다. 먼저 코드 간결성으로 Kotlin의 강력한 기능을 사용하여 JavaFX보다 훨씬 간결한 코드를 작성할 수 있다. 반복적인 코드 작성을 줄이고, 가독성을 높이는 데 도움이 된다. TornadoFX는 MVVM 패턴을 내장하고 있어, UI와 비즈니스 로직의 분리가 매우 용이하다. 이로 인해 유지보수성과 확장성이 향상된다.

TornadoFX는 JavaFX 개발을 크게 단순화하여, 더 적은 코드로 동일한 작업을 수행할 수 있다. 이는 특히 복잡한 UI 애플리케이션 개발에서 생산성을 크게 높인다. TornadoFX는 JavaFX의 모든 기능을 그대로 사용할 수 있으므로, 기존 JavaFX 코드를 쉽게 통합하거나 재사용할 수 있는 완전한 JavaFX 호환성을 제공한다. 아울러, TornadoFX는 커뮤니티의 활발한 지원을 받으며, 공식 문서와 다양한 예제 코드가 잘 정리되어 있어 학습과 적용이 비교적 쉬운 장점을 제공한다.

TornadoFX는 Kotlin에 특화되어 있으므로, Kotlin에 대한 이해가 필요하다. 기존의 Java 개발자에게는 Kotlin 언어를 학습해야 하는 추가 부담이 있을 수 있다. TornadoFX는 JavaFX를 기반으로 하므로, JavaFX의 한계(예: 모바일 지원 부족, 웹 애플리케이션에서의 제약)를 함께 가진다. 또한, TornadoFX는 Swing이나 JavaFX에 비해 상대적으로 작은 생태계를 가지고 있으며, 이는 일부 경우에 필요한 라이브러리나 확장 기능이 부족할 수 있다.

10.2 Kotlin/Java Swing 기반 GUI 프로그래밍

10.2.1 Java Swing

AWT의 한계점을 보완하기 위해 만들어진 Java Swing은 더 많은 컴포넌트, 더 높은 유연성, 더 나은 사용자 경험을 제공한다. Java Swing은 Java Foundation Classes(JFC)의 일부로, 풍부한 GUI(Graphical User Interface)를 지원하는 라이브러리이다. Java Swing은 다양한 클래스들로 이루어져 있으며, 각 클래스는 독특한 사용자 인터페이스 컴포넌트 또는 컨테이너를 제공하여 GUI 애플리케이션을 구축할 수 있도록 한다.

그림 10.1은 AWT와 Java Swing 클래스의 상속 관계를 잘 보여준다. AWT의 컴포넌트들이 운영체제의 네이티브 GUI 요소를 사용하는 중량급 컴포넌트라는 것과는 다르게 Swing 컴포넌트들은 Java로만 구현된 경량 컴포넌트이며, 높은 수준의 유연성을 제공한다.

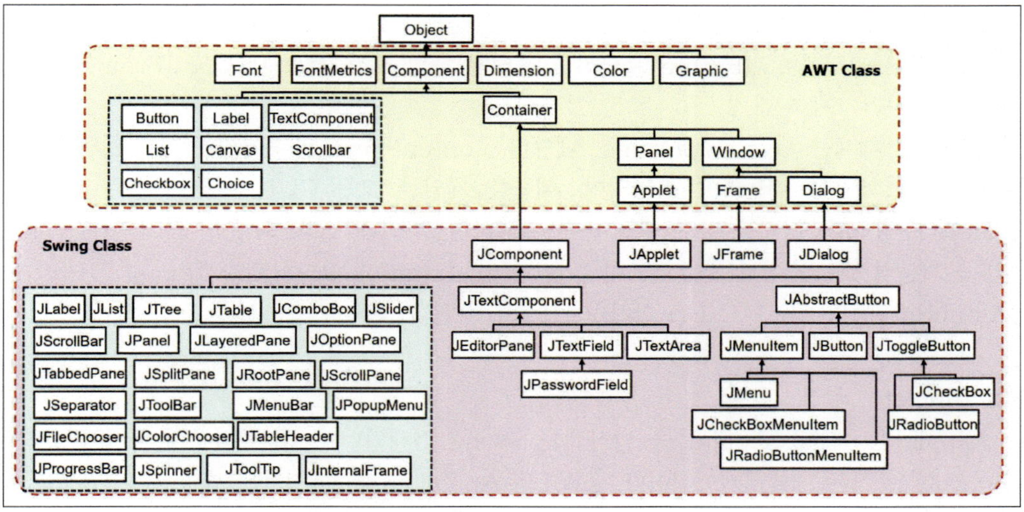

그림 10.1 AWT와 Swing 클래스의 상속 관계

그림 10.1에서 볼 수 있는 것과 같이, Swing 클래스는 AWT 클래스와 구별하기 위하여 'J'로 시작하는 클래스 이름을 가진다. Swing의 JComponent는 Java Swing의 모든 사용자 인터페이스 컴포넌트의 공통 기본 클래스이다. JComponent는 javax.swing 패키지에 포함되어 있으며, Swing 컴포넌트의 기본 동작과 속성을 정의하는 추상 클래스(abstract class)이며, 모든 Swing 컴포넌트(JButton, JLabel, JPanel 등)는 이 클래스를 상속받아 기능을 구현한다.

10.2.2 Container

GUI 프로그래밍에서 컨테이너 (container)란 다른 GUI 컴포넌트를 포함할 수 있는 컴포넌트를 의미하며, java.awt.Container 클래스를 상속받아 만들어진다. Container 클래스는 class Component를 상속받기 때문에 컨테이너 역시 컴포넌트이기도 하나, 다른 컴포넌트/컨테이너들을 포함할 수 있고, 아울러 다른 컨테이너에 포함될 수 있다는 점이 일반적인 컴포넌트와 다른 점이다. 컨테이너로 동작하는 클래스로는 AWT 컨테이너로 Frame, Panel, Applet, Dialog, Window가 있고, Swing 컨테이너로 JFrame, JPanel, JApplet, JDialog, JWindow가 있다.

컨테이너 중에서 JFrame, JApplet, JDialog는 다른 컨테이너에 포함되지 않은 상태에서 독립적으로 화면에 출력될 수 있는 컨테이너이며, 이들을 최상위 컨테이너 (top level container)라고 한다. 이들 최상위 컨테이너들을 제외한 다른 컨테이너나 컴포넌트들이 화면이 표시되기 위해서는 최상위 컨테이너에 포함되어야 한다.

(1) JFrame

Swing JFrame은 모든 스윙 컴포넌트들을 담을 수 있는 최상위 컨테이너이며, 독립적인 윈도우(Window)를 나타내는 Swing 컨테이너로, 대부분의 데스크톱 애플리케이션에서 가장 많이 사용되는 컨테이너이다. JFrame은 AWT의 Frame 클래스에서 상속받았지만, Swing 특유의 경량 컴포넌트 특성을 가진다. JFrame은 사용자가 창을 이동하거나 크기를 조정할 수 있는 기능을 제공한다. JFrame이 출력될 때 이 Frame에 포함된 모든 컴포넌트들이 화면에 출력되며, JFrame이 닫히면 프레임 내의 모든 컴포넌트들도 JFrame과 함께 화면에서 사라지게 된다.

JFrame 객체는 java.awt.Frame, 메뉴바, content pane의 3가지 공간으로 구성된다. JFrame의 메뉴는 메뉴바에 부착되며, 메뉴를 제외한 모든 GUI 컴포넌트들은 content pane에 부착된다. 타이틀 바와 메뉴 바를 지원하며, 창의 최소화, 최대화, 닫기 버튼을 포함한다. 기본적으로 레이지 인스턴스화(Lazy Instantiation) 방식으로 JPanel, JButton, JMenuBar 등의 컴포넌트를 포함하여 UI를 구성한다.

(2) JApplet

JApplet은 애플릿(Applet)을 나타내는 Swing 컨테이너로, 웹 브라우저 내에서 실행되도록 설계된 작은 애플리케이션이다. AWT의 Applet 클래스에서 상속받았으며, Swing 컴포넌트를 사용할 수 있다. 브라우저 내에서 실행되며, 자바 애플릿에 대한 생명주기(lifecycle)를 가지며, 생명주기 메서드로는 init(), start(), stop(), destroy()가 있다.

애플릿은 보안 제약이 있으며, 일반적으로 파일 시스템에 접근할 수 없거나 제한된 자원만 사용할 수 있다. Java 9 이후부터는 애플릿이 점차 사라지고 있으며, 더 이상 적극적으로 사용되지 않는다. 웹 브라우저 내에서 자바 애플릿을 실행하는 데 사용되었으나, 현재는 JavaFX 또는 다른 웹 기술로 대체되고 있다.

(3) JDialog

JDialog는 대화 상자(Dialog)를 나타내는 Swing 컨테이너이다. 일반적으로 모달 대화 상자(Modal Dialog) 또는 비모달 대화 상자로 설정하여, 사용자와의 상호작용을 위한 창을 의미한다. 대화 상자는 주로 애플리케이션의 메인 창과 관련된 추가 정보를 제공하거나, 특정 작업을 수행하기 위한 창으로 사용된다. 기본적으로 JDialog는 모달이 아니지만, 필요에 따라 모달로 설정할 수 있다. 모달 (modal)로 설정된 JDialog는 열려 있는 동안 부모 창과 상호작용할 수 없게 한다.

JDialog는 기본적으로 부모 JFrame을 갖고, 부모가 없는 경우도 만들 수 있다. JDialog는 버튼, 텍스트 필드 등의 여러 Swing 컴포넌트를 포함할 수 있으며, 사용자가 작업을 수행한 후 결과를 반환할 수 있다.

JDialog는 사용자에게 알림, 입력 요청, 경고 메시지 등을 표시하는 작은 창으로 사용되며, 또한 확인 창, 설정 창 등의 역할을 수행할 수 있다.

(4) JPanel

JPanel 클래스는 경량의 컴포넌트들을 담아 정리할 수 있는 범용 컨테이너이며, 단순한 컨테이너로, 내부 레이아웃을 설정하여 컴포넌트를 원하는 위치에 배치할 수 있고, 컴포넌트 그룹화와 레이아웃 관리를 위한 컨테이너이다. JPanel에는 title을 설정하여 각 구역별로 어떤 역할을 하는지 쉽게 이해할 수 있게 한다.

기본적으로 투명하며, 복잡한 사용자 인터페이스를 그룹화하고 조직화하는 데 사용된다. JPanel은 레이아웃 관리자를 설정할 수 있다. 기본적으로 FlowLayout을 사용하지만, BorderLayout, GridLayout 등으로 변경할 수 있다. 여러 JPanel을 JFrame 내에 배치해 컴포넌트들을 논리적으로 그룹화할 수 있다.

(5) JWindow

JWindow는 제목 표시줄이나 테두리가 없는 단순한 윈도우를 나타내는 컨테이너이다. JWindow는 JFrame과 비슷하지만, 기본적으로 비상호작용 창이며 제목 표시줄이나 닫기 버튼이 없다. JWindow는 주로 애플리케이션의 스플래시 스크린 또는 팝업 윈도우로 사용된다. 사용자와의 상호작용이 필요하지 않거나 단순히 정보를 표시할 때 유용하다.

JWindow는 투명 배경 또는 반투명 배경도 지원할 수 있어, 시각적인 효과를 극대화할 수 있고, 스플래시 화면, 팝업 알림 창 또는 비상호작용 창을 표시할 때 사용된다.

10.2.3 Java Swing을 사용한 기초 GUI 프로그래밍

그림 10.2는 Java Swing의 주요 컴포넌트인 JFrame, JPanel, JButton, JWindow와 Layout 기능을 시험하는 Kotlin 예제 프로그램이다. Line 8~11에서는 JFrame 클래스 인스턴스를 생성하며, 기본 닫기 동작 (defaultCloseOperation)을 JFrame의 EXIT_ON_CLOSE로 설정하고, 크기를 400×300으로 설정하며, 배치 (layout)를 BorderLayout으로 설정한다.

Line 14~23에서는 JPanel 클래스 인스턴스 panel을 생성하고, 이 panel의 layout을 FlowLayout()으로 설정한다. 이 panle에는 2개의 버튼 인스턴스인 JButton(“Show Dialog”)과 JButton(“Show Window”)이 생성되어 panel에 포함된다. Line 23에서는 이렇게 구성된 panel을 frame에 포함시킨다.

```
 1 :  import javax.swing.*
 2 :  import java.awt.*
 3 :  import java.awt.event.ActionEvent
 4 :  import java.awt.event.ActionListener
 5 :
 6 :  fun main() {
 7 :      // 1. JFrame 생성
 8 :      val frame = JFrame("Kotlin Swing Example")
 9 :      frame.defaultCloseOperation = JFrame.EXIT_ON_CLOSE
10 :      frame.setSize(400, 300)
11 :      frame.layout = BorderLayout()
12 :
13 :      // 2. JPanel 생성 및 버튼 추가
14 :      val panel = JPanel()
15 :      panel.layout = FlowLayout()
16 :
17 :      val showDialogButton = JButton("Show Dialog")
18 :      val showWindowButton = JButton("Show Window")
19 :
20 :      panel.add(showDialogButton)
21 :      panel.add(showWindowButton)
22 :
23 :      frame.add(panel, BorderLayout.CENTER)
24 :
25 :      // 3. JDialog 생성
26 :      val dialog = JDialog(frame, "Dialog Example", true)
27 :      dialog.setSize(200, 100)
28 :      dialog.layout = FlowLayout()
29 :      val dialogLabel = JLabel("This is a dialog")
30 :      val closeDialogButton = JButton("Close Dialog")
31 :      dialog.add(dialogLabel)
32 :      dialog.add(closeDialogButton)
33 :
34 :      // 닫기 버튼 액션 리스너
35 :      closeDialogButton.addActionListener {
36 :          dialog.isVisible = false
37 :      }
38 :
39 :      // 다이얼로그 보여주기
40 :      showDialogButton.addActionListener {
41 :          dialog.isVisible = true
42 :      }
```

그림 10.2 Java Swing JFrame, JPanel, JButton, JWindow, Layout의 예제 프로그램 (part 1)

그림 10.2 line 26~32에서는 JDialog인스탄스인 dialog를 생성하고, 크기를 200×100으로, layout은 FlowLayout으로 설정한다. 그리고 내부에 "This is a dialog" 내용을 가지는 JLabel 인스탄스 dialog_label과 JButton("Close Dialog") 인스탄스인 closeDialogButton을 생성하여 dialog에 포함시킨다. Line 35~36에서는 closeDialogButton이 클릭되었을 때 dialog를 닫을 수 있도록 addActionListener()을 설정한다. Line 40~42에서는 showDialogButton.addActionListerner{}를 사용하여 showDialogButton이 클릭되었을 때 dialog가 화면에 표시되도록 설정한다.

Line 45~49에서는 JWindow() 클래스 인스탄스인 window를 생성하고, 크기를 300×200으로 설정하며, window내부에 pop-up 메시지 내용을 가진 JLabel을 생성하여 window 중앙에 표시되도록 설정한다. Line 52~55에서는 showWindowButton이 클

릭되면 window가 10초 동안 표시될 수 있도록 addActionListener{}를 사용하여 설정한다.

이 Kotlin 기반 Java Swing 컴포넌트 기능 시험 예제 프로그램의 실행결과는 그림 10.3에서 보는 것과 같다.

```

    // 4. JWindow 생성
    val window = JWindow()
    window.setSize(300, 200)
    val windowLabel = JLabel("This is a window created by Show Window button",
            SwingConstants.CENTER)
    window.add(windowLabel)
    window.setLocationRelativeTo(frame)

    // 윈도우 보여주기 및 일정 시간 후 자동 닫기
    showWindowButton.addActionListener {
        window.isVisible = true
        Timer(10000, ActionListener { window.isVisible = false }).start()
    }

    // JFrame 보여주기
    frame.isVisible = true
}
```

그림 10.2 Java Swing JFrame, JPanel, JButton, JWindow, Layout의 예제 프로그램 (part 2)

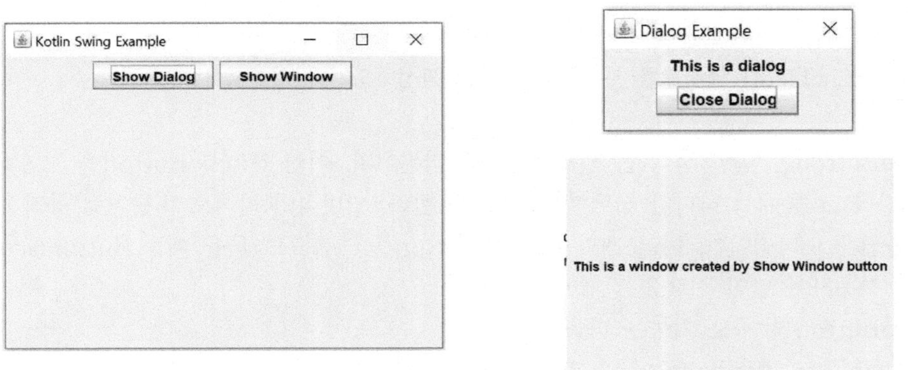

(a) 기본 생성 GUI

(b) Show Dialog 버튼과 Show Window 버튼 클릭 결과

그림 10.3 실행결과

10.2.4 기본적인 Swing Component

Java Swing 기반 GUI 프로그래밍에서 많이 사용되는 주요 컴포넌트에는 JLabel, JButton, JRadioButton, JCheckBox, JTextField, JTExtArea, JList, JComboBox, JSlider 등이 있다.

(1) JLabel

JLabel은 GUI에 포함되는 텍스트 또는 이미지를 표시하는 컴포넌트이며, 사용자에게 정보를 전달하거나 텍스트 설명을 표시하는데 사용된다. JLabel은 Java Swing에서 텍스트, 이미지 또는 둘 모두를 표시할 수 있는 단순한 GUI 컴포넌트이다.

JLabel은 상호작용이 없는 컴포넌트로, 사용자가 클릭하거나 수정할 수는 없지만, 정보를 전달하는 데 중요한 역할을 하며, 일반적으로 사용자 인터페이스에서 설명 텍스트나 아이콘을 표시하는데 사용된다.

(2) JButton, JRadioButton

JButton은 클릭 가능한 버튼을 제공하는 컴포넌트로, 사용자와의 상호작용을 처리하는 기본 요소 중 하나이다. 사용자가 버튼을 클릭하면 액션 이벤트가 발생하며, 이를 통해 특정 동작을 수행할 수 있고, 텍스트, 이미지 또는 그 둘을 동시에 표시할 수 있다.

JButton의 주요 기능은 다음과 같다:

- JButton은 텍스트와 이미지를 함께 보여줄 수 있으며, 텍스트와 아이콘의 상대적인 위치를 지정할 수 있음
- ActionListener를 사용해 클릭 이벤트를 처리할 수 있음. 이를 통해 버튼이 클릭되었을 때 특정 동작을 수행할 수 있음
- 하나의 JButton을 기본 버튼으로 설정할 수 있으며, 사용자가 Enter 키를 눌렀을 때 자동으로 동작함
- 버튼 위에 마우스를 올리면 툴 팁 (tool tip)을 통해 추가 정보를 제공할 수 있음
- setEnabled() 메서드를 사용하여 버튼을 활성화하거나 비활성화할 수 있음

JRadioButton은 단일 선택 옵션을 제공하는 버튼이며, 여러 JRadioButton을 그룹화하여, 사용자가 그 중에서 하나만 선택할 수 있도록 한다. 일반적인 라디오 버튼처럼 동작하며, 선택된 옵션은 배타적이며, 여러 개의 JRadioButton을 그룹으로 묶을 때는 ButtonGroup 클래스를 사용하여 단일 선택을 강제할 수 있다.

JRadioButton의 주요 기능은 다음과 같다:

- 여러 개의 JRadioButton을 ButtonGroup에 추가하면, 사용자는 그 중 하나만 선택할 수 있음
- isSelected() 메서드를 사용해 특정 JRadioButton이 선택되었는지 여부를 확인할 수 있음
- ActionListener를 통해 라디오 버튼이 선택되었을 때의 동작을 정의할 수 있음
- JRadioButton도 텍스트와 이미지를 함께 표시할 수 있으며, 아이콘과 텍스트의 위치를 조정할 수 있음

(3) JCheckBox

JCheckBox는 체크 가능한 박스를 제공하는 Swing 컴포넌트로, 사용자가 다중 선택을 할 수 있도록 하는 UI 요소이며, 사용자는 체크 또는 체크 해제를 통해 여러 항목을 선택하

거나 선택 해제할 수 있다. JCheckBox는 기본적으로 독립적으로 작동하지만, 그룹화하여 여러 옵션을 제공할 수도 있다. JCheckBox는 이중 상태(선택됨/선택되지 않음)를 가지며, 선택 상태가 변할 때 이벤트가 발생한다.

JCheckBox의 주요 특징은 다음과 같다:

- 여러 개의 JCheckBox가 함께 있어도, 사용자는 원하는 만큼의 체크박스를 선택 가능
- ItemListener 또는 ActionListener를 사용하여 체크박스의 선택 상태가 변경되었을 때 이벤트를 처리 가능
- JCheckBox는 텍스트와 이미지를 함께 보여줄 수 있으며, 텍스트와 아이콘의 상대적 위치를 지정 가능
- isSelected() 메서드를 사용해 현재 체크박스가 선택되어 있는지 확인할 수 있음
- 기본적으로 JCheckBox는 이중 상태 (선택/미선택)이지만, 별도로 설정하면 삼중 상태(불확정 상태)를 구현할 수도 있음

(4) JTextField, JTextArea

JTextField와 JTextArea는 Java Swing에서 텍스트를 입력받고 표시하는 컴포넌트로, 사용자가 입력할 수 있는 텍스트 필드를 제공하며, 둘 다 서로 다른 용도와 기능을 가지고 있다. JTextField는 단일 줄의 텍스트 입력을 위한 컴포넌트이고, JTextArea는 여러 줄의 텍스트를 입력하거나 표시할 수 있는 컴포넌트이다. 두 컴포넌트 모두 텍스트 입력 필드로서 자주 사용되며, 사용자의 입력을 받아 처리할 수 있다.

JTextField는 단일 줄의 텍스트를 입력할 수 있는 필드이며, 주로 사용자가 이름, 이메일 주소, 검색어 등의 간단한 텍스트를 입력할 수 있도록 하는 데 사용된다. 단일 줄의 텍스트 입력 필드이기 때문에 엔터키를 눌러도 줄바꿈이 되지 않으며, 일반적으로 한 줄의 텍스트만 입력할 수 있다.

JTextField의 주요 기능은 다음과 같다:

- 단일 줄의 텍스트를 입력받거나 표시할 수 있음
- 초기 크기를 설정할 수 있으며, 크기는 입력할 수 있는 문자의 수로 설정할 수 있음
- ActionListener를 통해 사용자가 텍스트 필드에서 엔터키를 누르거나 액션이 발생할 때 이벤트를 처리할 수 있음
- getText()와 setText() 메서드를 사용하여 필드의 텍스트를 가져오거나 설정할 수 있음
- JTextField는 기본적으로 포커스를 받으며, 사용자가 빠르게 텍스트를 입력할 수 있도록 관리됨

JTextArea는 여러 줄의 텍스트를 입력받거나 표시할 수 있는 컴포넌트이며, 주로 장문의 텍스트 입력이 필요한 곳에 사용된다. 사용자는 줄 바꿈을 포함한 여러 줄의 텍스트를 입력할 수 있으며, 텍스트 편집 기능도 제공된다. JTextArea는 기본적으로 스크롤 기능이 포함되어 있지 않지만, JScrollPane과 함께 사용하면 스크롤 가능한 영역을 만들 수 있다.

JTextArea의 주요 기능은 다음과 같다:

- 여러 줄의 텍스트를 입력할 수 있으며, 줄바꿈을 포함할 수 있음

- 텍스트의 특정 위치에 텍스트를 추가하거나 삭제할 수 있음
- 텍스트 가져오기 및 설정: JTextField와 마찬가지로 getText()와 setText() 메서드를 통해 텍스트를 가져오거나 설정할 수 있음
- setLineWrap() 메서드를 통해 텍스트가 자동으로 줄바꿈되도록 설정할 수 있음
- JScrollPane과 함께 사용하면, 텍스트가 화면 크기를 초과할 때 스크롤을 지원함

(5) JList

JList는 목록 형태의 여러 항목을 표시하는 Swing 컴포넌트로, 사용자가 하나 이상의 항목을 선택할 수 있도록 한다. JList에 포함되는 항목들은 문자열이나 기타 객체일 수 있으며, JList는 이 항목들을 수직 또는 수평으로 나열한다. JList는 사용자로부터 여러 개의 항목을 선택받거나, 목록에서 특정 항목을 선택하게 할 때 유용하게 사용할 수 있다.

JList의 주요 특징은 다음과 같다:

- JList는 단일 선택(하나의 항목만 선택 가능)과 다중 선택(여러 개의 항목 선택 가능)을 모두 지원함
- JList는 리스트 모델을 사용하여 항목들을 관리한다. DefaultListModel은 기본적으로 제공되는 리스트 모델이며, 이를 사용해 항목을 추가하거나 제거할 수 있음
- JList는 JScrollPane과 함께 사용해 스크롤 가능한 목록을 만들 수 있음. 이 기능은 목록의 항목이 화면을 넘을 정도로 많을 때 유용함
- JList는 렌더러를 사용해 항목의 시각적 표현을 커스터마이징할 수 있음. 예를 들어, 각 항목을 이미지와 텍스트로 구성할 수 있음
- JList는 항목 선택 이벤트를 처리하기 위해 ListSelectionListener를 사용할 수 있음

JList를 사용하는 사례로는 다음과 같은 응용 예가 있다:

- 파일 목록: 파일 탐색기에서 파일 목록을 나열할 때 JList를 사용
- 선택 리스트: 여러 옵션 중 하나 또는 여러 개의 항목을 선택하게 할 때 사용
- 데이터 시각화: 데이타베이스에서 가져온 데이터를 나열하는 데 사용되며, 사용자가 원하는 항목을 선택할 수 있음

(6) JComboBox

JComboBox는 드롭다운 목록을 제공하는 Java Swing 컴포넌트로, 사용자가 목록에서 하나의 항목을 선택할 수 있도록 하는 UI 요소이다. JComboBox는 선택 상자라고도 불리며, 여러 항목 중에서 사용자가 하나를 선택할 수 있는 드롭다운 메뉴를 제공한다. 기본적으로 단일 선택만 가능하며, 사용자는 목록에서 항목을 선택하면 그 항목이 JComboBox의 표시 영역에 나타난다.

JComboBox의 주요 특징은 다음과 같다:

- 단일 선택 목록: JComboBox는 드롭다운 리스트를 제공하며, 사용자가 그중 하나의 항목을 선택할 수 있음
- 편집 가능 모드: JComboBox는 편집 가능 모드로 설정할 수 있어, 사용자가 드롭다운 목록에 없는 새로운 값을 직접 입력할 수 있음
- 모델 기반: JComboBox는 리스트 모델을 사용해 항목을 관리할 수 있다. 항목은

배열이나 DefaultComboBoxModel 등을 사용해 설정할 수 있음
- 이벤트 처리: ActionListener를 통해 사용자가 항목을 선택했을 때 이벤트를 처리할 수 있음
- 커스터마이징 가능: JComboBox는 렌더러를 사용하여 항목의 시각적 표현을 커스터마이징할 수 있음. 예를 들어, 각 항목에 텍스트와 이미지를 함께 표시할 수 있음

JComboBox는 다음과 같은 응용 분야에 효율적으로 사용될 수 있다:
- 설정 선택: 사용자가 여러 옵션 중 하나를 선택해야 할 때, 예를 들어 폼에서 국가를 선택하거나 애플리케이션의 설정 옵션을 제공할 때 유용하게 사용될 수 있음
- 검색 필터: JComboBox는 검색 옵션을 제공하거나 데이터 필터링을 위한 간단한 사용자 인터페이스를 만드는 데 자주 사용됨
- 폼 입력: 드롭다운 메뉴로 여러 항목 중 하나를 선택하는 폼 필드에서 자주 사용됨

(7) JSlider

JSlider는 슬라이드 바를 제공하는 Java Swing 컴포넌트로, 사용자가 범위 내에서 값을 조정할 수 있도록 하는 UI 요소이다. 사용자는 슬라이더의 핸들을 드래그하여 특정 값을 선택할 수 있으며, 값은 주어진 최소값과 최대값 사이에서 선택된다. JSlider는 수평 또는 수직 방향으로 사용할 수 있으며, 슬라이더의 값은 정수로 처리된다.

JSlider의 주요 특징은 다음과 같다:
- 범위 지정: 최소값, 최대값, 초기값을 설정할 수 있으며, 사용자가 이 범위 내에서 값을 조정할 수 있음
- 수평/수직 방향: 슬라이더는 수평 또는 수직 방향으로 설정할 수 있음
- 틱 표시: 값을 시각적으로 나타내기 위해 주요 틱(mark) 및 부 틱(minor tick)을 표시할 수 있음. 이로써 사용자에게 슬라이더의 값을 더 쉽게 조정할 수 있도록 도와줌
- 라벨 표시: 슬라이더의 특정 위치에 라벨을 표시할 수 있음. 예를 들어, 시작과 끝 또는 중간 값에 라벨을 표시해 사용자에게 슬라이더의 의미를 더 명확하게 할 수 있음
- 이벤트 처리: ChangeListener를 통해 슬라이더의 값이 변경될 때 이벤트를 처리할 수 있음

JSlider는 다음 분야에서 매우 효율적으로 사용할 수 있으며, 사용자 인터페이스 기능을 향상시킬 수 있다:
- 볼륨 조절: 미디어 플레이어에서 볼륨 크기를 조절할 때 JSlider를 사용하여 값의 크기를 조정
- 밝기 조절: 화면의 밝기나 조명의 밝기를 슬라이더로 조정
- 폼 입력: 폼에서 사용자가 특정 범위 내에서 값을 선택하도록 하는 입력 필드로 사용될 수 있음

10.2.5 Java Swing Component 기반 GUI 프로그래밍 예제

그림 10.4는 Java Swing Component인 JSlider와 fillOval()을 사용하는 GUI 프로그래밍 예제를 보여준다.

```
1 : /* Kotlin - JSlider */
2 : import java.awt.Color
3 : import java.awt.Graphics
4 : import java.awt.GridLayout
5 : import javax.swing.JFrame
6 : import javax.swing.JLabel
7 : import javax.swing.JPanel
8 : import javax.swing.JSlider
9 : import javax.swing.event.ChangeEvent
10 : import javax.swing.event.ChangeListener
11 :
12 : class App_Swing_JSlider internal constructor() : JFrame() {
13 :     var colorLabel: JLabel
14 :     var drawPanel: DrawPanel
15 :     var sl = arrayOfNulls<JSlider>(3)
16 :
17 :     init {
18 :         setTitle("Example of JSlider and ChangeEvent")
19 :         setDefaultCloseOperation(EXIT_ON_CLOSE)
20 :         setLayout(GridLayout(5, 1))
21 :         colorLabel = JLabel("Example of slider")
22 :         for (i in sl.indices) {
23 :             sl[i] = JSlider(JSlider.HORIZONTAL, 0, 255, 128)
24 :             sl[i]!!.setPaintLabels(true)
25 :             sl[i]!!.setPaintTicks(true)
26 :             sl[i]!!.setPaintTrack(true)
27 :             sl[i]!!.setMajorTickSpacing(50)
28 :             sl[i]!!.setMinorTickSpacing(10)
29 :             sl[i]!!.addChangeListener(ChangeSliderListener())
30 :             //contentPane.add(sl[i])
31 :             add(sl[i])
32 :         }
33 :         sl[0]!!.setForeground(Color.RED)
34 :         sl[1]!!.setForeground(Color.GREEN)
35 :         sl[2]!!.setForeground(Color.BLUE)
36 :         val r = sl[0]!!.value
37 :         val g = sl[1]!!.value
38 :         val b = sl[2]!!.value
39 :         //colorLabel.setBackground(new Color(r, g, b));
40 :
41 :         drawPanel = DrawPanel()
42 :         drawPanel.setSize(200, 300)
43 :         drawPanel.setBackground(Color(r, g, b))
44 :         contentPane.add(drawPanel)
45 :         setSize(300, 600)
46 :         isVisible = true
47 :     }
```

그림 10.4 Java Swing의 JSlider를 사용하여 색상을 제어하는 Kotlin 프로그램 예제 (part 1)

그림 10.4 line 15에서 JSlider 3개의 배열 sl을 데이터 멤버로 생성하고, line 22~32의 for 반복문에서 수평 JSlider 속성들을 설정하고 있다. JSlider의 세부적인 속성으로 tick의 표시와 간격을 설정하여 그림 10.5에서 보는 것과 같이 red, green, blue 색상의 3개 슬라이드에 0~250의 값이 표시된 큰 눈금 표시와 10단위의 작은 눈금 표시이 나타나게 한다. Line 29에는 슬라이드에 변경이 발생할 때 ChangeSliderListener() 이벤트 처리 함수를 호출하여 변경된 RGB 색상을 drawPanel의 배경색으로 적용한다.

Line 41~46에서는 line 59~66에서 구현한 inner class DrawPanel() 인스턴스 drawPanel을 생성하고, 내부에 노란색 타원(oval)을 그린다. 그림 10.4 Kotlin 프로그램을 실행하고, RGB 색상의 슬라이드를 움직이면 변경된 RGB 색상이 JPanel의 배경색으로 재 설정되는 것을 확인할 수 있다.

```

    internal inner class ChangeSliderListener : ChangeListener {
        override fun stateChanged(e: ChangeEvent) {
            val r = sl[0]!!.value
            val g = sl[1]!!.value
            val b = sl[2]!!.value
            colorLabel.setBackground(Color(r, g, b))
            drawPanel.setBackground(Color(r, g, b))
        }
    }

    inner class DrawPanel : JPanel() {
        public override fun paintComponent(g: Graphics) {
            super.paintComponent(g)
            g.color = Color.YELLOW
            //g.drawOval(50,  50,  200,  200);
            g.fillOval(10, 10, 250, 90)
        }
    }
}

fun main() {
    App_Swing_JSlider()
}
```

그림 10.4 Java Swing의 JSlider를 사용하여 색상을 제어하는 Kotlin 프로그램 예제 (part 2)

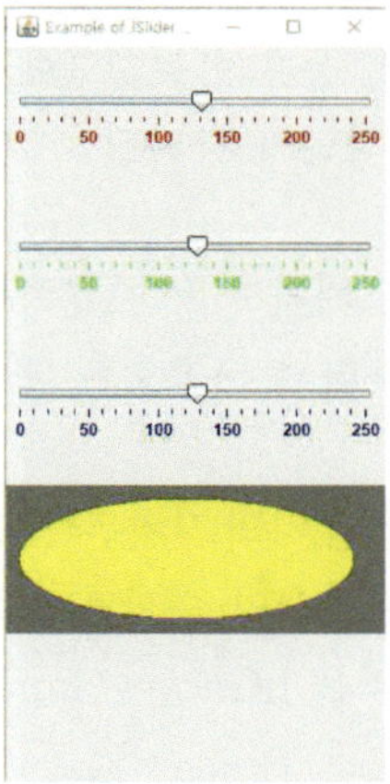

그림 10.5 Java Swing의 JSlider를 사용하여 색상을 제어하는 Kotlin 프로그램 실행결과

10.2.6 배치관리자 (Layout Manager)

Java Swing Container에 다양한 GUI 컴포넌트를 배치할 때 사용할 수 있는 배치관리자 (layout manager)는 컴포넌트들의 위치와 크기를 자동으로 관리하는 기능을 수행하는 클래스이다. 배치관리자는 컴포넌트가 포함된 컨테이너 (JFrame, JPanel 등) 공간 내에서 어떻게 배치되고, 크기가 조정되는지를 결정한다. Java Swing에서 배치관리를 수동으로 하기보다는 배치관리자를 사용하여 컴포넌트들을 배치할 때 창의 크기나 다양한 화면 해상도에서도 UI가 적절하게 보이도록 관리할 수 있다. 각 배치 관리자는 지정된 규칙에 따라 컴포넌트들을 배치하고 조정한다.

표 10.5에서 설명하는 BorderLayout, FlowLayout, GridLayout, CardLayout이 있다.

표 10.5 Java Swing 배치 관리자

배치관리자	설명
BorderLayout	container의 공간을 동(EAST), 서(WEST), 남(SOUTH), 북(NORTH), 중앙(CENTER)의 5개의 영역으로 나누고 응용 프로그램에서 지정한 영역에 컴포넌트를 배치 컴포넌트의 크기는 화면에 적당히 출력될 수 있는 크기로 설정함
FlowLayout	container에 컴포넌트가 들어오면 왼쪽에서 오른쪽으로 배치하며, 오른쪽에 더 이상 배치할 공간이 없으면 아래 다음 줄로 내려와서 다시 왼쪽에서 오른쪽으로 배치함 컴포넌트의 크기는 화면에 적당히 출력될 수 있는 크기로 설정함
GridLayout	컨테이너의 공간을 응용 프로그램에서 설정한 동일한 크기의 2차원 grid로 나누고, 컴포넌트를 들어오는 순서대로 좌에서 우로, 다시 위에서 아래의 순서로 배치함 컴포넌트의 크기는 셀의 크기와 일치시킴 GridLayout(int rows, int cols) GridLayout(int rows, int cols, int hGap, int vGap)
CardLayout	컨테이너의 공간에 카드를 쌓아 놓는 것과 같이 컴포넌트를 포개어 배치함 컴포넌트의 크기는 컨테이너의 크기와 일치시킴

Java Swing의 BorderLayout은 컨테이너 공간을 동(EAST), 서(WEST), 남(SOUTH), 북(NORTH) 및 중앙(CENTER)의 5개 영역으로 나누고, 응용 프로그램에서 지정한 영역에 컴포넌트를 배치하도록 한다. 컴포넌트의 크기는 화면에 적당히 출력될 수 있는 크기로 설정된다.

FlowLayout은 컨테이너에 추가될 때 왼쪽에서 오른쪽으로 차례대로 배치하며, 오른쪽에 더 이상 배치할 공간이 없으면 아래 다음 줄로 내려와서 다시 왼쪽으로부터 오른쪽으로 배치하여 준다.

GridLayout은 컨테이너의 공간을 응용 프로그램에서 설정한 동일한 크기의 2차원 그리드로 분할하고, 컴포넌트를 들어오는 순서대로 좌에서 우로, 다시 위에서 아래의 순서로 배치한다. 컴포넌트의 크기는 셀의 크기와 일치시킨다. 셀의 수평과 수직 간격을 hGap, vGap으로 설정할 수 있다.

CardLayout은 컨테이너 공간에 카드를 쌓아 놓는것과 같이 컴포넌트를 포개어 배치하여 준다.

그림 10.6은 Java Swing의 배치관리자 GridLayout 클래스를 사용하는 예를 보여준다. Line 13에서 GridLayout(4, 2) 클래스 인스탄스를 생성하며, 이는 4×2 크기의 2차원 그리드에 차례로 컴포넌트들을 배치한다. Line 14의 vgap은 그리드 배치에서 각 행간의 수직 간격을 설정한다. Line 16~23에서는 차례로 Label, TextField가 배치되며, 학생의 이름 (name), 학번 (St_ID), 학과(Dept), 교과목(Course)의 label과 해당 항목의 데이터를 그림 10.7에서 보는 것과 같이 GUI로 출력하여 준다.

```
/* Kotlin Graphics - JFrame, GridLayout, Labeled Input */
import java.awt.GridLayout
import javax.swing.JFrame
import javax.swing.JLabel
import javax.swing.JTextField


class JFrame_withGridLayout() : JFrame() {
    init {
        setTitle("JFrame_GridLayoutExample")
        setDefaultCloseOperation(JFrame.EXIT_ON_CLOSE)
        setSize(300, 200)
        val grid = GridLayout(4, 2)
        grid.vgap = 5
        setLayout(grid)
        add(JLabel("Name"))
        add(JTextField(""))
        add(JLabel("St_ID"))
        add(JTextField(""))
        add(JLabel("Dept"))
        add(JTextField(""))
        add(JLabel("Course"))
        add(JTextField(""))
        setVisible(true)
    }
}

fun main() {
    JFrame_withGridLayout()
}
```

그림 10.6 Java Swing 배치관리자 시험 Kotlin 프로그램 예제

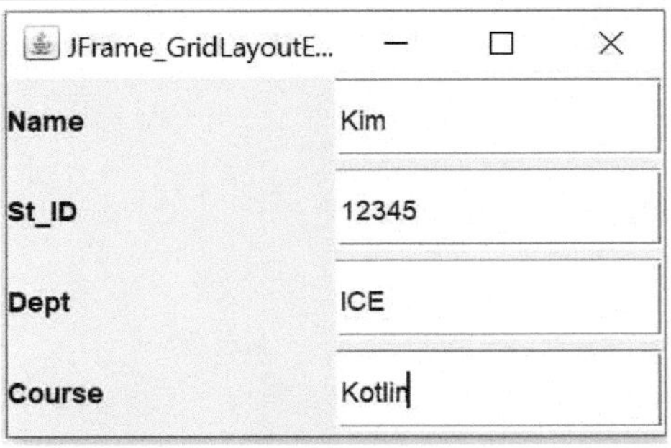

그림 10.7 Java Swing 배치관리자 시험 Kotlin 프로그램 예제 실행결과

10.2.7 Java Swing class Graphics 및 Graphics2D 기반의 도형 그리기

(1) Java Swing JFrame, JPanel, Graphics 기반 기본 도형 그리기

Java Swing의 JPanel에서 제공되는 도형 그리기 함수는 기본적으로 Graphics 클래스를 사용하여 구현할 수 있으며, Kotlin에서도 이 Graphics 객체를 활용해 도형을 그릴 수 있다. Graphics 객체는 다양한 메서드를 제공하며, 이를 사용하여 다양한 도형을 그릴 수 있다. JPanel의 paintComponent 메서드를 재정의한 후, Graphics 객체를 활용하여 도형을 그리게 된다.

그림 10.8은 Java Swing의 Panel에 다양한 도형을 그리는 Kotlin 프로그램 예제를 보여준다. Line 9~38에서 구현된 class JavaGraphics는 JFrame 클래스를 상속받아 생성되며, 인수로 전달된 fr_width와 fr_height를 데이터 멤버로 설정한다.

```
 1 : /* Kotlin Graphic Drawing Shapes */
 2 :
 3 : import java.awt.BorderLayout
 4 : import java.awt.Color
 5 : import java.awt.Graphics
 6 : import javax.swing.JFrame
 7 : import javax.swing.JPanel
 8 :
 9 : class JavaGraphics (val fr_width : Int, val fr_height : Int) : JFrame() {
10 :     init { // constructor
11 :         setTitle("Testing JavaGraphics")
12 :         setDefaultCloseOperation(EXIT_ON_CLOSE)
13 :         val panel: MyPanel = MyPanel()
14 :         add(panel, BorderLayout.CENTER)
15 :         setSize(fr_width, fr_height)
16 :         isVisible = true
17 :     }
18 :
19 :     internal inner class MyPanel : JPanel() {
20 :         public override fun paintComponent(g: Graphics) {
21 :             super.paintComponent(g)
22 :             g.color = Color.RED
23 :             g.fillRect(10, 10, 100, 50)
24 :             g.color = Color.BLUE
25 :             g.fillOval(10, 70, 100, 50)
26 :             g.color = Color.GREEN
27 :             g.fillRoundRect(10, 130, 100, 50, 20, 20)
28 :             g.color = Color.MAGENTA
29 :             g.fillArc(150, 70, 100, 50, 0, 270)
30 :             g.color = Color.ORANGE
31 :             val x = intArrayOf(200, 150, 200, 250)
32 :             val y = intArrayOf(10, 35, 60, 35)
33 :             g.fillPolygon(x, y, 4)
34 :             g.color = Color.RED
35 :             g.drawLine(150, 130, 250, 180)
36 :         }
37 :     } // end inner class MyPanel
38 : } // end class JavaGraphics
39 :
40 : fun main() {
41 :     JavaGraphics(300, 240)
42 : }
```

그림 10.8 Java Swing class Graphics 기반 기본 도형 그리기

그림 10.8 line 10~17에서 구현된 주생성자 init{} 코드 블록에서는 프레임의 제목을 설정하고, 그 프레임 내부에 inner class로 구현된 class MyPanel 인스탄스를 생성하여, panel을 프레임에 Borderlayout.CENTER로 배치시킨다. Line 19~37의 inner class MyPanel은 JPanel을 상속받아 생성되며, JPanel에 전달되는 인수 g (class Graphics 인스탄스)의 다양한 도형그리기 멤버 함수를 사용하여 직사각형 (rectangle), 타원(oval), 둥근 모서리 사각형 (round rectangle), 다각형 (polygon), 원호(arc) 및 직선 (line) 그리기의 예제를 보여 준다.

Java class Graphics가 제공하는 도형그리기 함수는 표 10.6에서 예시 코드와 함께 정리하였다.

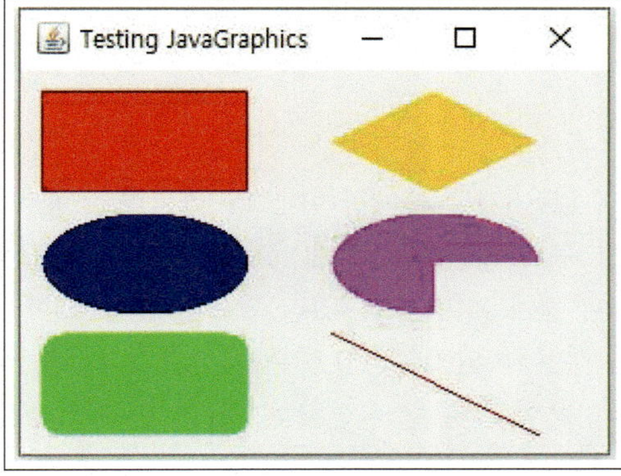

그림 10.8 실행결과

표 10.6 Java class Graphics 제공 도형 그리기 함수

함수 이름	설명	예시 코드 (Kotlin)
drawLine(x1: Int, y1: Int, x2: Int, y2: Int)	지정한 두 점 (x1, y1)에서 (x2, y2)까지 선을 그림	g.drawLine(10, 10, 100, 100)
drawRect(x: Int, y: Int, width: Int, height: Int)	지정한 위치와 크기로 사각형을 그리며, 내부는 채워지지 않음	g.drawRect(20, 20, 150, 100)
fillRect(x: Int, y: Int, width: Int, height: Int)	지정한 위치와 크기로 내부가 채워진 사각형을 그림	g.fillRect(20, 20, 150, 100)
drawOval(x: Int, y: Int, width: Int, height: Int)	지정한 사각형 내부에 맞는 타원을 그리며, 내부는 채워지지 않음	g.drawOval(50, 50, 100, 150)
fillOval(x: Int, y: Int, width: Int, height: Int)	지정한 사각형 내부에 맞는 내부가 채워진 타원을 그림	g.fillOval(50, 50, 100, 150)
drawRoundRect(x: Int, y: Int, width: Int, height: Int, arcWidth: Int, arcHeight: Int)	모서리가 둥근 사각형을 그림	g.drawRoundRect(30, 30, 120, 80, 20, 20)
fillRoundRect(x: Int, y: Int, width: Int, height: Int, arcWidth: Int, arcHeight: Int)	모서리가 둥근 내부가 채워진 사각형을 그림	g.fillRoundRect(30, 30, 120, 80, 20, 20)
drawArc(x: Int, y: Int, width: Int, height: Int, startAngle: Int, arcAngle: Int)	지정한 각도로 원호를 그림	g.drawArc(50, 50, 100, 100, 0, 90)
fillArc(x: Int, y: Int, width: Int, height: Int, startAngle: Int, arcAngle: Int)	지정한 각도로 내부가 채워진 원호를 그림	g.fillArc(50, 50, 100, 100, 0, 90)
drawPolygon(xPoints: IntArray, yPoints:	여러 개의 점을 연결하여 다각형을 그림	g.drawPolygon(intArrayOf(30, 40, 50), intArrayOf(50, 60, 50),

함수 이름	설명	예시 코드 (Kotlin)
IntArray, nPoints: Int)		3)
fillPolygon(xPoints: IntArray, yPoints: IntArray, nPoints: Int)	내부가 채워진 다각형을 그림	g.fillPolygon(intArrayOf(30, 40, 50), intArrayOf(50, 60, 50), 3)
drawString(str: String, x: Int, y: Int)	지정한 위치에 텍스트를 그림	g.drawString("Hello, Kotlin!", 100, 100)

(2) Java Swing Graphics2D

Graphics2D는 Graphics의 확장 클래스로 더 많은 기능을 제공하며, 더 정교한 도형, 텍스트, 트랜스 폼 등의 2차원 (2D) 그래픽을 그릴 수 있게 한다. 표 10.7은 Graphics2D에서 제공하는 도형 그리기 함수들을 예시코드와 함께 설명하고 있다. Graphics2D에는 setStroke() 메서드를 사용하여 그리기 작업에 사용할 외곽선(펜)의 두께 및 스타일을 설정할 수 있고, setFont()를 사용하여 그리기에 사용할 글꼴을 설정할 수 있는 함수들이 포함되어 있다.

표 10.7 Java class Graphics2D 제공 도형 그리기 함수

함수 이름	설명	예시 코드 (Kotlin)
draw(shape: Shape)	Shape객체를 외곽선으로 그림	g2.draw(Rectangle2D.Double(50.0, 50.0, 100.0, 100.0))
fill(shape: Shape)	Shape객체를 채워서 그림	g2.fill(Rectangle2D.Double(50.0, 50.0, 100.0, 100.0))
setPaint(paint: Paint)	그리기 작업에 사용할 페인트 설정	g2.setPaint(Color.RED)
setStroke(stroke: Stroke)	그리기 작업에 사용할 외곽선(펜)의 두께 및 스타일 설정	g2.setStroke(BasicStroke(5.0f))
translate(tx: Double, ty: Double)	좌표계를 (tx, ty)만큼 이동시킴	g2.translate(50.0, 50.0)
rotate(theta: Double)	좌표계를 theta만큼 회전시킴	g2.rotate(Math.PI / 4)
scale(sx: Double, sy: Double)	좌표계를 sx, sy비율로 확대/축소시킴	g2.scale(1.5, 1.5)
setRenderingHint(hintKey: RenderingHints.Key, hintValue: Any)	렌더링 힌트를 설정하여 그래픽의 품질을 제어함	g2.setRenderingHint(RenderingHints.KEY_ANTIALIASING, RenderingHints.VALUE_ANTIALIAS_ON)
setTransform(tx: AffineTransform)	현재의 변환 행렬을 지정한 AffineTransform객체로 설정	g2.setTransform(AffineTransform.getRotateInstance(Math.PI / 4))
getTransform(): AffineTransform	현재 좌표 변환 행렬을 반환.	val transform = g2.getTransform()
drawImage(img: Image, xform: AffineTransform, obs: ImageObserver?)	변환된 좌표계에서 이미지를 그림	g2.drawImage(image, AffineTransform.getScaleInstance(1.5, 1.5), null)
setComposite(comp: Composite)	두 가지 이미지나 색을 결합하는 방식을 설정함	g2.setComposite(AlphaComposite.getInstance(AlphaComposite.SRC_OVER, 0.5f))
setFont(font: Font)	그리기에 사용할 글꼴을 설정함	g2.setFont(Font("Serif",

함수 이름	설명	예시 코드 (Kotlin)
		Font.BOLD, 24))
drawString(str: String, x: Float, y: Float)	주어진 좌표에 문자열을 그림	g2.drawString("Hello, Kotlin!", 100f, 100f)
setBackground(color: Color)	배경색을 설정함	g2.setBackground(Color.LIGHT_GRAY)
clearRect(x: Int, y: Int, width: Int, height: Int)	지정된 직사각형 영역을 배경색으로 지움	g2.clearRect(0, 0, 400, 400)
shear(shx: Double, shy: Double)	주어진 비율로 좌표계를 기울임	g2.shear(0.5, 0.0)

(3) Graphics2D 기반의 다양한 도형 그리기

그림 10.9는 Graphics2D를 사용하여 원 (circle), 직사각형(rectangle), 별(star), 다각형 (polygon), 색상과 굵기가 다른 선 및 직사각형 등의 다양한 도형을 그리는 Kotlin 예제 프로그램을 보여준다. 각 도형은 JPanel() 클래스를 상속받는 도형 그리기 클래스로 각각 구현되며, 이를 main()에서 생성한 JFrame 인스턴스에 경계 (border)가 표시된 패널로 추가하는 구조로 배치한다.

```
1 :  /* Kotlin - Graphics2D Drawing Shapes */
2 :
3 :  import java.awt.*
4 :  import java.awt.geom.Line2D
5 :  import javax.swing.JFrame
6 :  import javax.swing.JPanel
7 :  import javax.swing.BorderFactory
8 :  import javax.swing.border.Border
9 :  import kotlin.math.cos
10 : import kotlin.math.sin
11 :
12 : class JPanel_Circle(var panel_width: Int, var panel_height: Int,
       var shape_name: String?,  var radius: Int, var color: Color) : JPanel() {
13 :     public override fun paintComponent(g: Graphics) {
14 :         val g2 = g as Graphics2D
15 :         g2.color = color
16 :         g2.stroke = stroke_10
17 :         val cx = panel_width / 2;           val cy = panel_height / 2
18 :         val p1x = cx - radius;            val p1y = cy - radius
19 :         val p2x = cx + radius;            val p2y = cy + radius
20 :         g2.drawOval(p1x, p1y, radius * 2, radius * 2)
21 :     }
22 :
23 :     companion object {
24 :         val stroke_10 = BasicStroke(10.0f)
25 :     }
26 : }
```

그림 10.9 Graphics2D 기반의 도형 그리기 (part 1) - class JPanel_CIrcle(), class JPanel_Polygon()

Line 3~10에서는 경계선을 그리기 위한 BorderFactory와 Border 라이브러리를 포함하여 Java Swing GUI 프로그래밍을 위한 라이브러리들을 포함시키도록 설정하고 있다.

Line 12~26에서는 원을 그리는 JPanel_Circle() 클래스를 정의하고 있으며, 인수로 JPanel의 가로, 세로, 원의 반지름과 색상을 전달받으며, 데이터 멤버로 설정한다. Line 12에서 paintingComponent(g) 오버라이딩 메서드에 전달된 Graphics 인스탄스 g를 Graphics2D 인스탄스로 사용할 수 있도록 하여 g2에 대입하고, companion object에서 선언한 stroke_10으로 선굵기를 선정한다. Line 17, 18에서 타원 (oval)의 가로 및 높이에 따른 외접 직사각형의 왼쪽 위 꼭지점 좌표와 오른쪽 아래 꼭지점 좌표를 설정한 후, line 19에서 drawOval() 메서드를 사용하여 타원을 그린다. 만약 타원의 장축과 단축의 거리가 동일하다면 원이 될 것이다.

그림 10.9 line 28~50에서는 다각형 (polygon)의 꼭지점 개수와 외접원의 반지름이 주어진 다각형을 그리는 JPanel 클래스 class JPanel_Polygon()을 구현하고 있다. class JPanel_Polygon()의 생성자에 전달되는 인수로는 JPanel의 크기 (가로, 세로)와 함께 다각형의 외접원 반지름 (radius), 꼭지점 개수 (num_vertex), 색상(color)이 있으며, 이들은 데이터 멤버로 설정된다. Line 34~44에서는 외접원 반지름과 다각형 꼭지점 개수에 따른 각도별 삼각함수 sin() 및 cos() 값으로 각 꼭지점의 좌표를 계산한 후, Graphics2D의 drawPolygon() 메서드를 사용하여 다각형을 그린다.

```
27 :
28 :  class JPanel_Polygon(var panel_width: Int, var panel_height: Int, var shape_name:
          String?, var radius: Int, var num_vertex: Int, var color: Color) : JPanel() {
29 :      public override fun paintComponent(g: Graphics) {
30 :          val g2 = g as Graphics2D
31 :          g2.setRenderingHint(RenderingHints.KEY_ANTIALIASING,
                  RenderingHints.VALUE_ANTIALIAS_ON)
32 :          g2.color = color
33 :          g2.stroke = stroke_10
34 :          var x: Double;          var y: Double
35 :          val cx = (panel_width / 2).toDouble();   val cy = (panel_height /
     2).toDouble()
36 :          var theta_rad = 0.0
37 :          val PI = 3.141592
38 :          val px = IntArray(num_vertex);      val py = IntArray(num_vertex)
39 :          for (i in 0 until num_vertex) {
40 :              theta_rad = 3.0 * PI / 2.0 + i * (2.0 * PI) / num_vertex
41 :              px[i] = (cx + radius * cos(theta_rad)).toInt()
42 :              py[i] = (cy + radius * sin(theta_rad)).toInt()
43 :          }
44 :          g2.drawPolygon(px, py, num_vertex)
45 :      }
46 :
47 :      companion object {
48 :          val stroke_10 = BasicStroke(10.0f)
49 :      }
50 :  }
```

그림 10.9 Graphics2D 기반의 도형 그리기 (part 2) - class JPanel_CIrcle(), class JPanel_Polygon()

그림 10.9 line 52~68에서는 직사각형 (rectangle)을 그리는 class JPanel_Rectangle()을 구현하고 있다. 생성자에 인수로 전달되는 직사각형의 가로

(width)와 세로 (length) 크기에 따라 왼쪽 상단 좌표 (p1x, p1y)와 오른쪽 하단 좌표 (p2x, p2y)를 패널의 중심점 기준으로 계산하여, Graphics2D drawRect() 메서드를 사용하여 직사각형을 그린다.

```
51 :
52 :  class JPanel_Rectangle(var panel_width: Int, var panel_height: Int, var
     shape_name:
          String?,  var rect_width: Int, var rect_length: Int, var color: Color ) : JPanel()
     {
53 :      public override fun paintComponent(g: Graphics) {
54 :          val g2 = g as Graphics2D
55 :          g2.setRenderingHint(RenderingHints.KEY_ANTIALIASING,
                      RenderingHints.VALUE_ANTIALIAS_ON)
56 :          g2.color = color
57 :          g2.stroke = stroke_10
58 :          println("Drawing a %s (width: %d, length: %d)".
                  format(shape_name, rect_width, rect_length))
59 :          val cx = panel_width / 2;         val cy = panel_height / 2
60 :          val p1x = cx - rect_width / 2;        val p1y = cy - rect_length / 2
61 :          val p2x = cx + rect_width / 2;          val p2y = cy + rect_length / 2
62 :          g2.drawRect(p1x, p1y, rect_width, rect_length)
63 :      }
64 :
65 :      companion object {
66 :          val stroke_10 = BasicStroke(10.0f)
67 :      }
68 :  }
```

그림 10.9 Graphics2D 기반의 도형 그리기 (part 3) - class JPanel_Circle(), class JPanel_Polygon()

그림 10.9 line 70~96에서는 외접원의 반지름과 색상이 주어진 별을 그리는 class JPanel_Star()를 구현하고 있다. 생성자의 인수로 전달된 외접원 반지름에 5개의 꼭지점 각도에 sin() 및 cos() 함수를 사용하여 별의 꼭지점 좌표를 계산한 후, 다각형 그리기와 유사한 구조로 구현된다. 다만, 꼭지점간의 선 연결에서 순서에 따라 연결되지 않고, p0->p2->p4->p1->p3->p0의 순서로 선을 연결하여 그림 10.10에서 보는 별의 모습을 그리도록 한다.

그림 10.9 line 98~118에서는 다양한 색상과 선굵기의 선을 Graphics2D의 draw() 메서드를 사용하여 그리는 class JPanel_DrawLines()를 구현하고 있다. Graphics2D에서 선굵기는 BasicStroke()로 설정된 값을 setStroke() 메서드로 설정하며, 색상은 setColor()를 사용하여 설정한다. 선을 그리는 것은 draw() 메서드를 사용하며, 시작점의 x, y좌표와 끝점의 x, y좌표를 설정하여 선을 그린다. 그림 10.10에서 다양한 선의 종류(굵기 및 색상)를 확인할 수 있다.

그림 10.9 line 98~118의 class JPanel_Rectangles()에서는 다양한 색상과 선굵기의 사각형을 그린다. 사각형의 색상은 setColor()메서드로 설정하며, 선굵기는 setStroke()로 설정하고, 사각형은 drawRect() 메서드에 왼쪽 상단 좌표와 오른쪽 하단 좌표를 설정하여 그린다.

```
69 :
70 :  class JPanel_Star(var panel_width: Int, var panel_height: Int, var shape_name: String?,
          var radius: Int, var color: Color) : JPanel() {
71 :      public override fun paintComponent(g: Graphics) {
72 :          val g2 = g as Graphics2D
73 :          var x: Double;          var y: Double
74 :          val cx = (panel_width/2).toDouble();    val cy = (panel_height/2).toDouble()
75 :          var theta_rad = 0.0
76 :          val PI = 3.141592
77 :          val px = IntArray(5);    val py = IntArray(5)
78 :          for (i in 0..4) {
79 :              theta_rad = 3.0 * PI / 2.0 + i * (2.0 * PI) / 5.0
80 :              px[i] = (cx + radius * cos(theta_rad)).toInt()
81 :              py[i] = (cy + radius * sin(theta_rad)).toInt()
82 :          }
83 :          g2.stroke = BasicStroke(5f)
84 :          g2.color = color
85 :          println("Drawing a %s (radius: %d)".format(shape_name, radius))
86 :          g2.drawLine(px[0], py[0], px[2], py[2])
87 :          g2.drawLine(px[2], py[2], px[4], py[4])
88 :          g2.drawLine(px[4], py[4], px[1], py[1])
89 :          g2.drawLine(px[1], py[1], px[3], py[3])
90 :          g2.drawLine(px[3], py[3], px[0], py[0])
91 :      }
92 :
93 :      companion object {
94 :          val stroke_10 = BasicStroke(10.0f)
95 :      }
96 :  }
97 :
98 :  class JPanel_Rectangles(var panel_width: Int, var panel_height: Int,
         var shape_name: String?) : JPanel() {
99 :      companion object {
100 :          val stroke_02 : BasicStroke = BasicStroke(2.0f);
101 :          val stroke_10 : BasicStroke  = BasicStroke(10.0f);
102 :          val stroke_20 : BasicStroke  = BasicStroke(20.0f);
103 :          val stroke_30 : BasicStroke  = BasicStroke(30.0f);
104 :      }
105 :      override fun paintComponent(g : Graphics) {
106 :          var g2 : Graphics2D = g as Graphics2D
107 :          g2.setRenderingHint(RenderingHints.KEY_ANTIALIASING,
                  RenderingHints.VALUE_ANTIALIAS_ON);
108 :          println("Drawing %s".format(shape_name))
109 :          g2.setColor(Color.RED);          g2.setStroke(stroke_02);
110 :          g2.drawRect(50, 50, 80, 50);
111 :          g2.setColor(Color.GREEN);          g2.setStroke(stroke_10);
112 :          g2.drawRect(200, 50, 80, 50);
113 :          g2.setColor(Color.BLUE);          g2.setStroke(stroke_20);
114 :          g2.drawRect(50, 175, 80, 50);
115 :          g2.setColor(Color.ORANGE);          g2.setStroke(stroke_30);
116 :          g2.drawRect(200, 175, 80, 50);
117 :      } //  end paintComponent()
118 :  }
```

그림 10.9 Graphics2D 기반의 도형 그리기 (part 4) - class JPanel_Rectangle(), JPanel_Star()

그림 10.9 line 120~157의 main() 함수에서는 JFrame() 생성과 다양한 도형 그리기의 JPanel 클래스 인스탄스들 (ipanel_circle, jpanel_rect, jpanel_star, ipanel_polygon, jpanel_lines, jpanel_rectangles)을 생성하고, 각각 제목이 달린 Border를 BorderFactor.createTitledBorder()로 구성하며, 각 도형별 JPanel 인스탄스의 테두리로 설정하고, 이들을 jframe의 contentPane에 추가한다. jframe의 isVisible

속성을 true로 함으로써 화면에 표시되게 한다.

그림 10.10의 각 도형 마다 panel 주변에 제목들이 달린 board가 구성되어 있는 것을 확인할 수 있다.

```

fun main() {
    val jframe = JFrame("Graphics2D Drawing Shapes")
    jframe.setSize(950, 550)
    jframe.setLocation(50, 50) // location_x, location_y
    val contentPane = jframe.contentPane
    contentPane.setLayout(GridLayout(2, 3))
    val jpanel_circle = JPanel_Circle(300, 250, "Black Circle", 100, Color.BLACK)
    jpanel_circle.setSize(300, 250)
    val border_jpCircle: Border =
        BorderFactory.createTitledBorder("Graphics2D_Circle")
    jpanel_circle.setBorder(border_jpCircle)
    contentPane.add(jpanel_circle)
    val jpanel_rect = JPanel_Rectangle(300, 250, "Red Rectangle", 200, 150,
      Color.RED)
    jpanel_rect.setSize(300, 250)
    val border_jpRect: Border =
        BorderFactory.createTitledBorder("Graphics2D_Rectangle")
    jpanel_rect.setBorder(border_jpRect)
    contentPane.add(jpanel_rect)
    val jpanel_star = JPanel_Star(300, 250, "Green Star", 100, Color.GREEN)
    jpanel_star.setSize(300, 250)
    val border_jpStar: Border =
     BorderFactory.createTitledBorder("Graphics2D_Star")
    jpanel_star.setBorder(border_jpStar)
    contentPane.add(jpanel_star)
    val jpanel_polygon = JPanel_Polygon(300, 250, "Blue Polygon", 80, 7,
      Color.BLUE)
    jpanel_polygon.setSize(300, 250)
    val border_jpPolygon: Border =
      BorderFactory.createTitledBorder("Graphics2D_Polygon")
    jpanel_polygon.setBorder(border_jpPolygon)
    contentPane.add(jpanel_polygon)
    val jpanel_lines = JPanel_DrawLines(300, 250, "Graphics2D lines")
    jpanel_lines.setSize(300, 250)
    val border_jpLines: Border =
     BorderFactory.createTitledBorder("Graphics2D_Lines")
    jpanel_lines.setBorder(border_jpLines)
    contentPane.add(jpanel_lines)
    val jpanel_rectangles = JPanel_Rectangles(300, 250, "Rectangles")
    jpanel_rectangles.setSize(300, 250)
    val border_jpRectangles: Border =
      BorderFactory.createTitledBorder("Graphics2D_Rectangles")
    jpanel_rectangles.setBorder(border_jpRectangles)
    contentPane.add(jpanel_rectangles)
    jframe.isVisible = true
}
```

그림 10.9 Graphics2D 기반의 도형 그리기 (part 5) - class JPanel_DrawLines(), class JPanel_Rectangles()

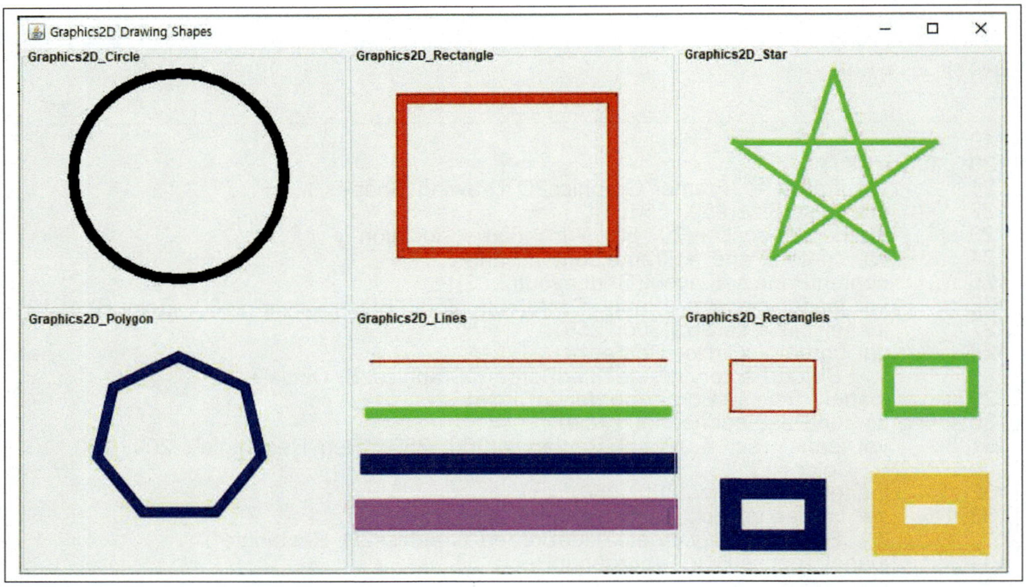

그림 10.10 JPanel 기반의 도형 그리기 실행결과

10.3 Kotlin/Java Swing Graphic GUI Event 처리

10.3.1 Kotlin/Java GUI 프로그래밍에서의 이벤트 처리

Kotlin과 Java의 GUI 프로그래밍에서 이벤트 핸들링은 사용자 상호작용을 처리하는 중요한 기능이다. Java AWT(abstract windowing toolkit)는 Kotlin과 Java의 GUI(그래픽 사용자 인터페이스) 이벤트 처리의 기본이 되며, Java AWT 이벤트 핸들링 방식에 대한 정확한 이해는 사용자가 GUI 컴포넌트와 상호작용할 때 발생하는 이벤트를 처리하는 방식을 정확하게 구현하기 위하여 반드시 필요하다.

올바른 이벤트 처리는 사용자 인터페이스의 반응성과 효율성을 높인다. 이벤트 핸들링을 통해 사용자와 애플리케이션 간의 상호작용을 매끄럽고 직관적으로 만들 수 있다. 이러한 기본적인 AWT 이벤트 핸들링 개념을 이해하고 활용함으로써, 더 복잡한 GUI 애플리케이션을 구축하고 사용자 상호작용을 효과적으로 처리할 수 있다.

(1) 이벤트(Event)와 이벤트 소스(Event Source)

이벤트 (Event)란 사용자의 행동이나 시스템 상태 변화로 인해 발생하는 객체이다. 예를 들어, 버튼 클릭, 키보드 입력, 마우스 이동 등이 이벤트가 될 수 있다.

이벤트 소스 (Event Source)란 이벤트를 발생시키는 컴포넌트이며, 버튼, 텍스트 필드, 체크박스 등이 이벤트 소스가 될 수 있다.

(2) 이벤트 리스너(Event Listener)

이벤트 리스너는 특정 이벤트가 발생했을 때 호출되는 메서드를 가진 객체이며, 이벤트 리스너를 통해 이벤트가 발생했을 때 수행할 작업을 정의할 수 있다. Java AWT에서 자주 사용되는 이벤트 리스너 인터페이스는 다음과 같다:

- ActionListener: 버튼 클릭, 메뉴 선택 등의 액션 이벤트를 처리
- MouseListener: 마우스 클릭, 더블 클릭, 마우스 진입 및 이탈 등을 처리
- KeyListener: 키보드 입력, 키 눌림, 키 해제 등을 처리
- WindowListener: 창의 열림, 닫힘, 아이콘화, 활성화 등과 관련된 이벤트를 처리
- FocusListener: 컴포넌트에 포커스가 가거나 떨어졌을 때의 이벤트를 처리

(3) 이벤트 리스너 등록

이벤트 리스너를 등록하려면 이벤트 소스에 해당 리스너를 추가해야 하며, 이는 addXxxListener 메서드를 통해 수행된다. 예를 들어, 버튼에 ActionListener를 등록하기 위해서는

```
val button = Button("Click Me")
button.setBounds(30, 50, 80, 30)
button.addActionListener { println("Button Clicked") }
```

과 같이 Button 컴포넌트에 ActionListener를 등록하여 버튼이 클릭될 때 "Button Clicked"라는 메시지를 출력하도록 설정하여야 한다.

(4) 이벤트 처리 메서드

이벤트 리스너가 특정 이벤트를 처리하기 위해서는 인터페이스의 메서드를 구현하여야 한다. 각 이벤트 리스너는 특정 이벤트에 대해 표 10.8에서 설명하고 있는 주요 메서드들을 제공한다.

표 10.8 AWT Event Listener 주요 메서드

이벤트 리스너	처리하는 이벤트	이벤트 리스너의 주요 메서드	설명
Action Listener	버튼 클릭, 메뉴 선택, 텍스트 필드 액션 등	fun actionPerformed(e: ActionEvent)	사용자의 액션을 처리 (예: 버튼 클릭, 메뉴 선택)
Mouse Listener	마우스 클릭, 더블 클릭, 마우스 진입/이탈 등	fun mouseClicked(e: MouseEvent)	마우스 이벤트를 처리 (예: 클릭, 더블 클릭, 진입/이탈)
		fun mousePressed(e: MouseEvent)	
		fun mouseReleased(e: MouseEvent)	
		fun mouseEntered(e: MouseEvent)	
		fun mouseExited(e: MouseEvent)	
Key Listener	키보드 입력, 키 눌림, 키 해제	fun keyTyped(e: KeyEvent)	키보드 입력 이벤트를 처리 (예: 키 눌림, 키 해제)
		fun keyPressed(e: KeyEvent)	
		fun keyReleased(e: KeyEvent)	
Window Listener	창 열기/닫기,	fun windowOpened(e: WindowEvent)	창의 상태 변화와 관련된

이벤트 리스너	처리하는 이벤트	이벤트 리스너의 주요 메서드	설명
	아이콘화/복원, 활성화/비활성화	fun windowClosing(e: WindowEvent)	이벤트를 처리
		fun windowClosed(e: WindowEvent)	
		fun windowIconified(e: WindowEvent)	
		fun windowDeiconified(e: WindowEvent)	
		fun windowActivated(e: WindowEvent)	
		fun windowDeactivated(e: WindowEvent)	
Focus Listener	컴포넌트 포커스 얻기/잃기	fun focusGained(e: FocusEvent)	포커스가 컴포넌트에 들어오거나 나갈 때의 이벤트를 처리
		fun focusLost(e: FocusEvent)	

(5) AWT 이벤트 모델

AWT 이벤트 모델은 이벤트를 발생시키고 처리하는 구조이며, 다음과 같은 기능을 수행한다:

- 이벤트 발생: 이벤트 소스에서 이벤트가 발생
- 이벤트 전파: 발생한 이벤트는 해당 소스에 등록된 이벤트 리스너로 전달
- 이벤트 처리: 리스너는 전달된 이벤트를 처리하고 필요한 작업을 수행

10.3.2 Java AWT Event Handling 관련 클래스

Java AWT Event Handling에 관련된 클래스는 그림 10.11에서 보는 것과 같다. AWT 이벤트 핸들링의 모든 클래스는 AWTEvent 클래스로부터 상속받아 구현된다. 각 이벤트 객체의 이벤트 소스와 관련 메서드는 표 10.9에서 설명하고 있다.

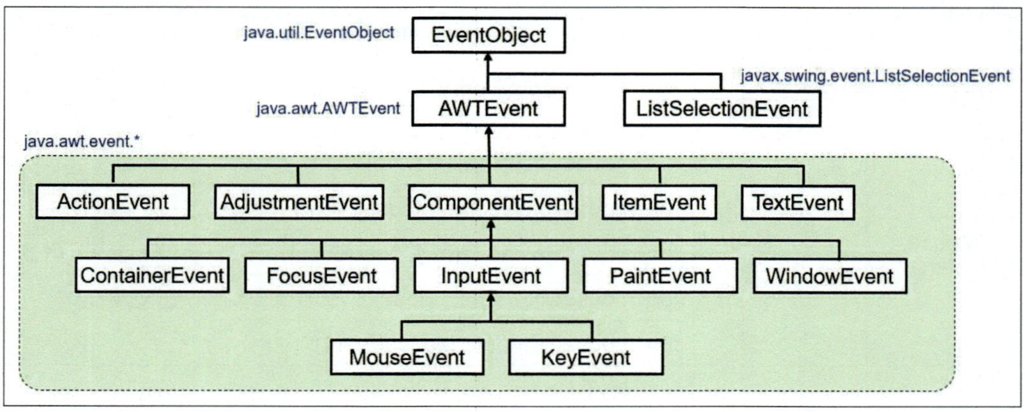

그림 10.11 Java Event 처리 - java.awt.event.*

표 10.9 Event Object와 Event Source, 관련 Method

Event Object	Event Source	이벤트 발생 상황
Action Event	JButton	마우스나 <Enter> key로 버튼이 선택될 때
	JMenuItem	메뉴 아이템이 선택될 때
	JTextField	텍스트 입력 중 <Enter> key가 눌려질 때
Item Event	JCheckBox	Check box가 선택 또는 해제 될 때
	JRadioButton	Radio button이 선택 또는 해제 될 때
	JCheckBoxMenuItem	Check box menu item이 선택 또는 해제 될 때
ListSelection Event	JList	리스트의 선택된 item이 변경될 때
KeyEvent	Component	key 가 눌려지거나 눌려진 key가 떨어 질 때
Mouse Event	Component	마우스 버튼이 눌려질때, 떨어질때, 클릭될 때
		마우스가 component에 들어가거나 나올 때
		마우스가 드래그 되거나, 움직일 때
Focus Event	Component	컴포넌트가 focused 또는 de-focused 될 때
Text Event	TextField, TextArea	텍스트 필드와 텍스트 영역에 텍스트가 입력 또는 변경될 때
Window Event	Window	Window를 상속받는 모든 컴포넌트에 대해 윈도우 활성화, 비활성화, 아이콘화, 아이콘에서 복구, 윈도우 열기/닫기, 원도우 종료
Adjustment Event	JScrollBar	스크롤 바를 움직일 때
Component Event	Component	컴포넌트가 사라지거나, 나타나거나, 이동 또는 크기가 변경될 때
Container Event	Container	Container에 컴포넌트가 추가 혹은 삭제 될 때

표 10.10은 이벤트 리스너 인터페이스별와 관련 주요 메서드를 설명하고 있다.

표 10.10 Event Listener Interface

Event Listener Interface	Listener Abstract Method	Event 발생 상황
Action Listener	void actionPerformed(ActionEvent)	Action event가 발생한 경우
Item Listener	void itemStateChanged(ItemEvent)	Item 상태 변경 event가 발생한 경우
Key Listener	void keyPressed(KeyEvent)	키가 눌러지거나 떼어질 때
	void keyReleased(KeyEvent)	
	void keyTyped(KeyEvent)	
Mouse Listener	void mousePressed(MouseEvent)	마우스 버튼이 눌려질때, 떨어질때, 클릭될 때
	void mouseReleased(MouseEvent)	마우스가 component에 들어가거나 나올 때
	void mouseClicked(MouseEvent)	마우스가 드래그 되거나, 움직일 때
	void mouseEntered(MouseEvent)	마우스가 영역에 들어갈 때
	void mouseExited(MouseEvent)	마우스가 영역에서 나올 때
Focus Listener	void focusGained(FocusEvent)	컴포넌트가 focused 또는 de-focused 될 때
	void focusLost(FocusEvent)	
Text	void textValueChanged(TextEvent)	텍스트 필드와 텍스트 영역에

Event Listener Interface	Listener Abstract Method	Event 발생 상황
Listener		텍스트가 입력 또는 변경될 때
Window Listener	void windowOpened(WindowEvent)	Window를 상속받는 모든 컴포넌트에 대해 윈도우 활성화, 비활성화, 아이콘화, 아이콘에서 복구, 윈도우 열기/닫기, 윈도우 종료
	void windowClosing(WindowEvent)	
	void windowClosed(WindowEvent)	
	void windowIconfied(WindowEvent)	
	void windowDeiconfied(WindowEvent)	
	void windowActivated(WindowEvent)	
	void windowDeactivated(WindowEvent)	
Adjustment Listener	void adjustmentValueChanged(AdjustmentEvent)	스크롤 바를 움직일 때
Component Listener	void componentHidden(ComponentEvent)	컴포넌트가 사라지거나, 나타나거나, 이동 또는 크기가 변경될 때
	void componentShown(ComponentEvent)	
	void componentResized(ComponentEvent)	
	void componentMoved(ComponentEvent)	
Container Listener	void componentAdded(ContainerEvent)	Container에 컴포넌트가 추가 혹은 삭제 될 때
	void componentRemoved(ContainerEvent)	

10.3.2 Java Swing Event Handling

Java AWT (Abstract Window Toolkit)와 Java Swing은 모두 Java에서 GUI 애플리케이션을 개발하기 위한 도구들이지만, AWT는 운영체제에 맞춘 UI 요소를 사용하므로 플랫폼에 따라 UI의 모양과 동작이 달라질 수 있는 반면에, Swing은 순수 Java 기반이기 때문에 운영체제에 상관없이 일관된 UI 경험을 제공한다.

Java AWT (Abstract Window Toolkit)와 Java Swing는 각각의 이벤트 처리(Event Handling) 방식에 있어서 표 10.11에서 정리한 것과 같이, 몇 가지 중요한 차이점이 있다. AWT는 Java의 초기 GUI 프레임워크로 시스템의 네이티브 UI 컴포넌트와 연동되며, Swing은 AWT의 확장판으로 더 많은 기능을 제공하는 순수 Java 기반의 GUI 라이브러리이다.

AWT 이벤트 모델은 초기에는 Event 클래스와 이벤트 리스너 메서드를 사용하여 action() 메서드를 오버라이드하는 방식으로 이벤트를 처리하였다. Java 1.1부터는 Delegation Event Model로 변경되었으며, 이 모델에서는 이벤트 소스(버튼 등)와 이벤트 리스너(이벤트 처리 클래스)를 분리하였고, ActionListener 같은 인터페이스를 구현하여 이벤트를 처리하게 되었다.

Swing에서도 AWT의 Delegation Event Model을 확장하여 동일한 이벤트 모델을 사용하나, Swing 컴포넌트는 더 많은 이벤트 종류와 더 복잡한 리스너 메커니즘을 제공한다. Swing 컴포넌트는 JButton, JLabel 등과 같은 더 풍부한 컴포넌트와 연관된 이벤트를 처리할 수 있다. Swing의 주요 차이점 중 하나는 모든 컴포넌트가 순수 Java로 구현되었기 때문에 플랫폼 독립적인 이벤트 처리가 가능하다는 것이다. Swing의 이벤트 처리 메커니즘은 더 유연하고 다양한 컴포넌트에서 이벤트를 처리할 수 있도록 개선되었다. 예를 들어, Swing에서는 마우스 이벤트, 키 이벤트, 포커스 이벤트 등 다양한 이벤트 리스너를 추가하여 더 세밀한 사용자 인터페이스를 구현할 수 있다.

표 10.11 Java AWT 이벤트 처리와 Swing 이벤트 처리의 차이점

차이점	AWT 이벤트 처리	Swing 이벤트 처리
기본 구조	운영체제의 네이티브 컴포넌트를 사용하여 이벤트 처리	순수 Java로 구현된 컴포넌트에 대해 이벤트 처리
플랫폼 의존성	네이티브 OS에 의존 (플랫폼마다 UI와 이벤트 처리 방식 다름)	플랫폼 독립적 (모든 플랫폼에서 동일한 UI 및 이벤트 처리)
컴포넌트	제한된 수의 기본 컴포넌트 (Button, TextField 등)	확장된 컴포넌트 (JButton, JTextField 등) 및 커스터마이징 가능
이벤트 리스너	Delegation Event Model (1.1 이후)	Delegation Event Model (Java 1.1 이후 AWT와 동일한 방식)
멀티스레딩 지원	제한적	Swing은 이벤트 디스패치 스레드(Event Dispatch Thread)에서 안전하게 멀티스레딩 처리 가능
Look and Feel	네이티브 플랫폼 스타일	"플러거블 Look and Feel" 지원 (테마와 스타일 변경 가능)

AWT와 Swing 모두 비슷한 이벤트 처리 모델을 사용하지만, AWT는 운영체제의 네이티브 이벤트 처리 메커니즘에 의존하는 반면, Swing은 순수 Java로 작성된 컴포넌트와 플랫폼 독립적인 이벤트 처리 메커니즘을 제공한다. 결과적으로 Swing이 더 많은 기능을 제공하며, 특히 UI의 일관성 및 커스터마이징 측면에서 더 유리하다고 볼 수 있다.

10.3.3 Mouse Event Handling 예제

그림 10.12는 Java Swing 기반의 이벤트 핸들링 예제를 보여준다. 각 Swing 컴포넌트는 별도의 JPanel에 Border와 함께 구분 배치하여 해당 이벤트 발생 구역을 쉽게 이해하고, 그림 10.13은 각 컴포넌트 별 이벤트 발생 및 핸들링 모습을 정리하여 보여주고 있다.

그림 10.12 12~15에서는 Java Swing GUI 컴포넌트들을 담을 JFrame() 인스탄스 frame을 생성하고, 그 크기 (400 × 300)를 설정하며, 배치 관리자는 FlowLayout()으로 설정하여 차례대로 설치되도록 한다. 프로그램이 실행되면 기본 GUI 모습은 그림 10.13 (a)에서 보는 것과 같이 표시된다.

Line 18~27에는 버튼이 포함되는 JPanel 인스탄스를 만들고, 테두리를 설정하여 frame에 포함시킨다. 버튼의 이벤트 처리는 line 24~26에서 addActionLister{} 설치를 통하여 "Button clicked!"가 표시되는 JOptionPane이 popup 되도록 설정되어 있다. 버튼을 눌렀을 때의 모습은 그림 10.13 (b)에서 보는 것과 같다.

```
1 :  import javax.swing.*
2 :  import java.awt.*
3 :  import java.awt.event.*
4 :  import javax.swing.BorderFactory
5 :  import javax.swing.border.Border
6 :  import java.awt.event.MouseEvent
7 :  import java.awt.event.MouseListener
8 :  import java.awt.event.MouseMotionListener
9 :
10 : fun main() {
11 :     // JFrame 생성
12 :     val frame = JFrame("Swing Event Handling Example")
13 :     frame.defaultCloseOperation = JFrame.EXIT_ON_CLOSE
14 :     frame.setSize(400, 300)
15 :     frame.layout = FlowLayout()
16 :
17 :     // JButton 생성 및 Button Event Handling 추가
18 :     val jpanel_button = JPanel()
19 :     jpanel_button.setSize(300, 50)
20 :     val border_jbuttonPanel : Border =
             BorderFactory.createTitledBorder("Button with Mouse Click")
21 :     val button = JButton("Click Me")
22 :     jpanel_button.setBorder(border_jbuttonPanel)
23 :     jpanel_button.add(button)
24 :     button.addActionListener {
25 :         JOptionPane.showMessageDialog(frame, "Button clicked!")
26 :     }
27 :     frame.add(jpanel_button)
28 :
29 :     // JTextField 생성 및 TextField Event Handling 추가
30 :     val jpanel_TextField = JPanel()
31 :     jpanel_TextField.setSize(300, 50)
32 :     val textField = JTextField(20)
33 :     textField.addActionListener {
34 :         JOptionPane.showMessageDialog(frame, "TextField Enter pressed:
                 ${textField.text}")
35 :     }
36 :     val border_jpanel_TextField : Border =
              BorderFactory.createTitledBorder("TextField with Enter Key Event")
37 :     jpanel_TextField.setBorder(border_jpanel_TextField)
38 :     jpanel_TextField.add(textField)
39 :     frame.add(jpanel_TextField)
```

그림 10.12 Kotlin Swing Event Handling 예제 (part 1)

그림 10.12 line 29~39에서는 TextField와 이벤트 처리 기능을 설정하는 Kotlin 프로그램의 예를 보여준다. LIne 32~35에서 JTextField 인스턴스 textField를 생성하고, 이 textField에 addActionListener{}를 사용하여 "TextField Enter pressed" 문자열이 포함된 popup이 표시될 수 있도록 JOptionPane.showMessageDialog()를 사용하여 설정한다. Text field에 문자열을 입력하고, enter key를 누르면 그림 10.13 (c)와 같은 모습으로 popup dialog 창이 표시된다.

그림 10.12 line 42~55에서는 class JLabel()의 인스턴스인 label을 생성하고, 이 label에 click, enter, exit의 MouseEvent들에 대한 처리 기능을 구성하는 예를 보여준다. Label 객체 위에서 마우스를 클릭하거나, 마우스를 label 객체 위로 옮겨가거나, 또는 label 객체 위에서 밖으로 나갈 때 각각 label의 text의 내용이 변경되도록 하여 그 이벤트

가 처리되는 것을 확인할 수 있게 한다.

```
40 :
41 :         // JLabel 생성 및 Mouse Event Handling 추가
42 :         val jpanel_Label = JPanel()
43 :         jpanel_Label.setSize(300, 50)
44 :         val label = JLabel("Mouse Event Label")
45 :         label.addMouseListener(object : MouseAdapter() {
46 :             override fun mouseClicked(e: MouseEvent) {
47 :                 JOptionPane.showMessageDialog(frame,
                     "Mouse clicked at: (${e.x}, ${e.y})")
48 :             }
49 :             override fun mouseEntered(e: MouseEvent) {
50 :                 label.text = "Mouse entered the label"
51 :             }
52 :             override fun mouseExited(e: MouseEvent) {
53 :                 label.text = "Mouse exited the label"
54 :             }
55 :         })
56 :
57 :         val border_jpanel_Label : Border =
               BorderFactory.createTitledBorder("Label with Mouse Event")
58 :         jpanel_Label.setBorder(border_jpanel_Label)
59 :         jpanel_Label.add(label)
60 :         frame.add(jpanel_Label)
61 :
62 :         // JTextArea 생성 및 Key Event Handling 추가
63 :         val jpanel_TextArea = JPanel()
64 :         jpanel_TextArea.setSize(300, 200)
65 :         val textArea = JTextArea(3, 10)
66 :         textArea.addKeyListener(object : KeyAdapter() {
67 :             override fun keyPressed(e: KeyEvent) {
68 :                 if (e.keyCode == KeyEvent.VK_ENTER) {
69 :                     JOptionPane.showMessageDialog(frame,
                             "Enter key pressed in TextArea")
70 :                 }
71 :             }
72 :         })
73 :
74 :         val border_jpanel_TextArea : Border =
                 BorderFactory.createTitledBorder("TextArea with Enter Key Event")
75 :         jpanel_TextArea.setBorder(border_jpanel_TextArea)
76 :         jpanel_TextArea.add(textArea)
77 :         frame.add(jpanel_TextArea)
78 :
79 :         // JP_MouseEventHandling() 인스탄스 생성 및 Mouse Event Handling 추가
80 :         val jpanel_MouseEvent = JP_MouseEventHandling()
81 :         jpanel_MouseEvent.setSize(400, 200)
82 :
83 :         val border_jpanel_MouseEvent : Border =
                  BorderFactory.createTitledBorder("Mouse Event")
84 :         jpanel_MouseEvent.setBorder(border_jpanel_MouseEvent)
85 :         frame.add(jpanel_MouseEvent)
86 :
87 :         // 프레임 보이기 설정
88 :         frame.isVisible = true
89 :         frame.setLocation(50, 50)
90 :     } // end main()
```

그림 10.12 Kotlin Swing Event Handling 예제 (part 2)

그림 10.12 line 62~72에서는 여러 줄의 문자열을 입력 받을 수 있는 JTextArea 인스탄스 textArea를 생성하고, 이 textArea에서 Enter key가 입력되었을 때 "Enter key pressed in TextArea"내용의 popup dialog 창이 나타나도록 JOptionPane.showMessageDialog()를 사용하여 설정하는 예를 보여준다. 실행 결과는 그림 10.13 (e)에서 볼 수 있다.

그림 10.12 line 83~85에서는 마우스의 다양한 이벤트 처리 기능을 시험할 수 있도록 class JP_MouseEventHandling() 인스탄스 jpanel_MouseEvent를 생성하고, 이 jpanel_MouseEvent를 border가 설정된 panel로 구성한 후, frame에 추가한다. class JP_MouseEventHandling()은 그림 10.12 line 118~128에 구현되어 있으며, 마우스 이벤트 처리 기능을 위한 listener는 line 92~116에서 구현되어 있다. Line 92에서 선언되어 있는 class MyMouseListener()는 MouseListener와 MouseMotionListener 인터페이스를 다중 상속받아 멤버 함수를 오버라이딩으로 구현하고 있으며, 마우스 버튼 클릭, 마우스 버튼 누르기, 떼기, JPanel 영역에 들어가기, 나가기, 드래그, 움직임 등에 대한 이벤트 발생 상황을 인수로 전달된 JLabel 인스탄스 la의 text 내용의 변경상태를 보며 확인할 수 있게 한다.

```
91  :
92  :  class MyMouseListener (var la : JLabel, val p : JPanel):
           MouseListener, MouseMotionListener { // end class MyMouseListener()
93  :      override fun mouseClicked(e: MouseEvent) {
94  :          la.setText("MouseClicked ("+e.getX() +", "+e.getY()+")");
95  :      }
96  :      override fun mousePressed(e: MouseEvent) {
97  :          la.setText("MousePressed ("+e.getX() +", "+e.getY()+")");
98  :      }
99  :      override fun mouseReleased(e: MouseEvent) {
100 :          la.setText("MouseReleased ("+e.getX() +", "+e.getY()+")");
101 :      }
102 :      override fun mouseEntered(e: MouseEvent) {
103 :          la.setText("MouseEntered ("+e.getX() +", "+e.getY()+")");
104 :          p.setBackground(Color.CYAN);
105 :      }
106 :      override fun mouseExited(e: MouseEvent) {
107 :          la.setText("MouseExited ("+e.getX() +", "+e.getY()+")");
108 :          p.setBackground(Color.YELLOW);
109 :      }
110 :      override fun mouseDragged(e: MouseEvent) {
111 :          la.setText("MouseDragged ("+e.getX() +", "+e.getY()+")");
112 :      }
113 :      override fun mouseMoved(e: MouseEvent) {
114 :          la.setText("MouseMoved ("+e.getX() +", "+e.getY()+")");
115 :      }
116 :  }
117 :
118 :  class JP_MouseEventHandling : JPanel() {
119 :      //val contentPane : JPanel = JPanel();
120 :      var la : JLabel
121 :      init {
122 :          la = JLabel("No Mouse Event, yet");
123 :          addMouseListener(MyMouseListener(la, this));
124 :          add(la);
125 :          setSize(500, 400);
126 :          setVisible(true);
127 :      }
128 :  }
```

그림 10.12 Kotlin Swing Event Handling 예제 (part 4)

그림 10.13은 그림 10.12의 다양한 이벤트 처리 종류별 결과를 확인할 수 있도록 정리하여 보여주고 있다. 그림 10.13 (a)는 초기 상태이며, 이벤트가 발생되지 않은 모습을 보여준다. 그림 10.13 (b)는 버튼을 눌렀을 때, Message popup 창이 발생되어 dialog 메시지에서 어떤 이벤트가 발생되었는지 쉽게 파악할 수 있게 하는 모습을 보여준다.

그림 10.13 (c)는 TextField에 한 줄짜리 문자열을 입력하고, Enter키를 입력하였을 때 Message popup 창이 발생되어 dialog 메시지를 보여 주는 모습이다. 이 dialog 메시지 창이 pop up 설정 기능 부분에 실제 입력된 text field 내용을 처리하는 기능을 구현하고, 입력된 데이터를 사용하도록 구현하는 것이 일반적인 이벤트 처리 기반의 데이터 입력 기능 구현 방법이다.

그림 10.13 (d)는 Label 객체의 영역에 mouse가 들어가는 것과 click하는 것, 마우스가 label 객체 영역을 떠나는 것에 대하여 lable의 text 내용을 변경하여 이벤트 처리 내용을 확인할 수 있게 하는 예를 보여준다. 일반적으로 label은 입력 기능으로 사용되지는 않고, 출력 기능으로 사용하며, label 객체 영역에서 마우스 이벤트가 발생되었을 때, 별도의 dialog popup 창을 사용하는 대신, label의 text 내용을 변경하여 이벤트 처리 상태를 확인할 수 있게 하는 구현 방법을 보여준다.

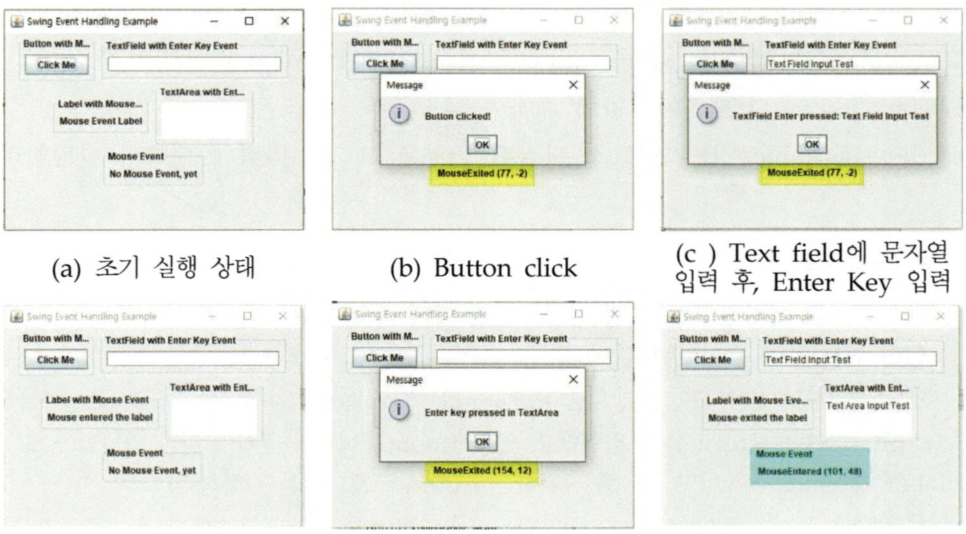

(a) 초기 실행 상태

(b) Button click

(c) Text field에 문자열 입력 후, Enter Key 입력

(d) Label 객체 영역에 Mouse enter

(e) TextArea에 Enter Key 입력

(f) Mouse Event 영역에 Mouse Enter/Leave

그림 10.13 Kotlin Swing Mouse Event Handling 실행결과

그림 10.13 (e)는 여러 줄의 문자열을 입력할 수 있는 Text Area에서 Enter key가 눌려졌을 때 이를 이벤트 처리하는 모습을 보여준다. 한 줄의 텍스트를 입력 받을 수 있는 Text Field와는 다르게 Text Area에서는 여러 줄의 문자열을 입력할 수 있고, 입력된 여러 줄의 문자열 데이터를 한꺼번에 입력 처리할 수 있는 기능을 이벤트 처리 기능으로 구현할 수 있는 방법을 보여준다.

그림 10.13 (f)는 JPanel() 인스턴스 상에 마우스 버튼 클릭, 마우스 버튼 누르기, 떼기, JPanel 영역에 들어가기, 나가기, 드래그, 움직임 등의 마우스 이벤트가 발생하였을 때 각 이벤트에 대한 상황을 JLabel 인스턴스의 text로도 보여주며, 아울러 JPanel 인스턴스의 색상을 변경하여 쉽게 상황 변화를 식별할 수 있도록 구현하는 방법을 보여 준다.

◈ 연습문제 ◈

10.1 다음 용어를 예를 들어 설명하라.
  1) AWT(Abstract Windowing Toolkit)
  2) Java Swing
  3) 배치관리자 (layout manager)
  4) Java Graphics
  5) Java Graphics2D
  6) Event handling
  7) Event listener

10.2 Java Swing, JavaFX, TornadoFX의 차이점을 표로 만들어 설명하라.

10.3 Swing 기반의 GUI animation을 구현하는 방법에 대하여 설명하라.

10.4 Java Swing의 배치관리자에 대하여 설명하라.

10.5 Java Graphics2D 기반으로 다양한 도형을 그리는 방법에 대하여 설명하라.

◈ 실습문제 ◈

실습 10.1 Kotlin Swing 기반 사람 (person)의 기본 속성 정보 (이름, 주민등록번호, 연락처) 입력 기능 GUI 프로그램 구현

Swing 기반의 GUI 프로그램으로 Person의 기본 속성인 이름 (name), 주민등록번호 (regID), 연락처(tel no)를 입력받고, 입력 (input) 버튼의 클릭에 따라 입력받아 GUI의 label (resultText) 및 콘솔로 출력하는 Kotlin 프로그램을 작성하라.

(실행 예시)

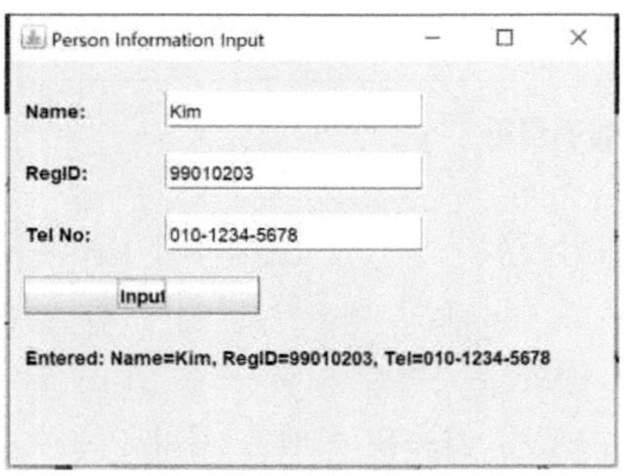

실습 10.2 Swing JPanel 기반 Kotlin 프로그램으로 정다각형 그리기

정다각형의 이름, 중심 좌표 (cx, cy), 색상, 외접원 반지름이 주어질 때, 각 꼭지점의 좌표를 계산하고, 터틀 그래픽으로 지정된 위치에 다각형을 그리기 위한 class Polygon을 사용자 정의 패키지 MyDrawing에 작성하라.

class Polygon의 속성으로 데이터 멤버는 stype (도형 이름), 중심좌표 (cx, cy), 색상 (color), 꼭지점개수 (n_vert), 외접원 반지름(radius)을 가지도록 하라.

class Polygon 인스턴스의 출력을 위하여 멤버 함수 toString()은 해당 다각형의 정보를 "a black triangle at center_pos(100, 100) with circumcircle_radius (50)" 형식의 문자열로 반환하도록 구현하라.

class Polygon의 멤버 함수 draw(self, t)는 TornadoFX를 사용하여 해당 다각형을 그리도록 구현하라.

주어진 텍스트 파일로부터 정다각형 도형의 정보를 입력받아 class Polygon 인스턴스를 생성하여 리스트 L_polygons에 담아 반환하는 함수 fget_polygons(input_file_name)를 작성하라. 입력 데이터 파일에는 다각형 색상 (color), 다각형 이름 (name), 중심점 좌표 (cx, cy), 외접원의 반지름 (radius)이 제공된다. 반환되는 리스트 L_polygons에는 각 정 다각형의 정보 (color, polygon_name, cx, cy, radius)가 설정된 class Polygon 인스턴스들이 포함되도록 하라.

주어진 정다각형의 이름으로부터 정다각형 꼭지점 개수를 쉽게 찾을 수 있도록 HashMap<String, Int> 인스탄스 shape_name을 생성하고 초기화를 수행하라. 정다각형의 이름으로는 circle, triangle, square, pentagon, hexagon, heptagon, octagon, nonagon, decagon 등이 사용되도록 구현할 것.

주어진 정다각형 꼭지점 개수로부터 정다각형의 이름을 쉽게 찾아 반환할 수 있도록 HashMap<String, Int> 인스탄스 num_ver을 생성하고 초기화를 수행하라.

class Polygon의 멤버 함수 draw()는 지정된 중심 위치에 지정된 색상과 크기의 정다각형을 그리도록 구현하라. class Polygon 인스탄스의 데이터 멤버인 중심점 좌표값(cx, cy), 다각형의 꼭지점 개수 num_vertex, 다각형에 외접하는 원의 반지름 radius에 따라 터틀 그래픽으로 도형을 그리도록 하라.

각 다각형의 중심 좌표 (cx, cy)에 굵기 5의 붉은색 점을 표시하고, 좌표를 출력하라. 각 좌표는 소수점 이하 2자리까지 출력하도록 할 것.

각 다각형의 아래 부분은 항상 수평이 되도록 구성하고, 다각형 아랫부분 왼쪽의 시작점 좌표 (sx, sy)를 math 모듈의 삼각함수 메서드를 사용하여 계산하고, 시작 위치에는 굵기 5의 붉은색 점을 표시하고, 좌표를 출력하라. 각 좌표는 소수점 이하 2자리까지 출력하도록 할 것.

정다각형의 외접원을 선 굵기 1로 그리며, 정 다각형은 선 굵기 5로 그릴 것.

각 다각형의 아랫부분에 중앙정렬로 그 정다각형의 색상과 이름 및 중심좌표를 지정된 색상으로 출력하라. 주어진 다각형 꼭지점 개수로부터 다각형 이름을 찾기 위하여 shape_name을 사용할 것.

fget_polygons() 함수를 사용하여 파일로부터 정다각형 정보를 읽고 class Polygon 인스탄스들의 리스트 L_polygons를 반환 받은 후, 이 리스트에 포함된 다각형들을 그리는 응용 프로그램을 작성하라.

(실행 예시)

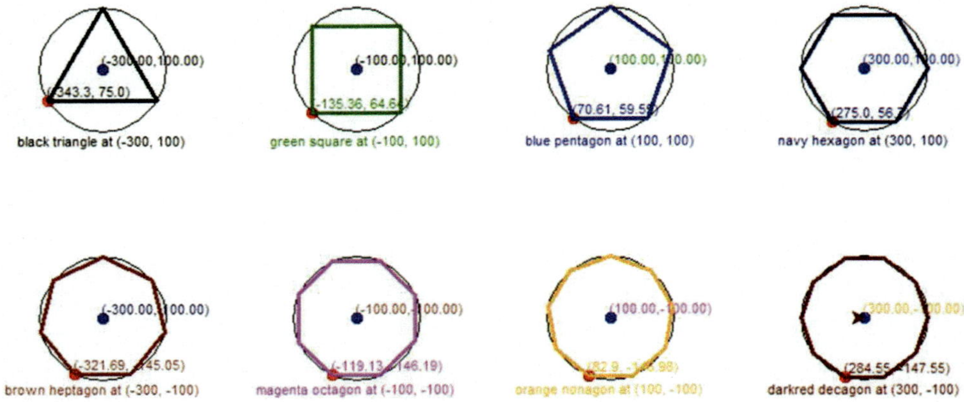

실습 10.3 Kotlin Swing 기반 Mile ⇔ Km 변환기 구현

Mile과 Km 간의 변환 기능을 제공하는 Kotlin 기반 GUI 프로그램을 구현하라. Mile -> Km과 Km -> Mile의 변환을 위한 버튼을 각각 설치하라. Mile과 Km의 입력 및 출력을 위한 TextField는 오른쪽 정렬, 소수점 이하 2자리까지 표시하도록 설정하라.

(실행 예제)

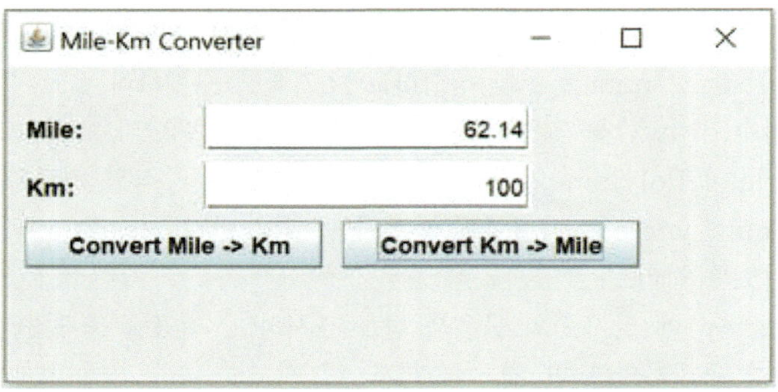

실습 10.4 Kotlin Swing 기반 섭씨<->화씨 온도 변환기 (#C ⇔ #F) 구현

Kotlin Swing 기반으로 섭씨 <-> 화씨 온도 변환기를 구현하라.

섭씨와 화씨 온도의 입력 및 출력은 오른쪽 정렬, 소수점 이하 2자리까지 출력하도록 하라.

섭씨 -> 화씨 변환 버튼과 화씨 -> 섭씨 변환 버튼을 각각 설치하여 사용하도록 할 것.

(실행 예제)

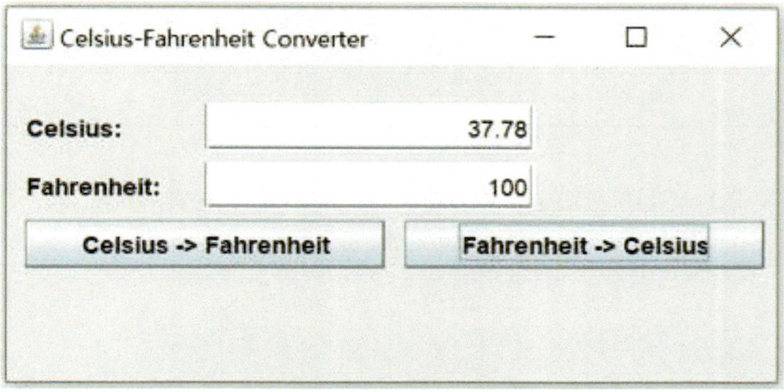

실습 10.5 Java Swing 기반의 Bouncing Ball Animation 구현

Java Swing GUI 프로그래밍을 사용하여 Bouncing Ball의 animation을 구현하라. JRadioButton을 사용하여 ball의 색상을 조절할 수 있게 하고, JSlider를 사용하여 ball의 이동 속도를 조절할 수 있게 하라. Bouncing ball과 JSlider는 각각 별도의 JPanel로 구현하고,이를 main() 함수에서 생성한 JFrame에 포함시키도록 구성 하라. JRadioButton 들이 포함된 JPanel과 JSlider가 포함된 JPanel의 테두리를 표시하고, title을 설정하라.

(실행 예시)

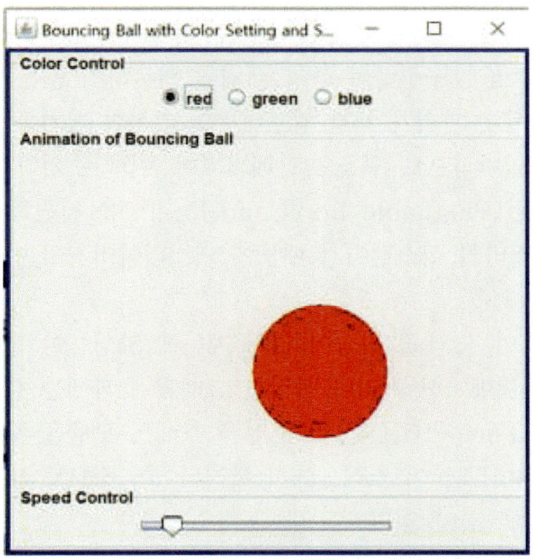

11장 Kotlin TornadoFX GUI 프로그래밍

학습목표

- Kotlin의 JavaFX 기반 GUI 프로그래밍에 대한 이해 및 활용 능력 향상
- Kotlin의 TornadoFX 기반 GUI 프로그래밍에 대한 이해 및 활용 능력 향상

개요

11.1 JavaFX 기반 GUI 프로그래밍
11.2 TornadoFX 기반 GUI 프로그래밍
11.3 TornadoFX 기반 GUI Animation - StopWatch, BouncingBall
11.1 Kotlin Compose Desktop, Multiplatform

11.1 JavaFX 기반 GUI 프로그래밍

11.1.1 JavaFX 개요

앞의 10장에서 설명한 Java Swing은 기본적으로 AWT(Abstract Window Toolkit) 기반의 GUI 툴킷이며, AWT가 운영 체제의 네이티브 컴포넌트를 사용하는 것과 달리, Swing은 대부분의 UI 컴포넌트를 순수 Java로 구현하여 운영 체제에 의존하지 않는 크로스 플랫폼 GUI를 제공한다. Swing은 레이아웃 관리자가 각 컴포넌트의 위치와 크기를 제어하는 방식으로 UI를 구성하며, 컴포넌트는 일반적으로 수동으로 배치되며, 이벤트 기반 방식으로 작동한다. Swing은 "플러거블 룩 앤 필(Pluggable Look and Feel)"을 지원하지만, 스타일과 테마 설정은 제한적이며, 고정된 스타일 시스템이기 때문에 커스터마이징이 어려운 단점이 있다.

Swing은 기본적으로 CPU에서 렌더링되며, 그래픽 가속이 없기 때문에 고성능이 필요한 UI 작업에 적합하지 않을 수 있다. 특히, 애니메이션 처리나 복잡한 그래픽 효과에는 한계가 있다. 아울러, Swing은 Event Dispatch Thread(EDT)라는 싱글 스레드 모델을 사용하여 UI 컴포넌트를 처리한다. 모든 GUI 업데이트는 이 스레드에서 처리되어야 하므로 멀티스레딩 환경에서는 신중하게 사용해야 하는 제약점이 있다.

Swing의 단점과 제약점을 해결하기 위하여 개발된 것이 JavaFX이다. JavaFX는 Swing보다 현대적인 GUI 프레임워크로, XML 기반의 레이아웃 정의(FXML)와 CSS (cascading style sheet) 기반의 스타일링을 지원하며, 그래픽 가속을 사용하여 더 부드럽고 복잡한 UI를 렌더링할 수 있다. JavaFX는 FXML을 사용해 UI를 선언적으로 구성할 수 있으며, UI 구성 요소와 애니메이션, 미디어 처리, 웹 컨텐츠 통합 같은 현대적 기능들을 내장하고 있다. 또한 JavaFX는 2D 및 3D 애니메이션과 그래픽을 자연스럽게 처리할 수 있

다. JavaFX는 CSS를 사용하여 UI 컴포넌트의 스타일을 쉽게 커스터마이징할 수 있다. 이는 웹 개발자들이 익숙한 방식으로 UI를 디자인할 수 있도록 돕는다. JavaFX는 하드웨어 가속을 사용해 GPU에서 그래픽을 렌더링할 수 있는 기능을 지원하며, 이를 통해 더 부드럽고 빠른 그래픽과 애니메이션 효과를 제공할 수 있으며, 복잡한 UI와 애니메이션 작업에도 적합하다.

JavaFX는 UI 업데이트 역시 싱글 스레드 모델을 사용하지만, Task, Service 등의 비동기 작업 클래스를 제공해 백그라운드 작업을 효율적으로 처리할 수 있다. JavaFX는 CSS 파일을 통해 손쉽게 테마를 변경할 수 있으며, 각 UI 요소에 대해 세밀한 스타일 설정이 가능하게 하며. HBox, VBox, AnchorPane, GridPane 등의 다양한 레이아웃 컨테이너를 제공한다. 레이아웃은 XML 기반의 FXML 파일로 선언적으로 정의할 수 있어 시각적 배치가 더 쉽고 직관적이다.

JavaFX는 비디오, 오디오, 웹 브라우징 등 다양한 미디어를 처리할 수 있는 내장 기능을 제공하며, 기본적으로 애니메이션과 트랜지션 기능을 내장하고 있어 쉽게 애니메이션을 구현할 수 있다. 키 프레임 애니메이션, 트랜지션 등의 고급 기능을 제공하므로 UI 애니메이션 구현이 용이한 장점을 제공한다.

11.1.2 JavaFX를 사용하기 위한 IntelliJ Kotlin 프로젝트 설정

(1) IntelliJ Kotlin 프로젝트에 JavaFX 모듈 설치

IntelliJ 환경에서 Kotlin 프로젝트를 개발할 때 JavaFX를 사용하기 위해서는 그림 11.1 (a)에서 보는 것과 같이, File -> 프로젝트 구조 -> 프로젝트 설정 -> 모듈 -> 종속 요소 -> '+' 버튼 클릭 -> 라이브러리 -> Marven에서 추가 단계로 설정한 후 "org.openjfx:javafx-controls:17.0.2"를 입력하여 JavaFX 모듈을 추가한다.

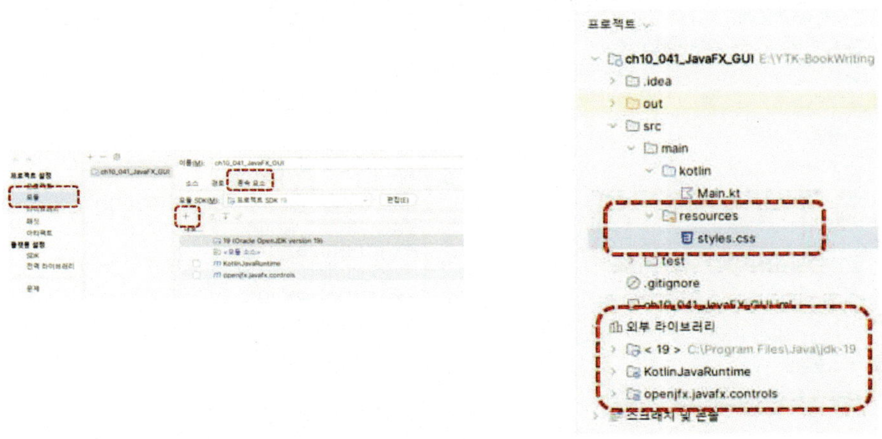

(a) IntelliJ의 Kotlin 프로젝트에 JavaFX 모듈 추가

(b)

그림 11.1 IntelliJ의 Kotlin 프로젝트에서 JavaFX 관련 모듈 설치

정상적으로 JavaFX 모듈이 설치되면, 그림 11.1 (b)에서 보는 것과 같이 프로젝트 디렉

토리의 외부 라이브러리에 openjfx.javafx.controls 라이브러리가 포함된 것을 확인할 수 있다.

(2) IntelliJ Kotlin 프로젝트에 styles.css 파일 추가

JavaFX에서는 CSS (cascading style sheet) 기반의 스타일링을 지원하며, UI 컴포넌트의 스타일을 쉽게 커스터마이징할 수 있게 한다. IntelliJ 환경에서의 Kotlin 프로젝트 구현에서 프로젝트 폴더에 포함된 src/main/resources 폴더에 styles.css 파일을 추가하여 CSS 스타일링 파일을 설정할 수 있다. 그림 11.2 (a)에서 보는 것과 같이, src/main/resources 폴더에 커서를 둔 상태에서 오른쪽 마우스 버튼을 클릭한 후, 새로 만들기(new) -> 파일(file)에서 styles.css 파일을 그림 11.9 (b)에서 보는 것과 같이 작성하여 CSS 양식의 스타일을 추가한다.

JavaFX의 UI 컴포넌트(Button, Label, TextField, Pane 등)는 모두 CSS 스타일을 적용할 수 있는 대상이다. 각 UI 요소는 특정 CSS 클래스 및 ID를 가질 수 있으며, 이를 통해 스타일을 개별적으로 지정할 수 있다. JavaFX CSS는 UI 요소의 스타일을 중앙에서 관리하고 여러 UI 컴포넌트에 일관된 스타일을 적용할 수 있는 방법을 제공하며, 스타일링을 동적으로 변경할 수 있고, 애플리케이션 전반에 걸쳐 일관된 디자인을 유지하는 데 도움이 된다. JavaFX CSS 구문은 웹 개발에서 사용되는 표준 CSS 구문과 매우 유사하지만, JavaFX UI 요소에 맞춘 특수한 속성도 포함된다. 예를 들어, -fx-background-color, -fx-font-size, -fx-padding 등과 같은 JavaFX 전용 속성이 있다.

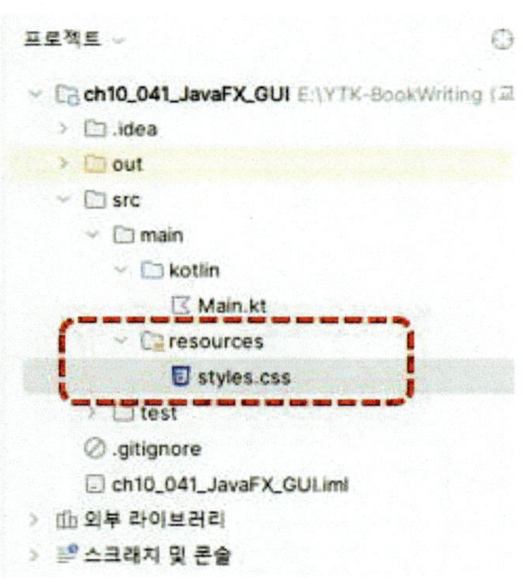

(a) resources 폴더 내에 styles.css 파일 추가

```
.vbox {
    -fx-alignment: center;
    -fx-background-color: #f0f8ff;
}

.label {
    -fx-font-size: 20px;
    -fx-text-fill: #2c3e50;
}

.button {
    -fx-background-color: #3498db;
    -fx-text-fill: white;
    -fx-font-size: 16px;
    -fx-padding: 10px;
    -fx-border-radius: 5;
    -fx-background-radius: 5;
}

.button:hover {
    -fx-background-color: #2980b9;
}
```

(b) styles.css 파일 예제

그림 11.2 resources에 .css 파일 추가

JavaFX의 CSS는 상속 및 계층 구조를 지원한다. 즉, 상위 컨테이너에 적용된 스타일이

하위 컨테이너나 요소로 전파될 수 있다. 이는 복잡한 UI 레이아웃에서 일관된 스타일링을 더 쉽게 구현할 수 있게 한다. JavaFX 애플리케이션에서 CSS는 런타임에 동적으로 변경될 수 있다. 예를 들어, 특정 이벤트가 발생할 때 컴포넌트의 스타일을 변경할 수 있다.

JavaFX에서 CSS를 적용하는 방법에는 외부 CSS 파일을 사용하는 것과 inline-style을 설정하여 적용하는 것이다. 외부 CSS 파일을 사용하는 것은 그림 11.4에서 설명한다. inline style을 사용하여 특정 컴포넌트에만 스타일을 적용하도록 하는 것의 예로

```
val button = Button("Click Me")
button.style = "-fx-background-color: #3498db; -fx-text-fill: white;"
```

와 같이, GUI 컴포넌트의 .style을 직접 설정할 수 있다. inline style로 스타일을 적용하는 것은 외부 CSS 파일을 사용한 스타일 지정보다 높은 우선순위로 지정된다.

(3) JavaFX의 class Application()

JavaFX의 Application 클래스는 JavaFX 애플리케이션의 기초를 형성하는 클래스이다. 이 클래스는 애플리케이션의 라이프 사이클을 관리하고, GUI를 설정하고 표시하는 데 사용된다. JavaFX 기반 GUI 개발자는 Application 클래스를 상속하고 start(Stage primaryStage) 메서드를 오버라이드하여 애플리케이션을 구현한다. JavaFX는 이 클래스를 통해 쉽게 GUI 애플리케이션을 개발할 수 있도록 지원한다. Application 클래스는 JavaFX 애플리케이션의 기본 진입점으로, JavaFX 애플리케이션을 시작하고 관리하는 역할을 한다.

모든 JavaFX 애플리케이션은 Application 클래스를 상속하고, start(Stage primaryStage) 메서드를 오버라이드해야 한다. 이 클래스는 JavaFX 애플리케이션의 라이프사이클을 관리하고, GUI를 설정하고 표시하는 데 필수적인 기능을 제공한다. JavaFX 애플리케이션은 라이프사이클을 갖고 있으며, 이는 다음과 같은 단계로 이루어진다:

- init() 메서드: 애플리케이션의 초기화 단계로, start() 메서드가 호출되기 전에 호출됨. 이 메서드는 JavaFX 애플리케이션이 시작되기 전에 필요한 준비 작업을 수행할 수 있음. 기본적으로 이 메서드는 빈 메서드이기 때문에, 필요할 경우에만 오버라이드함
- start(Stage primaryStage) 메서드: 애플리케이션의 진입점으로, UI를 설정하고 주 스테이지(Stage)를 설정하는 작업을 수행함 이 메서드는 애플리케이션이 실행되면 자동으로 호출되며, primaryStage는 주 윈도우(또는 주 창)를 나타냄. 여기서 UI를 구성하고 화면에 표시하는 것이 일반적임
- stop() 메서드: 애플리케이션이 종료되기 전에 호출되는 메서드로, 애플리케이션이 종료되기 전의 정리 작업을 수행하는 데 사용됨. 예를 들어, 파일을 닫거나 데이타베이스 연결을 정리할 수 있음

JavaFX 애플리케이션을 실행하려면 Application.launch() 메서드를 사용해야 한다. 이 메서드는 JavaFX 애플리케이션의 시작을 관리하고, 내부적으로 init(), start(), stop() 메서드를 호출하여 애플리케이션의 라이프사이클을 관리한다. Application.launch()는 일반적으로 main() 메서드에서 호출되며, JavaFX 애플리케이션을 실행하는 역할을 한다.

(4) JavaFX의 class Stage()

JavaFX의 class Stage()는 JavaFX 애플리케이션에서 최상위 레벨의 윈도우(창)를 나타내는 클래스이다. 모든 JavaFX 애플리케이션은 최소 하나의 Stage를 가지고 있으며, 이 Stage는 애플리케이션 창을 의미한다. Stage는 창의 크기, 위치, 타이틀, 모달리티(Modal), 전체 화면 여부 등을 관리할 수 있는 중요한 클래스이다. JavaFX 애플리케이션은 주로 하나의 메인 스테이지를 가지고 시작되며, 추가적으로 다이얼로그 창이나 새로운 창을 열기 위해 추가 스테이지를 만들 수 있다.

class Stage() 다음과 같은 속성을 포함한다:

- title: 창의 제목을 설정
- width: 창의 너비를 설정
- height: 창의 높이를 설정
- x, y: 창의 화면 상 위치를 설정
- scene: 이 스테이지에서 보여질 scene을 설정
- resizable: 창의 크기 조정 가능 여부를 설정
- fullScreen: 창을 전체 화면 모드로 설정
- modality: 모달 윈도우 설정을 통해 부모 창과의 관계를 관리.

class Stage는 다음과 같은 주요 메서드를 가진다:

- show(): 스테이지를 화면에 표시. 이 메서드는 스테이지가 처음으로 화면에 표시될 때 사용됨
- showAndWait(): 스테이지를 모달로 표시하고, 스테이지가 닫힐 때까지 실행을 차단함 주로 다이얼로그와 같은 모달 창에서 사용됨
- hide(): 스테이지를 숨김
- close(): 스테이지를 닫음. 창을 완전히 닫고, 시스템 리소스를 해제함
- setScene(Scene scene): 스테이지에 표시될 scene을 설정함

11.1.3 CSS Styling을 사용하는 JavaFX 기반 Kotlin GUI 프로그래밍

그림 11.3은 JavaFX의 CSS 기반 스타일링이 적용되는 GUI 프로그래밍 예제를 보여준다. Line 12~51에서 class Application()을 상속받는 class MyApp를 구현하며, line 14~30에서 start() 멤버 함수를 오버라이딩으로 구현하고 있다.

Line 16에서 간단한 JLabel 인스탄스인 label GUI 컴포넌트를 생성하고, 이 컴포넌트에 대한 인라인 스타일을 lable.style로 설정한다. 인라인 스타일은 styles.css 외부 CSS 파일보다 우선적으로 적용되며, 특정 UI 컴포넌트에 대하여 별도의 스타일을 설정하게 한다. Line 18의 label.style 설정에서는 글자 폰트 유형을 Arial, Bold로, 폰트 크기는 20px로 글자 색상은 #2c3e50으로 설정한다.

Line 20~21에서는 "Click me to increase Counter"이 표시되는 Button() 인스탄스 button과 이 버튼에 적용되는 인라인 스타일을 설정한다. button.style에서는 배경색, 글자색, 폰트 크기와 패딩을 설정한다.

```
 1: import javafx.application.Application
 2: import javafx.scene.Scene
 3: import javafx.scene.control.Button
 4: import javafx.scene.control.Label
 5: import javafx.scene.layout.VBox
 6: import javafx.stage.Stage
 7: import javafx.scene.paint.Color
 8: import javafx.scene.text.Font
 9: import javafx.geometry.Pos
10: import javafx.scene.text.FontWeight
11:
12: class MyApp : Application() {
13:     var counter = 0
14:     override fun start(stage: Stage) {
15:         // UI 컴포넌트 생성
16:         val label = Label("Button Click Counter (initial value = %d)".format(counter))
17:         // 인라인 스타일 적용 (CSS보다 우선)
18:         label.style = "-fx-font-family: 'Arial'; -fx-font-weight: bold; -fx-font-size: 20px;
              -fx-text-fill: #2c3e50;"
19:
20:         val button = Button("Click me to increase Counter")
21:         button.style = "-fx-background-color: #3498db; -fx-text-fill: white; -fx-font-size:
              16px; -fx-padding: 10px;" // 초기 버튼 스타일
22:         // 버튼 클릭 이벤트 핸들링
23:         button.setOnAction {
24:             counter++
25:             label.text = "Button Clicked! (counter = %2d)".format(counter)
26:             // label 글꼴 크기 및 색상 변경, 인라인 스타일 적용 (CSS보다 우선)
27:             label.style = "-fx-font-family: 'Arial'; -fx-font-weight: bold; -fx-font-size: 30px;
                  -fx-text-fill: #e74c3c;"
28:             // 버튼의 배경색 변경
29:             button.style = "-fx-background-color: #1abc9c; -fx-text-fill: white; -fx-font-size:
                  16px; -fx-padding: 10px;" // 버튼 색상 변경
30:         }
```

그림 11.3 JavaFX 기반 GUI 프로그래밍 Kotlin 소스코드 예제 (part 1)

그림 11.3 line 33~36에서는 JavaFX의 배치 관리자인 VBox()의 인스턴스 vbox를 생성하고, label과 button을 순서에 따라 상단에서 하단으로 20.0의 간격에 따라 나열하며, 가운데 정렬과 인라인 스타일을 설정한다. vbox의 인라인 스타일에서는 배경색과 패딩 20px를 설정한다.

Line 40에서는 class Scene() 인스턴스 scene을 생성하고, 이 scene에 외부 CSS 파일인 /styles.css를 적용할 수 있도록 설정한다. 외부 CSS 파일 (styles.css)은 그림 11.4에서 보는 것과 같이, .vbox, .label, .button에 대한 스타일을 지정한다.

Line 43~45에서는 stage의 제목(title)을 설정하며, 이 stage에 표시될 scene을 설정하고, show() 멤버 함수를 사용하여 화면에 표시되도록 한다.

Line 50에서는 Application.launch() 멤버 함수를 사용하여 JavaFX의 애플리케이션이 실행되도록 한다. 그림 11.3의 실행 결과는 그림 11.5에서 볼 수 있다. 초기 화면에서는 counter의 초기값 0이 표시된다. 버튼을 클릭하면 버튼의 색상이 변경되며, 표시되는 문자열의 색상과 폰트 타입이 변경되며, 매번 클릭할 때 마다 1씩 증가되는 counter 값이 표시

되는 것을 확인할 수 있다.

```
        // VBox 레이아웃 생성 및 컴포넌트 추가
        val vbox = VBox(20.0, label, button)  // VBox 내 컴포넌트 간 간격을 20으로 설정
        vbox.alignment = Pos.CENTER  // 가운데 정렬
        //vbox.styleClass.add("vbox")  // CSS 클래스 설정
        vbox.style = "-fx-background-color: #f0f8ff; -fx-padding: 20px;"
        // 씬 생성
        val scene = Scene(vbox, 500.0, 300.0, Color.LIGHTYELLOW)
        // CSS 스타일링 적용
        scene.stylesheets.add(this::class.java.getResource("/styles.css").
          toExternalForm())

        // 스테이지 설정
        stage.title = "Kotlin JavaFX Example with Extended CSS"
        stage.scene = scene
        stage.show()
    }
}

fun main() {
    Application.launch(MyApp::class.java)
}
```

그림 11.3 JavaFX 기반 GUI 프로그래밍 Kotlin 소스코드 예제 (part 2)

```
.vbox {
    -fx-alignment: center;
    -fx-background-color: #f0f8ff;
}

.label {
    -fx-font-size: 20px;
    -fx-text-fill: #2c3e50;
}

.button {
    -fx-background-color: #3498db;
    -fx-text-fill: white;
    -fx-font-size: 16px;
    -fx-padding: 10px;
    -fx-border-radius: 5;
    -fx-background-radius: 5;
}

.button:hover {
    -fx-background-color: #2980b9;
}
```

그림 11.4 외부 CSS 파일 (/styles.css)

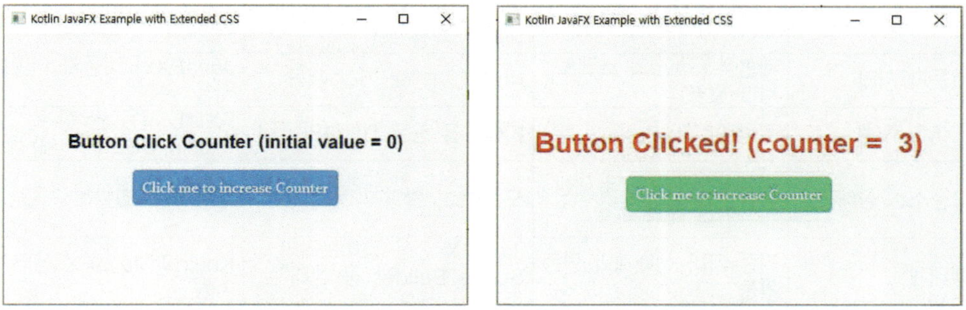

(a) 초기 화면 (b) 버튼 클릭 후

그림 11.5 JavaFX 기반 GUI 프로그래밍 Kotlin 소스코드 예제실행결과

11.2 TornadoFX 기반 GUI 프로그래밍

11.2.1 TornadoFX

TornadoFX[4)][5)]는 Kotlin 전용의 JavaFX 프레임워크로, JavaFX의 복잡성을 줄이고 Kotlin의 기능을 최대한 활용할 수 있도록 설계되어 있다. Kotlin DSL을 사용해 더 간결하고 효율적으로 UI를 구성할 수 있으며, JavaFX보다 더 직관적인 코드를 작성할 수 있다.

표 11.1는 Java Swing, JavaFX, TornadoFX를 세부항목별로 비교하여 설명하고 있다.

표 11.1 Java Swing, JavaFX, TornadoFX의 비교

기능	Java Swing	JavaFX	TornadoFX
언어	Java	Java	Kotlin
발표 시기	1997	2008	2015
디자인 패러다임	Imperative Programming (명령형 프로그래밍)	Declarative + Imperative (선언형 + 명령형 프로그래밍)	Declarative Programming (선언형 프로그래밍)
레이아웃 관리	여러 레이아웃 매니저 제공 (BorderLayout, GridLayout 등)	더 유연하고 직관적인 레이아웃 시스템	직관적인 레이아웃 DSL (Domain-Specific Language) 사용
CSS 스타일링	CSS 지원 없음	CSS 기반 스타일링 지원	CSS 기반 스타일링 지원, JavaFX 기반
하드웨어 가속	하드웨어 가속 기능 없음	하드웨어 가속 기능 제공 (GPU 사용)	JavaFX 하드웨어 가속 기능 사용
애니메이션 및 효과	애니메이션 및 효과 지원 미흡	애니메이션 및 효과 지원	JavaFX의 애니메이션 및 효과 사용
2D/3D 그래픽 지원	제한적 2D 그래픽	2D/3D 그래픽 지원	JavaFX의 2D/3D 그래픽 사용

4) https://github.com/edvin/tornadofx

5) https://github.com/edvin/tornadofx/wiki/Documentation

기능	Java Swing	JavaFX	TornadoFX
멀티미디어 지원	멀티미디어 기능 미흡	멀티미디어 지원 (오디오, 비디오 재생 등)	JavaFX의 멀티미디어 기능 사용
비동기 처리	제한적 (Java의 스레드 기능 활용)	비동기 이벤트 처리 제공	JavaFX의 비동기 이벤트 처리 사용
FXML 지원	지원 안 함	FXML을 통한 UI 정의 지원	FXML 지원 안 함 (Kotlin DSL로 대체)
오픈소스 상태	오픈소스이지만 더 이상 적극적인 개발 없음	오픈소스, 활발히 개발 중	오픈소스, 활발히 개발 중
생태계	기존 자바 생태계와 연동 가능	JavaFX 전용 라이브러리, Scene Builder 등 생태계 존재	Kotlin과 JavaFX 생태계 연동 가능
커뮤니티 지원	넓은 커뮤니티, 오래된 자료 많음	빠르게 성장하는 커뮤니티, 신뢰성 높은 문서	Kotlin 커뮤니티 및 JavaFX 커뮤니티에서 지원
UI 작성 방식	코드 기반 UI 작성	FXML 또는 코드 기반 UI 작성	Kotlin DSL 기반 UI 작성
사용 용이성	복잡하고 다소 구식	좀 더 현대적이고 직관적	매우 간결하고 현대적인 DSL 사용

11.2.2 TornadoFX에서의 DSL (Domain Specific Language)

TornadoFX는 JavaFX를 기반으로 한 Kotlin 전용 GUI 프레임워크로, Kotlin의 언어적 특성을 활용하여 더욱 간결하고 직관적인 코드를 작성할 수 있다. TornadoFX는 Kotlin DSL(Domain Specific Language)을 사용하여 UI 컴포넌트와 레이 아웃을 선언적으로 정의할 수 있고, 이를 통해 XML 또는 Imperative 스타일의 UI 코딩보다 훨씬 읽기 쉽고 유지보수가 쉬운 코드를 작성할 수 있다.

① 레이아웃 정의

TornadoFX는 vbox, hbox, gridpane, borderpane 등 JavaFX에서 제공하는 레이아웃 컴포넌트를 더욱 간결하게 Kotlin DSL로 사용할 수 있게 해준다. 각 레이아웃은 함수로 제공되며, 해당 함수 내에서 자식 UI 컴포넌트를 선언할 수 있다

② 컴포넌트 정의

각 UI 요소는 Kotlin DSL을 통해 간결하게 선언된다. 버튼, 텍스트 필드, 레이블 등의 컴포넌트는 함수처럼 호출되고 그 안에서 다양한 설정을 할 수 있다

③ 데이터 바인딩

TornadoFX는 JavaFX의 데이터 바인딩 기능을 쉽게 사용할 수 있게 한다. 데이터 바인딩을 통해 UI 요소와 모델의 데이터를 동기화할 수 있으며, 이를 DSL로 직관적으로 설정할 수 있다.

④ 유효성 검증 (Validation)

유효성 검증은 사용자 입력을 확인할 때 매우 중요한 기능이다. TornadoFX는 DSL을 사용하여 간결하게 유효성 검사를 정의할 수 있다.

⑤ 컨트롤러와 MVVM 패턴

TornadoFX는 MVVM(Model-View-ViewModel) 패턴을 권장한다. View, ViewModel, Controller 클래스를 통해 비즈니스 로직과 UI를 분리할 수 있다.

⑥ 스코프 관리

TornadoFX는 스코프(scope)를 통해 상태를 관리할 수 있다. 이 기능은 여러 화면 간의 데이터 전달 및 관리에 유용하다.

TornadoFX의 Kotlin DSL의 장점을 요약 정리하면 다음과 같다:

- 간결함: DSL을 사용하면 코드가 매우 간결해짐. XML 없이도 UI 컴포넌트를 선언적으로 정의할 수 있음
- Kotlin 언어의 강력한 기능 활용: Kotlin의 익명 함수, 고차 함수, 속성 위임, 확장 함수 등을 활용하여 더욱 읽기 쉽고 유연한 코드를 작성할 수 있음
- 강력한 타입 안전성: Kotlin의 타입 시스템을 적극 활용하여 코드의 안전성을 보장함
- 효율적인 데이터 바인딩: JavaFX의 데이터 바인딩을 Kotlin의 DSL로 쉽게 활용할 수 있어, 모델과 UI의 동기화를 간단하게 구현할 수 있음
- MVVM 패턴의 자연스러운 지원: TornadoFX는 View, ViewModel, Controller를 통한 MVVM 패턴을 권장하고, 이를 쉽게 구현할 수 있는 구조를 제공함

11.2.3 TornadoFX에서의 스타일링

JavaFX와 TornadoFX에서 CSS 기반 스타일링은 UI의 외관을 관리하는 중요한 도구이다. JavaFX는 표준 CSS 파일을 사용하여 스타일링을 정의하며, 웹 개발과 유사한 방식으로 스타일을 처리한다. 반면 TornadoFX는 Kotlin DSL을 통해 스타일을 코드로 작성할 수 있게 하여, 더 간결하고 유연한 스타일링을 제공한다. TornadoFX의 DSL 방식은 스타일 정의를 더욱 프로그램적으로 만들며, Kotlin의 강력한 기능들을 사용해 더 깔끔하고 재사용 가능한 코드를 작성할 수 있는 장점을 제공한다.

TornadoFX는 JavaFX의 CSS 기능을 확장하여 Kotlin DSL을 사용해 스타일링을 더욱 직관적으로 작성할 수 있도록 지원한다. TornadoFX는 JavaFX의 스타일링 시스템을 기반으로 하되, 이를 Kotlin 코드로 직접 정의할 수 있는 기능을 제공하며, 이 방식으로 CSS 파일 없이도 스타일을 코드 내에서 정의할 수 있으며, 코드의 재사용성과 가독성을 높일 수 있다.

① 스타일 클래스

TornadoFX에서는 Stylesheet 클래스를 사용하여 CSS 스타일을 Kotlin DSL로 정의할 수 있으며, 이를 통해 CSS를 코드로 직접 작성할 수 있고, CSS 파일처럼 개별적인 스타일 클래스를 선언할 수 있다. 반면, JavaFX에서는 CSS 파일에서 스타일을 정의하거나, 각 컴포넌트의 setStyle() 메서드를 통해 인라인 스타일을 설정하여야 하나, TornadoFX에서는 스타일을 Kotlin DSL로 정의할 수 있다. 이 방식은 코드 내에서 스타일을 정의하고, 조건부로 스타일을 적용하거나 쉽게 재사용할 수 있도록 도와준다.

② 스타일 적용

TornadoFX에서 스타일을 적용하는 방법은 JavaFX와 유사하다. 다만, Kotlin DSL을 사용하여 스타일 클래스를 지정할 수 있다.

③ 인라인 스타일

TornadoFX에서도 JavaFX와 마찬가지로 인라인 스타일을 설정할 수 있다. 그러나 Kotlin DSL을 사용하여 더욱 간결하게 작성할 수 있다.

④ 유연성

JavaFX는 스타일을 코드와 별도의 파일(CSS)로 분리하여 관리한다. 스타일의 복잡도에 따라 유지보수가 어려울 수 있다. 그러나, TornadoFX에서는 스타일 정의와 코딩을 하나의 Kotlin 파일로 통합하여, 코드의 유연성과 재사용성을 극대화한다. 스타일과 UI 로직을 같은 맥락에서 쉽게 관리할 수 있다.

⑤ 스타일 재사용성과 확장성

JavaFX에서는 스타일 클래스를 CSS 파일에서 정의하고, 이를 UI 컴포넌트에 적용한다. TornadoFX에서도 Kotlin 클래스로 스타일을 정의하고, 이를 여러 컴포넌트에서 재사용할 수 있다. Kotlin의 객체지향 프로그래밍을 사용하여 스타일을 더 유연하게 관리할 수 있는 장점이 있다.

특히, TornadoFX의 DSL 스타일링 방식은 코드 내에서 스타일을 정의하므로, 조건부로 스타일을 적용하거나, 스타일을 쉽게 재사용할 수 있다. 또한 스타일 클래스는 상속을 통해 확장할 수 있어 다양한 UI 요소에 같은 스타일을 적용하거나 변경된 스타일을 적용할 수 있다. 이렇게 정의한 스타일은 다양한 뷰에서 재사용할 수 있으며, 스타일을 한 곳에서 관리하므로 유지보수가 훨씬 용이하다.

11.2.4 TornadoFX 기반 Kotlin GUI 기본 예제

그림 11.6은 TornadoFX 기반의 Kotlin GUI 프로그래밍 예제를 보여준다. Line 6 ~ 21에서는 GUI에서 사용되는 style을 정의하는 class MyStyles을 Stylesheet()을 상속받아 구현한다. class MyStyles()에는 companion object로 primaryButton이 선언되어 있으며, 이는 line 39에서 addClass()로 이 GUI의 뷰에 "Primary Button"으로 포함된다. Line 11~20의 init{} 코드블록에서는 primaryButton의 배경색(backgroundColor), 문자열의 채우기, 글자 폰트 크기, 패딩, 버튼 모서리의 둥근 부분의 반지름 및 배경색의 반지름 등에 대한 속성을 설정한다.

그림 11.6 line 24~66에서는 TornadoFX 기반 Kotlin GUI의 MVVM(Model-View-ViewModel) 패턴에서 뷰(view)를 정의하는 class MyView()를 View() 클래스를 상속받아 구현하고 있다. class MyView()에는 데이터 멤버로 resultField가 TextField로 선언되어 있는데, 이 TextField는 line 2에서 import 시키고 있는 JavaFX의 control.TextField 자료형으로 설정되어 있다. class MyView는 GUI에서 표시되는 구성요소들이 어떻게 배치되는지, 각 구성요소간의 간격이 어떻게 지정되는가를 설정한다.

```
 1 : import tornadofx.*
 2 : import javafx.scene.control.TextField
 3 : import tornadofx.FX.Companion.primaryStage
 4 :
 5 : // 스타일 정의
 6 : class MyStyles : Stylesheet() {
 7 :     companion object {
 8 :         val primaryButton by cssclass()
 9 :     }
10 :
11 :     init {
12 :         primaryButton {
13 :             backgroundColor += c("#3498db")
14 :             textFill = c("white")
15 :             fontSize = 16.px
16 :             padding = box(11.px)
17 :             borderRadius += box(5.px)
18 :             backgroundRadius += box(5.px)
19 :         }
20 :     }
21 : } // end class MyStyles
22 :
23 : // 메인 뷰 정의
24 : class MyView : View() {
25 :     private lateinit var resultField: TextField // 결과를 출력할 TextField 선언
26 :
27 :     override val root = vbox {
28 :         spacing = 11.0
29 :         paddingAll = 20.0
30 :
31 :         label("Welcome to TornadoFX") {
32 :             style {
33 :                 fontSize = 24.px
34 :                 padding = box(0.px, 0.px, 20.px, 0.px)
                     // 아래쪽에만 20px의 패딩 적용
35 :             }
36 :         }
37 :
38 :         button("Primary Button") {
39 :             addClass(MyStyles.primaryButton)
40 :             action {
41 :                 resultField.text = "Primary Button Clicked"
42 :             }
43 :         }
44 :
45 :         button("Inline Styled Button") {
46 :             style {
47 :                 backgroundColor += c("#e74c3c")
48 :                 textFill = c("white")
49 :                 fontSize = 18.px
50 :                 padding = box(11.px)
51 :             }
52 :             action {
53 :                 resultField.text = "Inline Styled Button Clicked"
54 :             }
55 :         }
```

그림 11.6 TornadoFX 기반 Kotlin GUI 프로그램 예제 (part 1)

Line 27~65에 vbox{} 블록이 설정되고, 이 vbox가 root로 설정된다. View() 클래스의 핵심 속성인 root는 뷰가 화면에 표시할 내용을 정의하며, root 컨테이너 (VBox, HBox, BorderPane, StackPane) 또는 컴포넌트로 설정되며, 내부에 다양한 UI 요소들

을 배치할 수 있다. Line 28~64에서는 vbox 내부에서 수직 방향으로 차례로 열거되는 label, Primary Button, Inline Styled Button과 textfield인 resultField가 차례로 설정된다.

Line 31~36에서 설정된 label은 "Welcome to TornadoFX"를 출력하며, style {} 코드 블록에서 설정하고 있는 글자크기와 패딩에 따라 표시 방식이 설정되며, 출력된 결과는 그림 11.7의 첫 부분에서 확인할 수 있다.

그림 11.6 line 38~43에서는 Primary Button을 class MyStyles()에서 정의한 스타일에 따라 생성하여 뷰에 추가하며, 이 버튼이 눌러지면 action{} 코드블록에서 정의하고 있는 내용에 따라 resultFiled의 텍스트 내용에 "Primary Button Clicked"라는 내용이 출력되도록 한다.

```
56 :
57 :             // TextField 추가: 클릭한 버튼의 결과를 표시
58 :             resultField = textfield {
59 :                 isEditable = false // 사용자가 편집하지 못하도록 설정
60 :                 promptText = "Result will be shown here"
61 :                 style {
62 :                     fontSize = 20.px
63 :                 }
64 :             }
65 :         } // end root = vbox
66 :     } // end class MyView
67 :
68 :     // 애플리케이션 시작점
69 :     class MainApp : App(MyView::class, MyStyles::class) {
70 :         override fun start(stage: javafx.stage.Stage) {
71 :             super.start(stage)
72 :             stage.titleProperty().unbind()  // 기존 바인딩 해제
73 :             stage.title = "TornadoFX-based Kotlin GUI Event Handling"
                 // 창 제목 설정
74 :         }
75 :     }
76 :
77 :     // 프로그램의 메인 함수
78 :     fun main() {
79 :         launch<MainApp>()
80 :     }
```

그림 11.6 TornadoFX 기반 Kotlin GUI 프로그램 예제 (part 2)

Line 45~55에서는 class MyStyles에서 정의하고 있지 않고, 자체적으로 style을 설정하는 Inline Styled Button을 생성하고, 세부적인 속성들을 설정한다. inline 스타일 설정에서도 세부적인 내용을 Stylesheet() 클래스를 상속받아 생성되는 class MyStyles()에서 설정하는 내용과 동일하게 설정할 수 있다. Line 53에서는 Inline Styled Button이 클릭되었을 때, resultField의 text 부분이 "Inline Styled Button Clicked"이 표시되도록 설정한다.

Line 58~64에서는 TornadoFX 기반 Kotlin GUI 예제에서의 버튼이 클릭되었을 때, 실행 결과 텍스트가 출력되게 하는 textfield인 resultField를 설정하고 있다. 이 textfiled

는 isEditable을 false로 설정하여 편집하지 못하도록 설정되어 출력에서만 사용될 수 있게 하며, 초기상태에서 표시되는 promptText와 글자크기를 설정한다.

그림 11.6 line 78~80에서는 그림 11.7에서 보는 것과 같은 TornadoFX 기반 Kotlin GUI가 생성되고, 프로그램의 실행이 시작되는 main() 함수를 정의하고 있다. main()함수가 실행되면 line 69~75에서 구현되어 있는 MainApp이 실행되며, MainApp은 App() 클래스를 상속받아 구현되며, start() 메서드가 실행되면서 TornadoFX 애플리케이션이 실행되도록 한다.

그림 11.7 TornadoFX 기반 Kotlin GUI 프로그램 예제실행결과

App()은 TornadoFX 애플리케이션의 진입점 역할을 하며, 애플리케이션의 기본 뷰를 설정하고, 스타일시트를 설정하며, 애플리케이션의 수명 주기를 관리하는 기능을 제공한다. 먼저, App 클래스는 애플리케이션의 첫번째 화면(뷰)을 정의한다. 이 첫번째 화면은 TornadoFX의 View 클래스를 상속하는 클래스로 정의되며 (그림 11.6의 class MyView 클래스), App() 클래스에서 이를 primaryView로 지정한다. 이 뷰가 애플리케이션이 시작될 때 처음으로 표시된다.

App 클래스는 애플리케이션 전체에 적용할 CSS 스타일 시트를 지정할 수 있다. TornadoFX는 JavaFX와 마찬가지로 CSS(cascaded style sheet)를 사용하여 UI 스타일을 커스터마이징할 수 있다. App() 클래스에서는 기본적으로 사용할 stylesheet를 지정하여 애플리케이션의 일관된 디자인을 유지할 수 있게 한다.

App() 클래스는 애플리케이션의 수명주기 (시작, 종료 등)를 관리한다. JavaFX의 Application 클래스처럼, TornadoFX의 App() 클래스도 start(), init(), stop() 메서드를 오버라이드하여 애플리케이션의 수명주기 이벤트에 맞춘 동작을 정의할 수 있다.

그림 11.6의 TornadoFX 기반 Kotlin GUI 프로그램을 실행하면, 그림 11.7에서 보는 화면 출력을 볼 수 있게 된다. 이 GUI에서 Primary Button과 Inline Sytled Button을 각각 클릭하면, 버튼 아래에 있는 텍스트 필드에 해당 동작이 발생되었다는 내용이 출력된다.

11.2.5 TornadoFX class Stylesheet()

TornadoFX의 Stylesheet 클래스는 TornadoFX 애플리케이션에서 CSS 스타일을 Kotlin DSL로 작성할 수 있게 해주는 클래스이며, 이 클래스는 JavaFX의 CSS 스타일링 기능을 활용하며, 스타일시트를 외부 CSS 파일로 작성하는 대신 Kotlin 코드 내에서 정의할 수 있도록 한다. 이를 통해 애플리케이션의 UI 요소를 더욱 유연하고 직관적으로 스타일링할 수 있다.

(1) Stylesheet 클래스의 주요 기능

① Kotlin DSL을 사용한 CSS 정의

Stylesheet 클래스를 사용하면 CSS 스타일을 Kotlin 코드로 정의할 수 있다. 이를 통해 기존의 CSS 구문을 Kotlin 문법으로 표현할 수 있어, 타입 안정성 및 IDE 지원을 활용할 수 있다.

② CSS 클래스를 선언적으로 정의

TornadoFX에서는 CSS 클래스를 선언적으로 정의하고 이를 UI 컴포넌트에 적용할 수 있다. cssclass() 함수로 CSS 클래스를 선언하고, 이를 다양한 스타일링 옵션과 결합할 수 있다.

③ 스타일링 재사용성

Stylesheet 클래스는 Kotlin의 객체지향 특성을 사용하여 스타일을 쉽게 재사용할 수 있다. CSS 클래스 및 속성을 Kotlin 코드 내에서 선언하면, 여러 UI 컴포넌트에 동일한 스타일을 반복적으로 적용할 수 있다.

④ JavaFX CSS 속성과의 통합

TornadoFX의 Stylesheet는 JavaFX의 CSS 속성을 그대로 사용할 수 있으며, TornadoFX DSL을 사용하여 더 직관적으로 스타일을 정의할 수 있다. 예를 들어, -fx-background-color와 같은 CSS 속성은 backgroundColor로, -fx-font-size는 fontSize로 변환된다.

(2) Stylesheet 클래스의 기본 구조

Stylesheet 클래스는 스타일 규칙을 정의하는 공간을 제공하며, 이를 사용하여 다양한 UI 요소에 스타일을 적용할 수 있다.

① companion object와 cssclass()

companion object는 Kotlin의 객체 선언으로, CSS 클래스나 스타일을 전역적으로 사용할 수 있게 만든다. cssclass() 함수는 TornadoFX의 Stylesheet 클래스 내에서 새로운 CSS 클래스를 선언할 때 사용되며, 선언된 CSS 클래스는 이후에 UI 컴포넌트에 적용될 수 있다.

② init 블록

init 블록은 스타일 정의를 포함하는 부분이며, 이 블록 내에서 각 CSS 클래스에 스타일 속성을 지정한다.

③ Kotlin DSL을 사용한 CSS 속성 정의

JavaFX CSS에서 자주 사용되는 속성들이 Kotlin DSL 형태로 제공된다. 주로 많이 사용되는 속성으로는 backgroundColor, textFill, fontSize, padding, borderRadius 등이 있다. 이러한 속성들은 CSS 속성을 Kotlin의 객체로 변환한 것이다. .

예를 들어 c("#3498db")는 색상을 정의하는 함수로, 헥사코드 색상을 지정할 수 있으며, 18.px: px 확장 함수는 픽셀 단위로 글꼴 크기 또는 패딩을 정의하고, box(11.px): box() 함수는 사방에 동일한 크기의 패딩을 설정할 수 있게 한다.

(3) Stylesheet 클래스 사용 방법

① Stylesheet 클래스 정의

먼저 Stylesheet 클래스를 상속하여 스타일 규칙을 정의한다. 각 CSS 클래스와 속성은 Kotlin DSL을 사용해 선언할 수 있다.

```
class MyStyles : Stylesheet() {
    companion object {
        val myButton by cssclass()
    }

    init {
        myButton {
            backgroundColor += c("#3498db")
            textFill = c("white")
        }
    }
}
```

그림 11.8 Kotlin TornadoFX 기반 GUI 프로그래밍에서의 Stylesheet 클래스 정의 예제

② class View에 스타일 클래스 적용 및 App 클래스에서 스타일 적용

정의된 스타일 클래스를 UI 컴포넌트에 적용하려면 addClass() 메서드를 사용한다. App 클래스에서 stylesheets 속성을 통해 스타일시트를 애플리케이션에 적용할 수 있다. Stylesheet 클래스를 지정하면 애플리케이션의 모든 뷰에서 이 스타일을 사용할 수 있다.

```
class MyView : View() {
    override val root = vbox {
        button("Styled Button") {
            addClass(MyStyles.myButton)
        }
    }
}

class MyApp : App(MyView::class, MyStyles::class)
    override fun start(stage: javafx.stage.Stage) {
        super.start(stage)
        stage.titleProperty().unbind()  // 기존 바인딩 해제
        stage.title = "TornadoFX-based Kotlin GUI Event Handling"
          // 창 제목 설정
    }
}

// 프로그램의 메인 함수
fun main() {
    launch<MyApp>()
}

```

그림 11.9 View() 활용 예제

(4) Stylesheet 클래스 사용 예제

그림 11.10은 TornadoFX 기반 Kotlin GUI 프로그래밍에서 스타일링을 설정하기 위하여 Stylesheet() 클래스를 상속받는 MyStyles를 구현하는 예를 보여준다. Line 5~13에서 스타일링에 사용되는 UI 컴포넌트의 스타일을 companion object로 선언하며, Kotlin DSL (domain specific language)로 정의한다. 각 UI 컴포넌트 스타일의 세부적인 속성들은 line 15~81의 init{} 코드 블록에서 각각 설정하고 있다. JavaFX에서는 별도의 CSS 파일을 사용하거나 inline style을 설정하여 스타일링을 구현하였으나 TornadoFX에서는 스타일 클래스를 Kotlin 소스코드와 함께 관리하며 소스코드 내에서 스타일을 정의하고, 조건부로 스타일을 적용하거나 쉽게 재사용할 수 있게 한다.

그림 11.10 line 83~141에서는 애플리케이션의 주요 화면 요소 (UI 컴포넌트)를 구성하며, 사용자가 상호작용하는 화면 (UI)을 정의하고, 이를 관리하는데 중요한 역할을 수행하는 MyView() 클래스를 구현하는 예를 보여준다. 클래스 MyView()는 View() 클래스를 상속받아 구현되는데, class View()는 다시 class UIComponent()를 상속받는다. Line 84에서는 View의 화면의 최상위 레이아웃 컨테이너인 root를 vbox로 정의하며, label의 표시 문자열과 적용할 스타일 (headerLabel)을 설정한다.

class View()의 최상위 레이아웃 컨테이너 root 설정에는 주로 VBox, HBox, BorderPane, StackPane 등과 같은 JavaFX 레이아웃 요소를 사용하며, root property를 통해 해당 화면의 레이아웃 구조를 설정할 수 있다.

Line 83~135에서는 화면의 최상위 레이아웃 컨테이너 root에 포함될 UI 컴포넌트들을 차례로 열거하며, 위에서 아래로의 수직 방향으로 배치를 하는 vbox 배치 관리자를 사용하여 화면 구성을 하도록 설정한다. 화면 구성의 결과는 그림 11.11에서 볼 수 있으며, 화면의 상단으로부터 레이블, 버튼, Text Field, Text Area, Slider, Radio Button, Check

Button들이 배치되어 있는 것을 확인할 수 있다.

```
 1 : import javafx.scene.text.FontWeight
 2 : import tornadofx.*
 3 :
 4 : class MyStyles : Stylesheet() {
 5 :     companion object {
 6 :         val primaryButton by cssclass()
 7 :         val headerLabel by cssclass()
 8 :         val textInput by cssclass()
 9 :         val textAreaStyle by cssclass()
10 :         val sliderStyle by cssclass()
11 :         val radioButtonStyle by cssclass()
12 :         val checkBoxStyle by cssclass()
13 :     }
14 :
15 :     init {
16 :         // Button 스타일
17 :         primaryButton {
18 :             backgroundColor += c("#3498db")
19 :             textFill = c("white")
20 :             fontSize = 16.px
21 :             padding = box(11.px)
22 :             borderRadius += box(5.px)
23 :         }
24 :
25 :         // Label 스타일
26 :         headerLabel {
27 :             textFill = c("black")
28 :             fontSize = 24.px
29 :             fontWeight = FontWeight.BOLD
30 :             padding = box(0.px, 0.px, 20.px, 0.px)
               // Only bottom padding set to 20px
31 :         }
32 :
33 :         // TextField 스타일
34 :         textInput {
35 :             backgroundColor += c("#ecf0f1")
36 :             fontSize = 14.px
37 :             borderColor += box(c("#2ecc71"))
38 :             borderRadius += box(4.px)
39 :         }
40 :
41 :         // TextArea 스타일
42 :         textAreaStyle {
43 :             backgroundColor += c("#f0f0f0")
44 :             textFill = c("black")
45 :             fontSize = 14.px
46 :             padding = box(8.px)
47 :         }
48 :
49 :         // Slider 스타일
50 :         sliderStyle {
51 :             backgroundColor += c("#bdc3c7")
52 :             padding = box(5.px)
53 :             fontSize = 14.px
54 :         }
```

그림 11.10 Kotlin TornadoFX Stylesheet 클래스 사용 예제 (part 1)

Line 109~119에서는 radio button들을 togglegroup{}으로 설정하여, 그 toggle group에 속한 radio button 중 하나만 선택될 수 있도록 구성하는 예를 보여준다. Line 137에서는 클래스 App()을 상속받는 class MyApp을 설정하며, MyView와 MyStyles

를 사용하도록 선언하고, line 139~141의 main() 함수에서 MyApp을 실행시킨다. MyApp의 실행 결과 화면은 그림 11.11에서 보는 것과 같다.

```
55 :            // RadioButton 스타일 (Pseudo-class :selected)
56 :            radioButtonStyle {
57 :                textFill = c("black")
58 :                fontSize = 14.px
59 :
60 :                // Styling for selected state
61 :                and(selected) {
62 :                    mark {
63 :                        backgroundColor += c("#e74c3c")
64 :                    }
65 :                }
66 :            }
67 :
68 :            // CheckBox 스타일 (Pseudo-class :checked)
69 :            checkBoxStyle {
70 :                textFill = c("black")
71 :                fontSize = 14.px
72 :
73 :                // Styling for checked state
74 :                and(checked) {
75 :                    mark {
76 :                        backgroundColor += c("#2ecc71")
77 :                    }
78 :                }
79 :            }
80 :        } // end init{} 코드블록
81 :    } // end class MyStyles()
82 :
83 :    class MyView : View() {
84 :        override val root = vbox {
85 :            label("Styled TornadoFX Components") {
86 :                addClass(MyStyles.headerLabel)
87 :            }
88 :            button("Styled Button") {
89 :                addClass(MyStyles.primaryButton)
90 :            }
91 :            textfield("Text Field Example") {
92 :                addClass(MyStyles.textInput)
93 :            }
94 :            textarea("Text Area Example") {
95 :                addClass(MyStyles.textAreaStyle)
96 :            }
97 :            // Label for Slider
98 :            label("Slider") {
99 :                addClass(MyStyles.headerLabel) // Style the slider label as well
100 :            }
101 :            slider(min = 0, max = 100) {
102 :                addClass(MyStyles.sliderStyle)
103 :            }
104 :            // RadioButtons Group (Multiple RadioButtons)
105 :            label("Select an option:") {
106 :                addClass(MyStyles.headerLabel)
107 :            }
```

그림 11.10 Kotlin TornadoFX Stylesheet 클래스 사용 예제 (part 2)

```

        togglegroup {
            radiobutton("Option 1") {
                addClass(MyStyles.radioButtonStyle)
            }
            radiobutton("Option 2") {
                addClass(MyStyles.radioButtonStyle)
            }
            radiobutton("Option 3") {
                addClass(MyStyles.radioButtonStyle)
            }
        }

        // CheckBoxes (Multiple CheckBoxes)
        label("Select your preferences:") {
            addClass(MyStyles.headerLabel)
        }
        checkbox("Check me 1") {
            addClass(MyStyles.checkBoxStyle)
        }
        checkbox("Check me 2") {
            addClass(MyStyles.checkBoxStyle)
        }
        checkbox("Check me 3") {
            addClass(MyStyles.checkBoxStyle)
        }
    } // end override val root
} // end class MyView

class MyApp : App(MyView::class, MyStyles::class)

fun main() {
    launch<MyApp>()
}
```

그림 11.10 Kotlin TornadoFX Stylesheet 클래스 사용 예제 (part 4)

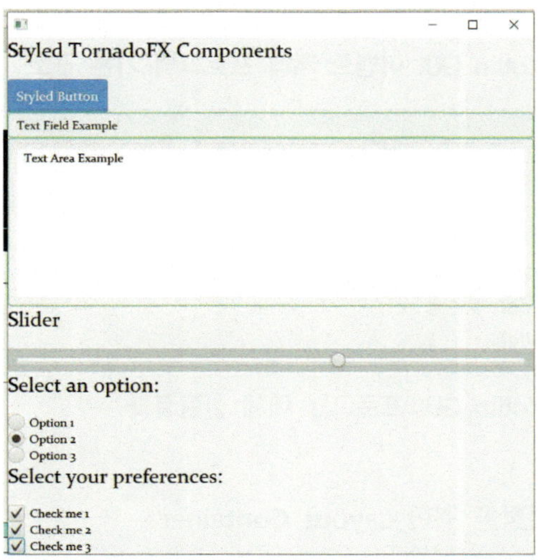

그림 11.11 Kotlin TornadoFX Stylesheet 클래스 사용 예제의 실행결과

11.2.6 TornadoFX 기반 Kotlin GUI 프로그램에서의 기본 기능 요소

(1) TornadoFX 기반 Kotlin GUI 이벤트 처리

그림 11.12는 TornadoFX 기반 Kotlin GUI 기본 프로그래밍에서 button을 사용하여 이벤트 처리를 하는 기본 기능을 구현하는 예제를 보여준다. Line 4~14에서 구현하는 MyView에는 데이터 멤버로 count가 포함되어 있으며, 최상단 컨테이너인 root를 vbox로 구성하고, 내부에 "Click me" 레이블의 버튼이 포함되어 있다. 이 버튼을 클릭하면 콘솔로 count값이 포함된 출력메시지가 출력되도록 하며, count값은 버튼이 눌러질 때마다 1씩 증가하게 된다. 그림 11.12의 실행 결과는 그림 11.13에서 확인할 수 있다.

```
 1 :  /* TornadoFX-based Kotlin GUI */
 2 :  import tornadofx.*
 3 :
 4 :  class MyView: View() {
 5 :      var count : Int = 0
 6 :      override val root = vbox {
 7 :          button("Click me") {
 8 :              action {
 9 :                  println("Kotlin GUI based on TornadoFX! (%2d)".format(count))
10 :                  count++
11 :              }
12 :          }
13 :      }
14 :  }
15 :
16 :  class MyApp: App(MyView::class)
17 :
18 :  fun main() {
19 :      launch<MyApp>()
20 :  }
21 :
```

그림 11.12 TornadoFX Kotlin GUI 이벤트 처리 프로그램 기본 구조

```
8월 17, 2024 7:41:39 오전 com.sun.javafx.application.PlatformImpl startup
WARNING: Unsupported JavaFX configuration: classes were loaded from 'unnamed module @4f2298da'
8월 17, 2024 7:41:39 오전 tornadofx.Stylesheet$Companion detectAndInstallUrlHandler
INFO: Installing CSS url handler, since it was not picked up automatically
Kotlin GUI basedon TornadoFX! ( 0)
Kotlin GUI basedon TornadoFX! ( 1)
Kotlin GUI basedon TornadoFX! ( 2)
```

그림 11.13 TornadoFX Kotlin GUI 프로그램 예제 실행결과

(2) TornadoFX 설치 지정을 위한 Layout Container

TornadoFX는 JavaFX를 기반으로 한 Kotlin 프레임워크로, 다양한 레이아웃 컨테이너(또는 "설치 지정자")를 사용하여 UI를 구성할 수 있다. 이러한 레이아웃 컨테이너는 부모 컨테이너 안에 자식 노드(버튼, 텍스트 필드, 레이블 등)를 배치하는 방식을 결정한다. TornadoFX는 이러한 레이아웃 컨테이너들을 쉽게 사용할 수 있도록 Kotlin DSL을 제공하여 선언적으로 UI 코드를 작성할 수 있게 한다.

표 11.2는 TornadoFX에서 사용 가능한 설치 지정자 (layout container)에 대한 설명을 예시와 함께 정리하고 있다. TornadoFX에서 주로 많이 사용되는 설치 지정자로는 자식 요소들을 세로로 (위에서 아래로) 배치하는 VBox, 자식 요소들을 가로로 (왼쪽에서 오른쪽으로) 배치하는 HBox, 자식요소들을 컨테이너의 top, bottom, left, center, right 구역으로 나누어 배치하는 BorderPane, 자식 요소들을 행(row)과 열(column)로 구성된 그리드에 배치하는 GridPane, 자식 요소들이 컨테이너의 경계를 넘어가면 자동적으로 다음 줄로 넘어가며 흐름에 따라 배치하는 FlowPane등이 있다.

표 11.2 TornadoFX에서 사용 가능한 Layout Container (설치 지정자)

레이아웃 컨테이너	설명	예시
VBox(vbox)	자식 요소들을 세로로(위에서 아래로) 배치	kotlin vbox { label("레이블 1") button("버튼 1") }
HBox(hbox)	자식 요소들을 가로로(왼쪽에서 오른쪽으로) 배치	kotlin hbox { label("레이블 1") button("버튼 1") }
BorderPane(borderpane)	자식 요소들을 top, bottom, left, right, center로 나누어 배치	kotlin borderpane { top = label("위쪽") center = button("중앙 버튼") bottom = label("아래쪽") }
GridPane(gri dpane)	자식 요소들을 행(row)과 열(column)로 구성된 그리드에 배치	kotlin gridpane { label("행 0, 열 0") { gridpaneConstraints { columnRowIndex(0, 0) } } }
StackPane(st ackpane)	자식 요소들을 겹쳐 쌓아 중앙에 정렬하는 컨테이너입니다.	kotlin stackpane { rectangle(width = 100.0, height = 100.0) label("사각형 위") }
FlowPane(flo wpane)	자식 요소들이 컨테이너의 경계를 넘어가면 자동으로 다음 줄로 넘어가며 흐름에 따라 배치	kotlin flowpane { button("버튼 1") button("버튼 2") }
TilePane(tilep ane)	동일한 크기의 타일로 구성된 그리드에 자식 요소를 배치	kotlin tilepane { button("타일 1") button("타일 2") }
AnchorPane(anchorpane)	자식 요소들을 컨테이너의 각 모서리에 고정하여 배치	kotlin anchorpane { button("고정 버튼") { anchorpaneConstraints { topAnchor = 11.0 leftAnchor = 11.0 } } }
Pane(pane)	자식 요소들이 절대 위치에 배치	kotlin pane { button("자유 위치 버튼") { layoutX = 50.0 layoutY = 50.0 } }
ScrollPane(s crollpane)	자식 요소들을 스크롤 가능한 뷰로 만들어주는 컨테이너	kotlin scrollpane { vbox { for (i in 1..20) { label("항목 $i") } } }
SplitPane(spli tpane)	자식 요소들을 여러 영역으로 나누고, 이들 영역의 크기를 사용자가 조절할 수 있게 하는 컨테이너	kotlin splitpane { vbox { label("첫 번째 영역") } vbox { label("두 번째 영역") } }
Form(form)	필드와 컨트롤로 구성된 폼을 생성하는 특수 컨테이너	kotlin form { fieldset("정보") { field("이름") { textfield() } } }

(3) Grid Layout 기본 예제

그림 11.14는 TornadoFX 기반 GUI 프로그래밍에서 컨테이너에 포함되는 자식 요소들을 행(row)과 열(column)로 구성된 그리드에 배치하는 GridPane의 사용 예제를 보여준다. 이 예제에서는 그림 11.15의 실행 결과에서 보는 것과 같이, 사용자 이름 (user name)과 암호 (password)를 입력받아 처리할 수 있도록 label과 text field를 배치하고, submit과 cancel 버튼을 배치하는 View를 설정하는 예를 보여준다.

```
 1 : /* TornadoFX gridpane example */
 2 : import tornadofx.*
 3 : import javafx.scene.control.TextField
 4 :
 5 : class MainView : View("GridPane Example with Spans") {
 6 :     // Declare the controller
 7 :     private val mainController: MainController by inject()
 8 :     // Declare TextFields for username and password
 9 :     private var usernameField: TextField by singleAssign()
10 :     private var passwordField: TextField by singleAssign()
11 :
12 :     override val root = gridpane {
13 :         paddingAll = 20
14 :         vgap = 11.0
15 :         hgap = 11.0
16 :
17 :         // First row
18 :         label("Username:") {
19 :             gridpaneConstraints { columnRowIndex(0, 0) }
20 :         }
21 :         usernameField = textfield {
22 :             gridpaneConstraints {
23 :                 columnRowIndex(1, 0)
24 :                 columnSpan = 2  // Span across 2 columns
25 :             }
26 :         }
27 :
28 :         // Second row
29 :         label("Password:") {
30 :             gridpaneConstraints { columnRowIndex(0, 1) }
31 :         }
32 :         passwordField = textfield {
33 :             gridpaneConstraints {
34 :                 columnRowIndex(1, 1)
35 :                 columnSpan = 2  // Span across 2 columns
36 :             }
37 :         }
38 :
```

그림 11.14 Kotlin 소스코드 (part 1)

Line 7~10에서는 응용 프로그램의 UI 기반 입력에서 사용하는 mainController와 변수들인 usernameField와 passwordField를 생성한다. Line 12에서 root를 gridpane으로 정의하며, UI 컴포넌트들의 그리드 좌표를 columnRowIndex(index_col, index_row)의 형식으로 설정한다. (0, 0) 위치에 "Username:" 레이블, (1, 0) 위치에 사용자 이름 입력을 위한 textfield인 usernameField, (0, 1) 위치에 "Password:" 레이블, (1, 1) 위치에 사용자 암호(password) 입력을 위한 passwordField가 선언된다. userNameField와 passwordField의 columnSpan은 2로 선언되어 2개의 column 간격을 사용하도록 설정하고 있다.

```
39 :
40 :             // Third row (buttons)
41 :             button("Submit") {
42 :                 gridpaneConstraints {
43 :                     columnRowIndex(1, 2)
44 :                 }
45 :                 action {
46 :                     // Call the controller's submit function
47 :                     mainController.handleSubmit(usernameField.text,
                          passwordField.text)
48 :                 }
49 :             }
50 :             button("Cancel") {
51 :                 gridpaneConstraints {
52 :                     columnRowIndex(2, 2)
53 :                 }
54 :                 action {
55 :                     // Clear the text fields
56 :                     usernameField.clear()
57 :                     passwordField.clear()
58 :                 }
59 :             }
60 :         }
61 :     }
62 :
63 :     class MainController : Controller() {
64 :         // Function to handle the submit button click
65 :         fun handleSubmit(username: String, password: String) {
66 :             // Print the input values to the console or handle further logic
67 :             println("Username: $username")
68 :             println("Password: $password")
69 :
70 :             // Optionally, handle any other logic or validation here
71 :         }
72 :     }
73 :
74 :     class MyApp : App(MainView::class)
75 :
76 :     fun main() {
77 :         launch<MyApp>()
78 :     }
79 :
```

그림 11.14 Kotlin 소스코드 (part 2)

Line 40~58에서는 그리드의 (1, 2) 위치에 "Submit" 버튼을 배치하고, (2, 2) 위치에 "Cancel" 버튼을 배치하며, 해당 버튼이 눌려지면 action{} 에서 선언된 이벤트 처리 함수가 실행되도록 설정하고 있다. Submit 버튼이 눌려지면 mainController의 handleSubmit() 멤버 함수가 실행되며, usernameField.text와 passwordField.text 입력 문자열을 인수로 전달하여 출력하도록 구현하고 있다. 실제 이 부분은 사용자의 로그인 단계에서 정확한 사용자 이름과 패스워드를 사용자 정보 데이타베이스의 내용과 확인하고, 정상적인 로그인 절차를 수행하도록 handleSubmit() 함수를 구현하게 된다.

Line 74에서는 MainView를 사용하는 MyApp을 정의하며, line 76~78에서는 main() 함수가 실행되며, MyApp의 인스탄스 생성 및 TornadoFX 기반 GUI 프로그램이 실행되도록 한다. 실행 결과는 그림 11.15에서 보는 것과 같은 화면 구성을 가지며, username과 password에 로그인 정보를 입력하고, Submit 버튼을 누르면 입력된 내용을 콘솔화면에 출력하여 GUI를 통한 데이터 입력 기능이 정상적으로 수행된 것을 확인할 수 있게 한다.

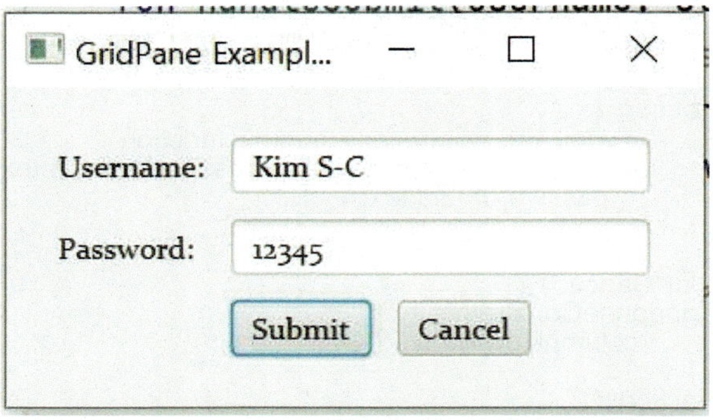

그림 11.15 실행결과

(4) 데이터 입력, 연산 및 출력 기능을 가지는 TornadoFX 기반 Kotlin GUI 프로그램

그림 11.16은 데이터 입력, 연산 및 출력 기능을 가지는 TornadoFX 기반 Kotlin GUI 프로그램 예제를 보여준다. 이 예제에서는 View() 클래스 내부의 구성, vbox()와 hbox()의 계층적 구조, 버튼을 사용한 연산 기능 수행, 결과의 text field 출력 예제 등을 보여준다.

```
 1 :  /* TornadoFX-based Kotlin GUI - Simple Calculator */
 2 :  import tornadofx.*
 3 :
 4 :  class MyView: View() {
 5 :      private var number1Field = textfield()
 6 :      private var number2Field = textfield()
 7 :      private var resultLabel = label("Result: ")
 8 :
 9 :      override val root = vbox(10) {
10 :          paddingAll = 20.0
11 :          hbox(10) {
12 :              label("Number 1:")
13 :              add(number1Field)
14 :          }
15 :          hbox(10) {
16 :              label("Number 2:")
17 :              add(number2Field)
18 :          }
19 :          button("Add") {
20 :              action {
21 :                  calculateSum()
22 :              }
23 :          }
24 :          add(resultLabel)
25 :      } // end of root = vbox()
```

그림 11.16 데이터 입력, 연산 및 출력 기능을 가지는 TornadoFX 기반 Kotlin GUI 프로그램 (part 1)

그림 11.16 line 4~39에서 구현하는 class MyView에서는 데이터 멤버로 데이터 입력에서 사용되는 textfield 인스탄스인 number1Field와 number2Field를 가지며, 실행 결과 출력을 위한 resultLabel을 가진다. Line 9~25에서는 View 클래스의 최상단 컨테이

너인 root를 vbox()로 설정하여, 내부 컴포넌트들이 수직 방향으로 위에서 아래로 설치되게 한다. root 컨테이너 내부에는 hbox()를 2개 사용하여 number1과 number2를 입력받을 수 있도록 label과 textfield를 그림 11.17에서 보는 것과 같이 구성한다.

Line 19~23에서는 "Add" 레이블이 표시되는 버튼을 구성하고, 이 버튼이 클릭되면 line 27~38에서 구현되어 있는 calculateSum() 함수가 실행되도록 한다. calculateSum() 멤버 함수에서는 number1Field와 number2Field의 text 값을 읽어 정수로 변환하여 각각 number1과 number2에 대입하며, line 32~35에서 이들이 null 값이 아닐 때 정수 덧셈을 하고, 그 결과를 resultLabel.text에 대입하여 GUI에 표시되도록 한다. 다양한 값을 입력하여 덧셈 계산을 할 수 있으며, 실행 결과는 그림 11.17에서 볼 수 있다.

```
26 :
27 :     private fun calculateSum() {
28 :         // 입력된 값을 Int로 변환하여 덧셈
29 :         val number1 = number1Field.text.toIntOrNull()
30 :         val number2 = number2Field.text.toIntOrNull()
31 :
32 :         if (number1 != null && number2 != null) {
33 :             val sum = number1 + number2
34 :             resultLabel.text = "Result: $sum"
35 :         } else {
36 :             resultLabel.text = "Please enter valid numbers."
37 :         }
38 :     }
39 : } // end class MyView
40 :
41 : class MyApp: App(MyView::class)
42 :
43 : fun main() {
44 :     launch<MyApp>()
45 : }
```

그림 11.16 데이터 입력, 연산 및 출력 기능을 가지는 TornadoFX 기반 Kotlin GUI 프로그램 (part 2)

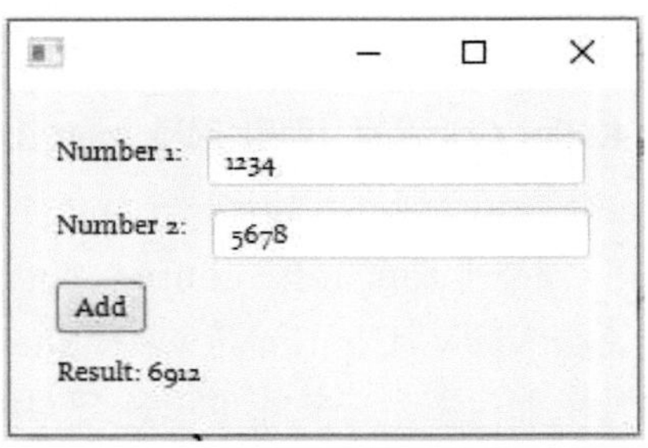

그림 11.17 데이터 입력, 연산 및 출력 기능을 가지는 TornadoFX 기반 Kotlin GUI 프로그램 실행 결과

11.2.7 TornadoFX 기반 Kotlin GUI 응용 프로그래밍

그림 11.18은 borderpane 배치 관리자를 사용하는 TornadoFX 기반 Kotlin GUI 프

로그래밍의 예제를 보여준다. Borderpane 배치 관리자는 자식 요소들을 컨테이너의 top, bottom, left, center, right 구역으로 나누어 배치하여 준다.

```
 1 :  import javafx.geometry.Pos
 2 :  import tornadofx.*
 3 :  import javafx.scene.control.TextField
 4 :  import javafx.scene.text.Font
 5 :  import javafx.scene.text.FontWeight
 6 :
 7 :  class MainView : View("TornadoFX View Example") {
 8 :      // Root node for the MainView using BorderPane
 9 :      override val root = borderpane {
10 :          top(TopView::class)  // Embed the top view with radio buttons
11 :          left(LeftView::class)  // Embed the left view with check buttons
12 :          center(CenterView::class)  // Embed the center view with BorderPane
13 :          right(RightView::class)  // Embed the right view with check buttons
14 :          bottom(BottomView::class)  // Embed the bottom view with the text field
15 :      }
16 :  }
17 :
18 :  class TopView : View() {
19 :      // Inject the controller to access the resultField
20 :      private val mainController: MainController by inject()
21 :
22 :      // Root node for the BottomView using VBox
23 :      override val root = vbox {
24 :          spacing = 11.0
25 :          alignment = Pos.CENTER
26 :          label("Top Area of BorderPane") {
27 :              font = Font.font("Tahoma", FontWeight.BOLD, 16.0)
28 :          }
29 :
30 :          // TextField to display the result of actions
31 :          textfield {
32 :              promptText = "(Top View) Example of Borderpane Layout in
                    TornadoFX GUI "
33 :              isEditable = false
34 :
35 :              // Apply font size and font family style to the TextField
36 :              font = Font.font("Arial", 15.0)
37 :          }
38 :          region { minHeight = 20.0 }
39 :      }
40 :  } // end TopView
```

그림 11.18 TornadoFX 기반 Kotlin GUI 프로그래밍 예제 (part 1)

Line 7~16의 class MainView()에서는 borderpane{} 배치관리자를 사용하는 최상위 컨테이너 root를 정의하며, 내부에 top, left, center, right, bottom으로 배치하며, 각 view에 대하여 TopView, LeftView, CenterView, RightView, BottomView를 별도의 View 클래스로 각각 정의하여 계층적 구조의 GUI를 구성하도록 한다. 그림 11.19에서 전체적인 GUI 구성을 먼저 확인할 수 있다.

Line 18~40의 TopView에서는 border pane의 위쪽 면에 배치되는 UI 컴포넌트들을 구성하며, 그 내부에는 vbox를 사용하여 수직방향 (위에서 아래)으로 차례대로 label과 TextField를 배치한다. 이 때 alignment = Pos.CENTER로 설정하여 컴포넌트들이 중앙 정렬로 표시되도록 한다. Label에는 "Top Area of BorderPane" 문자열을 Tahoma 폰트, Bold, 16.0 크기로 출력하며, Text Field에는 promptText를 설정하여

hint로 사용될 수 있도록 구성하고 있다. label 개체의 font 설정은 line 27에서 보는 것과 같이 JavaFX의 Font.font() 메서드를 사용하여 설정하며, font = Font. font(family (글꼴 종류, “Arial” , “Times New Roman “ 또는 ” Courier New “), weight(Bold 여부, FontWeight.BOLD), posture(기울여 쓰기 여부, FontPosture.ITALIC)size(글자크기))의 형식으로 글자 유형, 굵은 글씨체 여부, 글자 크기 등을 설정할 수 있다. Top Area의 마지막 부분 (line 38)에서는 region{minHeight = 20.0}으로 top area 다음에 일정 공간을 확보하도록 한다.

```
41 :
42 :  class LeftView : View() {
43 :       // Inject the controller
44 :       private val mainController: MainController by inject()
45 :
46 :       // Root node for the LeftView using VBox with a label and check buttons
47 :       override val root = vbox {
48 :            spacing = 11.0
49 :            minWidth = 150.0
50 :            maxWidth = 250.0
51 :            prefWidth = 200.0
52 :
53 :            // Label for Check Buttons
54 :            label("Left Area of BorderPane") {
55 :                 font = Font.font("Tahoma", FontWeight.BOLD, 16.0)
56 :            }
57 :            // Add three check buttons to the VBox
58 :            checkbox("Check 1") {
59 :                 action {
60 :                      mainController.updateResult("Check 1: ${if (isSelected) "selected"
                           else "deselected"}")
61 :                 }
62 :            }
63 :            checkbox("Check 2") {
64 :                 action {
65 :                      mainController.updateResult("Check 2: ${if (isSelected) "selected"
                            else "deselected"}")
66 :                 }
67 :            }
68 :            checkbox("Check 3") {
69 :                 action {
70 :                      mainController.updateResult("Check 3: ${if (isSelected) "selected“
                           else "deselected"}")
71 :                 }
72 :            }
73 :            region { minHeight = 20.0 }
74 :       }
75 :  } // end LeftView
```

그림 11.18 TornadoFX 기반 Kotlin GUI 프로그래밍 예제 (part 2)

Line 42~75의 LeftView에서는 border pane의 왼쪽 면에 배치되는 UI 컴포넌트들을 구성하며, 그 내부에는 vbox를 사용하여 수직방향 (위에서 아래)으로 차례대로 checkbox 3개를 배치하고, 그 checkbox가 선택 (체크)되면, mainController.updateResult() 메서드를 사용하여 resultField의 문자열 내용을 변경하여 출력하도록 한다. Line 48~51에서는 vbox에 포함된 컴포넌트들 사이 간격을 spacing으로 설정하고, vbox의 폭 길이의 최소, 최대, 그리고 희망 길이 값을 minWidth, maxWidth, prefWidth로 설정한다. Line

73에서는 region{minHeight = 20.0}으로 top area 다음에 일정 공간을 확보하도록 한다.

LeftView의 화면 모습은 그림 11.19의 왼편에 있는 모습으로 확인할 수 있다. 이 화면에서 checkBox를 선택(체크)하면, BorderPane의 아랫부분 (bottom)에 있는 상태 출력 text field에 선택된 (또는 해제된) 체크 박스의 정보를 출력하는 것을 확인할 수 있다.

```
76 :
77 :  class CenterView : View() {
78 :      // Inject the controller
79 :      private val mainController: MainController by inject()
80 :
81 :      // Root node for the TopView using VBox with a label and radio buttons
82 :      override val root = vbox {
83 :          spacing = 11.0
84 :          minWidth = 200.0
85 :          maxWidth = 250.0
86 :          prefWidth = 200.0
87 :
88 :          // Label for Radio Buttons
89 :          label("Center Area of BorderPane") {
90 :              font = Font.font("Tahoma", FontWeight.BOLD, 16.0)
91 :          }
92 :
93 :          // Add four radio buttons to the VBox
94 :          togglegroup {
95 :              radiobutton("Radio 1") {
96 :                  action {
97 :                      mainController.updateResult("Radio 1 clicked")
98 :                  }
99 :              }
100 :              radiobutton("Radio 2") {
101 :                  action {
102 :                      mainController.updateResult("Radio 2 clicked")
103 :                  }
104 :              }
105 :              radiobutton("Radio 3") {
106 :                  action {
107 :                      mainController.updateResult("Radio 3 clicked")
108 :                  }
109 :              }
110 :              radiobutton("Radio 4") {
111 :                  action {
112 :                      mainController.updateResult("Radio 4 clicked")
113 :                  }
114 :              }
115 :          }
116 :          region { minHeight = 20.0 }
117 :      } //  end of root = vbox { }
118 : } // end of class Center()
```

그림 11.18 TornadoFX 기반 Kotlin GUI 프로그래밍 예제 (part 3)

Line 77~118의 CenterView에서는 border pane의 중앙 위치에 배치되는 UI 컴포넌트들을 구성하며, 그 내부에는 vbox를 사용하여 수직 방향 (위에서 아래)으로 차례대로 radio button 4개를 배치하고, 그 radio button들을 toggleGroup으로 선언하여, toggleGroup에 포함된 radio button 중 하나만 선택되도록 한다. Line 83~86에서는

vbox에 포함된 컴포넌트들 사이 간격을 spacing으로 설정하고, vbox의 폭 길이의 최소, 최대, 그리고 희망 길이 값을 minWidth, maxWidth, prefWidth로 설정한다.

```
119 :
120 : class RightView : View() {
121 :     // Declare the controller
122 :     private val mainController: MainController by inject()
123 :
124 :     // Root node for the CenterView using BorderPane
125 :     override val root = borderpane {
126 :         val windowWidth = primaryStage.widthProperty()
127 :         top = label("Right Area of BorderPane") {
128 :             font = Font.font("Tahoma", FontWeight.BOLD, 16.0)
129 :         }
130 :
131 :         center = vbox {
132 :             spacing = 11.0
133 :             prefWidthProperty().bind(windowWidth.multiply(0.3))
134 :
135 :             label("Right Area") {
136 :                 style {
137 :                     fontSize = 16.px
138 :                     padding = box(0.px, 0.px, 20.px, 0.px)
139 :                 }
140 :             }
141 :
142 :             // A simple button that triggers the controller
143 :             button("Button in Right Area") {
144 :                 action {
145 :                     mainController.updateResult("Button in Right Area clicked")
146 :                 }
147 :             }
148 :             region { minHeight = 20.0 }
149 :         } // end of center = vbox { }
150 :     } // end of root = borderpane{ }
151 : } // end of class Right()
```

그림 11.18 TornadoFX 기반 Kotlin GUI 프로그래밍 예제 (part 4)

Line 120~151에서는 BorderPane의 오른쪽 영역에 표시되는 컴포넌트들을 위하여 class RightView를 구현하고 있다. class RightView에서는 line 125~150에서 내부 root를 또 다른 borderpane{ }으로 계층적으로 구성하며, 그 borderpane의 내부 중간 영역을 line 131~149에서 center = vbox{ }로 설정하여, 수직 방향 (위에서 아래로) 차례대로 배치하는 구조를 사용하고 있다. 내부 borderpane의 center에는 "Right Area" 문자열이 표시되는 label이 선언되며, line 136~139에서 label의 스타일을 설정하여 폰트 크기와 주변 padding 간격을 설정하고 있다. Line 143~147에서는 내부 borderpane의 center에 button이 하나 추가되며, 이 버튼을 누르면 BorderPane의 맨 아래쪽 영역에 있는 result text field에 "Button in Right Area clicked" 라는 문자열이 출력되도록 설정되어 있다. RightView의 표시 모습 및 실행 결과는 그림 11.19 오른쪽에서 볼 수 있다.

```
152 :
153 : class BottomView : View() {
154 :      // Inject the controller to access the resultField
155 :      private val mainController: MainController by inject()
156 :
157 :      // Root node for the BottomView using VBox
158 :      override val root = vbox (spacing = 20.0){
159 :           alignment = Pos.CENTER
160 :           spacing = 20.0
161 :           label("Bottom Area of BorderPane") {
162 :                font = Font.font("Tahoma", FontWeight.BOLD, 16.0)
163 :           }
164 :           // TextField to display the result of actions
165 :           textfield {
166 :                promptText = "(Bottom View) Results will be shown here"
167 :                isEditable = false
168 :                mainController.resultField = this
                      // Assign the TextField to the controller
169 :                // Apply font size and font family style to the TextField
170 :                font = Font.font("Arial", 15.0)
171 :           }
172 :           region { minHeight = 20.0 }
173 :      }
174 : }
```

그림 11.18 TornadoFX 기반 Kotlin GUI 프로그래밍 예제 (part 5)

그림 11.18 line 153~174에서는 BorderPane의 맨 아랫부분에 표시되는 컴포넌트들을 class BottomView로 구성하고 있다. Line 159에서는 alignment = Pos.CENTER로 설정하여 BottomView에 포함되는 컴포넌트들이 중앙 정렬로 표시되도록 한다. BottomView에는 line 161~163에서 설정된 label과 line 165~171에서 설정된 text field를 포함한다. textField에는 promptText를 설정하여, 이 영역에 어떤 내용이 출력되는지 hint로 보여줄 수 있게 하고, 실제 결과 내용이 출력될 때에는 프로그램 실행 결과 내용이 출력되도록 한다.

Line 168에서 mainController에 선언되어 있는 resultField 항목을 이 BottomView의 textField로 설정하여, BorderPane의 각 컴포넌트에 이벤트가 발생하였을 때 그 결과를 표시할 수 있게 한다. 그림 11.18 line 176~184에서 구현되어 있는 class MainController는 TornadoFX의 class Controller()로부터 상속받아 생성되며, 내부에 resultField 데이터 멤버와 updateResult() 멤버 함수를 구현하고 있다.

TornadoFX의 Controller 클래스는 MVC(Model-View-Controller) 디자인 패턴에서 컨트롤러 역할을 하는 클래스로, 주로 비즈니스 로직과 데이터 처리를 담당하며, 뷰와 모델 간의 상호작용을 관리한다. Controller 클래스는 TornadoFX 애플리케이션 내에서 데이터 및 이벤트 처리를 중앙화하고, 각종 서비스를 호출하거나 데이터를 주고받는 데 다음과 같은 중요한 역할들을 수행한다.

- 비즈니스 로직 관리: 뷰에서 수행되는 데이터 처리나 이벤트 로직을 관리. 예를 들어, 데이터를 가져와 가공하고, 그 결과를 뷰에 전달하는 역할을 수행
- 서비스 호출: 외부 서비스나 백엔드 API에 데이터를 요청하고 응답을 받아오는 역할을 수행

- 데이터 저장소 접근: 데이타베이스, 파일, 웹 서비스 등의 데이터 저장소에 접근하여 데이터를 읽고 쓰는 작업을 관리
- 모델과 상호작용: 뷰와는 독립적으로 모델과 상호작용 기능 수행. 모델은 일반적으로 데이터의 상태를 나타내며, 컨트롤러는 이 데이터를 가공하거나 업데이트하는 역할을 수행
- 이벤트 관리: 컨트롤러는 TornadoFX의 이벤트 시스템과 통합되어, 이벤트를 발행하거나 처리하는 역할을 수행

```
175 :
176 : class MainController : Controller() {
177 :     // The TextField that displays the result of actions
178 :     var resultField: TextField by singleAssign()
179 :
180 :     // Updates the resultField with a message
181 :     fun updateResult(message: String) {
182 :         resultField.text = message
183 :     }
184 : }
185 :
186 : class MyApp : App(MainView::class)
187 :
188 : fun main() {
189 :     launch<MyApp>()
190 : }
191 :
```

그림 11.18 TornadoFX 기반 Kotlin GUI 프로그래밍 예제 (part 6)

그림 11.18 line 176에서 class MainController가 Controller()를 상속받아 구현되는 것처럼, Controller 클래스는 TornadoFX의 기본 제공 클래스이기 때문에 Controller()로 확장하여 사용할 수 있다. 기본적으로는 Controller 클래스 내부에 비즈니스 로직이나 데이터 처리 메서드를 정의하고, 뷰에서 이 컨트롤러의 메서드를 호출하여 데이터를 처리하거나 이벤트를 발생시키는 방식으로 사용된다.

그림 11.18의 TornadoFX 기반 Kotlin GUI 프로그래밍 예제에서 먼저 class MainView를 구현하고, 이어서 class MainController를 구현하는 예를 보여 주고 있으며, 최종적으로 MainView를 사용하는 클래스 App()을 상속받는 MyApp을 구현하고, 이를 launch<MyApp>() 멤버 함수를 사용하여 인스턴스를 생성하고, 설정된 GUI 기능들을 수행하도록 한다.

그림 11.18의 TornadoFX 기반 Kotlin GUI 프로그래밍 예제실행 결과는 그림 11.19에서 볼 수 있다. 이 예제 GUI는 BorderPane의 top, left, center, right, bottom 구역으로 구성되어 있고, 각 구역의 출력 내용은 그림 11.18에서 TopView, LeftView, CenterView, RightView, BottomView로 구현하였던 컴포넌트들이 표시되는 것을 확인할 수 있다.

그림 11.19의 예제 GUI에서 보여주는 것과 같이 TornadoFX 기반 Kotlin GUI 프로그래밍에서는 다양한 배치 관리자를 계층적으로 잘 구성하여 복잡한 GUI 컴포넌트들을 효율적으로 관리할 수 있는 기능을 제공하여 준다.

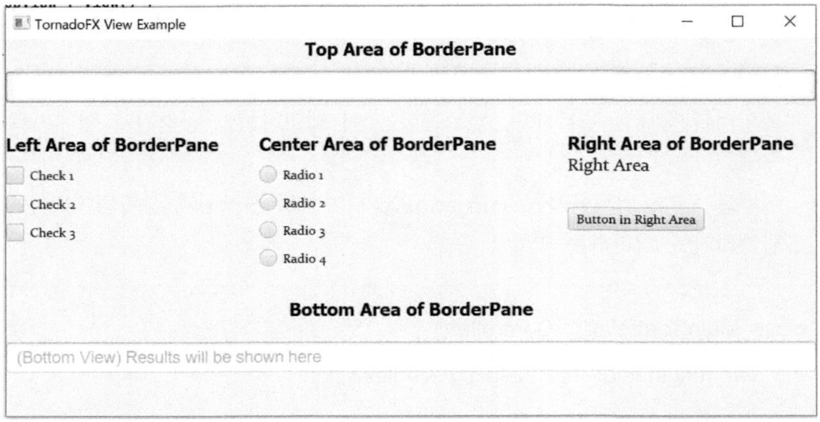

그림 11.19 TornadoFX 기반 Kotlin GUI 프로그래밍 예제 실행 결과

11.3 TornadoFX기반 Kotlin Graphic Animation

GUI 프로그래밍에서 일정한 시간 간격 단위로 화면에 표시된 내용이 변경되며 동적으로 움직이는 모습을 보여주는 것이 애니메이션이다. 애니메이션은 다양한 응용 분야에서 활용되며, TornadoFX 기반 Kotlin GUI 프로그래밍에서도 애니메이션 기능을 사용할 수 있도록 구현할 수 있다. 본 절에서는 TonadoFX를 기반으로 한 애니메이션 프로그래밍의 예제를 설명한다.

11.3.1 TornadoFX 기반 Kotlin GUI 애니메이션 프로그래밍 예제 (1) - StopWatch

다양한 과학 실험이나 스포츠 등의 분야에서 특정 움직임 또는 반응에 걸린 경과 시간을 정밀하게 측정하고 기록하는 것은 매우 중요한 의미를 가진다. 그림 11.20에서는 TornadoFX를 기반으로 한 Kotlin GUI 프로그래밍에서 애니메이션 기능이 포함되도록 구현하여 밀리초 (milli-second) 단위의 시간을 측정하여 보여주는 스톱워치 기능을 구현하는 Kotlin 프로그램 예제를 보여준다.

그림 11.20 line 11~120에서는 GUI에 표시되는 컴포넌트들의 항목과 배치를 설정하는 class MyView()를 class View를 상속받아 생성하도록 구현하고 있다. class MyView()에서는 데이터 멤버로 시작 시간 (startTime), 경과시간 (elapsedTIme)을 각각 Long 자료형으로 설정하며, 실행상태를 나타내는 running 플래그를 false의 시작 상태로 설정한다. timerLabel은 hh:mm:ss:ms 형식으로 시, 분, 초, 밀리초 단위의 경과된 시간을 표시하도록 하는 데이터 멤버이며, animationTimer는 JavaFX에서 제공되는 AnimationTimer() 클래스 자료형으로 설정된다.

AnimationTimer 클래스는 TornadoFX에서 애니메이션 및 시간 기반 업데이트를 구현하는 데 사용되는 JavaFX 클래스이며, 특정 시간 간격으로 UI 업데이트를 반복적으로 호출해주는 타이머이다. AnimationTimer는 주로 게임 프로그래밍, 물리적 시뮬레이션, 애니메이션 동작 등 프레임 단위로 화면을 갱신해야 하는 경우에 사용된다.

AnimationTimer는 각 프레임마다 특정 코드를 실행하기 위한 인터페이스를 제공하며, AnimationTimer는 추상 클래스이므로, 그림 11.20 line 20~26에서와 같이 추상 메서드 handle(long now)를 구현해야 한다. 이 메서드는 타이머가 실행될 때마다 호출되며, now 매개변수는 나노초 단위로 경과된 시간을 나타낸다.

```
 1 : /* TornadoFX-based Kotlin GUI - StopWatch */
 2 : import javafx.animation.AnimationTimer
 3 : import javafx.geometry.Pos
 4 : import javafx.scene.paint.Color
 5 : import javafx.scene.text.Font
 6 : import tornadofx.*
 7 : import javafx.application.Platform
 8 : import javafx.scene.control.Label
 9 :
10 :
11 : class MyView : View() {
12 :     private var startTime: Long = 0L
13 :     private var elapsedTime: Long = 0L
14 :     private var running = false
15 :     private val timerLabel = Label("00:00:00:000")
16 :     private lateinit var animationTimer: AnimationTimer
17 :
18 :     init {
19 :         animationTimer = object : AnimationTimer() {
20 :             override fun handle(now: Long) {
21 :                 val nowTime = System.currentTimeMillis()
22 :                 val updatedTime = nowTime - startTime + elapsedTime
23 :                 Platform.runLater {
24 :                     timerLabel.text = formatTime(updatedTime)
25 :                 }
26 :             }
27 :         }
28 :     }
29 :
30 :     override val root = vbox(20) {
31 :         paddingAll = 20.0
32 :         alignment = Pos.CENTER
33 :
34 :         // 시간 표시 라벨
35 :         timerLabel.apply {
36 :             font = Font.font("Tahoma", 40.0)  // 타이머 라벨의 폰트 설정
37 :             textFill = Color.RED              // 타이머 라벨의 텍스트 색상 설정
38 :         }
39 :         add(timerLabel)
```

그림 11.20 TornadoFX 기반 Kotlin StopWatch (part 1)

Line 18~28의 class MyView 주 생성자 init{ } 코드 블록에서는 animationTimer를 JavaFX의 AnimationTimer() 클래스 인스탄스로 생성하고, handle() 멤버 함수를 오버라이딩으로 구현하여 타이머가 실행될 때 호출되도록 한다. handle() 함수에서는 System.currentTimeMillis() 메서드를 사용하여 현재 시스템 시간을 밀리초 단위로 읽고, 이를 nowTime에 기록하며, 현재까지의 누적된 경과시간 (updatedTime)을 line 22에서 계산하여 line 23~25에서 timeLabel의 text값으로 표시되도록 한다.

그림 11.20 line 30~80에서는 최상위 컨테이너인 root를 vbox로 설정하여 컴포넌트들

이 수직 방향으로 차례대로 배치되도록 한다. root 컨테이너에는 먼저 timerLabel의 폰트 종류 및 크기, 색상을 line 35~38에서 설정한 후, 컨테이너에 포함시킨다. Line 41~79에서는 hbox()를 구성하여 start 버튼, stop 버튼, reset 버튼을 생성하고, 해당 스타일(버튼 크기, 색상 등)을 각각 설정하며, 해당 버튼이 눌러지면 실행될 함수로 startTimer(), stopTimer(), resetTimer()를 action { } 코드블록으로 각각 설정한다.

Line 83~107에서는 버튼이 눌러질 때 실행되는 함수 startTimer(), stopTimer(), resetTimer()가 각각 구현된다. startTimer()에서는 System.currentTimeMills() 메서드를 사용하여 현재의 시스템 시간을 밀리초 단위로 읽어 startTime에 기록한다. stopTimer()에서는 animationTimer를 stop시키며, startTime으로부터 현재 시점까지의 경과시간을 elapsedTime에 누적시키고, running 상태를 false로 설정한다. resetTimer() 함수에서는 animationTimer를 stop 시키고, startTime, elapsedTime을 모두 0으로 reset시키며, running 플래그를 false로 설정하고, timerLabel의 내용을 "00:00:00:000"으로 표시되도록 한다.

그림 11.20 line 110~117의 formatTime(timeInMillis) 함수는 인수로 전달된 밀리초 단위의 시간 timeInMillis를 시:분:초:밀리초의 형식으로 표시될 수 있도록 계산하여 지정된 형식의 문자열을 만들어 반환하여 준다. Line 120~126에서는 MyView 클래스를 사용하는 App 클래스를 상속받아 class MyApp을 구현하며, start() 멤버 함수를 오버라이딩으로 구현하여, 인스탄스가 생성되면 실행되도록 한다. 아울러, 앱의 window title을 설정한다.

TornadoFX의 App은 애플리케이션의 진입점을 정의하는 역할을 하며, TornadoFX 애플리케이션의 전체 수명 주기를 관리하는 중심 클래스이다. App 클래스는 주로 애플리케이션의 초기화, 메인 뷰 설정, 스타일 설정, 다국어 지원 등과 같은 주요 기능을 수행한다. 기본적으로 App 클래스는 JavaFX의 Application 클래스를 상속받으며, 이를 통해 TornadoFX 애플리케이션이 실행되도록 한다.

App 클래스는 기본적으로 다음 두 가지 주요 요소를 정의한다:

- primaryView: 애플리케이션이 시작될 때 처음 표시할 메인 뷰를 지정
- stylesheets: 애플리케이션 전역에 적용할 CSS 스타일시트를 설정

그림 11.20 line 120에서는 클래스 App()의 생성자에 MyView를 primaryView로 전달하며, stylesheets은 별도로 전달하지 않고 있다.

```

            hbox(20) {
                alignment = Pos.CENTER

                // Start 버튼
                button("Start") {
                    prefWidth = 100.0
                    prefHeight = 50.0
                    style {
                        fontSize = 20.px
                        backgroundColor += Color.GREEN
                        textFill = Color.WHITE
                    }
                    action { startTimer() }
                }

                // Stop 버튼
                button("Stop") {
                    prefWidth = 100.0
                    prefHeight = 50.0
                    style {
                        fontSize = 20.px
                        backgroundColor += Color.ORANGE
                        textFill = Color.WHITE
                    }
                    action { stopTimer() }
                }

                // Reset 버튼
                button("Reset") {
                    prefWidth = 100.0
                    prefHeight = 50.0
                    style {
                        fontSize = 20.px
                        backgroundColor += Color.RED
                        textFill = Color.WHITE
                    }
                    action { resetTimer() }
                }
            } // end hbox()
        } // end root = vbox()

        // 타이머 시작
        private fun startTimer() {
            if (!running) {
                startTime = System.currentTimeMillis()
                animationTimer.start()
                running = true
            }
        }

        // 타이머 중지
        private fun stopTimer() {
            if (running) {
                animationTimer.stop()
                elapsedTime += System.currentTimeMillis() - startTime
                running = false
            }
        }
```

그림 11.20 TornadoFX 기반 Kotlin StopWatch (part 2)

```

    // 타이머 리셋
    private fun resetTimer() {
        animationTimer.stop()
        startTime = 0L
        elapsedTime = 0L
        running = false
        timerLabel.text = "00:00:00:000"
    }

    // 시간을 Hour:Min:Sec:MilliSec 형식으로 변환하는 함수
    private fun formatTime(timeInMillis: Long): String {
        val hours = timeInMillis / 3_600_000
        val minutes = (timeInMillis % 3_600_000) / 60_000
        val seconds = (timeInMillis % 60_000) / 1_000
        val millis = timeInMillis % 1_000

        return String.format("%02d:%02d:%02d:%03d",
            hours, minutes, seconds, millis)
    }
} // end class MyView()

class MyApp : App(MyView::class) {
    override fun start(stage: javafx.stage.Stage) {
        super.start(stage)
        stage.titleProperty().unbind()  // 기존 바인딩 해제
        stage.title = "TornadoFX-based Kotlin StopWatch"  // 창 제목 설정
    }
}

fun main() {
    launch<MyApp>()
}

```

그림 11.20 TornadoFX 기반 Kotlin StopWatch (part 3)

그림 11.21은 3개의 버튼을 사용하여 경과시간을 밀리초 단위로 측정하고, 이를 출력하는 기본적인 스톱워치 기능을 TornadoFX 기반 Kotlin GUI 프로그램 구현한 후, 실행한 결과를 보여 준다.

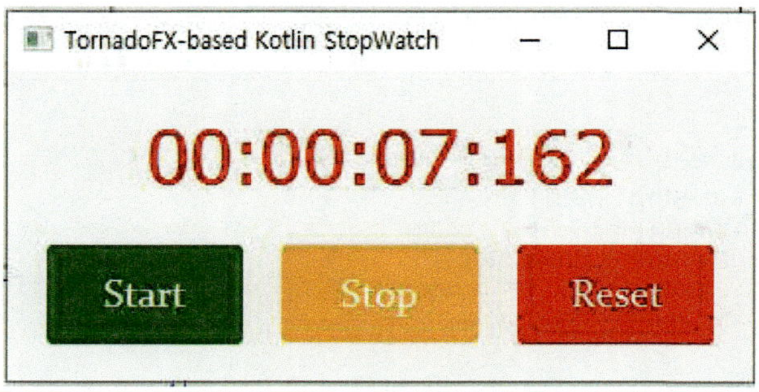

그림 11.21 TornadoFX 기반 Kotlin StopWatch 실행결과

11.3.2 TornadoFX 기반 Kotlin GUI 애니메이션 프로그래밍 예제 (2) - BouncingBall

그림 11.22는 사각형으로 설정된 테이블 위에서 공 (ball)이 벽면에 반사되며 굴러다니는 모습을 TornadoFX 기반의 Kotlin GUI 애니메이션으로 구현하는 예제를 보여준다. Line 22~37에서는 BouncingBall 애니메이션에 사용되는 데이터 멤버 및 속성들을 설정한다. 공이 반사되며 움직이는 테이블은 canvas로 구현되며, line 21~22에서 canvas의 크기를 정의하는 데이터 멤버의 초기값을 설정한다. Line 25~29에서는 공의 초기 시작 위치 좌표 (ballX, ballY), 공의 반지름 (radius), 공의 x축 이동속도 (ballSpeedX)와 y축 이동 속도(ballSpeedY)를 설정한다. Line 31에서는 공이 반사되며 움직이는 테이블인 canvas 변수를 생성하고, graphicsContext 변수를 생성한다.

```
 1 : /* TornadoFX-based Kotlin GUI - Bouncing Ball */
 2 : import javafx.animation.AnimationTimer
 3 : import javafx.geometry.Pos
 4 : import javafx.scene.canvas.Canvas
 5 : import javafx.scene.canvas.GraphicsContext
 6 : import javafx.scene.control.Label
 7 : import javafx.scene.control.TextField
 8 : import javafx.scene.layout.Border
 9 : import javafx.scene.layout.BorderStroke
10 : import javafx.scene.layout.BorderStrokeStyle
11 : import javafx.scene.layout.CornerRadii
12 : import javafx.scene.layout.HBox
13 : import javafx.scene.layout.VBox
14 : import javafx.scene.paint.Color
15 : import javafx.scene.text.FontWeight
16 : import javafx.scene.layout.BorderWidths
17 : import tornadofx.*
18 :
19 : class MyView : View() {
20 :     // Canvas 크기
21 :     private val canvasWidth = 600.0
22 :     private val canvasHeight = 400.0
23 :
24 :     // 공의 속성
25 :     private var ballX = 100.0
26 :     private var ballY = 100.0
27 :     private var ballRadius = 30.0
28 :     private var ballSpeedX = 3.0
29 :     private var ballSpeedY = 2.0
30 :
31 :     private lateinit var canvas: Canvas
32 :     private lateinit var graphicsContext: GraphicsContext
33 :
34 :     // 좌표 표시를 위한 텍스트 필드와 라벨
35 :     private val posXField = TextField().apply { isEditable = false }
36 :     private val posYField = TextField().apply { isEditable = false }
```

그림 11.22 TornadoFX 기반 Kotlin BouncingBall 애니메이션 (part 1)

그림 11.22 line 35~36에서는 현재 공의 위치를 보여줄 x 좌표와 y 좌표 값을 출력하기 위한 posXField, posYField를 TextField() 인스탄스로 설정한다. Line 38~49 init{ } 생성자 코드 블록에서는 AnimationTimer() 인스탄스 timer를 생성하고, handle() 함수를 오버로딩으로 구현하며, timer가 실행될 때마다 updateBallPosition()

함수를 호출하여 공의 새로운 위치를 계산하고, 경계선을 다시 그리며, 변경된 위치에서 공을 다시 그리도록 한다. 아울러, 공의 현재 위치 좌표를 text field에 출력하도록 한다. Line 48에서는 생성된 timer가 동작을 시작하도록 start() 메서드로 구동시킨다.

```
37 :
38 :     init {
39 :         // 애니메이션 타이머를 사용하여 공의 위치를 업데이트
40 :         val timer = object : AnimationTimer() {
41 :             override fun handle(now: Long) {
42 :                 updateBallPosition()
43 :                 drawBoundaries() // 경계선 다시 그리기
44 :                 drawBall()
45 :                 updateCoordinates()
46 :             }
47 :         }
48 :         timer.start()
49 :     } // end init{}
50 :
51 :     override val root = vbox(10) {
52 :         paddingAll = 20.0
53 :         alignment = Pos.CENTER
54 :
55 :         // 공이 bouncing되는 board 테두리 설정
56 :         canvas = Canvas(canvasWidth, canvasHeight).apply {
57 :             border = Border(BorderStroke(Color.BLACK, BorderStrokeStyle.SOLID,
                     CornerRadii.EMPTY, BorderWidths(2.0)))
58 :         }
59 :         graphicsContext = canvas.graphicsContext2D
60 :         drawBoundaries() // 경계선 그리기
61 :         drawBall()
62 :
63 :         // Canvas 추가
64 :         add(canvas)
65 :
66 :         // 공의 좌표를 출력하는 라벨과 텍스트 필드 추가
67 :         hbox(10) {
68 :             alignment = Pos.CENTER
69 :             label("pos_x:") {
70 :                 font = Font.font("Tahoma", FontWeight.BOLD, 16.0)
71 :             }
72 :             add(posXField)
73 :             label("pos_y:") {
74 :                 font = Font.font("Tahoma", FontWeight.BOLD, 16.0)
75 :             }
76 :             add(posYField)
77 :         }
78 :     } // end root = vbox()
```

그림 11.22 TornadoFX 기반 Kotlin BouncingBall 애니메이션 (part 2)

Line 51~78에서는 class MyView의 최상위 컨테이너인 root를 vbox() 배치관리자 기능으로 구성하며, line 56~58에서 Canvas() 클래스 인스탄스 canvas를 생성하고, 테두리 border의 스타일을 설정하여 표시되도록 한다. Line 59에서 graphicsContext2D로 도형 그리기를 수행하도록 설정하고, line 60~61에서 drawBoundaries() 함수로 테이블의 경계선들을 그리고, drawBall() 함수로 현재 공 위치에 공이 표시되도록 한다.

Line 67~77에서는 hbox()를 사용하여 공의 현재 위치 좌표를 출력하도록 label pos_x와 posXField, label pos_y와 posYField를 차례로 한 줄에 왼쪽에서 오른쪽으로

배치되도록 한다.

Line 81~95에서는 일정 시간마다 반복 호출되면서 공이 x축으로 ballSpeedX만큼, y축으로 ballSpeedY만큼 이동하도록 위치를 갱신한다. 만약 공의 좌우 벽에 부딪히면 x 축의 이동 속도가 반대 방향으로 변경되도록 line 83~85에서 ballSpeedX = −ballSpeedX로 구현하고 있다. 마찬 가지로 공이 상하 벽에 부딪히면 y축의 이동 방향이 반대 방향으로 변경되도록 line 88~90에서 ballSpeedY = −ballSpeedY로 설정하고 있다. 이 계산에서는 공의 반지름이 ballRadius일 때, 그 공의 왼쪽 면이 x축의 0 좌표이하나 오른쪽 면이 canvasWidth 이상이 되지 않게 하며, 공의 윗면이 y축의 0 이하나 아랫면이 canvasHeight 이상이 되지 않게 한다.

```
79 :
80 :        // 공의 위치 업데이트
81 :        private fun updateBallPosition() {
82 :            // 공이 좌우 벽에 부딪히면 반사
83 :            if (ballX - ballRadius <= 0 || ballX + ballRadius >= canvasWidth) {
84 :                ballSpeedX = -ballSpeedX
85 :            }
86 :
87 :            // 공이 상하 벽에 부딪히면 반사
88 :            if (ballY - ballRadius <= 0 || ballY + ballRadius >= canvasHeight) {
89 :                ballSpeedY = -ballSpeedY
90 :            }
91 :
92 :            // 공의 위치 업데이트
93 :            ballX += ballSpeedX
94 :            ballY += ballSpeedY
95 :        }
96 :
97 :        // 공 그리기
98 :        private fun drawBall() {
99 :            // 이전 프레임 지우기
100 :           graphicsContext.clearRect(0.0, 0.0, canvasWidth, canvasHeight)
101 :           drawBoundaries() // 경계선을 다시 그리기
102 :
103 :           graphicsContext.fill = Color.RED  // 공 색상 설정
104 :           graphicsContext.fillOval(ballX - ballRadius, ballY - ballRadius,
                   ballRadius * 2, ballRadius * 2)
105 :       }
```

그림 11.22 TornadoFX 기반 Kotlin BouncingBall 애니메이션 (part 3)

그림 11.22 line 98~105의 drawBall에서는 현재의 테이블 경계선을 지우고 다시 그리며, 공의 현재 위치 (ballX, ballY) 좌표가 중심이 되도록 fillOval() 함수를 사용하여 공을 다시 그린다. Line 107~119의 drawBoundaries() 함수는 테이블의 상, 하, 좌, 우 둘레 경계선을 graphicsContext의 strokeLine() 메서드를 사용하여 그린다. Line 122~125의 updateCoordinates() 함수는 GUI 화면의 하단부에 표시되는 공의 좌표 값이 현재의 공의 x좌표 (ballX)와 y좌표 (ballY)의 값으로 표시되도록 한다.

```
106 :       // 경계선 그리기
107 :       private fun drawBoundaries() {
108 :           graphicsContext.stroke = Color.BLUE // 경계선 색상
109 :           graphicsContext.lineWidth = 2.0
110 :
111 :           // 상단 경계선
112 :           graphicsContext.strokeLine(0.0, 0.0, canvasWidth, 0.0)
113 :           // 하단 경계선
114 :           graphicsContext.strokeLine(0.0, canvasHeight, canvasWidth, canvasHeight)
115 :           // 왼쪽 경계선
116 :           graphicsContext.strokeLine(0.0, 0.0, 0.0, canvasHeight)
117 :           // 오른쪽 경계선
118 :           graphicsContext.strokeLine(canvasWidth, 0.0, canvasWidth, canvasHeight)
119 :       }
120 :
121 :       // 공의 좌표 업데이트
122 :       private fun updateCoordinates() {
123 :           posXField.text = String.format("%.2f", ballX)
124 :           posYField.text = String.format("%.2f", ballY)
125 :       }
126 : }
127 :
128 : class MyApp : App(MyView::class) {
129 :       override fun start(stage: javafx.stage.Stage) {
130 :           super.start(stage)
131 :           stage.titleProperty().unbind()  // 기존 바인딩 해제
132 :           stage.title = "TornadoFX-based Kotlin Animation - Bouncing Ball"  // 창 제
목 설정
133 :       }
134 : }
135 :
136 : fun main() {
137 :       launch<MyApp>()
138 : }
139 :
```

그림 11.22 TornadoFX 기반 Kotlin BouncingBall 애니메이션 (part 4)

그림 11.22 line 128~134에서는 MyView 클래스를 사용하는 App 클래스를 상속받아 class MyApp을 구현하며, start() 멤버 함수를 오버라이딩으로 구현하여, 인스턴스가 생성되면 실행되도록 한다. 앞에서도 설명한 바와 같이 TornadoFX의 App은 애플리케이션의 진입점을 정의하는 역할을 하며, TornadoFX 애플리케이션의 전체 수명 주기를 관리하는 중심 클래스로서, 애플리케이션의 초기화, 메인 뷰 설정, 스타일 설정, 다국어 지원 등과 같은 주요 기능을 수행한다. 기본적으로 App 클래스는 JavaFX의 Application 클래스를 상속받으며, 이를 통해 TornadoFX 애플리케이션이 실행되도록 한다.

그림 11.22 Kotlin 애니메이션이 실행되면서 화면에 나타나는 결과는 그림 11.23에서 보는 것과 같다. 이 애플리케이션 결과물에는 공이 벽에 반사되어 굴러다니는 테이블을 표시하며, 붉은색 공이 애니메이션 진행에 따라 계속 변경되는 위치에서 다시 표시되도록 하며, 화면 하단에는 pos_x와 pos_y의 레이블과 함께 현재 공의 위치 x좌표와 y좌표를 숫자로 표시하여 정확한 분석을 할 수 있게 한다.

그림 11.23 TornadoFX 기반 Kotlin BouncingBall 애니메이션 실행결과

11.4 Kotlin Compose Desktop, Multiplatform

11.4.1 Kotlin Compose for Desktop

Compose for Desktop은 Kotlin 개발을 위해 JetBrains에서 만든 최신 툴이다. 이 툴은 Android Compose와 비슷한 개념을 사용하여 데스크탑용 UI를 개발할 수 있도록 해준다. 이는 React와 같은 선언적 UI 구성 요소 시스템을 채택하고 있으며, Kotlin에서 가장 최신의 GUI 프로그래밍 방법 중 하나로 각광받고 있다. Compose는 안드로이드와 같은 Compose 코드베이스를 데스크탑 환경으로 쉽게 설치하여 사용할 수 있는 기능을 제공한다.

11.4.2 Kotlin Multiplatform

Kotlin Multiplatform GUI 프로그래밍은 공통된 비즈니스 로직을 여러 플랫폼에서 재사용하면서도 각 플랫폼에 맞는 UI를 별도로 구현하는 데 매우 유용한 접근 방식이다. 특히, Compose Multiplatform을 사용하면 선언형 UI 패턴으로 여러 플랫폼에서 일관된 UI와 UX를 제공할 수 있다. Kotlin의 멀티플랫폼 기능은 빠르게 발전하고 있으며, 특히 iOS 및 Android 같은 모바일 환경에서의 크로스플랫폼 개발에 매우 적합하다.

Kotlin Multiplatform은 GUI 개발을 포함한 멀티플랫폼 애플리케이션의 강력한 도구로 자리잡고 있으며, 앞으로도 다양한 플랫폼에서 더 많은 기능이 지원될 것으로 기대된다.

11.4.3 Kotlin Native 기반 GUI

Kotlin Native는 Kotlin이 JVM 없이도 다른 플랫폼에서 실행될 수 있도록 해주는 기술이며, Kotlin으로 Windows, Linux, macOS 등 다양한 운영 체제에서 네이티브 애플리케이션을 만들 수 있게 하는 기술이다. Kotlin/Native는 현재 개발 중이고, Kotlin/Native

기반의 GUI 프레임워크는 아직 성숙 단계는 아니다.

일부 시도 중인 라이브러리로 Skiko와 Skia(Compose Multiplatform에서 사용)를 기반으로 한 솔루션이 있으며, 이들은 주로 그래픽 렌더링에 특화되어 있다.

◈ 연습문제 ◈

11.1 다음 용어를 예를 들어 설명하라.

1) JavaFX
2) CSS (Cascading Style Sheet)
3) 2D/3D 그래픽
4) TornadoFX
5) TornadoFX 기반 Animation

11.2 Java Swing, JavaFX, TornadoFX의 차이점을 표로 만들어 설명하라.

11.3 TornadoFX에서의 이벤트 처리 방식에 대하여 상세하게 설명하라.

11.4 TornadoFX 기반의 GUI animation을 구현하는 방법에 대하여 설명하라.

◈ 실습문제 ◈

실습 11.1 TornadoFX 기반 Kotlin GUI 프로그래밍으로 환율 계산기 구현

환율에 따라 미국 달러와 한국 원화를 계산하는 환전 계산기 구현을 위하여 class Currency_Exchange()를 구현하라. class Currency_Exchange()의 init{ } 코드 블록에는 Labeled Frame 생성 및 배치, GUI label 및 entry 생성 및 배치, 버튼 생성 및 배치 기능을 구현하라.

Labeled Frame의 title은 " Currency_Exchange" 으로 설정하라.

이 환전 계산기에는 1 미국 달러에 대한 한국 원화 (Korean Won)의 환율을 입력하는 Entry, 미국 달러 금액을 입력/출력하는 Entry, 한국 원화 금액을 입력/출력 entry가 있으며, 각 항목에 대한 label이 표시된다.

각 금액의 출력은 오른쪽 맞춤으로 정렬할 것 (아래 GUI 입출력 예시 참조)

환율에 따른 미국 달러 -> 한국 원화 계산을 위하여 "US Dollar -> Kr Won" 녹색 버튼을 구현하고, 환율에 따른 한국 원화 -> 미국 달러 계산을 위하여 " Kr Won -> US Dollar" 노란색 버튼을 구현하라. 버튼은 아래 GUI 예시와 같이 한 줄에 배치하라.

(MacOS 운영 체제의 경우, 글자색을 버튼의 붉은색과 푸른색으로 설정할 것)

환율, 미국 달러, 한국 원화의 입력/출력은 실수형 (float 또는 double)으로 표시하며, 소숫점 이하 2자리까지 정리하여 출력하라.

응용 프로그램에서는 main() 함수에서 class Currency_Exchange()의 인스탄스를 생성하여 USD->KRW와 KRW->USD의 환율 계산을 각각 실행하고, 결과를 capture할 것.

(실행 예시)

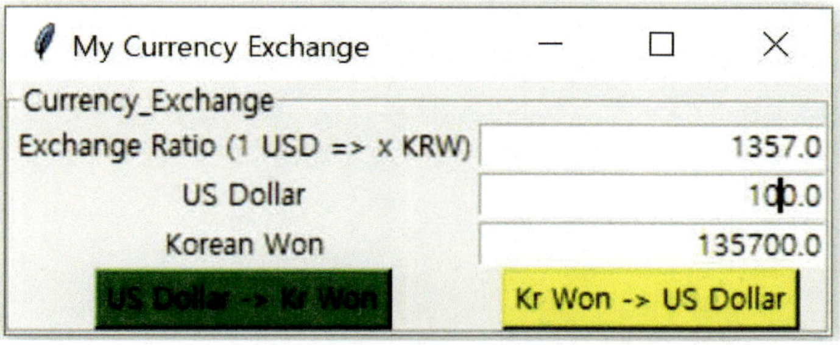

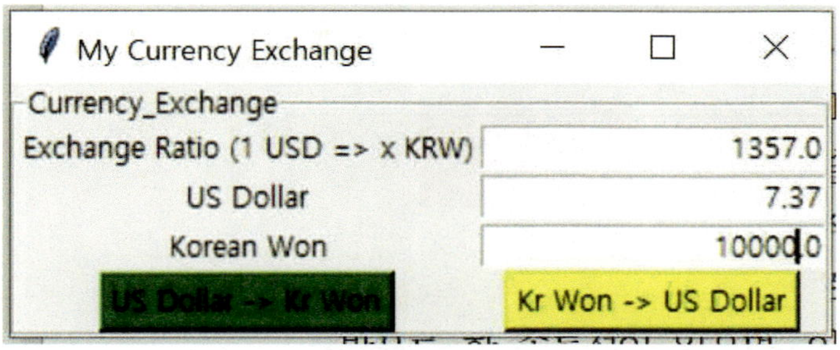

실습 11.2 TornadoFX 기반 Simple Calculator

2개의 정수 데이터를 입력 받은 후, 덧셈, 뺄셈, 곱셈, 나눗셈 연산을 GUI button으로 실행시킨 후, 연산 결과의 출력하는 간단한 계산기를 TornadoFX 기반으로 구현하라. 이 계산기 구현에서 Style Sheet을 사용하여 GUI의 세부 속성을 설정하고, 데이터 입력, 연산 및 결과 출력 기능을 가지도록 하라.

(실행 예시)

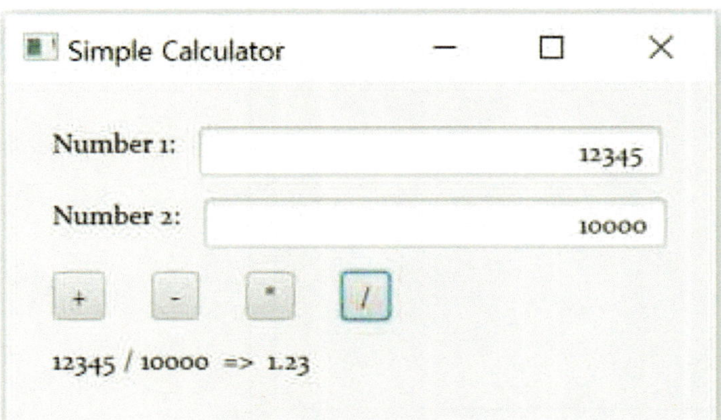

실습 11.3 TornadoFX 기반 StopWatch

TornadoFX GUI 프로그래밍을 사용하여 스톱워치 기능을 Kotlin으로 구현하라. Stop watch에는 start, stop, reset 버튼을 사용하도록 하고, start 버튼을 누른 시점으로부터 stop 버튼을 누른 시점까지의 경과시간을 밀리초 단위로 표시하도록 하라. 경과시간의 표시는 시, 분, 초, 밀리초 단위의 값을 hh:mm:ss:ms의 형식으로 출력하도록 하라.

Stop 버튼을 누른 후 Start 버튼을 다시 누르면 앞의 경과시간에 이어서 누적된 경과시간이 표시 되도록 하라. Reset 버튼이 눌러지면 전체 시간을 리셋시켜 처음부터 다시 시작하도록 하라.

(실행 예시)

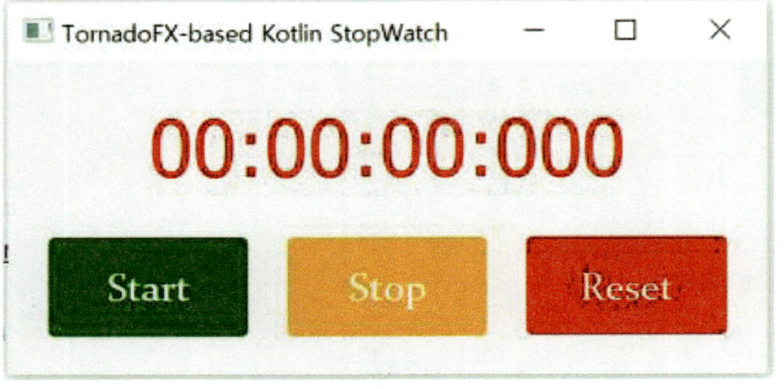

실습 11.4 Tornado 기반의 Bouncing Ball Animation 구현

TornadoFX GUI 프로그래밍을 사용하여 Bouncing Ball의 animation 기능을 Kotlin으로 구현하라. ball의 색상을 조절할 수 있게 하고, ball의 이동 속도를 조절할 수 있게 하라. 움직이는 공의 좌표 (x, y)를 표시하도록 하라.

(실행 예시)

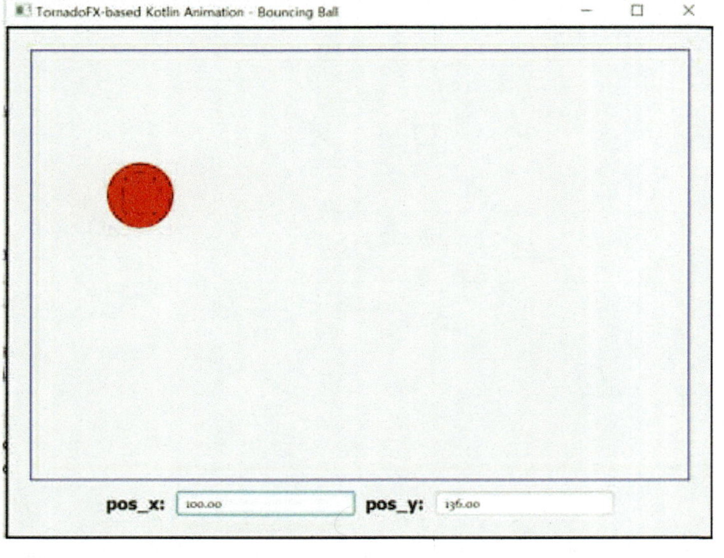

12장 Kotlin Thread, Co-routine, Socket 프로그래밍

학습목표

- Kotlin 프로그램의 동시처리 및 병렬처리 방법에 대한 이해
- Kotlin의 코루틴 기반 병렬처리 및 동시처리 기능 구성 및 활용
- 멀티스레드 (multi-thread) 구성에 대한 이해 및 활용 능력 강화
- 다중 프로세스 (multi-process) 구조 및 실행에 대한 이해
- 병렬 처리 구조에서의 동기화에 대한 이해
- 동시처리 및 병렬처리 코루틴, 스레드, 프로세스 간의 동기화 및 통신 기능 활용

개요

12.1 동시처리 (concurrent processing)와 병렬 처리 (parallel processing),
12.2 Kotlin 코루틴 (coroutine)
12.3 Kotlin 스레드 (thread), 스레드간 통신 (pipe, queue), 스레드 동기화
12.4 Kotlin 멀티프로세스 (multiprocess)
12.5 Kotlin Socket 통신
12.6 Kotlin Socket 통신 기반 TextChatting

12.1 동시처리 (Concurrent Processing)와 병렬처리 (Parallel Processing)

12.1.1 동시처리/병렬처리의 필요성

현재 사용 중인 대부분의 컴퓨터 장치에서 수행되는 업무는 동시에 다양한 업무가 병렬로 진행된다. 예를 들어 데스트탑 PC에서 문서 편집을 하고 있는 도중에 인쇄 명령을 내리면 출력 기능이 수행되는데, 이때 파일을 검색하거나 E-mail을 수신하는 기능이 동시에 수행된다. 즉 임의의 한 시점에 하나의 업무만 수행되는 것이 아니라, 다수의 업무가 동시에 진행되고 있는 것을 알 수 있다. 또 다른 예로서 인터넷 전화 프로그램에서 양방향 통신이 가능하기 위해서는 상대방 음성 정보를 수신하면서 동시에 본인의 음성을 송신할 수 있어야 하므로, 음성 입출력 및 송신 기능이 동시에 실행되어야 한다.

특히 최근에 개발되어 사용되고 있는 CPU 장치들은 대부분 멀티코어 기능을 탑재하고 있으며, 다수의 코어들을 동시에 사용할 수 있어 다수의 태스크가 동시에 실행될 수 있다. 일반적으로 프로그램이 실행되는 단계에서는 운영체제가 하나의 프로세스 (process)로 생성하여 실행될 수 있게 관리하며, 다수의 다른 프로세스들과 CPU를 시간적으로 나누어 사용하면서 프로그램이 실행된다. 스레드 (thread)란 CPU가 독립적으로 처리하는 하나의 작업 단위이다. 일반적으로 스레드는 특별한 기능을 전문적으로 처리하도록 구현하며, 병렬처리 기능

이 필요한 프로그램을 구현할 때 세부 기능들을 각 기능에 전문적인 스레드로 나누어서 실행시키면 전체 시스템의 동작을 병렬처리가 가능한 효율적인 구조로 구현된다.

12.1.2 Multi-core CPU, Graphic Processing Unit (GPU)

(1) Multi-core CPU

멀티코어 CPU는 단일 물리적 CPU 칩에 둘 이상의 독립적인 처리 장치, 즉 코어 (core)들이 포함된 마이크로프로세서이다. 각 코어는 CPU 내에서 실제 연산을 수행하는 장치로서 자체적인 연산 단위를 가지고 있으며, 별도의 명령어 세트를 실행할 수 있다. 전통적인 단일 코어 CPU는 한 번에 하나의 작업만 수행할 수 있지만, 멀티코어 CPU는 각 코어가 독립적으로 명령어를 실행할 수 있기 때문에 여러 작업을 동시에 병렬로 처리할 수 있다.

멀티코어 CPU의 예로서, 듀얼코어(Dual-core) CPU는 두 개의 코어를 가지고 있고, 쿼드코어(Quadcore) CPU는 네 개의 코어를 가지고 있으며, 헥사코어는 6개의 코어, 옥타코어는 8개의 코어를 가진 CPU이다. 대부분의 현대적인 데스크탑 및 노트북 컴퓨터는 멀티코어 CPU를 사용하며, 웹 브라우징, 비디오 편집, 게임, 소프트웨어 개발 등 다양한 작업을 동시에 수행한다. 특히 헥사코어나 옥타코어 CPU는 고성능 워크스테이션과 서버, 최신 스마트폰에서 많이 사용되며, 고도의 병렬 처리가 필요한 작업에 적합하다. 서버와 데이터 센터에서의 멀티코어 CPU는 대규모 데이터 처리, 가상화, 클라우드 컴퓨팅과 같은 작업을 수행하는 데 필수적이며, 많은 코어를 통해 동시에 수많은 요청을 처리할 수 있다.

이와 같이, 멀티코어 CPU는 여러 작업을 병렬로 처리하여, 성능을 크게 향상시킬 수 있다. 멀티코어 CPU에서 각 코어가 독립적으로 작업을 수행할 수 있지만, 모든 코어가 공유 메모리와 입출력 버스를 함께 사용하므로 운영 체제 (OS)는 멀티코어 CPU의 성능을 극대화하기 위해서는 다음과 같이 스케줄링, 병렬처리, 캐시 일관성 등을 고려하는 알고리즘을 사용하여 작업을 코어 간에 분배할 수 있어야 한다:

- 스케줄링(Scheduling): 운영 체제는 작업을 코어에 할당하는 스케줄링 알고리즘을 사용하여 작업이 CPU에 의해 처리되는 순서와 어떤 코어에서 처리되는지를 결정함
- 병렬 처리(Parallel Processing): 멀티코어 CPU에서는 병렬 처리 기법을 통해 여러 작업을 동시에 수행할 수 있으며, 대규모 데이터 처리나 그래픽 렌더링과 같은 작업에서 큰 이점을 제공함
- 캐시 일관성(Cache Coherency): 멀티코어 CPU에서 각 코어는 독립적인 캐시를 사용하므로, 동일한 데이터가 여러 캐시에 존재할 수 있고, 캐시 일관성 프로토콜은 데이터의 일관성을 유지하기 위해 사용됨

(2) Graphic Processing Unit (GPU)

Graphics Processing Unit(GPU)는 원래 그래픽 렌더링을 가속화하기 위해 개발된 장치이지만, 최근에는 고성능 병렬 처리를 요구하는 다양한 작업에 널리 사용되고 있다. GPU는 병렬 처리에 매우 적합한 구조를 가지고 있어, 특히 대규모 데이터 처리를 요구하는 애플리케이션에서 큰 성능 향상을 제공한다. 즉, 수천 개 이상의 작은 처리 코어로 구성되어 있는 GPU는 다수의 코어들을 간단한 연산을 매우 빠르게 병렬처리할 수 있는 구조로 사용하여

이미지 렌더링과 같은 대규모 영상처리 작업에 매우 좋은 성능을 활용할 수 있게 한다.

GPU의 핵심 기능은 다음과 같다:

- Streaming Multiprocessor(SM): GPU는 여러 개의 스트리밍 멀티프로세서(SM)로 구성되어 있음. 각 SM은 여러 개의 코어를 포함하며, 이 코어들은 병렬로 작업을 수행함
- 코어: GPU의 코어는 CPU의 코어와 비교했을 때 훨씬 간단한 연산을 수행하도록 설계되어 있음. 하지만 수천 개의 코어가 병렬로 작동하기 때문에 전체적인 계산 성능은 매우 높음
- 메모리 구조: GPU는 빠른 로컬 메모리와 더불어, 데이터를 저장하기 위한 글로벌 메모리, 그리고 레지스터와 같은 여러 계층의 메모리 구조를 가지고 있으며, 이들 메모리 계층은 병렬 처리를 최적화하도록 설계되어 있음

GPU와 CPU의 차이점을 살펴보면, CPU는 복잡한 작업을 효율적으로 처리할 수 있도록 설계된 고성능 코어를 적은 수로 가지고 있으며, 각 코어는 다양한 작업을 처리할 수 있다. 반면, GPU는 단순한 작업을 대규모로 병렬 처리하기 위해 많은 수의 코어로 구성되어 있으며, 동시에 매우 많은 작업을 병렬로 수행할 수 있다.

GPU는 대규모 병렬 처리 기능이 가능하며, GPU에 포함된 수천 개의 코어가 병렬로 작동하여, 대량의 데이터나 연산을 동시에 처리할 수 있다. 이 병렬 처리 능력은 GPU가 그래픽 연산뿐만 아니라, 과학 계산, 머신 러닝, 데이터 분석 등에서도 매우 유용하게 사용되는 이유이다. GPU의 대규모 병렬처리 기능에 기반이 되는 개념을 다음과 같다:

- SIMD (Single Instruction, Multiple Data): GPU는 보통 SIMD 아키텍처를 사용하여, 동일한 명령을 여러 데이터에 동시에 적용할 수 있음. 예를 들어, 하나의 픽셀 셰이더는 동일한 명령어를 사용해 화면의 여러 픽셀에 대해 동시에 작업을 수행함
- 매스킹(masking) 및 분기(divergence): 병렬 작업을 수행할 때, 모든 코어가 동일한 명령을 수행해야 하지만, 분기(divergence)가 발생하면 일부 코어는 작업을 중지하고 대기해야 할 수 있음. GPU는 이러한 분기를 효율적으로 처리하기 위한 다양한 최적화 기법을 가지고 있음

GPU의 병렬 처리 모델은 수천 개의 스레드를 동시에 실행하는 방식으로 이루어진다. GPU에서는 스레드가 블록(block)과 그리드(grid)라는 구조를 통해 관리되는데, GPU에서의 그리드, 블록, 스레드는 다음과 같이 정의된다:

- 그리드(Grid): GPU에서 실행되는 전체 병렬 작업의 모음이며, 그리드는 여러 개의 블록으로 구성됨
- 블록(Block): 블록은 여러 스레드의 모음이며, 블록 내의 스레드는 공동 메모리를 공유하고, 동기화할 수 있음
- 스레드(Thread): 스레드는 블록 내에서 개별적으로 실행되는 가장 작은 연산 단위임

이러한 구조를 통해 GPU는 수천 개의 스레드를 병렬로 실행할 수 있으며, 각 스레드는 독립적으로 데이터를 처리한다.

GPU는 다음과 같은 응용 분야에서 활발하게 사용되고 있다:

① 그래픽 렌더링

GPU의 원래 목적은 복잡한 3D 그래픽을 실시간으로 렌더링하는 것이다. GPU는 각 픽셀이나 다각형에 대해 병렬로 계산을 수행하여 매우 짧은 시간 안에 이미지나 영상을 생성할 수 있다.

② 머신 러닝

최근 몇 년 동안 GPU는 머신 러닝, 특히 딥러닝 분야에서 큰 인기를 얻고 있다. 딥러닝 모델은 수백만 개의 파라미터를 가지고 있으며, 대량의 데이터를 처리하는 데 GPU의 병렬 처리 능력이 매우 유용하며, GPU를 활용하면 딥러닝 모델의 학습 속도를 크게 높일 수 있다.

③ 과학 계산 및 시뮬레이션

GPU는 과학 계산 및 시뮬레이션에서도 널리 사용된다. 유체 역학, 분자 모델링, 기상 시뮬레이션 등의 분야에서 GPU의 병렬 처리 능력을 활용하여 복잡한 계산을 효율적으로 수행할 수 있다.

④ 데이터 분석

대규모 데이터셋을 처리하고 분석하는 빅데이터 분야에서도 GPU가 활용되고 있다. GPU는 데이터를 빠르게 처리하여 실시간 분석을 가능하게 하며, 특히 데이타베이스 쿼리 가속화와 같은 작업에서 매우 유용하다.

(3) Kotlin에서 GPU를 사용하여 병렬처리 기능을 구현하는 방법

Kotlin에서 GPU를 사용하여 병렬 처리 기능을 구현하는 방법은 GPU 프로그래밍을 위한 특정 API나 라이브러리를 사용하는 것이 필수적이다. GPU에서 병렬 처리를 수행하기 위해서는 GPU 프로그래밍의 기본 개념과 OpenCL, CUDA와 같은 기술을 활용할 수 있어야 한다.

Kotlin 자체는 GPU 프로그래밍을 직접적으로 지원하지 않지만, Kotlin과 함께 사용할 수 있는 다양한 도구와 라이브러리가 존재한다. Kotlin에서 GPU를 사용하여 병렬 처리를 구현하려면, GPU 프로그래밍을 지원하는 C/C++ 코드를 작성하고 이를 JNI, JOCL, 또는 Kotlin/Native를 통해 호출하는 방법을 사용할 수 있다:

- JNI (Java Native Interface): JNI를 사용하여 C/C++로 작성된 GPU 코드(CUDA 또는 OpenCL)를 호출하는 방법을 사용할 수 있음
- GPU 라이브러리와 바인딩 사용: Java나 Kotlin에서 GPU를 지원하는 라이브러리나 바인딩을 사용하여 GPU에서 병렬 처리를 수행할 수 있음. 예를 들어, CUDA 및 OpenCL을 지원하는 Java 바인딩 라이브러리를 사용할 수 있음
- Kotlin/Native 및 OpenCL: Kotlin/Native에서 C 언어로 작성된 OpenCL 코드를 호출하여 GPU 처리를 수행할 수 있음

12.1.3 멀티태스킹, 다중 프로세스와 멀티 스레드

프로세스 (process)란 프로그램이 실행되는 단계를 의미하며, 하나의 컴퓨터 CPU 상에는 다수의 프로세스가 실행될 수 있도록 운영체제가 프로세스 관리를 한다. 그림 12.1에서

순차적 프로세스 처리와 동시/병렬 처리 구조를 비교하여 설명한다. 그림 12.1 (a)는 하나의 CPU에서 다수의 프로세스들을 순차적으로 처리하는 단일 태스크 처리 방식을 보여주며, 하나의 프로그램 실행이 완료된 후, 다른 프로그램의 실행이 시작되는 경우이다.

그림 12.1 (b)는 동시처리/병렬처리 기능을 사용하여 다수의 프로세스/스레드가 병렬로 실행되는 멀티 태스킹 개념을 보여준다. 이 동시처리/병렬처리에서는 여러 개의 프로세스 또는 스레드가 CPU를 공유하면서 병렬로 진행하거나 멀티코어 CPU의 각 코어를 개별 프로세스에 할당하여 병렬 처리를 수행하는 구조를 의미한다.

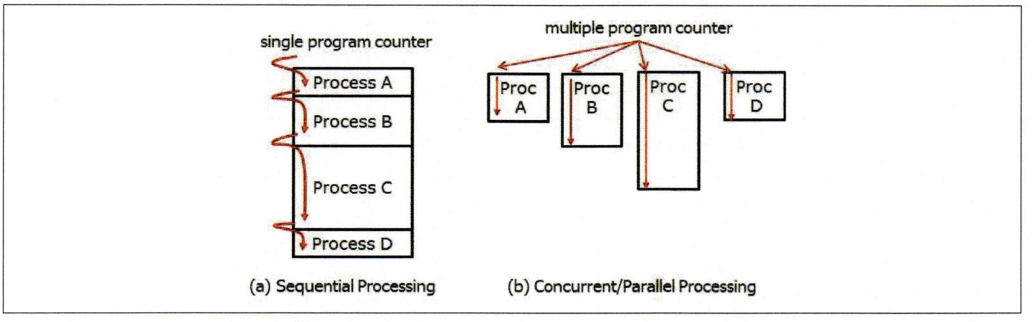

그림 12.1 멀티태스킹 처리 개념

그림 12.2는 프로세스와 스레드의 관계를 보여준다. 그림 12.2 (a)는 하나의 프로세스 내부에 하나의 스레드만 구성하여 동작하는 경우를 나타내며, 그림 12.2 (b)는 하나의 프로세스 내부에 다수의 스레드를 구성하여 작은 단위의 업무들이 병렬처리될 수 있게 구성한 것이다.

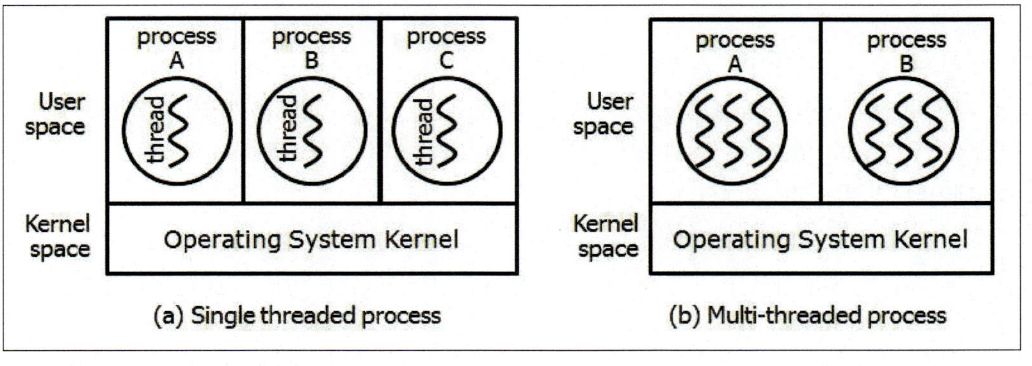

그림 12.2 프로세스와 스레드의 관계

그림 12.3은 프로세스와 스레드의 시스템 자원 공유 관계를 설명하고 있다. 하나의 프로세스에는 프로그램 실행코드와 데이터 (지역변수, 전역 변수 등), 파일, 레지스터, 프로세스 스택 등이 준비되어 사용되며, 하나의 스레드로 구성된 프로세스에서는 스레드가 프로세스 스택을 모두 사용하게 된다. 만약 하나의 프로세스에 다수의 스레드가 내부적으로 포함되는 경우 각 스레드에는 별도의 스레드 스택과 레지스터가 준비되며, 프로그램 실행코드, 데이터 및 파일은 모든 스레드가 공유하게 된다.

다중 스레드를 포함하는 프로세스에서는 각 스레드는 공유되는 데이터를 사용하여 정보를 서로 교환하게 되며, 스레드간 정보 교류를 위하여 파이프 (pipe)나 큐(queue)를 설치하여 효율적인 정보 교환이 수행되도록 한다.

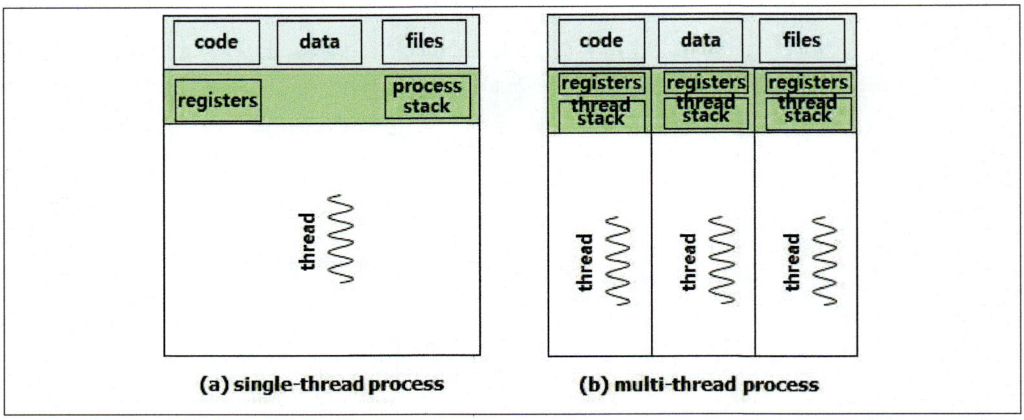

그림 12.3 프로세스와 스레드의 시스템 자원 공유 관계

12.1.4 Kotlin에서의 동시처리/병렬처리 기능의 활용 및 구현 방법

Kotlin 프로그램에서는 표 12.1에서 보는 것과 같은 방법으로 동시처리 (concurrent processing)와 병렬처리 (parallel processing) 기능을 활용할 수 있다. 동시처리는 여러 작업이 동시에 진행되는 것처럼 보이지만 실제로는 하나의 CPU 또는 코어를 번갈아 가며 사용하며, 순차적으로 실행되는 형태이고, Kotlin이 coroutine으로 구현할 수 있다. 이는 주로 네트워크나 파일 입출력에서의 IO 작업처리와 사용자 인터페이스에서의 비동기 작업 등에 활용된다.

병렬처리는 여러 작업이 실제로 동시에 실행되며, Kotlin coroutine을 dispatcher와 함께 사용하거나 multithreading 또는 JNI/JOCL을 Kotlin과 함께 사용하는 GPU 프로그래밍으로 구현할 수 있고, 주로 대규모 연산이나 데이터 처리 등의 CPU 집약적인 작업과 대규모 데이터 병렬 처리 등에서 주로 사용된다.

동시처리의 장점으로는 높은 응답성, 효율적인 IO 작업, 자원 낭비 최소화 등이 있으며, 단점으로는 실제 병렬처리가 아닌 점이 있어, 해당 알고리즘이나 함수의 실행 성능이 중요하지 않는 경우(비동기 네트워크 요청, 사용자 입력 대기, UI 업데이트 등)에 주로 사용된다.

병렬처리의 장점으로는 CPU의 최대 성능을 발휘할 수 있고, CPU 및 GPU를 활용한 대규모 연산이 가능하다는 점이며, 단점으로는 복잡한 동기화 이슈와 메모리 대역폭이 제한된다는 점이다. 따라서 병렬처리는 이미지 처리 (image processing), 과학 계산 (scientific calculations), 기계학습 (machine learning)/심층학습(deep learning)/강화학습 (reinforcement learning) 등에서 많이 활용된다.

Kotlin 프로그램에서 동시처리와 병렬 처리를 구현하는 구체적인 기술은 표 12.2에서 보는 것과 같다. 코루틴(coroutine)은 Kotlin의 핵심 비동기 기능으로, 경량 스레드로 불리며 매우 적은 오버헤드로 비동기 작업을 처리할 수 있고, 주로 IO 작업이나 UI 업데이트에서 사용된다. 스레드(thread)는 전통적인 운영 체제의 스레드로, 고성능 병렬 처리가 필요한 경우에 사용되지만, 코루틴보다 리소스 소모가 큰 단점이 있다. 멀티프로세스 (multiprocess)는 여러 프로세스를 병렬로 실행하여 각 프로세스가 별도의 메모리 공간을 가지며, 격리된 환경에서 독립적으로 작업을 수행하고, 메모리 격리와 안정성이 필요한 경우에 유용하게 사용할 수 있다.

표 12.1 Kotlin 프로그램에서의 동시처리/병렬처리

특성	동시처리 (Concurrent Processing)	병렬처리 (Parallel Processing)
기본 개념	▪ 여러 작업이 동시에 진행되는 것처럼 보이지만 실제로는 순차적으로 실행됨	▪ 여러 작업이 실제로 동시에 실행됨
주요 API 및 도구	▪ Kotlin Coroutines (launch, async)	▪ Kotlin Coroutines with Dispatchers (Dispatchers.Default, Dispatchers.IO) ▪ Multithreading (Thread, ExecutorService) ▪ GPU Programming (JNI, JOCL)
사용 목적	▪ IO 작업 처리 (네트워크, 파일 입출력) ▪ 사용자 인터페이스에서의 비동기 작업	▪ CPU 집약적인 작업 (연산, 데이터 처리) ▪ 대규모 데이터 병렬 처리

예제	import kotlinx.coroutines.*
	fun main() = runBlocking {
	  launch { // Task 1
	    delay(1000L)
	    println("Task 1 Completed")
	  }
	  launch { // Task 2
	    delay(200L)
	    println("Task 2 Completed")
	  }
	  println("Tasks started")
	}
		import kotlinx.coroutines.*
		fun main() = runBlocking {
		  val result1 =
		   async(Dispatchers.Default) {
		    performComputation1() }
		  val result2 =
		   async(Dispatchers.Default) {
		    performComputation2() }
		  println("Result: ${result1.await()
		    + result2.await()}")
		}
		
		suspend fun
		  performComputation1(): Int {
		  // Simulate CPU-intensive work
		   delay(1000L)
		   return 13
		}
		suspend fun
		  performComputation2(): Int {
		  // Simulate CPU-intensive work
		  delay(1000L)
		  return 29
		}

장점	▪ 높은 응답성 ▪ 효율적인 IO 작업 ▪ 자원 낭비 최소화	▪ 최대 성능 발휘 가능 ▪ CPU 및 GPU를 활용한 대규모 연산 가능
단점	▪ 실제 병렬 처리 아님 ▪ CPU 성능이 중요하지 않은 경우에 사용	▪ 복잡한 동기화 이슈 ▪ 메모리 대역폭 제한
적용 사례	▪ 비동기 네트워크 요청 ▪ 사용자 입력 대기 ▪ UI 업데이트	▪ 이미지 처리 ▪ 과학 계산 ▪ 머신 러닝

코루틴, 스레드와 멀티프로세스를 구현할 때 함께 사용되는 세부 기술들로 async,

launch, runBlocking, withContext, ExecutorService 등이 있다. Async는 코루틴에서 비동기 작업을 수행하는 방법으로, 병렬 처리와 유사하게 여러 작업을 동시에 실행할 수 있다. launch는 비동기 작업을 시작하는데 사용되며, 코루틴에서 자주 사용되는 Job 객체를 반환하여 작업의 상태를 관리할 수 있다. runBlocking은 코루틴을 블로킹 방식으로 실행하여, 동기 코드처럼 코루틴을 사용할 수 있게 한다. 주로 테스트나 메인 함수에서 사용된다.

withContext는 특정 디스패처에서 코루틴을 실행하여, 특정 작업에 적합한 스레드를 선택하고 최적화된 성능을 제공한다. ExecutorService는 Java에서 제공하는 스레드 관리 도구로, Kotlin에서도 사용 가능하며, 여러 스레드를 병렬로 관리하고 실행하는 데 유용하게 사용할 수 있다.

표 12.2 Kotlin 프로그램에서의 동시처리/병렬처리 구현 기술

기능	설명	주요 사용 사례
Coroutine	▪ 경량 스레드로, 비동기 작업을 효율적으로 처리할 수 있는 Kotlin의 기능. 코루틴은 스레드보다 더 가볍고, launch, async등의 빌더를 통해 생성 가능	▪ IO 작업 (네트워크 요청, 파일 입출력) ▪ 비동기 UI 업데이트
Thread	▪ 운영 체제의 스레드로, 병렬 처리를 위해 사용. 스레드는 무거운 리소스를 사용하며, 코루틴에 비해 더 많은 오버헤드가 발생할 수 있음	▪ CPU 집약적인 연산 ▪ 긴 시간 동안 실행되는 작업
Multiprocess	▪ 여러 프로세스를 병렬로 실행하는 방법. 프로세스는 각기 독립된 메모리 공간을 가지며, 스레드보다 격리된 환경에서 작업을 수행	▪ 별도 메모리 공간이 필요한 작업 ▪ 높은 수준의 격리가 필요한 작업
async	▪ 코루틴에서 비동기 작업을 수행하기 위해 사용. async는 병렬로 실행되는 코루틴을 생성하고 Deferred객체를 반환하며, await로 결과를 얻음	▪ 비동기 네트워크 호출 ▪ 비동기 연산
launch	▪ 코루틴을 실행하여 작업을 비동기적으로 수행. launch는 Job객체를 반환하며, 해당 작업의 상태를 추적하거나 제어 가능	▪ 비동기 작업의 시작 ▪ UI 업데이트 작업
runBlocking	▪ 코루틴을 현재 스레드에서 블로킹 방식으로 실행. 주로 메인 함수나 테스트 코드에서 코루틴을 실행할 때 사용	▪ 메인 함수에서 코루틴 실행 ▪ 테스트 코드
withContext	▪ 특정 디스패처에서 코루틴을 실행하여, IO 또는 CPU 작업을 위한 최적의 스레드를 사용하게 함	▪ 작업 스레드 지정 ▪ IO 또는 CPU 집약적 작업
ExecutorServ ice	▪ 여러 스레드로 작업을 관리하기 위한 Java의 스레드 풀을 활용. 여러 작업을 병렬로 실행할 때 스레드 관리를 자동화하는 데 유용	▪ 대규모 스레드 관리 ▪ 서버 작업

12.1.5 Kotlin 동시처리/병렬처리 프로그래밍에서의 임계구역 (critical section) 설정 및 관리

동시처리와 병렬처리 프로그래밍에서 "Critical Section(임계 구역)"은 여러 스레드가 동시에 접근할 수 있는 공유 자원(예: 변수, 파일, 데이터베이스)에 접근하는 코드 영역을 의미한다. 만약 임계 구역을 적절히 관리하지 않으면, 데이터 경합, 일관성 문제, 그리고 예기치 않은 동작이 발생할 수 있다. 임계구역 설정 및 관리 기능이 필요한 이유는 데이터 경합과 일관성이다.

데이터 경합(Data Race)이란 여러 스레드가 동시에 공유 자원에 접근하여 변경시킬 때, 한 스레드의 작업이 다른 스레드의 작업에 영향을 주는 것을 의미한다. 예를 들어, 한 스레드가 변수의 값을 읽는 동안 다른 스레드가 그 값을 변경하면, 첫 번째 스레드는 잘못된 값을 사용할 수 있다. 다음으로 공유 자원에 대한 접근이 잘못 동기화되면, 데이터의 일관성이 깨질 수 있다. 이는 예기치 않은 버그와 오류를 초래할 수 있다.

Kotlin에서는 주로 동기화(synchronization)를 통해 임계 구역을 관리한다. Kotlin은 Java와 동일한 JVM 상에서 동작하므로, Java의 동기화 기법을 사용할 수 있다. 표 12.3은 Kotlin 스레드 프로그래밍에서의 임계구역 설정 및 관리 방법에 대하여 요약 설명이다. synchronized 블록은 특정 객체를 잠금으로 설정하여, 하나의 스레드만 임계 구역에 접근할 수 있도록 하며, 간단한 동기화 작업에 주로 사용된다. 기본 객체로 임계 구역 설정 방법에서는 synchronized 블록 내에서 임의의 객체를 잠금으로 설정하여 동기화할 수 있으며, 특정 자원을 보호해야 할 때 유용하다. ReentrantLock을 사용하여 더 세밀하게 동기화를 관리할 수 있는 재진입 가능한 잠금 메커니즘을 제공할 수 있다. 이 방법은 복잡한 동기화 시나리오에서 주로 사용된다.

원자성을 보장하는 클래스들(AtomicInteger, AtomicLong 등)을 사용하여 동기화를 간단하게 처리할 수 있으며, 이는 변수 단위의 동기화에 적합하다. 코루틴 환경에서 동기화를 위해 Mutex를 사용할 수 있으며, 비동기 작업에서 임계 구역을 설정할 때 유용하게 사용할 수 있다. join()은 스레드 동기화에서 자주 사용되며, 특정 스레드가 작업을 완료할 때까지 기다리게 하며, 스레드 간의 작업 순서를 조정할 때 유용하다.

표 12.3 Kotlin 멀티스레드 프로그래밍에서의 임계구역 (critical section) 설정 및 관리 방법

방법	설명	사용 예	주요 사용 사례

synchronized 블록	특정 객체를 잠금으로 사용하여, 한 번에 하나의 스레드만 임계 구역에 접근하도록 보장	synchronized(this) {
		count++
		}
			▪ 간단한 임계 구역 설정
			▪ 객체 단위로 동기화 필요할 때

기본 객체로 임계 구역 설정	synchronized블록에서 특정 객체를 잠금으로 사용. 이 객체를 기반으로 동기화	val lock = Any() synchronized(lock) { count++>}	▪ 특정 자원 동기화 ▪ 임의의 객체를 잠금으로 사용
ReentrantLock 사용	재진입 가능한 잠금으로, 더 세밀하게 동기화를 제어할 수 있음 lock()및 unlock()으로 임계 구역을 관리	val lock = ReentrantLock() lock.lock() try { count++ } finally { lock.unlock()}	▪ 복잡한 동기화가 필요한 경우 ▪ 재진입 잠금이 필요한 경우
Atomic 클래스 사용	원자성(Atomicity)을 보장하는 클래스들로,	val count = AtomicInteger(0)	▪ 원자적 연산 필요할 때

방법	설명	사용 예	주요 사용 사례
	내부적으로 동기화되어 있어 여러 스레드가 안전하게 접근 가능	count.incrementAndGet()	▪ 간단한 변수 동기화
코루틴에서 Mutex사용	코루틴에서의 임계 구역 설정을 위해 Mutex를 사용. withLock을 통해 자원을 안전하게 보호	val mutex = Mutex() mutex.withLock { count++ }	▪ 코루틴에서의 동기화 필요할 때 ▪ 비동기 코드에서의 임계 구역
join() 사용	현재 스레드를 대기 상태로 만들고, 호출된 스레드가 종료될 때까지 기다려 동기화	thread1.start() thread2.start() thread1.join() thread2.join()	▪ 스레드 동기화 ▪ 스레드 완료 대기

12.2 Kotlin 코루틴 (Coroutine)

12.2.1 Kotlin Coroutine기반 동시처리 프로그래밍

Kotlin의 코루틴(coroutine)은 경량 스레드이며, 비동기 작업을 효율적으로 처리할 수 있는 기능을 제공한다. Kotlin에서의 코루틴 프로그래밍은 launch()와 async() 등의 빌더를 사용하여 생성할 수 있다. IntelliJ 환경에서 coroutine 기능을 포함하는 Kotlin 프로그램을 개발하기 위해서는 coroutine 관련 모듈을 IntelliJ 프로젝트에 추가하여야 한다.

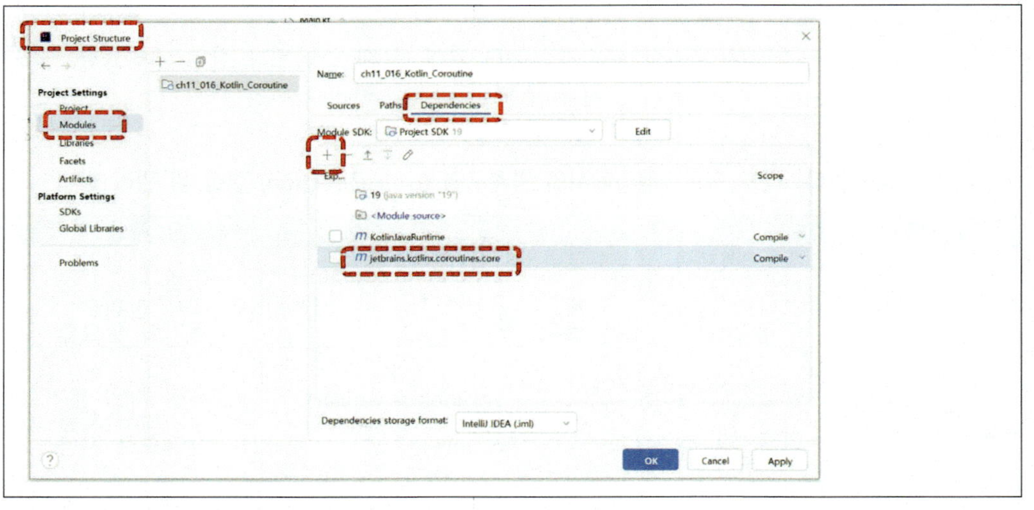

그림 12.4 IntelliJ의 Kotlin 프로젝트에 Coroutine 모듈 추가

Kotlin 프로젝트를 생성한 후, Coroutine 관련 모듈을 설치하는 방법은 다음과 같다. File -> Project Structure -> Project Settings, Modules -> Dependencies를 차례로 선택하여, 그림 12.4에서 보는 것과 같은 팝업 창이 나타나면, Dependencies 아래에 표시되는 '+' 버튼을 누르면 나타나는 팝업창에서 "2. Library ..." -> "From

Maven ...”을 선택하고, Download from Maven Repository 팝업창에서 “org.jetbrains.kotlinx:kotlinx-coroutines-core:1.2.3”을 입력한다. Apply와 OK 버튼을 차례로 누르면, jetbrains.kotlinx.coroutines.core 모듈이 IntelliJ 환경에서 구성된 Kotlin 프로젝트에 추가되고, 그림 12.5에서 보는 것과 같이 Project의 External Libraries 폴더에 포함되어 있는 것을 확인할 수 있게 된다.

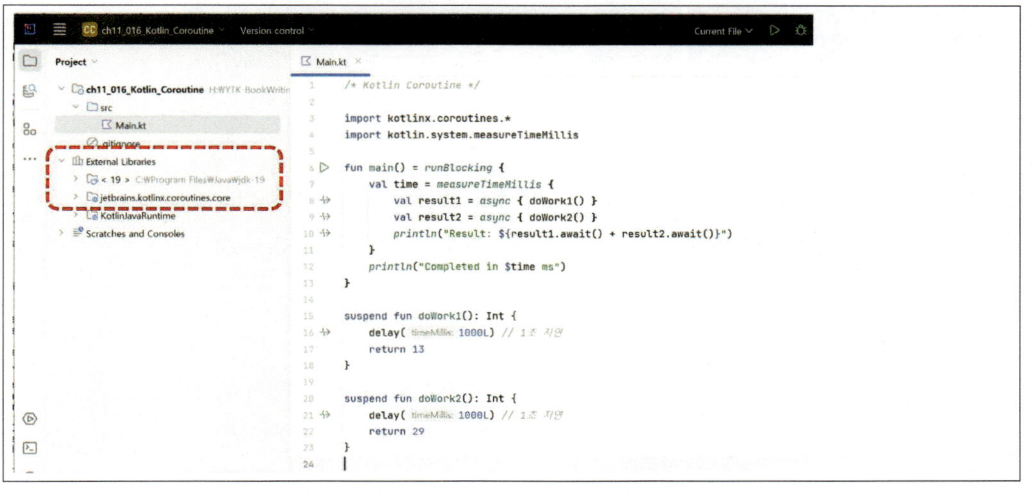

그림 12.5 ntelliJ의 Kotlin 프로젝트에 추가 설치된 jetbrains.kotlinx.coroutines.core 모듈 확인

12.2.2 Kotlin Coroutine 예제

그림 12.6은 async() 메서드를 사용하여 병렬로 실행되는 코루틴을 생성하고 실행시키며, 그 결과를 반환받아 출력하는 간단한 코루틴 기반 병렬 처리 예제를 보여준다. 이 예에서 doWork1()은 간단한 출력문 실행과 함께 2000 밀리초를 대기하도록 하고, doWork2()는 출력문 실행과 3000 밀리초 대기, doWorks3()는 출력문 실행과 함께 5000 밀리초 대기를 실행하도록 구성되어 있다.

```
 1:  /* Kotlin Coroutine Test */
 2:  import kotlinx.coroutines.*
 3:  import kotlin.system.measureTimeMillis
 4:
 5:  fun main() = runBlocking {
 6:      val time = measureTimeMillis {
 7:          val result1 = async { doWork1() }
 8:          val result2 = async { doWork2() }
 9:          val result3 = async { doWork3() }
10:          println("Result: ${result1.await() + result2.await() + result3.await()}")
11:      }
12:      println("Completed in $time ms")
13:  }
```

그림 12.6 Kotlin Coroutine의 생성 및 실행 예 (part 1)

그림 12.6에서 만약 doWork1(), doWork2() 및 doWork3()가 병렬 처리가 되지 않고 순차적으로 처리된다면 총 10,000 밀리초 (10초)의 시간이 걸리나, 실제 line 6~10에

서 measureTimeMilis()로 측정한 결과를 그림 12.7에서 살펴보면 5035 ms인 것을 확인할 수 있다. 이는 3개의 코루틴들이 병렬로 실행되었으며, 이들 중 가장 긴 실행시간에 따라 measureTimeMillis()의 값이 결정된다는 것을 알 수 있다.

```

suspend fun doWork1(): Int {
    val delay_ms : Long = 2000L
    println("work1() is running ... with $delay_ms msec delay")
    delay(delay_ms) // 2초 지연
    println("work1() is stopped ... after $delay_ms msec delay")
    return 13
}

suspend fun doWork2(): Int {
    val delay_ms : Long = 3000L
    println("work2() is running... with $delay_ms msec delay")
    delay(delay_ms) // 3초 지연
    println("work2() is stopped ... after $delay_ms msec delay")
    return 17
}

suspend fun doWork3(): Int {
    val delay_ms : Long = 5000L
    println("work3() is running ... with $delay_ms msec delay")
    delay(delay_ms) // 5초 지연
    println("work3() is stopped ... after $delay_ms msec delay")
    return 29
}

```

그림 12.6 Kotlin Coroutine의 생성 및 실행 예 (part 2)

```
work1() is running ... with 2000 msec delay
work2() is running... with 3000 msec delay
work3() is running ... with 5000 msec delay
work1() is stopped ... after 2000 msec delay
work2() is stopped ... after 3000 msec delay
work3() is stopped ... after 5000 msec delay
Result: 59
Completed in 5035 ms
```

그림 12.7 Kotlin Coroutine의 실행결과

12.2.3 Coroutine에서의 동기화

그림 12.8은 Kotlin 코루틴의 빌더인 async()를 사용하여 알파벳 문자를 출력하는 printAlphabet() 함수와 십진수 숫자를 출력하는 printDigits() 함수를 coroutine으로 생성하여 동작하게 하는 간단한 멀티 코루틴 응용 프로그램을 보여준다.

(1) 동기화 기능이 없는 coroutine의 실행

그림 12.8 line 6~16에서 구현된 printAlphabet() 함수는 한 줄에 영문 알파벳 문자 'A' ~ 'Z' 를 출력하고, 마지막에 줄바꿈을 출력하며, 각 영문자 출력 사이에 일정 시간 동안 delay() 하도록 구현되어 있다. Line 18~28에 구현되어 있는 printDigits() 함수는

한 줄에 0 ~ 19를 출력하고, 마지막에 줄바꿈을 출력하며, 각 숫자 출력 사이에 일정 시간 동안 delay() 하도록 구현되어 있다. 이 두 개의 함수는 line 31~37에서 Kotlin coroutine의 빌더인 asynch() 메서드를 사용하여 코루틴으로 생성시키고 실행하도록 한다. Line 39~40에서는 join() 메서드를 사용하여 이 코루틴들이 종료될 때까지 대기하도록 한다.

```
 1: /* Kotlin coroutine */
 2: import kotlinx.coroutines.*
 3: import kotlinx.coroutines.sync.Mutex
 4: import kotlinx.coroutines.sync.withLock
 5:
 6: suspend fun printAlphabet() {
 7:     val delay_ms = 100L
 8:     for (i in 0..10) {
 9:         for (c in 'A'..'Z') {
10:             print("$c, ")
11:             delay(delay_ms)
12:         }
13:         println()
14:         delay(delay_ms)
15:     }
16: }
17:
18: suspend fun printDigits() {
19:     val delay_ms = 100L
20:     for (i in 0..10) {
21:         for (n in 0..19) {
22:             print("$n, ")
23:             delay(delay_ms)
24:         }
25:         println()
26:         delay(delay_ms)
27:     }
28: }
29:
30: fun main() = runBlocking {
31:     val job1 = async {
32:         printAlphabet()
33:      }
34:
35:     val job2 = async {
36:         printDigits()
37:     }
38:
39:     job1.join()
40:     job2.join()
41:
42: }
```

그림 12.8 동기화 기능이 포함되지 않은 Coroutine Kotlin 예제 프로그램

그림 12.8 line 30에서 main() 함수는 runBlocking{ } 블록으로 설정되어 있는데 이는 main() 함수에서 coroutine을 현재 스레드에서 블로킹 방식으로 실행하게 한다. 이 rubBlocking{ } 방식은 주로 main() 함수나 테스트 코드에서 코루틴을 실행할 때 사용된다.

그림 12.8에 구현되어 있는 코루틴 프로그램의 실행 결과는 그림 12.9에서 확인할 수 있다. 이 코루틴 프로그램에서 printAlphabet()과 printDigits() 함수는 별도의 임계구역 설정 및 관리 기능이 없고 동기화 기능이 없기 때문에 하나의 영문자 또는 숫자를 출력한 후, delay() 함수에 의하여 코루틴의 실행이 지연될 때 다른 코루틴으로 실행이 넘어가게 되고,

영어 문자와 숫자가 뒤섞여 출력되는 것을 확인할 수 있다.

```
A, 0, B, 1, C, 2, D, 3, E, 4, F, 5, G, 6, H, 7, I, 8, J, 9, K, 10, L, 11, M, 12, N, 13, O, 14, P, 15, Q, 16, R, 17, S, 18, T, 19, U,
0, V, 1, W, 2, X, 3, Y, 4, Z, 5,
A, 6, B, 7, C, 8, D, 9, E, 10, F, 11, G, 12, H, 13, I, 14, J, 15, K, 16, L, 17, M, 18, N, 19, O,
0, P, 1, Q, 2, R, 3, S, 4, T, 5, U, 6, V, 7, W, 8, X, 9, Y, 10, Z, 11,
A, 12, B, 13, C, 14, D, 15, E, 16, F, 17, G, 18, H, 19, I,
0, J, 1, K, 2, L, 3, M, 4, N, 5, O, 6, P, 7, Q, 8, R, 9, S, 10, T, 11, U, 12, V, 13, W, 14, X, 15, Y, 16, Z, 17,
A, 18, B, 19, C,
0, D, 1, E, 2, F, 3, G, 4, H, 5, I, 6, J, 7, K, 8, L, 9, M, 10, N, 11, O, 12, P, 13, Q, 14, R, 15, S, 16, T, 17, U, 18, V, 19, W,
0, X, 1, Y, 2, Z, 3,
A, 4, B, 5, C, 6, D, 7, E, 8, F, 9, G, 10, H, 11, I, 12, J, 13, K, 14, L, 15, M, 16, N, 17, O, 18, P, 19, Q,
0, R, 1, S, 2, T, 3, U, 4, V, 5, W, 6, X, 7, Y, 8, Z, 9,
A, 10, B, 11, C, 12, D, 13, E, 14, F, 15, G, 16, H, 17, I, 18, J, 19, K,
0, L, 1, M, 2, N, 3, O, 4, P, 5, Q, 6, R, 7, S, 8, T, 9, U, 10, V, 11, W, 12, X, 13, Y, 14, Z, 15,
A, 16, B, 17, C, 18, D, 19, E,
0, F, 1, G, 2, H, 3, I, 4, J, 5, K, 6, L, 7, M, 8, N, 9, O, 10, P, 11, Q, 12, R, 13, S, 14, T, 15, U, 16, V, 17, W, 18, X, 19, Y,
0, Z, 1,
A, 2, B, 3, C, 4, D, 5, E, 6, F, 7, G, 8, H, 9, I, 10, J, 11, K, 12, L, 13, M, 14, N, 15, O, 16, P, 17, Q, 18, R, 19, S,
0, T, 1, U, 2, V, 3, W, 4, X, 5, Y, 6, Z, 7,
A, 8, B, 9, C, 10, D, 11, E, 12, F, 13, G, 14, H, 15, I, 16, J, 17, K, 18, L, 19, M,
N, O, P, Q, R, S, T, U, V, W, X, Y, Z,
A, B, C, D, E, F, G, H, I, J, K, L, M, N, O, P, Q, R, S, T, U, V, W, X, Y, Z,
A, B, C, D, E, F, G, H, I, J, K, L, M, N, O, P, Q, R, S, T, U, V, W, X, Y, Z,
```

그림 12.9 실행결과

(2) 동기화 기능을 가지는 coroutine의 실행 – class Any() 인스탄스 lock 사용

그림 12.10은 앞의 그림 12.8의 Kotlin 코루틴 프로그램을 보완하여 한 줄에 영문자 또는 숫자가 출력될 때 다른 코루틴의 방해를 받지 않고, 한 줄 전체를 출력할 수 있도록 임계구역을 설정하고, 이 임계구역을 스레드들 간에 공유되는 lock을 사용하여 제어하는 프로그램 예제를 보여준다.

```
 1: /* Kotlin coroutine */
 2: import kotlinx.coroutines.*
 3: import kotlinx.coroutines.sync.Mutex
 4: import kotlinx.coroutines.sync.withLock
 5: import java.util.concurrent.locks.ReentrantLock
 6: import kotlin.concurrent.withLock
 7:
 8: suspend fun printAlphabet(lock : Any) {
 9:     val delay_ms = 100L
10:     for (i in 0..10) {
11:         synchronized(lock) {
12:             for (c in 'A'..'Z') {
13:                 print("$c, ")
14:                 Thread.sleep(delay_ms)
15:             }
16:             println()
17:         }
18:         delay(delay_ms)
19:     }
20: }
```

그림 12.10 임계구역 설정 및 관리 기능이 포함된 Coroutine Kotlin 예제 프로그램 (part 1)

Line 37에서 Any() 클래스 인스탄스인 lock을 생성하고, line 39, 43에서 코루틴 실행을 호출할 때 인수로 전달한다. Line 11과 25에서는 각각 printAlphabet()과 printDigits() 함수 호출에서 인수로 전달된 lock를 synchronized() 블록을 설정할 때 사용하도록 하며, 임계구역을 설정하고 접근을 제어하도록 한다. 즉, 한 줄에 영문자를 모두 출력하는 것과 한 줄에 0 ~ 19 숫자를 출력하는 것을 임계 구역으로 설정하여, 한 줄이 출력되는 동안에는 다른 코루틴의 방해를 받지 않도록 관리한다.

그림 12.10의 임계구역 설정 및 관리 기능이 포함된 Kotlin coroutine 예제 프로그램의 실행 결과는 그림 12.11에서 볼 수 있다. 앞의 그림 12.9에서의 출력과는 다르게, 한 줄에 영문자 또는 숫자가 다른 코루틴의 방해 없이 한줄 전체를 출력하고 있는 것을 확인할 수 있다.

```

suspend fun printDigits(lock : Any) {
    val delay_ms = 100L
    for (i in 0..10) {
        synchronized(lock) {
            for (n in 0..19) {
                print("$n, ")
                Thread.sleep(delay_ms)
            }
            println()
        }
        delay(delay_ms)
    }
}

fun main() = runBlocking {
    val lock = Any()
    val job1 = async {
        printAlphabet(lock)
    }

    val job2 = async {
        printDigits(lock)
    }

    job1.join()
    job2.join()
}
```

그림 12.10 임계구역 설정 및 관리 기능이 포함된 Coroutine Kotlin 예제 프로그램 (part 2)

```
A, B, C, D, E, F, G, H, I, J, K, L, M, N, O, P, Q, R, S, T, U, V, W, X, Y, Z,
0, 1, 2, 3, 4, 5, 6, 7, 8, 9, 10, 11, 12, 13, 14, 15, 16, 17, 18, 19,
A, B, C, D, E, F, G, H, I, J, K, L, M, N, O, P, Q, R, S, T, U, V, W, X, Y, Z,
0, 1, 2, 3, 4, 5, 6, 7, 8, 9, 10, 11, 12, 13, 14, 15, 16, 17, 18, 19,
A, B, C, D, E, F, G, H, I, J, K, L, M, N, O, P, Q, R, S, T, U, V, W, X, Y, Z,
0, 1, 2, 3, 4, 5, 6, 7, 8, 9, 10, 11, 12, 13, 14, 15, 16, 17, 18, 19,
A, B, C, D, E, F, G, H, I, J, K, L, M, N, O, P, Q, R, S, T, U, V, W, X, Y, Z,
0, 1, 2, 3, 4, 5, 6, 7, 8, 9, 10, 11, 12, 13, 14, 15, 16, 17, 18, 19,
A, B, C, D, E, F, G, H, I, J, K, L, M, N, O, P, Q, R, S, T, U, V, W, X, Y, Z,
0, 1, 2, 3, 4, 5, 6, 7, 8, 9, 10, 11, 12, 13, 14, 15, 16, 17, 18, 19,
A, B, C, D, E, F, G, H, I, J, K, L, M, N, O, P, Q, R, S, T, U, V, W, X, Y, Z,
0, 1, 2, 3, 4, 5, 6, 7, 8, 9, 10, 11, 12, 13, 14, 15, 16, 17, 18, 19,
A, B, C, D, E, F, G, H, I, J, K, L, M, N, O, P, Q, R, S, T, U, V, W, X, Y, Z,
0, 1, 2, 3, 4, 5, 6, 7, 8, 9, 10, 11, 12, 13, 14, 15, 16, 17, 18, 19,
A, B, C, D, E, F, G, H, I, J, K, L, M, N, O, P, Q, R, S, T, U, V, W, X, Y, Z,
0, 1, 2, 3, 4, 5, 6, 7, 8, 9, 10, 11, 12, 13, 14, 15, 16, 17, 18, 19,
A, B, C, D, E, F, G, H, I, J, K, L, M, N, O, P, Q, R, S, T, U, V, W, X, Y, Z,
0, 1, 2, 3, 4, 5, 6, 7, 8, 9, 10, 11, 12, 13, 14, 15, 16, 17, 18, 19,
A, B, C, D, E, F, G, H, I, J, K, L, M, N, O, P, Q, R, S, T, U, V, W, X, Y, Z,
0, 1, 2, 3, 4, 5, 6, 7, 8, 9, 10, 11, 12, 13, 14, 15, 16, 17, 18, 19,
A, B, C, D, E, F, G, H, I, J, K, L, M, N, O, P, Q, R, S, T, U, V, W, X, Y, Z,
0, 1, 2, 3, 4, 5, 6, 7, 8, 9, 10, 11, 12, 13, 14, 15, 16, 17, 18, 19,
```

그림 12.11 임계구역 설정 및 관리 기능이 포함된 Coroutine Kotlin 예제 프로그램의 실행결과

12.2.4 Channel을 사용한 Kotlin coroutine간의 통신

Kotlin 코루틴 간에 데이터를 전달하는 통신 기능을 구현하는 방법은 Kotlin coroutines 패키지의 channels.Channel를 사용하여 channel을 생성한 후, send() 함수와 receive() 함수를 사용하여 데이터를 전달할 수 있다.

```
 1: /* Kotlin Thread Communication with channel */
 2: import kotlinx.coroutines.*
 3: import kotlinx.coroutines.channels.Channel
 4:
 5: fun main() {
 6:     println("Testing thread communication ")
 7:     //thread_test()
 8:     runBlocking {
 9:         val channel = Channel<Int>()
10:
11:         launch { // Producer coroutine
12:             for (x in 1..5) {
13:                 println("Producer sending $x")
14:                 channel.send(x) // Send data to the channel
15:                 println("Producer sent $x")
16:             }
17:             channel.close() // Close the channel when done
18:         }
19:
20:         launch {  // Consumer coroutine
21:             for (y in channel) { // Receive data from the channel
22:                 println("Consumer received $y")
23:             }
24:         }
25:     } // end runBlocking()
26: }
```

그림 12.12 Channel을 사용한 Kotlin coroutine간의 통신 예제

```
Testing thread communication
Producer sending 1
Consumer received 1
Producer sent 1
Producer sending 2
Producer sent 2
Producer sending 3
Consumer received 2
Consumer received 3
Producer sent 3
Producer sending 4
Producer sent 4
Producer sending 5
Consumer received 4
Consumer received 5
Producer sent 5
```

그림 12.13 실행결과

그림 12.14 line 6에서는 Channel<Int> 인스탄스를 생성하고, channel 변수에 대입한

다. line 8~25에서는 runBlocking{ } 블록을 구성하여 producer coroutine launch {} 블록과 consumer coroutine launch {} 블록이 동시 처리될 수 있게 한다. Line 11~18에서는 데이터를 생성하는 producer coroutine을 launch{ } 코드 블록을 사용하여 생성하며, 1~ 5의 데이터를 생성하고, 이를 channel.send(x)를 사용하여 consumer coroutine에게 전달한다.

Line 20~24의 launch{} 코드 블록의 coroutine은 line 18~20의 for 반복문에서 channel로부터 데이터를 수신하여 출력한다. producer와 consumer coroutine들이 실행하면서 진행 상황을 출력한 결과는 그림 12.13에서 확인할 수 있다.

12.2.5 Flow를 사용한 Kotlin coroutine간의 통신

Kotlin 코루틴 간의 통신 기능은 kotlinx.coroutines 패키지의 Flow<>를 사용하여 데이터를 전달한다. Flow는 일종의 비동기 시퀀스이며, 코루틴 간의 통신을 단방향으로 지원한다.

```
 1: /* Kotlin coroutine communication with Flow<> */
 2:
 3: import kotlinx.coroutines.*
 4: import kotlinx.coroutines.flow.*
 5:
 6: fun simpleFlow(): Flow<Int> = flow {
 7:     for (i in 1..5) {
 8:         delay(100)
 9:         emit(i)
10:     }
11: }
12:
13: fun test_coroutine_flow() = runBlocking {
14:     simpleFlow().collect { value ->
15:         println(value)
16:     }
17: }
18:
19: fun main() {
20:     println("Testing coroutine communucation with Flow<Int>")
21:     test_coroutine_flow()
22: }
```

그림 12.14 Flow를 사용한 Kotlin coroutine간의 통신 예제

그림 12.14에서는 Flow를 사용하여 Kotlin coroutine 간의 통신 기능을 구성하는 예를 보여준다. Flow는 코루틴 기반의 비동기 시퀀스이며, 데이터의 흐름을 정의하고, 그 흐름에 따라 데이터가 방출(emit)되며, collect를 사용하여 데이터를 수집하도록 한다. Flow에는 다양한 map, filter, take, flatMapConcat 등의 연산자가 사용되며, 데이터의 흐름을 조작하고 변환할 수 있다.

그림 12.14 line 6~11은 1~5의 정수형 데이터를 생성하여 flow의 emit() 메서드를 이용해 전달하는 simpleFlow() 함수를 구현하고 있다. Line 13~17에서는 simpleFlow()에서 생성하여 주는 데이터를 collect()를 사용하여 value로 전달받고, 이를 출력하도록 구현하고 있다.

```
Testing coroutine communucation with Flow<Int>
1
2
3
4
5
```

그림 12.15 실행결과

12.3 Kotlin 스레드 (Thread)

12.3.1 Kotlin 스레드 관련 함수/메서드 및 속성

Kotlin 프로그래밍에서 스레드를 사용하기 위한 관련 함수와 메서드들은 표 12.4에 정리되어 있다. start()는 스레드를 시작하여 run() 메서드를 비동기적으로 호출하고, 스레드가 실행 대기 상태로 진입하게 한다. run()은 스레드에서 실제로 실행할 작업을 정의하는 메서드로, 직접 호출 시에는 동기적으로 실행된다. join()은 현재 스레드를 대기 상태로 만들고, 호출된 스레드가 종료될 때까지 기다리게 하며, 스레드 동기화에 사용된다. sleep()은 현재 스레드를 밀리초 단위로 지정된 시간 동안 일시 정지시키며, 지연 처리를 위해 사용된다..

interrupt()은 스레드를 중단 상태로 만들며, sleep()이나 wait() 상태일 경우 InterruptedException을 발생시켜 스레드를 종료할 수 있다. isAlive()는 스레드가 현재 실행 중인지 확인하는 데 사용된다. isInterrupted()는 스레드가 중단(interrupt)되었는지 확인하는 메서드이다. wait()은 스레드를 대기 상태로 만들고, notify()나 notifyAll() 호출 시까지 기다리게 하며, 동기화된 코드 블록에서 사용된다. notify() / notifyAll()는 wait() 상태에 있는 스레드를 깨워서 실행 가능하게 만든다. notify()는 하나의 스레드만, notifyAll()은 모든 대기 중인 스레드를 깨운다.

setPriority()는 스레드의 우선순위를 설정하며, 스레드의 우선순위는 Thread.MIN_PRIORITY, Thread.NORM_PRIORITY, Thread.MAX_PRIORITY로 지정할 수 있다. getName() / setName()은 스레드의 이름을 가져오거나 설정하는데 사용되며, 디버깅이나 로깅에 유용하게 사용할 수 있다.

표 12.4 Kotlin 스레드 관련 함수/메서드, 속성

메서드	설명	사용 예
start()	▪ 스레드를 시작하여 run() 메서드를 호출. 스레드가 실행 대기 상태로 진입하게 함	Thread { println("Thread Running") }.start()
run()	▪ 스레드에서 실행될 작업을 정의하는 메서드. start() 메서드로 호출되며, 직접 호출 시에는 동기적으로 실행	Thread { println("Running in thread") }.run()
join()	▪ 현재 스레드를 일시	val thread = Thread {

메서드	설명	사용 예
	정지하고, 호출된 스레드가 종료될 때까지 대기	println("Thread Running") } thread.start() thread.join()
sleep(milliseconds)	▪ 현재 스레드를 지정된 시간 동안 일시 정지(슬립) 상태로 만듦. 해당 시간이 지나면 다시 실행됨	Thread.sleep(1000L)

interrupt()	▪ 스레드를 중단 상태로 만들고, 스레드가 sleep() 이나 wait()상태일 경우 InterruptedException을 발생시킴	val thread = Thread {
		try {
		Thread.sleep(1000L)
		} catch (e: InterruptedException) {
		println("Thread interrupted")
		}
		}
		thread.start()
		thread.interrupt()

isAlive()	▪ 스레드가 실행 중인지 확인	val thread = Thread {
		println("Thread Running")
		}
		thread.start()
		println(thread.isAlive())

isInterrupted()	▪ 스레드가 중단(interrupt)되었는지 확인	val thread = Thread {
		while (!Thread.currentThread().
		isInterrupted) { println("Running...")}
		}
		thread.start()
		thread.interrupt()

wait()	▪ 스레드를 대기 상태로 만들고, notify()나 notifyAll()호출 시까지 기다림 주로 동기화된 코드 블록에서 사용	synchronized(obj) {
		obj.wait()
		}

notify()	▪ wait()상태에 있는 스레드 중 하나를 깨워서 실행 가능하게 만듦	synchronized(obj) { obj.notify() }
notifyAll()	▪ wait()상태에 있는 모든 스레드를 깨워서 실행 가능하게 만듦.	synchronized(obj) { obj.notifyAll() }

setPriority(priority: Int)	▪ 스레드의 우선순위를 설정 우선순위는 Thread. MIN_PRIORITY, Thread. NORM_PRIORITY, Thread.MAX_PRIORITY로 지정 가능	val thread = Thread {
		println("Thread Running")
		}
		thread.priority =
		Thread.MAX_PRIORITY
		thread.start()

getName()	▪ 스레드의 이름을 반환	val thread = Thread {
		println("Thread Running")
		}
		println(thread.name)

setName(name: String)	▪ 스레드의 이름을 설정	val thread = Thread { println("Thread Running") } thread.name = "MyThread" thread.start()

12.3.2 Kotlin 스레드 생성 및 관리

그림 12.16은 Kotlin concurrent 모듈의 thread()함수와 Thread() 클래스를 사용하여 Kotlin 스레드를 생성하고 사용하는 예제를 보여준다.

```
 1: /* Kotlin concurrent processing - thread */
 2: import kotlin.concurrent.thread
 3:
 4: class ClassSimpleThread(name: String) : Thread(name) {
 5:     override fun run() {
 6:         println("$name: ${Thread.currentThread().name}")
 7:         for (i in 1..10) {
 8:             println("$name: Counting $i")
 9:             Thread.sleep(1000)
10:         }
11:         println("$name: Finished")
12:     }
13: }
```

그림 12.16 Kotlin 멀티스레드 예제 (part 1)

Line 4~13에서 class Thread()를 상속받는 ClassSimpleThread() 클래스를 구현하고 있으며, line 19~22에서 이 ClassSimpleThread() 클래스를 사용하여 인스탄스 thread1과 thread2를 생성하고, class Thread의 start() 메서드로 실행시킨다. Line 25~32에서는 kotlin.concurrent 패키지의 thread() 함수를 사용하여 스레드를 생성하며, 인수에 start=true로 설정하여 생성되는 즉시 실행하도록 한다.

전체 3개의 스레드가 실행되면서 진행되는 내용은 그림 12.17에서 살펴볼 수 있다.

```
14:
15: fun main() {
16:     println("Main thread: ${Thread.currentThread().name}")
17:
18:     // Create a new thread using Thread class
19:     val thread1 = ClassSimpleThread("ClassSimpleThread-1")
20:     thread1.start()
21:     val thread2 = ClassSimpleThread("ClassSimpleThread-2")
22:     thread2.start()
23:
24:     // Create a new thread using Kotlin thread function
25:     val thread3 = thread(start = true) {
26:         println("KotlinThread-3: ${Thread.currentThread().name}")
27:         for (i in 1..10) {
28:             println("KotlinThread-3: Counting $i")
29:             Thread.sleep(1000)
30:         }
31:         println("KotlinThread-3: Finished")
32:     }
33:
34:     // Wait for thread3 to finish before exiting main thread
35:     thread3.join()
36:
37:     println("Main thread: Exiting")
38: }
```

그림 12.16 Kotlin 멀티스레드 예제 (part 2)

```
Main thread: main
ClassSimpleThread-1: ClassSimpleThread-1
ClassSimpleThread-1: Counting 1
ClassSimpleThread-2: ClassSimpleThread-2
ClassSimpleThread-2: Counting 1
KotlinThread-3: Thread-0
KotlinThread-3: Counting 1
ClassSimpleThread-2: Counting 2
ClassSimpleThread-1: Counting 2
KotlinThread-3: Counting 2
ClassSimpleThread-1: Counting 3
ClassSimpleThread-2: Counting 3
KotlinThread-3: Counting 3
ClassSimpleThread-2: Counting 4
ClassSimpleThread-1: Counting 4
KotlinThread-3: Counting 4
ClassSimpleThread-1: Counting 5
ClassSimpleThread-2: Counting 5
KotlinThread-3: Counting 5
ClassSimpleThread-1: Counting 6
ClassSimpleThread-2: Counting 6
KotlinThread-3: Counting 6
ClassSimpleThread-2: Counting 7
ClassSimpleThread-1: Counting 7
KotlinThread-3: Counting 7
ClassSimpleThread-1: Counting 8
ClassSimpleThread-2: Counting 8
KotlinThread-3: Counting 8
ClassSimpleThread-2: Counting 9
ClassSimpleThread-1: Counting 9
KotlinThread-3: Counting 9
ClassSimpleThread-1: Counting 10
ClassSimpleThread-2: Counting 10
KotlinThread-3: Counting 10
ClassSimpleThread-1: Finished
ClassSimpleThread-2: Finished
KotlinThread-3: Finished
Main thread: Exiting
```

그림 12.17 실행결과

12.3.3 Kotlin 스레드 간의 통신 방법

표 12.5는 Kotlin 스레드 간의 다양한 통신 방법을 비교하여 설명한다. Kotlin 프로그래밍에서 스레드를 생성하고 실행하는 방법 중 하나는 Runnable 인터페이스를 사용하는 것이다. Runnable은 Java에서 제공하는 인터페이스로, 멀티스레드 프로그래밍에서 스레드가 실행해야 할 작업을 정의하는 데 사용된다. Runnable은 Java의 스레드와 동일한 방식으로 작동하며, Kotlin은 Java와 상호 호환되기 때문에 Java의 멀티스레드 라이브러리를 그대로 사용할 수 있다.

표 12.5 Kotlin 스레드간의 통신 방법

방법	설명	장점	단점	사용 예시
Volatile 변수	변수의 읽기/쓰기 작업을 다른 스레드에 즉시 반영	간단하고 가벼움	원자성을 보장하지 않음, 복잡한 작업에 적합하지 않음	간단한 상태 플래그 관리
Synchronized 블록/메서드	하나의 스레드만 블록/메서드를 실행하게 동기화	구현이 쉬움	성능 저하 가능, 교착 상태 발생 가능	크리티컬 섹션 보호
ReentrantLock	명시적으로 잠금을 관리하는 Lock 클래스	공정성, 타임아웃, 대기열 관리 가능	사용 시 명시적으로 락을 해제해야 함	복잡한 동시성 제어, 명시적 락 관리 필요할 때
Atomic 클래스 (AtomicInteger 등)	원자적 연산을 제공하여 동시성 문제 방지	성능 우수, 직관적인 API	제한된 연산만 지원	숫자와 같은 간단한 데이터의 동기화
Concurrent Collection	동시성을 고려한 컬렉션 (e.g., ConcurrentHashMap, CopyOnWrite ArrayList)	스레드 안전한 데이터 구조 제공	동시성 오버헤드 발생 가능	스레드간 데이터 공유 시, 다중 읽기/쓰기 작업 발생할 때
Coroutine Channels	코루틴 간 안전한 통신을 위한 비동기 채널 제공	비동기 데이터 교환 가능, 간단한 API	복잡한 설정 시 다소 어려움	코루틴 간 메시지 패싱, 비동기 작업 처리

방법	설명	장점	단점	사용 예시
Mutex	상호 배제를 통해 한 번에 하나의 스레드만 자원을 사용하게 보장	deadlock 방지 기능 제공	명시적 락 해제 필요, 성능 저하 가능	코루틴 간 자원 보호
Semaphore	한 번에 접근할 수 있는 스레드 수를 제한하는 동기화 도구	지정된 수의 스레드만 자원에 접근 허용	관리 복잡성, 성능 저하 가능	리소스의 제한적 접근 제어
ThreadLocal	각 스레드마다 독립적인 변수를 제공	다른 스레드와 데이터 충돌 방지	스레드 간 데이터 공유 불가, 메모리 누수 가능	스레드별 상태 관리
Coroutines & Structured Concurrency	코루틴 내에서 자식 작업을 안전하게 관리하는 동시성 구조	비동기 작업의 안전한 취소 및 정리 가능	복잡한 동시성 처리에 부적합	비동기 작업의 안전한 관리와 취소

그림 12.18은 Runnable 인터페이스를 사용하여 스레드 클래스 2개 (Writer, Reader)를 생성하고, 병렬처리 기능을 수행하도록 구현하는 방법을 보여준다.

```
 1:  /* Kotlin Threads Reader and Writer with pipedInputOutput Stream */
 2:  import java.io.IOException
 3:  import java.io.PipedInputStream
 4:  import java.io.PipedOutputStream
 5:  import java.util.*
 6:
 7:  internal class Writer(private val pipedOutputStream: PipedOutputStream) :
         Runnable {
 8:      val cin = Scanner(System.`in`)
 9:      override fun run() {
10:          try {
11:              // Write data to the output stream
12:              var msg: String
13:              while (true) {
14:                  print("Input message to be sent (bye to quit) : ")
15:                  msg = cin.nextLine()
16:                  pipedOutputStream.write(msg.toByteArray())
17:                  println("WriterSent: $msg")
18:                  if (msg == "bye")
19:                      break
20:                  Thread.sleep(1000)
21:              }
22:              //Thread.sleep(1000)
23:              pipedOutputStream.close()
24:          } catch (e: IOException) {
25:              e.printStackTrace()
26:          }
27:      }
28:  }
```

그림 12.18 Pipe를 사용한 Thread간 통신 예제 (part 1)

Line 7에서 Runnable 인터페이스를 상속받는 class Writer를 선언하며, 주생성자에 전달되는 파라메터로는 pipedOutputStream이 제공되고, 이 스트림은 입력 문자열을 Reader 스레드로 전달할 때 사용된다. 스레드 Writer는 line 8에서 생성한 Scanner 인스탄스 cin을 사용하여 한 줄 단위로 입력 받고 (line 15), 입력 문자열을 line 16에서 pipedOutputStream.write() 메서드로 전송한다. 만약 입력 문자열이 “bye” 인 경우, while 반복문을 종료하며, pipedOutputSream을 닫고, 스레드를 종료한다.

그림 12.18 line 30~48에서는 pipe를 통해 전달되는 문자열을 받아 콘솔로 출력하는 스레드 Reader를 Runnable 인터페이스를 상속받는 클래스로 구현하고 있다. Line 30에서 클래스 주생성자의 파라메터로 전달되는 pipedInputStream을 사용하여 line 37에서 read() 메서드로 읽고, 수신된 메시지를 line 39에서 콘솔로 출력한다. 만약 수신된 문자열이 “bye” 인 경우, while 반복문을 종료하고, pipedInputStream을 닫은 후, 스레드를 종료한다.

그림 12.18 line 50~58에서는 Kotlin 스레드를 생성하고 pipe를 사용하여 스레드간의 통신 기능을 시험할 수 있는 응용 프로그램을 구현하고 있다. Line 51과 52에서는 스레드간의 통신에 사용될 pipedInputStream()과 pipedOutputStream() 인스탄스를 생성하고, line 53에서 pipedInputStream에 pipedOutputStream을 connect() 메서드로 연결시킨다.

```
29:
30:  internal class Reader(private val pipedInputStream: PipedInputStream) :
         Runnable {
31:      override fun run() {
32:          try {
33:              // Read data from the input stream
34:              val buffer = ByteArray(1024)
35:              var bytesRead : Int
36:              while (true) {
37:                  bytesRead = pipedInputStream.read(buffer)
38:                  val message = String(buffer, 0, bytesRead)
39:                  println("ReaderReceived (from Writer): $message")
40:                  if (message == "bye")
41:                      break
42:              }
43:              pipedInputStream.close()
44:          } catch (e: IOException) {
45:              e.printStackTrace()
46:          }
47:      }
48:  }
49:  fun main(args: Array<String>) {
50:      val pipedInputStream = PipedInputStream()
51:      val pipedOutputStream = PipedOutputStream()
52:      pipedInputStream.connect(pipedOutputStream)
53:      val writerThread = Thread(Writer(pipedOutputStream))
54:      val readerThread = Thread(Reader(pipedInputStream))
55:      writerThread.start()
56:      readerThread.start()
57:  }
```

그림 12.18 Pipe를 사용한 Thread간 통신 예제 (part 2)

Line 54~57에서는 Runnable 인터페이스를 상속받아 클래스로 구현되어 있는 Writer와 Reader를 스레드로 생성하고, 이들을 실행시킨다. Writer 스레드를 생성할 때 인수로 pipedOutputStream을 전달하여 표준입력장치로부터 입력받은 문자열을

pipedOutputStream을 사용하여 Reader 스레드에게 전달하도록 한다. Line 55에서 Reader 스레드를 생성할 때에는 pipedInputStream을 인수로 전달하여 Writer 스레드가 보내는 전송 메시지를 수신하도록 한다.

그림 12.19에서는 Kotlin 스레드 Writer와 Reader가 pipe를 사용하여 메시지를 전송한 실행 결과를 보여준다.

```
Input message to be sent (bye to quit) : test message 12345678
WriterSent: test message 12345678
ReaderReceived (from Writer): test message 12345678
Input message to be sent (bye to quit) : next message ABCDEFG
WriterSent: next message ABCDEFG
ReaderReceived (from Writer): next message ABCDEFG
Input message to be sent (bye to quit) : bye
WriterSent: bye
ReaderReceived (from Writer): bye
```

그림 12.19 Pipe를 사용한 Thread간 통신 예제 실행결과

12.4 Kotlin 멀티프로세스

12.4.1 프로세스, 멀티프로세스, 멀티스레드

프로세스(process)는 운영체제에서 실행 중인 프로그램의 인스탄스를 의미하며, 멀티프로세스는 여러 개의 프로세스를 사용하여 병렬로 작업을 수행하는 방법을 의미한다. 각 프로세스는 자체 메모리 공간을 가지며, 다른 프로세스와 독립적으로 실행된다. 반면에 멀티 스레드는 하나의 프로세스 내에 여러 개의 스레드를 사용하여 병렬로 작업을 수행하게 하는 방법을 의미하며, 하나의 프로세스에 포함된 여러 개의 스레드 들은 그림 12.20에서 볼 수 있는 것과 같이 code, data, file, 메모리 등을 공유하며, 각각의 스레드 실행 흐름을 위한 register와 thread stack은 각 스레드 별로 구분된 것을 각각 사용한다. 프로세스 간 통신(inter-process communication) 기능은 파이프나 소켓 통신, 메시지 큐, 공유 메모리 등을 사용하여 구현할 수 있다.

멀티프로세스는 일반적으로 복잡한 애플리케이션에서 특정 작업을 격리하고, 다른 작업에 영향을 미치지 않도록 구성할 때 사용된다. 예를 들어 큰 파일을 처리하거나 고성능이 요구되는 계산 작업을 독립적으로 실행하게 하여 메인 프로세스의 응답성을 유지하고자 하는 경우에 적합하다. 멀티프로세스를 사용할 경우, 프로세스 간 통신이 멀티스레드에 비하여 복잡할 수 있으며, 메모리 사용량이 증가할 수 있고, 전체적인 시스템 자원 소비가 증가할 수 있다.

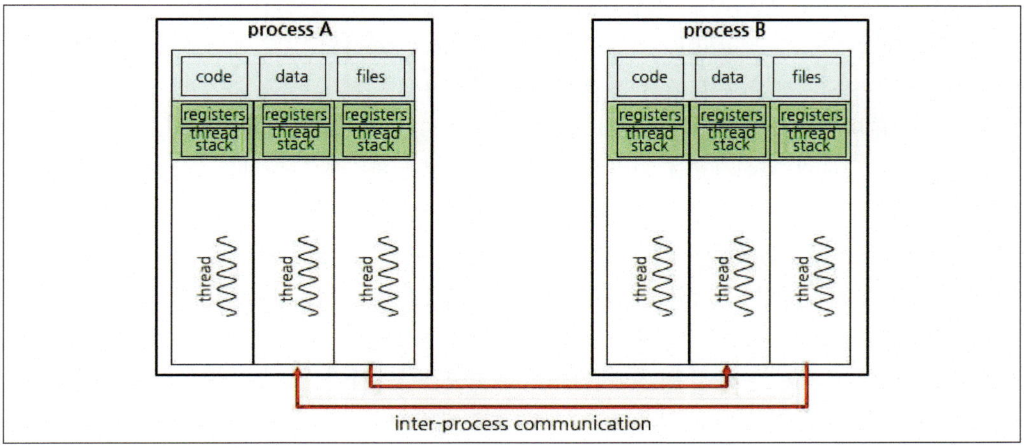

그림 12.20 프로세스와 스레드

12.4.2 Kotlin 멀티프로세스 – ProcessBuilder()

멀티미디어 정보처리가 필요한 안드로이드 애플리케이션에서는 멀티프로세스 구성 및 관리 기능이 매우 중요하다. 예를 들어 백그라운드 작업을 메인 UI 스레드에서 분리하여 앱의 응답성을 유지할 수 있게 하고자 할 때 반드시 사용하여야 하는 병렬처리 구조이다. 안드로이드에서는 각 컴포넌트(Activity, Service, ContentProvider 등)에 대하여 독립된 프로세스에서 실행되도록 설정할 수 있다.

```
import java.io.BufferedReader
import java.io.InputStreamReader

fun runProcess(command: List<String>): String {
    val process = ProcessBuilder(command).start()
    val output = BufferedReader(InputStreamReader(process.inputStream))
    return output.readText()
}

fun main() {
    // Determine the operating system
    val os = System.getProperty("os.name").toLowerCase()

    // Define commands based on the OS
    val commands = if (os.contains("win")) {
        // Windows: Use cmd.exe
        listOf(
            listOf("cmd.exe", "/c", "echo Process 1: Message from the 1st process!!!"),
            listOf("cmd.exe", "/c", "echo Process 2: Message from the 2nd process!!!"),
            listOf("cmd.exe", "/c", "echo Process 3: Message from the 3rd process!!!")
        )
    }
```

그림 12.21 Kotlin ProcessBuilder를 사용하는 멀티프로세스 예제 (part 1)

Kotlin은 JVM (Java Virtual Machine) 기반 언어로서 멀티프로세스 지원이 JVM에 의해 제공된다. 하지만 대부분의 경우 멀티프로세스보다는 멀티스레드와 코루틴을 사용하는 것이 더 일반적이다. 그럼에도 불구하고, 프로세스 간 격리가 필요하며, 서로 다른 메모리 공간에서 독립적으로 실행되어야 할 작업이 있는 경우나, 하나의 프로세스에서 감당하기 어려운 큰 작업 부하를 분산하여 여러 프로세스로 나누어 처리해야 하는 경우에서는 멀티프로세스를 반드시 사용해야 한다.

Kotlin과 Java와 같이 JVM 기반 언어에서 멀티프로세스를 구현하는 기본 방법은 새로운 프로세스를 생성하고, 그 프로세스를 통해 다른 작업을 실행하는 것이다. 일반적으로 ProcessBuilder를 사용하여 새 프로세스를 생성할 수 있고, start() 메서드를 사용하여 생성된 프로세스의 실행을 시작할 수 있다. 그림 12.21은 ProcessBuilder()를 사용하여 프로세스를 생성하고, 이 프로세스에서 지정된 명령어를 실행할 수 있게 하는 예제 프로그램을 보여주고 있다. Line 5에서 ProcessBuilder()를 사용하여 인수로 전달된 command를 수행할 수 있는 프로세스를 생성하며, 생성된 프로세스를 start() 메서드를 사용하여 실행시킨다. command는 line 18~20(Unix, Linux, macOS이 경우 line 23~30)에서 준비된 명령어 문장이며, 명령어와 함께 제공되는 추가 정보로 구성되어 있다.

Line 33~37에서 각 명령어 문장별로 runProcess()를 호출하여 멀티프로세스로 실행될 수 있게 하고, 그 결과를 line 40~44에서 출력한다. 출력 결과는 그림 12.22에서 보는 것과 같다.

```
23:     else {
24:         // Unix-based (Linux, macOS): Use bash or sh
25:         listOf(
26:             listOf("sh", "-c", "echo Process 1: Message from the 1st process!!!"),
27:             listOf("sh", "-c", "echo Process 2: Message from the 2nd process!!!"),
28:             listOf("sh", "-c", "echo Process 3: Message from the 3rd process!!!")
29:         )
30:     }
31:
32:     // Create and start each process, then collect and print the output
33:     println("Creating & starting multiprocesses :")
34:     val results = commands.map { command ->
35:         println("Starting process with command: ${command.joinToString(" ")}")
36:         val result = runProcess(command)
37:         result
38:     }
39:
40:     // Print the results of each process
41:     println("Results of processing :")
42:     results.forEachIndexed { index, result ->
43:         print("Output of Process ${index + 1} => $result")
44:     }
45: }
```

그림 12.21 Kotlin ProcessBuilder를 사용하는 멀티프로세스 예제 (part 2)

```
Creating & starting multiprocesses :
Starting process with command: cmd.exe /c echo Process 1: Message from the 1st process!!!
Starting process with command: cmd.exe /c echo Process 2: Message from the 2nd process!!!
Starting process with command: cmd.exe /c echo Process 3: Message from the 3rd process!!!
Results of processing :
Output of Process 1 => Process 1: Message from the 1st process!!!
Output of Process 2 => Process 2: Message from the 2nd process!!!
Output of Process 3 => Process 3: Message from the 3rd process!!!
```

그림 12.22 Kotlin ProcessBuilder를 사용하는 멀티프로세스 실행 결과

12.4.3 Socket를 사용한 Kotlin 멀티프로세스 간 통신

멀티프로세스를 기반으로 한 병렬처리 구조에서는 메모리가 공유되는 멀티스레드와는 다른 통신 방식을 사용하여야 한다. 표 12.5는 멀티프로세스간의 통신 기능 구성에 사용할 수 있는 방식들을 비교하여 설명하고 있다. 많이 사용되는 프로세스간 통신 기능 구성 기술로는 파이프 (pipe), 소켓(socket), 메시지 큐(message queue)가 있으며, 추가적으로 파일 기반 통신, 공유 메모리가 있고, 안드로이드 환경에서는 AIDL (Android IPC)을 사용할 수 있다.

표 12.5 멀티프로세스간의 통신 방식

통신 방법	장점	단점	사용 사례	구현 복잡도	성능
파이프 (Pipes)	▪ 간단하고 구현이 용이함 ▪ 실시간 통신 가능	▪ 단방향 통신(한 번에 하나의 프로세스만 전송 가능) ▪ 비동기 처리 어려움	▪ 간단한 데이터 전송 ▪ 리눅스/유닉스 기반 시스템	낮음	중간
소켓 (Sockets)	▪ 네트워크를 통한 통신 가능 ▪ 다중 프로세스/멀티 디바이스 통신 지원	▪ 소켓 연결/관리 복잡 ▪ 네트워크 지연 가능성 있음	▪ 네트워크 기반 통신 ▪ 원격 서버/클라이언트 시스템	중간	중간~높음
메시지 큐 (Message Queue)	▪ 순차적 메시지 전달 보장 ▪ 비동기 통신 가능	▪ 큐 관리 복잡 ▪ 메시지 크기 제한 가능성	▪ 비동기 데이터 전송 ▪ 이벤트 기반 시스템	중간	중간
파일 기반 통신 (File-based)	▪ 구현이 쉬움 ▪ 영구적 데이터 저장 가능	▪ 속도가 느림 ▪ 동시 접근 문제 발생 가능	▪ 간단한 로그 기록 ▪ 비동기 통신 필요 없는 경우	낮음	낮음
공유 메모리 (Shared Memory)	▪ 매우 빠른 통신 가능 ▪ 다중 프로세스가 메모리 공유 가능	▪ 동기화 문제 처리 필요 ▪ OS에 따라 복잡성 증가	▪ 고성능 연산/다중 프로세스 필요 시	높음	높음
AIDL (안드로이드)	▪ 안드로이드에서 멀티프로세스 지원 ▪ 높은 수준의 IPC 구현 가능	▪ 구현이 복잡함 ▪ 특정 플랫폼(안드로이드)에 종속적	▪ 안드로이드 IPC ▪ 서비스 간 통신	높음	중간

본 절에서는 소켓(socket)을 사용하여 프로세스간의 통신 기능을 구성하는 방법에 대하여 상세하게 살펴본다. 그림 12.23에 socket을 사용하여 프로세스간 통신 기능을 구성하는

개념을 나타내었다. 이 예제 멀티프로세스 모델에서는 3개의 프로세스가 생성되며, 소켓 서버 기능을 제공하는 Proc_A, Proc_A의 클라이언트 기능을 제공하며, Proc_C의 socket server 기능을 추가적으로 제공하는 Proc_B, 그리고 socket client 기능으로 구성된 Proc_C로 구성된다.

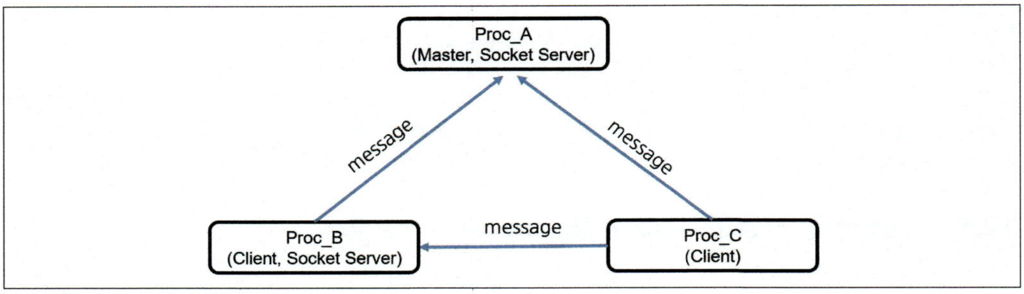

그림 12.23 Socket을 사용하여 프로세스간 통신 기능 구성 모델

먼저 Proc_A가 실행되며, socket server 기능을 동작시켜 Proc_B 및 Proc_C로부터의 연결 설정 요청을 기다린다. 다음으로 Proc_B와 Proc_C가 차례로 실행되며, Proc_A로 주기적인 메시지를 전송한다. Proc_B는 Proc_C와의 통신을 위하여 별도로 socket server를 생성하고, Proc_C로부터의 연결 설정 요청을 기다린 후, 연결이 설정되면 Proc_C로부터의 메시지를 수신하고, 이에 대한 추가 처리 기능을 수행한다.

그림 12.24는 Proc_A의 기능을 구현하고 있다. Line 7에서 ServerSocket() 인스턴스 serverSocket을 생성하고, 이를 사용하여 client로부터의 연결 요청을 받고, line 11에서 승인하여 clientSocket으로 설정하여 사용하도록 한다. Line 12에서는 clientSocket에 입력되는 데이터를 InputStreamReader()의 입력 스트림으로 생성한 후, 이를 BufferedReader()의 인스턴스에 연결하여 버퍼링 기능을 사용할 수 있게 한다.

```
 1 : /* Kotlin Multiprocess - MasterServ, Proc_A */
 2 : import java.net.ServerSocket
 3 : import java.io.BufferedReader
 4 : import java.io.InputStreamReader
 5 :
 6 : fun main() {
 7 :     val serverSocket = ServerSocket(9999)
 8 :     println("Proc_A(MasterServ):: Listening on port 9999")
 9 :
10 :     while (true) {
11 :         val clientSocket = serverSocket.accept()
12 :         val reader = BufferedReader(InputStreamReader(
                   clientSocket.getInputStream()))
13 :         val message = reader.readLine()
14 :         println("Proc_A(MasterServ):: received message($message)")
15 :         reader.close()
16 :         clientSocket.close()
17 :     }
18 : }
19 :
```

그림 12.24 Kotlin Proc_A

그림 12.24 line 13에서 reader로부터 한 줄 단위로 입력받고, 이를 출력한다. 그림 12.24에 구현되어 있는 Proc_A는 Proc_B 및 Proc_C와의 통신 기능을 구성하고, 한 번에 client 하나 (Proc_B 또는 Proc_C)로부터의 메시지 수신을 처리할 수 있도록, 매번 소켓을 생성하여 메시지 수신 처리하고, 이를 close()하여 다른 client와의 통신을 재구성할 수 있도록 한다.

```
 1 :  /* Kotlin Multiprocess - Client/Serv, Proc_B */
 2 :  import java.net.ServerSocket
 3 :  import java.net.Socket
 4 :  import java.io.OutputStreamWriter
 5 :  import java.io.BufferedReader
 6 :  import java.io.InputStreamReader
 7 :  import kotlin.concurrent.thread
 8 :  import kotlin.random.Random
 9 :
10 :  fun main() {
11 :      var count_BA : Int = 0
12 :      // Thread for communicating with A
13 :      thread {
14 :          while (true) {
15 :              Socket("localhost", 9999).use { socket ->
16 :                  val writer = OutputStreamWriter(socket.getOutputStream())
17 :                  writer.write("Proc_B:: Message (%02d) \n".
                          format(count_BA))
18 :                  writer.flush()
19 :                  println("Proc_B:: Message sent to Process_A (%02d)".
                          format(count_BA))
20 :              }
21 :              Thread.sleep(Random.nextLong(1000, 5000))
                    // Sleep for 1-5 seconds
22 :              count_BA++
23 :          }
24 :      } // end of thread()
25 :
26 :      // Thread to listen for connections from C
27 :      thread {
28 :          val serverSocket = ServerSocket(10000)
29 :          println("Proc_B:: Listening for C on port 10000")
30 :
31 :          while (true) {
32 :              val clientSocket = serverSocket.accept()
33 :              val reader = BufferedReader(InputStreamReader(
                    clientSocket.getInputStream()))
34 :              val message = reader.readLine()
35 :              println("Proc_B:: Received from Proc_C ($message)")
36 :              reader.close()
37 :              clientSocket.close()
38 :          }
39 :      } // end of thread()
40 :  }
```

그림 12.25 Kotlin Proc_B

그림 12.25에서 구현하고 있는 Proc_B는 하나의 프로세스 내부에 2개의 스레드를 구성하고, line 13~24에서 스레드는 Proc_A와 소켓 연결을 구성하고, socket의 outputStream()을 OutputStreamWriter()의 인스탄스로 생성하여 writer 변수에 대입한다. Line 17~18에서는 writer의 write() 메서드를 사용하여 Proc_A로 메시지를 전송한다. 메시지 전송 후에는 line 21에서 Thread.sleep() 함수를 사용하여 1~5초 동안 sleep하도록 구현하고 있다.

그림 12.25 line 27~39에서 구현하고 있는 Proc_B 내부 스레드는 별도의 ServerSocket()을 생성하여 Proc_C로부터의 연결 설정을 받을 수 있게 한다. 생성된 serverSocket을 InputStreamReader()와 BufferedReader() 인스탄스를 생성하여 reader에 대입하고, 이를 사용하여 한 줄 단위의 메시지를 전달 받을 수 있게 구현하고 있다. Proc_B와 Proc_C의 경우에도 while 반복문에서 매 반복 단계마다 소켓을 생성하고, 메시지 한 줄을 전송받은 후, 이를 닫는 기능을 반복 수행하고 있다.

Kotlin 프로세스 간에보다 효율적인 소켓 통신을 구성하기 위해서는 각 메시지 전송마다 소켓을 생성, 데이터 전송, 소켓 종료 등을 반복하지 않고, 연속적인 메시지 전송 기능으로 개선할 수 있다. 또 다른 방법으로는 연결형 Stream/TCP 소켓을 생성하는 ServerSocket() 대신 비연결형 Datagram/UDP 소켓을 생성하는 DatagramSocket()을 사용하여 프로세스간 데이터 통신 기능을 구성하는 방안을 고려할 수 있으며, 비연결형 소켓 통신에서는 매번 메시지 통신마다 연결 설정을 다시 생성해야 할 필요없이 메시지 전송에 송신측과 수신측 인터넷 주소를 명시하여 비연결형으로 데이터그램을 전달하는 방법을 고려할 수 있다. Kotlin에서의 연결형 Stream/TCP 소켓 통신과 비연결형 Datagram/UDP 소켓 통신에 대해서는 다음 절에서보다 상세하게 설명한다.

그림 12.26은 클라이언트 기능을 수행하는 Proc_C를 구현하는 예를 보여주고 있다. Line 13~24에서 구현하고 있는 스레드는 Proc_A와 stream/TCP 소켓 통신 연결을 생성하고 line 17~18에서 메시지를 전송하며, 메시지 전송 후 1~5초 동안 Thread.sleep() 메서드를 사용하여 sleep 하도록 한다.

```
 1 : /* Kotlin Multiprocess - Client, Proc_C */
 2 : import java.net.Socket
 3 : import java.io.OutputStreamWriter
 4 : import java.io.BufferedReader
 5 : import java.io.InputStreamReader
 6 : import kotlin.concurrent.thread
 7 : import kotlin.random.Random
 8 :
 9 : fun main() {
10 :     var count_CA : Int = 0
11 :     var count_CB : Int = 0
12 :     // Thread for communicating with A
13 :     thread {
14 :         while (true) {
15 :             Socket("localhost", 9999).use { socket ->
16 :                 val writer = OutputStreamWriter(socket.getOutputStream())
17 :                 writer.write("Proc_C:: Message (%02d)\n".format(count_CA))
18 :                 writer.flush()
19 :                 println("Proc_C:: Message sent to Process_A (%02d)".
                        format(count_CA))
20 :             }
21 :             Thread.sleep(Random.nextLong(1000, 5000))
                      // Sleep for 1-5 seconds
22 :             count_CA++
23 :         }
24 :     } // end of thread()
```

그림 12.26 Kotlin Proc_C (part 1)

Line 27~37에서 구현되어 있는 스레드는 Proc_B와의 소켓 통신 연결 (Port 번호 10000)을 생성하고, 주기적인 메시지를 전송하는 기능을 수행하도록 구현되어 있다.

```
        // Thread for communicating with B
        thread {
            while (true) {
                Socket("localhost", 10000).use { socket ->
                    val writer = OutputStreamWriter(socket.getOutputStream())
                    writer.write("Proc_C:: Message to Process_B (%02d)\n".
                        format(count_CB))
                    writer.flush()
                }
                Thread.sleep(Random.nextLong(1000, 5000))
                    // Sleep for 1-5 seconds
                count_CB++
            }
        } // end of thread()
    }

```

그림 12.26 Kotlin Proc_C (part 1)

그림 12.24~12.26에서 각각 구현되어 있는 Proc_A, Proc_B 및 Proc_C를 IntelliJ 환경에서 구성된 하나의 프로젝트에서 동시에 실행시키면, 그림 12.27에서 보는 것과 같은 결과를 확인할 수 있다. 멀티프로세스를 가지는 Kotlin 프로젝트를 구현하고, 실행시키는 방법은 그림 12.28에서 보는 것과 같이 Kotlin 프로젝트의 src/main/kotlin 폴더에 Proc_A, Proc_B, Proc_C 기능을 구현하는 Kotlin 프로그램 소스코드를 각각 구현하는 것이다. 각각의 프로세스로 동작하게 되는 Kotlin 프로그램 소스코드 Process_A.kt, Process_B.kt, Process_C.kt는 개별적으로 main() 함수를 각각 포함하고 있으므로, 이들 프로그램의 main() 함수 앞에 표시되는 실행 아이콘 (우측으로 향하는 삼각형 표시)을 눌러 개별적으로 실행시킬 수 있다.

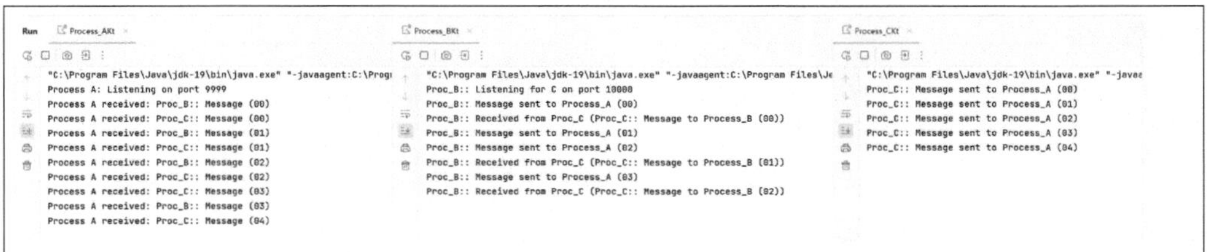

그림 12.27 multiprocessing Process()와 Queue()를 사용한 다중 프로세스 실행 결과

3개의 프로세스가 각각 동작을 하게 되면, IntelliJ의 아랫부분에 표시되는 실행 창에 각각의 프로세스 진행에 따른 출력이 나타나게 된다. 기본 상태에서는 실행 창이 겹쳐 있으며, 이들을 split 시켜 그림 12.27의 형식으로 함께 볼 수 있도록 설정할 수 있다. 각 실행 창에 커서를 두고, 오른쪽 마우스 버튼을 클릭하여 "split and move" 옵션을 선택하면, 실행 창을 상하 또는 좌우로 분리하여 모두 함께 볼 수 있게 정리하여 준다.

그림 12.27에서 3개의 프로세스 Proc_A, Proc_B, Proc_C가 동시에 실행되면서 실행 창에 진행 결과를 출력한 내용을 확인할 수 있다.

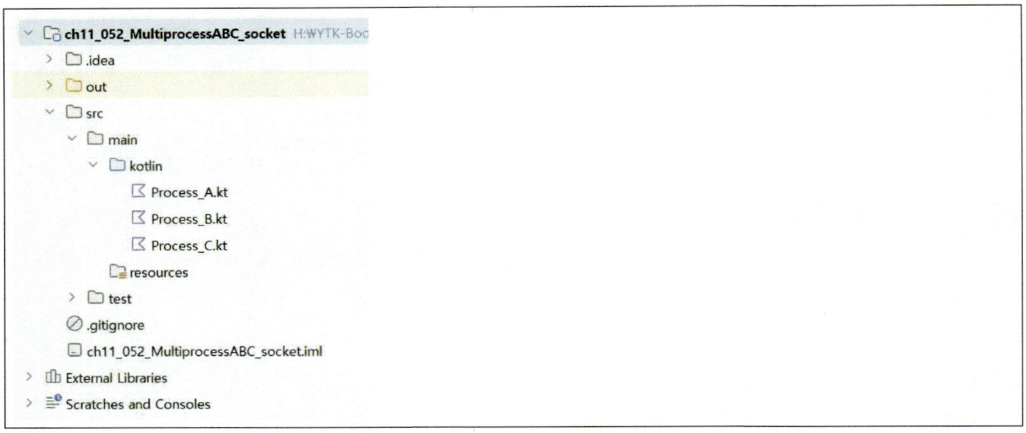

그림 12.28 IntelliJ의 Kotlin 프로젝트에서 멀티프로세스 실행

12.5 Socket 통신

12.5.1 인터넷의 양방향 데이터 전달을 위한 통신 프로토콜 구조

(1) 인터넷 통신 구조

인터넷에 접속되어 있는 컴퓨터 장치들은 인터넷 통신 프로토콜을 사용하여 서로 데이터를 주고 받으며 다양한 분산 응용 서비스를 구현한다. Kotlin 프로그래밍 환경에서도 인터넷 통신 기능을 쉽게 구현할 수 있는 소켓 (socket) 모듈을 제공하며, 멀티스레드 기능, 데이타베이스 접속 기능, 영상 처리기능 등과 함께 결합되어 다양한 인터넷 응용 서비스를 간단하게 구현할 수 있다.

그림 12.29는 인터넷 통신 프로토콜 계층 및 기능 구조를 보여준다. 인터넷 통신은 기본적으로 계층적인 프로토콜 구조를 사용하여 물리계층 (physical layer), 데이터 링크 계층 (data link layer), 네트워크 계층 (network layer), 네트워크 간 접속 계층 (internet protocol layer), 전달계층 (transport layer), 응용 계층 (application layer)으로 구성된다. 응용 프로그램은 응용 계층의 기능들을 사용하여 원격 컴퓨터의 프로그램과 통신을 하면서 서비스를 제공하도록 구성된다.

그림 12.29의 인터넷 통신 프로토콜 계층에서 하위 3개 계층 (물리계층, 데이터 링크 계층, 네트워크 계층)은 LAN (local area network)과 WAN (wide area network) 등의 데이터 통신망 종류에 따라 매우 다양한 프로토콜 기능을 가지며, 이들 다양한 종류의 데이터 통신망을 하나의 체계로 연결시켜 주는 것이 네트워크간 접속 계층 프로토콜인 IP (internet protocol)의 기능이다. 하위 3개 계층 기능을 제공하는 데이터 통신망은 물리주소 (physical address)를 사용하여 데이터 프레임의 출발지와 목적지를 구분한다.

그림 12.29의 중간 부분에서 볼 수 있는 것과 같이 IP 계층은 그 아랫부분의 다양한 데이터 통신망 종류에 상관없이 동일한 환경에서 사용자 정보 전달 단위인 패킷 (packet)들을

전달 기능을 제공한다. IP 환경에서 각 컴퓨터 장치는 IP 주소를 사용하여 출발지와 목적지를 구분한다. IP 주소는 하위 데이터 통신망에서 사용되는 물리 주소와는 별도로 설정되며, 하나의 물리주소에 다수의 IP 주소가 매핑될 수 있다. 즉, 컴퓨터 장치는 IP 계층에서 서로 구분될 수 있도록 중복되지 않는 IP 주소를 가지게 되며, 송신측 컴퓨터에서 출발한 패킷은 수신측 IP주소까지 최적의 경로를 따라 전달되고, 다양한 데이터 통신망을 거쳐 전달될 수 있다. IP 패킷의 전달 중간에 IP 라우터 (router)들은 목적지 IP 주소에 따라 서로 다른 데이터 통신망을 통하여 목적지까지 전달될 수 있도록 데이터 통신망 간의 교환 (switching) 기능을 제공한다.

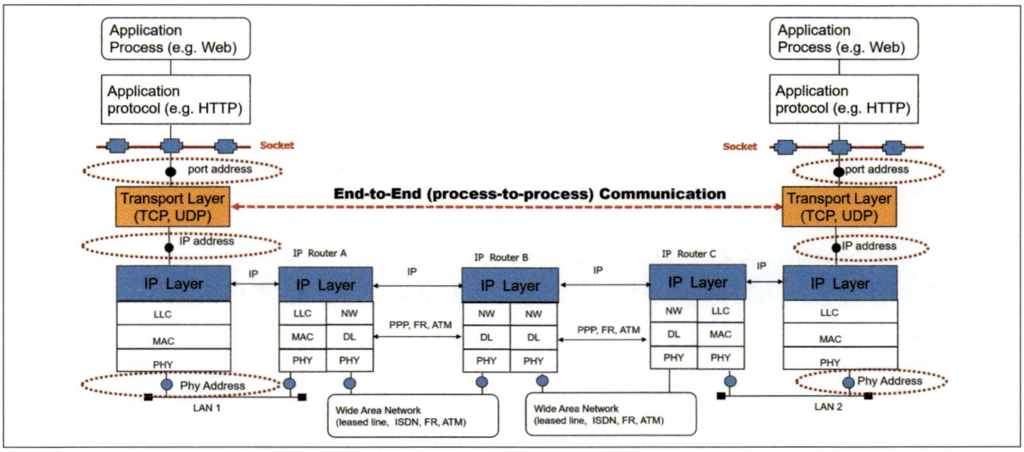

그림 12.29 인터넷 통신 프로토콜 계층 및 기능 구조

IP 계층 위에는 전달 계층이 구성되며, 대표적으로 연결형 전달 방식의 TCP (transmission control protocol)와 비연결형 전달 방식인 UDP (user datagram protocol) 프로토콜이 사용된다. 연결형 전달 방식인 TCP는 목적지 컴퓨터 장치까지 사용자 데이터를 전달하기 이전에 미리 전달경로가 설정되는 방식을 사용하며, 데이터 전송 중에 전달오류가 발생하면 재전송을 사용하여 확실한 전달이 이루어지도록 하며, 수신 측의 데이터 처리 속도에 맞추어 송신측의 전송 속도를 조절하는 기능을 제공한다.

비연결형 전달 방식의 UDP (user datagram protocol)는 사전에 연결설정 절차없이 목적지로 데이터를 내보내는 기능을 수행하며, 정확하게 수신되었는가를 확인하지 않고, 수신측의 데이터 처리 속도와는 상관없이 패킷들을 송신하는 단순한 기능을 제공한다.

응용 계층 (application layer)은 많은 응용 서비스 들이 공통적으로 사용하는 기능들을 제공한다. 예를 들어 전자우편 (E-mail) 서비스 구현에 사용되는 SMTP (simple mail transfer protocol)와 데이터 통신망 운영 관리에 사용되는 SNMP (simple network management protocol), 파일전송에서 사용되는 FTP (file transfer protocol), 웹 상에서 웹 서버와 웹 브라우저 상호간의 정보 전송을 위하여 사용되는 HTTP (hyper text transfer protocol) 등이 응용 계층에 포함된다. 응용 계층 프로토콜들은 TCP와 UDP 프로토콜의 포트 번호 (port number)로 구분되며, 전달된 IP 패킷을 어떤 응용 프로토콜에 전달하여야 할지 신속하게 판단할 수 있도록 한다.

(2) 소켓 (socket)

소켓은 인터넷 통신 환경에서 응용 프로그램이 통신 기능을 쉽게 구현할 수 있도록 접속점을 제공하며, 기본적으로 사용되는 인터넷 프로토콜 종류 (TCP, UDP, raw IP), 지역 IP 주소 (소켓이 생성된 곳의 컴퓨터 장치 주소), 지역 포트 번호 (local port number), 원격 IP 주소, 원격 포트 번호 정보가 포함된다.

소켓은 연결형인 TCP 프로토콜을 사용하는 경우와 비연결형 UDP 프로토콜을 사용하는 경우 모두에서 초기 단계에 생성되어야 하며, 자신의 IP 주소 (local IP address)와 사용하는 인터넷 프로토콜 종류가 결합 (bind)되어야 한다.

일반적으로 소켓 통신을 하는 응용 프로그램들은 서버 (server) 역할과 클라이언트 (client) 역할로 구분하여 구현되며, 서버는 다양한 서비스 사용자인 클라이언트들로부터 서비스 요청을 받아 지정된 서비스를 제공하는 기능을 구현하며, 다수의 클라이언트들로부터의 서비스 요청을 동시에 수용할 수 있는 구조를 가진다.

(3) 연결형 Stream 소켓의 연결 설정 절차

연결형인 TCP 프로토콜을 사용하는 경우, 서버와 클라이언트간에 사용자 정보가 전달되기 이전에 미리 연결 (connection)이 구성되어야 하며, 그림 12.30과 같은 절차를 따른다. 초기 단계에서는 서버가 먼저 클라이언트들로부터의 연결 요청을 받을 수 있도록 준비하며, 이를 위하여 자신의 소켓을 생성하고, 자신의 IP 주소와 대표 포트 번호 (예: 80 또는 8080)를 결합 (bind) 시킨 후, 클라이언트로부터의 요청을 청취 (listen)하며, 연결 설정 요청이 도착하면 이를 승인 (accept)하여 사용자 정보 전달이 가능하도록 한다.

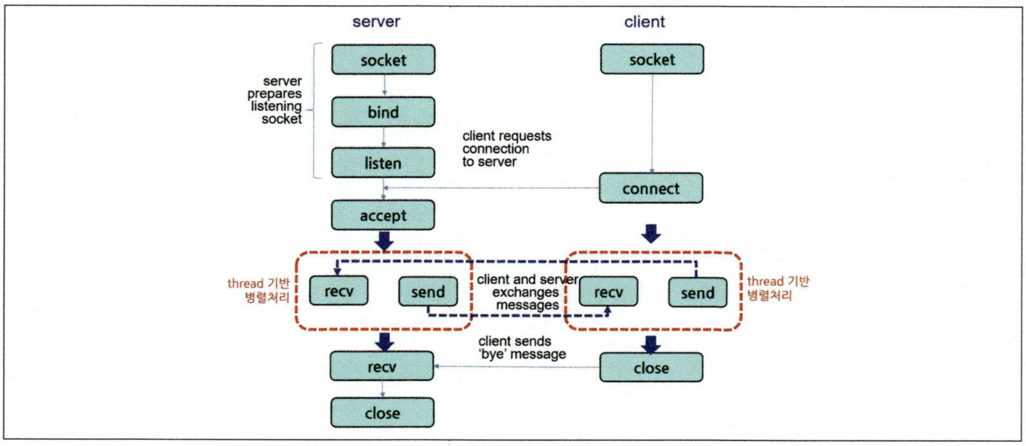

그림 12.30 연결형 Stream Socket의 연결 설정 절차

클라이언트는 먼저 소켓을 생성한 후, 자신이 알고 있는 서버 주소와 서버의 대표 포트 번호를 사용하여 연결 설정 (connect) 요청을 하며, 연결 설정 요청이 승인되면 서버의 주소, 서버의 대표 포트 번호를 반환받게 된다.

일단 서버와 클라이언트 간에 연결 설정이 성공적으로 이루어지면, 서버와 클라이언트는 send() 및 recv() 함수를 사용하여 사용자 정보를 보내거나 받을 수 있다. 이러한 송수신 기능은 보내면서 동시에 받을 수 있도록 멀티 스레드 구조로 구현되는 것이 일반적이며, 텍스트, 음성/오디오, 영상 등의 다양한 사용자 정보를 서로 교환할 수 있다.

소켓을 사용하여 응용 프로그램의 사용자 정보를 모두 교환한 후에는 소켓을 닫고 (close) 프로그램을 종료하게 된다.

12.5.2 Kotlin 소켓 통신

Kotlin 프로그래밍에서 소켓 통신은 TCP/IP 또는 UDP 프로토콜을 사용하여 두 장치(또는 프로세스) 간에 데이터를 전송하는 방식이다. 소켓 프로그래밍을 통해 클라이언트와 서버가 서로 데이터를 주고받을 수 있으며, 이를 활용해 다양한 네트워크 기반 애플리케이션을 개발할 수 있다. Kotlin은 Java 표준 라이브러리를 기반으로 소켓 통신을 수행하기 때문에, Java의 Socket과 ServerSocket 클래스를 그대로 사용할 수 있으며, 이를 통해 양방향 전이중 (bidirectional full-duplex) 방식의 통신 기능을 구현할 수 있다.

소켓(Socket)이란 12.5.1절에서 설명한 것과 같이, 네트워크 상에서 데이터를 송수신하는 양 끝점을 의미한다. 소켓은 IP 주소와 포트 번호를 기반으로 생성되며, 이를 통해 특정 호스트와의 연결을 수립할 수 있다. 서버 소켓(Server Socket)은 클라이언트로부터 연결 요청을 받아들이는 역할을 하며, 일반적으로 ServerSocket 클래스를 사용해 구현된다.클라이언트 소켓(Client Socket)이란 서버에 연결을 요청하고, 서버와 데이터를 주고받는 역할을 하는 소켓을 의미한다.

(1) TCP 연결형 소켓 통신

TCP(Transmission Control Protocol)는 연결 기반 프로토콜로, 신뢰성이 높은 데이터 전송을 제공하며, 클라이언트와 서버가 연결을 설정한 후에 데이터를 송수신한다. Kotlin 프로그래밍에서 TCP 소켓 서버와 클라이언트의 기능 절차는 다음과 같다:

① 서버는 특정 포트에서 클라이언트의 연결을 대기

- ServerSocket(port 번호, 예: 9999): 서버 소켓이 포트 9999에서 대기하도록 설정

② 클라이언트가 서버에 연결 요청을 전송

- Socket("localhost", 9999): 클라이언트가 localhost의 포트 9999에 있는 서버에 연결을 시도

③ 서버는 클라이언트의 요청을 수락하고 연결을 설정

- accept(): 클라이언트의 연결 요청을 수락. 클라이언트가 연결될 때까지 이 메서드는 차단

④ 클라이언트와 서버는 데이터를 주고받고, 이후 연결을 종료

- bufferedReader(): 클라이언트/서버로부터 데이터를 읽음 (수신)
- bufferedWriter(): 클라이언트/서버로 데이터를 보냄 (송신)

(2) UDP 비연결형 소켓 통신

UDP(User Datagram Protocol)는 비연결형 프로토콜로, 데이터를 송수신하기 위해 연결을 설정하지 않고, 데이터는 독립적인 패킷 단위로 전송되며, 패킷이 손실되거나 순서가 뒤바뀔 수 있다. 이는 신속한 전송이 필요한 경우에 유리하다.

Kotlin 프로그래밍에서 UDP 소켓 통신 기능 절차는 다음과 같다:

① 서버와 클라이언트의 소켓 생성

- DatagramSocket(8888): 서버가 포트 8888에서 클라이언트의 패킷 수신 대기
- DatagramSocket(): 클라이언트 소켓을 생성

② 클라이언트와 서버는 데이터를 송수신

- send(): 서버/클라이언트에게 패킷을 전송
- receive(): 서버/클라이언트로부터 패킷을 수신

(3) TCP와 UDP의 차이점

TCP 연결형 스트림 소켓 통신과 UDP 비연결형 데이타그램 소켓 통신은 다음과 같은 차이점을 가진다:

- 연결 설정: TCP는 연결 기반이며, 데이터를 전송하기 전에 연결을 설정 반면, UDP는 연결을 설정하지 않고 독립적인 패킷을 전송
- 신뢰성: TCP는 데이터의 손실, 중복, 순서 변경을 방지하지만, UDP는 이러한 기능을 제공하지 않으며, 신속한 전송이 중요할 때 사용됨
- 사용 사례: TCP는 파일 전송, 이메일, 웹 브라우징과 같은 신뢰성이 중요한 애플리케이션에 적합하며, UDP는 스트리밍, 온라인 게임, VoIP와 같은 빠른 전송이 필요한 애플리케이션에 적합함

(4) 멀티스레드 서버

단일 클라이언트가 아닌 여러 클라이언트가 동시에 서버에 연결할 수 있도록 하려면 멀티스레드 서버를 구현하여야 한다. 각 클라이언트의 연결을 별도의 스레드로 처리하여 여러 클라이언트를 동시에 지원할 수 있다.

12.5.3 Kotlin Stream/TCP 소켓 통신 예제

그림 12.31은 Kotlin 스레드 간에 TCP stream 소켓을 사용하여 데이터를 전송하는 기능을 보여주는 예제 프로그램이다. main() 함수 내에는 2개의 스레드를 생성하여 연결형 TCP 소켓을 사용하고, 메시지를 전송하는 기능을 구성한다.

Line 13~30의 스레드는 TCP 소켓 서버 기능을 수행하도록 구성되어 있다. Line 15에서 ServerSocket(9999)를 사용하여 port 번호 9999를 사용하는 서버 소켓을 생성하고, serverSocket에 대입한다. 이 serverSocket은 TCP 소켓 클라이언트가 접속 요청을 할

때 사용되는 서버 측 소켓이다. 클라이언트 측에서 연결 설정 요청을 하면, 그 요청에 대하여 line 17에서 accept()를 하여 승인하며, 이 accept() 메서드의 반환 정보로 연결이 구성된 소켓의 클라이언트 측 소켓 (clientSocket) 정보를 전달받게 된다. 이 클라이언트 측 소켓의 주소는 line 18에서 출력하여 어떤 클라이언트가 접속되었는지 확인할 수 있게 한다.

```
1 :  /* Kotlin Thread Socket */
2 :
3 :  import java.io.BufferedReader
4 :  import java.io.InputStreamReader
5 :  import java.io.PrintWriter
6 :  import java.net.ServerSocket
7 :  import java.net.Socket
8 :  import kotlin.concurrent.thread
9 :
10 : const val SERVER_PORT = 9999
11 :
12 : fun main() {
13 :      thread {
14 :           // Server thread
15 :           val serverSocket = ServerSocket(SERVER_PORT)
16 :           println("Server started. Listening on port $SERVER_PORT")
17 :           val clientSocket = serverSocket.accept()
18 :           println("Client connected: ${clientSocket.inetAddress.hostAddress}")
19 :
20 :           val reader =
                 BufferedReader(InputStreamReader(clientSocket.getInputStream()))
21 :           val writer = PrintWriter(clientSocket.getOutputStream(), true)
22 :
23 :           while (true) {
24 :                val receivedMessage = reader.readLine()
25 :                println("Received from client: $receivedMessage")
26 :
27 :                // Echo back to the client
28 :                writer.println("Server echoing: $receivedMessage")
29 :           }
30 :      } // end server thread
```

그림 12.31 Kotlin Stream Socket – Socket() 응용 프로그램 (part 1)

Line 20에서는 접속된 클라이언트 소켓의 inputStream에 대하여 InputStreamReader를 구성하고, 이를 다시 BufferedReader에 구성하여 버퍼링 기능을 가진 reader를 구성한다. 아울러 clientSocket의 outputStream을 PrintWriter에 포함하여 writer에 대입하고, 데이터 송신에 사용할 수 있도록 준비한다. Line 23~29의 while 반복문에서는 클라이언트 측으로부터 메시지가 수신되면, 이를 읽어 수신 내용을 출력하고, writer를 사용하여 서버가 반환하는 메시지를 전송하도록 한다.

Line 33~50에서 구현된 클라이언트 기능의 스레드는 line 34에서 Socket(“localhost” , SERVER_PORT)로 소켓을 생성하며, 동일한 컴퓨터에서 구동하고 있는 소켓 서버에 연결 설정을 요청한다. 이 Socket() 메서드의 반환값은 소켓 서버와 연결된 clientSocket 정보이다. Line 35에서는 연결 설정이 성공적으로 완료된 clientSocket을 출력한다. Line 37~38에서는 clientSocket의 inputStream을 inputStreamReader에 적용하고, 이 inputStreamReader에 BufferedReader를 구성하여 버퍼링 기능이 제공되는 reader로 구성한다. 아울러 clientSocekt의 outputStream를 PrintWriter에 포함시켜 writer로 준비하여 서버로의 송신에 사용될 수 있게 한다.

Line 42~50에서는 표준 입력 장치로부터 메시지를 입력받아 이를 writer를 사용하여 소켓 서버로 전송하고, 소켓 서버에서 보내온 응답 메시지를 수신받아 콘솔로 출력하는 기능을 반복 수행한다.

```
31 :
32 :        // Client thread
33 :        thread {
34 :            val clientSocket = Socket("localhost", SERVER_PORT)
35 :            println("Connected to server: ${clientSocket.inetAddress.hostAddress}")
36 :
37 :            val reader =
                  BufferedReader(InputStreamReader(clientSocket.getInputStream()))
38 :            val writer = PrintWriter(clientSocket.getOutputStream(), true)
39 :
40 :            val userInputReader = BufferedReader(InputStreamReader(System.`in`))
41 :
42 :            while (true) {
43 :                print("Enter message to send to server: ")
44 :                val message = userInputReader.readLine()
45 :                writer.println(message)
46 :
47 :                val receivedMessage = reader.readLine()
48 :                println("Received from server: $receivedMessage")
49 :            }
50 :        } // end client thread
51 :    }
```

그림 12.31 Kotlin Stream Socket – Socket() 응용 프로그램 (part 2)

그림 12.32에서 Kotlin stream TCP 소켓 응용 프로그램의 실행 결과를 확인할 수 있다. 클라이언트 측에서 콘솔로부터 입력받은 메시지를 소켓 서버에 보내고, 소켓 서버에서는 수신된 메시지를 콘솔로 출력하고, 이에 대한 응답 메시지를 만들어 클라이언트에게 반환한다. 이렇게 반환된 메시지를 클라이언트가 수신받아 콘솔로 출력하여 정상적인 클라이언트-서버 간의 양방향 메시지 전송 기능을 확인할 수 있다.

```
Server started. Listening on port 9999
Connected to server: 127.0.0.1
Client connected: 127.0.0.1
Enter message to send to server: A test message to be sent.
Received from client: A test message to be sent.
Received from server: Server echoing: A test message to be sent.
Enter message to send to server: 1234567890
Received from client: 1234567890
Received from server: Server echoing: 1234567890
Enter message to send to server: |
```

그림 12.32 Kotlin Stream Socket – Socket() 응용 프로그램의 실행결과

12.5.4 Kotlin Datagram/UDP 소켓 통신 예제 – DatagramSocket()

그림 12.33과 그림 12.34는 Datagram/UDP 소켓을 사용하여 서버와 클라이언트간의 양방향 통신 기능을 구성하는 예를 보여준다. 이 예에서는 서버와 클라이언트가 각각 별도의 프로그램으로 실행되므로, 이들은 다중 프로세스로 실행되는 것이다.

그림 12.33 line 9에서는 DatagramSocket(port) 메서드로 비연결형 UDP 데이터그램 소켓을 생성하고, 지역변수 socket에 대입한다. Line 12~26의 while 반복문에서는 DatagramPacket(buffer, buffer.size)로 수신 데이터를 저장할 수 있는 buffer를 지정하여 Datagram 패킷을 전달받을 때 사용되는 packet을 준비하고, 이를 line 15에서 socket.receive(packet) 메서드에 소켓으로 전송되어 온 메시지를 packet에 담아 수신한다. 수신된 메시지는 line 17에서 출력하여 확인할 수 있게 한다.

Line 20~25에서는 UDP 소켓 서버에서 클라이언트로 전송될 response 메시지를 준비하고, 이를 DatagramPacket(response, response.size, packet.address, packet.port)로 지정된 IP 주소 및 지정된 port 번호를 사용한다. 전달되는 내용으로 respose 메시지를 포함하는 UDP 데이터그램 responsePacket을 만들고, socket.send(responsePacket) 메서드를 사용하여 클라이언트 측으로 전송한다.

```
 1: /* Kotlin DatagramSocket - Server */
 2: import java.net.DatagramPacket
 3: import java.net.DatagramSocket
 4:
 5: fun main() {
 6:     val port = 8080
 7:     val buffer = ByteArray(1024)
 8:
 9:     val socket = DatagramSocket(port)
10:     println("UDP Server is running on port $port...")
11:
12:     while (true) {
13:         // Receive packet
14:         val packet = DatagramPacket(buffer, buffer.size)
15:         socket.receive(packet)
16:         val received = String(packet.data, 0, packet.length)
17:         println("Received from client: $received")
18:
19:         // Send response back to client
20:         val response = "Hello, Client!".toByteArray()
21:         val responsePacket = DatagramPacket(
22:             response, response.size,
23:             packet.address, packet.port
24:         )
25:         socket.send(responsePacket)
26:     }
27: }
```

그림 12.33 Kotlin DatagramSocket - Server

그림 12.34에서는 Datagram/UDP 소켓 클라이언트 기능을 구현하는 예를 보여준다. Line 7~9에서 DatagramSocket() 인스턴스를 생성하여 socket에 대입하고, 프로그램

실행 호스트 컴퓨터의 IP 주소를 InetAddress.getByName(“localhost”)로 읽어내고, port를 8080으로 설정한다.

Line 12~15에서는 server 측으로 보낼 문자열 메시지 message를 구성하고, 이를 DatagramPacket(message, message.size, address, port)로 데이터그램 packet을 생성한다. packet에는 IP 주소, port 번호 및 message가 포함되어 있다. Line 14에서 준비된 packet을 socket.send(packet)을 사용하여 server 측으로 전송한다.

```
 1: /* Kotlin DatagramSocket - Client */
 2: import java.net.DatagramPacket
 3: import java.net.DatagramSocket
 4: import java.net.InetAddress
 5:
 6: fun main() {
 7:     val socket = DatagramSocket()
 8:     val address = InetAddress.getByName("localhost")
 9:     val port = 8080
10:
11:     // Send data to the server
12:     val message = "Hello, Server!".toByteArray()
13:     val packet = DatagramPacket(message, message.size, address, port)
14:     socket.send(packet)
15:     println("Message sent to the server.")
16:
17:     // Receive response from the server
18:     val buffer = ByteArray(1024)
19:     val responsePacket = DatagramPacket(buffer, buffer.size)
20:     socket.receive(responsePacket)
21:     val response = String(responsePacket.data, 0, responsePacket.length)
22:     println("Received from server: $response")
23:
24:     socket.close()
25: }
```

그림 12.34 Kotlin DatagramSocket - Client

Line 18~19에서 1024 바이트 크기의 버퍼를 준비하고, DatagramPacket(buffer, buffer.size) 인스탄스인 responsePacket을 준비하여 socket.receive(responsePacket)으로 서버 측으로부터의 응답을 responsePacket에 담아 전달 받는다. Line 21에서는 responsePacket에 담긴 내용 중 응답 메시지 부분을 추출하여 response에 담고, 이를 line 22에서 출력하여 확인할 수 있게 한다.

그림 12.33의 UDP 소켓 서버와 그림 12.34의 UDP 소켓 클라이언트간의 메시지 송수신 결과는 그림 12.35에서 확인할 수 있다.

```
UDP Server is running on port 8080...
Received from client: Hello, Server!
```

(a) DatagramSocket Server 출력

```
Message sent to the server.
Received from server: Hello, Client!
```

(b) DatagramSocket Client출력

그림 12.35 Kotlin DatagramSocket 통신 실행 결과

12.6 Kotlin 소켓 통신 기반 Text Chatting

본 절에서는 다중 프로세스 및 다중 스레드 구조의 Kotlin 프로그램이 실무 환경에서 적용되는 상세한 사항을 좀 더 정확하게 이해할 수 있도록 양방향 전이중 (bidirectional full-duplex) 메시지 통신 기능을 구성하는 예를 살펴보도록 한다. 이 양방향 전이중 메시지 통신 기능은 GUI를 사용하며, 서버와 클라이언트가 각각 프로세스로 구동하고, 서버와 클라이언트 내부에 메시지 송신과 수신을 별도의 스레드로 구동하는 병렬처리 구조를 가진다.

12.6.1 Text Chatting Server

그림 11.36은 텍스트 채팅 서비스를 제공하는 서버 측의 기능을 Kotlin 프로그램으로 구현한 예를 보여준다. Line 18~22에서 소켓을 통한 데이터 입력 및 데이터 출력을 위하여 sockDataInputstream과 sockDataOutputstream을 준비하고, GUI 창에서 메시지 출력 및 메시지 입력을 위하여 JTextArea 자료형의 jtxt_display_area와 jtxt_msg_input_area를 준비한다.

```
 1: /* Kotlin Thread, Socket - TextChatting_GUI_Server */
 2:
 3: import java.awt.Color
 4: import java.awt.Container
 5: import java.awt.FlowLayout
 6: import java.awt.GridLayout
 7: import java.awt.event.ActionEvent
 8: import java.awt.event.ActionListener
 9: import java.io.DataInputStream
10: import java.io.DataOutputStream
11: import java.io.IOException
12: import java.net.ServerSocket
13: import java.net.Socket
14: import javax.swing.*
15: import javax.swing.border.Border
16:
17: class TextChatting_Socket_Server_GUI(val port_no: Int) : JFrame() {
18:     var sockDataInputstream: DataInputStream? = null
19:     var sockDataOutputstream: DataOutputStream? = null
20:     val jtxt_display_area: JTextArea
21:     var jtxt_msg_input_area: JTextArea? = null
22:     val input_msg: String? = null
```

그림 12.36 Kotlin Thread-Socket 통신 기반 TextChatting Server (part 1)

Line 24~68의 init{ } 코드 블록에서는 텍스트 채팅 서버 측의 GUI를 구성하고 있다. GUI는 JFrame의 contentPane에 FlowLayout (line 29)으로 배치관리를 하며, 각 기능 별로 panel 및 제목이 달린 경계구역 (border)를 설정하여 쉽게 이해할 수 있도록 구성하고 있다. Line 30~43에서는 텍스트 채팅에 연결된 서버와 클라이언트 주소를 표시하는 패널을 설정하고 있다.

Line 45~50에서는 소켓 통신 기반 채팅 서비스의 진행 상황 및 클라이언트가 보내온 메시지를 출력하여 주는 pnl_display_area를 jtxt_display_area를 JScrollPane으로 구성하여 contentPane에 포함시킨다. JScrollPane은 화면에 표시되는 크기보다 더 많은 내용이 출력될 때, 스크롤 기능을 사용하여 많은 양의 출력 메시지를 GUI에서 표시가능한 영역으로 볼 수 있게 하여 준다.

```
23:
24:     init { // constructor
25:         setTitle("Kotlin Swing-based TextChatting_Server")
26:         setDefaultCloseOperation(EXIT_ON_CLOSE)
27:         val c: Container = contentPane
28:         c.setBackground(Color.LIGHT_GRAY)
29:         c.setLayout(FlowLayout())
30:         val pnl_addr = JPanel()
31:         val border_addr: Border =
                BorderFactory.createTitledBorder("Server/Client Address")
32:         pnl_addr.setBorder(border_addr)
33:         c.add(pnl_addr)
34:
35:         val l_serv_addr = JLabel("Server Addr")
36:         pnl_addr.add(l_serv_addr)
37:         val tf_serv_addr = JTextField("127.0.0.1")
38:         tf_serv_addr.setBackground(Color.YELLOW)
39:         pnl_addr.add(tf_serv_addr)
40:         val l_cli_addr = JLabel("Client Addr")
41:         pnl_addr.add(l_cli_addr)
42:         val tf_cli_addr = JTextField("127.0.0.1")
43:         tf_cli_addr.setBackground(Color.YELLOW)
44:         pnl_addr.add(tf_cli_addr)
45:
46:         val pnl_display_area = JPanel()
47:         val border_text_area: Border =
                BorderFactory.createTitledBorder("Program Progress / Received Message")
48:         pnl_display_area.setBorder(border_text_area)
49:         c.add(pnl_display_area)
50:         jtxt_display_area = JTextArea("Constructor executed...\n", 15, 30)
51:         pnl_display_area.add(JScrollPane(jtxt_display_area))
52:         //display_area.append("\nadded line"); // for testing only
53:         val pnl_message_input_area = JPanel()
54:         val border_message_input_area: Border =
                    BorderFactory.createTitledBorder("Input message to be sent")
55:         pnl_message_input_area.setBorder(border_message_input_area)
56:         c.add(pnl_message_input_area)
57:         val msg_input_area = JTextArea("Sample message to be sent to client",
              3, 30)
58:         pnl_message_input_area.add(JScrollPane(msg_input_area))
59:         jtxt_msg_input_area = msg_input_area
60:         val send_button = JButton("Send Text Message to Client")
61:         //send_button.setLocation(100, 100);
62:         send_button.setSize(150, 50)
63:         send_button.setBackground(Color.GREEN)
64:         send_button.addActionListener(
65:             ActionHandler(jtxt_msg_input_area))
66:         c.add(send_button)
67:         setSize(400, 600)
68:         isVisible = true
69:     } // end init{ }
```

그림 12.36 Kotlin Thread-Socket 통신 기반 TextChatting Server (part 2)

Line 53~59에서는 클라이언트 측으로 전송할 텍스트 메시지를 입력받는 msg_input_area를 테두리가 표시되는 pnl_message_input_area로 구성하여 contentPane에 포함시킨다. Line 60~66에서는 클라이언트로 입력 메시지를 전송하게 하는 버튼을 JButton 인스턴스로 구현하고, jtxt_msg_input_area에 line 79~94에 구현되어 있는 ActionHandler를 설정하고 있다.

그림 12.36 line 71~77에서는 sockDataInputstream과 sockDataOutputstream을 설정한다. Line 79~94의 class ActionHandler()는 jtxt_msg_input_area에 입력된 메시지를 처리하는 기능을 담당하도록 ActionListener를 상속받아 구현하고 있다. 기본적으로 입력 메시지를 전송하도록 하는 "Send Text Message to Client" 버튼이 눌려져 이벤트가 발생하였을 때, jtxt_msg_input_area에 입력된 텍스트 문자열 input_msg을 읽어 sockDataOutputstream!!.writeUTF(input_msg)를 사용하여 전송하도록 한다. 메시지 전송이 된 후에는 jtxt_msg_input_area에 입력되어 있는 메시지를 지우고, 새로운 메시지가 입력될 수 있도록 한다.

```
70:
71:     fun setDataInputStream(sockDinStr: DataInputStream) {
72:         sockDataInputstream = sockDinStr
73:     }
74:
75:     fun setDataOutputStream(sockDoutStr: DataOutputStream) {
76:         sockDataOutputstream = sockDoutStr
77:     }
78:
79:     private inner class ActionHandler(jtxt_msg_input_area : JTextArea) :
         ActionListener {
80:         override fun actionPerformed(e: ActionEvent) {
81:             val b = e.source as JButton
82:             if (b.text == "Send Text Message to Client") {
83:                 val input_msg = jtxt_msg_input_area!!.getText()
84:                 jtxt_display_area.append("<< $input_msg\n")
85:                 jtxt_msg_input_area!!.text = "" // clear input text message area
86:                 try {
87:                     sockDataOutputstream!!.writeUTF(input_msg)
88:                 } catch (e1: IOException) {
89:                     // TODO Auto-generated catch block
90:                     e1.printStackTrace()
91:                 }
92:             }
93:         }
94:     } // end class ActionHandler()
95: }
```

그림 12.36 Kotlin Thread-Socket 통신 기반 TextChatting Server (part 3)

Line 97~156의 main() 함수에서는 소켓 서버 기능을 수행하기 위하여 준비하며, 서버측 메시지 입력과 클라이언트로의 메시지 전송, 클라이언트로부터의 메시지 수신 및 콘솔 출력을 수행하도록 구성되어 있다. Line 99~109에서는 소켓 서버를 위한 포트 번호 port_no를 설정하고, ServerSocket(port_no)를 사용하여 서버 소켓을 생성하고, 서버측 주소를 파악하여 출력한다.

Line 112에서는 servSocket.accept()를 사용하여 클라이언트로부터의 연결 설정 요청을 받아 승인하며, 연결된 클라이언트의 소켓을 받아 cliSocket에 대입시킨다. Line 113~114에서는 cliSocket의 입력 스트림 및 출력 스트림을 DataInputStream 및 DataOutputStream 클래스 객체로 생성하여 양방향 전이중 방식의 데이터 전송에 사용되도록 한다.

```
@Throws(IOException::class)
fun main(agrs: Array<String>) {
    var cliSocket: Socket? = null
    val port_no : Int = 5056
    val gui_TxtChat_Server
       = TextChatting_Socket_Server_GUI(port_no) //gui_TxtChatting.
    val servSocket = ServerSocket(port_no)
    val serv_addr = servSocket.getLocalSocketAddress()
    println("Socket Server:: ServerSocket (serv_addr: %s) is opened.", serv_addr)
    gui_TxtChat_Server.jtxt_display_area!!.append("Socket Server
      ($serv_addr):: ServerSocket is opened.\n")

    // getting client request
    println("Socket Server:: waiting for a client's connection request ....")
    gui_TxtChat_Server.jtxt_display_area!!.append("Socket Server:: waiting for
      a client's connection request ....\n")
    try {
        // mynewSocket object to receive incoming client requests
        cliSocket = servSocket.accept()
        val sockDataInputstream = DataInputStream(cliSocket!!.getInputStream())
        val sockDataOutputstream = DataOutputStream(cliSocket!!.getOutputStream())
        println("Socket Server:: Connected to a client: %s", cliSocket)
        gui_TxtChat_Server.jtxt_display_area!!.append("Socket Server::
           Connected to a client$cliSocket\n")

        // obtaining input and output streams
        gui_TxtChat_Server.setDataInputStream(sockDataInputstream)
        gui_TxtChat_Server.setDataOutputStream(sockDataOutputstream)

        var recvMsgStr: String
        var msgStrToSent: String
        while (true) {
            try {
                // getting answers from client
                recvMsgStr = sockDataInputstream.readUTF()
                if (recvMsgStr == "Exit") {
                    println("Client $cliSocket sends exit...")
                    println("Connection closing...")
                    gui_TxtChat_Server.jtxt_display_area!!.append("Client
                      $cliSocket sends exit...")
                    gui_TxtChat_Server.jtxt_display_area!!.
                      append("Connection closing...")
                    cliSocket.close(); println("Closed")
                    gui_TxtChat_Server.jtxt_display_area!!.append("Closed")
                    break
                }
                gui_TxtChat_Server.jtxt_display_area!!.append(">> $recvMsgStr\n")
            } catch (e: IOException) {
                e.printStackTrace()
                break
            }
        } // end while(true)
        try {
            // closing resources
            sockDataInputstream.close()
            sockDataOutputstream.close()
        } catch (e: IOException) {
            e.printStackTrace()
        }
```

그림 12.36 Kotlin Thread-Socket 통신 기반 TextChatting Server (part 4)

Line 124~142의 while 반복문에서는 클라이언트로부터 전송되어 오는 메시지를 sockDataInputstream.readUTF() 메서드로 전달받고, jtxt_display_area에 출력시킨다. 만약 전달된 메시지가 "Exit" 인 경우에는 소켓을 닫고, 텍스트 채팅을 종료하도록 한다.

Line 144~150에서는 텍스트 채팅이 종료될 sockDataInputstream과 sockDataOutputstream을 닫는 절차를 수행한다. Line 151~155에서는 소켓 통신 구성에 문제가 발생하였을 때 해당 소켓을 닫고 예외 상황을 출력하여 원인을 파악할 수 있게 한다.

그림 12.34의 텍스트 채팅 서비스 제공을 위한 서버측 GUI 모습은 그림 12.35에서 볼 수 있다.

```
150:
151:     } catch (e: Exception) {
152:         cliSocket?.close()
153:         servSocket.close()
154:         e.printStackTrace()
155:     } // end try - catch
156: }
```

그림 12.36 Kotlin Thread-Socket 통신 기반 TextChatting Server (part 4)

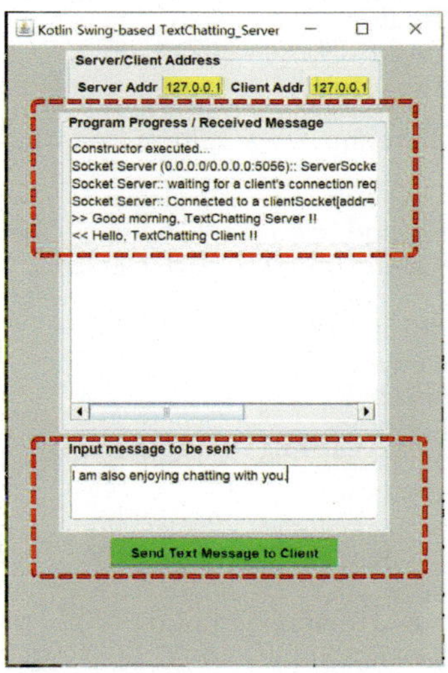

그림 12.37 Kotlin Thread-Socket 통신 기반 TextChatting Server의 GUI 모습

12.6.2 Text Chatting Client

그림 11,38은 텍스트 채팅 서비스를 제공하는 클라이언트 측의 기능을 Kotlin 프로그램으로 구현한 예를 보여준다. Line 16~22에서 소켓을 통한 데이터 입력 및 데이터 출력을 위하여 sockDataInputstream과 sockDataOutputstream을 준비하고, GUI 창에서 메시지 출력 및 메시지 입력을 위하여 JTextArea 자료형의 jtxt_display_area와 jtxt_msg_input _area를 준비한다.

Line 24~69의 init{ } 코드 블록에서는 텍스트 채팅 서버 측의 GUI를 구성하고 있다. GUI는 JFrame의 contentPane에 FlowLayout (line 29)으로 배치관리를 하며, 각 기능 별로 panel 및 제목이 달린 경계구역 (border)를 설정하여 쉽게 이해할 수 있도록 구성하고 있다. Line 30~43에서는 텍스트 채팅에 연결된 서버와 클라이언트 주소를 표시하는 패널을 설정하고 있다.

```
 1 :  /* Kotlin Thread, Socket - Text Chatting_GUI Client */
 2 :  import java.awt.Color
 3 :  import java.awt.Container
 4 :  import java.awt.FlowLayout
 5 :  import java.awt.GridLayout
 6 :  import java.awt.event.ActionEvent
 7 :  import java.awt.event.ActionListener
 8 :  import java.io.DataInputStream
 9 :  import java.io.DataOutputStream
10 :  import java.io.IOException
11 :  import java.net.InetAddress
12 :  import java.net.Socket
13 :  import javax.swing.*
14 :  import javax.swing.border.Border
15 :
16 :  class TextChatting_Socket_Client_GUI(var port_no : Int) : JFrame() {
17 :      var jtxt_display_area: JTextArea? = null
18 :      val jtxt_serv_addr: JTextField? = null
19 :      val jtxt_cli_addr: JTextField? = null
20 :      var jtxt_msg_input_area: JTextArea? = null
21 :      val input_msg: String? = null
22 :      var sockDataInputstream: DataInputStream? = null
23 :      var sockDataOutputstream: DataOutputStream? = null
24 :
25 :      init { // constructor
26 :          setTitle("Kotlin Swing-based TextChatting_Client")
27 :          setDefaultCloseOperation(EXIT_ON_CLOSE)
28 :          val c: Container = contentPane
29 :          c.setBackground(Color.LIGHT_GRAY)
30 :          c.setLayout(FlowLayout())
31 :          val pnl_addr = JPanel()
32 :          val border_addr: Border
               = BorderFactory.createTitledBorder("Server/Client Address")
33 :          pnl_addr.setBorder(border_addr)
34 :          c.add(pnl_addr)
35 :          val l_serv_addr = JLabel("Server Addr")
36 :          pnl_addr.add(l_serv_addr)
37 :          val tf_serv_addr = JTextField("127.0.0.1")
38 :          tf_serv_addr.setBackground(Color.YELLOW)
39 :          pnl_addr.add(tf_serv_addr)
40 :          val l_cli_addr = JLabel("Client Addr")
41 :          pnl_addr.add(l_cli_addr)
42 :          val tf_cli_addr = JTextField("127.0.0.1")
43 :          tf_cli_addr.setBackground(Color.YELLOW)
44 :          pnl_addr.add(tf_cli_addr)
```

그림 12.38 Kotlin Thread-Socket 통신 기반 TextChatting Client (part 1)

Line 45~52에서는 소켓 통신 기반 채팅 서비스의 진행 상황 및 서버가 보내온 메시지를 출력하여 주는 jtxt_display_area를 JScrollPane인 pnl_display_area으로 구성하여 contentPane에 포함시킨다. JScrollPane은 화면에 표시되는 크기보다 더 많은 내용이 출력될 때, 스크롤 기능을 사용하여 많은 양의 출력 메시지를 GUI에서 표시가능한 영역으로 볼 수 있게 하여 준다.

```
45 :        val pnl_display_area = JPanel()
46 :        val border_text_area: Border
               = BorderFactory.createTitledBorder("Program Progress /
                 Received Message")
47 :        pnl_display_area.setBorder(border_text_area)
48 :        c.add(pnl_display_area)
49 :        val display_area = JTextArea("Constructor executed...\n", 15, 30)
50 :        pnl_display_area.add(JScrollPane(display_area))
51 :        //display_area.append("\nadded line"); // for testing only
52 :        jtxt_display_area = display_area
53 :
54 :        val pnl_message_input_area = JPanel()
55 :        val border_message_input_area: Border
               = BorderFactory.createTitledBorder("Input message to be sent")
56 :        pnl_message_input_area.setBorder(border_message_input_area)
57 :        c.add(pnl_message_input_area)
58 :        val msg_input_area = JTextArea("Sample mesage to be sent to server", 3, 30)
59 :        pnl_message_input_area.add(JScrollPane(msg_input_area))
60 :        jtxt_msg_input_area = msg_input_area
61 :        val send_button = JButton("Send Text Message to Server")
62 :        //send_button.setLocation(100, 100);
63 :        send_button.setSize(150, 50)
64 :        send_button.setBackground(Color.GREEN)
65 :        send_button.addActionListener(ActionHandler())
66 :        c.add(send_button)
67 :        setSize(400, 600)
68 :        isVisible = true
69 :    } // end init{ }
```

그림 12.38 Kotlin Thread-Socket 통신 기반 TextChatting Client (part 2)

Line 54~60에서는 클라이언트 측으로 전송할 텍스트 메시지를 입력받는 msg_input_area를 테두리가 표시되는 pnl_message_input_area로 구성하여 contentPane에 포함시킨다. Line 61~66에서는 클라이언트로 입력 메시지를 전송하게 하는 버튼을 JButton 인스탄스로 구현하고, jtxt_msg_input_area에 line 77~92에 구현되어 있는 ActionHandler를 설정하고 있다.

그림 12.38 line 71~76에서는 sockDataInputstream과 sockDataOutputstream을 설정한다. Line 77~92의 class ActionHandler()는 jtxt_msg_input_area에 입력된 메시지를 처리하는 기능을 담당하도록 ActionListener를 상속받아 구현하고 있다. 기본적으로 입력 메시지를 전송하도록 하는 "Send Text Message to Server" 버튼이 눌러져 이벤트가 발생하였을 때, jtxt_msg_input_area에 입력된 텍스트 문자열 input_msg을 읽어 sockDataOutputstream!!.writeUTF(input_msg)를 사용하여 전송하도록 한다. 메시지 전송이 된 후에는 jtxt_msg_input_area에 입력되어 있는 메시지를 지우고, 새로운 메시지가 입력될 수 있도록 한다.

```
70 :
71 :     fun setDataInputStream(sockDinStr: DataInputStream) {
72 :         sockDataInputstream = sockDinStr
73 :     }
74 :     fun setDataOutputStream(sockDoutStr: DataOutputStream) {
75 :         sockDataOutputstream = sockDoutStr
76 :     }
77 :     private inner class ActionHandler : ActionListener {
78 :         override fun actionPerformed(e: ActionEvent) {
79 :             val b = e.source as JButton
80 :             if (b.text == "Send Text Message to Server") {
81 :                 val input_msg = jtxt_msg_input_area!!.getText()
82 :                 jtxt_display_area!!.append("<< $input_msg\n")
83 :                 jtxt_msg_input_area!!.text = "" // clear input text message area
84 :                 try {
85 :                     sockDataOutputstream!!.writeUTF(input_msg)
86 :                 } catch (e1: IOException) {
87 :                     // TODO Auto-generated catch block
88 :                     e1.printStackTrace()
89 :                 }
90 :             }
91 :         }
92 :     } // end class ActionHandler
93 : }
94 :
95 : @Throws(IOException::class)
96 : fun main(agrs: Array<String>) {
97 :     var inetAddr: InetAddress? = null
98 :     var myAddr: InetAddress? = null
99 :     // establishing the connection
100 :     val serv_port_no = 5056
101 :     var servSocket: Socket? = null
102 :     var sockDataInputstream: DataInputStream? = null
103 :     var sockDataOutputstream: DataOutputStream? = null
104 :     val gui_TxtChat_Server = TextChatting_Socket_Client_GUI(serv_port_no)
105 :     //gui_TxtChatting.
106 :     myAddr = InetAddress.getByName("localhost")
107 :     System.out.printf("Socket Client:: My inetaddress = %s\n", myAddr)
108 :     gui_TxtChat_Server.jtxt_display_area!!.append("Socket Client:: client_inetaddr
         = $myAddr\n")
109 :     gui_TxtChat_Server.jtxt_display_area!!.append("Socket Client:: Trying to connect
         server ...\n")
```

그림 12.38 Kotlin Thread-Socket 통신 기반 TextChatting Client (part 3)

Line 96~168의 main() 함수에서는 소켓 클라이언트 기능을 수행하기 위하여 준비하며, 서버 측 메시지 입력과 클라이언트로의 메시지 전송, 클라이언트로부터의 메시지 수신 및 콘솔 출력을 수행하도록 구성되어 있다. Line 100~121에서는 소켓 서버를 위한 포트 번호 port_no를 설정하고, Socket(port_no)를 사용하여 서버와 접속된 클라이언트 소켓을 생성하고, 서버 측 주소를 파악하여 출력한다.

Line 126~129에서는 cliSocket의 입력 스트림 및 출력 스트림을 DataInputStream과 DataOutputStream 클래스 객체로 생성하여 양방향 전이중 방식의 데이터 전송에 사용되도록 한다. Line 136~155의 while 반복문에서는 서버로부터 전송되어 오는 메시지를

sockDataInputstream.readUTF() 메서드로 전달받고, jtxt_display_area에 출력시킨다. 만약 전달된 메시지가 "Exit" 인 경우에는 소켓을 닫고, 텍스트 채팅을 종료하도록 한다.

```
110 :
111 :       servSocket = Socket("127.0.0.1", serv_port_no)
112 :       val serv_addr = servSocket.getLocalSocketAddress()
113 :       println("Socket Client:: Socket  is opened ....")
114 :       gui_TxtChat_Server.jtxt_display_area!!.append("Socket Client:: Socket
           is opened ....\n")
115 :       // getting client request
116 :       if (servSocket == null) {
117 :           println("Error in socket creation/opening, cliSocket is null !!")
118 :           return
119 :       } else {
120 :           inetAddr = servSocket.getInetAddress()
121 :           println("Socket client :: connected to server ($servSocket) ....")
122 :       }
123 :
124 :        gui_TxtChat_Server.jtxt_display_area!!.append("Socket client :: connected
            to server ($servSocket) ....\n")
125 :       try {
126 :           // mynewSocket object to receive incoming client requests
127 :           sockDataInputstream = DataInputStream(servSocket.getInputStream())
128 :           gui_TxtChat_Server.setDataInputStream(sockDataInputstream)
129 :           sockDataOutputstream = DataOutputStream(servSocket.getOutputStream())
130 :           gui_TxtChat_Server.setDataOutputStream(sockDataOutputstream)
131 :           println("Socket_client is ready now ....")
132 :           gui_TxtChat_Server.jtxt_display_area!!.append("Socket_client is ready
              now ....\n")
133 :
134 :           var recvMsgStr: String
135 :           var msgStrToSent: String
136 :           while (true) {
137 :               try {
138 :                   // getting answers from client
139 :                   recvMsgStr = sockDataInputstream.readUTF()
140 :                   if (recvMsgStr == "Exit") {
141 :                       println("Server $servSocket sent exit...")
142 :                       println("Connection closing...")
143 :                       gui_TxtChat_Server.jtxt_display_area!!.append("Server
                          $servSocket sent exit...")
144 :                       gui_TxtChat_Server.jtxt_display_area!!.append("Connection
                          closing...")
145 :                       if (servSocket != null) servSocket.close()
146 :                       println("Closed")
147 :                       gui_TxtChat_Server.jtxt_display_area!!.append("Closed")
148 :                       break
149 :                   }
150 :                   gui_TxtChat_Server.jtxt_display_area!!.append(">> $recvMsgStr\n")
151 :               } catch (e: IOException) {
152 :                   e.printStackTrace()
153 :                   break
154 :               }
155 :           } // end while(true)
```

그림 12.38 Kotlin Thread-Socket 통신 기반 TextChatting Client (part 4)

Line 157~160에서는 텍스트 채팅이 종료된 sockDataInputstream과 sockData

Outputstream을 닫는 절차를 수행한다. Line 163~167에서는 소켓 통신 구성에 문제가 발생하였을 때 해당 소켓을 닫고 예외 상황을 출력하여 원인을 파악할 수 있게 한다.

그림 12.38의 텍스트 채팅 서비스 제공을 위한 서버측 GUI 모습은 그림 12.39에서 볼 수 있다.

```
156 :
157 :            try {
158 :                // closing resources
159 :                sockDataInputstream.close()
160 :                sockDataOutputstream.close()
161 :            } catch (e: IOException) {
162 :                e.printStackTrace()
163 :            }
164 :        } catch (e: Exception) {
165 :            if (servSocket != null) servSocket.close()
166 :            servSocket.close()
167 :            e.printStackTrace()
168 :        }
169 :    } // end main()
```

그림 12.38 Kotlin Thread-Socket 통신 기반 TextChatting Client (part 4)

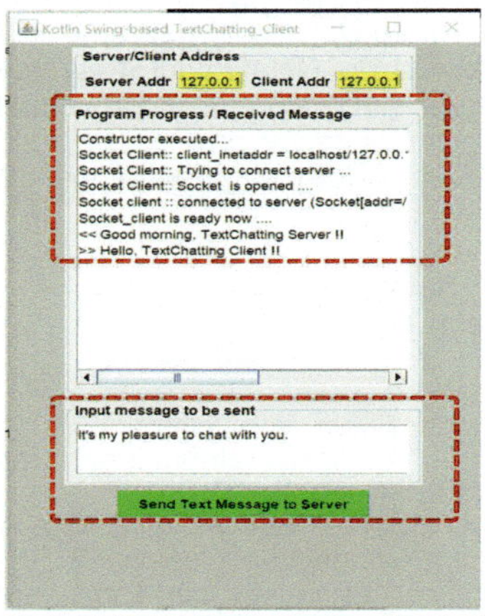

그림 12.39 Kotlin Thread-Socket 통신 기반 TextChatting Client의 GUI 모습

◈ 연습문제 ◈

12.1 다음 용어를 예를 들어 설명하라.

1) 동시처리 (concurrent processing)
2) 병렬처리 (parallel processing)
3) 멀티프로세스 (multiprocess)
4) 스레드 (thread)
5) 코루틴 (coroutine)
6) 동기화

7) 임계구역 (critical section)
8) 파이프 (pipe)
9) 채널 (channel)
10) 소켓 (socket)

12.2 동시처리(concurrent processing)와 병렬처리 (parallel processing)가 필요한 이유에 대하여 설명하라.

12.3 Kotin에서 동시처리/병렬처리 기능을 구현하는 방법에 대하여 설명하라.

12.4 프로세스와 스레드의 차이점에 대하여 설명하라.

12.5 코루틴 (coroutine)이 일반 함수와 어떻게 다른지에 대하여 설명하라.

12.6 Kotin 프로그래밍에서 코루틴을 구성하는 방법에 대하여 설명하라.

12.7 Kotin 스레드 간의 동기화 및 임계 구역 설정 방법에 대하여 설명하라.

12.8 Kotin 스레드 간에 데이터를 전달하는 방법에 대하여 설명하라.

12.9 Kotin 멀티프로세스를 구성하는 방법에 대하여 설명하라.

12.10 Kotin 멀티프로세스 간에 통신을 하는 방법에 대하여 설명하라.

◈ 실습문제 ◈

실습 12.1 다음 그림과 같이 난수 발생기와 프린터 기능을 Kotlin 코루틴으로 구현하고, 코루틴간의 통신을 위하여 연결형 리스트로 구현된 myQueue를 사용하도록 구현하라. 난수 발생기는 주기적으로 난수를 생성하여 큐에 삽입한다. 하나의 난수를 생성한 후, 0.1~0.5초 동안 sleep하도록 한다. myQueue는 최대 5개의 숫자를 저장할 수 있는 용량 (capacity)을 가지도록 하라. 프린터 코루틴은 큐로부터 데이터를 추출하여 화면으로 출력하며, 하나의 데이터를 처리한 후 0.1~1 초 동안 sleep하도록 하라. 총 20개의 난수를 생성한 후에 난수 발생기는 종료하며, 프린터도 총 20개의 데이터를 처리한 후에 종료하도록 하라.

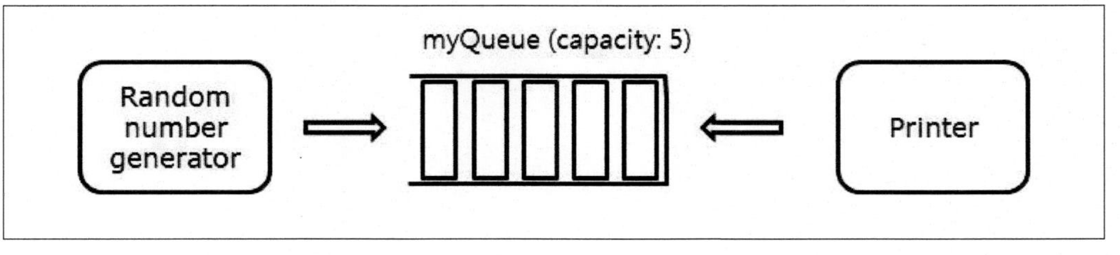

실습 12.2 다음 그림은 Kotlin 스레드 기반의 병렬처리, pipe를 사용한 양방향 데이터 전달, 송신 및 수신 기능을 별도의 스레드로 구현하는 문자 채팅 응용프로그램의 구조를 보여준다. Text Chatter는 클래스로 구현하며, 현재 전달된 문자 메시지를 표시하는 디스플레이 출력창이 ScrolledText()로 구현되어야 하며, 문자 입력을 위한 text input이 ScrolledText()로 구현되어야 한다. 입력된 문자열의 전

송은 tx 버튼을 누를 때 전송되도록 한다. Text chatter 간의 문자열 전송은 Kotlin이 제공하는 pipe를 사용하여 구현한다.

Text chatting에서 문자 메시지의 전송은 txThrd 및 rxThrd의 구분된 스레드로 구현되어 양방향 동시 전송 (bidirectional full-duplex)이 가능하도록 구현하여야 한다.

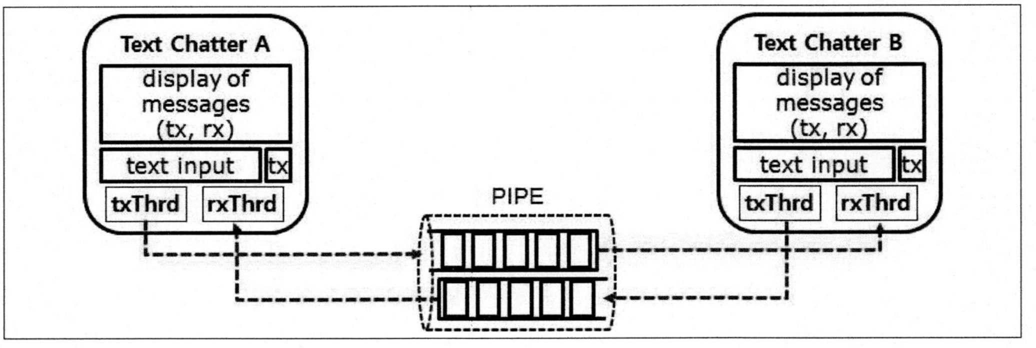

13장 Kotlin 기반 데이타베이스 접속 및 응용 프로그래밍 – JDBC, SQLite, MySQL, MariaDB

학습목표

- 데이타베이스 (Database, DB)의 기본 구조 및 기능에 대한 이해
- JDBC (Java Database Connectivity)에 대한 이해 및 활용 능력 향상
- SQLite DB 구조 및 기능에 대한 이해, 활용 능력 향상
- MySQL 및 MariaDB에 대한 이해 및 응용 프로그램 개발 능력 확보
- Kotlic 기반 Database 접속 및 DB 응용 프로그램 개발 능력 확보

개요

13.1 데이타베이스 개요

13.1.1 데이타베이스 (Database, DB) 란?

컴퓨터 프로그램에서 처리하는 많은 업무가 대용량의 다양한 데이터를 체계적으로 관리하고, 이 데이터를 기반으로 중요한 정보를 찾아내어 정책 결정에 활용하며, 이 정보들을 기반으로 지식을 쌓아 나가게 하는 것이다. 이러한 데이터 처리 과정에서는 표 13.1에서 설명하는 것과 같이, 데이터의 수집 및 체계적 저장 관리, 데이터의 검색, 정보의 추출, 지식으로 구성 및 장기적인 정책 결정에 활용 등의 세부 절차를 거친다.

먼저 데이터는 관찰 또는 측정된 정량적 또는 정성적인 값을 의미하며, 아날로그 또는 디지털 데이터 양식으로 표현될 수 있고, 상태를 나타낼 수도 있다. 데이터에는 아직 의미가 부여되지 않은 상태이며, 용도나 목적에 따라 동일한 데이터에 다른 의미를 부여할 수도 있다. 데이터의 예로서는 학생들의 성적 데이터, 정기적인 건강검진 데이터, 사물인터넷 (IoT)으로 관리되는 스마트 공장의 다양한 센서 데이터 (온도, 습도, 조도, 이동 로봇의 위치 및 경로, 불양 제품 발생률) 등이 있다.

정보란 데이터가 가진 의미 또는 뜻이며, 동일한 데이터 값에 대해서도 용도나 목적에 따라 다른 의미가 부여될 수 있다. 예를 들어 기온이 섭씨 30° 인 경우, 사람들의 일상 생활에는 전혀 문제가 없는 쾌적한 기온이지만, 스마트 온실에서 재배하는 채소류에게는 높은 온도

가 될 수 있어 냉방기를 가동하여야 하는 상황이 될 수 있다. 정보의 예로서는 학생의 학습 상태 정보와 현장 실무 능력 정보, 건강 상태 정보, 사물인터넷 장치로 관리되는 스마트 공장의 생산 효율성 정보등이 있다.

지식은 사물이나 현상에 대한 이해를 나타내며, 이 지식을 기반으로 장기적인 정책 결정을 하게 된다. 예를 들어 학생들의 현장 실무 능력 향상을 위한 핵심 과목별 요구 성적을 파악하고 관련된 과목별 학습 향상 방안을 도출하는 것이나, 건강한 상태를 유지하기 위한 정기적인 신체 검사의 항목별 정상 데이터 범위를 통계 분석한 결과 (예: 정상인의 혈압 범위 등), 그리고 스마트 공장의 생산 능력 향상 (예: 단위 시간당 생산 개수 증가 및 불량률 감소)을 위한 각 모니터링 항목별 정상 데이터 범위 및 예방 정비 주기 설정 등이 있다.

표 13.1 데이터, 정보, 지식의 의미 및 관련성

용어	의미, 정의	예
데이터 (data)	▪ 관찰/측정된 정량적/정성적인 값 ▪ 아날로그/디지털 데이터 형식일 수 있으며, 상태를 나타낼 수도 있음 ▪ 의미가 부여되지 않은 상태이며, 용도/목적에 따라 다른 의미가 부여될 수 있음	▪ 학생의 성적 데이터 ▪ 정기적인 건강 검진 데이터 ▪ 사물인터넷으로 관리 되는 스마트 공장의 센서 데이터 (온도, 습도, 조도, 이동 로봇의 위치/경로, 불량 제품 발생율)
정보 (information)	▪ 데이터가 가진 의미 ▪ 동일한 데이터 값에 대해서도 용도/목적에 따라 다른 의미가 부여될 수 있음	▪ 학생의 학습 상태 정보, 실무 능력 정보 ▪ 건강 상태 정보 ▪ 사물인터넷 장치로 관리되는 스마트 공장의 생산 효율성 정보
지식 (knowledge)	▪ 사물이나 현상에 대한 이해	▪ 학생의 현장 실무 능력 향상을 위한 과목별 요구 성적 파악 및 학습 향상 방안 ▪ 건강한 상태를 유지하기 위한 각 항목별 정상 데이터 범위 ▪ 스마트 공장의 생산 능력 향상 (단위 시간당 생산 개수 증가, 불량률 감소)을 위한 각 항목별 정상 데이터 범위

데이타베이스 (database, DB)는 필요한 정보를 얻기 위하여 논리적으로 연관된 데이터를 체계적으로 통합하여 저장해 둔 것을 의미한다. 데이타베이스에는 주어진 핵심 키워드를 기준으로 한 데이터 검색 (search, select), 데이터 레코드의 변경 (insert, delete, update) 등의 작업를 주로 수행한다. 일상 생활에 많이 사용되는 데이타베이스의 예로서는 학사 데이타베이스 (학생 데이터), 은행 데이타베이스 (고객의 예금 계정/구좌 데이터, 신용카드 데이터), 건강보험 데이타베이스(건강검진 데이터), 쇼핑몰 데이타베이스(쇼핑 고객 정보, 구매 목록 정보), 도서관 데이타베이스(문헌정보 데이터) 등이 있다.

데이타베이스의 핵심 주요 기능은 개별적으로 사용되는 데이터의 중복을 최소화하고, 불일치 데이터를 제거하여 일관성 훼손을 방지하는 통합된 데이터로 관리하는 것이다. 데이타베이스는 문서로 데이터를 보관하는 것이 아니라, 컴퓨터 저장장치에 체계적으로 구성된 데이터를 저장 및 관리하며, 다양한 업무 (응용 서비스)에서 신속하게 검색 및 활용할 수 있도록 관리한다. 일반적으로 데이타베이스는 개인적인 업무에 사용할 수도 있지만, 주로 조직이나 기관의 업무를 위하여 공동으로 데이터를 저장/관리/활용하는 것이 일반적이다.

13.1.2 데이타베이스 시스템의 구성

데이타베이스 시스템은 대규모 데이터를보다 체계적으로 저장 및 관리하여 다양한 업무에 신속한 검색 및 update 기능이 제공되도록 구성한다. 일반적으로 그림 13.1에서 보는 것과 같이 데이타베이스 관리 시스템 (Database Management System, DBMS)를 도입하여 데이터를 통합 관리하도록 구성하며, DBMS를 사용하여 데이터를 관리하는 서버 (DB server)에서 클라이언트(client)의 데이터 사용 요청에 따라 데이터의 가공 및 저장 /update 기능을 수행한다.

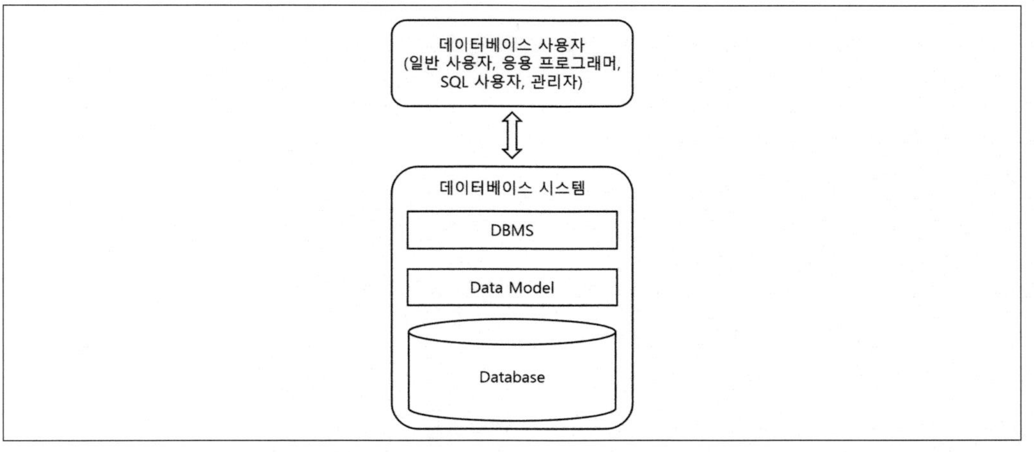

그림 13.1 데이타베이스 시스템 구성

그림 13.1의 데이타베이스 시스템 구성에서 가장 하단에 있는 데이타베이스 (database)는 데이터를 체계적으로 저장해둔 곳이며, 중복된 데이터를 제거하고 체계적으로 저장하며, 신속한 검색 기능을 지원하도록 구성되어 있다. 데이터 모델 (data model)은 데이터가 저장되는 기법에 관련된 모델을 정의한다. 데이타베이스 관리 시스템 (DBMS)은 저장된 데이터를 관리하며, 사용자 (client)와 데이타베이스를 연결하고, 요청된 서비스를 제공하는 기능을 수행한다.

데이타베이스의 구축, 관리 및 활용에 관련된 업무 흐름은 그림 13.2에서 보는 것과 같이 진행된다. 데이타베이스 구축 업무의 첫 번째 작업은 일반적으로 많이 사용되는 SQLite, MySQL, MariaDB 등의 DBMS(database management system)를 설치하는 것이다. 다음으로 설치된 DBMS를 활용하여 데이타베이스의 생성, 테이블 생성, 데이터 입력, 데이터 조회 및 활용 등의 데이타베이스 구축 및 활용 업무가 진행된다.

데이타베이스에 데이터 저장, 검색, 갱신(update) 등의 업무는 다양한 DB 응용 프로그램(예: 웹서비스)과 연계되어 수행되며, 해당 DB 응용 프로그램에서 구축된 DB의 데이터를 활용하여 다양한 서비스를 제공하게 된다. 아울러 데이타베이스 관리자 업무에 포함되는 DB 백업 및 관리 작업이 수행된다.

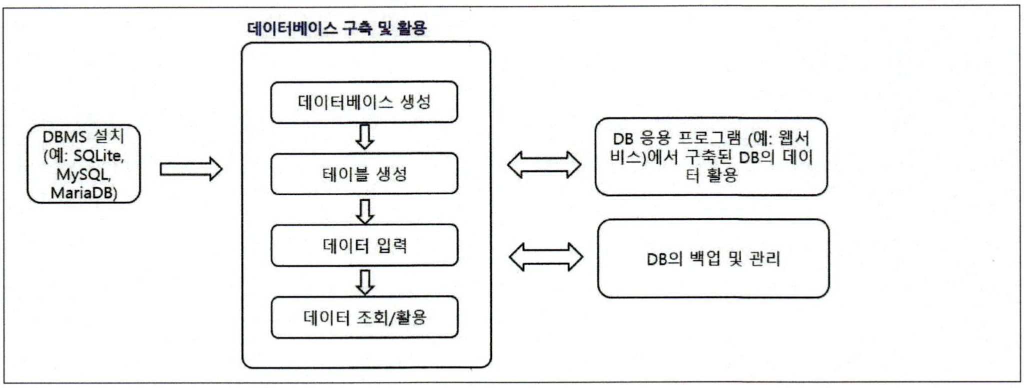

그림 13.2 데이타베이스 구축, 관리 및 활용 업무 흐름

데이타베이스 구축에 사용되는 주요 데이터 모델은 표 13.2와 같다.

표 13.2 데이터 모델

데이터 모델	주요 기능	예
계층 데이터 모델 (hierarchical data model)	▪ 데이터가 트리 형태의 구조로 조직 ▪ 하나의 entity type은 하나의 테이블에 해당하며, 레코드는 행으로 표현되고, 속성(attribte)는 열로 표현된	
네트워크 데이터 모델 (network data model)	▪ 데이터는 각 레코드가 하나의 부모 레코드와 다수의 자식 레코드로 구성되는 네트워크로 구성하는 일반화된 그래프 구조를 가짐	
관계 데이터 모델 (relation data model)	▪ 서로 연관된 학생 데이터 (예: 학생 정보, 수강과목, 강좌번호)와 과목 정보(예: 강좌이름, 담당교수, 강의실, 강의시간)을 관계(예: 수강과목)에 따라 필요한 속성(예: 강좌번호)으로 연계	▪ SQLite, MySQL, PostgresSQL
객체 데이터 모델 (object data model)	▪ 객체지향 프로그래밍언어에 적합한 ORM (Object Relational Model)을 사용할 수 있도록 구성	
객체-관계 데이터 모델 (object-relational data model)	▪ 객체지향 데이타베이스 모델을 가진 관계형 데이타베이스 모델 ▪ 소프웨어 개발자가 자유롭게 데이터형가 메서드를 정의하여 데이타베이스를 개발하고, DBMS에 통합시킴	▪ Informix Dynamic Server ▪ IBM DB2 ▪ Oracle DB

13.1.3 관계 데이터 모델 (Relation Data Model)

표 13.2에서 설명한 데이터 모델 중, 관계 데이터 모델 (relation data model)은 데이타베이스 설계에서 널리 사용되는 모델로, 테이블 형태로 데이터를 구성하는 특징을 가지고 있다. 이 모델이 다른 데이터 모델, 예를 들어 계층형 모델, 네트워크 모델, 또는 객체 지향 모델에 비해 가지는 주요 장점들을 다음과 같다:

① 단순성과 직관성

- Relation data model은 데이터를 테이블로 표현하여 행과 열의 구조로 관리함. 행(row)은 개별 데이터 레코드를, 열(column)은 데이터 속성을 나타내기 때문에 매우 직관적이고 이해하기 쉬움. 이런 단순성은 데이터 모델링 뿐만 아니라 데이터 조회 및 조작에도 큰 이점을 제공함
- 사용자가 데이터를 질의할 때, SQL과 같은 고수준 언어를 사용해 데이터를 쉽게 조회할 수 있음. SQL은 사용하기 쉬우며 관계형 모델의 데이터를 효과적으로 처리하는 표준화된 언어임

② 데이터 무결성

- 관계형 모델은 데이터 무결성 제약 조건을 지원함. 예를 들어, 기본 키(Primary Key) 제약 조건은 각 테이블의 행이 고유하게 식별될 수 있도록 하며, 외래 키(Foreign Key) 제약 조건은 테이블 간의 참조 무결성을 보장함. 이러한 제약 조건은 데이터 일관성과 정확성을 유지하는 데 중요한 역할을 함

③ 데이터 독립성

- Relation data model은 논리적 데이터 구조와 물리적 저장 구조를 분리함. 이는 물리적 저장 방식이 변경되더라도 논리적 구조에 영향을 미치지 않도록 하여, 시스템을 유연하고 확장 가능하게 함
- 데이터 독립성은 시스템 성능을 유지하면서도 데이터 구조의 변경이 용이하도록 하여 데이타베이스 유지보수의 복잡성을 줄여줌

④ 표준화된 질의 언어(SQL)

- Relation data model을 기반으로 한 데이타베이스는 SQL을 통해 데이터를 조회, 수정, 삭제할 수 있다. SQL은 매우 강력한 질의 언어로서, 복잡한 질의를 간단하게 표현할 수 있으며, 표준화되어 있어 다양한 관계형 데이타베이스 관리 시스템(RDBMS)에서 사용할 수 있음
- 이로 인해 개발자는 특정 데이타베이스 시스템에 종속되지 않고, 다양한 RDBMS를 활용할 수 있게 됨

⑤ 데이터 모델링의 유연성

- 관계형 데이터 모델은 데이터와 그 관계를 자유롭게 모델링할 수 있는 유연성을 제공함. 테이블 간의 관계를 1:1, 1:다, 다:다와 같은 방식으로 쉽게 표현할 수 있으며, 이를 통해 복잡한 데이터 구조를 효율적으로 관리할 수 있음
- 또한, 데이터의 추가, 수정, 삭제 등의 작업을 수행하는 데 유연하며, 스키마 변경도 비교적 쉽게 수행할 수 있음

⑥ 높은 데이터 일관성

- Relation data model은 정규화를 통해 데이터의 중복을 최소화하고 일관성을 유지할 수 있음. 정규화는 데이타베이스의 중복을 줄이고, 데이터를 효율적으로 관리할 수 있게 도와줌
- 이는 특히 대규모 데이타베이스에서 중요하며, 데이터 일관성을 유지하는 데 큰 장점이

됨

⑦ 광범위한 채택과 지원

- Relation data model은 널리 채택된 모델로, 대부분의 상용 데이타베이스 시스템이 이 모델을 기반으로 함. 이로 인해 방대한 양의 문서와 도구, 프레임워크, 커뮤니티 지원을 받을 수 있음
- 또한, 대부분의 IT 전문가들이 관계형 데이터 모델을 이해하고 있어, 인력 확보와 시스템 유지보수가 용이함

⑧ 확장성 및 성능

- 관계형 데이타베이스 시스템은 대규모 데이터를 처리하는 데 적합하도록 설계되어 있으며, 효율적인 인덱싱과 최적화 기법을 통해 빠른 데이터 접근을 지원함
- 데이타베이스가 확장됨에 따라 데이터를 관리하는 데 필요한 성능과 확장성을 제공하기 위해 다양한 고급 기능들이 제공됨

이러한 장점들 덕분에 Relation data model은 다른 데이터 모델에 비해 여전히 널리 사용되고 있으며, 다양한 응용 분야에서 효과적으로 사용되고 있다. 물론, 객체 지향 데이타베이스나 NoSQL 데이타베이스 등이 등장하면서 관계형 모델의 한계를 보완하는 새로운 접근 방법들이 나오고 있지만, Relation data model은 여전히 데이타베이스 설계의 기본적인 선택지로 자리잡고 있다.

13.1.4 데이타베이스 관리 시스템 (Database Management System, DBMS)

데이타베이스 관리 시스템(DBMS, Database Management System)은 데이타베이스의 생성, 관리, 조작, 보호 등을 수행하는 소프트웨어이다. DBMS는 사용자와 데이타베이스 사이에서 중간 역할을 하며, 데이터의 일관성과 무결성을 유지하면서 여러 사용자가 데이터를 안전하고 효율적으로 접근할 수 있게 해준다. DBMS의 주요 기능은 다음과 같다:

① 데이터 정의 기능 (Data Definition)

스키마 정의: DBMS는 데이타베이스의 구조를 정의할 수 있는 기능을 제공한다. 이는 데이타베이스 스키마라고 하며, 테이블, 필드, 데이터 타입, 인덱스, 뷰 등 데이타베이스 객체를 정의하는 데 사용된다.

데이터 사전 관리: 데이터 사전은 데이타베이스의 메타데이터(데이터에 관한 데이터)를 관리한다. DBMS는 데이터 사전에 저장된 정보를 이용하여 데이타베이스 구조와 객체들에 대한 정보를 관리하고 유지한다.

② 데이터 조작 기능 (Data Manipulation)

- 데이터 삽입, 갱신, 삭제: DBMS는 데이터를 데이타베이스에 삽입하고, 수정하며, 삭제하는 기능을 제공함
  사용자는 SQL 등의 질의 언어를 통해 이러한 작업을 수행할 수 있음

- 데이터 조회: DBMS는 사용자가 원하는 데이터를 효율적으로 조회할 수 있는 기능을 제공함. 복잡한 조건에 따라 데이터를 필터링하고, 여러 테이블을 결합하여 조회할 수 있으며, 이를 통해 유의미한 정보를 도출할 수 있음

③ 데이터 무결성 관리 (Data Integrity Management)

- 무결성 제약 조건 (integrity management): DBMS는 데이터의 정확성과 일관성을 보장하기 위해 여러 무결성 제약 조건을 정의하고 유지함. 대표적인 예로는 기본 키, 외래 키, 고유 제약 조건, 체크 제약 조건 등이 있음
- 트랜잭션 관리 (transaction management): 트랜잭션은 데이타베이스의 일련의 작업 단위를 의미하며, DBMS는 ACID(Atomicity, Consistency, Isolation, Durability) 속성을 지원하여 트랜잭션이 안전하게 수행되도록 함. 이는 데이터의 일관성을 유지하는 데 필수적임

④ 데이터 보안 관리 (Data Security Management)

- 접근 제어 (access control): DBMS는 사용자가 데이터에 접근할 수 있는 권한을 관리함. 사용자별로 특정 데이터에 대한 읽기, 쓰기, 수정, 삭제 권한을 설정할 수 있으며, 이를 통해 데이터의 기밀성을 유지함
- 인증 및 인가 (authentication, authorization): DBMS는 사용자의 신원을 확인하고, 적절한 권한을 부여받은 사용자인지 확인하는 기능을 제공함. 이는 사용자 계정과 역할 기반의 접근 제어를 통해 이루어짐

⑤ 데이터 복구와 백업 (Data Recovery and Backup)

- 백업 (backup) 관리: DBMS는 데이터 손실에 대비하여 데이타베이스의 정기적인 백업을 관리하는 기능을 제공함. 백업은 전체 백업, 차등 백업, 증분 백업 등 다양한 방식으로 수행될 수 있음
- 데이터 복구 (data recovery): 시스템 오류나 데이터 손상 시, DBMS는 데이타베이스를 복구할 수 있는 기능을 제공함. 트랜잭션 로그와 백업 데이터를 사용하여 데이타베이스를 정상 상태로 복구함

⑥ 동시성 제어 (Concurrency Control)

- 동시성 (concurrency) 관리: 다중 사용자가 동시에 데이타베이스에 접근하여 작업을 수행할 때 발생할 수 있는 문제를 해결하기 위한 기능임. DBMS는 잠금(Locking) 메커니즘과 트랜잭션 격리 수준을 통해 데이터의 일관성을 유지하면서도 여러 사용자가 동시에 데이터를 안전하게 처리할 수 있도록 지원함
- 데드락 (deadlock) 관리: 동시성 제어 과정에서 발생할 수 있는 데드락 상황을 감지하고 해결하는 기능을 제공함. 이는 시스템의 성능과 안정성을 유지하는 데 필수적임

⑦ 데이터 접근 성능 최적화 (Data Access Performance Optimization)

- 인덱스 관리: DBMS는 인덱스를 생성하고 관리하여 데이터 조회 속도를 높이는 기능을 제공함. 인덱스는 테이블의 특정 열에 대한 검색 성능을 향상시키는 데 중요한 역할을

함

- 질의 최적화: DBMS는 사용자가 실행하는 SQL 질의를 최적화하여, 효율적인 실행 계획을 생성하고 데이터 접근 속도를 개선함. 이를 통해 시스템의 전체적인 성능을 향상시킬 수 있음

⑧ 데이타베이스 분산 관리 (Distributed Database Management)

- 분산 데이터 관리: 여러 장소에 분산된 데이타베이스를 관리하는 기능을 제공함. DBMS는 분산 데이타베이스 환경에서 데이터의 일관성과 무결성을 유지하고, 여러 서버 간의 데이터 동기화와 트랜잭션 관리를 수행함
- 데이터 복제: DBMS는 데이터 복제를 통해 여러 데이타베이스에 동일한 데이터를 유지할 수 있는 기능을 제공함. 이는 시스템의 가용성을 높이고, 데이터 접근 속도를 개선하는 데 도움이 됨

⑨ 데이타베이스 통합 및 인터페이스 (Database Integration and Interface)

- API 및 인터페이스 제공: DBMS는 다양한 프로그래밍언어와의 인터페이스를 제공하여 애플리케이션이 데이타베이스에 접근하고 조작할 수 있도록 함. 예를 들어, JDBC(Java Database Connectivity), ODBC(Open Database Connectivity)와 같은 표준 API를 지원함
- 데이타베이스 연결 관리: DBMS는 애플리케이션과의 연결을 효율적으로 관리하고, 연결 풀링(Connection Pooling) 등의 기술을 통해 성능을 최적화함

이와 같은 기능들은 DBMS가 단순한 데이터 저장소 이상의 역할을 수행하게 하며, 대규모 데이터를 효과적으로 관리하고 처리할 수 있도록 지원한다. 이를 통해 기업이나 조직은 데이터를 기반으로 한 다양한 분석, 운영, 관리 작업을 안전하고 효율적으로 수행할 수 있다.

그림 13.3은 데이타베이스 사용 기능구조에서 DBMS의 기능을 설명하고 있다. 데이타베이스 사용자로는 일반사용자, 응용 프로그램 개발자, 데이타베이스/SQL 사용자, 데이타베이스 관리자 (DBA, database administrator)가 있다. DB 사용자들은 인터페이스를 통하여 DBMS에 접근하며, 서비스를 제공받게 된다. 일반 사용자의 경우 응용 프로그램의 화면을 통하여 접속하게 되고, DB 응용 프로그램 개발자의 경우 응용 프로그램 개발 환경을 통하여 DBMS에 접속한다. DB 응용 프로그램은 SQL 질의를 통하여 DBMS에 접속하고, 데이타베이스 관리자의 경우 DB schema를 통하여 데이타베이스 시스템의 운영, 유지보수, 보안, 성능 최적화 등의 업무를 수행하게 된다.

DBMS는 메인 메모리에 상주하며 데이타베이스 관리 기능을 수행하며, 사용자로부터의 다양한 질의 (query)를 처리한다. 아울러, SQL(structured query language)의 하위 집합인 DML (database manipulation language)을 사용하여 데이터의 삽입, 수정, 삭제 및 조회 요청을 처리한다. 아울러, 데이타베이스 관리자가 DB schema를 정의하고 관리하는데 사용하는 DDL (Data Definition Language)를 통하여 요청하는 데이타베이스 구조 설계 및 유지보수에 관련된 업무를 함께 수행한다.

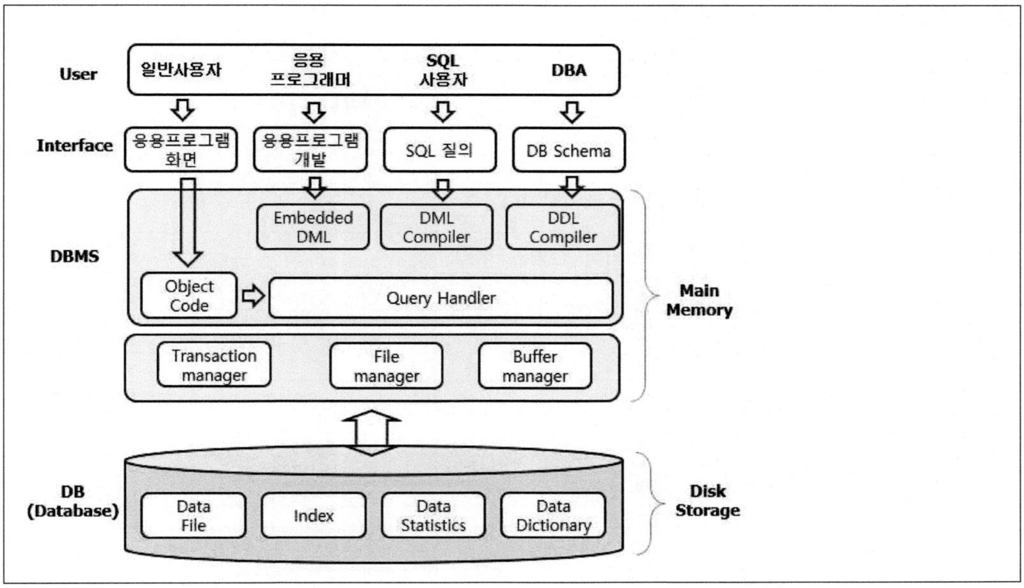

그림 13.3 데이타베이스 사용 기능 구조

그림 13.3에서 보여주는 데이타베이스 사용 기능 구조의 핵심 모듈인 DBMS은 실제 데이터가 저장되고 DB가 구성되는 디스크 저장장치에 데이터 파일들을 저장하며, 인덱스를 관리하고, 데이터 통계자료 및 데이터 딕셔너리를 구성하여 데이터의 추가, 저장, 검색 및 처리 등의 태스크를 신속하게 수행할 수 있게 한다. DBMS는 DB 접근, 데이터의 삽입, 수정, 삭제 및 조회 등의 트랜잭션을 관리하는 트랜잭션 관리자, 파일관리자, 버퍼관리자 기능을 사용하여 디스크 저장장치에 저장된 데이타베이스들을 체계적이며 효율적으로 관리한다.

표 13.3에는 현재 많이 사용되는 관계형 데이터 모델의 DBMS들을 간단하게 비교 분석하고 있다. 관계형 데이타베이스 관리를 위한 DBMS에서 기업의 대규모 데이타베이스 구축 및 관리, 고급 DB 응용 서비스 제공을 위한 엔터프라이즈급 DBMS로는 Oracle Database와 Microsoft의 SQL server가 있다. 이들은 대규모 애플리케이션을 지원할 수 있는 강력한 성능과 보안성 및 신뢰성을 제공하나, 높은 비용과 복잡한 관리 기능 및 숙련된 DBA가 필요한 단점이 있다.

다음으로 보편적인 수준에서 많이 사용되는 MySQL, MariaDB, PostgreSQL이 있다. 이들은 사용하기 쉽고, 오픈소스인 장점이 제공되나, 복잡한 쿼리에 대한 지원이 제한적이며, 상용 엔트프라이즈급 DBMS에 비하여 성능이 낮은 단점이 있다. SQLite는 경량이며, 서버리스 DBMS로 모바일 앱, 임베디드 애플리케이션, 테스트 및 개발에서 사용할 수 있으며, 설정이 간단하고, 경량화된 기능으로 중소규모 애플리케이션에 이상적인 장점이 있다. 그러나 SQLite는 확장성에 제한적이며, 사용자 관리 및 고급 기능이 부족한 단점이 있다.

표 13.3 많이 사용되는 관계형 데이터 모델 DBMS 들의 비교 분석

DBMS	주요 기능 및 적용 사례	강점	약점
Oracle Database (Oracle Corporation)	▪ 종합적인 보안 기능, 높은 가용성, 고급 복구 옵션 ▪ 엔터프라이즈급 애플리케이션, ▪ 은행업무, 대규모 데이터처리	▪ 대규모 애플리케이션에 강력함 ▪ 강력한 보안과 신뢰성, 광범위한 지원	▪ 높은 비용, 복잡한 관리, 숙련된 DBA 필요
Microsoft SQL Server	▪ Microsoft 제품과의 긴밀한 통합, 높은 성능, 고급 분석 기능 ▪ 엔터프라이즈급 애플리케이션, 비즈니스 인텔리전스 ▪ 데이터웨어 하우징	▪ 확장 가능, Windows 환경과의 우수한 통합, 종합적인 도구 제공	▪ 독점적 특성, 높은 라이선스 비용 ▪ 전체 기능을 위해 Windows Server 필요
MySQL (Oracle Corporation)	▪ 빠른 읽기 작업, 강력한 커뮤니티 지원, 다양한 통합 지원 ▪ 웹 애플리케이션, 콘텐츠 관리시스템, 전자상거래 플랫폼	▪ 사용하기 쉬움, 읽기 중심 작업에서 높은 성능을 가짐 ▪ 널리 지원됨	▪ 복잡한 쿼리에 대한 제한적인 지원, 쓰기 중심 작업에서 다른 DBMS에 비해 느림
MariaDB	▪ MySQL과의 높은 호환성, 향상된 보안 기능, 활발한 개발 커뮤니티 ▪ 웹 애플리케이션, 클라우드 애플리케이션, 데이터웨어 하우징	▪ 오픈소스, MySQL의 대체재로 사용 가능 ▪ 지속적인 기능 업데이트	▪ 일부 사용 사례에서 MySQL에 비해 성능 차이가 있을 수 있음
PostgreSQL (PostgreSQL Global Development Group)	▪ ACID 준수, 확장성, 고급 인덱싱 및 쿼리 기능 ▪ 데이터웨어 하우징, ▪ 웹애플리케이션, 복잡한 쿼리 및 분석	▪ 플러그인으로 확장 가능, 복잡한 쿼리에 대한 강력한 지원, 오픈소스	▪ 단순 쿼리에 비해 느릴 수 있음, 설정 및 튜닝의 복잡성
SQLite (D. Richard Hipp)	▪ 경량, 서버리스, 자체 포함, 제로 설정 ▪ 모바일앱, 임베디드 애플리케이션, 테스트 및 개발	▪ 설정이 간단하고 경량화, 중소규모 애플리케이션에 이상적	▪ 확장성 제한 ▪ 사용자 관리 및 고급 기능의 부족

본 13장에서는 관계형 DBMS 중 MySQL, MariaDB, SQLite를 Kotlin 프로그램에 연결하여 데이타베이스를 구축하고, 간단한 응용 프로그램을 구성하여, 기능을 시험하는 예제 프로그램을 구현한다.

13.1.5 SQL (Structured Query Language)

SQL(Structured Query Language)은 관계형 데이타베이스 관리 시스템 (DBMS)에서 데이터의 정의, 조회, 조작, 제어에 사용되는 표준 프로그래밍 언어이다. SQL은 데이타베이스의 구조를 관리하고, 데이터에 접근하며, 데이터의 무결성을 유지하기 위한 강력한 도구를 제공한다. SQL은 데이터 정의를 위한 DDL(Data Definition Language), 데이터 조작을 위한 DML(Data Manipulation Language), 데이터 제어를 위한 DCL(Data Control Language), 데이터 조회(SELECT) 명령어로 구성된다. 표 13.4에서 SQL의 주요 명령어에 대하여 카테고리별로 분류하여 예제와 함께 각각 설명한다.

SQL의 데이터 정의 언어 (DDL)에는 새로운 데이타베이스 객체 (테이블, 인덱스, 뷰 등)를 생성을 위한 CREATE, 기존 데이타베이스 객체를 수정을 위한 ALTER, 데이타베이스 객체 삭제를 위한 DROP, 테이블의 모든 데이터를 삭제하지만 테이블 구조는 유지하는

TRUNCATE가 있다.

표 13.4 SQL 주요 명령어

SQL 카테고리	명령어	설명	예제
Data Definition Language (DDL)	CREATE	새로운 데이타베이스 객체(테이블, 인덱스, 뷰 등)를 생성	CREATE TABLE employees (id INT PRIMARY KEY, name VARCHAR(100), department VARCHAR(50), salary DECIMAL(10, 2));
	ALTER	기존 데이타베이스 객체를 수정	ALTER TABLE employees ADD email VARCHAR(100);
	DROP	데이타베이스 객체를 삭제	DROP TABLE employees;
	TRUNCATE	테이블의 모든 데이터를 삭제하지만 테이블 구조는 유지	TRUNCATE TABLE employees;
Data Manipulation Language (DML)	INSERT	새로운 데이터를 테이블에 삽입	INSERT INTO employees (id, name, department, salary) VALUES (1, 'John Doe', 'Engineering', 75000);
	UPDATE	테이블의 기존 데이터를 수정	UPDATE employees SET salary = 80000 WHERE id = 1;
	DELETE	테이블에서 특정 조건을 만족하는 데이터를 삭제	DELETE FROM employees WHERE id = 1;
Data Select Language (SELECT)	SELECT	테이블에서 데이터를 조회	SELECT * FROM employees;
	ORDER BY	조회된 데이터를 특정 열을 기준으로 정렬	SELECT name, salary FROM employees ORDER BY salary DESC;
	GROUP BY	동일한 값을 가진 행을 그룹화하고 집계 함수와 함께 사용	SELECT department, COUNT(*), AVG(salary) FROM employees GROUP BY department;
	JOIN	여러 테이블에서 데이터를 결합하여 조회	SELECT e.name, d.department_name FROM employees e JOIN departments d ON e.department = d.id;
Data Control Language(DCL)	GRANT	특정 사용자에게 데이타베이스 객체에 대한 권한을 부여.	GRANT SELECT, INSERT ON employees TO 'user1';
	REVOKE	특정 사용자의 권한을 철회	REVOKE INSERT ON employees FROM 'user1';
트랜잭션 제어 언어 (TCL)	COMMIT	트랜잭션의 모든 변경 사항을 영구적으로 저장	COMMIT;
	ROLLBACK	트랜잭션 중 발생한 모든 변경 사항을 취소하고 이전 상태로 되돌림	ROLLBACK;
	SAVEPOINT	트랜잭션 내에서 특정 지점을 설정하여, 필요 시 해당 지점까지 롤백할 수 있음	SAVEPOINT sp1;
	RELEASE SAVEPOINT	트랜잭션 내에서 설정한 저장점을 제거함	RELEASE SAVEPOINT sp1;

데이터 조작을 위한 DML(data management language)에는 새로운 데이터를 테이블에 삽입할 때 사용하는 INSERT, 테이블의 기존 데이터 수정을 위한 UPDATE, 테이블에서 특정 조건을 만족하는 데이터를 삭제하는 DELETE가 있다. 데이터 조회에서 사용되는

명령어로는 테이블에서 데이터를 조회할 때 사용하는 SELECT, 조회된 데이터를 특정 열을 기준으로 정렬하는 ORDER BY, 동일한 값을 가진 행을 그룹화하고, 집계 함수와 함께 사용하는 GROUP BY, 여러 테이블에서 데이터를 결합하여 조회하는 JOIN이 있다. 데이터 제어를 위한 DCL에는 특정 사용자에게 데이타베이스 객체에 대한 권한을 부여하는 GRANT, 특정 사용자의 권한을 철회하는 REVOKE가 있다.

TCL (transaction control language)에는 트랜잭션의 모든 변경사항을 영구적으로 저장할 때 사용하는 COMMIT, 트랜잭션 중 발생한 모든 변경사항을 취소하고, 이전 상태로 되돌릴 때 사용하는 ROLLBACK, 트랜잭션 내에서 특정 지침을 설정하여 필요시 해당 지점까지 롤백할 수 있게 하는 SAVEPOINT, 트랜잭션 내에서 설정한 저장점을 제거할 때 사용하는 RELEASE SAVEPOINT가 있다.

SQL의 장점은 다음과 같이 정리할 수 있다:

- 표준화된 언어: SQL은 대부분의 관계형 데이타베이스에서 표준화된 언어로 사용되므로, 여러 DBMS에서 공통적으로 사용할 수 있음.
- 강력한 데이터 조작 능력: SQL은 복잡한 쿼리와 데이터 조작 작업을 간단하게 수행할 수 있음.
- 데이타베이스 무결성 유지: SQL은 데이터 무결성을 보장하기 위해 제약 조건, 트랜잭션 관리 등 다양한 기능을 제공함
- 확장성: SQL은 대규모 데이타베이스와 다양한 복잡한 작업에 대해 효율적으로 확장할 수 있음.

SQL은 데이타베이스 관리 시스템에서 필수적인 역할을 수행하는 강력한 도구이다. SQL을 통해 데이타베이스의 구조를 정의하고, 데이터를 추가, 조회, 수정, 삭제할 수 있으며, 사용자 권한을 관리하고, 트랜잭션을 제어할 수 있다. 이러한 기능들을 잘 이해하고 활용하면, 데이타베이스 응용 프로그램을 효율적이고 안정적으로 구축할 수 있다.

13.2 JDBC (Java Database Connectivity)

13.2.1 JDBC(Java Database Connectivity)란?

JDBC는 Java와 Kotlin에서 데이타베이스에 연결하고 SQL 쿼리를 실행하며, 결과를 처리하는 표준 API이다. Kotlin은 Java 기반 언어이기 때문에, JDBC를 Kotlin에서도 동일하게 사용할 수 있다. JDBC는 데이타베이스에 대한 추상화 계층을 제공하여 다양한 관계형 데이타베이스 시스템과 상호작용할 수 있도록 도와준다.

그림 13.4는 JDBC를 사용하여 Kotlin/Java 응용 프로그램이 데이타베이스에 접속하고 사용하는 개념도를 보여준다.

JDBC의 주요 기능 및 구성 요소는 다음과 같다:

① JDBC Driver (JDBC 드라이버)

- JDBC 드라이버는 Java 애플리케이션과 특정 데이타베이스 시스템 간의 통신을 가능하게 하는 라이브러리임. 데이타베이스 공급업체가 제공하는 JDBC 드라이버를

사용하여, JDBC API를 통해 데이터베이스에 연결하고 쿼리를 실행할 수 있음.

- 드라이버의 유형에는 Type 1부터 Type 4까지 있으며, 대부분의 최신 데이터베이스는 Type 4 드라이버 (native protocol 네이티브 프로토콜 드라이버)를 사용함

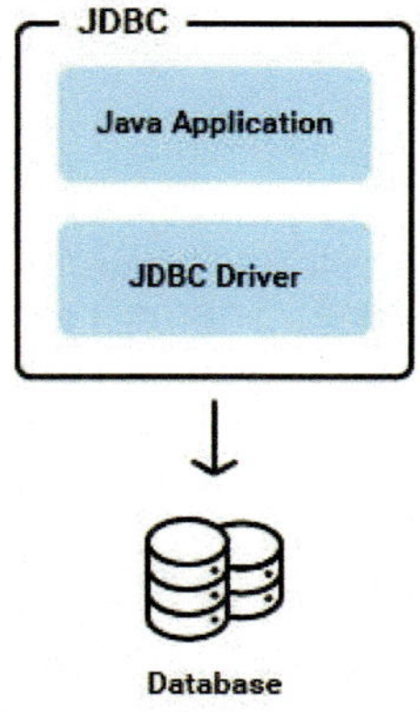

그림 13.4 JDBC (Java Database Connectivity) 개념도

② Connection (연결)

- Connection 객체는 데이터베이스에 대한 연결을 나타내며, DriverManager.getConnection() 메서드를 사용하여 데이터베이스에 연결할 수 있음
- 이 객체는 SQL 문을 실행하기 위한 세션을 설정하고, 트랜잭션을 관리하며, 연결을 닫는 역할을 함

```
val url = "jdbc:mysql://localhost:3306/mydatabase"
val user = "root"
val password = "password"
val connection: Connection
        = DriverManager.getConnection(url, user, password)
```

③ Statement 및 PreparedStatement (SQL 명령어 실행)

- Statement: SQL 쿼리를 실행하는 데 사용됨. SQL 쿼리를 문자열로 작성하여 executeQuery() 또는 executeUpdate() 메서드로 실행할 수 있음
- PreparedStatement: Statement의 확장된 형태로, 미리 컴파일된 SQL 쿼리를 사용하며, 파라미터 바인딩을 통해 SQL 인젝션 공격을 방지할 수 있음. 성능도 향상됨

```
// Statement 사용 예시
val statement: Statement = connection.createStatement()
val resultSet: ResultSet = statement.executeQuery("SELECT * FROM users")

// PreparedStatement 사용 예시
val preparedStatement: PreparedStatement =
      connection.prepareStatement("SELECT * FROM users
      WHERE id = ?")
preparedStatement.setInt(1, 10)
```

```
val resultSet: ResultSet = preparedStatement.executeQuery()
```

④ ResultSet (결과 집합)

- ResultSet 객체는 SQL 쿼리의 결과를 포함함
  이 객체를 사용하여 결과 집합의 각 행을 반복하고, 열의 값을 가져올 수 있음
- ResultSet은 기본적으로 커서가 처음 위치한 곳부터 마지막까지 순차적으로 데이터를 읽어옴

```
while (resultSet.next()) {
    val id = resultSet.getInt("id")
    val name = resultSet.getString("name")
    println("User ID: $id, Name: $name")
}
```

⑤ 트랜잭션 관리

- JDBC에서는 기본적으로 각 SQL 문이 자동으로 커밋됨. 그러나 트랜잭션 처리를 위해 자동 commit을 비활성화하고, 수동으로 commit 또는 rollback을 사용할 수 있음
- 이를 통해 데이타베이스의 무결성을 보장하며, 여러 SQL 문이 모두 성공적으로 실행될 때만 변경 사항을 저장할 수 있음

```
connection.autoCommit = false
try {
    val statement = connection.createStatement()
    statement.executeUpdate("UPDATE accounts SET balance = balance -
      100 WHERE id = 1")
    statement.executeUpdate("UPDATE accounts SET balance = balance +
      100 WHERE id = 2")
    connection.commit()
} catch (e: SQLException) {
    connection.rollback()
    e.printStackTrace()
}
```

⑥ Resource Management (자원 관리)

- 데이타베이스 연결, SQL 실행 객체(Statement, PreparedStatement), 그리고 ResultSet 등은 사용 후 반드시 닫아야 함 그렇지 않으면 자원이 해제되지 않아 메모리 누수나 데이타베이스 연결 부족 등의 문제가 발생할 수 있음
- Kotlin에서는 use 블록을 사용하여 자원 관리를 쉽게 할 수 있음
  이는 Java의 try-with-resources와 유사한 역할을 함

```
connection.use { conn ->
    val statement = conn.createStatement()
    statement.use { stmt ->
        val resultSet = stmt.executeQuery("SELECT * FROM users")
        resultSet.use { rs ->
            while (rs.next()) {
                println(rs.getString("name"))
            }
        }
    }
```

```
}
```

13.2.2 JDBC를 사용한 Kotlin의 데이타베이스 구축 및 활용 절차

Kotlin에서 JDBC를 사용하여 데이타베이스와 상호작용하는 소프트웨어를 구현할 때, 다음과 같은 단계로 작업할 수 있다:

- JDBC 드라이버 추가: Maven이나 Gradle 또는 IntelliJ 시스템 빌드 툴을 사용하여 프로젝트에 필요한 JDBC 드라이버 추가
  예를 들어, MySQL 데이타베이스와 연결하려면 mysql-connector-java 추가
- 데이타베이스 연결 설정: DriverManager.getConnection()을 통해 데이타베이스에 연결하고, Connection 객체를 얻음
- SQL 쿼리 작성 및 실행: Statement나 PreparedStatement를 사용하여 SQL 쿼리를 작성하고 실행
- 결과 처리: ResultSet 객체를 사용하여 쿼리 결과를 처리함
- 트랜잭션 처리: 여러 SQL 문을 트랜잭션으로 묶어 처리하고, commit 하거나 rollback
- 자원 해제: use 블록을 활용하여 자원을 안전하게 해제

13.3 SQLite

13.3.1 SQLite 개요

SQLite는 내장형 관계형 데이타베이스 관리 시스템 (RDBMS)이며, 다른 대부분의 RDBMS와는 달리 SQLite는 서버 기반의 데이타베이스 시스템이 아니라 서버가 없는 서버리스 (serverless), 자체 포함 (self-contained), 제로 설정 (zero-configuration), 트랜잭션 지원 (transactional) 기능을 갖춘 데이타베이스 엔진이다. SQLite는 전세계적으로 널리 사용되고 있으며, 특히 소형 애플리케이션, 모바일 앱, 임베디드 시스템, 데스크탑 소프트웨어 등에 적합한 RDBMS이다.

SQLite의 주요 특징은 다음과 같다:

① 서버리스 아키텍처 (serverless architecture)

- SQLite는 서버 프로세스 없이 직접 데이타베이스 파일을 액세스함
  애플리케이션이 SQLite 라이브러리를 사용해 데이타베이스 파일을 읽고 쓸 수 있으며, 이는 별도의 데이타베이스 서버를 실행할 필요가 없음을 의미함
- 애플리케이션과 데이타베이스 간의 통신이 단순해져서 네트워크를 통한 통신 지연이 없고, 설정이 매우 간편함

② 단일 파일 데이타베이스

- SQLite는 전체 데이타베이스(테이블, 인덱스, 트리거 등)를 하나의 표준 파일에 저장함
  이 파일은 운영체제의 파일 시스템에서 관리되며, 이식성이 뛰어남.
- 이 단일 파일은 다른 시스템으로 복사하거나 백업하기가 매우 쉬우며, 데이타베이스

파일을 쉽게 배포할 수 있음.

③ 제로 설정

- SQLite는 별도의 설치나 설정 작업이 필요하지 않음. 데이타베이스를 생성하거나 사용하는데 있어 복잡한 설정 과정이 없음. 단순히 SQLite 라이브러리를 코드에 포함하고, 데이타베이스 파일을 생성하여 사용하면 됨.
- 설정이 필요 없으므로, 빠르고 쉽게 데이타베이스를 구축하고 운영할 수 있음.

④ ACID 준수

- SQLite는 원자성(Atomicity), 일관성(Consistency), 고립성(Isolation), 지속성(Durability)을 보장하는 트랜잭션을 지원함 이로 인해 데이터의 무결성을 유지하며, 중간에 장애가 발생하더라도 데이타베이스가 일관된 상태를 유지할 수 있음.
- 트랜잭션은 기본적으로 SQLite의 롤백 저널링 또는 WAL(Write-Ahead Logging) 모드를 통해 구현됨.

⑤ 크로스 플랫폼 지원

- SQLite는 C 언어로 작성되었으며, 거의 모든 운영체제와 플랫폼에서 사용할 수 있음. Windows, macOS, Linux, Android, iOS 등 다양한 환경에서 SQLite를 실행할 수 있음. 또한, SQLite 데이타베이스 파일은 플랫폼 간에 호환되므로, 다른 운영체제 간에도 자유롭게 데이터를 이동할 수 있음.

⑥ 경량화

- SQLite의 전체 크기는 500KB에서 1MB 정도로 매우 작음. 이로 인해 제한된 자원을 가진 환경에서도 사용하기 적합함 특히 모바일 장치나 임베디드 시스템에서 유용함
- 메모리 사용량도 적어, 메모리가 제한된 시스템에서도 안정적으로 작동함

⑦ 내장형 데이타베이스

- SQLite는 애플리케이션에 내장되어 함께 배포될 수 있음. 애플리케이션이 실행될 때 자동으로 로드되며, 외부 종속성이 거의 없음.
- 이로 인해 독립적인 데이타베이스 서버가 필요하지 않고, 애플리케이션 내에서 직접 데이타베이스 기능을 제공함

⑧ 표준 SQL 지원

- SQLite는 대부분의 SQL92 표준을 지원하며, 테이블 생성, 데이터 삽입, 조회, 수정, 삭제 등 표준 SQL 쿼리를 사용할 수 있음.
- 그러나 일부 고급 SQL 기능(예: 일부 트리거, 저장 프로시저, 일부 복잡한 조인 연산 등)은 제한적이거나 지원되지 않을 수 있음.

⑨ 보안 및 암호화

- SQLite는 기본적으로 데이타베이스 파일을 평문으로 저장하지만, 필요에 따라 데이타베이스 파일을 암호화할 수 있음. 이를 위해 SQLite 암호화 확장(SEE, SQLite Encryption Extension) 또는 다른 오픈소스 암호화 플러그인을 사용할 수 있음.
- 보안 요구사항이 있는 환경에서는 이 기능을 활용하여 데이타베이스 파일을 보호할 수

있음.

⑩ 높은 안정성 및 성숙도

- SQLite는 2000년에 처음 발표된 이후로 수년간 개선과 검증을 거쳐 왔음. 그 결과 매우 안정적이고 신뢰할 수 있는 데이타베이스 엔진이 되었으며, 전 세계적으로 다양한 산업에서 사용되고 있음.
- 오픈소스 라이선스(공개 도메인)로 제공되며, 커뮤니티와 함께 지속적으로 발전하고 있음.

SQLite는 다음과 같은 모바일, 임베디드 시스템에 활용되고 있으며, 데스크톱 소프트웨어 개발과 테스트 데이타베이스로 자주 사용된다:

- 모바일 애플리케이션: Android와 iOS 애플리케이션에서 SQLite는 기본 데이타베이스 엔진으로 널리 사용됨. 작은 크기와 서버리스 구조 덕분에 모바일 환경에 매우 적합함
- 임베디드 시스템: 네트워크 라우터, 가전 제품, 차량 내 시스템 등 메모리와 스토리지가 제한된 임베디드 시스템에서 SQLite는 데이터 관리 솔루션으로 자주 사용됨.
- 데스크톱 소프트웨어: 로컬 파일을 사용하여 데이타베이스를 관리해야 하는 데스크톱 애플리케이션(예: 브라우저, 미디어 라이브러리)에서 SQLite가 사용됨.
- 테스트 및 개발 환경: 데이타베이스 개발 및 테스트에서 SQLite는 설정 없이 빠르게 사용할 수 있는 데이타베이스로, 테스트 데이타베이스로 자주 사용됨.

SQLite는 서버리스 아키텍처, 경량화된 크기로 소규모 애플리케이션이나 임베디드 시스템, 모바일 앱 등에 적합하며, 빠르고 간편하게 데이타베이스를 구축하고 관리할 수 있는 강력한 도구이다. 그러나, SQLite는 다음과 같은 한계점을 가지며, 따라서 대규모 동시 쓰기 작업이나 대규모 데이타베이스 환경에서는 다른 DBMS가 더 적합할 수 있다 :

- 동시성 제한: SQLite는 여러 클라이언트가 동시에 쓰기 작업을 수행할 때 성능이 저하될 수 있음. 이는 WAL 모드를 통해 어느 정도 완화될 수 있지만, 대규모 쓰기 작업이 많은 환경에서는 다른 DBMS를 고려하는 것이 좋음.
- 대규모 데이터 처리의 제한: SQLite는 소규모에서 중간 규모의 데이타베이스에 적합하며, 수십 기가바이트 이상의 데이터를 처리하는 데는 효율적이지 않을 수 있음.

13.3.2 SQLite 설치

IntelliJ IDEA 환경에서 SQLite 데이타베이스를 활용하는 Kotlin 프로그램을 구현하기 위해서는 먼저 다음의 순서에 따라 SQLite와 JDBC를 설치하여야 한다:

(1) 새로운 Kotlin 프로젝트 생성

- IntelliJ를 실행한 후, New Project를 선택
- 프로젝트 유형에서 Kotlin을 선택. 그 후 JVM | IDEA 템플릿을 선택하여 Kotlin을 JVM 환경에서 사용할 수 있도록 설정
- 프로젝트 이름과 경로를 설정
- 시스템 빌드는 IntelliJ로 설정 (Gradle 또는 Maven을 설정할 수 도 있으나,

SQLite-JDBC 설치 절차가 달라짐)

- Finish를 클릭하여 프로젝트를 생성

(2) SQLite JDBC 드라이버 추가

프로젝트에 SQLite 데이타베이스와 상호작용하기 위해 SQLite JDBC 드라이버를 추가해야 한다. 이는 sqlite-jdbc 라이브러리로, 시스템 빌드 도구인 IntelliJ, Maven 또는 Gradle 을 통해 프로젝트에 추가할 수 있음

① IntelliJ 시스템 빌드를 사용하는 경우:

- File -> Project Structure -> Modules -> Dependencies에서 '+' 버튼 클릭 -> Library -> "From Marven ..." 선택 (그림 13.5 참조)
- Marven 저장소에서 라이브러리 다운로드에 "org.xerial:sqlite-jdbc:3.42.0.0"을 입력, 찾기를 눌러 모듈 확인 -> 확인 버튼 클릭 (그림 13.6 참조)
- IntelliJ의 Kotlin 프로젝트의 External Libraries에 "xerial.sqlite.jdbc" 항목이 포함된 것을 확인 (그림 13.7 참조)

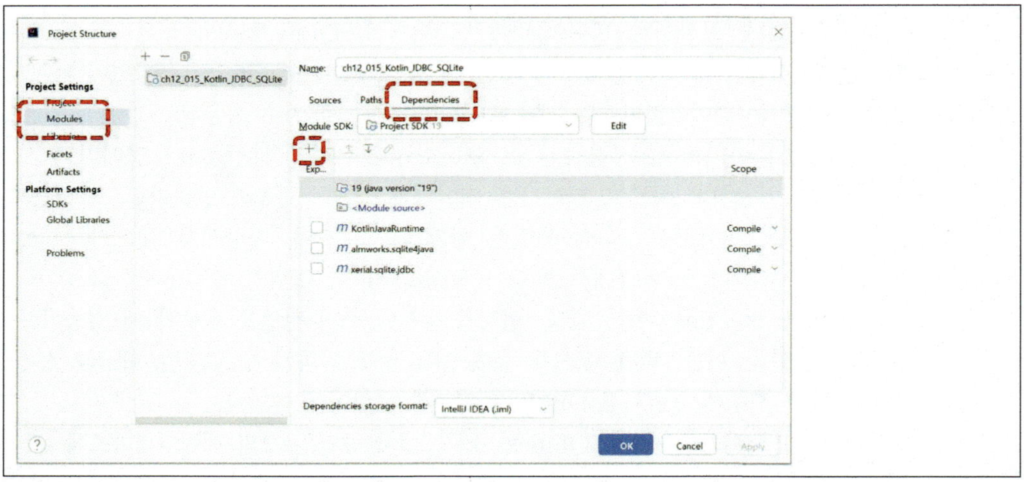

그림 13.5 SQLite-JDBC 모듈 추가를 위한 File -> Project Structure -> Module -> Dependencies 설정

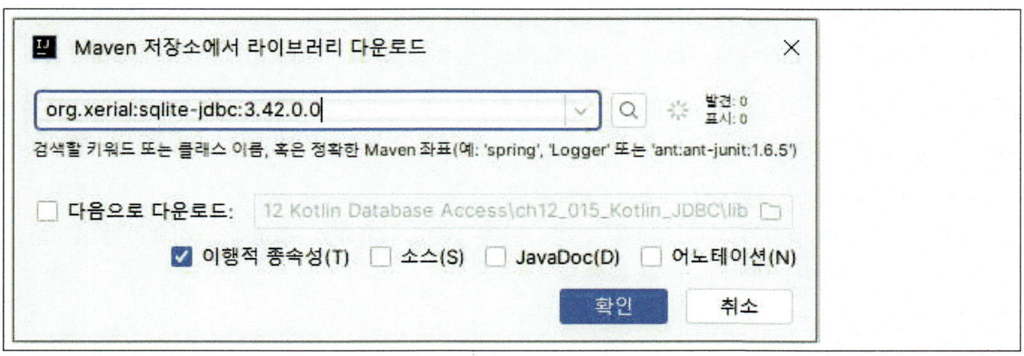

그림 13.6 IntelliJ의 Kotlin 프로젝트에 SQLite-JDBC 모듈 추가

② Gradle을 사용하는 경우:
- build.gradle.kts 파일을 열고, dependencies 블록에 다음 라인을 추가

```
dependencies {
    implementation("org.xerial:sqlite-jdbc:3.43.0")
}
```

- 파일을 저장하면 Gradle이 자동으로 종속성을 다운로드하여 설정

③ Maven을 사용하는 경우:
- pom.xml 파일을 열고, <dependencies> 블록에 다음 의존성을 추가:

```
<dependencies>
    <dependency>
        <groupId>org.xerial</groupId>
        <artifactId>sqlite-jdbc</artifactId>
        <version>3.43.0</version>
    </dependency>
</dependencies>
```

- 파일을 저장하면 IntelliJ가 Maven을 통해 의존성을 자동으로 다운로드 함

그림 13.7 IntelliJ의 Kotlin 프로젝트에 추가된 SQLite-JDBC 모듈의 설치 확인

(3) SQLite 데이타베이스 파일 생성

- SQLite는 단일 파일로 데이타베이스를 관리하므로, 먼저 SQLite 데이타베이스 파일을 생성함
- 프로젝트 디렉토리에 database 디렉토리를 만들고, 이 안에 mydatabase.db 파일을 생성함 이 파일이 SQLite 데이타베이스 파일로 사용됨.

(4) Kotlin 코드를 작성하여 SQLite와 상호작용 설정 및 프로그램 실행

- Kotlin 코드를 작성하여 SQLite 데이타베이스에 연결하고, 간단한 쿼리를 실행. (예제 프로그램은 13.3.3 절에서 설명함)
- 데이타베이스 응용 소스코드를 작성한 후, Run 버튼을 클릭하여 프로그램을 실행.
- 프로그램이 실행되면, SQLite 데이타베이스에 연결하여 테이블을 생성하고, 데이터를 삽입 및 조회하는 작업이 수행됨.

- 콘솔에 출력된 결과를 통해 데이타베이스 작업이 성공적으로 수행되었는지 확인할 수 있음.

(5) 추가 설정 및 디버깅

- 필요에 따라 IntelliJ에서 디버깅 모드를 사용하여 코드를 단계별로 실행하고, 변수 값을 확인할 수 있음.
- 또한, SQLite 데이타베이스 파일을 관리하기 위해 SQLite Database Browser와 같은 도구를 사용할 수 있음.
- 이 도구를 통해 데이타베이스의 테이블 구조를 확인하고, 데이터를 수동으로 조회하거나 수정할 수 있음.

13.3.3 SQLite의 주요 메서드

표 13.5는 SQLite의 주요 메서드를 정리하여 예제와 함께 설명하고 있다. 먼저 데이타베이스 연결을 생성하는 getConnection()은 인수로 전달된 데이타베이스 URL을 사용하여 Connection 객체를 생성하여 반환하고, 이 객체를 사용하여 SQL 작업을 수행할 수 있다. createStatement는 SQL 명령어를 실행하기 위한 statement객체를 생성하며, createTable()은 인수로 전달된 connection 객체에 테이블을 생성한다.

표 13.5 SQLite의 주요 메서드

메서드	설명	예제
DriverManager.getConnection	데이타베이스 연결을 생성. Connection 객체를 반환하며, 이 객체를 통해 SQL 작업을 수행할 수 있음.	val connection = DriverManager.getConnection("jdbc:sqlite:database/mydatabase.db")
Connection.createStatement	SQL 명령어를 실행하기 위한 Statement 객체를 생성.	val statement = connection.createStatement()
createTable()	connection 객체에 테이블을 생성	createTable(connection)
Statement.execute	주어진 SQL 문을 실행. 테이블 생성, 데이터 삽입 등의 명령어에 사용됨.	statement.execute("CREATE TABLE IF NOT EXISTS users (id INTEGER PRIMARY KEY, name TEXT NOT NULL)")
Statement.executeQuery	SQL 쿼리를 실행하고, 결과 집합을 반환. SELECT 쿼리에 사용됨.	val resultSet = statement.executeQuery("SELECT * FROM users")
Statement.executeUpdate	데이타베이스에 영향을 미치는 INSERT, UPDATE, DELETE 문을 실행하며, 영향받은 행 수를 반환함	val rowsAffected = statement.executeUpdate("UPDATE users SET name = 'John Smith' WHERE id = 1")
PreparedStatement.setInt	PreparedStatement 객체의 특정 위치에 정수 값을 설정함	preparedStatement.setInt(1, 10)
PreparedStatement.setString	PreparedStatement 객체의 특정 위치에 문자열 값을 설정함	preparedStatement.setString(1, "John Doe")
ResultSet.next	ResultSet의 다음 행으로 커서를 이동하며, 결과 집합의 끝에 도달했는지 여부를	while (resultSet.next()) { println(resultSet.getString("name")) }

메서드	설명	예제
	반환함	
ResultSet.getInt	현재 행의 지정된 열에서 정수 값을 반환함	val id = resultSet.getInt("id")
ResultSet.getString	현재 행의 지정된 열에서 문자열 값을 반환함	val name = resultSet.getString("name")
Connection.close	데이타베이스 연결을 닫습니다. 연결을 더 이상 사용하지 않을 때 반드시 호출해야 함	connection.close()
Statement.close	Statement 객체를 닫음. 이 객체를 더 이상 사용하지 않을 때 호출해야 함	statement.close()
ResultSet.close	ResultSet 객체를 닫음. 결과 집합을 더 이상 사용하지 않을 때 호출해야 함	resultSet.close()

Statement.execute, Statement.executeQuery는 각각 주어진 SQL 문을 실행하고, SQL 쿼리를 싱행하고, 결과 집합을 반환한다. Statement.executeUpdate는 데이타베이스에 영향을 미치는 INSERT, UPDATE, DELETE 문을 실행하며, 영향을 받은 행 개수를 반환한다. PreparedStatement.setInt와 setString은 객체의 특정 위치에 정수값을 설정하거나, 문자열 값을 설정한다.

ResultSet.next는 ResultSet의 다음 행으로 커서를 이동하며, 결과 집합의 끝에 도달했는지 여부를 반환하며, ResultSet.getInt, getString은 각각 현재 행의 지정된 열에서 정수값과 문자열 값을 반환한다. Connection.close, Statement.close, ResultSet.close는 각각 데이타베이스 연결, Statement 객체와 ResultSet 객체를 닫는다.

13.3.4 JDBC, SQLite 예제 프로그램

그림 13.8은 Kotlin 기반으로 JDBC-SQLite 데이타베이스에 접속하고, 테이블을 생성하며, 데이터의 삽입, 변경된 데이타베이스를 읽어 확인하며, 특정 데이터를 갱신, 삭제, 확인하는 기능을 수행하는 응용 프로그램을 보여준다.

```
/* Kotlin JDBC-SQLite Database Application */
import java.sql.Connection
import java.sql.DriverManager
import java.sql.SQLException

fun main() {
    val databaseUrl = "jdbc:sqlite:persons.db"
    var connection: Connection? = null

    try {
        // Create a connection to the database
        connection = DriverManager.getConnection(databaseUrl)
        println("Connection to SQLite has been established.")

        // Create a new table
        createTable(connection)

```

그림 13.8 Kotlin JDBC-SQLite 데이타베이스 접속 및 응용 (part 1)

Line12에서는 line 7에서 지정된 URL의 데이타베이스에 연결을 생성하고, line 16에서 테이블을 생성한다. 이렇게 생성된 테이블은 그림 13.8 (part 2)에서 보는 것과 같이, 프로젝트 내부에 생성된 결과를 확인할 수 있다.

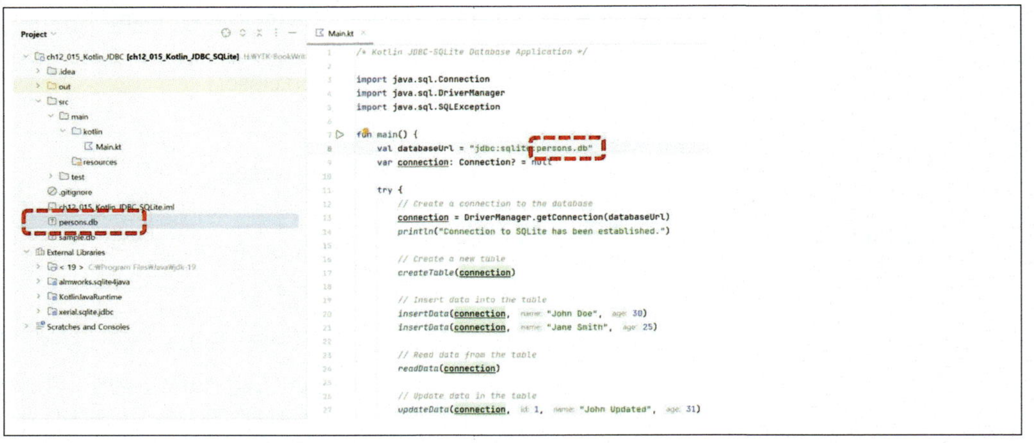

그림 13.8 Kotlin JDBC-SQLite 데이타베이스 접속 및 응용 (part 2)

그림 13.8 line 46~62에서는 createTable() 함수를 구현하고 있다. Line 48~52에서는 CREATE TABLE SQL 문을 생성하며, line 56~57에서 connection.createStatement()로 statement를 생성하고, statement.execute()를 사용하여 테이블 생성 SQL 문이 실행되도록 한다. 테이블 생성 이후에는 line 58에서 SQL 문의 실행 결과를 콘솔로 출력하며, 출력 결과는 그림 13.9에서 확인할 수 있다.

Line 65~77에서는 지정된 DB connection에 데이터를 삽입하는 기능을 수행하는 insertData() 함수를 구현하고 있다. Line 66에서 인수로 전달된 name과 age를 가지는 INSERT INTO SQL 문을 생성하고 이를 line 69~72에서 prepareStatement()를 사용하여 데이타베이스의 갱신을 수행한다.

Line 79~96에서는 지정된 DB connection으로부터 "SELECT * FROM users " selectSQL문을 준비하고, line 84에서 executeQuery(selectSQL)를 실행하여 resultSet을 받아온 후, 이 resultSet으로부터 정수 자료형의 id와 문자열 자료형의 name을 받아 콘솔로 출력하는 기능을 구현한다.

그림 13.8 line 98~111에서는 인수로 전달된 id의 엔트리를 찾아, name과 age 속성을 인수로 전달된 값으로 갱신(update)하는 updateData() 함수를 구현하고 있다. Line 99에서 "UPDATE users SET name = ?, age = ? WHERE id = ?"의 updateSQL 문자열을 구성한 후, line 102에서 preparedStatement 생성 후, line 103~105에서 name, age 및 id 값을 설정하고, line 106에서 실행시키도록 구현하고 있다.

Line 113~124에서는 지정된 id값의 데이타베이스 엔트리를 삭제하는 기능을 실행하는 deleteDate() 함수를 구현하고 있다.

```
            // Insert data into the table
            insertData(connection, "John Doe", 30)
            insertData(connection, "Jane Smith", 25)

            // Read data from the table
            readData(connection)

            // Update data in the table
            updateData(connection, 1, "John Updated", 31)

            // Delete data from the table
            deleteData(connection, 2)

            // Read data again to see changes
            readData(connection)

        } catch (e: SQLException) {
            println(e.message)
        } finally {
            try {
                connection?.close()
            } catch (ex: SQLException) {
                println(ex.message)
            }
        }
}

fun createTable(connection: Connection) {
        val createTableSQL = """
            CREATE TABLE IF NOT EXISTS users (
                id INTEGER PRIMARY KEY AUTOINCREMENT,
                name TEXT NOT NULL,
                age INTEGER NOT NULL
            );
        """.trimIndent()

        try {
            val statement = connection.createStatement()
            statement.execute(createTableSQL)
            println("Table created successfully.")
        } catch (e: SQLException) {
            println(e.message)
        }
}

fun insertData(connection: Connection, name: String, age: Int) {
        val insertSQL = "INSERT INTO users(name, age) VALUES(?, ?)"

        try {
            val preparedStatement = connection.prepareStatement(insertSQL)
            preparedStatement.setString(1, name)
            preparedStatement.setInt(2, age)
            preparedStatement.executeUpdate()
            println("Data inserted successfully.")
        } catch (e: SQLException) {
            println(e.message)
        }
}
```

그림 13.8 Kotlin JDBC-SQLite 데이타베이스 접속 및 응용 (part 3)

```
 78:
 79: fun readData(connection: Connection) {
 80:     val selectSQL = "SELECT * FROM users"
 81:
 82:     try {
 83:         val statement = connection.createStatement()
 84:         val resultSet = statement.executeQuery(selectSQL)
 85:
 86:         println("Reading data from table:")
 87:         while (resultSet.next()) {
 88:             val id = resultSet.getInt("id")
 89:             val name = resultSet.getString("name")
 90:             val age = resultSet.getInt("age")
 91:             println("ID: $id | Name: $name | Age: $age")
 92:         }
 93:     } catch (e: SQLException) {
 94:         println(e.message)
 95:     }
 96: }
 97:
 98: fun updateData(connection: Connection, id: Int, name: String, age: Int) {
 99:     val updateSQL = "UPDATE users SET name = ?, age = ? WHERE id = ?"
100:
101:     try {
102:         val preparedStatement = connection.prepareStatement(updateSQL)
103:         preparedStatement.setString(1, name)
104:         preparedStatement.setInt(2, age)
105:         preparedStatement.setInt(3, id)
106:         preparedStatement.executeUpdate()
107:         println("Data updated successfully.")
108:     } catch (e: SQLException) {
109:         println(e.message)
110:     }
111: }
112:
113: fun deleteData(connection: Connection, id: Int) {
114:     val deleteSQL = "DELETE FROM users WHERE id = ?"
115:
116:     try {
117:         val preparedStatement = connection.prepareStatement(deleteSQL)
118:         preparedStatement.setInt(1, id)
119:         preparedStatement.executeUpdate()
120:         println("Data deleted successfully.")
121:     } catch (e: SQLException) {
122:         println(e.message)
123:     }
124: }
```

그림 13.8 Kotlin JDBC-SQLite 데이타베이스 접속 및 응용 (part 4)

그림 13.8 line 6~44에서 구현되어 있는 main() 함수에서 실행한 결과는 그림 13.9에서 확인할 수 있다.

```
Connection to SQLite has been established.
Table created successfully.
Data inserted successfully.
Data inserted successfully.
Reading data from table:
ID: 1 | Name: John Updated | Age: 31
ID: 3 | Name: John Doe | Age: 30
ID: 4 | Name: Jane Smith | Age: 25
Data updated successfully.
Data deleted successfully.
Reading data from table:
ID: 1 | Name: John Updated | Age: 31
ID: 3 | Name: John Doe | Age: 30
ID: 4 | Name: Jane Smith | Age: 25
```

그림 13.9 실행결과

13.4 MySQL

13.4.1 MySQL 개요

MySQL은 오픈소스 관계형 데이타베이스 관리 시스템(RDBMS)으로, SQL(Structured Query Language)을 사용하여 데이타베이스를 관리하고 질의(query)할 수 있다. MySQL은 1995년에 처음 출시되었으며, 현재는 Oracle Corporation이 소유하고 있다. 그동안 MySQL은 웹 애플리케이션 및 다양한 데이터 기반 애플리케이션에서 널리 사용되는 데이타베이스 관리 시스템으로 자리 잡았다.

MySQL은 오픈소스 소프트웨어로, 누구나 무료로 사용할 수 있다. 다만, Oracle에서 상용 라이선스도 제공하여 기업이 MySQL을 비즈니스 환경에서 사용하도록 지원하고 있다. MySQL은 데이터를 테이블 간의 관계를 통해 저장하는 관계형 데이타베이스이다. 이 관계는 기본 키, 외래 키 등의 개념을 사용하여 관리된다. MySQL은 SQL 표준을 준수하며, 데이타베이스 쿼리 언어로 SQL을 사용한다. 이를 통해 사용자는 데이터를 저장, 조회, 수정, 삭제 등의 작업을 SQL 명령어로 수행할 수 있다. MySQL은 고성능 쿼리 처리와 데이타베이스 트랜잭션 처리를 지원한다. 대규모 데이터 처리에도 적합하며, 수평 확장 및 복제를 통해 성능을 향상시킬 수 있다.

MySQL은 동시에 여러 사용자가 데이타베이스에 접근하고 작업할 수 있도록 다중 사용자 지원 기능을 제공한다. MySQL은 Windows, Linux, macOS 등 다양한 운영체제에서 사용할 수 있어 다양한 환경에서 동일한 데이타베이스 시스템을 구축하고 운영할 수 있다. MySQL은 사용자 계정 관리, 권한 제어, SSL 지원 등을 통해 데이타베이스 보안을 강화할 수 있으며, 이를 통해 데이터 무결성을 유지하고, 불법 접근을 방지할 수 있다.

13.4.2 MySQL의 주요 구성 요소

표 13.6은 MySQL의 주요 구성 요소를 설명하고 있다.

표 13.6 MySQL의 주요 구성 요소

MySQL 구성요소	설 명
MySQL 서버	▪ MySQL 서버는 데이타베이스를 실제로 저장하고, 사용자로부터 SQL 쿼리를 받아 처리하는 핵심 구성 요소임. ▪ 서버는 클라이언트와의 연결을 관리하고, 쿼리 결과를 반환함
데이타베이스	▪ MySQL에서 데이타베이스는 데이터의 논리적 그룹을 나타내며, 여러 개의 테이블을 포함할 수 있음. ▪ 각 데이타베이스는 독립적으로 관리됨.
테이블	▪ 데이타베이스 내에서 데이터는 테이블 형식으로 저장됨. ▪ 테이블은 행(row)과 열(column)로 구성되며, 각 열은 데이터의 특정 속성을 나타냄.
인덱스	▪ 인덱스는 테이블의 특정 열에 대해 데이터 조회 속도를 높이기 위해 사용됨. ▪ 인덱스를 통해 쿼리 성능을 크게 향상시킬 수 있음.
저장 프로시저 및 함수	▪ MySQL은 저장 프로시저와 사용자 정의 함수를 지원함 ▪ 이들은 미리 정의된 SQL 코드를 재사용하거나, 복잡한 데이터 처리 로직을 데이타베이스 내부에서 실행하는 데 사용됨.
트리거	▪ 트리거는 특정 이벤트(예: 데이터 삽입, 수정, 삭제)가 발생할 때 자동으로 실행되는 SQL 코드임. ▪ 이를 통해 데이터 무결성을 유지하거나 자동화된 작업을 수행할 수 있음.
뷰	▪ 뷰는 하나 이상의 테이블에서 데이터를 가져와 가상 테이블로 표시하는 것임. ▪ 뷰는 복잡한 쿼리를 단순화하거나, 특정 데이터만 노출하여 보안을 강화하는 데 사용됨.

13.4.3 MySQL Database의 준비

MySQL Database를 사용하기 위해서는 먼저 컴퓨터에 MySQL과 MySQL Workbench를 다운로드하여 설치한다. Windows PC에 MySQL 서버 및 MySQL Workbench를 설치하는 방법은 비교적 간단하며, 두 프로그램 모두 MySQL 공식 웹사이트에서 다운로드할 수 있다.

(1) MySQL 설치하기

① MySQL 공식 웹사이트에서 다운로드

MySQL 공식 다운로드 페이지[6]로 이동하여, "MySQL Community (GPL) Downloads" 페이지에서 "MySQL Installer for Windows"를 선택한다. 페이지 아래쪽에서 MySQL Installer MSI 파일을 선택하고 다운로드한다. Web installer와 Full installer 두 가지 옵션이 있는데, 인터넷 연결이 가능하다면 더 작고 필요한 구성 요소만 다운로드하여 간단하게 설치할 수 있는 Web installer 파일 사용을 권장한다.

② MySQL 설치 시작

다운로드한 .msi 파일을 실행하며, 설치 옵션 화면에서 다음 중 하나를 선택한다:

- Developer Default: MySQL 서버, MySQL Workbench 등 개발에 필요한 모든 구성 요소를 설치
- Server Only: MySQL 서버만 설치

6) https://dev.mysql.com/downloads/workbench/

- Custom: 원하는 구성 요소만 선택하여 설치할 수 있음

기본적으로 Developer Default를 추천하며, 설치 구성을 선택한 후 Next를 클릭한다.

③ 설치 진행

Install 버튼을 클릭하면 MySQL 설치가 시작되며, 설치가 완료될 때까지 기다린다.

④ MySQL 서버 설정

설치가 완료되면 다음과 같은 MySQL 서버 설정 단계가 시작된다:

- Configuration Type에서 Development Machine을 선택하고 Next를 클릭
- Authentication Method에서는 Use Legacy Authentication Method를 선택하는 것을 권장하며, 이는 호환성 문제를 줄여줌
- Root Password 설정 단계에서 MySQL의 root 계정에 대한 비밀번호를 설정 나중에 MySQL 서버에 접근할 때 이 비밀번호가 필요함

Windows 서비스 설정에서 MySQL 서버를 Windows 서비스로 설정하여 자동으로 실행되도록 설정할 수 있다. Start MySQL Server at System Startup 옵션을 선택하고 Next를 클릭한다.

모든 설정을 완료한 후 Finish를 클릭하여 MySQL 서버 설정을 마무리한다.

⑤ MySQL 설치 확인

설치가 완료되면 MySQL 서버가 자동으로 시작된다.

MySQL Shell 또는 Command Prompt에서 MySQL 서버가 실행 중인지 확인하려면 다음 명령어를 입력한다:

```
mysql -u root -p
```

비밀번호를 입력하면 MySQL 서버에 접속할 수 있다.

(2) MySQL Workbench 설치하기

① MySQL Workbench 다운로드

MySQL Workbench 다운로드 페이지로 이동하여, 그림 13.10에서 보는 것과 같이, Windows 버전을 선택하고 "Download" 버튼을 클릭한다. 다운로드 옵션이 나오면 “No thanks, just start my download” 를 클릭하여 설치 파일을 다운로드한다.

② MySQL Workbench 설치

다운로드한 MySQLWorkbench.msi 파일을 실행하고, 설치 마법사가 열리면 Next를 클릭하여 설치 과정을 시작한다. 설치 경로를 확인한 후 Next를 클릭하고, Install을 클릭하여 설치를 진행한다. 설치가 완료되면 Finish를 클릭하여 설치를 종료한다.

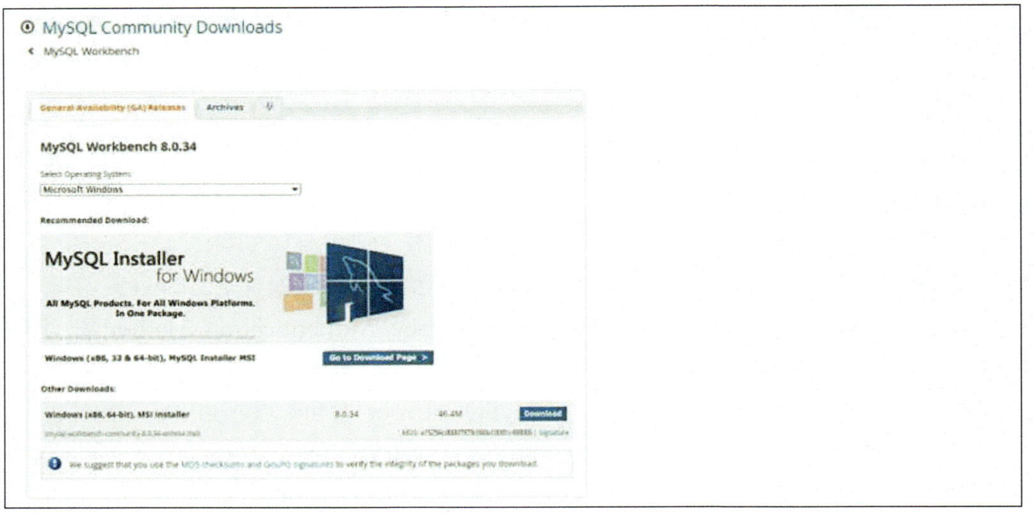

그림 13.10 MySQL Workbench 설치

(3) MySQL Workbench로 MySQL 서버 연결하기

① MySQL Workbench 실행

설치가 완료되면 MySQL Workbench를 실행한다. 처음 화면에서 MySQL Connections 섹션에 MySQL 서버를 연결할 수 있는 항목이 표시된다.

② MySQL 서버 연결 설정

'+' 버튼을 클릭하여 새로운 연결을 추가하고, Connection Name: 원하는 이름을 입력한다 (예: MySQL Local). Hostname는 기본적으로 localhost로 설정되어 있으며, Port는 기본적으로 3306번 포트가 사용되도록 설정되어 있다. MySQL이 desktop 컴퓨터에 설치되는 경우, 이 기본 설정을 변경없이 사용할 수 있다.

Username 난에는 MySQL 설치 시 설정한 사용자 이름을 입력한다 (기본적으로 root). Password 난에는 Store in Vault 버튼을 클릭하여 MySQL 설치 시 설정한 비밀번호를 입력한다.

설정이 완료되면 Test Connection 버튼을 클릭하여 연결이 정상적으로 이루어지는지 확인한다. 연결이 성공하면 OK 버튼을 클릭하여 연결을 저장한다.

③ MySQL Workbench에서 MySQL 서버 관리

생성한 연결을 더블 클릭하면 MySQL 서버에 연결된다. MySQL Workbench를 통해 데이타베이스를 생성하거나 쿼리(query)를 실행하고, MySQL 서버의 상태를 관리할 수 있다.

④ MySQL Workbench로 기본 쿼리 실행하기

MySQL Workbench에서 연결된 상태에서 SQL 에디터를 열어 간단한 쿼리를 실행할 수 있다. 예를 들어, 데이타베이스 목록을 보려면 다음 명령어를 실행한다:

```
SHOW DATABASES
```

⑤ MySQL Workbench로 새로운 데이타베이스 생성

MySQL Workbench에서 새로운 데이타베이스를 생성하려면 다음 명령어를 입력하여 MySQL 서버에 testdb라는 새로운 데이타베이스를 만들 수 있다:

```
CREATE DATABASE my_database;
```

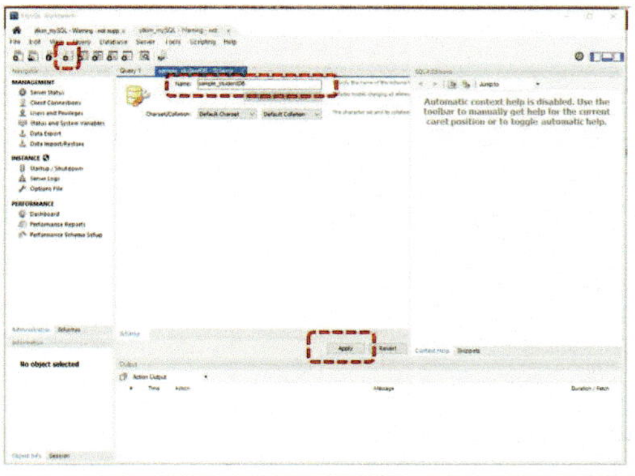

그림 13.11 MySQL Workbench에서 새로운 Database (New Schema) 생성 및 확인

MySQL에 새로운 데이타베이스를 생성하는 것은 그림 13.11에서 보는 것과 같이 MySQL Workbench에서 아이콘 메뉴를 사용하여 지정된 테이블을 만들 수도 있고, 확인할 수도 있다.

13.4.4 Kotlin 프로젝트에서의 MySQL 사용

그림 13.12는 Kotlin 프로젝트에서 MySQL 데이타베이스를 사용하는 예제를 보여준다. 이 예제에서는 MySQL 서버에 my_database DB (schema)가 미리 생성되어있는 상태로, line 10~12에서 schema, username, password가 미리 설정된 정보를 Kotlin 프로그램에서 사용하고 있다.

```
 1: /* Kotlin project with MySQL Database Access */
 2: import java.sql.Connection
 3: import java.sql.DriverManager
 4: import java.sql.ResultSet
 5: import java.util.*
 6:
 7: fun main() {
 8:     val scanner = Scanner(System.`in`)
 9:     // MySQL 데이타베이스에 연결하기 위한 정보
10:     val jdbcUrl = "jdbc:mysql://localhost:3306/my_database
          ?useSSL=false&serverTimezone=UTC"
11:     val username = "root" // "user_name"
12:     val password = "abcd1234" //"password"
13:
14:     // 데이타베이스 연결
15:     val connection: Connection =
          DriverManager.getConnection(jdbcUrl, username, password)
16:     println("Database connection established.")
```

그림 13.12 MySQL DB 사용 Kotlin 프로그램 예제 (part 1)

```
17:
18:         // 테이블 생성 (없을 경우)
19:         createTable(connection)
20:         println("Current status of table(my_database)")
21:         var persons = getAllPersons(connection)
22:         persons.forEach { println(it) }
23:
24:         // 데이터 삽입
25:         while (true) {
26:             println("Enter the name and age of the person (e.g., Hong GD 25;
                  0 0 to quit): ")
27:             val input = scanner.nextLine()
28:             // 입력받은 한 줄에서 이름과 나이 분리
29:             val tokens = input.split(" ")
30:             val age = tokens.last().toInt()  // 마지막 토큰을 나이로 설정
31:             val name = tokens.dropLast(1).joinToString(" ")
                 // 나이를 제외한 나머지를 이름으로 설정
32:             if (name == "0")
33:                 break
34:             insertPerson(connection, name, age)
35:             println("After insertion:")
36:             persons = getAllPersons(connection)
37:             persons.forEach { println(it) }
38:         } // end while
39:
40:         while (true) {
41:             println("Enter the name of the person to delete (* for all; . to quit): ")
42:             val name = scanner.nextLine()
43:             if (name == ".")
44:                 break
45:             if (name == "*") {
46:                 println("deleting all persons in table")
47:                 deleteAllPersons(connection)
48:                 break
49:             }
50:             deletePersonByName(connection, name)
51:             println("After deletion:")
52:             persons = getAllPersons(connection)
53:             persons.forEach { println(it) }
54:         }
55:
56:         // 데이타베이스 연결 종료
57:         connection.close()
58:         println("Database connection closed.")
59:     }
60:
61:
```

그림 13.12 MySQL DB 사용 Kotlin 프로그램 예제 (part 2)

그림 13.12 line 15~16에서는 설정된 jdbcUrl, username, password로 MySQL DB 서버에 연결을 설정하고, line 19에서 createTable() 함수 (line 62~74)를 사용하여 테이블을 생성한다. Line 20~22에서는 my_database 테이블에 현재 구성된 person의 정보를 getAllPersons(connection) 함수 (line 88~102)를 사용하여 받아오고, 이를 출력하여 데이타베이스에 구성된 테이블의 상태를 확인할 수 있게 한다.

Line 25~38에서는 테이블 my_database에 추가될 person 정보 (name, age)를 콘솔로부터 입력받고, insertPeson(connection, name, age) 함수를 사용하여 테이블에 추가한 후, 변경된 table 상태를 확인할 수 있게 한다.

Line 40~54에서는 my_database에 포함된 person을 삭제하는 기능을 시험할 수 있도록 삭제 대상자의 이름을 입력받고, deletePersonByName(connection, name) 함수를 사용하여 삭제하도록 한다. 만약 삭제 대상자의 이름을 '*' 로 입력하면, 테이블에 포함된 모든 사람들의 정보를 deleteAllPersons(connection) 함수를 사용하여 삭제하도록 한다.

Line 62~74의 createTable(connection) 함수는 connection으로 연결된 my_database 내에 Person 테이블이 존재하지 않으면 새롭게 생성하도록 SQL 문장(createTableSQL)을 만들고, connection.createStatement().use 및 statement.execute(createTableSQL)를 사용하여 생성한다.

```
 62:
 63: fun createTable(connection: Connection) {
 64:     val createTableSQL = """
 65:         CREATE TABLE IF NOT EXISTS Person (
 66:             id INT AUTO_INCREMENT PRIMARY KEY,
 67:             name VARCHAR(100) NOT NULL,
 68:             age INT NOT NULL
 69:         ) """.trimIndent()
 70:
 71:     connection.createStatement().use { statement ->
 72:         statement.execute(createTableSQL)
 73:         println("Table 'Person' is created or already exists.")
 74:     }
 75: }
 76:
 77: fun insertPerson(connection: Connection, name: String, age: Int) {
 78:     val insertSQL = "INSERT INTO Person (name, age) VALUES (?, ?)"
 79:
 80:     connection.prepareStatement(insertSQL).use { statement ->
 81:         statement.setString(1, name)
 82:         statement.setInt(2, age)
 83:         statement.executeUpdate()
 84:         println("Inserted person: $name, $age")
 85:     }
 86: }
 87:
 88: fun getAllPersons(connection: Connection): List<String> {
 89:     val selectSQL = "SELECT id, name, age FROM Person"
 90:     val persons = mutableListOf<String>()
 91:
 92:     connection.createStatement().use { statement ->
 93:         val resultSet: ResultSet = statement.executeQuery(selectSQL)
 94:         while (resultSet.next()) {
 95:             val id = resultSet.getInt("id")
 96:             val name = resultSet.getString("name")
 97:             val age = resultSet.getInt("age")
 98:             persons.add("Person [id=$id, name=$name, age=$age]")
 99:         }
100:     }
101:     return persons
102: }
```

그림 13.12 MySQL DB 사용 Kotlin 프로그램 예제 (part 3)

Line 76~85의 insertPerson(conection, name, age)는 인수로 전달되는 사람의 정보 (name, age)로 테이블에 새롭게 추가하도록 SQL 문장(insertSQL)을 만든 후,

connection.prepareStatement(insertSQL) 및 statement.executeUpdate()를 사용하여 새로운 person이 추가되도록 한다.

```
103:
104:  fun deletePersonByName(connection: Connection, name: String) {
105:      val deleteSQL = "DELETE FROM person WHERE name = ?"
106:      connection.prepareStatement(deleteSQL).use { statement ->
107:          statement.setString(1, name)
108:          statement.executeUpdate()
109:      }
110:  }
111:
112:  fun deleteAllPersons(connection: Connection) {
113:      val deleteSQL = "DELETE FROM person"
114:      connection.createStatement().use { statement ->
115:          statement.executeUpdate(deleteSQLl)
116:      }
117:  }
```

그림 13.12 MySQL DB 사용 Kotlin 프로그램 예제 (part 4)

그림 13.12 line 87~101의 getAllPersons(connection)은 my_database의 Person 테이블에 포함된 모든 사람 레코드를 selectSQL 문장을 준비하고, connection.createStatement(connection) 및 statement.executeQuery(selectSQL)을 사용하여 이를 mutableListOf<String> 자료형의 리스트 persons에 담아서 반환한다.

Line 103~109의 deletePersonByName(connection, name) 함수는 my_database의 Person 테이블에 포함된 person 중 이름이 name인 항목을 삭제하는 기능을 구현하고 있다. 먼저 name 항목의 person을 삭제하도록 DELETE SQL 문장(deleteSQL)을 준비하고, connection.prepareStatement(deleteSQL) 및 statement.executeUpdate()를 사용하여 해당 person을 DB 테이블로부터 삭제한다.

```
Database connection established.
Table 'Person' is created or already exists.
Current status of table(my_database)
Person [id=21, name=Hong GD, age=20]
Enter the name and age of the person (e.g., Hong GD 25; 0 0 to quit):
Kim AB 25
Inserted person: Kim AB, 25
After insertion:
Person [id=21, name=Hong GD, age=20]
Person [id=23, name=Kim AB, age=25]
Enter the name and age of the person (e.g., Hong GD 25; 0 0 to quit):
Choi CD 20
Inserted person: Choi CD, 20
After insertion:
Person [id=21, name=Hong GD, age=20]
Person [id=23, name=Kim AB, age=25]
Person [id=24, name=Choi CD, age=20]
Enter the name and age of the person (e.g., Hong GD 25; 0 0 to quit):
0 0

Enter the name of the person to delete (* for all; . to quit):
Hong GD
After deletion:
Person [id=23, name=Kim AB, age=25]
Person [id=24, name=Choi CD, age=20]
Enter the name of the person to delete (* for all; . to quit):
Kim AB
After deletion:
Person [id=24, name=Choi CD, age=20]
Enter the name of the person to delete (* for all; . to quit):
*
deleting all persons in table
Database connection closed.
```

그림 13.13 MySQL DB 사용 Kotlin 프로그램 실행 결과

Line 111~116의 deleteAllPersons(connection) 함수는 my_database의 Person 테이블이 포함된 모든 person 레코드를 삭제하는 기능을 구현하고 있다. 먼저 테이블

person의 모든 항목을 삭제하도록 "DELETE FROM person" SQL 문장 (deleteSQL)을 준비하며, connection.createStatement().use{} 블록에 포함된 statement.executeUpdate(deleteSQLl) 메서드를 사용하여 삭제 기능을 수행한다.

그림 13.12의 MySQL 데이타베이스 사용 예제 프로그램을 실행시키면 그림 13.13에서 보는 것과 같은 출력을 콘솔에서 확인할 수 있다.

13.5 MariaDB

13.5.1 MariaDB 개요

MySQL은 1995년에 Michael "Monty" Widenius와 그의 동료들이 오픈소스 라이선스를 기반으로 개발한 데이타베이스 시스템이며, 매우 널리 사용되었다. 2008년에 MySQL은 Sun Microsystems에 인수되었고, 이후 Sun이 Oracle Corporation에 인수되면서 MySQL은 Oracle의 자산이 되었다. 이 과정에서 MySQL 커뮤니티는 Oracle이 MySQL의 오픈소스 성격을 유지할 것인지에 대해 많은 우려를 가지게 되었다.

이러한 우려 속에서 MySQL의 오리지널 개발자인 Monty Widenius는 2009년에 오픈소스 본질을 유지하기 위해 MariaDB를 만들었고, MySQL의 또 다른 포크(fork)인 Percona와 함께 오픈소스 커뮤니티에서 활발하게 개발 및 유지되고 있다. MariaDB 역시 오픈소스 관계형 데이타베이스 관리 시스템(RDBMS)으로 개발되었으며, MySQL과 높은 호환성을 유지하면서도 성능, 안정성, 보안, 기능성 면에서 다양한 개선을 도입하여 빠르게 인기를 끌고 있다. MariaDB는 MySQL의 강력한 대안으로서, 오픈소스와 커뮤니티 중심의 발전을 중요시하는 사용자들에게 특히 매력적인 대안을 제공한다. 높은 호환성과 성능, 다양한 확장성, 보안 기능을 제공하며, 다양한 데이타베이스 작업에 적합한 RDBMS로 자리잡고 있다. 기업 환경에서 MySQL의 상용 지원 없이도 안정적이고 강력한 데이타베이스 솔루션이 필요한 경우 MariaDB가 매우 유용한 선택이 될 수 있다.

MariaDB와 MySQL의 중요한 차이점은 다음과 같다:

- 라이선스: MySQL은 오라클이 소유하고 있지만 MariaDB는 완전히 오픈소스임
- 기능적 차이: MariaDB는 MySQL과 유사한 기능을 제공하지만, MariaDB는 MySQL에서 사용할 수 없는 추가 기능 및 개선된 스토리지 엔진을 포함함
- 버전 호환성: MariaDB는 MySQL 5.5, 5.6, 5.7과 호환되지만, MySQL 8.0 이후로는 차이가 커졌음
- 커뮤니티 중심: MariaDB는 커뮤니티 중심의 발전을 지향하며, 이는 더 빠른 기능 추가와 보안 패치로 이어짐

MariaDB는 다양한 분야에서 사용되고 있으며, 중점적인 사용 사례는 다음과 같다:

- 웹 애플리케이션: MariaDB는 성능과 안정성이 요구되는 대규모 웹 애플리케이션의 백엔드 데이타베이스로 자주 사용됨. 예를 들어, WordPress나 Drupal 같은 CMS 시스템에서 MariaDB를 기본 DBMS로 사용할 수 있음
- 데이터 웨어하우징: ColumnStore와 같은 엔진을 통해 대용량 데이터 분석을 위한 데이

터 웨어하우스 솔루션으로 사용될 수 있음

- 엔터프라이즈 애플리케이션: 고가용성과 성능이 중요한 엔터프라이즈 애플리케이션에서도 MariaDB가 채택되고 있음

13.5.2 Desktop 환경에 MariaDB의 설치

Kotlin 프로젝트에서 MariaDB를 사용하기 위해서는 먼저 MariaDB를 컴퓨터에 설치하고, 기본 설정을 하여야 한다. 다음 절차에 따라 Windows Desktop PC에 MariaDB를 설치할 수 있다.

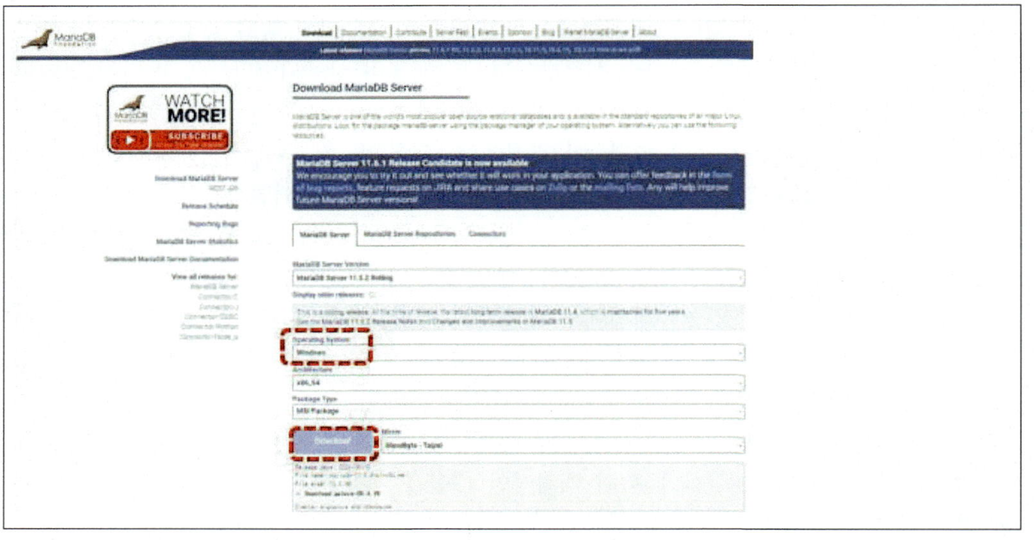

그림 13.14 MariaDB의 다운로드 및 설치 (https://mariadb.org/)

(1) MariaDB 설치 파일 다운로드

MariaDB 공식 웹사이트[7]인 mariadb.org에서 다운로드 페이지로 이동하고, 상단 메뉴의 Download를 클릭하거나, 직접 다운로드 페이지로 이동한다. 다운로드 페이지에서 Windows, MSI Packages를 선택하여 Windows용 설치 파일을 다운로드한다.

최신 안정 버전(Stable Release) 중에서 자신의 시스템에 맞는 버전을 선택한다. 대부분의 경우 64비트(x64) 시스템을 사용하며, 현재 사용 중인 시스템에 맞는 설치 파일을 선택하여야 한다. 설치 파일을 선택하면 자동으로 다운로드가 시작된다.

(2) MariaDB 설치

다운로드가 완료되면, 다운로드한 .msi 파일을 더블 클릭하여 설치를 시작한다. 설치 마법사가 실행되면, 첫 화면에서 Next를 클릭하고, 라이선스에 동의한 후, 설치 유형으로 기본 설정인 Complete를 사용하여 모든 구성 요소를 설치한다. Custom을 선택하면 설치할 구성 요소 및 설치 경로를 지정할 수 있다. 설치 경로를 변경하고 싶다면, Custom을 선택한

[7] https://mariadb.org/

다음, Change... 버튼을 클릭하여 설치 경로를 지정할 수 있다.

MariaDB 서버를 Windows 서비스로 설치할 것인지 선택한다. 기본적으로 MariaDB 서버를 서비스로 설치하는 것이 편리하다. 다음으로 root 비밀번호 설정하여야 한다. MySQL과 마찬가지로, MariaDB의 root 계정에 대한 비밀번호를 설정해야 하며, 이 비밀번호는 MariaDB 관리에 중요한 역할을 하므로 기억하기 쉽고 강력한 비밀번호를 설정하여야 한다.

기본적으로 MariaDB는 3306번 포트를 사용하나, 다른 서비스와 충돌이 없다면 기본값을 사용한다. 그러나 이미 MySQL이 설치되어 있는 경우, 충돌이 발생하게 되며, 다른 포트를 사용하여야 한다. 서비스 이름은 기본적으로 MariaDB로 설정되어 있으며, 변경할 필요가 없다면 기본 설정을 유지한다. 모든 설정이 완료되면 Next를 클릭하여 설치를 시작할 수 있고, 설치가 진행되며, 완료되기까지 몇 분 정도 소요될 수 있다. 설치가 완료되면 Finish를 클릭하여 설치 마법사를 종료한다.

(3) MariaDB 설치 후 설정

MariaDB는 기본적으로 Windows 서비스로 설치되며, 시스템이 시작될 때 자동으로 시작된다. 이를 확인하려면, 서비스 관리 도구(services.msc)를 열고 MariaDB 서비스가 Running 상태인지 확인한다. MariaDB 설치 후 기본적으로 MariaDB 콘솔 클라이언트가 설치된다. 시작 메뉴에서 MariaDB Command Line Client를 찾아 실행한다.

처음 실행하면 루트 비밀번호를 입력하라는 메시지가 나타난다. 설치 시 설정한 루트 비밀번호를 입력하여야 하며, 접속 후 MariaDB의 SQL 명령어를 사용할 수 있다.

(4) 기본적인 MariaDB 명령어

MariaDB가 정상적으로 설치되었는지 확인하고 간단한 명령어를 실행해 볼 수 있다. 먼저, 설치된 MariaDB에 기본적으로 포함된 데이타베이스를 확인하려면, 그림 13.15에서 보는 것과 같이 다음 명령어를 입력한다:

```
SHOW DATABASES;
```

MariaDB에 기본 명령어를 입력할 때, 항상 맨 뒤에 세미콜론(‘;’)을 붙여 입력하여야 한다. 명령어는 대문자와 소문자 구분없이 사용할 수 있다. 새로운 데이타베이스의 생성, 테이블 생성, 데이터 삽입, 데이터 조회는 다음과 같이 명령어를 입력하여 실행할 수 있다.

① 새로운 데이타베이스 생성:

```
CREATE DATABASE testdb;
```

② 생성한 데이타베이스 사용:

```
USE testdb;
```

③ 간단한 테이블 생성:

```
CREATE TABLE users (
    id INT AUTO_INCREMENT PRIMARY KEY,
    name VARCHAR(100),
    email VARCHAR(100)
);
```

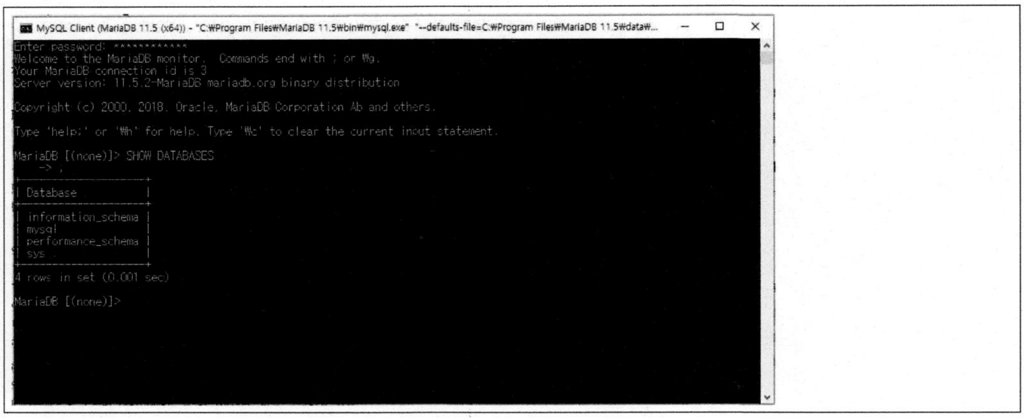

그림 13.15 MySQL Client (MariaDB)를 사용한 기본 명령어 실행

④ 데이터 삽입:

```
INSERT INTO users (name, email) VALUES ('John Doe', 'john@example.com');
```

⑤ 테이블에 있는 데이터 조회:

```
SELECT * FROM users;
```

그림 13.16에서는 MySQL Client(MariaDB)를 사용한 테이블 생성, 데이터 삽입, 테이블 조회 명령을 실행한 결과를 보여준다.

그림 13.16 MySQL Client (MariaDB)를 사용한 테이블 생성, 데이터 삽입, 테이블 조회 실행 예시

(5) MariaDB Workbench (옵션)

MariaDB와 함께 MySQL Workbench 같은 GUI 도구를 사용할 수 있다. MySQL Workbench는 MariaDB와 호환되며, 데이터베이스 관리를 더 쉽게 할 수 있다. 설치 및 설정 방법은 MySQL 설치 방법과 유사하다.

13.5.3 Kotlin 프로젝트에서의 MariaDB 사용

Kotlin 프로젝트에서 MariaDB를 사용하는 것은 13.4절에서 설명한 것과 같이 MySQL DB 사용과 매우 유사하게 구현할 수 있다. 먼저, MariaDB client를 사용하여 사용 예정인 데이타베이스 (DB_Persons)를 다음과 같은 명령어로 생성한다:

```
create database DB_Persons;
```

그림 13.17은 MariaDB을 사용하여 사람 (person) 정보를 관리하는 Kotlin 프로젝트 예제를 보여준다. 전체 절차는 13.4절에서 설명하였던 내용과 유사하게 구성하여 쉽게 이해할 수 있도록 하였다.

```
 1: import java.sql.Connection
 2: import java.sql.DriverManager
 3: import java.util.Scanner
 4:
 5: fun main() {
 6:     val scanner = Scanner(System.`in`)
 7:     // MariaDB 연결 설정
 8:     val jdbcUrl = "jdbc:mariadb://localhost:3309/DB_Persons"
 9:     val username = "root"  // DB 사용자 이름
10:     val password = "abcd1234"  // DB 비밀번호
11:
12:     // 데이타베이스 연결
13:     val connection: Connection = DriverManager.getConnection(jdbcUrl, username,
          password)
14:     println("Database connection established.")
15:
16:     // 테이블 생성 (없을 경우)
17:     createTable(connection)
18:     println("Current status of table(Persons)")
19:     var persons = getAllPersons(connection)
20:     persons.forEach { println(it) }
```

그림 13.17 MariaDB를 Kotlin 프로젝트에 사용하는 예제 프로그램 (part 1)

그림 13.17 line 8~10에서는 MariaDB에 생성되어 있는 데이타베이스 (DB_Persons)에 접속하기 위한 idbc_Url을 생성한다. 이 때 MariaDB를 설치할 때 설정하였던 port 번호, 사용자 이름 (name), 접속 암호 (password)를 사용하여야 한다. Line 13~18에서는 준비된 jdbcUrl을 사용하여 MariaDB의 데이타베이스에 접속하며, 현재 DB_Persons에 createTable(connection) 함수 (line 60~74)를 사용하여 테이블 Persons를 생성한다. Line 19~20에서는 테이블 Persons에 포함된 person 레코드를 읽어 출력하여 초기 상태를 확인할 수 있게 한다.

그림 13.17 line 23~36에서는 콘솔로부터 person의 정보를 입력받아 데이타베이스에 추가하는 기능을 수행하며, 매번 추가할 때마다 테이블의 변화를 확인할 수 있게 한다. Line 38~51에서는 이름을 입력받고, 지정된 이름의 person 항목을 Persons 테이블로부터 삭제하는 기능을 수행하며, 삭제된 이후에 테이블의 상태를 확인할 수 있게 한다. Line 61~73에서는 MariaDB에 생성된 데이타베이스에 Persons 테이블을 생성하는 기능을 구현하고 있으며, line 75~82에서는 name과 age이 person 레코드를 Persons 테이블에

추가하는 insertPerson(connection, name, age) 함수를 구현한다.

```
21:
22:         // 데이터 삽입
23:         while (true) {
24:             println("Enter the name and age of the person (e.g., Hong GD 25;
                  0 0 to quit): ")
25:             val input = scanner.nextLine()
26:             // 입력받은 한 줄에서 이름과 나이 분리
27:             val tokens = input.split(" ")
28:             val age = tokens.last().toInt()  // 마지막 토큰을 나이로 설정
29:             val name = tokens.dropLast(1).joinToString(" ")
                  // 나이를 제외한 나머지를 이름으로 설정
30:             if (name == "0")
31:                 break
32:             insertPerson(connection, name, age)
33:             println("After insertion:")
34:             persons = getAllPersons(connection)
35:             persons.forEach { println(it) }
36:         }
37:
38:         while (true) {
39:             println("Enter the name of the person to delete (* for all; . to quit): ")
40:             val name = scanner.nextLine()
41:             if (name == ".")
42:                 break
43:             if (name == "*") {
44:                 println("deleting all persons in table")
45:                 deleteAllPersons(connection)
46:                 break
47:             }
48:             deletePersonByName(connection, name)
49:             println("After deletion:")
50:             persons = getAllPersons(connection)
51:             persons.forEach { println(it) }
52:         }
53:
54:         // 데이타베이스 연결 종료
55:         connection.close()
56:         println("Database connection closed.")
57:     }
```

그림 13.17 MariaDB를 Kotlin 프로젝트에 사용하는 예제 프로그램 (part 2)

그림 13.17 line 84~99의 getAllPersons(connection) 함수는 테이블 Persons에 포함된 모든 person 레코드를 List<Person> 자료형에 담아 반환하여 준다. Line 101~107의 deletePersonByName(connection, name) 함수는 이름 (name)으로 지정된 person 항목을 테이블 Persons로부터 삭제하는 기능을 구현하며, line 109~114의 deleteAllPersons(connection) 함수는 테이블 Persons에 포함된 모든 person 항목들을 삭제하는 기능을 수행한다.

그림 13.17에서 설명한 MariaDB를 사용하는 Kotlin 프로그램의 전체 실행 단계별 출력 결과는 그림 13.18에서 확인할 수 있다.

```
data class Person(val id: Int, val name: String, val age: Int)

fun createTable(connection: Connection) {
    val sql = """
        CREATE TABLE IF NOT EXISTS Persons (
            id INT AUTO_INCREMENT PRIMARY KEY,
            name VARCHAR(50) NOT NULL,
            age INT NOT NULL
        );
    """.trimIndent()

    connection.createStatement().use { statement ->
        statement.execute(sql)
    }
}

fun insertPerson(connection: Connection, name: String, age: Int) {
    val sql = "INSERT INTO Persons (name, age) VALUES (?, ?)"
    connection.prepareStatement(sql).use { statement ->
        statement.setString(1, name)
        statement.setInt(2, age)
        statement.executeUpdate()
    }
}

fun getAllPersons(connection: Connection): List<Person> {
    val sql = "SELECT * FROM Persons"
    val persons = mutableListOf<Person>()

    connection.createStatement().use { statement ->
        val resultSet = statement.executeQuery(sql)
        while (resultSet.next()) {
            val id = resultSet.getInt("id")
            val name = resultSet.getString("name")
            val age = resultSet.getInt("age")
            persons.add(Person(id, name, age))
        }
    }

    return persons
}

fun deletePersonByName(connection: Connection, name: String) {
    val sql = "DELETE FROM Persons WHERE name = ?"
    connection.prepareStatement(sql).use { statement ->
        statement.setString(1, name)
        statement.executeUpdate()
    }
}

fun deleteAllPersons(connection: Connection) {
    val sql = "DELETE FROM Persons"
    connection.createStatement().use { statement ->
        statement.executeUpdate(sql)
    }
}
```

그림 13.17 MariaDB를 Kotlin 프로젝트에 사용하는 예제 프로그램 (part 3)

```
Database connection established.
Current status of table(my_database)
Enter the name and age of the person (e.g., Hong GD 25; 0 0 to quit):
Hong GD 25
After insertion:
Person(id=4, name=Hong GD, age=25)
Enter the name and age of the person (e.g., Hong GD 25; 0 0 to quit):
Kim AB 23
After insertion:
Person(id=4, name=Hong GD, age=25)
Person(id=5, name=Kim AB, age=23)
Enter the name and age of the person (e.g., Hong GD 25; 0 0 to quit):
Choi CD 20
After insertion:
Person(id=4, name=Hong GD, age=25)
Person(id=5, name=Kim AB, age=23)
Person(id=6, name=Choi CD, age=20)
Enter the name and age of the person (e.g., Hong GD 25; 0 0 to quit):
0 0
Enter the name of the person to delete (* for all; . to quit):
Kim AB
After deletion:
Person(id=4, name=Hong GD, age=25)
Person(id=6, name=Choi CD, age=20)
Enter the name of the person to delete (* for all; . to quit):
*
deleting all persons in table
Database connection closed.
```

그림 13.18 MariaDB를 Kotlin 프로젝트에 사용하는 예제 프로그램 실행결과

◈ 연습문제 ◈

13.1 다음 용어를 예를 들어 설명하라.

1) 데이타베이스 (Database)
2) 관계형 데이타베이스 (Relational Database)
3) SQL (Structured Query Language)
4) 데이타베이스 관리 시스템 (DBMS)
5) JDBC (Java Database Connectivity)
6) SQLite
7) MySQL
8) MariaDB

13.2 SQL (Structured Query Language)에서 많이 사용되는 명령어 들인 SELECT, UPDATE, DELETE, INSERT INTO, CREATE DATABASE, ALTER DATABASE, CREATE TABLE, ALTER TABLE, DROP TABLE, CREATE INDEX, DROP INDEX에 대하여 예제 프로그램을 포함하여 상세하게 설명하라.

13.3 JDBC의 기능에 대하여 설명하고, Kotlin 프로젝트에서 어떻게 사용할 수 있는지에 대하여 설명하라.

13.4 SQLite를 설치하고, Kotlin 프로젝트에서 사용하는 방법에 대하여 상세하게 설명하라.

13.5 MySQL를 설치하고, Kotlin 프로젝트에서 사용하는 방법에 대하여 상세하게 설명하라.

13.6 MariaDB를 설치하고, Kotlin 프로젝트에서 사용하는 방법에 대하여 상세하게 설명하라.

◈ 실습문제 ◈

실습 13.1 SQLite에 사람들의 기본 정보를 관리하는 DB_Persons 데이타베이스를 생성한 후, Tbl_Persons를 생성하라. Person에는 이름 (name), 주민등록번호 (regID), 주소(addr)을 포함하도록 구성하라.
사람들의 정보를 포함하는 텍스트 파일 (person_records.txt)로부터 데이터를 읽고, 데이타베이스의 테이블 (Tbl_Persons)에 포함시키고, 그 결과를 출력하라.
콘솔로부터 사람 이름 (name)을 입력받고, 지정된 이름의 학생을 테이블로부터 삭제하도록 하고, 결과를 출력하라.

실습 13.2 MariaDB를 설치하고, 학생 정보를 관리하는 DB_Students 데이타베이스를 생성한 후, Tbl_Students를 생성하라. 학생 (Student)에는 이름 (name), 학번 (stID), 연락처(telNo), 주소(addr) 속성을 포함시켜라.
학생들의 정보를 포함하는 텍스트 파일 (student_records.txt)로부터 데이터를 읽고, 데이타베이스의 테이블 (Tbl_Students)에 포함시키고, 그 결과를 출력하라.
콘솔로부터 학생 이름을 입력받고, 지정된 이름의 학생을 테이블로부터 삭제하도록 하고, 결과를 출력하라.

14장 Kotlin와 Ktor 기반 웹 프로그래밍

학습목표

- Web service 기능 구조, Front End, Back End에 대한 이해 및 활용 능력 강화
- HTML, CSS (Cascading Style Sheet), JavaScript에 대한 이해 및 활용
- Node.js, PHP에 대한 이해 및 활용 능력 강화
- Ktor Web Server 플랫폼에 대한 이해 및 활용 능력 강화
- CRUD (Create, Read, Update, Delete) 기능 구현

개요

14.1 웹 서비스 기능 구조
14.2 웹서비스 제공에서의 Front End와 Back End
14.3 HTML (HyperText Markup Language)
14.4 CSS (Cascading Style Sheet)
14.5 JavaScript
14.6 Node.js
14.7 PHP
14.8 Ktor Web Server 플랫폼
14.9 CRUD (Create, Read, Update, Delete) 서비스 구현

14.1 Web Service 기능 구조

14.1.1 Web 서비스

웹서비스 (Web service)는 인터넷 네트워크를 통하여 서로 다른 시스템 간에 데이터를 교환하고, 기능을 공유할 수 있게 하는 소프트웨어 시스템이며, 네트워크 상의 두 기기 간에 데이터를 주고 받기 위한 표준화된 웹 프로토콜을 정의한다. 일반적으로 HTTP (HyperText Transfer Protocol) 또는 HTTPS (HyperText Transfer Protocol over Secure Socket Layer)를 통하여 정보를 상호 교환하며, XML이나 JSON과 같은 데이터 형식을 사용한다. 웹서비스는 그림 14.1에서 보는 것과 같이 웹 프로토콜을 사용하여 서로 다른 시스템 간의 상호 운용성을 보장하며, 다양한 플랫폼과 언어 간에 정보를 교환할 수 있게 한다.

Web service의 주요 기술로는 표 14.1에서 보는 것과 같이 HTTP/HTTPS, XML/JSON, WSDL (Web Serivce Description Language), UDDI (Universal Description, Discovery, and Integration) 등이 있다. 먼저 HTTP (HyperText Transfer Protocol)은 웹 서비스의 표준 통신 프로토콜이며, HTTPS(HyperText Transfer Protocol over Secure Socket Layer)는 보안성 (security)이 강화된 소켓 계층을 사용하여 웹 서비스 통신 기능을 제공한다.

웹서비스의 데이터 교환 형식으로는 XML (eXtensible Markup Language) / JSON(JavaScript Object Notation)을 사용하는데, 구조화된 데이터 교환에는 XML이 주로 사용되며, 경량 데이터 교환에는 JSON이 주로 사용된다. 웹 서비스의 구체적 내용에 대한 기술에는 WSDL (Web Services Description Language)이 사용되며, 서비스 제공장소, 서비스 메시지 포멧, 프로토콜 등의 정보가 포함된다. WSDL은 SOAP (Simple Object Access Protocol)과 XML Schema와 결합하여 인터넷 상의 웹 서비스 제공에 사용되며, Web client는 WSDL 파일을 읽어 들여 웹서버에서 어떤 조작이 가능한지 파악할 수 있게 한다.

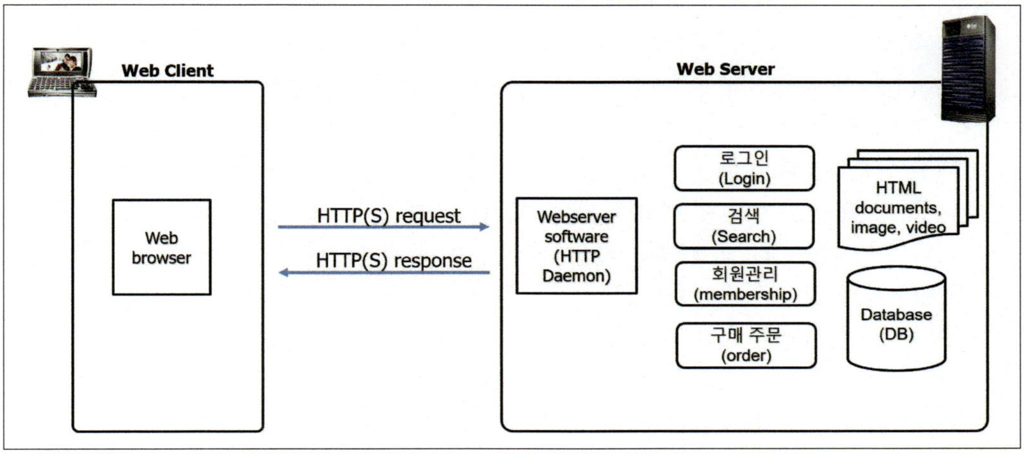

그림 14.1 Web service 기능 구조

표 14.1 Web 서비스 주요 기술

주요 기술	설 명
HTTP/ HTTPS	▪ Web service의 표준 통신 프로토콜 ▪ HTTP (HyperText Transfer Protocol)의 보안성 (security)이 강화된 소켓 계층을 사용하는 HTTPS (HyperText Transfer Protocol over Secure Socket Layer)를 사용하여 웹 서비스의 보안성을 강화
XML/ JSON	▪ XML (eXtensible Markup Language)과 JSON(JavaScript Object Notation)은 웹 서비스의 데이터 교환 형식으로 사용됨 ▪ XML은 구조화된 데이터 교환에 적합 ▪ JSON (Java Script Object Notation)은 경량 데이터 교환에 적합함
WSDL	▪ WSDL (Web Services Description Language)는 웹 서비스 기술 언어 또는 기술된 정의 파일의 총칭으로 XML로 기술됨 ▪ 웹 서비스의 구체적 내용이 기술되어 있어 서비스 제공장소, 서비스 메시지 포멧, 프로토콜 등이 기술됨 ▪ WSDL은 자주 SOAP (Simple Object Access Protocol)와 XML Schema와 결합하여 인터넷 상의 웹 서비스 제공에 사용되며, Web client는 WSDL 파일을 읽어들여 서버에 어떠한 조작이 가능한지 결정할 수 있음
UDDI	▪ UDDI (Universal Description, Discovery, and Integration) ▪ 웹 서비스 관련 정보의 공개와 탐색을 위한 표준임 ▪ Web service provider는 UDDI를 사용하여 이미 알려진 온라인 저장소에 그들이 제공하는 서비스 목록들을 저장하고, Web service client는 그 저장소에 접근함으로써 원하는 Web service들의 목록을 찾을 수 있음

웹 서비스 관련 정보의 공개와 탐색에서는 UDDI (Universal Description, Discovery, and Integration)를 사용하며, 이미 공개된 온라인 저장소에 그들이 제공하는 서비스 목록들을 저장하고, Web service client는 그 저장소에 접근하여 원하는 Web service 들의 목록을 찾을 수 있게 한다.

14.1.2 Web 서비스 통신 프로토콜 - HTTP/HTTPS

(1) HTTP (HyperText Transfer Protocol)

HTTP은 인터넷을 사용하여 웹 서버와 웹 클라이언트 간에 정보를 주고 받기 위한 표준 프로토콜이다. HTTP 클라이언트는 웹 브라우저와 같은 애플리케이션을 구현하여 웹 서버에 요청 (request)를 보내며, HTTP 서버는 클라이언트로부터의 요청을 처리하고, 응답을 생성하여 클라이언트에서 보낸다.

HTTP 프로토콜은 비연결성 (connectionless), 무상태성(stateless), 텍스트 기반 프로토콜이라는 특성을 가진다. 비연결성이란 각각의 HTTP 요청-응답 쌍은 독립적이며, 서버는 하나의 HTTP 요청의 상태를 다음 요청에 유지하지 않는다. 무상태성이란 서버에서 클라이언트의 상태 정보를 저장하지 않으며, 요청에 필요한 모든 정보는 그 요청에 포함되도록 한다. 아울러, HTTP의 요청과 응답 메시지는 사용자가 직접 읽을 수 있는 텍스트 형식으로 전송되는 텍스트 기반 프로토콜을 사용한다.

HTTP 프로토콜의 요청(request)은 메서드 (GET, POST, PUT, DELETE 등), 리소스 URL, HTTP 버전, 헤더, 본문 (필요한 경우)으로 구성되며, 응답 (response)은 상태 코드 (예: 200 OK, 404 Not Found), 헤더, 본문으로 구성된다. HTTP 프로토콜은 기본적으로 TCP 포트 80 또는 8080을 사용한다.

(2) HTTPS (HyperText Transfer Protocol Secure)

HTTPS는 HTTP의 보안성을 강화한 버전이며, 데이터 전송시 SSL (Secure Socket Layer) 또는 TLS (Transport Layer Security) 프로토콜을 사용하여 통신을 암호화함으로써 보안성을 강화한다. 즉, HTTPS는 HTTP와 유사한 클라이언트-서버 모델을 기반으로 하지만, 데이터가 암호화되어 전송되는 보안성, 인증, 무결성의 특성을 가진다. HTTPS의 데이터 전송은 암호화 되어 보안성이 강화된 전송 기능을 제공하므로 도청, 변조, 위조 등의 공격으로 보호된다. 이를 위하여 HTTPS에서는 서버에서 신원을 확인하기 위하여 디지털 인증서를 사용한다. 아울러, HTTPS에서는 데이터가 전송 중에 변경되지 않았음을 보장하는 무결성을 제공한다.

HTTP는 SSL (Secure Socket Layer) 또는 TLS (Transport Layer Security) 프로토콜을 사용하여 전송 데이터를 암호화하며, TLS는 SSL의 후속 버전으로 더욱 강화된 보안 기능을 제공한다. HTTPS에서는 인증기관 (CA, certification authority)이 발급한 SSL/TLS 인증서를 사용하여 서버를 인증한다.

HTTPS의 요청과 응답 구조는 HTTP와 동일하지만, 모든 전송 데이터는 암호화된다. HTTPS는 TCP 포트 443을 사용한다. 최근에는 보안 강화와 사용자 신뢰 확보를 위하여 대부분의 웹 사이트가 HTTPS를 기본으로 사용하고 있다.

14.1.3 RESTful API (REpresentational State Transferful API)

REST(REpresentational State Transfer)-ful API는 Web 서버와 클라이언트 간의 상호 운용성을 높이고, 유지 보수를 용이하게 하며, 확장성을 향상시킬 수 있도록 하는 계층화된 시스템을 지원하며, 표준화된 방식으로 Web 서버와 클라이언트 간의 상호 작용이 이루어지도록 한다. RESTful API는 무상태 (stateless) 아키텍처를 준수하며, 각 요청이 독립적이며, 서버는 요청 간의 클라이언트 상태를 저장하지 않도록 하여 DDOS 공격등에 큰 영향을 받지 않도록 한다. 이를 위하여 클라이언트는 모든 필요한 상태 정보를 각 요청에 포함하여야 한다.

REST에서는 모든 데이터를 리소스로 표현하며, 각 리소스는 URL (uniform resource locator)로 식별된다. 리소스는 다양한 형식 (JSON, XML, HTML 등)으로 표현될 수 있으며, 클라이언트와 서버는 협상하여 적절한 형식을 선택한다.

RESTful API는 일관된 인터페이스로 제공되며, 주요 제약 조건에는 리소스의 식별, 리소스의 조작을 위한 표현, 자기 설명 메시지, 하이퍼미디어 (HATES, Hypermedia as the Engine of Application State) 등이 포함된다. RESTful API는 일반적으로 표준 HTTP 상태 코드 (예: 200 OK, 404 Not Found, 500 Internal Server Error)를 사용하여 응답의 성공 또는 실패를 나타내며, 응답 본문에는 요청에 대한 상세한 결과가 포함되도록 한다. HTTP의 응답으로 JSON 형식의 데이터를 반환할 수 있다.

RESTful API는 표 14.2에서 보는 것과 같이, HTTP 프로토콜의 메서드를 활용하여 리소스에 대한 CRUD (create, read, update, delete) 작업을 수행할 수 있다.

표 14.2 RESTful API의 메서드

RESTful API를 위한 HTTP 메서드	설 명	예
GET	리소스 조회	GET /users/abc
POST	새로운 리소스 생성	POST /users
PUT	기존 리소스 전체 수정	PUT /users/abc
PATCH	기존 리소스 부분 수정	PATCH /users/abc
DELETE	리소스 삭제	DELETE /users/abc

RESTful API는 caching을 통하여 성능을 향상시킬 수 있으며, HTTP 헤더를 사용하여 응답이 캐시 가능한 지 여부를 지정할 수 있다. 예를 들어 cache-control 헤더를 사용하여 클라이언트가 응답을 얼마 동안 캐시할 수 있는지 정의할 수 있다.

14.1.4 WSDL (Web Services Description Language)

WSDL (Web Services Description Language)은 웹 서비스의 인터페이스를 설명하는 XML 기반 언어이며, 이를 통해 서비스 제공자가 서비스에 대하여 정확하게 기술할 수 있게 하고, 서비스 소비자가 제공받을 웹 서비스의 기능에 대하여 정확하게 이해하고, 사용할 수 있게 한다. WSDL은 웹 서비스의 위치와 기능, 데이터 포멧 등을 명시하여 서비스 제공자와 서비스 소비자 간의 상호 운용성을 보장한다.

WSDL을 사용하는 장점으로는 표준화, 자동화, 명확한 계약 등이 있다. 먼저 WSDL은 표준화된 형식으로 다양한 플랫폼과 프로그래밍 언어를 사용하여 동일한 기능의 웹 서비스를 구현하고 사용할 수 있게 한다. 아울러, WSDL 문서를 기반으로 클라이언트와 서비스 코드를 자동으로 생성할 수 있게 하며, 웹 서비스 제공자와 소비자 간의 명확한 인터페이스 계약을 정의함으로써 상호 운용성을 높일 수 있다는 장점을 제공하므로, WSDL이 다양한 비즈니스 및 통신 애플리케이션에서 널리 이용되고 있다.

WSDL에 포함되는 주요 항목은 표 14.3에서 보는 것과 같이 문서 정의, 데이터 구조, 메시지, 웹서비스의 포트 유형, 바인딩, 서비스 위치 요소를 포함한다. 그림 14.2는 HelloService라는 간단한 웹서비스에 대한 WSDL의 예를 보여준다. WSDL의 definitions는 WSDL 문서에 포함된 요소들을 통합하는 root 요소이며, 네임 스페이스 선언과 문서의 범위를 정의한다.

WSDL의 Types 요소는 서비스에서 사용되는 데이터 자료형을 정의하며, XSD (XML Schema Difinition)를 사용하여 데이터 구조를 명시한다. 그림 14.2의 HelloService에서는 types 요소로 sayHelloRequest와 sayHelloResponse의 2개 서비스에 대한 정의를 하고 있다. WSDL의 Message 요소는 웹 서비스에서 주고 받는 메시지를 정의하며, 각 메시지는 여러 개의 부분으로 구성될 수 있고, 각 부분은 특정 데이터 타입을 가질 수 있다. 그림 14.2의 HelloService의 WSDL에서 SayHelloRequest와 SayHelloResponse의 2가지 Message 요소들을 정의하고 있다.

표 14.3 WSDL의 주요 요소

WSDL 요소	설 명
Definitions	WSDL 문서의 root 요소, 네임 스페이스 선언과 전체 문서의 범위를 정의
Types	서비스에서 사용되는 데이터 타입을 정의 XSD (XML Schema Definition)를 이용하여 데이터 구조를 명시
Message	웹 서비스에서 주고 받는 메시지를 정의 각 메시지는 여러개의 부분(part)로 구성될 수 있으며, 각 파트는 특정 데이터 타입을 가짐
PortType	웹 서비스의 인터페이스를 정의 여러 개의 오퍼레이션 (operations)을 포함하며, 각 오퍼레이션은 입력, 출력, 오류 메시지를 명시함
Binding	PortType에 정의된 인터페이스와 실제 프로토콜을 바인딩 주로 SOAP, HTTP, MIME 등을 사용함
Service	실제 웹서비스의 위치 (URL)을 명시함 하나의 서비스는 여러 개의 포트 (port)를 가질 수 있으며, 각 포트는 특정 바인딩을 가짐

WSDL의 PortType 요소는 웹 서비스의 인터페이스를 정의하며, 여러 개의 오퍼레이션을 포함할 수 있고, 각 오퍼레이션은 입력, 출력, 오류 메시지를 명시한다. 그림 14.2의 HelloSerivce에서는 portType 요소에서 입력 메시지 "tns:SayHelloRequest"와 출

력 메시지 "tns:SayHelloResponse"를 정의하고 있다.

WSDL의 Binding 요소는 PortType 요소에서 정의된 인터페이스와 실제 프로토콜 (예: SOAP, HTTP, MIME 등)의 바인딩을 정의한다. 그림 14.2의 HelloService 웹 서비스에 대한 WSDL binding 요소는 sayHello에 대한 SOAP(Simple Object Access Protocol) 프로토콜을 바인딩시키고 있으며, 입력과 출력에서의 SOAP body에 대한 정의를 하고 있다.

```
<definitions name="HelloService"
    targetNamespace="http://www.examples.com/wsdl/HelloService.wsdl"
    xmlns="http://schemas.xmlsoap.org/wsdl/"
    xmlns:soap="http://schemas.xmlsoap.org/wsdl/soap/"
    xmlns:tns="http://www.examples.com/wsdl/HelloService.wsdl"
    xmlns:xsd="http://www.w3.org/2001/XMLSchema">

    <types>
        <xsd:schema targetNamespace="http://www.examples.com/
          wsdl/HelloService.wsdl">
            <xsd:element name="sayHelloRequest" type="xsd:string"/>
            <xsd:element name="sayHelloResponse" type="xsd:string"/>
        </xsd:schema>
    </types>

    <message name="SayHelloRequest">
        <part name="firstName" element="tns:sayHelloRequest"/>
    </message>

    <message name="SayHelloResponse">
        <part name="greeting" element="tns:sayHelloResponse"/>
    </message>

    <portType name="Hello_PortType">
        <operation name="sayHello">
            <input message="tns:SayHelloRequest"/>
            <output message="tns:SayHelloResponse"/>
        </operation>
    </portType>

    <binding name="Hello_Binding" type="tns:Hello_PortType">
        <soap:binding style="rpc" transport="http://schemas.xmlsoap.org/soap/http"/>
        <operation name="sayHello">
            <soap:operation soapAction="sayHello"/>
            <input>
                <soap:body use="literal"/>
            </input>
            <output>
                <soap:body use="literal"/>
            </output>
        </operation>
    </binding>
```

그림 14.2 HelloService의 WSDL 예 (part 1)

```
        <service name="Hello_Service">
            <port name="Hello_Port" binding="tns:Hello_Binding">
                <soap:address location="http://www.examples.com/HelloService"/>
            </port>
        </service>
    </definitions>
```

그림 14.2 HelloService의 WSDL 예 (part 2)

WSDL의 Service 요소는 실제 웹 서비스의 위치 (URL)을 명시하며, 하나의 서비스는 여러 개의 포트를 가질 수 있고, 각 포트는 특정 바인딩을 가질 수 있다. 그림 14.2의 HelloService에 대한 WSDL의 service 요소는 Hello_Service에 대한 port 이름과 binding, SOAP 주소를 설정하는 예를 보여준다.

14.1.5 Web 서버에서의 데이타베이스 구성 및 접속

웹서비스 제공을 위한 서버에서 데이터를 보다 체계적으로 저장하고 관리하며, 다양한 웹 서비스 제공에서 신속하게 활용할 수 있도록 데이타베이스를 구성하고 활용할 수 있게 한다. 웹 서비스 서버에서 데이타베이스를 구성하고 접속하는 과정은 데이타베이스 설치, 설정, 사용자 생성, 프로그래밍 언어를 통한 접속 및 데이터 조작으로 이루어 진다. 일반적으로 관계형 데이타베이스 관리 시스템에서 데이터를 관리하고 조작하기 위하여 사용되는 표준 질의 언어인 SQL (Structured Query Language)을 프로그래밍 언어에서 사용할 수 있도록 지원되며, SQL은 데이타베이스의 테이블에서 데이터를 검색, 삽입, 업데이트 및 삭제하는 작업을 수행하도록 한다. 또한 데이타베이스와 테이블의 구조를 정의하고 관리할 수 있는 기능을 제공한다.

Web 서비스 제공을 위한 Web server 구현에는 표 14.4에서 비교하여 설명하고 있는 플랫폼이 사용될 수 있다. 이들은 Web server의 구현에 사용되는 프로그래밍언어와 밀접한 관련성을 가진다. 대표적인 Web server 플랫폼으로 JavaScript 언어를 사용하는 Node.js와 Express.js, Java 기반의 SpringBoot, Python 기반의 Django와 Flask, Kotlin 기반의 Ktor가 있다.

표 14.4 Web server 구축 플랫폼

플랫폼	사용 언어	주요 특징	성능	커뮤니티 지원
Node.js	JavaScript	비동기 I/O, 단일 스레드 이벤트 루프, npm 패키지 관리자, 높은 확장성	높은 처리 속도, 비동기 처리에 강점	매우 활발
Django	Python	ORM 지원, 관리자 인터페이스 자동 생성, 강력한 보안 기능, 빠른 개발 속도	보통, 최적화 필요할 수 있음	활발
Ruby on Rails	Ruby	컨벤션을 중시한 설계, 강력한 ORM, 내장된 테스트 도구, 코드 작성의 효율성	보통, 메모리 사용량 높을 수 있음	활발
Spring Boot	Java	대규모 시스템에 적합, 종합적인 보안 및 설정 옵션, 다양한 모듈 지원	높음, JVM 최적화 필요	매우 활발
ASP.NET	C#	.NET 에코시스템과 통합, 강력한	높음, Windows	활발

플랫폼	사용 언어	주요 특징	성능	커뮤니티 지원
		형식 시스템, Visual Studio 통합 개발 환경	최적화	
Express.js	JavaScript	경량 및 유연한 구조, 미들웨어 지원, Node.js 기반	높은 처리 속도, 비동기 처리에 강점	매우 활발
Flask	Python	마이크로 프레임워크, 확장성 높음, 단순하고 직관적인 API	보통, 경량 애플리케이션에 적합	활발
Laravel	PHP	코드 가독성 높음, 강력한 ORM(Eloquent), 풍부한 커뮤니티 패키지 지원	보통, 최적화 필요할 수 있음	활발
Gin	Go	성능 최적화, 경량 및 빠른 처리 속도, 최소한의 종속성	높음, 높은 동시성 처리 능력	활발
Ktor	Kotlin	코루틴을 통한 비동기 프로그래밍, 경량 및 유연한 구조, Kotlin 친화적	높음, 비동기 처리에 강점	활발

14.2 Web 서비스 제공에서의 Front End와 Back End

웹 서비스 제공에서는 사용자가 직접 상호작용하는 웹 애플리케이션의 부분으로 주로 웹 브라우저에서 실행되는 프론트 엔드 (front end)와 웹 애플리케이션의 서버 측 부분으로 데이타베이스와의 상호 작용, 비즈니스 로직 구현, 서버 설정 등을 담당하는 백 앤드 (back end)의 기능으로 구분할 수 있다.

14.2.1 Web Service의 Front End

웹 서비스의 프론트 엔드 (front end)는 주로 웹 브라우저에서 실행되며, 사용자가 직접 상호 작용하는 웹 애플리케이션의 부분을 의미한다. 웹 서비스 프론트 엔드의 주요 기능 및 역할은 표 14.5에서 보는 것과 같이 사용자 인터페이스 (UI) 디자인 및 구현, 사용자 경험 최적화, 클라이언트-서버 통신, 프레임워크 및 라이브러리 사용 등이 있다.

표 14.5 웹 서비스 Front End의 주요 기능 및 역할

분류	주요 기능 요소	설 명
사용자 인터페이스 (UI)	HTML	▪ 웹 페이지의 구조를 정의 ▪ 문서의 내용과 구성을 설정하며, 텍스트, 이미지, 링크 등의 요소를 포함
	CSS	▪ 웹 페이지의 스타일을 정의 ▪ 레이아웃, 색상, 글꼴, 애니메이션 등을 설정하여 시각적으로 매력적이고 일관된 UI를 생성
	JavaScript	▪ 웹 페이지에 동적 기능을 추가 ▪ 사용자 상호작용에 반응하고, 애니메이션을 구현하며, 서버와 비동기적으로 데이터를 주고 받음
사용자 경험 (UX)	반응형 웹 디자인	▪ 다양한 기기와 화면 크기에 맞게 레이아웃을 조정 ▪ 미디어 쿼리와 플렉스 박스, 그리드 레이아웃 등을 활용
	접근성	▪ 장애를 가진 사용자를 포함한 모든 사용자에게 웹 페이지 접근이 가능하도록 설계 ▪ ARIA 속성, 키보드 내비게이션, 적절한 색 대비 등을 고려함
	성능 최적화	▪ 페이지 로딩 속도와 반응성을 높이기 위하여 이미지 최적화, 코드 압축, 캐싱 등을 적용
클라이언트-서	AJAX	▪ 비동기 JavaScript와 XML을 사용하여 페이지를 새로 고치지

분류	주요 기능 요소	설 명
버 통신		않고 서버와 데이터를 주고 받음
	Fetch API	▪ 네트워크 요청을 보내고, 응답을 처리하는 현대적인 방법을 제공 ▪ JSON 데이터를 가져와서 처리하는 데 주로 사용됨
	웹 소켓	▪ 실시간 통신을 가능하게 함 ▪ 채팅 애플리케이션, 실시간 업데이트가 필요한 서비스 등에 사용됨
프레임워크, 라이브러리	React	▪ 컴포넌트 기반의 UI 라이브러리 이며, 상태 관리와 가상 DOM을 통해 성능을 최적화함
	Vue.js	▪ 직관적이고, 유연한 프레임 워크로 간단한 통합과 강력한 기능을 제공함
	Angular	▪ 완전한 프레임워크로 양방향 데이터 바인딩, DI (Dependency Injection) 등을 제공함

14.2.2 Web Service의 Back End

웹서비스 제공에서의 백엔드 (back end)는 서버측 부분으로 데이타베이스와의 상호 작용, 비즈니스 로직 구현, 서버 설정 등의 기능이 포함된다. 표 14.6에서 Web service back end의 각 기능 분류별 주요 기능 요소에 대하여 설명하고 있다. 먼저 서버 설정 및 관리에서는 웹서버를 설정하고, 관리하며, 프론트 엔드(즉 클라이언트)로부터의 서비스 요청을 처리하고, 정적 파일을 제공하는 기능이 수행한다. 웹서버로는 Apache나 Nginx 등이 사용될 수 있다.

표 14.6 웹서비스 Back End의 주요 기능 및 역할

분 류	주요 기능 요소	설 명
서버 설정 및 관리	서버 소프트웨어	▪ 웹서버(Apache, Nginx 등)를 설정하고 관리 ▪ 요청을 처리하고 정적 파일을 제공
	서버 언어	▪ 서버측 스크립트 언어(PHP, Node.js, Python, Ruby, Java 등)를 사용하여 서비스 요청을 처리하고, 응답을 생성
데이타베이스 관리	데이타베이스 선택	▪ 관계형 데이타베이스 (MySQL, PostgresSQL)와 NoSQL 데이타베이스 (MongoDB, Redis) 중에서 요구 사항에 맞는 것을 선택함
	ORM (Object-Relational Mapping)	▪ 데이타베이스와 상호작용하기 위한 추상화 계층을 제공 ▪ 예: Django ORM, SQLAlchemy, Sequelize 등
	쿼리 작성	▪ SQL 또는 해당 데이타베이스의 쿼리언어를 사용하여 데이터를 조회, 삽입, 업데이트 및 삭제함
API 설계 및 구현	RESTful API	▪ HTTP/HTTPS 메서드 (GET, POST, PUT, DELETE)를 사용하여 리소스를 처리함 ▪ RESTful한 엔드 포인트를 설계함
	GraphQL	▪ 클라이언트가 필요한 데이터만 요청할 수 있도록 하는 쿼리 언어 ▪ 복잡한 데이터 요구사항을 충족할 수 있음
	인증 및 권한 부여	▪ JWT, OAuth, 세션관리 등을 통해 사용자 인증과 권한 부여를 처리함
비즈니스 로직 구현	서버 측 로직	▪ 애플리케이션의 핵심 기능을 구현 ▪ 예: 사용자 등록, 결제처리, E-mail 알림 등을 처리
	데이터 유효성 검사	▪ 입력된 데이터가 유효한지 확인하고, 필요한 경우 적절한 응답을 반환
보안	데이터 암호화	▪ 전송 중인 데이터와 저장된 데이터를 암호화하여 보

분 류	주요 기능 요소	설 명
		호 ▪ 예: HTTPS, TLS, 데이타베이스 암호화 등을 사용
	취약점 방어	▪ SQL injection, XSS (cross site scripting), CSRF(cross site request fake) 등의 공격에 대비한 보안 대책을 구현함

Web 서비스를 위한 백엔드의 주요기능으로 데이타베이스 관리가 있으며, 이는 서비스 특성에 맞는 데이타베이스(DB)의 선택, 데이타베이스와 상호 작용하기 위한 추상화 계층 제공을 위한 ORM(Object-Relational Mapping) 제공, 쿼리언어를 사용한 데이터 조회, 삽입, 업데이트 및 삭제 등의 데이타베이스 관리 기능이 포함된다.

백엔드의 API 설계 및 구현에서는 HTTP/HTTPS 메서드 (GET, POST, PUT, DELETE)를 사용하여 리소스를 처리하는 RESTful API의 설계 및 구현, 클라이언트가 필요한 데이터만 요청할 수 있게 하는 GraphQL, JWT, OAuth, 세션 관리 등을 사용한 사용자 인증 (authentication)과 권한 부여 처리 등의 기능이 포함된다.

Web service를 위한 back end의 가장 중요한 기능은 비즈니스 로직의 구현이며, 이를 위하여 애플리케이션의 서버 측 로직 핵심 기능을 구현 (예를 들어 사용자 등록, 결제처리, E-mail 알림 등)을 구현하며, 입력된 데이터가 유효한지 확인하고, 필요한 경우 적절한 응답을 반환하는 데이터 유효성 검사를 구현한다.

웹서비스 백엔드는 전송중인 데이터와 저장된 데이터를 암호화하기 위하여 HTTPS, TLS, 데이타베이스 암호화 등을 사용하며, SQL injection, XSS (cross site scripting), CSRF (cross-site request fake) 등의 공격에 대비한 보안대책을 구현한다.

14.2.3 Front End와 Back End간의 상호 작용

웹서비스 제공을 위한 프론트 엔드와 백 엔드간의 상호 작용에는 표 14.7에서 보는 것과 같이 (i) 프론트 엔드의 요청, (ii) 백엔드에서의 요청에 따른 데이터 처리 및 결과를 JSON 형식으로 프론트 엔드로 반환, (iii) 반환된 결과를 받아 프론트 엔드의 화면에 업데이트 등의 기능이 수행된다.

표 14.7 Front End와 Back End간의 상호 작용

기능 요소	설 명
Front End 요청	▪ 사용자가 웹브라우저에 표시된 버튼을 클릭하거나, 폼을 제출하면 프론트 엔드는 AJAX 요청이나 Fetch API를 사용하여 서버에 데이터를 전송함
Back End 처리	▪ 서버는 요청을 받아 비즈니스 로직을 처리하고, 데이타베이스와 상호작용한 후, 결과를 JSON 형식으로 반환함 ▪ 서비스 로직의 예: 사용자 등록, 사용자 로그인, 사용자의 정보 조회, 데이타베이스 업데이트
Front End 응답 처리	▪ 프론트 엔드는 서버로부터 받은 데이터를 처리하여 화면에 업데이트함 ▪ 예: 테이블 내용을 갱산, 사용자에게 알림을 표시

먼저 사용자가 웹브라우저에 표시된 버튼을 클릭하거나 폼을 제출하면 프론트 엔드는 AJAX 요청이나 Fetch API를 사용하여 백엔드의 서버에게 데이터를 전송한다. 백엔드에서

는 프론트 엔드로부터의 요청을 서버가 받고, 요청에 따라 비즈니스 로직을 처리하기 위하여 데이타베이스와 상호 작용한 후, 결과를 JSON 형식으로 프론트 엔드로 반환한다.

백엔드에서의 비즈니스 로직 예로는 사용자 관리 시스템에서의 사용자 등록을 위한 입력 데이터의 유효성 검사, 암호 해싱, 데이타베이스 저장 등이 포함되며, 사용자 로그인을 위한 입력 자격 증명의 유효성 검사, 비밀 번호 확인, 세션 또는 토큰 발급 등의 비즈니스 로직이 포함된다. 다음으로 사용자가 자신의 정보를 조회할 수 있도록하며, 인증된 사용자만 접근할 수 있도록 하는 인증 체크 등의 비즈니스 로직이 포함되고, 사용자 데이터 유효성 검사와 데이타베이스 업데이트 등의 비즈니스 로직이 포함된다.

백엔드는 프론트 엔드의 서비스 요청을 처리한 후, 결과를 JSON 형식으로 프론트 엔드로 반환한다. 서비스 요청 처리 결과를 반환 받은 프론트 엔드는 서버로부터 받은 데이터를 처리하여 화면에 업데이트하여 사용자가 처리 결과를 확인할 수 있게 한다.

14.2.4 Client Script, Server Script

웹 서비스의 front end와 back end간의 협력으로 제공되는 웹서비스는 기본적으로 백엔드인 웹 서버에서 웹 문서를 스크립트로 구성하여 프론트 엔드인 클라이언트로 전달하고, 이를 클라이언트의 웹 브라우저에서 실행시켜 서비스를 제공한다. 스크립트로 작성된 웹 문서는 그림 14.3에서 보는 것과 같이, (i) 클라이언트에서 실행되는 스크립트를 웹 서버에서 직접 작성하는 클라이언트 스크립트 방식과 (ii) 웹서버에서 서버 스크립트를 해석하고 HTML 코드를 생성하고, 이 HTML 코드를 클라이언트로 전송하여 클라이언트에서 HTML 코드를 실행하는 방식으로 구분된다.

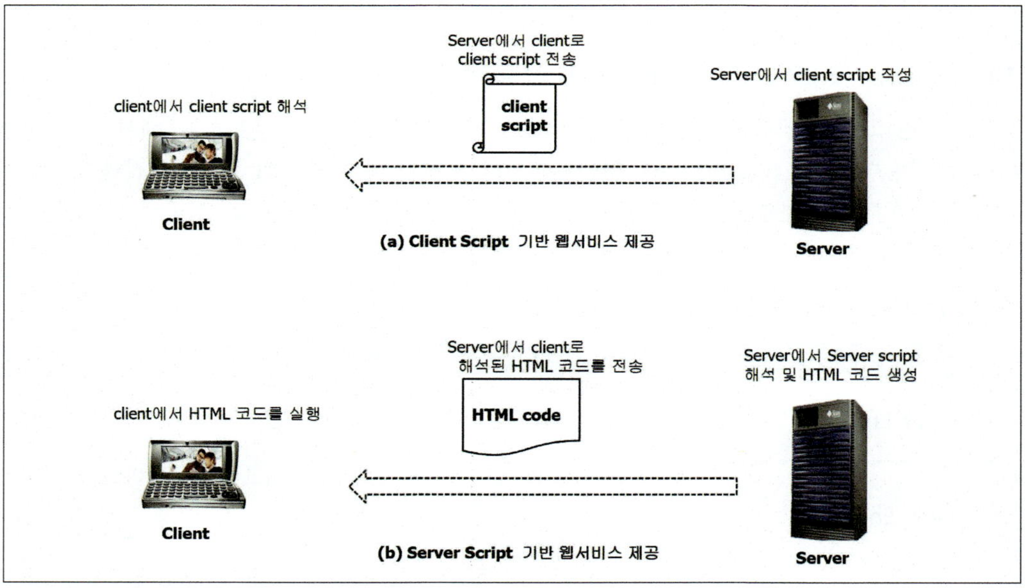

그림 14.3 Client Script vs. Server Script

표 14.8 Client Script 방식과 Server Script 방식의 비교

항목	Client Script 방식	Server Script 방식
실행 위치	클라이언트 측 (브라우저)	서버 측
사용 언어	JavaScript, HTML5 등	PHP, ASP.NET, Python, Ruby 등
처리 속도	클라이언트의 성능에 의존하며, 즉각적 반응이 가능	서버의 성능과 네트워크 속도에 따라 다름
보안	클라이언트에 코드가 노출되므로 보안 취약성이 있음	서버에서 실행되므로 클라이언트에 코드 노출되지 않음
로드 분산	클라이언트가 처리 부하를 분산	서버에 부하가 집중될 수 있음
데이터 접근	클라이언트 측 데이터 (쿠키, 로컬 스토리지 등)에 접근 가능	데이타베이스 등 서버 자원에 직접 접근 가능
사용자 경험	즉각적인 사용자 반응 제공 (AJAX 등 이용 가능)	페이지 새로고침이 필요할 수 있음
개발 및 디버깅	브라우저 개발자 도구를 통해 쉽게 디버깅 가능	서버 로그 및 툴을 이용하여 디버깅
유지 보수	브라우저 호환성 이슈가 있을 수 있음	서버 환경에서 일관된 동작 보장
예제	JavaScript를 이용한 동적 웹 페이지	PHP를 이용한 동적 웹 페이지

표 14.6은 웹 서비스 제공 방식인 클라이언트 스크립트 방식과 서버 스크립트 방식을 세부 항목별로 비교하여 보여준다. 클라이언트 스크립트는 JavaScript나 HTML5 등으로 구현되고, 웹 브라우저가 설치된 클라이언트에서 실행되므로 클라이언트의 성능에 의존하며, 즉각적인 반응이 가능한 장점이 있다. 브라우저 개발자 도구를 사용하여 쉽게 개발할 수 있는 장점이 있으나 클라이언트에 코드가 노출되므로 보안 취약성이 있는 단점이 있다. 클라이언트 스크립트 방식의 주요 예제로는 JavaScript를 이용한 동적 웹 페이지 구성이 있다.

서버 스크립트는 PHP, ASP.NET, Python, Ruby 등으로 구현되며, 서버에서 실행되므로 서버의 성능과 네트워크 속도에 따라 성능이 결정되며, 서버에 부하가 집중될 수 있으나, 데이타베이스 등 서버 자원에 직접 접근이 가능한 장점이 있다. 특히, 스크립트가 서버에서 실행되므로 클라이언트에 코드가 노출되지 않으며, 서버 환경에서 일관된 동작을 보장하는 장점이 있다. 서버 스크립트의 주요 예제로는 PHP를 이용한 동적 웹 페이지가 있다.

14.2.5 동적 웹페이지 (Dynamic Web Page)

동적 웹페이지 (dynamic web page)는 클라이언트 환경에서 사용자의 요청이나 상호작용에 따라 실시간으로 변화하고 업데이트되는 웹 페이지를 의미한다. 정적 웹페이지 (static web page)와 달리, 동적 웹 페이지는 사용자 입력, 데이타베이스 질의 결과, 서버 측 처리 결과 등의 요소에 의해 웹 브라우저에 표시되는 컨테츠가 동적으로 생성되고 변경되는 것을 의미한다.

동적 웹 페이지의 주요 특징은 표 14.9에서 보는 것과 같이, 실시간 콘텐츠 업데이드, 사용자 맞춤형 콘텐츠, 데이타베이스 연동, 서버측 및 클라이언트 측 스크립트 사용 등이 있다.

동적 웹 페이지의 주요 예시로 전자상거래 사이트와 온라인 포털 및 뉴스 사이트 등이 있다. 전자 상거래 사이트에서는 상품 목록, 사용자 리뷰, 장바구니 상태 등이 실시간으로 업데이트 되며, 사용자가 특정 카테고리를 선택하면 해당 커테코리의 상품 목록이 즉시 표시된다. 온라인 포털 및 뉴스 사이트에서는 최신 뉴스 기사, 날씨 정보, 주식 시세 등이 실시간으로 업데이트되며, 사용자가 로그인하면 개인화된 뉴스 피드 및 추천 목록이 제공될 수 있다.

표 14.9 동적 웹페이지의 주요 특징

항 목	설 명
실시간 콘텐츠 업데이트	▪ 사용자의 입력이나 요청에 따라 페이지 내용이 실시간으로 변경 ▪ 예: 사용자가 검색창에 입력한 키워드에 따라 검색 결과로 즉시 업데이트 됨
사용자 맞춤형 콘텐츠	▪ 사용자의 로그인 상태, 선호도, 과거 활동 내역 등에 따라 개인화된 콘텐츠 제공 가능 ▪ 예: 사용자가 로그인하면 그 사용자에게 맞춤형의 대시 보드나 추천 상품을 보여 줌
데이타베이스 연동	▪ 서버 측에서 데이타베이스와 상호 작용하여 데이터를 조회하거나 업데이트 함 ▪ 예: 전자상거래에서 이전에 구매하였던 목록을 보여주고, 이들 항목중 일부를 다시 구매할 수 있도록 안내
서버측 스크립트 사용	▪ PHP, ASP.NET, Python, Ruby 등의 서버측 스크립트 언어를 사용하여 요청을 처리하고, HTML을 생성하여 클라이언트로 전송 ▪ 서버 측에서 비즈니스 로직을 처리하고, 결과를 클라이언트로 전송
클라이언트측 스크립트 사용	▪ JavaScript를 사용하여 사용자 인터페이스를 동적으로 업데이트하고, 서버와 비동기적으로 통신 (AJAX) ▪ 예: 사용자가 특정 버튼을 클릭하면 페이지를 새로 고침하지 않고 특정 부분만 업데이트 함

동적 웹 페이지의 동작 절차는 클라이언트 요청, 서버측 처리, 동적 콘텐츠 생성, 응답 전송, 클라이언트 측 상호 작용, AJAX을 사용한 서버와의 비동기 통신 수행으로 진행된다. 먼저 클라이언트의 요청에서는 사용자가 웹 브라우저에서 특정 웹 페이지를 요청하며, 이 요청은 HTTP 프로토콜을 통하여 서버로 전송된다. 서버는 HTTP 프로토콜을 통한 요청을 받아 필요한 처리를 수행하며, 데이타베이스에서 필요한 데이터를 조회하고, 비즈니스 로직을 처리한다. 서버는 요청에 따른 비즈니스 로직 처리을 결과와 데이타베이스에서 가져온 데이터나 사용자 입력을 반영하여 동적 HTML을 생성한 후, 생성된 HTML을 클라이언트로 전송한다. 클라이언트는 HTML을 브라우저에 렌더링한다.

클라이언트의 사용자는 페이지에서 다양한 상호 작용을 수행할 수 있으며, JavaScript를 이용해 클라이언트 측에서도 페이지 일부를 동적으로 업데이트 할 수 있다. 아울러, 클라이언트 측에서 AJAX를 사용하여 서버와 비동기 통신을 수행하며, 전체 페이지를 새로 고침하지 않고도 서버로부터 데이터를 받아와 페이지 일부를 업데이트 할 수 있다.

동적 웹 페이지는 실시간으로 콘텐츠가 업데이트되기 때문에 사용자에게보다 빠르고 응답성이 좋은 경험을 제공하는 사용자 경험 향상, 사용자 요구에 맞추어 개인화된 콘텐츠를 제공할 수 있는 개인화, 데이타베이스 연동을 통해 다양한 형태의 데이터를 실시간으로 표시할 수 있는 유연성 등의 장점을 가진다. 동적 웹 페이지가 가지는 단점으로는 동적 웹페이지를 정적 웹페이지에 비해 설계 및 구현이 복잡한 단점이 있으며, 서버 측에서 많은 처리를 수행해야 하는 서버 부하, 그리고 동적으로 생성되는 콘텐츠는 보안 취약점을 노출할 가능성이 높은 단점을 가진다.

14.3 HTML (HyperText Markup Language)

14.3.1 웹페이지 구성

웹 서비스가 제공되는 프론트 엔드에 표시되는 웹페이지는 표 14.10에서 설명된 구성요소를 가진다. 전체 웹 페이지의 구조와 내용은 HTML (HyperText Markup Language) 문서로 작성된다. HTML의 태그로는 <head>, <body>, <img>, <table> 등이 사용된다. 웹 페이지의 모양은 CSS (Cascading Style Sheet)을 사용하여 웹 페이지가 화면에 출력되는 모양을 지정한다. 예를 들어 웹페이지의 글자 폰트와 크기, 배경색, 문단의 여백, 외곽선의 굵기와 형태 등이 지정된다.

웹 페이지의 행동 및 응용 프로그램 구성에서는 JavaScript를 사용하여 설정되며, 사용자의 마우스나 키보드 입력에 따라 웹페이지를 동적으로 변화시키거나 게임 등 웹 페이지를 하나의 응용 프로그램으로 만드는 기능을 제공한다.

표 14.10 웹 페이지 구성

웹 페이지 구성 요소	사용되는 언어와 주요 기능
웹페이지의 구조와 내용	▪ HTML (HyperText Markup Language) ▪ 홈페이지의 구조와 내용을 설정 ▪ HTML tag: <head>, <body>, <img>, <table>
웹페이지의 모양	▪ CSS (Cascading Style Sheet) ▪ 웹페이지가 화면에 출력되는 모양을 지정 (예: 글자 폰트와 크기, 배경색, 문단의 여백 (margin), 외곽선의 굵기와 형태 등)
웹 페이지의 행동 및 응용 프로그램	▪ JavaScript ▪ 사용자의 마우스나 키보드 입력에 따라 웹페이지를 동적으로 변화시키거나 게임 등 웹 페이지를 하나의 응용 프로그램으로 만드는 기능

14.3.2 HTML (HyperText Markup Language) 문서의 기본 구조

HTML (HyperText Markup Language)는 웹 페이지를 작성하는데 사용되는 마크업 언어이며, 웹 페이지의 구조를 정의하고, 웹 콘텐츠를 브라우저에 표시하는 역할을 수행한다. HTML은 태그 (tag)와 속성(attribute)을 사용하여 문서의 각 요소를 기술한다.

HTML 문서는 그림 14.4에서 보는 것과 같이 <!DOCTYPE html>로 HTML5 문서를 선언하며, 브라우저에 HTML5 표준을 따르도록 지시한다. <html lang= “en” >은 html 문서에서 사용되는 기본 언어를 지정한다.

HTML 문서의 루트 요소인 <html> ~ </html> 영역은 <head> ~</head>의 헤더 구간과 <body> ~ </body>의 본문 구간으로 구성된다. 헤더 구간에서는 문서의 메타 데이터를 포함하며, <meta> 태그는 문서의 문자 인코딩, 뷰포트 설정 등을 정의하고, <title> 태그는 브라우저 탭에 표시될 문서의 제목을 정의한다.

<body> 구역은 문서의 실제 콘텐츠를 포함하며, <h1> 등의 헤더라인, <p> 문단 정의 등의 다양한 HTML 요소가 포함된다.

```
<!DOCTYPE html>
<html lang="en">
<head>
    <meta charset="UTF-8">
    <meta name="viewport" content="width=device-width, initial-scale=1.0">
    <title>Document</title>
</head>
<body>
    <h1>Hello, World!</h1>
    <p>This is a paragraph.</p>
</body>
</html>
```

그림 14.4 HTML 문서의 기본 구조

14.3.3 HTML와 HTML5의 주요 요소

표 14.11은 HTML의 주요 요소들에 대하여 설명한다.

표 14.11 주요 HTML 요소

분류	HTML 요소	설 명
텍스트 요소	<h1> ~ <h6>	▪ 제목 (heading) 요소 ▪ <h1>이 가장 큰 제목
	<p>	▪ 단락 (paragraph) 요소
	<a>	▪ 앵커(anchor) 요소, 하이퍼 링크를 정의
	<span>	▪ 인라인 컨테이너, 텍스트의 특정 부분의 스타일 지정
	<div>	▪ 블록 레벨 컨테이너, 레이아웃을 나눌 때 사용
이미지, 멀티미디어 요소	<img>	▪ 이미지, 정지영상 요소, src 속성으로 이미지 경로 지정
	<video>	▪ 비디오, 동영상 요소, controls, src 속성을 사용하여 비디오 파일 재생
	<audio>	▪ 오디오 요소, controls, src 속성을 사용하여 비디오 파일 재생
리스트 요소	<ul>	▪ 순서 없는 리스트 (unordered list), <li> 요소와 함께 사용
	<ol>	▪ 순서 있는 리스트 (ordered list), <li> 요소와 함께 사용
	<li>	▪ 리스트 항목 (list item)
폼 요소	<form>	▪ 사용자 입력을 받기 위한 양식/폼 (form) 요소
	<input>	▪ 다양한 유형의 사용자 입력 필드
	<label>	▪ 입력 필드에 대한 레이블
	<textarea>	▪ 여러 줄의 텍스트 입력 필드
	<button>	▪ 클릭 가능한 버튼
표 요소	<table>	▪ 표(table)를 정의
	<tr>	▪ 표의 행(row)를 정의
	<td>	▪ 표의 셀(cell)을 정의
	<th>	▪ 표의 헤더 셀(header cell)을 정의

HTML 5에 도입된 새로운 요소들은 표 14.12에서 보는 것과 같다.

표 14.12 HTML 5의 새로운 요소

분류	HTML5 요소	설 명
의미론적 요소	<header>	▪ 문서나 섹션의 머릿말
	<nav>	▪ 내비게이션 링크
	<article>	▪ 독립적으로 구획된 콘텐츠
	<section>	▪ 문서의 일반 섹션
	<aside>	▪ 사이드바나 보조 콘텐츠
	<footer>	▪ 문서나 섹션의 바닥글
	<main>	▪ 문서의 주요 콘텐츠
멀티미디어 요소	<audio> <video>	▪ 오디오 및 비디오 재생을 위한 요소
	<canvas>	▪ 그래픽을 그릴 수 있는 컨테이너
	<svg>	▪ 벡터 그래픽을 위한 요소
폼 요소 개선	<input>	▪ date, email, url 등 다양한 유형이 추가됨
	<datalist>	▪ <input> 요소와 함께 사용하여 자동 완성 목록 제공
	<output>	▪ 계산 결과를 출력하기 위한 요소

14.3.4 HTML의 중요 개념

HTML 문서 작성 및 생성에서 중요한 개념으로는 접근성, 반응형 웹 디자인, 검색 엔지 최적화 등이 고려되어야 한다. 먼저 접근성 (accessibility)란 웹 콘텐츠가 모든 사용자, 특히 장애가 있는 사용자에게도 접근이 가능하도록 설계하는 것이 중요하다. WAI-ARIA (Web Accessibility Initiative - Accessible Rich Internet Applications) 속성을 사용하여 접근성을 개선할 수 있다.

반응형 웹 디자인 (Responsive Web Design)에서는 다양한 클라이언트 장치와 화면 크기에서 잘 동작하는 웹 페이지를 만들기 위하여 미디어 쿼리와 유연한 레이아웃을 사용하여야 한다. 예를 들어 <meta name= "viewport" content= "width=device-width, initial-scale=1.0" > 태그를 사용하여 클라이언트 디바이스의 크기에 맞춘 반응형 디자인을 지원할 수 있다.

검색 엔진 최적화란 검색 엔진이 웹 페이지를 더 잘 이해하고 색인할 수 있도록 HTML을 최적회하는 것이며, 의미론적 태그와 메타 데이터를 사용하여 검색 엔진에 더 적절한 데이터를 제공할 수있어야 한다.

14.3.5 HTML5 Web Form

HTML5의 Web Form(웹 폼)은 사용자로부터 데이터를 입력받아 서버로 전송하는 HTML 문서의 중요한 구성 요소이다. HTML5는 이전 버전의 HTML에서 제공하지 않았던 다양한 새로운 입력 타입과 속성을 추가하여 웹 폼의 기능성과 사용성을 크게 향상시켰다. 이러한 새로운 기능 덕분에 개발자들은 더 간단하고 효율적인 방법으로 사용자 입력을 처리할 수 있다.

(1) HTML5 Web Form의 주요 요소

① 입력 타입 (Input Types)

HTML5는 여러 새로운 입력 타입을 도입하여 특정 유형의 데이터를 쉽게 입력받을 수 있도록 하였다. 이로 인해 사용자는 더 나은 경험을 제공받고, 개발자는 더 쉽게 데이터를 검증할 수 있다.

- <input type="text">: 기본 텍스트 입력 필드
- <input type="email">: 이메일 주소 입력 필드. 브라우저는 입력된 데이터가 이메일 형식인지 확인
- <input type="url">: URL 입력 필드. 입력된 데이터가 URL 형식인지 확인
- <input type="number">: 숫자 입력 필드. 숫자만 입력 가능하며, 최소값과 최대값을 지정할 수 있음
- <input type="tel">: 전화번호 입력 필드
- <input type="date">: 날짜 선택 필드. 브라우저에서 기본 제공하는 날짜 선택기를 통해 날짜를 선택할 수 있음
- <input type="range">: 슬라이더를 통해 범위 내의 값을 선택할 수 있음
- <input type="color">: 색상 선택 필드
- <input type="search">: 검색 필드. 검색을 위한 텍스트 입력과 유사하지만, 검색을 위한 특별한 스타일을 적용할 수 있음
- <input type="datetime-local">: 날짜와 시간을 동시에 입력받을 수 있는 필드
- <input type="month">: 월과 연도를 선택할 수 있는 필드
- <input type="week">: 연도와 주를 선택할 수 있는 필드
- <input type="time">: 시간을 선택할 수 있는 필드

② 새로운 폼 요소

HTML5에서는 다양한 새로운 폼 요소도 추가되었다.

- <datalist>: <input> 요소와 함께 사용하여 사용자가 선택할 수 있는 미리 정의된 옵션 목록을 제공
- <output>: 계산된 결과나 기타 값을 표시하는 데 사용됨
- <progress>: 작업의 진행 상황을 나타냄
- <meter>: 측정된 값의 범위를 나타냄

③ 속성 (Attributes)

HTML5는 웹 폼에 추가할 수 있는 다양한 속성을 제공하며, 이 속성들은 폼의 동작을보다 정교하게 제어할 수 있게 해준다.

- required: 사용자가 입력을 필수로 해야 하는 필드임을 나타냄
- placeholder: 입력 필드에 기본적으로 표시될 안내 텍스트를 지정함
- pattern: 정규식을 사용하여 입력값의 패턴을 지정할 수 있음
- autofocus: 페이지 로드 시 자동으로 포커스를 받을 입력 필드를 지정함
- min 및 max: 숫자, 날짜 등에서 입력 가능한 최소값과 최대값을 지정함

- step: 숫자 입력의 증가/감소 간격을 지정함

(2) 웹 폼의 유효성 검사 (Validation)

HTML5 폼은 클라이언트 측 유효성 검사를 지원하여 폼이 제출되기 전에 사용자가 입력한 데이터가 올바른지 확인한다. 예를 들어, required 속성, pattern 속성, type="email" 등의 속성을 사용하면 브라우저가 자동으로 사용자의 입력을 검사하고, 잘못된 입력에 대해 오류 메시지를 표시한다.

(3) 파일 업로드 및 양식 데이터 전송

HTML5는 파일 업로드를 위한 폼 필드와 AJAX와 같은 비동기 데이터 전송 방법을 지원한다. AJAX를 통한 데이터 전송에서는 HTML5의 FormData 객체를 사용하여 비동기적으로 폼 데이터를 전송할 수 있다. 이 방법을 사용하면 페이지를 새로 고침하지 않고도 데이터를 서버로 전송할 수 있다.

(4) 접근성 (Accessibility)

HTML5는 웹 폼의 접근성을 높이기 위해 몇 가지 주요 기능을 제공한다:

- <label> 요소: <label> 요소는 입력 필드와 연관된 텍스트 레이블을 제공하여 화면 읽기 프로그램과 같은 접근성 도구가 폼 필드를 쉽게 이해할 수 있게 함
- ARIA 속성: ARIA(Accessible Rich Internet Applications) 속성을 사용하여 웹 폼의 접근성을 더욱 강화할 수 있음

14.4 CSS(Cascading Style Sheet)

14.4.1 CSS (Cascading Style Sheets) 개요

CSS(Cascading Style Sheets)는 웹 페이지의 시각적 표현을 정의하는 스타일시트 언어이며, 웹 페이지의 디자인과 레이아웃을 정의하는 데 필수적인 역할을 한다. HTML이 웹 페이지의 구조와 콘텐츠를 정의한다면, CSS는 그 구조와 콘텐츠가 어떻게 보일지를 정의한다. CSS는 색상, 글꼴, 레이아웃, 애니메이션 등 다양한 시각적 스타일을 적용하여 웹 페이지를보다 아름답고 사용하기 쉽게 만드는 데 사용되며, HTML의 구조와 콘텐츠가 시각적으로 잘 표현될 수 있도록 하는 강력한 도구로, 웹 서비스 제공에서 사용자가 직관적이고 매력적인 경험을 할 수 있도록 도와준다. CSS는 다양한 선택자와 속성, 레이아웃 모델, 반응형 디자인, 애니메이션 등을 통해 현대적인 웹 디자인을 구현할 수 있게 해준다.

(1) CSS의 기본 개념

CSS는 HTML 요소에 스타일을 적용하기 위해 사용되며, 이를 통해 웹 페이지의 전반적인 디자인과 레이아웃을 제어할 수 있다. CSS는 주로 세 가지 방식으로 웹 페이지에 적용될

수 있다:

- 인라인(In-line) 스타일: HTML 요소에 직접 스타일을 적용함
- 내부(Internal) 스타일 시트: HTML 문서의 <head> 섹션에 <style> 요소를 사용하여 스타일을 정의함
- 외부(External) 스타일 시트: 별도의 .css 파일에 스타일을 정의하고, HTML 문서에서 해당 파일을 링크로 불러오며, styles.css 파일에 스타일을 정의함

(2) CSS의 기본 구성 요소

① 선택자 (Selector)

CSS에서 선택자는 스타일을 적용할 HTML 요소를 지정하는 역할을 다양한 종류의 선택자가 있으며, 이를 조합하여 특정 요소 또는 그룹에 스타일을 적용할 수 있다.

- 요소 선택자: 특정 HTML 요소에 스타일 적용
- 클래스 선택자: 특정 클래스 이름이 적용된 HTML 요소에 스타일을 적용 클래스 이름 앞에 .을 붙여서 사용
- 아이디 선택자: 특정 아이디가 적용된 HTML 요소에 스타일을 적용하며, 아이디 이름 앞에 #을 붙여서 사용
- 그룹 선택자: 여러 요소에 동일한 스타일을 적용할 때 사용
- 후손 선택자: 특정 요소 내부의 자손 요소에 스타일을 적용
- 속성 선택자: 특정 속성을 가진 요소에 스타일을 적용

② 속성 (Properties)

CSS 속성은 선택자가 선택한 HTML 요소의 스타일을 정의하며, 속성은 값과 함께 사용되어 스타일을 지정한다.

- 색상: color, background-color 등
- 글꼴: font-family, font-size, font-weight 등
- 텍스트 정렬: text-align, text-decoration 등
- 레이아웃: margin, padding, border, width, height 등
- 디스플레이 및 위치: display, position, float 등

③ 값 (Values)

CSS 속성에는 다양한 값이 사용될 수 있다. 여기에는 색상 값, 크기 값, 비율 값 등이 포함된다.

- 색상 값: red, #ff0000, rgb(255, 0, 0) 등으로 지정 가능함
- 크기 값: px, em, rem, % 등으로 지정 가능함
- 기타: auto, none, block, inline 등 특별한 동작을 지정하는 값도 있음

(3) CSS 레이아웃 모델

CSS는 다양한 레이아웃 기술을 제공하여 웹 페이지의 구조를 정의한다.

① 박스 모델 (Box Model) – 모든 HTML 요소는 박스 모델(Box Model)을 따른다. 박스 모델은 네 가지 구성 요소로 이루어진다.

- 테두리(Border): 요소의 경계선을 나타내는 부분임
- 마진(Margin): 요소와 다른 요소 사이의 외부 여백임
- 콘텐츠 영역(Content): 요소의 실제 콘텐츠가 들어가는 영역임
- 패딩(Padding): 콘텐츠와 테두리 사이의 내부 여백임

② Flexbox – Flexbox는 1차원 레이아웃 모델로, 복잡한 레이아웃을 간단하게 만들 수 있도록 도와준다. Flexbox를 사용하면 요소를 수평 또는 수직으로 배치하고, 요소 간의 공간을 동적으로 분배할 수 있다.

③ CSS Grid – CSS Grid는 2차원 레이아웃 모델로, 행과 열을 사용하여 레이아웃을 정의하며, 복잡한 레이아웃을 쉽게 구성할 수 있도록 도와준다.

(4) 반응형 웹 디자인 (Responsive Web Design)

CSS를 사용하여 다양한 장치에서 웹 페이지가 잘 보이도록 반응형 디자인을 구현할 수 있다. 미디어 쿼리(Media Queries)는 화면 크기, 해상도, 방향 등에 따라 스타일을 적용할 수 있도록 도와준다.

(5) CSS 애니메이션과 전환

CSS는 웹 페이지에 애니메이션과 전환 효과를 추가할 수 있는 기능을 제공한다.

- 전환(Transition): 요소의 상태가 변경될 때의 애니메이션 효과를 정의함
- 애니메이션(Animation): CSS 애니메이션을 사용하여 요소의 스타일을 반복적으로 변경할 수 있음

(6) CSS 프레임워크

CSS는 다양한 프레임워크와 함께 사용되어 개발 속도를 높이고 일관된 디자인을 구현할 수 있다. 대표적인 CSS 프레임워크들은 다음과 같다:

- Bootstrap: 반응형 디자인과 다양한 UI 컴포넌트를 제공하는 가장 널리 사용되는 CSS 프레임워크 중 하나임
- Foundation: ZURB에서 개발한 프레임워크로, 반응형 웹 디자인을 지원함
- Tailwind CSS: 유틸리티 퍼스트 CSS 프레임워크로, 재사용 가능한 스타일 클래스를 통해 빠르고 효율적인 개발이 가능함

14.4.2 Kotlin 기반 웹 서비스 구현에서의 CSS 사용

Kotlin 기반의 웹 서비스에서 CSS를 사용하는 방법은 여러 가지가 있다. Ktor와 함께 사용하면 전통적인 방법(외부 CSS 파일 포함)부터, CSS 프레임워크와 Kotlin DSL을 활용한 동적 스타일링까지 다양한 접근 방식을 선택할 수 있다. 이러한 방법들을 적절히 활용하면 유지 관리가 용이하고, 유연하며, 효율적인 웹 애플리케이션을 구축할 수 있다.

Kotlin 기반의 웹 서비스에서 CSS를 사용하는 방법은 전통적인 웹 개발과 유사하지만,

Kotlin이 제공하는 도구와 프레임워크를 통해 더 유연하고 강력하게 구현할 수 있다. 특히, Ktor를 사용하는 경우, 서버 측에서 HTML을 렌더링하고 CSS를 추가하여 클라이언트에게 스타일링된 페이지를 제공할 수 있다.

(1) Ktor에서 CSS를 사용하는 기본 방법

Ktor는 서버 측에서 HTML을 생성하고 클라이언트에게 응답으로 전송할 수 있는 기능을 제공한다. 이때, CSS를 사용하여 HTML 콘텐츠를 스타일링할 수 있다. CSS는 두 가지 방법 (인라인 스타일, 내부 스타일 시트, 외부 스타일 시트.)으로 포함될 수 있다:

① 인라인 스타일과 내부 스타일 시트 - Kotlin의 Ktor를 사용해 인라인 스타일이나 내부 스타일 시트를 HTML 응답에 포함할 수 있다. 인라인 스타일은 HTML 태그 내부에 직접 CSS를 포함하는 것이고, 내부 스타일 시트는 <style> 태그를 사용하여 CSS를 정의한다.

② 외부 스타일 시트 - 외부 스타일 시트는 별도의 .css 파일을 생성하여 HTML 문서에 링크하는 방식이며, 이는 유지 관리와 재사용성 측면에서 권장되는 방법이다.

- CSS 파일 생성: 프로젝트 내에 resources/static/styles.css 파일을 생성하고, 필요한 CSS 스타일을 정의함
- Ktor에서 CSS 파일 제공: Ktor에서 static 블록을 사용하여 정적 파일을 제공할 수 있음
- static: 이 블록을 사용하여 정적 파일(CSS, JavaScript, 이미지 등)을 제공할 수 있으며, resources("static")은 resources/static 디렉터리에서 파일을 제공함
- link(rel = "stylesheet", href = "/static/styles.css"): HTML 문서의 <head> 부분에 외부 CSS 파일을 링크하여 클라이언트가 CSS 파일을 다운로드하도록 함

(2) Ktor와 함께 사용할 수 있는 CSS 프레임워크

Kotlin 기반 웹 서비스에서 CSS 프레임워크를 사용하는 것은 웹 페이지의 스타일을 빠르게 적용하고 일관된 디자인을 유지하는 데 매우 유용하다. Ktor와 함께 자주 사용되는 몇 가지 CSS 프레임워크는 다음과 같다:

① Bootstrap - Bootstrap은 가장 인기 있는 CSS 프레임워크 중 하나로, 반응형 웹 디자인을 쉽게 구현할 수 있다. Ktor 프로젝트에서 Bootstrap을 사용하는 방법은 다음과 같다:

- Bootstrap 파일 링크: CDN을 통해 Bootstrap을 쉽게 사용할 수 있음
- Bootstrap CDN: link 태그로 Bootstrap의 CSS 파일을 가져옴
- Bootstrap 클래스 사용: container, text-center, lead 등의 Bootstrap 클래스를 사용하여 레이아웃을 쉽게 구성할 수 있음

② Tailwind CSS - Tailwind CSS는 유틸리티 퍼스트 CSS 프레임워크로, 컴포넌트

를 빌드하기 위한 재사용 가능한 CSS 클래스를 제공한다.

- Tailwind CSS 설정: Tailwind CSS는 기본적으로 빌드 도구(Webpack, PostCSS 등)가 필요하지만, Ktor와 함께 사용하기 위해 CDN을 활용할 수도 있음
- Tailwind CDN: Tailwind CSS를 CDN에서 불러와 바로 사용할 수 있음
- Tailwind 클래스 사용: text-2xl, font-bold, max-w-lg 등 Tailwind의 유틸리티 클래스를 사용하여 스타일을 적용함

③ Kotlin DSL을 사용한 CSS 정의 – Kotlin DSL을 사용해 CSS를 프로그래밍적으로 정의할 수 있는 kotlinx.css 라이브러리를 사용할 수도 있다. 이 방법을 사용하면 스타일 정의를 코드로 직접 작성할 수 있어, 특히 동적 스타일링에 유용하다.

- kotlinx.css 라이브러리: 이 라이브러리를 사용하면 Kotlin 코드를 사용해 CSS를 정의할 수 있음
- css 블록: css 블록 내에서 Kotlin DSL을 사용해 스타일을 정의함

14.5 JavaScript

14.5.1 JavaScript 개요

JavaScript는 현대 웹 개발에서 필수적인 언어로, 클라이언트 측의 인터랙티브한 사용자 경험을 제공할 수 있도록 도와주며, DOM 조작, 이벤트 처리, 비동기 통신 등 다양한 기능을 제공하며, 다양한 라이브러리와 프레임워크를 통해 복잡한 웹 애플리케이션을 쉽게 구축할 수 있다. 또한, Node.js를 통해 서버 측에서도 JavaScript를 사용할 수 있어, 전체 스택에서 JavaScript를 활용하는 풀스택 개발이 가능해졌다. JavaScript의 유연성과 강력함은 웹 서비스 구현에서 없어서는 안 될 중요한 요소이다.

JavaScript는 웹 서비스 구현에서 핵심적인 역할을 하는 프로그래밍언어이다. JavaScript는 웹 페이지에서 동적인 콘텐츠를 생성하고, 사용자 인터페이스를 개선하며, 서버와 비동기적으로 데이터를 주고받는 기능을 제공한다. HTML이 웹 페이지의 구조를, CSS가 스타일을 담당한다면, JavaScript는 웹 페이지의 동작을 제어한다.

(1) JavaScript의 기본 개념

JavaScript는 클라이언트 측에서 실행되는 언어로, 브라우저 내에서 동작한다. 이를 통해 사용자의 행동(예: 버튼 클릭, 폼 제출 등)에 반응하거나, DOM(Document Object Model)을 조작하여 웹 페이지의 콘텐츠와 스타일을 동적으로 변경할 수 있다.

JavaScript는 다음과 같은 주요 기능을 제공한다:

- DOM 조작: 웹 페이지의 HTML 요소를 선택하고 수정할 수 있음
- 이벤트 처리: 사용자 상호작용(예: 클릭, 키 입력)에 반응하는 이벤트 핸들러를 정의할 수 있음
- 비동기 처리: 서버와 비동기적으로 통신하고, 페이지를 새로 고침 하지 않고도 데이터를 주고받을 수 있음 (AJAX, Fetch API)

- 애니메이션: CSS와 함께 애니메이션 효과를 추가하거나, 캔버스를 사용해 복잡한 그래픽을 구현할 수 있음

(2) JavaScript의 주요 활용 분야

JavaScript를 사용하면 웹 페이지의 DOM을 동적으로 조작할 수 있다. 이를 통해 페이지의 콘텐츠를 실시간으로 변경하거나, 사용자 입력에 따라 새로운 요소를 추가할 수 있다.

- document.getElementById("title"): HTML 요소를 선택함
- innerText: 선택한 요소의 텍스트 내용을 변경함
- onclick: 사용자가 버튼을 클릭할 때 JavaScript 함수를 실행함

JavaScript는 사용자 상호작용을 처리할 수 있는 다양한 이벤트를 제공한다. 이벤트 핸들러를 통해 사용자의 행동에 따라 동작을 정의할 수 있다.

- onclick 이벤트: 버튼 클릭 시 greetUser 함수가 호출됨
- document.getElementById("name").value: 입력된 이름을 가져와 인사 메시지로 표시함

JavaScript는 서버와 비동기적으로 통신할 수 있는 기능을 제공한다. 이를 통해 페이지를 새로 고침하지 않고도 데이터를 전송하거나 수신할 수 있다. AJAX(Asynchronous JavaScript and XML)는 이러한 비동기 요청을 처리하는 초기 기술 중 하나이다. 현재는 Fetch API가 널리 사용되고 있으며, Promises 및 async/await를 지원하여 더 직관적인 비동기 프로그래밍을 가능하게 한다.

- fetch: 서버에 요청을 보내고 응답을 받아옴
- async/await: 비동기 작업을 동기식 코드처럼 작성할 수 있게 해줌
- response.json(): 응답을 JSON으로 변환함

JavaScript는 CSS와 함께 애니메이션을 제어하거나, Canvas API를 사용해 복잡한 그래픽을 구현할 수 있다.

- setInterval: 일정한 시간 간격으로 함수(frame)를 반복 실행함
- style.left: 박스의 left 속성을 변경하여 이동 애니메이션을 구현함

(3) JavaScript 라이브러리와 프레임워크

JavaScript 생태계는 매우 풍부하며, 다양한 라이브러리와 프레임워크가 개발자들에게 생산성을 높이고 복잡한 웹 애플리케이션을 쉽게 개발할 수 있게 해준다.

① jQuery – jQuery는 JavaScript의 복잡한 작업을 더 간단하게 수행할 수 있게 해주는 라이브러리이다. DOM 조작, 이벤트 처리, AJAX 요청을 단순화하는데 널리 사용되었다.

- $(document).ready: DOM이 준비되면 실행되는 코드를 작성함
- $("p").hide(): 모든 <p> 요소를 숨김

② React – React는 Facebook에서 개발한 JavaScript 라이브러리로, UI를 구성하는데 주로 사용된다. React는 컴포넌트 기반의 아키텍처를 제공하며, 상태 관리를 통해 동적이고 복잡한 사용자 인터페이스를 구축할 수 있다.

- useState: React에서 상태를 관리하는 훅(Hook)임
- 컴포넌트: UI의 재사용 가능한 조각으로, React는 이 컴포넌트를 조합하여 복잡한 UI를 구성함

③ Angular – Angular는 Google에서 개발한 프레임워크로, 대규모 애플리케이션 개발에 적합하다. TypeScript를 사용하며, 강력한 데이터 바인딩, 디렉티브, 컴포넌트, 서비스 등을 제공한다.

- @Component: Angular에서 컴포넌트를 정의하는 데 사용되는 데코레이터임
- selector: 이 컴포넌트가 HTML에서 어떻게 참조될지를 정의함

④ Vue.js – Vue.js는 점진적으로 채택할 수 있는 프레임워크로, UI와 웹 애플리케이션 개발에 사용된다. React와 유사하지만, 더 간단한 API와 문법을 제공하며, 중소 규모의 프로젝트에 적합하다.

- new Vue: 새로운 Vue 인스턴스를 생성함
- data: Vue 인스턴스의 상태를 정의함

(4) JavaScript와 서버 측 통합

JavaScript는 클라이언트측 뿐만 아니라 서버 측에서도 사용될 수 있다. Node.js는 JavaScript로 서버 측 애플리케이션을 작성할 수 있도록 해주는 런타임 환경이며, 서버 측에서 JavaScript를 실행하여 HTTP 요청을 처리한다.

14.5.2 Kotlin/JS

Kotlin/JS는 Kotlin의 장점을 웹 애플리케이션 개발에 적용할 수 있는 강력한 도구이며, 이를 통해 개발자는 타입 안정성과 생산성을 유지하면서도 JavaScript의 유연성을 활용할 수 있다. Kotlin/JS는 클라이언트 측 개발 뿐만 아니라 JavaScript 프레임워크와의 통합, 서버 측과의 비동기 통신 등 다양한 활용 사례를 제공한다. 다만, 빌드 설정과 디버깅 과정이 다소 복잡할 수 있으므로, 이를 고려하여 프로젝트를 진행하는 것이 좋다.

Kotlin/JS는 Kotlin 코드를 JavaScript로 컴파일하여 웹 브라우저에서 실행할 수 있게 해주는 Kotlin의 타겟 플랫폼 중 하나이다. 이를 통해 개발자는 Kotlin의 강력한 언어 기능을 사용하여 클라이언트 측 웹 애플리케이션을 작성할 수 있다. Kotlin/JS는 JavaScript와의 상호 운용성을 제공하며, 기존의 JavaScript 라이브러리와 프레임워크를 Kotlin에서 사용할 수 있도록 해준다.

(1) Kotlin/JS의 주요 특징

Kotlin/JS는 Kotlin의 모든 핵심 언어 기능을 JavaScript 환경에서 사용할 수 있게 해주며, 이를 통해 안전하고 생산적인 코드 작성이 가능하다.

- Null 안전성: Kotlin의 null 안전성 기능을 통해 널 포인터 예외를 방지할 수 있음
- 강력한 타입 시스템: Kotlin의 정적 타입 시스템은 컴파일 타임에 오류를 잡아주며, 코드의 안정성을 높여줌
- 간결하고 표현력 있는 문법: Kotlin의 간결한 문법은 코드의 가독성을 높여주며,

생산성을 향상시킴

Kotlin/JS는 JavaScript와 원활하게 상호 운용할 수 있도록 설계되었다. Kotlin 코드에서 JavaScript 라이브러리를 호출하거나, JavaScript 코드에서 Kotlin으로 작성된 함수와 클래스를 사용할 수 있다.

- JavaScript 코드 호출: Kotlin/JS는 external 키워드를 사용하여 JavaScript 객체나 함수를 호출할 수 있음
- JavaScript 라이브러리 사용: Kotlin/JS는 kotlinx.js와 같은 래퍼 라이브러리를 통해 인기 있는 JavaScript 라이브러리를 사용할 수 있음

Kotlin/JS는 NPM(Node Package Manager)을 통해 JavaScript 생태계의 라이브러리와 도구를 사용할 수 있다. Webpack, Babel, ESLint 등과 같은 도구와 통합할 수 있어, 현대적인 웹 개발 워크플로우를 유지하면서 Kotlin을 사용할 수 있다.

Kotlin/JS는 브라우저 뿐만 아니라 Node.js를 타겟으로 하는 애플리케이션도 빌드할 수 있다. 이를 통해 클라이언트 측 뿐만 아니라 서버 측에서도 Kotlin을 사용할 수 있다.

(2) Kotlin/JS의 구성 및 설정

Kotlin/JS 프로젝트를 설정하려면, Gradle을 사용하여 프로젝트를 초기화하고 빌드 도구로 설정한다.

① Gradle 설정

- kotlin("js"): Kotlin/JS를 사용하기 위한 플러그인을 적용함
- implementation(kotlin("stdlib-js")): Kotlin의 JavaScript 표준 라이브러리를 종속성에 추가함
- js { browser { binaries.executable() } }: 브라우저 환경을 대상으로 JavaScript 코드를 빌드하도록 설정함

② Kotlin 코드 작성 – Kotlin/JS 프로젝트에서 Kotlin 코드를 작성하면, Gradle 빌드를 통해 JavaScript로 컴파일된다.

- greet 함수: 문자열을 받아 인사 메시지를 반환하는 함수임
- main 함수: 애플리케이션의 진입점이며, 컴파일된 JavaScript 파일의 엔트리 포인트가 됨

(3) Kotlin/JS의 활용

Kotlin/JS는 다양한 방식으로 활용될 수 있으며, 클라이언트 측 애플리케이션 개발에 강력한 도구를 제공한다. Kotlin/JS는 웹 브라우저에서 실행되는 클라이언트 측 애플리케이션을 개발하는 데 사용됩니다. HTML, CSS와 함께 사용하여 풍부한 사용자 인터페이스를 구축할 수 있다. Kotlin/JS는 React, Angular, Vue.js와 같은 JavaScript 프레임워크와 통합하여 사용된다. 이를 통해 복잡한 클라이언트 측 애플리케이션을 Kotlin으로 작성할 수 있다.

Kotlin/JS는 Fetch API나 Ajax와 같은 비동기 통신을 통해 서버와 데이터를 주고받을 수 있다. 이를 통해 실시간 데이터 업데이트나 동적인 사용자 경험을 제공할 수 있다.

Kotlin/JS의 가지는 장점으로는 Kotlin의 강력한 언어 기능을 사용할 수 있고, JavaScript 생태계와의 통합이 가능하며, 멀티플랫폼 지원이 가능하다는 것이다. 먼저, Kotlin의 타입 시스템, null 안전성, 코루틴 등을 JavaScript 환경에서 사용할 수 있다. JavaScript 생태계와의 통합에서는 Kotlin/JS는 기존 JavaScript 라이브러리 및 도구와 호환되며, 이를 통해 강력한 웹 애플리케이션을 개발할 수 있다. 아울러, Kotlin/JS는 Kotlin 멀티플랫폼 프로젝트의 일부로, 동일한 코드베이스를 공유하면서 다양한 플랫폼에서 실행될 수 있는 장점을 가진다.

Kotlin/JS의 단점으로는 빌드 설정의 복잡성, 생태계의 상대적 미성숙, 디버깅의 어려움 등이 있다. 먼저, Kotlin/JS 프로젝트의 설정과 빌드 프로세스는 처음에는 다소 복잡할 수 있다. JavaScript 생태계에 비해 Kotlin/JS는 상대적으로 새로운 기술이며, 이에 따라 일부 라이브러리나 도구가 부족할 수 있다. 또한, Kotlin 코드가 JavaScript로 컴파일되므로, 디버깅 과정이 복잡할 수 있다.

14.5.3 Kotlin 기반 Web 서비스 구현에서의 JavaScript 활용

Kotlin 기반의 웹 서비스 구현에서 JavaScript는 매우 중요한 역할을 한다. Kotlin은 서버 측에서 웹 애플리케이션을 구현하는 데 강력한 언어지만, 클라이언트 측에서 사용자의 상호작용을 처리하고 웹 페이지의 동적 기능을 구현하는 데 JavaScript가 필요하다. Kotlin과 JavaScript를 함께 사용하면 강력하고 유연한 웹 애플리케이션을 만들 수 있다. 본 절에서는 Kotlin 기반 웹 서비스에서 JavaScript를 활용하는 다양한 방법을 살펴 보도록 하자.

(1) Ktor와 JavaScript의 통합

Ktor는 Kotlin을 사용하여 서버 측에서 웹 애플리케이션을 구축할 수 있는 프레임워크이다. Ktor로 구현한 웹 애플리케이션에서 JavaScript는 클라이언트 측에서 동적인 기능을 구현하는 데 필수적이다. 예를 들어, Ktor 서버에서 생성한 HTML 페이지에 JavaScript를 포함하여 사용자 인터페이스를 동적으로 처리할 수 있다.

(2) Kotlin/JS를 통한 클라이언트 측 개발

Kotlin/JS는 Kotlin 코드를 JavaScript로 컴파일하여 클라이언트 측에서도 Kotlin을 사용할 수 있게 해준다. 이를 통해 Kotlin 코드로 클라이언트 측 로직을 작성하고, JavaScript로 컴파일하여 웹 애플리케이션에서 사용할 수 있다.

(3) 프론트엔드 프레임워크와의 통합

Kotlin 기반의 웹 서비스에서 JavaScript 프레임워크와 통합하여 클라이언트 측의 복잡한 인터페이스를 구현할 수 있다. 특히, React, Angular, Vue.js와 같은 프레임워크는 Kotlin/JS와 쉽게 통합할 수 있다.

(4) 서버 측과의 비동기 통신

Kotlin 기반 웹 서비스에서 클라이언트 측 JavaScript는 서버와의 비동기 통신(AJAX 또는 Fetch API)을 통해 데이터를 주고받는 역할을 한다. 예를 들어, 사용자가 폼을 제출하면 JavaScript가 데이터를 서버에 전송하고, 응답을 받아 페이지의 내용을 동적으로 업데이트할 수 있다.

Ktor와 같은 서버 측 Kotlin 프레임워크와 통합하여 동적인 웹 애플리케이션을 만들 수 있으며, Kotlin/JS를 사용하여 클라이언트 측 로직을 Kotlin 코드로 작성할 수 있다. 또한, React와 같은 JavaScript 프레임워크와의 통합을 통해 복잡한 UI를 구현하고, 비동기 통신을 통해 서버와 데이터를 주고받을 수 있다. 이러한 방법들을 잘 활용하면 강력하고 유연한 웹 서비스를 구축할 수 있다.

14.6 Node.js

14.1.1 Web Server 구현 플랫폼

웹 서버 구현 플랫폼은 웹 서버를 구축하고 관리하기 위한 소프트웨어 및 도구의 집합을 의미한다. 웹 서버 구현 플랫폼은 다양한 기능과 기술을 포함하여 웹 애플리케이션을 개발, 배포, 운영할 수 있도록 지원한다. 여기서는 웹 서버 구현 플랫폼의 주요 개념과 대표적인 플랫폼에 대하여 살펴보기로 하자.

웹 서버는 클라이언트(주로 웹 브라우저)로부터 HTTP 요청을 받아들이고, 요청에 대한 HTTP 응답을 반환하는 역할을 한다. 웹 서버는 정적 파일(HTML, CSS, 이미지 등)을 제공하거나, 동적 콘텐츠(예: 데이타베이스 조회, 사용자 인증 등)를 생성하여 반환할 수 있다.

(1) 웹서버 구현 플랫폼의 주요 구셩 요소

웹 서버 구현 플랫폼의 주요 구성 요소는 다음과 같다:

① 웹 서버 소프트웨어:

웹 서버 소프트웨어는 HTTP 요청을 처리하고 응답을 생성하는 데 사용된다. 대표적인 웹 서버 소프트웨어로는 Apache HTTP Server, Nginx, Microsoft IIS(Internet Information Services) 등이 있다.

② 프로그래밍언어 및 프레임워크:

웹 서버에서 동적 콘텐츠를 생성하고 처리하기 위해 사용되는 프로그래밍언어와 프레임워크가 필요하다. 예를 들어, Java 기반의 Spring Boot, Python 기반의 Django, Ruby 기반의 Ruby on Rails, JavaScript 기반의 Node.js, 그리고 Kotlin 기반의 Ktor 등이 있다.

③ 데이타베이스:

대부분의 웹 애플리케이션은 데이터를 저장하고 관리하기 위해 데이타베이스를 사용한다. MySQL, PostgreSQL, MongoDB, Redis 등 다양한 데이타베이스 시스템을 웹 서버의 데이타베이스로 사용할 수 있다.

④ 미들웨어:
미들웨어는 애플리케이션과 데이타베이스, 사용자 인증, 로깅 등의 기능을 연결하는 소프트웨어를 의미한다. 예를 들어, 애플리케이션 서버(예: Tomcat, WildFly) 또는 메시지 브로커(예: RabbitMQ, Kafka) 등이 있다.

⑤ 배포 및 관리 도구:
웹 애플리케이션을 배포하고 관리하기 위한 도구를 의미한다. Docker, Kubernetes, Jenkins, GitLab CI/CD, AWS Elastic Beanstalk 등이 배포 및 관리에 사용된다.

(2) 대표직인 웹서버 구현 플랫폼
다음은 웹서버 구현에 많이 사용되는 대표적인 웹 서버 구현 플랫폼들이다:

① Apache HTTP Server
가장 널리 사용되는 오픈 소스 웹 서버 중 하나로, 정적 및 동적 콘텐츠 제공을 지원하며, 다양한 모듈을 통해 기능을 확장할 수 있다. Apache HTTP Server의 특징으로는 높은 유연성과 모듈성, 여러 운영체제 지원, 다양한 프로그래밍언어와 연동 가능 (PHP, Python 등) 등이 있다.

② Nginx
Nginx는 가볍고 성능이 뛰어난 웹 서버 소프트웨어로, 정적 파일 제공 및 리버스 프록시 역할을 수행하는 데 최적화되어 있다. Nginx의 특징으로는 고성능, 낮은 메모리 사용량 리버스 프록시 및 로드 밸런서 기능 제공, 비동기 이벤트 기반 아키텍처 등이 있다.

③ Node.js
Node.js는 JavaScript 기반의 비동기 이벤트 처리 모델을 사용하는 서버 플랫폼이며, 주로 실시간 애플리케이션에 적합하다. Node.js의 특징으로는 단일 스레드, 비동기 I/O 처리, npm(Node Package Manager)을 통한 풍부한 모듈 지원, 빠른 개발 주기와 높은 성능 등이 있다.

④ Spring Boot
Java 기반의 엔터프라이즈 애플리케이션 개발 프레임워크이다. 스프링 프레임워크를 기반으로 하며, 웹 서버를 내장하고 있어 독립 실행형 애플리케이션을 쉽게 만들 수 있다. Spring Boot이 특징으로는 다양한 엔터프라이즈 기능 지원 (데이타베이스, 보안, 메시징 등), 내장 웹 서버(Tomcat, Jetty 등), REST API, MVC 패턴의 쉬운 구현 등이 있다.

⑤ Django
Django는 Python 기반의 웹 프레임워크로, 신속한 개발을 지원하며, 웹 애플리케이션의 구조와 유지 보수를 용이하게 해준다. Django의 특징으로는 자동으로 생성되는 관리 인터페이스, 강력한 ORM(Object-Relational Mapping) 지원, 보안 기능 내장 (SQL 인젝션, 크로스 사이트 스크립팅 등) 등이 있다.

⑥ Ktor
Ktor는 Kotlin으로 작성된 비동기 웹 프레임워크로, 경량화된 웹 서버 및 API 서버 구축

에 적합하다. Ktor의 특징으로는 비동기 프로그래밍 모델, 코루틴을 사용한 높은 성능, 유연한 플러그인 시스템을 통한 확장성, Kotlin과의 자연스러운 통합 등이 있다.

(3) 웹 서버 구현 시 고려해야 할 사항

웹 서버 구현시에는 확장성, 보안, 성능, 유지 보수성, 배포 및 운영을 중점적으로 고려하여야 한다. 먼저, 웹 서버는 증가하는 사용자 수에 대응할 수 있도록 확장 가능해야 한다. 이를 위해 로드 밸런싱, 캐싱, 세션 관리 등의 기능을 고려해야 한다. 아울러, SSL/TLS 암호화, 인증 및 권한 부여, 입력 데이터 검증, 취약성 테스트 등 보안 요소를 구현해야 한다.

웹 서버의 성능은 응답 시간, 처리량, 자원 사용률 등에 따라 결정되며, 최적화 기법과 성능 모니터링이 필요하다. 유지 보수성에서는 코드의 가독성, 모듈화, 테스트 커버리지 등을 고려하여 장기적으로 유지 보수하기 쉬운 시스템을 구축하여야 한다. 배포 및 운영 관점에서는 CI/CD 파이프라인 설정, 자동화된 배포, 모니터링 도구를 통해 애플리케이션의 배포와 운영을 원활하게 관리할 수 있어야 한다.

14.1.2 Node.js

Node.js는 서버측 애플리케이션을 개발하기 위한 오픈소스, 크로스 플랫폼 JavaScript 런타임 환경이며, 이벤트 기반, non-blocking I/O 모델을 사용하여 높은 처리 성능과 확장성을 제공한다. Node.js의 주요 특징, 장점 및 단점은 표 14.13에서 요약 정리하였다.

표 14.13 Node.js의 주요 특징, 장점, 단점 및 사용 사례

특징, 장점, 단점		설 명
특징	이벤트 기반 구조	▪ Node.js는 이벤트 루프와 비동기 이벤트 처리를 통해 동시에 많은 연결을 효율적으로 처리할 수 있으며, 이 이벤트 기반 구조를 사용하여 I/O 작업이 완료되기를 기다리지 않고 다른 작업을 계속 수행할 수 있음.
	Non-blocking I/O	▪ 파일 시스템, 네트워크 연결, 데이타베이스 접속 등에서의 I/O 작업이 비동기적으로 처리되어 하나의 요청이 블록킹되지 않으며, 따라서 서버가 많은 동시 연결을 처리할 수 있음
	단일 스레드	▪ Node.js는 단일 스레드에서 동작하지만, 내부적으로 C++로 작성된 libuv 라이브러리를 사용하여 여러 I/O 작업을 병렬로 처리할 수 있음
	빠른 성능	▪ Node.js는 Google V8 JavaScript 엔진을 기반으로 하며, 이를 통해 빠른 코드 실행 속도를 제공함
	NPM(Node Package Manager)	▪ Node.js는 광범위한 오픈 소스 라이브러리와 패키지를 제공하는 npm을 통해 손쉽게 다양한 기능을 추가할 수 있으며, 이를 기반으로 생산성을 크게 향상시킴
장점		▪ 이벤트 루프와 비동기 I/O 처리를 기반으로 높은 확장성을 제공하며, 특히 실시간 애플리케이션(예: 채팅 애플리케이션)에서 유리함 ▪ JavaScript를 서버 측에서도 사용할 수 있어 프론트 엔드와 백엔드간의 코드 공유가 용이하며, 개발 속도를 높일 수 있음 ▪ Node.js는 강력한 커뮤니티와 생태계를 가지고 있어, 다양한 모듈과 도구를 쉽게 활용할 수 있음
단점		▪ Node.js는 단일 스레드 구조를 사용하므로 CPU 집약적인 작업이에서는 단일 스레드의 이벤트 루프를 차단할 수 있기 때문에 CPU 집약적인 작업에는 한계점이 발생할 수 있음 ▪ Node.js는 I/O 집약적인 작업에는 강점이 있지만, CPU 집약적인 작

특징, 장점, 단점		설 명
		업에는 적합하지 않음 ▪ 비동기 프로그래밍의 특성상 콜백 함수가 중첩될 수 있어 코드가 복잡하고 관리가 어려워 질 수 있음. 이를 해결하기 위하여 Promise와 async/await 패턴을 사용함
사용 사례	웹 서버	▪ Node.js는 HTTP 모듈을 통해 간단하고 효율적인 웹 서버를 쉽게 구현할 수 있음
	실시간 애플리케이션	▪ 채팅 애플리케이션, 온라인 게임, 실시간 통계 및 대시보드 등 실시간 데이터 처리가 필요한 애플리케이션에 적합함
	API 서버	▪ RESTful API 서버나 GraphQL 서버를 구축하는데 자주 사용됨
	마이크로서비스 아키텍처	▪ Node.js는 경량 마이크로서비스 아키텍처를 구현하는데 유리함
	IoT 애플리케이션	▪ Node.js는 경량이면서 효율적인 처리 성능 덕분에 IoT (사물인터넷) 기기에서 수집된 데이터를 처리하는 데 유용함

14.7 PHP (Hypertext Preprocessor)

14.7.1 PHP 개요

PHP (Hypertext Preprocessor)는 웹 서비스 시스템 개발에 널리 사용되는 오픈 소스 서버 개발용 스크립트 언어이다. 1995년 Rasmus Lerdorf에 의해 처음 개발된 PHP는 웹 애플리케이션 개발에 널리 사용되며, 많은 웹사이트와 서버에서 구동된다. PHP의 주요 특징, 장점 및 단점은 표 14.14에서 보는 것과 같다.

표 14.14 PHP의 주요 특징, 장점 및 단점

특징, 장점, 단점		설 명
특징	서버 측 스크립팅 언어	▪ PHP는 서버에서 실행되어 HTML 페이지를 생성하거나 데이터를 처리하는데 주로 사용됨 ▪ 클라이언트는 PHP로 생성된 결과물을 HTML로 전달받게 됨
	광범위한 데이타베이스 지원	▪ PHP는 MySQL, PostgreSQL, SQLite, Oracle, Microsoft SQL Server 등 다양한 데이타베이스와 쉽게 통합할 수 있음
	유연한 문법과 쉬운 학습 곡선	▪ PHP 문법은 C, Java와 유사하여 배우기 쉽고, 웹 개발자에게 친숙한 환경을 제공함
	강력한 커뮤니티와 생태계	▪ PHP는 오랜 역사를 가진 언어로 강력한 커뮤니티와 풍부한 라이브러리, 프레임워크 (Laravel, Sympony, CodeIgniter)를 제공함
	다양한 플랫폼과 호환	▪ PDP는 Windows, Linux, masOS 등 다양한 운영체제에서 실행할 수 있으며, 대부분의 웹서버(Apache, Nginx, IIS)와 호환됨
장점		▪ PHP는 웹 개발을 위해 설계되었기 때문에 HTML과의 통합이 매우 용이하며, 서버측 프로그래밍에 필요한 기능들이 기본적으로 제공됨 ▪ PHP는 단순하고 직관적인 문법을 제공하여, 웹 애플리케이션을 신속하게 개발할 수 있게 함 ▪ 많은 웹호스팅 서비스가 PHP를 기본적으로 지원하며, PHP 환경을 쉽게 설정할 수 있음 ▪ PHP는 오픈 소스로 무료로 사용할 수 있어 개발 비용을 절감할 수 있음
단점		▪ PHP는 Python, Node.js 등 일부 최신 프로그래밍언어에 비해 실행 속도가 느릴 수 있으나, PHP7 이상의 버전에서는 성능이 상당히 개선되었음 ▪ PHP는 특성상 초보자가 쉽게 배울 수 있지만, 잘못된 사용으로 인해 보안 취약점이 발생할 수 있고, 따라서 적절한 보안 조치가 필요함 ▪ PHP는 초기 설계상 모듈화와 객체 지향 프로그래밍 지원이 약했지

특징, 장점, 단점	설 명
	만, 최근에 개선되고 있음

14.7.2 PHP의 주요 기능과 적용 사례

표 14.15는 PHP의 주요 기능을 요약 정리하여 설명하고 있다. PHP는 HTML 코드를 쉽게 삽입할 수 있으며, HTML 문서의 동적 생성과 수정이 가능하여 사용자가 요청할 때 마다 동적으로 웹페이지를 생성하여 반환할 수 있다. 또한 PHP는 HTML 폼에서 전송된 데이터를 쉽게 수집하고 처리할 수 있고, 세션을 관리하는 기능을 내장하고 있어 사용자 상태를 쉽게 유지할 수 있는 장점이 있다. PHP는 서버 파일 시스템에 접근하여 파일을 읽고 쓸 수 있는 다양한 함수를 제공한다.

PHP의 적용 사례로는 동적 웹페이지 생성, 컨텐츠 관리 시스템 (CMS, Contents Management System), 전자상거래 사이트, 웹 애플리케이션 프레임워크, RESTful / GraphQL API 서버 구축 등이 있다.

표 14.15 PHP 주요 기능 및 적용 사례

구분	세부 항목	설명
주요 기능	HTML과의 통합	▪ PHP는 HTML 코드를 쉽게 삽입할 수 있으며, HTML 문서의 동적인 생성과 수정이 가능함
	폼 데이터 처리	▪ PHP는 HTML 폼에서 전송된 데이터를 쉽게 수집하고 처리할 수 있음
	세션 관리	▪ PHP는 세션을 관리하는 기능을 내장하고 있어, 사용자 상태를 쉽게 유지할 수 있음
	파일 시스템 접근	▪ 서버 파일 시스템에 접근하여 파일을 읽고 쓸 수 있는 다양한 함수를 제공함
	쿠키 관리	▪ PHP는 클라이언트 측 쿠키를 설정하고 읽는 기능을 제공
	에러 처리	▪ PHP는 다양한 에러 처리 메커니즘을 제공하여 코드의 안정성을 높일 수 있음
적용 사례	동적 웹페이지 생성	▪ PHP는 사용자가 요청할 때 마다 동적으로 웹페이지를 생성하여 반환할 수 있음
	컨텐츠 관리 시스템 (CMS)	▪ WordPress, Drupal, Joomla 등 인기 있는 CMS (contents management system)가 PHP로 구현되었음
	전자상거래 사이트	▪ PHP는 WooCommerce, Magento 등 다양한 전자 상거래 솔루션의 기반 언어임
	웹 애플리케이션 프레임워크	▪ Laravel, Symfony와 같은 프레임워크를 사용하여 복잡한 웹 애플리케이션을 구축할 수 있음
	API 서버	▪ RESTful API나 GraphQL API 서버를 구축하여 다른 애플리케이션과 통신할 수 있음

14.8 Ktor Web Server 플랫폼

14.8.1 Ktor(https://ktor.io/)

Ktor은 Kotlin 프로그래밍언어로 작성된 비동기식 Web 애플리케이션 (asynchronous Web application) 프레임 워크이다. JetBrains에서 개발하였으며, 고성능 웹 애플리케이션과 마이크로 서비스를 쉽게 개발할 수 있도록 설계되었다.

Ktor의 주요 특징은 표 14.16에서 보는 것과 같다.

표 14.16 Ktor의 주요 특징

분야	주요 특징
비동기 프로그래밍	▪ Ktor은 코루틴을 사용하여 비공기 프로그래밍을 지원 ▪ I/O 작업을 효율적으로 처리하고, 높은 성능을 유지하는데 도움이 됨
모듈화	▪ Ktor는 필요한 기능만 선택적으로 사용할 수 있도록 모듈화 되어 있으며, 필요한 플러그인 만 추가하면 되므로 경량 애플리케이션을 개발할 수 있음
플러그인 구조	▪ Ktor은 다양한 플러그인을 통해 기능을 확장할 수 있음 ▪ 인증, 세션관리, 콘텐츠 변환, 라우팅 등 다양한 플러그인을 사용할 수 있음
유연성	▪ Ktor는 DSL (domain-specific language)을 제공하여 라우팅, 요청처리, 응답생성 등을 유연하게 설정할 수 있음
호환성	▪ Ktor는 JVM (Java Virtual Machine)에서 실행되므로, 다양한 Java library와의 호환성을 제공함 ▪ 또한, Kotlin/Native와 Kotlin/JS에서도 사용할 수 있어 다양한 플랫폼에서 사용할 수 있음

14.8.2 Ktor 기반 Web server를 Kotlin 프로그램으로 구현하는 방법

Kotlin에서 Ktor를 사용하여 웹 서버를 구현하는 방법은 매우 유연하고 강력한 방법이다. Ktor는 Kotlin으로 작성된 비동기 웹 프레임워크로, 간단한 웹 서버부터 복잡한 API 서버까지 다양한 웹 애플리케이션을 구축할 수 있도록 해주므로, Ktor를 사용하여 웹 서버를 구현하는 것은 매우 직관적이고 간단하다. 서버를 구성하는 데 필요한 요소들을 하나씩 설정하고, 라우팅과 플러그인을 활용하여 다양한 기능을 제공하는 웹 애플리케이션을 구축할 수 있다.

(1) 프로젝트 설정

Ktor 기반의 웹 서버를 구현하기 위해서는 먼저 프로젝트를 설정해야 한다. IntelliJ 개발 환경에서 Ktor와 Kotlin 플러그인을 Gradle을 통해 설정할 수 있다. Gradle 설정을 위해서는 build.gradle.kts 파일에서 세부 사항을 설정한다. 그림 14.5는 Ktor 기반이 웹 서버 구현을 위한 build.gradle.kts 파일의 예제를 보여준다.

(2) 웹 서버의 기본 구조

웹 서버의 기본 구조는 Ktor의 embeddedServer 함수를 사용하여 구현된다. 이 함수는 Netty와 같은 엔진을 사용하여 서버를 구동하며, 라우팅과 플러그인을 설정할 수 있는 기능을 제공한다.

그림 14.6은 간단한 Ktor 기반 웹 서버를 설정하는 예제를 보여준다. 그림 14.6의 WebServer,kt에서 사용된 주요 함수는 다음과 같다.

① embeddedServer

embeddedServer 함수는 서버를 생성하고 시작하는 역할을 한다. 이 함수는 Netty와 같은 엔진을 사용하여 서버를 구동하며, port 매개변수를 통해 서버가 실행될 포트를 지정한다. Netty는 Ktor에서 사용할 수 있는 여러 엔진 중 하나로, 비동기 서버를 지원하는 고성능 네트워크 애플리케이션 프레임워크이다. port는 서버가 수신 대기할 포트를 지정한다.

```
plugins {
    kotlin("jvm") version "1.9.24" // Kotlin 버전
    kotlin("plugin.serialization") version "1.9.24" // Kotlinx Serialization 플러그인
    application
}

repositories {
    mavenCentral() // Maven 중앙 저장소에서 종속성 다운로드
}

dependencies {
    // Ktor의 핵심 기능들
    implementation("io.ktor:ktor-server-core:2.3.4")
    implementation("io.ktor:ktor-server-netty:2.3.4")
    implementation("io.ktor:ktor-server-content-negotiation:2.3.4")
    implementation("io.ktor:ktor-serialization-kotlinx-json:2.3.4")

    // JSON 직렬화를 위한 Kotlinx Serialization 라이브러리
    implementation("org.jetbrains.kotlinx:kotlinx-serialization-json:1.6.0")

    // 로깅을 위한 Logback
    implementation("ch.qos.logback:logback-classic:1.4.7")
}

application {
    mainClass.set("com.example.ApplicationKt") // 실제 메인 클래스를 설정
}

tasks.withType<org.jetbrains.kotlin.gradle.tasks.KotlinCompile> {
    kotlinOptions.jvmTarget = "1.8" // JVM 타겟 설정
}
```

그림 14.5 Ktor 기반의 웹 서버 구현을 위한 build.gradle.kts 파일 예제

② install

install 함수는 Ktor에서 사용할 플러그인을 서버에 설치하는 데 사용된다. 여기서는 ContentNegotiation 플러그인을 설치하여 JSON 직렬화 및 역직렬화를 지원한다.

③ routing

routing 블록에서는 서버의 라우팅을 정의한다. 각 루트는 특정 경로와 HTTP 메서드(GET, POST 등)에 대한 요청을 처리한다. call.receive는 요청에서 JSON 데이터를 받아 Person 객체로 변환한다. call.respond는 서버가 클라이언트에게 응답을 보낼 때 사용한다. 이 예제에서는 JSON 형식으로 데이터를 응답하는 예를 보여 준다.

④ 실행 및 테스트

위의 WebServer.kt 코드를 작성한 후 프로젝트를 빌드하고 실행하면 Ktor 서버가 로컬에서 실행되며, ./gradlew run 명령어를 사용하여 서버를 실행할 수 도 있다. 웹 서버에 대한 기능 시험은 curl 명령어나 Postman과 같은 API 테스트 도구를 사용하여 서버의 엔드포인트를 테스트할 수 있다.

웹 서버 기능 시험에는 다음과 같은 HTTP 명령을 사용하여 세부 기능을 시험할 수 있다:

- GET http://localhost:8080/: "Hello, World!" 응답을 받음.
- GET http://localhost:8080/person: {"id":1,"name":"Kim","age":30} JSON 응답을 받음.
- POST http://localhost:8080/person: JSON 데이터를 전송하면 해당 데이터를 수신했다는 메시지를 받음.

```
import io.ktor.server.application.*
import io.ktor.server.engine.embeddedServer
import io.ktor.server.netty.Netty
import io.ktor.server.plugins.contentnegotiation.ContentNegotiation
import io.ktor.server.response.*
import io.ktor.server.routing.*
import io.ktor.serialization.kotlinx.json.*
import kotlinx.serialization.Serializable

@Serializable
data class Person(val id: Int, val name: String, val age: Int)

fun main() {
    // 서버 생성 및 실행
    embeddedServer(Netty, port = 8080) {
        // 플러그인 설치 (예: Content Negotiation)
        install(ContentNegotiation) {
            json() // JSON 포맷 지원을 위해 kotlinx.serialization 사용
        }

        // 라우팅 설정
        routing {
            get("/") {
                call.respondText("Hello, World!") // 기본 경로에 응답
            }

            get("/person") {
                val person = Person(1, "Kim", 30)
                call.respond(person) // JSON 형태로 Person 객체 응답
            }

            post("/person") {
                val receivedPerson = call.receive<Person>() // JSON 데이터 수신
                call.respondText("Received person: ${receivedPerson.name}",
                  status = HttpStatusCode.Created)
            }
        }
    }.start(wait = true) // 서버 시작
}

```

그림 14.6 Ktor 기반 웹 서버의 Kotlin 프로그램 예제 - WebServer.kt

14.9 CRUD (Create, Read, Update, Delete) 서비스 구현

14.9.1 CRUD 서비스

CRUD (Create, Read, Update, Delete) 서비스는 데이타베이스 기반 웹 애플리케이션에서 매우 중요한 역할을 하며, 대부분의 비즈니스 로직은 이 네 가지 작업을 중심으로 설계된다. 웹 브라우저를 통해 사용자와 상호작용하며, 데이터를 관리하는 모든 웹 애플리케이션에서 필수적인 패턴이다. 즉, 웹 기반의 CRUD 서비스는 웹 애플리케이션이 데이타베이스와 상호작용하는 가장 기본적인 방식 중 하나이다. CRUD는 Create(생성), Read(읽기), Update(수정), Delete(삭제)의 약자로, 이 네 가지 작업은 대부분의 데이터 관리 애플리케이션에서 필수적인 기능을 의미한다. CRUD 서비스의 핵심은 사용자가 데이터를 생성, 조회, 수정, 삭제할 수 있도록 하는 것이다. 이러한 기능은 대부분의 웹 애플리케이션에서 사용되며, 특히 데이타베이스를 사용하는 웹 애플리케이션에서 매우 중요하다.

(1) Create (생성)

생성의 예시로서 회원 가입에서는 사용자가 웹 애플리케이션의 회원 가입 폼에 자신의 정보를 입력하고 "가입하기" 버튼을 누르면, 서버는 이 정보를 데이타베이스에 저장하는 기능이다.

- HTTP Method: POST
- 작업: 새로운 데이터(예: 사용자 정보)를 데이타베이스에 추가
- 예시: URL: POST /users
- 요청 데이터: { "username": "johndoe", "password": "password123", "email": "john@example.com" }
- 서버는 이 데이터를 받아 데이타베이스에 새 사용자로 저장하고, 저장된 사용자 정보 또는 성공 메시지를 반환

(2) Read (읽기)

읽기의 예시로서 등록된 사용자 목록 보기에서는 웹 애플리케이션에서 관리자가 모든 사용자 목록을 조회하는 기능을 제공한다.

- HTTP Method: GET
- 작업: 데이타베이스에서 데이터를 조회하여 사용자에게 보여줌
- 예시: URL: GET /users
- 서버는 데이타베이스에서 모든 사용자의 목록을 조회하여 클라이언트에 반환
- 응답 데이터: [{ "id": 1, "username": "johndoe", "email": "john@example.com" }, { "id": 2, "username": "janedoe", "email": "jane@example.com" }]
- 또한 특정 사용자를 조회하는 기능도 포함 가능
- 예시: URL: GET /users/1
- 서버는 ID가 1인 사용자의 정보를 조회하여 반환

(3) Update (수정)

수정(update)의 예시로서 등록된 사용자 정보 수정에서는 사용자가 자신의 프로필 정보를 업데이트할 수 있다.

- HTTP Method: PUT 또는 PATCH
- 작업: 데이타베이스에 있는 기존 데이터를 수정
- 예시: URL: PUT /users/1
- 요청 데이터: { "username": "john_doe_updated", "email": "john_new@example.com" }
- 서버는 데이타베이스에서 ID가 1인 사용자의 정보를 찾아 수정하고, 성공 메시지 또는 수정된 정보를 반환할 수 있음

(4) Delete (삭제)

삭제의 예시로서 등록된 사용자 계정 삭제에서는 사용자가 자신의 계정을 삭제하거나 관리자가 특정 사용자를 삭제할 수 있다.

- HTTP Method: DELETE
- 작업: 데이타베이스에서 데이터를 삭제.
- 예시: URL: DELETE /users/1
- 서버는 ID가 1인 사용자의 데이터를 데이타베이스에서 삭제하고, 성공 메시지를 반환.

실제 예시로서, 블로그 포스트 관리 시스템을 예로 들면, 다음과 같은 CRUD 작업을 구성하고, 서비스 제공에 활용할 수 있다:

① Create (생성):

- 새로운 블로그 포스트 작성.
- URL: POST /posts
- 요청 데이터: { "title": "My First Post",
  "content": "This is the content of my first post." }

② Read (읽기):

- 모든 블로그 포스트 목록 보기 또는 특정 포스트 보기.
- URL: GET /posts (모든 포스트 조회)
- URL: GET /posts/1 (ID가 1인 특정 포스트 조회)

③ Update (수정):

- 기존 블로그 포스트 수정.
- URL: PUT /posts/1
- 요청 데이터: { "title": "My Updated Post", "content": "This is the updated content." }

④ Delete (삭제):

- 블로그 포스트 삭제.
- URL: DELETE /posts/1

14.9.2 Kotlin과 ktor 기반 CRUD 서버 구현 예

그림 14.7은 Kotlin, Ktor 기반의 CRUD 서비스 제공을 위한 Web 서버 기능을 구현하는 예를 보여준다.

```
import io.ktor.server.application.*
import io.ktor.server.engine.embeddedServer
import io.ktor.server.netty.Netty
import io.ktor.server.plugins.contentnegotiation.ContentNegotiation
import io.ktor.server.request.*
import io.ktor.server.response.*
import io.ktor.server.routing.*
import io.ktor.http.HttpStatusCode
import io.ktor.serialization.kotlinx.json.*
import kotlinx.serialization.Serializable

@Serializable
data class Person(val id: Int, val name: String, val age: Int)

val persons = mutableListOf<Person>()

fun main() {
    embeddedServer(Netty, port = 8080) {
        install(ContentNegotiation) {
            json()
        }
        routing {
            route("/persons") {
                get {
                    call.respond(persons)
                }

                post {
                    val person = call.receive<Person>()
                    persons.add(person)
                    call.respond(HttpStatusCode.Created)
                }

                get("{id}") {
                    val id = call.parameters["id"]?.toIntOrNull()
                    val person = persons.find { it.id == id }
                    if (person != null) {
                        call.respond(person)
                    } else {
                        call.respond(HttpStatusCode.NotFound)
                    }
                }

                put("{id}") {
                    val id = call.parameters["id"]?.toIntOrNull()
                    val personToUpdate = persons.find { it.id == id }
                    if (personToUpdate != null) {
                        val updatedPerson = call.receive<Person>()
                        persons[persons.indexOf(personToUpdate)] =
                           updatedPerson
                        call.respond(HttpStatusCode.OK)
                    } else {
                        call.respond(HttpStatusCode.NotFound)
                    }
                }
```

그림 14.7 CRUD 서비스 제공을 위한 Server.kt (part 1)

```
                        delete("{id}") {
                            val id = call.parameters["id"]?.toIntOrNull()
                            if (persons.removeIf { it.id == id }) {
                                call.respond(HttpStatusCode.OK)
                            } else {
                                call.respond(HttpStatusCode.NotFound)
                            }
                        }
                    }
                }
            }.start(wait = true)
        }

```

그림 14.7 CRUD 서비스 제공을 위한 Server.kt (part 2)

```
curl -X POST http://localhost:8080/persons -H "Content-Type: application/json"\
  -d '{"id":1,"name":"Kim","age":30}'

curl -X GET http://localhost:8080/persons

curl -X GET http://localhost:8080/persons/1

curl -X PUT http://localhost:8080/persons/1 -H "Content-Type: application/json"\
  -d '{"id":1,"name":"Choi","age":32}'

curl -X DELETE http://localhost:8080/persons/1
```

그림 14.8 CRUD 서비스 기능시험을 위한 명령어 창 입력

```
C:₩Users₩Owner>curl -X POST http://localhost:8080/persons -H "Content-Type: application/json" -d "{'id':1,'name':'Kim','age':30}"

C:₩Users₩Owner>curl -X GET http://localhost:8080/persons
[]
C:₩Users₩Owner>curl -X GET http://localhost:8080/persons/1

C:₩Users₩Owner>
```

그림 14.9 CRUD Server.kt 콘솔의 출력

◈ 연습문제 ◈

14.1 다음 용어를 예를 들어 설명하라.

1) HTTP (HyperText Transfer Protocol)
2) WSDL (Web Service Description Language)
3) CRUD (Create, Read, Update, Delete)
4) XML (eXtended Markup Language)
5) JavaScript
6) CSS(Cascaded Style Sheet)
7) Ktor

14.2 Web 서비스에서의 CRUD (Create, Read, Update, Delete)에 대하여 예를 들어 설명하라.

◈ 실습문제 ◈

실습 14.1 Kotlin, Ktor와 SQLite DB를 기반으로 CRUD (Create, Read, Update, Delete) 서비스 구조의 학생 관리 서비스를 제공하기 위한 WebServer.kt 프로젝트를 구현하고, 명령어 창에서 기본적인 POST, GET, PUT, DELETE 기능을 통하여 학생 정보의 생성, 검색, 갱신, 삭제 기능을 실행하고, 결과를 출력하라.

실습 14.2 Kotlin, Ktor와 MariaDB를 기반으로 CRUD (Create, Read, Update, Delete) 서비스 구조의 학생 관리 서비스를 제공하기 위한 WebServer.kt 프로젝트를 구현하고, 명령어 창에서 기본적인 POST, GET, PUT, DELETE 기능을 통하여 학생 정보의 생성, 검색, 갱신, 삭제 기능을 실행하고, 결과를 출력하라.

15장 AndroidStudio와 Kotlin 기반 모바일 프로그래밍

학습목표

- 모바일 서비스에 대한 이해
- 모바일 프로그래밍의 핵심 기능 및 고려사항에 대한 이해
- Android Studio에 대한 이해 및 활용 능력 강화
- Android Studio와 Kotlin 기반의 모바일 프로그래밍

개요

15.1 모바일 서비스, 모바일 프로그래밍
15.2 Android App
15.3 Android Studio
15.4 Android Studio 기반 앱 프로젝트 생성 및 설정
15.5 Android Studio 기반 모바일 앱 구현 - Simple Stop Watch, Simple Calculator

15.1 모바일 서비스, 모바일 프로그래밍

15.1.1 모바일 서비스

모바일 서비스 (mobile service)는 스마트 폰이나 iPad와 같은 모바일 디바이스에 앱 형태를 통해 제공되는 다양한 기능과 응용 프로그램을 의미하며, 일반적으로 무선 인터넷 연결을 기반으로 이동 중인 사용자에게 정보를 제공하거나 특정 기능을 수행하도록 설계 및 구현된다. 모바일 서비스의 특징으로는 접근성, 개인화, 실시간 정보, 그리고 다양한 기능 등이 있다. 언제 어디서나 접근할 수 있는 접근성이 있으며, 사용자는 인터넷이 연결된 상태에서 모바일 기기를 통해 필요한 서비스를 사용할 수 있다. 모바일 서비스는 사용자 데이터를 기반으로 개인화된 경험을 제공하도록 구현되고, 위치 기반 서비스를 사용하여 현재 위치에 따라 맞춤형 정보를 제공할 수 있어야 한다.

모바일 서비스는 사용자가 즉시 액세스할 수 있는 최신 실시간 정보를 제공할 수 있어야 한다. 예를 들어 뉴스앱, 소셜 미디어 피드, 실시간 교통 정보 등이 제공될 수 있어야 한다. 아울러, 모바일 서비스에는 게임, 소셜 네트워킹, 금융 관리, 건강관리 등의 다양한 기능을 포함할 수 있어야 한다.

대표적인 모바일 서비스 유형으로는 (i) 뉴스, 날씨, 교통과 같은 실시간 정보 제공 서비스, (ii) 사용자들이 소셜 미디어 플랫폼을 통해 인적 네트워킹을 구성하고 상호 작용하는 소셜 네트워킹 서비스, (iii) 모바일 디바이스를 통한 쇼핑 및 결제 기능을 제공하는 전자 상거래 서비스, (iv) 게임, 음악, 비디오 스트리밍 등의 엔터테인먼트 콘텐츠 제공 서비스, 그리고 (v) 전자우편 (E-mail), 캘린더, 클라우드 저장소 등 업무 효율성을 높이는 생산성 기능

제공 서비스 등이 있다.

15.1.2 모바일 프로그래밍

표 15.1은 모바일 프로그래밍에서의 핵심 기술과 고려사항에 대하여 정리하고 있다. 모바일 프로그래밍에서는 Android나 iOS와 같은 모바일 운영체제 플랫폼에서 프로그램이 실행되며, 일반적인 서버나 데스크톱 컴퓨터보다는 제한적인 컴퓨팅 자원으로 운영되어야 하며, 이동 중인 환경에서도 실행되어야 하는 특성이 있다.

표 15.1 모바일 프로그래밍 핵심 기술과 고려사항

핵심 기술	설명	고려사항
프로그래밍언어	▪ 모바일 앱 개발에 사용되는 언어. Android에서는 Kotlin/Java, iOS에서는 Swift/Objective-C 사용	▪ 최신 언어 버전과 기능을 파악하여 사용 ▪ 코드 유지보수성 및 개발자 생산성을 고려 ▪ 플랫폼별 언어 특성 이해
모바일 플랫폼	▪ Android 및 iOS와 같은 모바일 운영체제 플랫폼	▪ 플랫폼별 UI/UX 가이드라인 준수 ▪ 플랫폼별 API 및 SDK 변경 사항 주의 ▪ 멀티 플랫폼 지원 여부 결정
개발 프레임워크	▪ React Native, Flutter, Xamarin과 같은 크로스 플랫폼 개발을 위한 프레임워크	▪ 성능, 유지보수성, 커뮤니티 지원 검토 ▪ 네이티브 기능과의 통합성 고려 ▪ 학습 곡선과 팀의 기술 스택 적합성 분석
네이티브 SDK	▪ Android SDK 및 iOS SDK는 네이티브 앱 개발을 위한 도구와 라이브러리 제공	▪ 최신 SDK 버전 활용 ▪ 플랫폼별 제공 기능 및 한계점 파악 ▪ 보안 업데이트 및 호환성 유지
데이터 저장소	▪ 로컬 저장소(SQLite, Room, Core Data) 및 클라우드 저장소(Firebase, AWS) 사용	▪ 데이터 보안 및 암호화 ▪ 동기화 및 백업 전략 ▪ 네트워크 상태에 따른 데이터 처리 로직
네트워크 통신	▪ RESTful API, GraphQL, WebSockets를 통한 서버와의 데이터 통신	▪ 네트워크 오류 처리 및 안정성 ▪ 데이터 전송 최적화 및 보안 ▪ 실시간 데이터 처리 필요성 고려
UI/UX 디자인	▪ 사용자 경험을 극대화하기 위한 인터페이스 설계 및 구현	▪ 반응형 및 적응형 디자인 패턴 적용 ▪ 사용성 테스트 및 접근성 고려 ▪ 플랫폼별 디자인 가이드라인 준수
성능 최적화	▪ 앱의 속도와 반응성을 높이기 위한 다양한 기법	▪ 메모리 관리 및 효율적인 리소스 사용 ▪ 화면 전환 및 애니메이션 최적화 ▪ 배터리 소모 최소화
테스트 및 디버깅	▪ 앱의 품질을 보장하기 위한 단위 테스트, UI 테스트, 통합 테스트 및 디버깅 기술	▪ 다양한 디바이스와 해상도에서 테스트 ▪ 자동화 테스트 도구 활용 ▪ 성능 및 사용성 테스트 주기적 실행
보안	▪ 사용자 데이터와 개인정보를 보호하기 위한 보안 기술 및 정책	▪ 데이터 암호화 및 인증 절차 강화 ▪ 안전한 네트워크 통신 프로토콜 사용 ▪ 최신 보안 위협 및 취약점 대응
배포 및 마켓 전략	▪ 앱 스토어(Google Play, App Store)를 통한 배포 및 마케팅 전략 수립	▪ 앱 스토어 가이드라인 준수 ▪ 사용자 리뷰 및 피드백 관리 ▪ 버전 관리 및 지속적인 업데이트 제공
접근성	▪ 장애인 및 다양한 사용자 그룹을 위한 접근성 고려	▪ 접근성 표준 준수(WCAG) ▪ 음성 지원 및 터치 지원 고려 ▪ 사용성 테스트에서 접근성 요소 평가
지속적인 통합/배포 (CI/CD)	▪ Jenkins, GitHub Actions 등을 활용한 자동화된 빌드 및 배포 파이프라인	▪ 자동화된 테스트 및 품질 관리 ▪ 배포 속도 및 빈도 개선 ▪ 팀 협업 및 개발 프로세스 최적화

모바일 프로그래밍 개발의 초기 단계에서 대상 플랫폼 (Android, iOS 또는 두가지 모두)

에 적합한 언어 및 개발 환경을 선택하는 것이 중요하다. 크로스 플랫폼 개발을 통해 개발 속도를 높이고 비용을 절감할 수 있지만, 모바일 플랫폼의 기본 제공 기능이 필요한 경우에는 각 플랫폼별 SDK를 직접 사용하는 것이 좋다. 모바일 프로그래밍에서 사용자의 경험을 극대화 하기 위해 직관적이고 반응형인 UI/UX 인터페이스를 설계하는 것이 매우 중요하다. 모바일 앱은 다양한 해상도와 디바이스에서 실행되기 때문에 반응형 디자인과 테스트는 필수적이다.

모바일 앱의 성능을 높이고 보안을 강화하는 것은 사용자 만족도와 앱의 성공에 직결되며, 데이터 전송의 최적화, 메모리 관리, 안전한 모바일 네트워크 통신 등을 필수적으로 고려하여야 한다. 모바일 서비스의 특성상 다양한 디바이스 환경에서 모바일 앱이 실행되므로 다양한 모바일 디바이스 환경에서의 테스트는 필수적이며, 지속적인 통합 및 배포 (CI/CD) 파이프라인을 구축하여 신속하고 안정적인 배포가 이루어 지도록 하여야 한다.

15.1.3 모바일 서비스 구현 플랫폼 - Android

(1) 모바일 서비스 구현 플랫폼

현재 모바일 서비스 구현에 많이 사용되는 대표적인 플랫폼을 표 15.2에서 주요 특징, 장점 및 단점 항목으로 비교하고 있다. 가장 널리 사용 중인 모바일 서비스 구현 플랫폼으로는 Google이 개발한 오픈소스 모바일 운영체제인 안드로이드 (Android)가 광범위한 사용자를 기반으로 다양한 디바이스를 지원하며, 강력한 Google 서비스와 통합될 수 있는 장점을 가진다. Android는 Java와 Kotlin 프로그래밍언어를 사용할 수 있으며, Android Studio를 개발환경으로 지원하고 있다. Android의 단점으로는 OS 버전 및 디바이스가 많은 기종으로 파편화되어 있으며, 보안 업데이터에 지연 가능성이 있는 것으로 분석된다.

Apple은 폐쇄적인 생태계를 유지하고 있으며, 모바일 운영체제로서 iOS가 사용되며, Swift/Objective-C 언어를 지원하고, Xcode IDE를 통한 개발 환경을 지원한다. iOS는 높은 보안성과 일관된 사용자 경험, iOS 사용자를 대상으로 한 높은 수익 창출 가능성의 장점을 제공하나, 폐쇄적인 생태계로서 제한된 디바이스 범위를 지원하고, App Store 심사 과정이 엄격하고 많은 시간이 소요될 수 있는 단점이 있다.

표 15.2 모바일 서비스 구현 플랫폼의 주요 특징, 장점 및 단점 분석

플랫폼	주요 특징	장점	단점
Android	▪ Google이 개발한 오픈 소스 모바일 운영 체제 ▪ Java/Kotlin 언어 지원 ▪ Android Studio를 통한 개발	▪ 광범위한 사용자 기반 ▪ 다양한 디바이스 지원 ▪ 강력한 Google 서비스와의 통합	▪ OS 버전 및 디바이스 파편화 문제 ▪ 보안 업데이트 지연 가능성
iOS	▪ Apple의 모바일 운영 체제 ▪ Swift/Objective-C 언어 지원 ▪ Xcode IDE를 통한 개발 ▪ 제한된 디바이스 범위	▪ 높은 보안성 ▪ 일관된 사용자 경험 ▪ iOS 사용자 대상 높은 수익 창출 가능	▪ 폐쇄적 생태계 ▪ App Store 심사 과정이 엄격하고 시간 소요 가능

플랫폼	주요 특징	장점	단점
React Native	▪ Meta Platforms (구 Facebook)이 개발한 크로스 플랫폼 프레임워크 ▪ JavaScript 및 React 사용 ▪ 네이티브 컴포넌트 사용 가능 ▪ 단일 코드베이스로 Android/iOS 앱 개발 가능	▪ 빠른 개발 속도 ▪ 풍부한 커뮤니티와 라이브러리 ▪ 단일 코드베이스로 다양한 플랫폼 지원	▪ 네이티브 기능 접근 시 제한 ▪ 성능이 네이티브 앱보다 낮을 수 있음
Flutter	▪ Google이 개발한 UI 툴킷 ▪ Dart 언어 사용 ▪ 풍부한 위젯과 높은 성능 ▪ 크로스 플랫폼 개발에 최적화	▪ 높은 성능의 일관된 UI ▪ 단일 코드베이스로 Android/iOS 지원 ▪ Hot Reload를 통한 빠른 개발 및 디버깅	▪ Flutter 생태계가 아직 성장 중 ▪ Dart 언어의 상대적 인지도 낮음
Xamarin	▪ Microsoft의 크로스 플랫폼 프레임워크 ▪ C# 및 .NET 사용 ▪ 네이티브 성능을 위한 바인딩 제공 ▪ Visual Studio 지원	▪ .NET 생태계 활용 가능 ▪ 강력한 Microsoft 지원 ▪ 코드 공유를 통한 빠른 개발	▪ 상대적으로 큰 앱 크기 ▪ 특정 네이티브 기능 지원 부족
Ionic	▪ HTML5, CSS, JavaScript 기반 하이브리드 앱 프레임워크 ▪ Angular/React/Vue와 함께 사용 가능 ▪ 웹 기술로 모바일 앱 개발	▪ 웹 개발자에게 친숙한 환경 ▪ 다양한 UI 컴포넌트 제공 - 빠른 프로토타이핑 가능	▪ 성능이 네이티브 앱보다 낮을 수 있음 ▪ 고급 그래픽 및 애니메이션에 제한
Cordova	▪ Apache의 하이브리드 앱 개발 프레임워크 ▪ HTML5, CSS, JavaScript로 개발 ▪ 플러그인을 통해 네이티브 API에 접근 가능	▪ 웹 개발자에게 친숙한 환경 ▪ 다양한 플러그인을 통한 기능 확장 ▪ 단순한 애플리케이션에 적합	▪ 성능이 네이티브 앱보다 낮을 수 있음 ▪ UI/UX가 네이티브 앱과 다를 수 있음
Kotlin Multiplatform	▪ Kotlin을 사용하여 다양한 플랫폼(Android, iOS, 웹)에서 코드를 공유할 수 있는 기능 제공 ▪ 네이티브 UI와의 통합을 지원 ▪ 공통 로직을 플랫폼 간에 공유 가능	▪ 공통 코드를 통해 개발 시간 및 비용 절감 ▪ 높은 재사용성 및 유지보수 용이성 ▪ Kotlin의 강력한 기능과 커뮤니티 지원	▪ 아직 초기 단계로 일부 API 및 도구 부족 ▪ 플랫폼별 UI 구현은 여전히 필요

Meta Flatforms (구 Facebook)가 개발한 크로스 모바일 서비스 플랫폼 프레임워크인 ReactNative는 JavaScript 및 React를 사용할 수 있으며, native component를 사용할 수 있고, 단일 코드 베이스로 Android와 iOS 앱 개발이 가능하다는 장점이 있으나 native 기능 접근시 제한성이 있으며, 성능이 네이티브 앱보다 낮을 수 있다는 단점이 있다.

Kotlin Multiplatform은 Kotlin을 사용하여 안드로이드와 iOS 등의 다양한 플랫폼에서 코드를 공유할 수 있는 기능을 제공하고 네이티브 UI와의 통합을 지원하며, 공통 로직을 플랫폼 간에 공유할 수 있게 함으로써 개발 시간과 비용을 절감하고, 높은 재사용성 및 유지보수 용이성을 지원하는 장점을 제공한다. 다만, Kotlin Multiplatform은 개발 초기 단계로서 일부 API 및 도구가 부족하고, 플랫폼별 UI 구현은 여전히 필요한 단점이 있다.

(2) Android

그림 15.1은 안드로이드 플랫폼의 기능 구조를 보여준다. 안드로이드 플랫폼은 Linux 운영체제를 기반으로 하며, Linux 운영체제 커널 내부에는 기본 디바이스들 (display, camera, flash memory, keypad, WIFI, audio, power management 등)와 드라이버 들이 포함된다. 안드로이드 플랫폼의 Linux 커널 위에는 Android runtime을 포함하는 라이브러리들을 포함한다. 이 라이브러리에는 Dalvik virtual machine, media framwork, SQLite, OpenGL, Webkit, SGL, SSL, Libc 등이 포함된다.

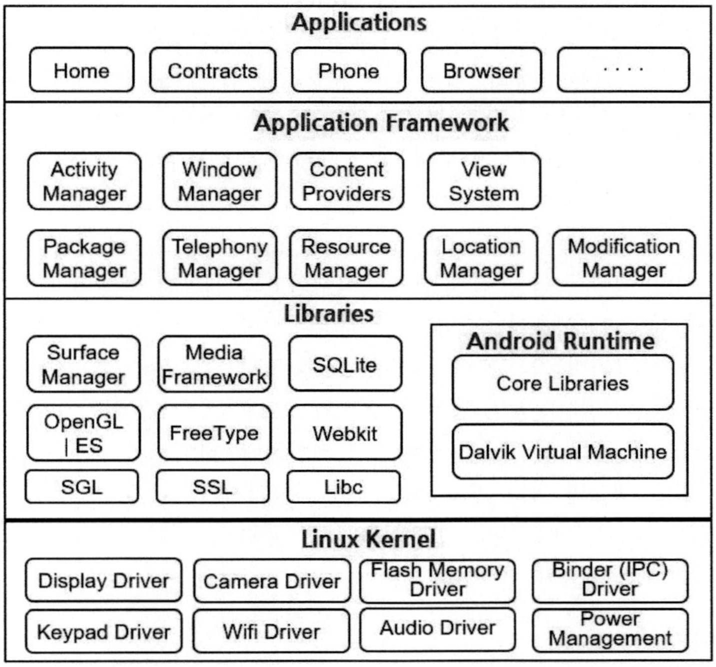

그림 15.1 Android 플랫폼의 기능 구조

안드로이드 플랫폼의 application framework에는 다양한 관리자들 (activity manager, window manager, content provider, view system, package manager, telephony manager, resource manager, location manager, modification manager 등)이 포함되며, 응용 서비스의 기본 기능들을 제공한다.

안드로이드 플랫폼의 Applications에는 기본적인 전화 (Phone)와 함께 웹 브라우저 (Browser) 등의 다양한 응용 서비스를 제공한다.

15.2 Android App

15.2.1 App (앱)

앱 (App)은 애플리케이션 소프트웨어 (application software)의 줄임말이며, 특정한 작업이나 기능을 수행하기 위하여 설계 및 구현된 프로그램을 의미한다. 앱은 다양한 플랫폼에서 실행될 수 있으며, 주로 스마트폰이나 태블릿과 같은 모바일 장치에서 사용된다. 앱은 주로 특정한 목적이나 기능을 수행하기 위하여 목적 지향형으로 개발된다. 예를 들어 사진 편집 앱, 소셜 미디어 앱, 게임 앱, 일정 관리 앱 등 특정 목적을 가진 앱들이다. 모바일 앱은 주로 iOS(아이폰, 아이패드)와 안드로이드 (Android) 운영체제에서 실행된다. 모바일 앱은 각각의 플랫폼에 맞추어 개발되며, 크로스 플랫폼 앱 개발을 통하여 여러 운영체제에서 실행 가능한 앱을 만들 수 있다. 아울러, 앱은 사용자가 쉽게 접근하고 사용할 수 있도록 직관적인 인터페이스와 디자인을 갖추도록 구현된다. 대부분의 앱은 애플의 앱스토어(iOS)나 Google 플레이스토어 (Android)와 같은 디지털 배포 플랫폼을 통하여 다운로드하고 설치하여 사용할 수 있다.

앱은 네이티브 앱 (native app), 웹 앱 (Web app), 하이브리드 앱(hybrid app)으로 구분된다. 네이티브 앱이란 특정 플랫폼에서 실행되도록 개발된 앱으로 플랫폼의 API를 활용하여 최적의 성능과 사용자 경험을 제공한다. 예를 들어 iOS 앱은 Swift 또는 Objective-C로 개발되며, 안드로이드 앱은 Java 또는 Kotlin으로 개발된다. 웹 앱은 웹 브라우저를 통하여 접근할 수 있는 앱이며, 별도의 앱 다운로드 및 설치가 필요없고, HTML, CSS, JavaScript와 같은 웹 기술을 사용하여 개발된다. 하이브리드 앱은 네이티브 앱과 웹 앱의 특성을 결합한 앱이며, 웹 기술을 사용하여 개발되지만 네이티브 컨테이너 안에서 실행된다. 하이브리드 앱의 대표적인 프레임워크로는 React Native, Flutter, Apache Cordova 등이 있다.

15.2.2 Android App

Google이 개발한 오픈 소스 모바일 운영체제인 Android에서 모바일 서비스로 제공하는 앱은 현재 광범위한 사용자를 기반으로 하고 있으며, 다양한 디바이스를 지원하고 다양한 Google 서비스에서 사용되고 있다. 본 절에서는 안드로이드 앱의 기본 기능 제공을 위한 컴포넌트와 개발과정을 상세히 살펴보며, 다음 절에서 AndroidStudio를 사용한 안드로이드 앱 구현 방법에 대하여 살펴본다.

안드로이드 앱은 Google의 안드로이드 운영체제에서 실행되는 응용 프로그램이며, 다양한 모바일 기기에서 다양한 서비스를 제공한다. Android app의 개발 환경은 Google이 공식적으로 지원하는 통합 개발 환경 (IDE)인 Android Studio이며, Java와 Kotlin 프로그래밍언어를 주로 사용하고, C++를 사용하여 네이티브 앱 기능 개발할 수 있다. Android Studio는 다양한 개발 도구와 에뮬레이터를 포함하고 있어 앱 개발에 최적화되어 있다.

모든 안드로이드 앱에는 AndroidManifest.xml 파일이 포함되어 있으며, 앱의 주요 구성 요소, 권한 및 테마 등을 정의한다. 그림 15.2와 표 15.3에서 보여주는 것과 같이 ,안드로이드 앱의 핵심 컴포넌트로는 activity, broadcast receiver, content provider, service가 있다. Activity는 사용자 인터페이스가 있는 단일 화면을 의미하여 하나의 액티비티가 독립된 프로그램으로 구현되기도 하며, 여러 개의 액티비티들이 모여서 하나의 서비스를 구성하기도 하고, 다른 프로그램의 액티비티를 사용할 수 도 있다. 액티비티의 예로서는 E-mail 서비스의 새로운 목록 보여주기, E-mail, 카메라 앱 등이 있다.

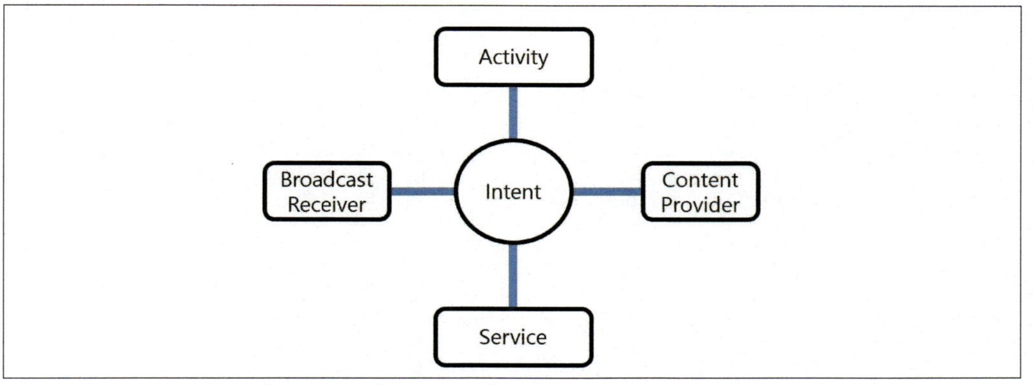

그림 15.2 안드로이드 앱 컴포넌트

표 15.3 안드로이드 앱의 컴포넌트

컴포넌트	세부 내용
Activity	▪ 사용자 인터페이스가 있는 단일 화면 ▪ 하나의 액티비티로 독립된 프로그래램으로 구현 되기도 하며, 여러 개가 모여서 하나의 서비스를 구성하기도 하고, 다른 프로그램의 액티비티를 사용할 수 도 있음 ▪ 예: E-mail 서비스의 새로운 목록, Email, 카메라 앱
Broadcast Receiver	▪ 하드웨어나 운영 체제로부터 발생하는 이벤트를 수신할 수 있는 event listener
Content Provider	▪ 다른 프로그램과 데이터를 공유하기 위하여 사용됨 ▪ 앱 상호간에 공유되는 앱 데이터 집합을 관리
Service	▪ 액티비티가 비활성화 되었을때에도 백그라운드에서 특정 기능이 동작하기 위한 목적으로 사용됨 ▪ 서비스의 동작을 시작하고, 변경하고, 멈출 수 있게 하기 위한 액티비티가 함께 제공되어야 함

Broadcast receiver는 하드웨어나 운영체제로부터 발생하는 이벤트를 수신할 수 있는 이벤트 수신자 (event listener)이며, content provider는 앱 상호 간에 공유되는 앱 데이터 집합을 관리하며, 다른 프로그램과 데이터를 공유하기 위하여 사용된다. 앱 컴포넌트인 서비스는 액티비티가 비활성화되었을 때에도 백그라운드에서 특정 기능이 동작하기 위한 목적으로 사용되며, 서비스의 동작의 시작, 변경 및 중지를 위한 액티비티가 함께 제공되어야 한다.

15.2.3 안드로이드 앱 UI 구성 요소 – Layouts, Views

안드로이드 앱의 UI (User Interface) 구성 요소로는 레이아웃 (Layout)과 뷰 (View)가 있다.

(1) Layouts

안드로이드 앱의 Layouts은 앱의 화면 구성을 정의하는 XML 파일이며, 레이아웃의 유형으로는 표 15.4에서 보는 것과 같이 LinearLayout, RelativeLayout, ConstraintLayout 등이 있다. LinearLayout은 앱의 자식 요소를 수직 또는 수평으로 정렬하는 가장 기본적인 레이아웃이며, 버튼이나 텍스트 뷰를 수평 또는 수직으로 나란히 배치할 때 사용한다.

표 15.4 Android Application의 Layout 구조

레이아웃 유형	설명	사용 예시
LinearLayout	자식 요소를 수직 또는 수평으로 정렬하는 레이아웃	버튼을 수평으로 나란히 배치하거나 텍스트 뷰를 수직으로 나열할 때 사용
RelativeLayout	자식 요소를 다른 요소나 부모 레이아웃에 상대적으로 배치할 수 있는 레이아웃	버튼을 텍스트 뷰 아래에 배치하거나 특정 요소를 부모 레이아웃의 오른쪽에 정렬할 때 사용
Constraint Layout	제약 조건을 사용하여 유연하고 복잡한 레이아웃을 구성할 수 있는 레이아웃	복잡한 화면 디자인에서 요소 간의 상호 배치를 제어할 때 사용
FrameLayout	화면에 하나의 자식 요소만 표시하고, 추가된 다른 자식 요소는 그 위에 쌓이는 레이아웃	하나의 큰 이미지를 배경으로 사용하고 그 위에 텍스트를 표시할 때 사용
TableLayout	행과 열을 사용하여 요소를 배치할 수 있는 테이블 형태의 레이아웃	데이터 표를 만들거나, 행과 열로 정렬된 폼을 구성할 때 사용
GridLayout	행과 열의 그리드 시스템을 사용하여 요소를 배치할 수 있는 레이아웃	격자 형태로 아이템을 배치하거나, 정렬된 이미지 갤러리를 만들 때 사용
Coordinator Layout	다양한 자식 요소의 상호 작용을 조정할 수 있는 레이아웃	스크롤과 같은 상호작용을 조정하거나 복잡한 제스처를 처리할 때 사용
ScrollView	화면에 표시되는 영역을 넘어서는 콘텐츠를 스크롤할 수 있게 하는 레이아웃	긴 텍스트 목록이나 많은 이미지를 스크롤할 수 있도록할 때 사용
RecyclerView	대량의 데이터 항목을 효율적으로 표시하고 스크롤할 수 있는 고성능의 리스트 레이아웃	많은 데이터를 효율적으로 표시하고, 항목을 재사용할 때 사용
ConstraintSet	ConstraintLayout 내에서 레이아웃 전환 애니메이션을 정의할 수 있음	ConstraintLayout의 제약 조건을 동적으로 변경하고 애니메이션 효과를 줄 때 사용

RelativeLayout은 자식 요소를 다른 요소나 부모 레이아웃에 상대적으로 배치할 때 사용되며, 버튼을 텍스트 뷰 아래에 배치하거나 특정 요소를 부모 레이아웃의 오른쪽 (또는 왼쪽)에 정렬할 때 사용한다. ConstraintLayout은 제약 조건을 사용하여 유연하고 복잡한 레이아웃을 구성할 수 있으며, 복잡한 화면 디자인에서 요소 간의 상호 배치를 제어할 때 사용한다. FrameLayout은 화면에 하나의 자식 프레임 요소만 표시하고, 추가된 다른 자식 요소(들)은 그 프레임 요소에 쌓는 레이아웃으로, 하나의 큰 이미지를 배경으로 하는 프레임 상에 텍스트를 표시할 때 사용할 수 있다.

TableLayout은 데이터 표를 만들거나 행과 열로 정렬된 폼을 구성할 때 사용되는 테이블 형태의 레이아웃이다. GridLayout은 격자형태로 아이템을 배치하거나 정렬된 이미지 갤러리를 만들 때 사용할 수 있으며, 행과 열의 그리드 시스템을 사용하여 요소를 배치할 수 있는 레이아웃이다. CoordinatorLayout은 다양한 자식 요소의 상호 작용을 조정할 수 있는 레이아웃이며, 스크롤과 같은 상호 작용을 조정하거나 복잡한 제스처를 처리할 때 사용할 수 있다.

ScrollView는 화면에 표시되는 영역을 넘어서는 콘텐츠를 스크롤할 수 있게 하는 레이아웃이며, 긴 텍스트 목록이나 많은 이미지를 스크롤할 수 있도록 할 때 사용된다. RecycleView는 많은 데이터를 효율적으로 표시하고, 항목을 재사용할 수 있도록 스크롤할 수 있는 고성능의 리스트 레이아웃이다. ConstraintSet은 ConstraintLayout 내에서 레이아웃 전환 애니메이션을 정의할 수 있으며, 제약 조건을 동적으로 변경하고 애니메이션 효과를 줄 때 사용할 수 있다.

(2) Views

안드로이드 앱의 Views는 사용자 인터페이스의 기본 구성 요소이며, 버튼, 텍스트, 이미지 등이 포함된다. 그림 15.3은 View 클래스 체계를 보여주며, ViewGroup, TextView, ImageView 및 ProgressBar가 포함되어 있다. ViewGroup을 통해 복합적인 UI를 구성할 수 있다.

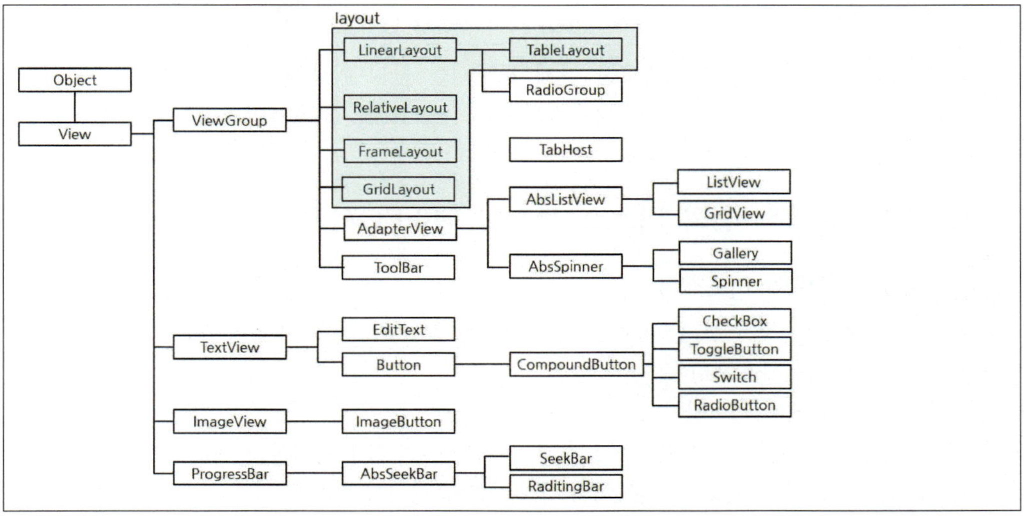

그림 15.3 View Class Hierarchy

표 15.5는 TextView의 속성에 대한 설명을 예시와 함께 보여준다.

표 15.5 TextView 속성

속성 이름	설명	예제
android:text	TextView에 표시할 텍스트를 설정	android:text="Hello, World!"
android:textColor	텍스트의 색상을 설정. 색상 코드는 #RRGGBB 형식이나 시스템 정의 색상 값으로 지정할 수 있음	android:textColor="#FF0000"(빨간색)

속성 이름	설명	예제
android:textSize	텍스트 크기를 설정 주로 sp단위로 지정	android:textSize="18sp"
android:gravity	텍스트의 정렬 위치를 지정 (예: center, left, right, top, bottom)	android:gravity="center"
android:textStyle	텍스트의 스타일을 지정 (예: bold, italic, normal)	android:textStyle="bold"
android:maxLines	표시할 최대 줄 수를 설정	android:maxLines="2"
android:ellipsize	텍스트가 길 때 끝에 "..."를 표시하거나 중간 또는 시작에 생략 표시를 할 수 있음	android:ellipsize="end"
android:singleLine	텍스트를 한 줄로만 표시할지 여부를 지정 true일 경우 텍스트가 한 줄에 표시됨	android:singleLine="true"
android: lineSpacingExtra	줄 간격을 추가로 설정할 수 있음	android:lineSpacingExtra="4dp "
android:typeface	텍스트의 서체를 설정 (예: sans, serif, monospace)	android:typeface="monospace"
android: background	TextView의 배경을 설정. 색상이나 이미지로 설정할 수 있음	android:background="#00FF00 "(녹색 배경)
android:padding	TextView 내부 여백을 설정 상하좌우 여백을 따로 설정할 수 있음	android:padding="10dp"
android: textAllCaps	텍스트를 모두 대문자로 표시할지 여부를 설정	android:textAllCaps="true"
android:hint	입력 전 나타나는 힌트 텍스트를 설정 주로 EditText에 사용되지만 TextView에도 적용 가능함	android:hint="Enter your name"
android: drawableLeft	TextView의 왼쪽에 아이콘이나 이미지를 배치	android:drawableLeft="@drawa ble/icon"

대표적인 TextView 속성으로는 실제 표시되는 문자열 내용을 설정하는 text, 글자크기를 설정하는 textSize, 글자 색상을 정의하는 textColor, 문자열의 정렬 (alignment)를 설정하는 gravity가 있다.

15.2.4 안드로이드 앱의 리소스 관리와 데이터 저장

(1) 안드로이드 앱의 리소스 관리

안드로이드 앱의 리소스 관리에는 Drawable, Strings, Styles과 Themes, Colors 요소가 다음과 같이 사용된다:

- Drawable: 이미지와 그래픽 리소스를 관리
- Strings: 문자열 리소스를 별도로 관리하여 다국어 지원을 용이하게 함
- Styles과 Themes: 앱의 일관된 스타일과 테마를 정의
- Colors는 앱에서 사용되는 색상 값을 관리

(2) 안드로이드 앱의 데이터 저장

안드로이드 앱은 다음 요소들을 데이터 저장에 사용한다.

- Shared Preferences: 간단한 데이터를 키-값 쌍으로 저장함
- SQLite Database: 구조화된 데이터를 저장하는 경량 데이타베이스
- Room Persistence Library: SQLite의 추상화 계층을 제공하여보다 쉬운 데이타베이스 조작을 지원

- File Storage: 내부 및 외부 저장소에 파일 형태로 데이터를 저장

15.2.5 Android App 개발 과정

안드로이드 앱의 개발 과정은 일반적으로 그림 15.4에서 보는 과정을 따라 진행된다. 먼저 안드로이드 스튜디오에서 프로젝트를 생성한 후, 레이아웃을 정의하여 앱의 UI 구성을 정의하며, 레이아웃 정의에서는 15.2.3절에서 설명하였던 구성 요소의 배치를 사용하여 적절한 위치를 설정한다. 코드 작성에서는 각 UI 요소에 관련 코드를 작성하게 된다. 이 코드에는 GUI 컴포넌트에 관련된 이벤트 처리와 입력 데이터에 대한 처리, 결과 데이터에 대한 표시 등의 기능이 포함된다.

레이아웃 정의와 코드 작성이 완료되면 빌드 및 실행을 하게 되고, 당초 목표로 하였던 기능의 정상적인 동작 테스트를 수행하며, 오류가 발생되는 경우 디버깅을 통하여 오류를 수정하게 된다.

그림 15.4 안드로이드 앱 개발 과정

15.3 Android Studio

15.3.1 Android Studio란 ?

(1) 안드로이드 스튜디오

안드로이드 스튜디오는 안드로이드 앱 개발을 위한 공식 통합 개발 환경 (IDE)이며, IntelliJ의 코드 편집기와 개발자 도구를 기반으로 구현되어 있고, 안드로이드 앱을 개발할 때 생산성을 높여주는 다양한 기능을 제공한다. 표 15.6 안드로이드 스튜디오의 공개 버전, 공개 일자, 닉네임 및 주요 특성에 대하여 요약 설명하고 있다.

표 15.6 Android Studio 버전 및 주요 특성

버전	공개일자	버전의 별칭	주요 특성
2020.3.1	21-Mar	Arctic Fox	Jetpack Compose preview, improved code editor, better memory profiling
2021.1.1	21-Oct	Bumblebee	Compose interactive previews, background task inspector, Gradle Managed Virtual Devices
2021.2.1	22-Feb	Chipmunk	New Device Manager, enhanced Layout Inspector
2021.3.1	22-Sep	Dolphin	Jetpack Compose Animation Preview, Wear OS emulator updates
2022.1.1	23-Jan	Electric Eel	Live Edit of Compose, updated App Quality Insights

버전	공개일자	버전의 별칭	주요 특성
2022.2.1	23-Apr	Flamingo	New Logcat UI, SDK Indexer, device mirroring
2023.1.1	23-Jun	Giraffe	Live Edit of Compose with preview, support for Kotlin Multiplatform Mobile
2023.2.1	23-Nov	Hedgehog	Improved performance, enhanced UI tools, new device simulator features
2024.1.1	24-Jan	Iguana	Advanced AI code suggestions, new layout inspector features
2024.1.2	24-Mar	Ibis	Improved Compose tooling, enhanced debug tools
2024.2.0	24-May	Jellyfish	New navigation component, enhanced Jetpack Compose support
2024.2.1	24-Jul	Jaguar	Enhanced cross-platform support, improved build system, advanced profiling tools
2024.3.0	24-Sep	Koala	Enhanced AI integration, new profiling tools, improved emulator performance

(2) 안드로이드 스튜디오 주요 기능

안드로이드 스튜디오는 유연한 Gradle 기반 빌드 시스템을 갖추며, 빠르고 기능이 풍부한 애뮬레이터 기능을 제공하고, 모든 Android 기기용으로 개발할 수 있는 통합 개발 환경을 제공한다. 특히, 애뮬레이터와 실제 기기에서 구성 가능한 함수를 실시간으로 업데이트할 수 있는 실시간 편집 기능을 제공한다.

안드로이드 스튜디오에서 제공하는 코드 템플릿은 일반적인 앱을 쉽게 빌드할 수 있도록 샘플 코드를 가져와서 사용하게 하며, GitHub 통합 기능을 제공한다. 아울러, 광범위한 테스트 도구와 프레임워크를 제공하며, 성능, 사용성, 버전 호환성 및 기타 문제를 파악할 수 있게 하는 Lint 도구를 제공한다.

(3) 안드로이드 스튜디오 프로젝트 구조

안드로이드 스튜디오의 각 프로젝트에는 소스코드 파일 및 리소스 파일과 함께 Android 앱 모듈, 라이브러리 모듈, Google App Engine 모듈이 하나 이상 포함된다. 안드로이드 스튜디오는 기본적으로 안드로이드 프로젝트 뷰에 프로젝트 파일을 표시하며, 프로젝트의 주요 소스 파일에 신속하게 접근할 수 있도록 모듈별로 구성되어 있고, 모든 빌드 파일은 최상위의 Gradle Scripts에 표시된다.

그림 15.5는 안드로이드 스튜디오에서의 프로젝트 뷰를 보여준다.

안드로이드 스튜디오에서 개발되는 앱 모듈에는 다음 폴더가 포함된다:

- manifests: AndroidManifest.xml 파일을 포함
- kotlin+java: unit 테스트 코드를 비롯한 Kotlin 및 Java 소스코드를 포함
- res: 코드가 아닌 모든 리소스(UI 문자열, 비트맵 이미지 등)에 관련된 정보가 포함되며, drawable, layout, mipmap, values, xml 폴더로 구분되어 정리된 상태로 포함

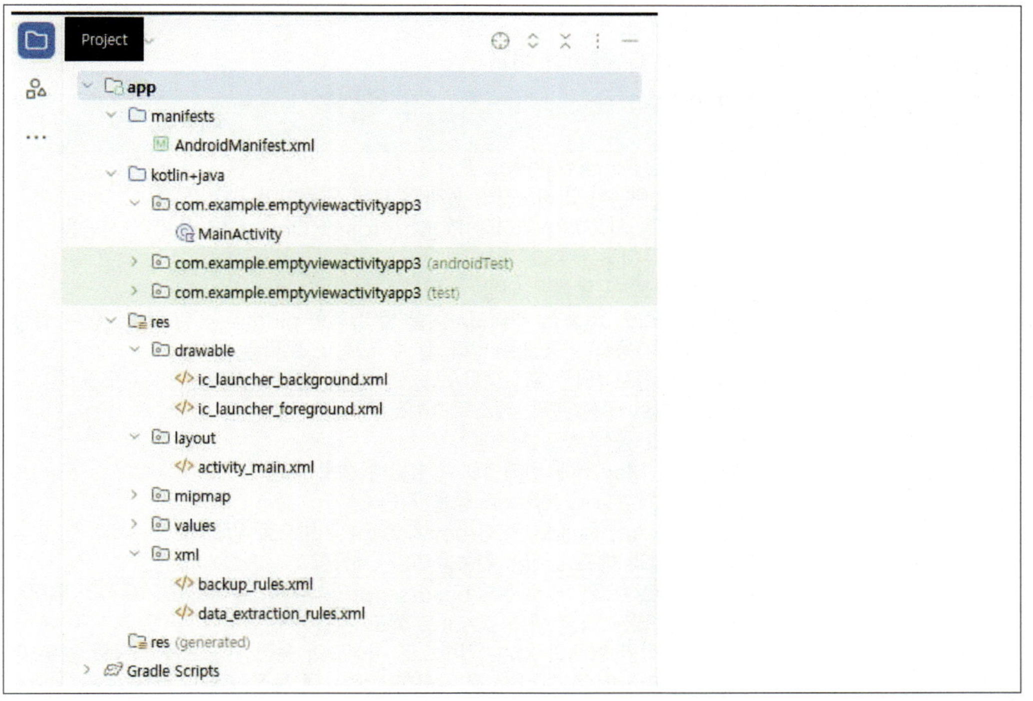

그림 15.5 안드로이드 스튜디오 프로젝트 뷰

(4) Android Studio의 Build System - Gradle

Kotlin 프로그래밍의 통합개발 환경인 IntelliJ에서는 Gradle과 Maven이 Build 관리 도구로서 사용가능하다. 표 15.7은 Maven과 Gradle을 비교하여 설명하고 있다. 안드로이드 스튜디오는 빌드 시스템의 기반으로 Gradle을 사용하며, 더 많은 안드로이드 전용 기능이 Android Gradle을 통하여 제공된다.

Android studio build system은 안드로이드 스튜디오 메뉴에서는 통합 도구로 실행되고, 명령어 창에서는 독립적으로 실행되며, 다음과 같은 작업을 수행할 수 있다:

- 빌드 프로세스 맞춤 설정, 구성 및 확장
- 동일한 프로젝트 및 모듈을 사용하여 다양한 기능을 갖춘 앱을 위한 여러 APK ()생성
- 전체 소스 세트에 걸쳐 코드 및 리소스 재사용

Gradle의 유연성을 활용하면 앱의 주요 소스 파일을 수정하지 않고도 이 모든 작업을 처리할 수 있다.

Kotlin을 사용하는 경우, 안드로이드 스튜디오 빌드 파일은 build.gradle.kt로 명명되고, Groovy를 사용하는 경우 build.gradle로 명명된다. 이 빌드 파일은 Kotlin 또는 Groovy 구문을 사용하여 Android Gradle 플러그 인이 제공하는 요소들로 빌드를 구성하는 일반 텍스트 파일이다. 전체 프로젝트를 구성하는 각 프로젝트에는 하나의 최상위 빌드 파일이 있으며, 모듈별로 별도 모듈 수준의 빌드 파일이 있다. 개발자가 기존 프로젝트를 가져오는 경우, Android studio는 필요한 빌드 파일을 자동으로 생성한다.

표 15.7 Build 관리 도구 (Maven, Gradle)의 비교

Build 관리 도구	주요 특징, 기능
Maven	▪ Apache Java Project 관리 도구 ▪ 라이브러리와 연관된 라이브러리 들까지 모두 연동되어 관리가 됨 ▪ Maven 기능을 사용하기 위하여 POM (Project Object Model)이 사용됨 ▪ pom.xml에서 다루는 주요 기능: - 프로젝트 정보 (프로젝트 이름, 라이선스 등) - 빌드 설정 (소스, 리소스, 라이프사이클 별 실행한 plugin 등 빌드와 관련된 설정) - 빌드 환경 (사용자 환경별로 달라 질 수 있는 프로파일 정보) - pom 연관 정보 (의존 프로젝트/모듈, 상위 프로젝트, 포함된 하위 모듈 등)
Gradle	▪ Build, 프로젝트 구성/관리, 테스트, 배포 도구 ▪ Android 앱의 공식 빌드 시스템 ▪ Build 속도가 Maven에 비해 10 ~ 100배 정도 빠름 ▪ Java, Kotlin, C/C++, Python 등을 지원 ▪ Build tool인 Ant Builder와 Groovy script 기반으로 만들어져 기존 Ant의 역할과 배포 script 기능을 모두 제공함
핵심 비교	▪ Maven은 프로젝트가 커 질수록 build script의 내용이 길어지고 가독성이 떨어지는데, Gradle은 훨씬 적은 양의 script로 짧고 간결하게 작성할 수 있음 ▪ Maven이 정적인 형태의 XML 기반으로 작성되어 동적인 빌드를 적용할 경우 어려움이 있는데, Gradle은 Groovy를 사용하기 때문에 동적인 빌드는 Groovy script로 plugin을 호출하거나 직접 코드를 작성하여 처리 가능 ▪ Maven은 멀티 프로젝트에서 특정 설정을 다른 모듈에서 사용하려면 상속을 받아야 하며, Gradle은 설정 주입 방식을 사용하기 때문에 멀티 프로젝트에 적합함

15.3.2 Android Studio 설치

안드로이드 스튜디오는 그림 15.6에서 보는 안드로이드 개발자 사이트[8] 에서 다운로드 받을 수 있으며, 그림 15.7과 같은 절차에 따라 설치할 수 있다. 안드로이드 스튜디오는 지속적으로 새로운 버전이 발표되고 있으며, 2024년 8월 현재 Android Studio Koala를 다운로드할 수 있다.

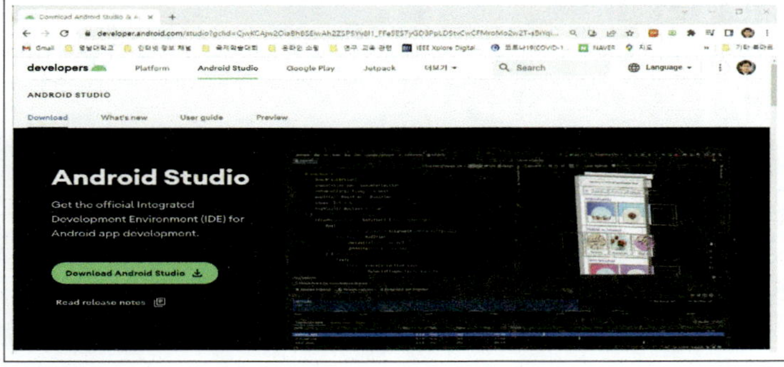

그림 15.6 Android Studio Download (https://developer.android.com/**studio?hl=ko)**

8) Android Studio Developers (https://developer.android.com/studio?hl=ko)

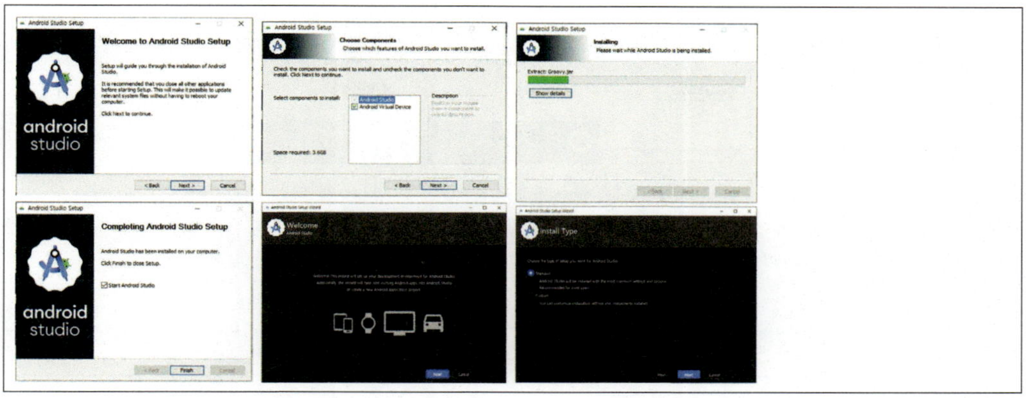

그림 15.7 Android Studio 설치

그림 15.8 ~ 15.11에서는 안드로이드 스튜디오의 초기 설정 절차에 대하여 설명하고 있다. 먼저 안드로이드 스튜디오 화면 설정은 Customize의 Appearance에서 설정할 수 있으며, 기본적으로 검은색 바탕으로 되어 있으며, 이를 흰색 바탕 계열인 IntelliJ Light등으로 변경하고, IDE의 글자크기를 IDE font난에서 설정할 수 있다.

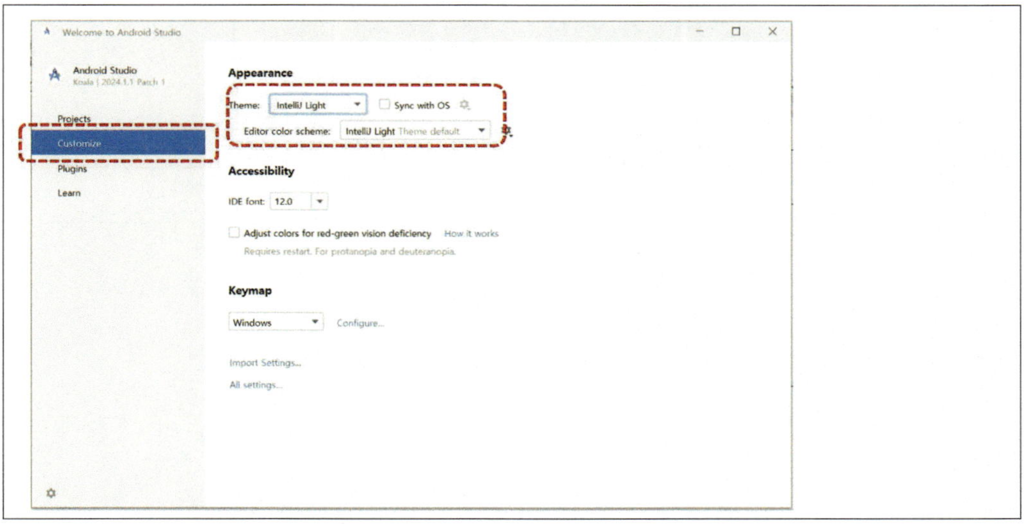

그림 15.8 Android Studio Customize Appearance

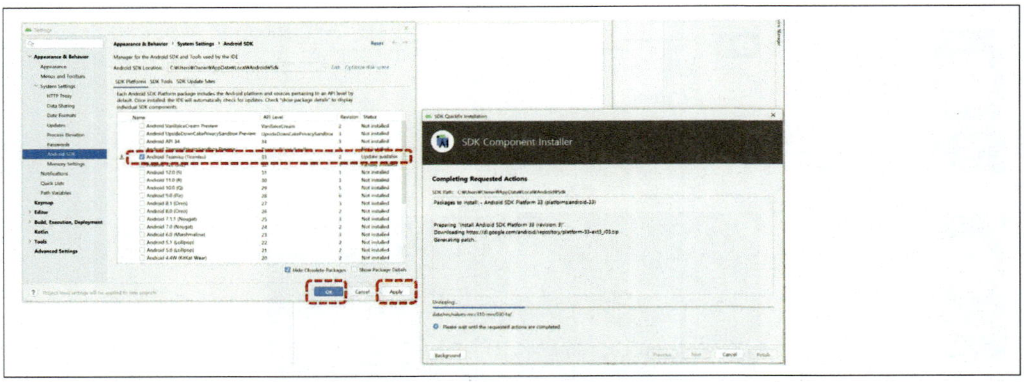

그림 15.9 Android Studio SDK Setting, SDK 컴포넌트 설치

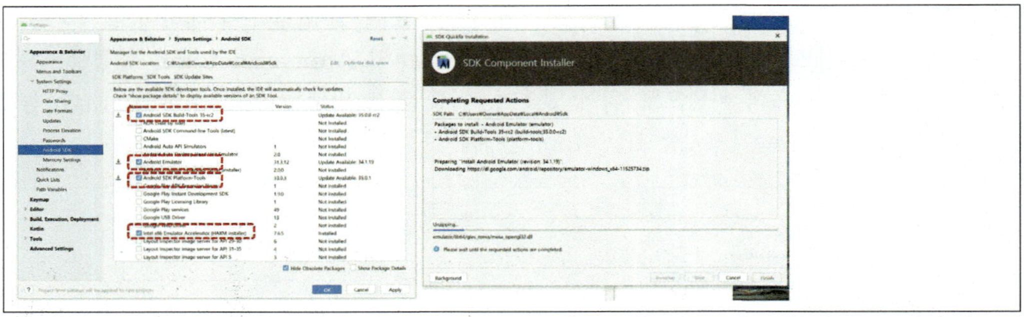

그림 15.10 Android Studio SDK Tools 설정

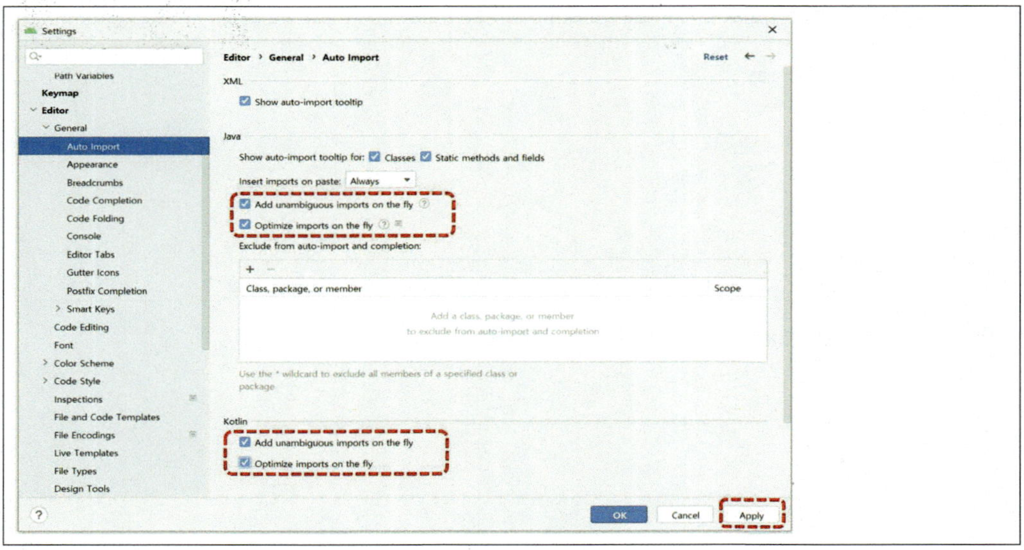

그림 15.11 Android Studio Setting Editor

15.4 Android Studio 기반 앱 프로젝트 생성 및 설정

15.4.1 Android Studio 프로젝트 생성

그림 15.12는 안드로이드 스튜디오에서 새로운 프로젝트를 생성하는 초기 화면을 보여준다. New Project 버튼을 클릭하면 앱이 실행하게 될 단말장치 종류(예: Phone and Tablet, Wear OS, Television, Automotive)를 선택할 수 있고, 액티비티의 초기 세팅(예: No Activity, Empty Activity, 또는 Empty View Activity 등)을 선택할 수 있다.

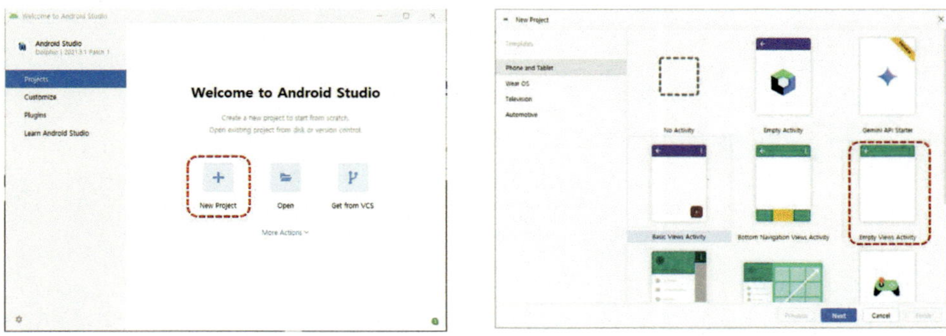

(a) New Project (b) Empty View Activity

그림 15.12 Android Studio 프로젝트 생성 및 액티비티 설정

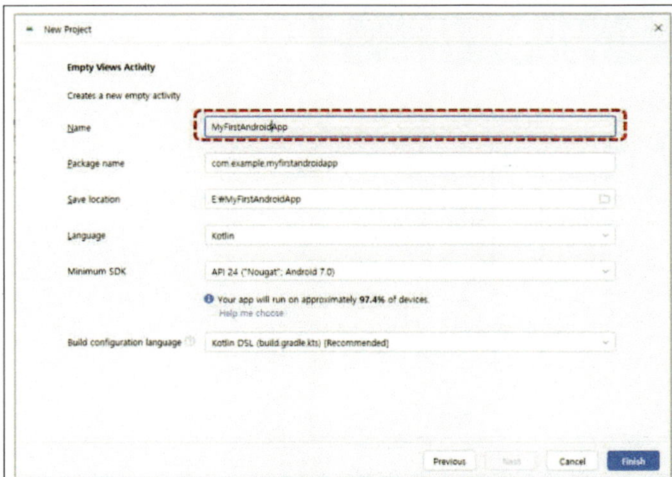

그림 15.13 Android Studio 프로젝트 이름 설정

그림 15.13은 New Project (Empty Views Activity)의 프로젝트 이름을 설정하는 예를 보여준다. 프로젝트 이름을 설정하면 Package name과 저장 위치 (save location)가 자동적으로 설정되나, 필요에 따라 이를 변경할 수 있다. 프로그래밍언어는 Kotlin으로

기본 설정되어 있으며, Java로 프로그래밍하고자 하는 경우, Language 메뉴 항목을 Java로 설정할 수 있다. Minimum SDK는 구현하고자 하는 앱이 실행되는데 필요한 최소 API 수준을 지정한다. 이 예에서는 기본 값으로 설정된 API 24 ("Nougat", Android 7.0)를 변경없이 사용하는 예를 보여준다. Build configuration language는 기본 설정 값이며 추천으로 표시되어 있는 Kotlin DSL (build.gradle.kr)를 사용하는 예를 보여준다.

15.4.2 앱의 실행 단말장치 및 Android Virtual Device (ADV) 설정

그림 15.14~16는 안드로이드 앱이 실행될 단말 장치를 Device Manager 탭을 사용하여 Medium Phone API 35 (Portrait)를 선택하고, System Image와 AVD(Android Virtual Device)를 설정하는 예를 보여준다.

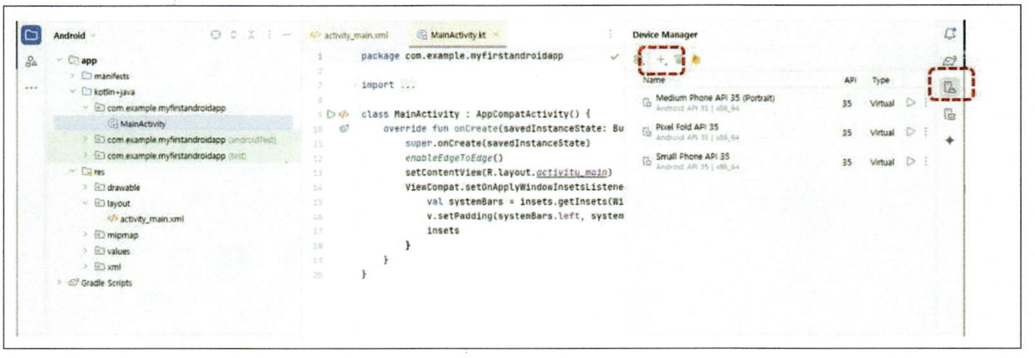

그림 15.14 Device Manager에서 단말장치 기종 선택

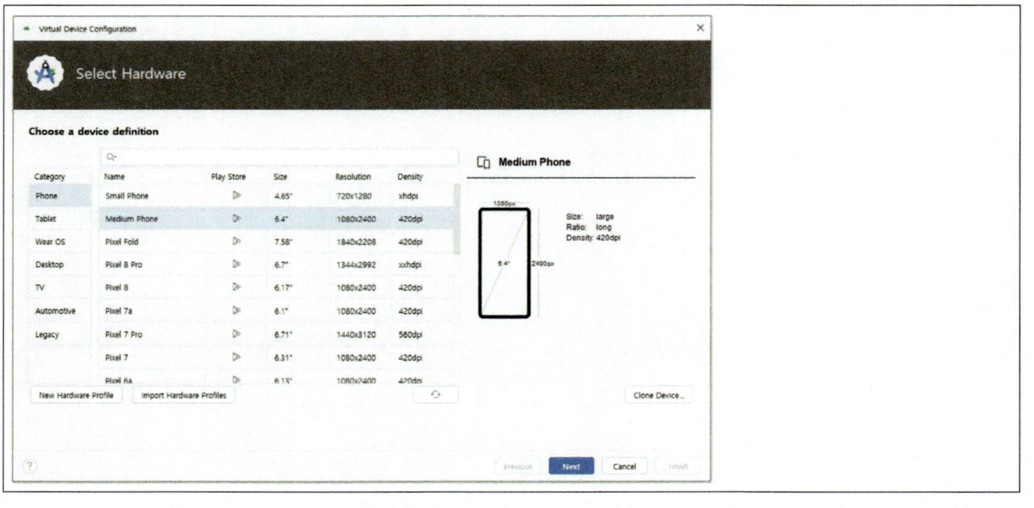

그림 15.15 Android Application이 실행될 단말장치 기종 선택

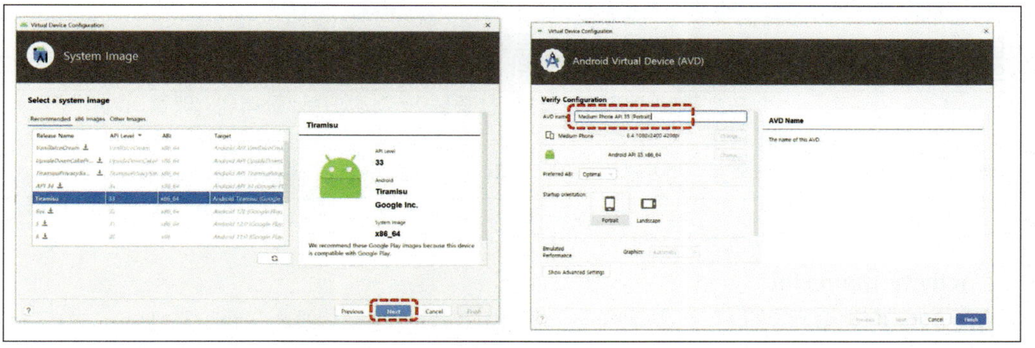

그림 15.16 Android Application이 실행될 단말장치의 Android Virtual Device (AVD) 설정

15.4.3 Android Studio 기반 모바일 프로그래밍 환경 설정

모바일 프로그래밍을 수행하는 안드로이드 스튜디오에서 기본적으로 사용되는 주요 폴더와 파일들은 표 15.8에서 열거하는 것과 같다. 가장 기본적인 폴더와 파일로는 app/src/main/java/ 폴더의 MainAcitivity.kt 파일과 app/arc/main/res/ 폴더의 activity_main.xml 파일이다.

표 15.8 Android Studio의 Project 개발에 사용되는 폴더와 파일

폴더/파일명	설명
app/	실제 애플리케이션 코드와 리소스가 위치하는 폴더로, 모든 개발 파일들이 포함됨
app/src/main/	메인 소스 코드와 리소스 파일이 들어 있는 폴더로, Android 애플리케이션의 핵심 구성 요소가 포함됨
app/src/main/java/	애플리케이션의 Java 또는 Kotlin 소스 코드가 위치하는 폴더
app/src/main/res/	이미지, 레이아웃, 문자열 리소스 등 다양한 애플리케이션 리소스 파일들이 포함된 폴더
app/src/main/res/ layout/	XML 형식의 레이아웃 파일들이 위치하는 폴더로, 사용자 인터페이스 정의가 이루어짐
app/src/main/res/ drawable/	PNG, JPEG 등의 이미지 리소스 파일을 저장하는 폴더
app/src/main/res/ values/	문자열, 색상, 스타일 등 애플리케이션에서 사용할 다양한 값들이 정의된 XML 파일이 저장된 폴더
app/src/main/ AndroidManifest.xml	애플리케이션의 필수 정보를 정의한 XML 파일로, 애플리케이션의 구성 요소, 권한, 테마 등이 설정됨
gradle/	Gradle 빌드 시스템과 관련된 설정 파일이 포함된 폴더
build.gradle	프로젝트와 모듈의 빌드 구성을 정의한 파일임. 프로젝트 전체 또는 모듈 별로 존재할 수 있으며, 의존성 및 빌드 설정을 관리함
settings.gradle	프로젝트의 설정을 정의하는 파일로, 다중 모듈 프로젝트에서 각 모듈을 설정할 때 사용됨
local.properties	Android SDK 경로와 같은 로컬 시스템 관련 설정 정보를 포함하는 파일
app/build/	애플리케이션이 빌드된 후 생성된 결과물이 위치하는 폴더로, APK 파일이 생성되는 위치임
app/ proguard-rules.pro	ProGuard와 R8의 난독화 규칙을 정의하는 파일로, 애플리케이션의 릴리스 버전에서 코드 최적화 및 난독화를 설정할 수 있음

폴더/파일명	설명
gradlew, gradlew.bat	Gradle 빌드 스크립트를 실행하기 위한 셸 스크립트 및 배치 파일로, 플랫폼에 따라 각각 Linux/Windows에서 사용됨
build/	프로젝트 전체의 빌드 산출물이 저장되는 폴더임 (애플리케이션 실행 파일, 클래스 파일, 테스트 결과 등)
app/libs/	외부 라이브러리(예: JAR 파일)를 추가할 때 사용하는 폴더

(2) activity_main.xml

안드로이드 스튜디오에서 앱을 개발할 때 activity_main.xml은 앱에 포함되는 UI 구성 요소를 정의하며, 각 요소들의 배치를 설정하는 레이아웃 구조 설정, 상호 작용을 위한 ID 설정, UI 구성요소의 스타일 설정, UI 구성요소들의 크기 등을 설정한다. activity_main.xml의 레이아웃 구조 설정에서는 LinearLayout, RelativeLayout, ConstraintLayout 등을 사용하여 UI 구성 요소가 단말장치의 화면에 배치되는 방식을 결정하므로 실제 앱이 어떤 모습을 가지는가에 대한 결정적인 역할을 하게된다.

표 15.9 Android Project의 layout/activity_main.xml 파일의 기능

주요 기능	설명
UI 구성 요소 정의	activity_main.xml 파일은 앱의 메인 활동에 표시될 UI 구성 요소를 정의하는 데 사용 구성 요소에는 버튼, 텍스트 뷰, 이미지, 리스트 및 기타 위젯이 포함됨
레이아웃 구조 설정	다양한 레이아웃 관리자를 사용하여 레이아웃 구조를 지정 예를 들어, LinearLayout, RelativeLayout, ConstraintLayout 등을 사용하여 UI 구성 요소가 화면에 배치되는 방식을 결정
상호 작용을 위한 ID 제공	XML 파일에서 각 UI 구성 요소에 고유 ID를 할당할 수 있으며, 이를 통해 해당 구성 요소를 대응하는 액티비티의 Java 또는 Kotlin 파일에서 참조하고 조작할 수 있음
스타일링 및 테마 적용	XML 파일의 속성을 사용하여 UI 구성 요소의 스타일을 설정할 수 있음 예를 들어, 텍스트 크기, 색상, 패딩, 마진 등의 시각적 속성을 설정할 수 있으며, 프로젝트 내에서 정의된 스타일 및 테마를 참조할 수 있음
레이아웃 치수 정의	UI 구성 요소의 크기를 설정하고, match_parent 또는 wrap_content와 같은 레이아웃 매개변수를 사용하여 구성 요소가 부모 또는 형제 요소에 대해 크기와 위치를 조정하는 방식을 제어함
여러 화면 지원	layout-land와 같은 리소스 한정자에 activity_main.xml 파일의 다른 버전을 정의하여 가로 모드 또는 더 큰 화면과 같은 여러 화면 크기 및 방향을 지원할 수 있음
이벤트 처리 통합	XML 레이아웃은 버튼의 onClick 속성을 설정하여 버튼이 클릭될 때 액티비티의 코드에서 특정 메서드를 호출하도록 하는 등의 기본 이벤트를 처리할 수 있는 속성을 포함할 수 있음
다른 레이아웃 포함	<include> 태그를 사용하여 다른 레이아웃 파일을 포함할 수 있으며, 이를 통해 모듈화되고 재사용 가능한 UI 구성 요소를 만들 수 있음 이는 더 복잡한 레이아웃을 더 간단하고 재사용 가능한 레이아웃으로 구성하는 데 유용함

(3) MainActivity.kt

안드로이드 앱 프로그래밍에서 MainActivity.kt는 앱의 액티비티를 정의하는 메인 클래스를 선언하며, 액티비티가 생성될 때 호출되는 onCreate() 메서드가 구현되어 UI 요소를 초기화하고 설정한다. setContentView() 메서드는 액티비티의 레이아웃을 설정하며, findViewById() 메서드는 레이아웃에서 정의된 UI 요소를 코드에서 참조할 수 있도록 ID를 설정한다. 이벤트 핸들어는 버튼 클릭과 같은 UI 요소의 이벤트를 처리하는 메서드를 정의하며, 액티비티 생명주기 메서드는 onStart, onResume, onPause, onStop, onDestroy와 같은 메서드를 오버라이드하여 액티비티의 상태 변화를 처리한다. Intent 처리는 다른 액티비티를 시작하거나 데이터를 주고 받기 위해 Intent를 처리하는 기능을 구현한다. 로그 메시지는 디버깅을 위한 로그 메시지를 출력하는 기능을 지원한다.

표 15.10 MainActivity.kt 파일의 주요 구성 요소 및 기능

구성 요소	설명	예시 코드
패키지 선언	클래스가 속한 패키지를 선언	package com.example.myapp
임포트 문	사용할 외부 라이브러리 및 클래스들을 설치	import android.os.Bundle
클래스 선언	액티비티를 정의하는 메인 클래스를 선언	class MainActivity : AppCompatActivity() { ... }
onCreate 메서드	액티비티가 생성될 때 호출되며, UI를 초기화하고, 설정하는 코드를 작성	override fun onCreate(savedInstanceState: Bundle?) { ... }
setContentView 메서드	액티비티의 레이아웃을 설정	setContentView(R.layout.activity_main)
findViewById 메서드	레이아웃에서 정의된 UI 요소를 코드에서 참조할 수 있도록 ID 설정	val button: Button = findViewById(R.id.button)
이벤트 핸들러	버튼 클릭과 같은 사용자 이벤트를 처리하는 메서드를 정의	button.setOnClickListener { ... }
메서드 정의	액티비티 내에서 필요한 추가 메서드를 정의	fun handleClick() { ... }
액티비티 생명주기 메서드	onStart, onResume, onPause, onStop, onDestroy와 같은 메서드를 오버라이드하여 액티비티의 상태 변화를 처리	override fun onStart() { ... }
Intent 처리	다른 액티비티를 시작하거나 데이터를 주고받기 위해 Intent를 처리	val intent = Intent(this, AnotherActivity::class.java)
로그 메시지	디버깅을 위해 로그 메시지를 출력	Log.d("MainActivity", "Activity created")

15.4.4 Android Widget

안드로이드 앱 개발에서 위젯은 사용자 인터페이스를 구성하는 기본 요소이며, 사용자와 앱 간의 상호작용을 가능하게 한다. 각 위젯은 고유한 기능과 목적을 가지며, 앱의 사용자 경험을 향상시키기 위하여 적절히 사용된다. 안드로이드 앱 개발에 많이 사용되는 위젯으로는 TextView, EditText, Button, ImageView, RecyclerView, ListView, CheckBox, RadioButton, RadioGroup, Switch, ProgressBar, Spinner, CardView 등이 있다.

(1) TextView

TextView는 사용자가 앱 내에서 텍스트를 표시할 수 있는 위젯이다. TextView의 속성 중 중요한 항목으로 text는 표시할 텍스트를 설정하고, textSize는 텍스트의 크기를 지정하며, textColor는 텍스트의 색상을 지정한다. gravity는 택스트의 정렬을 지정한다.

(2) EditText

EditText는 사용자가 텍스트를 입력할 수 있도록 하는 입력 필드 위젯이다. EditText의 주요 속성으로 hint는 입력 필드에 대한 힌트를 제공하며, 필드가 비어있을 때 회색으로 표시된다. inputType은 입력 유형을 지정하며, E-mail, 전화번호, 비밀번호 등으로 입력 모드를 변경할 수 있다. maxLines는 입력 가능한 최대 줄 수를 설정한다.

(3) Button

Button은 사용자가 클릭하여 특정 동작을 수행하게 하는 위젯이다. Button의 속성인 text는 버튼에 표시되는 텍스트를 설정한다. onClick은 버튼이 클릭될 때 실행되는 동작을 지정한다.

(4) ImageView

InageView는 이미지를 표시하는데 사용되는 위젯이며, src 속성은 표시할 이미지의 리소스를 설정하고, scaleType 속성은 이미지의 크기 조정 방법(예: fitCenter, centerCrop)을 지정한다.

(5) RecyclerView

RecyclerView는 대량의 데이터 세트를 효율적으로 표시하고, 스크롤할 수 있는 고급 리스트 뷰이다. 주요 속성으로 Adapter는 데이터와 UI 요소 간의 결합을 관리하며, LayoutManager는 아이템의 배치를 관리하며, 일반적으로 LinearLayoutManager나 GridLayoutManager를 사용한다. ViewHolder는 각 아이템의 뷰 요소를 보유하고, 재사용하며, 성능을 향상시킨다.

(6) ListView

ListView는 여러 개의 아이템을 수직 리스트로 표시하는 위젯이며, adapter는 데이터를 가져와서 뷰에 표시하는 데 사용된다. ListView는 RecyclerView보다 덜 효율적이지만 구현이 간단한 장점이 있다.

(7) CheckBox

CheckBox 위젯은 사용자가 선택할 수 있는 체크 가능한 버튼이다. 주요 속성으로

checked는 체크 박스의 체크 상태를 나타내고, onCheckedChange는 체크 상태가 변경될 때 호출되는 리스너를 설정한다.

(8) RadioButton, RadioGroup

RadioButton 및 RadioGroup은 사용자가 여러 옵션 중 하나를 선택할 수 있도록 한다. RadioButton은 각각의 선택 가능한 옵션을 나타내며, RadioGroup은 RadioButton을 그룹화하여 한번에 하나의 선택만 허용하게 한다.

(9) Switch

Switch는 이진 (binary) 상태인 on/off 상태를 나타내는 토글 버튼 위젯이다. Switch의 주요 속성으로 checked는 스위치의 상태를 설정하며, onCheckedChange는 스위치 상태가 변경될 때 호출되는 리스너를 설정한다.

(10) ProgressBar

ProgressBar는 작업의 진행 상태를 사용자에게 시각적으로 보여주는 위젯이다. 주요 속성으로 Indeterminate는 작업의 진행률을 알 수 없을 때 사용되며, Determinate는 작업의 명확한 진행률을 표시한다.

(11) Spinner

Spinner는 드롭다운 메뉴를 제공하여 사용자가 선택할 수 있는 위젯이며, 주요 속성인 adapter는 선택 가능한 항목을 제공하는 어뎁터를 설정한다.

(12) CardView

CardView는 카드 모양의 레이아웃을 제공하여 내용과 UI 요소를 정리하는데 사용되는 위젯이다. Cardview는 그림자 및 모서리 반경을 설정할 수 있으며, 복잡한 UI를 정리하고 구조화하는데 매우 유용하게 사용할 수 있다.

15.5 Android Studio 기반 모바일 앱 구현 – Stop Watch, Simple Calculator

15.5.1 밀리초 단위의 Stop Watch 구현

안드로이드 스튜디오에서 모바일 앱 구현 단계를 상세하게 설명하기 위하여 본 절에서는 간단한 버튼 기능으로 경과시간을 측정하는 스톱 워치 구현에 대하여 살펴본다.

(1) Project 생성

안드로이드 스튜디오에서 앱 구현의 첫 단계로 템플릿을 선택하게 되며, 일반적으로 기본 기능의 앱을 구성하는 경우 Empty Activity 또는 Empty View Activity 템플릿을 선택한다. Empty Activity 템플릿은 가장 기본적인 안드로이드 앱 개발에 사용되며, 단일 액티비티와 별도의 뷰가 포함되지 않는 ConstraintLayout이 포함된 기본 레이아웃 파일 (activity_main.xml), 최소한의 자동 생성 코드인 onCreate() 메서드와 레이아웃 파일에서 설정된 액티비티를 연결하기 위한 setContentView() 메서드가 포함된다. Empty Activity 템플릿에는 버튼이나 텍스트 필드와 같이 사전에 정의된 뷰가 포함되지 않아 필요한 UI 컴포넌트들을 직접 설정하여야 한다. 이 Empty Activity 템플릿은 주로 아무 것도 없는 깨끗한 바탕에서 모든 UI 컴포넌트들을 직접 포함시키고 배치하고자할 때 사용된다.

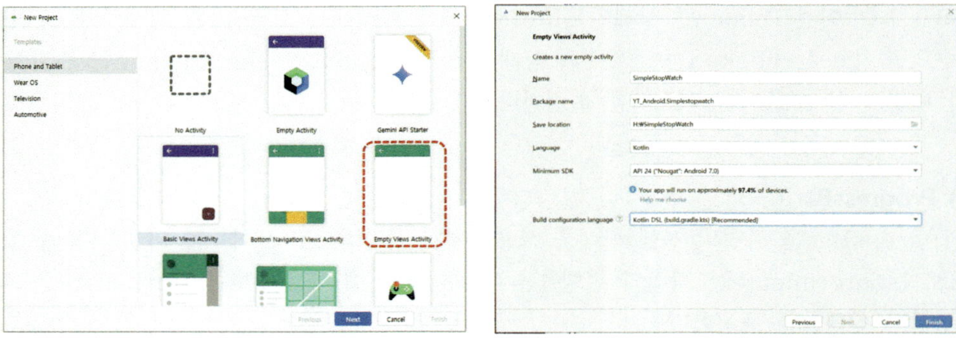

(a) Empty Views Activity Project 선택 (b) Project 이름, 패키지 및 저장 장소 설정

그림 15.17 AndroidStudio Project 생성 – Empty Views Activity Project, Simple Calculator

안드로이드 스튜디오 시작 단계에서 설정할 수 있는 Empty View Activity 템플릿은 Empty Activity 템플릿보다는 좀 더 구조화된 시작점을 제공하는 상대적으로 새로운 템플릿이며, 초기 설정들을 제공한다. 이 템플릿은 TextView와 Button을 레이아웃에 포함하여 대화형의 기본 뷰 기능을 빠르게 구성해 볼 수 있게 한다. 아울러 레이아웃 파일 (activity_main.xml)에 기본적인 ConstraintLayout 이외에 몇 가지 일반적인 대화형 UI 구성 요소들을 포함하여 쉽게 구현해 볼 수 있게 한다. 자동 생성된 코드는 초기 뷰와의 상호 작용을 처리하기 위한 추가 설정 (예: click listener 설정 등)을 포함할 수 있어 Empty Activity 템플릿에 비해 더욱 잘 안내된 앱 구현을 시작할 수 있게 한다. 그림 15.17 (a)에서 Empty View Activity 템플릿을 선택한 예를 보여준다.

그림 15.17 (b)는 프로젝트 이름, 패키지 이름, 저장장소, 프로그래밍언어 및 최소 SDK를 설정하는 예를 보여준다. 최소 SDK는 구현하고자 하는 앱이 실행되는데 필요한 최소 API 수준을 지정한다. 이 예에서는 기본값으로 설정된 API 24 ("Nougat", Android 7.0)을 선택한 예를 보여준다.

(2) activity_main.xml (초기 자동 생성 상태)

그림 15.18은 Empty Views Activity 템플릿에서 초기 자동 생성된 activity_main.xml 파일을 보여준다. 이 xml 파일에 포함된 ConstraintLayout 위젯의 id는 line 5에서 main으로 설정되어 있고, ConstraintLayout의 위젯 배치 내부에 TextView 하나가 예시로 포함되어 있으며, text 값으로 "Hello World!" 가 표시되도록 설정되어 있다.

```
 1: <?xml version="1.0" encoding="utf-8"?>
 2: <androidx.constraintlayout.widget.ConstraintLayout
    xmlns:android="http://schemas.android.com/apk/res/android"
 3:     xmlns:app="http://schemas.android.com/apk/res-auto"
 4:     xmlns:tools="http://schemas.android.com/tools"
 5:     android:id="@+id/main"
 6:     android:layout_width="match_parent"
 7:     android:layout_height="match_parent"
 8:     tools:context=".MainActivity">
 9:
10:     <TextView
11:         android:layout_width="wrap_content"
12:         android:layout_height="wrap_content"
13:         android:text="Hello World!"
14:         app:layout_constraintBottom_toBottomOf="parent"
15:         app:layout_constraintEnd_toEndOf="parent"
16:         app:layout_constraintStart_toStartOf="parent"
17:         app:layout_constraintTop_toTopOf="parent" />
18:
19: </androidx.constraintlayout.widget.ConstraintLayout>
```

그림 15.18 activity_main.xml (초기 자동 생성 상태)

(3) MainActivity.kt (초기 자동 생성 상태)

Empty Views Activity 템플릿을 사용하여 자동 생성된 MainActivity.kt 파일은 그림 15.19에서 보는 것과 같다.

```
package YT_Android.Simplestopwatch

import android.os.Bundle
import androidx.activity.enableEdgeToEdge
import androidx.appcompat.app.AppCompatActivity
import androidx.core.view.ViewCompat
import androidx.core.view.WindowInsetsCompat

class MainActivity : AppCompatActivity() {
    override fun onCreate(savedInstanceState: Bundle?) {
        super.onCreate(savedInstanceState)
        enableEdgeToEdge()
        setContentView(R.layout.activity_main)
        ViewCompat.setOnApplyWindowInsetsListener(
            findViewById(R.id.main)) { v, insets ->
            val systemBars = insets.getInsets(WindowInsetsCompat
                .Type.systemBars())
            v.setPadding(systemBars.left, systemBars.top,
                systemBars.right, systemBars.bottom)
            insets
        }
    }
}
```

그림 15.19 MainActivity.kt (초기 자동 생성 상태)

이 기본 생성 MainActivity.kt Kotlin 파일에는 Kotlin 클래스 AppCompatActivity를 상속받는 클래스 MainActivity가 포함되어 있으며, 멤버 함수인 onCreate()을 오버라이딩하는 구현이 포함되어 있다. 그림 onCreate() 메서드 내에는 setContentView() 함수를 사용하여 activity_main.xml에서 설정된 레이아웃이 적용될 수 있게 하고, line 14의 findViewById() 메서드에서 id 값이 main인 항목을 찾아 윈도우에 표시되도록 한다.

(4) 초기 자동 생성 앱의 실행 결과

안드로이드 스튜디오에서 Empty View Activity 템플릿으로 자동 생성된 코드 (text를 Hello World!로 설정)를 실행한 결과는 그림 15.20 (a)에서 보이고 있다.

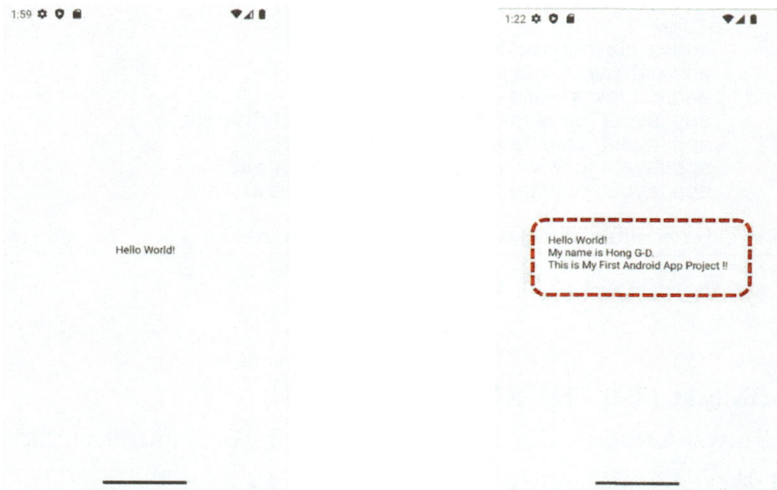

(a) 초기 설정의 실행 결과 (b) text 값을 변경한 후의 실행 결과

그림 15.20 초기 자동 생성 앱의 실행결과

그림 15.20 (b)는 activity_main.xml에서 설정한 TextView의 text 값을 Hello World!에서 프로그램 작성자 이름과 My First Android App Project 내용으로 변경한 후, 다시 실행한 결과를 보여준다.

(5) activity_main.xml – 밀리초 단위 측정의 Simple Stop Watch

안드로이드 스튜디오의 Empty Views Activity 템플릿을 사용하여 생성된 기본 앱을 스톱 워치 기능으로 변경하기 위해서는 먼저 activity_main.xml을 변경하여 앱에 포함될 UI 컴포넌트와 레이아웃을 설정하여야 한다. 그림 15.21은 밀리초 단위의 스톱 워치 기능을 구현하기 위하여 RelativeLayout과 TextView, 버튼들을 수평으로 정렬하여 사용하게 하는 LinearLayout을 정의하는 예를 보여준다.

안드로이드의 Chronometer 위젯은 간단한 타이머 기능을 제공하는 UI 컴포넌트이며,

특정 시점으로부터 경과된 시간을 밀리초 단위로 측정하고, 화면에 표시하는 역할을 수행한다. TextView에서 정의된 millisecond_chronometer는 기준 시점으로부터 경과된 밀리초 단위 시간을 화면에 표시하도록 포멧이 설정되어 있다.

```
 1: <?xml version="1.0" encoding="utf-8"?>
 2: <RelativeLayout
 3:     xmlns:android="http://schemas.android.com/apk/res/android"
 4:     xmlns:app="http://schemas.android.com/apk/res-auto"
 5:     android:layout_width="match_parent"
 6:     android:layout_height="match_parent">
 7:
 8:     <TextView
 9:         android:id="@+id/millisecond_chronometer"
10:         android:layout_width="match_parent"
11:         android:layout_height="wrap_content"
12:         android:layout_marginTop="70dp"
13:         android:gravity="center_horizontal|center_vertical"
14:         android:text="00:00:000"
15:         android:textSize="70sp" />
16:
17:     <LinearLayout
18:         android:layout_width="match_parent"
19:         android:layout_height="wrap_content"
20:         android:gravity="center_horizontal"
21:         android:orientation="horizontal"
22:         android:layout_alignParentBottom="true"
23:         android:layout_marginBottom="70dp">
24:
25:         <Button
26:             android:id="@+id/start_button"
27:             android:layout_width="wrap_content"
28:             android:layout_height="wrap_content"
29:             android:text="Start"
30:             android:textStyle="bold"/>
31:         <Button
32:             android:id="@+id/stop_button"
33:             android:layout_width="wrap_content"
34:             android:layout_height="wrap_content"
35:             android:text="Stop"
36:             android:layout_marginLeft="25dp"
37:             android:textStyle="bold"/>
38:
39:         <Button
40:             android:id="@+id/reset_button"
41:             android:layout_width="wrap_content"
42:             android:layout_height="wrap_content"
43:             android:text="Reset"
44:             android:layout_marginLeft="25dp"
45:             android:textStyle="bold"/>
46:
47:     </LinearLayout>
48: </RelativeLayout>
```

그림 15.21 activity_main.xml (Stop Watch)

그림 15.21 line 25~45에서는 start, stop, reset의 3개 버튼을 설정하며, 스톱 워치의 기능을 제어할 수 있게 한다. 이들 3개 버튼은 line 17~23과 line 48에서 설정하고 있는 LinearLayout으로 레이아웃을 설정하며, 버튼들이 수평 방향으로 차례대로 배치되도록 설정한다.

(5) MainActivity.kt – Simple Stop Watch

안드로이드 스튜디오의 Empty Views Activity 템플릿을 사용하여 생성된 기본 앱을 스톱 워치 기능으로 변경하기 위해서는 MainActivity.kt 파일을 변경해야 한다. 그림 15.22는 스톱 워치 기능의 앱을 구현하기 위한 내용으로 변경되어 있다. Line 11~14에서 밀리초 단위의 경과 시간 표시를 위한 텍스트 뷰 변수인 miilisecondChronometer, 핸들러, 시작 시간과 실행 상태 플래그인 running 변수를 생성한다.

그림 15.22 line 16 ~ 40에서는 onCreate() 멤버 함수 내부에서 millisecondChronometer와 start, stop, reset 버튼을 findViewByID() 메서드를 사용하여 레이아웃 정의 activity_main.xml과 연결시킨다. 아울러 각 버튼이 클릭 되었을 때 실행되는 기능을 설정하기 위하여 setOnClickListener() 메서드를 startButton, stopButton, resetButton에 각각 설정하고 있다. StartButton이 클릭되면 running 상태가 아닐 경우, SystemClock의 elapsedRealtime() 메서드를 사용하여 시스템 시간을 밀리초 단위로 읽어 startTime에 기록하며, updateTimer() 스레드 함수가 호출되도록 하고, running 상태가 true가 되도록 설정한다.

StopButton이 클릭되면 updateTimer 스레드를 중지시키고, running 상태 변수를 false로 설정하여 누적 경과 시간 측정 동작을 중지시킨다. ResetButton이 클릭되면 updateTimer 스레드를 중지시키고, 앱의 화면에 표시된 경과시간을 00:00:000으로 표시되게 하고, running 상태 변수를 false로 설정한다.

```
 1:  package com.ytk_android.stopwatch_millisec
 2:
 3:  import android.os.Bundle
 4:  import android.os.Handler
 5:  import android.os.SystemClock
 6:  import android.widget.Button
 7:  import android.widget.TextView
 8:  import androidx.appcompat.app.AppCompatActivity
 9:
10:  class MainActivity : AppCompatActivity() {
11:      private lateinit var millisecondChronometer: TextView
12:      private var handler = Handler()
13:      private var startTime: Long = 0L
14:      private var running = false
15:
16:      override fun onCreate(savedInstanceState: Bundle?) {
17:          super.onCreate(savedInstanceState)
18:          setContentView(R.layout.activity_main)
19:
20:          millisecondChronometer = findViewById(R.id.
                 millisecond_chronometer)
21:
22:          val startButton: Button = findViewById(R.id.start_button)
23:          val stopButton: Button = findViewById(R.id.stop_button)
24:          val resetButton: Button = findViewById(R.id.reset_button)
```

그림 15.22 MainActivity.kt (Simple Stop Watch) (part 1)

Line 47~58에서 구현되어 있는 updateTimer는 스레드로 동작하게 하는 Runnable

interface를 상속받아 생성된다. 이 스레드는 run() 함수가 매 100 밀리초 마다 반복 실행되도록 line 56에서 postDelayed()로 설정되며, startTime으로부터 경과된 시스템 시간을 SystemClock의 elapsedRealtime() 메서드를 이용하여 밀리초 단위로 측정하고, 이로부터 초단위, 분단위의 시간으로 각각 환산하여 millisecondChronometer의 text 값으로 지정된 포멧으로 표시되게 한다.

```
25:            startButton.setOnClickListener {
26:                if (!running) {
27:                    startTime = SystemClock.elapsedRealtime()
28:                    handler.postDelayed(updateTimer, 0)
29:                    running = true
30:                }
31:            }
32:
33:            stopButton.setOnClickListener {
34:                if (running) {
35:                    handler.removeCallbacks(updateTimer)
36:                    running = false
37:                }
38:            }
39:
40:            resetButton.setOnClickListener {
41:                handler.removeCallbacks(updateTimer)
42:                millisecondChronometer.text = "00:00:000"
43:                running = false
44:            }
45:        }  // end onCreate()
46:
47:        private val updateTimer: Runnable = object : Runnable {
48:            override fun run() {
49:                val elapsedMillis = SystemClock.elapsedRealtime()
                       - startTime
50:                val seconds = (elapsedMillis / 1000).toInt()
51:                val minutes = seconds / 60
52:                val remainingSeconds = seconds % 60
53:                val milliseconds = (elapsedMillis % 1000).toInt()
54:
55:                millisecondChronometer.text = String.format(
                       "%02d:%02d:%03d", minutes, remainingSeconds,
                         milliseconds)
56:                handler.postDelayed(this, 100)
57:            }
58:        }
59:    }
60:
```

그림 15.22 MainActivity.kt (Simple Stop Watch) (part 2)

(6) 실행 결과

안드로이드 스튜디오의 Empty Views Activity 템플릿과 안드로이드 Chronometer 위젯을 사용하여 간단한 스톱워치를 구현하고, 이를 실행시킨 결과를 보여준다. 이 앱에서 경과된 시간은 시간:분:초 값을 초 단위로 "HH:MM:SS"의 형식으로 표시하고 있다. 스톱 위치의 기능을 제어하기 위한 Start, Stop, Reset 버튼을 앱 하단에 배치하고 있다.

그림 15.23 안드로이드 앱 밀리초 단위 스톱워치의 실행결과

15.5.2 단순 계산기 (Simple Calculator) 앱 만들기

이 절에서는 숫자 입력 기능과 함께 버튼으로 실행되는 덧셈, 뺄셈, 곱셈, 나눗셈의 4칙연산 (+, −, *, /), 그리고 연산 결과의 출력 기능을 가지는 안드로이드 앱을 구현하는 예를 설명한다.

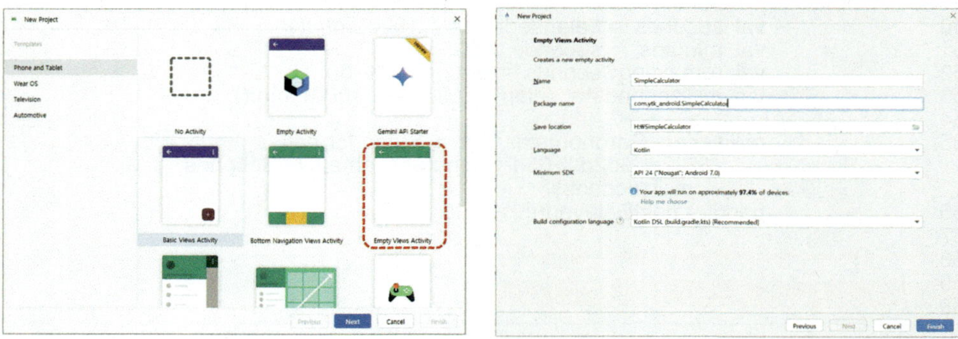

(a) Empty Views Activity Project 선택 (b) Project 이름, 패키지 및 저장 장소 설정

그림 15.24 AndroidStudio Project 생성 – Empty Views Activity Project, Simple Calculator

(1) Project 생성

안드로이드 스튜디오에서의 프로젝트 생성은 그림 15.24에서 보는 것과 같이 Empty Views Activity 템플릿을 선정하여 프로젝트를 생성한다.

(2) activity_main.xml

단순 계산기 앱을 구현하기 위하여 UI 구성 요소들로는 숫자 입력을 위한 2개의

EditText를 포함하며, 4칙 연산을 위한 4개의 버튼 (+, −, *, /), 연산 결과의 출력을 위한 EditText를 포함한다. 아울러, 각 UI 구성 요소들의 기능에 대한 정보를 제공하기 위하여 TextView 위젯으로 레이블을 표시하도록 한다.

단순 계산기의 전체 UI 구성 요소들은 수직으로 나열되는 LinearLayout 배치가 되도록 하며, 그 내부에서 4칙 연산을 위한 버튼은 한 줄에 수평으로 나열되는 LinearLayout을 내부적으로 사용하는 구조를 사용한다. 그림 15.25에서 activity_main.xml 파일에서 UI 구성 요소들을 정의하고, 레이아웃을 설정하는 예를 보여준다.

```
 1:  <?xml version="1.0" encoding="utf-8"?>
 2:  <LinearLayout
 3:       xmlns:android="http://schemas.android.com/apk/res/android"
 4:       xmlns:app="http://schemas.android.com/apk/res-auto"
 5:       xmlns:tools="http://schemas.android.com/tools"
 6:       android:id="@+id/main"
 7:       android:layout_width="match_parent"
 8:       android:layout_height="match_parent"
 9:       android:orientation="vertical"
10:       android:layout_margin="20dp"
11:       tools:context=".MainActivity">
12:
13:       <TextView
14:            android:layout_width="match_parent"
15:            android:layout_height="wrap_content"
16:            android:text="Input  numbers  :  "
17:            android:textSize="24sp"
18:            android:layout_margin="5dp"
19:            />
20:
21:       <EditText
22:            android:layout_width="wrap_content"
23:            android:layout_height="wrap_content"
24:            android:id="@+id/et_numA"
25:            android:hint="Number  A"
26:            android:layout_margin="5dp"  />
27:       <EditText
28:            android:layout_width="wrap_content"
29:            android:layout_height="wrap_content"
30:            android:id="@+id/et_numB"
31:            android:hint="Number  B"
32:            android:layout_margin="5dp"  />
33:       <TextView
34:            android:layout_width="match_parent"
35:            android:layout_height="wrap_content"
36:            android:text="Numeric  Operations  :  "
37:            android:textSize="24sp"
38:            android:layout_margin="5dp"
39:       />
```

그림 15.25 activity_main.xml (SimpleCalculator) (part 1)

Line 2~11과 line 89에서 수직으로 나열되는 LinearLayout을 설정하며, "Input numbers: "를 표시하는 TextView, 2개의 숫자 입력을 위한 EditText (et_numA, et_numB), "Numeric Operations: "를 표시하는 TextView가 설정된다.

Line 41~71에서는 4개의 4칙 연산을 위한 버튼 (btn_add, btn_sub, btn_mul, btn_div)을 생성하도록 하고, 이들은 수평으로 나열되는 레이아웃으로 배치한다. Line 73 ~ 87에서는 4칙 연산의 결과를 출력하기 위한 항목으로 "Result : " 레이블을 표시하는

TextView와 실제 계산 결과를 문자열로 출력하는 EditText UI 요소를 구성하고 있다.

```

        <LinearLayout
            android:layout_width="match_parent"
            android:layout_height="wrap_content"
            android:orientation="horizontal"
            android:layout_margin="2dp">
            <Button
                android:layout_width="wrap_content"
                android:layout_height="wrap_content"
                android:id="@+id/btn_add"
                android:layout_margin="2dp"
            android:text="+"/>
            <Button
                android:layout_width="wrap_content"
                android:layout_height="wrap_content"
                android:id="@+id/btn_sub"
                android:layout_margin="2dp"
            android:text="-"/>

            <Button
                android:layout_width="wrap_content"
                android:layout_height="wrap_content"
                android:id="@+id/btn_mul"
                android:layout_margin="2dp"
            android:text="*"/>
            <Button
                android:layout_width="wrap_content"
                android:layout_height="wrap_content"
                android:id="@+id/btn_div"
                android:layout_margin="2dp"
            android:text="/"/>
        </LinearLayout>

        <TextView
            android:layout_width="match_parent"
            android:layout_height="wrap_content"
            android:text="Result : "
            android:textSize="24sp"
            android:layout_margin="10dp"
            />

        <EditText
            android:layout_width="wrap_content"
            android:layout_height="wrap_content"
            android:id="@+id/result_tv"
            android:hint="Calculation result"
            android:layout_margin="20dp"
            />

</LinearLayout>
```

그림 15.25 activity_main.xml (SimpleCalculator) (part 2)

activity_mail.xml 파일에서 소스코드 형태로 UI 요소들을 배치하면서, UI 요소들이 화면에 표시되는 상태를 확인하는 것은 안드로이드 스튜디오에서 activity_main.xml을 선택한 후, 우측 상단에 있는 "Code, Split, Design" 탭에서 Split 또는 Design을 클릭하여 그림 15.26과 같이 확인할 수 있다.

각 UI 요소를 선택하며, 해당 요소의 세부 속성들을 상세하게 설정할 수 있으며, 이 곳에서 변경된 결과가 activity_main.xml 파일에 자동적으로 수정된 결과를 확인할 수 있다. 실제 복잡한 구조를 가지는 다수의 UI 요소들을 상세하게 설정하는 것은 activity_main.xml 파일에서 기본 설정을 구현한 후, 실제 화면에 보이는 모습을 확인해가며 미세 조정하는 것이 좀 더 쉽게 구현할 수 있는 방법이다.

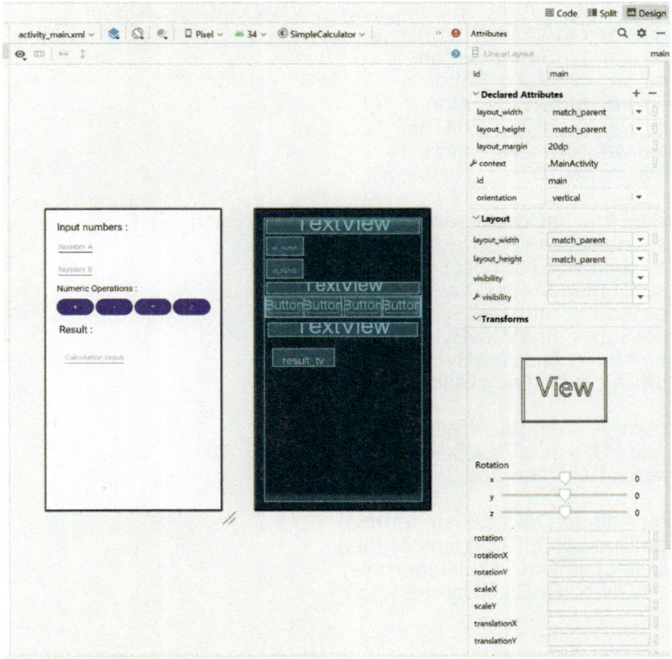

그림 15.26 activity_main.xml의 Design Edit 창

(3) MainActivity.kt

그림 15.27에서 보여주는 ActivityMain.kt Kotlin 소스코드는 단순 계산 앱에 포함된 UI 요소들이 포함된 액티비티가 생성될 때 호출되는 onCreate() 메서드가 구현하며, 4칙 연산 기능을 실행시키는 4개의 버튼이 클릭될 때 실행되는 기능을 onClick() 메서드로 구현하고 있다.

Line 12에서 MainActivity 클래스는 AppCompatActivity() 클래스와 View.OnClickListener 인터페이스를 상속받아 구현된다. View.OnClickListener 인터페이스는 사용자 인터페이스의 버튼이나 다른 클릭 가능한 뷰의 클릭 이벤트를 처리하기 위하여 사용되는 인터페이스이다. 이 인터페이스를 사용하면 버튼 클릭, 이미지 클릭 또는 뷰(Button, ImageView, TextView 등) 클릭에서 원하는 동작을 정의할 수 있다.

```
 1: package com.ytk_android.SimpleCalculator
 2: import android.os.Bundle
 3: import android.view.View
 4: import android.widget.Button
 5: import android.widget.EditText
 6: import android.widget.TextView
 7: import androidx.activity.enableEdgeToEdge
 8: import androidx.appcompat.app.AppCompatActivity
 9: import androidx.core.view.ViewCompat
10: import androidx.core.view.WindowInsetsCompat
11:
12: class MainActivity : AppCompatActivity(), View.OnClickListener {
13:     lateinit var btnAdd : Button
14:     lateinit var btnSub : Button
15:     lateinit var btnMul : Button
16:     lateinit var btnDiv : Button
17:     lateinit var num_A : EditText
18:     lateinit var num_B : EditText
19:     lateinit var resultTv : TextView
20:
21:     override fun onCreate(savedInstanceState: Bundle?) {
22:         super.onCreate(savedInstanceState)
23:         enableEdgeToEdge()
24:         setContentView(R.layout.activity_main)
25:         btnAdd = findViewById(R.id.btn_add)
26:         btnSub = findViewById(R.id.btn_sub)
27:         btnMul = findViewById(R.id.btn_mul)
28:         btnDiv = findViewById(R.id.btn_div)
29:
30:         num_A = findViewById(R.id.et_numA)
31:         num_B = findViewById(R.id.et_numB)
32:         resultTv = findViewById(R.id.result_tv)
33:
34:         btnAdd.setOnClickListener(this)
35:         btnSub.setOnClickListener(this)
36:         btnMul.setOnClickListener(this)
37:         btnDiv.setOnClickListener(this)
38:     }
39:
```

그림 15.27 ActivityMain.kt (SimpleCalculator) (part 1)

그림 15.27 line 41 ~ 63에서는 4칙연산의 버튼이 클릭되었을 때 각 뷰 (버튼)의 종류에 따라 입력 데이터 (num_A 및 num_B)에 대한 해당 연산(btn_add, btn_sub, btn_mul, btn_div)을 수행하고, 그 결과를 resultTv (즉, result_tv EditText 요소)에 표시하도록 한다.

그림 15.28은 간단한 계산기 (simple calculator)를 사용하여 2개의 숫자를 입력하고, 4개의 4칙 연산을 각각 수행한 결과를 출력한 예를 보여준다.

```

    override fun onClick(v: View?) {
        var a = num_A.text.toString().toDouble()
        var b = num_B.text.toString().toDouble()
        var res : Double = 0.0
        when(v?.id) {
            R.id.btn_add -> {
                res = a + b
                resultTv.text = "$a + $b => $res"
            }
            R.id.btn_sub -> {
                res = a - b
                resultTv.text = "$a - $b => $res"
            }
            R.id.btn_mul -> {
                res = a * b
                resultTv.text = "$a * $b => $res"
            }
            R.id.btn_div -> {
                res = a / b
                resultTv.text = "$a / $b => $res"
            }
        }
    }
}
```

그림 15.27 ActivityMain.kt (SimpleCalculator) (part 2)

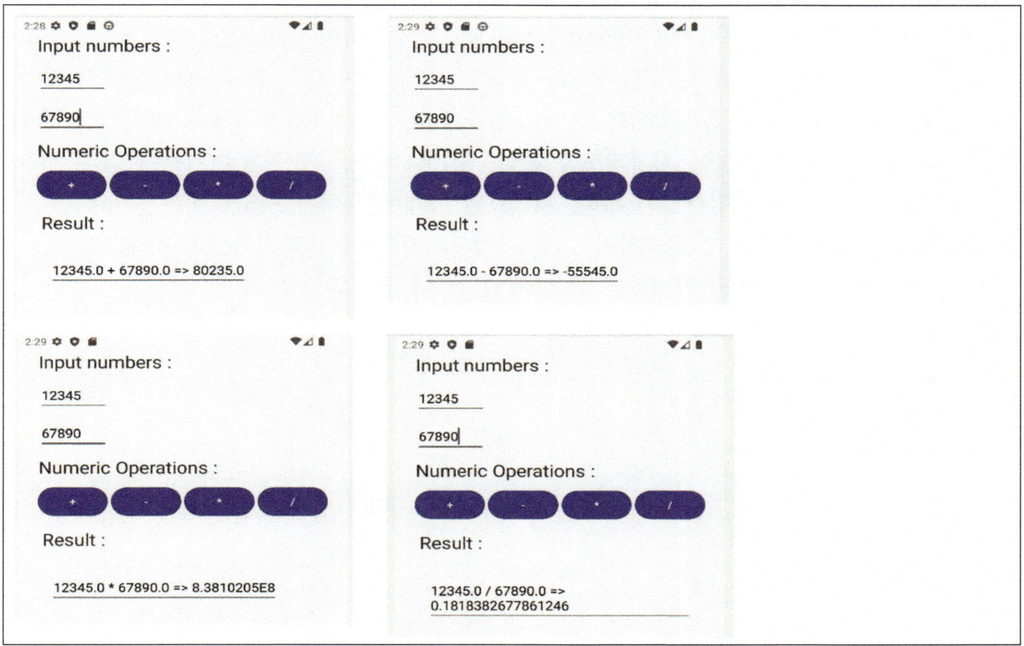

그림 15.28 SimpleCalculator 실행결과

◈ 연습문제 ◈

15.1 다음 용어를 예를 들어 설명하라.

1) 모바일 서비스
2) Android Studio
3) Android App의 주요 컴포넌트 - activity, broadcast receiver, content provider, service
4) Android App View class Hierarchy

15.2 모바일 서비스와 일반 desktop 서비스와의 차이점에 대하여 설명하라.

15.3 Android Studio의 주요 기능에 대하여 설명하라.

15.4 Android App에서 Multimedia 응용 서비스를 구현하는 방법에 대하여 설명하라.

15.5 Android App에서 Web server 접속 기능을 구현하기 위한 방법에 대하여 설명하라.

◈ 실습문제 ◈

실습 15.1 간단한 스톱워치 (stop watch) 안드로이드 앱 구현

간단한 스톱워치 기능을 Android App으로 구현하라. 이 스톱워치에는 밀리초(milli-second) 단위로 시간을 측정하여, 분:초:밀리초 단위 시간을 00:00:000 양식으로 표시하도록 할 것. 스톱워치에는 Start, Stop, Reset의 3가지 버튼을 제공하고, Start 버튼을 누르면 시간 측정이 시작되도록 하라. Stop 버튼을 누르면 현재까지 경과 시간을 기록하고, 시간 측정을 멈추도록 하라. Stop 된 상태에서 다시 Start 버튼을 누르면 이전에 기록되었던 경과시간에 추가하여 누적된 경과시간을 계속 측정하도록 하라. Reset 버튼을 누르면 전체 시간을 리셋하고, 00:00:000 이 표시되도록 하라.

(실행 예시)

실습 15.2 간단한 4칙연산 (덧셈, 뺄셈, 곱셈, 나눗셈) 계산기 구현

간단한 4칙연산 (덧셈, 뺄셈, 곱셈, 나눗셈) 계산을 수행하고, 그 결과를 출력하는 Android App을 구현하라.

데이터 입력을 위한 2개의 EditText를 배치하고, 4칙 연산을 위한 버튼 4개 (btnAdd, btnSub, btnMul, btnDiv)를 하나의 가로줄에 배치하라. 연산 결과를 출력하기 위한 TextView resultTv를 배치하고, 입력된 데이터를 버튼 클릭에 따라 지정된 계산을 수행한 후, 결과창 (resultTv)에 출력하도록 하라.

(실행 예시)

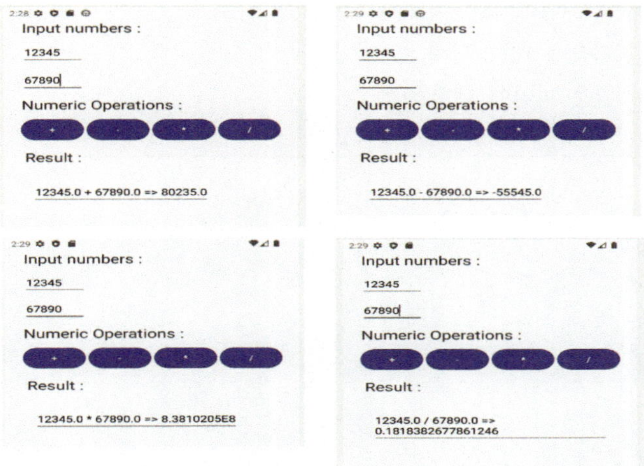

16장 마이크로서비스, Spring Boot, Kotlin Spring, 컨테이너, 도커, 쿠버네티스

학습목표

- Microservice 개념 및 관련 구현 기술에 대한 이해
- Java Spring Boot 구조 및 구현 기술 습득
- Kotlin Spring 구조 및 구현 기술 습득
- Container 개념 및 구현 기술에 대한 이해
- Docker 개념 및 구현 기술에 대한 이해
- Kubernetes 구조 및 활용 방안에 대한 이해

개요

16.1 Microservice 구조
16.2 Java Spring Boot
16.3 Kotlin Spring
16.4 Container
16.5 Docker
16.6 Kubernetes

16.1 Microservice 구조

16.1.1 Microservice Architecture(MSA) 개요

(1) Monolithic 구조와 Microservice 구조

큰 규모의 서비스를 제공하는 기존의 구조는 그림 16.1 (a)에서 보는 것과 같이, 사용자 접속 (user interface), business logic, data access layer와 데이타베이스로 구성되는 단일체(monolithic) 구조를 사용한다. 사용자 접속 기능에는 웹기반의 GUI 기능이 포함될 수 있으며 응용 서비스를 구동하기 위하여 HTTP 기반의 통신 기능이 지원되는 모듈이 응용 서버에서 배포되도록 구성하기도 한다. 단일체 구조에서는 서비스 제공을 위한 구성요소가 모듈 단위로 존재하여도 하나의 체계에 종속되어 구현되어 있다.

단일체 구조의 서비스 제공에서는 응용 서비스 규모가 커질수록 프로그램 소스코드도 방대해지고 통합개발환경 (IDE)에 과부하가 걸릴 수 있어 개발자의 생산성을 저하시키는 요인이 될 수 있다. 모든 서비스 구성 요소가 하나의 체계에 종속되어 구현되어 있으므로 특정 기능 모듈에서 문제가 발생하는 경우 전체 서비스 제공 기능에 문제가 발생하게 된다.

마이크로 서비스 구조에서는 그림 16.1 (b)에서 보는 것과 같이 대규모 소프트웨어 프로젝트를 마이크로 모듈 단위로 분리하여 느슨한 연계 (loosely coupled) 구조로 만들고 API를 통하여 서로 통신하게 하며 서비스를 제공하도록 한다. 예를 들어 포털 서비스를 제공하는 웹서버에 접속하여 인터넷 검색 서비스를 사용하는 경우, 실제 웹 페이지에는 검색창 이외에 메일, 카페, 블로그, 뉴스, 지도 등의 항목들이 함께 포함되어 있는 것을 볼 수 있다. 이 추가적인 기능들은 웹서버 기반 검색 서비스에 포함되어 있는 것이 아니라 개별적인 서비스 모듈로 존재하고, 각 모듈들을 API (application programming interface)와 MQ (message queue) 등으로 연결하여 서비스가 제공될 수 있게 한다.

마이크로서비스 구조 (MSA)는 대용량의 웹서비스가 많아짐에 따라 정의되고 많이 사용하게 된 구조이며, 그 근간은 기업 시스템 (enterprise system) 중심으로 개발되었던 서비스 지향 구조 (Service-Oriented Architecture, SOA)에 근간을 두고 기능들이 개선되었다. MSA는 대용량 웹서비스 개발에 알맞는 구조로 각 단위 컴포넌트가 경량화되고, 대규모 개발 팀의 조직 구조에 알맞도록 변형된 서비스 개발 및 제공 구조이다.

마이크로 서비스 구조는 큰 규모의 응용 서비스 제공 기능이 개별 모듈의 장애에 크게 영향을 받지 않으며, 각 개별 서비스에 새로운 기술 스택을 개별적으로 도입할 수 있는 scalability가 제공되고, 기능 단위로 서비스가 제공되므로 서비스 구현 그룹에 새로운 개발자가 참여하는 경우에도 더 쉽게 담당 모듈을 이해하고 개발할 수 있다. 마이크로 서비스 구조의 어플리케이션을 배포하는 가장 좋은 방법은 컨테이너 가상화를 사용하는 것이며, Docker가 이 기능을 제공한다.

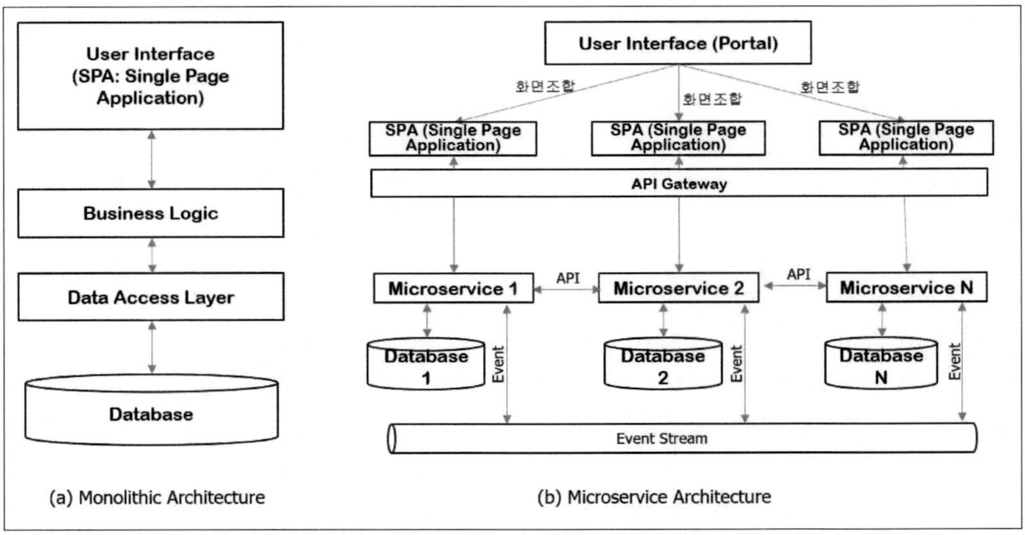

그림 16.1 Monorithic Architecture와 Microservice Architecture의 비교

마이크로서비스란 그림 16.2에서 보는 것과 같이 서비스 제공을 위한 경량화된 모듈 (마이크로 서비스 모듈)들을 API를 통하여 통신하게 하고, 이들을 느슨한 결합 방식으로 통합시켜 서비스를 제공하는 구조로 구현한다. 서비스에 관련된 경량화된 모듈의 예로서는 서비스 접근 권한을 제어하는 보안/인증 서비스 (security/authentication service), 검색 서비스 (discovery/search service), 각 제품별 제품소개/추천/리뷰 서비스(product, recommendation, review 등)의 기능 모듈들이 포함된다.

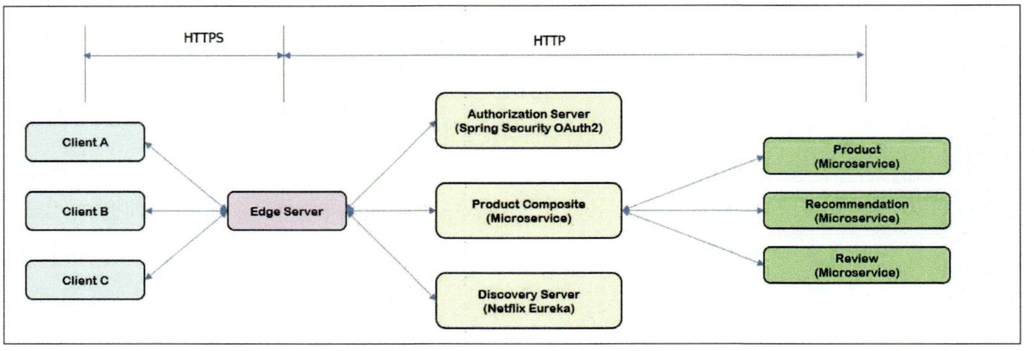

그림 16.2 Microservice Architecture의 서비스 제공 예

(2) 마이크로서비스 구조의 장단점

마이크로서비스 구조에서는 하나의 애플리케이션에 포함되는 각 핵심 기능들이 독립적으로 존재할 수 있도록 소프트웨어를 구축하는 클라우드 네이티브 (cloud native) 접근 방식을 채택하고 있어, 각 애플리케이션 요소들이 독립적으로 분리되어 개발 및 운영된다. 따라서 개발팀과 운영팀이 서로 방해되지 않으면서 협력할 수 있고, 하나의 애플리케이션 개발에 더 많은 개발자들이 자율성을 최대한 보장받으면서 동시에 참여할 수 있으므로 개발에 소요되는 시간을 단축할 수 있다. 각 모듈들은 서로 다른 프로그래밍언어로 구현될 수 있으며, 이 경우 다중언어지원 API (Polyglot API)를 사용하여 모듈 간의 상호연동을 규정하여야 한다.

마이크로서비스 구조의 단점으로는 분산시스템 개발에서 각 서비스 모듈이 독립적인 모듈로 개발되므로 각 모듈 간의 인터페이스가 신중하게 설계되어야 하는 어려움이 발생할 수 있다. 애플리케이션에 포함되는 각 모듈 간의 인터페이스/API는 사전에 다양한 요구 사항을 반영하여 정의되어야 하며, 분산 처리에 따른 성능 저하를 고려하고, 각 모듈들에서 발생할 수 있는 비정상적인 동작 및 오류에 대비해야 하며, 향후 확장성까지 고려하여야 한다. 개발 모듈 중 하나가 응답하지 않는 경우를 대비하여 오류 처리 기능도 함께 구현되어야 하며, 호출 대기 시간이 길어지는 경우 복잡한 상황이 발생할 수 있다. 또한 데이타베이스 기능이 마이크로서비스 단위로 분할되어 있으므로 다중 데이타베이스 및 트랜잭션 관리가 어려울 수 있다.

마이크로서비스의 분산 트랜잭션 관리 (distributed transaction management) 기능은 제공된 서비스의 성능에 매우 중요한 역할을 하며, 기본적으로 ACID (atomicity, consistency, isolation, and durability) 특성을 제공한다.

16.1.2 마이크로서비스 구조 (Microservice Architecture, MSA)의 핵심 기능

(1) 서비스 탐색 (Service Discovery)

일반적으로 마이크로서비스 인스턴스들은 동적으로 생성되어 컨테이너 내부에서 실행되는 단계에서 동적으로 IP 주소가 할당되어 사용되기 때문에 클라이언트가 동적으로 생성된 마이크로서비스를 쉽게 찾을 수 없게 된다. 이 문제를 해결하기 위하여 서비스 탐색 (service discovery) 기능이 마이크로서비스 시스템 차원에서 포함되며, 마이크로서비스가 동적으로 생성될 때 등록되도록 하고, 마이크로서비스가 종료될 때 등록 해지를 하도록 한다.

클라이언트로부터의 서비스 요청은 서비스 탐색 모듈로 전달되어 해당 마이크로서비스 인스탄스로 연결되어 해당 클라이언트가 요청한 서비스를 제공할 수 있게 한다.

(2) 에지 서버 (Edge Server)

보다 효율적인 마이크로서비스 제공을 위하여 클라이언트로부터의 서비스 요청을 처음 받아 해당 마이크로서비스 인스탄스로 연계하는 기능을 에지서버 (edge server)가 처리하도록 구성하는 것이 일반적인다. 이 에지서버는 외부 클라이언트들에게 공개되어 있으며, 실제 마이크로서비스를 제공하는 인스탄스들은 시스템 외부에 공개되지 않고 요청에 따른 서비스 제공 기능만을 수행하도록 함으로써 외부로부터의 사이버 공격에 보호되도록 한다. 에지서버는 외부 클라이언트로부터의 서비스 요청을 받은 후 OAuth, OIDC, JWT token과 API key 등의 기능을 사용하여 그 클라이언트가 신뢰성이 있는 정상적인 고객인가를 확인한 후 해당 마이크로서비스 인스탄스로 연결되도록 한다.

(3) 반응형 마이크로서비스 (Reactive microservices)

마이크로서비스 제공에서는 일반적으로 각 서비스 제공에서 개별적인 스레드 할당과 블록킹 I/O 방식의 동기식 통신을 사용하지 않고, non-blocking I/O 방식의 비동기식 메세지 통신 기능을 사용함으로써 서비스 요청 폭주에 따른 DoS (Denial of Service) 등의 문제점을 해결하도록 구현한다.

(4) 중앙집중형 구성 (Central configuration)

마이크로서비스 구조의 시스템에 포함된 각각의 마이크로서비스 인스탄스들의 구성 정보와 다양한 환경에서의 설정 정보를 한 곳에 저장하여 두며 중앙집중형 구성 기능으로 종합 관리를 하도록 한다.

(5) 중앙집중형 로그 분석 (Centralized log analysis)

각 마이크로서비스 인스탄스들이 생성하는 로그 기록들을 중앙집중형으로 수집하고 분석할 수 있는 기능을 제공하여 문제점이 발생하였을 때 그 원인을 신속하게 파악하고 처리할 수 있도록 한다.

(6) 분산 오류 분석 추적 (Distributed tracing)

외부의 서비스 요청에 따라 협력 마이크로서비스 인스탄스들 간에 요청 (request)과 메세지에 correlation ID를 부여하고 전달 과정을 로그로 기록함으로써 오류 발생시 중간 과정의 진행 상황을 파악하고 분석할 수 있어야 한다. 이를 위하여 각 마이크로서비스 인스탄스들이 기록한 correlation ID가 부여된 로드들에 대하여 앞에서 설명한 중앙집중형 로그 분석 기능을 사용하여 종합적인 분석을 할 수 있게 된다.

분산 오류 분석 추적 기능을 가능하게 하기 위하여 각 마이크로서비스 요청과 이벤트에 correlation ID를 부여하고, 진행 상황을 로그 기록으로 남겨두는 기능을 갖추어야 한다.

(7) 회로 차단기 (Circuit Breaker)

외부 서비스 요청에 따라 내부 협력 마이크로서비스 모듈들 간에 동기식 상호 통신을 사용하며 세부적인 서비스 제공 기능이 수행되는 과정에서 오류가 발생하는 경우 오류 연쇄(chain of failure) 문제가 발생할 수 있다. 이 경우 처리 절차상 하부 단계의 오류 발생에 따라 상부 단계의 마이크로서비스 모듈에 문제가 누적된 상태로 발생될 수 있다는 점을 고려하여 회로 차단기 (circuit breaker) 기능을 설치한다. 하부 모듈에서 장애가 발생된 것으로 판단되면 timeout이 발생되기 이전에 장애가 발생된 경로의 마이크로서비스로 연결된 회로를 차단시키고 장애 복구를 위한 절차를 수행한 후 정상적으로 복구된 것을 확인하면 다시 서비스 요청을 전달하도록 한다.

(8) 제어 루프 (Control Loop)

마이크로서비스 구조의 시스템에서는 많은 개수의 마이크로서비스 인스탄스들이 분산 배치되어 동작하게 되며, 이들을 주기적으로 관찰 (observe)하고 현재 상태가 정상적인 상태인가를 분석 (analyze)하며, 장애 발생으로 판단되면 장애복구 기능이 실행 (act)되도록 처리하는 제어 루프 (control loop) 기능이 포함되어야 한다.

(9) 중앙집중형 모니터링 및 경보 발생 (Centralized monitoring and alarms)

서비스 제공 시스템 차원에서 각 마이크로서비스 모듈의 하드웨어 사용량을 모니터링하고 분석하는 monitor service가 포함되어야 한다. 이 모니터링 서비스 모듈은 새로운 마이크로서비스 인스탄스가 생성되어 동작을 시작할 때부터 지속적으로 모니터링을 수행하며 수집된 측정 데이터를 요청에 따라 제공하는 API와 그래픽 사용자 접속 기능으로 보여줄 수 있도록 하여야 한다.

16.1.3 마이크로서비스 구조의 핵심 기능을 지원하는 오픈소스

앞서 설명한 9가지의 마이크로서비스 구조의 핵심 기능들은 오픈 소스인 Spring Boot, Spring Cloud, Kubernetes, Istio 등에서 부분적으로 제공되고 있으므로 이들을 활용하거나 참고하여 마이크로서비스 제공 기능을 구현할 수 있다. 표 16.1에서 마이크로서비스 구조의 핵심 기능 지원 오픈 소스들을 기능별로 분류하여 정리하였다.

마이크로서비스 구조의 핵심 기능은 Spring 프레임워크 기반의 Spring Boot, Spring Cloud, Netflix의 Eureka, Ribbon, Kubernetes 등에서 개발되어 통합되는 형태로 지속적인 발전이 이루어지고 있다. 즉, 마이크로서비스 구조를 사용한 서비스 제공 기능의 구현은 특정 플랫폼 기술 하나로 통일된 것이 아니라 필요에 따라 적절한 기능을 제공하는 오픈소스를 사용하여 구성하는 방법으로 진행된다.

표 16.1 마이크로서비스 구조의 핵심 기능 지원 오픈소스

마이크로서비스 핵심기능	Spring Boot	Spring Cloud	Kubernetes	Istio
Service Discovery		Netflix Eureka Netflix Ribbon	Kubernetes kubeproxy and service resources	
Edge Server		Spring Cloud and Spring Security OAuth	Kubernetes Ingress Controller	Istio ingress gateway
Reactive microservice	Spring Reactor Spring WebFlux			
Central configuration		Spring Config Server	Kubernetes ConfigMaps and Secrets	
Centralized log analysis			Elasticsearch Flentd and Kibana	
Distributed tracing		Spring Cloud Sleuth and Zipkin		Jaeger
Circuit Breaker		Resilience4j		Outlier detection
Control Loop			Kubernetes controller manager	
Centralized monitoring and alarms			Grafana and Prometheus	Kiali, Grafana and Prometheus

16.1.3 마이크로서비스 구조의 서비스 제공을 위한 세부 구현 기술

(1) 컴포넌트 (Component)

Java에서 기본 기능을 구현하기 위한 abstact base class를 컴포넌트라고 정의한다. 마이크로서비스 구조에서 컴포넌트는 각 서비스 기능을 제공하는 독립적인 서버를 의미하며, 각 컴포넌트가 독립적인 서비스로 개발되어 있기 때문에 부분적인 확장이 가능하다.

Java에서의 컨테이너는 컴포넌트들을 포함하는 수퍼 클래스로 정의된다. Java 컨테이너 개념은 Java EE (Enterprise Edition) container, Web container, EJB (Enterprise Java Beans) container, Application client container 등에서 사용되었으며, 컴포넌트 간의 인터페이스와 플랫폼이 제공하는 low-level 기능을 제공하는 개념으로 사용된다. 컨테이너의 기능은 플랫폼에 의하여 정의되며, 각 컴포넌트 유형에 따라 달라진다.

마이크로서비스 구조 (MSA)에서 서비스는 데이터에서부터 비지니스 로직까지 독립적으로 상호 컴포넌트 간의 의존성이 없이 개발되며, 각 컴포넌트 (component)는 서비스라는 형태로 구현되고, API (application programming interface)를 이용하여 다른 서비스와 통신하도록 구성된다. 일반적으로 서비스 경계는 도메인 (업무)의 경계를 따른다. 예를 들어 사용자 관리, 상품관리, 주문 (order) 관리 등의 각 업무별로 서비스를 나누어 정의하며, 사용자/상품관리처럼 여러 개의 업무를 동시에 하나의 서비스로 혼합하여 정의하지 않는다.

서비스 개발 및 구현의 결과를 배포하는 단계에서도 각 서비스는 독립된 서버로 다른 컴포넌트와의 의존성 없이 독립적으로 배포된다. 예를 들어 사용자 관리 서비스는 독립적인 WAR (Web Application Resource)파일로 개발되어 독립적인 Tomcat 인스턴스에 배치되며, 사용자 관리 서비스의 확장이 필요한 경우 해당 Tomcat 인스탄스의 개수를 필요한 만큼 증가시켜 확장된 서비스를 제공할 수 있게 하고, load balancer를 통하여 서비스 인스탄스 간의 부하 균형화 (load balancing)가 이루어지게 한다.

(2) 컨테이너 (Container)

마이크로서비스 구조에서 각 서비스 컴포넌트를 벤더 종속적이지 않고, 개발자가 손쉽게 운영 및 접근할 수 있도록 하기 위해서는 인프라가 플랫폼화 되어 있어야 하며, 이 때 사용되는 인프라 관리 기술이 컨테이너이다. 컨테이너는 서비스/애플리케이션 코드와 서비스 인스탄스가 실행되는 호스트 OS에 종속적인 항목이 함께 포함되어 있는 패키지이며, Devops 개념에 따른 개발자팀/운영팀이 개발/배포/운영에 필요한 인프라를 쉽게 구성할 수 있게 하고, 그 인프라 상에서 실행되는 서비스 인스탄스의 모니터링이 가능하도록 한다.

컨테이너는 가상 머신을 사용하지 않고, 호스트 OS의 커널에서 바로 실행될 수 있도록 구성되어 있으며, 필요한 경우 호스트 OS에 추가적으로 필요한 기능 모듈이 컨테이너에 함께 포함되어 배포된다. 컨테이너는 가상 머신에 비하여 크기가 훨씬 작고, 가상화 계층을 거치지 않기 때문에 훨씬 효율적인 장점을 제공한다.

마이크로서비스를 지원하는 툴과 기술로서 컨테이너 (container)와 컨테이너 통합관리 기능을 제공하는 쿠버네티스 (Kubernetes)가 기본이 된다. 마이크로서비스 구조에서의 컨테이너 (container)는 애플리케이션 코드와 이를 실행하는데 필요한 모든 파일을 함께 패키징하여 제공하는 소프트웨어 패키지 단위로 정의된다. 이러한 구조를 사용하면 전체 기능을 유지하면서 컨테이너화된 애플리케이션을 다양한 실행 환경 간에 쉽게 이동할 수 있는 장점을 얻을 수 있다.

(3) 컨테이너 관리 솔루션 - 쿠버네티스 (Kubernetes)

쿠버네티스는 컨테이너 기반으로 구현된 모듈들을 통합 관리하며, 자동적인 컨테이너 설치, 규모 조정 (scaling), 컨테이너 간의 부하 균형화 (load balancing) 기능을 제공한다. 쿠버네이티스는 Google에서 GoLang 언어를 사용하여 구현되어 있으며, 현재 CNCF (Cloud Native Computing Foundation)[9]에서 관리하고 있다. 쿠버네티스에 대해서는 16.6절에서보다 상세하게 설명한다.

(4) API (Application Programming Interface)

---

9) CNCF (Cloud Native Computing Foundation)https://www.cncf.io/

마이크로서비스로 구현된 모듈들 간의 통신은 API (application programming interface)로 접속되며, 마이크로서비스 구조의 인프라에서 API는 여러 서비스가 정보를 공유하고 하나로 작동할 수 있게 하는 중요한 역할을 수행한다. 마이크로서비스 간의 API 기능 구현에서는 다양한 기술이 사용될 수 있으나, 일반적으로 많이 사용되는 기술은 REST (Representational State Transfer) / HTTP (Hypertext Transport Protocol), RPC (remote procedure call), queue 기반 broker, topic 기반 broker 등이 있고, 공통 데이터를 사용한 정보 전달 방식이 있다.

많은 마이크로서비스 인스탄스들 간의 통신을 원활하게 지원하기 위하여 그림 16.3에서 보는 것과 같이 API Gateway를 사용하는 방법이 있다. 이 경우 사용자 (user, client)로부터의 요청은 API Gateway를 거쳐 각 마이크로서비스로 전달되고, 마이크로서비스 간의 통신도 API Gateway를 거쳐 이루어진다.

REST API에서는 고유 리소스 식별자, 메서드 (GET, POST, PUT, DELETE), HTTP 헤더 (데이터 및 파라메터)가 포함되며, 구현할 때 사용되는 프로그래밍언어에 한정되지 않는 독립성을 가진다. 특히, REST는 균일한 리소스 식별자를 사용하여 요청된 리소스를 식별하며, 요청을 받은 서버가 이전의 모든 요청과 독립적으로 모든 클라이언트 요청을 완료하는 무상태 (stateless) 통신 기능을 제공한다. 클라이언트는 임의의 순서로 리소스를 요청할 수 있으며 모든 요청은 무상태이거나 다른 요청과 분리되어 처리할 수 있다.

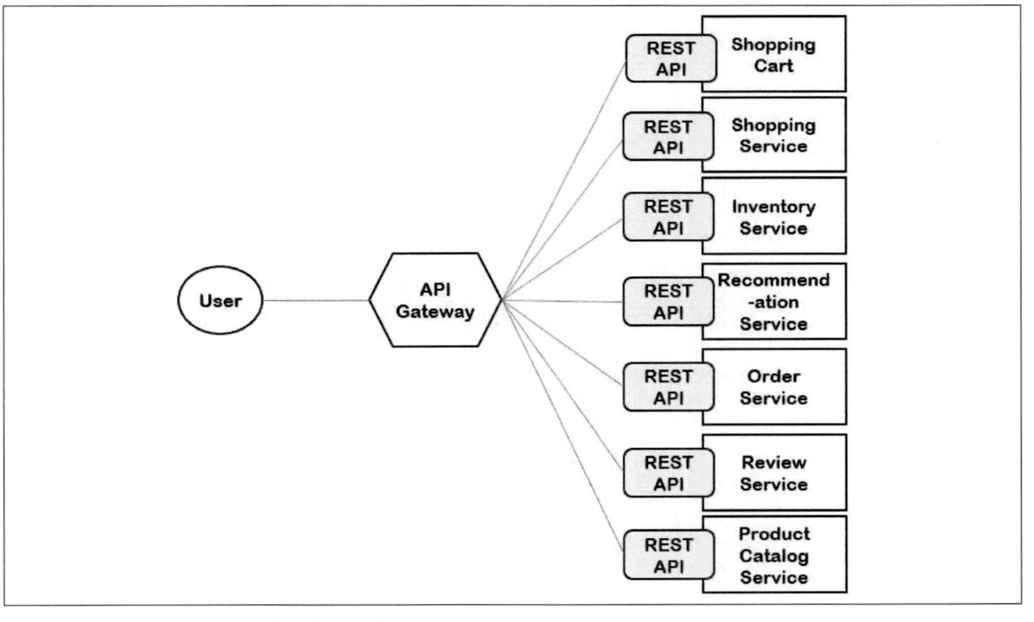

그림 16.3 API Gateway 기반 통신구조

(5) Event

이벤트 (event)는 마이크로서비스 구조의 서비스 제공 기능에서 발생되는 모든 사건 (예를 들어 온라인 구매에서 장바구니에 구매 항목을 추가하는 것, 구매를 확인하고 대금 결재를 시작하는 것 등)으로 정의될 수 있다. 이벤트는 이벤트 스트림 (event stream)으로 형성되어 시스템의 행동 변화로 진행된다. 이벤트를 모니터링함으로써 데이터와 사용자 행동에 관한 유용한 결론을 도출할 수 있으며, 이를 서비스 제공 구조 개선에 잘 활용할 수 있다. 이벤트 스트림 프로세싱은 실시간으로 운영 부하 (work load) 조절에 직접 사용될 수 있다. 아울러 이벤트 스트림 분석은 비정상적인 거래 절차나 사이버 공격 등의 분석에도 사용된다.

(6) Serverless Computing

마이크로서비스 구조의 서비스 제공 기능을 클라우드를 기반으로 구현하는 경우 서버가 없는 환경인 서버 리스 컴퓨팅 (serverless computing) 환경에서 구축할 수 있으며, 클라우드 공급업체는 서버 인프라의 제공, 유지 관리, 확장을 담당하며, 개발자는 서비스 제공 패키지의 배포를 위하여 코드를 컨테이너에 패키징하기만 하면 된다. 서버리스의 경우 애플리케이션이 기본 인프라 환경에서 추상화되므로 서비스 제공 기능 구조를 더 빠르게 혁신할 수 있게 된다.

16.1.4 마이크로서비스 구현 기술

표 16.2는 마이크로서비스 구현에 많이 사용되는 패키지/툴의 주요 기능들을 정리하여 보여준다.

표 16.2 마이크로서비스 구현에 사용되는 패키지

패키지/툴	주요 기능
Java Spring	▪ Spring Boot와 Spring Cloud로 마이크로서비스 구조의 서비스 개발 환경 제공
Kubenetes	▪ Google이 최초 개발하였으며, 현재 CNCF (Cloud Native Computing Foundation)이 관리 ▪ Container scalability, self-healing, load balancing, scheduling, easy rollback to previous deployments 기능 등을 제공 ▪ 다양한 클라우드 서비스 환경에서 구축 가능
Red Hat OpenShift	▪ 마이크로 서비스 기반의 애플리케이션을 일관되게 연결, 관리, 관찰하는 기능을 제공하여 마이크로서비스를 지원하는 쿠버네티스 기반 플랫폼 ▪ 컨테이너화된 애플리케이션, 레거시 애플리케이션, 클라우드 네이티브 애플리케이션은 불론 마이크로서비스로 리팩토링된 애플리케이션을 지원
Red Hat Runtimes	▪ 마이크로서비스를 위하여 사전에 구축되고 컨테이너화된 런타임 기반 세트이며, Quarkus, Spring Boot, MicroProfile, Node.js 등과 같이 마이크로서비스 구조를 설계할 때 사용하는 다양한 언어와 프레임워크 지원
Red Hat Integration	▪ 포괄적인 통합 및 메시징 기술을 제공하여 하이브리드 인프라 전반의 애플리케이션과 데이터를 연결 ▪ 분산되고, 컨테이너화된 API 중심 솔루션으로서 서비스 구성과 오케스트레이션, 애플리케이션 연결과 데이터 변환, 실시간 메시지 스트리밍, API 관리 기능을 제공 ▪ 클라우드 네이티브 플랫폼 및 툴체인과 결합되어 현대적인 애플리케이션 개발 전체 과정을 지원
Amazon ECS	▪ Amazon Elastic Container Service (ECS), container orchestration tool ▪ AWS (Amazon Web Service) 환경에서 multiple container 관리 기능을 제공하며, Kubernetes 대안으로 제시 ▪ Docker Engine를 사용하며, Kubernetes 기반의 마이크로서비스 구현

패키지/툴	주요 기능
	에서보다 기본 다중 서버 구성, 인프라스트럭쳐 수준의 관리 기능을 쉽게 할 수 있도록 지원 ▪ Amazon Web Service (AWS)에서만 실행
Amazon EKS[10]	▪ Amazon Elastic Kubernetes Service (EKS)는 자체 Kubernetes 컨트롤 플레인 또는 노드를 설치, 운영 및 유지 관리할 필요없이 AWS의 Kubernetes 실행에 사용할 수 있는 관리형 서비스 ▪ Container image에 대한 ECR (elastic container registry), 부하 분산을 위한 elastic load balancing, 인증용 IAM (Identity and Access Management), 격리를 위한 Amazon VPC (virtual private cloud)기능 제공
Netflix Eureka	▪ 마이크로서비스 구조의 service registry, discovery 기능 제공
Netflix zuul[11]	▪ 마이크로서비스 API gateway pattern 기능 (routing, filtering) 제공

16.1.5 마이크로서비스 구조의 대표적인 구축 사례

마이크로서비스 구조의 애플리케이션 구축 사례는 표 16.3에서 보는 것과 같이 다양한 분야에서 볼 수 있다.

표 16.3 마이크로서비스 구조의 대표적인 구축 사례

마이크로서비스의 대표적인 구축사례	주요 기능 및 특징
Netflix	▪ Netflix는 서비스 제공에서 항상 fail이 발생될 것을 대비하며, 이를 위하여 Chaos 관리 기법을 사용하며, 실제 서비스에 의도적으로 장애 상황을 발생시켜 나머지 시스템이 이 장애 상황에 어떻게 반응하는지 시험 (instance fail, zone fail, region fail 등으로 구분하여 시험) ▪ Zuul, Eureka, Hystrix 등을 자체적으로 개발하였으며, 오픈소스로 공개 ▪ Eureka는 service registration service 기능 제공 ▪ 소프트웨어 배포 방식을 중앙 집중 제어 방식에서 각 팀이 독자적으로 배포하는 데브옵스 (DevOps) 체계로 전환
Uber	▪ 2015년 기존 모노리식 시스템의 한계를 극복하기 위하여 마이크로서비스 아키텍처로 전환, 2017년 모든 인프라를 클라우드로 전환
SK Planet	▪ 11번가 마이스코 서비스 전환
PAYCO	▪ 국내 최초 클라우드 기반 전자상거래 솔루션으로 이용자 급증에 대처 가능 ▪ API를 통한 맞춤형 기능 확장 및 자유로운 디자인 변형 가능 ▪ SpringCloudNetflix 모듈 사용
우아한 형제들	▪ 배민 API Gateway를 Netflix Zuul을 기반으로 개발 및 적용[12]
삼성전자	▪ Samsung Connect (IoT 마이크로서비스) 개발 및 구축[13]
쿠팡	▪ 쿠팡 초기 Apache와 Tomcat 기반의 모노리식 구조를 2013년 마이크로서비스 아키텍처로의 전환[14] ▪ 마이크로서비스 구조를 운영하기 위하여 비타민 프레임워크과 Configuration Managment Database (CMDB)를 개발 ▪ Blue-green 배포 전략을 온라인 배포 시스템에 구축 ▪ API Gateway와 장애 발생에서의 자동 제어를 위한 Confidence 시스템과 circuit breaker system을 자체적으로 구축

10) Amazon Elastic Kubernetes Service (EKS), https://docs.aws.amazon.com/ko_kr/eks/latest/userguide/what-is-eks.html

11) https://github.com/Netflix/zuul/wiki

12) https://techblog.woowahan.com/2523/

13) https://play.google.com/store/apps/details?id=com.samsung.pcs&hl=ko&gl=US

14)

16.2 Java Spring Boot

16.2.1 Java Spring Framework[15)]

(1) Spring Framework

Spring 프레임워크는 2003년 Rod Johnson이 개발하였으며, 기업 (enterprise)용 Java 애플리케이션인 JavaEE (enterprise edition) 응용 서비스를 쉽게 개발할 수 있는 경량급 애플리케이션 프레임워크 기능을 제공하는 플랫폼으로 개발하였다. Spring은 Java 및 Java의 스팩에서 정의된 기술만을 사용하며, 어떤 객체가 외부의 라이브러리나 외부의 모듈을 가져와서 사용하지 않고, 다른 기술을 사용하지 않으며 순수한 Java만을 사용하여 만든 객체를 기반으로 하며, 따라서 특정 기술이나 환경에 종속되지 않는 장점을 제공한다. Spring framework은 Java 기반 웹 애플리케이션 개발의 표준으로 인식되고 있으며, 다수의 상용 프레임워크가 출시되었고, 더욱 향상된 개발 환경을 제공하기 위하여 Spring Boot, 보안 및 인증 모듈 등을 추가하였으며, 새로운 기술을 지원하고자 다양한 서브 프로젝트들이 개발되고 있다.

Spring framework는 그림 16.4에서 보는 것과 같이 IOC (Inversion of Control), AOP(Aspect Oriented Programming)[16)], DAO(Data Access Object), Context, ORM(Object Relational Mapping), Web MVC (Model-View-Controller) 등의 모듈들을 포함하고 있다. Spring framework에서 코어 컨테이너는 core, beans, context, expression language(SpEL) 모듈을 포함하고 있다. Core 모듈은 IoC (inversion of control)와 dependency injection 기능을 포함한다. Beans 모듈은 factory 기능을 제공하는 BeanFactory 기능을 제공한다. Context 모듈은 Core와 Beans 모듈의 기능을 기반으로 각 객체들에 대한 접속 매체 기능을 제공한다. SpEL 모듈은 객체 그래프에서 질의 (querying) 및 처리를 위한 강력한 표현 언어를 제공한다.

Spring framework의 데이터 접속 / 통합 계층은 JDBC(Java Database Connectivity), ORM(Object-relational Mapper), OXM(Object XML Mapper), JMS(Java Message Service) 및 트랜잭션 모듈을 포함한다. JDBC 모듈은 데이타베이스 접속을 위한 추상화 계층 기능을 제공하며, JDBC 기반의 데이타베이스 접속 기능을 별도로 구현할 필요가 없도록 한다. ORM (object-relational mapper) 모듈은 객체 관계 매핑 API 기능을 제공하며, 내부적으로 JPA(Java Persistence API), JDO(Java Data Object), Hibernate, iBatis 기능을 포함한다.

Spring framework의 Web (MVC/Remoting) 계층은 Web, Web-MVC(Model-View-Controller), Web-socket, Web-Portlet 모듈을 포함한다. Web 모듈은 serverlet listener 애플리케이션 컨텍스트를 사용하여 웹 기반 서비스

https://medium.com/coupang-engineering/how-coupang-built-a-microservice-architecture-fd584fff7f2b

15) https://www.javatpoint.com/spring-tutorial

16) https://www.baeldung.com/spring-aop

통합 기본 기능을 제공한다. Web-MVC 모듈은 웹 애플리케이션을 위한 Model-View-Controller 기능을 제공한다. Web-socket 모듈은 클라이언트와 서버 간에 WebSocket 기반의 양방향 통신 기능을 제공한다. Web-Portlet 모듈은 Web-serverlet 모듈의 기능을 제공하며 portlet 환경에서 사용되는 MVC 기능을 제공한다.

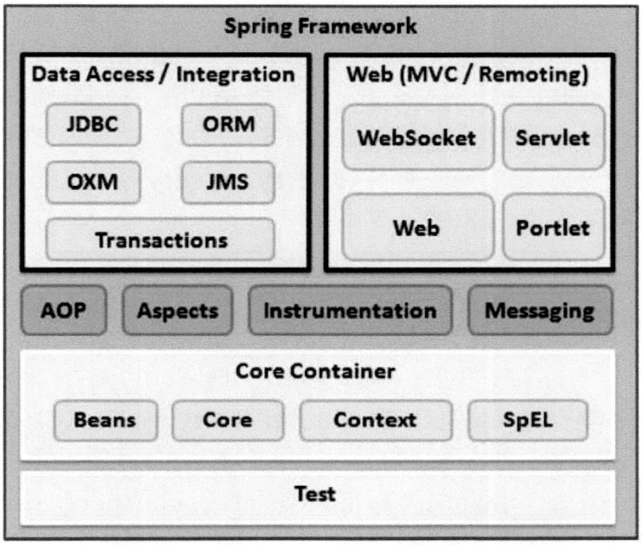

그림 16.4 Spring Framework (https://www.tutorialspoint.com/spring/spring_architecture.htm)

Spring framework에는 위에서 설명한 모듈들 이외에 AOP(Aspect-oriented Programming), Aspects, Instrumentation, Messaging, Test 모듈을 포함한다. AOP 모듈은 aspect-oriented programming 기능을 제공하며, Aspects 모듈은 AspectJ과의 통합 기능을 제공한다. Instrumentation 모듈은 애플리케이션 서버 구현에서 사용되는 class instrumentation 지원과 class loader 구현 기능을 제공한다. Messaging 모듈은 WebSocket 서브 프로토콜인 STOMP 기능을 제공하며, WebSocket 클라이언트로부터의 STOMP 메시지에 대한 routing 및 처리 기능을 제공한다. Test 모듈은 JUnit과 TestNG 프레임워크 기반으로 Spring 컴포넌트들에 대한 시험 기능을 제공한다.

(2) Spring Boot Microservices

Spring 프레임워크에 따른 마이크로서비스 구현 및 배포는 Spring Boot와 Spring Cloud를 사용하여 쉽게 구현할 수 있다. Spring Boot는 컨테이너에 임베디드 서버가 포함되어 있고, 다수의 컴포넌트들에 대한 모니터링 기능을 제공하며, 포함된 컴포넌트들을 쉽게 구성할 수 있게 한다.

Spring Cloud는 클라우드 네이티브 SaaS (Software as a Service) 애플리케이션

개발을 지원하며, 서비스 등록 및 조회 기능을 제공하도록 Spring Cloud Netflix (Eureka), Spring Cloud Consul(Hashicorp' s Consul), Spring Cloud Zookeeper(Apache Zookeeper)의 프로젝트에서 개별 솔루션과의 연동을 지원한다.

16.2.2 Java Spring Boot

Spring Boot은 2014년에 v1.0 버전이 발표되었으며, Spring Framework에 따라 애플리케이션을 만들 때에 필요한 설정을 간편하게 처리해 주는 별도의 프레임워크이다. Spring Boot를 사용하면 초기 설정을 간편하게 할 수 있는 것 이외에도 자체적인 웹서버를 내장하고 있어 빠르고 간편하게 개선된 소프트웨어를 배포할 수 있게 하며, 독립적으로 실행 가능한 Jar 파일로 프로젝트를 빌드할 수 있어 cloud service 및 docker와 같은 가상화 환경에 신속하게 배포할 수 있는 장점을 제공한다.

16.2.3 Java Spring Cloud

Spring Cloud는 클라우드 기반의 애플리케이션 개발을 지원하기 위하여 다양한 개별 솔루션과의 연동을 통하여 서비스 분산 및 버전 설정을 위한 Spring Cloud Config, 서비스 등록 및 조회 기능을 위한 Spring Cloud Netflix Eureka, Spring Cloud Consul(Hashicorp' s Consul), Spring Cloud Zookeeper(Apache Zookeeper) 등의 개별 솔루션과의 연동을 지원한다. Spring Cloud는 마이크로서비스 모듈 간의 라우팅 기능을 지원하도록 Spring Cloud Netflix Zuul을 지원하고, Spring Cloud Gateway를 제공하며, 마이크로서비스 인스턴스간의 호출을 Spring Cloud Netflix Ribbon을 통하여 지원한다. 클라우드 환경에서 동일한 서비스를 처리하는 많은 인스턴스 들 중에서 적합한 인스턴스를 호출하며, 부하 분산 기능을 Spring Cloud Loadbalancer를 사용하여 지원한다.

Spring Cloud는 특정 마이크로서비스 인스턴스에서 장애가 발생한 경우, 이 장애가 전체 시스템에 영향을 주는 것을 차단시킬 수 있도록 서킷 브레이크 (circuit breaker) 기능을 Ribbon과 Zuul 솔루션을 사용하여 지원한다.

클라우드 환경에서의 분산 메시징 기능을 지원하기 위하여 Spring Cloud Stream 모듈을 RabbitMQ, Apache Kafka, Google PubSub 등의 솔루션과 연계 기능을 제공한다. 이를 사용하여 메시지 큐 (Message Queue)를 구성하거나 게시-구독 모델을 사용한 분산 메시징 기능을 제공한다. 게시-구독 모델에서는 세부적으로 고객 그룹 (consumer group)을 활용하여 중복 처리를 방지하거나 분할 (partitioning) 기능을 활용할 수 있게 한다.

16.3 Kotlin Spring

16.3.1 Spring Framework과 Kotlin의 결합

Spring Framework는 Java 플랫폼을 위한 오픈 소스 애플리케이션 프레임워크로, 특히 엔터프라이즈 애플리케이션을 개발하는 데 널리 사용된다. Spring의 핵심은 의존성 주입(Dependency Injection)과 관점 지향 프로그래밍(AOP)을 기반으로 하는 경량 컨테이너를 제공하는 것이다. 이를 통해 개발자는 느슨하게 결합된 구성 요소로 애플리케이션을 설계하고, 이를 통해 더 유연하고 유지보수하기 쉬운 코드를 작성할 수 있다. Spring은 다양한 모듈을 통해 웹 애플리케이션, 데이터 액세스, 메시징, 보안 등 다양한 엔터프라이즈 기능을 지원한다.

Kotlin은 그 간결함과 안전성 덕분에 Spring 애플리케이션 개발에 점점 더 많이 사용되고 있다. Kotlin과 Spring을 결합하면 코드의 간결성과 안정성, 확장함수와 DSL 사용의 장점을 얻을 수 있다. Kotlin의 언어적 특징(예: null 안전성, 데이터 클래스, 람다식 등)을 활용하면, Spring 애플리케이션에서 더 적은 코드로 더 많은 기능을 구현할 수 있다. 예를 들어, Kotlin에서는 간단한 데이터 객체를 표현할 때 별도의 getter/setter, equals(), hashCode() 메서드를 작성할 필요없이 데이터 클래스로 간단히 선언할 수 있다.

Kotlin의 null 안전성은 NullPointerException(NPE) 발생 가능성을 줄여주며, 이는 Spring 애플리케이션에서의 안정성을 높이는 데 기여한다. Kotlin은 컴파일 타임에 많은 오류를 잡아주기 때문에, 런타임 오류의 가능성을 줄일 수 있다. Kotlin의 확장 함수는 Spring의 기존 클래스에 기능을 추가할 수 있는 강력한 방법을 제공한다. Kotlin의 DSL(Domain Specific Language) 기능을 통해 Spring 애플리케이션의 설정을 더 간결하고 직관적으로 작성할 수 있다.

16.3.2 Kotlin Spring 기반의 RESTful API 구현 예제

그림 16.5는 Kotlin Spring을 사용하여 간단한 RESTful API를 구현하는 예제를 보여준다. Line 3~8에서는 Spring Framework의 boot, rubApplication, web 정보 추출 관련 패키지를 사용할 수 있도록 임포트 시킨다.

Line 10~11에 class DemoApplication에 @SpringBootApplication 어노테이션을 통해 애플리케이션의 진입점을 정의하고, line 17에서 @RestController을 사용하여 RESTful API를 구현하고 있다. Line 20~23에서는 @GetMapping을 사용해 HTTP GET 요청을 처리하며, “http://localhost:8080/hello” 요청에 대해서는 그림 16.6에서 볼 수 있는 것과 같이 간단히 "Hello, Spring Boot with Kotlin!"을 반환한다.

Line 26~29에서는 hello와 함께 이름을 전달하면, Hello, 이름!의 인사 메시지를 반환하도록 구현한다. 예를 들어 “http://localhost:8080/hello/Kim” 으로 요청하면, 그림 16.6에서 볼 수 있는 것과 같이 “Hello, Kim!” 을 반환한다.

Line 31~38에서는 간단한 계산 기능을 구현하는 예를 보여준다. 예를 들어 “http://localhost:8080/add?num1=123&num2=456” 으로 요청하면, “Sum of 123 and 456 is 579” 로 덧셈 연산의 결과를 반환하여 준다. 그림 16.6에서 결과를 알 수 있다.

```
package com.example.demo

import org.springframework.boot.autoconfigure.SpringBootApplication
import org.springframework.boot.runApplication
import org.springframework.web.bind.annotation.GetMapping
import org.springframework.web.bind.annotation.PathVariable
import org.springframework.web.bind.annotation.RequestParam
import org.springframework.web.bind.annotation.RestController

@SpringBootApplication
open class DemoApplication

fun main(args: Array<String>) {
    runApplication<DemoApplication>(*args)
}

@RestController
open class HelloController {

    @GetMapping("/hello")
    fun hello(): String {
        return "Hello, Spring Boot with Kotlin!"
    }

    // 사용자 이름을 받아 인사말을 반환하는 서비스
    @GetMapping("/hello/{name}")
    fun personalizedHello(@PathVariable name: String): String {
        return "Hello, $name!"
    }

    @GetMapping("/add")
    fun add(
        @RequestParam("num1") num1: Int,
        @RequestParam("num2") num2: Int
    ): String {
        val sum = num1 + num2
        return "Sum of $num1 and $num2 is $sum"
    }
}
```

그림 16.5 Kotlin Spring 기반의 RESTful API 구현 예제

```
"C:\Program Files\Java\jdk-19\bin\java.exe" ...

  .   ____          _            __ _ _
 /\\ / ___'_ __ _ _(_)_ __  __ _ \ \ \ \
( ( )\___ | '_ | '_| | '_ \/ _` | \ \ \ \
 \\/  ___)| |_)| | | | | || (_| |  ) ) ) )
  '  |____| .__|_| |_|_| |_\__, | / / / /
 =========|_|==============|___/=/_/_/_/
 :: Spring Boot ::                (v2.6.7)

2024-08-31 16:52:27.594  INFO 54732 --- [           main] com.example.demo.MainKt
2024-08-31 16:52:27.596  INFO 54732 --- [           main] com.example.demo.MainKt
2024-08-31 16:52:28.473  INFO 54732 --- [           main] o.s.b.w.embedded.tomcat.TomcatWebServer
2024-08-31 16:52:28.481  INFO 54732 --- [           main] o.apache.catalina.core.StandardService
2024-08-31 16:52:28.481  INFO 54732 --- [           main] org.apache.catalina.core.StandardEngine
2024-08-31 16:52:28.575  INFO 54732 --- [           main] o.a.c.c.C.[Tomcat].[localhost].[/]
2024-08-31 16:52:28.575  INFO 54732 --- [           main] w.s.c.ServletWebServerApplicationContext
2024-08-31 16:52:28.824  INFO 54732 --- [           main] o.s.b.w.embedded.tomcat.TomcatWebServer
2024-08-31 16:52:28.831  INFO 54732 --- [           main] com.example.demo.MainKt
```

그림 16.6 SpringBoot 기반 웹서버 동작 상태

그림 16.5의 Kotlin Spring 프로그램을 실행시키면 간단한 웹서버가 구동하게 되며, 그림 16.6에서 보는 것과 같이, Spring Boot가 동작한다는 콘솔 창 출력을 확인할 수 있다.

이 웹서버에 접속하고, 서비스를 요청하는 것은 웹 브라우저를 사용할 수 도 있으며, 그림

16.7과 같이 명령어 창 (command window)에서 curl 명령어로 간단하게 실행시킬 수도 있다. 명령어 창에 >curl http://localhost:8080/hello와 같이 명령어를 입력하면 그 반환된 결과를 명령어 창에서 직접 확인할 수 있다. 한가지 주의하여야 할 것은 웹 요청에 인수로 전달되는 데이터가 있는 경우, http 요청 전체를 겹 따옴표로 묶어서 보내야 하며, 따옴표가 없는 경우 오류가 발생될 수 있다.

```
C:\Users\Owner>curl http://localhost:8080/hello
Hello, Spring Boot with Kotlin!
C:\Users\Owner>curl http://localhost:8080/hello/Klm
Hello, Klm!
C:\Users\Owner>curl "http://localhost:8080/add?num1=123&num2=456"
Sum of 123 and 456 is 579
C:\Users\Owner>
C:\Users\Owner>
```

그림 16.7 Kotlin Spring 기반의 RESTful API 구현 예제의 실행결과

16.3.3 Kotlin Spring 프로그래밍을 위한 IntelliJ 모듈 추가

IntelliJ 환경에서 Kotlin Spring 프로젝트를 개발하는 경우, Spring Framework를 사용하기 위하여 추가적인 모듈 설치가 필요하다. 프로젝트를 생성한 후, File -> Project Structure (프로젝트 구성) -> Project Settings -> Modules -> Dependencies -> '+' -> Library -> From Maven을 선택한 후, 그림 16.8에서 보는 것과 같이 Spring Frame에 관련된 모듈을 추가하여야 한다.

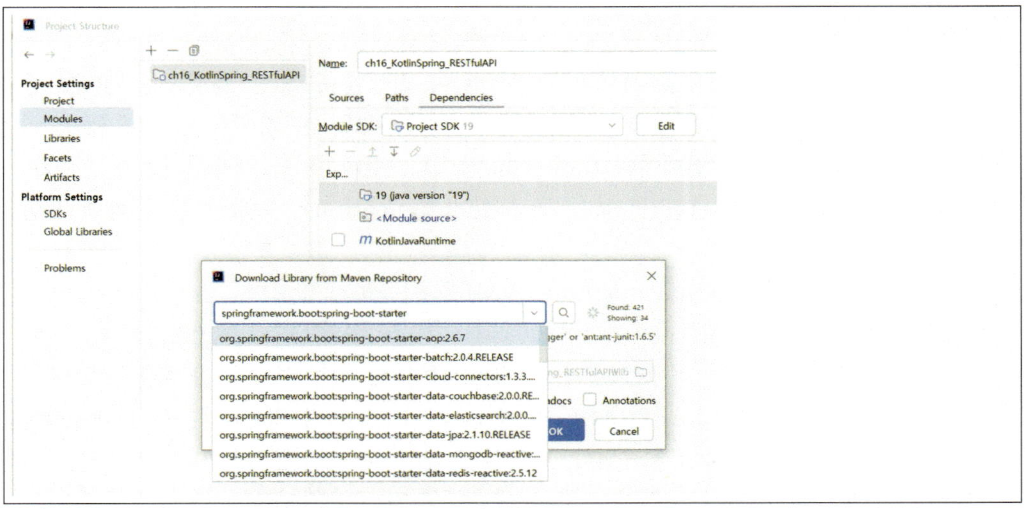

그림 16.8 Kotlin Spring 프로그래밍을 위한 IntelliJ 모듈 추가

기본적으로 필요한 Spring Framework 파일은 다음과 같다:

- org.springframework.boot:spring-boot-starter
- org.springframework.boot :spring-boot-starter-web
- org.springframework.boot :spring-boot-starter-data-jpa
- org.springframework.boot :spring-boot-starter-test (시험용)

16.4 Container

16.4.1 DevOps

마이크로서비스 개발에서 개발과 운영을 동일한 팀에서 맡아 진행하는 모델을 DevOps라 하며, 하나의 팀이 개발과 운영을 담당함으로써 개발과 운영사이에서 발생하는 간극을 줄이고 개발된 시스템을 빠르게 배포하고, 운영과정에서 얻은 노하우를 개발에 신속하게 반영할 수 있도록 한다. 이렇게 하나의 개발팀이 개발/배포/운영을 모두 담당하는 셀프 서비스 모델을 효율적으로 실행하기 위해서는 인프라가 플랫폼화 되어 있어야 하며, 개발팀이 직접 데이터 센터에 가서 서버와 OS를 설치하고 네트워킹을 구성하는 것이 아니라, 온라인으로 서버를 설치하고 네트워크를 구성하며, 그 플랫폼 상에서 소프트웨어를 쉽게 빌드하고 배포하며, 운영 중인 시스템에 대한 모니터링이 가능하여야 한다.

이러한 인프라를 개별적으로 구성하기는 어려우며, 따라서 플랫폼화 되어야 하고, DevOps 엔지니어는 이러한 플랫폼을 만들어 함께 제공하여야 한다. 즉 DevOps팀은 시스템을 실행할 수 있는 런타임 인프라를 개발 및 배포하고, 런타임 시스템에 대한 모니터링과 로그 기록 기능을 제공하며, 이 플랫폼에 개발된 시스템을 스스로 배포하고 운영할 수 있게 하는 것이다. Google의 SRE (Site Reliability Engineering)에서 SRE 엔지니어는 시스템이 개발된 후에 인프라 시스템에 대한 플랫폼화 작업을 수행하고, 이 플랫폼이 완성되어 안정화될 때까지 지속적인 지원을 하며, 플랫폼의 안정화 작업이 완료되면 플랫폼의 운영을 개발팀에 맡기고, 다른 프로젝트를 위한 플랫폼 작업을 수행한다.

16.4.2 Container

마이크로서비스 개발과 운영을 하나의 팀에서 맡아 진행할 수 있는 플랫폼은 벤더에 종속적이지 않고, 개발자가 손쉽게 운영 및 접근할 수 있는 인프라 관리 기술이 필요하며, 이런 기술로 많이 언급되는 것이 컨테이너 (container)이다. 컨테이너는 애플리케이션 코드와 애플리케이션 코드의 실행에 관련된 파일, 구성 (configuration), 종속성 등이 함께 포함된 패키지이다.

컨테이너는 가상머신 (virtual machine, VM)을 사용하지 않으며, 호스트 OS의 커널에서 바로 실행되도록 한다. 애플리케이션이 실행되는 컨테이너의 OS가 호스트 OS와 다른 경우, 이 다른 부분만을 컨테이너에서 추가로 패키징하여 실행이 된다. 예를 들어 호스트 OS 이미지에 기능 A, B, C가 있고, 컨테이너는 기능 A, B, C, D가 필요한 경우, 컨테이너에는 부족한 D만 묶어서 패키징하여 제공된다. 따라서 컨테이너는 가상머신에 비교하여 크기가 훨씬 작고 가상화 계층을 별도로 거치지 않기 때문에 훨씬 효율적이다.

컨테이너의 핵심은 마이크로서비스를 격리하여 하나의 프로세스에서 발생하는 문제가 전체 서비스에 영향을 주는 것을 방지하기 위하여 각 프로세스마다 격리된 환경을 제공하는 것이다. Linux 환경에서는 컨테이너의 격리를 Linux 네임스페이스과 Linux 콘트롤 그룹을 통해 격리환경을 제공한다.

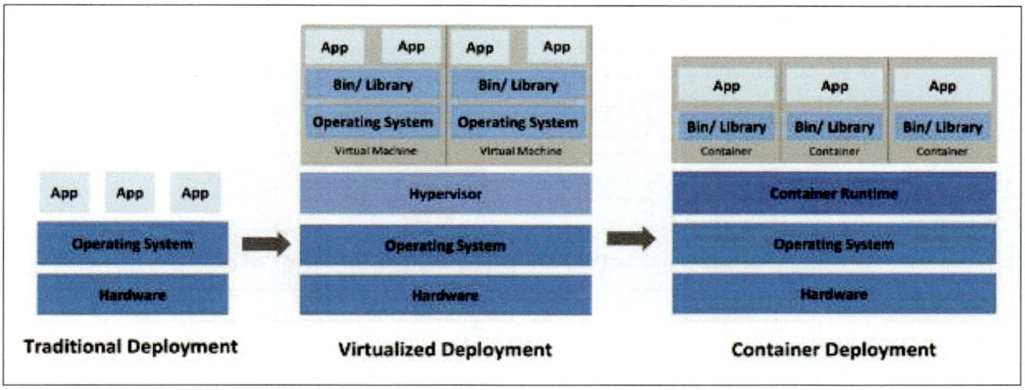

그림 16.9 소프트웨어 배치 (deployment)의 기능 구성

16.4.3 컨테이너 관리 솔루션

컨테이너를 소규모로 운영하는 경우, 물리 서버를 직접 지정하여 배포하면 되지만, 대규모로 운영하여야 하는 경우 어떤 서버에 어떤 컨테이너를 배치하는 지에 대한 관리 기능이 매우 복잡해진다. 예를 들어 물리 서버에서 제공하는 CPU의 개수와 메모리 용량 등을 고려하여 각 컨테이너가 요구하는 CPU 처리 용량, 메모리 용량 등을 고려하여 서버 자원을 최대한 효율적으로 사용하기 위하여 적절한 위치에 배포하여야 하고, 애플리케이션의 특성에 따라서 동일한 서버에 배치하거나 아니면 가용성을 위하여 다른 서버에 배치하여야 하는 것을 결정하여야 한다. 이렇게 컨테이너를 적절한 서버에 배포/배치하는 역할을 스케쥴링이라고 한다.

컨테이너 스케쥴링 기능을 제공하는 솔루션으로 Kubernetes, Mesosphere, OpenStack 등이 개발되었으며, 2017년 말을 기점으로 Kubernetes가 de-facto 표준으로 사용되는 상황이다. 이는 주요 클라우드 벤더인 Amazon, Google, Azure 등이 모두 컨테이너 관리 환경인 Kubernetes를 지원하게 되었으며, IBM이나 Cisco 등의 on-premise 솔루션 업체들도 Kubernetes를 지원하기 때문이다.

16.4.4 가상머신 환경의 컨테이너

실제 컨테이너 환경으로 마이크로서비스를 제공할 때 서버 하드웨어 위에 바로 컨테이너 솔루션을 설치하지 않고, 그림 16.10에서 보는 것과 같이 먼저 가상 환경을 설치한 후, 그 위에 컨테이너를 설치하는 구조를 많이 사용한다.

그림 16.10과 같이 서버 OS/하드웨어 위에 직접 컨테이너를 설치하지 않고, 하이퍼바이저와 가상 머신의 가상화 계층을 설치한 후 컨테이너를 설치하는 이유는 컨테이너 환경을보다 더 유연하게 사용할 수 있도록 하기 위한 것이다. 먼저 가상 머신을 사용하여 컨테이너 환경들을 분할 및 차단 (isolation) 시켜 부분적인 개선 및 설치에서 컨테이너 간에 서로 영향을 끼치지 않도록 관리할 수 있으며, 자원의 수를 늘려 작은 단위로 융통성있게 사용할 수 있는 장점이 있기 때문이다. 물론, 이러한 기능 구조는 마이크로서비스로 구성된 애플리케이션과 전체 응용 서비스의 규모 및 세부 구성에 따라 장단점이 달라질 수 있으므로, 적절한 실행

환경을 구성할 수 있어야 한다.

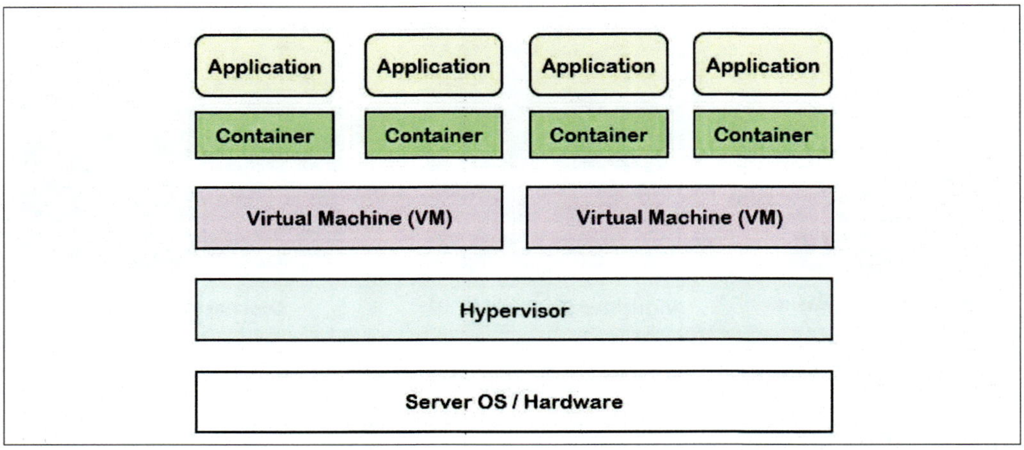

그림 16.10 가상 머신 환경에 컨테이너가 설치된 구조

16.5 Docker

16.5.1 Docker 개요

앞에서 설명한 것과 같이 컨테이너는 각 애플리케이션 코드의 실행에 관련된 파일, 구성(configuration), 종속성 등이 함께 포함된 패키지이며, Docker는 그림 16.11에서 보는 것과 같이 컨테이너들을 편리하게 사용할 수 있도록 각각의 컨테이너를 관리하여 주는 역할을 수행한다. Docker는 Linux, Windows, MacOS 등 다양한 호스트 운영체제에서 사용 가능하며, 애플리케이션에 국한되지 않고 의존성 및 파일 시스템까지 패키징하여 빌드, 배포, 실행 프로세스를 단순하게 해 준다.

Docker의 내부 기능 모듈로서 Docker engine은 이미지, 네트워크, 디스크 등을 관리하는 역할을 담당하며, containerd (container daemon)는 runC와 같은 OCI 구현체를 이용하여 컨테이너를 관리해 주는 daemon으로 수행한다.

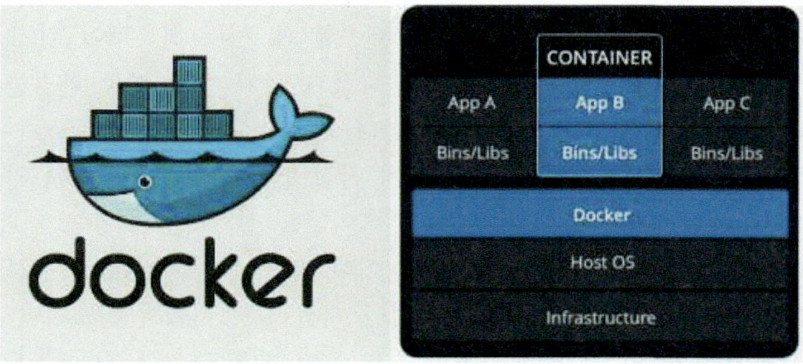

그림 16.11 Docker

16.5.2 Docker의 한계와 컨테이너 오케스트레이션 툴

Docker는 컨테이너들이 증가함에 따라 관리의 필요성이 있어 등장하였으나 Docker 또는 서비스가 커질수록 양이 증가하며, 관리하기 어려운 상황이 발생할 수 있다. 이러한 상황에서 컨테이너 관리 기능의 보조를 위하여 컨테이너 오케스트레이션 툴이 필요하며, 이 기능을 위하여 Kubernetes가 개발되었다.

16.6 Kubernetes

16.6.1 Kubernetes - 컨테이너 오케스트레이션 툴

쿠버네티스(Kubernetes, 줄여서 K8s)는 컨테이너화된 애플리케이션을 자동으로 배포, 확장 및 관리하기 위한 오픈소스 플랫폼이며, Google이 개발하였고 현재는 CNCF(Cloud Native Computing Foundation)에서 관리하고 있다. 이를 통해 개발자와 운영팀은 애플리케이션의 가용성과 확장성을 크게 향상시킬 수 있으며, 복잡한 운영 작업을 자동화하여 더 빠르고 안정적인 애플리케이션 배포가 가능하다. 쿠버네티스는 대규모의 컨테이너화된 애플리케이션을 관리하기 위해 설계되었으며, 이를 통해 애플리케이션의 가용성과 확장성을 크게 향상시킬 수 있다.

쿠버네티스는 다음과 같은 주요 기능을 제공한다:

- 자동화된 배포 및 복구: 쿠버네티스는 애플리케이션의 배포, 스케일링, 업데이트를 자동으로 처리하며, 실패한 포드를 자동으로 복구함
- 수평적 확장: 수요에 따라 애플리케이션을 자동으로 확장하거나 축소할 수 있음. 이는 쿠버네티스의 Horizontal Pod Autoscaler를 통해 가능함
- 서비스 디스커버리 및 로드 밸런싱: 쿠버네티스는 클러스터 내에서 서비스 디스커버리를 자동으로 처리하고, 트래픽을 여러 포드에 로드 밸런싱함
- 자동화된 롤링 업데이트 및 롤백: 애플리케이션을 업데이트할 때, 쿠버네티스는 점진적으로 업데이트를 수행하여 다운타임을 최소화하며, 문제가 발생하면 롤백할 수 있음.
- 셀프 힐링(Self-healing): 쿠버네티스는 비정상 상태의 컨테이너를 자동으로 재시작하고, 실패한 노드를 대체하며, 불필요한 컨테이너를 제거함
- 스토리지 오케스트레이션: 쿠버네티스는 로컬 스토리지, 클라우드 스토리지 등 다양한 스토리지를 자동으로 마운트하여 사용할 수 있음.

쿠버네티스는 표 16.4에서 보는 것과 같이 여러 가지 핵심 개념과 구성 요소로 이루어져 있다.

표 16.4 Kubernetes 핵심 요소

핵심 구성 요소	설 명
클러스터(cluster)	▪ 클러스터는 여러 대의 물리적 또는 가상 머신(노드)으로 구성됨 ▪ 클러스터는 중앙 제어 관리자인 '마스터' 노드와 실제 애플리케이션이 실행되는 '워크' 노드들로 나누어짐
노드 (node)	▪ 각 노드는 하나의 작업 단위로, 컨테이너를 실행하는 실제 시스템임 ▪ 노드는 '마스터' 노드와 '워크' 노드로 구분되며, 마스터 노드는 클러스터 전체

핵심 구성 요소	설 명
	를 관리하는 역할을 하고, 워크 노드는 애플리케이션 컨테이너를 실제로 실행함
포드 (pod)	▪ 포드는 쿠버네티스에서 배포할 수 있는 가장 작은 단위이며, 각 포드는 하나 이상의 컨테이너를 포함하며, 이 컨테이너들은 네트워크와 스토리지를 공유함 ▪ 일반적으로 하나의 포드에는 단일 애플리케이션의 컨테이너가 포함됨
서비스(service)	▪ 서비스는 쿠버네티스 내에서 포드의 집합을 네트워크 서비스로 노출시킴. 이를 통해 포드가 변경되더라도 외부 애플리케이션이 일정한 IP 주소를 통해 접근할 수 있음
레플리케이션 컨트롤러(Replication Controller)	▪ 특정 수의 포드가 항상 실행 중인지 확인하는 역할을 만약 포드가 실패하거나 노드가 종료되면, 레플리케이션 컨트롤러가 새로운 포드를 생성하여 지정된 수를 유지
디플로이먼트(Deployment)	▪ 디플로이먼트는 애플리케이션의 배포와 업데이트를 관리하는 상위 레벨의 개념임. 이를 통해 쉽게 애플리케이션을 업데이트하고 롤백할 수 있음
컨피그맵(Config Map)과 시크릿(Secret)	▪ 컨피그맵은 설정 데이터를 저장하고 관리하며, 시크릿은 비밀 데이터를 관리하며, 이를 통해 포드에서 환경 설정이나 중요한 데이터를 쉽게 사용할 수 있음
네임스페이스(Namespace)	▪ 네임스페이스는 클러스터 내에서 리소스를 격리하는 논리적인 단위이며, 이를 통해 대규모 클러스터에서 여러 팀이 동시에 작업할 수 있도록 지원함

쿠버네티스를 사용하는 주요 이유는 다음과 같다:

- 확장성: 쿠버네티스는 대규모 애플리케이션을 효율적으로 확장할 수 있는 기능을 제공함
- 유연성: 다양한 클라우드 및 온프레미스 환경에서 컨테이너화된 애플리케이션을 관리할 수 있음.
- 자동화: 수동 관리가 필요한 많은 작업을 자동화하여 운영 효율성을 높임.
- 고가용성: 쿠버네티스는 애플리케이션의 고가용성을 보장하며, 장애 복구를 자동으로 처리함
- 커뮤니티와 생태계: 쿠버네티스는 활발한 오픈 소스 커뮤니티와 다양한 도구, 플러그인으로 지원됨.

16.6.2 마이크로서비스 구조, Container 및 Kubernetes 사용 측면을 고려한 웹서버 구축 기술의 비교

표 16.5는 웹서버 구축 기술들을 마이크로서비스 구조, container 및 Kubernetes 사용 측면을 고려하여 장점과 단점을 분석하여 설명하고 있다. Node.js는 JavaScript 사용으로 프론트엔드와 백엔드를 동일한 언어로 개발 가능하며, 대규모 오픈소스 생태계를 가지는 장점이 있으나 CPU 집중적인 작업에는 부적합하며, callback 지옥 문제로 코드 가독성이 떨어질 수 있는 단점이 있고, Kubernetes에서의 스케일링은 용이하지만 메모리와 CPU 리소스 관리에 주의해야하는 점을 고려하여야 한다.

Python 프로그래밍언어를 기반으로 Django와 Flask로 구현하는 방안은 간결하고 직관적인 Python 코드로 빠른 개발이 가능한 장점이 있지만 느린 실행속도가 단점이고, Kubernetes에서 잘 작동하지만 대규모 트래픽에서는 성능 최적화가 필요한 점을 고려하여야 한다.

Java 프로그래밍 언어와 Spring 프레임워크를 기반으로한 웹서버 구축은 안정성과 성능이 뛰어나며, 대규모 트래픽 처리가 가능하고, 멀티스레딩과 동시성 처리에 강한 장점이 있으

나 상대적으로 복잡한 설정과 코드, 높은 메모리 소비의 단점이 있다. 따라서 JVM 최적화로 효율적인 리소스 관리가 필요하다.

표 16.5 마이크로서비스 구조, Container 및 Kubernetes 사용 측면을 고려한 웹서버 구축 기술 비교

기술/언어	장점	단점	Container 및 Kubernetes 사용 측면
Node.js (Java Script)	▪ 비동기 처리에 뛰어나 고성능 서버 구현 가능 ▪ JavaScript 사용으로 프론트엔드와 백엔드를 동일한 언어로 개발 가능 ▪ 대규모 오픈소스 생태계 (npm)	▪ CPU 집중적인 작업에는 부적합 ▪ 콜백 지옥 문제로 코드 가독성이 떨어질 수 있음	▪ 컨테이너화가 용이하고 경량화된 애플리케이션 관리에 적합 ▪ Kubernetes에서의 스케일링이 용이하지만, 메모리와 CPU 리소스 관리를 주의해야 함
Python (Django, Flask)	▪ 간결하고 직관적인 코드로 빠른 개발 가능 ▪ 다양한 라이브러리와 프레임워크 지원 (Django, Flask) ▪ 커뮤니티와 생태계가 잘 갖춰져 있음	▪ 느린 실행 속도 (GIL로 인한 멀티스레딩 성능 저하) ▪ 메모리 사용량이 많은 편	▪ 컨테이너 이미지 생성이 쉬우며, Flask와 같은 경량 프레임워크로 마이크로서비스화가 용이 ▪ Kubernetes에서 잘 작동하지만, 대규모 트래픽에서는 성능 최적화 필요
Java (Spring)	▪ 안정성과 성능이 뛰어나 대규모 트래픽 처리 가능 ▪ 강력한 프레임워크 (Spring) 제공 ▪ 멀티스레딩과 동시성 처리에 강함	▪ 상대적으로 복잡한 설정과 코드 ▪ 높은 메모리 소비	▪ Java 기반 애플리케이션은 컨테이너 이미지가 비교적 크지만, Kubernetes에서 확장성과 안정성이 뛰어남 ▪ JVM 최적화로 효율적인 리소스 관리 필요
PHP (Laravel, Symfony)	▪ 웹 개발에 최적화된 언어로 빠른 구현 가능 ▪ 호스팅 비용이 저렴하고 지원이 폭넓음 ▪ 많은 CMS (예: WordPress) 지원	▪ 구조적이지 않은 코드가 많아지면 유지보수가 어려움 ▪ 보안 취약점이 많음	▪ PHP 애플리케이션도 쉽게 컨테이너화 가능 ▪ Kubernetes에서의 확장성은 좋으나, PHP 자체의 성능 한계를 주의해야 함
Go (Golang)	▪ 매우 빠른 성능과 가비지 컬렉션 최적화 ▪ 멀티스레드 및 동시성 처리가 뛰어남 ▪ 컴파일된 언어로 낮은 메모리 사용량	▪ 상대적으로 젊은 언어로 라이브러리 생태계가 제한적 ▪ 복잡한 기능 구현에 코드가 길어질 수 있음	▪ 경량 바이너리로 컨테이너 크기가 매우 작아 Kubernetes에서의 확장성과 성능에 유리 ▪ 빠른 실행 속도로 효율적인 리소스 사용 가능
C# (ASP.NET)	▪ Windows와의 호환성이 뛰어나며, .NET 생태계 활용 가능 ▪ 안정적인 성능과 높은 보안성 제공 ▪ 강력한 IDE 지원 (Visual Studio)	▪ 플랫폼 종속성이 존재 (Windows 중심) ▪ 비교적 높은 메모리 소비 및 서버 비용	▪ ASP.NET Core는 리눅스 기반으로도 실행 가능하여 컨테이너화가 용이 ▪ Kubernetes에서 안정적으로 확장 가능하지만, 비교적 큰 이미지 크기 주의 필요
Rust	▪ 뛰어난 메모리 안전성과 성능 ▪ 컴파일 시 많은 오류를 사전에 방지 ▪ 동시성 처리에 강력함	▪ 비교적 어려운 학습 곡선 ▪ 생태계 및 도구가 상대적으로 적음	▪ 컴파일된 바이너리로 매우 경량화된 컨테이너 생성 가능 ▪ Kubernetes에서 매우 높은 성능을 제공하며, 리소스 사용이 최적화됨
Kotlin (Ktor, Spring)	▪ Java와 100% 호환되며 더 간결한 문법 제공	▪ 상대적으로 작은 생태계 (Java에	▪ Kotlin은 Java 기반이므로 컨테이너화가 용이하고,

기술/언어	장점	단점	Container 및 Kubernetes 사용 측면
	▪ Null 안정성으로 런타임 오류 감소 ▪ 멀티플랫폼 지원 및 코루틴으로 비동기 처리에 유리 ▪ Spring과의 호환성	비해) ▪ 실행 속도는 Java 보다 약간 느림	Spring Boot와 함께 사용하면 마이크로서비스 구조에 적합 ▪ Kubernetes에서 스케일링과 확장이 원활하지만 JVM 최적화 필요

PHP 기반의 웹서버 구축은 웹 개발에 최적화된 언어로 빠른 구현이 가능하며, 호스팅 비용이 저렴하고 지원이 폭넓은 장점이 있으나 보안취약점이 많은 단점이 있고, PHP 자체의 성능 한계를 주의해야하는 고려하여야 한다.

Go 프로그래밍언어를 기반으로 한 웹서버 구축은 멀티스레드 및 동시성 처리가 뛰어난 장점이 있으나 복잡한 기능 구현에 코드가 길어질 수 있는 단점이 있다. Kubernetes에서의 확장성과 성능에 유리하며, 빠른 실행속도로 효율적인 리소스 사용이 가능하다.

C#과 ASP.NET 기반의 웹서버 구축은 안정적인 성능과 높은 보안성을 제공하고, 강력한 IDE 지원이 가능한 장점이 있으나 Windows 중심의 플랫폼 종속성의 단점이 있고, Kubernetes에서의 비교적 큰 이미지 크기를 고려해야 한다.

Rust 기반의 웹서버 구축은 뛰어난 메모리 안정성과 성능, 컴파일 단계에서 많은 오류를 사전에 방지하고, 동시성 처리에 강력한 장점이 있다. 아울러 Kubernetes에서 매우 높은 성능을 제공하며, 리소스 사용이 최적화되는 장점이 있으나, 생태계 및 도구가 상대적으로 적은 단점이 있다.

Kotlin 프로그래밍언어, Ktor 및 Spring 기반 웹서버 구축은 멀티플랫폼 지원 및 코루틴으로 비동기 처리에 유리하며, Spring 프레임워크와의 호환성의 장점이 있다. 다만, Java에 비하여 상대적으로 작은 생태계와 실행속도가 약간 느린 단점이 있고, Kubernetes에서 JVM 최적화가 필요한 점을 고려하여야 한다.

◈ 연습문제 ◈

16.1 다음 용어를 예를 들어 설명하라.
1) 마이크로서비스
2) Spring Framework
3) Spring Boot
4) Container
5) Docker
6) Kubenetes

16.2 마이크로서비스의 기본 개념에 대하여 설명하고, 큰 규모의 서비스 제공 시스템을 구축할 때 마이크로 서비스 구조를 가지도록 구현하여야 하는 이유에 대하여 상세하게 설명하라.

16.3 Spring Frame의 기능을 Kotlin 프로그램으로 구현할 때 어떤 장점이 있는지에 대하여 상세하게 설명하라.

16.4 Docker의 기능에 대하여 상세하게 설명하라.

16.5 컨테이너화된 애플리케이션을 자동으로 배포, 확장 및 관리하기 위한 오픈 소스 플랫폼인 Kubernetes의 핵심 요소에 대하여 상세하게 설명하라.

◈ 실습문제 ◈

실습 16.1 Kotlin Spring 기반으로 웹서버를 구성하고 2개의 정수 또는 실수를 전달하여 4칙 연산 (덧셈, 뺄셈, 곱셈, 나눗셈)을 계산하여 반환하는 웹 서버를 구현하라.

(실행 예시)

```
C:\Users\Owner>curl "http://localhost:8080/add?num1=123&num2=456"
123.0 + 456.0 => 579.0
C:\Users\Owner>curl "http://localhost:8080/sub?num1=123&num2=456"
123.0 - 456.0 => -333.0
C:\Users\Owner>curl "http://localhost:8080/mul?num1=123&num2=456"
123.0 * 456.0 => 56088.0
C:\Users\Owner>curl "http://localhost:8080/div?num1=123&num2=456"
123.0 / 456.0 => 0.26973684210526316
```

실습 16.2 Kotlin Spring 웹 서버를 Docker 환경에서 실행될 수 있도록 구현하고, 쉽게 배포될 수 있도록 하라. 구현된 웹 서버를 다양한 호스트 컴퓨터 환경에 설치한 후, 클라이언트로 부터의 웹 서비스 요청에 따라 웹 서버 기능이 정상적으로 동작하는 것을 확인하라.

실습 16.3 Kotlin Spring, container 및 Kubernetes를 사용하여 트래픽 부하에 따라 웹 서비스 제공 엔진 개수가 조절되는 웹서버를 구성하고 클라이언트로 부터의 웹 서비스 요청에 따라 웹 서버 개수가 조절되는 기능을 구현하라.

참고문헌

<Kotlin 프로그래밍 참고문헌>

[1] 오현석, 핵심 Kotlin 프로그래밍, 에이콘, 2023.

[2] Kotlin Tutorial, https://www.w3schools.com/kotlin/index.php.

[3] 아비드칸, 이고르쿠체렌코, 황주필 옮김, Kotlin 객체지향 프로그래밍, 에이콘, 2023.

[4] 알렉세이 세두노프, 오현석 옮김, Kotlin 완벽 가이드, 길벗, 2022.

[5] Kotlin Documents, https://kotlinlang.org/docs/home.html.

[6] Kotlin Cheatsheet, https://devhints.io/kotlin.

[7] Kotlin Programming Language (kotlinlang.org)

[8] Kotlin Tutorial – Introduction (cosmiclearn.com)

[9] Kotlin Tutorial – Collections (cosmiclearn.com)

[10] 샘뉴먼, 정성권 옮김, "마이크로서비스 아키텍처 구축 ", O' Reilly, 2017.

[11] 김용욱, "마이크로서비스 아키텍처 구축 가이드 ", 한빛미디어, 2023.

<Java 프로그래밍 참고문헌>

[1] 황기태, "명품 Java Essential" , 생능출판, 2023.

[2] 황기태, 김효수, "명품 Java Programming (개정 4판)" , 생능 출판, 2022.

[3] 천인국, "Power Java" , Infinity Books, 2018.

[4] Robbert Lafore, "Data Structures and Algorithms in Java, (2nd Ed.)" , 2003.

[5] Magnus Larsson, "Hands-on Microserivces with Spring Boot and Spring Cloud," , Packts, 2019.

[6] David Flanagan, "JavaScript – The Definitive Guide," O' Reilly, 2011.

[7] Sergey Crinev, "Mastering JavaFX 10" , Packt, 2018.

<자료구조와 알고리즘 참고문헌>

[1] Kent D. Lee, Steve Hubbard, Data Structures and Algorithms with Python, Springer, 2016.

[2] 김영탁, 자료구조와 알고리즘을 함께 배우는 C 프로그래밍, 배움터, 2018. 3.

[3] 김영탁, 자료구조와 알고리즘을 함께 배우는 C++ 프로그래밍, 배움터, 2018. 9.

[4] Walter Savitch, Kenrick Mock, Absolute C++, 6th Ed, Pearson, 2016.

[5] 박상현, 뇌를 자극하는 알고리즘, 한빛미디어, 2016.

[6] Michael T. Goodrich, Roberto Tamassia, David Mount, Data Structures and Algorithms in C++, 2nd Ed, John Wiley & Sons, 2011.

[7] Horowitz, Sahni, Mehta, Fundamentals of Data Structures, 2nd Ed., Silicon Press, 2007.

[8] 천인국, 공용해, C 언어로 쉽게 풀어 쓴 자료구조, 생능출판사, 2009.

[9] 주우석, C/C++로 배우는 자료구조론, 한빛아카데미, 2016.

[10] 유석종, 자료구조 개념 및 구현, 휴먼싸이언스, 2018

<Python 참고문헌>

[1] 김영탁, 자료구조와 알고리즘을 함께 배우는 파이썬 프로그래밍, 홍릉과학출판사, 2021. 8.

[2] 김영탁, 컴퓨팅사고와 파이썬 프로그래밍, 홍릉과학출판사, 2022. 1.

[3] Kent D. Lee, Steve Hubbard, Data Structures and Algorithms with Python, Springer, 2016.

[4] Nikhil Ketakar, Deep Learning with Python, Apress, 2017.

[5] Antonio Gulli, AmitaKappor, SujitPal, Deep Learning with TensorFlow2 and Keras, Packt, 2019.

[6] 김동근, 쉽게 배우는 파이썬 프로그래밍, 가메출판사, 2017.

[7] 나카쿠키 켄지 (심효섭 옮김), 엔지니어를 위한 파이썬, 제이펍, 2018.

[8] 바스티앙 스야딘, 루카 마싸론, 알베르토 보스체티 (이미정 옮김), 파이썬으로 배우는 대규모 머신 러닝 (Large Scale Machine Learning with Python), Packet, 에이콘, 2018.

[9] 안드레아스 뮐러, 세라 가이도 (박해선 옮김), 파이썬 라이브러리를 활용한 머신 러닝 (Introduction to Machine Learning with Python), 한빛미디어, 2018.

[10] 김영근 역, Wes MrKinney, Python for Data Analysis (파이썬 라이브러리를 활용한 데이터 분석), 한빛 미디어, 2013.

[11] Y.Daiel Liang (길준민, 정재화 옮김), 파이썬 (Introduction to Programming using Python), 생능출판/Pearson, 2016.

[12] 스티븐 로트 / 심지연 옮김, 객체 지향형 파이썬 프로그래밍, Packet, 2017.

[13] Learning Python, Mark Lutz, O'Reilly, 2013.

[14] Simon Monk, Programming the Raspberry Pi – Getting Started with Python, McGraw Hill, 2016.

[15] Y. Daniel Lian, Introduction to Programming Using Python, Pearson, 2013.

[16] 한혁수, 창의적 프로그래밍을 위한 파이썬, 생능출판사, 2016.

[17] 천인국, 파워 유저를 위한 파이썬 Express, 생능출판사, 2020. 11.

[18] 김성호, 컴퓨팅 사고력을 키워주는 파이썬 프로그래밍 (Python Programming with Computational Thinking), Global, 2018.

인덱스 (Index)